U0804240

北京经济普查年鉴

Beijing Economic Census Yearbook

2018

综 | 合 | 卷

北京市第四次全国经济普查领导小组办公室
北　京　市　统　计　局　编

中国统计出版社
China Statistics Press

图书在版编目（CIP）数据

北京经济普查年鉴. 2018. 综合卷 / 北京市第四次全国经济普查领导小组办公室, 北京市统计局编. -- 北京 : 中国统计出版社, 2020.10
ISBN 978-7-5037-9246-5

Ⅰ. ①北… Ⅱ. ①北… ②北… Ⅲ. ①经济－普查－北京－2018－年鉴 Ⅳ. ①F127.1-54

中国版本图书馆 CIP 数据核字(2020)第 163214 号

北京经济普查年鉴—2018/综合卷

作　　者/北京市第四次全国经济普查领导小组办公室　北京市统计局编
责任编辑/冯燕玲
封面设计/黄俊杰　李雪燕
出版发行/中国统计出版社有限公司
通信地址/北京市丰台区西三环南路甲 6 号　邮政编码/100073
电　　话/邮购（010）63376909　书店（010）68783171
网　　址/http://www.zgtjcbs.com/
印　　刷/北京世纪恒宇印刷有限公司
经　　销/新华书店
开　　本/880mm×1230mm　1/16
印　　数/400 套
印　　张/11.125
版　　别/2020 年 10 月第 1 版
版　　次/2020 年 10 月第 1 次印刷
定　　价/680.00 元（全三卷四册）

如有印装差错，由本社发行部调换。

编者说明

为便于社会各界共同分享北京市第四次全国经济普查的成果，更方便地开发利用普查资料，我们将经济普查资料编辑整理，汇编成《北京经济普查年鉴 -2018》一书。全书共三卷四册，即综合卷、第二产业卷和第三产业卷（上、下册）。《综合卷》分四篇：第一篇为“总况篇”，第二篇为“科技篇”，第三篇为“文化篇”，第四篇为“信息化篇”。《第二产业卷》分两篇，第一篇为“工业”，第二篇为“建筑业”。《第三产业卷》按内容分为上、下两册，共分十四篇，分别为“批发和零售业”“交通运输、仓储和邮政业”“住宿和餐饮业”“信息传输、软件和信息技术服务业”“金融业”“房地产业”“租赁和商务服务业”“科学研究和技术服务业”“水利、环境和公共设施管理业”“居民服务、修理和其他服务业”“教育”“卫生和社会工作”“文化、体育和娱乐业”“公共管理、社会保障和社会组织”。

《北京经济普查年鉴 -2018》，是按照现行的国家统计分类标准，对北京市第四次全国经济普查基础数据进行加工汇总而编纂成的一部大型资料集。为使读者能够更好地使用本资料，现对有关问题做如下说明：

1. 第四次全国经济普查的标准时点为 2018 年 12 月 31 日，时期资料为 2018 年度；

2. 本资料按法人单位经营地进行汇总；

3. 本资料中部分数据合计数或相对数由于小数取舍而产生的误差均未做机械调整；

4. 本资料各表中所列出的“单位数”存在差异，是由于经济普查对不同的表种限定了不同的填报范围，各表种的“单位数”显示为实际填报该表种的单位数量；部分分组数据相加与总计若有差异，原因是分组所列项目不全，或分组所列项目只限定部分调查对象填写；

5. 本资料表中空格表示该项统计指标数据不足该表的最小单位数或无该项数据，“#”表示其中的主要项，“***”表示在可能根据数据识别或者推断单个统计调查对象身份时予以屏蔽；

6. 每卷后附有该卷主要指标解释。

本书通过大量的数据，系统展示了五年来首都社会发展、经济增长和科技进步的最新面貌，摸清了北京经济家底。我们希望此书的面世，能使社会各界对北京市第四次全国经济普查有一个全面概括的了解，更愿本书的内容，能契合社会各界对首都社会经济数据的需求，在服务广大公众、社会经济研究工作者和政府宏观经济决策上发挥作用、体现价值。

北京市第四次全国经济普查资料是全市普查工作者共同辛勤工作的成果，也是广大普查对象积极支持配合的结果。在此，我们向所有普查工作者、普查对象和所有参与和支持普查工作的人员致以崇高的敬意和衷心的感谢！

2020 年 9 月

序　言

北京市第四次全国经济普查是在落实新版城市总体规划、推动首都高质量发展关键时期开展的一次大型国情国力调查，涉及面广、工作难度大、质量要求高。在国务院经济普查办公室和北京市委、市政府的坚强领导下，全市各级政府统筹有力，34 个成员单位密切配合，3.1 万名普查人员勇于担当、攻坚克难，圆满完成了 107.9 万个单位、32 万户个体经营户的普查登记任务，数据质量居全国前列。

北京市第四次全国经济普查历时两年。按照市政府提出的“满足国家要求、体现北京特色、服务首都高质量发展”的总体要求，全市各级普查机构和全体普查人员始终坚持首善标准，严格执行普查方案，创新解决普查难题，实现了普查对象应登尽登，确保了普查数据质量。普查取得重要成果，得到了市委、市政府的充分肯定，取得了良好的社会效果。

北京市第四次全国经济普查全面摸清了全市第二、第三产业的底数，准确反映了首都经济发展的新情况、新变化和新特征。通过普查，进一步完善了北京市国民经济各行业的基本单位名录库以及部门共建共享、持续维护更新的机制，进一步夯实统计基础，为推进国民经济核算改革，加快构建现代化统计调查体系提供了坚实基础。普查结果为落实新版城市总体规划、科学制定中长期发展规划、加强和改善宏观调控、推动城市精细化管理提供科学准确的统计信息支持。

北京市第四次全国经济普查领导小组办公室、北京市统计局编辑出版《北京经济普查年鉴 -2018》，通过推进普查数据的共享共用，更好地满足社会各界对普查数据的需求，为政府部门的决策管理和社会公众的参考研究提供统计信息服务，最大限度发挥经济普查的社会作用和巨大价值。

目　　录

综合卷

第一篇　总况篇

1-1　法人单位和产业活动单位基本情况 …… 2
1-2　按产业分单位及从业人员情况 …… 8
1-3　法人单位机构类型及从业人员情况 …… 12
1-4　法人单位及从业人员地区分布情况 …… 22
1-5　法人单位开业时间情况 …… 38
1-6　企业单位及从业人员情况 …… 58
1-7　按产业分企业单位及从业人员情况 …… 64
1-8　机关、事业法人单位及从业人员情况 …… 68
1-9　社会团体、民办非企业法人单位及从业人员情况 …… 70
1-10　法人单位主要财务状况 …… 72
1-11　外商投资企业主要财务状况 …… 82
1-12　高端产业功能区法人单位主要财务状况 …… 90
1-13　中小微企业法人单位主要指标 …… 94
1-14　民营单位主要指标 …… 96
1-15　主要能源产品产量 …… 98
1-16　个体经营户基本情况 …… 99

第二篇　科技篇

2-1　规模以上工业企业研究与试验发展（R&D）活动基本情况 …… 102
2-2　规模以上工业企业研究与试验发展（R&D）人员情况 …… 104
2-3　规模以上工业企业研究与试验发展（R&D）经费情况 …… 108
2-4　规模以上工业企业研究与试验发展（R&D）活动产出情况 …… 112
2-5　规模以上工业企业办研发机构情况 …… 114
2-6　非工业企业研究与试验发展（R&D）活动基本情况 …… 116
2-7　非工业企业研究与试验发展（R&D）人员情况 …… 118
2-8　非工业企业研究与试验发展（R&D）经费情况 …… 120

第三篇　文化篇

3-1　文化及相关产业法人单位发展情况 …… 126
3-2　规模以上经营性文化产业法人单位发展情况 …… 128
3-3　规模以下经营性文化产业法人单位发展情况 …… 132
3-4　公益性文化产业法人单位发展情况 …… 136

第四篇　信息化篇
4-1　规模以上法人单位信息化情况 …… 138
4-2　规模以上第二产业法人单位信息化情况 …… 142
4-3　规模以上第三产业法人单位信息化情况 …… 149

附录：　主要指标解释 …… 158

第二产业卷

第一篇　工业
1-1　工业主要财务状况 …… 166
1-2　按行业中类分工业主要财务状况 …… 168
1-3　规模以上工业主要财务状况 …… 174
1-4　按行业中类分规模以上工业主要财务状况 …… 190
1-5　规模以上工业主要经济效益指标 …… 230
1-6　规模以上国有控股工业主要财务状况 …… 232
1-7　按行业中类分规模以上国有控股工业主要财务状况 …… 240
1-8　规模以上股份制工业主要财务状况 …… 272
1-9　按行业中类分规模以上股份制工业主要财务状况 …… 280
1-10　规模以上外商及港澳台商投资工业主要财务状况 …… 320
1-11　按行业中类分规模以上外商及港澳台商投资工业主要财务状况 …… 328
1-12　大中型工业主要财务状况 …… 360
1-13　按行业中类分大中型工业主要财务状况 …… 376
1-14　规模以上私营工业主要财务状况 …… 408
1-15　按行业中类分规模以上私营工业主要财务状况 …… 416
1-16　规模以上工业主要产品产量 …… 448
1-17　规模以上工业主要工业产品生产能力 …… 449
1-18　规模以上高技术制造业主要财务状况 …… 450
1-19　规模以上工业战略性新兴产业总产值 …… 451
1-20　规模以下工业主要财务状况 …… 451
1-21　按行业中类分规模以下工业主要财务状况 …… 453

第二篇　建筑业
2-1　建筑业法人单位主要财务状况 …… 460
2-2　施工总承包、专业承包建筑业企业主要财务状况 …… 484
2-3　资质外建筑业法人单位主要财务状况 …… 514
2-4　施工总承包、专业承包建筑业企业生产情况 …… 520
2-5　施工总承包、专业承包建筑业企业房屋建筑完成情况 …… 532

附录： 主要指标解释 …… 552

第三产业卷（上）

第一篇 批发和零售业
1-1 批发和零售业经营机构和人员情况 …… 562
1-2 批发和零售业法人及产业活动单位基本情况 …… 564
1-3 批发业法人及产业活动单位基本情况 …… 570
1-4 零售业法人及产业活动单位基本情况 …… 578
1-5 批发和零售业法人单位商品购进、销售、库存 …… 588
1-6 批发业法人单位商品购进、销售、库存 …… 592
1-7 零售业法人单位商品购进、销售、库存 …… 600
1-8 限额以上批发和零售业法人单位商品购进、销售、库存 …… 608
1-9 按行业分限额以上批发和零售业法人单位商品购进、销售、库存 …… 612
1-10 按行业分限额以上批发和零售业法人单位商品分类销售情况 …… 620
1-11 限额以下批发和零售业法人单位商品购进、销售、库存 …… 622
1-12 按行业分限额以下批发和零售业法人单位商品购进、销售、库存 …… 626
1-13 批发和零售业法人单位主要财务状况 …… 634
1-14 批发业法人单位主要财务状况 …… 638
1-15 零售业法人单位主要财务状况 …… 646
1-16 限额以上批发和零售业法人单位主要财务状况 …… 654
1-17 按行业分限额以上批发和零售业法人单位主要财务状况 …… 678
1-18 限额以下批发和零售业法人单位主要财务状况 …… 726
1-19 按行业分限额以下批发和零售业法人单位主要财务状况 …… 730
1-20 批发和零售业个体经营户情况 …… 738

第二篇 交通运输、仓储和邮政业
2-1 全部交通运输、仓储和邮政业法人单位财务状况（企业会计准则）…… 740
2-2 交通运输、仓储和邮政业法人单位财务状况（行政事业及民间非营利组织会计制度）…… 745
2-3 规模以上交通运输、仓储和邮政业法人单位财务状况（企业会计准则）…… 746

第三篇 住宿和餐饮业
3-1 住宿和餐饮业经营机构和人员情况 …… 772
3-2 住宿和餐饮业法人及产业活动单位基本情况 …… 774
3-3 住宿业法人及产业活动单位基本情况 …… 778
3-4 餐饮业法人及产业活动单位基本情况 …… 784
3-5 住宿和餐饮业法人单位经营情况 …… 790
3-6 住宿业法人单位经营情况 …… 792

3-7　餐饮业法人单位经营情况 …… 794
3-8　限额以上住宿和餐饮业法人单位经营情况 …… 796
3-9　限额以上住宿业法人单位经营情况 …… 800
3-10　限额以上餐饮业法人单位经营情况 …… 804
3-11　限额以下住宿和餐饮业法人单位经营情况 …… 808
3-12　限额以下住宿业法人单位经营情况 …… 810
3-13　限额以下餐饮业法人单位经营情况 …… 812
3-14　住宿和餐饮业法人单位主要财务状况 …… 814
3-15　住宿业法人单位主要财务状况 …… 818
3-16　餐饮业法人单位主要财务状况 …… 822
3-17　限额以上住宿和餐饮业法人单位主要财务状况 …… 826
3-18　限额以下住宿和餐饮业法人单位主要财务状况 …… 862
3-19　住宿和餐饮业个体经营户情况 …… 868

第四篇　信息传输、软件和信息技术服务业
4-1　全部信息传输、软件和信息技术服务业法人单位财务状况（企业会计准则）…… 870
4-2　信息传输、软件和信息技术服务业法人单位财务状况（行政事业及民间非营利组织会计制度）…… 874
4-3　规模以上信息传输、软件和信息技术服务业法人单位财务状况（企业会计准则）…… 876

第五篇　金融业
5-1　金融业全部法人单位财务状况 …… 902

第三产业卷（下）

第六篇　房地产业
6-1　房地产开发企业土地及资金情况 …… 906
6-2　房地产开发企业开发建设情况 …… 906
6-3　房地产开发企业房屋销售及空置情况 …… 910
6-4　房地产开发企业主要财务状况 …… 914
6-5　全部物业管理、中介服务、租赁经营及其他房地产业法人单位财务状况（企业会计准则）…… 918
6-6　物业管理、中介服务、租赁经营及其他房地产业法人单位财务状况（行政事业及民间非营利组织会计制度）…… 920
6-7　规模以上物业管理、中介服务、租赁经营及其他房地产业法人单位财务状况（企业会计准则）…… 920

第七篇　租赁和商务服务业
7-1　全部租赁和商务服务业法人单位财务状况（企业会计准则）…… 940

7-2　租赁和商务服务业法人单位财务状况（行政事业及民间非营利组织会计制度）………… 944
7-3　规模以上租赁和商务服务业法人单位财务状况（企业会计准则）………… 946

第八篇　科学研究和技术服务业
8-1　全部科学研究和技术服务业法人单位财务状况（企业会计准则）………… 972
8-2　科学研究和技术服务业法人单位财务状况（行政事业及民间非营利组织会计制度）………… 976
8-3　规模以上科学研究和技术服务业法人单位财务状况（企业会计准则）………… 980

第九篇　水利、环境和公共设施管理业
9-1　全部水利、环境和公共设施管理业法人单位财务状况（企业会计准则）………… 1006
9-2　水利、环境和公共设施管理业法人单位财务状况（行政事业及民间非营利组织会计制度）………… 1009
9-3　规模以上水利、环境和公共设施管理业法人单位财务状况（企业会计准则）………… 1012

第十篇　居民服务、修理和其他服务业
10-1　全部居民服务、修理和其他服务业法人单位财务状况（企业会计准则）………… 1038
10-2　居民服务、修理和其他服务业法人单位财务状况（行政事业及民间非营利组织会计制度）………… 1041
10-3　规模以上居民服务、修理和其他服务业法人单位财务状况（企业会计准则）………… 1044

第十一篇　教育
11-1　全部教育业法人单位财务状况（企业会计准则）………… 1070
11-2　教育业法人单位财务状况（行政事业及民间非营利组织会计制度）………… 1073
11-3　规模以上教育业法人单位财务状况（企业会计准则）………… 1076

第十二篇　卫生和社会工作
12-1　全部卫生和社会工作法人单位财务状况（企业会计准则）………… 1094
12-2　卫生和社会工作法人单位财务状况（行政事业及民间非营利组织会计制度）………… 1096
12-3　规模以上卫生和社会工作法人单位财务状况（企业会计准则）………… 1098

第十三篇　文化、体育和娱乐业
13-1　全部文化、体育和娱乐业法人单位财务状况（企业会计准则）………… 1116
13-2　文化、体育和娱乐业法人单位财务状况（行政事业及民间非营利组织会计制度）………… 1120
13-3　规模以上文化、体育和娱乐业法人单位财务状况（企业会计准则）………… 1124

第十四篇　公共管理、社会保障和社会组织
14-1　公共管理、社会保障和社会组织法人单位财务状况（行政事业及民间非营利组织会计制度）………… 1150

附录：　主要指标解释………… 1155

第一篇

总况篇

1-1　法人单位和产业活动单位基本情况

项　　目	法人单位			产业活动单位	
	单位数（个）	单产业法　人	多产业法　人	单位数（个）	#北京多产业法人所属在京产业活动单位（含本部，不含外埠）
合　计	**988619**	**962171**	**26448**	**1079068**	**94693**
一、按登记注册类型分					
内资	973887	949235	24652	1051312	86355
国有	17953	17001	952	24281	6070
集体	15366	14931	435	16509	1554
股份合作	6005	5700	305	6504	796
国有联营	92	90	2	109	14
集体联营	190	178	12	206	27
国有与集体联营	20	17	3	37	20
其他联营	48	46	2	49	3
国有独资公司	1497	1159	338	1963	730
其他有限责任公司	74665	69744	4921	90871	18306
股份有限公司	4475	3629	846	10061	2793
私营独资	26051	25625	426	26836	1184
私营合伙	15428	15324	104	15519	141
私营有限责任公司	790746	774822	15924	835784	53662
私营股份有限公司	3666	3317	349	4643	880
其他	17685	17652	33	17940	175
港澳台商投资	5511	4783	728	10722	3525
与港澳台商合资经营	1170	996	174	1239	217
与港澳台商合作经营	150	130	20	156	22
港澳台商独资	4114	3605	509	9204	3257
港澳台商投资股份有限公司	49	31	18	64	17
其他港澳台商投资	28	21	7	59	12
外商投资	9221	8153	1068	17034	4813
中外合资经营	2614	2332	282	2886	469
中外合作经营	142	126	16	143	13
外资企业	6308	5564	744	13736	4247
外商投资股份有限公司	82	65	17	125	42
其他外商投资	75	66	9	144	42
二、按隶属关系分					
中央	8732	7605	1127		
地方	979887	954566	25321		
三、按机构类型分					
企业	947877	921982	25895	1034673	90690
机关事业单位	13267	12769	498	16754	3920
社会团体	5203	5190	13	5195	5
民办非企业	5546	5544	2	5544	
其他	16726	16686	40	16902	78

1-1 续表 1

项 目	法人单位 单位数（个）	单产业法人	多产业法人	产业活动单位 单位数（个）	#北京多产业法人所属在京产业活动单位（含本部，不含外埠）
四、按控股情况分（仅限企业法人）					
国有控股	14797	12228	2569		
集体控股	16700	15810	890		
私人控股	875772	855621	20151		
港澳台商控股	5220	4560	660		
外商控股	7004	6084	920		
其他	28384	27679	705		
五、按开业时间分					
1949 年及以前	605	554	51	694	139
1950-1952 年	394	347	47	461	113
1953-1957 年	908	799	109	1071	264
1958-1962 年	839	748	91	951	201
1963-1965 年	283	263	20	337	73
1966-1970 年	212	187	25	242	53
1971-1975 年	405	370	35	449	78
1976-1980 年	1485	1342	143	1741	375
1981-1985 年	5332	4954	378	6024	873
1986-1995 年	20016	18073	1943	22099	3286
1996-2000 年	32901	29519	3382	36316	5737
2001-2004 年	73708	68811	4897	81813	11014
2005-2009 年	147530	142070	5460	163283	17245
2010-2013 年	198947	194603	4344	216507	17620
2014 年	88690	87363	1327	94041	5243
2015 年	103817	102382	1435	110389	6173
2016 年	112258	110953	1305	120934	7915
2017 年	107503	106491	1012	117674	8843
2018 年	91747	91307	440	102945	9397
六、按单位规模分（仅限企业法人）					
大型	2302	937	1365		
中型	11086	7740	3346		
小型	90681	82717	7964		
微型	828529	816555	11974		
七、按地区分					
东城区	44119	42030	2089	51826	7543
西城区	45638	43384	2254	52440	7359
朝阳区	215001	209236	5765	238492	21163
丰台区	88766	86696	2070	96368	8059
石景山区	29856	29167	689	32185	2587
海淀区	159040	154449	4591	171453	13748

1-1 续表 2

项　　目	法人单位			产业活动单位	
	单位数（个）	单产业法人	多产业法人	单位数（个）	#北京多产业法人所属在京产业活动单位（含本部，不含外埠）
门头沟区	20663	19891	772	21772	1689
房山区	51332	50525	807	55061	3941
通州区	55685	54785	900	59278	3880
顺义区	37492	36291	1201	41833	4853
昌平区	56695	55423	1272	61359	5309
大兴区	49079	47918	1161	53492	4816
怀柔区	48177	47401	776	50044	2315
平谷区	30103	29482	621	31719	2029
密云区	32308	31561	747	34740	2824
延庆区	9131	8804	327	10274	1390
北京经济技术开发区	15534	15128	406	16732	1188
八、按产业分					
第二产业	60588	57883	2705	65520	6246
第三产业	928031	904288	23743	1013548	88447
九、按行业门类分					
农、林、牧、渔业	413	411	2	424	9
采矿业	78	69	9	102	19
制造业	25684	24262	1422	27229	2585
电力、热力、燃气及水生产和供应业	1193	1131	62	1394	242
建筑业	35130	33878	1252	38413	3525
批发和零售业	273395	266174	7221	305394	33666
交通运输、仓储和邮政业	19176	18480	696	21722	2795
住宿和餐饮业	34458	32240	2218	44725	11885
信息传输、软件和信息技术服务业	77152	75353	1799	80119	3285
金融业	12796	11860	936	18483	1913
房地产业	26885	24885	2000	33481	8168
租赁和商务服务业	184764	181677	3087	194172	8082
科学研究和技术服务业	154187	151814	2373	159364	5393
水利、环境和公共设施管理业	7346	7145	201	7785	494
居民服务、修理和其他服务业	36756	35572	1184	39982	4168
教育	21236	20573	663	22715	2069
卫生和社会工作	6607	6237	370	8154	1903
文化、体育和娱乐业	53885	53208	677	55639	1973
公共管理、社会保障和社会组织	17478	17202	276	19771	2519
十、按行业大类分					
农、林、牧、渔业	413	411	2	424	9
农、林、牧、渔专业及辅助性活动	413	411	2	424	9
采矿业	78	69	9	102	19
煤炭开采和洗选业	14	13	1	18	5

1-1　续表 3

项　　目	法人单位			产业活动单位	
	单位数（个）	单产业法　人	多产业法　人	单位数（个）	#北京多产业法人所属在京产业活动单位（含本部，不含外埠）
石油和天然气开采业	2		2	9	3
黑色金属矿采选业	10	9	1	10	1
有色金属矿采选业	4	4		6	
非金属矿采选业	23	23		25	
开采专业及辅助性活动	23	18	5	32	10
其他采矿业	2	2		2	
制造业	25684	24262	1422	27229	2585
农副食品加工业	613	556	57	671	110
食品制造业	683	604	79	780	164
酒、饮料和精制茶制造业	288	264	24	312	44
烟草制品业	1		1	1	1
纺织业	334	327	7	347	17
纺织服装、服饰业	1365	1295	70	1421	108
皮革、毛皮、羽毛及其制品和制鞋业	190	183	7	207	13
木材加工和木、竹、藤、棕、草制品业	477	463	14	495	29
家具制造业	726	681	45	754	72
造纸和纸制品业	626	612	14	637	23
印刷和记录媒介复制业	1237	1213	24	1268	53
文教、工美、体育和娱乐用品制造业	653	631	22	691	50
石油、煤炭及其他核燃料加工业	137	129	8	152	22
化学原料和化学制品制造业	1158	1090	68	1249	144
医药制造业	548	480	68	583	90
化学纤维制造业	20	19	1	19	
橡胶和塑料制品业	923	889	34	965	66
非金属矿物制品业	1691	1612	79	1785	157
黑色金属冶炼和压延加工业	108	107	1	110	3
有色金属冶炼和压延加工业	144	139	5	155	16
金属制品业	2638	2550	88	2743	175
通用设备制造业	2469	2335	134	2607	229
专用设备制造业	2295	2132	163	2437	266
汽车制造业	645	594	51	701	86
铁路、船舶、航空航天和其他运输设备制造业	259	233	26	271	31
电气机械和器材制造业	1542	1439	103	1639	177
计算机、通信和其他电子设备制造业	1334	1225	109	1439	162
仪器仪表制造业	903	819	84	985	151
其他制造业	164	164		177	9
废弃资源综合利用业	39	38	1	42	2
金属制品、机械和设备修理业	1474	1439	35	1586	115
电力、热力、燃气及水生产和供应业	1193	1131	62	1394	242

1-1 续表 4

项目	法人单位			产业活动单位	
	单位数（个）	单产业法人	多产业法人	单位数（个）	#北京多产业法人所属在京产业活动单位（含本部，不含外埠）
电力、热力生产和供应业	819	790	29	929	124
燃气生产和供应业	79	65	14	119	53
水的生产和供应业	295	276	19	346	65
建筑业	35130	33878	1252	38413	3525
房屋建筑业	6069	5739	330	7402	1370
土木工程建筑业	5750	5468	282	6456	786
建筑安装业	3738	3524	214	4025	388
建筑装饰、装修和其他建筑业	19573	19147	426	20530	981
批发和零售业	273395	266174	7221	305394	33666
批发业	106126	103275	2851	109366	4798
零售业	167269	162899	4370	196028	28868
交通运输、仓储和邮政业	19176	18480	696	21722	2795
铁路运输业	24	14	10	62	47
道路运输业	12087	11719	368	12995	1161
水上运输业	59	55	4	74	8
航空运输业	235	220	15	326	76
管道运输业	9	6	3	9	3
多式联运和运输代理业	3547	3347	200	4060	473
装卸搬运和仓储业	2528	2482	46	2676	162
邮政业	687	637	50	1520	865
住宿和餐饮业	34458	32240	2218	44725	11885
住宿业	5585	5187	398	6549	1272
餐饮业	28873	27053	1820	38176	10613
信息传输、软件和信息技术服务业	77152	75353	1799	80119	3285
电信、广播电视和卫星传输服务	1608	1482	126	2280	763
互联网和相关服务	8222	7964	258	8525	404
软件和信息技术服务业	67322	65907	1415	69314	2118
金融业	12796	11860	936	18483	1913
货币金融服务	1267	1048	219	4973	174
资本市场服务	9971	9617	354	10696	420
保险业	919	621	298	2087	1249
其他金融业	639	574	65	727	70
房地产业	26885	24885	2000	33481	8168
房地产业	26885	24885	2000	33481	8168
租赁和商务服务业	184764	181677	3087	194172	8082
租赁业	12086	11881	205	12538	553
商务服务业	172678	169796	2882	181634	7529
科学研究和技术服务业	154187	151814	2373	159364	5393
研究和试验发展	7105	6924	181	7428	361

1-1 续表 5

项　　目	法人单位			产业活动单位	
	单位数（个）	单产业法人	多产业法人	单位数（个）	#北京多产业法人所属在京产业活动单位（含本部，不含外埠）
专业技术服务业	46512	45429	1083	48424	2148
科技推广和应用服务业	100570	99461	1109	103512	2884
水利、环境和公共设施管理业	7346	7145	201	7785	494
水利管理业	368	359	9	394	28
生态保护和环境治理业	904	866	38	944	58
公共设施管理业	5950	5806	144	6318	393
土地管理业	124	114	10	129	15
居民服务、修理和其他服务业	36756	35572	1184	39982	4168
居民服务业	18191	17320	871	20527	3114
机动车、电子产品和日用产品修理业	8483	8261	222	9109	775
其他服务业	10082	9991	91	10346	279
教育	21236	20573	663	22715	2069
教育	21236	20573	663	22715	2069
卫生和社会工作	6607	6237	370	8154	1903
卫生	4308	3960	348	5778	1808
社会工作	2299	2277	22	2376	95
文化、体育和娱乐业	53885	53208	677	55639	1973
新闻和出版业	1785	1725	60	1887	112
广播、电视、电影和影视录音制作业	9542	9447	95	9809	198
文化艺术业	14217	14101	116	14525	357
体育	4213	4030	183	4702	644
娱乐业	24128	23905	223	24716	662
公共管理、社会保障和社会组织	17478	17202	276	19771	2519
中国共产党机关	265	255	10	279	24
国家机构	4099	3859	240	6368	2459
人民政协、民主党派	67	67		67	
社会保障	73	73		80	7
群众团体、社会团体和其他成员组织	5842	5829	13	5837	8
基层群众自治组织	7132	7119	13	7140	21

注：1. 产业活动单位数是指单产业法人数与多产业法人所属的产业活动单位（含本部，不含外埠）数及外地和外国法人单位在京设立的产业活动单位的总和。北京多产业法人所属的产业活动单位（含本部，不含外埠）指北京多产业法人所属在京产业活动单位，包含本部，不含外地和外国法人单位在京设立的产业活动单位。
2. 产业活动单位数不包括第二、第三产业法人单位所属的第一产业活动单位（下同）。
3. “控股情况”指标非企业法人免填，此分组数据相加与合计有差异（下同）。
4. “开业时间”指标筹建中企业免填，此分组数据相加与合计有差异（下同）。
5. “单位规模”指标，执行行政、事业会计制度的单位不划分大中小型，此分组数据相加与合计有差异（下同）。
6. 机构类型中的“其他”包含基金会，居委会，村委会，农民专业合作社，农村集体经济组织，其他组织机构（下同）。

1-2 按产业分单位

项目	法人单位数（个）	第二产业	第三产业	产业活动单位数（个）	第二产业
合 计	**988619**	**60588**	**928031**	**1079068**	**65520**
一、按登记注册类型分					
内资	973887	58999	914888	1051312	63655
国有	17953	331	17622	24281	428
集体	15366	1928	13438	16509	2108
股份合作	6005	757	5248	6504	844
国有联营	92	13	79	109	15
集体联营	190	13	177	206	14
国有与集体联营	20	2	18	37	3
其他联营	48	6	42	49	6
国有独资公司	1497	196	1301	1963	314
其他有限责任公司	74665	4404	70261	90871	6008
股份有限公司	4475	448	4027	10061	626
私营独资	26051	1061	24990	26836	1078
私营合伙	15428	130	15298	15519	131
私营有限责任公司	790746	49373	741373	835784	51692
私营股份有限公司	3666	326	3340	4643	377
其他	17685	11	17674	17940	11
港澳台商投资	5511	422	5089	10722	501
与港澳台商合资经营	1170	210	960	1239	203
与港澳台商合作经营	150	7	143	156	7
港澳台商独资	4114	193	3921	9204	281
港澳台商投资股份有限公司	49	12	37	64	10
其他港澳台商投资	28		28	59	
外商投资	9221	1167	8054	17034	1364
中外合资经营	2614	482	2132	2886	487
中外合作经营	142	25	117	143	23
外资企业	6308	638	5670	13736	827
外商投资股份有限公司	82	19	63	125	23
其他外商投资	75	3	72	144	4

及从业人员情况

第三产业	法人单位从业人员（人）	第二产业	第三产业	从业人员其中女性（人）	第二产业	第三产业
1013548	**13526403**	**2035965**	**11490438**	**5537621**	**536631**	**5000990**
987657	11993501	1748321	10245180	4848844	431685	4417159
23853	1788364	31692	1756672	851634	8304	843330
14401	167100	19561	147539	68682	5620	63062
5660	59352	12034	47318	26590	3994	22596
94	1187	55	1132	576	13	563
192	2075	54	2021	551	15	536
34	1086	2	1084	466		466
43	278	12	266	104	2	102
1649	487220	159431	327789	147280	38684	108596
84863	2945248	582723	2362525	1107141	150702	956439
9435	921103	157223	763880	402117	46121	355996
25758	74511	3285	71226	38715	1229	37486
15388	99860	1542	98318	56340	1084	55256
784092	5050136	750007	4300129	1939590	166591	1772999
4266	150511	30680	119831	58680	9308	49372
17929	245470	20	245450	150378	18	150360
10221	736057	73570	662487	345959	29304	316655
1036	166649	30259	136390	77095	11790	65305
149	18390	374	18016	7579	132	7447
8923	478666	39662	439004	227282	16163	211119
54	54212	3275	50937	26203	1219	24984
59	18140		18140	7800		7800
15670	796845	214074	582771	342818	75642	267176
2399	299660	100763	198897	117082	29780	87302
120	12000	6127	5873	5968	3001	2967
12909	450768	99227	351541	206511	39625	166886
102	24228	6895	17333	7154	2971	4183
140	10189	1062	9127	6103	265	5838

1-2 续表 1

项　　目	法　人单位数（个）	第二产业	第三产业	产业活动单位数（个）	第二产业
二、按隶属关系分					
中央	8732	510	8222		
地方	979887	60078	919809		
三、按控股情况分（仅限企业法人）					
国有控股	14797	1583	13214		
集体控股	16700	2727	13973		
私人控股	875772	54240	821532		
港澳台商控股	5220	314	4906		
外商控股	7004	845	6159		
其他	28384	860	27524		
四、按地区分					
东城区	44119	636	43483	51826	782
西城区	45638	627	45011	52440	739
朝阳区	215001	4532	210469	238492	5224
丰台区	88766	3610	85156	96368	3962
石景山区	29856	1037	28819	32185	1158
海淀区	159040	3710	155330	171453	4042
门头沟区	20663	2537	18126	21772	2717
房山区	51332	5203	46129	55061	5680
通州区	55685	5641	50044	59278	6020
顺义区	37492	5628	31864	41833	6144
昌平区	56695	4711	51984	61359	5014
大兴区	49079	5878	43201	53492	6235
怀柔区	48177	5528	42649	50044	5762
平谷区	30103	3780	26323	31719	3995
密云区	32308	5136	27172	34740	5448
延庆区	9131	1134	7997	10274	1252
北京经济技术开发区	15534	1260	14274	16732	1346

注：从业人员是指从业人员期末人数，不含铁路反馈部门数据（下同）。

第三产业	法人单位从业人员（人）	第二产业	第三产业	从业人员其中女性（人）	第二产业	第三产业
	1853965	360317	1493648	722340	86195	636145
	11672438	1675648	9996790	4815281	450436	4364845
	2567989	665532	1902457	888754	160181	728573
	330548	62208	268340	127788	17584	110204
	7072306	1060225	6012081	2763102	262893	2500209
	602512	55531	546981	285481	21952	263529
	667713	160585	507128	292675	63512	229163
	484195	31729	452466	232405	10460	221945
51044	944399	46557	897842	447602	12875	434727
51701	1196823	98753	1098070	537771	27484	510287
233268	2946748	178848	2767900	1317938	53694	1264244
92406	1113702	204562	909140	388639	38351	350288
31027	382105	73208	308897	146928	12949	133979
167411	2817509	229895	2587614	1147669	57558	1090111
19055	161552	46665	114887	56474	7963	48511
49381	361525	105076	256449	139217	26064	113153
53258	477344	139490	337854	190430	43317	147113
35689	706029	202659	503370	262477	54709	207768
56345	595079	146906	448173	218286	38456	179830
47257	517552	138917	378635	200792	43228	157564
44282	279677	91032	188645	97984	21399	76585
27724	228572	56337	172235	84718	17406	67312
29292	264320	92422	171898	91793	20721	71072
9022	108378	20654	87724	45202	6612	38590
15386	425089	163984	261105	163701	53845	109856

1-3 法人单位机构类

项 目	法人单位数（个）	企 业	机关事业单位	社会团体	民办非企业
合 计	**988619**	**947877**	**13267**	**5203**	**5546**
一、按登记注册类型分					
内资	973887	933154	13266	5203	5543
国有	17953	3829	12072	1671	310
集体	15366	9228	414	337	266
股份合作	6005	6001	1	1	1
国有联营	92	90	1	1	
集体联营	190	183	2	5	
国有与集体联营	20	20			
其他联营	48	46		1	1
国有独资公司	1497	1495			2
其他有限责任公司	74665	74606		12	30
股份有限公司	4475	4475			
私营独资	26051	24822		10	783
私营合伙	15428	14038		4	134
私营有限责任公司	790746	790649		13	55
私营股份有限公司	3666	3666			
其他	17685	6	776	3148	3961
港澳台商投资	5511	5510			
与港澳台商合资经营	1170	1170			
与港澳台商合作经营	150	150			
港澳台商独资	4114	4113			
港澳台商投资股份有限公司	49	49			
其他港澳台商投资	28	28			
外商投资	9221	9213	1		3
中外合资经营	2614	2613			
中外合作经营	142	141	1		
外资企业	6308	6303			3
外商投资股份有限公司	82	82			
其他外商投资	75	74			
二、按隶属关系分					
中央	8732	5312	2309	963	46
地方	979887	942565	10958	4240	5500
三、按地区分					
东城区	44119	41121	1304	793	375
西城区	45638	42072	1642	830	484
朝阳区	215001	210117	1597	711	842
丰台区	88766	86544	851	266	476

型及从业人员情况

其　他	法人单位从业人员（人）	企　业	机关事业单位	社会团体	民办非企业	其　他
16726	**13526403**	**11725703**	**1462019**	**37046**	**147106**	**154529**
16721	11993501	10193427	1461902	37046	146647	154479
71	1788364	354027	1411616	17120	4049	1552
5121	167100	102167	21835	1279	5249	36570
1	59352	59277	67		8	
	1187	1027	85	75		
	2075	1991	83	1		
	1086	1086				
	278	268		7	3	
	487220	487192			28	
17	2945248	2943986		18	1063	181
	921103	921103				
436	74511	57843		27	13916	2725
1252	99860	67734		31	2414	29681
29	5050135	5044501		13	5344	278
	150511	150511				
9794	245470	714	28216	18475	114573	83492
1	736057	736047				10
	166649	166649				
	18390	18390				
1	478666	478656				10
	54212	54212				
	18140	18140				
4	796845	796229	117		459	40
1	299660	299660				
	12000	11883	117			
2	450768	450288			459	21
	24228	24228				
1	10189	10170				19
102	1853965	1292025	542667	16210	492	2571
16624	11672438	10433678	919352	20836	146614	151958
526	944399	778614	145645	6588	4542	9010
610	1196823	963712	205177	10756	7755	9423
1734	2946748	2666770	209559	5800	30012	34607
629	1113702	983836	105551	1648	14743	7924

1-3 续表 1

项　　目	法人单位数（个）	企　业	机关事业单位	社会团体	民办非企业
石景山区	29856	28780	475	154	241
海淀区	159040	154777	1569	838	686
门头沟区	20663	19266	459	133	86
房山区	51332	48635	963	175	321
通州区	55685	53637	585	106	275
顺义区	37492	35243	758	186	219
昌平区	56695	54330	805	153	386
大兴区	49079	45926	698	189	324
怀柔区	48177	46308	366	194	261
平谷区	30103	28110	384	149	227
密云区	32308	30368	375	126	200
延庆区	9131	7300	372	157	92
北京经济技术开发区	15534	15343	64	43	51
四、按产业分					
第二产业	60588	60569	8		
第三产业	928031	887308	13259	5203	5546
五、按行业门类分					
农、林、牧、渔业	413	249	15		2
采矿业	78	78			
制造业	25684	25674			
电力、热力、燃气及水生产和供应业	1193	1184	8		
建筑业	35130	35130			
批发和零售业	273395	272400			
交通运输、仓储和邮政业	19176	19114	22		
住宿和餐饮业	34458	34343	26		3
信息传输、软件和信息技术服务业	77152	76939	170		35
金融业	12796	12768	21	5	
房地产业	26885	26795	84		2
租赁和商务服务业	184764	175955	1038	1	448
科学研究和技术服务业	154187	152325	1401		371
水利、环境和公共设施管理业	7346	6552	653		26
居民服务、修理和其他服务业	36756	36394	225		129
教育	21236	15775	2944		2504
卫生和社会工作	6607	3914	1128	3	1558
文化、体育和娱乐业	53885	52288	1028	6	468
公共管理、社会保障和社会组织	17478		4504	5188	
六、按行业大类分					
农、林、牧、渔业	413	249	15		2

其他	法人单位从业人员（人）	企业	机关事业单位	社会团体	民办非企业	其他
206	382105	328184	47140	541	4139	2101
1170	2817509	2420281	343583	6518	32217	14910
719	161552	136206	19027	369	1043	4907
1238	361525	292832	50457	519	7173	10544
1082	477344	419727	45163	290	6167	5997
1086	706029	644453	45032	476	4955	11113
1021	595079	503528	65166	432	13467	12486
1942	517552	443529	55895	635	6124	11369
1048	279677	244801	25556	564	4628	4128
1233	228572	192412	27131	725	5000	3304
1239	264320	221992	33793	377	2369	5789
1210	108378	66398	33456	637	1209	6678
33	425089	418428	4688	171	1563	239
11	2035965	2035810	135			20
16715	11490438	9689893	1461884	37046	147106	154509
147	1635	1019	185			431
	35706	35706				
10	968355	968335				20
1	107763	107628	135			
	964501	964501				
995	1614022	1612342				1680
40	630834	630321	346			167
86	562668	561119	1344		36	169
8	1388842	1374034	14606		184	18
2	805624	799171	5526	237		690
4	730242	728308	1894		10	30
7322	1872232	1750020	39330	10	6765	76107
90	1404338	1214284	187464		2293	297
115	183881	122068	60549		115	1149
8	305971	299349	5382		1223	17
13	670970	184802	389056		97070	42
4	363526	79211	247058	102	37152	3
95	374618	293485	78698	12	2258	165
7786	540675		430446	36685		73544
147	1635	1019	185			431

1-3 续表 2

项目	法人单位数（个）	企业	机关事业单位	社会团体	民办非企业
农、林、牧、渔专业及辅助性活动	413	249	15		2
采矿业	78	78			
煤炭开采和洗选业	14	14			
石油和天然气开采业	2	2			
黑色金属矿采选业	10	10			
有色金属矿采选业	4	4			
非金属矿采选业	23	23			
开采专业及辅助性活动	23	23			
其他采矿业	2	2			
制造业	25684	25674			
农副食品加工业	613	613			
食品制造业	683	683			
酒、饮料和精制茶制造业	288	288			
烟草制品业	1	1			
纺织业	334	332			
纺织服装、服饰业	1365	1363			
皮革、毛皮、羽毛及其制品和制鞋业	190	190			
木材加工和木、竹、藤、棕、草制品业	477	476			
家具制造业	726	726			
造纸和纸制品业	626	626			
印刷和记录媒介复制业	1237	1237			
文教、工美、体育和娱乐用品制造业	653	648			
石油、煤炭及其他核燃料加工业	137	137			
化学原料和化学制品制造业	1158	1158			
医药制造业	548	548			
化学纤维制造业	20	20			
橡胶和塑料制品业	923	923			
非金属矿物制品业	1691	1691			
黑色金属冶炼和压延加工业	108	108			
有色金属冶炼和压延加工业	144	144			
金属制品业	2638	2638			
通用设备制造业	2469	2469			
专用设备制造业	2295	2295			
汽车制造业	645	645			
铁路、船舶、航空航天和其他运输设备制造业	259	259			
电气机械和器材制造业	1542	1542			
计算机、通信和其他电子设备制造业	1334	1334			
仪器仪表制造业	903	903			

	法人单位从业人员（人）					
其　他		企　业	机关事业单位	社会团体	民办非企业	其　他
147	1635	1019	185			431
	35706	35706				
	2634	2634				
	1375	1375				
	14538	14538				
	23	23				
	146	146				
	16966	16966				
	24	24				
10	968355	968335				20
	24722	24722				
	46479	46479				
	25946	25946				
	841	841				
2	3929	3923				6
2	38035	38028				7
	2466	2466				
1	3460	3460				
	12797	12797				
	7387	7387				
	30772	30772				
5	8533	8526				7
	8972	8972				
	28296	28296				
	84889	84889				
	770	770				
	15712	15712				
	44414	44414				
	2296	2296				
	5037	5037				
	38844	38844				
	65904	65904				
	85304	85304				
	119693	119693				
	35667	35667				
	56528	56528				
	106051	106051				
	35458	35458				

1-3 续表 3

项　　目	法人单位数（个）				
		企　业	机关事业单位	社会团体	民办非企业
其他制造业	164	164			
废弃资源综合利用业	39	39			
金属制品、机械和设备修理业	1474	1474			
电力、热力、燃气及水生产和供应业	1193	1184	8		
电力、热力生产和供应业	819	812	7		
燃气生产和供应业	79	78			
水的生产和供应业	295	294	1		
建筑业	35130	35130			
房屋建筑业	6069	6069			
土木工程建筑业	5750	5750			
建筑安装业	3738	3738			
建筑装饰、装修和其他建筑业	19573	19573			
批发和零售业	273395	272400			
批发业	106126	105622			
零售业	167269	166778			
交通运输、仓储和邮政业	19176	19114	22		
铁路运输业	24	24			
道路运输业	12087	12057	12		
水上运输业	59	59			
航空运输业	235	231	4		
管道运输业	9	9			
多式联运和运输代理业	3547	3547			
装卸搬运和仓储业	2528	2502	4		
邮政业	687	685	2		
住宿和餐饮业	34458	34343	26		3
住宿业	5585	5508	24		
餐饮业	28873	28835	2		3
信息传输、软件和信息技术服务业	77152	76939	170		35
电信、广播电视和卫星传输服务	1608	1586	22		
互联网和相关服务	8222	8176	38		8
软件和信息技术服务业	67322	67177	110		27
金融业	12796	12768	21	5	
货币金融服务	1267	1259	6		
资本市场服务	9971	9958	13		
保险业	919	914		5	
其他金融业	639	637	2		
房地产业	26885	26795	84		2
房地产业	26885	26795	84		2

其　他	法人单位从业人员（人）	企　业	机关事业单位	社会团体	民办非企业	其　他
	4784	4784				
	975	975				
	23394	23394				
1	107763	107628	135			
	77615	77492	123			
1	12992	12992				
	17156	17144	12			
	964501	964501				
	312578	312578				
	247606	247606				
	143727	143727				
	260590	260590				
995	1614022	1612342				1680
504	868133	867268				865
491	745889	745074				815
40	630834	630321	346			167
	15634	15634				
18	343973	343752	73			148
	475	475				
	84724	84642	82			
	4540	4540				
	47363	47363				
22	25224	25025	180			19
	108901	108890	11			
86	562668	561119	1344		36	169
53	146477	145076	1331			70
33	416191	416043	13		36	99
8	1388842	1374034	14606		184	18
	101407	99671	1736			
	251184	248333	2787		64	
8	1036251	1026030	10083		120	18
2	805624	799171	5526	237		690
2	221492	217917	2885			690
	133950	131465	2485			
	404340	404103		237		
	45842	45686	156			
4	730242	728308	1894		10	30
4	730242	728308	1894		10	30

1-3 续表 4

项目	法人单位数（个）	企业	机关事业单位	社会团体	民办非企业
租赁和商务服务业	184764	175955	1038	1	448
租赁业	12086	12056			
商务服务业	172678	163899	1038	1	448
科学研究和技术服务业	154187	152325	1401		371
研究和试验发展	7105	6442	466		196
专业技术服务业	46512	45823	641		45
科技推广和应用服务业	100570	100060	294		130
水利、环境和公共设施管理业	7346	6552	653		26
水利管理业	368	114	155		
生态保护和环境治理业	904	857	44		3
公共设施管理业	5950	5478	434		22
土地管理业	124	103	20		1
居民服务、修理和其他服务业	36756	36394	225		129
居民服务业	18191	17879	199		113
机动车、电子产品和日用产品修理业	8483	8471	8		3
其他服务业	10082	10044	18		13
教育	21236	15775	2944		2504
教育	21236	15775	2944		2504
卫生和社会工作	6607	3914	1128	3	1558
卫生	4308	3180	682		443
社会工作	2299	734	446	3	1115
文化、体育和娱乐业	53885	52288	1028	6	468
新闻和出版业	1785	1438	344		2
广播、电视、电影和影视录音制作业	9542	9476	63		3
文化艺术业	14217	13455	495	1	255
体育	4213	3997	74	5	137
娱乐业	24128	23922	52		71
公共管理、社会保障和社会组织	17478		4504	5188	
中国共产党机关	265		265		
国家机构	4099		4099		
人民政协、民主党派	67		67		
社会保障	73		73		
群众团体、社会团体和其他成员组织	5842			5188	
基层群众自治组织	7132				

注：从业人员不含铁路反馈部门数据。

其 他	法人单位从业人员（人）	企 业	机关事业单位	社会团体	民办非企业	其 他
7322	1872232	1750020	39330	10	6765	76107
30	93376	93286				90
7292	1778856	1656734	39330	10	6765	76017
90	1404338	1214284	187464		2293	297
1	228591	87711	139497		1378	5
3	602604	570379	31919		256	50
86	573143	556194	16048		659	242
115	183881	122068	60549		115	1149
99	10579	3974	6546			59
	18879	17020	1822		37	
16	152139	99110	51863		76	1090
	2284	1964	318		2	
8	305971	299349	5382		1223	17
	96544	91339	4060		1145	
1	51633	51518	106		9	
7	157794	156492	1216		69	17
13	670970	184802	389056		97070	42
13	670970	184802	389056		97070	42
4	363526	79211	247058	102	37152	3
3	332548	72564	237709		22272	3
1	30978	6647	9349	102	14880	
95	374618	293485	78698	12	2258	165
1	74605	50250	24333		3	19
	93439	73312	20125		2	
11	77275	50378	25622	1	1248	26
	43879	35117	8073	11	678	
83	85420	84428	545		327	120
7786	540675		430446	36685		73544
	12091		12091			
	414816		414816			
	2267		2267			
	1272		1272			
654	41387			36685		4702
7132	68842					68842

1-4 法人单位及从业

项目	法人单位数（个）	东城区	西城区	朝阳区	丰台区	石景山区	海淀区
合　计	**988619**	**44119**	**45638**	**215001**	**88766**	**29856**	**159040**
一、按登记注册类型分							
内资	973887	42858	44973	208250	88452	29595	156840
国有	17953	2197	2782	2191	1033	616	2215
集体	15366	766	847	1405	1156	271	1528
股份合作	6005	395	881	807	692	255	1374
国有联营	92	8	3	24	11	5	18
集体联营	190	15	10	33	19	5	53
国有与集体联营	20	1	4	2	3		7
其他联营	48	3	3	3		1	26
国有独资公司	1497	225	160	424	99	27	318
其他有限责任公司	74665	4080	4024	16736	4030	1616	27974
股份有限公司	4475	251	269	787	339	101	1847
私营独资	26051	1006	1261	6104	3051	963	3718
私营合伙	15428	1184	1015	3981	895	531	4361
私营有限责任公司	790746	31501	32289	172701	75788	24593	110157
私营股份有限公司	3666	178	169	765	277	129	1196
其他	17685	1048	1256	2287	1059	482	2048
港澳台商投资	5511	542	289	2437	118	133	1026
与港澳台商合资经营	1170	93	92	380	40	24	216
与港澳台商合作经营	150	23	10	56	10	1	14
港澳台商独资	4114	422	182	1980	65	108	769
港澳台商投资股份有限公司	49	2	1	13	1		17
其他港澳台商投资	28	2	4	8	2		10
外商投资	9221	719	376	4314	196	128	1174
中外合资经营	2614	169	133	862	88	57	424
中外合作经营	142	14	10	44	3	4	17
外资企业	6308	528	222	3361	100	66	685
外商投资股份有限公司	82	5	7	26	4	1	11
其他外商投资	75	3	4	21	1		37
二、按隶属关系分							
中央	8732	1453	1908	1633	456	143	2308
地方	979887	42666	43730	213368	88310	29713	156732
三、按产业分							
第二产业	60588	636	627	4532	3610	1037	3710
第三产业	928031	43483	45011	210469	85156	28819	155330
四、按行业门类分							
农、林、牧、渔业	413			37	26		38
采矿业	78	2		8	3	5	7
制造业	25684	210	263	2121	1425	431	2226
电力、热力、燃气及水生产和供应业	1193	19	21	111	89	32	80
建筑业	35130	428	369	2440	2227	654	1490

人员地区分布情况

门头沟区	房山区	通州区	顺义区	昌平区	大兴区	怀柔区	平谷区	密云区	延庆区	北京经济技术开发区
20663	**51332**	**55685**	**37492**	**56695**	**49079**	**48177**	**30103**	**32308**	**9131**	**15534**
20605	51211	55257	36775	56365	48811	47959	29916	32147	9105	14768
566	1091	701	907	816	798	454	480	489	542	75
718	1257	894	1020	899	1566	827	750	571	866	25
156	193	338	130	271	272	33	79	54	50	25
3	3		1	3	5	3		2	3	
9	6	10	2	13	7	1	2	2	2	1
				1	1				1	
		2		7			1		2	
21	15	18	56	35	30	9	17	7	14	22
695	2237	1914	2025	2356	1814	1267	1096	1040	403	1358
25	86	123	112	152	104	39	51	53	36	100
264	1797	1564	841	1296	1531	1001	327	802	317	208
244	410	276	342	573	316	267	360	214	63	396
17361	43079	48376	30305	48587	40911	43148	25727	27756	6136	12331
53	79	118	129	172	106	45	57	56	22	115
490	958	923	905	1184	1350	865	969	1101	648	112
24	37	111	215	89	73	71	56	63	9	218
5	14	29	73	33	30	28	25	20	3	65
3	4	1	11	5	2	4	2	1		3
16	19	80	124	50	41	39	27	40	4	148
		1	6	1			2	1	2	2
			1					1		
34	84	317	502	241	195	147	131	98	17	548
17	41	127	156	96	83	64	70	35	8	184
	5	3	15	7	7	1	4	2		6
17	38	183	323	136	100	79	57	61	8	344
		4	5	1	3	3			1	11
			3	1	2					3
51	103	85	146	166	88	33	11	37	22	89
20612	51229	55600	37346	56529	48991	48144	30092	32271	9109	15445
2537	5203	5641	5628	4711	5878	5528	3780	5136	1134	1260
18126	46129	50044	31864	51984	43201	42649	26323	27172	7997	14274
33	37	27	34	8	40	47	22	29	35	
8	21		7	1	1	1	3	9		2
680	1886	3296	2760	2267	3331	1089	1298	1225	346	830
38	98	119	80	161	83	67	45	61	44	45
1874	3341	2357	2935	2395	2612	4430	2476	3912	760	430

1-4 续表 1

项 目	法人单位数（个）	东城区	西城区	朝阳区	丰台区	石景山区	海淀区
批发和零售业	273395	11937	13620	49905	34579	7957	27496
交通运输、仓储和邮政业	19176	393	406	3144	1973	285	901
住宿和餐饮业	34458	2092	2150	7797	3240	747	4174
信息传输、软件和信息技术服务业	77152	2171	3109	13779	4998	4245	25263
金融业	12796	1452	1733	4362	566	325	2153
房地产业	26885	1649	1644	6225	2453	684	3115
租赁和商务服务业	184764	10181	9454	51755	13370	5987	27951
科学研究和技术服务业	154187	5437	4761	39110	10018	3659	46307
水利、环境和公共设施管理业	7346	184	205	660	563	176	632
居民服务、修理和其他服务业	36756	1334	1598	7189	7082	1218	3749
教育	21236	958	1374	4250	1297	952	3421
卫生和社会工作	6607	386	431	1494	569	213	852
文化、体育和娱乐业	53885	3836	2807	18699	3329	1800	7257
公共管理、社会保障和社会组织	17478	1450	1693	1915	959	486	1928
五、按行业大类分							
农、林、牧、渔业	413			37	26		38
农、林、牧、渔专业及辅助性活动	413			37	26		38
采矿业	78	2		8	3	5	7
煤炭开采和洗选业	14	1			1		
石油和天然气开采业	2	1		1			
黑色金属矿采选业	10					1	
有色金属矿采选业	4						1
非金属矿采选业	23			3	1	1	
开采专业及辅助性活动	23			4	1	3	5
其他采矿业	2						1
制造业	25684	210	263	2121	1425	431	2226
农副食品加工业	613	3	3	42	22	4	43
食品制造业	683	1	4	81	29	2	28
酒、饮料和精制茶制造业	288	2	2	9	23	7	7
烟草制品业	1						
纺织业	334	2	4	30	19	5	13
纺织服装、服饰业	1365	33	17	130	61	16	46
皮革、毛皮、羽毛及其制品和制鞋业	190	6	3	12	13	2	17
木材加工和木、竹、藤、棕、草制品业	477		1	41	11	3	13
家具制造业	726	5	2	59	19	5	21
造纸和纸制品业	626	3		42	18	2	23
印刷和记录媒介复制业	1237	26	50	126	78	20	108
文教、工美、体育和娱乐用品制造业	653	11	12	89	21	12	45
石油、煤炭及其他核燃料加工业	137		2	5	5	1	4
化学原料和化学制品制造业	1158	5	7	75	38	13	78
医药制造业	548	2	1	28	24	6	50
化学纤维制造业	20				1		

门头沟区	房山区	通州区	顺义区	昌平区	大兴区	怀柔区	平谷区	密云区	延庆区	北京经济技术开发区
6524	17497	18223	11015	18185	17815	13900	9274	9419	2060	3989
244	1300	1220	2810	1146	1810	830	1243	774	485	212
374	2702	2028	1625	2275	2123	1148	583	632	270	498
1176	3203	2113	1436	4523	1866	3974	1398	1904	308	1686
66	633	134	400	169	142	140	144	138	47	192
450	1417	1646	1164	1591	1291	793	840	1116	329	478
3574	7345	8853	5532	7454	7231	9543	6197	5726	1971	2640
2938	4773	7724	2400	8651	3766	5060	3193	2888	516	2986
310	607	644	380	513	528	674	275	678	252	65
601	1976	1952	1518	2138	2125	1621	769	1180	304	402
293	1064	1278	916	1840	1158	956	456	470	263	290
86	364	252	284	512	400	197	188	206	95	78
717	1832	2907	1120	1898	1518	3037	1007	1221	289	611
677	1236	912	1076	968	1239	670	692	720	757	100
33	37	27	34	8	40	47	22	29	35	
33	37	27	34	8	40	47	22	29	35	
8	21		7	1	1	1	3	9		2
2	10									
						1		8		
			2				1			
6	11		1							
			3	1	1		2	1		2
			1							
680	1886	3296	2760	2267	3331	1089	1298	1225	346	830
7	74	85	92	44	67	35	45	34	10	3
12	74	75	87	57	95	45	37	24	15	17
11	50	15	26	14	27	31	29	23	6	6
		1								
7	17	25	66	12	53	15	43	14	9	
37	45	109	185	54	338	36	117	99	17	25
9	8	22	14	5	52	3	14	4	1	5
12	21	111	39	36	105	26	19	34	4	1
16	51	176	77	57	171	30	15	17	1	4
11	69	129	65	48	105	39	39	21	8	4
29	55	172	108	101	158	53	31	76	11	35
26	32	113	67	63	62	40	26	26	3	5
3	19	15	17	3	42	3	5	10	3	
23	155	200	115	87	163	36	72	41	12	38
7	35	50	40	73	89	34	22	23	10	54
1	2	2	3		1	3	3	1		3

1-4 续表 2

项　　目	法人单位数（个）	东城区	西城区	朝阳区	丰台区	石景山区	海淀区
橡胶和塑料制品业	923	8	11	27	32	11	18
非金属矿物制品业	1691	1	8	141	75	33	75
黑色金属冶炼和压延加工业	108			20	3	4	7
有色金属冶炼和压延加工业	144	1	3	5	7	2	16
金属制品业	2638	4	9	200	118	25	129
通用设备制造业	2469	12	18	166	214	34	261
专用设备制造业	2295	11	19	220	135	51	303
汽车制造业	645	3	5	44	27	6	30
铁路、船舶、航空航天和其他运输设备制造业	259	2		18	45	6	43
电气机械和器材制造业	1542	15	19	117	81	27	151
计算机、通信和其他电子设备制造业	1334	14	20	153	67	24	380
仪器仪表制造业	903	13	16	79	42	24	219
其他制造业	164	4	1	14	63	2	7
废弃资源综合利用业	39			4	1	2	3
金属制品、机械和设备修理业	1474	23	26	144	133	82	88
电力、热力、燃气及水生产和供应业	1193	19	21	111	89	32	80
电力、热力生产和供应业	819	18	17	87	69	25	53
燃气生产和供应业	79		1	4	6	1	5
水的生产和供应业	295	1	3	20	14	6	22
建筑业	35130	428	369	2440	2227	654	1490
房屋建筑业	6069	52	47	238	261	68	158
土木工程建筑业	5750	52	42	292	277	77	269
建筑安装业	3738	72	89	340	314	77	266
建筑装饰、装修和其他建筑业	19573	252	191	1570	1375	432	797
批发和零售业	273395	11937	13620	49905	34579	7957	27496
批发业	106126	3652	5045	23697	11050	2875	10215
零售业	167269	8285	8575	26208	23529	5082	17281
交通运输、仓储和邮政业	19176	393	406	3144	1973	285	901
铁路运输业	24	1	4	1	9		6
道路运输业	12087	145	178	1467	1470	188	469
水上运输业	59		2	31	1	2	9
航空运输业	235	12	5	53	16	3	13
管道运输业	9		1	4	1		
多式联运和运输代理业	3547	179	167	1126	259	49	246
装卸搬运和仓储业	2528	18	16	323	168	27	102
邮政业	687	38	33	139	49	16	56
住宿和餐饮业	34458	2092	2150	7797	3240	747	4174
住宿业	5585	554	619	844	687	94	680
餐饮业	28873	1538	1531	6953	2553	653	3494
信息传输、软件和信息技术服务业	77152	2171	3109	13779	4998	4245	25263
电信、广播电视和卫星传输服务	1608	60	94	332	126	84	387
互联网和相关服务	8222	256	298	1891	558	395	2788

门头沟区	房山区	通州区	顺义区	昌平区	大兴区	怀柔区	平谷区	密云区	延庆区	北京经济技术开发区
19	121	127	119	77	141	64	58	69	10	11
64	257	207	209	138	231	55	80	67	37	13
1	5	9	22	7	18	6	3	2	1	
2	6	27	8	19	21	11	4	6	5	1
53	203	472	361	239	344	107	147	142	60	25
90	144	309	222	269	243	60	126	191	42	68
64	113	286	182	232	259	68	95	66	22	169
18	30	63	125	36	47	85	52	48	1	25
5	13	14	29	25	32	2	5	8	3	9
33	80	195	155	145	192	72	103	71	23	63
32	24	62	101	185	49	36	31	19	11	126
23	31	73	59	119	56	31	30	14	5	69
2	5	15	13	6	18	2	3	3		6
	4	6	3	4	4	2	4	2		
63	143	131	151	112	148	59	40	70	16	45
38	98	119	80	161	83	67	45	61	44	45
25	68	72	42	132	48	44	20	43	35	21
2	5	11	7	11	6	6	6	2	2	4
11	25	36	31	18	29	17	19	16	7	20
1874	3341	2357	2935	2395	2612	4430	2476	3912	760	430
433	745	323	392	351	358	988	625	765	204	61
323	602	353	674	499	428	521	427	593	237	84
180	254	257	350	223	326	258	226	355	57	94
938	1740	1424	1519	1322	1500	2663	1198	2199	262	191
6524	17497	18223	11015	18185	17815	13900	9274	9419	2060	3989
2562	6106	7840	3995	5752	7927	5514	3491	3864	551	1990
3962	11391	10383	7020	12433	9888	8386	5783	5555	1509	1999
244	1300	1220	2810	1146	1810	830	1243	774	485	212
							2	1		
152	1081	769	1672	814	1386	554	949	459	213	121
		3		2	2		2	2	2	1
	5	5	74	7	7	3	13	5	6	8
	1			1				1		
46	62	147	648	106	145	50	156	87	20	54
28	114	262	368	180	227	204	96	141	232	22
18	37	34	48	36	43	19	25	78	12	6
374	2702	2028	1625	2275	2123	1148	583	632	270	498
47	674	200	195	288	197	213	49	120	87	37
327	2028	1828	1430	1987	1926	935	534	512	183	461
1176	3203	2113	1436	4523	1866	3974	1398	1904	308	1686
30	67	46	53	75	45	66	36	54	9	44
73	193	236	169	330	174	327	80	184	25	245

1-4 续表 3

项目	法人单位数（个）	东城区	西城区	朝阳区	丰台区	石景山区	海淀区
软件和信息技术服务业	67322	1855	2717	11556	4314	3766	22088
金融业	12796	1452	1733	4362	566	325	2153
货币金融服务	1267	120	166	308	87	44	184
资本市场服务	9971	1181	1343	3555	360	216	1738
保险业	919	87	145	305	81	34	117
其他金融业	639	64	79	194	38	31	114
房地产业	26885	1649	1644	6225	2453	684	3115
房地产业	26885	1649	1644	6225	2453	684	3115
租赁和商务服务业	184764	10181	9454	51755	13370	5987	27951
租赁业	12086	174	180	1450	1035	303	643
商务服务业	172678	10007	9274	50305	12335	5684	27308
科学研究和技术服务业	154187	5437	4761	39110	10018	3659	46307
研究和试验发展	7105	371	511	1035	642	328	1505
专业技术服务业	46512	1650	2097	10266	4036	1620	9252
科技推广和应用服务业	100570	3416	2153	27809	5340	1711	35550
水利、环境和公共设施管理业	7346	184	205	660	563	176	632
水利管理业	368		22	17	19	5	40
生态保护和环境治理业	904	24	34	92	65	32	175
公共设施管理业	5950	152	142	536	473	134	402
土地管理业	124	8	7	15	6	5	15
居民服务、修理和其他服务业	36756	1334	1598	7189	7082	1218	3749
居民服务业	18191	899	1030	4572	1549	691	2202
机动车、电子产品和日用产品修理业	8483	245	335	1469	845	334	1008
其他服务业	10082	190	233	1148	4688	193	539
教育	21236	958	1374	4250	1297	952	3421
教育	21236	958	1374	4250	1297	952	3421
卫生和社会工作	6607	386	431	1494	569	213	852
卫生	4308	275	284	1139	359	110	616
社会工作	2299	111	147	355	210	103	236
文化、体育和娱乐业	53885	3836	2807	18699	3329	1800	7257
新闻和出版业	1785	310	370	396	86	40	393
广播、电视、电影和影视录音制作业	9542	427	421	3978	492	353	1013
文化艺术业	14217	1105	723	4823	688	280	2585
体育	4213	297	245	1194	387	133	428
娱乐业	24128	1697	1048	8308	1676	994	2838
公共管理、社会保障和社会组织	17478	1450	1693	1915	959	486	1928
中国共产党机关	265	26	37	9	13	12	26
国家机构	4099	323	428	352	226	151	270
人民政协、民主党派	67	16	19	11	5	1	4
社会保障	73	6	9	16	6	2	9
群众团体、社会团体和其他成员组织	5842	890	925	912	309	169	965
基层群众自治组织	7132	189	275	615	400	151	654

门头沟区	房山区	通州区	顺义区	昌平区	大兴区	怀柔区	平谷区	密云区	延庆区	北京经济技术开发区
1073	2943	1831	1214	4118	1647	3581	1282	1666	274	1397
66	633	134	400	169	142	140	144	138	47	192
17	45	42	73	24	40	20	31	32	20	14
37	552	65	279	123	69	102	87	92	17	155
9	14	24	16	17	25	8	17	10	3	7
3	22	3	32	5	8	10	9	4	7	16
450	1417	1646	1164	1591	1291	793	840	1116	329	478
450	1417	1646	1164	1591	1291	793	840	1116	329	478
3574	7345	8853	5532	7454	7231	9543	6197	5726	1971	2640
456	904	862	851	812	930	1260	894	878	349	105
3118	6441	7991	4681	6642	6301	8283	5303	4848	1622	2535
2938	4773	7724	2400	8651	3766	5060	3193	2888	516	2986
145	156	173	157	723	341	184	89	105	39	601
1314	1961	2638	1193	2500	1540	2403	1290	1634	216	902
1479	2656	4913	1050	5428	1885	2473	1814	1149	261	1483
310	607	644	380	513	528	674	275	678	252	65
6	23	37	16	27	10	20	3	119	4	
25	47	80	31	81	50	62	27	36	18	25
264	526	520	320	401	460	589	244	521	226	40
15	11	7	13	4	8	3	1	2	4	
601	1976	1952	1518	2138	2125	1621	769	1180	304	402
251	1060	1007	792	1215	1085	710	321	444	122	241
206	614	585	403	597	565	354	260	454	110	99
144	302	360	323	326	475	557	188	282	72	62
293	1064	1278	916	1840	1158	956	456	470	263	290
293	1064	1278	916	1840	1158	956	456	470	263	290
86	364	252	284	512	400	197	188	206	95	78
42	192	126	201	360	272	87	58	80	44	63
44	172	126	83	152	128	110	130	126	51	15
717	1832	2907	1120	1898	1518	3037	1007	1221	289	611
16	14	28	10	34	34	23	4	13	4	10
162	212	444	181	214	248	884	141	240	16	116
197	371	736	322	505	274	829	330	255	83	111
48	151	213	183	301	217	170	52	72	37	85
294	1084	1486	424	844	745	1131	480	641	149	289
677	1236	912	1076	968	1239	670	692	720	757	100
19	19	16	10	14	17	16	10	9	11	1
211	411	181	312	250	277	141	211	156	166	33
1	1	1	1	1	2	1	1	1	1	
6	1		2	6	3	1	3		1	2
135	183	115	193	159	201	192	154	127	158	55
305	621	599	558	538	739	319	313	427	420	9

1-4 续表 4

项目	法人单位从业人员（人）	东城区	西城区	朝阳区	丰台区	石景山区	海淀区
合　计	**13526403**	**944399**	**1196823**	**2946748**	**1113702**	**382105**	**2817509**
一、按登记注册类型分							
内资	11993501	759672	1118695	2520230	1083665	353675	2501360
国有	1788364	191878	305643	237665	195229	50760	372258
集体	167100	4411	6164	27463	23576	2235	23209
股份合作	59352	3177	4527	7672	14194	2162	7994
国有联营	1187	117	41	223	59	5	545
集体联营	2075	59	78	135	203	6	224
国有与集体联营	1086	126	21	46	325		88
其他联营	278	6	125	14		2	74
国有独资公司	487220	35146	89354	79088	126638	15041	68953
其他有限责任公司	2945248	158812	223982	752101	189042	88710	820231
股份有限公司	921103	106198	211691	156992	24457	14184	222045
私营独资	74511	2880	3917	16069	9180	2657	10102
私营合伙	99860	18503	14186	27824	4078	1092	26042
私营有限责任公司	5050136	219433	237898	1126409	466549	167174	852906
私营股份有限公司	150511	7422	5283	36644	9437	3246	51396
其他	245470	11504	15785	51885	20698	6401	45293
港澳台商投资	736057	72180	52562	188253	11268	16029	194817
与港澳台商合资经营	166649	24116	8299	45035	2410	1197	41717
与港澳台商合作经营	18390	2326	882	6064	7543	60	150
港澳台商独资	478666	38264	43244	125486	841	14772	149710
港澳台商投资股份有限公司	54212	123		1376	336		3207
其他港澳台商投资	18140	7351	137	10292	138		33
外商投资	796845	112547	25566	238265	18769	12401	121332
中外合资经营	299660	29191	12375	52157	8555	9276	54990
中外合作经营	12000	575	279	3453	143	567	847
外资企业	450768	82470	11108	174931	2759	2174	61886
外商投资股份有限公司	24228	183	1781	1766	7302	384	3512
其他外商投资	10189	128	23	5958	10		97
二、按隶属关系分							
中央	1853965	197088	396267	289741	145929	44232	469809
地方	11672438	747311	800556	2657007	967773	337873	2347700
三、按产业分							
第二产业	2035965	46557	98753	178848	204562	73208	229895
第三产业	11490438	897842	1098070	2767900	909140	308897	2587614
四、按行业门类分							
农、林、牧、渔业	1635			320	82		15
采矿业	35706	344		14944	22	12194	44
制造业	968355	10180	9610	55844	45545	12162	117413
电力、热力、燃气及水生产和供应业	107763	857	59095	13246	5508	1643	3708
建筑业	964501	35311	30184	109516	154340	48536	109678

门头沟区	房山区	通州区	顺义区	昌平区	大兴区	怀柔区	平谷区	密云区	延庆区	北京经济技术开发区
161552	**361525**	**477344**	**706029**	**595079**	**517552**	**279677**	**228572**	**264320**	**108378**	**425089**
160775	356840	445898	541622	567258	476536	258537	211253	252434	106304	278747
20280	52430	49837	51323	66937	56043	27538	29756	35957	39537	5293
5849	11605	4593	15782	15185	12844	2698	2358	5712	3251	165
748	1372	3713	1626	2938	3987	296	4051	471	316	108
5	12		2	9	48	35			86	
17	5	55	53	56	88			1062	30	4
				180	106				194	
		11		32			1		13	
1135	11797	2378	18000	7167	6197	2108	13903	2033	2120	6162
15815	59371	101959	133274	97933	86559	28450	34653	25269	13220	115867
7138	10908	6882	43862	41190	18849	4868	7504	10739	1875	31721
676	4199	4912	3152	4237	4224	1952	1085	3386	1187	696
986	812	854	663	1246	1979	262	473	376	182	302
102902	192529	257935	256698	304262	268672	180608	108382	160126	36033	111620
1815	1326	2342	5744	7659	5344	1734	2526	2007	1908	4678
3409	10474	10427	11443	18227	11596	7988	6561	5296	6352	2131
340	1684	13224	88220	4883	24397	4216	3719	6258	1261	52746
177	1027	2287	14429	2165	2621	732	746	4669	583	14439
99	148		393	84	162	129	10	1		339
64	509	10864	26876	2634	21614	3355	2578	1431	174	36250
		73	46356				385	134	504	1718
			166					23		
437	3001	18222	76187	22938	16619	16924	13600	5628	813	93596
293	1820	9867	49666	7022	6058	11145	2756	471	125	43893
	20	1397	384	194	33	14	4023	25		46
144	1161	6668	23309	12538	6658	5714	6821	5132	477	46818
		290	2726	305	2906	51			211	2811
			102	2879	964					28
4756	33065	33126	124530	34178	22385	5044	13552	5524	2907	31832
156796	328460	444218	581499	560901	495167	274633	215020	258796	105471	393257
46665	105076	139490	202659	146906	138917	91032	56337	92422	20654	163984
114887	256449	337854	503370	448173	378635	188645	172235	171898	87724	261105
73	148	72	285	137	111	107	109	93	83	
2723	13		27	375	386		3	2442		2189
9866	44771	81530	137726	99120	84953	43151	28533	34143	10158	143650
593	4178	2318	3279	4233	2273	1228	1695	1353	1120	1436
34056	57719	56484	74874	44498	52552	46967	26306	54720	9442	19318

1-4 续表 5

项　　目	法人单位从业人员（人）	东城区	西城区	朝阳区	丰台区	石景山区	海淀区
批发和零售业	1614022	130001	114315	392724	158049	48584	216418
交通运输、仓储和邮政业	630834	29526	82080	76309	137813	9319	32467
住宿和餐饮业	562668	105095	48541	131607	36394	7836	85274
信息传输、软件和信息技术服务业	1388842	47738	61002	219207	48291	53114	795554
金融业	805624	118461	223586	285549	11530	17414	84125
房地产业	730242	60638	80365	223474	61115	14015	104110
租赁和商务服务业	1872232	143992	130299	600224	179995	51007	303661
科学研究和技术服务业	1404338	70615	99441	346172	100034	31354	479508
水利、环境和公共设施管理业	183881	6416	13505	26773	13362	5889	26747
居民服务、修理和其他服务业	305971	19591	20399	72913	42504	7868	35109
教育	670970	24859	44169	112135	32449	21956	248697
卫生和社会工作	363526	34863	50791	78143	34840	11509	44669
文化、体育和娱乐业	374618	40878	42609	120796	20056	13855	68027
公共管理、社会保障和社会组织	540675	65034	86832	66852	31773	13850	62285
五、按行业大类分							
农、林、牧、渔业	1635			320	82		15
农、林、牧、渔专业及辅助性活动	1635			320	82		15
采矿业	35706	344		14944	22	12194	44
煤炭开采和洗选业	2634	15			5		
石油和天然气开采业	1375	329		1046			
黑色金属矿采选业	14538					12096	
有色金属矿采选业	23						16
非金属矿采选业	146			22	1	1	
开采专业及辅助性活动	16966			13876	16	97	16
其他采矿业	24						12
制造业	968355	10180	9610	55844	45545	12162	117413
农副食品加工业	24722	27	566	782	333	22	3152
食品制造业	46479	2	15	2253	545	27	783
酒、饮料和精制茶制造业	25946	111	13	114	265	50	403
烟草制品业	841						
纺织业	3929	120	18	784	231	5	31
纺织服装、服饰业	38035	1425	143	7947	1536	88	384
皮革、毛皮、羽毛及其制品和制鞋业	2466	323	4	187	28	3	138
木材加工和木、竹、藤、棕、草制品业	3460		5	187	59	15	79
家具制造业	12797	253	26	841	108	22	94
造纸和纸制品业	7387	3		553	97	5	83
印刷和记录媒介复制业	30772	360	4863	1962	1416	134	1611
文教、工美、体育和娱乐用品制造业	8533	1027	256	988	214	32	141
石油、煤炭及其他核燃料加工业	8972		4	37	25	34	728
化学原料和化学制品制造业	28296	19	52	2229	490	897	2413
医药制造业	84889	2320		6117	3763	14	5114
化学纤维制造业	770				4		

门头沟区	房山区	通州区	顺义区	昌平区	大兴区	怀柔区	平谷区	密云区	延庆区	北京经济技术开发区
26154	52219	86287	55902	76113	85425	35832	31395	31529	7581	65494
1337	11332	16697	143104	12469	25843	6617	24442	6824	2896	11759
3525	11396	11999	25641	19926	32981	7087	6123	5315	2951	20977
6802	13797	12015	15513	35226	15647	14707	4722	8106	1202	36199
4452	4594	3371	17983	3448	2796	1732	5993	1491	2007	17092
6222	17288	22415	35659	27200	20024	10276	8850	14018	4338	20235
21677	35320	54730	75368	89875	56403	37667	25553	28606	14634	23221
11993	24486	34443	27341	61436	29917	19944	10929	12319	3124	41282
2690	9084	13164	12317	9368	11177	6500	4523	10597	8986	2783
5256	9366	12654	17342	11097	15112	7568	10515	10424	3295	4958
5417	21311	23159	21579	41367	31523	9738	10605	9085	6893	6028
4653	14758	12500	12328	24597	14651	5665	6644	6045	3804	3066
2651	5569	10762	6141	12122	7846	8866	3390	5134	1933	3983
11412	24176	22744	23620	22472	27932	16025	18242	22076	23931	1419
73	148	72	285	137	111	107	109	93	83	
73	148	72	285	137	111	107	109	93	83	
2723	13		27	375	386		3	2442		2189
2604	10									
								2442		
			7							
119	3									
			8	375	386		3			2189
			12							
9866	44771	81530	137726	99120	84953	43151	28533	34143	10158	143650
8	1965	3439	3706	1787	2559	3106	1331	682	1024	233
82	1202	5990	6464	1271	8199	7490	6376	519	336	4925
108	942	208	12530	429	1683	3259	559	2482	41	2749
		841								
185	170	189	813	190	221	45	696	158	73	
413	1092	2618	6472	1015	8385	238	1504	2031	2320	424
54	20	741	157	57	572	17	25	54	1	85
30	291	1275	362	222	458	125	35	283	28	6
52	339	3682	3324	646	2680	589	29	81	8	23
18	1159	1242	1001	274	579	311	743	645	60	614
100	431	4370	4208	1695	3672	536	218	912	55	4229
118	76	1760	1741	665	668	357	315	139	2	34
25	5999	55	596	34	1397	11		7	20	
93	4654	3137	2305	1559	2908	870	425	509	109	5627
505	2135	7105	6744	11573	8303	2299	1383	2456	815	24243
	7	59	11		2	96	16	1		574

1-4 续表 6

项　　目	法人单位从业人员（人）	东城区	西城区	朝阳区	丰台区	石景山区	海淀区
橡胶和塑料制品业	15712	44	335	437	374	218	159
非金属矿物制品业	44414	5	680	4879	2478	516	4436
黑色金属冶炼和压延加工业	2296			181	24	13	60
有色金属冶炼和压延加工业	5037	1	385	314	16	2	1347
金属制品业	38844	1527	156	2077	3932	121	2514
通用设备制造业	65904	72	264	1913	3412	2016	7013
专用设备制造业	85304	764	375	4730	3008	3414	13765
汽车制造业	119693	38	183	1513	1346	192	3380
铁路、船舶、航空航天和其他运输设备制造业	35667	6		1051	10811	106	10663
电气机械和器材制造业	56528	183	341	4094	1775	2061	8812
计算机、通信和其他电子设备制造业	106051	607	285	5983	5377	542	39035
仪器仪表制造业	35458	736	496	2762	1506	364	9085
其他制造业	4784	72	9	96	1512	18	1058
废弃资源综合利用业	975			7	23	1	
金属制品、机械和设备修理业	23394	135	136	826	837	1230	932
电力、热力、燃气及水生产和供应业	107763	857	59095	13246	5508	1643	3708
电力、热力生产和供应业	77615	853	41857	12828	5344	1252	1776
燃气生产和供应业	12992		7769	26	48	37	1807
水的生产和供应业	17156	4	9469	392	116	354	125
建筑业	964501	35311	30184	109516	154340	48536	109678
房屋建筑业	312578	10524	11623	35447	52783	28629	29322
土木工程建筑业	247606	15817	8378	26661	34207	5149	21737
建筑安装业	143727	3438	5631	14410	46282	4052	18408
建筑装饰、装修和其他建筑业	260590	5532	4552	32998	21068	10706	40211
批发和零售业	1614022	130001	114315	392724	158049	48584	216418
批发业	868133	73423	48599	245522	69566	21083	118395
零售业	745889	56578	65716	147202	88483	27501	98023
交通运输、仓储和邮政业	630834	29526	82080	76309	137813	9319	32467
铁路运输业	15634		630		1692		1145
道路运输业	343973	9878	37278	44886	126431	8836	24880
水上运输业	475		108	156	1	4	122
航空运输业	84724	92	1464	1943	3854	9	41
管道运输业	4540		3	1515	1		
多式联运和运输代理业	47363	2739	1171	18044	1705	315	4885
装卸搬运和仓储业	25224	362	790	3883	1708	108	802
邮政业	108901	16455	40636	5882	2421	47	592
住宿和餐饮业	562668	105095	48541	131607	36394	7836	85274
住宿业	146477	21690	17997	31355	11598	2460	29356
餐饮业	416191	83405	30544	100252	24796	5376	55918
信息传输、软件和信息技术服务业	1388842	47738	61002	219207	48291	53114	795554
电信、广播电视和卫星传输服务	101407	10749	24021	10796	3873	1287	39905
互联网和相关服务	251184	6631	7426	53484	4446	7108	155490

门头沟区	房山区	通州区	顺义区	昌平区	大兴区	怀柔区	平谷区	密云区	延庆区	北京经济技术开发区
106	1636	1949	1548	1519	1571	1410	672	1335	106	2293
309	5086	3511	7162	6331	4145	1199	850	929	1563	335
1	5	47	1069	545	257	46	10	33	5	
2	23	1128	164	271	141	975	24	183	61	
450	1608	6949	4737	3832	4056	2244	1124	1575	516	1426
4634	2427	3987	10768	4981	5884	743	1266	3954	1260	11310
539	5685	9429	4950	11598	5032	2455	2357	1770	571	14862
206	2418	5074	28120	26891	9884	10211	5076	8408	18	16735
32	457	306	2116	4585	2194	8	38	343	65	2886
296	1702	6852	2473	6285	4327	2496	1080	3080	608	10063
432	342	2145	7627	4751	1464	739	1083	754	314	34571
495	969	2143	2810	5039	2581	863	942	504	113	4050
	50	199	406	24	216	2	124	65		933
	276	258	103	106	54	97	35	15		
573	1605	842	13239	945	861	314	197	236	66	420
593	4178	2318	3279	4233	2273	1228	1695	1353	1120	1436
421	2558	1187	1464	2874	1431	604	1104	729	687	646
11	148	147	1255	482	90	308	187	193	161	323
161	1472	984	560	877	752	316	404	431	272	467
34056	57719	56484	74874	44498	52552	46967	26306	54720	9442	19318
7377	25125	21986	13827	18143	8969	10618	8924	25243	2541	1497
6319	12622	19407	26197	10973	9697	20125	5016	8689	4546	12066
3308	5106	3724	5652	3082	14478	4299	4453	3775	528	3101
17052	14866	11367	29198	12300	19408	11925	7913	17013	1827	2654
26154	52219	86287	55902	76113	85425	35832	31395	31529	7581	65494
14214	24172	49404	28545	36008	48803	18017	17439	16549	2643	35751
11940	28047	36883	27357	40105	36622	17815	13956	14980	4938	29743
1337	11332	16697	143104	12469	25843	6617	24442	6824	2896	11759
							12167			
610	9170	12496	23181	6922	13675	5331	10778	5026	1683	2912
		6		9	2		4	48	7	8
	29	52	73570	393	2709	37	128	216	125	62
	26			2921				74		
296	149	823	13882	424	433	177	594	248	202	1276
255	1187	1519	7494	882	2398	729	478	1006	809	814
176	771	1801	24977	918	6626	343	293	206	70	6687
3525	11396	11999	25641	19926	32981	7087	6123	5315	2951	20977
971	3026	2588	5604	7921	2521	3401	940	2282	1120	1647
2554	8370	9411	20037	12005	30460	3686	5183	3033	1831	19330
6802	13797	12015	15513	35226	15647	14707	4722	8106	1202	36199
214	4588	657	321	927	386	258	298	499	50	2578
296	639	1277	2799	2541	2782	909	258	1159	106	3833

1-4 续表 7

项目	法人单位从业人员（人）	东城区	西城区	朝阳区	丰台区	石景山区	海淀区
软件和信息技术服务业	1036251	30358	29555	154927	39972	44719	600159
金融业	805624	118461	223586	285549	11530	17414	84125
货币金融服务	221492	51210	91033	25879	6001	4882	13768
资本市场服务	133950	20850	34734	54707	2178	1053	12681
保险业	404340	40902	84542	199145	2532	6808	46998
其他金融业	45842	5499	13277	5818	819	4671	10678
房地产业	730242	60638	80365	223474	61115	14015	104110
房地产业	730242	60638	80365	223474	61115	14015	104110
租赁和商务服务业	1872232	143992	130299	600224	179995	51007	303661
租赁业	93376	3207	2069	30333	5441	2079	7950
商务服务业	1778856	140785	128230	569891	174554	48928	295711
科学研究和技术服务业	1404338	70615	99441	346172	100034	31354	479508
研究和试验发展	228591	10263	13318	39680	25651	5692	91612
专业技术服务业	602604	37553	64806	131160	41380	14517	178326
科技推广和应用服务业	573143	22799	21317	175332	33003	11145	209570
水利、环境和公共设施管理业	183881	6416	13505	26773	13362	5889	26747
水利管理业	10579		2281	266	612	96	2294
生态保护和环境治理业	18879	153	1714	2627	735	477	6656
公共设施管理业	152139	6015	9412	23502	11998	5304	17376
土地管理业	2284	248	98	378	17	12	421
居民服务、修理和其他服务业	305971	19591	20399	72913	42504	7868	35109
居民服务业	96544	5153	6885	27351	8562	3468	10819
机动车、电子产品和日用产品修理业	51633	1646	2245	11264	5001	1507	10810
其他服务业	157794	12792	11269	34298	28941	2893	13480
教育	670970	24859	44169	112135	32449	21956	248697
教育	670970	24859	44169	112135	32449	21956	248697
卫生和社会工作	363526	34863	50791	78143	34840	11509	44669
卫生	332548	33802	48983	71669	31778	10004	41227
社会工作	30978	1061	1808	6474	3062	1505	3442
文化、体育和娱乐业	374618	40878	42609	120796	20056	13855	68027
新闻和出版业	74605	15143	20708	15024	3617	979	15752
广播、电视、电影和影视录音制作业	93439	3622	5571	36081	2899	4070	25413
文化艺术业	77275	11597	11018	22261	4146	1198	12421
体育	43879	3384	1671	13014	3502	4513	5469
娱乐业	85420	7132	3641	34416	5892	3095	8972
公共管理、社会保障和社会组织	540675	65034	86832	66852	31773	13850	62285
中国共产党机关	12091	1794	5099	143	459		853
国家机构	414816	52644	66019	49903	23539	11540	46360
人民政协、民主党派	2267	681	847	236	43		87
社会保障	1272	106	299	200	99	5	408
群众团体、社会团体和其他成员组织	41387	7504	11099	7136	1845	621	7795
基层群众自治组织	68842	2305	3469	9234	5788	1684	6782

门头沟区	房山区	通州区	顺义区	昌平区	大兴区	怀柔区	平谷区	密云区	延庆区	北京经济技术开发区
6292	8570	10081	12393	31758	12479	13540	4166	6448	1046	29788
4452	4594	3371	17983	3448	2796	1732	5993	1491	2007	17092
662	2349	2498	13266	2169	2010	1407	1279	1301	917	861
158	1174	262	3889	1005	265	143	244	165	46	396
3629	45	609	130	175	492	98	4350	19	1038	12828
3	1026	2	698	99	29	84	120	6	6	3007
6222	17288	22415	35659	27200	20024	10276	8850	14018	4338	20235
6222	17288	22415	35659	27200	20024	10276	8850	14018	4338	20235
21677	35320	54730	75368	89875	56403	37667	25553	28606	14634	23221
2459	3347	6160	4536	4275	4984	6165	3486	4281	1802	802
19218	31973	48570	70832	85600	51419	31502	22067	24325	12832	22419
11993	24486	34443	27341	61436	29917	19944	10929	12319	3124	41282
1352	4656	1791	4293	10431	2458	1331	236	294	104	15429
6107	12640	16143	18159	20205	19929	13032	6127	8188	1999	12333
4534	7190	16509	4889	30800	7530	5581	4566	3837	1021	13520
2690	9084	13164	12317	9368	11177	6500	4523	10597	8986	2783
70	432	1108	490	331	277	738	31	1205	348	
116	332	971	425	1380	728	275	279	284	485	1242
2407	8139	10962	11206	7615	9784	5455	4213	9078	8132	1541
97	181	123	196	42	388	32		30	21	
5256	9366	12654	17342	11097	15112	7568	10515	10424	3295	4958
2126	4117	4572	4170	5488	4090	2244	2809	2215	1163	1312
755	2277	2624	2354	2434	2835	1507	1028	1639	602	1105
2375	2972	5458	10818	3175	8187	3817	6678	6570	1530	2541
5417	21311	23159	21579	41367	31523	9738	10605	9085	6893	6028
5417	21311	23159	21579	41367	31523	9738	10605	9085	6893	6028
4653	14758	12500	12328	24597	14651	5665	6644	6045	3804	3066
4366	12668	11295	11361	21176	12918	4763	5387	5057	3287	2807
287	2090	1205	967	3421	1733	902	1257	988	517	259
2651	5569	10762	5141	12122	7846	8866	3390	5134	1933	3983
131	43	671	96	341	1553	179	3	66	17	282
1019	1074	1844	1146	2005	1496	4064	634	1018	286	1197
543	1329	2827	1335	1583	1133	1847	1320	1387	495	835
118	1102	1027	2186	2775	1227	952	401	1154	675	709
840	2021	4393	1378	5418	2437	1824	1032	1509	460	960
11412	24176	22744	23620	22472	27932	16025	18242	22076	23931	1419
163	705	577	101	222	413	548	256	359	399	
8172	18196	16525	17602	17703	21343	11109	14782	18420	19856	1103
34		40	53	40	59	42	36	42	27	
12				143						
375	522	325	538	442	653	563	749	382	639	199
2656	4753	5277	5326	3922	5464	3763	2419	2873	3010	117

1-5 法人单位

项目	法人单位数（个）	1949 年及以前	1950-1952 年	1953-1957 年
合　计	**988619**	**605**	**394**	**908**
一、按登记注册类型分				
内资	973887	604	394	906
国有	17953	405	301	556
集体	15366	22	15	32
股份合作	6005		3	6
国有联营	92			
集体联营	190			
国有与集体联营	20			
其他联营	48			
国有独资公司	1497	5	13	14
其他有限责任公司	74665	4	13	58
股份有限公司	4475	3		1
私营独资	26051			1
私营合伙	15428			
私营有限责任公司	790746	13	11	43
私营股份有限公司	3666			
其他	17685	152	38	195
港澳台商投资	5511	1		1
与港澳台商合资经营	1170			
与港澳台商合作经营	150			
港澳台商独资	4114	1		
港澳台商投资股份有限公司	49			1
其他港澳台商投资	28			
外商投资	9221			1
中外合资经营	2614			1
中外合作经营	142			
外资企业	6308			
外商投资股份有限公司	82			
其他外商投资	75			
二、按隶属关系分				
中央	8732	122	105	185
地方	979887	483	289	723
三、按机构类型分				
企业	947877	42	76	200
机关事业单位	13267	363	243	492
社会团体	5203	49	40	27
民办非企业	5546			2
其他	16726	151	35	187

开业时间情况

1958-1962 年	1963-1965 年	1966-1970 年	1971-1975 年	1976-1980 年	1981-1985 年
839	**283**	**212**	**405**	**1485**	**5332**
838	283	212	405	1479	5302
538	193	110	225	685	1358
59	15	49	69	290	1061
7	4	5	10	48	125
1				1	4
1				3	2
					1
					1
7	7	4	4	22	94
28	21	10	23	95	356
1			2	12	39
1		1	1	5	13
					7
38	16	11	26	150	424
	1			3	2
157	26	22	45	165	1815
				1	16
				1	11
					5
1				5	14
				2	5
					1
1				3	7
					1
145	53	23	43	272	670
694	230	189	362	1213	4662
142	75	73	126	649	2048
512	172	103	212	542	970
38	19	2	5	155	274
2	1	6	2		18
145	16	28	60	139	2022

1-5 续表 1

项　　目	法人单位数（个）	1949 年及以前	1950-1952 年	1953-1957 年
四、按地区分				
东城区	44119	88	73	126
西城区	45638	91	66	209
朝阳区	215001	52	40	78
丰台区	88766	27	25	52
石景山区	29856	11	9	18
海淀区	159040	73	60	130
门头沟区	20663	13	9	26
房山区	51332	19	19	28
通州区	55685	21	12	28
顺义区	37492	20	19	21
昌平区	56695	68	14	64
大兴区	49079	62	12	31
怀柔区	48177	11	4	11
平谷区	30103	30	16	52
密云区	32308	11	6	11
延庆区	9131	7	10	21
北京经济技术开发区	15534	1		2
五、按产业分				
第二产业	60588	7	13	52
第三产业	928031	598	381	856
六、按行业门类分				
农、林、牧、渔业	413			
采矿业	78	1		
制造业	25684	6	10	36
电力、热力、燃气及水生产和供应业	1193			
建筑业	35130		3	16
批发和零售业	273395	10	15	43
交通运输、仓储和邮政业	19176	2	1	9
住宿和餐饮业	34458	4	6	5
信息传输、软件和信息技术服务业	77152	2		4
金融业	12796	2	1	1
房地产业	26885	4	20	39
租赁和商务服务业	184764	21	14	26
科学研究和技术服务业	154187	8	26	87
水利、环境和公共设施管理业	7346	5	4	13
居民服务、修理和其他服务业	36756	2	1	9

1958-1962 年	1963-1965 年	1966-1970 年	1971-1975 年	1976-1980 年	1981-1985 年
107	30	19	29	164	397
127	33	24	35	211	474
80	37	23	41	174	558
36	36	16	23	104	239
14	14	6	25	51	99
118	55	30	42	212	490
27	4	6	9	36	193
28	4	7	34	91	612
27	11	5	17	63	440
77	7	15	13	67	363
47	6	8	17	56	198
53	11	24	40	108	336
11	5	2	17	41	326
46	9	9	35	42	163
22	17	13	18	33	186
18	3	5	10	31	250
1	1			1	8
40	24	31	51	286	637
799	259	181	354	1199	4695
				1	4
			1	4	1
35	21	30	38	215	466
1				9	8
4	3	1	12	60	179
28	19	11	20	105	459
4	3	2	4	20	68
5	2	3	12	30	160
3	1		2	10	23
				6	36
48	23	15	22	94	256
23	6	16	29	99	599
78	43	18	35	120	207
20	10	3	9	43	51
9	1	1	13	24	86

1-5 续表 2

项　目	法人单位数（个）	1949 年及以前	1950-1952 年	1953-1957 年
教育	21236	216	114	189
卫生和社会工作	6607	25	23	80
文化、体育和娱乐业	53885	24	35	61
公共管理、社会保障和社会组织	17478	273	121	290
七、按行业大类分				
农、林、牧、渔业	413			
农、林、牧、渔专业及辅助性活动	413			
采矿业	78	1		
煤炭开采和洗选业	14			
石油和天然气开采业	2			
黑色金属矿采选业	10	1		
有色金属矿采选业	4			
非金属矿采选业	23			
开采专业及辅助性活动	23			
其他采矿业	2			
制造业	25684	6	10	36
农副食品加工业	613			2
食品制造业	683			1
酒、饮料和精制茶制造业	288			
烟草制品业	1			
纺织业	334		1	
纺织服装、服饰业	1365			5
皮革、毛皮、羽毛及其制品和制鞋业	190			
木材加工和木、竹、藤、棕、草制品业	477			
家具制造业	726			2
造纸和纸制品业	626			
印刷和记录媒介复制业	1237	3	5	6
文教、工美、体育和娱乐用品制造业	653			4
石油、煤炭及其他核燃料加工业	137			
化学原料和化学制品制造业	1158		1	
医药制造业	548			1
化学纤维制造业	20			
橡胶和塑料制品业	923			
非金属矿物制品业	1691			1
黑色金属冶炼和压延加工业	108			1
有色金属冶炼和压延加工业	144			
金属制品业	2638	1		1
通用设备制造业	2469	1	2	1

1958-1962 年	1963-1965 年	1966-1970 年	1971-1975 年	1976-1980 年	1981-1985 年
216	62	44	79	122	220
74	23	32	42	47	106
24	6	2	13	75	160
267	60	34	74	401	2243
				1	4
				1	4
			1	4	1
				2	
			1		
				2	1
35	21	30	38	215	466
	1			3	6
1				1	9
			1	4	3
		1			
1	1			1	12
	1	1	4	11	21
1		1		2	4
				1	3
			1	1	7
			1	7	23
3	1	1	2	52	96
1	1			12	11
			1		2
1		1	1	4	10
			2	8	15
1	2	2	1	6	13
1	1	2	2	29	49
1					
	1	1			7
2		1	5	18	43
4	2	5	6	18	37

1-5 续表 3

项　　目	法人单位数（个）	1949年及以前	1950-1952年	1953-1957年
专用设备制造业	2295	1		2
汽车制造业	645		1	2
铁路、船舶、航空航天和其他运输设备制造业	259			2
电气机械和器材制造业	1542			
计算机、通信和其他电子设备制造业	1334			1
仪器仪表制造业	903			3
其他制造业	164			1
废弃资源综合利用业	39			
金属制品、机械和设备修理业	1474			
电力、热力、燃气及水生产和供应业	1193			
电力、热力生产和供应业	819			
燃气生产和供应业	79			
水的生产和供应业	295			
建筑业	35130		3	16
房屋建筑业	6069		3	9
土木工程建筑业	5750			5
建筑安装业	3738			2
建筑装饰、装修和其他建筑业	19573			
批发和零售业	273395	10	15	43
批发业	106126	2	6	16
零售业	167269	8	9	27
交通运输、仓储和邮政业	19176	2	1	9
铁路运输业	24	1		2
道路运输业	12087			1
水上运输业	59			1
航空运输业	235			
管道运输业	9			
多式联运和运输代理业	3547			
装卸搬运和仓储业	2528			5
邮政业	687	1	1	
住宿和餐饮业	34458	4	6	5
住宿业	5585	2	3	3
餐饮业	28873	2	3	2
信息传输、软件和信息技术服务业	77152	2		4
电信、广播电视和卫星传输服务	1608	2		3
互联网和相关服务	8222			
软件和信息技术服务业	67322			1

1958-1962 年	1963-1965 年	1966-1970 年	1971-1975 年	1976-1980 年	1981-1985 年
2	2	2	2	7	18
3	1	1	1	6	5
5	1			3	6
2	1		3	11	30
3	1	6	1	3	8
2	4	5	3	4	7
1			1	1	2
					2
				2	17
1				9	8
1				9	8
4	3	1	12	60	179
2			8	37	78
1	3	1	3	10	36
1			1	5	41
				8	24
28	19	11	20	105	459
13	9	1	8	50	194
15	10	10	12	55	265
4	3	2	4	20	68
3	2		2	8	32
					1
					1
				5	5
1	1	2	2	7	28
					1
5	2	3	12	30	160
5		3	10	20	120
	2		2	10	40
3	1		2	10	23
2			1		1
				1	3
1	1		1	9	19

1-5 续表 4

项　　目	法人单位数（个）	1949 年及以前	1950-1952 年	1953-1957 年
金融业	12796	2	1	1
货币金融服务	1267	2	1	
资本市场服务	9971			1
保险业	919			
其他金融业	639			
房地产业	26885	4	20	39
房地产业	26885	4	20	39
租赁和商务服务业	184764	21	14	26
租赁业	12086			
商务服务业	172678	21	14	26
科学研究和技术服务业	154187	8	26	87
研究和试验发展	7105	2	10	58
专业技术服务业	46512	2	14	24
科技推广和应用服务业	100570	4	2	5
水利、环境和公共设施管理业	7346	5	4	13
水利管理业	368			1
生态保护和环境治理业	904	1		1
公共设施管理业	5950	4	3	11
土地管理业	124		1	
居民服务、修理和其他服务业	36756	2	1	9
居民服务业	18191	2	1	6
机动车、电子产品和日用产品修理业	8483			3
其他服务业	10082			
教育	21236	216	114	189
教育	21236	216	114	189
卫生和社会工作	6607	25	23	80
卫生	4308	24	22	79
社会工作	2299	1	1	1
文化、体育和娱乐业	53885	24	35	61
新闻和出版业	1785	10	16	26
广播、电视、电影和影视录音制作业	9542	6		7
文化艺术业	14217	8	16	24
体育	4213		1	3
娱乐业	24128		2	1
公共管理、社会保障和社会组织	17478	273	121	290
中国共产党机关	265	18	13	8
国家机构	4099	60	34	80
人民政协、民主党派	67	13	5	2
社会保障	73			
群众团体、社会团体和其他成员组织	5842	48	40	27
基层群众自治组织	7132	134	29	173

1958-1962 年	1963-1965 年	1966-1970 年	1971-1975 年	1976-1980 年	1981-1985 年
				6	36
				2	29
					1
				3	1
				1	5
48	23	15	22	94	256
48	23	15	22	94	256
23	6	16	29	99	599
1		1		4	19
22	6	15	29	95	580
78	43	18	35	120	207
54	19	11	9	53	47
20	21	4	16	45	115
4	3	3	10	22	45
20	10	3	9	43	51
11	6	2	3	11	12
2	1		2	1	4
6	3	1	4	31	35
1					
9	1	1	13	24	86
6			9	10	21
2		1	3	9	57
1	1		1	5	8
216	62	44	79	122	220
216	62	44	79	122	220
74	23	32	42	47	106
69	22	31	41	34	51
5	1	1	1	13	55
24	6	2	13	75	160
8			2	39	88
3			4	4	20
10	5	1	7	29	42
3	1			2	4
		1		1	6
267	60	34	74	401	2243
9	2	1	1	13	35
82	24	12	29	144	281
2				3	8
					1
38	19	2	5	156	286
136	15	19	39	85	1632

1-5 续表 5

项　　目	1986-1995 年	1996-2000 年	2001-2004 年	2005-2009 年
合　计	**20016**	**32901**	**73708**	**147530**
一、按登记注册类型分				
内资	19052	32068	71925	143992
国有	4106	1988	2311	1938
集体	4331	1747	2281	1529
股份合作	756	1127	2250	671
国有联营	70	11	2	2
集体联营	34	24	60	21
国有与集体联营	15	3		
其他联营	13	7	9	6
国有独资公司	348	174	174	227
其他有限责任公司	2277	4569	8413	11404
股份有限公司	313	479	701	859
私营独资	349	704	2109	7612
私营合伙	158	286	725	1193
私营有限责任公司	4163	19743	50617	115229
私营股份有限公司	76	214	503	640
其他	2043	992	1770	2661
港澳台商投资	415	279	496	1143
与港澳台商合资经营	186	105	171	188
与港澳台商合作经营	45	35	30	17
港澳台商独资	172	131	284	925
港澳台商投资股份有限公司	11	7	7	6
其他港澳台商投资	1	1	4	7
外商投资	549	554	1287	2395
中外合资经营	222	182	397	491
中外合作经营	40	34	29	16
外资企业	273	329	835	1855
外商投资股份有限公司	10	7	17	16
其他外商投资	4	2	9	17
二、按隶属关系分				
中央	2250	1032	1130	979
地方	17766	31869	72578	146551
三、按机构类型分				
企业	14442	30201	69026	141953
机关事业单位	2045	1327	1982	1582
社会团体	981	295	450	753
民办非企业	109	152	586	975
其他	2439	926	1664	2267

2010-2013 年	2014 年	2015 年	2016 年	2017 年	2018 年
198947	**88690**	**103817**	**112258**	**107503**	**91747**
195932	87835	102904	111297	106549	90880
1524	300	262	613	291	247
2349	145	134	536	614	86
486	141	108	138	107	11
1					
27	4	5	3	6	
1					
2	1	5	4		
202	46	62	33	41	20
13010	5735	7301	7431	7109	6740
739	256	289	299	289	193
6768	1324	1311	1823	2323	1682
2623	1492	3314	2252	1751	1607
165129	77462	88793	96394	92446	79144
668	246	404	396	305	206
2403	683	916	1375	1267	944
1239	403	407	355	383	368
171	65	52	72	82	64
17	1	1	2		2
1036	334	350	279	300	295
8	2	3	1		3
7	1	1	1	1	4
1776	452	506	606	571	499
439	136	159	203	202	172
9	1	5	5	1	1
1301	305	331	385	363	318
17	3	4	6	1	
10	7	7	7	4	8
818	203	186	202	180	130
198129	88487	103631	112056	107323	91617
192752	87536	102448	109565	105168	90335
1320	224	207	563	214	192
606	215	240	420	417	216
976	336	399	711	811	457
3293	379	523	999	893	547

1-5 续表 6

项 目	1986-1995 年	1996-2000 年	2001-2004 年	2005-2009 年
四、按地区分				
东城区	1737	2494	4368	8572
西城区	2440	3030	5207	8863
朝阳区	3062	5914	13429	31618
丰台区	1438	2736	5931	13365
石景山区	428	835	1785	4300
海淀区	3009	6087	15502	26772
门头沟区	493	1284	1891	2032
房山区	1008	1226	2827	7741
通州区	905	1520	4019	9331
顺义区	1103	1167	2856	5444
昌平区	1022	1381	3711	8038
大兴区	1102	1748	4538	9724
怀柔区	638	1062	2378	4162
平谷区	499	1076	2226	2625
密云区	476	643	1624	2561
延庆区	542	351	638	803
北京经济技术开发区	114	347	778	1579
五、按产业分				
第二产业	3591	4803	7896	10344
第三产业	16425	28098	65812	137186
六、按行业门类分				
农、林、牧、渔业	13	16	20	111
采矿业	13	9	19	9
制造业	2576	3253	5376	5928
电力、热力、燃气及水生产和供应业	47	42	146	214
建筑业	1017	1586	2506	4469
批发和零售业	3466	9953	22018	45938
交通运输、仓储和邮政业	522	647	1568	4145
住宿和餐饮业	590	1108	1834	4872
信息传输、软件和信息技术服务业	539	1846	5141	10396
金融业	160	231	474	1249
房地产业	1459	2316	3662	4517
租赁和商务服务业	3001	4082	11340	26691
科学研究和技术服务业	1528	3205	9005	19805
水利、环境和公共设施管理业	237	306	626	1083
居民服务、修理和其他服务业	590	1260	2869	5282

2010-2013 年	2014 年	2015 年	2016 年	2017 年	2018 年
9853	3992	4045	3382	2449	2194
9277	3293	3557	3077	3028	2088
44995	19076	24424	27262	28423	15711
20290	8709	10758	11827	7594	5491
7634	3263	3310	3303	2401	2345
31685	14157	16228	13701	14894	15769
4616	3063	905	1349	2536	2169
8183	2984	3760	5816	7308	9611
11257	4677	5709	5786	5403	6419
7259	2961	3523	4442	4400	3700
12566	5637	6046	7135	5954	4708
7474	3397	3599	4905	5832	5829
7699	3556	4802	8685	7276	7472
6610	4146	5786	3150	2381	1194
5247	3695	4445	5196	4180	3900
1440	565	983	1141	1307	1002
2862	1519	1937	2101	2137	2145
9397	4090	3964	5475	5643	4210
189550	84600	99853	106783	101860	87537
108	28	24	33	31	24
7	5		6	2	1
3775	1029	868	761	724	536
215	73	108	114	129	86
5736	3121	3134	4706	4882	3663
63729	25840	26602	28327	26579	19961
4639	1647	1873	1602	1349	1059
5233	2074	3027	4176	5381	5836
13307	7146	9285	10535	10149	8661
2850	1726	3079	1536	858	579
4493	1901	1706	2288	2138	1865
40382	18910	23646	21146	18425	16105
30038	14534	17078	19418	19740	19084
1413	615	648	846	777	630
6917	2893	3709	4607	4387	4044

1-5 续表 7

项　　目	1986-1995 年	1996-2000 年	2001-2004 年	2005-2009 年
教育	571	567	1327	2574
卫生和社会工作	156	156	512	994
文化、体育和娱乐业	577	1000	3031	7059
公共管理、社会保障和社会组织	2954	1318	2234	2194
七、按行业大类分				
农、林、牧、渔业	13	16	20	111
农、林、牧、渔专业及辅助性活动	13	16	20	111
采矿业	13	9	19	9
煤炭开采和洗选业	4	1	4	1
石油和天然气开采业		1		1
黑色金属矿采选业	3	2	2	
有色金属矿采选业	1		1	
非金属矿采选业	4	2	3	4
开采专业及辅助性活动	1	3	7	3
其他采矿业			2	
制造业	2576	3253	5376	5928
农副食品加工业	45	98	127	148
食品制造业	67	106	134	156
酒、饮料和精制茶制造业	50	48	61	51
烟草制品业				
纺织业	36	48	73	75
纺织服装、服饰业	109	171	300	336
皮革、毛皮、羽毛及其制品和制鞋业	22	35	35	37
木材加工和木、竹、藤、棕、草制品业	28	48	104	178
家具制造业	46	67	170	240
造纸和纸制品业	84	81	148	170
印刷和记录媒介复制业	174	137	235	244
文教、工美、体育和娱乐用品制造业	70	81	107	126
石油、煤炭及其他核燃料加工业	16	24	30	44
化学原料和化学制品制造业	185	200	258	251
医药制造业	81	74	121	94
化学纤维制造业		5	5	4
橡胶和塑料制品业	122	158	240	214
非金属矿物制品业	196	222	473	377
黑色金属冶炼和压延加工业	7	7	24	43
有色金属冶炼和压延加工业	13	24	39	28
金属制品业	287	399	582	623
通用设备制造业	255	315	523	619

2010-2013 年	2014 年	2015 年	2016 年	2017 年	2018 年
3622	1709	2139	2776	2778	1886
963	394	595	848	836	692
9808	4634	5719	7551	7651	6396
1712	411	577	982	687	639
108	28	24	33	31	24
108	28	24	33	31	24
7	5		6	2	1
1				1	
1					
	1		1		
2	2		2		1
3	2		3	1	
3775	1029	868	761	724	536
93	18	17	16	12	26
117	15	21	16	17	22
36	8	8	5	6	7
48	11	7	9	6	5
232	65	46	32	24	7
23	10	9	3	5	3
63	20	8	9	12	3
122	22	19	10	11	8
71	20	10	5	5	1
128	36	31	27	27	29
86	37	34	26	34	23
11	1	2	2	2	2
117	27	36	22	27	17
72	29	12	14	10	15
3	1		2		
103	26	12	13	5	5
177	45	29	31	31	25
14	5	3	1	1	1
14	3	4	2	5	3
361	79	76	59	66	35
378	91	67	58	57	30

1-5 续表 8

项　　目	1986-1995 年	1996-2000 年	2001-2004 年	2005-2009 年
专用设备制造业	182	274	461	526
汽车制造业	50	52	147	162
铁路、船舶、航空航天和其他运输设备制造业	20	33	48	66
电气机械和器材制造业	159	183	337	363
计算机、通信和其他电子设备制造业	104	142	225	256
仪器仪表制造业	83	106	187	181
其他制造业	17	29	30	35
废弃资源综合利用业	7	2	8	8
金属制品、机械和设备修理业	61	84	144	273
电力、热力、燃气及水生产和供应业	47	42	146	214
电力、热力生产和供应业	33	27	84	134
燃气生产和供应业	4	5	15	9
水的生产和供应业	10	10	47	71
建筑业	1017	1586	2506	4469
房屋建筑业	208	183	252	521
土木工程建筑业	180	254	412	689
建筑安装业	205	375	481	574
建筑装饰、装修和其他建筑业	424	774	1361	2685
批发和零售业	3466	9953	22018	45938
批发业	1621	4821	10584	19595
零售业	1845	5132	11434	26343
交通运输、仓储和邮政业	522	647	1568	4145
铁路运输业	1	4	4	7
道路运输业	350	330	968	2602
水上运输业	2	1	3	18
航空运输业	11	13	14	28
管道运输业	1			2
多式联运和运输代理业	75	158	342	806
装卸搬运和仓储业	78	115	201	522
邮政业	4	26	36	160
住宿和餐饮业	590	1108	1834	4872
住宿业	342	392	440	1303
餐饮业	248	716	1394	3569
信息传输、软件和信息技术服务业	539	1846	5141	10396
电信、广播电视和卫星传输服务	32	87	212	369
互联网和相关服务	46	189	556	1072
软件和信息技术服务业	461	1570	4373	8955

2010-2013 年	2014 年	2015 年	2016 年	2017 年	2018 年
392	98	98	73	83	72
124	24	19	14	15	18
30	12	10	10	9	4
233	63	43	53	44	17
233	71	52	95	70	63
142	46	36	40	40	14
15	7	12	3	6	4
4	3	1	2	1	1
333	136	146	109	93	76
215	73	108	114	129	86
159	47	75	95	89	58
13	5	8	4	5	10
43	21	25	15	35	18
5736	3121	3134	4706	4882	3663
713	459	529	909	1130	1026
929	510	498	804	797	609
617	258	239	330	352	253
3477	1894	1868	2663	2603	1775
63729	25840	26602	28327	26579	19961
26372	9478	9458	9709	8327	5786
37357	16362	17144	18618	18252	14175
4639	1647	1873	1602	1349	1059
4	1				
2983	1023	1017	1123	937	696
12	6	6	4	4	1
49	14	19	27	32	27
1	1	2		2	
867	312	341	249	194	191
588	203	391	138	133	113
135	87	97	61	47	31
5233	2074	3027	4176	5381	5836
1155	320	327	304	291	538
4078	1754	2700	3872	5090	5298
13307	7146	9285	10535	10149	8661
306	125	131	175	89	73
1329	802	1068	1179	1081	887
11672	6219	8086	9181	8979	7701

1-5 续表 9

项目	1986-1995 年	1996-2000 年	2001-2004 年	2005-2009 年
金融业	160	231	474	1249
货币金融服务	77	79	78	223
资本市场服务	44	97	169	620
保险业	17	29	182	279
其他金融业	22	26	45	127
房地产业	1459	2316	3662	4517
房地产业	1459	2316	3662	4517
租赁和商务服务业	3001	4082	11340	26691
租赁业	137	263	646	1758
商务服务业	2864	3819	10694	24933
科学研究和技术服务业	1528	3205	9005	19805
研究和试验发展	165	234	575	954
专业技术服务业	747	1307	3305	6697
科技推广和应用服务业	616	1664	5125	12154
水利、环境和公共设施管理业	237	306	626	1083
水利管理业	38	20	48	110
生态保护和环境治理业	22	31	75	115
公共设施管理业	167	249	480	835
土地管理业	10	6	23	23
居民服务、修理和其他服务业	590	1260	2869	5282
居民服务业	130	473	1310	2392
机动车、电子产品和日用产品修理业	383	547	974	1472
其他服务业	77	240	585	1418
教育	571	567	1327	2574
教育	571	567	1327	2574
卫生和社会工作	156	156	512	994
卫生	94	69	408	775
社会工作	62	87	104	219
文化、体育和娱乐业	577	1000	3031	7059
新闻和出版业	260	163	267	330
广播、电视、电影和影视录音制作业	67	154	407	1074
文化艺术业	107	214	696	1755
体育	54	94	288	534
娱乐业	89	375	1373	3366
公共管理、社会保障和社会组织	2954	1318	2234	2194
中国共产党机关	43	17	44	14
国家机构	568	382	765	594
人民政协、民主党派	3	9	6	3
社会保障	3	3	46	8
群众团体、社会团体和其他成员组织	1041	315	462	823
基层群众自治组织	1296	592	911	752

2010-2013 年	2014 年	2015 年	2016 年	2017 年	2018 年
2850	1726	3079	1536	858	579
359	156	92	75	47	47
2204	1475	2887	1323	681	461
169	23	45	88	53	30
118	72	55	50	77	41
4493	1901	1706	2288	2138	1865
4493	1901	1706	2288	2138	1865
40382	18910	23646	21146	18425	16105
2552	1188	1232	1482	1525	1275
37830	17722	22414	19664	16900	14830
30038	14534	17078	19418	19740	19084
1172	577	699	806	970	686
9972	4743	4640	5203	5114	4479
18894	9214	11739	13409	13656	13919
1413	615	648	846	777	630
36	12	12	13	18	15
130	65	101	127	116	108
1224	533	525	696	635	503
23	5	10	10	8	4
6917	2893	3709	4607	4387	4044
3288	1335	1649	2041	2719	2760
1591	654	645	769	702	666
2038	904	1415	1797	966	618
3622	1709	2139	2776	2778	1886
3622	1709	2139	2776	2778	1886
963	394	595	848	836	692
686	246	407	456	409	381
277	148	188	392	427	311
9808	4634	5719	7551	7651	6396
242	72	68	66	84	43
1554	841	1187	1704	1477	1024
2813	1243	1514	2062	2059	1599
597	265	440	592	666	658
4602	2213	2510	3127	3365	3072
1712	411	577	982	687	639
13	1		13	9	11
524	78	71	210	76	85
10		1	2		
7	1		3	1	
757	244	278	519	502	278
401	87	227	235	99	265

1-6 企业单位及从业人员情况

项目	法人单位数（个）	#单产业法人	产业活动单位数（个）	法人单位从业人员（人）
合计	**947877**	**921982**	**1034673**	**11725703**
一、按登记注册类型分				
内资	933154	909055	1006940	10193427
国有	3829	3368	6937	354027
集体	9228	8807	10218	102167
股份合作	6001	5696	6500	59277
国有联营	90	88	107	1027
集体联营	183	171	199	1991
国有与集体联营	20	17	37	1086
其他联营	46	44	47	268
国有独资公司	1495	1157	1961	487192
其他有限责任公司	74606	69685	90807	2943986
股份有限公司	4475	3629	10061	921103
私营独资	24822	24396	25605	57843
私营合伙	14038	13949	14111	67734
私营有限责任公司	790649	774725	835684	5044501
私营股份有限公司	3666	3317	4643	150511
其他	6	6	23	714
港澳台商投资	5510	4782	10717	736047
与港澳台商合资经营	1170	996	1239	166649
与港澳台商合作经营	150	130	155	18390
港澳台商独资	4113	3604	9200	478656
港澳台商投资股份有限公司	49	31	64	54212
其他港澳台商投资	28	21	59	18140
外商投资	9213	8145	17016	796229
中外合资经营	2613	2331	2885	299660
中外合作经营	141	125	142	11883
外资企业	6303	5559	13725	450288
外商投资股份有限公司	82	65	125	24228
其他外商投资	74	65	139	10170
二、按隶属关系分				
中央	5312	4243		1292025
地方	942565	917739		10433678
三、按控股情况分				
国有控股	14797	12228		2567989

1-6 续表 1

项目	法人单位数（个）	#单产业法人	产业活动单位数（个）	法人单位从业人员（人）
集体控股	16700	15810		330548
私人控股	875772	855621		7072306
港澳台商控股	5220	4560		602512
外商控股	7004	6084		667713
其他	28384	27679		484195
四、按开业时间分				
1949 年及以前	42	25	54	21214
1950-1952 年	76	50	99	33305
1953-1957 年	200	125	317	61247
1958-1962 年	142	98	182	36461
1963-1965 年	75	61	111	10293
1966-1970 年	73	62	87	4079
1971-1975 年	126	108	151	9102
1976-1980 年	649	550	757	144806
1981-1985 年	2048	1730	2607	206351
1986-1995 年	14442	12594	16191	1231821
1996-2000 年	30201	26860	33283	1238322
2001-2004 年	69026	64178	76609	1774544
2005-2009 年	141953	136542	157014	2298524
2010-2013 年	192752	188434	209715	1956963
2014 年	87536	86211	92831	590957
2015 年	102448	101016	108934	669054
2016 年	109565	108263	118104	653122
2017 年	105168	104160	115221	501587
2018 年	90335	89899	101328	283951
五、按单位规模分				
大型	2278	917		3321348
中型	10979	7640		2348230
小型	88655	80708		3094319
微型	820876	808908		2571154
六、按地区分				
东城区	41121	39050	48626	778614
西城区	42072	39852	48735	963712
朝阳区	210117	204386	233212	2666770
丰台区	86544	84502	93887	983836

1-6 续表 2

项　　目	法人单位数（个）	#单产业法人	产业活动单位数（个）	法人单位从业人员（人）
石景山区	28780	28107	31022	328184
海淀区	154777	150208	167079	2420281
门头沟区	19266	18534	20260	136206
房山区	48635	47847	52196	292832
通州区	53637	52775	57049	419727
顺义区	35243	34082	39235	644453
昌平区	54330	53080	58882	503528
大兴区	45926	44823	49983	443529
怀柔区	46308	45547	48031	244801
平谷区	28110	27538	29395	192412
密云区	30368	29678	32458	221992
延庆区	7300	7032	8096	66398
北京经济技术开发区	15343	14941	16527	418428
七、按产业分				
第二产业	60569	57864	65495	2035810
第三产业	887308	864118	969178	9689893
八、按行业门类分				
农、林、牧、渔业	249	247	260	1019
采矿业	78	69	102	35706
制造业	25674	24252	27219	968335
电力、热力、燃气及水生产和供应业	1184	1122	1379	107628
建筑业	35130	33878	38413	964501
批发和零售业	272400	265184	304385	1612342
交通运输、仓储和邮政业	19114	18418	21660	630321
住宿和餐饮业	34343	32125	44604	561119
信息传输、软件和信息技术服务业	76939	75141	79900	1374034
金融业	12768	11834	18450	799171
房地产业	26795	24795	33381	728308
租赁和商务服务业	175955	172896	185161	1750020
科学研究和技术服务业	152325	149969	157442	1214284
水利、环境和公共设施管理业	6552	6361	6934	122068
居民服务、修理和其他服务业	36394	35211	39613	299349
教育	15775	15211	16950	184802
卫生和社会工作	3914	3649	4865	79211
文化、体育和娱乐业	52288	51620	53955	293485

1-6 续表 3

项目	法人单位数（个）	#单产业法人	产业活动单位数（个）	法人单位从业人员（人）
九、按行业大类分				
农、林、牧、渔业	249	247	260	1019
农、林、牧、渔专业及辅助性活动	249	247	260	1019
采矿业	78	69	102	35706
煤炭开采和洗选业	14	13	18	2634
石油和天然气开采业	2		9	1375
黑色金属矿采选业	10	9	10	14538
有色金属矿采选业	4	4	6	23
非金属矿采选业	23	23	25	146
开采专业及辅助性活动	23	18	32	16966
其他采矿业	2	2	2	24
制造业	25674	24252	27219	968335
农副食品加工业	613	556	671	24722
食品制造业	683	604	780	46479
酒、饮料和精制茶制造业	288	264	312	25946
烟草制品业	1		1	841
纺织业	332	325	345	3923
纺织服装、服饰业	1363	1293	1419	38028
皮革、毛皮、羽毛及其制品和制鞋业	190	183	207	2466
木材加工和木、竹、藤、棕、草制品业	476	462	494	3460
家具制造业	726	681	754	12797
造纸和纸制品业	626	612	637	7387
印刷和记录媒介复制业	1237	1213	1268	30772
文教、工美、体育和娱乐用品制造业	648	626	686	8526
石油、煤炭及其他核燃料加工业	137	129	152	8972
化学原料和化学制品制造业	1158	1090	1249	28296
医药制造业	548	480	583	84889
化学纤维制造业	20	19	19	770
橡胶和塑料制品业	923	889	965	15712
非金属矿物制品业	1691	1612	1785	44414
黑色金属冶炼和压延加工业	108	107	110	2296
有色金属冶炼和压延加工业	144	139	155	5037
金属制品业	2638	2550	2743	38844
通用设备制造业	2469	2335	2607	65904
专用设备制造业	2295	2132	2437	85304

1-6 续表 4

项　　目	法人单位数（个）	#单产业法人	产业活动单位数（个）	法人单位从业人员（人）
汽车制造业	645	594	701	119693
铁路、船舶、航空航天和其他运输设备制造业	259	233	271	35667
电气机械和器材制造业	1542	1439	1639	56528
计算机、通信和其他电子设备制造业	1334	1225	1439	106051
仪器仪表制造业	903	819	985	35458
其他制造业	164	164	177	4784
废弃资源综合利用业	39	38	42	975
金属制品、机械和设备修理业	1474	1439	1586	23394
电力、热力、燃气及水生产和供应业	1184	1122	1379	107628
电力、热力生产和供应业	812	783	919	77492
燃气生产和供应业	78	64	117	12992
水的生产和供应业	294	275	343	17144
建筑业	35130	33878	38413	964501
房屋建筑业	6069	5739	7402	312578
土木工程建筑业	5750	5468	6456	247606
建筑安装业	3738	3524	4025	143727
建筑装饰、装修和其他建筑业	19573	19147	20530	260590
批发和零售业	272400	265184	304385	1612342
批发业	105622	102774	108858	867268
零售业	166778	162410	195527	745074
交通运输、仓储和邮政业	19114	18418	21660	630321
铁路运输业	24	14	62	15634
道路运输业	12057	11689	12965	343752
水上运输业	59	55	74	475
航空运输业	231	216	322	84642
管道运输业	9	6	9	4540
多式联运和运输代理业	3547	3347	4060	47363
装卸搬运和仓储业	2502	2456	2650	25025
邮政业	685	635	1518	108890
住宿和餐饮业	34343	32125	44604	561119
住宿业	5508	5110	6469	145076
餐饮业	28835	27015	38135	416043
信息传输、软件和信息技术服务业	76939	75141	79900	1374034
电信、广播电视和卫星传输服务	1586	1460	2258	99671
互联网和相关服务	8176	7918	8479	248333

1-6 续表 5

项 目	法人单位数（个）	#单产业法人	产业活动单位数（个）	法人单位从业人员（人）
软件和信息技术服务业	67177	65763	69163	1026030
金融业	12768	11834	18450	799171
货币金融服务	1259	1041	4961	217917
资本市场服务	9958	9605	10682	131465
保险业	914	616	2082	404103
其他金融业	637	572	725	45686
房地产业	26795	24795	33381	728308
房地产业	26795	24795	33381	728308
租赁和商务服务业	175955	172896	185161	1750020
租赁业	12056	11851	12507	93286
商务服务业	163899	161045	172654	1656734
科学研究和技术服务业	152325	149969	157442	1214284
研究和试验发展	6442	6270	6760	87711
专业技术服务业	45823	44746	47696	570379
科技推广和应用服务业	100060	98953	102986	556194
水利、环境和公共设施管理业	6552	6361	6934	122068
水利管理业	114	105	132	3974
生态保护和环境治理业	857	820	891	17020
公共设施管理业	5478	5343	5804	99110
土地管理业	103	93	107	1964
居民服务、修理和其他服务业	36394	35211	39613	299349
居民服务业	17879	17009	20210	91339
机动车、电子产品和日用产品修理业	8471	8249	9097	51518
其他服务业	10044	9953	10306	156492
教育	15775	15211	16950	184802
教育	15775	15211	16950	184802
卫生和社会工作	3914	3649	4865	79211
卫生	3180	2935	4082	72564
社会工作	734	714	783	6647
文化、体育和娱乐业	52288	51620	53955	293485
新闻和出版业	1438	1380	1508	50250
广播、电视、电影和影视录音制作业	9476	9384	9741	73312
文化艺术业	13455	13341	13720	50378
体育	3997	3816	4480	35117
娱乐业	23922	23699	24506	84428

1-7 按产业分企业

项目	法人单位数（个）	第二产业	第三产业	产业活动单位数（个）
合　计	**947877**	**60569**	**887308**	**1034673**
一、按登记注册类型分				
内资	933154	58980	874174	1006940
国有	3829	323	3506	6937
集体	9228	1928	7300	10218
股份合作	6001	757	5244	6500
国有联营	90	13	77	107
集体联营	183	13	170	199
国有与集体联营	20	2	18	37
其他联营	46	6	40	47
国有独资公司	1495	196	1299	1961
其他有限责任公司	74606	4404	70202	90807
股份有限公司	4475	448	4027	10061
私营独资	24822	1061	23761	25605
私营合伙	14038	130	13908	14111
私营有限责任公司	790649	49373	741276	835684
私营股份有限公司	3666	326	3340	4643
其他	6		6	23
港澳台商投资	5510	422	5088	10717
与港澳台商合资经营	1170	210	960	1239
与港澳台商合作经营	150	7	143	155
港澳台商独资	4113	193	3920	9200
港澳台商投资股份有限公司	49	12	37	64
其他港澳台商投资	28		28	59
外商投资	9213	1167	8046	17016
中外合资经营	2613	482	2131	2885
中外合作经营	141	25	116	142
外资企业	6303	638	5665	13725
外商投资股份有限公司	82	19	63	125
其他外商投资	74	3	71	139

单位及从业人员情况

		法人单位从业人员（人）		
第二产业	第三产业		第二产业	第三产业
65495	**969178**	**11725703**	**2035810**	**9689893**
63630	943310	10193427	1748166	8445261
415	6522	354027	31557	322470
2107	8111	102167	19561	82606
844	5656	59277	12034	47243
15	92	1027	55	972
14	185	1991	54	1937
3	34	1086	2	1084
6	41	268	12	256
314	1647	487192	159431	327761
6008	84799	2943986	582723	2361263
626	9435	921103	157223	763880
1078	24527	57843	3285	54558
131	13980	67734	1542	66192
51692	783992	5044501	750007	4294494
377	4266	150511	30680	119831
	23	714		714
501	10216	736047	73570	662477
203	1036	166649	30259	136390
7	148	18390	374	18016
281	8919	478656	39662	438994
10	54	54212	3275	50937
	59	18140		18140
1364	15652	796229	214074	582155
487	2398	299660	100763	198897
23	119	11883	6127	5756
827	12898	450288	99227	351061
23	102	24228	6895	17333
4	135	10170	1062	9108

1-7 续表 1

项　　目	法人单位数（个）	第二产业	第三产业	产业活动单位数（个）
二、按隶属关系分				
中央	5312	510	4802	
地方	942565	60059	882506	
三、按控股情况分				
国有控股	14797	1583	13214	
集体控股	16700	2727	13973	
私人控股	875772	54240	821532	
港澳台商控股	5220	314	4906	
外商控股	7004	845	6159	
其他	28384	860	27524	
四、按地区分				
东城区	41121	636	40485	48626
西城区	42072	627	41445	48735
朝阳区	210117	4532	205585	233212
丰台区	86544	3610	82934	93887
石景山区	28780	1036	27744	31022
海淀区	154777	3710	151067	167079
门头沟区	19266	2536	16730	20260
房山区	48635	5201	43434	52196
通州区	53637	5639	47998	57049
顺义区	35243	5627	29616	39235
昌平区	54330	4711	49619	58882
大兴区	45926	5876	40050	49983
怀柔区	46308	5524	40784	48031
平谷区	28110	3779	24331	29395
密云区	30368	5134	25234	32458
延庆区	7300	1131	6169	8096
北京经济技术开发区	15343	1260	14083	16527

		法人单位从业人员（人）		
第二产业	第三产业		第二产业	第三产业
		1292025	360317	931708
		10433678	1675493	8758185
		2567989	665532	1902457
		330548	62208	268340
		7072306	1060225	6012081
		602512	55531	546981
		667713	160585	507128
		484195	31729	452466
781	47845	778614	46557	732057
739	47996	963712	98753	864959
5224	227988	2666770	178848	2487922
3961	89926	983836	204562	779274
1157	29865	328184	73147	255037
4042	163037	2420281	229895	2190386
2716	17544	136206	46665	89541
5678	46518	292832	105074	187758
6018	51031	419727	139479	280248
6140	33095	644453	202659	441794
5014	53868	503528	146906	356622
6233	43750	443529	138913	304616
5758	42273	244801	91019	153782
3993	25402	192412	56337	136075
5446	27012	221992	92358	129634
1249	6847	66398	20654	45744
1346	15181	418428	163984	254444

1-8 机关、事业法人单位及从业人员情况

项目	法人单位数（个）	单产业法人	多产业法人	法人单位从业人员（人）	#女性
合计	**13267**	**12769**	**498**	**1462019**	**750420**
一、按登记注册类型分					
内资	13266	12768	498	1461902	750355
国有	12072	11588	484	1411616	720943
集体	414	403	11	21835	12743
股份合作	1	1		67	55
国有联营	1	1		85	28
集体联营	2	2		83	64
其他	776	773	3	28216	16522
外商投资	1	1		117	65
中外合作经营	1	1		117	65
二、按隶属关系分					
中央	2309	2256	53	542667	250853
地方	10958	10513	445	919352	499567
三、按地区分					
东城区	1304	1290	14	145645	72348
西城区	1642	1619	23	205177	102327
朝阳区	1597	1571	26	209559	111866
丰台区	851	826	25	105551	55727
石景山区	475	459	16	47140	23455
海淀区	1569	1551	18	343583	171101
门头沟区	459	424	35	19027	10265
房山区	963	944	19	50457	27084
通州区	585	552	33	45163	25028
顺义区	758	719	39	45032	25813
昌平区	805	783	22	65166	34533
大兴区	698	643	55	55895	29607
怀柔区	366	353	13	25556	12639
平谷区	384	338	46	27131	12860
密云区	375	320	55	33793	16606
延庆区	372	317	55	33456	16762
北京经济技术开发区	64	60	4	4688	2399
四、按行业门类分					
农、林、牧、渔业	15	15		185	66
电力、热力、燃气及水生产和供应业	8	8		135	31
交通运输、仓储和邮政业	22	22		346	92
住宿和餐饮业	26	26		1344	621
信息传输、软件和信息技术服务业	170	169	1	14606	6163
金融业	21	19	2	5526	2728
房地产业	84	84		1894	658
租赁和商务服务业	1038	1031	7	39330	16776
科学研究和技术服务业	1401	1385	16	187464	73371
水利、环境和公共设施管理业	653	643	10	60549	19581
居民服务、修理和其他服务业	225	224	1	5382	2179
教育	2944	2847	97	389056	245272
卫生和社会工作	1128	1023	105	247058	177412
文化、体育和娱乐业	1028	1019	9	78698	37399
公共管理、社会保障和社会组织	4504	4254	250	430446	168071
五、按行业大类分					
农、林、牧、渔业	15	15		185	66
农、林、牧、渔专业及辅助性活动	15	15		185	66
电力、热力、燃气及水生产和供应业	8	8		135	31

1-8 续表 1

项目	法人单位数（个）	单产业法人	多产业法人	法人单位从业人员（人）	#女性
电力、热力生产和供应业	7	7		123	27
水的生产和供应业	1	1		12	4
交通运输、仓储和邮政业	22	22		346	92
道路运输业	12	12		73	29
航空运输业	4	4		82	30
装卸搬运和仓储业	4	4		180	30
邮政业	2	2		11	3
住宿和餐饮业	26	26		1344	621
住宿业	24	24		1331	616
餐饮业	2	2		13	5
信息传输、软件和信息技术服务业	170	169	1	14606	6163
电信、广播电视和卫星传输服务	22	22		1736	746
互联网和相关服务	38	38		2787	1245
软件和信息技术服务业	110	109	1	10083	4172
金融业	21	19	2	5526	2728
货币金融服务	6	5	1	2885	1302
资本市场服务	13	12	1	2485	1338
其他金融业	2	2		156	88
房地产业	84	84		1894	658
房地产业	84	84		1894	658
租赁和商务服务业	1038	1031	7	39330	16776
商务服务业	1038	1031	7	39330	16776
科学研究和技术服务业	1401	1385	16	187464	73371
研究和试验发展	466	457	9	139497	52547
专业技术服务业	641	635	6	31919	12840
科技推广和应用服务业	294	293	1	16048	7984
水利、环境和公共设施管理业	653	643	10	60549	19581
水利管理业	155	155		6546	2212
生态保护和环境治理业	44	43	1	1822	806
公共设施管理业	434	425	9	51863	16420
土地管理业	20	20		318	143
居民服务、修理和其他服务业	225	224	1	5382	2179
居民服务业	199	198	1	4060	1603
机动车、电子产品和日用产品修理业	8	8		106	23
其他服务业	18	18		1216	553
教育	2944	2847	97	389056	245272
教育	2944	2847	97	389056	245272
卫生和社会工作	1128	1023	105	247058	177412
卫生	682	579	103	237709	171533
社会工作	446	444	2	9349	5879
文化、体育和娱乐业	1028	1019	9	78698	37399
新闻和出版业	344	342	2	24333	12098
广播、电视、电影和影视录音制作业	63	60	3	20125	9899
文化艺术业	495	493	2	25622	13270
体育	74	72	2	8073	1887
娱乐业	52	52		545	245
公共管理、社会保障和社会组织	4504	4254	250	430446	168071
中国共产党机关	265	255	10	12091	4048
国家机构	4099	3859	240	414816	162337
人民政协、民主党派	67	67		2267	875
社会保障	73	73		1272	811

1-9 社会团体、民办非企业法人单位及从业人员情况

项目	法人单位数（个）	单产业法人	多产业法人	法人单位从业人员（人）	#女性
合计	**10749**	**10734**	**15**	**184152**	**120002**
一、按隶属关系分					
中央	1009	1004	5	16702	8276
地方	9740	9730	10	167450	111726
二、按地区分					
东城区	1168	1167	1	11130	6175
西城区	1314	1308	6	18511	10362
朝阳区	1553	1553		35812	24853
丰台区	742	740	2	16391	10998
石景山区	395	395		4680	3206
海淀区	1524	1522	2	38735	24977
门头沟区	219	219		1412	1066
房山区	496	496		7692	5587
通州区	381	379	2	6457	4469
顺义区	405	405		5431	3484
昌平区	539	539		13899	9409
大兴区	513	513		6759	4567
怀柔区	455	455		5192	2799
平谷区	376	375	1	5725	3909
密云区	326	326		2746	1839
延庆区	249	248	1	1846	1042
北京经济技术开发区	94	94		1734	1260
三、按行业门类分					
农、林、牧、渔业	2	2			
住宿和餐饮业	3	3		36	21
信息传输、软件和信息技术服务业	35	35		184	88
金融业	5	5		237	137
房地产业	2	2		10	5
租赁和商务服务业	449	449		6775	3760
科学研究和技术服务业	371	371		2293	1160
水利、环境和公共设施管理业	26	26		115	73
居民服务、修理和其他服务业	129	129		1223	807
教育	2504	2502	2	97070	70279
卫生和社会工作	1561	1561		37254	24465
文化、体育和娱乐业	474	474		2270	1077
公共管理、社会保障和社会组织	5188	5175	13	36685	18130
四、按行业大类分					
农、林、牧、渔业	2	2			

1-9　续表 1

项　　　目	法人单位数（个）	单产业法人	多产业法人	法人单位从业人员（人）	#女　性
农、林、牧、渔专业及辅助性活动	2	2			
住宿和餐饮业	3	3		36	21
住宿业	3	3		36	21
信息传输、软件和信息技术服务业	35	35		184	88
互联网和相关服务	8	8		64	22
软件和信息技术服务业	27	27		120	66
金融业	5	5		237	137
保险业	5	5		237	137
房地产业	2	2		10	5
房地产业	2	2		10	5
租赁和商务服务业	449	449		6775	3760
商务服务业	449	449		6775	3760
科学研究和技术服务业	371	371		2293	1160
研究和试验发展	196	196		1378	719
专业技术服务业	45	45		256	149
科技推广和应用服务业	130	130		659	292
水利、环境和公共设施管理业	26	26		115	73
生态保护和环境治理业	3	3		37	31
公共设施管理业	22	22		76	41
土地管理业	1	1		2	1
居民服务、修理和其他服务业	129	129		1223	807
居民服务业	113	113		1145	763
机动车、电子产品和日用产品修理业	3	3		9	5
其他服务业	13	13		69	39
教育	2504	2502	2	97070	70279
教育	2504	2502	2	97070	70279
卫生和社会工作	1561	1561		37254	24465
卫生	443	443		22272	14499
社会工作	1118	1118		14982	9966
文化、体育和娱乐业	474	474		2270	1077
新闻和出版业	2	2		3	3
广播、电视、电影和影视录音制作业	3	3		2	2
文化艺术业	256	256		1249	662
体育	142	142		689	221
娱乐业	71	71		327	189
公共管理、社会保障和社会组织	5188	5175	13	36685	18130
群众团体、社会团体和其他成员组织	5188	5175	13	36685	18130

1-10 法人单位主

项目	法人单位数（个）	企业主要财务指标		
		资产总计	负债合计	营业收入
合计	**988619**	**204863933282**	**148990225849**	**18227537026**
一、按登记注册类型分				
内资	973887	195335210120	143569207270	14605855908
国有	17953	79866233635	66391060046	955118752
集体	15366	525236569	346926644	55688623
股份合作	6005	135919529	69598162	32233690
国有联营	92	2669691	1717084	425533
集体联营	190	744966	391803	292625
国有与集体联营	20	2461399	1247351	568864
其他联营	48	312279	277990	113205
国有独资公司	1497	20625867543	6855303504	1952109818
其他有限责任公司	74665	22588375590	15354797134	6187398533
股份有限公司	4475	58506921473	47260148126	2091106767
私营独资	26051	24528989	13405023	16214889
私营合伙	15428	1121355389	167450995	55279832
私营有限责任公司	790746	11517944182	6898386117	3112282411
私营股份有限公司	3666	398455726	197170617	134415258
其他	17685	18183159	11326673	12607108
港澳台商投资	5511	3875802201	2480092185	1567566899
与港澳台商合资经营	1170	733452507	499623648	163684576
与港澳台商合作经营	150	115755153	83342262	16391998
港澳台商独资	4114	2655043571	1700894116	1245402008
港澳台商投资股份有限公司	49	344075876	180424268	127369517
其他港澳台商投资	28	27475093	15807891	14718800
外商投资	9221	5652920961	2940926394	2054114219
中外合资经营	2614	1744041384	1055918990	763921716
中外合作经营	142	73702166	50697948	9357400
外资企业	6308	3342770056	1668145946	1250267034
外商投资股份有限公司	82	457104592	138730965	24230631
其他外商投资	75	35302763	27432544	6337438
二、按隶属关系分				
中央	8732	153137524360	115041582223	6419096042
地方	979887	51726408921	33948643625	11808440983
三、按机构类型分				
企业	947877	181367990207	125632708020	18152730152
机关事业单位	13267	99078584	41465929	35417004
社会团体	5203			
民办非企业	5546	14993203	9508354	10140142
其他	16726	23381871288	23306543545	29249728
四、按控股情况分（仅限企业法人）				
国有控股	14797	142376139942	99510075913	8894175926
集体控股	16700	1265316380	945771895	283072002
私人控股	875772	20990620075	13022598702	5478439240
港澳台商控股	5220	3383856083	2234924137	1387853951
外商控股	7004	4198472034	2097707185	1644536360
其他	28384	8927613667	7640845938	447448450

要财务状况

单位：千元

		非企业主要财务指标			
营业利润	应交增值税	资产总计	负债合计	收入合计	支出（费用）合计
2448482234	**315731691**	**3213195986**	**854423380**	**1604875881**	**1551298177**
1965854561	247676896	3212977406	854381093	1604761864	1551150317
416168354	26641506	2957591394	751910379	1497684070	1444578927
-1941617	1545903	21076139	7254352	12024574	11444904
775801	682001	33668	1455	31246	31089
65572	7489	41368	1135	31448	27543
-30372	12560	34496	6379	34904	33157
-6336	19297				
1034	3606	291	114	354	393
661822073	16073931	3148	4345	4310	3169
333562819	85225690	268478	103302	80598	47673
568284017	49894488				
2225423	413826	1714988	1266012	1830376	1945262
18268111	2505403	4779729	4627407	534947	530820
-43330174	60342772	262535	139579	128688	116428
8847945	3983989				
1141910	313435	227171171	89066632	92376349	92390952
91080603	18123107	24596	75	9244	11166
16844878	4499383				
-1542763	645661				
56643525	12375863	24596	75	9244	11166
16053623	157027				
3081339	450172				
391547069	49926688	193984	42212	104773	136694
88464800	19962851				
656164	253859	51483	31436	11476	30997
300089815	28772700	142501	10776	93297	105697
1341268	721905				
995022	215373				
1654399536	93296567	2050951510	534346359	797721760	751144410
794082698	222435123	1162244476	320077021	807154121	800153767
2441462255	313825584	5983956	2112875	2119266	1965777
3763332	577466	2927615728	753314145	1455372604	1406070077
		84681897	23817714	37764953	32148457
738880	241860	42258679	26254628	31421743	31203816
2517768	1086781	152655726	48924018	78197316	79910050
1911186016	135595244	5983956	2112875	2119266	1965777
4098365	5963784				
71909808	106761106				
72479705	15449430				
328015429	36209542				
46066058	12944043				

1-10 续表 1

项　　目	法人单位数（个）	企业主要财务指标		
		资产总计	负债合计	营业收入
五、按开业时间分				
1949 年及以前	605	361092758	225572143	48630713
1950-1952 年	394	324022183	141282013	127959538
1953-1957 年	908	230222497	155508240	163563291
1958-1962 年	839	106460441	58155720	39836161
1963-1965 年	283	81747108	59771151	64605900
1966-1970 年	212	11921586	5330950	7109471
1971-1975 年	405	43729827	30309054	19817102
1976-1980 年	1485	11853816849	9940944692	296753782
1981-1985 年	5332	26310952947	20192235923	813927597
1986-1995 年	20016	45487042783	33548565973	2532357497
1996-2000 年	32901	49556158272	42853993815	1816721003
2001-2004 年	73708	20631871496	10222645816	3691235585
2005-2009 年	147530	23103142761	14959210650	3482759277
2010-2013 年	198947	13244273976	8639438341	2781378192
2014 年	88690	2918625787	1776502901	601880111
2015 年	103817	5351123678	2493012562	538780663
2016 年	112258	3232250043	2293103970	830379372
2017 年	107503	1564821570	1121147772	307599600
2018 年	91747	449655491	272840205	62226313
六、按单位规模分（仅限企业法人）				
大型	2302	106997951702	74153762002	8802409674
中型	11086	40018954910	29201956787	4746632232
小型	90681	18496176320	12331439770	3002630552
微型	828529	13812422296	8583313943	1421972245
七、按地区分				
东城区	44119	31956028564	20332103520	1912697538
西城区	45638	121148349570	95648451139	2789946571
朝阳区	215001	19151114908	12293999468	3961375354
丰台区	88766	4141426997	2880490351	954098331
石景山区	29856	2108630292	1557770796	493089453
海淀区	159040	13869320939	8312370739	3540601171
门头沟区	20663	436083637	337229329	131172007
房山区	51332	893339149	643594167	390342042
通州区	55685	1285263099	928510367	492147762
顺义区	37492	2672984014	1763370243	835699609
昌平区	56695	1815286523	1014368410	622779953
大兴区	49079	1353167271	961983857	430522733
怀柔区	48177	520148687	353439289	193219999
平谷区	30103	405597747	278481799	114513343
密云区	32308	584431816	432396764	144331712
延庆区	9131	648627056	111435775	45026170
北京经济技术开发区	15534	1874133012	1140229835	1175973278

单位：千元

营业利润	应交增值税	非企业主要财务指标			
		资产总计	负债合计	收入合计	支出（费用）合计
-4508063	378403	363509581	38696602	178127618	174538357
8168739	450178	186983373	18508756	72806315	64851298
4918464	1888900	309089996	112491251	157898783	154768725
1626219	563780	347330272	83405739	162336722	148216163
758680	311962	43296118	13639512	28309869	26782555
403954	627276	55850665	20415782	43119144	38758098
869968	6274	55832066	9861662	30189048	31722817
48055916	8162304	122639180	17481725	66812626	62394381
390225166	10056437	188392039	57944546	118834586	114978849
394262646	58012461	446277080	121436781	231402228	225621044
281109725	42287871	198756549	72684854	96213760	89785552
893244817	49240272	217660238	86070010	137754862	138484751
296512064	68267265	144829385	36366084	101206789	95419229
166361760	41650406	445200253	142128601	77992198	87718603
-19796840	9973656	23710325	3287538	12444638	11700397
-388933	11785892	12879601	2771671	15365555	14856235
25203356	7993868	26180325	10997363	54933979	54189450
-28320911	3317914	12823793	2924079	10891290	9045039
-10253529	753790	11952378	3310819	8235029	7466502
1570291371	130906962				
575633687	89962295				
260859737	65565697				
14804813	25520678				
599980699	28018837	224977823	51910532	141952004	135459344
992869559	61460795	474545741	111901489	320437322	313553044
363937088	65489878	411848184	110822661	198534893	191276510
51461069	11658241	229748289	113330178	122443040	117665318
32898099	7366251	53571051	11856174	40308824	40481880
209845843	59169063	1220892948	214299871	447794496	415436823
3361226	2835673	34263664	11480484	16111240	15257233
5915745	7087231	64853899	30541341	33888361	33531311
10666344	8727991	114029431	54602096	67193229	68430721
67337269	12380699	35739420	9959453	37618727	36636217
35605607	11826753	71311003	25191119	48974751	49458561
11404294	7458660	119118921	79243978	45784094	54271688
4079838	4341886	40893783	9186628	21158897	22038736
-545422	2863147	20399557	6741124	17014252	15555271
-3043838	2677509	18026182	2979349	19023300	18258995
2096276	939193	37099692	9366162	21608782	18671266
60612538	21429885	41876398	1010743	5029671	5315259

1-10 续表 2

项目	法人单位数（个）	企业主要财务指标		
		资产总计	负债合计	营业收入
八、按产业分				
第二产业	60588	8686072596	4728814297	3846840010
第三产业	928031	196177860686	144261411552	14380697016
九、按行业门类分				
农、林、牧、渔业	413	2440324	1182611	504542
采矿业	78	398373184	235469186	55330691
制造业	25684	2671373450	1457764265	1701200013
电力、热力、燃气及水生产和供应业	1193	2186561629	741768639	575921280
建筑业	35130	3523260445	2329626251	1541550069
批发和零售业	273395	6233978342	4427395904	6677103248
交通运输、仓储和邮政业	19176	1595829010	870507125	556477464
住宿和餐饮业	34458	253799994	190489768	141139275
信息传输、软件和信息技术服务业	77152	5220809101	2177069332	1357137678
金融业	12796	148614247370	117079058250	2486168588
房地产业	26885	9688102347	7398655875	651561910
租赁和商务服务业	184764	19262965146	9234659884	1199698450
科学研究和技术服务业	154187	3773022401	1971425872	873101937
水利、环境和公共设施管理业	7346	532903648	306955720	75495520
居民服务、修理和其他服务业	36756	102144497	64197985	50996219
教育	21236	110740137	78704996	58917169
卫生和社会工作	6607	58555022	48553160	36288608
文化、体育和娱乐业	53885	634827233	376741027	188944364
公共管理、社会保障和社会组织	17478			
十、按行业大类分				
农、林、牧、渔业	413	2440324	1182611	504542
农、林、牧、渔专业及辅助性活动	413	2440324	1182611	504542
采矿业	78	398373184	235469186	55330691
煤炭开采和洗选业	14	14759862	6903237	2275165
石油和天然气开采业	2	***	***	***
黑色金属矿采选业	10	322776517	204991703	36713591
有色金属矿采选业	4	158779	57849	24359
非金属矿采选业	23	143970	88346	37827
开采专业及辅助性活动	23	44517871	17214163	14205025
其他采矿业	2	***	***	***
制造业	25684	2671373450	1457764265	1701200013
农副食品加工业	613	41454501	24565615	39651314
食品制造业	683	49781886	24280419	62845730
酒、饮料和精制茶制造业	288	60732752	27843713	29387487
烟草制品业	1	***	***	***
纺织业	334	5113811	2466689	2308729
纺织服装、服饰业	1365	22936455	13690526	16365284
皮革、毛皮、羽毛及其制品和制鞋业	190	2217277	1429226	1316712
木材加工和木、竹、藤、棕、草制品业	477	4486802	3833256	2361044
家具制造业	726	18921722	13101896	11342234
造纸和纸制品业	626	8877353	4494752	8879904

单位：千元

		非企业主要财务指标			
营业利润	应交增值税	资产总计	负债合计	收入合计	支出（费用）合计
207088524	80029575	179786	179187	9996	26149
2241393710	235702116	3213016200	854244193	1604865886	1551272028
-38741	3094	360536	69669	51113	59500
-6992913	908262				
109563856	48280970				
53554123	10303265	179786	179187	9996	26149
49803511	21202239				
145595975	65744540				
41819824	-431814	385071	31074	324552	147366
2016502	2100400	2123439	1206490	90502	98923
299800738	29796208	362618159	68680159	17775916	15620232
1202743656	68461013	15000629	1269687	4001482	3420123
89942866	18383039	9146722	5591966	1116533	1072010
431894676	22846339	169706775	95153362	31645206	38049502
29161530	19269487	613186232	259873094	298677873	271024204
898169	2259087	51034309	16819675	33872523	34014838
-2198516	1402994	5385643	986643	2501065	2431002
-2614102	1592042	548431119	49489002	232419471	224744018
-3526866	27119	192757469	69968321	216369174	214734248
7057945	3583407	266287667	37794615	76367333	68395073
		976592430	247310436	689653141	677460990
-38741	3094	360536	69669	51113	59500
-38741	3094	360536	69669	51113	59500
-6992913	908262				
1009599	329928				
***	***	***	***	***	***
-5179691	318756				
429	98				
4987	4950				
-2825357	96555				
***	***	***	***	***	***
109563856	48280970				
780989	256801				
4089549	3078055				
2910686	1570344				
***	***	***	***	***	***
31397	36426				
256155	679358				
7623	41906				
-49412	44487				
151587	351600				
740098	290596				

1-10 续表 3

项目	法人单位数（个）	企业主要财务指标		
		资产总计	负债合计	营业收入
印刷和记录媒介复制业	1237	31192857	13756007	20546869
文教、工美、体育和娱乐用品制造业	653	14589831	11476295	17623615
石油、煤炭及其他核燃料加工业	137	29710715	14484341	70758266
化学原料和化学制品制造业	1158	61572643	34387929	40486389
医药制造业	548	176454230	73909191	117253663
化学纤维制造业	20	4015503	3616526	404494
橡胶和塑料制品业	923	15995549	8271183	13011400
非金属矿物制品业	1691	164151257	112508647	56556424
黑色金属冶炼和压延加工业	108	9893276	10612053	11185507
有色金属冶炼和压延加工业	144	9831845	3708280	8177231
金属制品业	2638	92448424	48431657	42790224
通用设备制造业	2469	148925811	75504717	69977272
专用设备制造业	2295	246007899	133315411	89417657
汽车制造业	645	577472132	326155080	437447829
铁路、船舶、航空航天和其他运输设备制造业	259	88144009	49778739	44976630
电气机械和器材制造业	1542	153830334	90508642	84164014
计算机、通信和其他电子设备制造业	1334	495858650	269403952	338978773
仪器仪表制造业	903	65031339	30723161	32618742
其他制造业	164	15618672	9932448	11546449
废弃资源综合利用业	39	2855907	1897033	755113
金属制品、机械和设备修理业	1474	48978242	18599881	12957019
电力、热力、燃气及水生产和供应业	1193	2186561629	741768639	575921280
电力、热力生产和供应业	819	1978595803	648236182	511966021
燃气生产和供应业	79	76003107	29713715	47901540
水的生产和供应业	295	131962719	63818741	16053719
建筑业	35130	3523260445	2329626251	1541550069
房屋建筑业	6069	1119195263	819293727	655161028
土木工程建筑业	5750	1943673720	1205144359	591728758
建筑安装业	3738	193451983	127668270	133700691
建筑装饰、装修和其他建筑业	19573	266939478	177519896	160959591
批发和零售业	273395	6233978342	4427395904	6677103248
批发业	106126	5295291298	3710116230	5680596948
零售业	167269	938687044	717279674	996506300
交通运输、仓储和邮政业	19176	1595829010	870507125	556477464
铁路运输业	24	141619752	93573279	28785683
道路运输业	12087	418819085	226644611	142077998
水上运输业	59	1915124	1139756	625682
航空运输业	235	322792219	174214066	146712024
管道运输业	9	184000202	59556655	28084694
多式联运和运输代理业	3547	267518489	119504954	95517952
装卸搬运和仓储业	2528	174861116	155441318	49644696
邮政业	687	84303022	40432486	65028735
住宿和餐饮业	34458	253799994	190489768	141139275
住宿业	5585	186875038	136399443	48660760
餐饮业	28873	66924957	54090325	92478516
信息传输、软件和信息技术服务业	77152	5220809101	2177069332	1357137678

单位：千元

营业利润	应交增值税	非企业主要财务指标			
		资产总计	负债合计	收入合计	支出（费用）合计
1218996	915139				
47129	186333				
2600272	2470360				
1620960	1330672				
20022291	8047110				
46882	11979				
67654	376215				
613077	1842033				
5366	63036				
276212	124708				
849247	911135				
4050836	2269672				
9225443	2829056				
37589257	11793798				
3808966	1311476				
4515973	2293355				
9367828	2559549				
2493137	1355127				
218215	62498				
15074	39881				
1665411	568506				
53554123	10303265	179786	179187	9996	26149
48076500	9187224	178494	178996	6928	23136
3092846	371245				
2384777	744797	1292	191	3068	3013
49803511	21202239				
14217321	7461585				
29292641	7997984				
5334977	2035716				
958572	3706954				
145595975	65744540				
145581777	51790442				
14199	13954098				
41819824	-431814	385071	31074	324552	147366
709711	-2908529				
-901037	1338801	129250	21485	93189	17075
62554	3820				
10207623	-72044	97941	6091	78605	25226
18950019	1500758				
13346164	478499				
871112	-1314418	25241	2759	15348	14758
-1426322	541299	132639	740	137410	90306
2016502	2100400	2123439	1206490	90502	98923
1371647	1144242	1276379	354938	81044	79647
644855	956258	847061	851551	9458	19277
299800738	29796208	362618159	68680159	17775916	15620232

1-10 续表 4

项　　目	法人单位数（个）	企业主要财务指标		
		资产总计	负债合计	营业收入
电信、广播电视和卫星传输服务	1608	2480705847	663013626	147922914
互联网和相关服务	8222	716855464	459053987	405780625
软件和信息技术服务业	67322	2023247791	1055001719	803434138
金融业	12796	148614247370	117079058250	2486168588
货币金融服务	1267	122849617495	106349707827	1257201775
资本市场服务	9971	7875884340	3194676021	110217615
保险业	919	6268029670	4262789837	598616065
其他金融业	639	11620715865	3271884565	520133133
房地产业	26885	9688102347	7398655875	651561910
房地产业	26885	9688102347	7398655875	651561910
租赁和商务服务业	184764	19262965146	9234659884	1199698450
租赁业	12086	254592726	183644791	51140485
商务服务业	172678	19008372420	9051015093	1148557965
科学研究和技术服务业	154187	3773022401	1971425872	873101937
研究和试验发展	7105	422663885	186280668	58311497
专业技术服务业	46512	1792600493	864332332	527483681
科技推广和应用服务业	100570	1557758023	920812871	287306759
水利、环境和公共设施管理业	7346	532903648	306955720	75495520
水利管理业	368	162299663	54158825	9198308
生态保护和环境治理业	904	76589480	44574358	18048196
公共设施管理业	5950	193406154	125776693	42473680
土地管理业	124	100608351	82445843	5775336
居民服务、修理和其他服务业	36756	102144497	64197985	50996219
居民服务业	18191	32346784	23550241	13132263
机动车、电子产品和日用产品修理业	8483	29362657	19749941	19083959
其他服务业	10082	40435055	20897803	18779997
教育	21236	110740137	78704996	58917169
教育	21236	110740137	78704996	58917169
卫生和社会工作	6607	58555022	48553160	36288608
卫生	4308	46661938	40785945	35127620
社会工作	2299	11893083	7767214	1160988
文化、体育和娱乐业	53885	634827233	376741027	188944364
新闻和出版业	1785	175906989	55283950	56394082
广播、电视、电影和影视录音制作业	9542	229984764	148016940	69733139
文化艺术业	14217	56021168	34667181	18902409
体育	4213	51405047	43880742	15359181
娱乐业	24128	121509266	94892213	28555553
公共管理、社会保障和社会组织	17478			
中国共产党机关	265			
国家机构	4099			
人民政协、民主党派	67			
社会保障	73			
群众团体、社会团体和其他成员组织	5842			
基层群众自治组织	7132			

注：1. 主要财务指标不含铁路反馈部门数据。
2. 企业主要财务指标汇总数据范围为执行企业会计制度的单位，非企业主要财务指标汇总数据范围为执行行政事业会计制度和民间非盈利组织会计制度的单位。

单位：千元

		非企业主要财务指标			
营业利润	应交增值税	资产总计	负债合计	收入合计	支出（费用）合计
228024484	1476333	9592477	2072240	2002978	2072185
18186154	5364273	15457688	1188999	5528875	4146786
53590100	22955102	337567994	65418920	10244064	9401261
1202743656	68461013	15000629	1269687	4001482	3420123
558131231	49200432	7782103	902176	2024625	1899625
19316	7812561	6921917	282320	1760431	1303137
203345823	7860554	291463	81687	208406	209431
441247287	3587466	5147	3503	8020	7929
89942866	18383039	9146722	5591966	1116533	1072010
89942866	18383039	9146722	5591966	1116533	1072010
431894676	22846339	169706775	95153362	31645206	38049502
-5752747	2336019				
437647423	20510320	169706775	95153362	31645206	38049502
29161530	19269487	613186232	259873094	298677873	271024204
1456530	667796	468821989	211429446	245094783	222351597
41799527	12323762	108821218	40350102	29797481	27843198
-14094526	6277929	35543025	8093546	23785610	20829409
898169	2259087	51034309	16819675	33872523	34014838
-1501130	595706	12466623	5035217	7306829	8591016
1457354	361817	3720073	246678	1236365	1053311
1473271	1201580	27262927	4788787	25087102	24136099
-531326	99984	7584687	6748993	242226	234412
-2198516	1402994	5385643	986643	2501065	2431002
-1472731	286565	4231543	826173	1933714	1871917
-228412	496215	13451	7073	39831	59651
-497373	620214	1140649	153397	527520	499434
-2614102	1592042	548431119	49489002	232419471	224744018
-2614102	1592042	548431119	49489002	232419471	224744018
-3526866	27119	192757469	69968321	216369174	214734248
-2844187	29989	180934464	64003042	208154529	206536586
-682679	-2870	11823005	5965279	8214645	8197662
7057945	3583407	266287667	37794615	76367333	68395073
7270617	1569643	14322850	2358037	8531041	9312905
6049446	822526	156456427	10504674	43238993	35818536
441232	401403	57700033	3120505	16929747	15821528
-4578030	121050	14508406	710907	5122773	4759074
-2125319	668736	23299951	21100492	2544780	2683030
		976592430	247310436	689653141	677460990
		14927651	1311618	23914471	23080967
		722749145	173912973	547324811	540324817
		4250119	197524	1592083	1418115
		493667	38304	1279630	1265184
		139913821	25249036	110030985	104066458
		94258027	46600982	5511162	7305448

1-11 外商投资企业

项　　目	法人单位数（个）	本年折旧	固定资产净值
合　计	**14446**	**73366141**	**243470358**
一、按登记注册类型分			
港澳台商投资	5462	42895352	94770345
与港澳台商合资经营	1144	6162181	31514783
与港澳台商合作经营	150	1791466	7916931
港澳台商独资	4093	24408288	52509725
港澳台商投资股份有限公司	48	10346141	2267064
其他港澳台投资	27	187277	561842
外商投资	8984	30470789	148700013
中外合资经营	2525	12371470	82066726
中外合作经营	142	320653	3622005
外资企业	6166	16914455	60450303
外商投资股份有限公司	81	725918	2355379
其他外商投资	70	138293	205599
二、按隶属关系分			
中央	98	13913654	9672466
地方	14348	59452488	233797893
三、按产业分			
第二产业	1588	18747843	144881121
第三产业	12858	54618299	98589237
四、按行业门类分			
农、林、牧、渔业	2	***	***
采矿业	2	***	***
制造业	1457	17088729	119126021
电力、热力、燃气及水生产和供应业	27	1821847	26832926
建筑业	130	64380	596885
批发和零售业	2515	3513806	20892705
交通运输、仓储和邮政业	211	14801633	1632819
住宿和餐饮业	390	1252523	12850399
信息传输、软件和信息技术服务业	2131	21843079	3095751
金融业	207	668463	3027546
房地产业	687	3845040	41412615
租赁和商务服务业	3282	5567121	8677040

主要财务状况

单位：千元

在建工程	资产总计	负债合计	年初存货	期末存货
87122748	**9528941742**	**5421060866**	**403156668**	**416185541**
46808004	3875826797	2480092260	179040414	184123543
6823696	733452507	499623648	41948825	33272415
2655688	115755153	83342262	28608683	27766842
15056360	2655068167	1700894191	105280178	119487448
22270123	344075876	180424268	2546661	3200287
2136	27475093	15807891	656066	396551
40314743	5653114945	2940968606	224116254	232061997
28257584	1744041384	1055918990	83061245	89305360
226576	73753649	50729384	14115214	15063766
11298004	3342912557	1668156723	121928320	122977229
515743	457104592	138730965	2678862	2324436
16835	35302763	27432544	2332613	2391206
25623847	1236684548	578470582	5169797	5138887
61498900	8292257193	4842590284	397986872	411046654
27860201	1010792684	564643344	96973183	111114506
59262546	8518149060	4856417523	306183483	305071034
***	***	***	***	***
***	***	***	***	***
23229241	883500289	510474674	94667660	108648319
4638910	109327866	40014647	96150	119476
17437	24461444	17861573	3514608	3868467
1776466	1218443003	845136956	139427846	132961935
22982436	329118689	163931523	1007850	959656
2134939	62537831	36170204	929552	1031891
11107261	1847422255	524970320	7175457	7264941
78413	2430596515	1673453559	91654	85869
4492484	941842099	705274349	141236171	133688457
9611105	1301598711	669017613	5002913	16818648

1-11 续表 1

项　　目	法人单位数（个）	本年折旧	固定资产净值
科学研究和技术服务业	2521	2072996	3429399
水利、环境和公共设施管理业	68	300702	880712
居民服务、修理和其他服务业	179	57728	153178
教育	159	113896	154315
卫生和社会工作	46	87718	108288
文化、体育和娱乐业	431	259694	339028
公共管理、社会保障和社会组织	1	***	***
五、按控股情况分			
国有控股	324	22556046	63405659
集体控股	54	95398	1069638
私人控股	1892	1045306	8789261
港澳台商控股	4772	27579302	80607092
外商控股	6682	21768514	87506010
其他	722	321575	2092699
六、按地区分			
东城区	1225	4501284	23322938
西城区	611	8553810	23068951
朝阳区	6586	15105423	51091766
丰台区	310	1554371	2401254
石景山区	258	1508773	1427817
海淀区	2183	11147049	11544760
门头沟区	58	11479	67219
房山区	121	259237	2132499
通州区	427	1018803	6765418
顺义区	713	14967500	28454144
昌平区	330	878603	4576327
大兴区	268	860310	7586346
怀柔区	218	1274793	6259243
平谷区	187	830940	4796502
密云区	160	615498	3037940
延庆区	26	126937	1661077
北京经济技术开发区	765	10151331	65276157

单位：千元

在建工程	资产总计	负债合计	年初存货	期末存货
2242225	278332870	160193804	7590913	7909197
2954131	40458639	24774811	1349894	1609907
51586	6824541	5068155	389204	439038
92372	7352846	6120907	29275	22100
102301	3796210	2455833	32126	46228
1593218	38171924	32311091	462074	594885
***	***	***	***	***
42689392	1770975268	1003791427	35825082	36034412
541940	14951673	5718344	372046	588912
1657499	204368668	124390046	20215985	22124469
19248518	3217044887	2121935671	167961138	163956337
20643301	4145201344	2061995056	170014969	184274532
2342098	176399901	103230321	8767447	9206879
3097044	467182613	308523252	40627156	33655005
8502677	2075593548	809049150	15223271	15772817
11050019	3937279263	2547924360	142927990	146000961
1007077	102259748	65499071	9800058	7989646
133148	89539138	54619662	324612	559614
5319008	1151383955	596508406	34972908	43281499
632009	2599211	1834582	80905	148616
532435	8667314	3965423	760594	827982
7860123	111863986	72038831	26331099	29940915
26919223	542238732	285177764	30099685	31355239
2043798	125227544	72926389	11856599	12485261
1085940	61676039	30498226	5139300	4859278
1415828	52881698	33197596	4779415	3891831
545479	24385970	15496244	2903533	2263307
632932	28361070	15237511	1628569	1551892
673304	39506357	17632883	241989	321613
15672706	708295554	490931514	75458983	81280063

1-11 续表 2

项目	营业收入	营业成本	税金及附加
合　计	**3496488361**	**2758991548**	**31724956**
一、按登记注册类型分			
港澳台商投资	1547733217	1197206582	9253218
与港澳台商合资经营	157189124	110147940	3037377
与港澳台商合作经营	16391998	10361131	1335996
港澳台商独资	1233129261	964741208	4249548
港澳台商投资股份有限公司	127369252	103763524	478016
其他港澳台投资	13653582	8192779	152280
外商投资	1948755144	1561784966	22471738
中外合资经营	684423054	582142917	15693932
中外合作经营	9357400	5545789	820805
外资企业	1225603269	950906580	5672364
外商投资股份有限公司	24202102	19937813	170240
其他外商投资	5169320	3251866	114397
二、按隶属关系分			
中央	163278173	148894870	949790
地方	3333210188	2610096678	30775166
三、按产业分			
第二产业	897422072	710370238	15254719
第三产业	2599066289	2048621309	16470238
四、按行业门类分			
农、林、牧、渔业	***	***	***
采矿业	***	***	***
制造业	841522132	660454304	15130272
电力、热力、燃气及水生产和供应业	46210057	40949238	135612
建筑业	18128396	15965767	45054
批发和零售业	1556462482	1356220509	3737049
交通运输、仓储和邮政业	189347847	147004532	554325
住宿和餐饮业	39782350	13794631	438508
信息传输、软件和信息技术服务业	416771808	206086523	2438619
金融业	39898508	97948792	859615
房地产业	66607205	31592317	6871012
租赁和商务服务业	192121973	132660174	1023062

单位：千元

投资收益	营业利润	应付职工薪酬（本年贷方累计发生额）	应交增值税
329982860	**482627672**	**346265750**	**68054795**
51679308	91080603	158030798	18128107
10156114	16844878	22947924	4499383
-188085	-1542763	3883082	645661
35471091	56643525	113679835	12375863
6081972	16053623	14236226	157027
158216	3081339	3283732	450172
278303551	391547069	188234952	49926688
46827720	88464800	51489826	19962851
290623	656164	1637882	253859
224144732	300089815	130137576	28772700
5903650	1341268	4061567	721905
1136826	995022	908101	215373
32730719	36585829	21069141	2091790
297252141	446041843	325196609	65963005
16998712	72583261	61642247	23228737
312984146	410044410	284623503	44826059
***	***	***	***
***	***	***	***
12772993	66212314	59757098	22572473
4168720	6260986	3207096	692522
59931	549129	1622164	256566
37297195	73588084	49331145	20795073
248537	17779171	23249819	1068475
297234	3428252	10077352	164748
152424327	196113607	110760551	9169237
58189772	63257683	3103982	4948180
10137788	10743653	12891698	2725504
48896973	44206376	43701030	4323695

1-11 续表 3

项　　目	营业收入	营业成本	税金及附加
科学研究和技术服务业	62679203	38848932	291407
水利、环境和公共设施管理业	5864129	3794154	38653
居民服务、修理和其他服务业	5849252	3848935	33167
教育	4074404	2112306	15354
卫生和社会工作	1716611	545870	1491
文化、体育和娱乐业	8453319	6422535	110581
公共管理、社会保障和社会组织	***	***	***
五、按控股情况分			
国有控股	577827145	502940425	14351948
集体控股	4473128	1534003	57528
私人控股	52635040	38566422	510239
港澳台商控股	1359806977	1045347068	8079063
外商控股	1473203932	1140520755	8531182
其他	28542138	30082875	194995
六、按地区分			
东城区	252198744	203733637	1911793
西城区	137176788	117928058	1836448
朝阳区	1059137294	848379983	6863373
丰台区	40960640	37387231	262467
石景山区	35228182	17890922	91058
海淀区	670411764	486255880	3496076
门头沟区	1173850	874932	2386
房山区	6202611	4980099	43252
通州区	49240502	36832642	470969
顺义区	335302909	272429322	4849562
昌平区	40421660	27845470	334016
大兴区	44580836	33473143	302390
怀柔区	52305916	42411615	192404
平谷区	17297471	14623636	99889
密云区	14107519	10654555	123910
延庆区	1888003	1165013	16609
北京经济技术开发区	738853671	602125409	10828353

单位：千元

投资收益	营业利润	应付职工薪酬 （本年贷方累计发生额）	应交增值税
4864914	1467681	20491055	976105
179238	581995	897403	103137
29665	49673	1610865	115696
109656	-174798	2011248	89635
518	-143596	863601	2938
305397	-1388501	2592863	47499
***	***	***	***
52363548	82639274	42139211	15678697
38895	1406804	904031	152818
3460838	4983	11556093	1171711
44321281	71210850	130931731	15077730
228064360	326502079	158838398	35439578
1733937	863683	1896285	534261
7479341	20242394	27903893	3705092
163923289	171259294	17735974	3630249
106594580	147869081	109846253	25656029
476497	-2160697	3574447	708848
574076	2965771	6481226	-466553
27915153	54364091	90096225	11261867
16830	61297	98533	528
199260	322654	665229	234339
185765	2672133	4901708	1392116
10117881	24153953	34062752	1523490
3774133	4854476	5732467	939986
1128014	3117676	4729496	1114298
320	2135973	3364656	1302320
11815	-285080	1813638	488179
-4873	449055	1638827	404939
2430266	1918560	251146	87725
5160513	48687041	33369281	16071343

1-12 高端产业功能区法人单位主要财务状况

单位：千元

项目	法人单位数（个）	资产总计	负债合计	营业收入	营业利润
合计	**97613**	**102909903523**	**78881712052**	**8736705489**	**1308521390**
一、按登记注册类型分					
内资	92952	97412241637	76007803507	6336275413	933835798
国有	1436	45663022316	39135081752	584292725	248110880
集体	473	25657300	17447113	9546529	-49617
股份合作	415	5911869	3180238	3116428	84220
国有联营	6	416199	124056	176213	-8482
集体联营	12	65423	41821	31862	5459
国有与集体联营	1	***	***	***	***
其他联营	2	***	***	***	***
国有独资公司	494	4861011619	2265980769	726564022	126458985
其他有限责任公司	12971	8364953806	5420235992	2756257902	170445136
股份有限公司	1699	34033092478	27462280772	1415114286	389398214
私营独资	1312	2678901	1559138	1383374	181755
私营合伙	2045	272173021	24114063	12853738	5980390
私营有限责任公司	69835	3889577426	1537886947	722208367	-15166528
私营股份有限公司	1239	265381778	131849461	100649019	7799724
其他	1012	28227590	7973237	4030692	593891
港澳台商投资	1679	2090794173	1275399254	1198397466	69797690
与港澳台商合资经营	391	274270868	153203954	102207734	10619507
与港澳台商合作经营	40	23338666	17735700	3824715	-155616
港澳台商独资	1220	1493502854	944483484	979975500	43139675
港澳台商投资股份有限公司	23	287665180	155288761	106696202	13111237
其他港澳台商投资	5	12016604	4687354	5693315	3082886
外商投资	2982	3406867714	1598509291	1202032610	304887902
中外合资经营	869	871152181	487186841	442836862	64333429
中外合作经营	46	40485613	24100215	4419655	729856
外资企业	2006	2241304212	939602220	738127274	241425955
外商投资股份有限公司	43	229420335	125865150	15527335	-2733744
其他外商投资	18	24505374	21754865	1121484	1132406
二、按隶属关系分					
中央	2159	80757462695	66016690214	3327842105	698081512
地方	95454	22152440828	12865021838	5408863385	610439878
三、按产业分					
第二产业	6250	4117134445	2425615247	2171701838	140343943
第三产业	91363	98792769079	76456096805	6565003651	1168177447
四、按行业门类分					
采矿业	10	57541410	22556638	16233425	-1817032
制造业	4167	2061752042	1067248702	1209602059	101777261
电力、热力、燃气及水生产和供应业	136	292066798	147405301	141716479	5327080

1-12　续表 1　　单位：千元

项　　目	法人单位数（个）	资产总计	负债合计	营业收入	营业利润
建筑业	2081	1760067486	1210011311	828021183	32823705
批发和零售业	17243	2539587134	1635639383	2495897686	89251876
交通运输、仓储和邮政业	2233	1409463001	602375318	414463124	65679670
住宿和餐饮业	2958	53034417	35677987	22568550	1656319
信息传输、软件和信息技术服务业	11973	4492543392	1701117869	1038869557	294042393
金融业	2939	79937062499	66837115589	1334312581	579639705
房地产业	2760	1866867096	1243962564	129381432	31492171
租赁和商务服务业	20336	5464518282	2867099296	411967701	65689906
科学研究和技术服务业	19531	2395159268	1252428443	575475568	34774615
水利、环境和公共设施管理业	450	107553249	71572219	29366231	2247378
居民服务、修理和其他服务业	2476	19366797	12402869	7633434	-928019
教育	1677	93184433	37480691	27386177	-633346
卫生和社会工作	549	27734243	17638300	5650314	-239859
文化、体育和娱乐业	5096	206410305	112743970	48014377	7747144
公共管理、社会保障和社会组织	982	125380875	6876276		
五、按行业大类分					
采矿业	10	57541410	22556638	16233425	-1817032
煤炭开采和洗选业	1	***	***	***	***
非金属矿采选业	1	***	***	***	***
开采专业及辅助性活动	8	42950799	15704969	13987660	-2821684
制造业	4167	2061752042	1067248702	1209602059	101777261
农副食品加工业	72	20384720	9518576	7832398	889184
食品制造业	98	29200058	11486981	29086999	3560033
酒、饮料和精制茶制造业	18	29216318	10035694	11444981	1006317
纺织业	21	3420663	1478635	1455826	85639
纺织服装、服饰业	101	8892962	3470112	6065783	519027
皮革、毛皮、羽毛及其制品和制鞋业	15	269844	179196	99191	-1794
木材加工和木、竹、藤、棕、草制品业	10	85076	64798	41868	-545
家具制造业	23	2885474	1679539	2027340	14837
造纸和纸制品业	18	3325511	1461319	4098218	660365
印刷和记录媒介复制业	99	15758749	4624811	10971898	1268444
文教、工美、体育和娱乐用品制造业	50	4878468	4212127	2690548	-31676
石油、煤炭及其他燃料加工业	11	5015625	4337937	4335920	-188821
化学原料和化学制品制造业	212	36821448	17306871	29698258	1388871
医药制造业	256	161779388	63501513	108864173	19836877
化学纤维制造业	6	545863	208065	361016	45844
橡胶和塑料制品业	64	8304360	3546003	7589940	192268
非金属矿物制品业	147	73108357	38271706	29823532	1311945
黑色金属冶炼和压延加工业	5	616745	243031	537313	29926
有色金属冶炼和压延加工业	27	7984545	2620208	5759527	257582

1-12 续表 2

单位：千元

项目	法人单位数（个）	资产总计	负债合计	营业收入	营业利润
金属制品业	179	55110033	26760032	21014790	503888
通用设备制造业	390	124400851	61132656	57827588	4064640
专用设备制造业	690	222136702	116024595	78193919	9181169
汽车制造业	139	463341854	258707171	301937721	37008824
铁路、船舶、航空航天和其他运输设备制造业	107	91487889	51564976	45967460	3872826
电气机械和器材制造业	361	132074884	77410011	75849229	4786717
计算机、通信和其他电子设备制造业	529	472705281	253246823	317868880	8724094
仪器仪表制造业	356	59765470	27414616	26946657	1978668
其他制造业	24	14698047	9349033	11006378	226189
废弃资源综合利用业	3	2194366	1489934	321061	-2831
金属制品、机械和设备修理业	136	11342492	5901735	9883648	588755
电力、热力、燃气及水生产和供应业	136	292066798	147405301	141716479	5327080
电力、热力生产和供应业	80	121461756	68726345	87383383	838288
燃气生产和供应业	12	67536626	25206887	42745360	3002790
水的生产和供应业	44	103068416	53472068	11587736	1486002
建筑业	2081	1760067486	1210011311	828021183	32823705
房屋建筑业	270	448147135	355179068	329349328	6325359
土木工程建筑业	413	1160188165	747991839	419675473	23472569
建筑安装业	353	69482096	51470634	42332106	2538218
建筑装饰、装修和其他建筑业	1045	82250090	55369771	36664276	487560
批发和零售业	17243	2539587134	1635639383	2495897686	89251876
批发业	8576	2339884137	1479922536	2247025150	89633216
零售业	8667	199702996	155716847	248872536	-381340
交通运输、仓储和邮政业	2233	1409463001	602375318	414463124	65679670
铁路运输业	9	382256498	148917029	80648979	23618520
道路运输业	994	66768168	43146665	21158912	584027
水上运输业	10	66375	35197	28139	-1883
航空运输业	92	301896554	157268363	140476073	10270162
管道运输业	2	***	***	***	***
多式联运和运输代理业	863	190593559	76469256	54245991	12051581
装卸搬运和仓储业	200	129864094	121784372	37717245	396955
邮政业	63	67586790	28461285	52116318	-216335
住宿和餐饮业	2958	53034417	35677987	22568550	1656319
住宿业	383	42407614	27932534	7404726	1010388
餐饮业	2575	10626803	7745454	15163824	645931
信息传输、软件和信息技术服务业	11973	4492543392	1701117869	1038869557	294042393
电信、广播电视和卫星传输服务	358	2352020446	608782407	99998458	216234932
互联网和相关服务	1482	583648975	349430047	307853502	28051494
软件和信息技术服务业	10133	1556873971	742905415	631017597	49755967
金融业	2939	79937062499	66837115589	1334312581	579639705

1-12 续表 3 单位：千元

项 目	法人单位数（个）	资产总计	负债合计	营业收入	营业利润
货币金融服务	270	68955684726	60648557923	814279023	374692169
资本市场服务	2272	3457627905	725543501	68045667	40154525
保险业	211	5210572737	3535688852	443035084	197590180
其他金融业	186	2313177131	1927325313	8952807	-32797168
房地产业	2760	1866867096	1243962564	129381432	31492171
房地产业	2760	1866867096	1243962564	129381432	31492171
租赁和商务服务业	20336	5464518282	2867099296	411967701	65689906
租赁业	601	85439832	66165478	13812699	-4505274
商务服务业	19735	5379078450	2800933819	398155001	70195180
科学研究和技术服务业	19531	2395159268	1252428443	575475568	34774615
研究和试验发展	1665	499505592	241540147	47969425	4032641
专业技术服务业	5109	1099754127	625614572	365661475	33774060
科技推广和应用服务业	12757	795899549	385273725	161844668	-3032086
水利、环境和公共设施管理业	450	107553249	71572219	29366231	2247378
水利管理业	14	1111783	462718	604539	87229
生态保护和环境治理业	168	47233939	29156182	14341969	1236730
公共设施管理业	255	28760051	19214335	11111307	762869
土地管理业	13	30447476	22738984	3308416	160550
居民服务、修理和其他服务业	2476	19366797	12402869	7633434	-928019
居民服务业	1627	8754095	6964099	2045588	-707908
机动车、电子产品和日用产品修理业	453	4298200	2467347	3137275	-184949
其他服务业	396	6314502	2971423	2450571	-35163
教育	1677	93184433	37480691	27386177	-633346
教育	1677	93184433	37480691	27386177	-633346
卫生和社会工作	549	27734243	17638300	5650314	-239859
卫生	426	25180879	16749796	5555859	-142771
社会工作	123	2553364	888503	94455	-97088
文化、体育和娱乐业	5096	206410305	112743970	48014377	7747144
新闻和出版业	248	57654282	16951055	15087654	2244716
广播、电视、电影和录音制作业	1016	106025654	74140532	21072429	4130560
文化艺术业	1322	17964467	7858519	4659013	449996
体育	451	11002035	5468287	2561445	-264041
娱乐业	2059	13763867	8325577	4633837	1185913
公共管理、社会保障和社会组织	982	125380875	6876276		
中国共产党机关	15	178533	31067		
国家机构	212	102338470	4290363		
人民政协、民主党派	4	2854965	122469		
社会保障	7	2958	510		
群众团体、社会团体和其他成员组织	554	19144725	2298429		
基层群众自治组织	190	861223	133437		

注：按行业门类和行业大类分组不包括“05 农、林、牧、渔专业及辅助性活动”数据。

1-13 中小微企业法人单位主要指标

单位：千元

项目	法人单位数（个）	从业人员期末人数（人）	资产总计	负债合计	营业收入	营业利润
合计	**907783**	**7286021**	**33485503577**	**20701900915**	**7810385650**	**315450547**
一、按规模分						
中型	10821	2195771	12198378859	7712533170	4052393316	232608591
小型	88150	2930038	8503649845	4917251690	2514955125	70961805
微型	808812	2160212	12783474874	8072116055	1243037208	11880150
二、按登记注册类型分						
内资企业	894460	6799199	30755802821	19034265367	6917194519	271990429
港、澳、台商投资企业	4925	212695	1449854034	1045153822	338963555	1295652
外商投资企业	8398	274127	1279846723	622481726	554227575	42164466
三、按行业门类分						
农、林、牧、渔业	249	1019	2166863	1124992	405628	-37111
采矿业	73	4541	21095196	13777427	4301018	-459484
制造业	25565	683454	1587989872	845518890	848950017	48185608
电力、热力、燃气及水生产和供应业	1172	36470	164313488	88588727	54640140	6457046
建筑业	34925	661808	1147359518	696882275	417260419	3898756
批发和零售业	272008	1209399	3765715325	2781402382	3665583203	41051353
交通运输、仓储和邮政业	19040	233647	632819992	392946103	203173859	10389090
住宿和餐饮业	34192	342453	149368271	125741329	81393140	-2176327
信息传输、软件和信息技术服务业	76529	794923	2764493027	1361923304	624047779	44328337
房地产业	20555	398380	7017815736	5693902923	316393105	36893382
租赁和商务服务业	175829	1469571	12661604995	6751954323	875357259	126254308
科学研究和技术服务业	151909	889912	2634555397	1342592413	479422301	-1942981
水利、环境和公共设施管理业	6497	77979	314162750	214250686	49330224	1328404
居民服务、修理和其他服务业	36288	219542	90993710	57040996	41713667	-2005616

1-13　续表 1

单位：千元

项　　目	法人单位数（个）	从业人员期末人数（人）	资产总计	负债合计	营业收入	营业利润
卫生和社会工作	732	5840	9504018	5828100	635444	-588385
文化、体育和娱乐业	52220	257083	521545418	328426044	147778447	3874167
四、按地区分						
东城区	38319	349439	2357095393	1586205492	557848933	29355562
西城区	38632	387387	5347594939	2311835465	630346410	163283316
朝阳区	199334	1647573	7679485048	5127763859	1858196415	9908918
丰台区	84235	611648	2169870782	1502237343	499910774	19103757
石景山区	27401	209923	939693432	687458998	218073860	3258857
海淀区	147903	1445579	7333756186	4274285831	1676893206	42730184
门头沟区	18901	116605	336741023	271439372	101953522	144192
房山区	46812	242454	652933345	499152171	264443158	642138
通州区	52130	346546	980077443	716906335	281563136	3872755
顺义区	33673	369406	1172530892	821430286	384043621	8308157
昌平区	52051	405775	1192341688	695894404	386811255	11732251
大兴区	44395	343849	1039935743	727988893	307855332	8300175
怀柔区	45184	212288	417759284	286834319	136500780	1771595
平谷区	27554	144644	370144770	257904823	91894652	-1631961
密云区	29662	192448	489378686	372318418	113682145	-755063
延庆区	6999	58108	153653948	94824327	31945321	2015202
北京经济技术开发区	14598	202349	852510974	467420578	268423128	13410514

注：1. 中小微企业法人单位指的是在第四次全国经济普查中机构类型为企业，且单位规模登记为中型、小型和微型的法人单位。
2. 单位规模根据《统计上大中小微型企业划分办法（2017）》的规定计算，根据办法的适用范围，在统计单位规模时，不含以下行业的单位：铁路运输业，金融业，房地产租赁经营，教育，卫生，公共管理、社会保障和社会组织，国际组织。

1-14 民营单位

项 目	法人单位数（个）	从业人员期末人数（人）
合 计	**938485**	**7932565**
一、按规模分（仅限企业法人）		
大型	950	1060947
中型	7506	1474802
小型	82769	2607593
微型	813933	2293477
二、按行业门类分		
农、林、牧、渔业	390	1398
采矿业	65	1468
制造业	23619	473776
电力、热力、燃气及水生产和供应业	1013	16145
建筑业	34497	660442
批发和零售业	268809	1210671
交通运输、仓储和邮政业	18567	234939
住宿和餐饮业	33341	334960
信息传输、软件和信息技术服务业	74237	933164
金融业	10649	243724
房地产业	24216	484666
租赁和商务服务业	178575	1450871
科学研究和技术服务业	148996	895731
水利、环境和公共设施管理业	6451	86533
居民服务、修理和其他服务业	36177	275150
教育	18041	267842
卫生和社会工作	5412	118127
文化、体育和娱乐业	51343	219608
公共管理、社会保障和社会组织	4087	23350
三、按地区分		
东城区	39476	378925
西城区	40468	408692
朝阳区	202950	1812938
丰台区	86271	639533
石景山区	28574	236739
海淀区	151385	1719386
门头沟区	19648	125021
房山区	49323	260678
通州区	53793	345546
顺义区	34954	382301
昌平区	54595	426198
大兴区	47033	371392
怀柔区	47129	213480
平谷区	29094	161732
密云区	31155	202836
延庆区	8065	56595
北京经济技术开发区	14572	190573

注：民营单位指的是集体及集体控股单位、私营及私人控股单位、民办非企业单位。

主要指标

单位：千元

资产总计	负债合计	营业收入	营业利润
24256118223	**15279173704**	**6090400918**	**65192767**
3737171480	1736768240	1058079049	70384767
4868322939	3296323835	1758232565	72868433
5844552923	3495257802	1902933613	-521298
8576311961	5895894832	1141844385	-76190878
2188214	967447	494034	-30376
2223322	1296809	928458	-95055
998813082	531036240	445823271	22065305
32059766	20990384	9390244	-270124
731208011	510538630	466832400	2827906
2271979086	1791835198	2192505431	3199028
260083915	178599360	171937256	-2451281
117610230	108174141	75560628	-894908
1673448282	1000778035	756884690	19474723
4629664548	1775004992	214799880	55434033
4862369709	4004435452	299755819	14910763
6372232926	3908773266	724377958	-9601799
1494421565	913842411	407849344	-28082580
121502108	75151326	36289832	859249
84111381	50907636	42666442	-2217638
123431443	82747683	67889429	-2377371
61093980	50359481	42106363	-2333968
339816492	255549180	87660360	-5223138
77860163	18186033	46649077	
1762944858	1140124478	373390962	9089004
4045982841	1615550585	368162495	36434805
5349421656	3857185162	1348074616	-14266382
1544418209	1048652534	399995421	2620236
616600417	470509473	195778680	-2647668
4458380285	2744555315	1470544312	19333099
300679982	232000269	91053534	-15861
566459189	389304339	226209555	1372124
828779436	610556056	261777103	2383395
1024907114	692912760	302404254	5396853
1024663416	592510335	274217637	5437467
883409958	639296407	291200030	2354044
364858427	261344692	115196392	287711
337814067	234055012	83991864	-334025
493833718	373859560	109987544	-3880970
101860871	57664498	25345742	44963
551103781	319092229	153070777	1583972

1-15 主要能源产品产量

产品名称	计量单位	产品产量
原煤	万吨	176.2
原油加工量	万吨	911.3
汽油	万吨	276.2
煤油	万吨	187.6
柴油	万吨	159.8
燃料油	万吨	4.2
石脑油	万吨	178.5
液化石油气	万吨	42.4
石油焦	万吨	47.4
石油沥青	万吨	20.9
发电量	亿千瓦小时	450.4
火力发电量	亿千瓦小时	434.3
水力发电量	亿千瓦小时	9.9
风力发电量	亿千瓦小时	3.5
太阳能发电量	亿千瓦小时	2.7

注：调查范围为全部有能源生产的法人单位。

1-16　个体经营户基本情况

项　　目	个体经营户（户）	从业人员（人）	#女性
合　计	**320106**	**645949**	**310248**
一、按产业分			
第二产业	7231	18223	6498
第三产业	312875	627726	303750
二、按行业门类分			
农、林、牧、渔业	167	319	88
采矿业	8	13	1
制造业	6492	14812	5878
电力、热力、燃气及水生产和供应业	4	21	1
建筑业	1638	4677	890
批发和零售业	202441	365550	182967
交通运输、仓储和邮政业	16365	22744	4612
住宿和餐饮业	37599	123345	59749
信息传输、软件和信息技术服务业	1684	2172	976
房地产业	1378	2449	1060
租赁和商务服务业	11715	17934	7178
科学研究和技术服务业	912	1590	593
水利、环境和公共设施管理业	186	719	215
居民服务、修理和其他服务业	33141	71108	34539
教育	1249	7171	5776
卫生和社会工作	1100	2421	1350
文化、体育和娱乐业	4027	8904	4375
三、按地区分			
东城区	8310	19913	9894
西城区	10832	23572	11543
朝阳区	44982	106136	51619
丰台区	20149	52624	28156
石景山区	5494	11430	5966
海淀区	15649	38001	19224
门头沟区	6400	10607	5084
房山区	21358	38670	18070
通州区	29453	52824	22850
顺义区	26348	51197	22969
昌平区	34191	67956	33331
大兴区	26219	52167	24551
怀柔区	21222	30849	13755
平谷区	19714	32280	14648
密云区	17703	32189	16313
延庆区	11819	24300	11651
北京经济技术开发区	263	1234	624

注：按照《第四次全国经济普查方案》规定，对个体经营户在全面清查的基础上，登记阶段仅抽取部分个体经营户进行生产经营活动登经济指标调查。本表根据清查结果直接汇总。

第二篇

科技篇

2-1 规模以上工业企业研究与试验发展（R&D）活动基本情况

单位：个

项目	有 R&D 活动的企业数	有研发机构的企业数
合计	**1127**	**483**
一、按企业规模分		
大型	86	60
中型	259	131
小型	764	291
微型	18	1
二、按登记注册类型分		
内资企业	928	398
港、澳、台商投资企业	56	25
外商投资企业	143	60
三、按工业行业大类分		
采矿业	7	3
煤炭开采和洗选业	1	
石油和天然气开采业	2	1
黑色金属矿采选业	1	1
开采辅助活动	3	1
制造业	1108	472
农副食品加工业	26	16
食品制造业	28	12
酒、饮料和精制茶制造业	6	5
烟草制品业	1	1
纺织业	5	4
纺织服装、服饰业	4	2
家具制造业	3	1
造纸和纸制品业	7	3
印刷和记录媒介复制业	17	6
文教、工美、体育和娱乐用品制造业	5	3
石油加工、炼焦和核燃料加工业	6	2
化学原料和化学制品制造业	52	22
医药制造业	127	67
化学纤维制造业	1	1
橡胶和塑料制品业	24	8
非金属矿物制品业	42	23
黑色金属冶炼和压延加工业	3	1
有色金属冶炼和压延加工业	10	3
金属制品业	27	14
通用设备制造业	87	41
专用设备制造业	167	63
汽车制造业	56	24

2-1 续表 1

单位：个

项目	有 R&D 活动的企业数	有研发机构的企业数
铁路、船舶、航空航天和其他运输设备制造业	46	15
电气机械和器材制造业	104	39
计算机、通信和其他电子设备制造业	150	56
仪器仪表制造业	92	35
其他制造业	6	4
废弃资源综合利用业	2	
金属制品、机械和设备修理业	4	1
电力、热力、燃气及水生产和供应业	12	8
电力、热力生产和供应业	6	5
燃气生产和供应业	1	1
水的生产和供应业	5	2
四、按控股情况分		
国有控股	303	139
集体控股	20	7
私人控股	631	266
港澳台商控股	40	17
外商控股	110	44
其他	23	10
五、按隶属关系分		
中央	130	53
地方	997	430
六、按地区分		
东城区	5	3
西城区	20	9
朝阳区	73	29
丰台区	71	18
石景山区	14	3
海淀区	220	94
门头沟区	16	7
房山区	47	33
通州区	90	37
顺义区	108	43
昌平区	145	55
大兴区	85	50
怀柔区	47	15
平谷区	17	12
密云区	36	13
延庆区	13	5
北京经济技术开发区	120	57

2-2 规模以上工业企业研究与

项目	R&D人员合计（人）	项目研究开发人员	管理和服务人员	#女性	#研究人员
合计	**69095**	**62356**	**6739**	**19264**	**31024**
一、按企业规模分					
大型	30960	27489	3471	8083	14940
中型	19826	18147	1679	6014	8396
小型	18198	16618	1580	5138	7637
微型	111	102	9	29	51
二、按登记注册类型分					
内资企业	55135	49448	5687	15242	24934
港、澳、台商投资企业	4164	4010	154	1111	1839
外商投资企业	9796	8898	898	2911	4251
三、按工业行业大类分					
采矿业	2623	2474	149	307	808
煤炭开采和洗选业	1410	1395	15	4	162
石油和天然气开采业	237	225	12	88	135
黑色金属矿采选业	403	361	42	103	205
开采辅助活动	573	493	80	112	306
制造业	65433	58941	6492	18615	29742
农副食品加工业	922	800	122	327	304
食品制造业	1113	1023	90	616	392
酒、饮料和精制茶制造业	781	674	107	240	117
烟草制品业	33	23	10	16	16
纺织业	67	60	7	37	32
纺织服装、服饰业	41	37	4	14	14
家具制造业	310	273	37	93	44
造纸和纸制品业	69	58	11	17	14
印刷和记录媒介复制业	680	591	89	200	217
文教、工美、体育和娱乐用品制造业	99	96	3	26	20
石油加工、炼焦和核燃料加工业	82	74	8	25	36
化学原料和化学制品制造业	1398	1233	165	572	635
医药制造业	7261	6674	587	3930	3083
化学纤维制造业	80	80		26	30
橡胶和塑料制品业	831	726	105	193	277
非金属矿物制品业	2151	1985	166	443	890
黑色金属冶炼和压延加工业	221	219	2	14	88
有色金属冶炼和压延加工业	659	602	57	132	263
金属制品业	739	694	45	186	314
通用设备制造业	4163	3869	294	808	1729
专用设备制造业	6571	5979	592	1597	3170
汽车制造业	9561	7898	1663	2224	4740

试验发展（R&D）人员情况

		R&D 人员折合全时当量合计（人年）				
全时人员	非全时人员		#研究人员	基础研究人员	应用研究人员	试验发展人员
56419	**12676**	**46929**	**21317**	**136**	**1568**	**45226**
25494	5466	22162	10978		1191	20972
16001	3825	12788	5289	45	236	12507
14826	3372	11911	5019	90	141	11679
98	13	68	31			68
44820	10315	37261	17125	136	1551	35575
3395	769	2730	1164		2	2728
8204	1592	6937	3028		14	6923
2069	554	1363	521		3	1360
1238	172	481	55			481
214	23	205	117		3	202
363	40	394	201			394
254	319	282	148			282
53630	11803	44887	20499	136	1531	43220
732	190	556	181		6	550
801	312	713	248			713
699	82	295	51			295
30	3	3	2			3
33	34	22	10			22
29	12	23	4			23
224	86	195	32			195
61	8	55	9			55
275	405	306	97			306
79	20	78	14			78
60	22	61	26			61
1227	171	999	461		58	941
5704	1557	4927	2100	39	37	4850
72	8	62	23			62
700	131	489	149			489
1551	600	1181	420		26	1155
186	35	211	84			211
401	258	363	134	3	11	349
597	142	353	141		2	351
3191	972	2842	1208	1	67	2774
5670	901	4402	2103		82	4320
8357	1204	6963	3453		14	6949

2-2 续表 1

项目	R&D人员合计（人）	项目研究开发人员	管理和服务人员	#女性	#研究人员
铁路、船舶、航空航天和其他运输设备制造业	6171	5674	497	1715	3200
电气机械和器材制造业	4521	4223	298	1077	2018
计算机、通信和其他电子设备制造业	12938	11707	1231	3187	6289
仪器仪表制造业	3081	2832	249	675	1407
其他制造业	716	687	29	198	347
废弃资源综合利用业	21	19	2	4	5
金属制品、机械和设备修理业	153	131	22	23	51
电力、热力、燃气及水生产和供应业	1039	941	98	342	474
电力、热力生产和供应业	373	323	50	128	159
燃气生产和供应业	487	487		154	234
水的生产和供应业	179	131	48	60	81
四、按控股情况分					
国有控股	31908	28399	3509	8504	15562
集体控股	2459	2111	348	648	1137
私人控股	22753	20852	1901	6541	9317
港澳台商控股	2728	2600	128	747	1174
外商控股	7089	6398	691	2123	3093
其他	2158	1996	162	701	741
五、按隶属关系分					
中央	15180	13528	1652	4440	7915
地方	53915	48828	5087	14824	23109
六、按地区分					
东城区	322	249	73	157	163
西城区	1559	1400	159	523	682
朝阳区	3044	2716	328	816	1489
丰台区	3737	3302	435	1004	1776
石景山区	1319	1197	122	302	598
海淀区	17526	15847	1679	4585	8641
门头沟区	1981	1938	43	122	415
房山区	1624	1425	199	536	621
通州区	3066	2855	211	1061	1158
顺义区	5773	5277	496	1520	2096
昌平区	9015	7707	1308	2543	4320
大兴区	3964	3725	239	1352	1720
怀柔区	1907	1605	302	588	615
平谷区	676	633	43	244	220
密云区	2006	1629	377	542	889
延庆区	473	431	42	195	209
北京经济技术开发区	11103	10420	683	3174	5412

		R&D 人员折合全时当量合计（人年）				
全时人员	非全时人员		#研究人员	基础研究人员	应用研究人员	试验发展人员
4795	1376	4610	2377	90	41	4478
3822	699	2717	1164	2	49	2666
10973	1965	9595	4707		1086	8509
2651	430	2253	1020		51	2203
601	115	552	260		1	551
18	3	10	3			10
91	62	49	17			49
720	319	680	297		34	646
323	50	193	69		13	180
302	185	382	183			382
95	84	105	44		21	84
25667	6241	21948	10917	21	1340	20587
1866	593	1769	839		30	1739
18902	3851	15125	6161	115	190	14820
2087	641	1947	801		2	1944
6143	946	4896	2127		3	4892
1754	404	1245	471		2	1243
11902	3278	10787	5640	13	1222	9551
44517	9398	36142	15677	123	346	35675
192	130	283	148		8	275
864	695	876	378	3	29	844
2401	643	1832	880		17	1815
3081	656	2741	1313	78	51	2613
1010	309	950	447			950
13902	3624	12404	6154	11	1170	11223
1642	339	891	239			891
1237	387	857	300		4	853
2530	536	2219	828			2219
4818	955	3546	1326		81	3465
7922	1093	6284	2999	8	93	6184
3132	832	2378	1005	34	15	2328
1593	314	1412	471	1	1	1410
548	128	515	169		3	511
1729	277	1696	761	1	44	1651
274	199	199	83		27	172
9544	1559	7845	3815		24	7821

2-3 规模以上工业企业研究与

项目	R&D经费内部支出合计	按活动类型分组		
		基础研究支出	应用研究支出	试验发展支出
合计	**2740102.7**	**5659.2**	**77697.1**	**2656746.4**
一、按企业规模分				
大型	1386796.5		54711.1	1332085.4
中型	757390.3	3045.4	14410.4	739934.5
小型	589923.8	2613.8	8575.6	578734.4
微型	5992.1			5992.1
二、按登记注册类型分				
内资企业	2035457.5	5659.2	74725.5	1955072.8
港、澳、台商投资企业	233783.6		83.1	233700.5
外商投资企业	470861.6		2888.5	467973.1
三、按工业行业大类分				
采矿业	52506.8		3.3	52503.5
煤炭开采和洗选业	5669.6			5669.6
石油和天然气开采业	15618.1		3.3	15614.8
黑色金属矿采选业	13106.3			13106.3
开采辅助活动	18112.8			18112.8
制造业	2660339.4	5659.2	76447.6	2578232.6
农副食品加工业	19480.8		922.8	18558.0
食品制造业	35354.1			35354.1
酒、饮料和精制茶制造业	13482.7			13482.7
烟草制品业	1732.9			1732.9
纺织业	2025.6			2025.6
纺织服装、服饰业	395.2			395.2
家具制造业	7197.5			7197.5
造纸和纸制品业	2007.4			2007.4
印刷和记录媒介复制业	8670.3			8670.3
文教、工美、体育和娱乐用品制造业	1975.1			1975.1
石油加工、炼焦和核燃料加工业	1640.0			1640.0
化学原料和化学制品制造业	44161.9		2553.2	41608.7
医药制造业	286445.4	3182.7	2077.3	281185.4
化学纤维制造业	946.8			946.8
橡胶和塑料制品业	23168.9			23168.9
非金属矿物制品业	61463.2		2323.7	59139.5
黑色金属冶炼和压延加工业	28608.7			28608.7
有色金属冶炼和压延加工业	20736.9	29.6	1315.2	19392.1
金属制品业	19272.3		38.8	19233.5
通用设备制造业	133060.7	12.9	1352.0	131695.8
专用设备制造业	301586.7		7657.4	293929.3
汽车制造业	431457.8		2885.1	428572.7

试验发展（R&D）经费情况

单位：万元

按支出用途分组				
经常费支出	#人员劳务费	资产性支出	土建工程支出	仪器设备
2604422.8	**1212295.8**	**135679.9**	**2709.5**	**132970.4**
1301239.0	622664.9	85557.5	2310.2	83247.3
728505.7	309554.6	28884.6	312.1	28572.5
568721.2	278263.7	21202.6	87.2	21115.4
5956.9	1812.6	35.2		35.2
1926299.0	877043.7	109158.5	1902.4	107256.1
222739.4	115695.8	11044.2	149.3	10894.9
455384.4	219556.3	15477.2	657.8	14819.4
51708.7	16182.3	798.1	4.7	793.4
5669.6	4854.1			
15618.1	317.4			
12756.0	8562.6	350.3		350.3
17665.0	2448.2	447.8	4.7	443.1
2525758.1	1186862.6	134581.3	2680.7	131900.6
18638.7	7722.0	842.1	1.6	840.5
33498.8	12635.0	1855.3	1.9	1853.4
10776.4	3662.8	2706.3		2706.3
1263.7	863.5	469.2		469.2
2000.4	787.6	25.2	0.4	24.8
394.3	272.6	0.9		0.9
5871.9	2824.4	1325.6		1325.6
1926.4	658.5	81.0		81.0
7732.4	4417.9	937.9	0.4	937.5
1975.1	1064.2			
1609.3	900.4	30.7	0.1	30.6
41792.4	22310.6	2369.5	5.2	2364.3
271455.9	100487.6	14989.5	61.6	14927.9
919.2	450.6	27.6		27.6
22858.4	7273.8	310.5	2.6	307.9
60022.8	24439.1	1440.4	36.3	1404.1
27818.9	4340.5	789.8		789.8
18880.6	4739.8	1856.3	0.1	1856.2
18541.7	5521.0	730.6	0.5	730.1
131442.5	71556.2	1618.2	23.3	1594.9
295017.7	131549.8	6569.0	23.4	6545.6
410482.8	207787.3	20975.0	817.1	20157.9

2-3 续表 1

项 目	R&D经费内部支出合计	按活动类型分组		
		基础研究支出	应用研究支出	试验发展支出
铁路、船舶、航空航天和其他运输设备制造业	244665.6	2328.6	1690.8	240646.2
电气机械和器材制造业	177548.1	105.4	3729.9	173712.8
计算机、通信和其他电子设备制造业	650866.5		48696.8	602169.7
仪器仪表制造业	92774.3		1165.2	91609.1
其他制造业	45740.7		39.4	45701.3
废弃资源综合利用业	608.2			608.2
金属制品、机械和设备修理业	3265.1			3265.1
电力、热力、燃气及水生产和供应业	27256.5		1246.2	26010.3
电力、热力生产和供应业	4624.4		542.6	4081.8
燃气生产和供应业	18964.8			18964.8
水的生产和供应业	3667.3		703.6	2963.7
四、按控股情况分				
国有控股	1380006.9	366.1	63607.0	1316033.8
集体控股	77702.4		1232.9	76469.5
私人控股	710039.6	5293.1	12339.9	692406.6
港澳台商控股	176226.3		83.1	176143.2
外商控股	319940.0		75.4	319864.6
其他	76187.5		358.8	75828.7
五、按隶属关系分				
中央	649255.8	123.7	55889.7	593242.4
地方	2090846.9	5535.5	21807.4	2063504.0
六、按地区分				
东城区	11699.5		20.2	11679.3
西城区	42996.9	29.6	808.3	42159.0
朝阳区	130870.8		364.9	130505.9
丰台区	92940.0	2088.7	1637.9	89213.4
石景山区	35441.0			35441.0
海淀区	713693.1	197.8	54820.2	658675.1
门头沟区	24172.0			24172.0
房山区	59356.9		148.8	59208.1
通州区	115904.9			115904.9
顺义区	226605.1	5.5	5628.5	220971.1
昌平区	332060.4	242.4	7691.3	324126.7
大兴区	166139.1	3050.8	1778.6	161309.7
怀柔区	52811.5	31.5	42.1	52737.9
平谷区	13588.8		8.6	13580.2
密云区	42732.6	12.9	679.7	42040.0
延庆区	13288.3		2648.9	10639.4
北京经济技术开发区	665801.8		1419.1	664382.7

单位：万元

按支出用途分组				
经常费支出	#人员劳务费	资产性支出	土建工程支出	仪器设备
226834.7	91534.2	17830.9	26.3	17804.6
175043.7	87773.7	2504.4	18.0	2486.4
603540.6	332092.5	47325.9	1441.1	45884.8
90529.9	49474.9	2244.4	9.1	2235.3
41727.1	8260.5	4013.6	211.7	3801.9
585.4	224.2	22.8		22.8
2576.4	1237.4	688.7		688.7
26956.0	9250.9	300.5	24.1	276.4
4619.4	1975.0	5.0		5.0
18964.8	5387.4			
3371.8	1888.5	295.5	24.1	271.4
1292351.6	570970.6	87655.3	2491.7	85163.6
76334.3	41600.1	1368.1	7.9	1360.2
684363.4	332721.4	25676.2	111.1	25565.1
166312.4	82932.3	9913.9	4.0	9909.9
312943.8	153852.5	6996.2	72.1	6924.1
72117.3	30218.9	4070.2	22.7	4047.5
615580.2	248144.3	33675.6	862.5	32813.1
1988842.6	964151.5	102004.3	1847.0	100157.3
11682.0	3690.1	17.5		17.5
41681.8	14016.6	1315.1	23.7	1291.4
128195.2	52262.3	2675.6	12.2	2663.4
90136.9	33459.6	2803.1	29.3	2773.8
34783.2	23669.0	657.8	0.1	657.7
681984.1	372935.4	31709.0	883.5	30825.5
23749.1	14898.7	422.9		422.9
57304.6	20641.4	2052.3	14.0	2038.3
106646.4	44861.6	9258.5	8.2	9250.3
216796.1	88387.7	9809.0	31.7	9777.3
316611.1	151743.8	15449.3	474.0	14975.3
161763.4	74000.4	4375.7	16.2	4359.5
50718.9	25237.4	2092.6	2.0	2090.6
13388.7	7573.7	200.1	0.4	199.7
41686.4	22341.2	1046.2	3.4	1042.8
12495.1	1251.2	793.2		793.2
614799.8	261325.7	51002.0	1210.8	49791.2

2-4 规模以上工业企业研究与试验发展（R&D）活动产出情况

项目	新产品产值（万元）	新产品销售收入（万元）	#出口	专利申请数（件）	#发明专利	有效发明专利数（件）
合计	**43017070.7**	**41366175.3**	**5354562.1**	**20655**	**10386**	**42851**
一、按企业规模分						
大型	24508489.2	22459894.0	4189735.5	9337	5637	21034
中型	10598271.2	10973788.3	658786.9	4965	2157	9249
小型	7816910.3	7871448.8	504307.8	6313	2576	12402
微型	93400.0	61044.2	1731.9	40	16	166
二、按登记注册类型分						
内资企业	23229138.4	23047130.9	1220182.8	16250	8142	30391
港、澳、台商投资企业	12598023.9	11351458.7	2908265.9	2304	1640	9796
外商投资企业	7189908.4	6967585.7	1226113.4	2101	604	2664
三、按工业行业大类分						
采矿业		4001.3		449	247	1130
煤炭开采和洗选业				99	9	11
石油和天然气开采业				19	11	37
黑色金属矿采选业				231	179	763
开采辅助活动		4001.3		100	48	319
制造业	43006617.0	41352269.3	5354562.1	19322	9638	40572
农副食品加工业	374437.6	363741.3	9782.6	196	65	380
食品制造业	283385.1	283236.5	16327.2	99	60	366
酒、饮料和精制茶制造业	335920.9	323544.3	1501.5	31	7	55
烟草制品业	47727.9	44218.2		16	11	16
纺织业	35276.0	37346.3	12826.3	66	23	94
纺织服装、服饰业	218317.3	199976.9	11821.7	47	20	120
家具制造业	78860.0	113608.3	1631.4	663	12	16
造纸和纸制品业	47698.9	86710.3	20652.8	46	4	23
印刷和记录媒介复制业	248917.4	247475.0	2647.4	111	40	223
文教、工美、体育和娱乐用品制造业	25650.9	37225.3	20.4	93	9	166
石油加工、炼焦和核燃料加工业	161711.4	351260.8		14	14	69
化学原料和化学制品制造业	607252.6	701200.4	12825.1	279	232	921
医药制造业	2957917.9	2581068.4	30175.7	559	417	2449
化学纤维制造业	4654.5	5289.4		10	9	52
橡胶和塑料制品业	165018.6	167610.2	11159.2	117	20	174
非金属矿物制品业	1804827.7	1786402.1	91410.6	788	323	945
黑色金属冶炼和压延加工业	85949.8	85949.8		37	21	36
有色金属冶炼和压延加工业	424476.0	406161.0	35659.6	140	118	401
金属制品业	455934.9	520702.9	39199.7	389	90	497
通用设备制造业	2269460.0	2257619.5	497565.5	688	251	1244
专用设备制造业	3025783.3	2746373.2	371748.9	2717	1286	5413
汽车制造业	6277447.0	6110863.9	23141.2	3964	1402	2803

2-4　续表 1

项　　目	新产品产　值（万元）	新　产　品销售收入（万元）	#出口	专　利申请数（件）	#发明专利	有效发明专 利 数（件）
铁路、船舶、航空航天和其他运输设备制造业	2100780.6	2018123.3	18879.8	811	552	1881
电气机械和器材制造业	3259665.5	3345907.4	72809.9	1622	842	2832
计算机、通信和其他电子设备制造业	16475034.3	15288238.3	4043462.9	4708	3364	17679
仪器仪表制造业	1024701.8	1041965.3	26591.3	867	321	1414
其他制造业	153637.0	141810.3	2721.4	187	115	285
废弃资源综合利用业	10554.6	13023.2		13	1	9
金属制品、机械和设备修理业	45617.5	45617.5		44	9	7
电力、热力、燃气及水生产和供应业	10453.7	9904.7		884	501	1149
电力、热力生产和供应业				680	423	994
燃气生产和供应业				109	39	49
水的生产和供应业	10453.7	9904.7		95	39	106
四、按控股情况分						
国有控股	13259594.3	12857375.3	779241.7	8933	4776	17220
集体控股	1092195.4	1011609.9	146096.9	1023	737	2528
私人控股	10168475.3	10480009.8	405485.6	7176	2667	12688
港澳台商控股	12323995.5	11007344.5	2796568.4	2009	1482	7841
外商控股	4811450.0	4781557.4	1214035.3	789	300	1971
其他	1361360.2	1228278.4	13134.2	725	424	603
五、按隶属关系分						
中央	5090522.2	5213836.9	164629.1	3357	2285	8178
地方	37926548.5	36152338.4	5189933.0	17298	8101	34673
六、按地区分						
东城区	278910.9	248758.3	678.0	93	14	209
西城区	271948.5	254364.1	28072.2	938	589	1421
朝阳区	1329640.6	1557401.8	51327.5	918	401	2325
丰台区	1707198.9	1687153.8	73256.0	751	481	2360
石景山区	172796.3	179837.2	6106.3	457	256	1067
海淀区	18094503.6	16833392.2	2977045.9	5247	3653	18219
门头沟区	285081.5	205043.7	16324.1	208	48	131
房山区	1053404.8	1023353.1	21652.8	656	279	940
通州区	1339177.2	1383760.1	81034.4	1018	318	1162
顺义区	3264466.0	3436669.2	367871.5	2709	578	1325
昌平区	3814290.3	3633261.9	148600.3	2498	1144	4395
大兴区	1668305.1	1903643.7	53782.8	1711	696	1545
怀柔区	1482135.7	1421535.7	18239.4	333	143	656
平谷区	123543.8	119769.0	5743.0	156	45	170
密云区	522230.3	526378.6	41009.2	212	100	733
延庆区	315195.5	309952.5	9536.1	127	53	188
北京经济技术开发区	7294241.7	6641900.4	1454282.6	2623	1588	6005

2-5 规模以上工业企业办研发机构情况

项目	机构数（个）	机构人员合计（人）	#博士毕业	#硕士毕业	机构经费支出（万元）	仪器和设备原价（万元）	#进口
合计	**572**	**40528**	**1188**	**10725**	**1938251.6**	**1116987.4**	**416190.4**
一、按企业规模分							
大型	83	19047	661	6518	1219006.1	633901.4	270006.2
中型	147	11585	247	2130	396769.1	332719.5	137461.8
小型	341	9890	280	2077	322447.0	150336.6	8722.4
微型	1	***	***	***	***	***	***
二、按登记注册类型分							
内资企业	478	31090	989	8074	1276426.0	710951.9	188581.6
港、澳、台商投资企业	28	2866	46	884	160918.1	52077.0	9729.7
外商投资企业	66	6572	153	1767	500907.5	353958.5	217879.1
三、按工业行业大类分							
采矿业	5	1126	136	441	44208.6	35099.4	10303.7
石油和天然气开采业	2	***	***	***	***	***	***
黑色金属矿采选业	1	***	***	***	***	***	***
开采辅助活动	2	***	***	***	***	***	***
制造业	559	38358	922	9925	1881791.5	1055761.3	402781.1
农副食品加工业	17	717	42	132	17981.5	12974.9	218.0
食品制造业	15	570	19	139	26289.2	17108.4	7086.6
酒、饮料和精制茶制造业	5	153	5	56	11784.0	8659.6	4337.2
烟草制品业	1	***	***	***	***	***	***
纺织业	4	51	1	8	1403.0	262.9	11.7
纺织服装、服饰业	8	180		3	2358.7	846.5	
家具制造业	1	***	***	***	***	***	***
造纸和纸制品业	6	144		8	3911.9	2310.3	
印刷和记录媒介复制业	6	381		30	3997.6	6617.8	821.8
文教、工美、体育和娱乐用品制造业	3	91		7	1488.6	984.7	
石油加工、炼焦和核燃料加工业	3	129	2	9	7436.0	119.3	
化学原料和化学制品制造业	27	835	12	87	21083.2	9847.0	115.6
医药制造业	72	5131	204	1329	260808.5	171821.7	27925.6
化学纤维制造业	2	***	***	***	***	***	***
橡胶和塑料制品业	9	472	3	38	14689.0	1969.8	574.7
非金属矿物制品业	26	1197	67	140	32316.1	18731.5	1699.5
黑色金属冶炼和压延加工业	1	***	***	***	***	***	***
有色金属冶炼和压延加工业	4	85	7	30	3088.4	3021.8	488.5
金属制品业	14	414	24	48	19003.4	10951.8	485.6
通用设备制造业	46	2976	36	561	87093.3	61100.2	8016.2
专用设备制造业	78	3264	92	823	117135.6	92675.5	12929.1
汽车制造业	27	8547	120	2498	649123.0	139838.9	50995.1

2-5　续表 1

项　　目	机构数（个）	机构人员合计（人）	#博士毕业	#硕士毕业	机构经费支出（万元）	仪器和设备原价（万元）	#进口
铁路、船舶、航空航天和其他运输设备制造业	20	1922	24	392	56888.0	19115.3	54.5
电气机械和器材制造业	50	3087	70	995	117829.3	22717.1	157.8
计算机、通信和其他电子设备制造业	68	5132	117	1819	304034.8	390993.0	270780.9
仪器仪表制造业	41	2174	41	529	66188.6	28261.2	249.4
其他制造业	4	495	20	198	48982.8	16134.7	5118.3
金属制品、机械和设备修理业	1	***	***	***	***	***	***
电力、热力、燃气及水生产和供应业	8	1044	130	359	12251.5	26126.7	3105.6
电力、热力生产和供应业	5	840	107	262	6361.7	20099.0	1855.3
燃气生产和供应业	1	***	***	***	***	***	***
水的生产和供应业	2	***	***	***	***	***	***
四、按控股情况分							
国有控股	170	18908	693	6104	1065821.2	558553.4	200777.1
集体控股	7	1135	43	307	41860.0	28319.2	
私人控股	317	14219	298	2550	465745.2	206045.9	23404.0
港澳台商控股	19	1466	24	411	98166.5	34932.6	6780.8
外商控股	48	3324	85	709	206137.9	278294.3	182690.3
其他	11	1476	45	644	60520.8	10842.0	2538.2
五、按隶属关系分							
中央	67	6390	282	1873	245029.5	289573.4	113627.1
地方	505	34138	906	8852	1693222.1	827414.0	302563.3
六、按地区分							
东城区	5	133	6	41	6959.0	2813.3	
西城区	9	976	127	379	10538.9	24716.4	3105.6
朝阳区	38	2159	48	505	86647.6	54321.3	6791.0
丰台区	19	1748	49	476	93055.8	53155.1	5030.9
石景山区	3	976	116	317	34376.5	26020.5	10196.4
海淀区	114	7162	223	1924	299134.0	117408.1	5939.9
门头沟区	9	729	7	183	26526.2	10636.0	1109.2
房山区	37	1736	24	255	61276.7	27290.9	1932.1
通州区	42	1990	55	564	91952.7	50640.7	22196.6
顺义区	45	4625	105	1116	304074.7	229548.5	136835.4
昌平区	72	4937	126	1141	252857.9	76775.5	16322.5
大兴区	58	3766	89	797	194307.7	53292.9	16439.9
怀柔区	15	1078	12	126	65438.3	16882.6	1893.5
平谷区	15	571	6	122	10985.8	4114.1	458.2
密云区	13	1520	21	346	49058.5	15998.2	1432.7
延庆区	5	100	3	17	3857.2	2529.1	
北京经济技术开发区	73	6322	171	2416	347204.1	350844.2	186506.5

2-6 非工业企业研究与试验发展（R&D）活动基本情况

单位：个

项目	有 R&D 活动的企业数	有研发机构的企业数
合计	**669**	**181**
一、按登记注册类型分		
内资企业	595	164
港、澳、台商投资企业	34	7
外商投资企业	40	10
二、按行业大类分		
建筑业	93	57
房屋建筑业	33	26
土木工程建筑业	43	21
建筑安装业	11	7
建筑装饰、装修和其他建筑业	6	3
交通运输、仓储和邮政业	13	3
道路运输业	8	3
航空运输业	2	
管道运输业	1	
多式联运和运输代理业	2	
信息传输、软件和信息技术服务业	219	64
电信、广播电视和卫星传输服务	14	2
互联网和相关服务	41	3
软件和信息技术服务业	164	59
租赁和商务服务业	39	3
租赁业	3	
商务服务业	36	3
科学研究和技术服务业	282	49
研究和试验发展	57	11
专业技术服务业	142	29
科技推广和应用服务业	83	9
水利、环境和公共设施管理业	17	5

2-6　续表 1

单位：个

项　　目	有 R&D 活动的企业数	有研发机构的企业数
水利管理业	1	
生态保护和环境治理业	11	1
公共设施管理业	5	4
文化、体育和娱乐业	6	
新闻和出版业	3	
广播、电视、电影和影视录音制作业	1	
娱乐业	2	
三、按隶属关系分		
中央	199	62
地方	470	119
四、按地区分		
东城区	23	10
西城区	46	12
朝阳区	120	24
丰台区	48	20
石景山区	27	6
海淀区	277	78
门头沟区	2	
房山区	3	1
通州区	6	1
顺义区	20	7
昌平区	49	6
大兴区	10	4
怀柔区	4	
密云区	3	1
延庆区	1	
北京经济技术开发区	30	11

2-7 非工业企业研究与试验发展（R&D）人员情况

项目	R&D人员合计（人）	项目研究开发人员	管理和服务人员	R&D人员折合全时当量合计（人年）
合计	**105417**	**96824**	**8593**	**69575**
一、按登记注册类型分				
内资企业	75888	69129	6759	47742
港、澳、台商投资企业	11830	11009	821	7339
外商投资企业	17699	16686	1013	14493
二、按行业大类分				
建筑业	9184	8700	484	6188
房屋建筑业	2275	2100	175	1754
土木工程建筑业	5738	5488	250	3775
建筑安装业	728	681	47	446
建筑装饰、装修和其他建筑业	443	431	12	213
交通运输、仓储和邮政业	468	419	49	251
道路运输业	322	275	47	212
航空运输业	54	54		15
管道运输业	72	72		7
多式联运和运输代理业	20	18	2	16
信息传输、软件和信息技术服务业	58273	52842	5431	40256
电信、广播电视和卫星传输服务	10931	10640	291	10605
互联网和相关服务	17028	15498	1530	11720
软件和信息技术服务业	30314	26704	3610	17931
租赁和商务服务业	2113	1684	429	1526
租赁业	82	79	3	65
商务服务业	2031	1605	426	1461
科学研究和技术服务业	34693	32568	2125	20861
研究和试验发展	9821	9108	713	6081
专业技术服务业	17194	16345	849	9519
科技推广和应用服务业	7678	7115	563	5261
水利、环境和公共设施管理业	531	495	36	370

2-7　续表 1

项　　目	R&D 人员合　计（人）	项目研究开发人员	管理和服务人员	R&D 人员折合全时当量合计（人年）
水利管理业	5	5		5
生态保护和环境治理业	392	364	28	280
公共设施管理业	134	126	8	85
文化、体育和娱乐业	155	116	39	125
新闻和出版业	21	19	2	16
广播、电视、电影和影视录音制作业	10	9	1	6
娱乐业	124	88	36	102
三、按隶属关系分				
中央	25252	23335	1917	13709
地方	80165	73489	6676	55866
四、按地区分				
东城区	3767	3505	262	1478
西城区	3160	2906	254	1681
朝阳区	20596	19423	1173	16752
丰台区	2750	2541	209	1888
石景山区	2358	2230	128	1613
海淀区	56488	50780	5708	35298
门头沟区	162	157	5	81
房山区	351	330	21	166
通州区	291	278	13	137
顺义区	3016	2936	80	2721
昌平区	3537	3181	356	2607
大兴区	1186	1126	60	1076
怀柔区	515	495	20	371
密云区	118	114	4	102
延庆区	3	3		
北京经济技术开发区	7119	6819	300	3605

2-8 非工业企业研究与

项目	R&D经费内部支出合计	按活动类型分组		
		基础研究支出	应用研究支出	试验发展支出
合计	**5058988.4**	**12788.2**	**204989.5**	**4841210.7**
一、按登记注册类型分				
内资企业	2961274.0	12718.0	196992.9	2751563.1
港、澳、台商投资企业	955166.7		408.3	954758.4
外商投资企业	1142547.7	70.2	7588.3	1134889.2
二、按行业大类分				
建筑业	374330.1	179.2	45899.8	328251.1
房屋建筑业	86019.3		15088.3	70931.0
土木工程建筑业	234712.7	0.1	15846.5	218866.1
建筑安装业	38675.2	179.1	6114.3	32381.8
建筑装饰、装修和其他建筑业	14922.9		8850.7	6072.2
交通运输、仓储和邮政业	10805.3			10805.3
道路运输业	6934.3			6934.3
航空运输业	338.5			338.5
管道运输业	629.0			629.0
多式联运和运输代理业	2903.5			2903.5
信息传输、软件和信息技术服务业	3406527.3	206.9	20568.7	3385751.7
电信、广播电视和卫星传输服务	696544.4		1378.5	695165.9
互联网和相关服务	1552920.2		1590.6	1551329.6
软件和信息技术服务业	1157062.7	206.9	17599.6	1139256.2
租赁和商务服务业	134314.4	355.4	1588.7	132370.3
租赁业	1134.4		385.5	748.9
商务服务业	133180.0	355.4	1203.2	131621.4
科学研究和技术服务业	1106452.7	12046.7	136932.3	957473.7
研究和试验发展	449861.9	8024.9	40058.1	401778.9
专业技术服务业	396881.6	3463.3	68335.2	325083.1
科技推广和应用服务业	259709.2	558.5	28539.0	230611.7
水利、环境和公共设施管理业	24452.2			24452.2

试验发展（R&D）经费情况

单位：万元

按支出用途分组				
经常费支出	#人员劳务费	资产性支出	土建工程支出	仪器设备
4410894.5	**2745909.1**	**648093.9**	**20698.7**	**627395.2**
2731155.2	1555270.2	230118.8	17998.9	212119.9
602588.5	424707.3	352578.2	572.3	352005.9
1077150.8	765931.6	65396.9	2127.5	63269.4
371071.6	99214.1	3258.5	290.6	2967.9
84652.0	27178.3	1367.3	166.2	1201.1
232839.8	59040.3	1872.9	111.3	1761.6
38657.9	9356.9	17.3	12.1	5.2
14921.9	3638.6	1.0	1.0	
9973.5	4295.6	831.8		831.8
6127.7	3356.5	806.6		806.6
338.5	55.1			
629.0	270.8			
2878.3	613.2	25.2		25.2
2835236.8	2006056.5	571290.5	13245.2	558045.3
662983.2	434033.5	33561.2	16.8	33544.4
1044171.6	789118.6	508748.6	3005.8	505742.8
1128082.0	782904.4	28980.7	10222.6	18758.1
134000.7	63654.6	313.7	1.4	312.3
957.5	700.6	176.9		176.9
133043.2	62954.0	136.8	1.4	135.4
1034606.0	562734.3	71846.7	7158.1	64688.6
425315.0	217318.2	24546.9	255.5	24291.4
392083.5	213129.1	4798.1	126.7	4671.4
217207.5	132287.0	42501.7	6775.9	35725.8
23902.4	8147.4	549.8	3.4	546.4

2-8 续表 1

项　　目	R&D经费内部支出合　计	按活动类型分组		
		基础研究支出	应用研究支出	试验发展支出
水利管理业	223.9			223.9
生态保护和环境治理业	20119.0			20119.0
公共设施管理业	4109.3			4109.3
文化、体育和娱乐业	2106.4			2106.4
新闻和出版业	881.8			881.8
广播、电视、电影和影视录音制作业	94.8			94.8
娱乐业	1129.8			1129.8
三、按隶属关系分				
中央	809706.2	11337.5	103773.8	694594.9
地方	4249282.2	1450.7	101215.7	4146615.8
四、按地区分				
东城区	113665.3	585.4	17760.7	95319.2
西城区	99399.1	453.0	6043.5	92902.6
朝阳区	876350.8	6305.3	41220.9	828824.6
丰台区	87180.5	362.6	3957.6	82860.3
石景山区	100455.7		16063.9	84391.8
海淀区	3066009.9	1540.7	48434.6	3016034.6
门头沟区	736.1			736.1
房山区	32694.0		9186.4	23507.6
通州区	31953.1		291.4	31661.7
顺义区	91050.7		14954.7	76096.0
昌平区	212481.8	3541.2	31192.7	177747.9
大兴区	12717.3		2376.2	10341.1
怀柔区	32395.8		8113.8	24282.0
密云区	4267.4		234.9	4032.5
延庆区	4.6			4.6
北京经济技术开发区	297626.3		5158.2	292468.1

单位：万元

按支出用途分组				
经常费支出	#人员劳务费	资产性支出	土建工程支出	仪器设备
214.7	182.6	9.2		9.2
19579.2	6008.0	539.8	3.4	536.4
4108.5	1956.8	0.8		0.8
2103.5	1806.6	2.9		2.9
878.9	655.4	2.9		2.9
94.8	87.8			
1129.8	1063.4			
759036.8	307939.7	50669.4	7267.4	43402.0
3651857.7	2437969.4	597424.5	13431.3	583993.2
111413.5	29351.5	2251.8	12.1	2239.7
97658.1	65738.6	1741.0	67.0	1674.0
839226.9	584911.8	37123.9	304.7	36819.2
85287.8	34939.9	1892.7	30.3	1862.4
99594.3	49737.1	861.4	304.7	556.7
2488566.1	1693148.2	577443.8	19372.5	558071.3
736.1	437.8			
32479.0	5291.0	215.0		215.0
31800.9	5488.8	152.2	0.4	151.8
86090.5	34507.7	4960.2	93.8	4866.4
202731.6	74745.5	9750.2	181.0	9569.2
12150.8	9679.8	566.5	0.3	566.2
31825.6	9188.4	570.2	6.6	563.6
4207.7	1704.2	59.7	0.1	59.6
4.6	0.3			
287121.0	147038.5	10505.3	325.2	10180.1

第三篇

文化篇

3-1 文化及相关产业法人单位发展情况

单位：千元

项 目	法人单位数（个）	从业人员期末人数（人）	资产总计	负债合计	收入合计	支出（费用）合计
合 计	150737	1212167	2716608085	1429363932	1445693297	90073520
一、按领域分						
文化核心领域	88479	882329	2321097656	1172248264	1207069443	69534366
新闻信息服务	4340	199128	646674447	266140954	337501629	41864747
新闻服务	77	6229	9365628	1796258	5506783	5389515
报纸信息服务	196	21324	33000862	13407907	10996671	1865311
广播电视信息服务	1046	29514	184039328	25132245	49621157	33931138
互联网信息服务	3021	142061	420268629	225804544	271377019	678783
内容创作生产	26086	256348	575561411	232318448	228587347	18769232
出版服务	1512	47052	147863348	42437821	48421670	2058080
广播影视节目制作	7555	51450	127415764	68709094	29878167	1806106
创作表演服务	13717	58621	72190821	34321653	24696967	6399272
数字内容服务	2478	78488	181431595	75725830	100018042	10099
内容保存服务	429	16462	36355067	2857364	9688626	8495674
工艺美术品制造	386	4207	10219176	8254352	15879620	
艺术陶瓷制造	9	68	85640	12332	4256	
创意设计服务	39702	264194	386045321	266039778	375627253	426984
广告服务	20533	128584	258469681	190407276	294222549	5948
设计服务	19169	135610	127575640	75632502	81404705	421036
文化传播渠道	13748	114932	383662169	253676443	243694650	1840330
出版物发行	4421	41115	59627739	51641382	43459741	
广播电视节目传输	198	14210	69669636	28284098	12799032	841917
广播影视发行放映	941	12475	74986099	64680275	33472808	81292
艺术表演	69	2077	5042227	563353	1418693	899352
互联网文化娱乐平台	138	4399	23719540	13201857	12570875	17769
艺术品拍卖及代理	267	1907	11076097	6613343	5809335	
工艺美术品销售	7714	38749	139540833	88692135	134164165	
文化投资运营	1235	5946	269978415	121784494	7820873	498655
投资与资产管理	842	3570	162007724	58389536	6014444	412828
运营管理	393	2376	107970691	63394958	1806429	85827
文化娱乐休闲服务	3368	41781	59175892	32288146	13837690	6134419
娱乐服务	2475	14989	7537127	6482854	3248432	122219
景区游览服务	614	25493	49274246	24484990	10354077	6012199
休闲观光游览服务	279	1299	2364519	1320301	235181	
文化相关领域	62258	329838	395510430	257115668	238623854	20539154
文化辅助生产和中介服务	51003	277259	308865375	198055515	140917280	20539154
文化辅助用品制造	39	675	1256307	523747	1585331	
印刷复制服务	3430	40283	34320593	16160359	22837846	625
版权服务	1237	17170	14332591	10049637	10377370	176414
会议展览服务	17051	85339	97694475	62112222	50250685	1320055
文化经纪代理服务	21482	71538	116674985	90902915	27789541	107986
文化设备（用品）出租服务	475	2967	3652159	2060076	1647360	
文化科研培训服务	7289	59287	40934265	16246560	26429147	18934073
文化装备生产	1189	16059	32452089	17881451	20954540	
印刷设备制造	62	1236	2328368	1520580	717994	
广播电视电影设备制造及销售	259	7260	16716070	8781234	11392551	
摄录设备制造及销售	283	1937	6694249	2735944	5421333	
演艺设备制造及销售	30	655	2648112	1608868	835422	

3-1 续表 1

单位：千元

项　　目	法人单位数（个）	从业人员期末人数（人）	资产总计	负债合计	收入合计	支出（费用）合计
游乐游艺设备制造	21	675	1565272	1403084	414879	
乐器制造及销售	534	4296	2500017	1831740	2172362	
文化消费终端生产	10066	36520	54192966	41178703	76752034	
文具制造及销售	6886	18378	24768220	19343453	34328375	
笔墨制造	7	92	13797	6968	42653	
玩具制造	41	434	453400	436110	219734	
节庆用品制造	2	***	***	***	***	***
信息服务终端制造及销售	3130	17597	28944272	21389950	42158289	
二、按单位性质分						
经营性	147139	1109681	2430475863	1400457973	1345107820	
公益性	3598	102486	286132222	28905959	100585477	90073520
三、按产业分						
文化制造业	2073	47293	67078100	35425325	51276265	
文化批发和零售业	23214	122674	273472008	194032016	268159317	
文化服务业	125450	1042200	2376057977	1199906590	1126257715	90073520
四、按隶属关系分						
中央	2031	155341	624680344	163056723	251221657	62612453
地方	148706	1056826	2091927741	1266307209	1194471640	27461067
五、按登记注册类型分						
内资	149322	1084936	2316954895	1238462099	1193890172	90073520
港澳台商投资	602	70528	231347396	108744898	146152870	
外商投资	813	56703	168305794	82156935	105650256	
六、按地区分						
东城区	9330	98253	312182288	161949390	204628905	10312482
西城区	9674	116236	307645427	105710009	116922920	20733310
朝阳区	43292	336124	662529532	470027160	314089772	8644984
丰台区	10742	58568	66534954	35536297	33533752	2084401
石景山区	5399	43391	98661913	49471757	58978418	2732353
海淀区	18486	300137	908716549	402564462	539600427	40193040
门头沟区	2805	9539	21684747	16593714	5398054	106672
房山区	5742	19538	23674461	14519175	14322313	652392
通州区	9050	41195	51321302	22978831	31337586	576028
顺义区	4236	26688	39156914	26306013	21385231	258452
昌平区	6216	35438	34429855	18270616	19253851	883181
大兴区	5267	34359	39201855	22608349	19826472	633794
怀柔区	9176	26962	48328271	26737723	18741929	203592
平谷区	3674	20606	19386054	12266282	11457616	273275
密云区	4909	21608	22090545	13440087	8672066	118033
延庆区	830	5761	13599541	4604197	2769424	1325655
北京经济技术开发区	1909	17764	47463877	25779870	24774561	341876

注：1. 文化及相关产业统计分类依据为国家统计局《文化及相关产业（2018）》。
2. 收入合计指经营性文化产业法人单位营业收入与公益性文化产业法人单位收入合计之和。经营性法人单位汇总范围为执行企业会计制度的法人单位；公益性法人单位汇总范围为执行行政事业或民间非营利组织会计制度的法人单位。
3. 支出（费用）合计仅包括公益性文化产业法人单位支出（费用）。
4. 仅文化服务业中包含公益性文化产业法人单位。

3-2 规模以上经营性文化

项目	法人单位数（个）	从业人员期末人数（人）	资产总计	负债合计
合计	**3887**	**535220**	**1657897953**	**860818902**
一、按产业分				
文化制造业	150	30301	53009403	26090965
文化批发和零售业	422	52228	193627039	134661976
文化服务业	3315	452691	1411261511	700065961
二、按领域分				
文化核心领域	2992	445528	1510470251	770673520
新闻信息服务	430	137027	405662708	210266105
新闻服务	3	261	146667	62818
报纸信息服务	90	15180	21930438	7851835
广播电视信息服务	38	4871	18980571	6248293
互联网信息服务	299	116715	364605032	196103159
内容创作生产	912	120533	363290560	137641486
出版服务	304	33335	120686262	36901699
广播影视节目制作	158	14764	56564618	22683998
创作表演服务	90	6207	13773530	5306980
数字内容服务	339	62698	163449604	65696914
内容保存服务	6	1103	457272	232622
工艺美术品制造	15	2426	8359274	6819273
创意设计服务	1112	107004	253104512	167174943
广告服务	782	51309	179606632	129223621
设计服务	330	55695	73497880	37951322
文化传播渠道	410	62580	288743499	162487025
出版物发行	136	20591	37272128	36251935
广播电视节目传输	36	11131	51404834	20848834
广播影视发行放映	106	6964	59750174	23751017
艺术表演	10	829	609294	285463
互联网文化娱乐平台	19	3819	23229302	12893774
艺术品拍卖及代理	8	642	8463994	5004187

产业法人单位发展情况

单位：千元

营业收入	营业成本	税金及附加	投资收益	营业利润	利润总额	应付职工薪酬	应交增值税
1096295684	**788505247**	**6992668**	**24699846**	**86775372**	**85267676**	**129007247**	**15647179**
44369808	36931495	260203	240678	2288922	2400790	4667657	1201357
224057847	196021700	774519	2270339	5030334	2220513	8967881	2268796
827868029	555552052	5957946	22188829	79456116	80646373	115371709	12177026
962772148	686677254	6400635	23214243	79503620	77659913	114357086	12678680
269955665	150179371	2538454	3345401	30335079	30068060	40269149	3783933
87663	35490	585	550	7840	8205	41378	4325
7516133	5572610	119139	243005	-52926	623546	3671110	154360
5923047	3727393	28925	546213	1332213	1388062	1226984	134070
256428822	140843878	2389805	2555633	29047952	28048247	35329677	3491178
172479005	94008985	992183	7851849	26737354	27535911	35509774	3308208
42248887	23582137	300074	859238	7134150	7520250	9592917	1283768
13962487	10547421	80718	2978406	2971628	3064305	2697301	178223
6327246	4253785	43437	674273	1592439	1637910	1150661	116958
94344404	41238562	534154	3331972	14933923	15193812	21622948	1614563
260799	121479	1718	87	-2749	-2544	89727	-4228
15335182	14265601	32082	7873	107963	122178	356220	118924
295909098	252862149	1831575	2388343	9197817	9444352	24979895	3773623
241103525	212097737	1575039	2288342	5551541	5722527	12974841	2084670
54805573	40764412	256536	100001	3646276	3721825	12005054	1688953
216200735	186535786	811052	3753032	8478113	5602106	11304490	1622458
29473200	23191792	67656	201520	-1118488	-4063528	3185398	176092
11280743	8158207	62385	62002	1250321	1236463	2018213	-13000
30789329	25589382	101940	2179526	4749468	4838887	1351578	161430
492846	302353	2431	24750	54819	56081	134419	15820
12377954	8622321	31927	75295	462107	468826	1294168	140112
5042568	3955604	5689	35879	381584	395786	258877	30899

3-2 续表 1

项　　目	法人单位数（个）	从业人员期末人数（人）	资产总计	负债合计
工艺美术品销售	95	18604	108013773	63451815
文化投资运营	30	1618	166268211	75183145
投资与资产管理	11	580	61161596	13957994
运营管理	19	1038	105106615	61225151
文化娱乐休闲服务	98	16766	33400761	17920816
娱乐服务	26	5091	3671136	3004017
景区游览服务	68	11431	28286490	14305113
休闲观光游览服务	4	244	1443135	611686
文化相关领域	895	89692	147427702	90145382
文化辅助生产和中介服务	673	68894	86795924	50085568
文化辅助用品制造	5	471	1109711	334153
印刷复制服务	104	20367	22610502	8462439
版权服务	88	10572	9808107	5824015
会议展览服务	321	19425	22452305	14101771
文化经纪代理服务	112	7623	26292664	17787909
文化设备（用品）出租服务	12	781	1539861	1038173
文化科研培训服务	31	9655	2982774	2537108
文化装备生产	82	10215	27678590	14772977
印刷设备制造	5	631	1887636	1206458
广播电视电影设备制造及销售	47	5358	14661144	7776497
摄录设备制造及销售	10	964	5897400	2109776
演艺设备制造及销售	2	***	***	***
游乐游艺设备制造	4	562	1421209	1286778
乐器制造及销售	14	2188	1313402	886649
文化消费终端生产	140	10583	32953188	25286837
文具制造及销售	86	2176	11483706	9615101
笔墨制造	1	***	***	***
玩具制造	2	***	***	***
信息服务终端制造及销售	51	8247	21410009	15642454

单位：千元

营业收入	营业成本	税金及附加	投资收益	营业利润	利润总额	应付职工薪酬	应交增值税
126744095	116716127	539024	1174060	2698302	2669591	3061837	1111105
2485629	848613	128573	5851401	4546344	4567367	534955	134002
1179207	348627	35862	430158	290823	302534	195193	47496
1306422	499986	92711	5421243	4255521	4264833	339762	86506
5742016	2242350	98798	24217	208913	442117	1758823	56456
1760770	939143	23564	1232	23056	18597	453486	29001
3898234	1184207	74386	21671	274462	498371	1269613	71751
83012	119000	848	1314	-88605	-74851	35724	-44296
133523536	101827993	592033	1485603	7271752	7607763	14650161	2968499
59124514	40270232	373343	473084	3760160	3886270	10850642	1746633
1467362	992477	7719	46436	365061	361763	76659	53594
16311798	12239944	167523	33278	1340325	1384349	3166376	780928
7927259	3816292	40701	51102	826816	836060	2259527	232428
21455256	15356555	98304	159532	1292109	1325360	2666582	396207
8650570	6217661	40676	171241	-219487	-184947	1529381	123533
924514	559984	2120		143906	140940	108762	74973
2387755	1087319	16300	11495	11430	22745	1043355	84970
17322584	14116168	74018	232318	858691	930066	1621282	398976
551461	411152	8161		-57495	-56179	133836	6780
9685813	7697895	36024	161251	692998	735369	936398	293235
4782401	4217454	8725	48503	116101	135432	210802	42807
***	***	***	***	***	***	***	***
383099	329062	5303	182	663	-867	67967	12492
1182949	927748	6596	2382	22841	26054	229006	30350
57076438	47441593	144672	780201	2652901	2791427	2178237	822890
21281409	20287976	38030	14615	122792	146935	264591	75036
***	***	***	***	***	***	***	***
***	***	***	***	***	***	***	***
35686946	27054648	105829	765586	2541674	2656137	1892164	744595

3-3 规模以下经营性文化

项目	法人单位数（个）	从业人员期末人数（人）	资产总计	负债合计
合计	**143252**	**574461**	**772577910**	**539639071**
一、按产业分				
文化制造业	1923	16992	14068697	9334360
文化批发和零售业	22792	70446	79844969	59370040
文化服务业	118537	487023	678664244	470934670
二、按领域分				
文化核心领域	84398	365091	564631625	382535426
新闻信息服务	3805	34810	76765156	43458606
新闻服务	46	1096	684357	750798
报纸信息服务	69	3011	8986842	4916921
广播电视信息服务	981	6446	13394630	8567561
互联网信息服务	2709	24257	53699327	29223326
内容创作生产	24353	105497	150603456	90753291
出版服务	1090	10136	23472423	4799880
广播影视节目制作	7384	35262	66253508	45870024
创作表演服务	13179	41075	39135135	28103986
数字内容服务	2137	15766	17965733	10026451
内容保存服务	183	1409	1831114	505538
工艺美术品制造	371	1781	1859902	1435079
艺术陶瓷制造	9	68	85640	12332
创意设计服务	38573	156975	132483100	98822943
广告服务	19747	77252	78853239	61169746
设计服务	18826	79723	53629861	37653197
文化传播渠道	13303	49786	86121866	91063220
出版物发行	4285	20524	22355611	15389447
广播电视节目传输	148	1773	13885680	7390652
广播影视发行放映	822	5248	15041263	40896046
艺术表演	52	276	214823	232592
互联网文化娱乐平台	118	555	485326	305007
艺术品拍卖及代理	259	1265	2612103	1609156

产业法人单位发展情况

单位：千元

营业收入	营业成本	税金及附加	投资收益	营业利润	应付职工薪酬	应交增值税
248812136	**187507011**	**1273602**	**5876817**	**-17861882**	**41646912**	**4892544**
6906457	5787843	43920	-23755	-258851	1060035	207172
44101470	36543198	140520	188140	-819140	3839520	635421
197804209	145175970	1089162	5712432	-16783891	36747356	4049951
166681221	126124793	891604	4031557	-14397868	29043048	3036073
19190560	14710615	132367	989559	-3699561	4602160	189181
907772	526888	6970	7	-34452	286983	4637
1648603	1955322	31072	334513	20907	1064369	-19066
2517726	2096538	16618	6386	-542818	522970	31295
14116459	10131867	77707	648654	-3143198	2727838	172316
35888851	24927915	209917	1147565	-4689477	9184599	791915
3985025	2390813	44826	279086	195098	1349042	141619
13953135	10281865	72696	431244	-1921965	2882308	302322
11449952	7967997	62716	229991	-1237085	2671497	263406
5664141	3604498	24610	102714	-1731741	2073595	75445
287906	223493	1586	103576	51022	106723	3179
544438	457007	3467	954	-44474	99437	5662
4256	2243	17		-331	1998	281
79261392	61233787	385032	593418	-2645964	10645433	1548875
53109347	43166025	252943	439305	-1563764	5537039	808380
26152045	18067762	132089	154113	-1082200	5108394	740494
25725929	20051231	109164	282333	-1467815	3295199	295386
13986541	11028209	31921	39869	57411	1302171	133437
706366	421396	4245	3640	-141083	224638	-8063
2587414	2011968	16890	97369	-539081	579866	15186
83660	77450	482		-17213	20976	6268
175110	128112	337	1181	-42910	45117	2155
766767	594329	1547	540	-54176	88960	9698

3-3 续表 1

项　　目	法人单位数（个）	从业人员期末人数（人）	资产总计	负债合计
工艺美术品销售	7619	20145	31527060	25240320
文化投资运营	1201	4254	102708462	46144991
投资与资产管理	828	2949	100493847	44428767
运营管理	373	1305	2214615	1716224
文化娱乐休闲服务	3163	13769	15949586	12292375
娱乐服务	2444	9835	3839869	3475321
景区游览服务	445	2879	11188333	8108439
休闲观光游览服务	274	1055	921384	708615
文化相关领域	58854	209370	207946285	157103645
文化辅助生产和中介服务	47821	177589	181933009	138103305
文化辅助用品制造	34	204	146596	189594
印刷复制服务	3323	19913	11709855	7697521
版权服务	1131	6234	4133556	4168194
会议展览服务	16669	62680	68430999	47654310
文化经纪代理服务	21295	63462	90271318	73059542
文化设备（用品）出租服务	463	2186	2112298	1021903
文化科研培训服务	4906	22910	5128386	4312242
文化装备生产	1107	5844	4773499	3108474
印刷设备制造	57	605	440732	314122
广播电视电影设备制造及销售	212	1902	2054926	1004737
摄录设备制造及销售	273	973	796849	626168
演艺设备制造及销售	28	143	150313	102049
游乐游艺设备制造	17	113	144063	116306
乐器制造及销售	520	2108	1186615	945091
文化消费终端生产	9926	25937	21239778	15891866
文具制造及销售	6800	16202	13284514	9728352
笔墨制造	6	57	7207	6443
玩具制造	39	309	400517	407353
节庆用品制造	2	***	***	***
信息服务终端制造及销售	3079	9350	7534263	5747496

单位：千元

营业收入	营业成本	税金及附加	投资收益	营业利润	应付职工薪酬	应交增值税
7420070	5789767	53743	139736	-730763	1033472	136705
4713869	4026617	25512	993419	-1285277	637662	167393
4356406	3796843	24158	942520	-1219850	551630	158437
357463	229774	1354	50899	-65426	86032	8956
1900620	1174628	29612	25263	-609775	677995	43323
1365280	796476	23806	917	-322991	420201	31859
383171	287195	4615	23939	-233928	196298	10873
152169	90957	1190	407	-52855	61496	591
82130915	61382218	381999	1845260	-3464014	12603864	1856471
58823363	41199881	318464	1871183	-3302389	10951137	1459727
117969	96133	343	658	-2440	11430	3421
6525950	5060114	39049	35415	-212906	1116567	201172
2225380	1241043	8747	-1187	-20409	507463	62912
27307208	19134796	127526	814936	-197252	4102923	613589
19029988	13321446	125790	1018443	-1726103	3742523	480868
722846	497371	3658	33	-60030	114647	18969
2894022	1848977	13352	2885	-1083249	1355584	78796
3631956	2889181	16213	5240	-37594	391496	83112
166533	119272	2069	-73	-17967	40097	9000
1706738	1337045	8344	4673	32346	156640	41013
638932	540602	1288	-65	-19797	53267	8938
98561	86115	444		304	9124	1388
31780	23477	188		-7452	5262	1136
989413	782670	3880	705	-25029	127105	21638
19675596	17293156	47322	-31163	-124031	1261230	313632
13046966	11660231	28683	5298	-11418	709134	205573
2045	985	2	212	-586	1523	131
152259	120669	905		-3899	18834	4761
***	***	***	***	***	***	***
6471343	5511272	17731	-36674	-108017	529051	103166

3-4 公益性文化产业法人单位发展情况

单位：千元

项目	法人单位数（个）	从业人员期末人数（人）	资产总计	负债合计	收入合计	支出（费用）合计
合计	**3598**	**102486**	**286132222**	**28905959**	**100585477**	**90073520**
按领域分						
文化核心领域	1089	71710	245995780	19039317	77616074	69534366
新闻信息服务	105	27291	164246584	12416244	48355405	41864747
内容创作生产	821	30318	61667396	3923671	20219491	18769232
创意设计服务	17	215	457709	41892	456764	426984
文化传播渠道	35	2566	8796804	126198	1767986	1840330
文化投资运营	4	74	1001742	456358	621375	498655
文化娱乐休闲服务	107	11246	9825545	2074955	6195053	6134419
文化相关领域	2509	30776	40136443	9866642	22969403	20539154
文化辅助生产和中介服务	2509	30776	40136443	9866642	22969403	20539154

第四篇

信息化篇

4-1 规模以上法人单位信息化情况

项目	法人单位数（个）	年末在用计算机数（台）	年末拥有网站数（个）	全年电子商务采购金额（千元）	全年电子商务销售金额（千元）
合计	**31534**	**4581161**	**20286**	**1062359227**	**1826123049**
一、按登记注册类型分					
内资	28308	3307923	17754	773116461	1363295236
国有	972	160533	820	54740004	74477859
集体	370	10969	111	467803	175465
股份合作	282	8719	125	50011	160913
国有联营	3	866	2	10	4
集体联营	3	63	1		
国有与集体联营	7	333	3	283	11060
其他联营	2	***	***	***	***
国有独资公司	941	254595	801	420637448	402854913
其他有限责任公司	11744	1556403	7331	128652295	601829697
股份有限公司	1361	520156	1673	132528376	148813063
私营独资	46	1285	27	410	57934
私营合伙	174	48406	158	7493	67870
私营有限责任公司	11752	639073	6049	34909270	128592586
私营股份有限公司	582	97182	611	1060768	6225007
其他	69	9323	42	62260	27668
港澳台商投资	1314	590875	966	139353683	163731081
与港澳台商合资经营	352	92520	312	1464041	5949237
与港澳台商合作经营	72	15029	46	5660	135076
港澳台商独资	851	420406	577	137508834	125461808
港澳台商投资股份有限公司	28	47675	24	371549	32129656
其他港澳台投资	11	15245	7	3600	55305
外商投资	1912	682363	1566	149889083	299096732
中外合资经营	536	158336	485	52408321	86636285
中外合作经营	50	6935	26	636	28120
外资企业	1272	498656	999	97474245	211750957
外商投资股份有限公司	39	14794	42	1520	673234
其他外商投资	15	3642	14	4360	8136
二、按隶属关系分					
中央	2553	920055	2610	570294538	771921577
地方	28981	3661106	17676	492064689	1054201472
三、按机构类型分					
企业	31215	4519670	19988	1060706607	1824898708
机关事业单位	146	36690	153	1639948	157066
民办非企业	37	11212	19	7250	1047150
其他	136	13589	126	5422	20125
四、按控股情况分					
国有控股	6162	1454594	4765	688236072	978258323
集体控股	1160	112989	532	24924054	39117773
私人控股	20581	1768681	12297	101426397	353575774

4-1　续表 1

项　　目	法人单位数（个）	年末在用计算机数（台）	年末拥有网站数（个）	全年电子商务采购金额（千元）	全年电子商务销售金额（千元）
港澳台商控股	1206	504781	847	138042099	130020764
外商控股	1762	637683	1360	106837423	291361410
其他	344	40942	187	1240562	32564664
五、按单位规模分					
大型	2030	2416908	2513	890090983	1278166693
中型	8427	1170852	6672	148513869	339569084
小型	16114	676311	9420	18353193	55753540
微型	3591	72399	835	3446312	79746161
六、按地区分					
东城区	2077	316363	1370	25829791	124166891
西城区	2218	394453	1507	65889013	106199363
朝阳区	8007	989406	5278	579632651	718321161
丰台区	2145	189643	1167	17950177	30703266
石景山区	803	122176	466	5034697	18894913
海淀区	7234	1665400	6329	178727318	369293711
门头沟区	301	18787	100	4095634	2757911
房山区	944	46794	232	15681963	3902369
通州区	1120	83944	455	63004082	86440931
顺义区	1644	213076	824	62993252	147610710
昌平区	1432	145010	786	26067493	66039754
大兴区	1012	89477	506	1708864	19873872
怀柔区	577	36150	220	951166	8805484
平谷区	533	27253	172	338771	1554639
密云区	535	33076	181	944484	25226266
延庆区	206	7858	65	367290	1169222
北京经济技术开发区	746	202295	628	13142579	95162585
七、按行业门类分					
采矿业	16	15633	27	990430	87320
制造业	2855	478674	2237	195129674	199709714
电力、热力、燃气及水生产和供应业	133	78001	66	21826460	7169135
建筑业	2955	254698	1212	15964505	147431
批发和零售业	6959	520495	3216	775664885	1216674426
交通运输、仓储和邮政业	937	255651	448	2642288	99054621
住宿和餐饮业	2160	78255	883	513752	18608385
信息传输、软件和信息技术服务业	3441	1354172	3791	18672358	179342641
房地产业	3496	246961	1120	45587	20990227
租赁和商务服务业	3672	494541	2975	11556189	51670533
科学研究和技术服务业	2620	482859	2279	16931316	14516393
水利、环境和公共设施管理业	330	21113	198	8288	300796
居民服务、修理和其他服务业	406	19912	189	134008	504865
教育	265	136493	321	168815	10575116
卫生和社会工作	236	34389	242	1777576	321794
文化、体育和娱乐业	1053	109314	1082	333095	6449653

4-1 续表 2

项目	法人单位数（个）	年末在用计算机数（台）	年末拥有网站数（个）	全年电子商务采购金额（千元）	全年电子商务销售金额（千元）
八、按行业大类分					
煤炭开采和洗选业	2	***	***	***	***
石油和天然气开采业	2	***	***	***	***
黑色金属矿采选业	6	4679	15	982480	
非金属矿采选业	1	***	***	***	***
开采专业及辅助性活动	5	8825	7		
农副食品加工业	110	6029	67	17828	1179652
食品制造业	119	15656	75	7415103	22496204
酒、饮料和精制茶制造业	38	5374	28	131431	3858134
烟草制品业	1	***	***	***	***
纺织业	12	378	6	3120	20870
纺织服装、服饰业	93	10819	44	380920	709479
皮革、毛皮、羽毛及其制品和制鞋业	6	764	2		9870
木材加工和木、竹、藤、棕、草制品业	7	1124	3	6460	72990
家具制造业	39	3588	35	45	2905
造纸和纸制品业	37	1643	18		53300
印刷和记录媒介复制业	88	8609	57	12225	11102
文教、工美、体育和娱乐用品制造业	30	2131	30	49284	84738
石油、煤炭及其他燃料加工业	16	6444	10	12484910	4896
化学原料和化学制品制造业	154	10466	112	320966	666687
医药制造业	214	52419	191	71608	2018434
化学纤维制造业	2	***	***	***	***
橡胶和塑料制品业	76	3846	51	398418	174437
非金属矿物制品业	186	14152	103	355491	1335278
黑色金属冶炼和压延加工业	9	649	5	155	699834
有色金属冶炼和压延加工业	23	1459	19	1596	388
金属制品业	156	8627	114	2415	158700
通用设备制造业	202	32192	181	7104	21564
专用设备制造业	289	44386	280	686598	844427
汽车制造业	224	59733	117	77262609	95782416
铁路、船舶、航空航天和其他运输设备制造业	61	12383	50	142329	185880
电气机械和器材制造业	219	34990	188	4636798	3877437
计算机、通信和其他电子设备制造业	262	108754	259	88423062	60180456
仪器仪表制造业	153	24826	168	48034	156862
其他制造业	9	613	7		153180
废弃资源综合利用业	7	326	3		495
金属制品、机械和设备修理业	13	5348	12	818246	6230
电力、热力生产和供应业	82	64986	43	21771191	7102325
燃气生产和供应业	25	7001	8	55168	66810
水的生产和供应业	26	6014	15	101	
房屋建筑业	569	105489	234	6683977	

4-1 续表 3

项目	法人单位数（个）	年末在用计算机数（台）	年末拥有网站数（个）	全年电子商务采购金额（千元）	全年电子商务销售金额（千元）
土木工程建筑业	617	86072	289	9175090	631
建筑安装业	712	30576	298	88008	13685
建筑装饰、装修和其他建筑业	1057	32561	391	17431	133115
批发业	5111	374799	2321	703459495	976315736
零售业	1848	145696	895	72205390	240358690
铁路运输业	11	39673	10	546	43208872
道路运输业	491	41172	168	1062564	1055815
水上运输业	6	225	3	260	20
航空运输业	33	52995	26	42827	51722689
管道运输业	2	***	***	***	***
多式联运和运输代理业	268	32059	179	746658	2429453
装卸搬运和仓储业	93	5950	31	3642	68326
邮政业	33	79631	30	813	569447
住宿业	914	44916	501	204760	5920477
餐饮业	1246	33339	382	308992	12687908
电信、广播电视和卫星传输服务	246	106015	260	5245504	39725246
互联网和相关服务	578	299420	830	6874186	114031315
软件和信息技术服务业	2617	948737	2701	6552668	25586080
房地产业	3496	246961	1120	45587	20990227
租赁业	115	10200	62	533852	7620610
商务服务业	3557	484341	2913	11022337	44049923
研究和试验发展	232	61064	237	240500	311015
专业技术服务业	1421	291820	1173	8324578	4270963
科技推广和应用服务业	967	129975	869	8366239	9934415
水利管理业	13	3797	6	235	
生态保护和环境治理业	69	5911	57	1238	49860
公共设施管理业	239	10560	130	6794	250936
土地管理业	9	845	5	20	
居民服务业	101	6041	66	10759	345754
机动车、电子产品和日用产品修理业	131	11098	67	120944	150870
其他服务业	174	2773	56	2306	8241
教育	265	136493	321	168815	10575116
卫生	227	33914	238	1777139	321794
社会工作	9	475	4	437	
新闻和出版业	397	65565	629	154322	4385116
广播、电视、电影和录音制作业	299	25275	206	88286	1453162
文化艺术业	105	4869	76	75261	304018
体育	123	5202	90	1878	178487
娱乐业	129	8403	81	13347	128869

注：1. 本表包括规模以上（限额以上）执行企业会计制度的企、事业法人单位，不包括执行行政事业及民间非营利组织会计制度的法人单位。
2. 本表不包括规模以上农、林、牧、渔业和金融业法人单位。

4-2 规模以上第二产业法人单位信息化情况

项　　目	法人单位数（个）	年末在用计算机数（台）	年末拥有网站数（个）	全年电子商务采购金额（千元）	全年电子商务销售金额（千元）
合　计	**5941**	**812833**	**3523**	**233092824**	**207107370**
一、按登记注册类型分					
内资	5230	623269	3001	79586709	47681430
国有	61	23397	19	12328742	11882245
集体	80	2492	25	100	2
股份合作	73	1479	22	9580	26128
其他联营	1	***	***	***	***
国有独资公司	159	78989	142	19353574	158560
其他有限责任公司	1975	311616	1217	9802272	5831133
股份有限公司	294	102718	344	37017580	27319077
私营独资	3	15	1		
私营合伙	4	109	1		
私营有限责任公司	2449	83332	1099	722177	1849227
私营股份有限公司	131	19120	131	352683	615059
港澳台商投资	185	64076	139	90792790	63250443
与港澳台商合资经营	97	17559	75	141580	704268
与港澳台商合作经营	4	217			
港澳台商独资	74	44645	57	90298620	61958815
港澳台商投资股份有限公司	10	1655	7	352590	587360
外商投资	526	125488	383	62713325	96175497
中外合资经营	205	48545	159	48758570	66851657
中外合作经营	8	2797	5		
外资企业	297	68804	203	13949045	28675673
外商投资股份有限公司	14	4485	14	1350	648010
其他外商投资	2	***	***	***	***
二、按隶属关系分					
中央	350	238883	368	51875296	12341722
地方	5591	573950	3155	181217528	194765648
三、按控股情况分					
国有控股	991	391130	825	116394655	93763482
集体控股	216	20318	89	244934	271288
私人控股	4091	234383	2159	3273322	10148610
港澳台商控股	135	52035	95	90299197	62176477
外商控股	448	104694	310	22849247	40550522
其他	60	10273	45	31470	196991
四、按单位规模分					
大型	313	425354	402	224501394	179800202
中型	1215	192759	899	4603750	18681025
小型	3825	188455	2097	3932532	8597494

4-2　续表 1

项　　目	法人单位数（个）	年末在用计算机数（台）	年末拥有网站数（个）	全年电子商务采购金额（千元）	全年电子商务销售金额（千元）
微型	588	6265	125	55148	28650
五、按地区分					
东城区	162	29031	100	502127	39170
西城区	223	83003	128	21660596	7265455
朝阳区	793	76452	439	173006	287531
丰台区	379	48918	238	6511511	155654
石景山区	126	26998	77	1061012	480
海淀区	745	142908	601	92915120	62911026
门头沟区	103	10044	40	48894	89960
房山区	303	28821	115	13148620	288981
通州区	521	47876	287	13754298	15583952
顺义区	544	61977	306	54894057	76343625
昌平区	466	60442	320	22979642	24179787
大兴区	522	41696	284	329329	1767605
怀柔区	259	18960	113	865893	7548665
平谷区	198	11432	83	690	98741
密云区	207	17770	97	155065	4526960
延庆区	88	4681	27	367010	650600
北京经济技术开发区	302	101824	268	3725954	5369178
六、按行业门类分					
采矿业	11	6808	20	990430	87320
制造业	2842	473326	2225	194311429	199703484
电力、热力、燃气及水生产和供应业	133	78001	66	21826460	7169135
建筑业	2955	254698	1212	15964505	147431
七、按行业大类及中类分					
煤炭开采和洗选业	2	***	***	***	***
烟煤和无烟煤开采洗选	2	***	***	***	***
石油和天然气开采业	2	***	***	***	***
天然气开采	2	***	***	***	***
黑色金属矿采选业	6	4679	15	982480	
铁矿采选	6	4679	15	982480	
非金属矿采选业	1	***	***	***	***
石棉及其他非金属矿采选	1	***	***	***	***
农副食品加工业	110	6029	67	17828	1179652
谷物磨制	10	235	3	5000	479830
饲料加工	36	2560	29	10000	468776
植物油加工	1	***	***	***	***
屠宰及肉类加工	33	1465	17	911	29068
水产品加工	1	***	***	***	***

4-2 续表 2

项　　目	法人单位数（个）	年末在用计算机数（台）	年末拥有网站数（个）	全年电子商务采购金额（千元）	全年电子商务销售金额（千元）
蔬菜、菌类、水果和坚果加工	20	1383	14	1917	201958
其他农副食品加工	9	306	4		
食品制造业	119	15656	75	7415103	22496204
焙烤食品制造	30	3199	13	48530	297487
糖果、巧克力及蜜饯制造	6	2444	7	21600	7010810
方便食品制造	18	1773	7	90	100
乳制品制造	8	2105	6	7339950	10470748
罐头食品制造	1	***	***	***	***
调味品、发酵制品制造	14	1188	11	203	3641
其他食品制造	42	4930	31	4730	4713418
酒、饮料和精制茶制造业	38	5374	28	131431	3858134
酒的制造	13	1834	12	130210	758640
饮料制造	25	3540	16	1221	3099494
烟草制品业	1	***	***	***	***
卷烟制造	1	***	***	***	***
纺织业	12	378	6	3120	20870
棉纺织及印染精加工	1	***	***	***	***
毛纺织及染整精加工	1	***	***	***	***
化纤织造及印染精加工	1	***	***	***	***
家用纺织制成品制造	3	56	1		
产业用纺织制成品制造	6	235	4	3120	20870
纺织服装、服饰业	93	10819	44	380920	709479
机织服装制造	74	5931	38	28343	134459
针织或钩针编织服装制造	15	4752	5	352577	575020
服饰制造	4	136	1		
皮革、毛皮、羽毛及其制品和制鞋业	6	764	2		9870
皮革制品制造	3	640	1		2090
毛皮鞣制及制品加工	1	***	***	***	***
制鞋业	2	***	***	***	***
木材加工和木、竹、藤、棕、草制品业	7	1124	3	6460	72990
人造板制造	2	***	***	***	***
木质制品制造	5	1079	1	6460	72990
家具制造业	39	3588	35	45	2905
木质家具制造	23	2863	23	10	975
金属家具制造	10	520	8	30	1070
其他家具制造	6	205	4	5	860
造纸和纸制品业	37	1643	18		53300
造纸	6	83	3		
纸制品制造	31	1560	15		53300

4-2 续表 3

项目	法人单位数（个）	年末在用计算机数（台）	年末拥有网站数（个）	全年电子商务采购金额（千元）	全年电子商务销售金额（千元）
印刷和记录媒介复制业	88	8609	57	12225	11102
印刷	84	8363	54	12225	11102
装订及印刷相关服务	1	***	***	***	***
记录媒介复制	3	236	3		
文教、工美、体育和娱乐用品制造业	30	2131	30	49284	84738
文教办公用品制造	2	***	***	***	***
乐器制造	6	197	4		
工艺美术及礼仪用品制造	15	1490	19	49240	84738
体育用品制造	2	***	***	***	***
玩具制造	1	***	***	***	***
游艺器材及娱乐用品制造	4	271	3		
石油、煤炭及其他燃料加工业	16	6444	10	12484910	4896
精炼石油产品制造	16	6444	10	12484910	4896
化学原料和化学制品制造业	154	10466	112	320966	666687
基础化学原料制造	21	1749	14	846	50
肥料制造	6	271	6	150	10
农药制造	2	***	***	***	***
涂料、油墨、颜料及类似产品制造	25	1903	17		
合成材料制造	12	1123	6	20000	
专用化学产品制造	66	3104	52	299770	159001
日用化学产品制造	22	2274	16	200	507607
医药制造业	214	52419	191	71608	2018434
化学药品原料药制造	3	254	3	307	
化学药品制剂制造	63	33545	77	5169	303794
中药饮片加工	41	3434	19	1199	1655510
中成药生产	29	4133	24	200	16560
兽用药品制造	9	812	6	50920	34570
生物药品制品制造	52	9118	48	13314	8000
卫生材料及医药用品制造	11	893	10		
药用辅料及包装材料	6	230	4	500	
化学纤维制造业	2	***	***	***	***
合成纤维制造	2	***	***	***	***
橡胶和塑料制品业	76	3846	51	398418	174437
橡胶制品业	9	1110	9	42	360
塑料制品业	67	2736	42	398376	174077
非金属矿物制品业	186	14152	103	355491	1335278
水泥、石灰和石膏制造	3	362	3	481	676309
石膏、水泥制品及类似制品制造	113	5527	39	305530	604870
砖瓦、石材等建筑材料制造	11	230	6	80	

4-2 续表 4

项　　目	法人单位数（个）	年末在用计算机数（台）	年末拥有网站数（个）	全年电子商务采购金额（千元）	全年电子商务销售金额（千元）
玻璃制造	8	342	6		
玻璃制品制造	12	4318	15	70	2929
玻璃纤维和玻璃纤维增强塑料制品制造	6	615	3	13260	42550
陶瓷制品制造	2	***	***	***	***
耐火材料制品制造	13	1049	17	35660	2800
石墨及其他非金属矿物制品制造	18	1459	14	410	5820
黑色金属冶炼和压延加工业	9	649	5	155	699834
钢压延加工	8	603	4	155	699834
铁合金冶炼	1	***	***	***	***
有色金属冶炼和压延加工业	23	1459	19	1596	388
稀有稀土金属冶炼	2	***	***	***	***
有色金属合金制造	8	584	6	1246	220
有色金属压延加工	13	615	11	350	168
金属制品业	156	8627	114	2415	158700
结构性金属制品制造	84	4081	65	255	120980
金属工具制造	1	***	***	***	***
集装箱及金属包装容器制造	21	1438	11		27000
金属丝绳及其制品制造	2	***	***	***	***
建筑、安全用金属制品制造	12	409	8	2000	2450
金属表面处理及热处理加工	7	249	5		
金属制日用品制造	2	***	***	***	***
铸造及其他金属制品制造	27	2230	21	160	8020
通用设备制造业	202	32192	181	7104	21564
锅炉及原动设备制造	11	1366	10	220	
金属加工机械制造	24	8185	27	1442	3110
物料搬运设备制造	15	972	12		
泵、阀门、压缩机及类似机械制造	50	10086	44	1255	4659
轴承、齿轮和传动部件制造	3	163	1		
烘炉、风机、包装等设备制造	52	6344	49	1417	12770
文化、办公用机械制造	12	2527	14		
通用零部件制造	17	998	8	395	735
其他通用设备制造业	18	1551	16	2375	290
专用设备制造业	289	44386	280	686598	844427
采矿、冶金、建筑专用设备制造	33	4653	24	1290	6980
化工、木材、非金属加工专用设备制造	17	2546	15	538402	
食品、饮料、烟草及饲料生产专用设备制造	7	522	5		100
印刷、制药、日化及日用品生产专用设备制造	13	1126	11	282	
纺织、服装和皮革加工专用设备制造	7	1119	6	1271	31000
电子和电工机械专用设备制造	14	1779	12	1661	25660

4-2 续表 5

项目	法人单位数（个）	年末在用计算机数（台）	年末拥有网站数（个）	全年电子商务采购金额（千元）	全年电子商务销售金额（千元）
农、林、牧、渔专用机械制造	8	889	10		2730
医疗仪器设备及器械制造	97	14872	101	9026	70080
环保、邮政、社会公共服务及其他专用设备制造	93	16880	96	134666	707877
汽车制造业	224	59733	117	77262609	95782416
汽车整车制造	8	31348	16	62711850	78082810
汽车用发动机制造	3	1458	4		
改装汽车制造	17	1555	14	951	
汽车零部件及配件制造	196	25372	83	14549808	17699606
铁路、船舶、航空航天和其他运输设备制造业	61	12383	50	142329	185880
铁路运输设备制造	38	7829	32	3110	24650
城市轨道交通设备制造	1	***	***	***	***
船舶及相关装置制造	3	387	1		
航空、航天器及设备制造	18	3536	15	139219	161230
潜水救捞及其他未列明运输设备制造	1	***	***	***	***
电气机械和器材制造业	219	34990	188	4636798	3877437
电机制造	14	7719	19		
输配电及控制设备制造	147	21327	126	2394448	1316539
电线、电缆、光缆及电工器材制造	21	798	14	16900	64050
电池制造	5	1134	4	100	
家用电力器具制造	10	727	9	2224790	2474310
非电力家用器具制造	5	270	5		
照明器具制造	7	1613	4	500	22538
其他电气机械及器材制造	10	1402	7	60	
计算机、通信和其他电子设备制造业	262	108754	259	88423062	60180456
计算机制造	35	29904	35	14886	31386493
通信设备制造	55	28009	64	88402589	28350800
广播电视设备制造	12	2770	14	960	78
雷达及配套设备制造	2	***	***	***	***
非专业视听设备制造	4	1934	6	226	230460
智能消费设备制造	5	1188	6	290	32310
电子器件制造	64	28127	56	852	3305
电子元件及电子专用材料制造	47	9170	41	431	85740
其他电子设备制造	38	7108	35	2519	91270
仪器仪表制造业	153	24826	168	48034	156862
通用仪器仪表制造	100	17788	104	42469	106052
专用仪器仪表制造	39	5610	46	1455	45160
钟表与计时仪器制造	1	***	***	***	***
光学仪器制造	2	***	***	***	***
衡器制造	2	***	***	***	***

4-2 续表 6

项　　目	法人单位数（个）	年末在用计算机数（台）	年末拥有网站数（个）	全年电子商务采购金额（千元）	全年电子商务销售金额（千元）
其他仪器仪表制造业	9	910	10	150	
其他制造业	9	613	7		153180
日用杂品制造	2	***	***	***	***
核辐射加工	1	***	***	***	***
其他未列明制造业	6	514	5		151800
废弃资源综合利用业	7	326	3		495
金属废料和碎屑加工处理	3	40	1		
非金属废料和碎屑加工处理	4	286	2		495
电力、热力生产和供应业	82	64986	43	21771191	7102325
电力生产	20	3703	12	68544	
电力供应	4	52752	6	21649030	6991685
热力生产和供应	58	8531	25	53617	110640
燃气生产和供应业	25	7001	8	55168	66810
燃气生产和供应业	25	7001	8	55168	66810
水的生产和供应业	26	6014	15	101	
自来水生产和供应	13	3323	5		
污水处理及其再生利用	12	2566	9	101	
其他水的处理、利用与分配	1	***	***	***	***
房屋建筑业	569	105489	234	6683977	
住宅房屋建筑	420	88623	183	6521057	
体育场馆建筑	10	2653	5		
其他房屋建筑业	139	14213	46	162920	
土木工程建筑业	617	86072	289	9175090	631
铁路、道路、隧道和桥梁工程建筑	271	49579	130	4502646	95
水利和水运工程建筑	30	4476	22	12086	
工矿工程建筑	17	10299	13	3102050	
架线和管道工程建筑	153	7564	54	2784	300
节能环保工程施工	25	2938	17	640	26
电力工程施工	15	7329	10	48656	160
其他土木工程建筑	106	3887	43	1506228	50
建筑安装业	712	30576	298	88008	13685
电气安装	337	15637	128	81214	190
管道和设备安装	190	8772	77	5854	13485
其他建筑安装业	185	6167	93	940	10
建筑装饰、装修和其他建筑业	1057	32561	391	17431	133115
建筑装饰和装修业	846	27886	313	16845	133115
建筑物拆除和场地准备活动	94	2926	33	331	
提供施工设备服务	15	177	4		
其他未列明建筑业	102	1572	41	255	

注：本表包括规模以上（限额以上）执行企业会计制度的企、事业法人单位，不包括执行行政事业及民间非营利组织会计制度的法人单位。

4-3 规模以上第三产业法人单位信息化情况

项目	法人单位数（个）	年末在用计算机数（台）	年末拥有网站数（个）	全年电子商务采购金额（千元）	全年电子商务销售金额（千元）
合计	**25593**	**3768328**	**16763**	**829266403**	**1619015679**
一、按登记注册类型分					
内资	23078	2684654	14753	693529752	1315613806
国有	911	137136	801	42411261	62595614
集体	290	8477	86	467702	175463
股份合作	209	7240	103	40431	134786
国有联营	3	866	2	10	4
集体联营	3	63	1		
国有与集体联营	7	333	3	283	11060
其他联营	1	***	***	***	***
国有独资公司	782	175606	659	401283874	402696353
其他有限责任公司	9769	1244787	6114	118850023	595998563
股份有限公司	1067	417438	1329	95510797	121493987
私营独资	43	1270	26	410	57934
私营合伙	170	48297	157	7493	67870
私营有限责任公司	9303	555741	4950	34187093	126743359
私营股份有限公司	451	78062	480	708085	5609948
其他	69	9323	42	62260	27668
港澳台商投资	1129	526799	827	48560893	100480638
与港澳台商合资经营	255	74961	237	1322461	5244969
与港澳台商合作经营	68	14812	46	5660	135076
港澳台商独资	777	375761	520	47210213	63502993
港澳台商投资股份有限公司	18	46020	17	18959	31542296
其他港澳台投资	11	15245	7	3600	55305
外商投资	1386	556875	1183	87175758	202921235
中外合资经营	331	109791	326	3649750	19784627
中外合作经营	42	4138	21	636	28120
外资企业	975	429852	796	83525201	183075284
外商投资股份有限公司	25	10309	28	170	25224
其他外商投资	13	2785	12		7980
二、按隶属关系分					
中央	2203	681172	2242	518419242	759579855
地方	23390	3087156	14521	310847161	859435824
三、按机构类型分					
企业	25274	3706837	16465	827613783	1617791338
机关事业单位	146	36690	153	1639948	157066
民办非企业	37	11212	19	7250	1047150
其他	136	13589	126	5422	20125

4-3 续表 1

项　　目	法人单位数（个）	年末在用计算机数（台）	年末拥有网站数（个）	全年电子商务采购金额（千元）	全年电子商务销售金额（千元）
四、按控股情况分					
国有控股	5171	1063464	3940	571841417	884494841
集体控股	944	92671	443	24679121	38846485
私人控股	16490	1534298	10138	98153075	343427164
港澳台商控股	1071	452746	752	47742903	67844287
外商控股	1314	532989	1050	83988175	250810888
其他	284	30669	142	1209092	32367673
五、按单位规模分					
大型	1717	1991554	2111	665589590	1098366491
中型	7212	978093	5773	143910119	320888059
小型	12289	487856	7323	14420661	47156047
微型	3003	66134	710	3391164	79717511
六、按地区分					
东城区	1915	287332	1270	25327664	124127720
西城区	1995	311450	1379	44228417	98933908
朝阳区	7214	912954	4839	579459645	718033630
丰台区	1766	140725	929	11438666	30547612
石景山区	677	95178	389	3973685	18894433
海淀区	6489	1522492	5728	85812198	306382685
门头沟区	198	8743	60	4046740	2667951
房山区	641	17973	117	2533343	3613389
通州区	599	36068	168	49249784	70856979
顺义区	1100	151099	518	8099195	71267084
昌平区	966	84568	466	3087851	41859967
大兴区	490	47781	222	1379535	18106267
怀柔区	318	17190	107	85273	1256818
平谷区	335	15821	89	338081	1455898
密云区	328	15306	84	789420	20699306
延庆区	118	3177	38	280	518622
北京经济技术开发区	444	100471	360	9416626	89793408
七、按行业门类分					
采矿业	5	8825	7		
制造业	13	5348	12	818246	6230
批发和零售业	6959	520495	3216	775664885	1216674426
交通运输、仓储和邮政业	937	255651	448	2642288	99054621
住宿和餐饮业	2160	78255	883	513752	18608385

4-3 续表 2

项 目	法人单位数（个）	年末在用计算机数（台）	年末拥有网站数（个）	全年电子商务采购金额（千元）	全年电子商务销售金额（千元）
信息传输、软件和信息技术服务业	3441	1354172	3791	18672358	179342641
房地产业	3496	246961	1120	45587	20990227
租赁和商务服务业	3672	494541	2975	11556189	51670533
科学研究和技术服务业	2620	482859	2279	16931316	14516393
水利、环境和公共设施管理业	330	21113	198	8288	300796
居民服务、修理和其他服务业	406	19912	189	134008	504865
教育	265	136493	321	168815	10575116
卫生和社会工作	236	34389	242	1777576	321794
文化、体育和娱乐业	1053	109314	1082	333095	6449653
八、按行业大类及中类分					
开采专业及辅助性活动	5	8825	7		
石油和天然气开采专业及辅助性活动	5	8825	7		
金属制品、机械和设备修理业	13	5348	12	818246	6230
专用设备修理	1	***	***	***	***
铁路、船舶、航空航天等运输设备修理	12	5164	9	818246	6230
批发业	5111	374799	2321	703459495	976315736
农、林、牧、渔产品批发	113	5723	48	1266620	2136980
食品、饮料及烟草制品批发	504	31345	166	24655701	51773556
纺织、服装及家庭用品批发	454	50626	214	10593289	15448204
文化、体育用品及器材批发	257	27165	120	613756	52134714
医药及医疗器材批发	725	41006	239	11062901	22004311
矿产品、建材及化工产品批发	1307	59082	479	460234775	482742910
机械设备、五金产品及电子产品批发	1625	149221	961	193753502	347952681
贸易经纪与代理	40	4460	32	435	900
其他批发业	86	6171	62	1278515	2121480
零售业	1848	145696	895	72205390	240358690
综合零售	191	32663	101	3324534	3588336
食品、饮料及烟草制品专门零售	88	3393	29	8773	784431
纺织、服装及日用品专门零售	163	11947	66	5205716	5394284
文化、体育用品及器材专门零售	118	9376	83	279129	1945253
医药及医疗器材专门零售	100	5242	39	72380	13277401
汽车、摩托车、零配件和燃料及其他动力销售	730	36886	295	13562254	3638697
家用电器及电子产品专门零售	208	18098	113	40526135	94499396
五金、家具及室内装饰材料专门零售	54	3821	33	166020	417020
货摊、无店铺及其他零售业	196	24270	136	9060450	116813873
铁路运输业	11	39673	10	546	43208872
铁路旅客运输	4	25215	5		43208870

4-3 续表 3

项 目	法人单位数（个）	年末在用计算机数（台）	年末拥有网站数（个）	全年电子商务采购金额（千元）	全年电子商务销售金额（千元）
铁路货物运输	5	10569	4	546	2
铁路运输辅助活动	2	***	***	***	***
道路运输业	491	41172	168	1062564	1055815
城市公共交通运输	106	17398	25	487624	249120
公路旅客运输	9	372	3		2321
道路货物运输	345	18717	123	573620	709529
道路运输辅助活动	31	4685	17	1320	94845
水上运输业	6	225	3	260	20
水上货物运输	6	225	3	260	20
航空运输业	33	52995	26	42827	51722689
航空客货运输	7	45221	7	42164	51551214
通用航空服务	14	1953	12	67	171475
航空运输辅助活动	12	5821	7	597	
管道运输业	2	***	***	***	***
陆地管道运输	2	***	***	***	***
多式联运和运输代理业	268	32059	179	746658	2429453
运输代理业	268	32059	179	746658	2429453
装卸搬运和仓储业	93	5950	31	3642	68326
装卸搬运	10	355	3	630	
通用仓储	49	4335	23	413	68326
低温仓储	2	***	***	***	***
谷物、棉花等农产品仓储	22	837	1	2599	
其他仓储业	10	398	4		
邮政业	33	79631	30	813	569447
邮政基本服务	1	***	***	***	***
快递服务	31	67666	29	813	477136
其他寄递服务	1	***	***	***	***
住宿业	914	44916	501	204760	5920477
旅游饭店	513	35440	344	177717	4061691
一般旅馆	374	8175	142	26361	1644595
民宿服务	1	***	***	***	***
其他住宿业	26	1292	15	682	208891
餐饮业	1246	33339	382	308992	12687908
正餐服务	1042	23546	314	246756	5611297
快餐服务	98	7509	39	49412	6787067
饮料及冷饮服务	23	1113	4	11100	28281
餐饮配送及外卖送餐服务	44	395	15		112262

4-3　续表 4

项　　目	法人单位数（个）	年末在用计算机数（台）	年末拥有网站数（个）	全年电子商务采购金额（千元）	全年电子商务销售金额（千元）
其他餐饮业	39	776	10	1724	149001
电信、广播电视和卫星传输服务	246	106015	260	5245504	39725246
电信	199	87569	220	5233720	39700749
广播电视传输服务	29	16212	24	11455	24187
卫星传输服务	18	2234	16	329	310
互联网和相关服务	578	299420	830	6874186	114031315
互联网接入及相关服务	39	21205	83	120520	136481
互联网信息服务	347	201377	533	1277261	69588841
互联网平台	98	65360	107	4987253	34643388
互联网安全服务	8	1470	11		25710
互联网数据服务	59	8114	69	31233	9038035
其他互联网服务	27	1894	27	457920	598860
软件和信息技术服务业	2617	948737	2701	6552668	25586080
软件开发	1717	724562	1813	2314025	16841434
集成电路设计	32	5557	28	575390	604150
信息系统集成和物联网技术服务	326	78211	357	2892488	1613260
运行维护服务	108	24066	84	41754	1648409
信息处理和存储支持服务	47	8820	44	10647	92570
信息技术咨询服务	225	67171	211	307081	1701819
数字内容服务	48	14008	58	6230	2123415
其他信息技术服务业	114	26342	106	405053	961022
房地产业	3496	246961	1120	45587	20990227
房地产开发经营	1527	55659	396	11896	230997
物业管理	961	77267	378	22889	52251
房地产中介服务	107	78295	59	921	1925190
房地产租赁经营	869	34611	277	8370	18781789
其他房地产业	32	1129	10	1510	
租赁业	115	10200	62	533852	7620610
机械设备经营租赁	102	9710	57	533692	7440142
文体设备和用品出租	12	460	5	160	180468
日用品出租	1	***	***	***	***
商务服务业	3557	484341	2913	11022337	44049923
组织管理服务	442	109431	356	597881	10452308
综合管理服务	204	15331	133	2376710	2478770
法律服务	139	15814	140	3372	65218
咨询与调查	876	199744	786	935575	3800434
广告业	768	58574	502	482743	4033778

4-3 续表 5

项目	法人单位数（个）	年末在用计算机数（台）	年末拥有网站数（个）	全年电子商务采购金额（千元）	全年电子商务销售金额（千元）
人力资源服务	216	15785	126	90621	417806
安全保护服务	106	5614	84	441	70
会议、展览及相关服务	314	14840	415	151330	371879
其他商务服务业	492	49208	371	6383664	22429660
研究和试验发展	232	61064	237	240500	311015
自然科学研究和试验发展	11	8016	15	119111	35
工程和技术研究和试验发展	143	37285	159	115611	273240
农业科学研究和试验发展	3	594	3	140	
医学研究和试验发展	75	15169	60	5638	37740
专业技术服务业	1421	291820	1173	8324578	4270963
气象服务	6	684	9	1493	407
地震服务	1	***	***	***	***
测绘地理信息服务	23	2879	18	8	
质检技术服务	192	32066	189	16688	60266
环境与生态监测检测服务	19	1599	18	2570	1492
地质勘查	20	5076	18	140	
工程技术与设计服务	915	212700	712	7341887	1094639
工业与专业设计及其他专业技术服务	245	36766	208	961791	3114160
科技推广和应用服务业	967	129975	869	8366239	9934415
技术推广服务	634	83960	539	6797766	7678788
知识产权服务	128	17887	115	228775	492437
科技中介服务	21	3260	20	1001670	1018250
创业空间服务	27	2585	27	20	2361
其他科技推广服务业	157	22283	168	338008	742579
水利管理业	13	3797	6	235	
水资源管理	4	3041	3		
天然水收集与分配	5	344	1		
水文服务	1	***	***	***	***
其他水利管理业	3	397	2	235	
生态保护和环境治理业	69	5911	57	1238	49860
生态保护	5	282	5	981	49850
环境治理业	64	5629	52	257	10
公共设施管理业	239	10560	130	6794	250936
市政设施管理	7	294	3		
环境卫生管理	48	2380	17	193	
城乡市容管理	2	***	***	***	***
绿化管理	119	5028	60	5869	960

4-3　续表 6

项　　目	法人单位数（个）	年末在用计算机数（台）	年末拥有网站数（个）	全年电子商务采购金额（千元）	全年电子商务销售金额（千元）
城市公园管理	10	739	7	323	19500
游览景区管理	53	1923	41	409	230476
土地管理业	9	845	5	20	
土地整治服务	5	355	1		
土地调查评估服务	1	***	***	***	***
其他土地管理服务	3	320	3	20	
居民服务业	101	6041	66	10759	345754
家庭服务	9	823	4	7369	141030
洗染服务	6	500	3	150	128810
理发及美容服务	21	620	20	1700	3110
洗浴和保健养生服务	32	880	14	710	47880
摄影扩印服务	14	1431	12	10	7380
婚姻服务	3	1331	2	820	400
殡葬服务	10	300	8		4
其他居民服务业	6	156	3		17140
机动车、电子产品和日用产品修理业	131	11098	67	120944	150870
汽车、摩托车等修理与维护	89	3552	45	43414	15180
计算机和办公设备维修	24	6614	13	46990	91000
家用电器修理	15	671	6	30540	44690
其他日用产品修理业	3	261	3		
其他服务业	174	2773	56	2306	8241
清洁服务	154	2142	47	556	61
宠物服务	2	***	***	***	***
其他未列明服务业	18	522	7	1750	7000
教育	265	136493	321	168815	10575116
学前教育	14	1185	10	310	
初等教育	2	***	***	***	***
中等教育	4	1350	3		
特殊教育	1	***	***	***	***
技能培训、教育辅助及其他教育	244	133271	303	168505	10574706
卫生	227	33914	238	1777139	321794
医院	134	26214	145	1636793	225671
基层医疗卫生服务	65	3654	63	56941	9723
专业公共卫生服务	2	***	***	***	***
其他卫生活动	26	3544	27	83405	86400
社会工作	9	475	4	437	
提供住宿社会工作	9	475	4	437	

4-3 续表 7

项　　目	法人单位数（个）	年末在用计算机数（台）	年末拥有网站数（个）	全年电子商务采购金额（千元）	全年电子商务销售金额（千元）
新闻和出版业	397	65565	629	154322	4385116
新闻业	3	350	3	370	
出版业	394	65215	626	153952	4385116
广播、电视、电影和录音制作业	299	25275	206	88286	1453162
广播	5	468	7	11	440
电视	26	5307	26	1518	5870
影视节目制作	153	12922	96	49063	68853
广播电视集成播控	7	1565	5	252	43
电影和广播电视节目发行	32	2961	23	5494	612306
电影放映	73	1873	47	31949	765040
录音制作	3	179	2		610
文化艺术业	105	4869	76	75261	304018
文艺创作与表演	39	1588	24	229	33725
艺术表演场馆	10	676	9	1980	34610
图书馆与档案馆	2	***	***	***	***
文物及非物质文化遗产保护	3	70	2		
博物馆	1	***	***	***	***
群众文体活动	7	231	6	20890	1709
其他文化艺术业	43	1954	32	50232	233564
体育	123	5202	90	1878	178487
体育组织	37	1191	27	230	109247
体育场地设施管理	16	632	14	100	19900
健身休闲活动	60	2638	41	1090	44720
其他体育	10	741	8	458	4620
娱乐业	129	8403	81	13347	128869
室内娱乐活动	21	1320	16	3087	14320
游乐园	5	1269	4	170	84330
休闲观光活动	3	119	4	184	1590
彩票活动	4	982	1		
文化体育娱乐活动与经纪代理服务	96	4713	56	9906	28629

注：1. 本表包括规模以上（限额以上）执行企业会计制度的企、事业法人单位，不包括执行行政事业及民间非营利组织会计制度的法人单位。
2. 本表不包括规模以上金融业法人单位。

附　录

主要指标解释

主要指标解释

总况篇

产业活动单位 指位于一个地点，从事一种或主要从事一种社会经济活动的组织或组织的一部分。产业活动单位应同时具备以下条件：

1. 在一个场所从事一种或主要从事一种社会经济活动；
2. 相对独立地组织生产活动或经营活动；
3. 能提供收入或者支出等相关资料。

法人单位 指有权拥有资产、承担负债，并独立从事社会经济活动（或与其他单位进行交易）的组织。法人单位应同时具备以下条件：

1. 依法成立，有自己的名称、组织机构和场所，能够独立承担负债和其他民事责任；
2. 独立拥有和使用（或受权使用）资产，有权与其他单位签订合同；
3. 会计上独立核算，能够编制资产负债表等会计报表。

第二产业 本资料行业分类采用《国民经济行业分类》（GB/T 4754-2017）标准。第二产业指采矿业（不含开采专业及辅助性活动），制造业（不含金属制品、机械和设备修理业），电力、热力、燃气及水生产和供应业，建筑业。

第三产业 本资料行业分类采用《国民经济行业分类》（GB/T 4754-2017）标准。第三产业即服务业，是指除第一产业、第二产业以外的其他行业。第三产业包括：批发和零售业，交通运输、仓储和邮政业，住宿和餐饮业，信息传输、软件和信息技术服务业，金融业，房地产业，租赁和商务服务业，科学研究和技术服务业，水利、环境和公共设施管理业，居民服务、修理和其他服务业，教育，卫生和社会工作，文化、体育和娱乐业，公共管理、社会保障和社会组织，国际组织，以及农、林、牧、渔业中的农、林、牧、渔专业及辅助性活动，采矿业中的开采专业及辅助性活动，制造业中的金属制品、机械和设备修理业。

登记注册类型 指企业法人或企业产业活动单位在工商行政管理机关登记注册的类型。企业法人的登记注册类型，依据在市场监管部门登记注册的类型填写。机关、事业单位和社会团体及其他组织的登记注册类型，依据主要经费来源和管理方式，依据实际情况，比照《关于划分企业登记注册类型的规定》确定。

内资 包括国有企业、集体企业、股份合作企业、国有联营企业、集体联营企业、国有与集体联营企业、其他联营企业、国有独资公司、其他有限责任公司、股份有限公司、私营独资企业、私营合伙企业、私营有限责任公司、私营股份有限公司、其他企业。

港澳台商投资 包括与港澳台商经营企业、与港澳台商合作经营企业、港澳台商独资经营企业、港澳台商投资股份有限公司、其他港、澳、台商投资企业。

外商投资 包括中外合资经营企业、中外合作经营企业、外资企业、外商投资股份有限公司、其他外商投资企业。

隶属关系 指本单位隶属于哪一级行政管理单位。分为：中央、地方和其他。中央与地方双重领导的单位，以领导为主的一方来划分中央属或地方属。

从业人员期末人数 指报告期末最后一日在本单位工作，并取得工资或其他形式劳动报酬的人员数。该指标为时点指标，不包括最后一日当天及以前已经与单位解除劳动合同关系的人员，是在岗职工、劳务派遣人员及其他从业人员之和。从业人员不包括：

1. 离开本单位仍保留劳动关系，并定期领取生活费的人员；
2. 在本单位实习的各类在校学生；
3. 本单位因劳务外包而使用的人员，如：建筑业整建制使用的人员。

资产总计 包括企业法人单位和非企业法人单位的资产总计。企业法人单位资产总计指企业过去的交易或者事项形成的、由企业拥有或者控制的、预期会给企业带来经济利益的资源，汇总范围为执行企业会计制度的法人单位。资产一般按流动性（资产的变现或耗用时间长短）分为流动资产和非流动资产。其中流动资产可分为货币资金、交易性金融资产、应收票据、应收账款、预付款项、其他应收款、存货等；非流动资产可分为长期股权投资、固定资产、无形资产及其他非流动资产等。包括企业拥有的土地、办公楼、厂房、机器、运输工具、存货等实物资产和现金、存款、应收账款和预付账款等金融资产。非企业法人单位资产总计指单位占有或者使用的，能以货币计量的经济资源，汇总范围为执行行政事业会计制度和民间非营利组织会计制度的法人单位。占有是指单位对经济资源拥有法律上的占有权。由单位直接支配，供社会公众使用的政府储备物资、公共基础设施等，也属于单位核算的资产。单位的资产包括流动资产、固定资产、在建工程、无形资产等。

负债合计 包括企业法人单位和非企业法人单位的负债合计。企业法人单位负债合计指企业过去的交易或者事项形成的，预期会导致经济利益流出企业的现时义务，汇总范围为执行企业会计制度的法人单位。负债一般按偿还期长短分为流动负债和非流动负债。包括银行贷款、借款、应付账款、应付职工工资、应付职工福利费、应交税金等企业负有偿还责任的债务。非企业法人单位负债合计指单位所承担的能以货币计量，需要以资产等偿还的债务，汇总范围为执行行政事业会计制度和民间非营利组织会计制度的法人单位。单位的负债按照流动性，分为流动负债和非流动负债。

营业收入 指企业经营主要业务和其他业务所确认的收入总额，汇总范围为执行企业会计制度的法人单位。营业收入合计包括“主营业务收入”和“其他业务收入”。

非企业收入合计 指单位从各种渠道获得的收入，汇总范围为执行行政事业会计制度和民间非营利组织会计制度的法人单位。包括财政拨款、行政单位预算外资金、上级补助收入、事业收入、事业单位经营收入、附属单位上缴收入、捐赠收入、会费收入、提供服务收入、商品销售收入、政府补助收入、投资收益和其他收入。

营业利润　指企业从事生产经营活动所取得的利润，汇总范围为执行企业会计制度的法人单位。营业利润为营业收入减去营业成本、税金及附加、销售费用、管理费用、财务费用、资产减值损失，再加上公允价值变动收益、资产处置收益、投资收益和其他收益后的金额。

支出（费用）合计　行政事业单位指本年度全部支出。民间非营利组织指为开展业务活动所发生的，导致本期净资产减少的经济利益或者服务潜力的流出。

个体经营户　指除农户外，生产资料归劳动者个人所有，以个体劳动为基础，劳动成果归劳动者个人占有和支配的一种经营单位。其中包括：①按照《民法通则》和《城乡个体工商户管理暂行条例》规定经各级工商行政管理机关登记注册、领取《营业执照》的个体工商户；②依据《民办非企业单位登记管理暂行条例》，经国务院民政部门和县级以上地方各级人民政府民政部门核准登记、领取《民办非企业单位（合伙）登记证书》或《民办非企业单位（个体）登记证书》的民办非企业单位；③没有领取《营业执照》但有相对固定场所、实际从事个体经营活动三个月以上的城镇、农村个体经营户。但不包括农民家庭以辅助劳力或利用农闲时间进行的一些兼营性的工业、商业及其它活动。

雇员支出　指个体经营户的业主或管理者向所雇用的人员支出的工资、奖金；业主提供的雇员伙食费用支出；业主提供的雇员房租；业主为雇员交纳的五险一金等。

缴纳税费　指个体经营户向税务部门缴纳的税金总额及向工商部门和其他部门缴纳的各种管理费用。

经营总支出　指个体经营户全年与生产经营相关的总支出。

本年折旧　指企业在报告期内提取的固定资产折旧合计数。可以根据会计“财务状况变动表”中“固定资产折旧”项的数值填报。若企业执行 2001 年《企业会计制度》，可以根据会计核算中《资产减值准备、投资及固定资产情况表》内“当年计提的固定资产折旧总额”项本年增加数填报。

固定资产净值　固定资产指企业为生产商品、提供劳务、出租或经营管理而持有的，使用寿命超过一个会计年度的有形资产。包括房屋、建筑物、机器、机械、运输工具以及其他与生产经营活动有关的设备、器具、工具等。固定资产净值指固定资产原价减去已提折旧后的净额。它反映企业实际占用在固定资产上的资金数额和固定资产的新旧程度。计算公式：固定资产净值 = 固定资产原价 - 累计折旧。

在建工程　指企业用于新建、改建、扩建，或技术改造、设备更新和大修理工程等尚未完工的工程支出。根据会计“在建工程”科目的期末借方余额填报。

存货　指企业在日常活动中持有以备出售的产成品或商品、处在生产过程中的在产品、在生产过程或提供劳务过程中耗用的材料或物料等，通常包括原材料、在产品、半成品、产成品、商品以及周转材料等。根据会计“资产负债表”中“存货”项目的期末余额数填报。其中：“年初存货”根据会计“资产负债表”中“存货”项目的年初余额数填报。注意：“存货”具有实物形态，不属于无形资产，由于企业持有存货的最终目的是为了出售，所以房地产开发企业（单位）购置的土地、尚未销售的商品房等均计入“存货”。

营业成本　指企业经营主要业务和其他业务所发生的成本总额。包括企业（单位）在报告期内从事销售商品、提供劳务等日常活动发生的各种耗费。包括“主营业务成本”和“其他业务成本”。根据会计“利润表”中“营业成本”项目的本年累计数填报。

税金及附加　指企业因从事生产经营活动按税法规定应缴纳的消费税、城市维护建设税、资源税、教育费附加及房产税、土地使用税、车船使用税、印花税等相关税费。根据会计“利润表”中“税金及附加”项目的本年累计数填报。

投资收益　指企业确认的投资收益或投资损失，反映企业以各种方式对外投资所取得的收益。根据会计“利润表”中“投资收益”项目的本年累计数填报。如为投资损失以“-”号记。

应付职工薪酬（本年贷方累计发生额）　指企业为获得职工提供的服务而给予各种形式的报酬以及其他相关支出。包括职工工资、奖金、津贴和补贴，职工福利费，医疗保险费、养老保险费、失业保险费、工伤保险费和生育保险费等社会保险费，住房公积金，工会经费和职工教育经费，非货币性福利，因解除与职工的劳动关系给予的补偿，其他与获得职工提供的服务相关的支出。执行企业会计准则或《小企业会计准则》的企业，根据会计科目“应付职工薪酬”的本年贷方累计发生额填报；执行其他企业会计制度的企业，应将本年上述职工薪酬包含的科目归并填报。

应交增值税　指按照税法规定，以销售货物、服务、无形资产、不动产或提供加工、修理修配劳务的增值额和货物进口金额为计税依据而课征的一种流转税。填报本指标时，应按权责发生制核算企业本期应负担的增值税，有两种计算方法，可选其一，一旦确定，原则上不得更改。

计算方法一：

根据本期会计科目（1）“销项税额”、“进项税额转出”、“出口退税”年初至期末贷方累计发生额（一般与期末贷方余额相等，因为年初贷方余额为零），（2）“进项税额”年初至期末借方累计发生额，即期末借方余额 — 年初借方余额，（3）“出口抵减内销产品应纳税额”、“减免税款”年初至期末借方累计发生额（一般与期末借方余额相等，因为年初借方余额为零），取值后按照下述公式计算填报：

应交增值税 = 销项税额 —（进项税额 — 进项税额转出）— 出口抵减内销产品应纳税额 — 减免税款 + 出口退税

计算方法二：

根据本期《增值税纳税申报表（一般纳税人适用）》（以“国家税务总局公告 2013 年 32 号”版式为例）“销项税额”（第 11 栏）、“进项税额”（第 12 栏）、“进项税额转出”（第 14 栏）、“免、抵、退应退税额”（第 15 栏）、“简易计税办法计算的应纳税额”（第 21 栏）、“按简易计税办法计算的纳税检查应补缴税额”（第 22 栏）、“应纳税额减征额”（第 23 栏）栏目“一般货物、劳务和应税服务”列中“本年累计”列，按照下述公式计算填报：

应交增值税 = 销项税额－（进项税额－进项税额转出－免、抵、退应退税额） + 简易计税办法计算的应纳税额 + 按简易计税办法计算的纳税检查应补缴税额 － 应纳税额减征额

计算方法说明及填报要求：

（1）计算公式均体现权责发生制，本期发生的进项税额全部参与计算，相当于不设置留抵，同时也不抵扣会计账簿或增值税纳税申报表中上年年末留抵的进项税额，公式计算结果可以为负数。

（2）按照公式计算本指标后，不应再加增值税减免税额，因为这部分价值不再形成企业缴纳义务。

进项税额 指企业在报告期内购入货物或接受应税劳务而支付的、准予从销项税额中抵扣的增值税额。

销项税额 指企业在报告期内销售货物或提供应税劳务应收取的增值税额。

高端产业功能区 包括中关村国家自主创新示范区、北京经济技术开发区、北京商务中心区、金融街、奥林匹克中心区、首都机场临空经济示范区。其中，奥林匹克中心区和首都机场临空经济示范区统计范围较 2013 年有所调整。

科技篇

研究与试验发展（R&D） 指为增加知识存量（也包括有关人类、文化和社会的知识）以及设计已有知识的新应用而进行的创造性、系统性工作，包括基础研究、应用研究和试验发展三种类型。基础研究和应用研究统称为科学研究。R&D 活动应当满足五个条件：新颖性、创造性、不确定性、系统性、可转移性（可复制性）。

基础研究 指一种不预设任何特定应用或使用目的的实验性或理论性工作，其主要目的是为获得（已发生）现象和可观察事实的基本原理、规律和新知识。其成果通常表现为提出一般原理、理论或规律，并以论文、著作、研究报告等形式为主。包括纯基础研究和定向基础研究。纯基础研究是不追求经济或社会效益，也不谋求成果应用，只是为增加新知识而开展的基础研究。定向基础研究是为当前已知的或未来可预料问题的识别和解决而提供某方面基础知识的基础研究。

应用研究 指为获取新知识，达到某一特定的实际目的或目标而开展的初始性研究。应用研究是为了确定基础研究成果的可能用途，或确定实现特定和预定目标的新方法。其研究成果以论文、著作、研究报告、原理性模型或发明专利等形式为主。

试验发展 指利用从科学研究、实际经验中获取的知识和研究过程中产生的其他知识，开发新的产品、工艺或改进现有产品、工艺而进行的系统性研究。其研究成果以专利、专有技术，以及具有新颖性的产品原型、原始样机及装置等形式为主。

R&D 人员 指报告期 R&D 活动单位中从事基础研究、应用研究和试验发展活动的人员。包括直接参加上述三类 R&D 活动的人员，以及与上述三类 R&D 活动相关的管理人员和直接服务人员，即直接为 R&D 活动提供资料文献、材料供应、设备维护等服务的人员。不包括为 R&D 活动提供间接服务的人员，如餐饮服务、安保人员等。

R&D 人员折合全时当量 是国际上通用的、用于比较科技人力投入的指标。指 R&D 全时人员（全年从事 R&D 活动累积工作时间占全部工作时间的 90% 及以上人员）工作量与非全时人员按实际工作时间折算的工作量之和。

R&D 经费内部支出 指报告期调查单位内部为实施 R&D 活动而实际发生的全部经费，按支出性质分为日常性支出和资产性支出。不包括调查单位委托其他单位或与其他单位合作开展 R&D 活动而转拨给其他单位的全部经费。

日常性支出包括为实施 R&D 活动支付给 R&D 人员的劳动报酬及各种费用，购置的原材料、燃料、动力、工器具等低值易耗品，以及各种相关直接或间接的管理和服务等支出。

资产性支出包括为实施 R&D 活动而进行固定资产建造、购置、改扩建以及大修理等的支出。

专利申请数 指报告期内企业作为第一申请人向境内外知识产权行政部门提出专利申请并被受理后，按规定缴足申请费，符合进入初步审查阶段条件的件数。

专利申请数中发明专利 指报告期内企业作为第一申请人向境内外知识产权行政部门提出发明专利申请并被受理后，按规定缴足申请费，符合进入初步审查阶段条件的件数。

期末有效发明专利数 指报告期末企业作为第一专利权人拥有的、经境内外知识产权行政部门授权且在有效期内的发明专利件数。

新产品销售收入 指报告期内企业销售新产品实现的销售收入。

文化篇

文化及相关产业 按照《文化及相关产业分类（2018）》，文化及相关产业是指为社会公众提供文化产品和文化相关产品的生产活动的集合。范围包括：一是以文化为核心内容，为直接满足人们的精神需要而进行的创作、制造、传播、展示等文化产品（包括货物和服务）的生产活动，具体包括新闻信息服务、内容创作生产、创意设计服务、文化传播渠道、文化投资运营和文化娱乐休闲服务等活动；二是为实现文化产品的生产活动所需的文化辅助生产和中介服务、文化装备生产和文化消费终端生产（包括制造和销售）等活动。

资产总计 包括企业法人单位和非企业法人单位的资产总计。企业法人单位资产总计指企业过去的交易或者事项形成的、由企业拥有或者控制的、预期会给企业带来经济利益的资源，汇总范围为执行企业会计制度的法人单位。资产一般按流动性（资产的变现或耗用时间长短）分为流动资产和非流动资产。其中流动资产可分为货币资金、交易性金融资产、应收票据、应收账款、预付款项、其他应收款、存货等；非流动资产可分为长期股权投资、固定资产、无形资产及其他非流动资产等。包括企业拥有的土地、办公楼、厂房、机器、运输工具、存货等实物资产和现金、存款、应收账款和预付账款等金融资产。非企业法人单位资产总计指单位占有或者使用的，能以货币计量的经济资源，汇总范围为执行行政事业会计制度和民间非营利组织会计制度的法人单位。占

有是指单位对经济资源拥有法律上的占有权。由单位直接支配，供社会公众使用的政府储备物资、公共基础设施等，也属于单位核算的资产。单位的资产包括流动资产、固定资产、在建工程、无形资产等。

负债合计 包括企业法人单位和非企业法人单位的负债合计。企业法人单位负债合计指企业过去的交易或者事项形成的，预期会导致经济利益流出企业的现时义务，汇总范围为执行企业会计制度的法人单位。负债一般按偿还期长短分为流动负债和非流动负债。包括银行贷款、借款、应付账款、应付职工工资、应付职工福利费、应交税金等企业负有偿还责任的债务。非企业法人单位负债合计指单位所承担的能以货币计量，需要以资产等偿还的债务，汇总范围为执行行政事业会计制度和民间非营利组织会计制度的法人单位。单位的负债按照流动性，分为流动负债和非流动负债。

收入合计 指单位从各种渠道获得的收入，汇总范围为执行行政事业会计制度和民间非营利组织会计制度的法人单位，包括财政拨款、行政单位预算外资金、上级补助收入、事业收入、事业单位经营收入、附属单位上缴收入、捐赠收入、会费收入、提供服务收入、商品销售收入、政府补助收入、投资收益和其他收入。

支出（费用）合计 行政事业单位指本年度全部支出。民间非营利组织指为开展业务活动所发生的、导致本期净资产减少的经济利益或者服务潜力的流出。

营业收入 指企业从事销售商品、提供劳务和让渡资产使用权等生产经营活动形成的经济利益流入。营业收入包括“主营业务收入”和“其他业务收入”。根据会计“利润表”中“营业收入”项目的本年累计数填报。

营业利润 指企业从事生产经营活动所取得的利润。执行企业会计准则或《小企业会计准则》的企业，营业利润为营业收入减去营业成本、税金及附加、销售费用、管理费用、财务费用、资产减值损失，再加上公允价值变动收益、资产处置收益、投资收益和其他收益后的金额，根据会计“利润表”中“营业利润”项目的本年累计数填报；执行其他企业会计制度的企业，营业利润为营业收入减去营业成本、税金及附加、销售费用、管理费用、财务费用，再加上投资收益后的金额，根据会计“损益表”中“营业利润”项目、“投资收益”项目的本年累计数之和填报。

营业成本 指企业经营主要业务和其他业务所发生的成本总额。包括企业（单位）在报告期内从事销售商品、提供劳务等日常活动发生的各种耗费。包括“主营业务成本”和“其他业务成本”。根据会计“利润表”中“营业成本”项目的本年累计数填报。

税金及附加 指企业因从事生产经营活动按税法规定应缴纳的消费税、城市维护建设税、资源税、环境保护税、教育费附加及房产税、土地使用税、车船使用税、印花税等相关税费。根据会计“利润表”中“税金及附加”项目的本年累计数填报。

投资收益 指企业确认的投资收益或投资损失，反映企业以各种方式对外投资所取得的收益。根据会计“利润表”中“投资收益”项目的本年累计数填报。如为投资损失以“-”号记。

利润总额 指企业在一定会计期间的经营成果，是生产经营过程中各种收入扣除各种耗费后的盈余，反映企业在报告期内实现的盈亏总额。利润总额为营业利润加上营业外收入，减去营业外支出后的金额，根据会计“利润表”中“利润总额”项目的本年累计数填报。

应付职工薪酬 指企业为获得职工提供的服务而给予各种形式的报酬以及其他相关支出。包括职工工资、奖金、津贴和补贴，职工福利费，医疗保险费、养老保险费、失业保险费、工伤保险费和生育保险费等社会保险费，住房公积金，工会经费和职工教育经费，非货币性福利，因解除与职工的劳动关系给予的补偿，其他与获得职工提供的服务相关的支出。执行企业会计准则或《小企业会计准则》的企业，根据会计科目“应付职工薪酬”的本年贷方累计发生额填报；执行其他企业会计制度的企业，应将本年上述职工薪酬包含的科目归并填报。

应交增值税 指按照税法规定，以销售货物、服务、无形资产、不动产或提供加工、修理修配劳务的增值额和货物进口金额为计税依据而课征的一种流转税。填报本指标时，应按权责发生制核算企业本期应负担的增值税，有两种计算方法，可选其一，一旦确定，原则上不得更改。

计算方法一：

根据本期会计科目（1）“销项税额”、“进项税额转出”、“出口退税”年初至期末贷方累计发生额（一般与期末贷方余额相等，因为年初贷方余额为零），（2）“进项税额”年初至期末借方累计发生额，即期末借方余额 － 年初借方余额，（3）“出口抵减内销产品应纳税额”、“减免税款”年初至期末借方累计发生额（一般与期末借方余额相等，因为年初借方余额为零），取值后按照下述公式计算填报：

应交增值税 = 销项税额 － （进项税额 － 进项税额转出） － 出口抵减内销产品应纳税额 － 减免税款 + 出口退税

计算方法二：

根据本期《增值税纳税申报表（一般纳税人适用）》（以“国家税务总局公告2013年32号”版式为例）“销项税额”（第11栏）、“进项税额”（第12栏）、“进项税额转出”（第14栏）、“免、抵、退应退税额”（第15栏）、“简易计税办法计算的应纳税额”（第21栏）、“按简易计税办法计算的纳税检查应补缴税额”（第22栏）、“应纳税额减征额”（第23栏）栏目“一般货物、劳务和应税服务”列中“本年累计”列，按照下述公式计算填报：

应交增值税 = 销项税额－（进项税额－进项税额转出－免、抵、退应退税额） + 简易计税办法计算的应纳税额 + 按简易计税办法计算的纳税检查应补缴税额 － 应纳税额减征额

计算方法说明及填报要求：

（1）计算公式均体现权责发生制，本期发生的进项税额全部参与计算，相当于不设置留抵，同时也不抵扣会计账簿或增值税纳税申报表中上年年末留抵的进项税额，公式计算结果可以为负数。

（2）按照公式计算本指标后，不应再加增值税减免税额，

因为这部分价值不再形成企业缴纳义务。

进项税额 指企业在报告期内购入货物或接受应税劳务而支付的、准予从销项税额中抵扣的增值税额。

销项税额 指企业在报告期内销售货物或提供应税劳务应收取的增值税额。

信息化篇

年末在用计算机数 指报告期末企业（单位）使用的计算机数量，包括台式机、笔记本电脑和平板电脑。

年末拥有网站数 指报告期末企业拥有和维护的，在互联网上可浏览的网站数，不包括企业内网。网站是指在公共互联网上，面向公众使用的，基于TCP/IP协议的计算机系统，以域名本身或者“WWW.+域名”为网址的web站点，由地址、软件、硬件和内容组成。

全年电子商务采购金额 指报告期内企业（单位）借助网络订单而销售的商品和服务总额（包含增值税）。借助网络订单指通过网络接受订单。付款和配送可以不借助于网络。

全年电子商务销售金额 指报告期内企业（单位）借助网络订单而采购的商品和服务总额（包含增值税）。借助网络订单指通过网络发送订单。付款和配送可以不借助于网络。

附1：文化及相关产业分类（2018）

一、分类目的和作用

（一）为深化文化体制改革和持续推进社会主义文化强国建设提供统计保障，建立科学可行的文化及相关产业统计制度，制定本分类。

（二）本分类为反映我国文化及相关产业生产活动提供标准分类依据，为文化及相关产业统计提供统一的定义和范围，为发展文化产业、推进社会主义文化繁荣兴盛提供统计服务。

二、分类定义和范围

（一）定义。

本分类规定的文化及相关产业是指为社会公众提供文化产品和文化相关产品的生产活动的集合。

（二）范围。

1. 以文化为核心内容，为直接满足人们的精神需要而进行的创作、制造、传播、展示等文化产品（包括货物和服务）的生产活动。具体包括新闻信息服务、内容创作生产、创意设计服务、文化传播渠道、文化投资运营和文化娱乐休闲服务等活动。

2. 为实现文化产品的生产活动所需的文化辅助生产和中介服务、文化装备生产和文化消费终端生产（包括制造和销售）等活动。

三、编制原则

（一）以《国民经济行业分类》为基础。

本分类以《国民经济行业分类》（GB/T 4754—2017）为基础，根据文化生产活动的特点，将行业分类中相关的类别重新组合，是《国民经济行业分类》的派生分类。

（二）兼顾文化管理需要和可操作性。

根据我国文化体制改革和发展的实际，本分类在考虑文化生产活动特点的同时，兼顾文化主管部门管理的需要；同时立足于现行统计制度和方法，充分考虑分类的可操作性。

（三）与国际分类标准相衔接。

本分类借鉴了联合国教科文组织的《文化统计框架—2009》的分类方法，在定义和覆盖范围上与其衔接。

四、结构和编码

本分类采用线分类法和分层次编码方法，将文化及相关产业划分为三层，分别用阿拉伯数字编码表示。第一层为大类，用01-09数字表示，共有9个大类；第二层为中类，用3位数字表示，共有43个中类；第三层为小类，用4位数字表示，共有146个小类。

五、有关说明

（一）本分类建立了与《国民经济行业分类》（GB/T 4754-2017）的对应关系。在本分类中，如国民经济某行业小类仅部分活动属于文化及相关产业，则在行业代码后加“*”做标识，并对属于文化生产活动的内容进行说明；如国民经济某行业小类全部纳入文化及相关产业，则小类类别名称与行业类别名称完全一致。

（二）本分类全部小类对应或包含在《国民经济行业分类》（GB/T 4754-2017）相应的行业小类中，具体范围和说明可参见《2017国民经济行业分类注释》。

（三）本分类01-06大类为文化核心领域，07-09大类为文化相关领域。

六、文化及相关产业分类表

具体参见 :http://www.stats.gov.cn/tjsj/tjbz/

附2：统计上大中小微型企业划分办法

一、根据工业和信息化部、国家统计局、国家发展改革委、财政部《关于印发中小企业划型标准规定的通知》（工信部联企业〔2011〕300号），以《国民经济行业分类》（GB/T4754-2017）为基础，结合统计工作的实际情况，制定本办法。

二、本办法适用对象为在中华人民共和国境内依法设立的各种组织形式的法人企业或单位。个体工商户参照本办法进行划分。

三、本办法适用范围包括：农、林、牧、渔业，采矿业，制造业，电力、热力、燃气及水生产和供应业，建筑业，批发和零售业，交通运输、仓储和邮政业，住宿和餐饮业，信息传输、软件和信息技术服务业，房地产业，租赁和商务服务业，科学研究和技术服务业，水利、环境和公共设施管理业，居民服务、修理和其他服务业，文化、体育和娱乐业等15个行业门类以及社会工作行业大类。

四、本办法按照行业门类、大类、中类和组合类别，依据从业人员、营业收入、资产总额等指标或替代指标，将我国的企业划分为大型、中型、小型、微型等四种类型。具体划分标准见附表。

五、企业划分由政府综合统计部门根据统计年报每年确定一次，定报统计原则上不进行调整。

六、本办法自印发之日起执行，国家统计局2011年印发的《统计上大中小微型企业划分办法》（国统字〔2011〕75号）同时废止。

附件

统计上大中小微型企业划分标准

行业名称	指标名称	计量单位	大型	中型	小型	微型
农、林、牧、渔业	营业收入（Y）	万元	Y ≥ 20000	500 ≤ Y ＜ 20000	50 ≤ Y ＜ 500	Y ＜ 50
工业＊	从业人员（X）	人	X ≥ 1000	300 ≤ X ＜ 1000	20 ≤ X ＜ 300	X ＜ 20
	营业收入（Y）	万元	Y ≥ 40000	2000 ≤ Y ＜ 40000	300 ≤ Y ＜ 2000	Y ＜ 300
建筑业	营业收入（Y）	万元	Y ≥ 80000	6000 ≤ Y ＜ 80000	300 ≤ Y ＜ 6000	Y ＜ 300
	资产总额（Z）	万元	Z ≥ 80000	5000 ≤ Z ＜ 80000	300 ≤ Z ＜ 5000	Z ＜ 300
批发业	从业人员（X）	人	X ≥ 200	20 ≤ X ＜ 200	5 ≤ X ＜ 20	X ＜ 5
	营业收入（Y）	万元	Y ≥ 40000	5000 ≤ Y ＜ 40000	1000 ≤ Y ＜ 5000	Y ＜ 1000
零售业	从业人员（X）	人	X ≥ 300	50 ≤ X ＜ 300	10 ≤ X ＜ 50	X ＜ 10
	营业收入（Y）	万元	Y ≥ 20000	500 ≤ Y ＜ 20000	100 ≤ Y ＜ 500	Y ＜ 100
交通运输业＊	从业人员（X）	人	X ≥ 1000	300 ≤ X ＜ 1000	20 ≤ X ＜ 300	X ＜ 20
	营业收入（Y）	万元	Y ≥ 30000	3000 ≤ Y ＜ 30000	200 ≤ Y ＜ 3000	Y ＜ 200
仓储业＊	从业人员（X）	人	X ≥ 200	100 ≤ X ＜ 200	20 ≤ X ＜ 100	X ＜ 20
	营业收入（Y）	万元	Y ≥ 30000	1000 ≤ Y ＜ 30000	100 ≤ Y ＜ 1000	Y ＜ 100
邮政业	从业人员（X）	人	X ≥ 1000	300 ≤ X ＜ 1000	20 ≤ X ＜ 300	X ＜ 20
	营业收入（Y）	万元	Y ≥ 30000	2000 ≤ Y ＜ 30000	100 ≤ Y ＜ 2000	Y ＜ 100
住宿业	从业人员（X）	人	X ≥ 300	100 ≤ X ＜ 300	10 ≤ X ＜ 100	X ＜ 10
	营业收入（Y）	万元	Y ≥ 10000	2000 ≤ Y ＜ 10000	100 ≤ Y ＜ 2000	Y ＜ 100
餐饮业	从业人员（X）	人	X ≥ 300	100 ≤ X ＜ 300	10 ≤ X ＜ 100	X ＜ 10
	营业收入（Y）	万元	Y ≥ 10000	2000 ≤ Y ＜ 10000	100 ≤ Y ＜ 2000	Y ＜ 100
信息传输业＊	从业人员（X）	人	X ≥ 2000	100 ≤ X ＜ 2000	10 ≤ X ＜ 100	X ＜ 10
	营业收入（Y）	万元	Y ≥ 100000	1000 ≤ Y ＜ 100000	100 ≤ Y ＜ 1000	Y ＜ 100
软件和信息技术服务业	从业人员（X）	人	X ≥ 300	100 ≤ X ＜ 300	10 ≤ X ＜ 100	X ＜ 10
	营业收入（Y）	万元	Y ≥ 10000	1000 ≤ Y ＜ 10000	50 ≤ Y ＜ 1000	Y ＜ 50
房地产开发经营	营业收入（Y）	万元	Y ≥ 200000	1000 ≤ Y ＜ 200000	100 ≤ Y ＜ 1000	Y ＜ 100
	资产总额（Z）	万元	Z ≥ 10000	5000 ≤ Z ＜ 10000	2000 ≤ Z ＜ 5000	Z ＜ 2000
物业管理	从业人员（X）	人	X ≥ 1000	300 ≤ X ＜ 1000	100 ≤ X ＜ 300	X ＜ 100
	营业收入（Y）	万元	Y ≥ 5000	1000 ≤ Y ＜ 5000	500 ≤ Y ＜ 1000	Y ＜ 500
租赁和商务服务业	从业人员（X）	人	X ≥ 300	100 ≤ X ＜ 300	10 ≤ X ＜ 100	X ＜ 10
	资产总额（Z）	万元	Z ≥ 120000	8000 ≤ Z ＜ 120000	100 ≤ Z ＜ 8000	Z ＜ 100
其他未列明行业＊	从业人员（X）	人	X ≥ 300	100 ≤ X ＜ 300	10 ≤ X ＜ 100	X ＜ 10

说明：

1. 大型、中型和小型企业须同时满足所列指标的下限，否则下划一档；微型企业只须满足所列指标中的一项即可。

2. 附表中各行业的范围以《国民经济行业分类》（GB/T4754-2017）为准。带＊的项为行业组合类别，其中，工业包括采矿业，制造业，电力、热力、燃气及水生产和供应业；交通运输业包括道路运输业，水上运输业，航空运输业，管道运输业，多式联运和运输代理业、装卸搬运，不包括铁路运输业；仓储业包括通用仓储，低温仓储，危险品仓储，谷物、棉花等农产品仓储，中药材仓储和其他仓储业；信息传输业包括电信、广播电视和卫星传输服务，互联网和相关服务；其他未列明行业包括科学研究和技术服务业，水利、环境和公共设施管理业，居民服务、修理和其他服务业，社会工作，文化、体育和娱乐业，以及房地产中介服务，其他房地产业等，不包括自有房地产经营活动。

3. 企业划分指标以现行统计制度为准。（1）从业人员，是指期末从业人员数，没有期末从业人员数的，采用全年平均人员数代替。（2）营业收入，工业、建筑业、限额以上批发和零售业、限额以上住宿和餐饮业以及其他设置主营业务收入指标的行业，采用主营业务收入；限额以下批发与零售业企业采用商品销售额代替；限额以下住宿与餐饮业企业采用营业额代替；农、林、牧、渔业企业采用营业总收入代替；其他未设置主营业务收入的行业，采用营业收入指标。（3）资产总额，采用资产总计代替。

北京经济普查年鉴

Beijing Economic Census Yearbook 2018

第二产业卷

北京市第四次全国经济普查领导小组办公室
北　京　市　统　计　局　编

中国统计出版社
China Statistics Press

图书在版编目（CIP）数据

北京经济普查年鉴. 2018. 第二产业卷 / 北京市第四次全国经济普查领导小组办公室, 北京市统计局编. -- 北京 : 中国统计出版社, 2020.10
ISBN 978-7-5037-9246-5

Ⅰ. ①北… Ⅱ. ①北… ②北… Ⅲ. ①经济－普查－北京－2018－年鉴②第二产业－普查－北京－2018－年鉴 Ⅳ. ①F127.1-54②F719-54

中国版本图书馆 CIP 数据核字(2020)第 163230 号

北京经济普查年鉴—2018/第二产业卷

作　　者/北京市第四次全国经济普查领导小组办公室　北京市统计局编
责任编辑/冯燕玲
封面设计/黄俊杰　李雪燕
出版发行/中国统计出版社有限公司
通信地址/北京市丰台区西三环南路甲 6 号　邮政编码/100073
电　　话/邮购（010）63376909　书店（010）68783171
网　　址/http://www.zgtjcbs.com/
印　　刷/北京世纪恒宇印刷有限公司
经　　销/新华书店
开　　本/880mm×1230mm　1/16
印　　数/400 套
印　　张/25.25
版　　别/2020 年 10 月第 1 版
版　　次/2020 年 10 月第 1 次印刷
定　　价/680.00 元（全三卷四册）

如有印装差错，由本社发行部调换。

目　录

综合卷

第一篇　总况篇

1-1　法人单位和产业活动单位基本情况 …… 2
1-2　按产业分单位及从业人员情况 …… 8
1-3　法人单位机构类型及从业人员情况 …… 12
1-4　法人单位及从业人员地区分布情况 …… 22
1-5　法人单位开业时间情况 …… 38
1-6　企业单位及从业人员情况 …… 58
1-7　按产业分企业单位及从业人员情况 …… 64
1-8　机关、事业法人单位及从业人员情况 …… 68
1-9　社会团体、民办非企业法人单位及从业人员情况 …… 70
1-10　法人单位主要财务状况 …… 72
1-11　外商投资企业主要财务状况 …… 82
1-12　高端产业功能区法人单位主要财务状况 …… 90
1-13　中小微企业法人单位主要指标 …… 94
1-14　民营单位主要指标 …… 96
1-15　主要能源产品产量 …… 98
1-16　个体经营户基本情况 …… 99

第二篇　科技篇

2-1　规模以上工业企业研究与试验发展（R&D）活动基本情况 …… 102
2-2　规模以上工业企业研究与试验发展（R&D）人员情况 …… 104
2-3　规模以上工业企业研究与试验发展（R&D）经费情况 …… 108
2-4　规模以上工业企业研究与试验发展（R&D）活动产出情况 …… 112
2-5　规模以上工业企业办研发机构情况 …… 114
2-6　非工业企业研究与试验发展（R&D）活动基本情况 …… 116
2-7　非工业企业研究与试验发展（R&D）人员情况 …… 118
2-8　非工业企业研究与试验发展（R&D）经费情况 …… 120

第三篇　文化篇

3-1　文化及相关产业法人单位发展情况 …… 126
3-2　规模以上经营性文化产业法人单位发展情况 …… 128
3-3　规模以下经营性文化产业法人单位发展情况 …… 132
3-4　公益性文化产业法人单位发展情况 …… 136

第四篇　信息化篇
4-1　规模以上法人单位信息化情况 …… 138
4-2　规模以上第二产业法人单位信息化情况 …… 142
4-3　规模以上第三产业法人单位信息化情况 …… 149

附录：　主要指标解释 …… 158

第二产业卷

第一篇　工业
1-1　工业主要财务状况 …… 166
1-2　按行业中类分工业主要财务状况 …… 168
1-3　规模以上工业主要财务状况 …… 174
1-4　按行业中类分规模以上工业主要财务状况 …… 190
1-5　规模以上工业主要经济效益指标 …… 230
1-6　规模以上国有控股工业主要财务状况 …… 232
1-7　按行业中类分规模以上国有控股工业主要财务状况 …… 240
1-8　规模以上股份制工业主要财务状况 …… 272
1-9　按行业中类分规模以上股份制工业主要财务状况 …… 280
1-10　规模以上外商及港澳台商投资工业主要财务状况 …… 320
1-11　按行业中类分规模以上外商及港澳台商投资工业主要财务状况 …… 328
1-12　大中型工业主要财务状况 …… 360
1-13　按行业中类分大中型工业主要财务状况 …… 376
1-14　规模以上私营工业主要财务状况 …… 408
1-15　按行业中类分规模以上私营工业主要财务状况 …… 416
1-16　规模以上工业主要产品产量 …… 448
1-17　规模以上工业主要工业产品生产能力 …… 449
1-18　规模以上高技术制造业主要财务状况 …… 450
1-19　规模以上工业战略性新兴产业总产值 …… 451
1-20　规模以下工业主要财务状况 …… 451
1-21　按行业中类分规模以下工业主要财务状况 …… 453

第二篇　建筑业
2-1　建筑业法人单位主要财务状况 …… 460
2-2　施工总承包、专业承包建筑业企业主要财务状况 …… 484
2-3　资质外建筑业法人单位主要财务状况 …… 514
2-4　施工总承包、专业承包建筑业企业生产情况 …… 520
2-5　施工总承包、专业承包建筑业企业房屋建筑完成情况 …… 532

附录：　主要指标解释 …… 552

第三产业卷（上）

第一篇　批发和零售业
1-1　批发和零售业经营机构和人员情况 …… 562
1-2　批发和零售业法人及产业活动单位基本情况 …… 564
1-3　批发业法人及产业活动单位基本情况 …… 570
1-4　零售业法人及产业活动单位基本情况 …… 578
1-5　批发和零售业法人单位商品购进、销售、库存 …… 588
1-6　批发业法人单位商品购进、销售、库存 …… 592
1-7　零售业法人单位商品购进、销售、库存 …… 600
1-8　限额以上批发和零售业法人单位商品购进、销售、库存 …… 608
1-9　按行业分限额以上批发和零售业法人单位商品购进、销售、库存 …… 612
1-10　按行业分限额以上批发和零售业法人单位商品分类销售情况 …… 620
1-11　限额以下批发和零售业法人单位商品购进、销售、库存 …… 622
1-12　按行业分限额以下批发和零售业法人单位商品购进、销售、库存 …… 626
1-13　批发和零售业法人单位主要财务状况 …… 634
1-14　批发业法人单位主要财务状况 …… 638
1-15　零售业法人单位主要财务状况 …… 646
1-16　限额以上批发和零售业法人单位主要财务状况 …… 654
1-17　按行业分限额以上批发和零售业法人单位主要财务状况 …… 678
1-18　限额以下批发和零售业法人单位主要财务状况 …… 726
1-19　按行业分限额以下批发和零售业法人单位主要财务状况 …… 730
1-20　批发和零售业个体经营户情况 …… 738

第二篇　交通运输、仓储和邮政业
2-1　全部交通运输、仓储和邮政业法人单位财务状况（企业会计准则）…… 740
2-2　交通运输、仓储和邮政业法人单位财务状况（行政事业及民间非营利组织会计制度）…… 745
2-3　规模以上交通运输、仓储和邮政业法人单位财务状况（企业会计准则）…… 746

第三篇　住宿和餐饮业
3-1　住宿和餐饮业经营机构和人员情况 …… 772
3-2　住宿和餐饮业法人及产业活动单位基本情况 …… 774
3-3　住宿业法人及产业活动单位基本情况 …… 778
3-4　餐饮业法人及产业活动单位基本情况 …… 784
3-5　住宿和餐饮业法人单位经营情况 …… 790
3-6　住宿业法人单位经营情况 …… 792

3-7　餐饮业法人单位经营情况 …… 794
3-8　限额以上住宿和餐饮业法人单位经营情况 …… 796
3-9　限额以上住宿业法人单位经营情况 …… 800
3-10　限额以上餐饮业法人单位经营情况 …… 804
3-11　限额以下住宿和餐饮业法人单位经营情况 …… 808
3-12　限额以下住宿业法人单位经营情况 …… 810
3-13　限额以下餐饮业法人单位经营情况 …… 812
3-14　住宿和餐饮业法人单位主要财务状况 …… 814
3-15　住宿业法人单位主要财务状况 …… 818
3-16　餐饮业法人单位主要财务状况 …… 822
3-17　限额以上住宿和餐饮业法人单位主要财务状况 …… 826
3-18　限额以下住宿和餐饮业法人单位主要财务状况 …… 862
3-19　住宿和餐饮业个体经营户情况 …… 868

第四篇　信息传输、软件和信息技术服务业

4-1　全部信息传输、软件和信息技术服务业法人单位财务状况（企业会计准则）…… 870
4-2　信息传输、软件和信息技术服务业法人单位财务状况（行政事业及民间非营利组织会计制度）…… 874
4-3　规模以上信息传输、软件和信息技术服务业法人单位财务状况（企业会计准则）…… 876

第五篇　金融业

5-1　金融业全部法人单位财务状况 …… 902

第三产业卷（下）

第六篇　房地产业

6-1　房地产开发企业土地及资金情况 …… 906
6-2　房地产开发企业开发建设情况 …… 906
6-3　房地产开发企业房屋销售及空置情况 …… 910
6-4　房地产开发企业主要财务状况 …… 914
6-5　全部物业管理、中介服务、租赁经营及其他房地产业法人单位财务状况（企业会计准则）…… 918
6-6　物业管理、中介服务、租赁经营及其他房地产业法人单位财务状况（行政事业及民间非营利组织会计制度）…… 920
6-7　规模以上物业管理、中介服务、租赁经营及其他房地产业法人单位财务状况（企业会计准则）…… 920

第七篇　租赁和商务服务业

7-1　全部租赁和商务服务业法人单位财务状况（企业会计准则）…… 940

7-2　租赁和商务服务业法人单位财务状况（行政事业及民间非营利组织会计制度）………… 944
7-3　规模以上租赁和商务服务业法人单位财务状况（企业会计准则）………………… 946

第八篇　科学研究和技术服务业
8-1　全部科学研究和技术服务业法人单位财务状况（企业会计准则）………………… 972
8-2　科学研究和技术服务业法人单位财务状况（行政事业及民间非营利组织会计制度）……… 976
8-3　规模以上科学研究和技术服务业法人单位财务状况（企业会计准则）……………… 980

第九篇　水利、环境和公共设施管理业
9-1　全部水利、环境和公共设施管理业法人单位财务状况（企业会计准则）………… 1006
9-2　水利、环境和公共设施管理业法人单位财务状况（行政事业及民间非营利组织会计制度）……………………………………………………………………………… 1009
9-3　规模以上水利、环境和公共设施管理业法人单位财务状况（企业会计准则）……… 1012

第十篇　居民服务、修理和其他服务业
10-1　全部居民服务、修理和其他服务业法人单位财务状况（企业会计准则）………… 1038
10-2　居民服务、修理和其他服务业法人单位财务状况（行政事业及民间非营利组织会计制度）……………………………………………………………………………… 1041
10-3　规模以上居民服务、修理和其他服务业法人单位财务状况（企业会计准则）……… 1044

第十一篇　教育
11-1　全部教育业法人单位财务状况（企业会计准则）………………………………… 1070
11-2　教育业法人单位财务状况（行政事业及民间非营利组织会计制度）……………… 1073
11-3　规模以上教育业法人单位财务状况（企业会计准则）…………………………… 1076

第十二篇　卫生和社会工作
12-1　全部卫生和社会工作法人单位财务状况（企业会计准则）……………………… 1094
12-2　卫生和社会工作法人单位财务状况（行政事业及民间非营利组织会计制度）……… 1096
12-3　规模以上卫生和社会工作法人单位财务状况（企业会计准则）………………… 1098

第十三篇　文化、体育和娱乐业
13-1　全部文化、体育和娱乐业法人单位财务状况（企业会计准则）………………… 1116
13-2　文化、体育和娱乐业法人单位财务状况（行政事业及民间非营利组织会计制度）…… 1120
13-3　规模以上文化、体育和娱乐业法人单位财务状况（企业会计准则）……………… 1124

第十四篇　公共管理、社会保障和社会组织
14-1　公共管理、社会保障和社会组织法人单位财务状况（行政事业及民间非营利组织会计制度）……………………………………………………………………………… 1150

附录：　主要指标解释……………………………………………………………… 1155

第一篇

工业

1-1 工业主要财务状况

单位：千元

项目	法人单位数（个）	资产总计	负债合计	营业收入	营业利润
合计	**26955**	**5256488049**	**2435181277**	**2332451984**	**156125066**
一、按登记注册类型分					
内资	25469	4258528933	1880871079	1443721184	83552663
国有	238	152302530	97349664	87357297	-526893
集体	1644	11199778	6306798	4830475	-72277
股份合作	675	8374236	4963601	10159651	6396
国有联营	12	40931	12659	13093	-836
集体联营	14	35050	20450	19844	-320
国有与集体联营	2	***	***	***	***
其他联营	5	23657	57959	15	-970
国有独资公司	109	703664819	418043254	194488789	-2913364
其他有限责任公司	2567	2278356169	836465491	685675791	60364243
股份有限公司	371	726853285	293220019	262716953	23623785
私营独资	956	1762149	1113312	929917	17636
私营合伙	106	515679	277990	384107	9747
私营有限责任公司	18525	319122843	200951346	171209584	1028181
私营股份有限公司	233	56061507	22053409	25827598	2014946
其他	12	211113	31710	108070	2388
港、澳、台商投资	371	332832867	195443535	296967078	12247450
与港澳台商合资经营	179	76100261	38562530	38058661	3010523
与港澳台商合作经营	6	500906	66818	250129	38784
港澳台商独资经营	175	206098441	132250830	253534930	7121049
港澳台商投资股份有限公司	11	50133260	24563358	5123359	2077094
外商投资企业	1115	665126250	358866664	591763722	60324953
中外合资经营	445	397215003	200813676	370303637	44884193
中外合作经营	24	3593998	1583643	3922976	173016
外资企业	626	236785638	145745733	202513456	14328482
外商投资股份有限公司	17	24702689	9261281	12577478	902321
其他外商投资	3	2828921	1462331	2446175	36940
二、按隶属关系分					
中央	317	2250502264	793116806	714557874	53369547
地方	26638	3005985786	1642064471	1617894110	102755519

1-1 续表 1 单位：千元

项 目	法人单位数（个）	资产总计	负债合计	营业收入	营业利润
三、按控股情况分					
（仅限执行企业会计制度单位）					
国有控股	1071	3585968827	1519320371	1261009366	100746332
集体控股	2299	56872364	30837839	37734840	2120242
私人控股	21915	937214301	495540045	407103559	19575252
港澳台商控股	270	239317665	152204310	273357350	8608734
外商控股	816	372409943	204195161	329264031	23875268
其他	566	64470247	32890231	23962930	1213816
四、按轻重工业分					
轻工业	9980	547786301	269881702	386158091	34412535
重工业	16975	4708701749	2165299575	1946293893	121712531
五、按地区分					
东城区	231	25819929	11683266	24403281	1345871
西城区	284	1999914407	632172946	521514817	48131302
朝阳区	2240	227888897	111010178	93948390	6447683
丰台区	1517	110169570	62408320	54433567	-137756
石景山区	468	390401201	237611248	51866311	-2936262
海淀区	2313	562522938	305782754	342562870	14194701
门头沟区	726	33615657	16011052	10110794	1494681
房山区	2005	105867324	63217471	112727473	3015888
通州区	3415	138085427	82436451	92674569	4759830
顺义区	2847	433371156	246996480	230489278	12913279
昌平区	2429	278477917	148291232	135678640	9446823
大兴区	3415	202154484	108531838	120129485	5929630
怀柔区	1157	78741597	45455911	76976920	3112881
平谷区	1346	33437276	20013928	24318954	-42170
密云区	1295	64732925	35614001	34204903	-734996
延庆区	390	53684697	27207183	11274670	1983988
北京经济技术开发区	877	517602648	280737018	395137062	47199693

1-2 按行业中类分工业主要财务状况

单位：千元

项 目	法人单位数（个）	资产总计	负债合计	营业收入	营业利润
合 计	**26955**	**5256488049**	**2435181277**	**2332451984**	**156125066**
一、采矿业	78	398373184	235469186	55330691	-6992913
煤炭开采和洗选业	14	14759862	6903237	2275165	1009599
烟煤和无烟煤开采洗选	13	14759812	6903237	2275165	1009599
其他煤炭采选	1	***	***	***	***
石油和天然气开采业	2	***	***	***	***
天然气开采	2	***	***	***	***
黑色金属矿采选业	10	322776517	204991703	36713591	-5179691
铁矿采选	10	322776517	204991703	36713591	-5179691
有色金属矿采选业	4	158779	57849	24359	429
常用有色金属矿采选	1	***	***	***	***
贵金属矿采选	2	***	***	***	***
稀有稀土金属矿采选	1	***	***	***	***
非金属矿采选业	23	143970	88346	37827	4987
土砂石开采	20	18346	9467	3451	-540
石棉及其他非金属矿采选	3	125624	78879	34376	5527
开采专业及辅助性活动	23	44517871	17214163	14205025	-2825357
石油和天然气开采专业及辅助性活动	20	44517861	17214096	14205024	-2825329
其他开采专业及辅助性活动	3	11	68	1	-29
其他采矿业	2	***	***	***	***
其他采矿业	2	***	***	***	***
二、制造业	25684	2671373450	1457764265	1701200013	109563856
农副食品加工业	613	41454501	24565615	39651314	780989
谷物磨制	62	5172028	3674873	6949229	-76463
饲料加工	181	17093317	7019733	8748829	857059
植物油加工	28	426594	281625	397876	4161
屠宰及肉类加工	130	13011736	9772492	18266873	-91469
水产品加工	9	62844	38283	82267	1559
蔬菜、菌类、水果和坚果加工	93	3002824	1549043	3249990	111710
其他农副食品加工	110	2685157	2229565	1956249	-25568
食品制造业	683	49781886	24280419	62845730	4089549
焙烤食品制造	207	5653714	3605128	7933731	119934
糖果、巧克力及蜜饯制造	28	5511331	3186119	8741116	555239
方便食品制造	81	3923793	2153938	5566212	76521
乳制品制造	23	11213094	4424743	16018900	-264687
罐头食品制造	15	108558	102259	43040	-6153
调味品、发酵制品制造	87	4226990	2204522	3858990	203315
其他食品制造	242	19144405	8603709	20683740	3405380
酒、饮料和精制茶制造业	288	60732752	27843713	29387487	2910686
酒的制造	89	41823728	15433886	17263036	2379211

1-2　续表 1　　单位：千元

项　目	法人单位数（个）	资产总计	负债合计	营业收入	营业利润
饮料制造	192	18762850	12309776	12098724	532843
精制茶加工	7	146174	100051	25726	-1368
烟草制品业	1	***	***	***	***
卷烟制造	1	***	***	***	***
纺织业	334	5113811	2466689	2308729	31397
棉纺织及印染精加工	50	2216926	989789	375946	28172
毛纺织及染整精加工	59	402434	217290	185891	-6541
麻纺织及染整精加工	3	868	367	466	-848
丝绢纺织及印染精加工	2	***	***	***	***
化纤织造及印染精加工	8	325134	124404	124211	274
针织或钩针编织物及其制品制造	54	150295	120076	57128	-2365
家用纺织制成品制造	99	536309	304191	297167	-15837
产业用纺织制成品制造	59	1481757	710531	1267402	28512
纺织服装、服饰业	1365	22936455	13690526	16365284	256155
机织服装制造	739	12906086	8727742	10162650	-132164
针织或钩针编织服装制造	175	6429705	2692732	4374804	447176
服饰制造	451	3600664	2270053	1827830	-58857
皮革、毛皮、羽毛及其制品和制鞋业	190	2217277	1429226	1316712	7623
皮革鞣制加工	7	197739	114334	24922	1247
皮革制品制造	57	1153820	695578	718688	15194
毛皮鞣制及制品加工	60	357047	185071	244264	-1228
羽毛（绒）加工及制品制造	11	76350	63082	113463	376
制鞋业	55	432321	371162	215377	-7966
木材加工和木、竹、藤、棕、草制品业	477	4486802	3833256	2361044	-49412
木材加工	97	450733	321519	332558	-19022
人造板制造	33	1003047	1187547	314504	-19381
木质制品制造	333	3011100	2315568	1691105	-10983
竹、藤、棕、草等制品制造	14	21923	8622	22878	-25
家具制造业	726	18921722	13101896	11342234	151587
木质家具制造	506	15389819	11059798	7625397	-70331
竹、藤家具制造	3	25644	19096	13819	550
金属家具制造	78	2126037	1217304	2777004	236237
塑料家具制造	6	37568	17408	9939	142
其他家具制造	133	1342654	783290	916076	-15010
造纸和纸制品业	626	8877353	4494752	8879904	740098
纸浆制造	2	***	***	***	***
造纸	121	876547	502255	791119	2162
纸制品制造	503	8000805	3992497	8088785	737936
印刷和记录媒介复制业	1237	31192857	13756007	20546869	1218996
印刷	904	29272218	12461019	19365308	1254943

1-2 续表 2

单位：千元

项目	法人单位数（个）	资产总计	负债合计	营业收入	营业利润
装订及印刷相关服务	321	1586221	1107712	962834	-16762
记录媒介复制	12	334418	187276	218727	-19185
文教、工美、体育和娱乐用品制造业	653	14589831	11476295	17623615	47129
文教办公用品制造	90	522800	260327	235998	2578
乐器制造	63	1203136	826109	664159	7969
工艺美术及礼仪用品制造	386	10219176	8254352	15879620	63489
体育用品制造	52	626046	296313	209225	-4367
玩具制造	41	453400	436110	219734	-15752
游艺器材及娱乐用品制造	21	1565272	1403084	414879	-6789
石油、煤炭及其他燃料加工业	137	29710715	14484341	70758266	2600272
精炼石油产品制造	81	29255456	14371216	70651137	2597956
煤炭加工	49	166684	68221	100325	-5583
核燃料加工	1	***	***	***	***
生物质燃料加工	6	63374	38303	6804	-4315
化学原料和化学制品制造业	1158	61572643	34387929	40486389	1620960
基础化学原料制造	86	8361527	3583073	6707454	234056
肥料制造	120	1999521	1314482	798621	-25603
农药制造	24	536827	295688	368808	12846
涂料、油墨、颜料及类似产品制造	257	15213712	9632893	5619346	575082
合成材料制造	99	13040708	8582759	11620662	286877
专用化学产品制造	348	14072850	6028810	8821530	539859
炸药、火工及焰火产品制造	3	14613	2508	3228	-112
日用化学产品制造	221	8332884	4947717	6546741	-2045
医药制造业	548	176454230	73909191	117253663	20022291
化学药品原料药制造	21	784023	514985	220681	22421
化学药品制剂制造	113	84837232	42454293	69041008	9791553
中药饮片加工	62	19141833	8976599	11852624	1816748
中成药生产	76	21307670	7957411	11737755	1749715
兽用药品制造	39	2634024	951573	1345567	19576
生物药品制品制造	151	44403136	11409103	20668042	6289777
卫生材料及医药用品制造	75	2444276	1325125	1499866	244474
药用辅料及包装材料	11	902036	320102	888120	88028
化学纤维制造业	20	4015503	3616526	404494	46882
纤维素纤维原料及纤维制造	2	***	***	***	***
合成纤维制造	15	3979260	3612875	403075	50359
生物基材料制造	3	5357	1790	990	-662
橡胶和塑料制品业	923	15995549	8271183	13011400	67654
橡胶制品业	140	2983333	1643858	2771080	-2101
塑料制品业	783	13012215	6627325	10240320	69755
非金属矿物制品业	1691	164151257	112508647	56556424	613077

1-2 续表 3

单位：千元

项目	法人单位数（个）	资产总计	负债合计	营业收入	营业利润
水泥、石灰和石膏制造	79	51697719	43260759	3235798	-447631
石膏、水泥制品及类似制品制造	478	54179553	36385601	27472760	133958
砖瓦、石材等建筑材料制造	619	9239733	5842458	3038394	-28474
玻璃制造	90	2337137	1752220	874167	-35888
玻璃制品制造	143	24853490	15548744	8210185	211764
玻璃纤维和玻璃纤维增强塑料制品制造	65	1957078	853427	1196848	86571
陶瓷制品制造	61	1030169	213674	890367	95327
耐火材料制品制造	66	9152206	4405448	5269012	275375
石墨及其他非金属矿物制品制造	90	9704172	4246315	6368893	322074
黑色金属冶炼和压延加工业	108	9893276	10612053	11185507	5366
炼钢	4	26227	23563	14228	16
钢压延加工	101	9533611	10518844	10830446	-6321
铁合金冶炼	3	333438	69647	340834	11671
有色金属冶炼和压延加工业	144	9831845	3708280	8177231	276212
常用有色金属冶炼	5	35326	11781	10783	-276
贵金属冶炼	5	6163	159	70	-2
稀有稀土金属冶炼	5	1544280	205413	1247205	11126
有色金属合金制造	54	4397413	1579065	2371035	164295
有色金属压延加工	75	3848664	1911862	4548138	101069
金属制品业	2638	92448424	48431657	42790224	849247
结构性金属制品制造	1672	37066724	17027051	16045070	219975
金属工具制造	91	1027348	420077	497751	57432
集装箱及金属包装容器制造	81	17631978	11389980	5500476	183962
金属丝绳及其制品制造	28	520920	306759	544350	22110
建筑、安全用金属制品制造	221	3107077	1526152	1688893	-14799
金属表面处理及热处理加工	111	1129177	614379	779983	17007
搪瓷制品制造	8	104111	25315	70097	-1295
金属制日用品制造	116	1341513	589660	872303	-648
铸造及其他金属制品制造	310	30519577	16532283	16791301	365503
通用设备制造业	2469	148925811	75504717	69977272	4050836
锅炉及原动设备制造	138	7239616	6034660	2715034	-125971
金属加工机械制造	448	26044990	9616824	11276298	1371043
物料搬运设备制造	126	6482178	4681090	2523935	-201945
泵、阀门、压缩机及类似机械制造	273	33345525	12891747	27889512	3106973
轴承、齿轮和传动部件制造	51	2357018	1101696	1108866	88133
烘炉、风机、包装等设备制造	421	56500337	30830194	12882473	-449800
文化、办公用机械制造	67	5628436	3204147	3676757	207264
通用零部件制造	797	6060584	3977488	4019805	-11934
其他通用设备制造业	148	5267127	3166871	3884593	67073
专用设备制造业	2295	246007899	133315411	89417657	9225443

1-2 续表 4

单位：千元

项目	法人单位数（个）	资产总计	负债合计	营业收入	营业利润
采矿、冶金、建筑专用设备制造	213	58088906	28327276	15964062	2591429
化工、木材、非金属加工专用设备制造	285	11963047	5284020	5039681	305738
食品、饮料、烟草及饲料生产专用设备制造	51	972925	518610	722053	12566
印刷、制药、日化及日用品生产专用设备制造	139	3721047	2468533	1747050	-22293
纺织、服装和皮革加工专用设备制造	33	12851895	8609053	4648017	229003
电子和电工机械专用设备制造	199	6318241	5672096	3605448	131249
农、林、牧、渔专用机械制造	69	2495039	1773262	1360544	-14311
医疗仪器设备及器械制造	601	50906240	22291287	21000521	3433580
环保、邮政、社会公共服务及其他专用设备制造	705	98690558	58371277	35330280	2558482
汽车制造业	645	577472132	326155080	437447829	37589257
汽车整车制造	15	395585603	227658090	291862118	31895235
汽车用发动机制造	10	8173335	3660709	9837846	1249588
改装汽车制造	38	8215686	5696379	5938154	200707
电车制造	1	***	***	***	***
汽车车身、挂车制造	11	474261	390544	388221	31148
汽车零部件及配件制造	570	165023246	88749358	129421490	4212578
铁路、船舶、航空航天和其他运输设备制造业	259	88144009	49778739	44976630	3808966
铁路运输设备制造	117	33702555	18197703	20249291	2198384
城市轨道交通设备制造	9	3853547	2270908	1196971	-32317
船舶及相关装置制造	13	1332779	866081	484994	66413
航空、航天器及设备制造	96	49035851	28262129	22874827	1581442
摩托车制造	2	***	***	***	***
自行车和残疾人座车制造	5	21924	26589	11642	-625
助动车制造	5	4022	3651	737	-160
非公路休闲车及零配件制造	6	50497	42197	8467	-5649
潜水救捞及其他未列明运输设备制造	6	119299	94653	131356	-650
电气机械和器材制造业	1542	153830334	90508642	84164014	4515973
电机制造	87	34500169	22012867	13416726	-342635
输配电及控制设备制造	756	80418890	45052121	52578370	4577234
电线、电缆、光缆及电工器材制造	197	6536017	2973113	5696442	81993
电池制造	40	10003129	3209985	2614536	119137
家用电力器具制造	124	4646545	3521831	3652356	84496
非电力家用器具制造	91	2923251	1841759	916892	-39540
照明器具制造	125	9149733	7689783	2796117	-127586
其他电气机械及器材制造	122	5652600	4207183	2492574	162875
计算机、通信和其他电子设备制造业	1334	495858650	269403952	338978773	9367828
计算机制造	230	86222153	48272334	42444712	1189851
通信设备制造	164	140703327	89442067	162540026	1331995
广播电视设备制造	85	6820104	3210964	2582726	11283
雷达及配套设备制造	12	1321950	1060867	415127	22461

1-2 续表 5 单位：千元

项　　目	法人单位数（个）	资产总计	负债合计	营业收入	营业利润
非专业视听设备制造	37	6421973	2130138	5502690	202509
智能消费设备制造	80	2533278	1582688	1334727	-314027
电子器件制造	203	202523437	99343287	77293605	4895309
电子元件及电子专用材料制造	391	21497901	7937301	18990429	1318294
其他电子设备制造	132	27814527	16424307	27874732	710152
仪器仪表制造业	903	65031339	30723161	32618742	2493137
通用仪器仪表制造	545	42620959	20999680	22827110	1572034
专用仪器仪表制造	203	16439215	7245847	7398023	783414
钟表与计时仪器制造	8	251797	151669	90488	12166
光学仪器制造	39	2143694	406817	764795	84563
衡器制造	9	240029	116699	194164	9211
其他仪器仪表制造业	99	3335645	1802450	1344162	31750
其他制造业	164	15618672	9932448	11546449	218215
日用杂品制造	25	176033	120713	166152	-2595
核辐射加工	2	***	***	***	***
其他未列明制造业	137	15400260	9807208	11348300	219187
废弃资源综合利用业	39	2855907	1897033	755113	15074
金属废料和碎屑加工处理	22	514840	340843	295352	11607
非金属废料和碎屑加工处理	17	2341067	1556190	459762	3467
金属制品、机械和设备修理业	1474	48978242	18599881	12957019	1665411
金属制品修理	12	24624	14015	14595	-316
通用设备修理	271	674207	351122	396933	2614
专用设备修理	360	35048663	11250350	1583068	1056703
铁路、船舶、航空航天等运输设备修理	74	10326214	5262311	9723394	595625
电气设备修理	152	474751	230240	233223	-17409
仪器仪表修理	98	353185	189280	204853	3742
其他机械和设备修理业	507	2076598	1302563	800952	24451
三、电力、热力、燃气及水生产和供应业	1193	2186741415	741947826	575921280	53554123
电力、热力生产和供应业	819	1978774297	648415179	511966021	48076500
电力生产	126	79277414	37665440	29255296	6275309
电力供应	91	1818565379	564368006	462444142	41606225
热力生产和供应	602	80931503	46381732	20266583	194967
燃气生产和供应业	79	76003107	29713715	47901540	3092846
燃气生产和供应业	70	75870841	29591255	47901386	3105636
生物质燃气生产和供应业	9	132265	122460	154	-12790
水的生产和供应业	295	131964011	63818932	16053719	2384777
自来水生产和供应	82	33434908	17961643	5912893	177145
污水处理及其再生利用	205	98123265	45675126	10013892	2203526
其他水的处理、利用与分配	8	405838	182164	126935	4106

1-3 规模以上工业

项目	法人单位数（个）	#亏损企业	工业总产值（当年价格）	工业销售产值（当年价格）	#出口交货值
合 计	**3108**	**677**	**1966901788**	**1935093200**	**123936260**
一、按登记注册类型分					
内资	2447	504	1226845031	1207351121	42935855
国有	36	12	83637163	83653941	92008
集体	27	8	2112581	2086495	1929
股份合作	32	6	7518635	7531534	85836
国有独资公司	90	16	155012528	153032911	918476
其他有限责任公司	992	233	634742764	625557787	24807683
股份有限公司	255	59	231180359	225391618	11826507
私营独资	2	***	***	***	***
私营合伙	4	1	234450	241539	
私营有限责任公司	918	150	91807091	89889479	3645831
私营股份有限公司	90	19	20426948	19793253	1557585
其他	1	***	***	***	***
港、澳、台商投资	153	38	218597541	206274596	39468751
与港澳台商合资经营	74	18	34455731	33344334	4864695
与港澳台商合作经营	3		259820	243457	56
港澳台商独资经营	67	20	180886059	169855910	33980268
港澳台商投资股份有限公司	9		2995931	2830895	623732
外商投资	508	135	521459216	521467483	41531654
中外合资经营	187	34	342647335	343258400	13776743
中外合作经营企业	8	3	2032933	1936958	162531
外资企业	299	93	167189437	166086270	24383874
外商投资股份有限公司	12	5	8021677	8585299	3163012
其他外商投资	2	***	***	***	***
二、按隶属关系分					
中央	213	33	689729218	684020736	4800068
地方	2895	644	1277172570	1251072464	119136192

主要财务状况

单位：千元

年初存货	资产总计	#流动资产合计	#应收账款	#存货	#产成品	#固定资产净额	#固定资产原价
246957751	**4932148907**	**1872137299**	**452560069**	**275999988**	**103106798**	**727410536**	**1465095742**
156310651	3977060567	1260646849	312179352	171899195	56875231	589419364	1175273815
6894107	146100823	21398068	2645939	7425068	603227	99430312	197111231
379041	3296246	2378199	438972	369462	169813	558123	1404435
772686	3397621	2827082	960801	848736	162221	324217	668418
11741112	698583272	176458302	36757077	13910126	2325534	172092060	298889006
67581047	2218397850	582189313	145280163	73407943	26941378	243870654	529445951
40707867	720848402	340279705	79485629	45071946	14509319	52781831	110696623
***	***	***	***	***	***	***	***
85054	186411	162810	56607	80766	63826	21307	47799
22751983	135733986	102430043	34568474	25115960	10500434	16273752	30366664
5379884	50254376	32351837	11878515	5654433	1585773	3991369	6494010
***	***	***	***	***	***	***	***
27191832	321034668	194648309	48754367	35177102	17736683	37672534	73923897
7069951	69929227	41935731	10513043	7236018	3475094	11564226	32659864
47712	383894	348700	104351	53284	34125	21680	72938
19425405	201699531	132405301	36320246	27230440	13926164	24513815	38417844
648764	49022016	19958577	1816727	657360	301300	1572813	2773251
63455268	634053672	416842141	91626350	68923691	28494884	100318638	215898030
33182840	384198157	236347827	52020179	35712347	15940667	67834163	124658527
-162774	3309634	2531583	251813	34715	47401	343458	1353218
28842103	222058447	170497755	36412649	31702575	12229236	30536311	86830808
1380660	21658513	6608945	2768384	1226278	224103	1429524	2667347
***	***	***	***	***	***	***	***
44761765	2239357402	463546617	85857565	48261032	11017401	336206050	768152672
202195986	2692791505	1408590682	366702504	227738956	92089397	391204486	696943070

1-3 续表 1

项　　目	法人单位数（个）	#亏损企业	工业总产值（当年价格）	工业销售产值（当年价格）	#出口交货值
三、按控股情况分					
国有控股	643	142	1156189976	1147747487	34479136
集体控股	80	24	29859122	29543807	1665932
私人控股	1787	349	291853128	283881713	12813802
港澳台商控股	114	29	197812392	185270209	36882744
外商控股	436	123	272420108	270787347	37920831
其他	48	10	18767062	17862637	173815
四、按轻重工业分					
轻工业	1053	224	297572047	287786761	13492193
重工业	2055	453	1669329741	1647306439	110444067
五、按地区分					
东城区	28	2	21618533	21065360	168757
西城区	41	10	58307335	58210071	389961
朝阳区	225	48	75194436	72608994	1820601
丰台区	137	18	45315535	43976701	1006353
石景山区	38	6	21077934	21149365	334134
海淀区	399	74	251783455	235995947	35217301
门头沟区	30	6	7680152	7222351	1977570
房山区	166	33	100196194	98886898	1385711
通州区	349	87	62062240	61603438	3188018
顺义区	367	99	191353957	192776522	11082359
昌平区	310	63	107080932	103530812	7447341
大兴区	301	58	82563041	80366010	2811285
怀柔区	157	27	61243640	62516807	2394261
平谷区	106	41	16732618	16440363	441614
密云区	134	44	27884572	27481222	1729073
延庆区	45	12	9060928	8831985	443668
北京经济技术开发区	275	49	371371038	366055106	52098253

单位：千元

年初存货	资产总计	#流动资产合　计	#应收账款	#存　货	#产成品	#固定资产净额	#固定资产原价
103667803	3543942841	985212646	206130066	114620896	40349009	587106738	1184556658
5862374	44642903	32636462	12026535	6525636	2190041	3722107	7142642
69819223	712515185	421705446	126653998	77084601	26932140	51802663	90707717
22735925	231306648	149880194	41505076	30429664	16023125	27057193	44264231
40996538	352415517	253868038	57861734	43706243	16609697	52910150	128767165
3875888	47325813	28834513	8382660	3632948	1002786	4811685	9657329
61460985	457359361	288467887	61616282	66917520	31116539	58465241	117307986
185496766	4474789546	1583669412	390943787	209082468	71990259	668945295	1347787756
3619678	24123945	16003720	1810250	4239782	1977129	2423714	4464091
3561173	1995253438	266474927	49380055	3640481	1184954	339995822	711675446
12100781	205198841	96391281	25686794	13157710	5893417	56421932	106707767
11838938	91707480	60985313	17947940	13182047	1894078	11701975	22517186
5400510	382566496	75257012	15759308	4901685	839253	61498520	86166300
49682317	532071275	331831393	86617309	59874528	21130946	20164245	39726245
2325375	27704132	14085453	1731029	2868781	1368319	3208934	5212559
10458866	89136415	40765929	13910404	10563353	3855384	19957881	55720714
11877454	94962261	59576908	17282747	13384061	4423707	16129555	30604174
30418280	403901274	235916425	54880823	32294648	12518533	44422723	90162354
18536810	253420165	149896207	37484039	23411077	8940606	24408105	48673079
16502787	151287278	94278165	35148138	16256536	6736438	15073978	25595149
7285080	65176172	41789647	12408479	6788797	3711586	9298500	18528072
3610088	24138911	13442353	3784144	3394629	1468661	6906671	14153095
4882848	55031216	30202615	8137088	6002460	1413974	12523784	20014908
1759247	49151415	23347419	3476400	1716228	687892	3336062	5303620
53097519	487318193	321892532	67115122	60323185	25061921	79938135	179870983

1-3 续表 2

项目	#累计折旧	#本年折旧	#在建工程	#无形资产	负债合计
合计	**724842722**	**74889788**	**126138529**	**127552192**	**2227019001**
一、按登记注册类型分					
内资	576651706	56650019	101580945	102882848	1702778929
国有	97617336	10783279	19921912	1402495	92399877
集体	843877	65166	54054	53336	1593066
股份合作	344181	39814	30390	38071	2460275
国有独资公司	126395246	10975493	40435594	63364390	415764714
其他有限责任公司	279950431	27305937	27026800	17386998	797770978
股份有限公司	55014370	4841686	10867254	16406050	290608072
私营独资	***	***	***	***	***
私营合伙	26492	3387	1260	1032	115399
私营有限责任公司	13904991	2193968	2229607	3315523	82025540
私营股份有限公司	2490715	426915	1014074	914935	19964702
其他	***	***	***	***	***
港、澳、台商投资	35570119	2991489	7189768	4999158	188967569
与港澳台商合资经营	20517004	1019553	2479216	1285845	34511378
与港澳台商合作经营	48259	3515	5135	2858	47088
港澳台商独资经营	13891294	1825468	4633861	3516245	130475258
港澳台商投资股份有限公司	1113562	142953	71556	194210	23933845
外商投资	112620897	15248280	17367816	19670186	335272503
中外合资经营	55668822	9723766	14731760	16821769	192088068
中外合作经营企业	1009757	51270	6328	5637	1303974
外资企业	54506749	5266808	2548519	2490624	133563553
外商投资股份有限公司	1222622	177517	81015	212428	6854577
其他外商投资	***	***	***	***	***
二、按隶属关系分					
中央	424948571	37228754	59514221	10242750	787934283
地方	299894151	37661034	66624308	117309442	1439084718

单位：千元

流动负债合计	#应付账款	非流动负债合计	#应付债券	所有者权益合计	#实收资本	国家资本	集体资本
1627359140	**462817883**	**590865782**	**277314013**	**2705129765**	**1567041273**	**1127785529**	**2381556**
1166883180	289676479	528695014	261983222	2274281530	1388210666	1105243497	2088078
55046749	11729177	37166577	5910000	53700946	30848281	30105787	
1265175	346008	327891		1703175	306096		292681
2166582	1305597	104155		937349	540992		17572
242841723	50262827	169741271	66477050	282818554	140964662	105522677	
551567869	131494804	244484414	161098159	1420626843	1050786018	942817970	1002224
220114900	59125063	69249710	27952425	430240319	130176931	26763360	775601
***	***	***	***	***	***	***	***
115399	47458			71012	37295		
76695834	28360121	4648938		53708388	23712749	33703	
16993982	6957682	2970719	545588	30289670	10767936		
***	***	***	***	***	***	***	***
166712398	61087879	21707024	8537076	132067080	40425576	8166830	48668
26639392	7111725	7325198	3237076	35417839	16221026	7760309	48668
47088	11096			336806	66689		
124164978	53158170	6308921		71224263	13742107		
15860940	806888	8072905	5300000	25088172	10395754	406521	
293763562	112053525	40463744	6793715	298781155	138405031	14375202	244810
164771850	71118080	27263844	6294597	192110088	89297464	13839293	227839
1178344	446179	125630		2005661	1861011		1493
121201176	37624504	11369555		88494879	42605267		
6078588	2638084	775988	499118	14803937	4537313	535909	15478
***	***	***	***	***	***	***	***
510358559	102794773	274306760	170304764	1451423116	1042073114	970758750	174630
1117000581	360023110	316559022	107009249	1253706649	524968159	157026779	2206926

1-3 续表 3

项 目	# 累计折旧	# 本年折旧	# 在建工程	# 无形资产	负债合计
三、按控股情况分					
国有控股	587307392	57513479	101810263	99672714	1494274386
集体控股	3414473	377525	1595365	988951	23662863
私人控股	38423573	5834710	8834502	14445304	352272275
港澳台商控股	17101572	2143028	5061224	4054941	148192390
外商控股	74008900	8564950	8065953	7629134	188209313
其他	4586812	456096	771222	761148	20407774
四、按轻重工业分					
轻工业	57748283	6475858	10702308	10128062	212536989
重工业	667094439	68413930	115436221	117424130	2014482012
五、按地区分					
东城区	1979184	163954	601502	435472	10626430
西城区	371637303	35381680	57976663	12661799	630347939
朝阳区	49201618	4028517	5328346	1821980	94909673
丰台区	10755362	1214672	3277935	1237415	51217527
石景山区	23589372	1110406	6010997	50285983	231965768
海淀区	19188845	2088045	3446356	8641363	287808668
门头沟区	2003591	488830	385485	214840	12630452
房山区	33551383	2275995	10458211	3327653	52504923
通州区	14273582	1879825	3273554	2325578	52114707
顺义区	45001213	5374793	5595291	14247082	226437562
昌平区	23983241	2691163	3361368	6437953	132359926
大兴区	10161594	1547771	3664922	5075562	77101899
怀柔区	8850073	1077079	1996370	4460077	38542423
平谷区	7243283	1004672	996316	1414315	14276727
密云区	7471670	1182100	2362044	3458929	29107143
延庆区	1946601	267379	295151	505814	24317335
北京经济技术开发区	94004807	13112907	17108018	11000377	260749899

单位：千元

流动负债合计	#应付账款	非流动负债合计	#应付债券	所有者权益合计	#实收资本	国家资本	集体资本
981264437	239149495	509541107	255193302	2049668434	1314834737	1125457908	323833
19163486	7726122	4355801		20980033	5243325	115301	1689406
302127022	93001450	46655334	19821593	360242828	131117389	1264138	276291
137376096	56882362	10269053	1800000	83114243	18307137	460764	
168298029	60429540	18866089	499118	164206189	89116856	412535	92026
19130070	5628914	1178398		26918038	8421829	74883	
181879523	55550478	28409623	4192145	244822318	92313334	8608738	1025272
1445479617	407267405	562456159	273121868	2460307447	1474727939	1119176791	1356284
8503846	2109252	2122585		13497514	5499527	3241521	453137
361475960	69249194	268784736	169102190	1364905494	985915571	965014050	100300
69831429	22396568	24791594	3000000	110289159	67424259	27556409	140023
40228143	13127333	7268835	1363376	40489944	13098008	5005784	263085
124600012	11307582	107348496	44938920	150600726	42469366	31174304	12734
260114747	87832008	27666978	8953150	244262573	81944217	20774685	171364
5942786	1266826	6687665	2992162	15073678	2794889		
48366957	14897958	4118428		36631487	16332100	3352156	411960
46261832	14266429	4193136		42847540	20734869	5644710	268076
169181659	54828867	56625994	26638496	177463710	75724255	32770395	205679
106786013	33317740	25573906	8168534	121060224	49055954	2234366	13010
66714051	25277629	9798706	1527446	74185375	29232499	8526579	198255
33526488	14136889	4952122	1491350	26633736	15826017	557630	2000
11874290	5212691	1413351		9862181	6515747	812195	
26473077	8709898	2144050	118159	25924073	15412509	238064	51168
17409244	3704027	6808780	3500000	24834085	10410769		
230068606	81176992	30566420	5520230	226568266	128650716	20882681	90765

1-3 续表 4

项　　目	法人资本	个人资本	港澳台资本	外商资本	营业收入	营业成本
合　计	**253143955**	**73848961**	**23107121**	**86774152**	**2234807506**	**1848219258**
一、按登记注册类型分						
内资	208931674	70853401	738195	355823	1353820573	1152338668
国有	719565	22929			86568723	80452787
集体	13415				2188450	1920420
股份合作	179075	344345			8064394	7726288
国有独资公司	35441985				194253316	181765761
其他有限责任公司	99654184	7255569	19400	36670	673066174	589100032
股份有限公司	62818948	38791411	716090	311524	262005708	196616341
私营独资	***	***	***	***	***	***
私营合伙		37295			275541	195997
私营有限责任公司	8159328	15519713	5		103021002	78596068
私营股份有限公司	1878776	8878831	2700	7629	24204400	15843256
其他	***	***	***	***	***	***
港、澳、台商投资	8745175	1161173	22187645	116085	295660631	257567198
与港澳台商合资经营	2834915	837229	4674595	65310	37471944	27332906
与港澳台商合作经营	34375	4614	27700		247315	135840
港澳台商独资经营			13742107		252828060	225781003
港澳台商投资股份有限公司	5875885	319330	3743243	50775	5113312	4317449
外商投资	35467106	1834387	181281	86302244	585326302	438313392
中外合资经营	34250952	811397	25064	40142918	368536872	275349989
中外合作经营企业	103269	2181	16024	1738044	3713934	2745191
外资企业				42605267	198394952	147946529
外商投资股份有限公司	1112885	1020809	109544	1742688	12234369	10287975
其他外商投资	***	***	***	***	***	***
二、按隶属关系分						
中央	68970223	487436	1236104	445970	713188224	644381276
地方	184173732	73361525	21871017	86328182	1521619282	1203837982

单位：千元

税金及附加	其他业务利润	销售费用	管理费用	财务费用	#利息收入	#利息支出
37976409	**13942961**	**119434984**	**115069746**	**23241747**	**8410534**	**29496460**
22782506	7778624	50879471	75640616	19612309	5491857	24119262
2967524	1192142	776669	2317932	1199242	80534	1219106
15572	29500	71373	215709	-6240	15079	6572
40807	16422	105884	193030	5439	5780	10273
3453414	2037850	1105947	10332747	9584820	938681	9928948
3332596	1913396	20830084	27561807	4204802	1604828	5996335
12304845	1427401	16583078	21635864	3670798	2571900	5903134
***	***	***	***	***	***	***
1170		48452	20564	234	22	247
511502	1061738	8695708	10112183	609006	183152	694197
154217	100175	2648153	3225787	342906	91876	359148
***	***	***	***	***	***	***
776985	4094761	14971322	11954321	1586294	873783	2049866
313411	198467	3220880	3400233	777052	215179	806440
2588	-756	21368	45717	-1355	323	
405405	3748866	11566165	8127844	-72394	628806	378384
55581	148184	162909	380527	882991	29475	865042
14416918	2069576	53584191	27474809	2043144	2044894	3327332
13181828	949503	28042066	15138886	948122	1101426	1866517
24184	2399	529877	258748	-14176	8541	2378
1114090	1040003	23360258	11034481	807379	906074	1168684
70394	75692	1442317	917305	238746	24462	224208
***	***	***	***	***	***	***
14089139	2122940	5200437	19281400	5400366	1430348	6560907
23887270	11820021	114234547	95788346	17841381	6980186	22935553

1-3 续表 5

项　　目	法人资本	个人资本	港澳台资本	外商资本	营业收入	营业成本
三、按控股情况分						
国有控股	157496367	4288116	6328013	20940499	1256004764	1082571312
集体控股	3128226	206979	10000	93413	33202247	25734706
私人控股	61459870	67178034	397779	541276	327968108	240707886
港澳台商控股	1356881	334444	16085737	69311	272350747	240045816
外商控股	22812252	683993	158917	64957133	324439187	245987938
其他	6890359	1157395	126675	172520	20842453	13171600
四、按轻重工业分						
轻工业	36472264	21039487	6514137	18653439	355128357	221992417
重工业	216671691	52809474	16592984	68120713	1879679149	1626226841
五、按地区分						
东城区	843759	807316	53174	100621	23764642	19913505
西城区	13966287	920174	5883768	30992	520763230	493431788
朝阳区	33018892	2325563	2393052	1990321	86965658	71204213
丰台区	5354999	2094449	35036	344655	49282541	38984828
石景山区	9865929	431563	121096	863740	50443816	48363105
海淀区	28392521	28206161	2563201	1836283	334439815	277859148
门头沟区	1810555	915047	10000	59287	8385203	4910231
房山区	7939108	2490255	1049271	1089350	107069465	86621091
通州区	6221445	4113337	425843	4061458	80109734	58951391
顺义区	20357323	5465255	626698	16298907	221005739	183981258
昌平区	35798280	6541448	639197	3829652	126017127	98653830
大兴区	9326125	8312409	278045	2591086	102691671	82502735
怀柔区	5727803	2145750	791704	6601130	73483374	59778085
平谷区	1957034	809299	293494	2643725	21137785	17980777
密云区	11770931	1381833	282240	1688273	30867020	25128502
延庆区	6853442	556085	2968426	32816	10210786	8328761
北京经济技术开发区	53939522	6333017	4692876	42711856	388169900	271626010

单位：千元

税金及附加	其他业务利 润	销售费用	管理费用	财务费用	#利息收入	#利息支出
33103753	6153307	34053357	49138100	16938728	4735413	20947666
161264	254547	2443571	2666476	135892	59689	183644
2013271	2022799	31464614	32337729	4645651	1745600	5898822
546218	3870914	13560772	9804468	255793	695612	612703
1803051	1549549	34096216	18861574	1206437	1087527	1725027
348852	91845	3816454	2261399	59246	86693	128598
7266808	2859957	63614549	28695304	2523024	1435425	2936231
30709601	11083004	55820435	86374442	20718723	6975109	26560229
156856	495695	1402961	1264534	178648	44892	160757
3463710	1509133	1172500	3848022	3176466	789267	3881411
830309	835002	4660526	7051842	1129268	367890	1275791
282565	144880	2499848	5363645	397619	152422	499065
460509	-2056	398093	3295020	7310757	489231	7165338
1230709	4050382	17962873	20324117	3071544	1499160	4339019
198141	192483	960570	1228617	145538	25737	165781
9017348	131956	2343206	5322383	408630	84147	450230
3032419	294654	7749575	6482027	408810	143675	437997
5934763	2292503	13314710	14211228	3516270	944518	4170546
635085	1381779	10060347	10835123	1857184	1123785	2661147
587377	442673	7658434	7479735	738293	363471	982306
532096	148734	6034267	3633423	439145	169166	544429
128705	124773	1337071	1390642	243352	53080	206462
417030	219359	3016917	2864395	282824	101006	332611
63099	133792	790463	725600	783820	23123	741332
11005688	1547219	38072623	19749393	-846421	2035964	1482238

1-3 续表 6

项 目	投资收益（损失以"-"号记）	营业利润	利润总额	亏损企业亏损额	所得税费用
合 计	**68922050**	**162845098**	**164700162**	**33637552**	**28157586**
一、按登记注册类型分					
内资	52023748	89374908	90627258	27249994	13946467
国有	104980	-333310	57617	1327795	181717
集体	40846	54715	85312	77519	23863
股份合作	55	-7866	-2260	42011	5030
国有独资公司	6766228	-2526508	-3853138	10319632	584048
其他有限责任公司	31426519	61731792	61729874	9657037	8974157
股份有限公司	13178154	23713432	24904328	4248853	3029472
私营独资	***	***	***	***	***
私营合伙		9123	9146	472	1332
私营有限责任公司	190869	4474604	5300676	1418777	902838
私营股份有限公司	315478	2252542	2389370	157898	242954
其他	***	***	***	***	***
港、澳、台商投资	6041552	12478362	12467556	1802933	1347434
与港澳台商合资经营	570902	3156990	3252636	1262587	772593
与港澳台商合作经营		42200	41937		6625
港澳台商独资经营	2875540	7201190	7146287	540346	552744
港澳台商投资股份有限公司	2595110	2077982	2026696		15472
外商投资	10856750	60991828	61605348	4584625	12863685
中外合资经营	8844992	45255572	45518490	1943696	9364409
中外合作经营企业		180399	192180	104256	70587
外资企业	916906	14462566	14792067	2386166	3165738
外商投资股份有限公司	1094852	1056351	1065029	150507	255206
其他外商投资	***	***	***	***	***
二、按隶属关系分					
中央	32187085	53764180	53237636	10050765	7929169
地方	36734965	109080918	111462526	23586787	20228417

单位：千元

应付职工薪酬（本年贷方累计发生额）	应 交 增值税	进项税额	销项税额	平均用工人数（人）
169995815	**56814584**	**307062700**	**351133692**	**927430**
108299652	33700134	184345333	210190636	638849
7138911	2559975	10995316	13497289	24167
412907	91697	174154	286751	4197
195702	78528	1202862	1263658	2900
22310546	3957974	20561278	23432814	92679
39228318	14603533	99777074	110268912	242120
25021269	8145243	37994925	44343931	141461
***	***	***	***	***
47382	10996	30600	41596	962
10943572	3394486	10914140	13773585	109915
2970501	852955	2680549	3262918	20239
***	***	***	***	***
14315534	3279580	40452474	40974327	67942
4012148	1662073	3585734	4414455	25909
63136	20660	18649	39212	331
9869202	1489245	36007451	35687701	38543
371048	107602	840640	832959	3159
47380629	19834870	82264893	99968729	220639
24965844	13342980	55264625	68393903	107327
689320	109805	160135	237769	6260
20017060	5895152	25080595	29271107	97070
1538746	427764	1234735	1445115	9005
***	***	***	***	***
44104553	15836363	105901833	120387958	171233
125891262	40978221	201160867	230745734	756197

1-3 续表 7

项目	投资收益（损失以"-"号记）	营业利润	利润总额	亏损企业亏损额	所得税费用
三、按控股情况分					
国有控股	55745428	101586558	100585643	21123980	17938449
集体控股	188492	2310143	2470695	268642	406392
私人控股	7767500	24319267	26453518	6810824	3351226
港澳台商控股	3102393	8822349	8754373	944188	923245
外商控股	1655012	24272042	24869691	3650186	5267522
其他	463225	1534739	1566242	839732	270752
四、按轻重工业分					
轻工业	6570260	36944998	37397093	4099380	6645757
重工业	62351790	125900100	127303069	29538172	21511829
五、按地区分					
东城区	291439	1382785	1459798	277469	234166
西城区	30807043	48249776	47721639	1367184	5446016
朝阳区	812162	7378391	7001666	3039384	1701453
丰台区	402502	1209228	1469554	2400983	565308
石景山区	6524898	-2812215	-3531528	6018105	328443
海淀区	4473718	14636555	15996855	3304987	2370615
门头沟区	379414	1505719	1477969	38427	255228
房山区	414151	3266735	3330608	1561086	877287
通州区	1285927	5036045	5275547	1446934	869589
顺义区	10146189	13369350	13726322	2275757	858934
昌平区	5180541	9852336	10183227	2198906	1191436
大兴区	2404424	6743855	6935086	1638095	1289748
怀柔区	216236	3329545	3559206	197883	533544
平谷区	-22002	72333	149859	683716	111629
密云区	342782	-484330	-337434	2090304	143173
延庆区	2432761	2044233	2015339	145096	33719
北京经济技术开发区	2829865	48064757	48266449	4953236	11347298

单位：千元

应付职工薪酬（本年贷方累计发生额）	应交增值税	进项税额	销项税额	平均用工人数（人）
86963575	32198122	186648839	213863850	390996
3570386	890615	2964836	3595657	20764
33252468	10874541	36253598	44389106	281227
11596729	2133387	38002700	38086893	52228
31338836	9856947	41116791	48342676	160412
3273821	860972	2075936	2855510	21803
41388009	17278340	34126703	49535344	282226
128607806	39536244	272935997	301598348	645204
2057823	632494	2065137	2601705	9554
19941012	9230338	86655435	95338787	65078
12863083	2906346	8475545	9969409	67506
6613918	1393143	3671021	4847241	40404
4810761	1262380	5743363	6907137	22725
23731077	5355561	43673161	46708221	105017
1908075	623181	716452	1298290	10014
5648514	3293733	13324443	16389303	37381
7851576	3137707	8470895	11078454	63426
19789653	3322422	39677456	42925464	123146
13534997	2547810	20697530	22596164	85665
8472097	2647428	12078013	14321152	63259
4497510	1937971	9665201	11223662	36475
2147964	607253	2360525	2769455	22889
3490560	828635	4609629	5113272	28577
903443	280964	1179855	1348245	8532
31733752	16807218	43999039	55697731	137782

1-4 按行业中类分规模

项目	法人单位数（个）	#亏损企业	工业总产值（当年价格）	工业销售产值（当年价格）	#出口交货值
合　计	**3108**	**677**	**1966901788**	**1935093200**	**123936260**
一、采矿业	16	10	27673917	27850541	2175421
煤炭开采和洗选业	2	***	***	***	***
烟煤和无烟煤开采洗选	2	***	***	***	***
石油和天然气开采业	2	***	***	***	***
天然气开采	2	***	***	***	***
黑色金属矿采选业	6	5	8961956	8930428	
铁矿采选	6	5	8961956	8930428	
非金属矿采选业	1	***	***	***	***
石棉及其他非金属矿采选	1	***	***	***	***
开采专业及辅助性活动	5	3	13406082	13412951	387622
石油和天然气开采专业及辅助性活动	5	3	13406082	13412951	387622
二、制造业	2958	640	1376917647	1345012357	121760839
农副食品加工业	114	31	27486332	27504935	519616
谷物磨制	11	7	3256025	3224862	
饲料加工	38	10	7012770	6895870	97864
植物油加工	1	***	***	***	***
屠宰及肉类加工	34	11	13031986	13319618	125038
水产品加工	1	***	***	***	***
蔬菜、菌类、水果和坚果加工	20	1	2570150	2417475	187339
其他农副食品加工	9	2	1302971	1323548	109375
食品制造业	122	26	32595772	33092486	1239309
焙烤食品制造	32	10	5884404	5833044	140609
糖果、巧克力及蜜饯制造	6		2769457	3079685	275780
方便食品制造	18	4	3176136	3196791	398393
乳制品制造	8	2	4929881	5336879	
罐头食品制造	1	***	***	***	***
调味品、发酵制品制造	14	3	3212665	3256150	17209
其他食品制造	43	6	12600777	12362543	407318
酒、饮料和精制茶制造业	39	11	26864423	26671028	233156
酒的制造	14	4	16665480	16746509	220670
饮料制造	25	7	10198943	9924519	12486
烟草制品业	1	***	***	***	***
卷烟制造	1	***	***	***	***
纺织业	12	2	854575	856540	256805
棉纺织及印染精加工	1	***	***	***	***
毛纺织及染整精加工	1	***	***	***	***
化纤织造及印染精加工	1	***	***	***	***
家用纺织制成品制造	3	1	141436	137014	
产业用纺织制成品制造	6	1	567969	550058	256805

以上工业主要财务状况

单位：千元

年初存货	资产总计	#流动资产合计	#应收账款	#存货	#产成品	#固定资产净额	#固定资产原价
246957751	**4932148907**	**1872137299**	**452560069**	**275999988**	**103106798**	**727410536**	**1465095742**
3477300	395646212	87745659	18611495	3343692	665747	62491057	96936420
***	***	***	***	***	***	***	***
***	***	***	***	***	***	***	***
***	***	***	***	***	***	***	***
***	***	***	***	***	***	***	***
1122699	322130237	53678831	11698865	1146662	347285	54906012	69213903
1122699	322130237	53678831	11698865	1146662	347285	54906012	69213903
***	***	***	***	***	***	***	***
***	***	***	***	***	***	***	***
1949140	42871802	21203609	6735822	1932889	62792	7130444	26389956
1949140	42871802	21203609	6735822	1932889	62792	7130444	26389956
241981006	2387968980	1476640925	379188101	270509675	102275655	254228813	538481274
4172612	36966799	20450917	3183122	4021869	1964252	3105747	5962334
1086352	4355443	3297891	698957	951069	189222	539864	765223
755887	16552810	5841002	669357	573736	124918	565806	1176460
***	***	***	***	***	***	***	***
1504324	12000242	8555124	1133452	1628463	1272902	1311118	2531053
***	***	***	***	***	***	***	***
483267	2670424	1882652	500861	591551	190905	423003	857581
277167	1242546	743459	145487	203737	120715	254666	606439
4255853	43770967	25339897	5925190	4049959	2034076	7128458	14396303
397929	4530120	2367646	694576	450505	93952	1582889	2968766
901753	5368178	3050222	760972	462267	187517	940669	2078862
198830	3016679	1704412	560833	214243	103823	918421	1916941
310807	10628183	3786241	1738529	376801	216286	1130246	2567242
***	***	***	***	***	***	***	***
459479	3229896	2271349	324514	458125	175019	465902	914859
1975630	16973388	12139163	1839693	2080395	1254450	2086701	3941764
3836780	56237714	35110469	2602942	3928262	1987129	7209509	15624263
2898151	40433117	24816106	314934	2940306	1574766	4652465	9905454
938629	15804597	10294363	2288008	987956	412363	2557044	5718809
***	***	***	***	***	***	***	***
***	***	***	***	***	***	***	***
272276	3597792	2428610	408907	308249	142467	458388	811788
***	***	***	***	***	***	***	***
***	***	***	***	***	***	***	***
***	***	***	***	***	***	***	***
38189	236669	212765	66330	37858	17101	18875	63361
139309	1125493	929450	279526	161989	80787	62512	162237

1-4 续表 1

项目	法人单位数（个）	#亏损企业	工业总产值（当年价格）	工业销售产值（当年价格）	#出口交货值
纺织服装、服饰业	95	31	11029173	9819516	2075522
机织服装制造	76	21	7182322	6946765	1119433
针织或钩针编织服装制造	15	8	3201542	2242260	536826
服饰制造	4	2	645309	630491	419263
皮革、毛皮、羽毛及其制品和制鞋业	6	1	552962	498036	96428
皮革制品制造	3		367614	315862	
毛皮鞣制及制品加工	1	***	***	***	***
制鞋业	2	***	***	***	***
木材加工和木、竹、藤、棕、草制品业	7		650183	655182	
人造板制造	2	***	***	***	***
木质制品制造	5		436856	441784	
家具制造业	41	5	8770607	8730967	250282
木质家具制造	25	4	5987450	5941176	105569
金属家具制造	10	1	2290726	2302690	105412
其他家具制造	6		492431	487101	39301
造纸和纸制品业	37	9	5886588	5910629	572367
造纸	6	3	463678	484893	
纸制品制造	31	6	5422910	5425736	572367
印刷和记录媒介复制业	90	21	12940789	12999162	52422
印刷	85	19	12747428	12805430	52186
装订及印刷相关服务	1	***	***	***	***
记录媒介复制	4	2	147499	149121	236
文教、工美、体育和娱乐用品制造业	31	7	13833177	13910520	437831
文教办公用品制造	2	***	***	***	***
乐器制造	6		469172	469149	156411
工艺美术及礼仪用品制造	15	3	12696892	12813423	212108
体育用品制造	2	***	***	***	***
玩具制造	2	***	***	***	***
游艺器材及娱乐用品制造	4	2	410852	357338	2689
石油、煤炭及其他燃料加工业	16	2	63850080	63792265	21640
精炼石油产品制造	16	2	63850080	63792265	21640
化学原料和化学制品制造业	160	32	30342302	29689143	733040
基础化学原料制造	21	2	3979519	3927172	115464
肥料制造	6	1	384388	356830	40856
农药制造	2	***	***	***	***
涂料、油墨、颜料及类似产品制造	26	9	4149960	4210249	62972
合成材料制造	14	4	10318744	10067924	
专用化学产品制造	68	9	6315292	6201935	361865
日用化学产品制造	23	6	5044068	4776304	121581
医药制造业	217	33	114271071	106618823	1349351

单位：千元

年初存货	资产总计	#流动资产合计	#应收账款	#存货	#产成品	#固定资产净额	#固定资产原价
4116583	14088031	10762455	1966256	4512067	2679995	1714534	3204113
2701922	8222214	6626369	1050077	2791589	1468214	947087	1925203
1260182	5492598	3830767	860200	1566896	1187922	705064	1101480
154479	373219	305319	55979	153582	23859	62383	177430
448306	1001433	661620	126926	455542	292143	55656	143215
374734	896670	564082	116292	380326	241508	48816	116516
***	***	***	***	***	***	***	***
***	***	***	***	***	***	***	***
103160	1555995	961804	315781	195297	103998	85750	142435
***	***	***	***	***	***	***	***
87574	1443719	860809	261183	178099	103808	74775	124008
2844244	12592860	7771055	1542395	3221854	2468430	1490454	2632824
2692824	10655157	6271761	1212324	3059569	2413346	1286151	2066528
74219	1475453	1207023	281439	67249	10055	145412	414618
77201	462250	292271	48632	95036	45029	58891	151678
937109	5537153	3737816	1052301	902908	338953	1142965	3234076
47657	280646	137453	29593	66384	22220	134540	278649
889452	5256507	3600363	1022708	836524	316733	1008425	2955427
2757970	21830649	13595388	1915866	2679274	1010892	5338790	15431010
2714122	21566688	13387393	1870174	2635376	981682	5305591	15164378
***	***	***	***	***	***	***	***
43632	245982	199236	42174	43529	29210	23979	240173
4085811	11124766	8259426	495594	4525907	1915865	1014072	1902986
***	***	***	***	***	***	***	***
234609	1007614	571046	85129	219979	94933	271867	512521
3363699	8359274	6267161	313892	3811339	1786218	621463	1182775
***	***	***	***	***	***	***	***
***	***	***	***	***	***	***	***
443011	1421209	1218177	76933	443584	17491	92032	149299
5693943	28617122	11248173	1736671	5681252	1246278	9538806	34612212
5693943	28617122	11248173	1736671	5681252	1246278	9538806	34612212
5106927	45338606	29915283	7333708	5458391	2835760	6645410	16557791
603529	7575154	3824040	1778295	431442	206393	1296569	2924902
195193	855429	571524	208781	179968	63555	118724	258897
***	***	***	***	***	***	***	***
877962	7616116	5528311	1294968	962961	405782	742187	1519063
1391674	12143950	8342076	1014475	1666314	1220955	2175342	6969560
985744	10138810	5904455	2147167	1133008	512853	1541157	2973860
1001661	6728771	5528413	870744	1030660	415872	764060	1889165
24125167	165826557	104692504	28043721	28475804	12390742	22143122	37116876

1-4 续表 2

项　　目	法人单位数（个）	#亏损企业	工业总产值（当年价格）	工业销售产值（当年价格）	#出口交货值
化学药品原料药制造	3		178683	187628	61874
化学药品制剂制造	65	11	66103392	62700900	747184
中药饮片加工	41	6	11026036	10632932	2150
中成药生产	29	5	11891748	11223645	12360
兽用药品制造	10	4	1089207	1025513	
生物药品制品制造	52	7	22003419	18967464	394446
卫生材料及医药用品制造	11		1283025	1168891	4660
药用辅料及包装材料	6		695561	711850	126677
化学纤维制造业	2	***	***	***	***
合成纤维制造	2	***	***	***	***
橡胶和塑料制品业	80	21	7739344	7663871	886886
橡胶制品业	10	3	1742088	1672959	195101
塑料制品业	70	18	5997256	5990912	691785
非金属矿物制品业	197	50	46447679	46159213	1567671
水泥、石灰和石膏制造	3	1	2393782	2354569	
石膏、水泥制品及类似制品制造	117	36	24790884	24661729	1010
砖瓦、石材等建筑材料制造	14	3	655598	637180	7793
玻璃制造	9	1	545797	537798	33324
玻璃制品制造	13	3	7681483	7706142	248328
玻璃纤维和玻璃纤维增强塑料制品制造	6	1	887376	842831	15953
陶瓷制品制造	2	***	***	***	***
耐火材料制品制造	13	3	3474522	3428108	404416
石墨及其他非金属矿物制品制造	20	2	5248036	5231186	822798
黑色金属冶炼和压延加工业	9	1	10348904	10356997	854040
钢压延加工	8	1	10123210	10113874	854040
铁合金冶炼	1	***	***	***	***
有色金属冶炼和压延加工业	23	5	7019945	6845558	635235
稀有稀土金属冶炼	2	***	***	***	***
有色金属合金制造	8	2	1965927	1931444	55871
有色金属压延加工	13	2	3627044	3677231	201844
金属制品业	167	34	28300019	28879514	2122059
结构性金属制品制造	90	18	8977570	9306194	517250
金属工具制造	1	***	***	***	***
集装箱及金属包装容器制造	21	7	3993633	4128767	66967
金属丝绳及其制品制造	2	***	***	***	***
建筑、安全用金属制品制造	12	2	685219	682348	275042
金属表面处理及热处理加工	8	2	495494	535742	84706
金属制日用品制造	2	***	***	***	***
铸造及其他金属制品制造	31	5	13383008	13453625	1111561
通用设备制造业	209	54	53198132	52256846	7913655

单位：千元

年初存货	资产总计	# 流动资产合计	# 应收账款	# 存货	# 产成品	# 固定资产净额	# 固定资产原价
31240	377516	155512	11405	28046	17359	160437	313684
12483790	82884439	52152244	13361662	15780177	7555676	10060514	17832963
3870501	17671962	12985719	6592646	4244705	1579247	1278600	1993264
4763887	18584405	12690883	1682550	5241095	2104058	2613334	4751744
254863	1547766	802061	220050	228287	78014	380633	721183
2480292	42323895	24068658	5800973	2717120	935232	7322066	10783173
144314	1573440	1173388	174735	149935	78110	197033	317481
96280	863134	664039	199700	86439	43036	130505	403384
***	***	***	***	***	***	***	***
***	***	***	***	***	***	***	***
1470716	10212525	7278031	2416780	1465457	661254	1761460	4137208
302874	1816581	1172369	512167	277485	136940	446286	1125725
1167842	8395944	6105662	1904613	1187972	524324	1315174	3011483
7413916	144111651	95063370	27899781	8550161	2853013	8652215	19444253
197013	50125645	30944323	294278	140600	32059	2091088	4373547
2901430	48266990	33592533	17922830	3508017	1754403	4427627	9598418
130925	3093447	2131569	776868	425938	307038	104671	308505
166875	1208182	472295	87721	176934	65137	171860	369898
2231254	21998352	14789284	4702619	2272911	127505	415405	809363
269014	1555583	1173127	224708	325137	38004	177780	600192
***	***	***	***	***	***	***	***
815339	8813790	5739232	1835835	824351	338197	555456	1170390
615659	8315887	5757406	1992462	766231	156280	485443	1246687
1435408	8043593	2971002	766710	1325636	501917	3554245	7326819
1401207	7732941	2719487	714041	1287324	472966	3515177	7281579
***	***	***	***	***	***	***	***
1742892	8285647	5350577	962869	1903546	778358	1137817	2085941
***	***	***	***	***	***	***	***
719909	3455903	1924348	420352	782719	216894	736856	1300226
742963	3337246	2444643	457254	840691	447451	282988	561452
5337142	69384542	37477735	8294454	5780402	1872494	6424103	12532167
2445148	25356636	12704761	4374258	2722622	1083871	1072954	2313932
***	***	***	***	***	***	***	***
900580	15320178	9340795	1044031	845549	273726	1435062	3010057
***	***	***	***	***	***	***	***
143062	1060903	891349	396309	162870	85771	88670	221602
88869	776739	643677	237641	92618	33392	107148	267500
***	***	***	***	***	***	***	***
1625520	26065929	13495019	2028774	1853074	357756	3603727	6455861
19449069	118707148	80571851	16910372	20240221	6127922	9219186	20445589

1-4 续表 3

项　　目	法人单位数（个）	#亏损企业	工业总产值（当年价格）	工业销售产值（当年价格）	#出口交货值
锅炉及原动设备制造	11	4	2143032	2103508	88495
金属加工机械制造	24	7	9353005	8571273	249927
物料搬运设备制造	18	6	1209511	1233636	23716
泵、阀门、压缩机及类似机械制造	51	6	24443207	24466568	6125047
轴承、齿轮和传动部件制造	3	1	528351	537555	38428
烘炉、风机、包装等设备制造	53	21	8848189	8647201	806880
文化、办公用机械制造	13	4	2344677	2435727	382424
通用零部件制造	18	4	1401061	1253742	174394
其他通用设备制造业	18	1	2927099	3007636	24344
专用设备制造业	299	48	69477224	65049884	9595636
采矿、冶金、建筑专用设备制造	34	6	13918909	13191268	1178703
化工、木材、非金属加工专用设备制造	19	3	2366822	2259077	174844
食品、饮料、烟草及饲料生产专用设备制造	7	1	554790	554983	148532
印刷、制药、日化及日用品生产专用设备制造	15	3	1185598	1176943	208149
纺织、服装和皮革加工专用设备制造	7		2188205	2060608	314223
电子和电工机械专用设备制造	14	1	2426527	2100469	834471
农、林、牧、渔专用机械制造	8	5	662976	662294	38611
医疗仪器设备及器械制造	98	13	17039083	15952496	4180157
环保、邮政、社会公共服务及其他专用设备制造	97	16	29134314	27091746	2517946
汽车制造业	225	86	394530447	395789149	6277556
汽车整车制造	8	2	279444867	279368047	3406628
汽车用发动机制造	3		9398381	9231788	1699685
改装汽车制造	17	5	5212089	5199908	26021
汽车零部件及配件制造	197	79	100475110	101989406	1145222
铁路、船舶、航空航天和其他运输设备制造业	77	7	43478220	41491144	377715
铁路运输设备制造	41	6	18771751	17986953	12272
城市轨道交通设备制造	1	***	***	***	***
船舶及相关装置制造	3		385106	382405	
航空、航天器及设备制造	31	1	22893775	21879788	343742
潜水救捞及其他未列明运输设备制造	1	***	***	***	***
电气机械和器材制造业	225	40	66508924	66189693	3036038
电机制造	14	7	9690902	9748584	164394
输配电及控制设备制造	152	20	43500830	43420357	2190641
电线、电缆、光缆及电工器材制造	22	6	4837615	4487912	34484
电池制造	5	1	3066642	2480054	
家用电力器具制造	10	1	1406451	2072534	37068
非电力家用器具制造	5	1	227661	217846	9609
照明器具制造	7	2	1714283	1666975	526481
其他电气机械及器材制造	10	2	2064540	2095431	73361
计算机、通信和其他电子设备制造业	269	62	249204335	234986311	77527552

单位：千元

年初存货	资产总计	#流动资产合计	#应收账款	#存货	#产成品	#固定资产净额	#固定资产原价
3406890	5569978	5055225	546260	2832617	107999	196738	636974
3431771	20077496	13788665	1725115	4170370	1342235	2140389	4208353
714782	3945337	2744012	703830	1070805	398991	133204	282751
6332624	29550662	23778449	5753587	6757580	2927837	3840189	9488329
146990	611605	515733	254200	114644	75006	57055	255445
3523381	49495570	26834887	5113561	3456582	666477	2300189	4315225
673830	4267729	3583588	1020063	667151	313340	100526	332786
325639	1791401	1294320	557416	368882	138685	338145	702914
893162	3397370	2976972	1236340	801590	157352	112751	222812
20461545	216987182	133812552	36492674	23210696	6674292	9724357	18782552
3681389	53782226	38410259	6658847	4200899	1409777	2060138	4093361
939022	8171694	5137998	1289295	1031925	269756	1017379	1814445
224414	709214	617408	149897	266301	26427	68241	145871
422490	2738928	1870507	335488	484087	115155	307809	691464
539363	12624811	5800282	1048620	503123	111433	194566	498931
742150	4434874	3461879	1042614	984297	656197	359998	662537
516430	1899576	1441059	498094	545330	196446	181766	300795
3524103	43511373	25178782	6183372	3884446	1471673	3236928	6278149
9872184	89114486	51894378	19286447	11310288	2417418	2297532	4296999
38572646	569115533	311117915	76248924	42848619	19922702	79172814	139519686
24245765	395410286	203031665	36653695	29572882	15393208	54696666	94349379
421236	8089515	4649623	2637600	417748	159723	2258791	3522973
1349794	7630934	6089122	2784417	1606017	408379	644177	907841
12555851	157984798	97347505	34173212	11251972	3961392	21573180	40739493
15989683	82627472	60282681	17805497	18343155	3666324	9453691	17233066
5066678	31294080	23361199	9524085	6460674	2725426	1552742	3060915
***	***	***	***	***	***	***	***
442194	1009536	882610	331532	396367	317566	61589	107481
10268381	46972760	33027097	6050063	11019134	597785	7612579	13351230
***	***	***	***	***	***	***	***
15795158	125757131	96565067	38838502	15490671	4363843	6880669	14716967
3144374	33547132	24340507	9485713	2378971	298034	1856754	4223620
8889454	66320630	52823591	21734262	9652016	2526604	3772428	7861935
441703	4106090	3115140	1795159	416395	277831	317828	754043
822295	5899404	3736721	1666840	847994	582362	186610	257984
1049017	3673213	3337062	1187991	880386	324961	51848	87806
309014	1712636	1298594	348376	275022	92995	25391	65908
567551	7344441	4994569	1193264	444899	125489	579244	1299310
571750	3153585	2918883	1426897	594988	135567	90566	166361
39770165	467544407	305680546	76355538	49618138	21343744	42395639	108746331

1-4 续表 4

项　　目	法人单位数（个）	#亏损企业	工业总产值（当年价格）	工业销售产值（当年价格）	#出口交货值
计算机制造	35	8	25310380	25260673	1911246
通信设备制造	59	12	110968687	100517491	31254038
广播电视设备制造	12	6	1967129	1947519	54765
雷达及配套设备制造	2	***	***	***	***
非专业视听设备制造	4		4620921	4965308	124176
智能消费设备制造	5	4	973826	973006	36019
电子器件制造	66	15	67426762	65775902	37395778
电子元件及电子专用材料制造	48	8	13816156	13309073	6395136
其他电子设备制造	38	9	23793494	21944418	354992
仪器仪表制造业	156	18	24190719	23861958	1719453
通用仪器仪表制造	101	11	17411268	17377633	1443812
专用仪器仪表制造	40	3	5404663	5294601	161073
钟表与计时仪器制造	1	***	***	***	***
光学仪器制造	3	1	502042	407450	42323
衡器制造	2	***	***	***	***
其他仪器仪表制造业	9	2	786449	679624	64912
其他制造业	12	2	11421769	9752538	444399
日用杂品制造	2	***	***	***	***
核辐射加工	1	***	***	***	***
其他未列明制造业	9	1	11301523	9617370	374138
废弃资源综合利用业	7		478245	461831	
金属废料和碎屑加工处理	3		146358	146634	
非金属废料和碎屑加工处理	4		331887	315197	
金属制品、机械和设备修理业	13	1	9261898	9170719	672194
专用设备修理	1	***	***	***	***
铁路、船舶、航空航天等运输设备修理	12	1	9176783	9085604	672194
三、电力、热力、燃气及水生产和供应业	134	27	562310224	562230302	
电力、热力生产和供应业	83	15	503216299	503134696	
电力生产	20		27949541	27949541	
电力供应	4	3	459584271	459584271	
热力生产和供应	59	12	15682487	15600884	
燃气生产和供应业	25	7	46544180	46545138	
燃气生产和供应业	25	7	46544180	46545138	
水的生产和供应业	26	5	12549745	12550468	
自来水生产和供应	13	3	3508572	3497017	
污水处理及其再生利用	12	2	8936636	8936636	
其他水的处理、利用与分配	1	***	***	***	***

单位：千元

年初存货	资产总计	# 流动资产合计	# 应收账款	# 存货	# 产成品	# 固定资产净额	# 固定资产原价
3055435	84101221	50594438	9122388	3020004	592697	3162313	4885793
18266441	135109335	88340044	29553269	24943512	11828589	2848562	6604536
1095353	6164400	4050504	1117420	1047494	71340	90489	291939
***	***	***	***	***	***	***	***
723324	6056504	3467747	1352354	742387	452140	172024	265344
566721	1492866	1150772	279259	464129	201215	16062	47795
9570016	189631904	126825409	23745753	10248973	4193408	32096934	86172244
2046977	16993636	12530274	5064183	2690223	839678	1703841	6907762
4108974	26920992	17678484	5981318	6100708	3164677	2281105	3486236
7704463	55451697	38664465	12470457	8089649	1821292	3540129	6731805
5590592	37526853	27030053	8492497	5737601	1164520	2170939	4250349
1655768	13720866	8931937	3385749	1868150	408489	1181844	1901763
***	***	***	***	***	***	***	***
109497	1761053	792685	92716	116772	79219	95052	176654
***	***	***	***	***	***	***	***
226605	2148733	1705116	469146	247168	93142	82033	161003
1631976	14537952	11154486	3831033	2487684	66402	1449015	2891402
***	***	***	***	***	***	***	***
***	***	***	***	***	***	***	***
1606973	14417951	11050381	3800938	2457181	51315	1433979	2847478
28787	1260977	633474	181938	37558	15829	431921	765729
11554	132223	78031	6656	8171	7340	47564	90827
17233	1128754	555443	175282	29387	8489	384357	674902
1716657	43182974	11753904	2826544	1978401	63018	2164140	8379178
***	***	***	***	***	***	***	***
1716530	9686062	6209185	2692269	1978274	63018	2115234	4437661
1499445	2148533715	307750715	54760473	2146621	165396	410690666	829678048
1213260	1955798441	264260491	40719808	1799592	62790	333155127	715339291
346078	74517858	23809351	4318278	355047	1240	27912522	52896064
479261	1813347315	220269962	33715962	950110		269554937	605375308
387921	67933268	20181178	2685568	494435	61550	35687668	57067919
100199	73526041	15087774	3343533	121352	65178	23326818	33656203
100199	73526041	15087774	3343533	121352	65178	23326818	33656203
185986	119209233	28402450	10697132	225677	37428	54208721	80682554
23813	30580647	9867189	394630	31561	1210	10241134	24273720
60093	88252978	18325693	10249926	69538	32140	43959263	56385216
***	***	***	***	***	***	***	***

1-4 续表 5

项目	#累计折旧	#本年折旧	#在建工程	#无形资产	负债合计
合计	**724842722**	**74889788**	**126138529**	**127552192**	**2227019001**
一、采矿业	31358130	1486291	6197979	50589599	233209052
煤炭开采和洗选业	***	***	***	***	***
烟煤和无烟煤开采洗选	***	***	***	***	***
石油和天然气开采业	***	***	***	***	***
天然气开采	***	***	***	***	***
黑色金属矿采选业	14304199	639044	6064361	49952710	204545064
铁矿采选	14304199	639044	6064361	49952710	204545064
非金属矿采选业	***	***	***	***	***
石棉及其他非金属矿采选	***	***	***	***	***
开采专业及辅助性活动	16176001	745355	68820	450540	15660392
石油和天然气开采专业及辅助性活动	16176001	745355	68820	450540	15660392
二、制造业	275578673	32954922	46862842	61956278	1272789017
农副食品加工业	2829308	350157	411325	1049446	20986665
谷物磨制	224425	37392	26327	72720	3161480
饲料加工	610364	75168	38182	652274	6722533
植物油加工	***	***	***	***	***
屠宰及肉类加工	1196493	151018	74259	145482	8986894
水产品加工	***	***	***	***	***
蔬菜、菌类、水果和坚果加工	432221	53544	137322	122351	1406445
其他农副食品加工	351518	31168	135235	56619	664660
食品制造业	7100368	808250	1165318	686762	20260823
焙烤食品制造	1385879	190140	223105	121486	2661901
糖果、巧克力及蜜饯制造	1138194	107051	249581	70304	3050550
方便食品制造	998517	84432	52624	43579	1333206
乳制品制造	1296692	131498	49287	140595	4099112
罐头食品制造	***	***	***	***	***
调味品、发酵制品制造	448957	64352	253664	71366	1741152
其他食品制造	1827890	230080	337057	239403	7354530
酒、饮料和精制茶制造业	8065158	702836	1135451	1162314	25942487
酒的制造	4918466	340616	517612	841308	14629137
饮料制造	3146692	362220	617839	321006	11313350
烟草制品业	***	***	***	***	***
卷烟制造	***	***	***	***	***
纺织业	353400	38644	93092	49264	1555329
棉纺织及印染精加工	***	***	***	***	***
毛纺织及染整精加工	***	***	***	***	***
化纤织造及印染精加工	***	***	***	***	***
家用纺织制成品制造	44486	2735	320	1152	135145
产业用纺织制成品制造	99725	13491	1615	6724	537817

单位：千元

流动负债合计	#应付账款	非流动负债合计	#应付债券	所有者权益合计	#实收资本	国家资本	集体资本
1627359140	**462817883**	**590865782**	**277314013**	**2705129765**	**1567041273**	**1127785529**	**2381556**
127961620	13429349	105247432	45131082	162437162	63276971	30676101	3500
***	***	***	***	***	***	***	***
***	***	***	***	***	***	***	***
***	***	***	***	***	***	***	***
***	***	***	***	***	***	***	***
108343211	6506173	96201853	42138920	117585174	29481089	29347769	3500
108343211	6506173	96201853	42138920	117585174	29481089	29347769	3500
***	***	***	***	***	***	***	***
***	***	***	***	***	***	***	***
14710436	5819936	949955		27211410	30017022		
14710436	5819936	949955		27211410	30017022		
1080860533	372273939	183233715	56580741	1115179834	479511408	114162286	2371056
18691797	3173728	1707421	600000	15980126	9375066	1605023	16200
3125971	663868	35509		1193963	1268553	602880	5000
5848506	811651	832465	600000	9830276	4999115	100117	
***	***	***	***	***	***	***	***
7872805	1092752	568206		3013344	2167264	815109	11200
***	***	***	***	***	***	***	***
1312203	479048	94240		1263978	596165	86917	
488191	108907	176469		577885	292405		
19337612	8107645	888536		23510135	10682691	933794	1493
2655495	1150129	4969		1868218	2003714	122490	1493
2876757	1449872	173792		2317629	848599		
1296558	417565	36648		1683463	1455545	260215	
3888579	2176740	210533		6529070	2204647	535909	
***	***	***	***	***	***	***	***
1652216	493080	88937		1488746	541367	14730	
6947635	2414391	373657		9618857	3623809	450	
21574541	4298680	3467439	1098473	30295230	12078979	560052	10400
10754705	556222	2973925	1098473	25803982	7072404	52687	10400
10819836	3742458	493514		4491248	5006575	507365	
***	***	***	***	***	***	***	***
***	***	***	***	***	***	***	***
999796	222345	555534		2042462	1215794		
***	***	***	***	***	***	***	***
***	***	***	***	***	***	***	***
***	***	***	***	***	***	***	***
135145	107090			101524	67659		
504447	99269	33371		587676	331817		

1-4 续表 6

项目	#累计折旧	#本年折旧	#在建工程	#无形资产	负债合计
纺织服装、服饰业	1488213	142271	159905	177612	8022719
机织服装制造	976755	77917	147961	71971	5795087
针织或钩针编织服装制造	396412	55889	7604	105577	1984372
服饰制造	115046	8465	4340	64	243260
皮革、毛皮、羽毛及其制品和制鞋业	87206	6941		8775	580838
皮革制品制造	67702	5551		8775	509611
毛皮鞣制及制品加工	***	***	***	***	***
制鞋业	***	***	***	***	***
木材加工和木、竹、藤、棕、草制品业	56682	6095	5556	5487	1297462
人造板制造	***	***	***	***	***
木质制品制造	49230	4531	5556	5396	1199310
家具制造业	1113204	154206	132312	576718	9009154
木质家具制造	780376	113026	91464	443355	7912699
金属家具制造	269204	32647	31282	80328	919519
其他家具制造	63624	8533	9566	53035	176936
造纸和纸制品业	2072668	138847	114164	66760	2695913
造纸	144108	14151	1201	5240	158062
纸制品制造	1928560	124696	112963	61520	2537851
印刷和记录媒介复制业	10072181	846850	316564	670630	7858302
印刷	9844569	839833	316207	666065	7748788
装订及印刷相关服务	***	***	***	***	***
记录媒介复制	210373	4573	357	4565	95098
文教、工美、体育和娱乐用品制造业	888214	79947	245768	215520	8933875
文教办公用品制造	***	***	***	***	***
乐器制造	239962	15693	13857	31384	671450
工艺美术及礼仪用品制造	561304	47608	231378	146820	6819273
体育用品制造	***	***	***	***	***
玩具制造	***	***	***	***	***
游艺器材及娱乐用品制造	57267	7432	533	16560	1286778
石油、煤炭及其他燃料加工业	23633845	1236099	2955278	739066	13953676
精炼石油产品制造	23633845	1236099	2955278	739066	13953676
化学原料和化学制品制造业	8730101	797758	678371	1659558	22191528
基础化学原料制造	1572159	143859	203274	154908	3040719
肥料制造	140173	12990	70212	4873	508377
农药制造	***	***	***	***	***
涂料、油墨、颜料及类似产品制造	776875	103894	34946	75668	2648929
合成材料制造	3721102	272228	252803	800134	8107923
专用化学产品制造	1380028	151776	64420	452382	3758924
日用化学产品制造	1124791	111062	52716	171478	3988642
医药制造业	14662831	2163642	5926911	4030691	66022935

单位：千元

流动负债合计	#应付账款	非流动负债合计	#应付债券	所有者权益合计	#实收资本	国家资本	集体资本
7355561	2065530	596939		6065304	2739447	54129	75757
5281643	1386610	443225		2427122	1303790	54129	75457
1830658	625264	153714		3508223	1318777		300
243260	53656			129959	116880		
580838	90743			420595	94529		
509611	78556			387059	61841		
***	***	***	***	***	***	***	***
***	***	***	***	***	***	***	***
1294963	232927	2499		258533	150510		
***	***	***	***	***	***	***	***
1196811	193415	2499		244409	149010		
6081522	1765112	2892348		3583706	2138512	50877	
4985067	1048019	2892348		2742456	1671646	12924	
919519	634879			555935	264566	37953	
176936	82214			285315	202300		
2467015	996390	228898		2841237	1476581	18000	9000
157998	76137	64		122583	254427		
2309017	920253	228834		2718654	1222154	18000	9000
6787065	2666310	958819		13972345	7244041	1422237	202777
6711390	2649091	950157		13817899	7102947	1422237	202777
***	***	***	***	***	***	***	***
65108	11804	4813		150883	139094		
8585436	3659099	348439		2190890	2388293	199526	401181
***	***	***	***	***	***	***	***
408046	155365	263404		336165	382090	93604	
6756339	3219338	62934		1540000	1792483	105922	400571
***	***	***	***	***	***	***	***
***	***	***	***	***	***	***	***
1264750	262215	22028		134431	119314		610
12784308	4379062	1169367		14663444	787481	30000	
12784308	4379062	1169367		14663444	787481	30000	
17903755	6855132	4128006	20000	23147068	16043608	7067228	31706
2834534	1524437	206186		4534432	1674334	107578	
497396	145963	10981		347050	256189		
***	***	***	***	***	***	***	***
2293344	853370	298102		4967186	1229165	39534	
4749227	1802608	3358696		4036027	8769804	6437690	
3572196	1409764	137006		6379883	2697880	432426	21769
3839640	1100759	96439		2740127	1391275	50000	937
54655989	17537669	11190607	2493672	99803611	26642526	2122023	236445

1-4 续表 7

项　　目	#累计折旧	#本年折旧	#在建工程	#无形资产	负债合计
化学药品原料药制造	143529	17062	33635	10407	175322
化学药品制剂制造	7587049	1066135	1774640	1623588	41211520
中药饮片加工	707927	125430	1080844	280926	7507182
中成药生产	2068483	235233	917116	411922	5638680
兽用药品制造	340489	38345	2900	165955	593675
生物药品制品制造	3424522	630338	2073742	1523580	10132458
卫生材料及医药用品制造	117953	24494	5911	3891	461520
药用辅料及包装材料	272879	26605	38123	10422	302578
化学纤维制造业	***	***	***	***	***
合成纤维制造	***	***	***	***	***
橡胶和塑料制品业	2276186	268216	119556	143952	5084813
橡胶制品业	628065	69952	82874	38009	973791
塑料制品业	1648121	198264	36682	105943	4111022
非金属矿物制品业	10648745	974049	678270	1605943	99335689
水泥、石灰和石膏制造	2241051	172319	46346	319528	41975413
石膏、水泥制品及类似制品制造	5130379	565244	425827	756290	32451082
砖瓦、石材等建筑材料制造	203833	12225	3500	21974	2235037
玻璃制造	198038	23313	2132	66850	539312
玻璃制品制造	379717	44422	15090	147177	13806480
玻璃纤维和玻璃纤维增强塑料制品制造	393723	24192	36288	33318	657422
陶瓷制品制造	***	***	***	***	***
耐火材料制品制造	614527	39751	13281	97663	4209088
石墨及其他非金属矿物制品制造	743109	66713	126612	126250	3359870
黑色金属冶炼和压延加工业	3772573	331831	1037679	408038	8570240
钢压延加工	3766401	330069	1034709	408038	8507707
铁合金冶炼	***	***	***	***	***
有色金属冶炼和压延加工业	948078	108951	53231	161272	2813466
稀有稀土金属冶炼	***	***	***	***	***
有色金属合金制造	563370	60466	34068	43359	1068085
有色金属压延加工	278419	34752	18969	117744	1560522
金属制品业	5968169	616417	684800	1082753	33987371
结构性金属制品制造	1240130	139903	181810	401011	10221460
金属工具制造	***	***	***	***	***
集装箱及金属包装容器制造	1544354	166609	136634	217282	10225416
金属丝绳及其制品制造	***	***	***	***	***
建筑、安全用金属制品制造	132933	15746	2607	9989	380599
金属表面处理及热处理加工	160352	17319		12267	403196
金属制日用品制造	***	***	***	***	***
铸造及其他金属制品制造	2743727	263994	356837	432053	12447334
通用设备制造业	11157599	1340313	903758	2077978	56277405

单位：千元

流动负债合计	#应付账款	非流动负债合计	#应付债券	所有者权益合计	#实收资本	国家资本	集体资本
174043	25115	1279		202193	87975		
35124665	10283873	5910522		41672920	10525991	1198356	68010
6306103	4011701	1201077	499658	10164774	1702077	391295	10465
4495937	1895906	1142743	798908	12945727	3734555	17151	1635
573533	138797	20140		954089	721961	139736	
7254773	1015406	2877683	1195106	32191433	9415723	325485	153335
424357	50076	37163		1111921	308355	50000	3000
302578	116795			560554	145889		
***	***	***	***	***	***	***	***
***	***	***	***	***	***	***	***
4437719	2048984	362884		5127708	2662706	176078	32552
765674	468390	202295		842790	321245		11470
3672045	1580594	160589		4284918	2341461	176078	21082
87264620	24225756	10774489	99486	44775967	21042330	9242935	529938
35635549	540685	6339865		8150232	5624063	4660600	
28868351	16265105	2986959		15815901	6884024	3071378	506134
1319724	294498	381356		858412	687313	118892	2000
534204	134629	4202		668874	169310		
12942812	3936858	863669	99486	8191871	3250897	126383	
656672	176189	750		898160	523358		
***	***	***	***	***	***	***	***
4173339	1253955	35747		4604703	1989595	395369	21804
3039622	1595498	154303		4956024	1582232	870313	
2816428	1949005	5753812		-526648	2836651	2600000	
2755184	1933034	5752523		-774767	2824651	2600000	
***	***	***	***	***	***	***	***
2542008	638429	271457		5472181	1405605	510256	24103
***	***	***	***	***	***	***	***
935727	303955	132358		2387816	687175	361966	22413
1514346	288119	46176		1776725	537031	15260	1690
29200540	6658206	4192704	2091350	35397151	14769434	3230957	31200
9130786	2838807	511787		15135163	5209374	187731	20900
***	***	***	***	***	***	***	***
8384975	865130	1840439	1491350	5094760	4090184	40000	10000
***	***	***	***	***	***	***	***
357716	84921	22883		680303	253793		
389192	273862	14004		373541	206286		
***	***	***	***	***	***	***	***
10647972	2390709	1784124	600000	13618593	4828617	3003226	300
48166413	13182643	7209771	5118445	62429746	23134790	3299018	44882

1-4 续表 8

项目	#累计折旧	#本年折旧	#在建工程	#无形资产	负债合计
锅炉及原动设备制造	440236	31506	8965	66210	4892626
金属加工机械制造	2048049	402724	149430	488495	5499859
物料搬运设备制造	149548	17646	54830	64809	2694535
泵、阀门、压缩机及类似机械制造	5637863	533135	383284	609298	10692863
轴承、齿轮和传动部件制造	198390	14998	732	23619	144929
烘炉、风机、包装等设备制造	2005454	250574	285626	722549	27067888
文化、办公用机械制造	232100	30080	5765	12081	2095124
通用零部件制造	335902	43199	14499	76769	1272139
其他通用设备制造业	110057	16451	627	14148	1917442
专用设备制造业	8899953	1086745	1017222	2469516	114264368
采矿、冶金、建筑专用设备制造	2026167	232168	261694	272537	25027431
化工、木材、非金属加工专用设备制造	796124	83870	1812	183308	2811388
食品、饮料、烟草及饲料生产专用设备制造	77629	8177	13875	5349	383320
印刷、制药、日化及日用品生产专用设备制造	377926	25165	5741	68306	1841997
纺织、服装和皮革加工专用设备制造	304366	36600	10956	66390	8487105
电子和电工机械专用设备制造	292488	42017	28514	108659	4732196
农、林、牧、渔专用机械制造	118817	16661	2784	52442	1385531
医疗仪器设备及器械制造	2948903	411212	292750	586231	17468839
环保、邮政、社会公共服务及其他专用设备制造	1957533	230875	399096	1126294	52126561
汽车制造业	58747162	10363394	16339275	28023687	319782386
汽车整车制造	38610491	7053714	12450040	23376363	227523863
汽车用发动机制造	1254212	246058	208192	551751	3587117
改装汽车制造	260499	37522	164388	120172	5155326
汽车零部件及配件制造	18621960	3026100	3516655	3975401	83516080
铁路、船舶、航空航天和其他运输设备制造业	7671359	890491	3192189	1029949	46075715
铁路运输设备制造	1421943	196612	109690	267890	16037245
城市轨道交通设备制造	***	***	***	***	***
船舶及相关装置制造	45892	7063		34660	664426
航空、航天器及设备制造	5718037	649619	3077934	631011	27379031
潜水救捞及其他未列明运输设备制造	***	***	***	***	***
电气机械和器材制造业	7547672	810186	1369323	2891524	74475428
电机制造	2113038	192149	264120	774480	21422132
输配电及控制设备制造	4069000	476491	418135	1510508	36182400
电线、电缆、光缆及电工器材制造	435882	43530	110425	156650	1739154
电池制造	69352	19145	19414	16930	2910306
家用电力器具制造	35964	5662	2047	157999	2777598
非电力家用器具制造	39906	3423	1200	120373	1136416
照明器具制造	708736	57253	553982	122950	5929981
其他电气机械及器材制造	75794	12533		31634	2377441
计算机、通信和其他电子设备制造业	64183187	7724693	7286997	9130491	251892185

单位：千元

流动负债合计	#应付账款	非流动负债合计	#应付债券	所有者权益合计	#实收资本	国家资本	集体资本
4820295	810523	72330		677351	616442	296785	
5221002	1181660	278853		14577640	2986003	1690435	17730
1692385	507912	170837		1250801	638724	20200	
10546217	5103483	146644		18857803	7815232	886989	
144929	115083			466676	323932		
21100005	3348044	5950624	5118445	22427682	8707732	48000	1010
1674701	749095	418887		2172606	895523	70000	
1087914	449123	133118		519260	584439	26430	
1878965	917720	38478		1479927	566623	260179	26142
91849481	27686222	22368851	10735689	102722787	33460927	3741208	96820
19552272	4757095	5475156	4031650	28754788	11330782	192028	
2715575	1033055	93702		5360306	1085343	491176	32353
375861	190636	7459		325894	160515	40000	
1399297	262387	392355		896918	381236	306545	
6542749	957109	1944356	1800000	4137705	948311	406521	
2469258	900221	2262937		-297322	1416549	1027710	
1336991	459549	48541		514047	368142	213828	
13013593	3901556	4455242		26042533	8685623	254859	
44443885	15224614	7689103	4904039	36987918	9084426	808541	64467
253871596	102114729	65858415	27967003	249333151	114811313	53627456	134466
172117273	64812917	55406589	26439557	167886425	77722799	33379377	
3473029	2149245	114087		4502398	3579775		
4843783	2829260	311543		2475608	1570042	892990	2600
73437511	32323307	10026196	1527446	74468720	31938697	19355089	131866
39352552	13699564	3479912		36551758	13926070	3503598	77656
12128291	7064448	665703		15256834	8005133	1415850	76685
***	***	***	***	***	***	***	***
660610	99817	3816		345110	95922		
24598814	5218219	2780217		19593730	4515963	2087748	971
***	***	***	***	***	***	***	***
69699208	29843920	4585935		51281692	27255349	2993581	167740
19888929	7947214	1533203		12125000	11858255	1775331	
33996736	16442791	2017463		30138225	12047753	1183923	115740
1602296	390033	114774		2366934	955422		2000
2829499	1589721	80807		2989097	593650		
2777439	1340103	159		895614	162632		50000
918214	183056	218202		576218	422290	20000	
5444732	754263	485249		1414460	877829		
2241363	1196739	136078		776144	337518	14327	
232386042	82260883	19496117	2480950	215652204	106129051	13426763	129721

1-4 续表 9

项 目					负债合计
	# 累计折旧	# 本年折旧	# 在建工程	# 无形资产	
计算机制造	1708357	259860	646509	2737399	46972963
通信设备制造	3742025	303636	319173	1473075	84988370
广播电视设备制造	201448	18564	15524	206661	2946215
雷达及配套设备制造	***	***	***	***	***
非专业视听设备制造	93320	12756		232208	1883722
智能消费设备制造	31733	7076		97103	1041343
电子器件制造	52595856	6553180	5167500	2645385	91160266
电子元件及电子专用材料制造	4559469	409465	320539	648555	6090000
其他电子设备制造	1190606	151649	817752	1083739	15867466
仪器仪表制造业	3189929	367984	203341	1111139	24452621
通用仪器仪表制造	2078500	235602	93185	800002	17459984
专用仪器仪表制造	719085	114728	101892	239025	5821665
钟表与计时仪器制造	***	***	***	***	***
光学仪器制造	81602	7469		6397	238471
衡器制造	***	***	***	***	***
其他仪器仪表制造业	78967	7866	5499	21806	773088
其他制造业	1442387	120457	506400	314662	9231686
日用杂品制造	***	***	***	***	***
核辐射加工	***	***	***	***	***
其他未列明制造业	1413499	118095	506400	314185	9180804
废弃资源综合利用业	329725	43565	11131	47040	663765
金属废料和碎屑加工处理	43263	5482	821	1689	74043
非金属废料和碎屑加工处理	286462	38083	10310	45351	589722
金属制品、机械和设备修理业	5876124	248688	102319	276416	15331184
专用设备修理	***	***	***	***	***
铁路、船舶、航空航天等运输设备修理	2315359	244928	102319	269235	4930720
三、电力、热力、燃气及水生产和供应业	417905919	40448575	73077708	15006315	721020932
电力、热力生产和供应业	381134593	35624793	54604913	4891205	636421991
电力生产	24181479	2119231	1321047	537930	36001883
电力供应	335581639	30847767	47484210	2895511	562847035
热力生产和供应	21371475	2657795	5799656	1457764	37573073
燃气生产和供应业	10297492	1469428	3559480	428053	28045250
燃气生产和供应业	10297492	1469428	3559480	428053	28045250
水的生产和供应业	26473834	3354354	14913315	9687057	56553691
自来水生产和供应	14032584	915916	6106578	1442381	16154031
污水处理及其再生利用	12425955	2436526	8715882	8210520	40229955
其他水的处理、利用与分配	***	***	***	***	***

单位：千元

流动负债合计	#应付账款	非流动负债合计	#应付债券	所有者权益合计	#实收资本	国家资本	集体资本
46278826	7837140	694134		37128256	6719132	3131413	
79139080	40090271	5849291	1376650	50120961	12717163	1355233	
2885107	563408	61108		3218185	846238	66347	
***	***	***	***	***	***	***	***
1881525	710854	2198		4172782	1708579		
985312	286662	56031		451523	435990		
80959533	21685152	10200732	906030	98471628	76956082	7771626	39260
5426217	3106324	653759		10903639	3798488	78631	90461
13927458	7845953	1940008	198270	11053521	2919404	998588	
21870657	8909773	2581963	1075673	30999071	11256010	1713515	37185
15089720	6683818	2370262	1075673	20066869	7881615	1033430	27185
5629911	1866675	191755		7899196	2476493	630085	
***	***	***	***	***	***	***	***
235349	95474	3122		1522582	516800	50000	
***	***	***	***	***	***	***	***
757080	218186	16008		1375645	316548		10000
8619944	1487844	611742		5306263	2807239	968275	
***	***	***	***	***	***	***	***
***	***	***	***	***	***	***	***
8569062	1470358	611742		5237145	2773250	966275	
439289	65268	224476		597210	287158	50000	79834
60849	23966	13194		58179	8000		1500
378440	41302	211282		539031	279158	50000	78334
8013986	1352386	7317198	2800000	27851790	9646960		
***	***	***	***	***	***	***	***
4335627	1258086	595093		4755342	2900226		
418536987	77114595	302384635	175602190	1427512769	1024252894	982947142	7000
373911341	63596528	262411339	172710000	1319376442	965522043	944617803	7000
21143317	3807745	14858565	3500000	38515975	19057307	6493571	
328929480	55624873	233917555	166210000	1250500279	930896041	928895793	
23838544	4163910	13635219	3000000	30360188	15568695	9228439	7000
20150526	3092397	7894724		45480785	10483438	1685995	
20150526	3092397	7894724		45480785	10483438	1685995	
24475120	10425670	32078572	2892190	62655542	48247413	36643344	
5806132	622701	10347899		14426617	8561631	8000489	
18555336	9751705	21674619	2892190	48023022	39635782	28642855	
***	***	***	***	***	***	***	***

1-4 续表 10

项目					营业收入	营业成本
	法人资本	个人资本	港澳台资本	外商资本		
合 计	**253143955**	**73848961**	**23107121**	**86774152**	**2234807506**	**1848219258**
一、采矿业	31008918	523543	1064909		54959254	53696515
煤炭开采和洗选业	***	***	***	***	***	***
烟煤和无烟煤开采洗选	***	***	***	***	***	***
石油和天然气开采业	***	***	***	***	***	***
天然气开采	***	***	***	***	***	***
黑色金属矿采选业	84710	45110			36705825	37078726
铁矿采选	84710	45110			36705825	37078726
非金属矿采选业	***	***	***	***	***	***
石棉及其他非金属矿采选	***	***	***	***	***	***
开采专业及辅助性活动	28952113		1064909		13873091	13867571
石油和天然气开采专业及辅助性活动	28952113		1064909		13873091	13867571
二、制造业	191703296	72776535	11973171	86525067	1610127619	1254044672
农副食品加工业	1918124	4995817	7122	832780	37173136	32986912
谷物磨制	410473	44200		206000	6397624	6158902
饲料加工	245255	4637196	7117	9430	7880108	6043353
植物油加工	***	***	***	***	***	***
屠宰及肉类加工	935174	203011	5	202765	17896223	16935744
水产品加工	***	***	***	***	***	***
蔬菜、菌类、水果和坚果加工	196608	53910		258730	3133026	2312584
其他农副食品加工	79050	57500		155855	1497677	1222485
食品制造业	1992457	1629884	1067147	5057916	60069815	38035374
焙烤食品制造	263827	60521	91916	1463467	7459591	5677227
糖果、巧克力及蜜饯制造		273702		574897	8719322	5093907
方便食品制造	264234	63000	523202	344894	4471786	3466357
乳制品制造	613829	399214		655695	15938208	12572385
罐头食品制造	***	***	***	***	***	***
调味品、发酵制品制造	198134	68380	81919	178204	3422808	2477972
其他食品制造	652433	760057	370110	1840759	20032346	8725986
酒、饮料和精制茶制造业	5608281	1064767	1768967	3066514	28900735	18813115
酒的制造	4362686	1037367	604070	1005195	17085871	10276158
饮料制造	1245595	27400	1164897	2061319	11814864	8536957
烟草制品业	***	***	***	***	***	***
卷烟制造	***	***	***	***	***	***
纺织业	1083747	92254		39793	1713646	1341357
棉纺织及印染精加工	***	***	***	***	***	***
毛纺织及染整精加工	***	***	***	***	***	***
化纤织造及印染精加工	***	***	***	***	***	***
家用纺织制成品制造	58070			9589	142017	137057
产业用纺织制成品制造	291563	40254			1134342	935493

单位：千元

税金及附加	其他业务利润	销售费用	管理费用	财务费用	#利息收入	#利息支出
37976409	**13942961**	**119434984**	**115069746**	**23241747**	**8410534**	**29496460**
572645	-150669	216378	4045969	6667295	581430	6750694
***	***	***	***	***	***	***
***	***	***	***	***	***	***
***	***	***	***	***	***	***
***	***	***	***	***	***	***
275634	-237009	82848	2442337	6561710	444329	6377076
275634	-237009	82848	2442337	6561710	444329	6377076
***	***	***	***	***	***	***
***	***	***	***	***	***	***
80923	921	34713	601808	-100645	82678	114482
80923	921	34713	601808	-100645	82678	114482
33190058	12206806	118140600	104912530	11629245	6901799	17138100
66536	110502	1908008	1657048	347828	61655	369781
5933	3891	191502	87260	37185	1431	38704
11508	21834	682971	755532	183885	40834	217932
***	***	***	***	***	***	***
23991	65870	432748	492919	96712	5593	82389
***	***	***	***	***	***	***
14666	10782	444473	225186	13734	7370	20618
9612	3287	136556	74942	16191	6337	9964
419122	73058	14400324	3176387	46952	172851	195279
53982	16804	997735	523535	5910	15729	16938
42550	6958	2646378	396190	-25479	14234	674
25138	4645	542346	325225	-9008	12934	3217
53302	23068	3215012	513583	81522	34575	115605
***	***	***	***	***	***	***
25134	1099	456106	253185	13506	10871	21260
218709	20484	6541246	1160075	-19599	84503	37484
2275821	89852	3414285	1972299	67890	424394	444742
2192752	35511	1638997	1168034	45591	381313	397636
83069	54341	1775288	804265	22299	43081	47106
***	***	***	***	***	***	***
***	***	***	***	***	***	***
20883	34470	55705	215616	28724	1717	32393
***	***	***	***	***	***	***
***	***	***	***	***	***	***
***	***	***	***	***	***	***
921	-44	1424	19391	-13	52	3
4791	55	51365	83179	19489	860	22361

1-4 续表 11

项 目	法人资本	个人资本	港澳台资 本	外商资本	营业收入	营业成本
纺织服装、服饰业	1508371	850580	79239	171371	12780528	8769174
机织服装制造	426970	663727	51413	32094	8161412	5885285
针织或钩针编织服装制造	1076401	136853	27826	77397	3989444	2342396
服饰制造	5000	50000		61880	629672	541493
皮革、毛皮、羽毛及其制品和制鞋业	2141	60000	547	31841	764363	656744
皮革制品制造		30000		31841	574711	489289
毛皮鞣制及制品加工	***	***	***	***	***	***
制鞋业	***	***	***	***	***	***
木材加工和木、竹、藤、棕、草制品业	101175	49335			941413	778353
人造板制造	***	***	***	***	***	***
木质制品制造	99700	49310			728015	577121
家具制造业	566527	1369222	107263	44623	8987970	7116200
木质家具制造	469633	1119472	69617		6082295	4726853
金属家具制造	17294	150250	37646	21423	2385611	1967606
其他家具制造	79600	99500		23200	520064	421741
造纸和纸制品业	276134	158974	38391	976082	7197579	5688230
造纸	1000	3000		250427	484978	472047
纸制品制造	275134	155974	38391	725655	6712601	5216183
印刷和记录媒介复制业	4007593	1201660	279649	130125	15654729	11968536
印刷	3874439	1199660	273709	130125	15439832	11791418
装订及印刷相关服务	***	***	***	***	***	***
记录媒介复制	133154		5940		170286	136731
文教、工美、体育和娱乐用品制造业	1491942	190837	5637	99170	16558961	15243081
文教办公用品制造	***	***	***	***	***	***
乐器制造	244450		1780	42256	558413	448070
工艺美术及礼仪用品制造	1120262	113800	1157	50771	15335182	14265601
体育用品制造	***	***	***	***	***	***
玩具制造	***	***	***	***	***	***
游艺器材及娱乐用品制造	110000	5561		3143	383099	329062
石油、煤炭及其他燃料加工业	583360	57858	30649	85614	70358485	55995340
精炼石油产品制造	583360	57858	30649	85614	70358485	55995340
化学原料和化学制品制造业	3676021	2423598	396735	2448322	36812944	28534483
基础化学原料制造	525645	539284		501828	6472842	5637774
肥料制造	75876	180313			519545	405754
农药制造	***	***	***	***	***	***
涂料、油墨、颜料及类似产品制造	272522	575329	166408	175372	5035602	3719275
合成材料制造	1630432	70632		631050	11170404	9652584
专用化学产品制造	815405	990279		438002	7445047	5532110
日用化学产品制造	342680	67761	227827	702070	6017268	3466053
医药制造业	12088035	5805436	1708928	4681660	115309243	50254349

单位：千元

税金及附加	其他业务利润	销售费用	管理费用	财务费用	#利息收入	#利息支出
90033	40343	2317233	1189345	58996	9811	64887
53677	37671	1432099	805435	37863	7883	41623
34084	2406	845622	340348	9753	1882	19464
2272	266	39512	43562	11380	46	3800
3016	2012	48403	51433	1007	2679	3762
2024	2012	37298	32262	1660	2664	3516
***	***	***	***	***	***	***
***	***	***	***	***	***	***
4611	2405	50671	98541	8568	290	8133
***	***	***	***	***	***	***
4293	2405	46378	92278	8667	65	8022
48406	46624	609803	757408	224151	11600	88468
34591	34704	528314	569975	228395	5769	87634
12278	11093	33850	150480	-3830	4542	190
1537	827	47639	36953	-414	1289	644
38729	39389	278755	410867	-10914	7869	40143
411	96	5594	8877	-243	517	256
38318	39293	273161	401990	-10671	7352	39887
163661	266923	431329	1826525	-16019	107188	47410
161699	266757	416431	1800422	-13215	103441	46513
***	***	***	***	***	***	***
1827	166	14681	23562	-3700	3747	8
44141	644629	573039	565002	102558	7497	96043
***	***	***	***	***	***	***
4274	99	41006	109274	4132	383	4290
32082	643803	489363	366936	84665	5052	75996
***	***	***	***	***	***	***
***	***	***	***	***	***	***
5303		13391	30697	4166	1545	5152
8815979	-199789	568155	2064752	124021	44805	143802
8815979	-199789	568155	2064752	124021	44805	143802
197865	172051	3100830	3051156	259767	66717	291960
23232	65045	196935	401987	51649	12729	58968
1572		45145	57979	6657	431	6669
***	***	***	***	***	***	***
28626	7764	265061	422204	50785	5142	50996
38826	22687	170575	805812	59496	8261	77143
42461	66617	449140	881739	45838	7385	39872
62485	9353	1968346	468838	40659	32754	53515
1160062	658558	33844309	10912950	1298659	276844	867977

1-4 续表 12

项　　目					营业收入	营业成本
	法人资本	个人资本	港澳台资　本	外商资本		
化学药品原料药制造	81478	6497			193454	118600
化学药品制剂制造	3084782	1769695	278956	4126192	68766453	29453945
中药饮片加工	495619	557145	247553		11568090	7967362
中成药生产	2097720	884212	733838		11441703	6094449
兽用药品制造	395198	13170		173857	1140088	680127
生物药品制品制造	5805009	2505476	367083	259335	20120830	5011112
卫生材料及医药用品制造	118140	69241	50298	17676	1216315	262984
药用辅料及包装材料	10089		31200	104600	862310	665770
化学纤维制造业	***	***	***	***	***	***
合成纤维制造	***	***	***	***	***	***
橡胶和塑料制品业	1247572	550595	99743	556166	10175086	8508506
橡胶制品业	120251	88890	634	100000	2305746	1884524
塑料制品业	1127321	461705	99109	456166	7869340	6623982
非金属矿物制品业	6543522	3882813	50899	792224	50535429	42458259
水泥、石灰和石膏制造	963463				2961299	1930141
石膏、水泥制品及类似制品制造	1558911	1605001	14700	127901	25310963	21975932
砖瓦、石材等建筑材料制造	414985	138586	12850		1125365	926058
玻璃制造	54000	115310			645342	551531
玻璃制品制造	2601892	441166		81456	7797758	6527329
玻璃纤维和玻璃纤维增强塑料制品制造	265200	37355		220803	871838	661509
陶瓷制品制造	***	***	***	***	***	***
耐火材料制品制造	75589	1394637	23349	78847	5042982	4047032
石墨及其他非金属矿物制品制造	530180	150758		30981	6012839	5223841
黑色金属冶炼和压延加工业	76529	29900		130222	10861330	10356852
钢压延加工	64529	29900		130222	10524898	10041221
铁合金冶炼	***	***	***	***	***	***
有色金属冶炼和压延加工业	643876	175470	15160	36741	7483160	6610152
稀有稀土金属冶炼	***	***	***	***	***	***
有色金属合金制造	247765	54500		532	2029793	1600016
有色金属压延加工	396111	120970		3000	4210829	3826323
金属制品业	6308344	3898389	357810	942735	35405171	30126655
结构性金属制品制造	2175600	2002974	50000	772170	11924600	10222433
金属工具制造	***	***	***	***	***	***
集装箱及金属包装容器制造	2564590	1255191	211647	8756	5281458	4439914
金属丝绳及其制品制造	***	***	***	***	***	***
建筑、安全用金属制品制造	20058	179781	7356	46598	842909	641690
金属表面处理及热处理加工	33600	109680	30316	32690	590335	489690
金属制日用品制造	***	***	***	***	***	***
铸造及其他金属制品制造	1402234	296845	58491	67521	15912706	13630559
通用设备制造业	6155383	6112448	678941	6844117	59936286	45341133

单位：千元

税金及附加	其他业务利润	销售费用	管理费用	财务费用	#利息收入	#利息支出
2563	119	3524	36198	-704	114	290
726020	461309	23209578	5677989	1105890	149810	603783
76635	11790	929376	925819	107592	14119	81943
159309	112385	2777806	955769	-53	44648	40224
10291	14897	208302	204368	8149	280	8502
168961	47282	6381062	2797744	72892	63183	127281
12534	15	296226	256103	1726	3702	4721
3749	10761	38435	58960	3167	988	1233
***	***	***	***	***	***	***
***	***	***	***	***	***	***
54797	69407	418932	933491	51632	24981	75334
12696	4984	67415	285547	14739	1567	14871
42101	64423	351517	647944	36893	23414	60463
295607	363264	1836037	3702262	2344170	380733	2548611
40877	110042	70586	324134	1741131	211300	1858867
133737	135461	1073501	1767834	253713	41833	267957
9529	20596	35728	112077	20305	1163	21055
4407	6684	22584	61421	2509	58	7024
26307	34024	114109	622397	236172	66984	272965
6697	3322	25830	108579	9221	259	2974
***	***	***	***	***	***	***
26608	13250	295576	340122	98514	17181	95539
34638	39386	181145	332205	-16129	40976	22230
43522	11336	187863	149154	130021	9721	136244
41693	11336	186423	136283	127059	3677	136244
***	***	***	***	***	***	***
26240	39559	100185	457054	44913	6564	38721
***	***	***	***	***	***	***
17762	27804	21194	232095	13891	1504	10609
6820	11755	65713	180361	28363	3997	27237
177405	496111	861059	2898238	442873	204812	577644
51825	48892	419484	877054	138153	23907	145959
***	***	***	***	***	***	***
28231	54167	156608	454002	251384	132313	330752
***	***	***	***	***	***	***
4587	7146	66758	75412	4034	368	3759
3670	2424	12755	55531	422	870	859
***	***	***	***	***	***	***
84735	378980	174138	1386641	46390	47140	93541
394426	511591	3623027	5263454	662439	422022	1166400

1-4　续表 13

项　　目					营业收入	营业成本
	法人资本	个人资本	港澳台资　本	外商资本		
锅炉及原动设备制造	115804	164674		39178	2231122	1865701
金属加工机械制造	734402	388545		154891	9672384	6394785
物料搬运设备制造	263986	311253		43285	1809745	1518843
泵、阀门、压缩机及类似机械制造	787951	662604	232309	5245409	26542293	20098697
轴承、齿轮和传动部件制造	207364	17935		98663	576456	466025
烘炉、风机、包装等设备制造	3507053	4082343	43124	1026232	10883329	8626621
文化、办公用机械制造	55212	368700	401611		3472593	2678835
通用零部件制造	296775	107568		153716	1527944	1221354
其他通用设备制造业	186836	8826	1897	82743	3220420	2470272
专用设备制造业	17436753	8330600	1365955	2489589	80370250	57569625
采矿、冶金、建筑专用设备制造	10387743	594107	49500	107404	15056202	12297324
化工、木材、非金属加工专用设备制造	242852	263921	25386	29655	3625404	2659171
食品、饮料、烟草及饲料生产专用设备制造	4040	75960		40515	585554	484827
印刷、制药、日化及日用品生产专用设备制造	22983	44775		6933	1335728	880139
纺织、服装和皮革加工专用设备制造	193000	326771	19105	2914	4541054	4011091
电子和电工机械专用设备制造	195417	179785		13637	2766066	2117127
农、林、牧、渔专用机械制造	58982	49390		45942	1081697	872506
医疗仪器设备及器械制造	3507263	2019062	1076213	1828226	18860506	10188093
环保、邮政、社会公共服务及其他专用设备制造	2824473	4776829	195751	414363	32518039	24059347
汽车制造业	30885326	1882336	151808	28129920	434583978	354070834
汽车整车制造	23995968	434070		19913382	291860055	226338855
汽车用发动机制造	1642213	320953		1616609	9771937	7301730
改装汽车制造	483994	190458			5888080	4965929
汽车零部件及配件制造	4763151	936855	151808	6599929	127063906	115464320
铁路、船舶、航空航天和其他运输设备制造业	8691697	1627640	15271	10208	43487217	32637334
铁路运输设备制造	5354879	1142448	15271		19567658	13084079
城市轨道交通设备制造	***	***	***	***	***	***
船舶及相关装置制造	71242	24680			380274	214871
航空、航天器及设备制造	1966732	460512			22279547	18253897
潜水救捞及其他未列明运输设备制造	***	***	***	***	***	***
电气机械和器材制造业	12207916	9743144	63251	2079716	76698332	60014402
电机制造	5345898	3987228		749797	12648972	10791417
输配电及控制设备制造	5554513	4235235	18513	939829	48189183	36580936
电线、电缆、光缆及电工器材制造	333970	618335		1117	4868718	4323054
电池制造	538575	39818	5375	9882	2504571	1905642
家用电力器具制造	50882	38250	12500	11000	3347293	2690927
非电力家用器具制造	101000	301290			634670	454386
照明器具制造	78086	449167	22867	327709	2488143	1780653
其他电气机械及器材制造	204992	73821	3996	40382	2016782	1487387
计算机、通信和其他电子设备制造业	54214616	9978836	3253287	25125828	332238378	290439248

单位：千元

税金及附加	其他业务利润	销售费用	管理费用	财务费用	#利息收入	#利息支出
42724	12146	72057	217979	14622	9353	25513
77324	198100	892175	917554	-23708	7952	64082
6327	3853	94236	209432	20703	1633	15763
166705	158887	1450462	1674266	-78852	140854	81223
3753	902	22606	40293	-2577	756	82
62019	101713	600103	1350042	717195	228597	945974
12240	14222	279536	318356	-20912	29140	7151
6971	6494	56412	162678	25852	540	24306
16363	15274	155440	372854	10116	3197	2306
543990	782022	5561513	8918210	1251593	818582	1898141
58986	17772	638266	1024711	199802	346902	425103
31827	19811	92268	541649	-14269	28347	13523
2198	8816	30233	89401	4602	292	3548
15316	745	129012	276762	20992	2677	23984
23954	45373	88195	315601	137634	26289	174248
37691	3919	79000	359214	1611	5557	7267
5372	4953	85073	125328	22143	3495	24278
172049	618719	2556819	3160253	218623	141585	359107
196597	61914	1862647	3025291	660455	263438	867083
13783396	2864383	22348696	18929538	3463312	1782131	4626969
13247277	2356357	19522835	10923685	2557930	1302404	3628605
41576	93431	680262	526075	-27137	26950	1908
21576	27738	258293	348050	33699	3975	32636
472967	386857	1887306	7131728	898820	448802	963820
236921	69813	749751	4999546	428162	100352	487706
147560	28098	593259	2707407	215895	33184	215980
***	***	***	***	***	***	***
3010		8647	89097	-86	131	28
76514	37578	118803	2090549	216243	60947	271065
***	***	***	***	***	***	***
404165	293164	4886684	6616754	386147	258893	575021
54368	41814	1085541	1429111	23354	59014	71695
275632	150270	3035354	3725219	208767	75801	254362
13315	1996	90832	260752	43101	1635	37074
3792	16615	121994	215752	24944	1828	10085
16236	11850	238309	339172	3212	19340	13655
3577	14478	41203	76222	18249	12729	30551
25178	56341	177730	335755	55607	85801	149656
12067	-200	95721	234771	8913	2745	7943
970980	4180899	13435134	17800040	-833211	1473649	1418091

1-4 续表 14

项目	法人资本	个人资本	港澳台资本	外商资本	营业收入	营业成本
计算机制造	2373977	777692	375170	60880	41195067	32348445
通信设备制造	6653761	2583905	1149327	974937	161129991	146481822
广播电视设备制造	160507	269111		350323	2296932	1753507
雷达及配套设备制造	***	***	***	***	***	***
非专业视听设备制造	123763	1584816			5116054	4444753
智能消费设备制造	424827	10647		516	1083617	863897
电子器件制造	42587791	3457215	1532389	21567801	76247360	66061672
电子元件及电子专用材料制造	772689	814487		2042220	17528492	14315482
其他电子设备制造	1114301	480963	196401	129151	27343221	23967670
仪器仪表制造业	2655788	5308977	425382	1115163	28359209	19374451
通用仪器仪表制造	1954664	3533191	399423	933722	20497526	14405292
专用仪器仪表制造	548307	1132332	25959	139810	6259751	3935643
钟表与计时仪器制造	***	***	***	***	***	***
光学仪器制造	876	465924			519870	307610
衡器制造	***	***	***	***	***	***
其他仪器仪表制造业	101641	177530		27377	901171	594228
其他制造业	961532	854835		22597	11080302	10057529
日用杂品制造	***	***	***	***	***	***
核辐射加工	***	***	***	***	***	***
其他未列明制造业	951600	854835		540	10942121	9956025
废弃资源综合利用业	50974	97345		9005	576160	457905
金属废料和碎屑加工处理	5000	1500			151388	119411
非金属废料和碎屑加工处理	45974	95845		9005	424772	338494
金属制品、机械和设备修理业	8719560	346985	5390	575025	9684364	7924941
专用设备修理	***	***	***	***	***	***
铁路、船舶、航空航天等运输设备修理	1972826	346985	5390	575025	9349941	7629706
三、电力、热力、燃气及水生产和供应业	30431741	548883	10069041	249085	569720633	540478071
电力、热力生产和供应业	16434673	353707	3876245	232615	507678573	487503519
电力生产	8564995	10960	3755166	232615	29008526	24055280
电力供应	2000248				461944823	444594433
热力生产和供应	5869430	342747	121079		16725224	18853806
燃气生产和供应业	2819124	26514	5951803		47184834	43024849
燃气生产和供应业	2819124	26514	5951803		47184834	43024849
水的生产和供应业	11177944	168662	240993	16470	14857226	9949703
自来水生产和供应	561142				5645924	3772527
污水处理及其再生利用	10616802	118662	240993	16470	9094487	6113589
其他水的处理、利用与分配	***	***	***	***	***	***

单位：千元

税金及附加	其他业务利　润	销售费用	管理费用	财务费用		
					#利息收入	#利息支出
49089	165852	4432869	3837966	-399799	129263	21863
383387	3848784	5455663	4674425	710900	479145	661989
12739	8224	208899	309458	36600	15505	49104
***	***	***	***	***	***	***
11092	18	179528	302152	-1181	10790	7217
1942	-35564	128359	256936	17005	1798	14245
363441	79101	1762932	5413122	-1404107	782044	465179
88942	82451	383727	1413681	29359	26600	58431
55782	31613	880627	1521732	190201	14095	137922
223496	299273	2258742	3832334	131375	137708	242672
143740	189125	1475301	2491813	127557	98891	201510
64641	55824	611515	1044677	5306	23125	28500
***	***	***	***	***	***	***
6610	22829	57420	127644	-7706	9873	2363
***	***	***	***	***	***	***
5373	17529	94689	149683	4026	5778	8450
12915	121	74605	716482	1123	8541	21538
***	***	***	***	***	***	***
***	***	***	***	***	***	***
11701	121	54813	702749	777	8469	20746
6516	9072	4921	84199	7600	2062	8942
1308	2538	1338	10258	3017	35	2346
5208	6534	3583	73941	4583	2027	6596
76483	203928	56867	1223142	604948	43875	621286
***	***	***	***	***	***	***
65003	34739	56867	1068286	75170	8746	67288
4213706	1886824	1078006	6111247	4945207	927305	5607666
1899198	1539502	146014	2886826	3654484	610773	4128584
349477	186477	17100	636359	1092829	44365	1077786
1467752	1125655		766757	2101132	450224	2514102
81969	227370	128914	1483710	460523	116184	536696
71528	201478	386340	2292763	334521	100650	346826
71528	201478	386340	2292763	334521	100650	346826
2242980	145844	545652	931658	956202	215882	1132256
2027338	74950	517092	518402	93485	39658	101861
216751	70894	11434	389583	861425	176170	1029167
***	***	***	***	***	***	***

1-4 续表 15

项　　目	投资收益（损失以"-"号记）	营业利润	利润总额	亏损企业亏损额	所得税费用
合　计	**68922050**	**162845098**	**164700162**	**33637552**	**28157586**
一、采矿业	5048494	-6880413	-8719167	9741713	383108
煤炭开采和洗选业	***	***	***	***	***
烟煤和无烟煤开采洗选	***	***	***	***	***
石油和天然气开采业	***	***	***	***	***
天然气开采	***	***	***	***	***
黑色金属矿采选业	4723314	-5078303	-5831945	5857141	-4426
铁矿采选	4723314	-5078303	-5831945	5857141	-4426
非金属矿采选业	***	***	***	***	***
石棉及其他非金属矿采选	***	***	***	***	***
开采专业及辅助性活动	-43150	-2832818	-2794073	2905718	337170
石油和天然气开采专业及辅助性活动	-43150	-2832818	-2794073	2905718	337170
二、制造业	30602135	115771392	119510191	21045715	21109516
农副食品加工业	653244	927950	1029244	346865	160822
谷物磨制	595	-45685	1316	30960	425
饲料加工	681104	863397	881776	71099	102109
植物油加工	***	***	***	***	***
屠宰及肉类加工	-31883	-70651	-40887	222793	20789
水产品加工	***	***	***	***	***
蔬菜、菌类、水果和坚果加工	2249	126024	132626	2674	23409
其他农副食品加工	1179	43006	42298	19339	11113
食品制造业	371919	4284503	4301355	855531	1052546
焙烤食品制造	9737	184039	192788	221266	69209
糖果、巧克力及蜜饯制造	405	566272	596966		125313
方便食品制造	5909	138053	152221	18635	41991
乳制品制造	249352	-245099	-233053	402371	-41591
罐头食品制造	***	***	***	***	***
调味品、发酵制品制造	2082	199014	210297	26509	57692
其他食品制造	104434	3444513	3383928	184958	800002
酒、饮料和精制茶制造业	673018	3033113	3105206	407308	596768
酒的制造	680740	2446864	2456058	127475	425320
饮料制造	-7722	586249	649148	279833	171448
烟草制品业	***	***	***	***	***
卷烟制造	***	***	***	***	***
纺织业	7601	58207	93479	17376	21573
棉纺织及印染精加工	***	***	***	***	***
毛纺织及染整精加工	***	***	***	***	***
化纤织造及印染精加工	***	***	***	***	***
家用纺织制成品制造	748	-16075	-10456	12013	375
产业用纺织制成品制造	275	39605	66832	5363	10936

单位：千元

应付职工薪酬（本年贷方累计发生额）	应交增值税	进项税额	销项税额	平均用工人数（人）
169995815	**56814584**	**307062700**	**351133692**	**927430**
8380503	901842	5171150	5915572	36884
***	***	***	***	***
***	***	***	***	***
***	***	***	***	***
***	***	***	***	***
3098206	319080	4585573	4837960	15265
3098206	319080	4585573	4837960	15265
***	***	***	***	***
***	***	***	***	***
4106135	90048	275706	292538	16754
4106135	90048	275706	292538	16754
137196080	45399287	209804750	244407250	799903
2185486	243396	3055253	3207709	22241
142223	5429	660552	649768	986
745387	8312	125266	99668	6563
***	***	***	***	***
615859	81758	1742883	1802900	7507
***	***	***	***	***
429000	87792	324921	398039	4407
224693	54526	165312	215436	2552
5272363	3010322	6731961	9606014	41392
1212267	320296	643620	903413	14384
612145	393385	851344	1224273	3427
823833	167660	605774	743408	6296
892726	354824	2082473	2435715	5470
***	***	***	***	***
417944	181044	453534	627857	3820
1310047	1591196	2092160	3667129	7935
2909231	1551534	4023684	5533470	24560
1762875	1067517	2322639	3356207	15518
1146356	484017	1701045	2177263	9042
***	***	***	***	***
***	***	***	***	***
224501	17302	217368	204300	2083
***	***	***	***	***
***	***	***	***	***
***	***	***	***	***
14828	-320	11719	12553	317
86240	8641	152455	135058	736

1-4 续表 16

项　　目	投资收益（损失以"-"号记）	营业利润	利润总额	亏损企业亏损额	所得税费用
纺织服装、服饰业	42351	344165	445203	238451	101642
机织服装制造	1550	-108221	-23723	205346	24539
针织或钩针编织服装制造	40572	460706	470483	28697	77103
服饰制造	229	-8320	-1557	4408	
皮革、毛皮、羽毛及其制品和制鞋业	967	4728	4934	11544	3343
皮革制品制造	967	13146	13452		3367
毛皮鞣制及制品加工	***	***	***	***	***
制鞋业	***	***	***	***	***
木材加工和木、竹、藤、棕、草制品业	2	672	6766		1457
人造板制造	***	***	***	***	***
木质制品制造	2	-719	5481		1108
家具制造业	11869	238677	263025	135891	96880
木质家具制造	10453	1948	21608	135034	27115
金属家具制造	1416	224125	228590	857	68481
其他家具制造		12604	12827		1284
造纸和纸制品业	1362	791000	782660	42480	188135
造纸		-1709	-992	3399	474
纸制品制造	1362	792709	783652	39081	187661
印刷和记录媒介复制业	32730	1360498	1399800	201694	282154
印刷	32560	1365275	1403466	192289	281146
装订及印刷相关服务	***	***	***	***	***
记录媒介复制	170	-5212	-4114	9405	963
文教、工美、体育和娱乐用品制造业	8810	103514	124709	45069	18884
文教办公用品制造	***	***	***	***	***
乐器制造	320	12563	15479		-2489
工艺美术及礼仪用品制造	7873	107963	122178	16110	18929
体育用品制造	***	***	***	***	***
玩具制造	***	***	***	***	***
游艺器材及娱乐用品制造	182	663	-867	5463	553
石油、煤炭及其他燃料加工业	-885	2596110	2613787	206787	698167
精炼石油产品制造	-885	2596110	2613787	206787	698167
化学原料和化学制品制造业	304986	1711741	1983504	948084	-381607
基础化学原料制造	84725	242655	265617	10964	53928
肥料制造	289	-1400	7524	12670	1423
农药制造	***	***	***	***	***
涂料、油墨、颜料及类似产品制造	36295	560860	578846	172102	-630961
合成材料制造	18281	280640	466759	315172	5884
专用化学产品制造	160039	622650	657340	24633	84707
日用化学产品制造	5357	-1396	7182	403449	101478
医药制造业	2999610	20637519	20489776	762128	3211724

单位：千元

应付职工薪酬（本年贷方累计发生额）	应交增值税	进项税额	销项税额	平均用工人数（人）
2465717	563426	1375765	1746141	29845
1702575	363448	863944	1159792	21002
675166	191780	432160	552010	7702
87976	8198	79661	34339	1141
87484	22331	98285	114231	1201
57470	18455	75184	93495	740
***	***	***	***	***
***	***	***	***	***
104600	25133	80925	88694	1063
***	***	***	***	***
94884	21959	49084	54030	928
812451	289419	1104352	1384287	8226
571798	177998	744891	935546	6036
173310	98573	291899	370763	1359
67343	12848	67562	77978	831
476125	249105	889496	1085937	3918
17906	4598	75112	79710	228
458219	244507	814384	1006227	3690
2895406	757670	1541605	2287356	19610
2849440	755914	1525724	2269335	19172
***	***	***	***	***
43409	405	9955	10744	393
666658	159864	1511500	1562052	5472
***	***	***	***	***
172231	11817	59572	60447	1718
356220	118924	1400083	1407173	2508
***	***	***	***	***
***	***	***	***	***
67967	12492	26210	60504	567
2033783	2458133	8929979	11371648	8443
2033783	2458133	8929979	11371648	8443
3558818	1216615	4712220	5859659	21187
463844	139538	1003122	1127131	2873
57346	7515	27996	30946	648
***	***	***	***	***
354470	209647	584152	781413	3113
988293	191233	1405934	1593721	2604
771086	268374	855418	1105716	5041
911320	402289	819361	1207231	6827
16570761	8002940	8425515	15741049	78386

1-4 续表 17

项　　目	投资收益（损失以"-"号记）	营业利润	利润总额	亏损企业亏损额	所得税费用
化学药品原料药制造		33842	33982		3465
化学药品制剂制造	1774480	9869296	9781108	565616	1768999
中药饮片加工	345911	1909696	1889457	43569	212671
中成药生产	236943	1819650	1819511	27091	256273
兽用药品制造	2106	32850	35932	38110	9036
生物药品制品制造	639050	6497832	6450175	87742	897204
卫生材料及医药用品制造	1120	384075	382876		49181
药用辅料及包装材料		90278	96735		14895
化学纤维制造业	***	***	***	***	***
合成纤维制造	***	***	***	***	***
橡胶和塑料制品业	4812	188191	223292	206563	51489
橡胶制品业	5770	23472	27180	59066	3273
塑料制品业	-958	164719	196112	147497	48216
非金属矿物制品业	1665064	1114373	1121994	1214841	365872
水泥、石灰和石膏制造	1116750	-383901	-388704	531471	22246
石膏、水泥制品及类似制品制造	289088	294427	298177	608327	179948
砖瓦、石材等建筑材料制造		27032	26991	12637	6139
玻璃制造		2890	3851	3005	883
玻璃制品制造	50475	339925	335927	13525	48947
玻璃纤维和玻璃纤维增强塑料制品制造	8546	86028	92312	8518	16734
陶瓷制品制造	***	***	***	***	***
耐火材料制品制造	81168	276843	274218	34242	26983
石墨及其他非金属矿物制品制造	110881	372715	379909	3116	39350
黑色金属冶炼和压延加工业	11108	-1080	14857	48627	-8127
钢压延加工	-7	-13889	2259	48627	-9000
铁合金冶炼	***	***	***	***	***
有色金属冶炼和压延加工业	28976	279223	287275	7837	36024
稀有稀土金属冶炼	***	***	***	***	***
有色金属合金制造	8822	163279	157243	709	18104
有色金属压延加工	259	104353	117415	5889	15925
金属制品业	706346	1134624	1162372	901164	234229
结构性金属制品制造	112198	276463	310759	89395	53829
金属工具制造	***	***	***	***	***
集装箱及金属包装容器制造	267636	202191	212380	263790	19486
金属丝绳及其制品制造	***	***	***	***	***
建筑、安全用金属制品制造	4359	45154	49806	1504	5165
金属表面处理及热处理加工		18259	15282	1982	3556
金属制日用品制造	***	***	***	***	***
铸造及其他金属制品制造	319580	521182	502763	544493	143241
通用设备制造业	358760	4520033	4795940	1683248	970371

单位：千元

应付职工薪酬（本年贷方累计发生额）	应　交增值税	进项税额	销项税额	平均用工人数（人）
34458	7249	18154	21295	300
10451851	5304092	5306007	10545792	39668
864179	554812	998697	1466108	6533
1872714	1027624	1504155	2492120	10493
248500	43960	47055	68867	2200
2751140	934360	397633	920605	17151
255863	97673	61317	106037	1389
92056	33170	92497	120225	652
***	***	***	***	***
***	***	***	***	***
1196608	278527	1529455	1667702	10904
380083	64273	485108	453978	3678
816525	214254	1044347	1213724	7226
4169830	1616338	3715851	4687550	35959
352498	174276	252199	419663	2016
1988330	857458	890581	1240651	17352
94910	37329	107633	139103	943
57196	7830	66158	75908	856
499499	56674	862541	830928	5186
175197	33006	100541	128483	1562
***	***	***	***	***
318403	178592	712811	878836	3058
411892	208244	663356	854178	2959
255371	71134	1622521	1600592	1807
241762	67756	1570294	1545088	1713
***	***	***	***	***
531237	102471	1097026	1168383	3809
***	***	***	***	***
251549	65685	265629	321524	1614
212856	30567	636805	646699	1755
3254942	662173	3477248	3935142	25356
1001946	301939	1357240	1638425	10748
***	***	***	***	***
454827	142716	713802	806512	3570
***	***	***	***	***
101738	25900	105062	95071	1159
58693	23515	65789	82134	656
***	***	***	***	***
1578978	147712	1108436	1170389	8743
8092140	1971345	7481274	9542893	46306

1-4 续表 18

项　　目	投资收益（损失以"-"号记）	营业利润	利润总额	亏损企业亏损额	所得税费用
锅炉及原动设备制造	2995	-83352	-80957	163388	20203
金属加工机械制造	15595	1392864	1497650	169979	239631
物料搬运设备制造	94	-39662	-21976	86283	9678
泵、阀门、压缩机及类似机械制造	33828	3136722	3200540	138018	498732
轴承、齿轮和传动部件制造		46571	48161	11196	11762
烘炉、风机、包装等设备制造	238941	-370283	-312994	921368	72620
文化、办公用机械制造	63290	245197	244517	170109	70623
通用零部件制造		-7943	11715	22698	20743
其他通用设备制造业	4017	199919	209284	209	26379
专用设备制造业	4132281	10265906	10516381	857315	1084782
采矿、冶金、建筑专用设备制造	1866600	2626599	2630298	60283	12528
化工、木材、非金属加工专用设备制造	11383	337080	341775	13058	37447
食品、饮料、烟草及饲料生产专用设备制造	115	6032	19940	4485	5845
印刷、制药、日化及日用品生产专用设备制造	9426	5417	43168	82131	16647
纺织、服装和皮革加工专用设备制造	161770	232181	194162		43462
电子和电工机械专用设备制造	13761	156547	159032	44438	26173
农、林、牧、渔专用机械制造	10202	-16256	-12686	38044	3987
医疗仪器设备及器械制造	1684136	4004983	4110893	215023	477140
环保、邮政、社会公共服务及其他专用设备制造	374888	2913323	3029799	399853	461553
汽车制造业	14076015	37945910	39043576	4733574	8166657
汽车整车制造	11091612	31956720	32063473	2472340	6801868
汽车用发动机制造		1250129	1260325		175982
改装汽车制造	7135	230434	255032	33249	19568
汽车零部件及配件制造	2977268	4508627	5464746	2227985	1169239
铁路、船舶、航空航天和其他运输设备制造业	133736	4774588	4979324	1835679	843082
铁路运输设备制造	56495	3087166	3109747	1826912	643919
城市轨道交通设备制造	***	***	***	***	***
船舶及相关装置制造	1126	65586	74375		10346
航空、航天器及设备制造	76115	1606229	1776035	8767	188817
潜水救捞及其他未列明运输设备制造	***	***	***	***	***
电气机械和器材制造业	313596	4909668	5484453	1544161	1072816
电机制造	84138	-328436	30731	882493	50757
输配电及控制设备制造	167625	4613241	4777071	354184	858056
电线、电缆、光缆及电工器材制造	-9525	133391	138710	36063	27005
电池制造	12438	217757	233785	3522	40330
家用电力器具制造	38837	97599	107547	11120	26706
非电力家用器具制造	-904	34280	36185	1338	6564
照明器具制造	20932	-71959	-54361	248914	35006
其他电气机械及器材制造	55	213795	214785	6527	28392
计算机、通信和其他电子设备制造业	1749986	9621069	10332760	2768595	1508832

单位：千元

应付职工薪酬（本年贷方累计发生额）	应交增值税	进项税额	销项税额	平均用工人数（人）
418711	291243	206019	497385	2765
1602286	418440	1017992	1426384	7201
204310	51672	144386	178320	2303
3256235	662039	3583193	4183246	18046
78973	27003	61451	88036	674
1348199	220746	1485681	1942500	8432
441382	125701	419861	503407	2533
257094	54753	150166	194500	2337
484950	119748	412525	529115	2015
10828473	2474551	9564572	10997601	63200
1330502	232699	2240152	2426036	9933
685495	106690	363707	452675	3356
112021	4468	73704	64338	831
307706	56253	119773	157416	2149
341556	43937	782724	801927	2830
332117	72751	314270	300137	1903
131169	8332	116844	109759	1131
3460291	900068	1613007	2280129	20414
4127616	1049353	3940391	4405184	20653
24026686	11678224	74442245	85660679	122054
15329227	8982514	52768815	61866412	64282
406480	268732	1325754	1585934	2293
364583	38568	815017	888681	2433
7926396	2388410	19532659	21319652	53046
7288213	1282331	2914886	4165799	33657
1935727	988061	2111582	3051887	10565
***	***	***	***	***
32132	23646	20239	43002	233
5057958	227241	616796	862810	21407
***	***	***	***	***
7845876	2107628	9695512	11540946	44220
1685197	137910	1818226	1943544	6538
4791442	1597934	5978717	7490487	28362
228666	78759	689065	762092	2486
165697	20860	252013	242349	1362
188097	142846	401586	528845	1411
60142	20032	60063	78326	443
425005	30457	273280	235034	2611
301630	78830	222562	260269	1007
19872572	2405371	46697858	42976838	98831

1-4 续表 19

项目	投资收益（损失以"-"号记）	营业利润	利润总额	亏损企业亏损额	所得税费用
计算机制造	177375	1217987	1182504	152733	88839
通信设备制造	364905	1278960	1454312	763001	495888
广播电视设备制造	17830	6562	27350	72373	22133
雷达及配套设备制造	***	***	***	***	***
非专业视听设备制造	61017	223902	242592		8399
智能消费设备制造	331	-185214	-177647	200302	3799
电子器件制造	1106761	5017833	5403516	1027213	396695
电子元件及电子专用材料制造	17306	1318772	1448013	225305	272123
其他电子设备制造	4461	709098	719118	327668	213171
仪器仪表制造业	470823	2588556	2562788	986675	439748
通用仪器仪表制造	295505	1644658	1530235	943950	317276
专用仪器仪表制造	108088	778188	864065	20577	104371
钟表与计时仪器制造	***	***	***	***	***
光学仪器制造	62701	98426	100487	204	4902
衡器制造	***	***	***	***	***
其他仪器仪表制造业	4529	62648	63429	21604	11888
其他制造业	44960	260159	269650	29565	49729
日用杂品制造	***	***	***	***	***
核辐射加工	***	***	***	***	***
其他未列明制造业	44960	258549	267701	29098	49315
废弃资源综合利用业	29	76660	93653		13973
金属废料和碎屑加工处理		16736	20268		3039
非金属废料和碎屑加工处理	29	59924	73385		10934
金属制品、机械和设备修理业	1797459	1622481	1599999	8663	120152
专用设备修理	***	***	***	***	***
铁路、船舶、航空航天等运输设备修理	84129	590882	555937	8663	121188
三、电力、热力、燃气及水生产和供应业	33271421	53954119	53909138	2850124	6664962
电力、热力生产和供应业	30815634	48437406	48352280	2251389	6031813
电力生产	2458576	6263258	6313849		996945
电力供应	28299771	41641875	41066626	2126927	4881817
热力生产和供应	57287	532273	971805	124462	153051
燃气生产和供应业	1765418	3170920	3196343	510881	500796
燃气生产和供应业	1765418	3170920	3196343	510881	500796
水的生产和供应业	690369	2345793	2360515	87854	132353
自来水生产和供应	67760	193097	193550	42861	44608
污水处理及其再生利用	620576	2149416	2161129	44993	87533
其他水的处理、利用与分配	***	***	***	***	***

单位：千元

应付职工薪酬（本年贷方累计发生额）	应　交 增值税	进项税额	销项税额	平均用工人数（人）
4363204	712801	6014222	6197181	11939
5043559	213328	23903272	23326351	26854
483137	69225	266501	326501	3705
***	***	***	***	***
200765	56295	768778	814799	966
215988	23905	142900	161431	1128
6029508	1006510	9097136	5896364	30275
1855686	171081	2010080	1678268	13703
1578382	117106	4468102	4515648	9945
4761125	1144211	3218167	4065045	27128
3140138	784680	2375287	3022025	18670
1295528	296143	685276	818648	6350
***	***	***	***	***
130731	19944	24201	66843	602
***	***	***	***	***
144373	34376	115921	131893	1011
942547	34958	285089	294103	3684
***	***	***	***	***
***	***	***	***	***
914115	32922	270568	283302	3367
79493	37293	53903	75814	701
11760	11576	19117	15303	183
67733	25717	34786	60511	518
3353535	386478	1004208	1381149	13245
***	***	***	***	***
3052696	340966	986611	1319219	12477
24419232	10513455	92086800	100810870	90643
18677223	9383768	86894003	94485787	64868
1355660	1732258	2946105	4369128	4489
14589655	7753053	81787477	89009695	40899
2731908	-101543	2160421	1106964	19480
3477068	379313	4581574	4958897	12569
3477068	379313	4581574	4958897	12569
2264941	750374	611223	1366186	13206
1292895	114887	5328	101881	7153
948921	633164	596493	1253030	5904
***	***	***	***	***

1-5 规模以上工业

项目	总资产贡献率	资产负债率	流动资产周转率（次）
合计	**5.7**	**45.2**	**1.2**
一、按登记注册类型分			
内资	4.2	42.8	1.1
国有	4.6	63.2	4.0
集体	5.6	48.3	0.9
股份合作	3.6	72.4	2.9
有限责任公司	3.3	41.6	1.1
股份有限公司	6.8	40.3	0.8
私营	7.2	54.9	0.9
其他	3.6	15.1	0.8
港、澳、台商投资	5.5	58.9	1.5
与港澳台商合资经营	8.3	49.4	0.9
与港澳台商合作经营	16.9	12.3	0.7
港澳台商独资经营	4.4	64.7	1.9
港澳台商投资股份有限公司	6.2	48.8	0.3
外商投资	15.3	52.9	1.4
中外合资经营	19.0	50.0	1.6
中外合作经营	9.7	39.4	1.5
外资企业	9.9	60.1	1.2
外商投资股份有限公司	8.1	31.6	1.9
其他外商投资	6.5	51.7	2.9
二、按隶属关系分			
中央	3.9	35.2	1.5
地方	7.1	53.4	1.1
三、按控股情况分			
国有控股	5.1	42.2	1.3
集体控股	8.2	53.0	1.0
私人控股	6.1	49.4	0.8
港澳台商控股	4.9	64.1	1.8
外商控股	10.5	53.4	1.3
其他	6.0	43.1	0.7
四、按轻重工业分			
轻工业	13.9	46.5	1.2
重工业	4.9	45.0	1.2
五、按单位规模分			
# 大中型企业	13.8	93.3	2.4

主要经济效益指标

单位：%

成本费用利润率	产品销售率	企业亏损面	收入利润率
7.8	**98.4**	**21.8**	**7.4**
7.0	98.4	20.6	6.7
0.1	100.0	33.3	0.1
3.9	98.8	29.6	3.9
0.0	100.2	18.8	0.0
6.9	98.6	23.0	6.7
10.4	97.5	23.1	9.5
6.4	97.7	16.8	6.0
2.5	100.0		2.3
4.4	94.4	24.8	4.2
9.4	96.8	24.3	8.7
20.8	93.7		17.0
2.9	93.9	29.9	2.8
35.3	94.5		39.6
11.8	100.0	26.6	10.5
14.2	100.2	18.2	12.4
5.5	95.3	37.5	5.2
8.1	99.3	31.1	7.5
8.3	107.0	41.7	8.7
1.6	102.1		1.5
7.9	99.2	15.5	7.5
7.8	98.0	22.2	7.3
8.5	99.3	22.1	8.0
8.0	98.9	30.0	7.4
8.6	97.3	19.5	8.1
3.3	93.7	25.4	3.2
8.3	99.4	28.2	7.7
8.1	95.2	20.8	7.5
11.8	96.7	21.3	10.5
7.1	98.7	22.0	6.8
18.5	194.8	39.1	17.2

1-6 规模以上国有控股

项目	法人单位数（个）	#亏损企业	工业总产值（当年价格）	工业销售产值（当年价格）	#出口交货值
合计	**643**	**142**	**1156189976**	**1147747487**	**34479136**
一、按登记注册类型分					
内资	587	132	897928124	887401270	29719529
国有	35	11	83578633	83595411	92008
国有独资公司	90	16	155012528	153032911	918476
其他有限责任公司	394	88	521258079	515959584	22902511
股份有限公司	68	17	138078884	134813364	5806534
港、澳、台商投资	22	4	15460907	15842977	2027515
与港澳台商合资经营	20	4	15058497	15447628	2027515
与港澳台商合作经营	1	***	***	***	***
港澳台商投资股份有限公司	1	***	***	***	***
外商投资	34	6	242800945	244503240	2732092
中外合资经营	33	6	240278595	241568153	2732092
外商投资股份有限公司	1	***	***	***	***
二、按隶属关系分					
中央	210	33	687572866	682053463	4590887
地方	433	109	468617110	465694024	29888249
三、按轻重工业分					
轻工业	135	26	66325411	65785677	1150123
重工业	508	116	1089864565	1081961810	33329013
四、按地区分					
东城区	11	1	10320007	9922969	123888
西城区	28	6	19145047	19036077	372329
朝阳区	79	18	46545528	45934459	715402
丰台区	51	3	33794340	32520356	669762
石景山区	14	4	18205800	18319192	68921
海淀区	103	21	54743521	52966145	1471511
门头沟区	4		2707725	2923019	1787799
房山区	31	9	75924734	74982026	507840
通州区	44	17	16470703	16411091	462151
顺义区	57	11	106790189	107106748	2095853
昌平区	61	11	57625488	55042127	4099609
大兴区	53	13	29470709	29222325	23640
怀柔区	16	2	5944987	5935367	48932
平谷区	9	6	1215283	1200630	13868
密云区	21	9	3768242	3735902	740943
延庆区	10	3	4781300	4825132	105515
北京经济技术开发区	51	8	212361125	211288674	21171173

工业主要财务状况

单位：千元

年初存货	资产总计	# 流动资产合计				# 固定资产净额	# 固定资产原价
			# 应收账款	# 存货			
					# 产成品		
103667803	**3543942841**	**985212646**	**206130066**	**114620896**	**40349009**	**587106738**	**1184556658**
79946250	3213179028	803271794	169618398	88428828	28313637	532060291	1072820880
6894107	146016699	21356819	2645939	7424279	603227	99430312	197111231
11741112	698583272	176458302	36757077	13910126	2325534	172092060	298889006
43577748	2045454835	455268630	99601781	47206732	16713579	226887252	498722365
17733283	323124222	150188043	30613601	19887691	8671297	33650667	78098278
2398751	62552410	28303928	4916903	2159970	623268	9388074	27478416
2361826	25236909	12744877	4319940	2122105	591304	8056767	25400520
***	***	***	***	***	***	***	***
***	***	***	***	***	***	***	***
21322802	268211403	153636924	31594765	24032098	11412104	45658373	84257362
21149069	260412922	151848546	30840825	23851866	11349116	45017135	83007707
***	***	***	***	***	***	***	***
44416446	2228700528	459602879	84781365	47861997	10838552	336073708	767912461
59251357	1315242313	525609767	121348701	66758899	29510457	251033030	416644197
16909769	120928890	74208587	9680017	17149480	7576680	17147277	34825049
86758034	3423013951	911004059	196450049	97471416	32772329	569959461	1149731609
2559686	19396638	12515608	1229174	3075323	1144314	2060311	3473101
2649864	1922393380	253061845	46072104	2864524	768119	321225710	684063433
4620162	155669873	57322982	13289741	4951668	1662057	52560195	98397433
8321684	59883045	38290733	8673545	9580173	776037	9436257	18317674
5213033	373558162	70073860	14433174	4569314	596721	60965913	84731492
16132619	184843538	112955038	19511907	16719111	3952669	9709122	19062582
577082	17664509	6960373	127157	386417	258878	1797570	2824392
6108519	56973727	20448900	6549943	6323007	1998913	16262991	48699795
4012132	31124173	17733568	2933444	3919585	1116208	7386302	13017976
13006445	272655913	147144787	28004283	15335848	7348476	29926976	58258070
7371421	113311045	59498973	17273094	10250813	4785937	17145045	34010070
5233379	72347909	45612800	18420822	5315935	2062937	6833939	10733672
839358	5737808	3581367	457473	1061484	773924	1271373	2340241
96728	4415564	1404323	593502	94567	25671	1786161	2131219
687998	7615135	3823959	1048713	810643	283559	2505615	4257004
959834	44589941	20062083	2355091	801334	254282	2602489	3976502
25277859	201762481	114721447	25156899	28561150	12540307	43630769	96262002

1-6 续表 1

项目	#累计折旧	#本年折旧	#在建工程	#无形资产	负债合计
合计	**587307392**	**57513479**	**101810263**	**99672714**	**1494274386**
一、按登记注册类型分					
内资	532293556	50289133	91080974	87447638	1324911446
国有	97617336	10783279	19921912	1402495	92300569
国有独资公司	126395246	10975493	40435594	63364390	415764714
其他有限责任公司	266430531	25540283	23444846	13637197	681993947
股份有限公司	41850443	2990078	7278622	9043556	134852216
港、澳、台商投资	17525228	732553	1915575	460658	25502970
与港澳台商合资经营	16782565	630897	1878823	452994	9086010
与港澳台商合作经营	***	***	***	***	***
港澳台商投资股份有限公司	***	***	***	***	***
外商投资	37488608	6491793	8813714	11764418	143859970
中外合资经营	36890165	6429110	8809000	11651893	142031305
外商投资股份有限公司	***	***	***	***	***
二、按隶属关系分					
中央	424840702	37204048	59477150	10194658	780813011
地方	162466690	20309431	42333113	89478056	713461375
三、按轻重工业分					
轻工业	17485937	1822603	4035484	3177129	49244567
重工业	569821455	55690876	97774779	96495585	1445029819
四、按地区分					
东城区	1351597	124910	345072	274370	8363908
西城区	362808149	34162801	54787584	12231297	608385518
朝阳区	44778692	3578084	5107525	1231845	65555037
丰台区	8840156	997497	3157786	906991	34117880
石景山区	22702226	1053375	5993419	50162046	229385475
海淀区	9201484	887321	1036177	2156616	100794177
门头沟区	1026792	155034	372166	121961	8531061
房山区	30279740	1809027	9559941	2422532	35914294
通州区	5559742	781122	677920	1054012	18357815
顺义区	27639810	3482161	4302105	11705362	151807567
昌平区	16614954	1729626	2278798	4596856	62657861
大兴区	3596852	604206	2228561	2902395	36336420
怀柔区	1068868	123858	267279	91525	2965222
平谷区	345058	95333	105459	969956	2633631
密云区	1735881	192170	687817	337840	5089877
延庆区	1366910	194335	258360	262775	21475056
北京经济技术开发区	48390481	7542619	10644294	8244335	101903587

单位：千元

流动负债合计	#应付账款	非流动负债合计	#应付债券	所有者权益合计	#实收资本	国家资本	集体资本
981264437	**239149495**	**509541107**	**255193302**	**2049668434**	**1314834737**	**1125457908**	**323833**
841497512	186124506	479945092	244899047	1888267566	1247649684	1103788575	322833
55046749	11729177	37166577	5910000	53716130	30848281	30105787	
242841723	50262827	169741271	66477050	282818554	140964662	105522677	
445997522	96465699	235796548	161000000	1363460884	1023386998	942552429	223770
97611518	27666803	37240696	11511997	188271998	52449743	25607682	99063
17124773	2097203	8378199	3999658	37049435	19763266	7706666	1000
6794831	2061852	2291181	499658	16150894	11468758	7706666	1000
***	***	***	***	***	***	***	***
***	***	***	***	***	***	***	***
122642152	50927786	21217816	6294597	124351433	47421787	13962667	
121008084	49815912	21023219	6294597	118381617	45924230	13426758	
***	***	***	***	***	***	***	***
505186871	101948350	272357176	168504764	1447887514	1041308936	970352229	170523
476077566	137201145	237183931	86688538	601780920	273525801	155105679	153310
39344855	9191051	9812468	3592145	71684311	26521988	8230807	23493
941919582	229958444	499728639	251601157	1977984123	1288312749	1117227101	300340
6261025	1749360	2102884		11032730	4502703	3068879	5300
344278816	67742072	264019459	169102190	1314007860	978480736	965013550	
44302914	12308038	21252116	3000000	90114835	58497945	27395320	39563
26345880	7207493	4590280	1195106	25765161	8432094	5001484	76685
122295749	10151160	107089726	44938920	144172687	40405608	31174304	
88974092	17545380	11820086	600000	84049351	36092134	19635041	45877
1920814	455553	6610246	2992162	9133447	1816761		
33275301	8760493	2638993		21059434	10095403	3314925	
16961719	2677637	1196225		12766361	8300367	5596456	21470
102878678	33408862	48928887	26539010	120848349	55624231	32597672	1000
50808992	18509375	11848863	999020	50653181	24547529	2220542	
30050539	11601542	6285882	1028328	36011487	14199375	8526579	101585
2323487	889570	641734		2772584	1236016	538260	
1909146	968766	724486		1781930	1710958	812195	
4617180	1531720	472696		2525258	1617894	233734	
14783066	2568260	6691990	3500000	23114886	9389360		
89277039	41074214	12626554	1298566	99858893	59885623	20328967	32353

1-6 续表 2

项　　目					营业收入	营业成本
	法人资本	个人资本	港澳台资　本	外商资本		
合　计	**157496367**	**4288116**	**6328013**	**20940499**	**1256004764**	**1082571312**
一、按登记注册类型分						
内资	139391229	3435631	662658	48758	984108784	879257818
国有	719565	22929			86519989	80345202
国有独资公司	35441985				194253316	181765761
其他有限责任公司	80082736	528061			546823023	495180746
股份有限公司	23146943	2884641	662658	48758	156512456	121966109
港、澳、台商投资	6382969		5656827	15804	17893932	13821377
与港澳台商合资经营	933762		2811526	15804	17383252	13632690
与港澳台商合作经营	***	***	***	***	***	***
港澳台商投资股份有限公司	***	***	***	***	***	***
外商投资	11722169	852485	8528	20875937	254002048	189492117
中外合资经营	11415890	491271	8528	20581782	249874029	186410274
外商投资股份有限公司	***	***	***	***	***	***
二、按隶属关系分						
中央	68914282	202313	1223618	445970	709581223	641048421
地方	88582085	4085803	5104395	20494529	546423541	441522891
三、按轻重工业分						
轻工业	15217141	1467698	1108832	474019	79647190	53350224
重工业	142279226	2820418	5219181	20466480	1176357574	1029221088
四、按地区分						
东城区	720509	654842	53174		10639739	8074400
西城区	13458100	9086			481382155	457686914
朝阳区	29824744	220107	1017022	1189	52234466	46782376
丰台区	3263036	37649	35036	18204	35086677	29238132
石景山区	9139504	91800			47232140	46193280
海淀区	15704183	620056	3704	83274	65714317	52229106
门头沟区	1364328	452433			3029413	1461104
房山区	5913658		124633	742187	79070912	63529202
通州区	2577754	14005	1181	89501	20327309	15062512
顺义区	11994294	552531	10117	10468616	127877265	107129306
昌平区	20530204	60478	75498	1660805	69037417	58930029
大兴区	4685424	439381	60196	386210	41292332	35316524
怀柔区	618953	52555		26248	7786417	6511264
平谷区	821351	6959		70453	1333516	1123879
密云区	1275362	44728	64070		3950186	3265825
延庆区	6559684		2829676		5669346	4934563
北京经济技术开发区	29045279	1031506	2053706	7393812	204341157	145102896

单位：千元

税金及附加	其他业务利润	销售费用	管理费用	财务费用	#利息收入	#利息支出
33103753	**6153307**	**34053357**	**49138100**	**16938728**	**4735413**	**20947666**
20341575	5437322	15062666	40113062	15334015	3664795	18551888
2967524	1192142	776669	2305423	1199180	80534	1219106
3453414	2037850	1105947	10332747	9584820	938681	9928948
2625340	1303765	6640127	16982450	3318233	1399763	5033424
11295297	903565	6539923	10492442	1231782	1245817	2370410
193638	175426	733434	1417142	771215	134996	820990
186622	70014	714967	1303372	58957	123392	147402
***	***	***	***	***	***	***
***	***	***	***	***	***	***
12568540	540559	18257257	7607896	833498	935622	1574788
12554501	519530	17210083	7481730	836236	921626	1563967
***	***	***	***	***	***	***
14074264	2087417	5140929	19089306	5234967	1412821	6382060
19029489	4065890	28912428	30048794	11703761	3322592	14565606
4997664	523986	8194718	5831648	204421	636065	740757
28106089	5629321	25858639	43306452	16734307	4099348	20206909
122543	368255	926763	814224	109244	27603	131818
3409025	1475940	848545	1899343	3051632	694364	3627723
585945	733776	723251	4056720	531267	311054	887482
178461	119806	874961	3580003	226915	116126	333844
435996	-12474	107098	2846732	7290897	486414	7136021
454531	195331	2112001	6168146	1996438	524694	2408984
153716	28593	152795	617468	78090	22531	102080
8886327	-19292	523918	3604202	167533	61539	235830
2734385	139817	717994	1797747	104099	60799	139258
5327535	1489265	8543348	7686952	2989900	630936	3445333
337820	1001111	3498607	5094620	573650	504128	978615
249268	-30172	2080581	2739101	192185	179446	323526
288806	28157	252166	278555	25081	6721	30516
9629	32689	44203	164338	7699	1646	7429
102689	42090	151444	427979	34636	13960	45475
35775	119743	99658	358865	764162	15243	710012
9791302	440672	12396024	7003105	-1204700	1078209	403720

1-6 续表 3

项 目	投资收益（损失以"-"号记）	营业利润	利润总额	亏损企业亏损额	所得税费用
合 计	**55745428**	**101586558**	**100585643**	**21123980**	**17938449**
一、按登记注册类型分					
内资	43937067	63053819	62040013	19977991	10243831
国有	104980	-261888	84987	1300425	181717
国有独资公司	6766228	-2526508	-3853138	10319632	584048
其他有限责任公司	29782791	54317408	53789758	7105244	7689748
股份有限公司	7283068	11524807	12018406	1252690	1788318
港、澳、台商投资	2715157	3685840	3718781	238806	364180
与港澳台商合资经营	288072	1751055	1784078	238806	359431
与港澳台商合作经营	***	***	***	***	***
港澳台商投资股份有限公司	***	***	***	***	***
外商投资	9093204	34846899	34826849	907183	7330438
中外合资经营	8843852	34728648	34709831	907183	7330776
外商投资股份有限公司	***	***	***	***	***
二、按隶属关系分					
中央	32025315	53636122	53165294	10050765	7917138
地方	23720113	47950436	47420349	11073215	10021311
三、按轻重工业分					
轻工业	1649333	9063117	9146449	406273	1505064
重工业	54096095	92523441	91439194	20717707	16433385
四、按地区分					
东城区	250057	1052765	1105747	261124	166690
西城区	28960593	45243493	44720025	1194667	5101403
朝阳区	600498	4499249	3838408	1633165	1030715
丰台区	427002	496928	637313	1943406	376909
石景山区	6433518	-3181237	-3909183	6015235	252148
海淀区	2478530	3869902	4496412	2428822	771118
门头沟区	360807	1102587	984872		193889
房山区	25963	1954954	1937643	1416244	691898
通州区	-49158	93040	199129	561914	175518
顺义区	9613716	9060165	9233051	1037015	690895
昌平区	1920202	3471530	3516344	561483	419280
大兴区	1518940	2577426	2591221	964101	399031
怀柔区	224160	733506	717360	10357	41610
平谷区		21870	23257	103055	17523
密云区	121	-32984	25280	130477	17736
延庆区	2429518	1998526	1891389	85576	3489
北京经济技术开发区	550961	28624838	28577375	2777339	7588597

单位：千元

应付职工薪酬（本年贷方累计发生额）	应交增值税	进项税额	销项税额	平均用工人数（人）
86963575	**32198122**	**186648839**	**213863850**	**390996**
70097193	21497279	143907782	160307904	328519
7138911	2562182	10995316	13497289	23969
22310546	3957974	20561278	23432814	92679
27650607	10202641	86871368	93532589	139440
12997129	4774482	25479820	29845212	72431
1934432	956981	1987458	2324015	9679
1821438	899015	1972191	2250814	9286
***	***	***	***	***
***	***	***	***	***
14931950	9743862	40753599	51231931	52798
14568923	9654127	40277932	50667459	50062
***	***	***	***	***
43876667	15802043	105244483	119741155	168963
43086908	16396079	81404356	94122695	222033
9370414	4090450	8678785	12496315	56121
77593161	28107672	177970054	201367535	334875
1550526	458908	1049409	1420251	5702
17042264	8840289	82885848	91149729	55773
8589282	1365599	5072474	5194620	40334
4593526	784039	2316102	2988169	25934
4175704	1122907	5478733	6516240	19560
8760439	2222820	6004149	7822382	37713
879520	366870	132130	494854	4191
3908772	2654527	9980390	12577638	19159
2314943	1031129	1898928	2697095	15346
10769523	1096051	27691065	29466438	49974
6204134	740755	14157882	14608021	38622
3133919	671198	5517307	6237296	19170
514375	196837	791337	985518	5037
213835	6688	138916	140005	1694
613268	140462	442161	551175	4932
409371	100297	787878	872885	2467
13290174	10398746	22304130	30141534	45388

1-7 按行业中类分规模以上

项　　目	法人单位数（个）	#亏损企业	工业总产值（当年价格）	工业销售产值（当年价格）	#出口交货值
合　计	**643**	**142**	**1156189976**	**1147747487**	**34479136**
一、采矿业	9	7	26990163	27157370	2175421
煤炭开采和洗选业	1	***	***	***	***
烟煤和无烟煤开采洗选	1	***	***	***	***
石油和天然气开采业	2	***	***	***	***
天然气开采	2	***	***	***	***
黑色金属矿采选业	3	2	8642776	8603393	
铁矿采选	3	2	8642776	8603393	
开采专业及辅助性活动	3	3	13107465	13107465	387622
石油和天然气开采专业及辅助性活动	3	3	13107465	13107465	387622
二、制造业	541	115	609066844	600485799	32303715
农副食品加工业	16	5	9831463	9943703	
谷物磨制	4	3	1268135	1269198	
饲料加工	2	***	***	***	***
植物油加工	1	***	***	***	***
屠宰及肉类加工	6	2	6793337	6897594	
蔬菜、菌类、水果和坚果加工	2	***	***	***	***
其他农副食品加工	1	***	***	***	***
食品制造业	13	2	6424274	6826736	8707
焙烤食品制造	3	1	286545	269454	
方便食品制造	2	***	***	***	***
乳制品制造	2	***	***	***	***
调味品、发酵制品制造	2	***	***	***	***
其他食品制造	4	1	1735301	1734412	743
酒、饮料和精制茶制造业	9	2	13296127	13400757	30610
酒的制造	6	1	12791336	12904955	30610
饮料制造	3	1	504791	495802	
烟草制品业	1	***	***	***	***
卷烟制造	1	***	***	***	***
纺织业	4	1	149138	141902	13830
棉纺织及印染精加工	1	***	***	***	***
家用纺织制成品制造	1	***	***	***	***
产业用纺织制成品制造	2	***	***	***	***
纺织服装、服饰业	5		859247	949096	632409
机织服装制造	4		719022	751579	632409
针织或钩针编织服装制造	1	***	***	***	***
皮革、毛皮、羽毛及其制品和制鞋业	1	***	***	***	***
制鞋业	1	***	***	***	***

国有控股工业主要财务状况

单位：千元

年初存货	资产总计	#流动资产合　计	#应收账款	#存　货	#产成品	#固定资产净额	#固定资产原价
103667803	**3543942841**	**985212646**	**206130066**	**114620896**	**40349009**	**587106738**	**1184556658**
3209138	389539911	83872724	17464991	3143250	592129	61841552	95704549
***	***	***	***	***	***	***	***
***	***	***	***	***	***	***	***
***	***	***	***	***	***	***	***
***	***	***	***	***	***	***	***
1048569	321522749	53404557	11645784	1098538	344129	54609363	68583605
1048569	321522749	53404557	11645784	1098538	344129	54609363	68583605
1779521	37570120	17782171	5750213	1802922	14393	6797456	25823445
1779521	37570120	17782171	5750213	1802922	14393	6797456	25823445
99308476	1076761084	608908538	137300124	109681024	39640385	135959206	290523709
1282253	10423147	7765020	1019371	1521411	1047200	888379	1673153
530474	2745212	2032720	437466	410831	119637	257062	363323
***	***	***	***	***	***	***	***
***	***	***	***	***	***	***	***
525186	6334519	5028249	343635	917993	814000	346121	772810
***	***	***	***	***	***	***	***
***	***	***	***	***	***	***	***
582625	11576582	4683374	1484144	535768	300088	1123713	2268350
5076	339443	208978	54637	9780	851	96184	187259
***	***	***	***	***	***	***	***
***	***	***	***	***	***	***	***
***	***	***	***	***	***	***	***
333453	1617412	1269539	347846	264778	185240	204990	378050
2223348	21948120	17140217	202119	2194735	1468957	2828744	4516308
2155860	20911432	16337240	142170	2124350	1448256	2727053	4199284
67488	1036688	802977	59949	70385	20701	101691	317024
***	***	***	***	***	***	***	***
***	***	***	***	***	***	***	***
76570	2148066	1208864	73651	75608	55584	380424	526784
***	***	***	***	***	***	***	***
***	***	***	***	***	***	***	***
***	***	***	***	***	***	***	***
301427	908399	705870	119640	377969	110281	134480	252561
201276	534483	453239	22306	264264	38506	65140	150885
***	***	***	***	***	***	***	***
***	***	***	***	***	***	***	***
***	***	***	***	***	***	***	***

1-7 续表 1

项 目	法人单位数（个）	#亏损企业	工业总产值（当年价格）	工业销售产值（当年价格）	#出口交货值
家具制造业	2	***	***	***	***
木质家具制造	1	***	***	***	***
金属家具制造	1	***	***	***	***
造纸和纸制品业	2	***	***	***	***
纸制品制造	2	***	***	***	***
印刷和记录媒介复制业	31	10	7314364	7325120	938
印刷	30	9	7294597	7303594	938
记录媒介复制	1	***	***	***	***
文教、工美、体育和娱乐用品制造业	7	2	1810229	1763186	30749
乐器制造	3		301537	308259	2850
工艺美术及礼仪用品制造	3	1	1497110	1435687	8659
玩具制造	1	***	***	***	***
石油、煤炭及其他燃料加工业	7	2	56407377	56307775	21640
精炼石油产品制造	7	2	56407377	56307775	21640
化学原料和化学制品制造业	23	2	12501589	12146976	206265
基础化学原料制造	4		476267	463673	11209
涂料、油墨、颜料及类似产品制造	1	***	***	***	***
合成材料制造	7	1	9995939	9745457	
专用化学产品制造	10	1	1892402	1809676	195056
日用化学产品制造	1	***	***	***	***
医药制造业	31	1	19832406	18601580	60992
化学药品制剂制造	9		4639488	4645369	29402
中药饮片加工	5	1	3157624	2813046	
中成药生产	8		7430697	7149505	7306
兽用药品制造	2	***	***	***	***
生物药品制品制造	6		4092740	3469142	24284
卫生材料及医药用品制造	1	***	***	***	***
化学纤维制造业	2	***	***	***	***
合成纤维制造	2	***	***	***	***
橡胶和塑料制品业	6	1	507234	540211	163203
橡胶制品业	2	***	***	***	***
塑料制品业	4		256124	255218	
非金属矿物制品业	50	16	17561361	17307004	883042
水泥、石灰和石膏制造	3	1	2393782	2354569	
石膏、水泥制品及类似制品制造	31	13	9990780	9836685	697
砖瓦、石材等建筑材料制造	4		298722	295240	7793
玻璃制品制造	2	***	***	***	***
玻璃纤维和玻璃纤维增强塑料制品制造	1	***	***	***	***
耐火材料制品制造	3	2	474356	441594	112411

单位：千元

年初存货	资产总计	#流动资产合计	#应收账款	#存货	#产成品	#固定资产净额	#固定资产原价
***	***	***	***	***	***	***	***
***	***	***	***	***	***	***	***
***	***	***	***	***	***	***	***
***	***	***	***	***	***	***	***
***	***	***	***	***	***	***	***
1534267	12258893	7947907	676277	1606257	676250	3005473	9596970
1521955	12222246	7926943	670248	1595752	669662	3001834	9573765
***	***	***	***	***	***	***	***
1471038	2793981	1822254	112593	1189319	545079	300245	608179
167648	805764	409635	35622	151232	76038	254478	476050
1289546	1945834	1384714	73816	1034170	469041	35077	115258
***	***	***	***	***	***	***	***
5055219	24947922	9626589	1258629	5051884	1178728	9328966	34131710
5055219	24947922	9626589	1258629	5051884	1178728	9328966	34131710
1785130	14923425	9983203	1570266	2099162	1484492	2960422	8487857
95878	860118	482687	96608	80954	43199	262523	527657
***	***	***	***	***	***	***	***
1326973	11835390	8110042	934183	1593402	1187439	2137717	6890698
351365	2113499	1292657	524963	406390	247329	547340	1033834
***	***	***	***	***	***	***	***
8164936	50149002	26979201	5140291	8377340	3011123	7071565	11785093
856601	15404403	6516309	1358401	749066	256358	1715943	3524322
2426009	8424256	5534479	2242223	2480541	828646	193167	398394
3787610	14084744	9548336	779514	4209406	1614703	1773456	3188449
***	***	***	***	***	***	***	***
957007	11517851	4956025	661169	826252	283648	3265355	4392233
***	***	***	***	***	***	***	***
***	***	***	***	***	***	***	***
***	***	***	***	***	***	***	***
170570	1330762	1002707	291857	155983	76941	98492	387251
***	***	***	***	***	***	***	***
89067	1010108	803126	241639	98853	53004	47058	138605
2583294	86504834	53928336	10304552	2907566	1270291	5214511	10755368
197013	50125645	30944323	294278	140600	32059	2091088	4373547
1297400	23722066	14993404	7229189	1633789	889302	2140208	4357803
100899	1501157	761625	432737	92549	39130	66113	202869
***	***	***	***	***	***	***	***
***	***	***	***	***	***	***	***
432836	3319365	2018866	663462	385944	216356	409470	601670

1-7 续表 2

项　　目	法人单位数（个）	#亏损企业	工业总产值（当年价格）	工业销售产值（当年价格）	#出口交货值
石墨及其他非金属矿物制品制造	6		3563494	3561690	736770
黑色金属冶炼和压延加工业	2	***	***	***	***
钢压延加工	1	***	***	***	***
铁合金冶炼	1	***	***	***	***
有色金属冶炼和压延加工业	7		5177418	5028085	417481
稀有稀土金属冶炼	1	***	***	***	***
有色金属合金制造	2	***	***	***	***
有色金属压延加工	4		2810249	2853290	45406
金属制品业	25	8	13443090	13435580	797166
结构性金属制品制造	10	2	1087572	1054913	
集装箱及金属包装容器制造	5	3	440094	424514	30164
铸造及其他金属制品制造	10	3	11915424	11956153	767002
通用设备制造业	39	10	9380766	9440940	145425
锅炉及原动设备制造	5	1	1851972	1835728	86181
金属加工机械制造	7	5	583154	614027	4796
物料搬运设备制造	2	***	***	***	***
泵、阀门、压缩机及类似机械制造	13	3	3257991	3206021	53259
烘炉、风机、包装等设备制造	5		1487011	1490912	1189
文化、办公用机械制造	3	1	1139886	1223561	
通用零部件制造	2	***	***	***	***
其他通用设备制造业	2	***	***	***	***
专用设备制造业	47	12	14762866	13626801	871295
采矿、冶金、建筑专用设备制造	9	2	4394855	4166686	172985
化工、木材、非金属加工专用设备制造	2	***	***	***	***
食品、饮料、烟草及饲料生产专用设备制造	2	***	***	***	***
印刷、制药、日化及日用品生产专用设备制造	4	2	266812	307316	
纺织、服装和皮革加工专用设备制造	1	***	***	***	***
电子和电工机械专用设备制造	5	1	984409	677234	313958
农、林、牧、渔专用机械制造	4	2	547888	556014	11187
医疗仪器设备及器械制造	3	2	237489	252423	2433
环保、邮政、社会公共服务及其他专用设备制造	17	3	6716457	6096749	313230
汽车制造业	42	11	285801099	285005536	4106848
汽车整车制造	6	1	246842837	246122467	2277708
汽车用发动机制造	1	***	***	***	***
改装汽车制造	6		2198205	2180300	24621
汽车零部件及配件制造	29	10	28362502	28501641	104834
铁路、船舶、航空航天和其他运输设备制造业	34	2	37120853	35137881	289669
铁路运输设备制造	11	1	14439404	13623285	
城市轨道交通设备制造	1	***	***	***	***

单位：千元

年初存货	资产总计	#流动资产合计	#应收账款	#存货	#产成品	#固定资产净额	#固定资产原价
304389	6751344	4480507	1516827	363765	81979	338370	819825
***	***	***	***	***	***	***	***
***	***	***	***	***	***	***	***
***	***	***	***	***	***	***	***
1275649	6189079	3870151	594745	1405691	443862	761865	1225283
***	***	***	***	***	***	***	***
***	***	***	***	***	***	***	***
591090	2190331	1575889	210999	711813	269089	172602	353054
1970225	27761967	13984719	2312806	2267079	440179	3891497	6801027
289670	2285298	1659591	415438	442332	119772	125479	241716
306426	2199569	1001342	222820	267990	80152	431283	663279
1374129	23277100	11323786	1674548	1556757	240255	3334735	5896032
6588335	21792489	15741769	3187061	6002855	1066399	1627235	4074049
3209023	5083102	4707012	497480	2634696	6381	150053	529614
1126421	5376261	2513639	447279	1123970	328505	652499	1632621
***	***	***	***	***	***	***	***
1184206	5262406	3749660	870871	1271614	493202	595982	1396443
492337	3108106	2391877	680216	499988	144859	167166	352815
242470	1190669	1126747	282424	208127	88001	5793	20856
***	***	***	***	***	***	***	***
***	***	***	***	***	***	***	***
7468503	38519060	28134517	7978447	7912743	2706773	3546088	6928860
2673878	12156035	9608430	2768337	2902191	808786	1559349	3049131
***	***	***	***	***	***	***	***
***	***	***	***	***	***	***	***
154022	1399175	764259	114051	134945	25591	171671	438975
***	***	***	***	***	***	***	***
555800	2504340	1737512	329347	722997	605088	271105	478239
282164	1439754	1047615	434791	314034	125331	179710	289613
104131	1387973	564606	95612	97975	37115	54811	171570
2803330	13414580	9895874	3391928	2766026	910410	489665	1064436
25097177	458381836	244703553	54417047	30324419	15587207	58822937	100875469
20774968	365324923	190531928	33974028	26122038	13955017	47506348	84225562
***	***	***	***	***	***	***	***
703585	4644997	3454932	1642180	768514	170228	436814	573130
3319791	82085788	47314190	16663217	3149620	1349157	8839644	12940187
13506124	65506484	47936731	13045809	15943375	2770135	8550901	15535335
3611992	20214589	15806212	6250498	5096462	2391477	1105743	2119918
***	***	***	***	***	***	***	***

1-7 续表 3

项 目	法人单位数（个）	#亏损企业	工业总产值（当年价格）	工业销售产值（当年价格）	#出口交货值
船舶及相关装置制造	1	***	***	***	***
航空、航天器及设备制造	21	1	21191557	20208136	289669
电气机械和器材制造业	23	7	8185721	8478149	29765
电机制造	3	3	3370125	3570017	2538
输配电及控制设备制造	16	4	4206599	4296872	14916
电线、电缆、光缆及电工器材制造	1	***	***	***	***
非电力家用器具制造	1	***	***	***	***
其他电气机械及器材制造	2	***	***	***	***
计算机、通信和其他电子设备制造业	64	15	47664862	45986414	21362793
计算机制造	7	2	2516657	2446208	17698
通信设备制造	12	1	2075567	2010076	29338
广播电视设备制造	3	1	572258	457824	4227
雷达及配套设备制造	2	***	***	***	***
电子器件制造	23	8	37018700	35952882	20836774
电子元件及电子专用材料制造	11	1	2937628	2800679	343664
其他电子设备制造	6	2	2217072	2025824	129690
仪器仪表制造业	38	4	7265482	7045329	37658
通用仪器仪表制造	29	3	5413227	5269958	37415
专用仪器仪表制造	7		1744059	1667099	243
光学仪器制造	1	***	***	***	***
其他仪器仪表制造业	1	***	***	***	***
其他制造业	5	1	11038256	9374282	356841
核辐射加工	1	***	***	***	***
其他未列明制造业	4	1	11008681	9344707	356841
废弃资源综合利用业	1	***	***	***	***
非金属废料和碎屑加工处理	1	***	***	***	***
金属制品、机械和设备修理业	4		8491165	8395208	649126
专用设备修理	1	***	***	***	***
铁路、船舶、航空航天等运输设备修理	3		8406050	8310093	649126
三、电力、热力、燃气及水生产和供应业	93	20	520132969	520104318	
电力、热力生产和供应业	57	11	500251138	500234042	
电力生产	18		27792965	27792965	
电力供应	4	3	459584271	459584271	
热力生产和供应	35	8	12873902	12856806	
燃气生产和供应业	15	5	7838261	7838261	
燃气生产和供应业	15	5	7838261	7838261	
水的生产和供应业	21	4	12043570	12032015	
自来水生产和供应	13	3	3508572	3497017	
污水处理及其再生利用	8	1	8534998	8534998	

单位：千元

年初存货	资产总计	#流动资产合计	#应收账款	#存货	#产成品	#固定资产净额	#固定资产原价
***	***	***	***	***	***	***	***
9655900	41688271	28907880	4705223	10363727	378658	7194745	12664518
2599995	18645522	13885488	5709310	2123728	370028	1407158	3009477
998307	7417221	5233365	2015562	639283	171822	338516	1240433
1394064	9578290	7241262	3081797	1295645	165987	1041086	1705494
***	***	***	***	***	***	***	***
***	***	***	***	***	***	***	***
***	***	***	***	***	***	***	***
8390357	119952340	60941364	17625868	9358008	3707027	14715156	43874634
343347	32920881	9478082	569406	305152	100616	59882	187368
1231971	9924089	5313729	1991247	1292887	459173	937469	1800281
555206	1874301	1451147	397690	610272	16052	19845	72899
***	***	***	***	***	***	***	***
3759415	60453051	36725779	12963210	4124548	2248032	12114396	39293845
647346	3370500	2699297	835057	645790	227759	372897	932705
1516148	10335969	4230456	729664	2018651	655395	1186358	1502854
2472597	13819407	11010225	3606825	2610863	694315	919500	1902525
1855278	9288614	7446305	2403826	1935012	625284	644626	1401430
607839	4415462	3462419	1176928	667658	65855	265394	468722
***	***	***	***	***	***	***	***
***	***	***	***	***	***	***	***
1579514	13850898	10735972	3725545	2432207	38692	1417522	2813530
***	***	***	***	***	***	***	***
1575809	13809772	10695728	3712661	2429022	35507	1416775	2808778
***	***	***	***	***	***	***	***
***	***	***	***	***	***	***	***
1513091	40520596	9873965	2249864	1760355	853	2002250	8074454
***	***	***	***	***	***	***	***
1512964	7023684	4329246	2115589	1760228	853	1953344	4132937
1150189	2077641846	292431384	51364951	1796622	116495	389305980	798328400
1008418	1948571039	260508041	40024196	1615724	29770	330962469	711828112
323509	73695777	23588606	4259010	332876		27339866	51849555
479261	1813347315	220269962	33715962	950110		269554937	605375308
205648	61527947	16649473	2049224	332738	29770	34067666	54603249
58045	13511775	4740473	812178	80363	53375	4484361	6241108
58045	13511775	4740473	812178	80363	53375	4484361	6241108
83726	115559032	27182870	10528577	100535	33350	53859150	80259180
23813	30580647	9867189	394630	31561	1210	10241134	24273720
59913	84978385	17315681	10133947	68974	32140	43618016	55985460

1-7 续表 4

项　　目	#累计折旧	#本年折旧	#在建工程	#无形资产	负债合计
合　计	**587307392**	**57513479**	**101810263**	**99672714**	**1494274386**
一、采矿业	30775763	1420310	6179716	50443256	228847800
煤炭开采和洗选业	***	***	***	***	***
烟煤和无烟煤开采洗选	***	***	***	***	***
石油和天然气开采业	***	***	***	***	***
天然气开采	***	***	***	***	***
黑色金属矿采选业	13970550	593292	6064320	49952710	204168665
铁矿采选	13970550	593292	6064320	49952710	204168665
开采专业及辅助性活动	15942477	726905	50598	304197	11812660
石油和天然气开采专业及辅助性活动	15942477	726905	50598	304197	11812660
二、制造业	148575293	17146679	27565828	34899007	571361225
农副食品加工业	784011	92989	98743	99134	7194522
谷物磨制	106261	17107	22888	19480	1840555
饲料加工	***	***	***	***	***
植物油加工	***	***	***	***	***
屠宰及肉类加工	426689	45446	13495	32494	4609607
蔬菜、菌类、水果和坚果加工	***	***	***	***	***
其他农副食品加工	***	***	***	***	***
食品制造业	1130009	126017	36302	158471	3368487
焙烤食品制造	91075	9412	580	15694	161288
方便食品制造	***	***	***	***	***
乳制品制造	***	***	***	***	***
调味品、发酵制品制造	***	***	***	***	***
其他食品制造	171472	26853	21058	23558	528789
酒、饮料和精制茶制造业	1618450	199498	554296	723815	12481444
酒的制造	1404073	184301	464661	714481	11247345
饮料制造	214377	15197	89635	9334	1234099
烟草制品业	***	***	***	***	***
卷烟制造	***	***	***	***	***
纺织业	146360	22163	90999	40518	910112
棉纺织及印染精加工	***	***	***	***	***
家用纺织制成品制造	***	***	***	***	***
产业用纺织制成品制造	***	***	***	***	***
纺织服装、服饰业	118082	7886		50009	671017
机织服装制造	85746	4970		14456	416946
针织或钩针编织服装制造	***	***	***	***	***
皮革、毛皮、羽毛及其制品和制鞋业	***	***	***	***	***
制鞋业	***	***	***	***	***

单位：千元

流动负债合　　计	#应付账款	非流动负债合计	#应付债券	所有者权益合　　计	#实收资本	国家资本	集体资本
981264437	**239149495**	**509541107**	**255193302**	**2049668434**	**1314834737**	**1125457908**	**323833**
123857023	12674895	104990777	45131082	160692112	62099014	30671771	
***	***	***	***	***	***	***	***
***	***	***	***	***	***	***	***
***	***	***	***	***	***	***	***
***	***	***	***	***	***	***	***
107986112	6420698	96182553	42138920	117354085	29460439	29343439	
107986112	6420698	96182553	42138920	117354085	29460439	29343439	
11091509	5210436	721150		25757460	28885715		
11091509	5210436	721150		25757460	28885715		
457909757	151641450	109982627	34460030	505399842	236342629	111869420	323833
7034350	1000148	160171		3228625	2331950	1602023	
1805046	319392	35509		904657	980553	602880	
***	***	***	***	***	***	***	***
***	***	***	***	***	***	***	***
4521162	450329	88445		1724911	986120	815109	
***	***	***	***	***	***	***	***
***	***	***	***	***	***	***	***
3143463	1659774	225024		8208086	2539437	918614	
156622	41140	4666		178155	189099	122490	
***	***	***	***	***	***	***	***
***	***	***	***	***	***	***	***
***	***	***	***	***	***	***	***
510193	291399	18596		1088623	378142		
9547990	404398	2933454	1098473	9466676	2350843	469399	
8313891	342075	2933454	1098473	9664088	1715054		
1234099	62323			-197412	635789	469399	
***	***	***	***	***	***	***	***
***	***	***	***	***	***	***	***
387579	16370	522534		1237954	773174		
***	***	***	***	***	***	***	***
***	***	***	***	***	***	***	***
***	***	***	***	***	***	***	***
531913	185143	139104		237382	534204	45050	
295342	88435	121604		117537	80050	45050	
***	***	***	***	***	***	***	***
***	***	***	***	***	***	***	***
***	***	***	***	***	***	***	***

1-7 续表 5

项　　目	#累计折旧	#本年折旧	#在建工程	#无形资产	负债合计
家具制造业	***	***	***	***	***
木质家具制造	***	***	***	***	***
金属家具制造	***	***	***	***	***
造纸和纸制品业	***	***	***	***	***
纸制品制造	***	***	***	***	***
印刷和记录媒介复制业	6585969	535287	236602	491811	3805543
印刷	6566404	533934	236602	491437	3786293
记录媒介复制	***	***	***	***	***
文教、工美、体育和娱乐用品制造业	307243	20396	1268	48941	2311160
乐器制造	220880	13713	135	31317	541826
工艺美术及礼仪用品制造	80182	6268	1133	14424	1751825
玩具制造	***	***	***	***	***
石油、煤炭及其他燃料加工业	23363184	1202463	2952838	586402	11827016
精炼石油产品制造	23363184	1202463	2952838	586402	11827016
化学原料和化学制品制造业	4372024	318594	318832	916847	9647340
基础化学原料制造	223682	20018	34365		356295
涂料、油墨、颜料及类似产品制造	***	***	***	***	***
合成材料制造	3679871	267877	251569	795955	7970619
专用化学产品制造	445645	29782	32898	117224	1246198
日用化学产品制造	***	***	***	***	***
医药制造业	4627968	590846	2987774	1432443	15682830
化学药品制剂制造	1797614	182093	617157	261425	4527504
中药饮片加工	205227	24748	1005517	172488	2900330
中成药生产	1345066	140275	839294	219912	3555563
兽用药品制造	***	***	***	***	***
生物药品制品制造	1122071	236384	525508	691514	4424357
卫生材料及医药用品制造	***	***	***	***	***
化学纤维制造业	***	***	***	***	***
合成纤维制造	***	***	***	***	***
橡胶和塑料制品业	248866	17494	7310	21257	359651
橡胶制品业	***	***	***	***	***
塑料制品业	91548	11003	127	531	201126
非金属矿物制品业	5445462	467806	260354	1055158	61789534
水泥、石灰和石膏制造	2241051	172319	46346	319528	41975413
石膏、水泥制品及类似制品制造	2180837	217374	45102	497971	13591806
砖瓦、石材等建筑材料制造	136756	7977	333	1511	938926
玻璃制品制造	***	***	***	***	***
玻璃纤维和玻璃纤维增强塑料制品制造	***	***	***	***	***
耐火材料制品制造	192199	10669	7644	82509	2371933

单位：千元

流动负债合计	#应付账款	非流动负债合计	#应付债券	所有者权益合计	#实收资本	国家资本	集体资本
***	***	***	***	***	***	***	***
***	***	***	***	***	***	***	***
***	***	***	***	***	***	***	***
***	***	***	***	***	***	***	***
***	***	***	***	***	***	***	***
***	***	***	***	***	***	***	***
3404131	1354201	294921		8435951	4610199	1408262	
***	***	***	***	***	***	***	***
2023929	1214000	287231		482821	1395388	93604	
278422	95410	263404		263938	338226	93604	
1727998	1118590	23827		194009	1050162		
***	***	***	***	***	***	***	***
11587415	3668786	239600		13120906	593360	30000	
11587415	3668786	239600		13120906	593360	30000	
6309473	2459764	3337868		5276086	9711094	6920116	17759
356295	132988			503822	385736		
***	***	***	***	***	***	***	***
4653775	1776805	3316844		3864772	8662772	6437690	
1225175	541619	21024		867302	592186	432426	17759
***	***	***	***	***	***	***	***
10713534	2867787	4969295	2493672	34466170	9861380	2109427	22493
3778218	375605	749286		10876898	2460083	1197756	20342
1858020	1062437	1042310	499658	5523925	762746	391295	
2521045	1137436	1034518	798908	10529182	3076350	17151	
***	***	***	***	***	***	***	***
2281529	246590	2142827	1195106	7093494	3354461	325485	2151
***	***	***	***	***	***	***	***
***	***	***	***	***	***	***	***
***	***	***	***	***	***	***	***
326814	118958	32836		971111	369933	176078	11470
***	***	***	***	***	***	***	***
194358	91510	6767		808982	244078	176078	
54646343	8443061	7143186		24715296	12233130	9236535	21804
35635549	540685	6339865		8150232	5624063	4660600	
13022777	6166176	569026		10130255	3980663	3067378	
937685	85848	1241		562232	509159	118892	
***	***	***	***	***	***	***	***
***	***	***	***	***	***	***	***
2336633	351782	35298		947433	533671	395369	21804

1-7 续表 6

项目	#累计折旧	#本年折旧	#在建工程	#无形资产	负债合计
石墨及其他非金属矿物制品制造	473296	41005	119388	125048	2401376
黑色金属冶炼和压延加工业	***	***	***	***	***
钢压延加工	***	***	***	***	***
铁合金冶炼	***	***	***	***	***
有色金属冶炼和压延加工业	463416	74163	23251	67931	1389917
稀有稀土金属冶炼	***	***	***	***	***
有色金属合金制造	***	***	***	***	***
有色金属压延加工	180451	24386	16770	29536	742622
金属制品业	2788373	275137	371928	440662	14205683
结构性金属制品制造	116236	9627	14746	20781	931062
集装箱及金属包装容器制造	219247	33303	3786	91849	1548626
铸造及其他金属制品制造	2452890	232207	353396	328032	11725995
通用设备制造业	2415003	170845	148921	555909	13321494
锅炉及原动设备制造	379560	24106	6729	21969	4786990
金属加工机械制造	970077	46632	16697	234889	2070653
物料搬运设备制造	***	***	***	***	***
泵、阀门、压缩机及类似机械制造	799075	68315	88693	173572	2711828
烘炉、风机、包装等设备制造	185463	20326	1513	119621	1697134
文化、办公用机械制造	14902	1788		4300	1007952
通用零部件制造	***	***	***	***	***
其他通用设备制造业	***	***	***	***	***
专用设备制造业	3365076	356865	309194	630645	25270985
采矿、冶金、建筑专用设备制造	1489781	170571	231504	100736	8613800
化工、木材、非金属加工专用设备制造	***	***	***	***	***
食品、饮料、烟草及饲料生产专用设备制造	***	***	***	***	***
印刷、制药、日化及日用品生产专用设备制造	261580	8038	2974	43247	1155067
纺织、服装和皮革加工专用设备制造	***	***	***	***	***
电子和电工机械专用设备制造	197084	29961	28077	100379	3847990
农、林、牧、渔专用机械制造	109900	15855	2784	52431	985945
医疗仪器设备及器械制造	116289	10905		15254	271157
环保、邮政、社会公共服务及其他专用设备制造	573322	52913	42043	177852	7988340
汽车制造业	40529261	7529714	13152597	21027235	257706631
汽车整车制造	35678539	6462311	10543888	17349000	207842780
汽车用发动机制造	***	***	***	***	***
改装汽车制造	133151	16400	153429	86968	3045786
汽车零部件及配件制造	3630245	838247	2247918	3067702	43725155
铁路、船舶、航空航天和其他运输设备制造业	6899361	802956	3098597	680052	39241635
铁路运输设备制造	950888	143842	97506	142123	11822026
城市轨道交通设备制造	***	***	***	***	***

单位：千元

流动负债合计	#应付账款	非流动负债合计	#应付债券	所有者权益合计	#实收资本	国家资本	集体资本
2247072	1150676	154303		4349968	1301591	870313	
***	***	***	***	***	***	***	***
***	***	***	***	***	***	***	***
***	***	***	***	***	***	***	***
1191622	210726	198294		4799160	1047205	491196	22413
***	***	***	***	***	***	***	***
***	***	***	***	***	***	***	***
734137	59764	8485		1447709	329000	13700	
12094509	2640424	1947955	600000	13556282	6381224	3194326	11300
755696	296367	12147		1354236	1093180	151100	1300
1374791	230946	173834		650942	1023539	40000	10000
9964022	2113111	1761974	600000	11551104	4264505	3003226	
12344090	3197606	977404		8470995	5176447	3274994	
4716913	733168	70077		296111	396323	296785	
1864454	408924	206199		3305609	2160993	1690435	
***	***	***	***	***	***	***	***
2642383	854239	69444		2550579	1277659	873165	
1685137	648164	11998		1410972	699580	48000	
595686	199199	412266		182717	132562	70000	
***	***	***	***	***	***	***	***
***	***	***	***	***	***	***	***
21351058	7971933	3883272		13248079	7426040	3256767	32353
7758549	2424132	855250		3542235	2821492	192028	
***	***	***	***	***	***	***	***
***	***	***	***	***	***	***	***
755318	96374	363097		244108	306545	306545	
***	***	***	***	***	***	***	***
1586896	364728	2261093		-1343649	1148150	1027710	
937405	325126	48541		453809	292000	213828	
267983	101880	3173		1116817	454930	178139	
7718989	3857146	269350		5426241	1552623	807341	
196869339	72355653	60837291	27467885	200675207	91024690	53511328	78400
154417526	57624559	53425253	26439557	157482144	64804077	33379377	
***	***	***	***	***	***	***	***
2752243	1620807	293543		1599211	1073474	892990	
36685043	11246879	7040113	1028328	38360634	21913921	19238961	78400
33340286	11146724	2719628		26264851	11345208	3466395	77656
8313093	5242354	327212		8392563	6000681	1378647	76685
***	***	***	***	***	***	***	***

1-7 续表 7

项　　目	#累计折旧	#本年折旧	#在建工程	#无形资产	负债合计
船舶及相关装置制造	***	***	***	***	***
航空、航天器及设备制造	5449159	618583	2996526	441827	25373666
电气机械和器材制造业	1594149	135539	64329	904417	12346723
电机制造	896280	41548	49015	202529	5429001
输配电及控制设备制造	662263	90188	15314	700364	5741040
电线、电缆、光缆及电工器材制造	***	***	***	***	***
非电力家用器具制造	***	***	***	***	***
其他电气机械及器材制造	***	***	***	***	***
计算机、通信和其他电子设备制造业	28216124	3220353	1211612	3480197	36862003
计算机制造	120108	14995	56642	100485	3951752
通信设备制造	853197	67550	82241	738585	4779810
广播电视设备制造	53054	5631	8093	7425	1281591
雷达及配套设备制造	***	***	***	***	***
电子器件制造	26255564	2994797	854494	1853884	19895848
电子元件及电子专用材料制造	557524	48674	159480	41763	1164734
其他电子设备制造	316304	80199	50662	731689	4846428
仪器仪表制造业	982401	98934	49841	395168	7909268
通用仪器仪表制造	756181	61867	30686	367155	5405350
专用仪器仪表制造	203327	36257	19155	26797	2430745
光学仪器制造	***	***	***	***	***
其他仪器仪表制造业	***	***	***	***	***
其他制造业	1396008	115264	504790	310541	8941521
核辐射加工	***	***	***	***	***
其他未列明制造业	1392003	114611	504790	310541	8937779
废弃资源综合利用业	***	***	***	***	***
非金属废料和碎屑加工处理	***	***	***	***	***
金属制品、机械和设备修理业	5733290	227993	29463	260231	14662498
专用设备修理	***	***	***	***	***
铁路、船舶、航空航天等运输设备修理	2172525	224233	29463	253050	4262034
三、电力、热力、燃气及水生产和供应业	407956336	38946490	68064719	14330451	694065361
电力、热力生产和供应业	379816112	35358573	54200944	4782424	631351388
电力生产	23707625	2065810	1321047	516076	35688767
电力供应	335581639	30847767	47484210	2895511	562847035
热力生产和供应	20526848	2444996	5395687	1370837	32815586
燃气生产和供应业	1740194	257632	363898	78163	8929968
燃气生产和供应业	1740194	257632	363898	78163	8929968
水的生产和供应业	26400030	3330285	13499877	9469864	53784005
自来水生产和供应	14032584	915916	6106578	1442381	16154031
污水处理及其再生利用	12367446	2414369	7393299	8027483	37629974

单位：千元

流动负债合计	#应付账款	非流动负债合计	#应付债券	所有者权益合计	#实收资本	国家资本	集体资本
***	***	***	***	***	***	***	***
22987806	4611502	2385860		16314607	3973761	2087748	971
11544474	6456874	802248		6298798	4872073	2017517	
5288127	2913466	140874		1988221	2080576	839820	
5297867	3241026	443172		3837248	2522230	1163370	
***	***	***	***	***	***	***	***
***	***	***	***	***	***	***	***
***	***	***	***	***	***	***	***
33001386	17308136	3860619		83090333	43778782	13301130	
3742309	897850	209444		28969129	4873510	3120000	
3902472	819040	877338		5144280	3379475	1355233	
1241876	137619	39715		592709	146558	66347	
***	***	***	***	***	***	***	***
18867605	13759263	1028244		40557199	33679805	7657406	
911673	409496	253060		2205766	586794	78631	
3432467	1149749	1413962		5489541	1084715	998588	
7205785	2505553	703486		5910138	2610872	1672156	27185
4802852	1912659	602500		3883264	1900912	998571	27185
2329760	563450	100986		1984716	641960	623585	
***	***	***	***	***	***	***	***
***	***	***	***	***	***	***	***
8329779	1446659	611742		4909377	2596320	968275	
***	***	***	***	***	***	***	***
8326037	1446649	611742		4871993	2594320	966275	
***	***	***	***	***	***	***	***
***	***	***	***	***	***	***	***
7411711	1193395	7250787	2800000	25858099	8966254		
***	***	***	***	***	***	***	***
3733352	1099095	528682		2761651	2219520		
399497657	74833150	294567703	175602190	1383576480	1016393094	982916717	
370215508	62853303	261135879	172710000	1317219648	964558065	944587378	
20835417	3769824	14853349	3500000	38007010	18753307	6463146	
328929480	55624873	233917555	166210000	1250500279	930896041	928895793	
20450611	3458606	12364975	3000000	28712359	14908717	9228439	
5518389	1795196	3411579		4581803	4310277	1685995	
5518389	1795196	3411579		4581803	4310277	1685995	
23763760	10184651	30020245	2892190	61775029	47524752	36643344	
5806132	622701	10347899		14426617	8561631	8000489	
17957628	9561950	19672346	2892190	47348412	38963121	28642855	

1-7 续表 8

项目	法人资本	个人资本	港澳台资本	外商资本	营业收入	营业成本
合计	**157496367**	**4288116**	**6328013**	**20940499**	**1256004764**	**1082571312**
一、采矿业	30940040	487203			53403381	52530594
煤炭开采和洗选业	***	***	***	***	***	***
烟煤和无烟煤开采洗选	***	***	***	***	***	***
石油和天然气开采业	***	***	***	***	***	***
天然气开采	***	***	***	***	***	***
黑色金属矿采选业	82230	34770			36315890	36753262
铁矿采选	82230	34770			36315890	36753262
开采专业及辅助性活动	28885715				12767803	13062769
石油和天然气开采专业及辅助性活动	28885715				12767803	13062769
二、制造业	97115886	3787613	2305379	20940499	675740190	528475829
农副食品加工业	662234		7117	60576	16585398	15507939
谷物磨制	377673				3624577	3497095
饲料加工	***	***	***	***	***	***
植物油加工	***	***	***	***	***	***
屠宰及肉类加工	171011				10455335	10040622
蔬菜、菌类、水果和坚果加工	***	***	***	***	***	***
其他农副食品加工	***	***	***	***	***	***
食品制造业	820767	482336		317720	8707638	6202726
焙烤食品制造	55500			11109	289911	171174
方便食品制造	***	***	***	***	***	***
乳制品制造	***	***	***	***	***	***
调味品、发酵制品制造	***	***	***	***	***	***
其他食品制造	257020	121122			2264947	1414449
酒、饮料和精制茶制造业	1733647	600	64070	83128	13540409	7971459
酒的制造	1609304		64070	41680	13004550	7710479
饮料制造	124343	600		41448	535859	260980
烟草制品业	***	***	***	***	***	***
卷烟制造	***	***	***	***	***	***
纺织业	771674	1500			455007	309906
棉纺织及印染精加工	***	***	***	***	***	***
家用纺织制成品制造	***	***	***	***	***	***
产业用纺织制成品制造	***	***	***	***	***	***
纺织服装、服饰业	489154				1607333	1515833
机织服装制造	35000				1288619	1227761
针织或钩针编织服装制造	***	***	***	***	***	***
皮革、毛皮、羽毛及其制品和制鞋业	***	***	***	***	***	***
制鞋业	***	***	***	***	***	***

单位：千元

税金及附加	其他业务利润	销售费用	管理费用	财务费用	#利息收入	#利息支出
33103753	**6153307**	**34053357**	**49138100**	**16938728**	**4735413**	**20947666**
558783	-152036	177919	3883419	6594160	579521	6701526
***	***	***	***	***	***	***
***	***	***	***	***	***	***
***	***	***	***	***	***	***
***	***	***	***	***	***	***
265502	-238376	81234	2373584	6561905	443954	6376973
265502	-238376	81234	2373584	6561905	443954	6376973
79073	921		518548	-173854	81152	65519
79073	921		518548	-173854	81152	65519
28393413	4454262	33147788	41270476	5577105	3326672	8942861
22968	58922	642595	301387	41904	11126	51543
2240		126084	63273	27139	1409	28380
***	***	***	***	***	***	***
***	***	***	***	***	***	***
12421	53635	196448	125758	11979	3530	15126
***	***	***	***	***	***	***
***	***	***	***	***	***	***
41821	20166	1839226	377744	-18617	35872	14061
3026	238	59291	23562	12	2296	2255
***	***	***	***	***	***	***
***	***	***	***	***	***	***
***	***	***	***	***	***	***
12507	-1531	528635	76479	-1136	3914	232
1879824	21467	1273586	690812	-31398	370620	324098
1874272	12864	1174812	625336	-15141	351287	321127
5552	8603	98774	65476	-16257	19333	2971
***	***	***	***	***	***	***
***	***	***	***	***	***	***
15154	34415	14880	110623	10242	724	11018
***	***	***	***	***	***	***
***	***	***	***	***	***	***
***	***	***	***	***	***	***
4133	8709	25110	44477	12267	2403	13688
2158	6566	17977	28854	6087	1602	6843
***	***	***	***	***	***	***
***	***	***	***	***	***	***
***	***	***	***	***	***	***

1-7 续表 9

项　　目					营业收入	营业成本
	法人资本	个人资本	港澳台资本	外商资本		
家具制造业	***	***	***	***	***	***
木质家具制造	***	***	***	***	***	***
金属家具制造	***	***	***	***	***	***
造纸和纸制品业	***	***	***	***	***	***
纸制品制造	***	***	***	***	***	***
印刷和记录媒介复制业	3195219	23003	60298		9174709	6593561
印刷	3118636	23003	60298		9139123	6565666
记录媒介复制	***	***	***	***	***	***
文教、工美、体育和娱乐用品制造业	1293712	1900		6172	2037761	1600597
乐器制造	241450			3172	389377	313228
工艺美术及礼仪用品制造	1048262	1900			1627434	1263122
玩具制造	***	***	***	***	***	***
石油、煤炭及其他燃料加工业	563360				61566419	47746490
精炼石油产品制造	563360				61566419	47746490
化学原料和化学制品制造业	1987434	43598		742187	13856747	11710578
基础化学原料制造	253600	20999		111137	749576	636274
涂料、油墨、颜料及类似产品制造	***	***	***	***	***	***
合成材料制造	1594032			631050	10813952	9347064
专用化学产品制造	129466	12535			2160009	1631968
日用化学产品制造	***	***	***	***	***	***
医药制造业	6059248	712038	958175		19970805	10153472
化学药品制剂制造	1198194	13541	30250		4800697	1871328
中药饮片加工	123898		247553		3689440	2086750
中成药生产	1684066	694762	680372		7075534	3771861
兽用药品制造	***	***	***	***	***	***
生物药品制品制造	3023090	3735			3834051	2154439
卫生材料及医药用品制造	***	***	***	***	***	***
化学纤维制造业	***	***	***	***	***	***
合成纤维制造	***	***	***	***	***	***
橡胶和塑料制品业	154696	11430	16259		1262271	1015838
橡胶制品业	***	***	***	***	***	***
塑料制品业	40945	11430	15625		614095	417517
非金属矿物制品业	2782423	186284	5300	784	20155619	16575245
水泥、石灰和石膏制造	963463				2961299	1930141
石膏、水泥制品及类似制品制造	842715	70570			10329432	8864110
砖瓦、石材等建筑材料制造	384967		5300		491073	357488
玻璃制品制造	***	***	***	***	***	***
玻璃纤维和玻璃纤维增强塑料制品制造	***	***	***	***	***	***
耐火材料制品制造		115714		784	1482764	1318082

单位：千元

税金及附加	其他业务利润	销售费用	管理费用	财务费用	#利息收入	#利息支出
***	***	***	***	***	***	***
***	***	***	***	***	***	***
***	***	***	***	***	***	***
***	***	***	***	***	***	***
***	***	***	***	***	***	***
123003	191328	169322	1209908	-31185	86471	19206
121538	191328	167488	1200272	-31192	86471	19206
***	***	***	***	***	***	***
18291	1694	256953	164679	37323	3357	40334
3414	99	37085	86925	3628	370	3302
14638	1595	218542	69644	34544	2628	37032
***	***	***	***	***	***	***
8754563	-200924	352628	1908793	58917	40567	76810
8754563	-200924	352628	1908793	58917	40567	76810
56181	61366	247550	1186252	79895	14125	98578
3989	7681	27800	57397	541	3483	4918
***	***	***	***	***	***	***
38107	22687	142240	784939	57278	7862	75607
13244	30998	73845	331600	22642	2214	18053
***	***	***	***	***	***	***
283868	99858	3683503	2204579	206738	73582	235739
77769	30307	1115745	525648	32752	15183	44863
42089	13469	398725	446214	95800	7812	65952
116000	9662	1555163	487617	-18337	41423	23564
***	***	***	***	***	***	***
42776	41250	486562	644328	96784	5940	98473
***	***	***	***	***	***	***
***	***	***	***	***	***	***
***	***	***	***	***	***	***
10262	47950	51165	147285	-3760	5589	4708
***	***	***	***	***	***	***
6633	44309	37673	89680	-3316	4634	2454
154624	296395	664447	1744379	1905397	290499	2088062
40877	110042	70586	324134	1741131	211300	1858867
69209	126568	333766	910101	97844	25770	121674
6648	20557	28102	58063	19171	891	20048
***	***	***	***	***	***	***
***	***	***	***	***	***	***
10191	4450	60052	104061	58203	11928	64334

1-7 续表 10

项目					营业收入	营业成本
	法人资本	个人资本	港澳台资本	外商资本		
石墨及其他非金属矿物制品制造	431278				4061971	3476055
黑色金属冶炼和压延加工业	***	***	***	***	***	***
钢压延加工	***	***	***	***	***	***
铁合金冶炼	***	***	***	***	***	***
有色金属冶炼和压延加工业	528565	4500		532	5306136	4727282
稀有稀土金属冶炼	***	***	***	***	***	***
有色金属合金制造	***	***	***	***	***	***
有色金属压延加工	310800	4500			3067785	2789039
金属制品业	3112030	780	54032	8756	17121059	15006110
结构性金属制品制造	940000	780			1808788	1673609
集装箱及金属包装容器制造	923251		41532	8756	1035791	1000773
铸造及其他金属制品制造	1248779		12500		14276480	12331728
通用设备制造业	1751781	72369	25678	51625	10247973	8190792
锅炉及原动设备制造	93036	6502			1877741	1632935
金属加工机械制造	468793	1765			979326	897999
物料搬运设备制造	***	***	***	***	***	***
泵、阀门、压缩机及类似机械制造	332701	43640		28153	3308872	2596636
烘炉、风机、包装等设备制造	599120	20460	8528	23472	1673180	1242798
文化、办公用机械制造	45412		17150		1310067	1003399
通用零部件制造	***	***	***	***	***	***
其他通用设备制造业	***	***	***	***	***	***
专用设备制造业	3588692	482335		65893	18023882	14414536
采矿、冶金、建筑专用设备制造	2533614	95850			4938671	3894452
化工、木材、非金属加工专用设备制造	***	***	***	***	***	***
食品、饮料、烟草及饲料生产专用设备制造	***	***	***	***	***	***
印刷、制药、日化及日用品生产专用设备制造					375898	270812
纺织、服装和皮革加工专用设备制造	***	***	***	***	***	***
电子和电工机械专用设备制造	120000	440			1229772	961378
农、林、牧、渔专用机械制造	48782	29390			897302	735996
医疗仪器设备及器械制造	47900	228891			303121	209573
环保、邮政、社会公共服务及其他专用设备制造	644356	35033		65893	7467267	6185152
汽车制造业	17894531	491305		19049124	310300341	239863150
汽车整车制造	13877246	434070		17113382	258397200	194632662
汽车用发动机制造	***	***	***	***	***	***
改装汽车制造	131484	49000			2474644	2032391
汽车零部件及配件制造	2269192	8235		319133	40751623	36717966
铁路、船舶、航空航天和其他运输设备制造业	7739720	61437			36459429	28655314
铁路运输设备制造	4494246	51103			14587686	10048504
城市轨道交通设备制造	***	***	***	***	***	***

单位：千元

税金及附加	其他业务利 润	销售费用	管理费用	财务费用	#利息收入	#利息支出
21068	33918	139970	241664	-17029	40237	20914
***	***	***	***	***	***	***
***	***	***	***	***	***	***
***	***	***	***	***	***	***
18549	25998	52332	281357	19994	5840	18561
***	***	***	***	***	***	***
***	***	***	***	***	***	***
4209	366	34904	116690	16622	3446	16394
89990	378720	166314	1362287	92423	51567	95027
6182	329	43493	76635	2654	764	5603
5753	22924	31658	73859	36094	17519	5607
78055	355467	91163	1211793	53675	33284	83817
106361	80182	365571	1117720	52642	39693	88681
40461	1929	25426	161139	13768	9090	24228
12430	27345	51744	150738	8619	4882	13379
***	***	***	***	***	***	***
28718	37125	105848	364518	23412	8805	31226
10546	13460	99932	189905	6131	7796	11320
6563		66205	101764	-3032	6074	2073
***	***	***	***	***	***	***
***	***	***	***	***	***	***
150928	50322	825424	1991282	199304	86406	285242
28859	7309	272731	499923	135986	3515	149067
***	***	***	***	***	***	***
***	***	***	***	***	***	***
7898	706	27105	133198	20976	2040	22600
***	***	***	***	***	***	***
29924	22	24205	199754	-3973	2463	2024
4653	1239	54939	91881	21247	3454	23658
2063		58941	80631	-2609	1995	619
54640	26860	324884	581764	59578	37520	82209
13268848	2483012	19230049	13020587	2539746	1563146	3822979
13024722	2329665	18200809	9507660	2357389	1294376	3430968
***	***	***	***	***	***	***
13374	14857	116927	191109	21975	1393	20906
194821	54799	246300	2899477	190573	241770	370328
173816	64104	423453	3864504	364428	74049	433369
102654	22691	346861	2078978	176848	11289	181552
***	***	***	***	***	***	***

1-7 续表 11

项　　目	法人资本	个人资本	港澳台资本	外商资本	营业收入	营业成本
船舶及相关装置制造	***	***	***	***	***	***
航空、航天器及设备制造	1875388	9654			20559503	17490648
电气机械和器材制造业	2838366	10050		6140	9689434	8588193
电机制造	1240756				3785095	3518188
输配电及控制设备制造	1348810	10050			5110604	4520872
电线、电缆、光缆及电工器材制造	***	***	***	***	***	***
非电力家用器具制造	***	***	***	***	***	***
其他电气机械及器材制造	***	***	***	***	***	***
计算机、通信和其他电子设备制造业	29077692	277162	1057729	65069	57410667	48364974
计算机制造	1597232	147505	3704	5069	3883954	2772658
通信设备制造	1968019	56223			3453195	2104903
广播电视设备制造	65580	14631			563270	397457
雷达及配套设备制造	***	***	***	***	***	***
电子器件制造	24961624	26161	1034614		41946893	37229351
电子元件及电子专用材料制造	432237	31730		44196	4918040	4167328
其他电子设备制造	50000	912	19411	15804	2347671	1491277
仪器仪表制造业	731711	90941	53174	35705	7929334	5752693
通用仪器仪表制造	708811	77466	53174	35705	5923809	4386934
专用仪器仪表制造	4900	13475			1880167	1277428
光学仪器制造	***	***	***	***	***	***
其他仪器仪表制造业	***	***	***	***	***	***
其他制造业	800000	828045			10691537	9815255
核辐射加工	***	***	***	***	***	***
其他未列明制造业	800000	828045			10659643	9793906
废弃资源综合利用业	***	***	***	***	***	***
非金属废料和碎屑加工处理	***	***	***	***	***	***
金属制品、机械和设备修理业	8525589			440665	8790601	7419003
专用设备修理	***	***	***	***	***	***
铁路、船舶、航空航天等运输设备修理	1778855			440665	8456178	7123768
三、电力、热力、燃气及水生产和供应业	29440441	13300	4022634		526861193	501564889
电力、热力生产和供应业	16084442	10000	3876245		504238081	484322195
电力生产	8534995		3755166		28743194	23901391
电力供应	2000248				461944823	444594433
热力生产和供应	5549199	10000	121079		13550064	15826371
燃气生产和供应业	2599224	3300	21756		8274853	7655696
燃气生产和供应业	2599224	3300	21756		8274853	7655696
水的生产和供应业	10756775		124633		14348259	9586998
自来水生产和供应	561142				5645924	3772527
污水处理及其再生利用	10195633		124633		8702335	5814471

单位：千元

税金及附加	其他业务利润	销售费用	管理费用	财务费用		
					#利息收入	#利息支出
***	***	***	***	***	***	***
61368	37276	55489	1681566	192249	56667	251789
53747	62038	235188	764665	99006	22764	99386
13672	14103	67732	234524	60192	2902	43857
35484	39763	139483	462665	23020	6632	26629
***	***	***	***	***	***	***
***	***	***	***	***	***	***
***	***	***	***	***	***	***
381622	325507	1724494	5214245	-775755	438056	319659
27866	25732	130347	694809	-75986	71596	1434
61871	263302	246198	579142	90944	14307	100225
4286	764	36925	86819	22581	824	23003
***	***	***	***	***	***	***
256215	-7064	1082247	2864472	-852380	329809	120365
12984	26962	75874	330559	2192	1609	14075
13834	15391	150373	587876	49083	5502	58416
72398	99298	510649	1266486	28988	25321	49799
49144	86768	402241	880141	25097	17662	41235
21625	1777	107903	352625	4398	7120	8564
***	***	***	***	***	***	***
***	***	***	***	***	***	***
9888	121	41026	649975	-3080	8153	16446
***	***	***	***	***	***	***
9636	121	39362	642937	-3030	8103	16446
***	***	***	***	***	***	***
***	***	***	***	***	***	***
68408	202035	18820	1034340	604675	36220	613118
***	***	***	***	***	***	***
56928	32846	18820	879484	74897	1091	59120
4151557	1851081	727650	3984205	4767463	829220	5303279
1886205	1540856	101079	2581261	3597818	604613	4074062
342314	186477	8609	607861	1073671	43224	1058806
1467752	1125655		766757	2101132	450224	2514102
76139	228724	92470	1206643	423015	111165	501154
25084	164381	98122	517894	256044	28623	159310
25084	164381	98122	517894	256044	28623	159310
2240268	145844	528449	885050	913601	195984	1069907
2027338	74950	517092	518402	93485	39658	101861
212930	70894	11357	366648	820116	156326	968046

1-7 续表 12

项目	投资收益（损失以"-"号记）	营业利润	利润总额	亏损企业亏损额	所得税费用
合 计	**55745428**	**101586558**	**100585643**	**21123980**	**17938449**
一、采矿业	5047875	-6978835	-8825168	9725764	380216
煤炭开采和洗选业	***	***	***	***	***
烟煤和无烟煤开采洗选	***	***	***	***	***
石油和天然气开采业	***	***	***	***	***
天然气开采	***	***	***	***	***
黑色金属矿采选业	4723314	-5062470	-5815996	5841192	-4426
铁矿采选	4723314	-5062470	-5815996	5841192	-4426
开采专业及辅助性活动	-43769	-2936747	-2905718	2905718	337397
石油和天然气开采专业及辅助性活动	-43769	-2936747	-2905718	2905718	337397
二、制造业	19203814	57812220	59044662	8627261	11339914
农副食品加工业	-33308	116024	159443	25801	22494
谷物磨制	-499	-54993	-11134	16151	
饲料加工	***	***	***	***	***
植物油加工	***	***	***	***	***
屠宰及肉类加工	-35090	72727	72319	9650	2960
蔬菜、菌类、水果和坚果加工	***	***	***	***	***
其他农副食品加工	***	***	***	***	***
食品制造业	276722	477620	454891	162103	83841
焙烤食品制造	8640	14589	14545	48335	8387
方便食品制造	***	***	***	***	***
乳制品制造	***	***	***	***	***
调味品、发酵制品制造	***	***	***	***	***
其他食品制造	1359	192670	175653	113768	46081
酒、饮料和精制茶制造业	223524	1980486	1982642	43053	409126
酒的制造	223442	1856397	1858144	4263	385819
饮料制造	82	124089	124498	38790	23307
烟草制品业	***	***	***	***	***
卷烟制造	***	***	***	***	***
纺织业	6578	867	26852	5363	9604
棉纺织及印染精加工	***	***	***	***	***
家用纺织制成品制造	***	***	***	***	***
产业用纺织制成品制造	***	***	***	***	***
纺织服装、服饰业	11	5467	5827		1239
机织服装制造	11	5736	5823		1239
针织或钩针编织服装制造	***	***	***	***	***
皮革、毛皮、羽毛及其制品和制鞋业	***	***	***	***	***
制鞋业	***	***	***	***	***

单位：千元

应付职工薪酬（本年贷方累计发生额）	应　交增值税	进项税额	销项税额	平均用工人数（人）
86963575	**32198122**	**186648839**	**213863850**	**390996**
8183454	869717	5046345	5758507	35356
***	***	***	***	***
***	***	***	***	***
***	***	***	***	***
***	***	***	***	***
3035515	301097	4540999	4774821	14476
3035515	301097	4540999	4774821	14476
3984441	82862	198505	212598	16131
3984441	82862	198505	212598	16131
57465067	21179927	93512528	111581865	278320
723865	85309	1559855	1510936	6420
107542	13379	355570	366554	700
***	***	***	***	***
***	***	***	***	***
280768	35062	1009307	1042914	2543
***	***	***	***	***
***	***	***	***	***
914743	279862	1208070	1527271	6509
68109	22818	27921	47440	934
***	***	***	***	***
***	***	***	***	***
***	***	***	***	***
210829	99101	414564	560067	1257
840712	833586	2034590	2859523	7982
751487	797472	1985410	2774922	7194
89225	36114	49180	84601	788
***	***	***	***	***
***	***	***	***	***
130897	7437	46031	48388	953
***	***	***	***	***
***	***	***	***	***
***	***	***	***	***
71132	10736	184235	190012	843
42215	7671	136630	139837	455
***	***	***	***	***
***	***	***	***	***
***	***	***	***	***

1-7 续表 13

项　　　目	投资收益（损失以"-"号记）	营业利润	利润总额	亏损企业亏损额	所得税费用
家具制造业	***	***	***	***	***
木质家具制造	***	***	***	***	***
金属家具制造	***	***	***	***	***
造纸和纸制品业	***	***	***	***	***
纸制品制造	***	***	***	***	***
印刷和记录媒介复制业	21027	1183126	1194405	107972	238484
印刷	20857	1190166	1201386	100991	238484
记录媒介复制	***	***	***	***	***
文教、工美、体育和娱乐用品制造业	1130	21412	21725	20487	2076
乐器制造	320	6003	8646		-3596
工艺美术及礼仪用品制造	810	27531	25210	8356	5672
玩具制造	***	***	***	***	***
石油、煤炭及其他燃料加工业	-1946	2550821	2565040	206787	690126
精炼石油产品制造	-1946	2550821	2565040	206787	690126
化学原料和化学制品制造业	30372	396512	600004	323328	19529
基础化学原料制造	8810	28767	28571		1894
涂料、油墨、颜料及类似产品制造	***	***	***	***	***
合成材料制造	18281	281139	467123	309015	4950
专用化学产品制造	3281	67287	85013	14313	10906
日用化学产品制造	***	***	***	***	***
医药制造业	1111506	4775432	4787740	5661	604971
化学药品制剂制造	325435	1478964	1490098		158100
中药饮片加工	335118	971439	965918	5661	102302
中成药生产	236062	1504143	1504855		206086
兽用药品制造	***	***	***	***	***
生物药品制品制造	213410	749593	755159		126784
卫生材料及医药用品制造	***	***	***	***	***
化学纤维制造业	***	***	***	***	***
合成纤维制造	***	***	***	***	***
橡胶和塑料制品业	-6061	9759	7321	56771	5471
橡胶制品业	***	***	***	***	***
塑料制品业	-11821	51835	54011		7897
非金属矿物制品业	1553095	229375	158496	947337	179105
水泥、石灰和石膏制造	1116750	-383901	-388704	531471	22246
石膏、水泥制品及类似制品制造	278392	219089	161093	381979	114853
砖瓦、石材等建筑材料制造		26972	26675		3487
玻璃制品制造	***	***	***	***	***
玻璃纤维和玻璃纤维增强塑料制品制造	***	***	***	***	***
耐火材料制品制造	46896	-27025	-30890	33887	441

单位：千元

应付职工薪酬（本年贷方累计发生额）	应交增值税	进项税额	销项税额	平均用工人数（人）
***	***	***	***	***
***	***	***	***	***
***	***	***	***	***
***	***	***	***	***
***	***	***	***	***
1934758	513019	963752	1457431	10238
1921707	512550	963491	1457095	10142
***	***	***	***	***
211553	93478	230090	318152	1578
114538	13389	44926	58083	937
87476	77870	183323	260069	584
***	***	***	***	***
1856628	2380649	7566763	9936600	7223
1856628	2380649	7566763	9936600	7223
1340420	293584	1717430	1999189	4193
122275	28711	89388	117011	564
***	***	***	***	***
969336	184677	1351063	1532371	2342
236332	75045	258849	326526	1218
***	***	***	***	***
3697840	1593650	1881338	3285265	17480
957042	464902	311771	770016	4723
425084	303791	322153	583412	1482
1359685	693780	1165574	1804275	5994
***	***	***	***	***
813786	109548	79322	120700	4117
***	***	***	***	***
***	***	***	***	***
***	***	***	***	***
193139	32082	164512	173042	1320
***	***	***	***	***
115377	26900	79268	105872	556
2119342	718341	1786543	2299954	13462
352498	174276	252199	419663	2016
1114776	356157	590652	774831	7259
63413	13345	53304	76115	286
***	***	***	***	***
***	***	***	***	***
129712	46493	280198	312525	1047

1-7 续表 14

项　　目	投资收益（损失以"-"号记）	营业利润	利润总额	亏损企业亏损额	所得税费用
石墨及其他非金属矿物制品制造	110880	316196	308239		25162
黑色金属冶炼和压延加工业	***	***	***	***	***
钢压延加工	***	***	***	***	***
铁合金冶炼	***	***	***	***	***
有色金属冶炼和压延加工业	28846	239731	242371		30534
稀有稀土金属冶炼	***	***	***	***	***
有色金属合金制造	***	***	***	***	***
有色金属压延加工	93	107264	115159		14232
金属制品业	166810	144902	115021	786757	124290
结构性金属制品制造	50	-583	567	24940	5884
集装箱及金属包装容器制造	-82957	-215679	-211693	218650	3863
铸造及其他金属制品制造	249717	361164	326147	543167	114543
通用设备制造业	45883	287749	318456	374018	123425
锅炉及原动设备制造	2836	-96613	-95047	154103	16791
金属加工机械制造	17014	-152298	-152312	155013	-377
物料搬运设备制造	***	***	***	***	***
泵、阀门、压缩机及类似机械制造	19640	255843	254153	57551	44685
烘炉、风机、包装等设备制造	4724	124568	130254		18254
文化、办公用机械制造		113829	124728	7351	19691
通用零部件制造	***	***	***	***	***
其他通用设备制造业	***	***	***	***	***
专用设备制造业	123668	400133	500573	429236	82078
采矿、冶金、建筑专用设备制造	2018	37859	73637	32579	-4076
化工、木材、非金属加工专用设备制造	***	***	***	***	***
食品、饮料、烟草及饲料生产专用设备制造	***	***	***	***	***
印刷、制药、日化及日用品生产专用设备制造	1527	-98550	-73300	80986	2171
纺织、服装和皮革加工专用设备制造	***	***	***	***	***
电子和电工机械专用设备制造	16046	18683	18856	44438	1860
农、林、牧、渔专用机械制造	10202	2275	3012	22106	3987
医疗仪器设备及器械制造	54257	1432	1560	24289	-316
环保、邮政、社会公共服务及其他专用设备制造	39337	202481	216499	224838	49129
汽车制造业	13236258	36848539	37762921	1554532	7380070
汽车整车制造	11073351	33400340	33489946	825308	6882201
汽车用发动机制造	***	***	***	***	***
改装汽车制造	7126	92805	97667		15032
汽车零部件及配件制造	2155781	2262546	3073697	729224	326444
铁路、船舶、航空航天和其他运输设备制造业	102754	3222201	3394120	1813294	583010
铁路运输设备制造	34361	2012208	2017856	1804527	453225
城市轨道交通设备制造	***	***	***	***	***

单位：千元

应付职工薪酬（本年贷方累计发生额）	应交增值税	进项税额	销项税额	平均用工人数（人）
291538	87998	484590	562828	1553
***	***	***	***	***
***	***	***	***	***
***	***	***	***	***
353020	64029	793315	854988	2066
***	***	***	***	***
***	***	***	***	***
161550	21992	470354	490777	1107
1654293	115678	1292731	1324897	9139
99285	10854	225388	235632	985
148683	-101	154386	119229	1090
1406325	104925	912957	970036	7064
1728892	619669	1185222	1795051	10004
344408	268333	173136	441665	2239
264859	34774	128212	162722	1687
***	***	***	***	***
534406	121763	404602	523785	2853
218114	66293	193604	259297	926
150081	68330	164102	229624	931
***	***	***	***	***
***	***	***	***	***
2714668	505976	2151818	2598222	16545
788682	173218	685779	844174	5634
***	***	***	***	***
***	***	***	***	***
130958	22020	26864	46127	575
***	***	***	***	***
175076	35412	107365	126594	890
95037	2346	99301	92983	798
123709	7251	17822	27148	768
895077	221217	902403	1110411	5620
17362556	9557114	54524728	64569777	73723
14000754	8725169	46880399	56171492	54685
***	***	***	***	***
213806	7082	312115	355805	1102
2831454	595485	6147327	6636669	16292
6315755	847191	2292237	3144472	27758
1357156	671583	1625605	2282630	7196
***	***	***	***	***

1-7 续表 15

项 目	投资收益（损失以"-"号记）	营业利润	利润总额	亏损企业亏损额	所得税费用
船舶及相关装置制造	***	***	***	***	***
航空、航天器及设备制造	68393	1156540	1321515	8767	124785
电气机械和器材制造业	10378	29972	-91659	473938	37006
电机制造	-2162	-117094	-232806	232806	-12637
输配电及控制设备制造	13444	3558	-6983	241132	29596
电线、电缆、光缆及电工器材制造	***	***	***	***	***
非电力家用器具制造	***	***	***	***	***
其他电气机械及器材制造	***	***	***	***	***
计算机、通信和其他电子设备制造业	373865	2790355	2895355	426695	388641
计算机制造	153377	568650	570044	56041	38885
通信设备制造	40596	519359	521980	26741	102128
广播电视设备制造		22281	22116	21419	20064
雷达及配套设备制造	***	***	***	***	***
电子器件制造	175535	1127300	1217277	301013	136641
电子元件及电子专用材料制造	4357	358239	358308	4398	52609
其他电子设备制造		161357	172628	17083	30529
仪器仪表制造业	146289	45963	-112100	823486	85317
通用仪器仪表制造	77175	-182323	-381026	823282	54021
专用仪器仪表制造	69114	224680	266119		31002
光学仪器制造	***	***	***	***	***
其他仪器仪表制造业	***	***	***	***	***
其他制造业	43733	223853	230347	29098	43017
核辐射加工	***	***	***	***	***
其他未列明制造业	43733	222194	228688	29098	42603
废弃资源综合利用业	***	***	***	***	***
非金属废料和碎屑加工处理	***	***	***	***	***
金属制品、机械和设备修理业	1731093	1401094	1372637		77495
专用设备修理	***	***	***	***	***
铁路、船舶、航空航天等运输设备修理	17763	369495	328575		78531
三、电力、热力、燃气及水生产和供应业	31493739	50753173	50366149	2770955	6218319
电力、热力生产和供应业	30788265	48421135	47994204	2215812	5952641
电力生产	2459233	6212100	6237053		985590
电力供应	28299771	41641875	41066626	2126927	4881817
热力生产和供应	29261	567160	690525	88885	85234
燃气生产和供应业	17530	17963	52859	498178	143059
燃气生产和供应业	17530	17963	52859	498178	143059
水的生产和供应业	687944	2314075	2319086	56965	122619
自来水生产和供应	67760	193097	193550	42861	44608
污水处理及其再生利用	620184	2120978	2125536	14104	78011

单位：千元

应付职工薪酬（本年贷方累计发生额）	应　交 增值税	进项税额	销项税额	平均用工人数（人）
***	***	***	***	***
4710469	129378	496551	645531	19107
869748	188002	1333345	1505798	5159
259109	58928	544454	593922	1672
520985	99760	709020	803790	3042
***	***	***	***	***
***	***	***	***	***
***	***	***	***	***
6006309	1109292	6755102	5235385	29261
699464	203996	416399	607765	2119
963530	83807	326142	400329	4517
140613	1326	61193	61165	904
***	***	***	***	***
3132333	680659	4870792	3071789	15624
380338	64138	682024	680990	2969
587688	40246	371685	353052	2812
1656600	332752	991353	1155443	7721
1212382	240792	748378	935874	5722
413005	88660	233325	210372	1772
***	***	***	***	***
***	***	***	***	***
864651	15126	249520	247611	3020
***	***	***	***	***
859171	13695	245960	242620	2998
***	***	***	***	***
***	***	***	***	***
3188917	317778	931386	1239948	12462
***	***	***	***	***
2888078	272266	913789	1178018	11694
21315054	10148478	88089966	96523478	77320
18279895	9371324	86664903	94342246	60158
1316175	1700433	2935885	4327083	4292
14589655	7753053	81787477	89009695	40899
2374065	-82162	1941541	1005468	14967
833533	46414	848605	892757	4331
833533	46414	848605	892757	4331
2201626	730740	576458	1288475	12831
1292895	114887	5328	101881	7153
908731	615853	571130	1186594	5678

1-8 规模以上股份制

项目	法人单位数（个）	# 亏损企业	工业总产值（当年价格）	工业销售产值（当年价格）	# 出口交货值
合　计	**1337**	**308**	**1020935651**	**1003982316**	**37552666**
一、按隶属关系分					
中央	183	28	590363277	584375378	3841960
地方	1154	280	430572374	419606938	33710706
二、按控股情况分					
国有控股	552	121	814349491	803805859	29627521
集体控股	43	13	24880194	24672442	1635081
私人控股	696	164	162477366	157216282	6137128
港澳台商控股	4	1	883891	842848	
外商控股	3	1	853730	814695	
其他	39	8	17490979	16630190	152936
三、按轻重工业分					
轻工业	383	85	130057042	124236406	2207254
重工业	954	223	890878609	879745910	35345412
四、按地区分					
东城区	18	2	20143597	19594797	123739
西城区	26	4	19631748	19294927	373044
朝阳区	125	23	51320622	48975755	860153
丰台区	86	13	35782317	34753629	741830
石景山区	20	5	18535072	18656717	127961
海淀区	226	43	95044992	92450861	5528053
门头沟区	13	3	3506219	3740423	1940497
房山区	77	25	82078737	80651807	617790
通州区	133	41	26267785	26258024	796422
顺义区	130	32	61494816	61455488	1687994
昌平区	151	33	71392197	68499276	3494357
大兴区	88	22	36591233	34679248	537028
怀柔区	41	9	12569194	12750888	164729
平谷区	32	10	4428028	4339769	103170
密云区	55	21	13676964	13435284	985450
延庆区	18	6	5402006	5313456	105515
北京经济技术开发区	98	16	72785202	68847045	19364934

工业主要财务状况

单位：千元

年初存货	资产总计	#流动资产合计	#应收账款	#存货	#产成品	#固定资产净额	#固定资产原价
120030026	**3637829524**	**1098927320**	**261522869**	**132390015**	**43776231**	**468744545**	**939031580**
35216408	2068595277	432188418	77805051	38119578	10230008	230522338	555764866
84813618	1569234247	666738902	183717818	94270437	33546223	238222207	383266714
73052143	3067162329	781914975	166972459	81004549	27710410	432629979	875709649
5188882	35566023	26807368	10442472	5653130	1732401	2155261	4341993
37898254	490084497	263627793	75654996	42018484	13251198	29372525	49760812
92055	403748	316120	112721	82349	34154	70073	129369
130317	809570	389280	97545	191794	86822	44942	59313
3668375	43803357	25871784	8242676	3439709	961246	4471765	9030444
27220550	244656479	140904926	23743815	29200967	14017763	28463643	54633498
92809476	3393173045	958022394	237779054	103189048	29758468	440280902	884398082
3109893	21786429	13940610	1229943	3711341	1676323	2319788	4059374
2927711	1819756681	252518591	46546505	2603134	1005861	229222761	501410685
7171071	167143382	71379720	16616355	8003549	3205696	48302067	86852944
6644041	69707967	46796349	15204705	8066748	1439055	7910417	15666327
5288436	376469399	70765319	14728502	4684274	599330	60972682	84605759
26340767	359580662	187442268	45056909	27787821	6727945	11450892	22343034
949578	19609064	8541628	752299	735259	394162	1937800	3144159
7898167	72394277	30157216	10847116	8183859	3007163	17046840	50115212
5820129	50914866	29620222	7235993	6741579	2061667	8580698	14283131
13697182	188852632	101103178	23329045	13676466	5960095	16200235	30098004
11678492	191109927	107198198	25518507	14630414	6393665	18845018	37524432
7360968	84642442	55561026	20785372	7512910	2997835	7862137	12208171
1883806	20465814	13158911	2057910	2193738	1333394	2500851	4756434
739492	7836639	3410305	968020	914486	444192	2321450	3214988
2862825	35194158	16136555	3563597	3883281	865269	8804363	13108760
1117057	8491969	5339379	2071229	959351	313073	1547670	2358580
14540411	143873216	85857845	25010862	18101805	5351506	22918876	53281586

1-8 续表 1

项　　目	#累计折旧	#本年折旧	#在建工程	#无形资产	负债合计
合　计	**461360047**	**43123116**	**78329648**	**97157438**	**1504143764**
一、按隶属关系分					
中央	318254650	25914602	38381652	8663603	684090973
地方	143105397	17208514	39947996	88493835	820052791
二、按控股情况分					
国有控股	434676220	39505854	71159062	86045143	1232610877
集体控股	2183106	229619	990707	760728	21201046
私人控股	20127208	2954656	5352756	9570743	230101464
港澳台商控股	59296	7922	3947	10919	244628
外商控股	14371	3590	81165	37886	402738
其他	4299846	421475	742011	732019	19583011
三、按轻重工业分					
轻工业	25877622	2904595	5355487	6055358	96992794
重工业	435482425	40218521	72974161	91102080	1407150970
四、按地区分					
东城区	1678392	147550	567912	409267	9485647
西城区	272157943	24099576	37874227	11425134	535541668
朝阳区	37486208	3319635	4763175	1407333	69443096
丰台区	7699172	844045	764619	966157	38527678
石景山区	22601121	1052287	5982571	50245433	229946848
海淀区	10704402	1154439	1450711	4551164	171025951
门头沟区	1206329	175445	374550	153465	9519929
房山区	30907096	1876894	9863824	2818236	44273927
通州区	5592806	846822	2158615	1541305	31723989
顺义区	13535326	1505707	3175209	6009450	117364517
昌平区	18416965	1957858	2473172	5026904	96356476
大兴区	4039482	697298	2411860	3394099	43002580
怀柔区	2201751	261410	433846	266482	12061085
平谷区	893421	154827	462545	1083387	4889743
密云区	4300458	737555	1831344	3164242	19620072
延庆区	793878	115622	244440	298383	5557970
北京经济技术开发区	27145297	4176146	3497028	4396997	65802588

单位：千元

流动负债合计	#应付账款	非流动负债合计	#应付债券	所有者权益合计	#实收资本	国家资本	集体资本
1014524492	**240882694**	**483475395**	**255527634**	**2133685716**	**1321927611**	**1075104007**	**1777825**
446429426	89375931	234479824	162095106	1384504304	1005768417	938174078	170523
568095066	151506763	248995571	93432528	749181412	316159194	136929929	1607302
786450763	174395329	442778515	238989047	1834551436	1216801403	1073682788	322833
17145912	7145093	3968499		14364973	4453457	115301	1227969
191670981	53447672	35754838	16538587	259983012	92864454	1230435	227023
240985	44627	3643		159119	48300	600	
402738	308954			406832	76000		
18613113	5541019	969900		24220344	7683997	74883	
80485489	17882532	16170652	3692487	147663669	49487614	6068304	589991
934039003	223000162	467304743	251835147	1986022047	1272439997	1069035703	1187834
7401360	1832068	2084288		12300781	5009499	3015278	452837
304749235	58458019	230792431	163192190	1284215012	953215013	938535063	
48414505	15400762	20741942	3000000	97700283	57336539	24115245	101558
29399073	11020476	5408057	1363376	31180282	10811416	4233483	234685
122730758	10212833	107216090	44938920	146522551	41007627	31174304	1470
146961685	34507862	24037333	8407562	188554694	68046207	19278621	110354
2868626	666364	6651303	2992162	10089135	2276072		
40814183	11955374	3455446		28120349	11106029	3339746	381960
27718814	5997762	2517385		19190873	10256193	4661595	101809
77933917	19906110	39430598	20343899	71488125	40061046	27352808	126264
74955904	23575584	21400564	5451116	94753446	37558134	2220542	4010
36238253	13307100	6669520	1028328	41639860	17307749	7818015	198255
10138391	1943405	1912671	1491350	8404724	4114630	407008	
3941157	1563515	860088		2946895	2535080	740512	
17539260	4790930	1656486	98159	15574085	12055275	238064	
4927154	2779164	630814		2934001	1402891		
57792217	22965366	8010379	3220572	78070620	47828211	7973723	64623

1-8 续表 2

项　　目	法人资本	个人资本	港澳台资本	外商资本	营业收入	营业成本
合　计	**197915117**	**46046980**	**735490**	**348194**	**1129325198**	**967482134**
一、按隶属关系分						
中央	67220970	202313		532	608201875	549447206
地方	130694147	45844667	735490	347662	521123323	418034928
二、按控股情况分						
国有控股	138671664	3412702	662658	48758	897588795	798912616
集体控股	2935136	175051			28016174	23235947
私人控股	49752297	41301832	53432	299436	182441852	131967311
港澳台商控股	28300		19400		859789	160952
外商控股	76000				894453	656796
其他	6451720	1157395			19524135	12548512
三、按轻重工业分						
轻工业	29174618	12708187	678354	268162	144887446	93402362
重工业	168740499	33338793	57136	80032	984437752	874079772
四、按地区分						
东城区	777759	763626			21315365	18252793
西城区	13822476	857474			413810969	389956882
朝阳区	31639715	1479238		784	58150021	49335411
丰台区	4905229	1438019			38887245	30906012
石景山区	9593880	237973			47431378	46289060
海淀区	25282426	23257929	57136	59741	110761349	83677071
门头沟区	1737855	538217			4472972	2460991
房山区	6372422	992501	19400		86094946	68414605
通州区	3742771	1726781		23237	31512046	24465028
顺义区	9646659	2935316			66985958	50069686
昌平区	32348374	2706995	30250	247962	84680159	69436873
大兴区	6966031	2325448			46152306	39325192
怀柔区	2229395	1478227			15467638	12497928
平谷区	1609759	184809			4522924	3503474
密云区	11072363	744848			14909020	12918343
延庆区	1347444	55447			6110202	5461069
北京经济技术开发区	34820559	4324132	628704	16470	78060700	60511716

单位：千元

税金及附加	其他业务利润	销售费用	管理费用	财务费用	#利息收入	#利息支出
19090855	**5378647**	**38519109**	**59530418**	**17460420**	**5115409**	**21828417**
10997303	947911	3938826	15891048	3880748	1335744	5058679
8093552	4430736	34580283	43639370	13579672	3779665	16769738
17374051	4245180	14285997	37807639	14134835	3584261	17332782
129489	221350	1621754	2098775	143586	39773	176936
1232908	817999	18491798	17456675	3110251	1414460	4199406
11486	491	488515	56863	-109	281	122
5645	6767	7154	38282	2902	55	129
337276	86860	3623891	2072184	68955	76579	119042
3103602	902836	21697414	11640792	1040936	796309	1725624
15987253	4475811	16821695	47889626	16419484	4319100	20102793
133834	464184	1051692	1089649	129159	28694	149495
3127776	436297	818650	1654923	2012573	690033	2633576
629985	738301	2645538	5006039	601325	324613	996557
240212	123521	2146853	4126556	284568	126563	364854
438371	-8367	130186	2936586	7313111	486003	7156035
696516	341022	6504086	10738705	3171175	922911	4005001
164023	29646	265267	766826	101264	25056	125538
8915470	33864	1542096	4220526	295761	64936	334817
256468	138224	3037179	2969020	251704	47671	270524
2585153	1489405	4066634	5266135	1889568	542271	2344029
445253	1062898	5487345	7218291	968217	963461	1675754
284579	56967	1780975	3388715	301778	207150	441914
319335	66440	752908	970119	252247	120604	361187
30385	34470	394416	431223	36024	9183	35063
287631	183474	1323558	1700234	207231	47126	240167
36571	21410	185271	349415	50574	10103	42115
499293	166891	6386455	6697456	-405859	499031	651791

1-8 续表 3

项 目	投资收益（损失以"-"号记）	营业利润	利润总额	亏损企业亏损额	所得税费用
合 计	**51370901**	**82918716**	**82781064**	**24225522**	**12587677**
一、按隶属关系分					
中央	31556456	51705303	50944611	8909720	7360988
地方	19814445	31213413	31836453	15315802	5226689
二、按控股情况分					
国有控股	43832087	63315707	61955026	18677566	10062114
集体控股	115320	935494	1057237	177098	181011
私人控股	6945666	17118961	18231438	4548811	2078764
港澳台商控股	364	141455	145954	1944	23137
外商控股	3228	186900	187076	19321	32210
其他	474236	1220199	1204333	800782	210441
三、按轻重工业分					
轻工业	4993822	19067604	19404016	1392368	2757381
重工业	46377079	63851112	63377048	22833154	9830296
四、按地区分					
东城区	246054	1134511	1205881	277469	195239
西城区	28977906	46509503	45739551	187898	5134558
朝阳区	843012	5170662	4640858	2073521	1081038
丰台区	385435	657343	781665	2349915	471992
石景山区	6511228	-3134997	-3853778	6017682	255154
海淀区	4149711	8657739	9879406	2980580	1312206
门头沟区	360807	1263257	1149697	28809	226082
房山区	146914	2370921	2418601	1545725	777005
通州区	1200463	2045015	2195096	686224	247735
顺义区	1282356	5907692	6096394	516471	852000
昌平区	4778263	6713241	6756307	1425460	568821
大兴区	1286153	2546386	2616743	1180833	427149
怀柔区	575754	1293773	1378898	34297	95473
平谷区	-3713	148871	164975	137402	49120
密云区	300882	-1248839	-1177696	1822845	-38541
延庆区	2456	87128	-9390	94348	5046
北京经济技术开发区	327220	2796510	2797856	2866043	927600

单位：千元

应付职工薪酬（本年贷方累计发生额）	应　交增值税	进项税额	销项税额	平均用工人数（人）
86560133	**26706750**	**158333277**	**178045657**	**476260**
33746580	12551766	92691134	104041591	135440
52813553	14154984	65642143	74004066	340820
62958282	18935097	132912466	146810615	304550
2789682	703690	2704114	3237796	13672
17600961	6109428	20580951	24986350	135846
74861	106509	27800	132044	786
102493	50350	95810	146455	1154
3033854	801676	2012136	2732397	20252
15791199	6892718	13989666	20365212	119155
70768934	19814032	144343611	157680445	357105
1777747	507076	1794916	2220404	7448
13737162	7197459	72924272	79559699	47250
9571562	1826846	5564923	6129524	51245
4313537	1203624	3099953	4158097	28052
4232925	1129247	5505643	6541166	20000
12988263	3682287	11131524	14005709	58688
1017648	425417	286876	676096	5344
4509748	2847198	10571913	13305741	26468
3628210	1350233	3185906	4322332	29732
6121436	2008822	8316903	10023743	43808
8509675	1309218	15699465	16609491	57536
3357681	770395	5815792	6520438	22716
1052371	435130	1792494	2204184	9155
618573	124865	502183	588498	6426
1812505	283933	2518820	2526697	13874
439299	90520	868595	934871	3469
8871791	1514480	8753099	7718967	45049

1-9 按行业中类分规模以上

项目	法人单位数（个）	#亏损企业	工业总产值（当年价格）	工业销售产值（当年价格）	#出口交货值
合计	**1337**	**308**	**1020935651**	**1003982316**	**37552666**
一、采矿业	11	8	27143846	27313624	2175421
煤炭开采和洗选业	2	***	***	***	***
烟煤和无烟煤开采洗选	2	***	***	***	***
石油和天然气开采业	2	***	***	***	***
天然气开采	2	***	***	***	***
黑色金属矿采选业	4	3	8769955	8733143	
铁矿采选	4	3	8769955	8733143	
开采专业及辅助性活动	3	3	13107465	13107465	387622
石油和天然气开采专业及辅助性活动	3	3	13107465	13107465	387622
二、制造业	1230	280	546471874	529441919	35377245
农副食品加工业	48	13	16786761	16607081	167514
谷物磨制	4	2	1332445	1326843	
饲料加工	18	4	3775301	3664001	80852
植物油加工	1	***	***	***	***
屠宰及肉类加工	18	6	10507071	10549406	86662
水产品加工	1	***	***	***	***
蔬菜、菌类、水果和坚果加工	6	1	859514	743269	
食品制造业	38	8	8399358	8493859	324774
焙烤食品制造	6	2	1503327	1501721	
方便食品制造	4	1	635990	635763	77237
乳制品制造	3	1	446861	440628	
罐头食品制造	1	***	***	***	***
调味品、发酵制品制造	5		1735757	1779239	
其他食品制造	19	3	4054971	4109114	247537
酒、饮料和精制茶制造业	16	2	18477560	18505614	64380
酒的制造	8	1	15523168	15615345	53168
饮料制造	8	1	2954392	2890269	11212
纺织业	7	1	411689	388807	135751
棉纺织及印染精加工	1	***	***	***	***
家用纺织制成品制造	1	***	***	***	***
产业用纺织制成品制造	5	1	408731	385816	135751
纺织服装、服饰业	29	11	4515287	3564906	695111
机织服装制造	22	7	2081278	2037148	695111
针织或钩针编织服装制造	6	3	2348154	1456126	

股份制工业主要财务状况

单位：千元

年初存货	资产总计	#流动资产合计	#应收账款	#存货	#产成品	#固定资产净额	#固定资产原价
120030026	**3637829524**	**1098927320**	**261522869**	**132390015**	**43776231**	**468744545**	**939031580**
3230802	389809985	84016645	17518220	3153160	592626	61939153	95892861
***	***	***	***	***	***	***	***
***	***	***	***	***	***	***	***
***	***	***	***	***	***	***	***
***	***	***	***	***	***	***	***
1070232	321720626	53493689	11661077	1108334	344625	54689556	68743258
1070232	321720626	53493689	11661077	1108334	344625	54689556	68743258
1779521	37570120	17782171	5750213	1802922	14393	6797456	25823445
1779521	37570120	17782171	5750213	1802922	14393	6797456	25823445
115855638	1328047138	741556909	193813801	128106410	43106503	116768356	244481046
2024211	27739373	14064909	1843884	2274155	1330190	1656232	3177704
573603	2874877	2164894	502280	490429	104599	253868	349690
453906	14601375	4614732	358442	315342	70286	318747	668706
***	***	***	***	***	***	***	***
779783	9134390	6569576	731445	1232147	1040781	865279	1786623
***	***	***	***	***	***	***	***
151304	983397	584918	216709	162924	48934	207048	347107
1415911	10176584	6680698	1568160	1520826	903582	1520864	2587577
40988	655760	281216	141150	57077	5873	317652	551159
26891	809252	500045	151878	24065	2797	201106	291709
98177	737397	501566	266981	158887	143783	106811	254410
***	***	***	***	***	***	***	***
218911	1944371	1483984	100588	259174	83453	115106	263084
1019519	6005281	3893023	901490	1014000	664647	776559	1219346
3092330	45308639	27452108	457657	3177039	1643968	5257874	10423188
2815680	39375965	24308145	169784	2842646	1548423	4310168	8450101
276650	5932674	3143963	287873	334393	95545	947706	1973087
129011	2963701	1878413	250425	136238	79884	405107	614276
***	***	***	***	***	***	***	***
***	***	***	***	***	***	***	***
122136	994533	814636	240881	129370	73705	54288	148426
1953907	7996833	5557555	1087828	2298721	1662770	1132481	1810776
1093369	3655812	2789414	469157	1255172	739651	476746	848565
845072	4299084	2726503	609752	1022151	906177	655436	960806

1-9 续表 1

项 目	法人单位数（个）	#亏损企业	工业总产值（当年价格）	工业销售产值（当年价格）	#出口交货值
服饰制造	1	***	***	***	***
皮革、毛皮、羽毛及其制品和制鞋业	1	***	***	***	***
毛皮鞣制及制品加工	1	***	***	***	***
木材加工和木、竹、藤、棕、草制品业	2	***	***	***	***
人造板制造	1	***	***	***	***
木质制品制造	1	***	***	***	***
家具制造业	10	1	781265	765849	16975
木质家具制造	6		413656	395802	
金属家具制造	2	***	***	***	***
其他家具制造	2	***	***	***	***
造纸和纸制品业	9	3	601993	660368	18862
造纸	2	***	***	***	***
纸制品制造	7	2	516408	574803	18862
印刷和记录媒介复制业	35	10	8002050	7796668	3105
印刷	32	8	7914880	7707911	3105
记录媒介复制	3	2	87170	88757	
文教、工美、体育和娱乐用品制造业	15	4	12185394	11978978	43633
文教办公用品制造	1	***	***	***	***
乐器制造	3		297172	300189	24577
工艺美术及礼仪用品制造	8	2	11450008	11293725	14750
游艺器材及娱乐用品制造	3	2	382624	329110	2689
石油、煤炭及其他燃料加工业	9	2	56475003	56381067	21640
精炼石油产品制造	9	2	56475003	56381067	21640
化学原料和化学制品制造业	65	10	15837603	15402048	468638
基础化学原料制造	8	1	1893985	1823168	94527
肥料制造	4		271946	255834	40856
涂料、油墨、颜料及类似产品制造	9	4	1716007	1663473	16018
合成材料制造	10	3	7822113	7675367	
专用化学产品制造	28	1	3175531	3137100	269808
日用化学产品制造	6	1	958021	847106	47429
医药制造业	102	15	48144047	44898642	181755
化学药品原料药制造	1	***	***	***	***
化学药品制剂制造	36	6	19648982	18817616	59789
中药饮片加工	17	2	5985687	5423147	2150
中成药生产	16	3	10416943	9777284	7306

单位：千元

年初存货	资产总计	#流动资产合计	#应收账款	#存货	#产成品	#固定资产净额	#固定资产原价
***	***	***	***	***	***	***	***
***	***	***	***	***	***	***	***
***	***	***	***	***	***	***	***
***	***	***	***	***	***	***	***
***	***	***	***	***	***	***	***
***	***	***	***	***	***	***	***
226815	786416	599865	134110	248687	109417	100577	238094
155233	533968	420595	112008	160562	64624	69299	134422
***	***	***	***	***	***	***	***
***	***	***	***	***	***	***	***
182535	875161	453999	122089	166937	112054	145328	283651
***	***	***	***	***	***	***	***
175678	834957	424526	104830	157110	111257	135774	267101
1754768	13548069	8330776	889625	1731195	603413	3092319	9475565
1739658	13431350	8245165	853554	1717279	596212	3078264	9373913
15110	116719	85611	36071	13916	7201	14055	101652
2343542	6354055	4343237	246298	2125215	976476	633071	1374566
***	***	***	***	***	***	***	***
158138	833831	410944	37097	140416	72075	267604	499504
1728266	4051943	2677330	127937	1525156	877167	267185	712464
443011	1405975	1203287	76913	443584	17491	91688	147702
5064550	24992564	9668664	1261567	5063306	1180935	9331337	34136520
5064550	24992564	9668664	1261567	5063306	1180935	9331337	34136520
3157905	25675102	17684637	4536502	3549286	2149175	3225786	8511421
284521	4676463	2210155	1373448	216315	108817	436516	675714
91214	601266	390256	206610	82188	57589	50606	98215
475533	3098697	2238640	772276	501827	192243	502559	752720
1221042	10505469	7836601	826380	1492058	1166366	1169647	5213158
498130	4255793	2731471	1129953	666803	361714	945252	1550588
587465	2537414	2277514	227835	590095	262446	121206	221026
10886813	91140679	53323974	12367969	12132810	4986535	12073146	19928281
***	***	***	***	***	***	***	***
2743961	40429666	22122014	5418404	3131404	1365871	4123603	7512448
1942891	7278770	6094659	2760841	2422449	1138969	656711	1030109
4330275	16567507	11549580	1363548	4798653	1929640	1917661	3588004

1-9 续表 2

项目	法人单位数（个）	#亏损企业	工业总产值（当年价格）	工业销售产值（当年价格）	#出口交货值
兽用药品制造	5	1	703083	659685	
生物药品制品制造	25	3	11014141	9860645	110239
卫生材料及医药用品制造	2	***	***	***	***
化学纤维制造业	2	***	***	***	***
合成纤维制造	2	***	***	***	***
橡胶和塑料制品业	20	9	1199129	1275557	170838
橡胶制品业	1	***	***	***	***
塑料制品业	19	8	958759	999294	7635
非金属矿物制品业	107	33	32745898	32434146	1070215
水泥、石灰和石膏制造	3	1	2393782	2354569	
石膏、水泥制品及类似制品制造	65	24	16474394	16304722	697
砖瓦、石材等建筑材料制造	10	3	343467	316559	
玻璃制造	1	***	***	***	***
玻璃制品制造	8	2	7423051	7435645	118498
玻璃纤维和玻璃纤维增强塑料制品制造	3		614177	571053	13271
耐火材料制品制造	8	3	888297	846553	168337
石墨及其他非金属矿物制品制造	9		4511315	4509511	736770
黑色金属冶炼和压延加工业	3		8523757	8563461	854040
钢压延加工	2	***	***	***	***
铁合金冶炼	1	***	***	***	***
有色金属冶炼和压延加工业	12	3	6082749	5947072	612715
稀有稀土金属冶炼	1	***	***	***	***
有色金属合金制造	4	1	1514557	1517661	55871
有色金属压延加工	7	2	3185146	3220113	184769
金属制品业	69	15	19645820	19759644	950524
结构性金属制品制造	38	7	3890610	3841891	53632
金属工具制造	1	***	***	***	***
集装箱及金属包装容器制造	11	4	3246084	3339202	27696
金属丝绳及其制品制造	1	***	***	***	***
建筑、安全用金属制品制造	4		129159	130707	35661
金属表面处理及热处理加工	2	***	***	***	***
铸造及其他金属制品制造	12	4	11784291	11829734	767002
通用设备制造业	83	27	12839164	12737492	756190
锅炉及原动设备制造	7	3	1914568	1898086	87163
金属加工机械制造	9	5	780761	811572	5463

单位：千元

年初存货	资产总计	# 流动资产合　计	# 应收账款	# 存　货	# 产成品	# 固定资产净额	# 固定资产原价
197691	880386	430995	142897	155179	55151	164963	382055
1638811	25236630	12746307	2655996	1590399	479748	5029377	7090092
***	***	***	***	***	***	***	***
***	***	***	***	***	***	***	***
***	***	***	***	***	***	***	***
392646	2576654	1721946	567392	376489	156017	339793	977718
***	***	***	***	***	***	***	***
314396	2305168	1564977	524506	326909	138960	294673	747789
5582882	124509707	80301652	20780183	6522907	2127281	6737644	14128555
197013	50125645	30944323	294278	140600	32059	2091088	4373547
1874914	37566118	24738839	12431192	2457203	1328933	3132288	6589594
103168	2803716	1885903	695984	392289	289772	92279	267249
***	***	***	***	***	***	***	***
2198511	21734351	14608237	4650638	2234261	119888	352158	640720
231679	943582	617495	123290	266048	12130	165123	374310
490308	3807943	2448148	883763	467688	261647	450748	722815
469777	7278871	4912138	1672789	550520	81979	422936	1072955
820398	6713349	1749584	293453	643296	401277	3520516	6997536
***	***	***	***	***	***	***	***
***	***	***	***	***	***	***	***
1457339	7196638	4585719	754182	1611898	627504	979785	1788860
***	***	***	***	***	***	***	***
605483	2889526	1546370	322619	644137	162811	637556	1140539
584304	2886988	2093897	346300	719502	378056	240299	478083
3253143	55572981	27388594	4993256	3720833	1097120	5150036	9361636
1174834	18590488	7480332	2357974	1484547	632149	537605	1027475
***	***	***	***	***	***	***	***
637415	12977586	7906504	683547	608319	180663	1180408	2234197
***	***	***	***	***	***	***	***
14195	150122	134466	45367	14322	9673	11345	28319
***	***	***	***	***	***	***	***
1349077	22798704	11236688	1623610	1554158	243406	3271023	5760449
8355227	51071777	30654123	6917650	8132396	1782804	3274664	6582977
3268367	5177776	4783409	504013	2687643	38437	152106	535099
1161668	5731548	2773010	571381	1206485	337994	716494	1722083

1-9 续表 3

项　　目	法人单位数（个）	#亏损企业	工业总产值（当年价格）	工业销售产值（当年价格）	#出口交货值
物料搬运设备制造	10	4	783499	812428	6339
泵、阀门、压缩机及类似机械制造	19	3	3770348	3702075	118682
轴承、齿轮和传动部件制造	2	***	***	***	***
烘炉、风机、包装等设备制造	19	8	4018871	3920793	483653
文化、办公用机械制造	5	2	231733	227392	49357
通用零部件制造	7	1	628609	648023	5480
其他通用设备制造业	5		638794	645733	53
专用设备制造业	121	20	43187363	39980103	3455793
采矿、冶金、建筑专用设备制造	16	2	11595165	11209962	898832
化工、木材、非金属加工专用设备制造	8	1	1808191	1713937	137457
食品、饮料、烟草及饲料生产专用设备制造	2	***	***	***	***
印刷、制药、日化及日用品生产专用设备制造	4	1	530181	539852	
纺织、服装和皮革加工专用设备制造	1	***	***	***	***
电子和电工机械专用设备制造	7	1	1249865	937387	313958
农、林、牧、渔专用机械制造	4	2	547888	556014	11187
医疗仪器设备及器械制造	30	6	5291486	4773471	176494
环保、邮政、社会公共服务及其他专用设备制造	49	7	21432020	19505182	1860363
汽车制造业	61	23	70387701	68598735	2211591
汽车整车制造	4	1	37215485	34936482	2063088
汽车用发动机制造	1	***	***	***	***
改装汽车制造	9	1	3019457	3112505	24621
汽车零部件及配件制造	47	21	29358445	29701748	123882
铁路、船舶、航空航天和其他运输设备制造业	44	3	30898479	29137283	299693
铁路运输设备制造	22	2	14269221	13532121	10024
城市轨道交通设备制造	1	***	***	***	***
船舶及相关装置制造	2	***	***	***	***
航空、航天器及设备制造	19	1	15118691	14280728	289669
电气机械和器材制造业	98	23	37538963	37189321	341080
电机制造	9	6	8650904	8746320	54569
输配电及控制设备制造	71	15	21332465	21445718	261380
电线、电缆、光缆及电工器材制造	8	1	2541236	2585348	15522
电池制造	1	***	***	***	***
家用电力器具制造	1	***	***	***	***
非电力家用器具制造	2	***	***	***	***
照明器具制造	2	***	***	***	***

单位：千元

年初存货	资产总计	#流动资产合计	#应收账款	#存货	#产成品	#固定资产净额	#固定资产原价
496869	3117636	2091343	539831	826665	379354	65083	148856
1325121	6082522	4440231	1167630	1438402	501627	642290	1496993
***	***	***	***	***	***	***	***
1526680	27838352	14250901	3222847	1416911	356221	1397603	2079090
91947	764271	501544	217600	116457	30478	24552	63463
169182	962534	679588	324631	171021	64255	219265	399356
200222	1158176	946074	305269	169832	7353	40515	72143
15046159	162485174	93705420	22311277	16242725	4280178	6230957	11409321
3273569	48554439	34034749	4160810	3129097	885168	1732099	3372446
763808	7284376	4523917	1114242	877195	189345	891745	1597134
***	***	***	***	***	***	***	***
142882	793932	446743	129164	170806	34655	109587	229551
***	***	***	***	***	***	***	***
575708	2921387	2087823	452365	749353	605328	312910	550934
282164	1439754	1047615	434791	314034	125331	179710	289613
1053080	23524257	9036630	1585824	1221862	435375	1289819	2248065
8567525	76501778	41219778	14349752	9394049	1986582	1624468	2832088
9488485	234187456	113827572	28928296	12719599	5065930	22218896	31860384
3175648	138967044	55586661	9868956	6594793	3060520	12454408	17545200
***	***	***	***	***	***	***	***
1024326	5686957	4335033	1955254	1054730	224518	522429	714199
5233775	88641565	53282310	16876726	5000119	1751411	9040420	13235766
9572993	56892367	42890555	13821293	11834162	2911124	4984156	9370875
4142942	24767499	17551017	6753984	5425511	2500457	1338671	2515804
***	***	***	***	***	***	***	***
***	***	***	***	***	***	***	***
5189409	28415198	22012620	4951168	5906048	395463	3394389	6100869
9579410	86742796	63999491	28604282	9200848	2202989	4809351	8936200
3383128	30819210	22315084	9309925	2481154	257303	1635734	3427165
4627923	43688993	33389464	14898996	5173776	1199260	2434006	4258513
176156	1631642	1400124	893110	140979	61900	157349	355588
***	***	***	***	***	***	***	***
***	***	***	***	***	***	***	***
***	***	***	***	***	***	***	***
***	***	***	***	***	***	***	***

1-9 续表 4

项 目	法人单位数（个）	#亏损企业	工业总产值（当年价格）	工业销售产值（当年价格）	#出口交货值
其他电气机械及器材制造	4		1627158	1643175	
计算机、通信和其他电子设备制造业	137	32	68543810	66222112	21646031
计算机制造	17	4	3619532	3597423	17698
通信设备制造	32	6	10571871	10104435	97727
广播电视设备制造	6	3	1281037	1263849	26508
雷达及配套设备制造	2	***	***	***	***
非专业视听设备制造	3		4215923	4385799	596
智能消费设备制造	2	***	***	***	***
电子器件制造	38	10	39859919	38440866	20964898
电子元件及电子专用材料制造	19	1	3809199	3619797	359813
其他电子设备制造	18	6	4012694	3672979	147021
仪器仪表制造业	75	11	11649501	11301129	304647
通用仪器仪表制造	48	6	7787723	7604916	151764
专用仪器仪表制造	20	2	3278146	3167259	112902
钟表与计时仪器制造	1	***	***	***	***
光学仪器制造	2	***	***	***	***
其他仪器仪表制造业	4	1	380878	334650	8318
其他制造业	6	1	11105344	9436089	356841
核辐射加工	1	***	***	***	***
其他未列明制造业	5	1	11075769	9406514	356841
废弃资源综合利用业	3		252921	252782	
金属废料和碎屑加工处理	1	***	***	***	***
非金属废料和碎屑加工处理	2	***	***	***	***
金属制品、机械和设备修理业	3		691634	595677	
专用设备修理	1	***	***	***	***
铁路、船舶、航空航天等运输设备修理	2	***	***	***	***
三、电力、热力、燃气及水生产和供应业	96	20	447319931	447226773	
电力、热力生产和供应业	58	10	428363520	428281917	
电力生产	17		21890200	21890200	
电力供应	3	2	393493945	393493945	
热力生产和供应	38	8	12979375	12897772	
燃气生产和供应业	17	5	7572776	7572776	
燃气生产和供应业	17	5	7572776	7572776	
水的生产和供应业	21	5	11383635	11372080	
自来水生产和供应	12	3	3482200	3470645	
污水处理及其再生利用	9	2	7901435	7901435	

单位：千元

年初存货	资产总计	#流动资产合计	#应收账款	#存货	#产成品	#固定资产净额	#固定资产原价
477545	2828726	2601875	1332697	509191	122927	87444	143984
13706235	201756451	92311474	30399741	15227320	5469395	15738408	38796733
888296	36211906	12101249	1436750	871591	235684	116754	303939
2802513	62856225	20641020	7894779	3303304	932651	1750187	3183119
783478	4444512	2721377	743735	710198	48565	24162	90943
***	***	***	***	***	***	***	***
565172	5278482	2897158	1019835	649054	399067	127480	197145
***	***	***	***	***	***	***	***
5089670	70125584	40069953	15150677	5465857	2543886	11375822	31184678
821881	5919118	4821986	1927707	843083	355494	507601	1132638
2048304	14879965	7235572	1863456	2724212	829190	1805600	2591002
4273437	29984852	20201478	6180246	4441009	1071765	1914508	3620384
3039477	17519329	12841496	3774731	3017892	711527	1121796	2137727
1046798	9811766	5831080	2148846	1198626	271135	717557	1098308
***	***	***	***	***	***	***	***
***	***	***	***	***	***	***	***
86986	969506	843750	191140	110071	18295	13154	37020
1590740	13870346	10754975	3726899	2436900	41342	1417782	2814229
***	***	***	***	***	***	***	***
1587035	13829220	10714731	3714015	2433715	38157	1417035	2809477
18006	1051751	504446	168647	27416	8327	358985	637735
***	***	***	***	***	***	***	***
***	***	***	***	***	***	***	***
295302	35188238	6451175	548007	345545	853	381701	4340588
***	***	***	***	***	***	***	***
***	***	***	***	***	***	***	***
943586	1919972401	273353766	50190848	1130445	77102	290037036	598657673
828822	1790846821	242100121	38833838	998715	38467	232264577	513683223
291611	29507124	7229137	2977991	271450	1240	20471768	35958929
286988	1699526761	218019426	33696475	367633		177584084	423281060
250223	61812936	16851558	2159372	359632	37227	34208725	54443234
34105	12689643	4094199	851629	33803	5285	4269018	5337909
34105	12689643	4094199	851629	33803	5285	4269018	5337909
80659	116435937	27159446	10505381	97927	33350	53503441	79636541
23375	30493369	9802565	394546	31094	1210	10221970	24188581
57284	85942568	17356881	10110835	66833	32140	43281471	55447960

1-9 续表 5

项　　目	#累计折旧	#本年折旧	#在建工程	#无形资产	负债合计
合　计	**461360047**	**43123116**	**78329648**	**97157438**	**1504143764**
一、采矿业	30866474	1430773	6179757	50443256	228971687
煤炭开采和洗选业	***	***	***	***	***
烟煤和无烟煤开采洗选	***	***	***	***	***
石油和天然气开采业	***	***	***	***	***
天然气开采	***	***	***	***	***
黑色金属矿采选业	14050010	603243	6064361	49952710	204233907
铁矿采选	14050010	603243	6064361	49952710	204233907
开采专业及辅助性活动	15942477	726905	50598	304197	11812660
石油和天然气开采专业及辅助性活动	15942477	726905	50598	304197	11812660
二、制造业	122927354	13335714	20267268	33250258	673050285
农副食品加工业	1496265	162542	140571	765275	15112586
谷物磨制	94887	16882	22888	19480	1978935
饲料加工	349668	40787	15928	604781	5670676
植物油加工	***	***	***	***	***
屠宰及肉类加工	897996	85616	45091	88813	6798228
水产品加工	***	***	***	***	***
蔬菜、菌类、水果和坚果加工	139427	17390	56664	52201	620094
食品制造业	1062061	155330	385563	170505	4315115
焙烤食品制造	233507	34752	4230	36752	344831
方便食品制造	90603	14514	1965	21388	261965
乳制品制造	144533	15805	7379	61	698724
罐头食品制造	***	***	***	***	***
调味品、发酵制品制造	147978	19159	246822	11304	1034060
其他食品制造	441201	70403	125167	100971	1955163
酒、饮料和精制茶制造业	5163164	459654	836959	940290	16201064
酒的制造	4138737	314421	514891	766269	12953792
饮料制造	1024427	145233	322068	174021	3247272
纺织业	209169	29940	91170	43640	1317610
棉纺织及印染精加工	***	***	***	***	***
家用纺织制成品制造	***	***	***	***	***
产业用纺织制成品制造	94138	12176	615	3122	508332
纺织服装、服饰业	678295	80474	73019	136577	3716571
机织服装制造	371820	32087	70927	36730	2499851
针织或钩针编织服装制造	305369	48111	2092	99847	1164019

单位：千元

流动负债合计	#应付账款	非流动负债合计	#应付债券	所有者权益合计	#实收资本	国家资本	集体资本
1014524492	**240882694**	**483475395**	**255527634**	**2133685716**	**1321927611**	**1075104007**	**1777825**
123972960	12736196	104998727	45131082	160838299	62119564	30676101	
***	***	***	***	***	***	***	***
***	***	***	***	***	***	***	***
***	***	***	***	***	***	***	***
***	***	***	***	***	***	***	***
108051354	6440527	96182553	42138920	117486720	29474989	29347769	
108051354	6440527	96182553	42138920	117486720	29474989	29347769	
11091509	5210436	721150		25757460	28885715		
11091509	5210436	721150		25757460	28885715		
543722183	162401300	123184228	44204362	654996815	282497501	91687897	1777825
13876004	1784829	1211753	600000	12626787	7615534	1597906	6000
1943426	422646	35509		895942	979880	602880	
4816280	311468	829569	600000	8930701	4712604	93000	
***	***	***	***	***	***	***	***
6506901	840891	291327		2336160	1703117	815109	6000
***	***	***	***	***	***	***	***
565276	192322	54816		363304	168369	86917	
4005243	1455100	309873		5861458	2046442	359547	
340831	185481	4000		310928	281682	98882	
257183	70589	4782		547278	294089	260215	
698669	367206	55		38673	247590		
***	***	***	***	***	***	***	***
1017458	218540	16603		910311	216414		
1670730	607416	284433		4050116	1001657	450	
12784353	1113190	3416711	1098473	29107577	6405427	522086	
10002035	393919	2951757	1098473	26422174	4857265	52687	
2782318	719271	464954		2685403	1548162	469399	
762077	80128	555534		1646091	1022911		
***	***	***	***	***	***	***	***
***	***	***	***	***	***	***	***
474962	79305	33371		486201	330317		
3377090	1049230	339481		4280260	1853913	54129	61642
2306084	640454	193767		1155960	729259	54129	61642
1018305	356336	145714		3135064	1119654		

1-9 续表 6

项目	#累计折旧	#本年折旧	#在建工程	#无形资产	负债合计
服饰制造	***	***	***	***	***
皮革、毛皮、羽毛及其制品和制鞋业	***	***	***	***	***
毛皮鞣制及制品加工	***	***	***	***	***
木材加工和木、竹、藤、棕、草制品业	***	***	***	***	***
人造板制造	***	***	***	***	***
木质制品制造	***	***	***	***	***
家具制造业	108356	15128	2770	31728	290430
木质家具制造	65123	9183		22087	146924
金属家具制造	***	***	***	***	***
其他家具制造	***	***	***	***	***
造纸和纸制品业	138322	19170	25525	36269	595447
造纸	***	***	***	***	***
纸制品制造	131327	18084	24348	36269	561130
印刷和记录媒介复制业	6377711	566910	245489	538085	3899951
印刷	6290115	564051	245298	537701	3840564
记录媒介复制	87596	2859	191	384	59387
文教、工美、体育和娱乐用品制造业	740802	47140	238363	195191	4669600
文教办公用品制造	***	***	***	***	***
乐器制造	231208	15096	13857	31317	551085
工艺美术及礼仪用品制造	445278	22368	223973	146531	2836581
游艺器材及娱乐用品制造	56014	7432	533	16560	1273454
石油、煤炭及其他燃料加工业	23365623	1202565	2952838	586402	11850298
精炼石油产品制造	23365623	1202565	2952838	586402	11850298
化学原料和化学制品制造业	4167580	338794	414359	1253589	15165041
基础化学原料制造	225521	36094	38761	127356	1853931
肥料制造	47609	5393	68793	2951	230078
涂料、油墨、颜料及类似产品制造	250161	69030	575	48898	1706644
合成材料制造	2970400	158713	242414	683212	7263712
专用化学产品制造	574069	59780	36514	312540	1991827
日用化学产品制造	99820	9784	27302	78632	2118849
医药制造业	7729219	1099430	2585534	2554268	28861694
化学药品原料药制造	***	***	***	***	***
化学药品制剂制造	3371401	414105	782138	854792	13945643
中药饮片加工	373399	73156	51944	99242	2923808
中成药生产	1600417	170196	880842	392844	4751885

单位：千元

流动负债合计	#应付账款	非流动负债合计	#应付债券	所有者权益合计	#实收资本	国家资本	集体资本
***	***	***	***	***	***	***	***
***	***	***	***	***	***	***	***
***	***	***	***	***	***	***	***
***	***	***	***	***	***	***	***
***	***	***	***	***	***	***	***
***	***	***	***	***	***	***	***
290430	87998			495985	369434	12924	
146924	29483			387043	253424	12924	
***	***	***	***	***	***	***	***
***	***	***	***	***	***	***	***
462532	183140	132915		279714	219867	12000	
***	***	***	***	***	***	***	***
428215	161650	132915		273827	218867	12000	
3511693	1418785	363080		9648117	4986737	986440	96670
3482296	1409027	358267		9590786	4856643	986440	96670
29397	9758	4813		57331	130094		
4321234	1565550	348366		1684454	2089982	194422	401181
***	***	***	***	***	***	***	***
287681	93369	263404		282746	332950	88500	
2773647	1213446	62934		1215361	1600455	105922	400571
1251426	257105	22028		132521	116171		610
11610697	3670135	239600		13142266	609518	30000	
11610697	3670135	239600		13142266	609518	30000	
11517074	4445595	3590486		10510059	10421645	6957150	21769
1797362	1199100	56570		2822529	612690		
229297	94062	781		371186	216189		
1522459	438578	126702		1392053	681695	39534	
3924801	1375823	3338911		3241758	7466832	6437690	
1925001	784058	66827		2263967	1133563	429926	21769
2118154	553974	695		418566	310676	50000	
24464791	5658936	4335442	1994014	62278982	16122991	1698728	24498
***	***	***	***	***	***	***	***
13090029	1543898	794159		26484023	5191765	1138356	20342
2861589	2034843	62217		4354960	552998	30000	2005
3632982	1502361	1118903	798908	11815624	3332118	15151	

1-9 续表 7

项　　目	#累计折旧	#本年折旧	#在建工程	#无形资产	负债合计
兽用药品制造	217031	14600		111778	271407
生物药品制品制造	2031947	410432	836677	1083572	6688050
卫生材料及医药用品制造	***	***	***	***	***
化学纤维制造业	***	***	***	***	***
合成纤维制造	***	***	***	***	***
橡胶和塑料制品业	552540	52717	12698	35051	1571349
橡胶制品业	***	***	***	***	***
塑料制品业	406012	46989	5515	14325	1438343
非金属矿物制品业	7261609	665091	527000	1380039	87534414
水泥、石灰和石膏制造	2241051	172319	46346	319528	41975413
石膏、水泥制品及类似制品制造	3418825	355030	294186	656996	23757889
砖瓦、石材等建筑材料制造	174969	9760	3500	21365	2097454
玻璃制造	***	***	***	***	***
玻璃制品制造	274321	34286	14170	141948	13755121
玻璃纤维和玻璃纤维增强塑料制品制造	192559	15803	35675	27038	426146
耐火材料制品制造	271660	18264	7644	82594	2649872
石墨及其他非金属矿物制品制造	631883	55290	124223	125048	2748211
黑色金属冶炼和压延加工业	3477020	323244	1037679	388471	7849726
钢压延加工	***	***	***	***	***
铁合金冶炼	***	***	***	***	***
有色金属冶炼和压延加工业	809031	92110	51554	120456	2308426
稀有稀土金属冶炼	***	***	***	***	***
有色金属合金制造	502984	51530	34068	43359	862340
有色金属压延加工	237739	29646	17292	76928	1300429
金属制品业	4079008	436682	519497	716046	26916418
结构性金属制品制造	489865	59865	30422	195313	6171004
金属工具制造	***	***	***	***	***
集装箱及金属包装容器制造	1023758	131863	128878	186590	8782715
金属丝绳及其制品制造	***	***	***	***	***
建筑、安全用金属制品制造	16974	1724	261		44833
金属表面处理及热处理加工	***	***	***	***	***
铸造及其他金属制品制造	2386870	226432	355089	326549	11439288
通用设备制造业	3276505	317353	179558	863356	25071747
锅炉及原动设备制造	382993	24726	8820	34162	4821313
金属加工机械制造	995546	54932	16697	236758	2229582

单位：千元

流动负债合计	#应付账款	非流动负债合计	#应付债券	所有者权益合计	#实收资本	国家资本	集体资本
260306	62735	11098		608978	287200	139736	
4343975	505215	2344074	1195106	18548579	6572300	325485	2151
***	***	***	***	***	***	***	***
***	***	***	***	***	***	***	***
***	***	***	***	***	***	***	***
1256780	412569	89386		1005304	867771	162000	11470
***	***	***	***	***	***	***	***
1149843	394274	63317		866824	743500	162000	
76147149	17265358	10314477	99486	36975289	17066529	9240535	497460
35635549	540685	6339865		8150232	5624063	4660600	
20680233	10474305	2538826		13808222	5381578	3071378	473656
1183382	246145	380115		706264	596877	118892	2000
***	***	***	***	***	***	***	***
12891453	3906721	863669	99486	7979230	3156193	123983	
425396	124545	750		517435	211000		
2614572	538604	35298		1158072	630227	395369	21804
2593907	1374190	154303		4530661	1391591	870313	
2095914	1648245	5753812		-1136377	2638000	2600000	
***	***	***	***	***	***	***	***
***	***	***	***	***	***	***	***
2067450	420125	240975		4888212	1117454	372464	22413
***	***	***	***	***	***	***	***
758468	248780	103872		2027185	538943	225734	22413
1256249	157769	44180		1586560	445481	13700	
22852958	4647695	3538359	2091350	28656555	10602255	3230957	11300
5321057	1503340	324846		12419482	3075044	187731	1300
***	***	***	***	***	***	***	***
7111234	620850	1671480	1491350	4194869	3274539	40000	10000
***	***	***	***	***	***	***	***
44833	24489			105289	72943		
***	***	***	***	***	***	***	***
9916723	2131150	1522566	600000	11359414	3996129	3003226	
20873947	4585724	3364951	2401027	26000035	12126996	3234794	
4751236	754944	70077		356462	438545	296785	
2012325	466242	217257		3501967	2228493	1690435	

1-9 续表 8

项目					负债合计
	#累计折旧		#在建工程	#无形资产	
		#本年折旧			
物料搬运设备制造	83774	10952	35289	5418	2184941
泵、阀门、压缩机及类似机械制造	853317	75277	88908	208952	3159184
轴承、齿轮和传动部件制造	***	***	***	***	***
烘炉、风机、包装等设备制造	681298	115324	16039	328330	11066089
文化、办公用机械制造	38751	3272		322	338831
通用零部件制造	160064	23498	13073	23646	663913
其他通用设备制造业	31624	6403		2149	537523
专用设备制造业	5124139	633618	730025	1819178	83705822
采矿、冶金、建筑专用设备制造	1635685	201596	235270	194210	21630111
化工、木材、非金属加工专用设备制造	704447	71614	1812	161575	2385134
食品、饮料、烟草及饲料生产专用设备制造	***	***	***	***	***
印刷、制药、日化及日用品生产专用设备制造	119940	7323	2403	32663	265155
纺织、服装和皮革加工专用设备制造	***	***	***	***	***
电子和电工机械专用设备制造	227974	32766	28198	105469	4074043
农、林、牧、渔专用机械制造	109900	15855	2784	52431	985945
医疗仪器设备及器械制造	921157	137172	123243	347093	9387002
环保、邮政、社会公共服务及其他专用设备制造	1206165	154119	336315	905134	44057401
汽车制造业	9159013	1958017	5433181	12162235	138030861
汽车整车制造	5082618	1036116	2951236	8977138	85699379
汽车用发动机制造	***	***	***	***	***
改装汽车制造	188605	24755	158434	114015	3576959
汽车零部件及配件制造	3725047	866171	2323339	3052837	48463921
铁路、船舶、航空航天和其他运输设备制造业	4298111	481554	642877	659964	31397610
铁路运输设备制造	1107199	158084	105787	244292	12746573
城市轨道交通设备制造	***	***	***	***	***
船舶及相关装置制造	***	***	***	***	***
航空、航天器及设备制造	2688978	282748	532525	318486	16544951
电气机械和器材制造业	3858695	491606	959209	2158108	51499766
电机制造	1537603	166763	256441	773600	20721012
输配电及控制设备制造	1810563	252105	149221	1216835	23670047
电线、电缆、光缆及电工器材制造	198240	21413	530	29777	574743
电池制造	***	***	***	***	***
家用电力器具制造	***	***	***	***	***
非电力家用器具制造	***	***	***	***	***
照明器具制造	***	***	***	***	***

单位：千元

流动负债合计	#应付账款	非流动负债合计	#应付债券	所有者权益合计	#实收资本	国家资本	集体资本
1182791	402640	170837		932695	368810	20200	
3082454	1027665	76729		2923343	1470662	870765	
***	***	***	***	***	***	***	***
8380923	1349937	2685167	2401027	16772264	6733137		
337229	117630	66		425440	169062	70000	
550830	157753	113082		298620	220730	26430	
505788	253877	31736		620653	367052	260179	
63861362	19094455	19805689	8935689	78779350	25215967	3071720	66820
16158420	3763152	5471689	4031650	26924327	10803203	192028	
2294067	914928	88956		4899242	907197	491176	32353
***	***	***	***	***	***	***	***
201761	132481	26743		528777	154778	134778	
***	***	***	***	***	***	***	***
1811479	532487	2262563		-1152655	1229293	1027710	
937405	325126	48541		453809	292000	213828	
5077999	701434	4308999		14137256	4463076	188139	
36460440	12518087	7596958	4904039	32444374	7128420	784061	34467
97028790	30102809	41002070	21173288	96156594	58621682	40406904	127966
52520468	14356299	33178910	20144960	53267666	34601988	20613135	
***	***	***	***	***	***	***	***
3265416	1718578	311543		2109998	1244634	892990	2600
40955429	13826172	7508492	1028328	40177642	22475060	18900779	125366
26579009	10603278	1636881		25494758	11557028	2449533	77656
8904604	5147302	660249		12020925	6738275	1082038	76685
***	***	***	***	***	***	***	***
***	***	***	***	***	***	***	***
15574875	4148807	970076		11870249	3427987	1367495	971
47897154	21896189	3514115		35243028	20202353	2958701	115740
19323481	7709765	1397531		10098198	10886176	1775331	
22350115	11181745	1231434		20018947	7959499	1163370	115740
556059	212743	18685		1056898	337480		
***	***	***	***	***	***	***	***
***	***	***	***	***	***	***	***
***	***	***	***	***	***	***	***
***	***	***	***	***	***	***	***

1-9 续表 9

项　　目	#累计折旧	#本年折旧	#在建工程	#无形资产	负债合计
其他电气机械及器材制造	56538	8580		30926	2122855
计算机、通信和其他电子设备制造业	22641517	3344265	1530674	4284377	77764055
计算机制造	179807	26091	63142	115421	5868902
通信设备制造	1423248	149452	230548	1123365	33255451
广播电视设备制造	66781	7248	8093	54958	2016434
雷达及配套设备制造	***	***	***	***	***
非专业视听设备制造	69665	4877		225976	1677856
智能消费设备制造	***	***	***	***	***
电子器件制造	19425916	2976893	764964	1749456	23957449
电子元件及电子专用材料制造	622753	68348	229058	83076	1850075
其他电子设备制造	770881	100320	234869	831885	7506241
仪器仪表制造业	1704963	187738	130558	816168	12094104
通用仪器仪表制造	1015021	112522	33269	576338	7314974
专用仪器仪表制造	380750	68747	94106	180561	4231985
钟表与计时仪器制造	***	***	***	***	***
光学仪器制造	***	***	***	***	***
其他仪器仪表制造业	23865	1491	418	9788	348592
其他制造业	1396447	115335	504790	310726	8949218
核辐射加工	***	***	***	***	***
其他未列明制造业	1392442	114682	504790	310726	8945476
废弃资源综合利用业	274666	35031	10310	45325	554159
金属废料和碎屑加工处理	***	***	***	***	***
非金属废料和碎屑加工处理	***	***	***	***	***
金属制品、机械和设备修理业	3627039	10821	4091	192437	11456971
专用设备修理	***	***	***	***	***
铁路、船舶、航空航天等运输设备修理	***	***	***	***	***
三、电力、热力、燃气及水生产和供应业	307566219	28356629	51882623	13463924	602121792
电力、热力生产和供应业	280373042	24835783	36887699	3841984	538605408
电力生产	14689024	1580428	831236	475159	17423142
电力供应	245458244	20788288	30843084	2004217	488096496
热力生产和供应	20225774	2467067	5213379	1362608	33085770
燃气生产和供应业	1060077	230138	361668	33573	8643692
燃气生产和供应业	1060077	230138	361668	33573	8643692
水的生产和供应业	26133100	3290708	14633256	9588367	54872692
自来水生产和供应	13966609	913618	6106409	1441035	16138078
污水处理及其再生利用	12166491	2377090	8526847	8147332	38734614

单位：千元

流动负债合计	#应付账款	非流动负债合计	#应付债券	所有者权益合计	#实收资本	国家资本	集体资本
1986777	1087281	136078		705870	271800		
67834031	23308096	9920006	2480950	123992392	52050750	9072058	129721
5630934	1898061	237970		30343005	5692152	3120000	
27930904	3020359	5324548	1376650	29600773	9010097	1289877	
1976719	216212	39715		2428077	343405	66347	
***	***	***	***	***	***	***	***
1675659	613610	2198		3600626	1590079		
***	***	***	***	***	***	***	***
21754060	14327677	2203389	906030	46168132	32367560	3599338	39260
1539787	635061	300266		4069044	784384	78631	90461
5788177	2325905	1718064	198270	7373723	1983898	892940	
10751036	3886504	1343071	530085	17890744	6466008	1358624	27185
6168985	2596115	1145991	530085	10204354	3901760	679039	27185
4051800	1129262	180186		5579778	1933170	629585	
***	***	***	***	***	***	***	***
***	***	***	***	***	***	***	***
332584	126223	16008		620914	93978		
8337476	1447383	611742		4921127	2599630	968275	
***	***	***	***	***	***	***	***
8333734	1447373	611742		4883743	2597630	966275	
334715	33010	219444		497592	253653	50000	78334
***	***	***	***	***	***	***	***
***	***	***	***	***	***	***	***
4480792	491636	6976179	2800000	23731268	7174024		
***	***	***	***	***	***	***	***
***	***	***	***	***	***	***	***
346829349	65745198	255292440	166192190	1317850602	977310546	952740009	
317348025	53570852	221257380	163300000	1252241410	926069977	915174309	
8907033	3536894	8516108		12083982	6837079	3686916	
287512810	46360216	200583686	160300000	1211430264	904467633	902467385	
20928182	3673742	12157586	3000000	28727164	14765265	9020008	
5462373	1954826	3181319		4045947	3654782	922356	
5462373	1954826	3181319		4045947	3654782	922356	
24018951	10219520	30853741	2892190	61563245	47585787	36643344	
5790179	622405	10347899		14355292	8541631	8000489	
18228772	9597115	20505842	2892190	47207953	39044156	28642855	

1-9 续表 10

项目	法人资本	个人资本	港澳台资本	外商资本	营业收入	营业成本
合计	**197915117**	**46046980**	**735490**	**348194**	**1129325198**	**967482134**
一、采矿业	30942520	500943			53607739	52695126
煤炭开采和洗选业	***	***	***	***	***	***
烟煤和无烟煤开采洗选	***	***	***	***	***	***
石油和天然气开采业	***	***	***	***	***	***
天然气开采	***	***	***	***	***	***
黑色金属矿采选业	84710	42510			36493744	36901351
铁矿采选	84710	42510			36493744	36901351
开采专业及辅助性活动	28885715				12767803	13062769
石油和天然气开采专业及辅助性活动	28885715				12767803	13062769
二、制造业	142616135	45348434	735490	331724	622831030	486052560
农副食品加工业	1505982	4505646			23808559	21525511
谷物磨制	375000	2000			3674955	3548802
饲料加工	173029	4446575			4228299	3095502
植物油加工	***	***	***	***	***	***
屠宰及肉类加工	849047	32961			14401365	13733634
水产品加工	***	***	***	***	***	***
蔬菜、菌类、水果和坚果加工	57342	24110			1135462	833729
食品制造业	1201331	485564			10164890	6881207
焙烤食品制造	180520	2280			1593091	1179577
方便食品制造	31874	2000			678481	496425
乳制品制造	219590	28000			950404	963139
罐头食品制造	***	***	***	***	***	***
调味品、发酵制品制造	198034	18380			1910992	1404823
其他食品制造	571313	429894			5006168	2815703
酒、饮料和精制茶制造业	4834375	1048967			19691440	12533554
酒的制造	3767212	1037367			15924150	9405291
饮料制造	1067163	11600			3767290	3128263
纺织业	984157	38754			1258771	984488
棉纺织及印染精加工	***	***	***	***	***	***
家用纺织制成品制造	***	***	***	***	***	***
产业用纺织制成品制造	291563	38754			969854	828310
纺织服装、服饰业	1357282	380860			5960962	3685056
机织服装制造	332131	281357			3156387	2368958
针织或钩针编织服装制造	1020151	99503			2734262	1268336

单位：千元

税金及附加	其他业务利润	销售费用	管理费用	财务费用	#利息收入	#利息支出
19090855	**5378647**	**38519109**	**59530418**	**17460420**	**5115409**	**21828417**
564636	-152036	179920	3922708	6593983	579824	6701583
***	***	***	***	***	***	***
***	***	***	***	***	***	***
***	***	***	***	***	***	***
***	***	***	***	***	***	***
270622	-238376	81234	2410425	6561705	444257	6377030
270622	-238376	81234	2410425	6561705	444257	6377030
79073	921		518548	-173854	81152	65519
79073	921		518548	-173854	81152	65519
14740266	4849435	37641160	52214321	7843228	3743784	11535937
34457	90413	945792	952496	267447	50068	293336
2167		126254	62383	26137	1385	27361
6311	18137	324858	561420	176316	37690	208937
***	***	***	***	***	***	***
17704	64345	277824	216002	62258	4334	48248
***	***	***	***	***	***	***
7449	3093	197098	91482	2615	6569	8616
68526	6746	1622386	640149	129458	25008	148264
10978	336	241605	106273	2018	376	2252
5415		18313	115576	-7733	7133	730
1825	69	62316	25325	104419	30	104418
***	***	***	***	***	***	***
12533	415	286462	103742	3926	9662	13444
37468	5926	1012189	284639	26728	7802	27319
2112593	55420	1944699	1201419	318	401236	381745
2091162	30250	1597459	1002336	-7525	376749	354002
21431	25170	347240	199083	7843	24487	27743
18618	34470	47048	155544	26235	1404	29292
***	***	***	***	***	***	***
***	***	***	***	***	***	***
3962	55	46796	67431	19935	773	22361
51961	10428	1300958	599160	19664	8457	25432
21782	7728	518625	318940	11082	7025	15868
29979	2700	763346	272537	8528	1429	9564

1-9 续表 11

项　　目					营业收入	营业成本
	法人资本	个人资本	港澳台资本	外商资本		
服饰制造	***	***	***	***	***	***
皮革、毛皮、羽毛及其制品和制鞋业	***	***	***	***	***	***
毛皮鞣制及制品加工	***	***	***	***	***	***
木材加工和木、竹、藤、棕、草制品业	***	***	***	***	***	***
人造板制造	***	***	***	***	***	***
木质制品制造	***	***	***	***	***	***
家具制造业	165610	170700		20200	856360	710898
木质家具制造	90000	150500			476433	396363
金属家具制造	***	***	***	***	***	***
其他家具制造	***	***	***	***	***	***
造纸和纸制品业	148184	59683			768381	669635
造纸	***	***	***	***	***	***
纸制品制造	147184	59683			682731	587906
印刷和记录媒介复制业	3109315	794312			9388816	6797022
印刷	2979221	794312			9279360	6705906
记录媒介复制	130094				109456	91116
文教、工美、体育和娱乐用品制造业	1437942	56437			13203277	12373206
文教办公用品制造	***	***	***	***	***	***
乐器制造	244450				380272	303904
工艺美术及礼仪用品制造	1070262	23700			12412180	11736183
游艺器材及娱乐用品制造	110000	5561			354871	306584
石油、煤炭及其他燃料加工业	563360	16158			61639711	47816060
精炼石油产品制造	563360	16158			61639711	47816060
化学原料和化学制品制造业	2090756	1351971			19701526	16454407
基础化学原料制造	276182	336509			2707132	2353137
肥料制造	35876	180313			405929	292828
涂料、油墨、颜料及类似产品制造	230013	412148			2133891	1796322
合成材料制造	999382	29760			8767869	7597000
专用化学产品制造	302676	379192			3715593	2702295
日用化学产品制造	246627	14049			1971112	1712825
医药制造业	10278040	3443372	678354		46271248	18481455
化学药品原料药制造	***	***	***	***	***	***
化学药品制剂制造	2724896	1258521	49650		19207980	5538746
中药饮片加工	331079	189914			5471129	3681566
中成药生产	1889952	798312	628704		9961492	5347708

单位：千元

税金及附加	其他业务利润	销售费用	管理费用	财务费用		
					#利息收入	#利息支出
***	***	***	***	***	***	***
***	***	***	***	***	***	***
***	***	***	***	***	***	***
***	***	***	***	***	***	***
***	***	***	***	***	***	***
***	***	***	***	***	***	***
4369	745	62551	48936	877	141	792
3409		21627	29110	192	137	130
***	***	***	***	***	***	***
***	***	***	***	***	***	***
3385	15594	16158	68657	10062	373	9829
***	***	***	***	***	***	***
3237	15498	14124	66790	10062	373	9829
110352	200395	200022	1103507	-40237	76243	24975
108887	200395	192655	1088180	-40261	76238	24967
1465		7367	15327	24	5	8
36768	120509	332331	405879	65800	6703	66159
***	***	***	***	***	***	***
3371	127	34758	89921	3889	349	3550
27874	120382	273060	275311	57594	4782	57315
4949		13170	27308	4241	1545	5152
8754844	-200924	353047	1911671	59108	40568	76989
8754844	-200924	353047	1911671	59108	40568	76989
73622	98079	1010610	1804956	214887	17279	220326
10133	28357	60592	211794	51884	3851	51963
1537		41936	50687	3994	223	4387
9064	9558	141885	189678	38109	2824	39626
28255	21799	119587	772258	51788	2847	52629
20518	36220	156696	494332	25622	4614	23111
4115	2145	489914	86207	43490	2920	48610
553871	216406	13338738	4928753	176273	151146	296276
***	***	***	***	***	***	***
272206	55582	7149511	2178914	104381	54206	137083
29368	-8	477599	360839	8668	7492	14314
138209	110251	2385173	734747	-6227	41954	32466

1-9 续表 12

项　　目	法人资本	个人资本	港澳台资本	外商资本	营业收入	营业成本
兽用药品制造	134294	13170			711664	394584
生物药品制品制造	5066439	1178225			10553490	3430090
卫生材料及医药用品制造	***	***	***	***	***	***
化学纤维制造业	***	***	***	***	***	***
合成纤维制造	***	***	***	***	***	***
橡胶和塑料制品业	507915	186386			2498905	2256957
橡胶制品业	***	***	***	***	***	***
塑料制品业	395114	186386			2011861	1794792
非金属矿物制品业	6068179	1259572		784	36000509	30398049
水泥、石灰和石膏制造	963463				2961299	1930141
石膏、水泥制品及类似制品制造	1372605	463940			16901731	14722605
砖瓦、石材等建筑材料制造	404985	71000			774155	633405
玻璃制造	***	***	***	***	***	***
玻璃制品制造	2594048	438162			7524679	6354004
玻璃纤维和玻璃纤维增强塑料制品制造	200000	11000			607415	474107
耐火材料制品制造	33800	178470		784	1917143	1629813
石墨及其他非金属矿物制品制造	499278	22000			5209543	4580172
黑色金属冶炼和压延加工业	21100	16900			8991968	8507171
钢压延加工	***	***	***	***	***	***
铁合金冶炼	***	***	***	***	***	***
有色金属冶炼和压延加工业	634876	87170		532	6337543	5609348
稀有稀土金属冶炼	***	***	***	***	***	***
有色金属合金制造	247765	42500		532	1578745	1229064
有色金属压延加工	387111	44670			3549059	3227076
金属制品业	4717539	2642459			24335472	20799546
结构性金属制品制造	1636787	1249226			5428036	4751582
金属工具制造	***	***	***	***	***	***
集装箱及金属包装容器制造	2008699	1215840			3890465	3140877
金属丝绳及其制品制造	***	***	***	***	***	***
建筑、安全用金属制品制造	4500	68443			130710	104484
金属表面处理及热处理加工	***	***	***	***	***	***
铸造及其他金属制品制造	926691	66212			14136130	12231162
通用设备制造业	4788539	4103663			15016949	11933312
锅炉及原动设备制造	93036	48724			1945302	1689823
金属加工机械制造	488793	49265			1180878	1023278

单位：千元

税金及附加	其他业务利润	销售费用	管理费用	财务费用	#利息收入	#利息支出
5924	5153	131842	133432	7008	109	6991
103939	45411	3113522	1439096	65840	44041	105408
***	***	***	***	***	***	***
***	***	***	***	***	***	***
***	***	***	***	***	***	***
10950	42877	89979	173574	16007	5611	19853
***	***	***	***	***	***	***
7824	40002	79897	127206	16195	4722	17599
218073	336702	1040503	2782568	2240646	361883	2452714
40877	110042	70586	324134	1741131	211300	1858867
98216	129959	574296	1296610	190823	30218	209893
8220	20617	24067	82316	20057	937	20762
***	***	***	***	***	***	***
23958	33991	103315	569627	236965	66958	272965
4458	1277	16526	74913	6786	121	2126
12279	5220	103273	156610	58908	11970	64898
29067	34932	139970	261868	-16640	40362	20932
40068	11766	177466	112911	121995	8106	126178
***	***	***	***	***	***	***
***	***	***	***	***	***	***
19216	14293	78970	372127	41295	6250	35927
***	***	***	***	***	***	***
12329	3094	12805	195992	12310	1359	9581
5229	11199	53221	134428	26375	3850	25471
125494	401853	383473	2025960	357818	169037	499930
22665	16182	126851	397578	70548	21988	86984
***	***	***	***	***	***	***
21759	39131	128891	376791	234160	113271	329444
***	***	***	***	***	***	***
681		6199	13383	529	311	338
***	***	***	***	***	***	***
75650	346046	84924	1173103	51667	32836	81406
136677	154253	669731	1880711	164787	244292	422964
40794	1932	29585	173489	14860	9092	25297
13955	27952	62352	186154	10527	4942	15178

1-9 续表 13

项目	法人资本	个人资本	港澳台资本	外商资本	营业收入	营业成本
物料搬运设备制造	193107	155503			1296057	1092669
泵、阀门、压缩机及类似机械制造	440359	159538			3961434	3105800
轴承、齿轮和传动部件制造	***	***	***	***	***	***
烘炉、风机、包装等设备制造	3177391	3555746			4805892	3760907
文化、办公用机械制造	33562	65500			317026	174132
通用零部件制造	150000	44300			713233	522331
其他通用设备制造业	99721	7152			692967	479117
专用设备制造业	16206982	5577073		293372	48081276	35254056
采矿、冶金、建筑专用设备制造	10361138	250037			12749801	10662791
化工、木材、非金属加工专用设备制造	162352	221316			2989805	2217147
食品、饮料、烟草及饲料生产专用设备制造	***	***	***	***	***	***
印刷、制药、日化及日用品生产专用设备制造		20000			582086	411062
纺织、服装和皮革加工专用设备制造	***	***	***	***	***	***
电子和电工机械专用设备制造	138183	63400			1492272	1136698
农、林、牧、渔专用机械制造	48782	29390			897302	735996
医疗仪器设备及器械制造	2834811	1192164		247962	5253481	2140604
环保、邮政、社会公共服务及其他专用设备制造	2467676	3796806		45410	23360436	17317289
汽车制造业	17510710	576102			89812985	79173999
汽车整车制造	13988853				43662433	37756048
汽车用发动机制造	***	***	***	***	***	***
改装汽车制造	257896	91148			3498655	2822366
汽车零部件及配件制造	3263961	184954			41784171	37913130
铁路、船舶、航空航天和其他运输设备制造业	8140319	889520			30274345	22669099
铁路运输设备制造	4924694	654858			14555630	9576050
城市轨道交通设备制造	***	***	***	***	***	***
船舶及相关装置制造	***	***	***	***	***	***
航空、航天器及设备制造	1845539	213982			14390632	11973751
电气机械和器材制造业	10611853	6516058			43342117	35197121
电机制造	5222479	3888365			11546387	9974640
输配电及控制设备制造	4367164	2313225			24370594	19331533
电线、电缆、光缆及电工器材制造	280645	56835			2725130	2443196
电池制造	***	***	***	***	***	***
家用电力器具制造	***	***	***	***	***	***
非电力家用器具制造	***	***	***	***	***	***
照明器具制造	***	***	***	***	***	***

单位：千元

税金及附加	其他业务利润	销售费用	管理费用	财务费用	#利息收入	#利息支出
4629	1275	71975	156592	12611	984	11418
31451	38115	132296	433670	26375	8934	34981
***	***	***	***	***	***	***
33444	83518	284963	598715	76947	216733	310641
2426	148	44166	111526	5675	269	5183
4564	362	15430	80032	18356	412	18673
4364	49	21464	121855	-258	2538	1511
334326	92128	3003616	4764937	1044776	690024	1572398
49764	7309	373850	781074	187906	342072	412432
27535	16241	53227	434228	-21079	27857	7968
***	***	***	***	***	***	***
5070	30	60876	105993	1381	1822	2956
***	***	***	***	***	***	***
31494	22	39386	236991	2390	3692	3143
4653	1239	54939	91881	21247	3454	23658
68217	16356	1073610	938060	254160	51831	307191
143037	46147	1318817	2048971	606910	250637	812736
999391	2094337	3137532	8130492	1923002	709186	2521702
787565	1970151	2387988	4571104	1675735	439681	2084452
***	***	***	***	***	***	***
16213	21614	176674	254603	32476	1970	29985
191550	92832	569766	3258985	213983	267481	407265
177492	54191	600856	3509451	305048	78221	363780
114974	23331	502672	2248387	210431	16644	211416
***	***	***	***	***	***	***
***	***	***	***	***	***	***
52604	26723	75880	1150755	99286	55484	152336
209997	237374	2947820	4099824	263753	119063	327987
46724	41814	1041117	1327398	31859	58781	71286
130882	121827	1632772	2162493	138986	41595	165818
7517	1838	31536	164735	16137	1370	12391
***	***	***	***	***	***	***
***	***	***	***	***	***	***
***	***	***	***	***	***	***
***	***	***	***	***	***	***

1-9 续表 14

项　　目	法人资本	个人资本	港澳台资本	外商资本	营业收入	营业成本
其他电气机械及器材制造	197979	73821			1648249	1198635
计算机、通信和其他电子设备制造业	35735746	7039954	57136	16135	79843070	65538776
计算机制造	2256477	306902	3704	5069	5203381	3667906
通信设备制造	6090825	1629395			11379959	8406489
广播电视设备制造	91747	185311			1476914	1145837
雷达及配套设备制造	***	***	***	***	***	***
非专业视听设备制造	86720	1503359			4510498	3953106
智能消费设备制造	***	***	***	***	***	***
电子器件制造	25594670	3069794	53432	11066	44902596	38891266
电子元件及电子专用材料制造	426087	189205			6413392	5074281
其他电子设备制造	939469	151489			4794012	3454415
仪器仪表制造业	1923745	3155753		701	12953105	8452643
通用仪器仪表制造	1348964	1845871		701	8685130	5700422
专用仪器仪表制造	447393	856192			3617908	2334793
钟表与计时仪器制造	***	***	***	***	***	***
光学仪器制造	***	***	***	***	***	***
其他仪器仪表制造业	77088	16890			405073	276377
其他制造业	801600	829755			10751932	9861219
核辐射加工	***	***	***	***	***	***
其他未列明制造业	801600	829755			10720038	9839870
废弃资源综合利用业	45974	79345			356821	287843
金属废料和碎屑加工处理	***	***	***	***	***	***
非金属废料和碎屑加工处理	***	***	***	***	***	***
金属制品、机械和设备修理业	7174024				940188	758861
专用设备修理	***	***	***	***	***	***
铁路、船舶、航空航天等运输设备修理	***	***	***	***	***	***
三、电力、热力、燃气及水生产和供应业	24356462	197603		16470	452886429	428734448
电力、热力生产和供应业	10820027	75641			431192150	412449510
电力生产	3150163				22722510	19271803
电力供应	2000248				394731860	377209614
热力生产和供应	5669616	75641			13737780	15968093
燃气生产和供应业	2729124	3300			8036837	7235129
燃气生产和供应业	2729124	3300			8036837	7235129
水的生产和供应业	10807311	118662		16470	13657442	9049809
自来水生产和供应	541142				5619552	3765264
污水处理及其再生利用	10266169	118662		16470	8037890	5284545

单位：千元

税金及附加	其他业务利润	销售费用	管理费用	财务费用		
					#利息收入	#利息支出
10380	-202	70814	202188	8007	2628	6185
477360	395934	3164135	7418925	-99456	447515	927506
38248	28865	244146	865012	-64627	72197	12403
98593	293157	744725	1387604	560757	44179	535088
8050	827	70316	182605	34084	1527	37114
***	***	***	***	***	***	***
9722	18	152951	257894	-3020	9669	5120
***	***	***	***	***	***	***
264564	4106	1326796	3184241	-752080	290602	185308
27424	47016	147114	515486	14746	6353	31228
24366	21525	408232	830769	108679	6824	107723
130812	180949	1088338	2143333	-4310	79244	112054
78787	119925	743888	1347658	-4902	49182	84804
42589	22820	283514	656628	1667	18921	17686
***	***	***	***	***	***	***
***	***	***	***	***	***	***
2061		41042	56905	5404	1340	6372
10267	121	45208	658507	-3078	8154	16446
***	***	***	***	***	***	***
10015	121	43544	651469	-3028	8104	16446
4533	6534	2984	65482	4361	1996	6292
***	***	***	***	***	***	***
***	***	***	***	***	***	***
16913	172951	8897	204381	536613	35862	556145
***	***	***	***	***	***	***
***	***	***	***	***	***	***
3785953	681248	698029	3393389	3023209	791801	3590897
1544769	411788	89930	2271345	1790203	578657	2309710
282977	79799	16927	489569	331615	28620	352383
1192910	101191		514224	1028820	439059	1453504
68882	230798	73003	1267552	429768	110978	503823
18049	131226	79573	352082	266668	17054	158390
18049	131226	79573	352082	266668	17054	158390
2223135	138234	528526	769962	966338	196090	1122797
2019917	74950	517092	513315	93607	39473	101798
203218	63284	11434	256647	872731	156617	1020999

1-9 续表 15

项目	投资收益（损失以"-"号记）	营业利润	利润总额	亏损企业亏损额	所得税费用
合计	**51370901**	**82918716**	**82781064**	**24225522**	**12587677**
一、采矿业	5047875	-6985975	-8833581	9739033	381973
煤炭开采和洗选业	***	***	***	***	***
烟煤和无烟煤开采洗选	***	***	***	***	***
石油和天然气开采业	***	***	***	***	***
天然气开采	***	***	***	***	***
黑色金属矿采选业	4723314	-5074466	-5829265	5854461	-4426
铁矿采选	4723314	-5074466	-5829265	5854461	-4426
开采专业及辅助性活动	-43769	-2936747	-2905718	2905718	337397
石油和天然气开采专业及辅助性活动	-43769	-2936747	-2905718	2905718	337397
二、制造业	17346506	40780301	43079682	12797087	6211073
农副食品加工业	624453	790086	872109	72468	101719
谷物磨制	-499	-54463	-9264	15961	86
饲料加工	654686	719554	729451	27144	78415
植物油加工	***	***	***	***	***
屠宰及肉类加工	-31983	106426	128736	26689	16114
水产品加工	***	***	***	***	***
蔬菜、菌类、水果和坚果加工	2249	6710	11071	2674	4127
食品制造业	33882	788365	749437	394395	200890
焙烤食品制造		27568	24620	51296	16385
方便食品制造	15355	67800	65277	1393	11646
乳制品制造		-208777	-208568	221829	371
罐头食品制造	***	***	***	***	***
调味品、发酵制品制造	2016	101549	101781		24998
其他食品制造	16511	802514	768119	118085	147560
酒、饮料和精制茶制造业	932105	2832961	2849370	3502	452619
酒的制造	680740	2519677	2529487	3421	421781
饮料制造	251365	313284	319883	81	30838
纺织业	6853	32996	62087	5363	14803
棉纺织及印染精加工	***	***	***	***	***
家用纺织制成品制造	***	***	***	***	***
产业用纺织制成品制造	275	3000	29935	5363	5256
纺织服装、服饰业	34324	307514	360814	145140	87165
机织服装制造	-3067	-120770	-74221	127898	13526
针织或钩针编织服装制造	37391	432658	439419	12858	73639

单位：千元

应付职工薪酬（本年贷方累计发生额）	应 交 增值税	进项税额	销项税额	平均用工人数（人）
86560133	**26706750**	**158333277**	**178045657**	**476260**
8210958	881234	5067333	5795602	35593
***	***	***	***	***
***	***	***	***	***
***	***	***	***	***
***	***	***	***	***
3060354	310499	4559579	4803393	14698
3060354	310499	4559579	4803393	14698
3984441	82862	198505	212598	16131
3984441	82862	198505	212598	16131
60803751	17647888	75793330	88321772	373209
1143454	111385	2024990	2090752	10675
105100	14253	378849	391628	688
402970	5699	74769	50583	3445
***	***	***	***	***
426624	45854	1398140	1436374	4355
***	***	***	***	***
180436	40000	136913	170269	1961
1206432	452506	1351808	1805374	11386
268582	86885	175571	260588	3780
159940	14700	85835	88585	1256
67087	7125	140937	148037	542
***	***	***	***	***
198017	84559	302142	384157	2067
509405	257320	644267	919788	3681
1890517	1101742	2994807	4077296	16119
1570686	1004247	2226334	3222683	13638
319831	97495	768473	854613	2481
177158	14903	157191	149446	1346
***	***	***	***	***
***	***	***	***	***
79840	10908	134810	128025	706
1046844	276958	641381	875583	11836
472836	93492	369418	421138	5530
562145	181795	262102	442913	6126

1-9 续表 16

项　　目	投资收益（损失以"-"号记）	营业利润	利润总额	亏损企业亏损额	所得税费用
服饰制造	***	***	***	***	***
皮革、毛皮、羽毛及其制品和制鞋业	***	***	***	***	***
毛皮鞣制及制品加工	***	***	***	***	***
木材加工和木、竹、藤、棕、草制品业	***	***	***	***	***
人造板制造	***	***	***	***	***
木质制品制造	***	***	***	***	***
家具制造业	16	26741	28949	857	7231
木质家具制造	16	23744	26062		6479
金属家具制造	***	***	***	***	***
其他家具制造	***	***	***	***	***
造纸和纸制品业		381	-2773	28304	3210
造纸	***	***	***	***	***
纸制品制造		509	-2701	27646	3152
印刷和记录媒介复制业	20498	1233630	1264092	33137	227434
印刷	20328	1241262	1272713	23732	227434
记录媒介复制	170	-7632	-8621	9405	
文教、工美、体育和娱乐用品制造业	9084	62237	72259	14342	12053
文教办公用品制造	***	***	***	***	***
乐器制造	320	5620	8382		-3700
工艺美术及礼仪用品制造	8147	53872	60991	8879	14571
游艺器材及娱乐用品制造	182	-1198	-1228	5463	553
石油、煤炭及其他燃料加工业	-1946	2550773	2565202	206787	690141
精炼石油产品制造	-1946	2550773	2565202	206787	690141
化学原料和化学制品制造业	138924	42552	303765	806774	42831
基础化学原料制造	72527	88080	103273	9936	21269
肥料制造	267	11087	19946		1346
涂料、油墨、颜料及类似产品制造	-2237	-68487	-51086	108743	5245
合成材料制造	18281	46587	242173	309866	-20268
专用化学产品制造	49828	335167	358132	3267	35784
日用化学产品制造	258	-369882	-368673	374962	-545
医药制造业	2451925	11508196	11610595	188239	1409754
化学药品原料药制造	***	***	***	***	***
化学药品制剂制造	1637946	5579653	5647022	141218	588718
中药饮片加工	13	898387	907799	8441	145927
中成药生产	236943	1709601	1713464	15331	235785

单位：千元

应付职工薪酬（本年贷方累计发生额）	应 交 增值税	进项税额	销项税额	平均用工人数（人）
***	***	***	***	***
***	***	***	***	***
***	***	***	***	***
***	***	***	***	***
***	***	***	***	***
***	***	***	***	***
121228	23914	120149	167095	1204
80262	16623	67862	108927	614
***	***	***	***	***
***	***	***	***	***
82846	19526	100458	120573	922
***	***	***	***	***
78762	18508	87567	106664	857
1648751	502088	855409	1334968	10041
1629810	502992	850959	1330780	9780
18941	-904	4450	4188	261
467756	132161	1018338	1168902	3290
***	***	***	***	***
116892	11929	43249	53273	1045
263858	107381	946398	1051992	1527
67506	8948	23654	54697	561
1859636	2381223	7578189	9948600	7277
1859636	2381223	7578189	9948600	7277
1783726	355221	2625911	2922527	8919
145553	41320	497344	524049	885
48748	5425	19982	20841	485
175217	47325	272346	311453	1798
943203	109107	1089276	1197754	2386
370953	125195	430071	531309	2446
100052	26849	316892	337121	919
6060637	3662191	3295351	6610876	38209
***	***	***	***	***
2366751	1999245	1124769	3064071	16575
313963	219601	514766	679815	2973
1533400	882152	1415016	2258163	7695

1-9 续表 17

项目	投资收益（损失以"-"号记）	营业利润	利润总额	亏损企业亏损额	所得税费用
兽用药品制造	1776	39739	44408	1773	6743
生物药品制品制造	574127	3161443	3180462	21476	418153
卫生材料及医药用品制造	***	***	***	***	***
化学纤维制造业	***	***	***	***	***
合成纤维制造	***	***	***	***	***
橡胶和塑料制品业	-6621	-86688	-69355	129849	2991
橡胶制品业	***	***	***	***	***
塑料制品业	-12381	-34531	-12584	73078	7195
非金属矿物制品业	1613289	512087	484747	1159780	256420
水泥、石灰和石膏制造	1116750	-383901	-388704	531471	22246
石膏、水泥制品及类似制品制造	289976	208137	185083	569774	147186
砖瓦、石材等建筑材料制造		11093	10891	12637	3934
玻璃制造	***	***	***	***	***
玻璃制品制造	48632	303476	298848	11656	42471
玻璃纤维和玻璃纤维增强塑料制品制造	38	47840	54195		6430
耐火材料制品制造	47013	-7784	-11190	34242	2291
石墨及其他非金属矿物制品制造	110880	331059	333325		31517
黑色金属冶炼和压延加工业	11115	45853	61164		3431
钢压延加工	***	***	***	***	***
铁合金冶炼	***	***	***	***	***
有色金属冶炼和压延加工业	23680	243488	253270	6290	32611
稀有稀土金属冶炼	***	***	***	***	***
有色金属合金制造	3526	126978	127589	401	15745
有色金属压延加工	259	103838	111825	5889	14871
金属制品业	702697	898567	858273	681421	158925
结构性金属制品制造	102184	117510	123403	39175	24279
金属工具制造	***	***	***	***	***
集装箱及金属包装容器制造	350593	337233	341085	106419	14051
金属丝绳及其制品制造	***	***	***	***	***
建筑、安全用金属制品制造		5432	5230		1156
金属表面处理及热处理加工	***	***	***	***	***
铸造及其他金属制品制造	247347	368738	319138	535827	111167
通用设备制造业	87856	37217	115651	758699	127928
锅炉及原动设备制造	2836	-103871	-102305	161361	16791
金属加工机械制造	17014	-125897	-122820	155013	4107

单位：千元

应付职工薪酬（本年贷方累计发生额）	应 交 增值税	进项税额	销项税额	平均用工人数（人）
153265	26293	10503	18467	1470
1620156	512152	219264	560031	9072
***	***	***	***	***
***	***	***	***	***
***	***	***	***	***
220980	38816	354932	368105	2056
***	***	***	***	***
153645	37551	291651	326910	1491
3012852	1063459	2854274	3481112	24116
352498	174276	252199	419663	2016
1524689	561543	704041	951026	11877
61692	27815	60443	83207	735
***	***	***	***	***
422233	53965	836443	807364	4433
132053	17212	70344	83648	1098
169148	61792	327521	376823	1607
335583	165364	592118	747722	2178
205543	71028	1318088	1297333	1404
***	***	***	***	***
***	***	***	***	***
453228	87710	938034	1013194	2988
***	***	***	***	***
211814	56139	203600	249670	1330
182180	25561	544037	567767	1313
2156291	384159	2094890	2403308	14249
412106	122142	586224	695008	4501
***	***	***	***	***
309583	122825	518302	630410	2314
***	***	***	***	***
17431	3507	15232	15811	243
***	***	***	***	***
1354703	103243	878883	936367	6678
2507634	752260	1557603	2251044	16917
355680	271944	179811	451920	2312
325806	46875	143993	190593	2121

1-9 续表 18

项　　目	投资收益（损失以"-"号记）	营业利润	利润总额	亏损企业亏损额	所得税费用
物料搬运设备制造	-17	-42395	-25240	73431	6779
泵、阀门、压缩机及类似机械制造	19686	297512	297155	57551	51325
轴承、齿轮和传动部件制造	***	***	***	***	***
烘炉、风机、包装等设备制造	47063	-33521	11530	276209	23490
文化、办公用机械制造		-23388	-23325	23571	
通用零部件制造		9903	16979	367	18737
其他通用设备制造业	1274	66891	72975		6414
专用设备制造业	3116639	6398014	6538906	398357	511241
采矿、冶金、建筑专用设备制造	1850328	2506618	2516628	32579	-3427
化工、木材、非金属加工专用设备制造	11263	300961	304952	2839	30394
食品、饮料、烟草及饲料生产专用设备制造	***	***	***	***	***
印刷、制药、日化及日用品生产专用设备制造	1847	1746	28386	1312	3904
纺织、服装和皮革加工专用设备制造	***	***	***	***	***
电子和电工机械专用设备制造	13663	40226	41031	44438	4736
农、林、牧、渔专用机械制造	10202	2275	3012	22106	3987
医疗仪器设备及器械制造	873570	1454685	1473740	56903	156573
环保、邮政、社会公共服务及其他专用设备制造	355766	2107905	2165175	238180	313388
汽车制造业	4420755	1558528	2469306	2565462	148638
汽车整车制造	2257835	-66998	9881	1647032	-74270
汽车用发动机制造	***	***	***	***	***
改装汽车制造	7135	183123	188871	1735	15213
汽车零部件及配件制造	2155785	1310907	2138665	916695	190624
铁路、船舶、航空航天和其他运输设备制造业	100778	3355751	3461636	1817045	630173
铁路运输设备制造	34826	2161419	2182542	1808278	481284
城市轨道交通设备制造	***	***	***	***	***
船舶及相关装置制造	***	***	***	***	***
航空、航天器及设备制造	64826	1134716	1218166	8767	142963
电气机械和器材制造业	251207	1295119	1747938	1226569	288665
电机制造	84138	-488672	-129662	881890	-4038
输配电及控制设备制造	157672	1241614	1320028	332465	203329
电线、电缆、光缆及电工器材制造	-9754	58568	62993	10876	12374
电池制造	***	***	***	***	***
家用电力器具制造	***	***	***	***	***
非电力家用器具制造	***	***	***	***	***
照明器具制造	***	***	***	***	***

单位：千元

应付职工薪酬（本年贷方累计发生额）	应交增值税	进项税额	销项税额	平均用工人数（人）
136269	35014	94067	116974	1639
627837	144199	470331	611947	3634
***	***	***	***	***
654856	159885	484633	601471	4006
133429	10526	26336	29606	1119
144772	42482	74255	123069	1359
109137	35350	72949	108134	512
6383398	1564534	5936934	6820237	35708
1099847	202188	1946864	2112718	7725
579312	82983	303674	376049	2728
***	***	***	***	***
105018	33161	52821	83266	890
***	***	***	***	***
204252	46616	138677	168439	1110
95037	2346	99301	92983	798
1263577	432380	353088	791463	7766
2897086	747678	2947101	3086785	13772
7444125	555557	18487077	18446058	48741
4053459	-98538	11586997	11019564	28131
***	***	***	***	***
274759	22841	435173	493826	1601
3077774	600976	6350222	6787763	18605
4396609	945437	2227394	3155291	21898
1358755	728227	1602749	2293765	7856
***	***	***	***	***
***	***	***	***	***
2785906	170005	452993	642673	12511
4315852	938641	5917954	6761742	23063
1388244	110184	1761408	1839104	5291
2360342	673736	3323950	3961187	14220
128788	46186	397140	442033	1123
***	***	***	***	***
***	***	***	***	***
***	***	***	***	***
***	***	***	***	***

1-9 续表 19

项　　目	投资收益（损失以"-"号记）	营业利润	利润总额	亏损企业亏损额	所得税费用
其他电气机械及器材制造	55	193374	194154		23779
计算机、通信和其他电子设备制造业	657018	3896113	4067392	1181771	542291
计算机制造	176048	729728	743215	58557	63912
通信设备制造	182824	498735	511868	411285	124917
广播电视设备制造	19677	68127	68974	29250	22040
雷达及配套设备制造	***	***	***	***	***
非专业视听设备制造	29918	173729	173905		4669
智能消费设备制造	***	***	***	***	***
电子器件制造	242252	1840435	1934318	313430	184325
电子元件及电子专用材料制造	4731	657635	666189	3698	98191
其他电子设备制造	1568	-18712	16018	285454	35266
仪器仪表制造业	343110	1003840	886388	943438	190190
通用仪器仪表制造	217209	468289	298488	910743	123443
专用仪器仪表制造	59490	432813	484079	19830	56720
钟表与计时仪器制造	***	***	***	***	***
光学仪器制造	***	***	***	***	***
其他仪器仪表制造业	4265	36149	36356	12321	10027
其他制造业	43772	225228	233917	29098	43397
核辐射加工	***	***	***	***	***
其他未列明制造业	43772	223569	232258	29098	42983
废弃资源综合利用业		52551	53556		8500
金属废料和碎屑加工处理	***	***	***	***	***
非金属废料和碎屑加工处理	***	***	***	***	***
金属制品、机械和设备修理业	1731093	1114733	1127098		7511
专用设备修理	***	***	***	***	***
铁路、船舶、航空航天等运输设备修理	***	***	***	***	***
三、电力、热力、燃气及水生产和供应业	28976520	49124390	48534963	1689402	5994631
电力、热力生产和供应业	28270654	46759829	46163587	1150998	5735524
电力生产	6880	3223820	3247768		708121
电力供应	28215530	42951054	42131440	1062113	4924892
热力生产和供应	48244	584955	784379	88885	102511
燃气生产和供应业	17530	114028	107808	450550	140166
燃气生产和供应业	17530	114028	107808	450550	140166
水的生产和供应业	688336	2250533	2263568	87854	118941
自来水生产和供应	67760	186374	186793	42861	43220
污水处理及其再生利用	620576	2064159	2076775	44993	75721

单位：千元

应付职工薪酬（本年贷方累计发生额）	应 交 增值税	进项税额	销项税额	平均用工人数（人）
238342	69862	145593	215453	673
8209293	1447418	9460792	8579562	40487
906020	269923	572665	823694	3162
1888511	259343	1471415	1663079	8627
232596	37964	169489	204775	1407
***	***	***	***	***
175915	55623	685264	737015	804
***	***	***	***	***
3312103	534863	4862210	3297720	15859
557825	159153	837525	930621	4135
914661	70603	712173	720926	5504
2647323	634179	1424766	1920890	14731
1714654	445301	955406	1390953	9771
771210	164013	403941	455792	3795
***	***	***	***	***
***	***	***	***	***
59659	15214	50716	52071	359
872864	18427	256500	257608	3091
***	***	***	***	***
867384	16996	252940	252617	3069
55756	19744	30142	49894	356
***	***	***	***	***
***	***	***	***	***
347070	77261	92053	170317	1349
***	***	***	***	***
***	***	***	***	***
17545424	8177628	77472614	83928283	67458
14896741	7441509	76172640	81888050	52566
986751	1468408	2339145	3498312	3617
11479935	6105222	71888148	77462535	33198
2430055	-132121	1945347	927203	15751
570930	53828	807930	860289	2687
570930	53828	807930	860289	2687
2077753	682291	492044	1179944	12205
1287192	114318	5328	101881	7107
790561	567973	486716	1078063	5098

1-10 规模以上外商及港澳台商

项目	法人单位数（个）	#亏损企业	工业总产值（当年价格）	工业销售产值（当年价格）	#出口交货值
合 计	**661**	**173**	**740056757**	**727742079**	**81000405**
一、按隶属关系分					
中央	9		17642438	17895809	866100
地方	652	173	722414319	709846270	80134305
二、按控股情况分					
国有控股	56	10	258261852	260346217	4759607
集体控股	3		2592633	2454655	27716
私人控股	51	12	9489840	9367277	1388628
港澳台商控股	110	28	196928501	184427361	36882744
外商控股	433	122	271566378	269972652	37920831
其他	8	1	1217553	1173917	20879
三、按轻重工业分					
轻工业	250	62	119086248	115214752	9507193
重工业	411	111	620970509	612527327	71493212
四、按地区分					
东城区	3		1002311	1015863	17446
西城区	3	1	37934713	37946545	16743
朝阳区	40	9	18575979	18342069	942070
丰台区	7		915086	835625	113629
石景山区	6		1500910	1465374	204403
海淀区	54	11	140005708	127414197	28925342
门头沟区	2	***	***	***	***
房山区	14	1	5871997	5684563	571615
通州区	70	17	16508146	16463736	1624373
顺义区	127	44	118960331	120447929	9142992
昌平区	47	12	23161250	22644540	2784648
大兴区	40	10	23021891	23579769	1389854
怀柔区	43	8	40332410	41323388	2038082
平谷区	41	21	10145994	10001871	222990
密云区	26	10	9691917	9561449	568336
延庆区	7	1	1063218	993997	298221
北京经济技术开发区	131	27	291281256	289923608	32139661

投资工业主要财务状况

单位：千元

年初存货	资产总计	#流动资产合计	#应收账款	#存货	#产成品	#固定资产净额	#固定资产原价
90647100	**955088340**	**611490450**	**140380717**	**104100793**	**46231567**	**137991172**	**289821927**
3054514	30246719	13170735	5745309	3096130	371943	7409179	18134958
87592586	924841621	598319715	134635408	101004663	45859624	130581993	271686969
23721553	330763813	181940852	36511668	26192068	12035372	55046447	111735778
221137	5133309	2896557	1037475	433655	258660	991136	1336821
2986806	33244039	20688729	3535046	3420856	1384149	1761341	3279729
22643870	230902900	149564074	41392355	30347315	15988971	26987120	44134862
40866221	351605947	253478758	57764189	43514449	16522875	52865208	128707852
207513	3438332	2921480	139984	192450	41540	339920	626885
22368413	144544251	101798826	27453253	25432719	12267573	18814855	41526490
68278687	810544089	509691624	112927464	78668074	33963994	119176317	248295437
310707	1488364	1372398	557906	312200	170257	49658	278376
108283	59331679	10062073	2606902	103223	6559	18619516	27079530
4098570	30284879	19008728	6169610	4359138	2336073	7391171	18032626
318544	1807796	1550833	414315	300654	97215	197902	483785
-245804	3849693	2953733	457923	-105961	42986	246926	921504
18786961	135287096	117155089	31958174	26892417	12839568	4660982	10381340
***	***	***	***	***	***	***	***
499964	5753773	3177124	700082	563266	194385	1889343	3535586
2262616	22069108	14090365	5425364	2627002	1014341	4424310	9737923
12738318	193427438	121411651	29252847	13917597	4779312	24352458	53612653
4125240	38356430	24936063	5272043	5324845	1318941	3737693	7581784
3775504	33772931	15387326	5772163	3445652	1436487	3022739	5997564
4148903	33436428	20090797	6864931	3246740	1818833	5439926	10796936
2045210	13318932	7665660	2149430	1676597	608930	4237041	10214381
1080674	13962083	9887500	2903761	989902	317093	2566307	4925454
229923	38216969	16219894	797469	307842	165223	1389940	2261476
36343418	330609085	226432297	39046324	40127756	19083570	55758067	123956649

1-10 续表 1

项 目	# 累计折旧	# 本年折旧	# 在建工程	# 无形资产	负债合计
合 计	**148191016**	**18239769**	**24557584**	**24669344**	**524240072**
一、按隶属关系分					
中央	10718710	639085	1488747	278220	15103369
地方	137472306	17600684	23068837	24391124	509136703
二、按控股情况分					
国有控股	55013836	7224346	10729289	12225076	169362940
集体控股	345684	78221	536492	174369	527626
私人控股	1507725	206115	220527	605500	17869714
港澳台商控股	17042276	2135106	5057277	4044022	147947762
外商控股	73994529	8561360	7984788	7591248	187806575
其他	286966	34621	29211	29129	725455
三、按轻重工业分					
轻工业	21986686	2278848	3385536	2374637	76563520
重工业	126204330	15960921	21172048	22294707	447676552
四、按地区分					
东城区	228718	8496	116	354	887565
西城区	8447673	1193613	3189079	343710	18906917
朝阳区	10627609	594345	528234	240902	20529832
丰台区	285884	21904	8966	8300	493314
石景山区	674579	30373	14052	29703	799906
海淀区	5571559	584349	1690178	3365865	100963917
门头沟区	***	***	***	***	***
房山区	1640338	230119	255186	202004	2066804
通州区	5248718	600352	756225	376433	9232170
顺义区	28893851	3483547	2073258	7674949	93563300
昌平区	3824828	490024	406101	1013957	23940723
大兴区	2947428	382623	162647	639125	14524562
怀柔区	5044274	603112	1189904	3928726	20128123
平谷区	5974334	800703	453043	225694	7312391
密云区	2343643	329351	401667	182776	5781538
延庆区	867610	110381	39711	111855	17056050
北京经济技术开发区	65552803	8775393	13389217	6324976	188006293

单位：千元

流动负债合计	#应付账款	非流动负债合计	#应付债券	所有者权益合计	#实收资本	国家资本	集体资本
460475960	**173141404**	**62170768**	**15330791**	**430848235**	**178830607**	**22542032**	**293478**
11120450	2080852	3982919	2299658	15143348	7132666	3695323	
449355510	171060552	58187849	13031133	415704887	171697941	18846709	293478
139766925	53024989	29596015	10294255	161400868	67185053	21669333	1000
468379	76174	59247		4605683	462600		151184
14693297	2994025	3175509	2737418	15374325	3145429		49268
137135111	56837735	10265410	1800000	82955124	18258837	460164	
167895291	60120586	18866089	499118	163799357	89040856	412535	92026
516957	87895	208498		2712878	737832		
66801784	27432257	8238935	499658	67980718	30895391	1082677	233078
393674176	145709147	53931833	14831133	362867517	147935216	21459355	60400
857382	266664	30183		600799	380038	226243	
14428004	1207181	4478913		40424761	5935260	500	
16961890	4610271	3567942		9755043	8268169	2913061	9818
493213	103443	101		1314483	555959	108048	10400
657017	259733	125630		3049788	1100613		
98672596	48176609	2291317		34323172	6238574	198440	1010
***	***	***	***	***	***	***	***
1906807	720237	159997		3686967	3107039		
8045787	4463970	1083773		12836936	5331790	53358	162632
78830590	30756011	14159753	6294597	99864138	32845836	5415587	32808
20303745	5195653	3636977	2717418	14415702	6729708	13824	3000
12805263	6208370	1719299	499118	19248372	5795590	617064	
18266029	9897891	1862093		13308300	10409727	80622	
5983844	2728892	428040		6006540	3258847	71683	
5569474	2556348	212063	20000	8180549	2333847		47668
10967269	211510	6088781	3500000	21160921	8490490		
165680383	55762545	22325906	2299658	142602776	77948333	12843602	26142

1-10 续表 2

项目					营业收入	营业成本
	法人资本	个人资本	港澳台资本	外商资本		
合计	**44212281**	**2995560**	**22368926**	**86418329**	**880986933**	**695880590**
一、按隶属关系分						
中央	1470678	285123	1236104	445438	20695868	16579672
地方	42741603	2710437	21132822	85972891	860291065	679300918
二、按控股情况分						
国有控股	18105138	852485	5665355	20891741	271895980	203313494
集体控股	176075	31928	10000	93413	2627001	248707
私人控股	1427596	1092710	341642	234211	10158676	6586880
港澳台商控股	1328581	334444	16066337	69311	271490958	239884864
外商控股	22736252	683993	158917	64957133	323544734	245331142
其他	438639		126675	172520	1269584	515503
三、按轻重工业分						
轻工业	4179095	1189387	5833078	18378077	155728319	92814223
重工业	40033186	1806173	16535848	68040252	725258614	603066367
四、按地区分						
东城区			53174	100621	1953126	1267044
西城区	20000		5883768	30992	38134092	34696116
朝阳区	951741	10960	2393052	1989537	22966360	17161930
丰台区	56620	1200	35036	344655	1081901	646085
石景山区	107887	7890	121096	863740	1697950	1075235
海淀区	1151263	605681	2506065	1776113	204416678	180942783
门头沟区	***	***	***	***	***	***
房山区	987818		1029871	1089350	5869503	4714206
通州区	590340	61396	425843	4038221	27769034	20493670
顺义区	9976761	495075	626698	16298907	140686346	123350986
昌平区	2256622	272830	608942	3574490	27001164	18730378
大兴区	1421740	887655	278045	2591086	32494805	25928958
怀柔区	2866497	72474	789004	6601130	48508103	39942445
平谷区	227775	22170	293494	2643725	14219850	12526335
密云区	219894	95772	282240	1688273	11173184	8825691
延庆区	5489248		2968426	32816	1742021	1091648
北京经济技术开发区	17856575	462457	4064172	42695386	301177294	204408745

单位：千元

税金及附加	其他业务利润	销售费用	管理费用	财务费用	#利息收入	#利息支出
15193903	**6164337**	**68555513**	**39429130**	**3629438**	**2918677**	**5377198**
161077	65530	594242	1518802	348142	29061	325633
15032826	6098807	67961271	37910328	3281296	2889616	5051565
12762178	715985	18990691	9025038	1604713	1070618	2395778
13760	280	729063	320983	3012	17	
74251	29882	1481877	1335506	572047	55125	634385
534732	3870423	13072257	9747605	255902	695331	612581
1797406	1542782	34089062	18823292	1203535	1087472	1724898
11576	4985	192563	176706	-9771	10114	9556
1274401	1186445	35287562	11574757	1187013	453336	787101
13919502	4977892	33267951	27854373	2442425	2465341	4590097
20653	27573	317124	113471	56556	4741	7404
45119	24285	266097	1756852	75160	71358	186237
164988	68635	1636066	1377987	476473	39418	236971
10989	17281	118579	177190	-6110	9627	2765
14411	5331	185049	203358	-9879	318	300
386870	3573542	9866103	6522960	-272742	502331	134590
***	***	***	***	***	***	***
39562	22238	316060	407394	30994	8023	40686
121784	79021	3504410	1732634	108864	55002	95273
3272322	217235	8359112	7617252	1484900	387577	1679108
125131	265929	3494645	2073736	787977	131747	885825
181343	275551	3077495	1878015	287579	54173	296699
161091	41313	4422887	1943937	119468	31274	110890
89588	92560	779923	756154	184788	43262	151519
91676	26512	1078133	712893	52884	50977	71706
13591	109537	271858	166169	719170	12346	686266
10454225	1317055	30853235	11969701	-466592	1516430	790959

1-10 续表 3

项 目	投资收益（损失以"-"号记）	营业利润	利润总额	亏损企业亏损额	所得税费用
合 计	**16898302**	**73470190**	**74072904**	**6387558**	**14211119**
一、按隶属关系分					
中央	538459	2253994	2168579		404597
地方	16359843	71216196	71904325	6387558	13806522
二、按控股情况分					
国有控股	11808361	38532739	38545630	1145989	7694618
集体控股	32326	1330177	1337513		200664
私人控股	314813	455276	509448	656880	120106
港澳台商控股	3102029	8680894	8608419	942244	900108
外商控股	1651784	24085142	24682615	3630865	5235312
其他	-11011	385962	389279	11580	60311
三、按轻重工业分					
轻工业	1451711	14457339	14471693	1991968	3261892
重工业	15446591	59012851	59601211	4395590	10949227
四、按地区分					
东城区	11340	175539	179180		28769
西城区	1737588	3084772	3078150	23594	346405
朝阳区	-41093	2216638	2317653	701127	578515
丰台区	647	131264	133043		19495
石景山区		240461	251168		66076
海淀区	216629	4497075	4466300	133127	878470
门头沟区	***	***	***	***	***
房山区	162084	503739	500036	767	57295
通州区	46330	1821746	1880907	624795	365045
顺义区	8844980	7053598	7182383	1681292	-62840
昌平区	287027	2072208	2174580	675408	469207
大兴区	1105960	2923194	2934390	70268	645167
怀柔区	-399208	1482424	1602478	71259	332658
平谷区	-18451	-127245	-96738	519027	50527
密云区	40867	477608	475276	253451	112010
延庆区	2430266	1946281	1952358	3537	5993
北京经济技术开发区	2456280	44965728	45036110	1621368	10318327

单位：千元

应付职工薪酬（本年贷方累计发生额）	应　交 增值税	进项税额	销项税额	平均用工人数（人）
61696163	**23114450**	**122717367**	**140943056**	**288581**
3854707	769907	2446067	3116532	15692
57841456	22344543	120271300	137826524	272889
16866382	10700843	42741057	53555946	62477
328675	79395	49636	24000	2355
1502928	439234	866993	1088927	11696
11521868	2026878	37974900	37954849	51442
31236343	9806597	41020981	43196221	159258
239967	61503	63800	123113	1353
19272596	7832975	14899452	21703472	100461
42423567	15281475	107817915	119239584	188120
193882	116502	218417	331651	1002
2636635	325784	3662157	3986845	8002
2575803	861622	2443270	3215523	9911
316601	48732	101047	145861	1876
418652	79663	96101	176249	1746
7022759	918214	30630477	30249055	26198
***	***	***	***	***
503685	220542	739632	886160	3382
2330146	743414	3392584	3899117	15997
12431253	800515	29635919	30864174	64199
3561527	778457	3448019	4113156	14283
2905794	1063987	3837417	4796849	17096
2486901	1204054	7020687	7888774	16707
1271438	411369	1662980	1936408	12944
1099569	344087	1595388	1870457	7745
164305	85758	183106	210488	1156
21759975	15108529	34039190	46358104	86182

1-11 按行业中类分规模以上外商及

项目	法人单位数（个）	#亏损企业	工业总产值（当年价格）	工业销售产值（当年价格）	#出口交货值
合　计	**661**	**173**	**740056757**	**727742079**	**81000405**
一、采矿业	1	***	***	***	***
开采专业及辅助性活动	1	***	***	***	***
石油和天然气开采专业及辅助性活动	1	***	***	***	***
二、制造业	650	173	694189081	681867615	81000405
农副食品加工业	16	4	5034275	5023609	270413
谷物磨制	1	***	***	***	***
饲料加工	4	3	1125643	1145765	
屠宰及肉类加工	3	1	712835	757864	38376
蔬菜、菌类、水果和坚果加工	6		942721	905238	122732
其他农副食品加工	2	***	***	***	***
食品制造业	39	10	20527940	20903563	827909
焙烤食品制造	13	4	3236559	3191544	124958
糖果、巧克力及蜜饯制造	2	***	***	***	***
方便食品制造	7	1	2281020	2307864	321156
乳制品制造	4	1	4337263	4750494	
调味品、发酵制品制造	5	2	1055607	1020660	16137
其他食品制造	8	2	7356752	7067168	89878
酒、饮料和精制茶制造业	19	7	8221113	7998035	168776
酒的制造	6	3	1142312	1131164	167502
饮料制造	13	4	7078801	6866871	1274
纺织业	2	***	***	***	***
毛纺织及染整精加工	1	***	***	***	***
家用纺织制成品制造	1	***	***	***	***
纺织服装、服饰业	17	7	1825300	1777074	1147234
机织服装制造	11	6	650903	660955	217852
针织或钩针编织服装制造	4	1	645964	586616	510119
服饰制造	2	***	***	***	***
皮革、毛皮、羽毛及其制品和制鞋业	2	***	***	***	***
皮革制品制造	1	***	***	***	***
制鞋业	1	***	***	***	***
家具制造业	8	2	4292036	4263780	101964
木质家具制造	3	2	2236519	2203849	1798
金属家具制造	4		2010341	2020045	94876
其他家具制造	1	***	***	***	***
造纸和纸制品业	11	3	4259032	4218316	551576
造纸	1	***	***	***	***

港澳台商投资工业主要财务状况

单位：千元

年初存货	资产总计	#流动资产合计	#应收账款	#存货	#产成品	#固定资产净额	#固定资产原价
90647100	**955088340**	**611490450**	**140380717**	**104100793**	**46231567**	**137991172**	**289821927**
***	***	***	***	***	***	***	***
***	***	***	***	***	***	***	***
***	***	***	***	***	***	***	***
90401326	843963057	581139646	135455010	103868074	46189553	111053347	244088812
848185	3528728	2085849	656593	579430	152298	753138	1458597
***	***	***	***	***	***	***	***
136476	560807	271897	82036	82702	16562	81306	185451
227350	939572	546149	235895	50450	1310	98132	193995
188029	768773	566545	120932	240090	37590	154184	352549
***	***	***	***	***	***	***	***
2017517	29416610	16069151	3680083	1767704	893252	4894376	10491114
205148	3044049	1672280	457638	216360	28956	965827	1941777
***	***	***	***	***	***	***	***
134779	1940661	1034630	368382	148374	90858	643298	1491493
211604	9849042	3256218	1454555	216007	72503	1010196	2295507
122934	807598	455012	116212	119673	49892	286164	513414
722319	9326540	7107721	562177	819773	557394	1187010	2462137
735073	10856802	7651397	2144272	739049	336453	1891125	5052270
82471	1057152	507961	145150	97660	26343	342297	1455353
652602	9799650	7143436	1999122	641389	310110	1548828	3596917
***	***	***	***	***	***	***	***
***	***	***	***	***	***	***	***
***	***	***	***	***	***	***	***
671419	1726372	1479325	293021	678512	240675	150660	452684
320137	690749	588402	71421	248440	70027	46015	169832
261068	814501	727301	180227	341774	170582	48322	136435
***	***	***	***	***	***	***	***
***	***	***	***	***	***	***	***
***	***	***	***	***	***	***	***
***	***	***	***	***	***	***	***
2089820	5567281	4634704	526876	2507403	2249594	568519	1039970
2031767	4297226	3559945	261064	2447623	2242931	460180	680334
52011	1148371	976583	237212	42529	6079	98371	324515
***	***	***	***	***	***	***	***
634519	3855862	2750301	791981	619546	145065	786197	2598375
***	***	***	***	***	***	***	***

1-11 续表 1

项目	法人单位数（个）	#亏损企业	工业总产值（当年价格）	工业销售产值（当年价格）	#出口交货值
纸制品制造	10	2	4124125	4066343	551576
印刷和记录媒介复制业	11	3	1477664	1484889	49317
印刷	10	3	1417335	1424525	49081
记录媒介复制	1	***	***	***	***
文教、工美、体育和娱乐用品制造业	8	2	424640	434324	316320
乐器制造	3		172000	168960	131834
工艺美术及礼仪用品制造	3	1	212830	217896	165246
玩具制造	1	***	***	***	***
游艺器材及娱乐用品制造	1	***	***	***	***
石油、煤炭及其他燃料加工业	2	***	***	***	***
精炼石油产品制造	2	***	***	***	***
化学原料和化学制品制造业	30	6	9812771	9619283	182263
基础化学原料制造	7	1	863014	877833	
农药制造	1	***	***	***	***
涂料、油墨、颜料及类似产品制造	6	2	1698861	1810801	46954
合成材料制造	1	***	***	***	***
专用化学产品制造	6	1	1042863	988181	35808
日用化学产品制造	9	2	3787612	3626136	69199
医药制造业	43	7	54050314	50112317	996456
化学药品制剂制造	16	2	43247991	40717040	674841
中药饮片加工	1	***	***	***	***
中成药生产	2	***	***	***	***
兽用药品制造	1	***	***	***	***
生物药品制品制造	15	3	8272192	6584083	190244
卫生材料及医药用品制造	3		585345	510582	4660
药用辅料及包装材料	5		645029	661803	126677
橡胶和塑料制品业	18	4	3735097	3578723	486147
橡胶制品业	2	***	***	***	***
塑料制品业	16	4	2691394	2630198	454249
非金属矿物制品业	17	5	2126537	2158975	251051
石膏、水泥制品及类似制品制造	4	2	340868	340183	313
砖瓦、石材等建筑材料制造	2	***	***	***	***
玻璃制造	1	***	***	***	***
玻璃制品制造	3	1	126277	138342	68129
玻璃纤维和玻璃纤维增强塑料制品制造	1	***	***	***	***
陶瓷制品制造	2	***	***	***	***
耐火材料制品制造	2	***	***	***	***

单位：千元

年初存货	资产总计	#流动资产合计	#应收账款	#存货	#产成品	#固定资产净额	#固定资产原价
610942	3686212	2693134	791814	578046	135653	680260	2367240
315218	2071326	1356205	308641	273667	124590	574669	1802284
286696	1942063	1242580	302538	244054	102581	564745	1663763
***	***	***	***	***	***	***	***
260486	555017	494480	119051	214118	79393	37298	69056
76471	173783	160102	48032	79563	22853	4263	13017
170171	323617	291583	67844	130638	56535	22001	37571
***	***	***	***	***	***	***	***
***	***	***	***	***	***	***	***
***	***	***	***	***	***	***	***
***	***	***	***	***	***	***	***
937523	12299859	7935064	1545744	981493	311605	2599833	6191313
56575	1290295	543510	161200	38287	13190	545873	1474910
***	***	***	***	***	***	***	***
196560	3789041	2741637	403923	230706	64002	181534	635990
***	***	***	***	***	***	***	***
146768	1627596	1040700	232193	140812	44137	287431	790649
378065	3830674	3016982	595205	395394	140388	582595	1535957
11327433	58738963	42153485	11774539	14354276	6699344	6531165	11700137
9207538	37695905	28092623	7326657	12116266	6062295	4249362	7790656
***	***	***	***	***	***	***	***
***	***	***	***	***	***	***	***
***	***	***	***	***	***	***	***
626341	13639657	9537023	2296873	919845	397265	1733612	2792164
104085	493774	436589	104180	101804	48311	22073	59701
91278	758005	571959	184610	85039	42184	125864	391044
517215	4110977	2907178	946316	550053	253727	843211	1988153
***	***	***	***	***	***	***	***
439280	3182108	2358100	698261	478154	225265	537118	1283485
256399	3248461	2263720	817456	294329	105471	404078	1793079
31827	679076	561485	467270	27011	2610	105309	233087
***	***	***	***	***	***	***	***
***	***	***	***	***	***	***	***
28335	161103	121205	52682	27049	4353	28257	99114
***	***	***	***	***	***	***	***
***	***	***	***	***	***	***	***
***	***	***	***	***	***	***	***

1-11 续表 2

项目	法人单位数（个）	#亏损企业	工业总产值（当年价格）	工业销售产值（当年价格）	#出口交货值
石墨及其他非金属矿物制品制造	2	***	***	***	***
黑色金属冶炼和压延加工业	1	***	***	***	***
钢压延加工	1	***	***	***	***
有色金属冶炼和压延加工业	2	***	***	***	***
稀有稀土金属冶炼	1	***	***	***	***
有色金属压延加工	1	***	***	***	***
金属制品业	28	6	3019363	3365938	733026
结构性金属制品制造	11	2	963239	1234770	81423
集装箱及金属包装容器制造	4	3	376507	408773	15186
建筑、安全用金属制品制造	4	1	360839	348025	238491
金属表面处理及热处理加工	2	***	***	***	***
金属制日用品制造	1	***	***	***	***
铸造及其他金属制品制造	6		959054	993139	313220
通用设备制造业	63	15	32350342	32284861	6613544
锅炉及原动设备制造	3		191326	164270	1332
金属加工机械制造	4		4925243	4669568	179763
物料搬运设备制造	3	1	123330	117785	11293
泵、阀门、压缩机及类似机械制造	20	2	19411119	19447330	5932799
轴承、齿轮和传动部件制造	1	***	***	***	***
烘炉、风机、包装等设备制造	18	9	3473577	3440990	278334
文化、办公用机械制造	3	1	1564532	1700191	117019
通用零部件制造	2	***	***	***	***
其他通用设备制造业	9		2071422	2145571	23264
专用设备制造业	69	14	15607652	15101723	4935403
采矿、冶金、建筑专用设备制造	7	2	456243	446639	65056
化工、木材、非金属加工专用设备制造	5	2	366339	359680	37094
食品、饮料、烟草及饲料生产专用设备制造	3	1	238539	246103	147857
印刷、制药、日化及日用品生产专用设备制造	2	***	***	***	***
纺织、服装和皮革加工专用设备制造	3		1472180	1326381	216301
电子和电工机械专用设备制造	2	***	***	***	***
农、林、牧、渔专用机械制造	2	***	***	***	***
医疗仪器设备及器械制造	31	3	8468938	8154035	3639126
环保、邮政、社会公共服务及其他专用设备制造	14	4	3989610	3982493	630855
汽车制造业	108	47	317499628	320532785	3981143
汽车整车制造	4	1	242229382	244431565	1343540
汽车用发动机制造	1	***	***	***	***
汽车零部件及配件制造	103	46	66872691	67900092	937918
铁路、船舶、航空航天和其他运输设备制造业	2	***	***	***	***

单位：千元

年初存货	资产总计	#流动资产合计				#固定资产净额	#固定资产原价
			#应收账款	#存货			
					#产成品		
***	***	***	***	***	***	***	***
***	***	***	***	***	***	***	***
***	***	***	***	***	***	***	***
***	***	***	***	***	***	***	***
***	***	***	***	***	***	***	***
***	***	***	***	***	***	***	***
894658	5846256	4199624	1059088	949506	323952	583038	1636089
408615	1740317	1382295	453411	471083	121601	202473	467242
196976	1883147	1045110	139247	164677	79160	189408	646950
44354	500058	388602	195263	67258	21621	36295	81113
***	***	***	***	***	***	***	***
***	***	***	***	***	***	***	***
128687	1501473	1226323	251286	135946	68890	110953	295562
8128408	52936059	39374110	7324201	8525107	2869514	4318116	10800296
97578	257917	192403	21434	108116	65810	22677	54771
850679	6268038	5598320	275037	988745	65926	279057	538003
49160	235599	182970	58349	59063	15929	20052	32111
4663557	21629875	17763838	3752136	5045957	2300184	3115738	7790232
***	***	***	***	***	***	***	***
1328790	19411901	10851718	1490378	1388352	120321	693151	1781257
455131	2695952	2516011	617416	314523	191431	61990	212799
***	***	***	***	***	***	***	***
610364	1907137	1813365	877465	542929	88177	61285	133681
3115004	33901074	23644050	6915714	3622346	1016930	1785288	4364446
259400	1207117	1083482	557990	256815	15658	50147	144061
95924	634930	436218	142023	103513	68691	101894	166036
102360	269018	236504	70973	127976	19548	26999	74866
***	***	***	***	***	***	***	***
195276	11160522	4524938	955054	194410	80446	82703	163200
***	***	***	***	***	***	***	***
***	***	***	***	***	***	***	***
1586155	14785211	12366109	3600944	1804067	647798	1156434	2784365
727099	5035827	4260973	1398761	950852	173091	320248	911039
27778475	326060534	190290397	44153626	28690692	14213325	55971880	105738613
21070117	256443242	147445004	26784739	22978089	12332688	42242258	76804179
***	***	***	***	***	***	***	***
6409525	63291164	39442890	15231265	5428356	1767832	11689491	25797844
***	***	***	***	***	***	***	***

1-11 续表 3

项　　目	法人单位数（个）	#亏损企业	工业总产值（当年价格）	工业销售产值（当年价格）	#出口交货值
铁路运输设备制造	1	***	***	***	***
潜水救捞及其他未列明运输设备制造	1	***	***	***	***
电气机械和器材制造业	32	9	20066105	20560831	2553116
电机制造	2	***	***	***	***
输配电及控制设备制造	17	3	16795927	16746404	1896017
电线、电缆、光缆及电工器材制造	1	***	***	***	***
电池制造	2	***	***	***	***
家用电力器具制造	2	***	***	***	***
照明器具制造	3	1	894380	889136	473700
其他电气机械及器材制造	5	2	198755	213629	73361
计算机、通信和其他电子设备制造业	58	14	168759319	157097402	54739817
计算机制造	8	1	20875522	20837278	1870407
通信设备制造	11	3	95010535	85269716	30911988
广播电视设备制造	2	***	***	***	***
智能消费设备制造	1	***	***	***	***
电子器件制造	15	4	25994857	25745888	16243984
电子元件及电子专用材料制造	15	3	8493561	8245570	5531677
其他电子设备制造	6		18018387	16628270	162372
仪器仪表制造业	35	3	8121843	8299473	1246858
通用仪器仪表制造	24	3	7237180	7401654	1221201
专用仪器仪表制造	7		777965	786682	18324
衡器制造	2	***	***	***	***
其他仪器仪表制造业	2	***	***	***	***
其他制造业	3	1	122684	137458	87558
日用杂品制造	2	***	***	***	***
其他未列明制造业	1	***	***	***	***
废弃资源综合利用业	1	***	***	***	***
非金属废料和碎屑加工处理	1	***	***	***	***
金属制品、机械和设备修理业	5		8262776	8262776	671088
铁路、船舶、航空航天等运输设备修理	5		8262776	8262776	671088
三、电力、热力、燃气及水生产和供应业	10		45676244	45676163	
电力、热力生产和供应业	4		6573268	6573268	
电力生产	3		6059341	6059341	
热力生产和供应	1	***	***	***	***
燃气生产和供应业	4		38156129	38156048	
燃气生产和供应业	4		38156129	38156048	
水的生产和供应业	2	***	***	***	***
污水处理及其再生利用	2	***	***	***	***

单位：千元

年初存货	资产总计	#流动资产合计	#应收账款	#存货	#产成品	#固定资产净额	#固定资产原价
***	***	***	***	***	***	***	***
***	***	***	***	***	***	***	***
3119338	20066609	17657163	5929070	2960256	1054738	855761	3667128
***	***	***	***	***	***	***	***
2588993	12967249	11567090	3980714	2425295	790225	548798	2261483
***	***	***	***	***	***	***	***
***	***	***	***	***	***	***	***
***	***	***	***	***	***	***	***
180468	1063415	857087	327099	178578	74695	164490	690678
58457	251271	244176	78334	52151	9728	2666	21720
22323859	244408063	196729184	40268926	30736177	14460511	24927909	66675234
1842516	46263340	37230099	7390502	1831253	176010	2875678	4329208
13568770	62897146	59768920	19242993	19875401	10209745	514054	2584390
***	***	***	***	***	***	***	***
***	***	***	***	***	***	***	***
4062517	116771017	84898213	8022006	4374817	1448473	20554954	54658764
855763	7769127	5570039	2229102	1422907	352796	723262	4481574
1649930	9184312	8154156	3121306	2929037	2218653	220782	479835
2019672	12701266	10127816	3395539	2177216	370400	612182	1590719
1605075	11239143	8804457	2988143	1711472	280321	522339	1278925
366379	1312255	1186155	373093	420562	69917	85574	301636
***	***	***	***	***	***	***	***
***	***	***	***	***	***	***	***
26316	97282	76747	22023	31990	14659	16180	44098
***	***	***	***	***	***	***	***
***	***	***	***	***	***	***	***
***	***	***	***	***	***	***	***
***	***	***	***	***	***	***	***
1279860	6328438	4092165	1893068	1478817	44269	1644946	3819652
1279860	6328438	4092165	1893068	1478817	44269	1644946	3819652
92455	106025883	27056318	4008368	116193	7056	26678831	45288559
55462	45407529	16731247	1424097	84434		7658132	17563069
54467	45010734	16580214	1340287	83597		7440754	16937135
***	***	***	***	***	***	***	***
34223	59405374	10015445	2453442	29129	7056	18681186	27182167
34223	59405374	10015445	2453442	29129	7056	18681186	27182167
***	***	***	***	***	***	***	***
***	***	***	***	***	***	***	***

1-11 续表 4

项目	#累计折旧	#本年折旧	#在建工程	#无形资产	负债合计
合计	**148191016**	**18239769**	**24557584**	**24669344**	**524240072**
一、采矿业	***	***	***	***	***
开采专业及辅助性活动	***	***	***	***	***
石油和天然气开采专业及辅助性活动	***	***	***	***	***
二、制造业	129414992	16422816	20726333	24063541	482431316
农副食品加工业	703490	74735	66429	111031	2183005
谷物磨制	***	***	***	***	***
饲料加工	104145	11660	17093	12585	428357
屠宰及肉类加工	95862	9703	1263	6128	825504
蔬菜、菌类、水果和坚果加工	196641	19149	13573	26930	181061
其他农副食品加工	***	***	***	***	***
食品制造业	5433912	563681	443426	407903	13813345
焙烤食品制造	975950	118111	207203	66742	1846679
糖果、巧克力及蜜饯制造	***	***	***	***	***
方便食品制造	848194	63388	44564	20485	892358
乳制品制造	1148073	114306	41908	140486	3381283
调味品、发酵制品制造	227250	36347	6842	57133	407322
其他食品制造	1249541	141503	61606	92760	4560439
酒、饮料和精制茶制造业	2818320	236773	298492	221913	9685482
酒的制造	779729	26195	2721	75039	1675345
饮料制造	2038591	210578	295771	146874	8010137
纺织业	***	***	***	***	***
毛纺织及染整精加工	***	***	***	***	***
家用纺织制成品制造	***	***	***	***	***
纺织服装、服饰业	300663	23813	5512	8786	1254186
机织服装制造	122459	8875		2992	601100
针织或钩针编织服装制造	88110	7492	5512	5730	496217
服饰制造	***	***	***	***	***
皮革、毛皮、羽毛及其制品和制鞋业	***	***	***	***	***
皮革制品制造	***	***	***	***	***
制鞋业	***	***	***	***	***
家具制造业	471449	50919	99593	139002	5551828
木质家具制造	220154	20754	70581	100296	4718195
金属家具制造	226143	27281	28870	35308	794626
其他家具制造	***	***	***	***	***
造纸和纸制品业	1800518	98482	86814	18639	1585010
造纸	***	***	***	***	***

单位：千元

流动负债合计	#应付账款	非流动负债合计	#应付债券	所有者权益合计	#实收资本	国家资本	集体资本
460475960	**173141404**	**62170768**	**15330791**	**430848235**	**178830607**	**22542032**	**293478**
***	***	***	***	***	***	***	***
***	***	***	***	***	***	***	***
***	***	***	***	***	***	***	***
430096756	171048063	50741216	11830791	361531710	158893683	19586712	293478
1487021	647027	150102		1345724	1001412	7117	
***	***	***	***	***	***	***	***
428265	331133	92		132450	35914	7117	
279622	92827			114068	258197		
181061	126869			587712	282396		
***	***	***	***	***	***	***	***
13382956	5899928	429030		15603265	7720301	574247	1493
1844353	809252	969		1197371	1623882	23608	1493
***	***	***	***	***	***	***	***
860492	293661	31866		1048301	1082623		
3170805	1795409	210478		6467758	1947057	535909	
344988	114643	62334		400277	274853	14730	
4541714	1538533	18724		4766102	2216989		
8734276	3160091	50699		1171321	5635452	37966	10400
752670	162303	22168		-618192	2215139		10400
7981606	2997788	28531		1789513	3420313	37966	
***	***	***	***	***	***	***	***
***	***	***	***	***	***	***	***
***	***	***	***	***	***	***	***
1243962	264484	10224		472187	341435		8515
590876	94008	10224		89650	118082		8515
496217	169680			318284	161473		
***	***	***	***	***	***	***	***
***	***	***	***	***	***	***	***
***	***	***	***	***	***	***	***
***	***	***	***	***	***	***	***
4150229	1135829	1379750		15454	336956	37953	
3316596	542012	1379750		-420969	171350		
794626	575942			353746	155606	37953	
***	***	***	***	***	***	***	***
1553417	654245	31593		2270850	1119623	6000	1000
***	***	***	***	***	***	***	***

1-11 续表 5

项 目	#累计折旧	#本年折旧	#在建工程	#无形资产	负债合计
纸制品制造	1675320	86900	86814	13399	1520062
印刷和记录媒介复制业	1220365	97647	4424	29325	697619
印刷	1097588	95933	4258	25144	661908
记录媒介复制	***	***	***	***	***
文教、工美、体育和娱乐用品制造业	31753	3780	7405	3310	388323
乐器制造	8754	597		67	120365
工艺美术及礼仪用品制造	15565	2768	7405	43	237125
玩具制造	***	***	***	***	***
游艺器材及娱乐用品制造	***	***	***	***	***
石油、煤炭及其他燃料加工业	***	***	***	***	***
精炼石油产品制造	***	***	***	***	***
化学原料和化学制品制造业	3580066	355327	112910	289109	3603546
基础化学原料制造	917937	66026	79438	7479	233054
农药制造	***	***	***	***	***
涂料、油墨、颜料及类似产品制造	454456	24997	1811	10136	481813
合成材料制造	***	***	***	***	***
专用化学产品制造	503218	57448	1767	78072	347220
日用化学产品制造	953048	93635	20739	76454	1660990
医药制造业	5016502	705836	2212839	1109763	29198526
化学药品制剂制造	3398317	484547	461676	629652	24147040
中药饮片加工	***	***	***	***	***
中成药生产	***	***	***	***	***
兽用药品制造	***	***	***	***	***
生物药品制品制造	1050735	156392	704541	311585	2308525
卫生材料及医药用品制造	35952	6334	5613	1377	140840
药用辅料及包装材料	265180	25751	31749	10351	291827
橡胶和塑料制品业	1130876	136701	90859	64714	1492008
橡胶制品业	***	***	***	***	***
塑料制品业	745395	87727	17403	64714	997733
非金属矿物制品业	1383096	58322	15118	59700	1139634
石膏、水泥制品及类似制品制造	127778	9821	1152	8348	671974
砖瓦、石材等建筑材料制造	***	***	***	***	***
玻璃制造	***	***	***	***	***
玻璃制品制造	70857	5574	125	514	32705
玻璃纤维和玻璃纤维增强塑料制品制造	***	***	***	***	***
陶瓷制品制造	***	***	***	***	***
耐火材料制品制造	***	***	***	***	***

单位：千元

流动负债合计	#应付账款	非流动负债合计	#应付债券	所有者权益合计	#实收资本	国家资本	集体资本
1488533	630781	31529		2166148	869196	6000	1000
670850	277100	26770		1373707	894908	13975	
635139	275054	26770		1280155	885908	13975	
***	***	***	***	***	***	***	***
388323	203955			166695	111211	5104	
120365	61996			53419	49140	5104	
237125	136849			86492	51928		
***	***	***	***	***	***	***	***
***	***	***	***	***	***	***	***
***	***	***	***	***	***	***	***
***	***	***	***	***	***	***	***
3296680	1362598	306866	20000	8696311	4066277	107578	
231379	117220	1675		1057241	782621	107578	
***	***	***	***	***	***	***	***
311813	203857	170000		3307227	361470		
***	***	***	***	***	***	***	***
342490	97683	4730		1280376	657444		
1565562	521978	95428		2169682	988181		
23241220	9447775	5957305	499658	29540432	7964438	331195	201852
19676492	8492974	4470547		13548864	4902023		47668
***	***	***	***	***	***	***	***
***	***	***	***	***	***	***	***
***	***	***	***	***	***	***	***
1892571	350195	415954		11331130	1759086		151184
107389	33786	33451		352934	117900		3000
291827	112407			466177	135800		
1262727	814881	176077		2618966	743779		9818
***	***	***	***	***	***	***	***
944529	552371			2184372	642195		9818
1124083	532747	14644		2108827	1054473	2400	12478
666208	361537	5765		7103	161379		12478
***	***	***	***	***	***	***	***
***	***	***	***	***	***	***	***
32705	20927			128397	83856	2400	
***	***	***	***	***	***	***	***
***	***	***	***	***	***	***	***
***	***	***	***	***	***	***	***

1-11 续表 6

项目	#累计折旧	#本年折旧	#在建工程	#无形资产	负债合计
石墨及其他非金属矿物制品制造	***	***	***	***	***
黑色金属冶炼和压延加工业	***	***	***	***	***
钢压延加工	***	***	***	***	***
有色金属冶炼和压延加工业	***	***	***	***	***
稀有稀土金属冶炼	***	***	***	***	***
有色金属压延加工	***	***	***	***	***
金属制品业	1052441	78922	41332	123984	2729876
结构性金属制品制造	264767	24940	31639	67431	1084426
集装箱及金属包装容器制造	456933	27317	6997	27216	1159518
建筑、安全用金属制品制造	44818	5354	1934	9989	65549
金属表面处理及热处理加工	***	***	***	***	***
金属制日用品制造	***	***	***	***	***
铸造及其他金属制品制造	184610	13314	762	10656	321566
通用设备制造业	6455065	641925	696383	683950	24736930
锅炉及原动设备制造	32094	4242	145	553	52175
金属加工机械制造	258946	40069	132668	143500	800296
物料搬运设备制造	12059	1899		10835	88657
泵、阀门、压缩机及类似机械制造	4665603	444452	294313	283732	6628998
轴承、齿轮和传动部件制造	***	***	***	***	***
烘炉、风机、包装等设备制造	1078712	112811	264377	229348	14362751
文化、办公用机械制造	150809	14081	3624	7359	1406554
通用零部件制造	***	***	***	***	***
其他通用设备制造业	72397	8592		7902	1192689
专用设备制造业	2503372	273349	133804	303671	19234015
采矿、冶金、建筑专用设备制造	93914	9079	43	8545	425033
化工、木材、非金属加工专用设备制造	64142	8440		1417	300794
食品、饮料、烟草及饲料生产专用设备制造	47866	3719		4996	174368
印刷、制药、日化及日用品生产专用设备制造	***	***	***	***	***
纺织、服装和皮革加工专用设备制造	80498	20489	10956	45959	7579930
电子和电工机械专用设备制造	***	***	***	***	***
农、林、牧、渔专用机械制造	***	***	***	***	***
医疗仪器设备及器械制造	1592603	182719	101855	131047	6275129
环保、邮政、社会公共服务及其他专用设备制造	550335	40072	20950	109283	4029949
汽车制造业	48658223	8246812	10828567	15718221	176348538
汽车整车制造	33527873	6017598	9498804	14399225	141824484
汽车用发动机制造	***	***	***	***	***
汽车零部件及配件制造	14043024	2016458	1122401	795431	31431144
铁路、船舶、航空航天和其他运输设备制造业	***	***	***	***	***

单位：千元

流动负债合计	#应付账款	非流动负债合计	#应付债券	所有者权益合计	#实收资本	国家资本	集体资本
***	***	***	***	***	***	***	***
***	***	***	***	***	***	***	***
***	***	***	***	***	***	***	***
***	***	***	***	***	***	***	***
***	***	***	***	***	***	***	***
***	***	***	***	***	***	***	***
2381240	764367	348636		3116376	1963523		1600
920927	388380	163499		655889	910890		1600
990559	152931	168959		723628	654274		
63976	-10284	1573		434510	110550		
***	***	***	***	***	***	***	***
***	***	***	***	***	***	***	***
320965	167556	601		1179906	209803		
21038928	6720704	3680741	2717418	28199125	8587429	64224	44882
52175	43453			205742	76466		
791235	234663	9061		5467742	257805		17730
88657	44572			146942	82414		
6593175	3620503	35822		15000876	5791534	16224	
***	***	***	***	***	***	***	***
11148481	1504386	3197010	2717418	5049148	1491305	48000	1010
987733	527552	418821		1289398	419461		
***	***	***	***	***	***	***	***
1191052	589932	1637		714447	121271		26142
17108982	5232766	2125033	1800000	14667051	4979910	497721	
425030	264054	3		782083	177894		
296048	100854	4746		334135	90041		
168246	113082	6122		94651	40515		
***	***	***	***	***	***	***	***
5636585	754356	1943345	1800000	3580591	714060	406521	
***	***	***	***	***	***	***	***
***	***	***	***	***	***	***	***
6191132	2574794	83997		8510079	3159937	66720	
3954137	1272872	75812		1005876	714883	24480	
151793775	68969634	24502394	6793715	149712002	55178705	13220552	
119596805	50456618	22227679	6294597	114618759	43120811	12766242	
***	***	***	***	***	***	***	***
29182443	16649608	2196333	499118	31860025	8824676	454310	
***	***	***	***	***	***	***	***

1-11 续表 7

项　　目	#累计折旧	#本年折旧	#在建工程	#无形资产	负债合计
铁路运输设备制造	***	***	***	***	***
潜水救捞及其他未列明运输设备制造	***	***	***	***	***
电气机械和器材制造业	2801018	202423	168648	88161	11183799
电机制造	***	***	***	***	***
输配电及控制设备制造	1709949	149397	148835	58109	7666804
电线、电缆、光缆及电工器材制造	***	***	***	***	***
电池制造	***	***	***	***	***
家用电力器具制造	***	***	***	***	***
照明器具制造	520597	29834	942	24390	400342
其他电气机械及器材制造	19055	3812		708	199190
计算机、通信和其他电子设备制造业	40069226	4188800	5331767	4293394	164381939
计算机制造	1453530	218915	580266	2593992	40631160
通信设备制造	2066278	111667	8176	190257	46507381
广播电视设备制造	***	***	***	***	***
智能消费设备制造	***	***	***	***	***
电子器件制造	33007295	3552448	4107361	615772	65980827
电子元件及电子专用材料制造	3180786	268116	53837	537700	3107130
其他电子设备制造	259053	27296	582127	207300	7137461
仪器仪表制造业	977706	97262	55597	151238	6742514
通用仪器仪表制造	756587	74436	51460	141909	6071475
专用仪器仪表制造	215231	21708	3899	1775	605900
衡器制造	***	***	***	***	***
其他仪器仪表制造业	***	***	***	***	***
其他制造业	27918	2150		477	56748
日用杂品制造	***	***	***	***	***
其他未列明制造业	***	***	***	***	***
废弃资源综合利用业	***	***	***	***	***
非金属废料和碎屑加工处理	***	***	***	***	***
金属制品、机械和设备修理业	2167640	224170	25385	67811	3607041
铁路、船舶、航空航天等运输设备修理	2167640	224170	25385	67811	3607041
三、电力、热力、燃气及水生产和供应业	18590462	1810504	3813029	459478	37991527
电力、热力生产和供应业	9901011	575849	508016	71532	18626413
电力生产	9492455	538803	489811	62771	18578741
热力生产和供应	***	***	***	***	***
燃气生产和供应业	8485641	1197283	3189528	351173	18788661
燃气生产和供应业	8485641	1197283	3189528	351173	18788661
水的生产和供应业	***	***	***	***	***
污水处理及其再生利用	***	***	***	***	***

单位：千元

流动负债合计	#应付账款	非流动负债合计	#应付债券	所有者权益合计	#实收资本	国家资本	集体资本
***	***	***	***	***	***	***	***
***	***	***	***	***	***	***	***
10465648	4959355	718151		8882803	2589577	34880	
***	***	***	***	***	***	***	***
7096747	2903833	570057		5300440	1104832	20553	
***	***	***	***	***	***	***	***
***	***	***	***	***	***	***	***
***	***	***	***	***	***	***	***
392637	215054	7705		663073	350576		
199190	56783			52082	59218	14327	
155173612	55525257	9208324		80026118	49915689	4289349	
40182271	5725523	448886		5632179	475122	11413	
46079934	35559272	427447		16389763	2440293		
***	***	***	***	***	***	***	***
***	***	***	***	***	***	***	***
58129622	7108242	7851206		50790187	44042494	4172288	
2780001	1836307	327128		4661997	2123190		
6985779	4911234	151682		2046851	471200	105648	
6375964	2867634	366547		5958752	2206016	354891	
5704925	2661245	366547		5167668	1914544	354391	
605900	160604			706355	243280	500	
***	***	***	***	***	***	***	***
***	***	***	***	***	***	***	***
56748	19240			40533	32529		
***	***	***	***	***	***	***	***
***	***	***	***	***	***	***	***
***	***	***	***	***	***	***	***
***	***	***	***	***	***	***	***
3304874	754920	302167		2721397	1976019		
3304874	754920	302167		2721397	1976019		
26790780	1492507	11200747	3500000	68034354	18872015	2955320	
12283956	279043	6342457	3500000	26781115	12467328	2932676	
12236284	270851	6342457	3500000	26431993	12220228	2806655	
***	***	***	***	***	***	***	***
14309748	1100726	4478913		40616712	5989061	22644	
14309748	1100726	4478913		40616712	5989061	22644	
***	***	***	***	***	***	***	***
***	***	***	***	***	***	***	***

1-11 续表 8

项　　目					营业收入	营业成本
	法人资本	个人资本	港澳台资　本	外商资本		
合　计	**44212281**	**2995560**	**22368926**	**86418329**	**880986933**	**695880590**
一、采矿业	***	***	***	***	***	***
开采专业及辅助性活动	***	***	***	***	***	***
石油和天然气开采专业及辅助性活动	***	***	***	***	***	***
二、制造业	38612816	2979986	11234976	86185714	833882513	654276155
农副食品加工业	146898	7500	7117	832780	6697559	5833345
谷物磨制	***	***	***	***	***	***
饲料加工	4750	7500	7117	9430	1340462	1157867
屠宰及肉类加工	55432			202765	1141713	1088425
蔬菜、菌类、水果和坚果加工	23666			258730	1106409	769798
其他农副食品加工	***	***	***	***	***	***
食品制造业	654243	365255	1067147	5057916	45682300	27945412
焙烤食品制造	39357	4041	91916	1463467	4700020	3498852
糖果、巧克力及蜜饯制造	***	***	***	***	***	***
方便食品制造	214527		523202	344894	3475099	2707346
乳制品制造	394239	361214		655695	14842047	11518508
调味品、发酵制品制造			81919	178204	1040059	685650
其他食品制造	6120		370110	1840759	13599463	4900027
酒、饮料和精制茶制造业	751606		1768967	3066514	9030689	6126678
酒的制造	595474		604070	1005195	1161721	870867
饮料制造	156132		1164897	2061319	7868968	5255811
纺织业	***	***	***	***	***	***
毛纺织及染整精加工	***	***	***	***	***	***
家用纺织制成品制造	***	***	***	***	***	***
纺织服装、服饰业	82310		79239	171371	2566517	2164626
机织服装制造	26060		51413	32094	1039481	848972
针织或钩针编织服装制造	56250		27826	77397	997033	848353
服饰制造	***	***	***	***	***	***
皮革、毛皮、羽毛及其制品和制鞋业	***	***	***	***	***	***
皮革制品制造	***	***	***	***	***	***
制鞋业	***	***	***	***	***	***
家具制造业	109017	58300	107263	24423	3413362	2654684
木质家具制造	101733		69617		1274149	888127
金属家具制造	7284	51300	37646	21423	2090359	1737872
其他家具制造	***	***	***	***	***	***
造纸和纸制品业	95700	2450	38391	976082	5308639	4007854
造纸	***	***	***	***	***	***

单位：千元

税金及附加	其他业务利润	销售费用	管理费用	财务费用	# 利息收入	# 利息支出
15193903	**6164337**	**68555513**	**39429130**	**3629438**	**2918677**	**5377198**
***	***	***	***	***	***	***
***	***	***	***	***	***	***
***	***	***	***	***	***	***
15060610	6010391	68271402	37327465	2732725	2808162	4409710
21355	18020	453285	338206	37805	10675	39753
***	***	***	***	***	***	***
2569	3452	106616	76284	804	2790	2537
2995		27390	138587	20986	948	21628
6315	7674	157374	83506	-1332	702	7
***	***	***	***	***	***	***
322549	64752	12399247	2185702	-92665	140468	32404
36618	15924	712530	346294	561	15092	11578
***	***	***	***	***	***	***
18303	4073	495935	176303	-2659	5722	1162
50750	22999	3113128	477442	-22886	34531	11187
9218	658	156769	96690	9202	896	7346
173759	14559	5423117	750607	-52217	75383	4796
162123	29405	1449711	759338	67508	22879	62664
101590	5261	41538	165698	53116	4564	43634
60533	24144	1408173	593640	14392	18315	19030
***	***	***	***	***	***	***
***	***	***	***	***	***	***
***	***	***	***	***	***	***
11504	14379	216087	178739	24680	535	24737
6443	14407	137825	94579	14265	102	13821
3293	-294	58645	52507	-83	394	7948
***	***	***	***	***	***	***
***	***	***	***	***	***	***
***	***	***	***	***	***	***
***	***	***	***	***	***	***
18121	45071	226006	297103	142858	6120	2383
6827	33896	197107	157231	148068	406	2361
10909	11071	22048	130648	-3969	4451	
***	***	***	***	***	***	***
32186	13003	246271	277955	-29222	7184	22615
***	***	***	***	***	***	***

1-11 续表 9

项目	法人资本	个人资本	港澳台资本	外商资本	营业收入	营业成本
纸制品制造	95700	2450	38391	725655	5156666	3857411
印刷和记录媒介复制业	471159		279649	130125	1600686	1338797
印刷	468099		273709	130125	1539856	1293182
记录媒介复制	***	***	***	***	***	***
文教、工美、体育和娱乐用品制造业	4000		2937	99170	511692	426002
乐器制造			1780	42256	178141	144166
工艺美术及礼仪用品制造			1157	50771	284373	235111
玩具制造	***	***	***	***	***	***
游艺器材及娱乐用品制造	***	***	***	***	***	***
石油、煤炭及其他燃料加工业	***	***	***	***	***	***
精炼石油产品制造	***	***	***	***	***	***
化学原料和化学制品制造业	1105462	8181	396735	2448322	10438209	6387544
基础化学原料制造	173215			501828	1103244	840868
农药制造	***	***	***	***	***	***
涂料、油墨、颜料及类似产品制造	17509	2181	166408	175372	2114762	1291292
合成材料制造	***	***	***	***	***	***
专用化学产品制造	213443	6000		438002	1179748	733738
日用化学产品制造	58284		227827	702070	3716606	1555098
医药制造业	1062323	656834	1030574	4681660	57156541	26453914
化学药品制剂制造	259886	238971	229306	4126192	46302919	23140635
中药饮片加工	***	***	***	***	***	***
中成药生产	***	***	***	***	***	***
兽用药品制造	***	***	***	***	***	***
生物药品制品制造	593787	387697	367083	259335	7001665	1151251
卫生材料及医药用品制造	16760	30166	50298	17676	535601	132911
药用辅料及包装材料			31200	104600	810347	645531
橡胶和塑料制品业	77552	500	99743	556166	4292139	3432498
橡胶制品业	***	***	***	***	***	***
塑料制品业	76602	500	99109	456166	2973133	2399338
非金属矿物制品业	171991	25265	50899	791440	2377064	1913299
石膏、水泥制品及类似制品制造	6300		14700	127901	350721	312237
砖瓦、石材等建筑材料制造	***	***	***	***	***	***
玻璃制造	***	***	***	***	***	***
玻璃制品制造				81456	140891	104340
玻璃纤维和玻璃纤维增强塑料制品制造	***	***	***	***	***	***
陶瓷制品制造	***	***	***	***	***	***
耐火材料制品制造	***	***	***	***	***	***

单位：千元

税金及附加	其他业务利润	销售费用	管理费用	财务费用		
					#利息收入	#利息支出
32186	13003	244229	275517	-28717	6676	22615
10173	23216	69136	154675	-4714	12015	7839
9811	23050	61822	146440	-990	8273	7839
***	***	***	***	***	***	***
3454	1322	34273	47285	5072	414	6514
903	-28	6248	19353	243	34	740
1958	1350	26478	16433	5753	21	5774
***	***	***	***	***	***	***
***	***	***	***	***	***	***
***	***	***	***	***	***	***
***	***	***	***	***	***	***
100816	21602	1753879	712500	22889	42194	47175
7415	10029	83550	57119	-1386	3503	269
***	***	***	***	***	***	***
16711	-3842	59260	165122	8919	1960	8408
***	***	***	***	***	***	***
11492	9214	137833	142989	7681	1656	5148
54491	5313	1424475	318251	-2967	29678	4745
507907	358150	17451308	4401656	1078610	114442	522468
410085	342192	14641387	2966327	980880	93072	446004
***	***	***	***	***	***	***
***	***	***	***	***	***	***
***	***	***	***	***	***	***
51793	1423	2192720	922722	-8659	17221	7496
7172		141994	118652	1844	238	2160
3186	10761	32202	48187	3863	284	1233
23852	-3380	197035	460658	3636	8516	14872
***	***	***	***	***	***	***
17150	-4146	166095	271032	-5674	8050	7950
24449	2551	81482	207786	-2706	4619	5703
1756	26	7775	30756	4038	24	3987
***	***	***	***	***	***	***
***	***	***	***	***	***	***
1182		2899	30997	-641	12	
***	***	***	***	***	***	***
***	***	***	***	***	***	***
***	***	***	***	***	***	***

1-11 续表 10

项目	法人资本	个人资本	港澳台资本	外商资本	营业收入	营业成本
石墨及其他非金属矿物制品制造	***	***	***	***	***	***
黑色金属冶炼和压延加工业	***	***	***	***	***	***
钢压延加工	***	***	***	***	***	***
有色金属冶炼和压延加工业	***	***	***	***	***	***
稀有稀土金属冶炼	***	***	***	***	***	***
有色金属压延加工	***	***	***	***	***	***
金属制品业	545736	115643	357810	942735	4498266	3785031
结构性金属制品制造	29846	57275	50000	772170	1614426	1321156
集装箱及金属包装容器制造	433871		211647	8756	1000593	960282
建筑、安全用金属制品制造	15558	41038	7356	46598	498870	389661
金属表面处理及热处理加工	***	***	***	***	***	***
金属制日用品制造	***	***	***	***	***	***
铸造及其他金属制品制造	66461	17330	58491	67521	999460	766820
通用设备制造业	738499	216765	678941	6844117	36517529	27485034
锅炉及原动设备制造	22768	14519		39178	246530	152521
金属加工机械制造	85184			154891	5039963	3313867
物料搬运设备制造	39129			43285	152808	110615
泵、阀门、压缩机及类似机械制造	296392	1200	232309	5245409	21069585	15796356
轴承、齿轮和传动部件制造	***	***	***	***	***	***
烘炉、风机、包装等设备制造	173067	199872	43124	1026232	4559937	3736003
文化、办公用机械制造	17850		401611		2518015	2063810
通用零部件制造	***	***	***	***	***	***
其他通用设备制造业	9315	1174	1897	82743	2310523	1814523
专用设备制造业	521253	405962	1365955	2189017	20575163	14884263
采矿、冶金、建筑专用设备制造	20990		49500	107404	731241	566350
化工、木材、非金属加工专用设备制造	15000	20000	25386	29655	410484	285858
食品、饮料、烟草及饲料生产专用设备制造				40515	268368	222625
印刷、制药、日化及日用品生产专用设备制造	***	***	***	***	***	***
纺织、服装和皮革加工专用设备制造		285520	19105	2914	3793228	3420521
电子和电工机械专用设备制造	***	***	***	***	***	***
农、林、牧、渔专用机械制造	***	***	***	***	***	***
医疗仪器设备及器械制造	394148	49792	1076213	1573064	10267011	6505178
环保、邮政、社会公共服务及其他专用设备制造	75047	50650	195751	368953	4491563	3422891
汽车制造业	12727269	949155	151808	28129920	337247505	268480972
汽车整车制造	10007115	434070		19913382	248197622	188582807
汽车用发动机制造	***	***	***	***	***	***
汽车零部件及配件制造	1103545	515085	151808	6599929	80373009	73418034
铁路、船舶、航空航天和其他运输设备制造业	***	***	***	***	***	***

单位：千元

税金及附加	其他业务利　润	销售费用	管理费用	财务费用		
					#利息收入	#利息支出
***	***	***	***	***	***	***
***	***	***	***	***	***	***
***	***	***	***	***	***	***
***	***	***	***	***	***	***
***	***	***	***	***	***	***
***	***	***	***	***	***	***
26221	60515	226915	365059	38771	22289	19835
12514	13755	100411	126328	23668	929	15417
4583	14081	21591	59364	16003	19017	224
2428	7146	33254	37363	3332	23	3333
***	***	***	***	***	***	***
***	***	***	***	***	***	***
4573	19105	67421	117180	-4902	2206	498
201540	173513	1992027	2407602	421730	172550	670169
1581	10214	35122	33074	-230	243	206
32245	1217	162937	308508	-84561	1248	
676	149	14060	20447	1774	515	1458
127279	120407	1209648	1123525	-108200	131613	42165
***	***	***	***	***	***	***
19853	11638	222372	533040	632114	9256	624954
5376	10914	187004	114678	-28912	28821	137
***	***	***	***	***	***	***
11208	15225	127225	220655	10000	473	397
127668	662833	1322907	2522878	165018	106071	259364
3879	6464	40449	79432	6622	863	4805
2528	1893	28312	60631	6204	452	4975
898	8635	14429	29000	1418	114	231
***	***	***	***	***	***	***
18833	38622	51667	205116	150269	16939	174248
***	***	***	***	***	***	***
***	***	***	***	***	***	***
71387	590967	857776	1626132	-26189	76897	41766
24954	13952	303957	453516	27730	9552	33339
12755706	719567	18966358	10205638	1480047	1063271	2058643
12459712	386206	17134847	6352581	882195	862723	1544153
***	***	***	***	***	***	***
260063	249670	1165498	3430716	628043	174941	513713
***	***	***	***	***	***	***

1-11 续表 11

项　　目					营业收入	营业成本
	法人资本	个人资本	港澳台资　本	外商资本		
铁路运输设备制造	***	***	***	***	***	***
潜水救捞及其他未列明运输设备制造	***	***	***	***	***	***
电气机械和器材制造业	404012	7718	63251	2079716	23399278	17079281
电机制造	***	***	***	***	***	***
输配电及控制设备制造	125937		18513	939829	17739912	12638472
电线、电缆、光缆及电工器材制造	***	***	***	***	***	***
电池制造	***	***	***	***	***	***
家用电力器具制造	***	***	***	***	***	***
照明器具制造			22867	327709	1649427	1201903
其他电气机械及器材制造	513		3996	40382	219391	155344
计算机、通信和其他电子设备制造业	17234133	86792	3196151	25109264	238113528	214485409
计算机制造	36861		371466	55382	34973326	27940772
通信设备制造	281822	34207	1149327	974937	143354494	133406806
广播电视设备制造	***	***	***	***	***	***
智能消费设备制造	***	***	***	***	***	***
电子器件制造	16788077	46437	1478957	21556735	29656566	25913856
电子元件及电子专用材料制造	80970			2042220	8824847	7536551
其他电子设备制造	40000		196401	129151	20788133	19336951
仪器仪表制造业	237615	73666	425382	1114462	10186702	7518446
通用仪器仪表制造	179943	47766	399423	933021	8872722	6640572
专用仪器仪表制造	51111	25900	25959	139810	1113429	739319
衡器制造	***	***	***	***	***	***
其他仪器仪表制造业	***	***	***	***	***	***
其他制造业	9932			22597	138152	103969
日用杂品制造	***	***	***	***	***	***
其他未列明制造业	***	***	***	***	***	***
废弃资源综合利用业	***	***	***	***	***	***
非金属废料和碎屑加工处理	***	***	***	***	***	***
金属制品、机械和设备修理业	1395604		5390	575025	8330957	6922545
铁路、船舶、航空航天等运输设备修理	1395604		5390	575025	8330957	6922545
三、电力、热力、燃气及水生产和供应业	5599465	15574	10069041	232615	46106317	40865308
电力、热力生产和供应业	5414832	10960	3876245	232615	6800010	5264042
电力生产	5414832	10960	3755166	232615	6286016	4783477
热力生产和供应	***	***	***	***	***	***
燃气生产和供应业	10000	4614	5951803		38338064	34844854
燃气生产和供应业	10000	4614	5951803		38338064	34844854
水的生产和供应业	***	***	***	***	***	***
污水处理及其再生利用	***	***	***	***	***	***

单位：千元

税金及附加	其他业务利润	销售费用	管理费用	财务费用		
					#利息收入	#利息支出
***	***	***	***	***	***	***
***	***	***	***	***	***	***
152451	12963	1278967	1530288	14009	46383	61408
***	***	***	***	***	***	***
114355	-2466	1015110	900190	32379	26796	55530
***	***	***	***	***	***	***
***	***	***	***	***	***	***
***	***	***	***	***	***	***
18653	14593	126146	235191	-6388	290	1796
1428	2	24894	29834	405	117	1758
409872	3690527	9032334	8216405	-820071	980686	379600
5726	135299	4103897	2795923	-339486	56958	8155
253001	3498055	3945797	2295095	107062	403414	68747
***	***	***	***	***	***	***
***	***	***	***	***	***	***
90176	63156	371589	2012321	-678523	489309	260258
41791	22719	152448	651326	21632	12318	15781
16285	6415	327304	340733	67422	4766	15203
50935	71551	680005	870619	49447	24153	30372
43999	41746	502076	702461	50159	22707	26175
6207	30793	152731	146941	-1212	1394	4194
***	***	***	***	***	***	***
***	***	***	***	***	***	***
1316		19894	12249	355	24	918
***	***	***	***	***	***	***
***	***	***	***	***	***	***
***	***	***	***	***	***	***
***	***	***	***	***	***	***
55391	29084	14909	891922	67509	7134	63454
55391	29084	14909	891922	67509	7134	63454
132124	153946	261022	2040822	824275	108989	919296
72842	106678	173	161289	760305	16654	725403
66500	106678	173	146790	761214	15745	725403
***	***	***	***	***	***	***
45758	39658	260849	1754944	75235	72829	185725
45758	39658	260849	1754944	75235	72829	185725
***	***	***	***	***	***	***
***	***	***	***	***	***	***

1-11 续表 12

项　　目	投资收益（损失以"-"号记）	营业利润	利润总额	亏损企业亏损额	所得税费用
合　计	**16898302**	**73470190**	**74072904**	**6387558**	**14211119**
一、采矿业	***	***	***	***	***
开采专业及辅助性活动	***	***	***	***	***
石油和天然气开采专业及辅助性活动	***	***	***	***	***
二、制造业	12703718	67056196	67632493	6387558	13545654
农副食品加工业	2273	3937	-1143	197709	25831
谷物磨制	***	***	***	***	***
饲料加工		-19653	-20215	41783	-4171
屠宰及肉类加工		-136671	-136983	155926	4403
蔬菜、菌类、水果和坚果加工		90771	90143		18079
其他农副食品加工	***	***	***	***	***
食品制造业	337402	3249157	3286509	435297	798160
焙烤食品制造	9659	112993	122090	163552	45146
糖果、巧克力及蜜饯制造	***	***	***	***	***
方便食品制造	-9446	79056	88543	13817	29968
乳制品制造	249352	-40241	-28394	180542	-42941
调味品、发酵制品制造	66	82598	91923	23210	27880
其他食品制造	87383	2469149	2437838	54176	614976
酒、饮料和精制茶制造业	-259194	206907	262613	395690	143898
酒的制造		-72813	-73429	124054	3539
饮料制造	-259194	279720	336042	271636	140359
纺织业	***	***	***	***	***
毛纺织及染整精加工	***	***	***	***	***
家用纺织制成品制造	***	***	***	***	***
纺织服装、服饰业	4657	-24009	-16589	79777	878
机织服装制造	1247	-60055	-58706	72179	-2585
针织或钩针编织服装制造	3181	36652	39266	7598	3463
服饰制造	***	***	***	***	***
皮革、毛皮、羽毛及其制品和制鞋业	***	***	***	***	***
皮革制品制造	***	***	***	***	***
制鞋业	***	***	***	***	***
家具制造业	-779	71291	76043	125051	59795
木质家具制造	-400	-123611	-123083	125051	
金属家具制造	-379	189952	194550		59795
其他家具制造	***	***	***	***	***
造纸和纸制品业	1362	772702	760766	6065	180657
造纸	***	***	***	***	***

单位：千元

应付职工薪酬（本年贷方累计发生额）	应交增值税	进项税额	销项税额	平均用工人数（人）
61696163	**23114450**	**122717367**	**140943056**	**288581**
***	***	***	***	***
***	***	***	***	***
***	***	***	***	***
58427248	22418502	118210482	135743794	278430
565861	84337	536558	593120	5121
***	***	***	***	***
141814	1434	23539	24166	732
59910	22042	95727	111848	1330
181879	37305	91062	121957	1383
***	***	***	***	***
3613656	2348918	4929858	7149280	23484
816560	185412	332564	458907	8401
***	***	***	***	***
629134	140526	483782	606150	4476
793444	340862	1924531	2263836	4208
170084	65454	105299	166795	1236
686880	1273217	1300642	2546130	2901
997107	439611	1006881	1424013	8173
192189	63270	96305	133524	1880
804918	376341	910576	1290489	6293
***	***	***	***	***
***	***	***	***	***
***	***	***	***	***
577752	62616	275992	196776	6694
423075	53492	71899	107000	4733
85114	5640	136111	71830	1132
***	***	***	***	***
***	***	***	***	***
***	***	***	***	***
***	***	***	***	***
308249	105320	276478	356332	2377
142172	14648	15794	23478	1280
153257	87520	255921	325025	998
***	***	***	***	***
332849	207072	626694	782602	2093
***	***	***	***	***

1-11 续表 13

项　　目	投资收益（损失以"-"号记）	营业利润	利润总额	亏损企业亏损额	所得税费用
纸制品制造	1362	775147	763120	3711	180657
印刷和记录媒介复制业	143	31338	37322	28949	8666
印刷	143	28918	32815	28949	7703
记录媒介复制	***	***	***	***	***
文教、工美、体育和娱乐用品制造业		-4686	-2577	19362	3457
乐器制造		6943	7097		1211
工艺美术及礼仪用品制造		-1368	2096	7231	2246
玩具制造	***	***	***	***	***
游艺器材及娱乐用品制造	***	***	***	***	***
石油、煤炭及其他燃料加工业	***	***	***	***	***
精炼石油产品制造	***	***	***	***	***
化学原料和化学制品制造业	59546	1502715	1509109	76697	-453084
基础化学原料制造	12145	128535	135665	1028	29117
农药制造	***	***	***	***	***
涂料、油墨、颜料及类似产品制造	38227	611684	611839	50116	-640341
合成材料制造	***	***	***	***	***
专用化学产品制造	4534	150627	156887	1562	30886
日用化学产品制造	4640	363873	366004	23991	99845
医药制造业	533123	7308798	7175194	450165	1590151
化学药品制剂制造	135540	3816026	3682842	397399	1123086
中药饮片加工	***	***	***	***	***
中成药生产	***	***	***	***	***
兽用药品制造	***	***	***	***	***
生物药品制品制造	62505	2741339	2736695	15902	411358
卫生材料及医药用品制造		124718	125523		14731
药用辅料及包装材料		75427	81559		12619
橡胶和塑料制品业	10827	188522	194057	59435	36199
橡胶制品业	***	***	***	***	***
塑料制品业	10827	139254	141704	59435	32825
非金属矿物制品业	17400	167037	171077	13928	40890
石膏、水泥制品及类似制品制造		-5767	-3594	6855	
砖瓦、石材等建筑材料制造	***	***	***	***	***
玻璃制造	***	***	***	***	***
玻璃制品制造	875	2962	3292	1869	1443
玻璃纤维和玻璃纤维增强塑料制品制造	***	***	***	***	***
陶瓷制品制造	***	***	***	***	***
耐火材料制品制造	***	***	***	***	***

单位：千元

应付职工薪酬（本年贷方累计发生额）	应交增值税	进项税额	销项税额	平均用工人数（人）
323781	205704	603168	757708	2019
294250	66033	174815	237355	2494
269782	64724	169310	230799	2362
***	***	***	***	***
96952	7781	54103	31788	1124
55339	-112	16323	7174	673
31613	2130	33383	18807	388
***	***	***	***	***
***	***	***	***	***
***	***	***	***	***
***	***	***	***	***
1198151	704314	1214199	1915187	7144
112204	53131	127169	182007	455
***	***	***	***	***
102701	138324	207505	342052	508
***	***	***	***	***
187573	81215	105174	194170	729
752510	353162	475614	823260	5269
9240676	3645450	4472160	7898177	29644
7767333	2995352	4022608	7021330	20850
***	***	***	***	***
***	***	***	***	***
***	***	***	***	***
833212	338101	148994	316045	5747
149706	57043	43168	56691	676
86789	27538	89610	111706	595
560234	133690	752405	799520	4320
***	***	***	***	***
334596	92094	387743	463080	2298
472557	111534	197666	293580	3620
33250	13198	8032	14513	275
***	***	***	***	***
***	***	***	***	***
42680	-394	15964	12140	420
***	***	***	***	***
***	***	***	***	***
***	***	***	***	***

1-11 续表 14

项　　目	投资收益（损失以"-"号记）	营业利润	利润总额	亏损企业亏损额	所得税费用
石墨及其他非金属矿物制品制造	***	***	***	***	***
黑色金属冶炼和压延加工业	***	***	***	***	***
钢压延加工	***	***	***	***	***
有色金属冶炼和压延加工业	***	***	***	***	***
稀有稀土金属冶炼	***	***	***	***	***
有色金属压延加工	***	***	***	***	***
金属制品业	-47665	832	22320	178518	34020
结构性金属制品制造	55	36587	39348	20378	9301
集装箱及金属包装容器制造	-82957	-159602	-155686	157371	1335
建筑、安全用金属制品制造		23198	24982	769	1095
金属表面处理及热处理加工	***	***	***	***	***
金属制日用品制造	***	***	***	***	***
铸造及其他金属制品制造	35237	94696	107975		21388
通用设备制造业	267141	4081353	4187170	863758	777374
锅炉及原动设备制造		23533	23375		3412
金属加工机械制造	2894	1309942	1338612		205495
物料搬运设备制造	111	5346	5583	3605	1326
泵、阀门、压缩机及类似机械制造	12588	2765000	2827695	79859	436211
轴承、齿轮和传动部件制造	***	***	***	***	***
烘炉、风机、包装等设备制造	194584	-395457	-385337	633139	40662
文化、办公用机械制造	54257	211727	209923	125162	58519
通用零部件制造	***	***	***	***	***
其他通用设备制造业	2707	128619	131853		20272
专用设备制造业	1000796	2623842	2618503	310531	364476
采矿、冶金、建筑专用设备制造	15104	41311	43148	21296	5846
化工、木材、非金属加工专用设备制造	120	27059	26533	10219	5559
食品、饮料、烟草及饲料生产专用设备制造		-1	13515	4485	4499
印刷、制药、日化及日用品生产专用设备制造	***	***	***	***	***
纺织、服装和皮革加工专用设备制造	161770	233828	173679		37704
电子和电工机械专用设备制造	***	***	***	***	***
农、林、牧、渔专用机械制造	***	***	***	***	***
医疗仪器设备及器械制造	804002	1982809	1997716	116358	224017
环保、邮政、社会公共服务及其他专用设备制造	18972	286351	309466	150339	72626
汽车制造业	9649289	36228179	36352215	2029838	7967537
汽车整车制造	8833777	32023718	32053592	825308	6876138
汽车用发动机制造	***	***	***	***	***
汽车零部件及配件制造	815512	3111613	3197012	1204530	935006
铁路、船舶、航空航天和其他运输设备制造业	***	***	***	***	***

单位：千元

应付职工薪酬（本年贷方累计发生额）	应交增值税	进项税额	销项税额	平均用工人数（人）
***	***	***	***	***
***	***	***	***	***
***	***	***	***	***
***	***	***	***	***
***	***	***	***	***
***	***	***	***	***
506603	107855	653905	667056	3936
195610	62184	246144	319737	1476
106574	7894	145536	116874	760
55825	8017	66099	46706	551
***	***	***	***	***
***	***	***	***	***
117376	25622	142601	134960	879
4148020	821896	5043298	5942158	19948
56678	15802	23268	39045	388
425621	154461	535608	684928	1093
26253	5393	9072	11202	165
2498289	455734	2959946	3356585	13263
***	***	***	***	***
470450	-1906	829163	978485	2451
229649	94586	305698	397746	624
***	***	***	***	***
339941	78618	310299	385981	1275
2832121	439475	2258856	2401000	14161
88720	24846	82595	101854	441
67142	10362	38000	41394	361
42458	-2345	31770	16039	301
***	***	***	***	***
227977	19579	698408	697761	1991
***	***	***	***	***
***	***	***	***	***
1511608	241506	876637	862362	7056
770316	124641	474062	620459	3394
15973469	10970919	54935574	66039823	66712
11275768	9081052	41181818	50846848	36151
***	***	***	***	***
4381159	1660489	12568869	13787164	28917
***	***	***	***	***

1-11 续表 15

项　　目	投资收益（损失以"-"号记）	营业利润	利润总额	亏损企业亏损额	所得税费用
铁路运输设备制造	***	***	***	***	***
潜水救捞及其他未列明运输设备制造	***	***	***	***	***
电气机械和器材制造业	17856	3358063	3447134	54734	721878
电机制造	***	***	***	***	***
输配电及控制设备制造	6224	3031912	3091674	20147	619738
电线、电缆、光缆及电工器材制造	***	***	***	***	***
电池制造	***	***	***	***	***
家用电力器具制造	***	***	***	***	***
照明器具制造	3777	76208	86722	12815	23343
其他电气机械及器材制造		8210	8407	6527	2821
计算机、通信和其他电子设备制造业	1040067	5377853	5643484	976009	835330
计算机制造	44	468527	402642	71005	22249
通信设备制造	170723	887541	951362	30699	337598
广播电视设备制造	***	***	***	***	***
智能消费设备制造	***	***	***	***	***
电子器件制造	862126	3037628	3306025	705040	189560
电子元件及电子专用材料制造	7192	431492	447634	97353	116424
其他电子设备制造	-18	644088	607733		169499
仪器仪表制造业	65794	1063533	1086293	12155	204210
通用仪器仪表制造	65594	979691	997908	12155	186386
专用仪器仪表制造	200	70027	74570		16240
衡器制造	***	***	***	***	***
其他仪器仪表制造业	***	***	***	***	***
其他制造业		369	684	467	54
日用杂品制造	***	***	***	***	***
其他未列明制造业	***	***	***	***	***
废弃资源综合利用业	***	***	***	***	***
非金属废料和碎屑加工处理	***	***	***	***	***
金属制品、机械和设备修理业	2932	441021	399968		112682
铁路、船舶、航空航天等运输设备修理	2932	441021	399968		112682
三、电力、热力、燃气及水生产和供应业	4194584	6312600	6331230		665446
电力、热力生产和供应业	2451696	3083019	3109595		299897
电力生产	2451696	3039438	3066081		288824
热力生产和供应	***	***	***	***	***
燃气生产和供应业	1742888	3151732	3144680		355587
燃气生产和供应业	1742888	3151732	3144680		355587
水的生产和供应业	***	***	***	***	***
污水处理及其再生利用	***	***	***	***	***

单位：千元

应付职工薪酬（本年贷方累计发生额）	应交增值税	进项税额	销项税额	平均用工人数（人）
***	***	***	***	***
***	***	***	***	***
2515874	896853	2452040	3238035	10314
***	***	***	***	***
1799369	732050	1872171	2550836	7195
***	***	***	***	***
***	***	***	***	***
***	***	***	***	***
349273	24776	176063	145138	1811
57117	7169	20388	20608	257
9645645	559916	35421870	32370757	46739
3302274	405017	5312555	5212220	7785
2337161	-261169	21597550	20728350	14297
***	***	***	***	***
***	***	***	***	***
2494962	424226	4023336	2360563	12859
920766	9259	907419	506713	7798
360792	-39263	3525499	3491716	2102
1265297	268553	1256592	1332032	5951
955360	217597	1087883	1156492	4974
274567	41844	147958	145101	834
***	***	***	***	***
***	***	***	***	***
30702	2080	14317	10379	322
***	***	***	***	***
***	***	***	***	***
***	***	***	***	***
***	***	***	***	***
2905358	288804	870883	1146543	11308
2905358	288804	870883	1146543	11308
3173777	692186	4434693	5127755	9706
396915	304096	652512	957671	959
368909	263850	606960	870816	872
***	***	***	***	***
2622201	329346	3680351	4009511	7976
2622201	329346	3680351	4009511	7976
***	***	***	***	***
***	***	***	***	***

1-12 大中型工业

项目	法人单位数（个）	#亏损企业	工业总产值（当年价格）	工业销售产值（当年价格）	#出口交货值
合计	**595**	**110**	**1622448919**	**1593578550**	**105240657**
一、按登记注册类型分					
内资	408	74	978135906	961781301	32706461
国有	13	5	80396083	80370878	88072
集体	3	1	559048	542170	
国有独资公司	41	10	145146751	143259678	821354
其他有限责任公司	185	37	516544373	509457120	21991240
股份有限公司	98	15	205848869	200445803	8615821
私营合伙	1	***	***	***	***
私营有限责任公司	54	4	19448241	18141447	799646
私营股份有限公司	13	2	10046784	9418448	390328
港、澳、台商投资	48	9	185606472	173952034	38271291
与港澳台商合资经营	24	5	25717408	24423956	4603386
港澳台商独资经营	20	4	157619310	147483518	33163387
港澳台商投资股份有限公司	4		2269754	2044560	504518
外商投资	139	27	458706541	457845215	34262905
中外合资经营	57	7	322611792	323359970	12216324
中外合作经营	4	1	1759430	1689563	104985
外资企业	72	18	126252930	124362878	18902437
外商投资股份有限公司	5	1	6656951	6964672	3039159
其他外商投资	1	***	***	***	***
二、按隶属关系分					
中央	99	18	657118924	652022662	4288267
地方	496	92	965329995	941555888	100952390
三、按控股情况分					
国有控股	226	50	1060727922	1054275598	32382962

主要财务状况

年初存货	资产总计	#流动资产合计	#应收账款	#存货	#产成品	#固定资产净额	#固定资产原价
161594631	**4213295718**	**1433479884**	**314680083**	**188198727**	**70942863**	**650189419**	**1320494253**
92349895	3441915511	938282099	201443073	105630315	33787011	529799730	1070844603
5970986	138339252	16813280	1749508	6542135	378250	97934198	194334178
145418	609054	483621	69846	118663	45219	54536	421911
9667691	679757762	165197873	33353929	11594310	1935003	168573296	290170920
38624487	2000197485	439289507	94997922	43775202	16093639	208327158	471569887
31407082	570795383	281998469	59993865	35458028	11806409	48241954	102714488
***	***	***	***	***	***	***	***
4561500	30123401	21420997	6794460	5987851	2870816	4801637	8761270
1971705	22051430	13049895	4466550	2152219	657675	1853712	2854624
19747595	224552489	136860195	38940075	26777691	12778353	33349923	64649396
3419654	36955373	20948708	7924109	3628733	1375963	9714470	28595009
15991903	176695863	111892100	29916174	22732504	11172697	23437294	35418728
336038	10901253	4019387	1099792	416454	229693	198159	635659
49497141	546827718	358337590	74296935	55790721	24377499	87039766	185000254
28611232	353430502	214641171	46705908	31413606	14548804	62652301	112827032
-200146	3013011	2336334	215980	-28176	6863	305818	1225416
20456468	175274581	135856746	25334625	23356546	9604070	22725524	68379739
460134	12416533	4780099	1897418	849540	170010	1183938	2196421
***	***	***	***	***	***	***	***
36464841	2180189720	424745673	73085004	40371447	8668371	329250838	753863264
125129790	2033105998	1008734211	241595079	147827280	62274492	320938581	566630989
82302449	3310273436	862668882	172023128	93135275	33041871	550926692	1124146241

1-12 续表 1

项　　目	法人单位数（个）	# 亏损企业	工业总产值（当年价格）	工业销售产值（当年价格）	# 出口交货值
集体控股	16	2	25292520	24939168	1578159
私人控股	184	24	133046988	126050950	3991509
港澳台商控股	34	5	170062677	158336754	35759310
外商控股	123	26	218147681	215676540	31475523
其他	12	3	15171131	14299540	53194
四、按轻重工业分					
轻工业	219	29	210234719	201149363	6901466
重工业	376	81	1412214200	1392429187	98339191
五、按地区分					
东城区	9	2	20278031	19772819	61537
西城区	16	4	54692462	54636680	372075
朝阳区	41	9	48616784	46555528	1080102
丰台区	28	2	30074666	28993261	751764
石景山区	12	2	15682854	15636842	246011
海淀区	74	12	193512586	179706736	31074845
门头沟区	3		5013242	4705334	1824614
房山区	24	7	78175065	76702710	738533
通州区	55	15	36104440	35906517	1375204
顺义区	69	14	152513682	152632273	9180496
昌平区	52	6	75671645	72318590	6041592
大兴区	48	9	47611836	46111119	1165434
怀柔区	25	1	44927161	46224398	1434338
平谷区	20	6	7735211	7510179	76406
密云区	21	6	16001718	15715059	735276
延庆区	8	1	2337282	2039122	308608
北京经济技术开发区	90	14	337125006	332036135	48773822

单位：千元

年初存货	资产总计	#流动资产合计	#应收账款	#存货	#产成品	#固定资产净额	#固定资产原价
4787139	33965203	24744967	9647400	5462892	1656743	2432407	4499935
26327562	356721727	197832835	49617264	31302832	11222169	25524132	41722094
16806201	196413628	121904242	33803439	23550039	11459818	25316665	39607445
28694052	277642141	203931316	42522965	32108387	12938466	41832672	102173690
2677228	38279583	22397642	7065887	2639302	623796	4156851	8344848
36204835	319531455	190711045	39261011	41210904	20023156	39661566	78823916
125389796	3893764263	1242768839	275419072	146987823	50919707	610527853	1241670337
3188764	21527854	14004158	1417398	3738649	1668110	2249236	4074151
1331820	1977760990	260255416	48037372	1764709	327275	339669376	710645909
6051505	155756472	64745248	14577273	6617487	2401395	46323109	89145875
7790406	59380123	39852461	10242941	8836951	910152	8015776	16418225
4619184	373341326	70507840	13931415	4253617	626927	58221110	81442943
34194738	354181139	237203414	55479998	43563069	15793785	14739027	29435011
1435589	20780882	9959441	399050	1777806	1043665	1115691	2222852
6961913	62897411	25180520	8073426	7132113	2642395	14850213	46767430
5898531	54082793	30544749	7678567	6146150	1989368	11430851	21091014
18558582	342380466	189951330	38766844	20395484	7824937	36497515	74846780
10101051	178128597	101894323	23459207	14407698	6495829	17190374	32853248
7171968	97678235	60672074	23918380	7586242	3135710	9417809	14667562
5137921	47777710	29615870	7950210	4461811	2774585	5888852	10877627
1311728	9590206	5248728	1391959	1274169	604936	2596518	6295725
2523174	30122316	13758352	3892341	3203716	568828	8042180	12753248
723793	2629188	1897936	394924	869099	368672	497115	944394
44593964	425280010	278188024	55068778	52169957	21766294	73444667	166012259

1-12 续表 2

项目	#累计折旧	#本年折旧	#在建工程	#无形资产	负债合计
合 计	**658640734**	**66755517**	**114857174**	**114089886**	**1856501918**
一、按登记注册类型分					
内资	532508456	50934026	92661039	91844412	1426456300
国有	96354994	10668136	19454021	1170246	88574280
集体	367376	10868	15112	888	139613
国有独资公司	121208577	10683706	39733266	62916570	402862042
其他有限责任公司	258058127	24244135	22789728	12021510	659272592
股份有限公司	51619386	4372087	9763003	14871028	249977018
私营合伙	***	***	***	***	***
私营有限责任公司	3894998	764651	341939	437062	16442084
私营股份有限公司	1000912	189056	563970	427060	9169566
港、澳、台商投资	30635432	2472116	6156046	3956082	134405053
与港澳台商合资经营	18311788	786813	2163713	720042	13757791
港澳台商独资经营	11969095	1652900	3957445	3133133	113399703
港澳台商投资股份有限公司	354549	32403	34888	102907	7247559
外商投资	95496846	13349375	16040089	18289392	295640565
中外合资经营	49094316	9016828	14104244	16181030	178096305
中外合作经营	919596	44887	2754	4222	1202943
外资企业	44286190	4148631	1920803	1804544	111456270
外商投资股份有限公司	997283	110996	12094	159909	3487851
其他外商投资	***	***	***	***	***
二、按隶属关系分					
中央	417661759	36642477	58448053	8950708	754967780
地方	240978975	30113040	56409121	105139178	1101534138
三、按控股情况分					
国有控股	563494524	54534725	98454401	95413703	1381470300

单位：千元

流动负债合计	#应付账款	非流动负债合计	#应付债券	所有者权益合计	#实收资本	国家资本	集体资本
1308180837	**342625058**	**548321075**	**268408078**	**2356793777**	**1412324391**	**1104454811**	**1344347**
926037299	197704273	500418999	259813823	2015459202	1271951055	1082562125	1156013
53017804	11412624	35556476	5910000	49764972	29632589	29025121	
138716	69983	897		469441	125300		125300
234362077	46993218	168499966	66477050	276895717	137892614	104055698	
430234107	85732597	229038490	161000000	1340924892	993911127	925932907	640441
185604621	47671128	64372392	26426773	320818361	102584745	23548399	390272
***	***	***	***	***	***	***	***
15314856	3267889	1127227		13681314	3404208		
7346013	2542709	1823551		12881866	4390472		
124546903	49981532	9858150	2299658	90147426	25594389	7991224	
11425914	4950553	2331878	499658	23197575	13220630	7584703	
107826480	44335917	5573222		63296157	10631079		
5294509	695062	1953050	1800000	3653694	1742680	406521	
257596635	94939253	38043926	6294597	251187149	114778947	13901462	188334
152389892	65710773	25706412	6294597	175334194	80604084	13365553	183841
1077313	388461	125630		1810068	1771985		1493
100417669	26718410	11038598		63818309	29659535		
3243292	1923029	244559		8928683	2649367	535909	3000
***	***	***	***	***	***	***	***
485962768	91481757	269005008	170304764	1425221937	1024750187	967072533	75108
822218069	251143301	279316067	98103314	931571840	387574204	137382278	1269239
891202657	206522692	490267640	251693302	1928803128	1254534375	1103531959	186782

1-12 续表 3

项　　目	#累计折旧	#本年折旧	#在建工程	#无形资产	负债合计
集体控股	2067527	237203	1351266	816512	17761049
私人控股	16006338	2761764	3345833	7221614	163567534
港澳台商控股	14194953	1887214	4229007	3412046	124433771
外商控股	58936298	6941252	6810920	6570735	153581705
其他	3941094	393359	665747	655276	15687559
四、按轻重工业分					
轻工业	38646849	4342547	8047415	6915720	136567114
重工业	619993885	62412970	106809759	107174166	1719934804
五、按地区分					
东城区	1763723	136265	549187	367416	9547415
西城区	370934767	35328355	57967876	12554627	624429502
朝阳区	41869750	3075845	5032089	1193346	64962277
丰台区	8353056	866060	3169812	903338	32840760
石景山区	22158481	890821	5979783	50221975	226297257
海淀区	14448195	1432515	1876875	6492716	225300272
门头沟区	1107131	319648	35289	137274	8804377
房山区	29785886	1749386	9828009	2232059	38552952
通州区	9569022	1296599	1386008	1288124	29808578
顺义区	37702298	4482065	4798809	12916200	176163751
昌平区	15416561	1961201	2111538	5142354	88413536
大兴区	4987827	870834	2399685	3047576	47238994
怀柔区	4969340	656177	1541056	4098479	28137167
平谷区	3696085	496048	528966	668544	5232791
密云区	4695544	798043	1506605	2841898	16528874
延庆区	443986	44649	37005	66573	1464855
北京经济技术开发区	86739082	12351006	16108582	9917387	232778560

单位：千元

流动负债合计	#应付账款	非流动负债合计	#应付债券	所有者权益合计	#实收资本	国家资本	集体资本
14618653	5984016	3142396		16204155	3234899	105922	1120415
134148941	33286712	29418591	14914776	193154187	64995206	85426	
116557312	47263241	7876458	1800000	71979850	13666789	446940	
136821402	45247724	16760300		124060432	69335943	221677	37150
14831872	4320673	855690		22592025	6557179	62887	
113716590	32684448	22850522	4192145	182964326	57955514	6602416	688405
1194464247	309940610	525470553	264215933	2173829451	1354368877	1097852395	655942
7471096	1858515	2076320		11980438	5156793	3160497	400571
356105858	67468938	268323642	169102190	1353331487	982925983	964717582	100000
44190550	12528254	20771724	3000000	90794186	56593502	22733321	21804
27470622	7496414	5370134	1363376	26539357	7411088	2972630	150000
119355948	8865400	106941310	44938920	147044070	39695322	30282984	
203838001	63192069	21462272	6911910	128880865	45377053	16533254	42755
3210011	434117	5594365	2992162	11976505	1442898		
35384234	9465970	3168719		24344458	9606074	2370470	293360
27547406	6070009	2261170		24274215	11156094	4982144	170662
124544389	40235119	51619364	26638496	166216721	64786415	30654186	25300
69954612	20660995	18458922	5451116	89715056	34376891	1769508	3000
39619696	16064466	7619299	1028328	50439243	17987031	7528175	78400
24202415	9786270	3934750	1491350	19640543	11080048	81822	
4923683	1731052	309108		4357413	2476811	308000	
15504253	4466311	1024623		13593446	10635041	207484	
1429741	445770	35112		1164333	464186		
203428322	71855389	29350241	5490230	192501441	111153161	16152754	58495

1-12 续表 4

项目	法人资本	个人资本	港澳台资本	外商资本	营业收入	营业成本
合计	**187998298**	**34677499**	**15535784**	**68313654**	**1822769213**	**1518445269**
一、按登记注册类型分						
内资	154226034	33043465	648104	315317	1060047599	919172056
国有	607468				82893616	78388968
集体					568942	522685
国有独资公司	33836916				182513557	172248659
其他有限责任公司	66059253	1238926	19400	20200	533149227	474602551
股份有限公司	51404891	26317794	628704	294688	229596984	172569415
私营合伙	***	***	***	***	***	***
私营有限责任公司	1736895	1667313			19962651	13854381
私营股份有限公司	580611	3809432		429	11216865	6894659
港、澳、台商投资	2091337	666792	14747487	97549	253990765	223111095
与港澳台商合资经营	1713087	381669	3494397	46774	27253701	20243835
港澳台商独资经营			10631079		222653099	199156254
港澳台商投资股份有限公司	378250	285123	622011	50775	4083965	3711006
外商投资	31680927	967242	140193	67900788	508730849	376162118
中外合资经营	31227768	448333		35378588	345093183	257344048
中外合作经营	98987			1671505	3463897	2577058
外资企业				29659535	149495186	107641635
外商投资股份有限公司	354172	518909	109544	1127833	8408784	6747064
其他外商投资	***	***	***	***	***	***
二、按隶属关系分						
中央	55579754	391294	1185529	445970	672398075	611673985
地方	132418544	34286205	14350255	67867684	1150371138	906771284
三、按控股情况分						
国有控股	124343508	3441642	3191396	19839089	1143433895	990286790

单位：千元

税金及附加	其他业务利　润	销售费用	管理费用	财务费用	#利息收入	#利息支出
35412985	**11469736**	**96033306**	**78683200**	**18414125**	**7338930**	**24402531**
20814199	5804551	34083515	47911738	16852579	4794781	21039417
2903774	1105903	258470	1787696	1146635	58390	1176509
5009	3079	17718	76475	-2519	2791	248
3256297	1956985	802283	8476463	9493591	892822	9795986
2355319	1246601	14154615	16372939	2824255	1327308	4577435
12090718	1185429	14300537	17680628	3083392	2455596	5176792
***	***	***	***	***	***	***
129230	260012	2757069	2079056	145415	22607	147062
73125	46542	1753255	1427665	161821	35253	165385
626797	3823153	12827670	9261504	73850	715223	671698
236729	151918	2189438	2248236	72408	135074	173231
341390	3635522	10529122	6791904	-160436	562530	315979
48678	35713	109110	221364	161878	17619	182488
13971989	1842032	49122121	21509958	1487696	1828926	2691416
13044244	916341	26653693	13126169	866989	1008589	1689746
22750	2386	520990	225402	-13906	7789	1790
846292	881295	20477624	7599394	549034	785546	917980
33005	40953	1283213	439881	22037	22872	16355
***	***	***	***	***	***	***
13783520	1958086	3583645	15354391	4896637	1317103	6134534
21629465	9511650	92449661	63328809	13517488	6021827	18267997
32072769	5369808	30047982	39709352	15294475	4406350	19213203

1-12 续表 5

项目	法人资本	个人资本	港澳台资本	外商资本	营业收入	营业成本
集体控股	1781990	149409		77163	27381578	21025036
私人控股	34746890	29624909	214945	323036	141265778	96433563
港澳台商控股	894701	285123	11989250	50775	236789064	209566407
外商控股	20808712	157695	140193	47970516	257054109	191060989
其他	5422497	1018721		53075	16844789	10072484
四、按轻重工业分						
轻工业	23524709	12671330	4331889	10136768	249623156	145028348
重工业	164473589	22006169	11203895	58176886	1573146057	1373416921
五、按地区分						
东城区	757559	684912	53174	100081	21848623	18490300
西城区	12224633		5883768		516037398	489556856
朝阳区	29599673	887774	2205874	1145056	54937058	45586475
丰台区	3519597	544246	19411	205204	31584323	24938774
石景山区	8334958	97800	117100	862480	44477894	43514804
海淀区	10826685	14939278	1731441	1303641	261877363	220939273
门头沟区	890465	552433			5080275	2537544
房山区	5749948	92058	1036771	63467	81202040	64373935
通州区	2705033	698265	83182	2516808	49284056	34036851
顺义区	16505245	3085090	130439	14386155	175277531	145497716
昌平区	26866134	3097383	139665	2501201	86836271	68379419
大兴区	5668034	3178059	113421	1420942	62090956	49798800
怀柔区	4617059	1591867	387024	4402276	55323001	44988219
平谷区	642512	103339	247942	1175018	10409940	8560599
密云区	9246868	569685	197580	413424	17918994	15722511
延庆区	366085	78110	18750	1241	2320674	1739748
北京经济技术开发区	49477810	4477200	3170242	37816660	346262816	239783445

单位：千元

税金及附加	其他业务利　润	销售费用	管理费用	财务费用	#利息收入	#利息支出
125207	197983	1976904	2014791	126226	36084	156087
1030183	816213	18027464	13445681	2273810	1317829	3274063
448590	3719034	12243922	7876447	23718	594276	513501
1411633	1311706	30186376	13787742	656560	913271	1149413
324603	54992	3550658	1849187	39336	71120	96264
6551725	1856686	51920403	18792351	1736720	1076268	2009022
28861260	9613050	44112903	59890849	16677405	6262662	22393509
145826	452460	1293873	1029495	183266	31492	153130
3420201	1429835	868135	3359641	3074605	744000	3770168
554176	686488	2950207	4295075	612612	302275	859528
155853	116156	1679547	2748159	180482	118724	268004
400464	-48454	306790	2939566	7271608	481928	7120788
838771	3756155	14202556	13179515	2488930	1290120	3552324
172584	187837	720614	819381	116526	21255	135747
8855845	42223	1327220	3887378	255958	60771	287963
2891511	194246	5998161	3689764	160370	107858	208918
5654020	1610614	11161024	10820391	3284239	860869	3930371
434433	1186293	7742266	7007686	836900	994569	1682315
346751	231781	5154855	4208436	368161	210156	488034
429214	66058	4946326	2256651	313597	142808	434004
58661	83523	854789	637425	100417	26769	82343
291957	176235	1432887	1638100	221107	29193	229707
16490	3141	321242	190282	3625	6838	12167
10746228	1295145	35072814	15976255	-1058278	1909305	1187020

1-12 续表 6

项 目	投资收益（损失以"-"号记）	营业利润	利润总额	亏损企业亏损额	所得税费用
合 计	**62611938**	**141249470**	**141110935**	**21858643**	**23776933**
一、按登记注册类型分					
内资	50260614	76627342	76071548	18414709	10607847
国有	94696	-855236	-464222	1179399	78585
集体	201	-50170	-48863	60682	479
国有独资公司	6699839	-1658483	-3003820	8362576	480794
其他有限责任公司	30903562	55755045	55265332	5347118	7075576
股份有限公司	12423305	21410816	22087872	3318709	2712242
私营合伙	***	***	***	***	***
私营有限责任公司	79431	1065777	1225048	141255	166942
私营股份有限公司	59580	955674	1006292	4970	92250
港、澳、台商投资	2509528	8248360	8232583	560235	1467684
与港澳台商合资经营	294827	2678297	2732363	301579	525597
港澳台商独资经营	2048497	5446508	5432727	258656	931521
港澳台商投资股份有限公司	166204	123555	67493		10566
外商投资	9841796	56373768	56806804	2883699	11701402
中外合资经营	8724860	43331153	43501158	1679263	9005820
中外合作经营		141891	147950	98818	60979
外资企业	825551	12702403	12947190	1022364	2616335
外商投资股份有限公司	291385	176758	188246	83254	14929
其他外商投资	***	***	***	***	***
二、按隶属关系分					
中央	31951893	52479359	51993914	7755582	7502687
地方	30660045	88770111	89117021	14103061	16274246
三、按控股情况分					
国有控股	52669993	94635303	93684663	16135234	16180271

单位：千元

应付职工薪酬（本年贷方累计发生额）	应　交 增值税	进项税额	销项税额	平均用工人数（人）
132134253	**44500488**	**258822397**	**293442071**	**645223**
80967350	24546945	151962576	170672073	418846
6521004	2314424	10706514	13005147	20924
232547	39390	28789	90085	2045
20978303	3632281	19271985	21867062	84018
27200766	9961629	84437378	91101605	150682
21291092	7338600	34078050	40113282	119744
***	***	***	***	***
3404365	827103	2137400	2887143	31420
1307078	426681	1285455	1583907	9293
11929694	2393530	35005224	34730342	53914
3043517	1157360	2621199	2968803	18283
8617873	1182365	31628925	31054175	32951
268304	53805	755100	707364	2680
39237209	17560013	71854597	88039656	172463
22193380	12457327	52354108	64778254	90609
649320	99183	134459	208006	5889
15427654	4814410	18279385	21941678	68815
822183	134336	765639	741561	6269
***	***	***	***	***
40786566	14238835	101328333	114381906	152640
91347687	30261653	157494064	179060165	492583
76662907	28181270	173743654	197730026	330782

1-12 续表 7

项 目	投资收益（损失以"-"号记）	营业利润	利润总额	亏损企业亏损额	所得税费用
集体控股	126404	2283171	2331959	90548	365229
私人控股	6391488	16190658	16577022	2523661	1687045
港澳台商控股	2219006	6522181	6478700	329661	1136788
外商控股	703496	20202671	20645085	2038922	4172330
其他	501551	1415486	1393506	740617	235270
四、按轻重工业分					
轻工业	5578350	30597144	30782333	1399129	5313060
重工业	57033588	110652326	110328602	20459514	18463873
五、按地区分					
东城区	257394	1186677	1226645	277469	197146
西城区	30678096	48233367	47692296	1233938	5439474
朝阳区	757103	5857004	5302371	1763936	1090879
丰台区	435789	2077585	2205758	244477	339185
石景山区	6515155	-3511799	-4250439	5863284	56572
海淀区	3459883	10354762	11174324	1147260	1603057
门头沟区	356981	1177624	1115785		200717
房山区	194804	2166473	2177286	1406649	729098
通州区	1249319	3948648	4093453	903198	564991
顺义区	10105843	12183949	12484837	1227615	1160646
昌平区	4647748	7514521	7556738	914338	651515
大兴区	1553521	4023011	4091191	980633	642273
怀柔区	200463	2589629	2727933	23707	352722
平谷区	-12057	214953	226112	176194	38183
密云区	294908	-1086288	-1096108	1861771	-8672
延庆区	3219	67840	83646	3537	11231
北京经济技术开发区	1913769	44251514	44299107	3830637	10707916

单位：千元

应付职工薪酬（本年贷方累计发生额）	应交增值税	进项税额	销项税额	平均用工人数（人）
2899064	707929	2322140	2833618	13926
15610169	5350757	16164579	20055966	120931
9860257	1609039	33108325	32756778	42235
24325906	7910514	31805987	37700347	119725
2775950	740979	1677712	2365336	17624
30421340	13414917	23628565	35968893	183384
101712913	31085571	235193832	257473178	461839
1768343	575455	1830267	2321573	6957
19482629	9090235	86090562	94631533	62459
9967434	1625727	5289497	5994839	47811
4778203	687891	1808171	2352526	25915
4478196	926899	5214210	6059396	20524
16844352	3443724	34935653	36979058	67142
1504370	516529	332845	843738	6630
4192059	2772120	10095193	12764663	23473
4965085	2222316	5122036	6891281	34509
15701842	2232404	33493001	35830595	88663
9535665	1326548	15996852	16929070	57323
4995038	1299982	7853357	9082809	34715
2939299	1415141	7587358	8711436	21977
1189676	321518	1067480	1327364	12611
2147449	276703	3206560	3211939	15855
429583	99261	287737	320201	4711
27215030	15668035	38611618	49190050	113948

1-13 按行业中类分大中型

项目	法人单位数（个）	#亏损企业	工业总产值（当年价格）	工业销售产值（当年价格）	#出口交货值
合 计	**595**	**110**	**1622448919**	**1593578550**	**105240657**
一、采矿业	10	7	27181595	27355671	2175421
煤炭开采和洗选业	1	***	***	***	***
烟煤和无烟煤开采洗选	1	***	***	***	***
石油和天然气开采业	2	***	***	***	***
天然气开采	2	***	***	***	***
黑色金属矿采选业	3	2	8642776	8603393	
铁矿采选	3	2	8642776	8603393	
开采专业及辅助性活动	4	3	13298897	13305766	387622
石油和天然气开采专业及辅助性活动	4	3	13298897	13305766	387622
二、制造业	549	96	1060866320	1031907211	103065236
农副食品加工业	20	3	13071393	12943502	177635
谷物磨制	1	***	***	***	***
饲料加工	4		2858135	2763995	
屠宰及肉类加工	7	3	7542898	7687792	
蔬菜、菌类、水果和坚果加工	5		1237146	1096132	68330
其他农副食品加工	3		1042964	1004569	109305
食品制造业	37	5	23848280	24492028	761825
焙烤食品制造	12	4	4304864	4261795	107791
糖果、巧克力及蜜饯制造	5		2755798	3067995	275780
方便食品制造	5		2236648	2280915	316229
乳制品制造	4	1	4306320	4719102	
调味品、发酵制品制造	3		1930785	1936894	
其他食品制造	8		8313865	8225327	62025
酒、饮料和精制茶制造业	12	2	23260533	23238985	50642
酒的制造	5		15746200	15929485	50077
饮料制造	7	2	7514333	7309500	565
烟草制品业	1	***	***	***	***
卷烟制造	1	***	***	***	***
纺织业	1	***	***	***	***
棉纺织及印染精加工	1	***	***	***	***
纺织服装、服饰业	23	8	6624909	5336074	892689
机织服装制造	18	8	3379019	3045838	72747
针织或钩针编织服装制造	4		2749975	1794321	432107
服饰制造	1	***	***	***	***
皮革、毛皮、羽毛及其制品和制鞋业	2	***	***	***	***
皮革制品制造	1	***	***	***	***
制鞋业	1	***	***	***	***

工业主要财务状况

单位：千元

年初存货	资产总计	#流动资产合计	#应收账款	#存货	#产成品	#固定资产净额	#固定资产原价
161594631	**4213295718**	**1433479884**	**314680083**	**188198727**	**70942863**	**650189419**	**1320494253**
3362457	394639311	87167210	18382330	3259776	627087	62100546	96149105
***	***	***	***	***	***	***	***
***	***	***	***	***	***	***	***
***	***	***	***	***	***	***	***
***	***	***	***	***	***	***	***
1048569	321522749	53404557	11645784	1098538	344129	54609363	68583605
1048569	321522749	53404557	11645784	1098538	344129	54609363	68583605
1932840	42669520	21076657	6667552	1919448	49351	7056450	26268001
1932840	42669520	21076657	6667552	1919448	49351	7056450	26268001
157288519	1758378638	1070426207	245328595	183367392	70210574	203332316	434381077
1503019	24489332	12412503	1188559	1729316	1025525	1502313	2964905
***	***	***	***	***	***	***	***
331883	13094267	4020033	276729	210110	52704	239331	482637
613911	7514093	5516073	501443	891625	719035	761846	1404488
184422	1649299	1063193	229238	250496	81689	269598	528673
170021	745335	478273	82571	169521	113568	186430	446679
2500990	33422493	18368685	4107404	2247489	1255644	5618978	11150186
216684	2869694	1305621	452330	260217	35755	1366046	2449488
875266	5326220	3015686	758780	436881	172910	938673	2072391
89153	2031189	1210110	416226	87508	49904	512511	1196264
203526	9746352	3168442	1458807	212164	70176	1005692	2065250
162429	1724299	1230413	139819	168599	83751	206634	395892
953932	11724739	8438413	881442	1082120	843148	1589422	2970901
3069498	49321234	30942852	2295073	3109388	1757405	5526408	12121210
2567305	38290727	23825481	226191	2512235	1480690	3926347	8197062
502193	11030507	7117371	2068882	597153	276715	1600061	3924148
***	***	***	***	***	***	***	***
***	***	***	***	***	***	***	***
***	***	***	***	***	***	***	***
***	***	***	***	***	***	***	***
2151311	8210008	6067300	1055611	2491374	1829726	1031558	1807709
1166957	3668708	3150450	528268	1240555	845278	301899	693867
899455	4344641	2769462	488008	1165663	984409	681565	997120
***	***	***	***	***	***	***	***
***	***	***	***	***	***	***	***
***	***	***	***	***	***	***	***
***	***	***	***	***	***	***	***

1-13 续表 1

项目	法人单位数（个）	#亏损企业	工业总产值（当年价格）	工业销售产值（当年价格）	#出口交货值
木材加工和木、竹、藤、棕、草制品业	1	***	***	***	***
木质制品制造	1	***	***	***	***
家具制造业	8		6660476	6656582	105144
木质家具制造	6		4615229	4607700	105144
金属家具制造	1	***	***	***	***
其他家具制造	1	***	***	***	***
造纸和纸制品业	4		3437795	3404509	262115
纸制品制造	4		3437795	3404509	262115
印刷和记录媒介复制业	16	3	7940673	7979209	11827
印刷	16	3	7940673	7979209	11827
文教、工美、体育和娱乐用品制造业	3		10090799	10015644	107057
乐器制造	2	***	***	***	***
工艺美术及礼仪用品制造	1	***	***	***	***
石油、煤炭及其他燃料加工业	5	2	56418657	56391912	21640
精炼石油产品制造	5	2	56418657	56391912	21640
化学原料和化学制品制造业	12	3	12503057	11975369	16862
基础化学原料制造	2	***	***	***	***
涂料、油墨、颜料及类似产品制造	2	***	***	***	***
合成材料制造	3	1	6763888	6520273	
专用化学产品制造	2	***	***	***	***
日用化学产品制造	3	1	2857550	2644740	
医药制造业	57	3	91033352	84207589	969738
化学药品制剂制造	28	2	58848434	55343435	706671
中药饮片加工	4		3557127	3863335	2150
中成药生产	7	1	9557416	8908437	12326
兽用药品制造	1	***	***	***	***
生物药品制品制造	16		18484926	15504753	248591
卫生材料及医药用品制造	1	***	***	***	***
化学纤维制造业	1	***	***	***	***
合成纤维制造	1	***	***	***	***
橡胶和塑料制品业	6	1	3173583	3140211	300775
橡胶制品业	3	1	1474857	1415136	195101
塑料制品业	3		1698726	1725075	105674
非金属矿物制品业	25	6	22591813	22445761	1104784
水泥、石灰和石膏制造	3	1	2393782	2354569	
石膏、水泥制品及类似制品制造	10	4	6659212	6649955	697
玻璃制品制造	3	1	6263587	6263587	96960
玻璃纤维和玻璃纤维增强塑料制品制造	1	***	***	***	***

单位：千元

年初存货	资产总计	# 流动资产合计	# 应收账款	# 存货	# 产成品	# 固定资产净额	# 固定资产原价
***	***	***	***	***	***	***	***
***	***	***	***	***	***	***	***
948995	7661132	3806593	833433	1293335	863692	993943	1693018
863753	6521399	2823086	633582	1197611	814624	914378	1378470
***	***	***	***	***	***	***	***
***	***	***	***	***	***	***	***
510053	2209809	1518142	367734	519051	145420	454747	1768979
510053	2209809	1518142	367734	519051	145420	454747	1768979
1635658	12914245	8224385	957395	1509502	601590	2707654	9311706
1635658	12914245	8224385	957395	1509502	601590	2707654	9311706
469920	2520416	1496313	114520	500913	398386	386403	843398
***	***	***	***	***	***	***	***
***	***	***	***	***	***	***	***
4874177	26793980	9953662	1335483	4925557	1068626	9337412	34163283
4874177	26793980	9953662	1335483	4925557	1068626	9337412	34163283
1837899	15029420	10666637	1720795	2204888	1549055	2246153	7409523
***	***	***	***	***	***	***	***
***	***	***	***	***	***	***	***
987616	9471949	7046547	749187	1291424	1065139	1089234	5033742
***	***	***	***	***	***	***	***
281326	2237554	1730717	456590	307527	137281	276793	670825
19004816	130836760	81310141	21531973	23193609	10204493	17130005	27697699
11211449	70443683	45398470	11868365	14596701	7180928	7822701	13810854
1630563	9604643	6408765	3828807	1583590	306503	659580	961269
4042239	15746896	10795155	1162580	4609999	1869253	2045175	3643283
***	***	***	***	***	***	***	***
1949113	34281107	18257235	4598910	2250339	797711	6490272	9009564
***	***	***	***	***	***	***	***
***	***	***	***	***	***	***	***
***	***	***	***	***	***	***	***
389045	3250037	2437246	831074	343281	144034	590017	1483517
205521	1381419	832829	373614	172581	74695	386179	993897
183524	1868618	1604417	457460	170700	69339	203838	489620
4291893	105465601	65624957	11571471	4511176	958628	5061092	10884761
197013	50125645	30944323	294278	140600	32059	2091088	4373547
1005038	21461242	12836951	5006654	1079157	622065	1738293	3609126
2059936	20078023	13115180	4013561	2076076	57700	256130	407619
***	***	***	***	***	***	***	***

1-13 续表 2

项　　目	法人单位数（个）	#亏损企业	工业总产值（当年价格）	工业销售产值（当年价格）	#出口交货值
陶瓷制品制造	2	***	***	***	***
耐火材料制品制造	2	***	***	***	***
石墨及其他非金属矿物制品制造	4		3754482	3743013	735442
黑色金属冶炼和压延加工业	2	***	***	***	***
钢压延加工	2	***	***	***	***
有色金属冶炼和压延加工业	4		3660373	3556907	426550
稀有稀土金属冶炼	1	***	***	***	***
有色金属合金制造	2	***	***	***	***
有色金属压延加工	1	***	***	***	***
金属制品业	13	4	14464434	14675688	1082269
结构性金属制品制造	6	1	1523909	1591557	328155
集装箱及金属包装容器制造	3	1	2374023	2511551	20560
铸造及其他金属制品制造	4	2	10566502	10572580	733554
通用设备制造业	32	9	35292707	34693729	6050464
锅炉及原动设备制造	2	***	***	***	***
金属加工机械制造	5	2	7475285	6817232	40284
物料搬运设备制造	2	***	***	***	***
泵、阀门、压缩机及类似机械制造	11	2	19186427	19385264	5738820
轴承、齿轮和传动部件制造	1	***	***	***	***
烘炉、风机、包装等设备制造	6	2	3950008	3840223	159146
文化、办公用机械制造	1	***	***	***	***
通用零部件制造	3		494403	514253	4865
其他通用设备制造业	1	***	***	***	***
专用设备制造业	50	3	42348942	39277080	6367417
采矿、冶金、建筑专用设备制造	6		12120745	11443318	984620
化工、木材、非金属加工专用设备制造	3	1	1159050	1078824	
印刷、制药、日化及日用品生产专用设备制造	1	***	***	***	***
纺织、服装和皮革加工专用设备制造	2	***	***	***	***
电子和电工机械专用设备制造	1	***	***	***	***
医疗仪器设备及器械制造	21	1	9942048	9274445	2770475
环保、邮政、社会公共服务及其他专用设备制造	16	1	16929537	15409203	2346314
汽车制造业	58	20	361346310	361203585	5694743
汽车整车制造	8	2	279444867	279368047	3406628
汽车用发动机制造	2	***	***	***	***
改装汽车制造	1	***	***	***	***
汽车零部件及配件制造	47	18	72461681	72579493	588430
铁路、船舶、航空航天和其他运输设备制造业	21		33803998	31813401	187658
铁路运输设备制造	5		12914770	12140831	

单位：千元

年初存货	资产总计	#流动资产合计	#应收账款	#存货	#产成品	#固定资产净额	#固定资产原价
***	***	***	***	***	***	***	***
***	***	***	***	***	***	***	***
282380	6103361	4068332	1178011	359652	68250	322442	775512
***	***	***	***	***	***	***	***
***	***	***	***	***	***	***	***
1306463	5999998	3698542	566484	1400968	448912	859439	1560991
***	***	***	***	***	***	***	***
***	***	***	***	***	***	***	***
***	***	***	***	***	***	***	***
1564200	34245551	18135461	2039845	1801555	383487	3681182	6572501
169225	1111191	896035	416438	157072	59956	87053	194274
369151	12291844	7508287	441471	375714	169180	526387	1100150
1025824	20842516	9731139	1181936	1268769	154351	3067742	5278077
11767128	69732909	47591037	9199674	11876038	3353956	6535789	14771074
***	***	***	***	***	***	***	***
2552252	15835440	10629478	973270	3144773	1134457	1564672	3072585
***	***	***	***	***	***	***	***
4413633	22538755	17826030	4001411	4650622	1906253	3287704	8301185
***	***	***	***	***	***	***	***
1042371	23357488	12080258	2444701	946645	257612	1287724	2279929
***	***	***	***	***	***	***	***
124757	812866	567742	272351	130693	35332	185387	335202
***	***	***	***	***	***	***	***
12098375	158257003	87624250	21149771	13669339	3996801	5863307	11555465
2877709	49100312	34783848	5309744	3358863	1225371	1706019	3407710
527448	5050987	3309888	760052	616736	176058	863937	1544518
***	***	***	***	***	***	***	***
***	***	***	***	***	***	***	***
***	***	***	***	***	***	***	***
1641303	28092282	13359944	3328873	1808985	676180	1672207	3376127
6503170	63513742	31054248	10633442	7387894	1807464	1256252	2450128
31830433	524330421	283935549	64687713	36993562	17906303	72843922	126864651
24245765	395410286	203031665	36653695	29572882	15393208	54696666	94349379
***	***	***	***	***	***	***	***
***	***	***	***	***	***	***	***
7175411	121080596	76348799	25531968	6979762	2346122	15871006	28890777
12688480	59503427	44046178	11823911	14881329	2494128	8334032	14950791
3041653	15252885	13068931	5090185	4233564	2068386	853502	1643290

1-13 续表 3

项目	法人单位数（个）	#亏损企业	工业总产值（当年价格）	工业销售产值（当年价格）	#出口交货值
城市轨道交通设备制造	1	***	***	***	***
航空、航天器及设备制造	15		19549774	18516548	187658
电气机械和器材制造业	39	5	44328984	43099072	2406884
电机制造	5	2	5912096	5781703	125262
输配电及控制设备制造	25	2	31068207	30887523	1950238
电线、电缆、光缆及电工器材制造	2	***	***	***	***
电池制造	1	***	***	***	***
家用电力器具制造	2	***	***	***	***
照明器具制造	3	1	1417208	1390917	331384
其他电气机械及器材制造	1	***	***	***	***
计算机、通信和其他电子设备制造业	71	16	201861740	190067805	73096735
计算机制造	6	2	22942495	22912871	1866984
通信设备制造	20	1	105542504	95245398	31108436
广播电视设备制造	3	2	591585	512902	23226
非专业视听设备制造	2	***	***	***	***
智能消费设备制造	1	***	***	***	***
电子器件制造	20	5	56166950	55148322	34474603
电子元件及电子专用材料制造	12	2	8865281	8544980	5440658
其他电子设备制造	7	3	3643884	3323834	182232
仪器仪表制造业	19	1	9781357	9748059	777776
通用仪器仪表制造	15		8548658	8589639	777776
专用仪器仪表制造	3		1207162	1128368	
钟表与计时仪器制造	1	***	***	***	***
其他制造业	3	1	10828318	9186255	333580
其他未列明制造业	3	1	10828318	9186255	333580
金属制品、机械和设备修理业	3		8436778	8340821	649126
专用设备修理	1	***	***	***	***
铁路、船舶、航空航天等运输设备修理	2	***	***	***	***
三、电力、热力、燃气及水生产和供应业	36	7	534401004	534315668	
电力、热力生产和供应业	25	5	483482089	483409306	
电力生产	5		12387668	12387668	
电力供应	4	3	459584271	459584271	
热力生产和供应	16	2	11510150	11437367	
燃气生产和供应业	3	1	39767081	39767081	
燃气生产和供应业	3	1	39767081	39767081	
水的生产和供应业	8	1	11151834	11139281	
自来水生产和供应	5	1	3029494	3016941	
污水处理及其再生利用	3		8122340	8122340	

单位：千元

年初存货	资产总计	#流动资产合计	#应收账款	#存货	#产成品	#固定资产净额	#固定资产原价
***	***	***	***	***	***	***	***
9463705	40964339	28028105	4845691	10209652	425742	7255644	12608676
7333748	65237872	50892279	22460305	8140661	2360406	4381141	9885129
842791	15256783	11474109	5710023	654769	95682	1514031	3504727
4575318	37710237	31299210	12844157	5589816	1321911	2114138	4850960
***	***	***	***	***	***	***	***
***	***	***	***	***	***	***	***
***	***	***	***	***	***	***	***
253965	3311849	1746133	940808	263838	109819	524285	1105974
***	***	***	***	***	***	***	***
28652761	333628868	241835311	54585736	37705450	16131725	39058821	101751818
1927803	50852251	41711856	7516897	1946875	94187	2993883	4534875
16103776	88980065	74285014	23303852	22788679	11288897	2027798	5305069
675914	2854826	2112973	613376	733907	3294	44489	176660
***	***	***	***	***	***	***	***
***	***	***	***	***	***	***	***
6612713	164955536	107177011	16903494	7509687	3125840	31196342	84014418
937898	9661623	6988784	2917284	1549820	436346	848994	4997183
1649588	10801874	6315657	2216318	2360169	757299	1818821	2522196
2168409	17572928	13030794	4422326	2612439	611276	923622	2076885
1809172	15366654	11424259	3839229	2192440	511565	778684	1642946
277822	2010917	1497487	574403	336076	42041	137733	198108
***	***	***	***	***	***	***	***
1526629	13568514	10489702	3619016	2380888	8662	1413371	2804070
1526629	13568514	10489702	3619016	2380888	8662	1413371	2804070
1489650	39856462	9709037	2179876	1736199		1773454	7812917
***	***	***	***	***	***	***	***
***	***	***	***	***	***	***	***
943655	2060277769	275886467	50969158	1571559	105202	384756557	789964071
822751	1887621606	239197662	37575334	1399669	14488	313032496	683559807
122984	16620658	4057137	1867153	129631		11185010	26281333
479261	1813347315	220269962	33715962	950110		269554937	605375308
220506	57653633	14870563	1992219	319928	14488	32292549	51903166
44930	61221332	11466026	3039106	79108	57364	18985449	28220708
44930	61221332	11466026	3039106	79108	57364	18985449	28220708
75974	111434831	25222779	10354718	92782	33350	52738612	78183556
18055	28000360	8562557	376165	25620	1210	9428242	22640168
57919	83434471	16660222	9978553	67162	32140	43310370	55543388

1-13 续表 4

项目	#累计折旧	#本年折旧	#在建工程	#无形资产	负债合计
合 计	**658640734**	**66755517**	**114857174**	**114089886**	**1856501918**
一、采矿业	30961325	1426759	6197938	50589581	232665029
煤炭开采和洗选业	***	***	***	***	***
烟煤和无烟煤开采洗选	***	***	***	***	***
石油和天然气开采业	***	***	***	***	***
天然气开采	***	***	***	***	***
黑色金属矿采选业	13970550	593292	6064320	49952710	204168665
铁矿采选	13970550	593292	6064320	49952710	204168665
开采专业及辅助性活动	16128039	733354	68820	450522	15629889
石油和天然气开采专业及辅助性活动	16128039	733354	68820	450522	15629889
二、制造业	223456203	26790336	38972130	49628004	950030754
农副食品加工业	1459780	166515	192041	772415	12522361
谷物磨制	***	***	***	***	***
饲料加工	243305	26737	14836	600834	5084009
屠宰及肉类加工	642432	76847	15954	58997	5326937
蔬菜、菌类、水果和坚果加工	256719	35771	128482	99998	808286
其他农副食品加工	260004	21018	32769	12282	408256
食品制造业	5494400	630898	691802	450973	14865912
焙烤食品制造	1083443	158632	72012	77659	1692766
糖果、巧克力及蜜饯制造	1133719	106187	244945	69615	3011225
方便食品制造	683752	53949	39630	5867	881153
乳制品制造	1049583	112275	37939	133958	3374722
调味品、发酵制品制造	189258	30349	241473	17379	679817
其他食品制造	1354645	169506	55803	146495	5226229
酒、饮料和精制茶制造业	6485654	541342	796721	989669	21856623
酒的制造	4171063	296781	482881	744483	12785393
饮料制造	2314591	244561	313840	245186	9071230
烟草制品业	***	***	***	***	***
卷烟制造	***	***	***	***	***
纺织业	***	***	***	***	***
棉纺织及印染精加工	***	***	***	***	***
纺织服装、服饰业	774792	90409	42128	118300	3824786
机织服装制造	390611	31647	38780	13647	2269757
针织或钩针编织服装制造	315553	52267	3348	104589	1405010
服饰制造	***	***	***	***	***
皮革、毛皮、羽毛及其制品和制鞋业	***	***	***	***	***
皮革制品制造	***	***	***	***	***
制鞋业	***	***	***	***	***

单位：千元

流动负债合计	#应付账款	非流动负债合计	#应付债券	所有者权益合计	#实收资本	国家资本	集体资本
1308180837	**342625058**	**548321075**	**268408078**	**2356793777**	**1412324391**	**1104454811**	**1344347**
127445447	13275729	105219582	45131082	161974283	63163923	30671771	
***	***	***	***	***	***	***	***
***	***	***	***	***	***	***	***
***	***	***	***	***	***	***	***
***	***	***	***	***	***	***	***
107986112	6420698	96182553	42138920	117354085	29460439	29343439	
107986112	6420698	96182553	42138920	117354085	29460439	29343439	
14679933	5811270	949955		27039631	29950624		
14679933	5811270	949955		27039631	29950624		
791965653	258334675	158065094	51174806	808347865	346900787	96523326	1344347
11234647	1246716	1287712	600000	11966971	7239814	1449906	
***	***	***	***	***	***	***	***
4410232	219812	673777	600000	8010257	4412994	90000	
4973468	426300	353469		2187155	1664317	715109	
716596	253126	91688		841014	370718	86917	
258246	40595	150010		337079	233905		
14280720	6160349	585192		18556572	7832793	909736	1493
1688766	743240	4000		1176928	1678308	98882	1493
2837432	1445068	173792		2314996	846599		
846002	248683	35151		1150025	967022	260215	
3164310	1786675	210412		6371630	1645057	535909	
660705	175984	19113		1044482	138489	14730	
5083505	1760699	142724		6498511	2557318		
18509263	3509410	3347360	1098473	27464612	7799654	90653	
9904468	468929	2880925	1098473	25505335	4967409	52687	
8604795	3040481	466435		1959277	2832245	37966	
***	***	***	***	***	***	***	***
***	***	***	***	***	***	***	***
***	***	***	***	***	***	***	***
***	***	***	***	***	***	***	***
3482578	995059	342207		4385221	1461629		11815
2036763	559932	232993		1398951	497607		11815
1295796	435127	109214		2939630	923723		
***	***	***	***	***	***	***	***
***	***	***	***	***	***	***	***
***	***	***	***	***	***	***	***
***	***	***	***	***	***	***	***

1-13 续表 5

项　　目	#累计折旧	#本年折旧	#在建工程	#无形资产	负债合计
木材加工和木、竹、藤、棕、草制品业	***	***	***	***	***
木质制品制造	***	***	***	***	***
家具制造业	669913	104507	119987	314585	4621907
木质家具制造	464092	78783	90759	305014	3783906
金属家具制造	***	***	***	***	***
其他家具制造	***	***	***	***	***
造纸和纸制品业	1304981	63791	78268	15840	1257719
纸制品制造	1304981	63791	78268	15840	1257719
印刷和记录媒介复制业	6600748	540103	257516	441926	3548947
印刷	6600748	540103	257516	441926	3548947
文教、工美、体育和娱乐用品制造业	456303	22000	222975	139161	1413791
乐器制造	***	***	***	***	***
工艺美术及礼仪用品制造	***	***	***	***	***
石油、煤炭及其他燃料加工业	23394013	1213623	2722519	671566	12851051
精炼石油产品制造	23394013	1213623	2722519	671566	12851051
化学原料和化学制品制造业	4086391	311022	335622	809166	9797849
基础化学原料制造	***	***	***	***	***
涂料、油墨、颜料及类似产品制造	***	***	***	***	***
合成材料制造	2899242	153347	242414	666598	6791662
专用化学产品制造	***	***	***	***	***
日用化学产品制造	393717	51816	15199	77642	1353795
医药制造业	10329313	1607697	4872196	2859362	51365257
化学药品制剂制造	5833299	837640	1053746	1025604	36253034
中药饮片加工	301688	56488	1028310	166879	3304564
中成药生产	1528643	166267	844066	263427	3854973
兽用药品制造	***	***	***	***	***
生物药品制品制造	2506667	538683	1940461	1316730	7744446
卫生材料及医药用品制造	***	***	***	***	***
化学纤维制造业	***	***	***	***	***
合成纤维制造	***	***	***	***	***
橡胶和塑料制品业	843738	105204	80639	48254	1327731
橡胶制品业	557956	61555	80639	24679	722770
塑料制品业	285782	43649		23575	604961
非金属矿物制品业	5763158	487240	217702	1189244	70689521
水泥、石灰和石膏制造	2241051	172319	46346	319528	41975413
石膏、水泥制品及类似制品制造	1870833	201734	64471	497457	10744680
玻璃制品制造	143431	16744	1031	134886	12615097
玻璃纤维和玻璃纤维增强塑料制品制造	***	***	***	***	***

单位：千元

流动负债合计	#应付账款	非流动负债合计	#应付债券	所有者权益合计	#实收资本	国家资本	集体资本
***	***	***	***	***	***	***	***
***	***	***	***	***	***	***	***
3122157	1382785	1499750		3039225	919986	28406	
2284156	794167	1499750		2737493	766350		
***	***	***	***	***	***	***	***
***	***	***	***	***	***	***	***
1255079	376384	2640		952090	370141		
1255079	376384	2640		952090	370141		
3156476	1418242	392470		9365298	4428684	908517	100000
3156476	1418242	392470		9365298	4428684	908517	100000
1147850	186870	265941		1106624	787027	105922	400571
***	***	***	***	***	***	***	***
***	***	***	***	***	***	***	***
11682723	3798316	1168327		13942930	423976	30000	
11682723	3798316	1168327		13942930	423976	30000	
6208362	2053258	3589487		5231573	8350710	6566712	
***	***	***	***	***	***	***	***
***	***	***	***	***	***	***	***
3489755	1123477	3301907		2680288	7310672	6417690	
***	***	***	***	***	***	***	***
1289070	347020	64725		883759	170369		
41617737	12475165	9747524	2493672	79471501	19072923	1909660	174526
31215835	9606311	5037202		34190650	7614172	1138356	20342
2249741	887015	1054823	499658	6300078	808634	331195	
2784488	1323120	1070485	798908	11891925	3054199		
***	***	***	***	***	***	***	***
5161238	590164	2583209	1195106	26536658	7405778	312369	151184
***	***	***	***	***	***	***	***
***	***	***	***	***	***	***	***
***	***	***	***	***	***	***	***
1125585	571839	202146		1922304	877061		11470
520624	365862	202146		658649	239271		11470
604961	205977			1263655	637790		
61435858	9769577	9253664	99486	34776079	14892941	8143529	485164
35635549	540685	6339865		8150232	5624063	4660600	
8807600	4105116	1937080		10716561	3318448	2524918	463360
11794882	3396305	820216	99486	7462926	2870810		
***	***	***	***	***	***	***	***

1-13 续表 6

项目	#累计折旧	#本年折旧	#在建工程	#无形资产	负债合计
陶瓷制品制造	***	***	***	***	***
耐火材料制品制造	***	***	***	***	***
石墨及其他非金属矿物制品制造	444911	43187	59302	125048	1996310
黑色金属冶炼和压延加工业	***	***	***	***	***
钢压延加工	***	***	***	***	***
有色金属冶炼和压延加工业	701553	79281	37436	61342	1611162
稀有稀土金属冶炼	***	***	***	***	***
有色金属合金制造	***	***	***	***	***
有色金属压延加工	***	***	***	***	***
金属制品业	2828641	290779	403234	387395	20363070
结构性金属制品制造	107221	14402	3496	2459	676703
集装箱及金属包装容器制造	555264	80424	54864	92541	8610504
铸造及其他金属制品制造	2166156	195953	344874	292395	11075863
通用设备制造业	8195251	996609	582151	945845	26116369
锅炉及原动设备制造	***	***	***	***	***
金属加工机械制造	1507914	344429	148032	332608	3921931
物料搬运设备制造	***	***	***	***	***
泵、阀门、压缩机及类似机械制造	5003212	465442	355218	365160	7223660
轴承、齿轮和传动部件制造	***	***	***	***	***
烘炉、风机、包装等设备制造	982627	128200	27619	199089	8368428
文化、办公用机械制造	***	***	***	***	***
通用零部件制造	129788	16765	13073	23646	574923
其他通用设备制造业	***	***	***	***	***
专用设备制造业	5608184	654608	535532	1231819	83399763
采矿、冶金、建筑专用设备制造	1700940	192852	254435	93857	22942982
化工、木材、非金属加工专用设备制造	680583	67994	1812	125440	1694143
印刷、制药、日化及日用品生产专用设备制造	***	***	***	***	***
纺织、服装和皮革加工专用设备制造	***	***	***	***	***
电子和电工机械专用设备制造	***	***	***	***	***
医疗仪器设备及器械制造	1632191	212224	92141	308443	12195008
环保、邮政、社会公共服务及其他专用设备制造	1192429	136700	146946	630931	36252949
汽车制造业	52489522	9401749	15461869	27363416	295732545
汽车整车制造	38610491	7053714	12450040	23376363	227523863
汽车用发动机制造	***	***	***	***	***
改装汽车制造	***	***	***	***	***
汽车零部件及配件制造	12543746	2100408	2783458	3445243	64599876
铁路、船舶、航空航天和其他运输设备制造业	6546848	747856	3034682	610936	34470876
铁路运输设备制造	726500	112824	39948	99584	7215703

单位：千元

流动负债合计	#应付账款	非流动负债合计	#应付债券	所有者权益合计	#实收资本	国家资本	集体资本
***	***	***	***	***	***	***	***
***	***	***	***	***	***	***	***
1882248	954636	114062		4107051	1166591	865313	
***	***	***	***	***	***	***	***
***	***	***	***	***	***	***	***
1409718	281246	201443		4388835	931973	358764	22413
***	***	***	***	***	***	***	***
***	***	***	***	***	***	***	***
***	***	***	***	***	***	***	***
16777412	2594319	3585659	2091350	13882478	5961327	2040769	
676703	330102			434486	189217		
6775770	362059	1834734	1491350	3681338	2758534		
9324939	1902158	1750925	600000	9766654	3013576	2040769	
22981009	7029959	3135359	2391664	43616541	14310943	2276163	26142
***	***	***	***	***	***	***	***
3778606	686127	143325		11913510	1549718	1313550	
***	***	***	***	***	***	***	***
7151311	3859510	72348		15315096	6234094	663031	
***	***	***	***	***	***	***	***
5804299	1051771	2564130	2391664	14989060	5555738		
***	***	***	***	***	***	***	***
461840	141709	113082		237942	176430	26430	
***	***	***	***	***	***	***	***
62263082	17132529	21136675	10637530	74857238	22697148	2665377	32353
17472230	3863136	5470750	4031650	26157329	10406620		
1612186	596984	81956		3356845	692300	491176	32353
***	***	***	***	***	***	***	***
***	***	***	***	***	***	***	***
***	***	***	***	***	***	***	***
7932170	2379658	4262836		15897273	4667558	189859	
29146693	9477811	7106256	4805880	27260792	5048390	609671	
231478847	88474369	64253697	27467885	228597880	107372157	52504671	78400
172117273	64812917	55406589	26439557	167886425	77722799	33379377	
***	***	***	***	***	***	***	***
***	***	***	***	***	***	***	***
55862848	21469624	8737029	1028328	56480722	26009656	19125294	78400
31502691	9848844	2968185		25032551	9678179	2663452	
6914803	4186385	300900		8037182	5047758	950109	

1-13 续表 7

项　　目	#累计折旧	#本年折旧	#在建工程	#无形资产	负债合计
城市轨道交通设备制造	***	***	***	***	***
航空、航天器及设备制造	5347581	599733	2990169	415329	25322443
电气机械和器材制造业	5232852	520875	981835	1284841	39287037
电机制造	1738156	152112	250922	512968	11060385
输配电及控制设备制造	2722253	287727	175128	472018	21164350
电线、电缆、光缆及电工器材制造	***	***	***	***	***
电池制造	***	***	***	***	***
家用电力器具制造	***	***	***	***	***
照明器具制造	577663	44648	551982	115079	1842533
其他电气机械及器材制造	***	***	***	***	***
计算机、通信和其他电子设备制造业	60557120	7237248	5531095	7385051	198673118
计算机制造	1540991	238059	633216	2553769	42922849
通信设备制造	3263528	229878	163771	1048684	59433938
广播电视设备制造	132171	11061	8093	150573	1875922
非专业视听设备制造	***	***	***	***	***
智能消费设备制造	***	***	***	***	***
电子器件制造	51351988	6368426	4547913	1960287	82160225
电子元件及电子专用材料制造	3504085	291474	86537	541227	3456899
其他电子设备制造	691434	93073	91565	811797	6767389
仪器仪表制造业	1152974	109475	91777	472748	6422559
通用仪器仪表制造	863974	96853	17011	383381	5458446
专用仪器仪表制造	60375	11060	72001	45586	861712
钟表与计时仪器制造	***	***	***	***	***
其他制造业	1390699	114176	504790	295668	8849333
其他未列明制造业	1390699	114176	504790	295668	8849333
金属制品、机械和设备修理业	5700550	226499	29463	250834	14225954
专用设备修理	***	***	***	***	***
铁路、船舶、航空航天等运输设备修理	***	***	***	***	***
三、电力、热力、燃气及水生产和供应业	404223206	38538422	69687106	13872301	673806135
电力、热力生产和供应业	369563082	34064049	53089926	4496105	601665178
电力生产	14379562	913451	689811	307165	7871834
电力供应	335581639	30847767	47484210	2895511	562847035
热力生产和供应	19601881	2302831	4915905	1293429	30946309
燃气生产和供应业	9215179	1234415	3201686	387900	19977498
燃气生产和供应业	9215179	1234415	3201686	387900	19977498
水的生产和供应业	25444945	3239958	13395494	8988296	52163459
自来水生产和供应	13211925	847550	6002448	1422434	15062203
污水处理及其再生利用	12233020	2392408	7393046	7565862	37101256

单位：千元

流动负债合计	#应付账款	非流动负债合计	#应付债券	所有者权益合计	#实收资本	国家资本	集体资本
***	***	***	***	***	***	***	***
22657898	4371305	2664545		15641896	3331577	1713343	
36682434	15747592	2604605		25950833	9795159	355996	
10490219	3861381	570166		4196398	4020204		
19795307	8993981	1369044		16545886	4574778	355996	
***	***	***	***	***	***	***	***
***	***	***	***	***	***	***	***
***	***	***	***	***	***	***	***
1365884	613176	476649		1469316	397525		
***	***	***	***	***	***	***	***
184786153	66092156	13886964	1074300	134955746	82204610	8449601	
42266348	6046474	656500		7929402	956437	11413	
57524633	37845088	1909305		29546126	6931707	1014636	
1834232	343271	41690		978904	419897	54943	
***	***	***	***	***	***	***	***
***	***	***	***	***	***	***	***
72807622	16945278	9352604	906030	82795307	68518346	6962851	
3133475	1975627	323422		6204725	2510620	55262	
5165803	2331278	1601586	168270	4034485	1206774	350496	
5707582	2743598	714977	420446	11150368	3797319	594460	
4809924	2527669	648522	420446	9908208	3367839	340900	
796073	212707	65639		1149204	379180	253560	
***	***	***	***	***	***	***	***
8237591	1420246	611742		4719181	2489320	861275	
8237591	1420246	611742		4719181	2489320	861275	
7229241	1151103	6996713	2800000	25630509	8812844		
***	***	***	***	***	***	***	***
***	***	***	***	***	***	***	***
388769737	71014654	285036399	172102190	1386471629	1002259681	977259714	
351113997	59983360	250551181	169210000	1285956423	949522482	940910544	
2308216	1034058	5563618		8748824	5192670	3978557	
328929480	55624873	233917555	166210000	1250500279	930896041	928895793	
19876301	3324429	11070008	3000000	26707320	13433771	8036194	
15268325	1142917	4709173		41243833	6724763	840995	
15268325	1142917	4709173		41243833	6724763	840995	
22387415	9888377	29776045	2892190	59271373	46012436	35508175	
4795269	499691	10266935		12938157	7763870	7508875	
17592146	9388686	19509110	2892190	46333216	38248566	27999300	

1-13 续表 8

项 目					营业收入	营业成本
	法人资本	个人资本	港澳台资 本	外商资本		
合 计	**187998298**	**34677499**	**15535784**	**68313654**	**1822769213**	**1518445269**
一、采矿业	30940040	487203	1064909		54401484	53269721
煤炭开采和洗选业	***	***	***	***	***	***
烟煤和无烟煤开采洗选	***	***	***	***	***	***
石油和天然气开采业	***	***	***	***	***	***
天然气开采	***	***	***	***	***	***
黑色金属矿采选业	82230	34770			36315890	36753262
铁矿采选	82230	34770			36315890	36753262
开采专业及辅助性活动	28885715		1064909		13765906	13801896
石油和天然气开采专业及辅助性活动	28885715		1064909		13765906	13801896
二、制造业	139148954	34033524	7536984	68313654	1228297106	949941671
农副食品加工业	995751	4341104		453053	19155287	16908309
谷物磨制	***	***	***	***	***	***
饲料加工	30000	4292994			3216702	2256177
屠宰及肉类加工	716693	30000		202515	11024811	10502566
蔬菜、菌类、水果和坚果加工	176008	13110		94683	1495538	1017387
其他农副食品加工	73050	5000		155855	1156484	951926
食品制造业	1119818	822504	889702	4089540	49739574	30408330
焙烤食品制造	152470	7280		1418183	5817758	4448813
糖果、巧克力及蜜饯制造		271702		574897	8688911	5068926
方便食品制造	130940	2000	523092	50775	3382177	2594502
乳制品制造	394239	371214		343695	14810401	11455070
调味品、发酵制品制造	78025	18380		27354	2017653	1330261
其他食品制造	364144	151928	366610	1674636	15022674	5510758
酒、饮料和精制茶制造业	4441398	1017221	1590517	659867	25096960	16027374
酒的制造	3293432	1017221	604070		16168843	9623624
饮料制造	1147966		986447	659867	8928117	6403750
烟草制品业	***	***	***	***	***	***
卷烟制造	***	***	***	***	***	***
纺织业	***	***	***	***	***	***
棉纺织及印染精加工	***	***	***	***	***	***
纺织服装、服饰业	1113755	205647	26750	103662	7270433	4156174
机织服装制造	243351	205647	8000	28794	3309338	1825388
针织或钩针编织服装制造	870404		18750	34569	3464691	1890006
服饰制造	***	***	***	***	***	***
皮革、毛皮、羽毛及其制品和制鞋业	***	***	***	***	***	***
皮革制品制造	***	***	***	***	***	***
制鞋业	***	***	***	***	***	***

单位：千元

税金及附加	其他业务利润	销售费用	管理费用	财务费用	#利息收入	#利息支出
35412985	**11469736**	**96033306**	**78683200**	**18414125**	**7338930**	**24402531**
559952	-152036	201008	3944262	6666598	581047	6749718
***	***	***	***	***	***	***
***	***	***	***	***	***	***
***	***	***	***	***	***	***
***	***	***	***	***	***	***
265502	-238376	81234	2373584	6561905	443954	6376973
265502	-238376	81234	2373584	6561905	443954	6376973
80242	921	23089	579391	-101416	82678	113711
80242	921	23089	579391	-101416	82678	113711
31079147	10038276	94970140	70034543	8006683	5934398	13167297
35792	61773	1018083	753696	215330	53213	250360
***	***	***	***	***	***	***
4664	150	301455	386531	159757	35807	187085
13412	51655	263458	187343	25059	3466	28144
9453	6681	270351	111302	5380	6656	11145
7332	3287	119291	28091	9454	6240	7407
350893	68258	13451511	2346547	-89027	155867	50103
42798	15418	878212	398317	7066	9696	13286
42503	6958	2644585	393356	-26413	14223	-249
15946	4048	444379	225089	-10790	11982	559
50552	22999	3142480	481128	-21845	33472	11187
15785	353	389038	129704	1001	9244	10027
183309	18482	5952817	718953	-38046	77250	15293
2173065	64659	3163827	1497276	25254	386178	384426
2113348	22983	1589804	970988	-14029	377425	347484
59717	41676	1574023	526288	39283	8753	36942
***	***	***	***	***	***	***
***	***	***	***	***	***	***
***	***	***	***	***	***	***
***	***	***	***	***	***	***
61583	27002	1796721	721925	30401	4248	28705
28514	25062	977092	409459	13661	2805	11822
31581	1849	802663	285100	6161	1408	13915
***	***	***	***	***	***	***
***	***	***	***	***	***	***
***	***	***	***	***	***	***
***	***	***	***	***	***	***

1-13 续表 9

项目					营业收入	营业成本
	法人资本	个人资本	港澳台资本	外商资本		
木材加工和木、竹、藤、棕、草制品业	***	***	***	***	***	***
木质制品制造	***	***	***	***	***	***
家具制造业	257780	545350	68250	20200	5899825	4539398
木质家具制造	189896	545350	31104		3792106	2764987
金属家具制造	***	***	***	***	***	***
其他家具制造	***	***	***	***	***	***
造纸和纸制品业	45576	17963	23950	282652	3799671	2757006
纸制品制造	45576	17963	23950	282652	3799671	2757006
印刷和记录媒介复制业	2920276	324566	175325		9645104	7219163
印刷	2920276	324566	175325		9645104	7219163
文教、工美、体育和娱乐用品制造业	241450			39084	10915203	10596063
乐器制造	***	***	***	***	***	***
工艺美术及礼仪用品制造	***	***	***	***	***	***
石油、煤炭及其他燃料加工业	300000		30649	63327	62301421	48223048
精炼石油产品制造	300000		30649	63327	62301421	48223048
化学原料和化学制品制造业	1121661	450744		211593	13501694	9869154
基础化学原料制造	***	***	***	***	***	***
涂料、油墨、颜料及类似产品制造	***	***	***	***	***	***
合成材料制造	892982				7133094	6157401
专用化学产品制造	***	***	***	***	***	***
日用化学产品制造	58727	14049		97593	2680776	834686
医药制造业	8142657	4287187	1210970	3347924	91843276	38458507
化学药品制剂制造	1921411	1288712	112146	3133205	61142284	27300088
中药饮片加工	199886	30000	247553		4748068	2431165
中成药生产	1675566	698262	680372		9064510	4837054
兽用药品制造	***	***	***	***	***	***
生物药品制品制造	4329034	2261717	154101	197373	16233578	3575346
卫生材料及医药用品制造	***	***	***	***	***	***
化学纤维制造业	***	***	***	***	***	***
合成纤维制造	***	***	***	***	***	***
橡胶和塑料制品业	628247	15000		222344	3682792	2988539
橡胶制品业	112801	15000		100000	1873836	1531495
塑料制品业	515446			122344	1808956	1457044
非金属矿物制品业	4256861	1754367		253020	24902585	20365312
水泥、石灰和石膏制造	963463				2961299	1930141
石膏、水泥制品及类似制品制造	310170	20000			7138025	5976875
玻璃制品制造	2452648	418162			6335749	5409742
玻璃纤维和玻璃纤维增强塑料制品制造	***	***	***	***	***	***

单位：千元

税金及附加	其他业务利润	销售费用	管理费用	财务费用	#利息收入	#利息支出
***	***	***	***	***	***	***
***	***	***	***	***	***	***
34986	46494	459244	508190	74079	9506	83020
24415	34700	446445	385444	77449	5248	82455
***	***	***	***	***	***	***
***	***	***	***	***	***	***
27522	1453	219578	190670	300	985	4390
27522	1453	219578	190670	300	985	4390
101701	184831	180579	1119646	-34420	68890	25305
101701	184831	180579	1119646	-34420	68890	25305
15006	100503	62852	257641	24154	2361	21960
***	***	***	***	***	***	***
***	***	***	***	***	***	***
8762325	-200498	531065	1953540	111386	44223	130821
8762325	-200498	531065	1953540	111386	44223	130821
85188	87153	1639518	1429661	89758	24708	88937
***	***	***	***	***	***	***
***	***	***	***	***	***	***
22818	21352	59441	681184	47553	2085	47649
***	***	***	***	***	***	***
42729	4318	1321497	281993	11713	17280	7595
953997	549918	28119159	8069549	1226703	212247	750650
623185	424547	19808333	4712588	1090103	107916	550573
51580	-1916	803124	501898	95059	8495	65635
132111	90197	2118789	653404	-19496	41524	22609
***	***	***	***	***	***	***
141123	33808	5254610	2081011	61143	54077	109481
***	***	***	***	***	***	***
***	***	***	***	***	***	***
***	***	***	***	***	***	***
19457	-1314	136314	406641	17858	17132	31603
10776	4218	48984	244701	11893	1297	11658
8681	-5532	87330	161940	5965	15835	19945
162168	328304	620997	2016885	2141721	350776	2345272
40877	110042	70586	324134	1741131	211300	1858867
48352	143099	180445	763029	92721	24108	115203
18693	32031	66098	465981	231582	64347	267846
***	***	***	***	***	***	***

1-13　续表 10

项　　目	法人资本	个人资本	港澳台资本	外商资本	营业收入	营业成本
陶瓷制品制造	***	***	***	***	***	***
耐火材料制品制造	***	***	***	***	***	***
石墨及其他非金属矿物制品制造	291278	10000			4416432	3881547
黑色金属冶炼和压延加工业	***	***	***	***	***	***
钢压延加工	***	***	***	***	***	***
有色金属冶炼和压延加工业	517765	32500		532	3828393	3268175
稀有稀土金属冶炼	***	***	***	***	***	***
有色金属合金制造	***	***	***	***	***	***
有色金属压延加工	***	***	***	***	***	***
金属制品业	2584923	1276721	41532	17382	17830359	14984409
结构性金属制品制造	99204	72631		17382	1655640	1231205
集装箱及金属包装容器制造	1512912	1204090	41532		3465476	2725229
铸造及其他金属制品制造	972807				12709243	11027975
通用设备制造业	3682915	2459622	109560	5756541	37996769	28587841
锅炉及原动设备制造	***	***	***	***	***	***
金属加工机械制造	61834	142500		31834	7677850	4951651
物料搬运设备制造	***	***	***	***	***	***
泵、阀门、压缩机及类似机械制造	370201	13000	109560	5078302	20749819	15851692
轴承、齿轮和传动部件制造	***	***	***	***	***	***
烘炉、风机、包装等设备制造	2735824	2304122		515792	4799800	3946834
文化、办公用机械制造	***	***	***	***	***	***
通用零部件制造	150000				580562	412022
其他通用设备制造业	***	***	***	***	***	***
专用设备制造业	13882302	4756053	502841	858222	49131004	35325396
采矿、冶金、建筑专用设备制造	10314820	91800			12898272	10707172
化工、木材、非金属加工专用设备制造	80000	88771			2326736	1722600
印刷、制药、日化及日用品生产专用设备制造	***	***	***	***	***	***
纺织、服装和皮革加工专用设备制造	***	***	***	***	***	***
电子和电工机械专用设备制造	***	***	***	***	***	***
医疗仪器设备及器械制造	2458242	1004357	323011	692089	11249505	6076105
环保、邮政、社会公共服务及其他专用设备制造	839240	3266002	167344	166133	18561878	13294546
汽车制造业	28589025	806305	126743	25267011	393655826	317448136
汽车整车制造	23995968	434070		19913382	291860055	226338855
汽车用发动机制造	***	***	***	***	***	***
改装汽车制造	***	***	***	***	***	***
汽车零部件及配件制造	2869964	72235	126743	3737020	92026652	83760648
铁路、船舶、航空航天和其他运输设备制造业	6912156	102571			32813373	25548535
铁路运输设备制造	4097649				12807975	8689730

单位：千元

税金及附加	其他业务利润	销售费用	管理费用	财务费用	#利息收入	#利息支出
***	***	***	***	***	***	***
***	***	***	***	***	***	***
24355	31496	111560	215522	-20285	39699	17227
***	***	***	***	***	***	***
***	***	***	***	***	***	***
16069	2979	48207	300931	28096	5685	23190
***	***	***	***	***	***	***
***	***	***	***	***	***	***
***	***	***	***	***	***	***
99490	393692	310624	1481304	278148	159699	398756
10393	23	154678	142361	7154	642	9072
19693	39792	99257	351262	220647	129859	313270
69404	353877	56689	987681	50347	29198	76414
275958	308772	2178541	2552045	-33582	355593	401598
***	***	***	***	***	***	***
62662	184662	796738	588315	-33449	3278	46348
***	***	***	***	***	***	***
130255	34822	981020	1107004	-79723	125768	67289
***	***	***	***	***	***	***
25711	72729	250077	372665	41002	218136	242138
***	***	***	***	***	***	***
3663	362	14514	60761	18083	411	18408
***	***	***	***	***	***	***
351538	709316	3308900	4985050	1018940	736459	1597745
45934	6986	470447	767393	179599	341077	404563
22512	11389	35979	346551	-24425	26972	2751
***	***	***	***	***	***	***
***	***	***	***	***	***	***
***	***	***	***	***	***	***
107664	588744	1503117	1865247	209136	115373	314002
128639	62071	1197422	1589174	504510	226025	701231
13615309	2660565	21356744	16302033	2963523	1710515	4227169
13247277	2356357	19522835	10923685	2557930	1302404	3628605
***	***	***	***	***	***	***
***	***	***	***	***	***	***
326571	201802	1159576	4882122	431864	381680	595882
156371	60288	338907	2746587	292521	61500	342130
88930	21611	238787	1003733	86879	5507	86220

1-13 续表 11

项目	法人资本	个人资本	港澳台资本	外商资本	营业收入	营业成本
城市轨道交通设备制造	***	***	***	***	***	***
航空、航天器及设备制造	1515663	102571			18843596	15836439
电气机械和器材制造业	6740395	1215285	41380	1442103	48229140	36541687
电机制造	3188156	83568		748480	8034342	6595199
输配电及控制设备制造	2894591	840815	18513	464863	32780167	24279916
电线、电缆、光缆及电工器材制造	***	***	***	***	***	***
电池制造	***	***	***	***	***	***
家用电力器具制造	***	***	***	***	***	***
照明器具制造	78086	67812	22867	228760	2152468	1554746
其他电气机械及器材制造	***	***	***	***	***	***
计算机、通信和其他电子设备制造业	40019895	6998899	2645094	24091121	272096204	240685807
计算机制造	220819	369810	353966	429	36811362	28912717
通信设备制造	2182508	1979590	815117	939856	155011030	141723377
广播电视设备制造		14631		350323	706300	479741
非专业视听设备制造	***	***	***	***	***	***
智能消费设备制造	***	***	***	***	***	***
电子器件制造	36630450	2608398	1456600	20860047	61605884	55074825
电子元件及电子专用材料制造	32222	518612		1904524	9277986	7519706
其他电子设备制造	800925		19411	35942	4169695	2971320
仪器仪表制造业	716904	1738970	53174	693811	10891362	7402443
通用仪器仪表制造	642740	1637214	53174	693811	9662936	6567020
专用仪器仪表制造	23864	101756			1179038	802072
钟表与计时仪器制造	***	***	***	***	***	***
其他制造业	800000	828045			10453713	9639344
其他未列明制造业	800000	828045			10453713	9639344
金属制品、机械和设备修理业	8372179			440665	8648475	7301304
专用设备修理	***	***	***	***	***	***
铁路、船舶、航空航天等运输设备修理	***	***	***	***	***	***
三、电力、热力、燃气及水生产和供应业	17909304	156772	6933891		540070623	515233877
电力、热力生产和供应业	7529676	156772	925490		486931001	469987570
电力生产	288623		925490		12725214	10942130
电力供应	2000248				461944823	444594433
热力生产和供应	5240805	156772			12260964	14451007
燃气生产和供应业			5883768		39901341	36384375
燃气生产和供应业			5883768		39901341	36384375
水的生产和供应业	10379628		124633		13238281	8861932
自来水生产和供应	254995				4967469	3377945
污水处理及其再生利用	10124633		124633		8270812	5483987

单位：千元

税金及附加	其他业务利润	销售费用	管理费用	财务费用	#利息收入	#利息支出
***	***	***	***	***	***	***
58157	34540	80227	1655200	210279	49961	255910
268301	183477	3464614	3911018	162113	82350	225070
41270	41748	791323	1046176	-19570	34749	19097
184397	60743	2195010	2181764	113931	41696	140206
***	***	***	***	***	***	***
***	***	***	***	***	***	***
***	***	***	***	***	***	***
24576	54010	154598	268500	29485	434	38114
***	***	***	***	***	***	***
708366	4029779	11399946	12825819	-1251811	1358648	938551
28014	133880	4200971	3334157	-391881	121835	15338
341884	3799129	4958746	3737028	398623	444818	347387
5982	1058	136901	124742	23029	14563	32941
***	***	***	***	***	***	***
***	***	***	***	***	***	***
249794	53747	1329782	3813381	-1401392	743443	416880
52051	24646	224828	740458	21695	16020	20510
22636	17319	423488	777789	90915	6839	88994
80384	92800	758200	1288878	15849	55541	58862
67935	77425	679187	1093880	18617	50180	56360
9497		78548	184856	-4607	5347	653
***	***	***	***	***	***	***
8540	121	18566	621897	-3234	8019	4713
8540	121	18566	621897	-3234	8019	4713
67050	198273	16230	1020832	597322	36114	610971
***	***	***	***	***	***	***
***	***	***	***	***	***	***
3773886	1583496	862158	4704395	3740844	823485	4485516
1672494	1359197	94620	1956075	2761059	558793	3242533
140218	21188	8513	111017	216478	12149	222803
1467752	1125655		766757	2101132	450224	2514102
64524	212354	86107	1078301	443449	96420	505628
57869	101160	296686	2001504	65546	83927	186979
57869	101160	296686	2001504	65546	83927	186979
2043523	123139	470852	746816	914239	180765	1056004
1861630	61580	462292	414009	101917	31005	101784
181893	61559	8560	332807	812322	149760	954220

1-13 续表 12

项 目	投资收益（损失以"-"号记）	营业利润	利润总额	亏损企业亏损额	所得税费用
合 计	**62611938**	**141249470**	**141110935**	**21858643**	**23776933**
一、采矿业	5047875	-6877441	-8715987	9725764	380235
煤炭开采和洗选业	***	***	***	***	***
烟煤和无烟煤开采洗选	***	***	***	***	***
石油和天然气开采业	***	***	***	***	***
天然气开采	***	***	***	***	***
黑色金属矿采选业	4723314	-5062470	-5815996	5841192	-4426
铁矿采选	4723314	-5062470	-5815996	5841192	-4426
开采专业及辅助性活动	-43769	-2835353	-2796537	2905718	337416
石油和天然气开采专业及辅助性活动	-43769	-2835353	-2796537	2905718	337416
二、制造业	26785343	99072515	101188915	9867384	17632551
农副食品加工业	632560	919525	961986	38639	113627
谷物磨制	***	***	***	***	***
饲料加工	662884	780750	775342		85100
屠宰及肉类加工	-33752	46279	48965	38639	4525
蔬菜、菌类、水果和坚果加工	2249	85286	90932		16387
其他农副食品加工	1179	45504	41730		7615
食品制造业	344789	3580853	3615457	386621	834930
焙烤食品制造		15612	15041	206079	34162
糖果、巧克力及蜜饯制造	405	566450	596891		125294
方便食品制造	5909	126579	133589		33163
乳制品制造	249352	-42330	-30645	180542	-43516
调味品、发酵制品制造	2016	153738	159649		39367
其他食品制造	87107	2760804	2740932		646460
酒、饮料和精制茶制造业	647013	2860391	2912188	269841	531335
酒的制造	654842	2542295	2545680		421587
饮料制造	-7829	318096	366508	269841	109748
烟草制品业	***	***	***	***	***
卷烟制造	***	***	***	***	***
纺织业	***	***	***	***	***
棉纺织及印染精加工	***	***	***	***	***
纺织服装、服饰业	44629	524056	552852	52915	88831
机织服装制造	4057	35927	53665	52915	12091
针织或钩针编织服装制造	40572	488904	498374		76740
服饰制造	***	***	***	***	***
皮革、毛皮、羽毛及其制品和制鞋业	***	***	***	***	***
皮革制品制造	***	***	***	***	***
制鞋业	***	***	***	***	***

单位：千元

应付职工薪酬（本年贷方累计发生额）	应　交增值税	进项税额	销项税额	平均用工人数（人）
132134253	**44500488**	**258822397**	**293442071**	**645223**
8278592	873479	5118537	5830014	35801
***	***	***	***	***
***	***	***	***	***
***	***	***	***	***
***	***	***	***	***
3035515	301097	4540999	4774821	14476
3035515	301097	4540999	4774821	14476
4079579	86624	270697	284105	16576
4079579	86624	270697	284105	16576
101211180	34359636	164563881	190598924	529629
1211231	125992	1658940	1733287	11436
***	***	***	***	***
326560	3684	57902	28782	2756
390823	28359	1099198	1119601	3933
245354	53506	152042	198063	2409
176425	36964	125714	159298	1899
4101232	2555220	5477548	7922031	31611
1015207	232039	464404	648914	12216
609192	392917	848001	1220462	3372
604074	121109	479325	585617	4556
808963	344117	1916024	2258616	4851
263073	110595	297044	401751	2213
800723	1354443	1472750	2806671	4403
2543907	1388305	3583573	4958337	20914
1647342	1032871	2241969	3266921	14044
896565	355434	1341604	1691416	6870
***	***	***	***	***
***	***	***	***	***
***	***	***	***	***
***	***	***	***	***
1801158	421486	700867	1003321	19951
1151479	241194	267210	501113	12929
590101	176808	369387	484622	6345
***	***	***	***	***
***	***	***	***	***
***	***	***	***	***
***	***	***	***	***

1-13 续表 13

项 目	投资收益（损失以"-"号记）	营业利润	利润总额	亏损企业亏损额	所得税费用
木材加工和木、竹、藤、棕、草制品业	***	***	***	***	***
木质制品制造	***	***	***	***	***
家具制造业	10186	293446	298135		74652
木质家具制造	10437	103135	107923		16469
金属家具制造	***	***	***	***	***
其他家具制造	***	***	***	***	***
造纸和纸制品业	1362	605919	609687		150389
纸制品制造	1362	605919	609687		150389
印刷和记录媒介复制业	13472	1067775	1098057	115725	219645
印刷	13472	1067775	1098057	115725	219645
文教、工美、体育和娱乐用品制造业	7337	31457	36482		3652
乐器制造	***	***	***	***	***
工艺美术及礼仪用品制造	***	***	***	***	***
石油、煤炭及其他燃料加工业	-1946	2536072	2550487	206787	681870
精炼石油产品制造	-1946	2536072	2550487	206787	681870
化学原料和化学制品制造业	9281	213077	416003	415891	44327
基础化学原料制造	***	***	***	***	***
涂料、油墨、颜料及类似产品制造	***	***	***	***	***
合成材料制造	8313	-1951	192927	309015	-21310
专用化学产品制造	***	***	***	***	***
日用化学产品制造	258	177550	177804	23707	51596
医药制造业	2969513	17563797	17496651	476091	2763753
化学药品制剂制造	1757585	8829573	8721341	473945	1625457
中药饮片加工	335078	1205882	1216504		126347
中成药生产	244241	1712476	1712852	2146	235409
兽用药品制造	***	***	***	***	***
生物药品制品制造	631128	5734567	5764174		763657
卫生材料及医药用品制造	***	***	***	***	***
化学纤维制造业	***	***	***	***	***
合成纤维制造	***	***	***	***	***
橡胶和塑料制品业	5760	104913	108280	56771	12712
橡胶制品业	5760	8340	9931	56771	1056
塑料制品业		96573	98349		11656
非金属矿物制品业	1667939	851279	801451	744300	137372
水泥、石灰和石膏制造	1116750	-383901	-388704	531471	22246
石膏、水泥制品及类似制品制造	297941	314056	263303	204715	24471
玻璃制品制造	48210	205014	199326	8114	12414
玻璃纤维和玻璃纤维增强塑料制品制造	***	***	***	***	***

单位：千元

应付职工薪酬（本年贷方累计发生额）	应交增值税	进项税额	销项税额	平均用工人数（人）
***	***	***	***	***
***	***	***	***	***
559905	218643	740865	945070	5194
409442	132267	474870	602521	4196
***	***	***	***	***
***	***	***	***	***
210381	169823	435629	580024	1618
210381	169823	435629	580024	1618
1891960	524772	867644	1388496	11063
1891960	524772	867644	1388496	11063
286692	28699	771111	793743	1945
***	***	***	***	***
***	***	***	***	***
1945753	2399880	7671842	10055591	7814
1945753	2399880	7671842	10055591	7814
1982960	501790	1722856	2221563	9746
***	***	***	***	***
***	***	***	***	***
835298	72006	861705	933549	1797
***	***	***	***	***
650978	283138	409350	691721	4800
13967089	6489072	6874864	12899819	56714
9672207	4540607	4870219	9384815	33631
514689	361312	389659	714921	2871
1581880	812894	1359121	2117091	6859
***	***	***	***	***
2021942	743350	243487	653909	12130
***	***	***	***	***
***	***	***	***	***
***	***	***	***	***
518438	110725	689972	691527	4053
326646	48760	434131	389536	2869
191792	61965	255841	301991	1184
2289545	738809	2468445	3007483	18399
352498	174276	252199	419663	2016
859650	251500	503771	651730	7027
307476	17399	686022	633939	3466
***	***	***	***	***

1-13 续表 14

项 目	投资收益（损失以"-"号记）	营业利润	利润总额	亏损企业亏损额	所得税费用
陶瓷制品制造	***	***	***	***	***
耐火材料制品制造	***	***	***	***	***
石墨及其他非金属矿物制品制造	110660	308237	310720		25287
黑色金属冶炼和压延加工业	***	***	***	***	***
钢压延加工	***	***	***	***	***
有色金属冶炼和压延加工业	23496	193730	194971		22235
稀有稀土金属冶炼	***	***	***	***	***
有色金属合金制造	***	***	***	***	***
有色金属压延加工	***	***	***	***	***
金属制品业	526881	989836	960523	347549	118096
结构性金属制品制造	7910	102669	109435	8551	15083
集装箱及金属包装容器制造	266566	294199	294950	142626	13674
铸造及其他金属制品制造	252405	592968	556138	196372	89339
通用设备制造业	34893	4077167	4259917	528950	718060
锅炉及原动设备制造	***	***	***	***	***
金属加工机械制造	13188	1291252	1376706	101791	205696
物料搬运设备制造	***	***	***	***	***
泵、阀门、压缩机及类似机械制造	20103	2658994	2711428	76584	405482
轴承、齿轮和传动部件制造	***	***	***	***	***
烘炉、风机、包装等设备制造	7890	101771	121616	169460	42508
文化、办公用机械制造	***	***	***	***	***
通用零部件制造		8902	15342		18234
其他通用设备制造业	***	***	***	***	***
专用设备制造业	3151929	7180713	7244390	25925	624266
采矿、冶金、建筑专用设备制造	1850328	2512082	2517204		-7241
化工、木材、非金属加工专用设备制造	281	249691	251488	2839	28836
印刷、制药、日化及日用品生产专用设备制造	***	***	***	***	***
纺织、服装和皮革加工专用设备制造	***	***	***	***	***
电子和电工机械专用设备制造	***	***	***	***	***
医疗仪器设备及器械制造	834576	2136142	2159741	10891	280760
环保、邮政、社会公共服务及其他专用设备制造	288608	2162029	2230866	12195	317208
汽车制造业	13267745	36490146	37461169	3864740	7669274
汽车整车制造	11091612	31956720	32063473	2472340	6801868
汽车用发动机制造	***	***	***	***	***
改装汽车制造	***	***	***	***	***
汽车零部件及配件制造	2176133	3308472	4161561	1392400	691818
铁路、船舶、航空航天和其他运输设备制造业	113594	4745237	4903775		539149
铁路运输设备制造	46078	3621982	3642233		426873

单位：千元

应付职工薪酬（本年贷方累计发生额）	应交增值税	进项税额	销项税额	平均用工人数（人）
***	***	***	***	***
***	***	***	***	***
250973	122385	508497	621156	1526
***	***	***	***	***
***	***	***	***	***
381845	70669	548206	616133	2345
***	***	***	***	***
***	***	***	***	***
***	***	***	***	***
1667778	233631	1320478	1453799	9726
254615	80625	172775	245555	2536
228853	104259	454447	514081	1376
1184310	48747	693256	694163	5814
5104736	1264493	4955239	6283609	27445
***	***	***	***	***
1232250	362487	783814	1142315	4830
***	***	***	***	***
2492270	466777	2962362	3418069	13748
***	***	***	***	***
446894	39586	685770	803378	3121
***	***	***	***	***
109094	34085	65617	101634	969
***	***	***	***	***
6470077	1476555	6040830	6694055	35058
1040613	144530	1953541	2092950	7650
516789	53672	234819	286147	2354
***	***	***	***	***
***	***	***	***	***
***	***	***	***	***
1855699	494696	1028683	1395939	10049
2685660	703621	2121833	2199107	11957
20899487	10819794	68148092	78523842	98676
15329227	8982514	52768815	61866412	64282
***	***	***	***	***
***	***	***	***	***
5171636	1568570	14053256	15072180	32018
5950365	771197	1853416	2651474	24160
1158106	625522	1424517	2049238	4104

1-13 续表 15

项 目	投资收益（损失以"-"号记）	营业利润	利润总额	亏损企业亏损额	所得税费用
城市轨道交通设备制造	***	***	***	***	***
航空、航天器及设备制造	67516	1108175	1245521		112276
电气机械和器材制造业	168685	4030230	4099120	917204	898124
电机制造	45049	-435818	-460020	717825	59793
输配电及控制设备制造	56471	3932151	4003251	186564	742658
电线、电缆、光缆及电工器材制造	***	***	***	***	***
电池制造	***	***	***	***	***
家用电力器具制造	***	***	***	***	***
照明器具制造	22057	140592	157934	12815	30457
其他电气机械及器材制造	***	***	***	***	***
计算机、通信和其他电子设备制造业	1189486	6546980	6920247	1378453	905959
计算机制造	471	850260	781405	71665	41199
通信设备制造	325489	1692208	1802354	15200	456856
广播电视设备制造		-54706	-35172	38475	14873
非专业视听设备制造	***	***	***	***	***
智能消费设备制造	***	***	***	***	***
电子器件制造	839928	3347468	3635711	800813	213428
电子元件及电子专用材料制造	8227	729981	741205	186987	176817
其他电子设备制造	-2033	-108152	-97126	251959	5034
仪器仪表制造业	192496	1634323	1656311	340	238935
通用仪器仪表制造	185496	1513960	1525791		226886
专用仪器仪表制造	7000	120649	130860		12049
钟表与计时仪器制造	***	***	***	***	***
其他制造业	43733	211257	217812	29098	42017
其他未列明制造业	43733	211257	217812	29098	42017
金属制品、机械和设备修理业	1713330	1385554	1357255		78103
专用设备修理	***	***	***	***	***
铁路、船舶、航空航天等运输设备修理	***	***	***	***	***
三、电力、热力、燃气及水生产和供应业	30778720	49054396	48638007	2265495	5764147
电力、热力生产和供应业	28360581	43690966	43234970	2193554	5272031
电力生产	28444	1508161	1505148		322332
电力供应	28299771	41641875	41066626	2126927	4881817
热力生产和供应	32366	540930	663196	66627	67882
燃气生产和供应业	1737388	3158640	3191821	50876	390520
燃气生产和供应业	1737388	3158640	3191821	50876	390520
水的生产和供应业	680751	2204790	2211216	21065	101596
自来水生产和供应	69118	146804	146848	21065	28333
污水处理及其再生利用	611633	2057986	2064368		73263

单位：千元

应付职工薪酬（本年贷方累计发生额）	应　交增值税	进项税额	销项税额	平均用工人数（人）
***	***	***	***	***
4551999	104849	272714	405225	18685
5454545	1369896	5946205	7204574	26858
1393847	128088	1103870	1241583	5007
3235419	1101837	4026314	5084930	16796
***	***	***	***	***
***	***	***	***	***
***	***	***	***	***
338294	34601	234521	216769	2066
***	***	***	***	***
15390760	1239552	38167293	33886753	74649
3888167	565861	5445653	5497195	9303
4303117	70963	23109654	22464770	22796
303159	12536	76577	82129	2430
***	***	***	***	***
***	***	***	***	***
4669252	383831	7351358	3901427	23943
1108195	98794	858627	574133	9093
904279	64519	626030	628529	6035
1729406	449144	1171862	1518184	10310
1439304	379823	1052981	1337627	8250
260355	65252	116611	175118	1627
***	***	***	***	***
838628	7377	218014	212853	2858
838628	7377	218014	212853	2858
3173726	312724	909939	1213447	12384
***	***	***	***	***
***	***	***	***	***
22644481	9267373	89139979	97013133	79793
17537372	8228953	84767275	91614226	57981
779776	636117	1170696	1793474	2663
14589655	7753053	81787477	89009695	40899
2167941	-160217	1809102	811057	14419
3168051	353928	3837459	4191047	10666
3168051	353928	3837459	4191047	10666
1939058	684492	535245	1207860	11146
1087744	100391	353	89548	5876
851314	584101	534892	1118312	5270

1-14 规模以上私营

项目	法人单位数（个）	#亏损企业	工业总产值（当年价格）	工业销售产值（当年价格）	#出口交货值
合 计	**1014**	**170**	**112533816**	**109989650**	**5203416**
一、按单位规模分					
大型	4		6421971	5801795	204267
中型	64	6	23218811	21903857	985707
小型	861	147	79298396	78611707	3893797
微型	85	17	3594638	3672291	119645
二、按轻重工业分					
轻工业	379	62	39086814	38855700	1661283
重工业	635	108	73447002	71133950	3542133
三、按地区分					
东城区	6		404456	387476	27572
西城区	4		165875	174296	174
朝阳区	50	11	4425380	4401447	16449
丰台区	39	4	3895589	3790929	149079
石景山区	10	1	847785	851428	1770
海淀区	108	17	12156018	11614001	763906
门头沟区	15	2	4090293	3384372	37073
房山区	69	7	6318369	6619753	196306
通州区	138	27	13399954	13035530	679151
顺义区	97	20	9927248	9877146	251373
昌平区	103	16	12079105	11934482	1105026
大兴区	162	24	21078601	20235463	880467
怀柔区	67	10	7856244	7962368	191450
平谷区	31	9	2051986	1993778	94743
密云区	52	12	4421179	4382649	175287
延庆区	19	4	2537174	2466002	39932
北京经济技术开发区	44	6	6878560	6878530	593658

工业主要财务状况

单位：千元

年初存货	资产总计	#流动资产合计	#应收账款	#存货	#产成品	#固定资产净额	#固定资产原价
28218491	**186234071**	**134989228**	**46542501**	**30852473**	**12150298**	**20288173**	**36936196**
2061360	12362784	8719581	1940999	2438941	1420228	1678679	2620614
4472871	39853791	25779768	9337004	5703036	2108263	4989909	9012605
20991121	128206276	95825045	33584339	21875181	8398651	13363233	24743103
693139	5811220	4664834	1680159	835315	223156	256352	559874
10128251	56377550	38104823	9074207	10463310	4353010	8580070	15016994
18090240	129856521	96884405	37468294	20389163	7797288	11708103	21919202
190256	447326	301415	22168	197814	116230	47570	103808
85307	534401	418666	34294	82954	22417	5086	15725
567434	5962199	4834677	2720871	567389	262591	485410	1165424
624186	7443989	5755694	2227249	608221	236755	728686	1244893
257089	1794265	1268032	519600	235481	138992	115231	238363
3687396	29910373	22471207	8118265	4126724	1471071	2006907	3306441
1355728	7979412	5454906	947257	2121599	972363	1263941	2044040
1645188	10139240	6628150	2029804	1422700	648008	983768	1970904
3056140	16015801	11776515	4079070	3203300	1234521	1758050	3276845
3884530	20105041	12275984	2168190	4596362	1728496	3600728	5902386
2656711	23347578	17361253	6526459	3369896	1172800	1677985	3277018
4718453	29300585	21428826	7927643	4627892	2134450	3646299	6509373
1236156	10114408	7686387	3409378	1330160	553904	1077211	2367024
764160	2761383	2181951	660036	749033	408688	332245	669364
915119	5711614	4124748	1645777	1119023	228952	1049098	1738929
412267	2358353	1746897	607702	448246	209596	398452	683564
2162371	12308103	9273920	2898738	2045679	610464	1111506	2422095

1-14 续表 1

项 目	#累计折旧	#本年折旧	#在建工程	#无形资产	负债合计
合 计	**16438303**	**2626643**	**3244941**	**4231490**	**102151444**
一、按单位规模分					
大型	941934	351992	35570	133850	5176125
中型	3958062	603102	870339	730320	20454630
小型	11244670	1637517	2298126	3282764	73211323
微型	293637	34032	40906	84556	3309366
二、按轻重工业分					
轻工业	6359652	980642	1411890	1476373	34603837
重工业	10078651	1646001	1833051	2755117	67547607
三、按地区分					
东城区	56239	6932	33474	24490	246898
西城区	10639	1571			129246
朝阳区	680012	91488	29730	159702	3618493
丰台区	516208	90534	47350	61413	3813983
石景山区	108076	16295	3526	10847	890209
海淀区	1270648	202987	232145	550441	11660307
门头沟区	780095	312301	10935	61360	3063856
房山区	945262	164771	335643	307233	5381069
通州区	1498147	224728	323150	365744	9094393
顺义区	2292069	345934	301622	554018	14577772
昌平区	1599013	229334	479519	372647	11725188
大兴区	2847031	417634	638525	927334	18370413
怀柔区	1276883	177859	371128	261134	5652836
平谷区	337103	47649	76388	103098	1936769
密云区	689820	107757	129033	111911	3643408
延庆区	285113	41376	11000	95576	1604007
北京经济技术开发区	1245945	147493	221773	264542	6742597

单位：千元

流动负债合计	#应付账款	非流动负债合计	#应付债券	所有者权益合计	#实收资本	国家资本	集体资本
93849679	**35404337**	**7620996**	**545588**	**84082565**	**34521288**	**33703**	
4823943	1026239	352181		7186659	690036		
17856031	4798484	2598597		19399160	7114644		
68577856	28454382	4633451	545588	54994898	25890483	33703	
2591849	1125232	36767		2501848	826125		
31216792	9189021	3085898		21773690	9847794		
62632887	26215316	4535098	545588	62308875	24673494	33703	
238784	10411	8114		200428	109690		
116201	19519	13045		405154	64700		
3504296	2232072	114197		2343705	1261301		
3648197	1524402	165785		3630004	1046380		
883432	722083	6776		904053	274400		
10611810	3799892	1048492	545588	18250057	6249102	33703	
3027493	584386	36362		4915555	418030		
4862944	1684090	502885		4758168	2044907		
8806547	3343662	218507		6921399	3755561		
11817749	3986970	2760014		5527258	2726767		
11205617	4377551	519573		11622384	4617359		
17183283	5555257	825392		10930167	5901347		
4894424	2226999	704623		4461568	1153160		
1811465	866842	125223		824613	641820		
3321518	1351569	256201		2068203	1019887		
1514821	713353	89185		754347	517388		
6401098	2405279	226622		5565502	2719489		

1-14 续表 2

项目	法人资本	个人资本	港澳台资本	外商资本	营业收入	营业成本
合　计	**10038104**	**24439147**	**2705**	**7629**	**127566623**	**94691364**
一、按单位规模分						
大型	31254	658782			6736360	4184480
中型	2286252	4827963		429	24588913	16655298
小型	7562811	18284064	2705	7200	91687763	69911284
微型	157787	668338			4553587	3940302
二、按轻重工业分						
轻工业	2833316	7004573	2705	7200	44107513	30403277
重工业	7204788	17434574		429	83459110	64288087
三、按地区分						
东城区	66000	43690			438479	358743
西城区	2000	62700			173013	100347
朝阳区	425936	835365			4857143	3891910
丰台区	393150	653230			4491280	3358732
石景山区	88700	185700			918287	666847
海淀区	1872419	4342551		429	14277838	8852081
门头沟区	41200	376830			3816709	2370905
房山区	576153	1468754			8679395	7171522
通州区	1435601	2319960			14880384	11653996
顺义区	698428	2028339			12303348	9647531
昌平区	1155611	3454543	5	7200	13773587	10007102
大兴区	916581	4984766			22145868	16485316
怀柔区	555411	595049	2700		9019908	6935512
平谷区	119500	522320			2288763	1846895
密云区	478674	541213			4668009	3297603
延庆区	16750	500638			2309829	1668459
北京经济技术开发区	1195990	1523499			8524783	6377863

单位：千元

税金及附加	其他业务利润	销售费用	管理费用	财务费用	#利息收入	#利息支出
667067	**1161913**	**11394812**	**13361110**	**952677**	**275055**	**1054123**
52787	169278	1234547	805444	78152	12575	72820
150295	137276	3315345	2712093	229073	45299	239627
449148	847966	6709939	9588372	634399	214473	733299
14837	7393	134981	255201	11053	2708	8377
245697	673851	5929090	4470238	298530	131868	406009
421370	488062	5465722	8890872	654147	143187	648114
1921	1697	34145	51640	4323	62	3858
1468		8100	22691	340	693	1000
23243	552	356652	475121	29513	3218	20481
21387	3934	223655	549044	19163	13718	30049
5552	308	63916	124227	4566	1565	4383
112329	62137	1490923	2461295	171775	60467	188886
33558	162098	686566	442364	44326	608	40243
28761	74608	451161	670779	79142	11017	72183
62173	32756	1075333	1261151	74636	9204	67752
71417	586056	872091	1250649	144813	8966	144946
62426	41686	1063181	1480088	97932	28365	96462
96303	87464	2296616	2023861	146561	96687	235744
41394	37142	849875	687476	58362	15956	63701
8428	-2649	159711	195067	20146	620	17412
32894	8006	613612	426739	22702	2835	20692
12937	2845	333334	197507	14014	674	12951
50876	63273	815941	1041411	20363	20400	33380

1-14 续表 3

项 目	投资收益（损失以"-"号记）	营业利润	利润总额	亏损企业亏损额	所得税费用
合 计	**506347**	**6740118**	**7703061**	**1577147**	**1148426**
一、按单位规模分					
大型	267	365303	462499		52368
中型	138744	1660067	1772750	146225	207803
小型	359531	4508875	5253268	1405960	867084
微型	7805	205873	214544	24962	21171
二、按轻重工业分					
轻工业	122647	2681720	2791473	537530	430297
重工业	383700	4058398	4911588	1039617	718129
三、按地区分					
东城区	31	14806	16792		4147
西城区	6379	43090	43102		6616
朝阳区	4907	73281	132181	128150	36709
丰台区	15331	306554	355793	48114	67120
石景山区	13670	73014	61953	423	7213
海淀区	100628	1362859	1485337	121760	160190
门头沟区	1551	237302	322642	1080	29146
房山区	105153	380507	398479	14594	41239
通州区	35552	772379	816434	101097	135558
顺义区	12732	340866	359381	76713	51375
昌平区	115251	1067732	1250412	96038	152696
大兴区	12311	859004	969114	371110	152439
怀柔区	39690	492241	534784	92327	100568
平谷区	107	62394	77712	27263	11982
密云区	1033	287938	366182	12812	69704
延庆区	39	82246	99741	19841	22680
北京经济技术开发区	41982	283905	413022	465825	99044

单位：千元

应付职工薪酬（本年贷方累计发生额）	应　交 增值税	进项税额	销项税额	平均用工人数（人）
13965443	**4259760**	**13634715**	**17088848**	**131147**
1380928	304889	685662	898547	7564
3362710	955732	2754198	3596345	33869
9124045	2907795	9754709	12098162	87756
97760	91344	440146	495794	1958
4921966	1681502	4516608	5909498	55396
9043477	2578258	9118107	11179350	75751
71925	5784	45556	40270	1002
21400	12248	23310	37889	192
467834	188775	357871	485879	5139
502666	130946	420854	481369	4236
78731	37887	96518	129038	639
2442100	684297	1529171	2010854	14985
873189	194543	418600	608009	4515
597363	208244	981895	1148994	7066
1375568	439411	1556868	1929360	15272
1109922	469228	1663084	1937748	13097
1390494	447113	1482039	1803836	12974
1968282	621948	2287484	2707563	22103
915023	278213	807078	1065813	10078
243716	67918	183539	230363	3172
556513	190005	487666	697761	6702
299839	106893	128154	202886	3709
1050878	176307	1165028	1571216	6266

1-15 按行业中类分规模以上

项目	法人单位数（个）	#亏损企业	工业总产值（当年价格）	工业销售产值（当年价格）	#出口交货值
合计	**1014**	**170**	**112533816**	**109989650**	**5203416**
一、采矿业	2	***	***	***	***
黑色金属矿采选业	1	***	***	***	***
铁矿采选	1	***	***	***	***
非金属矿采选业	1	***	***	***	***
石棉及其他非金属矿采选	1	***	***	***	***
二、制造业	993	165	110163453	107613321	5203416
农副食品加工业	46	11	5255824	5465824	81689
谷物磨制	4	3	452552	440254	
饲料加工	16	3	2111826	2086104	17012
屠宰及肉类加工	12	3	1569460	1769728	
蔬菜、菌类、水果和坚果加工	8		767915	768968	64607
其他农副食品加工	6	2	354071	400770	70
食品制造业	44	8	3648976	3675566	86626
焙烤食品制造	13	4	1144518	1139779	15651
糖果、巧克力及蜜饯制造	4		508718	513852	
方便食品制造	7	2	259126	253164	
乳制品制造	1	***	***	***	***
调味品、发酵制品制造	3	1	401803	436753	1072
其他食品制造	16	1	1189054	1186261	69903
酒、饮料和精制茶制造业	4	2	165750	167379	
饮料制造	4	2	165750	167379	
纺织业	3		286280	307681	121054
化纤织造及印染精加工	1	***	***	***	***
家用纺织制成品制造	1	***	***	***	***
产业用纺织制成品制造	1	***	***	***	***
纺织服装、服饰业	44	11	4275132	4106562	212466
机织服装制造	40	8	4088034	3923061	185759
针织或钩针编织服装制造	4	3	187098	183501	26707
皮革、毛皮、羽毛及其制品和制鞋业	3		342699	291405	34148
皮革制品制造	2	***	***	***	***
制鞋业	1	***	***	***	***
木材加工和木、竹、藤、棕、草制品业	4		429235	424418	
人造板制造	1	***	***	***	***
木质制品制造	3		313610	308793	
家具制造业	23	2	3697306	3701338	131343
木质家具制造	16	2	3337275	3341525	103771
金属家具制造	4		227130	224285	
其他家具制造	3		132901	135528	27572

私营工业主要财务状况

单位：千元

年初存货	资产总计	#流动资产合计	#应收账款	#存货	#产成品	#固定资产净额	#固定资产原价
28218491	**186234071**	**134989228**	**46542501**	**30852473**	**12150298**	**20288173**	**36936196**
***	***	***	***	***	***	***	***
***	***	***	***	***	***	***	***
***	***	***	***	***	***	***	***
***	***	***	***	***	***	***	***
***	***	***	***	***	***	***	***
27926472	180305507	131692887	45937268	30551497	12097803	18870613	34941438
1281844	5525009	4200438	672258	1129968	461493	648617	1238409
293504	770573	766004	59176	305604	17183	4567	9813
165505	1390628	954373	228879	175692	38070	165753	322303
497008	1866804	1427554	165542	341576	226521	321270	521574
143934	918254	731189	163220	188537	104381	61771	157925
181893	578750	321318	55441	118559	75338	95256	226794
822397	4167722	2582355	678807	759580	235820	710988	1314569
151793	830311	414150	95788	177068	59123	299410	475830
281020	919458	506932	39853	214750	93868	138788	292076
37160	266766	169737	40573	41804	10168	74017	133739
***	***	***	***	***	***	***	***
117606	467876	324660	109574	77429	40252	62402	135318
233792	1641567	1138419	376026	246622	32409	123132	260281
9377	72273	6964	1013	12174	6708	60510	148805
9377	72273	6964	1013	12174	6708	60510	148805
86471	416079	369154	90274	122267	44658	23162	58113
***	***	***	***	***	***	***	***
***	***	***	***	***	***	***	***
***	***	***	***	***	***	***	***
1378419	3996978	3449632	537244	1436278	764425	362604	808334
1253888	3650303	3104998	471073	1261986	657534	361307	804473
124531	346675	344634	66171	174292	106891	1297	3861
342467	452873	400970	20816	358510	233659	26541	58736
***	***	***	***	***	***	***	***
***	***	***	***	***	***	***	***
65908	1319444	769403	266214	157232	90843	67760	100214
***	***	***	***	***	***	***	***
65735	1244247	695658	217153	157113	90843	66308	96994
527609	6239163	2536486	881409	465764	109419	821358	1354760
505824	5823963	2291221	839252	451384	105791	756672	1251772
3093	248380	182580	38787	5113	3314	18681	38939
18692	166820	62685	3370	9267	314	46005	64049

1-15 续表 1

项　　目	法人单位数（个）	#亏损企业	工业总产值（当年价格）	工业销售产值（当年价格）	#出口交货值
造纸和纸制品业	16	3	968474	975092	
造纸	3	1	243186	247355	
纸制品制造	13	2	725288	727737	
印刷和记录媒介复制业	32	3	2278085	2312131	
印刷	31	3	2232223	2267520	
装订及印刷相关服务	1	***	***	***	***
文教、工美、体育和娱乐用品制造业	8	1	1223143	1497218	77878
文教办公用品制造	1	***	***	***	***
工艺美术及礼仪用品制造	4		1034054	1301802	32112
体育用品制造	2	***	***	***	***
玩具制造	1	***	***	***	***
石油、煤炭及其他燃料加工业	3		144176	142198	
精炼石油产品制造	3		144176	142198	
化学原料和化学制品制造业	59	13	4246759	4229720	82139
基础化学原料制造	5		1063481	1080521	20937
肥料制造	2	***	***	***	***
涂料、油墨、颜料及类似产品制造	10	3	698118	699001	
合成材料制造	3	1	141125	140036	
专用化学产品制造	33	6	2005105	1987292	56249
日用化学产品制造	6	2	226488	221874	4953
医药制造业	64	9	10201464	9727656	167204
化学药品原料药制造	2	***	***	***	***
化学药品制剂制造	12	3	2495146	2318092	8618
中药饮片加工	18	2	2935510	2927032	
中成药生产	9	1	1169033	1104580	5020
兽用药品制造	4	2	333005	319497	
生物药品制品制造	12	1	2717086	2522736	93963
卫生材料及医药用品制造	6		405251	383276	
药用辅料及包装材料	1	***	***	***	***
橡胶和塑料制品业	36	6	2610705	2617291	229901
橡胶制品业	6	2	374495	364663	
塑料制品业	30	4	2236210	2252628	229901
非金属矿物制品业	68	11	11330236	11265356	246405
石膏、水泥制品及类似制品制造	44	9	7747881	7733355	
砖瓦、石材等建筑材料制造	2	***	***	***	***
玻璃制造	7		414660	360721	682
玻璃制品制造	2	***	***	***	***
玻璃纤维和玻璃纤维增强塑料制品制造	2	***	***	***	***
耐火材料制品制造	3		2207379	2215979	166984

单位：千元

年初存货	资产总计	#流动资产合　计				#固定资产净额	#固定资产原价
			#应收账款	#存　货	#产成品		
114622	673720	413671	125927	109854	75491	210141	341720
17223	70792	50813	12167	15057	12011	19049	30964
97399	602928	362858	113760	94797	63480	191092	310756
395987	3419657	2208082	443040	361239	122350	838958	1904242
395771	3401678	2199323	439522	360870	122350	829738	1877783
***	***	***	***	***	***	***	***
1481783	4215694	3421709	130245	2186574	859996	343703	459364
***	***	***	***	***	***	***	***
1465262	3983714	3298248	118111	2155545	852516	332277	432740
***	***	***	***	***	***	***	***
***	***	***	***	***	***	***	***
30624	120981	91457	14220	25009	9391	10088	30403
30624	120981	91457	14220	25009	9391	10088	30403
856047	6647275	3877881	1134414	796978	311606	613263	1342411
184288	1207184	837510	198483	111843	45376	165363	395246
***	***	***	***	***	***	***	***
205787	690142	525207	107482	230408	149517	55686	122852
26900	96258	85654	52511	19826	11304	9301	20882
309178	4087447	2047609	738515	297871	88775	269670	542176
25915	312081	200633	35252	39250	10668	45125	100573
1281815	12319287	7130367	3211034	1303126	523423	3037929	4714589
***	***	***	***	***	***	***	***
268275	3331731	1382235	485535	305772	79798	1327116	2051681
378063	2820308	2122374	1458914	338182	193468	481914	634775
330768	1382692	891496	277520	350223	147156	385239	675670
46282	522357	344962	70194	59222	13928	125376	193315
215140	3447608	1785328	848104	206876	58219	559077	900917
13198	573527	399428	46161	19979	12646	131216	184066
***	***	***	***	***	***	***	***
459630	3109262	2339278	784129	447817	192493	498629	998610
80790	414808	313946	136944	100325	57286	59715	115782
378840	2694454	2025332	647185	347492	135207	438914	882828
1522670	15686737	11945199	6228389	1629680	584434	1491752	3448304
942724	9500424	7841503	4961496	979779	387033	1171289	2701422
***	***	***	***	***	***	***	***
149363	508915	291468	59472	162636	64264	140836	282533
***	***	***	***	***	***	***	***
***	***	***	***	***	***	***	***
277552	4559232	2898199	832814	295280	53451	74250	196311

1-15 续表 2

项 目	法人单位数（个）	#亏损企业	工业总产值（当年价格）	工业销售产值（当年价格）	#出口交货值
石墨及其他非金属矿物制品制造	8	1	553935	544848	14574
黑色金属冶炼和压延加工业	5		496053	454434	
钢压延加工	5		496053	454434	
有色金属冶炼和压延加工业	6	1	501051	501366	17075
有色金属合金制造	3	1	187600	174733	
有色金属压延加工	3		313451	326633	17075
金属制品业	66	11	5412572	5543550	438509
结构性金属制品制造	40	8	4080447	4194868	382195
集装箱及金属包装容器制造	6		371042	380792	24085
金属丝绳及其制品制造	1	***	***	***	***
建筑、安全用金属制品制造	4	1	195221	203616	890
金属表面处理及热处理加工	4	2	155352	160587	
金属制日用品制造	1	***	***	***	***
铸造及其他金属制品制造	10		460673	455035	31339
通用设备制造业	61	12	7857254	7083817	481817
锅炉及原动设备制造	1	***	***	***	***
金属加工机械制造	11	2	3647001	3090133	64701
物料搬运设备制造	5	1	302682	303423	6084
泵、阀门、压缩机及类似机械制造	11	1	1179879	1235302	73566
烘炉、风机、包装等设备制造	16	4	1355741	1285418	44893
文化、办公用机械制造	5	1	548412	508144	216048
通用零部件制造	8	1	569518	403913	75498
其他通用设备制造业	4	1	216883	216332	1027
专用设备制造业	104	13	10397015	9663202	1202625
采矿、冶金、建筑专用设备制造	10	2	1812879	1476279	214815
化工、木材、非金属加工专用设备制造	6		192292	185460	293
食品、饮料、烟草及饲料生产专用设备制造	2	***	***	***	***
印刷、制药、日化及日用品生产专用设备制造	8	1	408897	374667	64519
纺织、服装和皮革加工专用设备制造	3		169308	171315	41095
电子和电工机械专用设备制造	5		888463	874094	492453
农、林、牧、渔专用机械制造	2	***	***	***	***
医疗仪器设备及器械制造	36	4	3171768	2943046	362722
环保、邮政、社会公共服务及其他专用设备制造	32	5	3564631	3447911	26728
汽车制造业	52	16	6318801	6336431	83616
汽车用发动机制造	1	***	***	***	***
改装汽车制造	8	4	2192632	2087403	1400
汽车零部件及配件制造	43	12	3919657	4066368	82216
铁路、船舶、航空航天和其他运输设备制造业	25	4	2898788	2809642	56321
铁路运输设备制造	17	4	1608540	1538279	2248

单位：千元

年初存货	资产总计	#流动资产合计	#应收账款	#存货	#产成品	#固定资产净额	#固定资产原价
124578	664031	592137	273825	135834	65556	49345	138825
61927	419407	391898	260125	99183	43382	19240	52719
61927	419407	391898	260125	99183	43382	19240	52719
187551	519628	398090	118805	159751	96647	64759	112103
38832	191195	166263	75690	46910	31073	24932	42414
148719	328433	231827	43115	112841	65574	39827	69689
1125276	6789439	5211070	2159021	1027651	415994	577061	1291853
849331	4959286	3790833	1547834	735324	314134	317854	789032
66189	459445	389181	221237	72553	13903	65246	128910
***	***	***	***	***	***	***	***
84513	410723	368281	155679	81290	54477	41030	112170
2420	216073	185337	117035	10988		24426	65047
***	***	***	***	***	***	***	***
96059	656431	404862	85828	112226	26019	122805	187444
2924256	14561399	10432343	2614287	3540020	1457380	1610896	3018221
***	***	***	***	***	***	***	***
1419424	8077910	5417335	878697	1975140	938315	1144838	1948267
168753	592102	469699	105650	185077	3708	48069	101784
319408	1741407	1493834	779976	259101	126026	75561	184384
667911	2245317	1732268	400336	651319	189935	209435	454878
126752	807506	566033	185047	236171	91431	13984	56524
98487	630815	456228	190162	107525	42391	86103	208292
82576	332057	217533	53606	88829	61822	10951	16988
2201668	19510291	15776784	7164976	3303984	1361096	1562751	2669852
140495	4003846	3279618	1938035	806101	505175	274434	565108
79290	252388	177863	33030	51217	11720	23740	51275
***	***	***	***	***	***	***	***
126435	679445	552835	159908	178726	71112	66948	122667
69802	275504	236441	47103	40611	12825	26590	66839
133716	1201155	1093956	452495	179613	44855	19225	54804
***	***	***	***	***	***	***	***
866905	5132994	3726684	960810	851795	385601	778272	1229277
560294	7416366	6274462	3496029	961732	256765	337166	526125
1274100	8610580	6796335	3021765	1413699	629702	932376	1796374
***	***	***	***	***	***	***	***
325468	1943977	1754089	829163	551287	183861	121748	193642
880965	5795106	4418694	1919984	798868	428404	793607	1581568
1205658	7309993	6235887	2344219	1176922	585099	344145	662704
473387	3730338	3063563	1377818	476509	182582	172417	379486

1-15 续表 3

项　　目	法人单位数（个）	#亏损企业	工业总产值（当年价格）	工业销售产值（当年价格）	#出口交货值
船舶及相关装置制造	1	***	***	***	***
航空、航天器及设备制造	7		1076255	1057370	54073
电气机械和器材制造业	90	8	8659518	8193079	141842
电机制造	3		277093	255626	928
输配电及控制设备制造	62	2	5276523	5133342	33244
电线、电缆、光缆及电工器材制造	11	5	2118189	1722895	18962
电池制造	2	***	***	***	***
家用电力器具制造	6		469152	589894	35927
非电力家用器具制造	3		71217	60270	
照明器具制造	2	***	***	***	***
其他电气机械及器材制造	1	***	***	***	***
计算机、通信和其他电子设备制造业	72	16	11512356	11298044	1141704
计算机制造	10	3	815326	825972	23141
通信设备制造	14	3	4997431	4774587	244323
广播电视设备制造	4	1	326798	324376	9258
非专业视听设备制造	1	***	***	***	***
智能消费设备制造	2	***	***	***	***
电子器件制造	13	1	1571986	1589148	186896
电子元件及电子专用材料制造	14	4	1513396	1443706	503646
其他电子设备制造	14	3	1762413	1643169	45599
仪器仪表制造业	45	3	4372203	4214184	167948
通用仪器仪表制造	29	2	2386365	2371063	70847
专用仪器仪表制造	13	1	1348552	1340660	29847
光学仪器制造	1	***	***	***	***
其他仪器仪表制造业	2	***	***	***	***
其他制造业	3		193741	178991	
其他未列明制造业	3		193741	178991	
废弃资源综合利用业	2	***	***	***	***
金属废料和碎屑加工处理	1	***	***	***	***
非金属废料和碎屑加工处理	1	***	***	***	***
金属制品、机械和设备修理业	5	1	307488	312266	1106
铁路、船舶、航空航天等运输设备修理	5	1	307488	312266	1106
三、电力、热力、燃气及水生产和供应业	19	4	2233421	2246738	
电力、热力生产和供应业	14	3	1735085	1735085	
热力生产和供应	14	3	1735085	1735085	
燃气生产和供应业	3	1	305445	306484	
燃气生产和供应业	3	1	305445	306484	
水的生产和供应业	2	***	***	***	***
污水处理及其再生利用	1	***	***	***	***
其他水的处理、利用与分配	1	***	***	***	***

单位：千元

年初存货	资产总计	#流动资产合计				#固定资产净额	#固定资产原价
			#应收账款	#存　货	#产成品		
***	***	***	***	***	***	***	***
347597	2993586	2667490	862975	368536	100155	136349	231114
3056209	18543642	14645495	4220243	3289191	1080952	1164982	2036304
88948	510287	275901	72046	86538	30598	114796	163408
1662354	9419028	7714542	2810439	2041381	529991	742297	1277033
246839	2355443	1604519	839415	251996	197444	155127	380751
***	***	***	***	***	***	***	***
583984	1630973	1394047	144869	584519	253946	44673	64359
141875	567054	423224	99975	132080	55980	8851	13606
***	***	***	***	***	***	***	***
***	***	***	***	***	***	***	***
3688450	20940523	16327534	5528468	3616293	1410898	1651535	3176332
324623	1625975	1263090	295136	317160	181003	169881	252646
1843537	8916594	7617750	2257094	1726459	683253	506534	738995
130933	435639	386222	120265	146777	19922	30979	70319
***	***	***	***	***	***	***	***
***	***	***	***	***	***	***	***
417829	2735303	1857243	573070	408299	201049	166158	328802
369333	3305391	2138249	907374	424233	131388	472978	1293550
410740	2856715	2288756	996556	447459	116834	254723	415399
1382698	12354779	8115982	2812421	1443422	357651	988779	1491928
946040	8768381	5384100	1729623	1008237	172672	526804	833697
242591	2596845	1914702	863810	248962	67437	378713	501819
***	***	***	***	***	***	***	***
***	***	***	***	***	***	***	***
14920	570324	322764	82111	18794	10401	15053	33075
14920	570324	322764	82111	18794	10401	15053	33075
***	***	***	***	***	***	***	***
***	***	***	***	***	***	***	***
***	***	***	***	***	***	***	***
141495	1666298	1210564	385469	154039	17896	137493	218938
141495	1666298	1210564	385469	154039	17896	137493	218938
239370	5557380	3042577	521520	250665	30433	1302660	1759475
130016	3856474	1999326	430946	120134	24323	925641	1304883
130016	3856474	1999326	430946	120134	24323	925641	1304883
7235	227868	174497	29736	5878	2032	30416	37041
7235	227868	174497	29736	5878	2032	30416	37041
***	***	***	***	***	***	***	***
***	***	***	***	***	***	***	***
***	***	***	***	***	***	***	***

1-15 续表 4

项目	#累计折旧	#本年折旧	#在建工程	#无形资产	负债合计
合计	**16438303**	**2626643**	**3244941**	**4231490**	**102151444**
一、采矿业	***	***	***	***	***
黑色金属矿采选业	***	***	***	***	***
铁矿采选	***	***	***	***	***
非金属矿采选业	***	***	***	***	***
石棉及其他非金属矿采选	***	***	***	***	***
二、制造业	15861104	2461006	2769475	4095817	97702039
农副食品加工业	589690	108829	179875	172955	3584374
谷物磨制	5246	954			709804
饲料加工	156551	22721	5161	34908	623500
屠宰及肉类加工	200212	54805	6725	50541	1341992
蔬菜、菌类、水果和坚果加工	96153	17005	67085	43220	605290
其他农副食品加工	131528	13344	100904	44286	303788
食品制造业	603582	88966	336329	108225	2122922
焙烤食品制造	176422	37277	11672	17992	470391
糖果、巧克力及蜜饯制造	153290	17025	168278	40007	325286
方便食品制造	59720	6530	6095	1706	178883
乳制品制造	***	***	***	***	***
调味品、发酵制品制造	72916	8573		2800	290329
其他食品制造	137148	18174	150284	45672	838928
酒、饮料和精制茶制造业	83674	6409		111	55941
饮料制造	83674	6409		111	55941
纺织业	34951	3571	1320	4103	172338
化纤织造及印染精加工	***	***	***	***	***
家用纺织制成品制造	***	***	***	***	***
产业用纺织制成品制造	***	***	***	***	***
纺织服装、服饰业	445727	32445	77034	30113	2831021
机织服装制造	443163	32159	77034	30113	2520992
针织或钩针编织服装制造	2564	286			310029
皮革、毛皮、羽毛及其制品和制鞋业	32196	2156		55	354768
皮革制品制造	***	***	***	***	***
制鞋业	***	***	***	***	***
木材加工和木、竹、藤、棕、草制品业	32454	2333	5556	5396	1127836
人造板制造	***	***	***	***	***
木质制品制造	30686	1751	5556	5396	1055852
家具制造业	533399	88159	29949	405988	3166896
木质家具制造	495099	83089	20883	320972	3047580
金属家具制造	20257	2300		44950	72456
其他家具制造	18043	2770	9066	40066	46860

单位：千元

流动负债合计	#应付账款	非流动负债合计	#应付债券	所有者权益合计	#实收资本	国家资本	集体资本
93849679	**35404337**	**7620996**	**545588**	**84082565**	**34521288**	**33703**	
***	***	***	***	***	***	***	***
***	***	***	***	***	***	***	***
***	***	***	***	***	***	***	***
***	***	***	***	***	***	***	***
***	***	***	***	***	***	***	***
90998618	34817173	6022651	545588	82603410	33727168	33703	
3231200	724392	336438		1940626	736247		
709804	170633			60768	75000		
603961	169050	2804		767125	250597		
1074240	153370	267751		524810	200750		
565866	159857	39424		312962	145400		
277329	71482	26459		274961	64500		
1939972	747543	149633		2044801	915848		
470311	155396			359919	98150		
256153	101442	69133		594173	273702		
178883	53315			87884	78833		
***	***	***	***	***	***	***	***
280329	154823	10000		177547	50000		
735191	268442	70500		802639	405163		
55912	25399	29		16332	38100		
55912	25399	29		16332	38100		
172338	123555			243740	103500		
***	***	***	***	***	***	***	***
***	***	***	***	***	***	***	***
***	***	***	***	***	***	***	***
2514001	657875	246801		1165951	433419		
2211972	564517	238801		1129306	396069		
302029	93358	8000		36645	37350		
354768	14135			98105	30500		
***	***	***	***	***	***	***	***
***	***	***	***	***	***	***	***
1127004	165856	832		191608	99210		
***	***	***	***	***	***	***	***
1055020	148585	832		188395	98710		
1640863	541285	1512598		3072267	1432122		
1521547	476524	1512598		2776382	1246872		
72456	41985			175924	78750		
46860	22776			119961	106500		

1-15 续表 5

项 目	#累计折旧	#本年折旧	#在建工程	#无形资产	负债合计
造纸和纸制品业	124797	20725	559	11852	480613
造纸	11915	1483	24		58797
纸制品制造	112882	19242	535	11852	421816
印刷和记录媒介复制业	1058021	115971	35187	40796	1926396
印刷	1040782	113527	35187	40796	1911980
装订及印刷相关服务	***	***	***	***	***
文教、工美、体育和娱乐用品制造业	115659	29027		17019	3875952
文教办公用品制造	***	***	***	***	***
工艺美术及礼仪用品制造	100461	22472		246	3745567
体育用品制造	***	***	***	***	***
玩具制造	***	***	***	***	***
石油、煤炭及其他燃料加工业	20315	2039		9750	45688
精炼石油产品制造	20315	2039		9750	45688
化学原料和化学制品制造业	717319	85140	140254	92436	2871277
基础化学原料制造	229883	31037	74227	20073	642206
肥料制造	***	***	***	***	***
涂料、油墨、颜料及类似产品制造	67165	8403	32560	16634	454880
合成材料制造	11576	1483	1234	69	45640
专用化学产品制造	260683	31487	26139	37410	1317913
日用化学产品制造	55448	5133	4675	16328	132339
医药制造业	1644139	308773	659839	288925	6661083
化学药品原料药制造	***	***	***	***	***
化学药品制剂制造	699586	137434	85545	78668	2502171
中药饮片加工	146139	33953	19935	40532	1874974
中成药生产	290430	40579	15461	11778	657959
兽用药品制造	67939	14158		28572	264244
生物药品制品制造	341840	63514	532524	128423	1135883
卫生材料及医药用品制造	52031	13346		761	183894
药用辅料及包装材料	***	***	***	***	***
橡胶和塑料制品业	499869	69419	11798	31238	1772481
橡胶制品业	56068	10678	1281	4553	215584
塑料制品业	443801	58741	10517	26685	1556897
非金属矿物制品业	1948466	247657	120004	166204	10349416
石膏、水泥制品及类似制品制造	1528202	197414	114341	90946	7841591
砖瓦、石材等建筑材料制造	***	***	***	***	***
玻璃制造	141697	18974	876	61328	414098
玻璃制品制造	***	***	***	***	***
玻璃纤维和玻璃纤维增强塑料制品制造	***	***	***	***	***
耐火材料制品制造	122061	13840	3747	7060	1416430

单位：千元

流动负债合计	# 应付账款	非流动负债合计	# 应付债券	所有者权益合计	# 实收资本	国家资本	集体资本
416223	160113	64390		193106	129091		
58797	31183			11994	3000		
357426	128930	64390		181112	126091		
1569046	638883	357350		1493261	642005		
1558479	633468	353501		1489698	640005		
***	***	***	***	***	***	***	***
3875879	1889594	73		339741	187100		
***	***	***	***	***	***	***	***
3745567	1869043			238147	140100		
***	***	***	***	***	***	***	***
***	***	***	***	***	***	***	***
44648	23091	1040		75292	36700		
44648	23091	1040		75292	36700		
2540914	856378	228077		3775992	1422514		
494265	99488	147941		564978	203561		
***	***	***	***	***	***	***	***
453480	206140	1400		235262	161000		
40292	11030	5348		50617	40872		
1205154	477656	63036		2769530	890600		
79624	10163	152		179741	86481		
6330399	2043687	215807		5658201	2367702		
***	***	***	***	***	***	***	***
2316448	232372	70846		829562	372203		
1871433	1221795	3541		945332	427183		
642103	325989	15856		724732	237070		
256336	67626	7909		258112	145000		
1018227	159996	117655		2311724	1084337		
183894	11978			389634	83845		
***	***	***	***	***	***	***	***
1679007	711037	87652		1336782	954754		
209615	111464	147		199224	45390		
1469392	599573	87505		1137558	909364		
9870701	6355304	445368		5337329	2897328		
7399223	5356916	442368		1658831	1317067		
***	***	***	***	***	***	***	***
411547	74466	2551		94821	94310		
***	***	***	***	***	***	***	***
***	***	***	***	***	***	***	***
1415981	625850	449		3142802	1247109		

1-15 续表 6

项 目	#累计折旧	#本年折旧	#在建工程	#无形资产	负债合计
石墨及其他非金属矿物制品制造	89481	8859	245	1170	455139
黑色金属冶炼和压延加工业	33478	3639		4347	345891
钢压延加工	33478	3639		4347	345891
有色金属冶炼和压延加工业	47344	6424	1677	40816	367670
有色金属合金制造	17482	1949			168000
有色金属压延加工	29862	4475	1677	40816	199670
金属制品业	713951	88392	123609	239194	3874144
结构性金属制品制造	470338	52500	119749	138267	2915622
集装箱及金属包装容器制造	63663	7429	759	3476	283183
金属丝绳及其制品制造	***	***	***	***	***
建筑、安全用金属制品制造	71141	8668	412		270217
金属表面处理及热处理加工	40621	4997		6132	76537
金属制日用品制造	***	***	***	***	***
铸造及其他金属制品制造	64638	14425	624	91319	269955
通用设备制造业	1397444	379211	27647	530560	6363913
锅炉及原动设备制造	***	***	***	***	***
金属加工机械制造	793557	307723	65	108237	2469981
物料搬运设备制造	53715	4795	19541	48556	420937
泵、阀门、压缩机及类似机械制造	108823	12827	63	116502	817435
烘炉、风机、包装等设备制造	245444	22439	5210	164871	1639048
文化、办公用机械制造	42540	12727	2141	4400	349739
通用零部件制造	122180	14706		52402	460405
其他通用设备制造业	6036	1456	627	4097	187230
专用设备制造业	1086964	172038	149496	327276	10163074
采矿、冶金、建筑专用设备制造	290673	21127	25425	69782	2930586
化工、木材、非金属加工专用设备制造	27535	3816		20316	125460
食品、饮料、烟草及饲料生产专用设备制造	***	***	***	***	***
印刷、制药、日化及日用品生产专用设备制造	55715	8062	397	20393	356118
纺织、服装和皮革加工专用设备制造	40249	4192		2	115927
电子和电工机械专用设备制造	35579	6365	316	2289	515475
农、林、牧、渔专用机械制造	***	***	***	***	***
医疗仪器设备及器械制造	431104	90257	67652	108091	1725300
环保、邮政、社会公共服务及其他专用设备制造	188937	34592	41831	106213	3971062
汽车制造业	855274	148957	77527	142906	5206139
汽车用发动机制造	***	***	***	***	***
改装汽车制造	71894	12767	5954	6157	1578367
汽车零部件及配件制造	779237	133863	70915	126808	3424167
铁路、船舶、航空航天和其他运输设备制造业	302263	46350	43340	135337	2979620
铁路运输设备制造	190773	24547	3903	20187	1300098

单位：千元

流动负债合计	#应付账款	非流动负债合计	#应付债券	所有者权益合计	#实收资本	国家资本	集体资本
421792	215282			208898	124053		
345891	46525			73515	68429		
345891	46525			73515	68429		
346141	120366	21529		151959	97000		
148467	37181	19533		23195	12000		
197674	83185	1996		128764	85000		
3738817	1194590	66301		2915287	1850274		
2838394	936623	23442		2043656	1205440		
283182	91349			176263	161371		
***	***	***	***	***	***	***	***
248907	70716	21310		140504	70300		
76537	42425			139537	109680		
***	***	***	***	***	***	***	***
233167	50913	21549		386476	287303		
6148723	1849476	164079		8197487	2407185		
***	***	***	***	***	***	***	***
2417442	480755	52535		5607931	499705		
420937	60700			171164	187500		
783342	433605	34093		923972	543066		
1570601	493721	68447		606270	483320		
349739	103913			457768	307000		
407653	190745	1646		170408	206863		
182125	73911	5105		144827	78300		
10075996	3210314	79814		9347200	3008668		
2927121	693346	3464		1073255	347070		
125460	17273			126929	88105		
***	***	***	***	***	***	***	***
342425	75187			323315	36890		
115337	47708	590		159577	44251		
515101	284868	374		685680	173619		
***	***	***	***	***	***	***	***
1663054	559378	62246		3407695	1060610		
3964870	1407546	12622		3445302	1161123		
4852183	2939280	353951		3404440	995926		
***	***	***	***	***	***	***	***
1578367	1110682			365610	325408		
3102791	1744521	321371		2370938	623961		
2853903	1240048	64186		4330372	1241817	33703	
1233113	772874	5454		2430240	936207	33703	

1-15 续表 7

项目	#累计折旧	#本年折旧	#在建工程	#无形资产	负债合计
船舶及相关装置制造	***	***	***	***	***
航空、航天器及设备制造	94765	20163	39437	81653	1188452
电气机械和器材制造业	861198	112339	237123	586659	11605723
电机制造	48612	11251	5810	508	85858
输配电及控制设备制造	530909	71716	118736	219021	4686962
电线、电缆、光缆及电工器材制造	225291	21156	106895	126718	1136785
电池制造	***	***	***	***	***
家用电力器具制造	19685	2663	1947	115284	1108930
非电力家用器具制造	4531	845	1200	118932	322425
照明器具制造	***	***	***	***	***
其他电气机械及器材制造	***	***	***	***	***
计算机、通信和其他电子设备制造业	1452405	188603	424556	538876	9511688
计算机制造	75020	14854	3101	27986	472901
通信设备制造	232460	39492	80449	145609	4991035
广播电视设备制造	39338	4249	7431	4816	201316
非专业视听设备制造	***	***	***	***	***
智能消费设备制造	***	***	***	***	***
电子器件制造	162645	23839	295175	280157	1221990
电子元件及电子专用材料制造	755930	73001	37644	27779	1132795
其他电子设备制造	160672	24033	756	44554	1223764
仪器仪表制造业	503146	82460	12343	143364	5347554
通用仪器仪表制造	306892	48644	8456	81755	4073535
专用仪器仪表制造	123104	24273	3887	56689	983780
光学仪器制造	***	***	***	***	***
其他仪器仪表制造业	***	***	***	***	***
其他制造业	18022	2972	1610	3459	225720
其他未列明制造业	18022	2972	1610	3459	225720
废弃资源综合利用业	***	***	***	***	***
金属废料和碎屑加工处理	***	***	***	***	***
非金属废料和碎屑加工处理	***	***	***	***	***
金属制品、机械和设备修理业	81445	13697	72843	16168	267172
铁路、船舶、航空航天等运输设备修理	81445	13697	72843	16168	267172
三、电力、热力、燃气及水生产和供应业	456816	136006	475466	135673	4121897
电力、热力生产和供应业	379242	108314	311061	75102	2912824
热力生产和供应	379242	108314	311061	75102	2912824
燃气生产和供应业	6625	3716			120480
燃气生产和供应业	6625	3716			120480
水的生产和供应业	***	***	***	***	***
污水处理及其再生利用	***	***	***	***	***
其他水的处理、利用与分配	***	***	***	***	***

单位：千元

流动负债合计	#应付账款	非流动负债合计	#应付债券	所有者权益合计	#实收资本	国家资本	集体资本
***	***	***	***	***	***	***	***
1129720	383372	58732		1805133	301610		
11157535	2899216	346400		6937917	4308419		
75816	44109	10042		424430	123295		
4398556	2271213	208703		4732065	2907422		
1018611	159319	96089		1218658	587825		
***	***	***	***	***	***	***	***
1108771	120252	159		522042	79132		
322425	92195			244628	201290		
***	***	***	***	***	***	***	***
***	***	***	***	***	***	***	***
9147409	3372738	364274		11428827	4054327		
465621	213556	7278		1153072	551858		
4897252	1455848	93783		3925558	1158488		
181898	99855	19418		234324	152560		
***	***	***	***	***	***	***	***
***	***	***	***	***	***	***	***
1075851	249233	146137		1513309	546028		
1106429	634956	26365		2172598	890914		
1153502	608814	70262		1632947	464306		
4475208	2128046	872345	545588	7007224	2573986		
3215810	1426458	857724	545588	4694847	2065311		
972211	576809	11569		1613063	300043		
***	***	***	***	***	***	***	***
***	***	***	***	***	***	***	***
225720	21221			344603	175080		
225720	21221			344603	175080		
***	***	***	***	***	***	***	***
***	***	***	***	***	***	***	***
***	***	***	***	***	***	***	***
228320	105830	38852		1399125	496917		
228320	105830	38852		1399125	496917		
2524153	514562	1597745		1435478	771520		
2164765	400600	748059		943646	446920		
2164765	400600	748059		943646	446920		
116248	20846	4232		107387	98600		
116248	20846	4232		107387	98600		
***	***	***	***	***	***	***	***
***	***	***	***	***	***	***	***
***	***	***	***	***	***	***	***

1-15 续表 8

项目	法人资本	个人资本	港澳台资本	外商资本	营业收入	营业成本
合计	**10038104**	**24439147**	**2705**	**7629**	**127566623**	**94691364**
一、采矿业	***	***	***	***	***	***
黑色金属矿采选业	***	***	***	***	***	***
铁矿采选	***	***	***	***	***	***
非金属矿采选业	***	***	***	***	***	***
石棉及其他非金属矿采选	***	***	***	***	***	***
二、制造业	9602290	24080841	2705	7629	124913962	92209628
农副食品加工业	262571	473671	5		6214145	5194509
谷物磨制	32800	42200			479232	472810
饲料加工	67476	183121			2311347	1789984
屠宰及肉类加工	30695	170050	5		2111883	1876377
蔬菜、菌类、水果和坚果加工	115600	29800			891155	709057
其他农副食品加工	16000	48500			420528	346281
食品制造业	136783	779065			4198363	3189352
焙烤食品制造	43950	54200			1166480	998798
糖果、巧克力及蜜饯制造		273702			693710	458878
方便食品制造	17833	61000			318206	262586
乳制品制造	***	***	***	***	***	***
调味品、发酵制品制造		50000			447495	368096
其他食品制造	75000	330163			1426715	1010256
酒、饮料和精制茶制造业	22300	15800			178606	152883
饮料制造	22300	15800			178606	152883
纺织业	50000	53500			313181	224807
化纤织造及印染精加工	***	***	***	***	***	***
家用纺织制成品制造	***	***	***	***	***	***
产业用纺织制成品制造	***	***	***	***	***	***
纺织服装、服饰业	68779	364640			3953738	2658633
机织服装制造	68779	327290			3711606	2443050
针织或钩针编织服装制造		37350			242132	215583
皮革、毛皮、羽毛及其制品和制鞋业	500	30000			314893	259453
皮革制品制造	***	***	***	***	***	***
制鞋业	***	***	***	***	***	***
木材加工和木、竹、藤、棕、草制品业	50475	48735			706196	566350
人造板制造	***	***	***	***	***	***
木质制品制造	50000	48710			590571	457064
家具制造业	291900	1140222			4718248	3750618
木质家具制造	277900	968972			4331713	3442363
金属家具制造		78750			231918	177952
其他家具制造	14000	92500			154617	130303

单位：千元

税金及附加	其他业务利润	销售费用	管理费用	财务费用	#利息收入	#利息支出
667067	**1161913**	**11394812**	**13361110**	**952677**	**275055**	**1054123**
***	***	***	***	***	***	***
***	***	***	***	***	***	***
***	***	***	***	***	***	***
***	***	***	***	***	***	***
***	***	***	***	***	***	***
663997	1162778	11340546	13138914	921042	272604	1023710
10258	2069	496104	358916	39061	884	33173
126	284	17994	2346	712	9	706
2628	245	251497	117828	6765	354	6458
3186	1525	122655	137106	13468	311	12513
902	15	90001	50198	12451	99	11995
3416		13957	51438	5665	111	1501
27971	1560	378422	346256	10064	7284	14611
6386	544	43600	70968	3331	261	3108
8649	419	148610	57824	-813	5390	4339
1420	572	28098	33346	1384	79	1325
***	***	***	***	***	***	***
3307	26	12606	48473	283	222	470
7482	-1	105940	124829	5890	1318	5369
1105	5027	19875	11542	64	279	333
1105	5027	19875	11542	64	279	333
1342		7547	41742	585	280	1209
***	***	***	***	***	***	***
***	***	***	***	***	***	***
***	***	***	***	***	***	***
25019	15144	778769	386808	11877	788	11869
24318	15144	759597	374957	10571	729	9917
701		19172	11851	1306	59	1952
1203	1697	28355	14507	2789	36	2529
***	***	***	***	***	***	***
***	***	***	***	***	***	***
4107		43851	85180	7686	267	7539
***	***	***	***	***	***	***
3936		39558	83856	7894	52	7539
25916	808	321246	411369	80416	5339	85293
24355	808	309580	383634	80135	5226	85143
1046		7594	12300	18	87	93
515		4072	15435	263	26	57

1-15 续表 9

项目					营业收入	营业成本
	法人资本	个人资本	港澳台资本	外商资本		
造纸和纸制品业	32250	96841			1063217	968782
造纸		3000			247355	239875
纸制品制造	32250	93841			815862	728907
印刷和记录媒介复制业	234657	407348			2514304	2005166
印刷	234657	405348			2469693	1964779
装订及印刷相关服务	***	***	***	***	***	***
文教、工美、体育和娱乐用品制造业	50000	134400	2700		2843992	2443873
文教办公用品制造	***	***	***	***	***	***
工艺美术及礼仪用品制造	50000	90100			2638629	2294307
体育用品制造	***	***	***	***	***	***
玩具制造	***	***	***	***	***	***
石油、煤炭及其他燃料加工业	20000	16700			164099	124647
精炼石油产品制造	20000	16700			164099	124647
化学原料和化学制品制造业	364068	1058446			6009534	5131775
基础化学原料制造	786	202775			2296461	2141246
肥料制造	***	***	***	***	***	***
涂料、油墨、颜料及类似产品制造		161000			749975	604835
合成材料制造		40872			142394	127670
专用化学产品制造	285513	605087			2459441	2015308
日用化学产品制造	37769	48712			247647	129790
医药制造业	667672	1700030			9957799	4541445
化学药品原料药制造	***	***	***	***	***	***
化学药品制剂制造	100000	272203			2388408	627760
中药饮片加工	65152	362031			2930607	2518025
中成药生产	151170	85900			1136148	540669
兽用药品制造	145000				376323	245069
生物药品制品制造	144783	939554			2565675	429771
卫生材料及医药用品制造	50000	33845			404398	83095
药用辅料及包装材料	***	***	***	***	***	***
橡胶和塑料制品业	646105	308649			3121366	2612990
橡胶制品业	500	44890			416183	323484
塑料制品业	645605	263759			2705183	2289506
非金属矿物制品业	300877	2596451			11808467	9862690
石膏、水泥制品及类似制品制造	177531	1139536			7751547	6691953
砖瓦、石材等建筑材料制造	***	***	***	***	***	***
玻璃制造	54000	40310			403179	351996
玻璃制品制造	***	***	***	***	***	***
玻璃纤维和玻璃纤维增强塑料制品制造	***	***	***	***	***	***
耐火材料制品制造	30942	1216167			2623396	1997898

单位：千元

税金及附加	其他业务利润	销售费用	管理费用	财务费用	#利息收入	#利息支出
2989	10327	14165	59806	8361	197	7699
263		1518	4572	262	9	256
2726	10327	12647	55234	8099	188	7443
16027	18484	101750	250412	12987	1397	13350
15892	18484	101533	247871	12091	1397	12461
***	***	***	***	***	***	***
3919	522798	206435	111838	31686	380	23370
***	***	***	***	***	***	***
2250	522071	189825	75192	21318	249	12907
***	***	***	***	***	***	***
***	***	***	***	***	***	***
2144		12500	16052	225	45	208
2144		12500	16052	225	45	208
19746	50923	299469	467312	18356	5698	18987
3521	25987	34232	102565	-1809	4031	2116
***	***	***	***	***	***	***
2511	2048	63868	61435	3936	179	2962
341		6987	10362	1755	23	706
9897	20993	146470	231041	11676	1101	10761
3441	1895	44703	54617	135	156	160
74385	59724	2592745	1383827	40474	5832	39903
***	***	***	***	***	***	***
30075	54275	965055	463374	16241	970	14113
8746	318	56648	161349	4881	204	4578
14894	33	360754	165601	2088	1653	3947
3178	4533	52570	54880	-326	146	51
13229	448	1074820	435926	15711	1921	14377
2788	-2	73176	78334	3104	212	2547
***	***	***	***	***	***	***
16325	12398	119377	268100	31926	10626	40421
2059	1343	20652	39812	5739	59	5695
14266	11055	98725	228288	26187	10567	34726
49953	24011	691876	676616	110629	9431	89810
30833	5476	472897	407290	63216	6829	53693
***	***	***	***	***	***	***
1077	6020	13938	27329	4818	40	4753
***	***	***	***	***	***	***
***	***	***	***	***	***	***
11429	8030	166618	145401	40236	1929	28925

1-15 续表 10

项目					营业收入	营业成本
	法人资本	个人资本	港澳台资本	外商资本		
石墨及其他非金属矿物制品制造	20560	103493			600349	520531
黑色金属冶炼和压延加工业	55429	13000			501643	462543
钢压延加工	55429	13000			501643	462543
有色金属冶炼和压延加工业	8700	88300			705102	637933
有色金属合金制造		12000			176175	163445
有色金属压延加工	8700	76300			528927	474488
金属制品业	735987	1114287			6355749	5374483
结构性金属制品制造	508967	696473			4847473	4118772
集装箱及金属包装容器制造	122020	39351			390400	338755
金属丝绳及其制品制造	***	***	***	***	***	***
建筑、安全用金属制品制造		70300			213329	147545
金属表面处理及热处理加工		109680			159602	135646
金属制日用品制造	***	***	***	***	***	***
铸造及其他金属制品制造	100000	187303			596097	495905
通用设备制造业	628345	1778840			8252224	5799922
锅炉及原动设备制造	***	***	***	***	***	***
金属加工机械制造	160425	339280			3451543	2057640
物料搬运设备制造	31750	155750			360880	315559
泵、阀门、压缩机及类似机械制造	51200	491866			1429413	1131449
烘炉、风机、包装等设备制造	156595	326725			1517500	1129711
文化、办公用机械制造	3800	303200			637552	440893
通用零部件制造	146775	60088			599116	524681
其他通用设备制造业	77800	500			216930	176632
专用设备制造业	705903	2295565		7200	11353536	7168105
采矿、冶金、建筑专用设备制造	3000	344070			1515251	1012076
化工、木材、非金属加工专用设备制造	65500	22605			225115	156166
食品、饮料、烟草及饲料生产专用设备制造	***	***	***	***	***	***
印刷、制药、日化及日用品生产专用设备制造	12115	24775			445824	252369
纺织、服装和皮革加工专用设备制造	3000	41251			180010	128339
电子和电工机械专用设备制造	57234	116385			980480	762529
农、林、牧、渔专用机械制造	***	***	***	***	***	***
医疗仪器设备及器械制造	278304	775106		7200	3256876	1473887
环保、邮政、社会公共服务及其他专用设备制造	281750	879373			4491463	3200484
汽车制造业	638847	357079			7166281	6093715
汽车用发动机制造	***	***	***	***	***	***
改装汽车制造	226098	99310			2389425	2143563
汽车零部件及配件制造	387145	236816			4549519	3811008
铁路、船舶、航空航天和其他运输设备制造业	469994	738120			3016228	1574984
铁路运输设备制造	414914	487590			1713509	943416

单位：千元

税金及附加	其他业务利润	销售费用	管理费用	财务费用	#利息收入	#利息支出
4199	4384	26640	32806	1273	478	1298
668	1657	4234	16806	5787	166	2746
668	1657	4234	16806	5787	166	2746
1450	79	14972	43057	2087	162	1883
178	79	4982	4643	104	28	117
1272		9990	38414	1983	134	1766
23160	19914	247233	452164	55714	1454	55310
16640	18955	189607	349135	43853	986	43474
1889	955	6126	17847	1221	25	1084
***	***	***	***	***	***	***
1478		27305	24666	173	34	88
1010	4	1728	11168	263	209	448
***	***	***	***	***	***	***
1988		20970	45316	9139	70	9152
55726	182496	955306	956828	75439	5180	73267
***	***	***	***	***	***	***
31124	168931	666886	422892	50326	1762	48904
1022	2429	8201	32393	6318	134	2887
7497	365	106071	105255	2551	307	4077
8722	6557	92768	218287	8134	2608	10379
4438	3160	48366	92152	2325	50	1831
1783	1054	18913	44089	5419	115	4781
791		6751	30344	374	186	398
76004	25130	1209336	1531643	21008	22163	45421
5069	2753	223081	162489	5270	3966	7866
1764	1677	10729	46790	606	38	580
***	***	***	***	***	***	***
3773	39	55446	76293	168	200	157
1101	2148	14743	20303	-2310	866	
3635	1842	26469	102063	-873	1007	4124
***	***	***	***	***	***	***
32155	11396	622152	585714	-9400	12822	10063
27367	1806	220270	494006	25796	3240	21008
27156	45797	234280	573425	57797	9663	45221
***	***	***	***	***	***	***
5363	6124	81619	93447	1223	2005	2651
20211	39673	141516	422044	54328	6369	41439
26575	2534	150193	610288	18035	11173	15119
16258	2389	107197	289362	7677	8752	4564

1-15 续表 11

项目	法人资本	个人资本	港澳台资本	外商资本	营业收入	营业成本
船舶及相关装置制造	***	***	***	***	***	***
航空、航天器及设备制造	55080	246530			1088726	513629
电气机械和器材制造业	1136051	3172368			9693257	7516065
电机制造	24432	98863			355281	256889
输配电及控制设备制造	1005412	1902010			5975047	4525802
电线、电缆、光缆及电工器材制造	53325	534500			1963923	1723878
电池制造	***	***	***	***	***	***
家用电力器具制造	46382	32750			726072	512281
非电力家用器具制造		201290			278984	200491
照明器具制造	***	***	***	***	***	***
其他电气机械及器材制造	***	***	***	***	***	***
计算机、通信和其他电子设备制造业	1224737	2829161		429	13911519	10112782
计算机制造	80639	470790		429	1018360	739767
通信设备制造	261114	897374			6025277	4366246
广播电视设备制造	68760	83800			368558	303100
非专业视听设备制造	***	***	***	***	***	***
智能消费设备制造	***	***	***	***	***	***
电子器件制造	205044	340984			1688198	1256550
电子元件及电子专用材料制造	265632	625282			2290253	1704650
其他电子设备制造	134832	329474			1761076	1176304
仪器仪表制造业	494428	2079558			5155062	3360351
通用仪器仪表制造	425757	1639554			2939674	2064298
专用仪器仪表制造	49803	250240			1528414	861531
光学仪器制造	***	***	***	***	***	***
其他仪器仪表制造业	***	***	***	***	***	***
其他制造业	150000	25080			190218	92341
其他未列明制造业	150000	25080			190218	92341
废弃资源综合利用业	***	***	***	***	***	***
金属废料和碎屑加工处理	***	***	***	***	***	***
非金属废料和碎屑加工处理	***	***	***	***	***	***
金属制品、机械和设备修理业	149932	346985			413219	243535
铁路、船舶、航空航天等运输设备修理	149932	346985			413219	243535
三、电力、热力、燃气及水生产和供应业	435814	335706			2523241	2372014
电力、热力生产和供应业	179814	267106			2006834	1935686
热力生产和供应	179814	267106			2006834	1935686
燃气生产和供应业	80000	18600			311238	300109
燃气生产和供应业	80000	18600			311238	300109
水的生产和供应业	***	***	***	***	***	***
污水处理及其再生利用	***	***	***	***	***	***
其他水的处理、利用与分配	***	***	***	***	***	***

单位：千元

税金及附加	其他业务利　　润	销售费用	管理费用	财务费用	#利息收入	#利息支出
***	***	***	***	***	***	***
7937	145	36760	254484	10412	2351	10555
40673	34380	652889	955058	106821	92992	183799
1980		30824	51758	193	233	409
29967	22462	384905	645111	36292	6974	31469
5424	84	55201	79334	27000	209	24679
***	***	***	***	***	***	***
3966	11090	142406	74261	12418	202	11919
847		21888	44492	3803	49	3781
***	***	***	***	***	***	***
***	***	***	***	***	***	***
82276	94263	1230217	2129442	81473	45288	105648
5115	1688	84826	177031	4314	108	1305
30321	57397	756693	956458	38238	31392	52817
1796	6950	20714	43293	1822	71	1692
***	***	***	***	***	***	***
***	***	***	***	***	***	***
8701	11839	64547	216560	26496	2133	19613
19727	12716	84165	246869	-7019	7929	11422
15131	3673	145091	350230	14100	2505	14996
41141	29665	484899	794700	85067	34310	99122
20954	27454	229337	441694	82300	27002	90531
15845	2211	175270	241108	4851	2810	6620
***	***	***	***	***	***	***
***	***	***	***	***	***	***
1332		9503	45726	3846	363	4174
1332		9503	45726	3846	363	4174
***	***	***	***	***	***	***
***	***	***	***	***	***	***
***	***	***	***	***	***	***
4179	1893	33061	126839	826	879	1687
4179	1893	33061	126839	826	879	1687
1740	-865	54135	206724	31539	2439	30311
2586	-5055	27445	165553	28219	2332	27626
2586	-5055	27445	165553	28219	2332	27626
254	4190	9564	9151	2069	6	1457
254	4190	9564	9151	2069	6	1457
***	***	***	***	***	***	***
***	***	***	***	***	***	***
***	***	***	***	***	***	***

1-15 续表 12

项　　目	投资收益（损失以"-"号记）	营业利润	利润总额	亏损企业亏损额	所得税费用
合　计	**506347**	**6740118**	**7703061**	**1577147**	**1148426**
一、采矿业	***	***	***	***	***
黑色金属矿采选业	***	***	***	***	***
铁矿采选	***	***	***	***	***
非金属矿采选业	***	***	***	***	***
石棉及其他非金属矿采选	***	***	***	***	***
二、制造业	496542	6836214	7597597	1558001	1120300
农副食品加工业	26518	138903	158647	75434	33234
谷物磨制		-14757	-14759	14772	73
饲料加工	26418	163496	172540	2172	27865
屠宰及肉类加工	100	-38151	-31613	39151	272
蔬菜、菌类、水果和坚果加工		28543	31412		1203
其他农副食品加工		-228	1067	19339	3821
食品制造业	635	246843	265315	25839	53487
焙烤食品制造	78	43478	46078	6418	7678
糖果、巧克力及蜜饯制造	17	20670	22457		2182
方便食品制造		-8803	-1599	3425	377
乳制品制造	***	***	***	***	***
调味品、发酵制品制造		14729	16499	3299	4805
其他食品制造	540	172850	177971	12697	37466
酒、饮料和精制茶制造业	107	-6755	-6777	8116	251
饮料制造	107	-6755	-6777	8116	251
纺织业		37157	43230		6770
化纤织造及印染精加工	***	***	***	***	***
家用纺织制成品制造	***	***	***	***	***
产业用纺织制成品制造	***	***	***	***	***
纺织服装、服饰业	3315	72525	97277	11387	13108
机织服装制造	3315	79006	103356	5269	13107
针织或钩针编织服装制造		-6481	-6079	6118	1
皮革、毛皮、羽毛及其制品和制鞋业	967	9554	9465		1827
皮革制品制造	***	***	***	***	***
制鞋业	***	***	***	***	***
木材加工和木、竹、藤、棕、草制品业	2	-975	5254		902
人造板制造	***	***	***	***	***
木质制品制造	2	-1734	4495		685
家具制造业	12632	140645	158033	9983	29854
木质家具制造	10837	101815	118629	9983	20636
金属家具制造	1795	34805	34747		8686
其他家具制造		4025	4657		532

单位：千元

应付职工薪酬（本年贷方累计发生额）	应 交 增值税	进项税额	销项税额	平均用工人数（人）
13965443	**4259760**	**13634715**	**17088848**	**131147**
***	***	***	***	***
***	***	***	***	***
***	***	***	***	***
***	***	***	***	***
***	***	***	***	***
13679648	4265823	13427023	16950162	127476
462638	47727	472666	503772	6240
2825	-400	52282	49349	60
200603	1179	26958	24919	2386
127014	15138	247452	254390	1765
66685	10487	96946	105813	1063
65511	21323	49028	69301	966
449585	208099	447150	647417	6496
127125	47999	135485	183918	2203
94591	49938	68304	116811	1165
34759	12434	36157	48673	564
***	***	***	***	***
47153	30232	42948	72962	491
113762	60659	147251	201211	1353
21607	10181	21996	32161	268
21607	10181	21996	32161	268
25793	793	51654	43642	215
***	***	***	***	***
***	***	***	***	***
***	***	***	***	***
781169	209674	425948	627898	10356
756141	206256	393703	593260	9956
25028	3418	32245	34638	400
27258	10065	41154	51079	455
***	***	***	***	***
***	***	***	***	***
90141	20977	47165	50779	872
***	***	***	***	***
87590	19272	29871	32130	826
382974	160185	707725	860860	4645
349364	146727	661235	803141	4142
12369	9188	28128	37303	215
21241	4270	18362	20416	288

1-15 续表 13

项 目	投资收益（损失以"-"号记）	营业利润	利润总额	亏损企业亏损额	所得税费用
造纸和纸制品业		9198	14909	8111	1817
造纸		864	1434	387	416
纸制品制造		8334	13475	7724	1401
印刷和记录媒介复制业	11282	140481	148020	2695	22696
印刷	11282	140046	147572	2695	22651
装订及印刷相关服务	***	***	***	***	***
文教、工美、体育和娱乐用品制造业	-274	45963	55027	11365	3374
文教办公用品制造	***	***	***	***	***
工艺美术及礼仪用品制造	-274	55459	59091		2112
体育用品制造	***	***	***	***	***
玩具制造	***	***	***	***	***
石油、煤炭及其他燃料加工业	1061	9590	9676		529
精炼石油产品制造	1061	9590	9676		529
化学原料和化学制品制造业	106516	174674	181824	37846	26965
基础化学原料制造	53	16757	17574		3544
肥料制造	***	***	***	***	***
涂料、油墨、颜料及类似产品制造	305	13693	14123	13243	3607
合成材料制造		-4622	-4798	5306	146
专用化学产品制造	105677	150619	156634	5491	18037
日用化学产品制造	459	10714	10713	1136	1554
医药制造业	14522	1361605	1276175	91911	143106
化学药品原料药制造	***	***	***	***	***
化学药品制剂制造	994	293874	272824	26999	30432
中药饮片加工	10780	192473	191640	3315	5186
中成药生产		68967	66956	6038	11739
兽用药品制造	330	22564	22666	5195	2293
生物药品制品制造	2418	595050	533018	50364	67693
卫生材料及医药用品制造		163828	163711		20953
药用辅料及包装材料	***	***	***	***	***
橡胶和塑料制品业	28	76604	87149	15252	11747
橡胶制品业	10	24732	30319	2295	3911
塑料制品业	18	51872	56830	12957	7836
非金属矿物制品业	34375	426933	451608	39562	68267
石膏、水泥制品及类似制品制造	-888	85160	103505	30127	32467
砖瓦、石材等建筑材料制造	***	***	***	***	***
玻璃制造		4021	4557		538
玻璃制品制造	***	***	***	***	***
玻璃纤维和玻璃纤维增强塑料制品制造	***	***	***	***	***
耐火材料制品制造	34155	270800	271837		22910

单位：千元

应付职工薪酬（本年贷方累计发生额）	应 交 增值税	进项税额	销项税额	平均用工人数（人）
54631	19950	155520	173381	851
4754	2212	38695	40907	89
49877	17738	116825	132474	762
287819	99756	298049	397970	3843
285262	98405	292123	390693	3798
***	***	***	***	***
101950	19922	439059	361362	1058
***	***	***	***	***
60749	9413	420302	336374	593
***	***	***	***	***
***	***	***	***	***
12835	6182	20532	26714	129
12835	6182	20532	26714	129
457170	133949	796126	922905	4450
126789	29955	338010	365344	1211
***	***	***	***	***
74905	22188	100181	121978	781
7541	2996	23576	26521	95
194831	57975	309349	365424	1731
44506	18745	16996	33533	469
1024539	515289	527791	954328	9107
***	***	***	***	***
216535	224521	104015	324112	1993
123910	50230	259327	306839	1736
247318	109933	70365	179953	1829
66224	15735	36552	50064	571
297772	84107	29375	44529	2332
53000	23661	15384	32913	455
***	***	***	***	***
374203	95279	392056	459538	4103
70131	15334	49651	62751	875
304072	79945	342405	396787	3228
633183	413786	641817	870814	7091
379153	257122	156414	233068	4104
***	***	***	***	***
42240	9586	54993	64249	614
***	***	***	***	***
***	***	***	***	***
102932	101343	319331	420675	1125

1-15 续表 14

项目	投资收益（损失以"-"号记）	营业利润	利润总额	亏损企业亏损额	所得税费用
石墨及其他非金属矿物制品制造		14902	19317	917	3620
黑色金属冶炼和压延加工业	-7	3112	2320		332
钢压延加工	-7	3112	2320		332
有色金属冶炼和压延加工业		5599	7393	308	1917
有色金属合金制造		2823	3094	308	1037
有色金属压延加工		2776	4299		880
金属制品业	14318	201740	234981	29605	35263
结构性金属制品制造	9959	125340	150962	26888	20249
集装箱及金属包装容器制造		24560	26981		4100
金属丝绳及其制品制造	***	***	***	***	***
建筑、安全用金属制品制造	4359	16524	19594	735	2914
金属表面处理及热处理加工		9788	7421	1982	2351
金属制日用品制造	***	***	***	***	***
铸造及其他金属制品制造		21289	25898		4665
通用设备制造业	3763	399987	491260	60791	64623
锅炉及原动设备制造	***	***	***	***	***
金属加工机械制造	-4313	208819	281858	14966	30029
物料搬运设备制造		-2613	-2319	9247	1573
泵、阀门、压缩机及类似机械制造	1554	72604	74005	608	10767
烘炉、风机、包装等设备制造	-2706	58695	60813	12020	8468
文化、办公用机械制造	9033	56858	57919	21376	12104
通用零部件制造		4229	16555	338	1989
其他通用设备制造业	36	4409	4456	209	-307
专用设备制造业	14846	1316416	1430637	68753	208449
采矿、冶金、建筑专用设备制造	1168	77182	68932	6408	10109
化工、木材、非金属加工专用设备制造		9060	10290		1494
食品、饮料、烟草及饲料生产专用设备制造	***	***	***	***	***
印刷、制药、日化及日用品生产专用设备制造	6751	63662	71675	1145	8393
纺织、服装和皮革加工专用设备制造		17011	17094		4548
电子和电工机械专用设备制造	98	76868	78502		11562
农、林、牧、渔专用机械制造	***	***	***	***	***
医疗仪器设备及器械制造	6564	566745	639008	41762	96550
环保、邮政、社会公共服务及其他专用设备制造	150	512832	549168	11334	74923
汽车制造业	5971	158265	217339	138274	49650
汽车用发动机制造	***	***	***	***	***
改装汽车制造		47311	66161	31514	4355
汽车零部件及配件制造	5971	85169	124353	106760	42777
铁路、船舶、航空航天和其他运输设备制造业	26235	640869	650838	18634	96735
铁路运输设备制造	21669	369211	370557	18634	55900

单位：千元

应付职工薪酬（本年贷方累计发生额）	应交增值税	进项税额	销项税额	平均用工人数（人）
35140	33651	59236	92046	459
20003	5296	75306	79486	277
20003	5296	75306	79486	277
28804	4031	100825	86332	401
6362	2372	26384	29035	116
22442	1659	74441	57297	285
518302	165704	709475	843726	6444
384421	117390	519585	618170	4653
38670	11997	49964	59228	496
***	***	***	***	***
28482	14376	23731	32554	365
16157	6026	19929	25950	273
***	***	***	***	***
42962	14615	73261	83520	577
1418589	391134	862042	1335200	9206
***	***	***	***	***
850859	217104	338391	550863	3987
41788	11265	41247	50144	499
119619	57324	144301	201317	1015
222893	62767	171885	362544	1975
78304	20589	87827	76055	790
62901	12808	46174	52857	647
35872	5780	29277	35000	228
1499618	452945	1330304	1722506	12725
130367	3714	202893	201713	1645
39041	13345	22033	35232	267
***	***	***	***	***
74807	18664	42961	53019	833
24594	9204	14275	22934	245
78024	9284	148414	91038	565
***	***	***	***	***
682168	223950	370514	613134	5545
430830	166091	502282	670388	3195
580328	140523	972775	1116821	6097
***	***	***	***	***
89824	15727	379844	394855	832
438699	115720	566749	686748	5020
467650	199535	220108	404008	2762
237416	135274	141595	266402	1490

1-15 续表 15

项　　目	投资收益（损失以"-"号记）	营业利润	利润总额	亏损企业亏损额	所得税费用
船舶及相关装置制造	***	***	***	***	***
航空、航天器及设备制造	4566	250608	250813		36415
电气机械和器材制造业	44533	255941	284071	262858	61406
电机制造		23054	23342		4059
输配电及控制设备制造	3729	342746	363612	1572	34750
电线、电缆、光缆及电工器材制造	229	72253	73141	25187	13989
电池制造	***	***	***	***	***
家用电力器具制造	43420	23487	28206		3938
非电力家用器具制造		8013	8115		1508
照明器具制造	***	***	***	***	***
其他电气机械及器材制造	***	***	***	***	***
计算机、通信和其他电子设备制造业	49137	319953	593812	610815	126933
计算机制造	1283	19732	36647	23171	2678
通信设备制造	7594	-134466	-36990	321017	29095
广播电视设备制造	-1847	-3350	-3149	4648	93
非专业视听设备制造	***	***	***	***	***
智能消费设备制造	***	***	***	***	***
电子器件制造	2383	139770	163173	8743	22810
电子元件及电子专用材料制造	5383	229645	334190	124254	57508
其他电子设备制造	2911	83722	95367	42214	8406
仪器仪表制造业	61409	530305	599390	21799	45348
通用仪器仪表制造	12702	196678	233839	21052	7447
专用仪器仪表制造	48398	275348	305416	747	31411
光学仪器制造	***	***	***	***	***
其他仪器仪表制造业	***	***	***	***	***
其他制造业	1188	34562	35049		6278
其他未列明制造业	1188	34562	35049		6278
废弃资源综合利用业	***	***	***	***	***
金属废料和碎屑加工处理	***	***	***	***	***
非金属废料和碎屑加工处理	***	***	***	***	***
金属制品、机械和设备修理业	63434	66727	72933	8663	-41
铁路、船舶、航空航天等运输设备修理	63434	66727	72933	8663	-41
三、电力、热力、燃气及水生产和供应业	9805	-98766	101499	17662	26764
电力、热力生产和供应业	2772	-104547	93533	8207	24297
热力生产和供应	2772	-104547	93533	8207	24297
燃气生产和供应业	5000	-4907	-5269	9455	405
燃气生产和供应业	5000	-4907	-5269	9455	405
水的生产和供应业	***	***	***	***	***
污水处理及其再生利用	***	***	***	***	***
其他水的处理、利用与分配	***	***	***	***	***

单位：千元

应付职工薪酬（本年贷方累计发生额）	应 交 增值税	进项税额	销项税额	平均用工人数（人）
***	***	***	***	***
209790	46994	73741	116446	1199
992258	261881	1296666	1499479	10565
77545	4434	39881	58525	683
622334	187814	770982	962791	6815
83286	28321	270056	290938	1113
***	***	***	***	***
134198	34281	86926	104521	1217
21138	6620	24948	31455	232
***	***	***	***	***
***	***	***	***	***
1973627	386886	1773884	1974236	11384
154910	37861	129002	161267	992
773880	204003	792995	882639	3709
49878	12270	44304	56135	507
***	***	***	***	***
***	***	***	***	***
222443	47421	211590	238081	1557
377095	2669	265136	240934	1770
302929	85766	230430	303006	2339
839410	240681	528441	802959	6382
470124	121782	331998	474580	3925
249751	90286	133377	217755	1721
***	***	***	***	***
***	***	***	***	***
38981	14451	14272	26116	271
38981	14451	14272	26116	271
***	***	***	***	***
***	***	***	***	***
***	***	***	***	***
101107	20413	41272	64289	588
101107	20413	41272	64289	588
259917	-8875	188831	117013	3259
224286	-18201	139604	59055	2957
224286	-18201	139604	59055	2957
8807	556	31878	32289	118
8807	556	31878	32289	118
***	***	***	***	***
***	***	***	***	***
***	***	***	***	***

1-16 规模以上工业主要产品产量

产品名称	单位	本　年 生产量	产品名称	单位	本　年 生产量
小麦粉	万吨	67.8	电站用汽轮机	万千瓦	11.0
饲料	万吨	135.9	金属切削机床	万台	1.3
鲜、冷藏肉	万吨	69.6	#数控金属切削机床	万台	1.2
糖果	万吨	3.0	机床数控装置	万套	6.2
乳制品	万吨	53.2	起重机	万吨	7.2
冷冻饮品	万吨	16.4	输送机械（输送机和提升机）	万吨	
白酒（折65度，商品量）	万千升	46.6	泵	万台	103.3
啤酒	万千升	101.2	气体压缩机	万台	797.6
葡萄酒	万千升	0.2	液压元件	万件	196.1
卷烟	亿支	169.6	气动元件	万件	31008.4
无纺布（无纺织物）	万吨	1.2	工业电炉	台	230.0
服装	万件	0.7	风机	万台	2.6
家具	万件	626.1	减速机	万台	5.4
机制纸及纸板（外购原纸加工除外）	万吨	4.4	模具	万套	0.3
纸制品	万吨	35.6	印刷专用设备	万吨	0.3
多色印刷品	万对开色令	7068.3	环境污染防治专用设备	万台（套）	9.6
乙烯	万吨	79.4	汽车	万辆	163.2
涂料	万吨	19.3	#基本型乘用车（轿车）	万辆	78.8
初级形态塑料	万吨	113.7	运动型多用途乘用车(SUV)	万辆	41.4
合成橡胶	万吨	19.1	客车	万辆	0.5
化学试剂	万吨	11.1	载货汽车	万辆	42.4
单晶硅	吨	201.3	改装汽车	万辆	1.6
合成洗涤剂	万吨	11.8	发电机组（发电设备）	万千瓦	145.3
化学药品原药	吨	91.8	#风力发电机组	万千瓦	126.8
中成药	万吨	4.4	交流电动机	万千瓦	35.4
化学纤维	吨	2006.9	变压器	万千伏安	985.7
塑料制品	万吨	26.9	高压开关板	万面	12.3
硅酸盐水泥熟料	万吨	272.4	电力电缆	万千米	11.8
水泥	万吨	397.0	光缆	万芯千米	354.3
商品混凝土	万立方米	4311.8	锂离子电池	万只（自然只）	1058.0
石膏板	万平方米	6062.0	太阳能电池	万千瓦	31.5
沥青和改性沥青防水卷材	万平方米	145.1	灯具及照明装置	万套（台、个）	182.1
钢化玻璃	万平方米	43.7	微型计算机设备	万台	555.5
夹层玻璃	万平方米	29.9	服务器	万台	9.2
纤维增强塑料制品	万吨	1.5	显示器	万台	406.3
卫生陶瓷制品	万件	190.4	打印机	万台	151.9
耐火材料制品	万吨	45.3	卫星导航定位接收机	万部	3.5
钢材	万吨	179.1	移动通信手持机（手机）	万台	8448.0
#冷轧薄板	万吨	3.5	彩色电视机	万台	456.4
冷轧薄宽钢带	万吨	90.4	集成电路	万块	149.5
镀层板（带）	万吨	84.3	光电子器件	万只（片、套）	19.8
单一稀土金属	吨	1443.2	电子元件	万只	514087.5
铜材	吨	5002.0	印制电路板	万平方米	24.2
铝材	吨	1452.5	工业自动调节仪表与控制系统	万台（套）	66.4
电站锅炉	蒸发量吨	8219.0	分析仪器及装置	万台（套）	92.1
工业锅炉	蒸发量吨	4038.0	自来水生产量	万立方米	123232.2
发动机	万千瓦	19601.0			

1-17 规模以上工业主要工业产品生产能力

产品名称	计量单位	年末生产能力
原油加工能力	吨	11500000
硅酸盐水泥熟料	吨	3050000
发电设备容量总计	万千瓦	1207
# 火电设备容量	万千瓦	1070
水电设备容量	万千瓦	98
风电设备容量	万千瓦	19
原 煤	吨	2200000
卷 烟	万支	2754000
水 泥	吨	4000000
钢 材	吨	1718470
金属切削机床	台	19983
汽 车	辆	2388500
# 基本型乘用车（轿车）	辆	1792000
移动通信手持机（手机）	台	15476925
微型计算机设备	台	10400000

1-18 规模以上高技术制造业主要财务状况

单位：千元

项目	法人单位数（个）	工业总产值	资产总计	负债合计	营业收入	利润总额
合计	**799**	**442581089**	**797684567**	**396106969**	**531361519**	**40054028**
一、按登记注册类型分						
内资	628	194574730	459889753	185744882	207675715	23995545
国有	11	8555206	18998820	10684003	8684972	772143
集体	2	***	***	***	***	***
股份合作	4	435006	637056	565716	400596	-18736
国有独资公司	25	7814202	16554552	9761601	9204503	757654
其他有限责任公司	258	95801807	169822681	90162340	102172608	8868682
股份有限公司	93	49873065	196297840	48864390	51779289	10021509
私营合伙	1	***	***	***	***	***
私营有限责任公司	189	21006208	29873791	15619006	22526881	2041642
私营股份有限公司	45	10911183	27181653	9781598	12691407	1547830
港澳台商投资	49	148567475	150606214	105282288	213765134	4778417
与港澳台商合资经营	20	14465365	28544877	8172567	15144941	1891582
港澳台商独资	27	133709089	121221346	96934528	198105977	2835919
港澳台商投资股份有限公司	2	***	***	***	***	***
外商投资	122	99438884	187188600	105079799	109920670	11280066
中外合资经营	46	32753874	60890340	17344655	33799173	4399553
外资企业	71	62793523	121368001	85730601	71807962	6878130
外商投资股份有限公司	5	3891487	4930259	2004543	4313535	2383
二、按高技术领域分						
医药制造业	217	114271071	165826557	66022935	115309243	20489776
航空、航天器及设备制造业	40	31474283	55156990	31455605	31106226	2254041
电子及通信设备制造业	248	229408224	392161998	209485937	296018443	9509847
计算机及办公设备制造业	42	26184582	85949305	47686259	42458883	1108266
医疗设备及仪器仪表制造业	249	40716180	97839615	41267039	45757068	6500678
信息化学品制造业	3	526749	750102	189194	711656	191420

1-19 规模以上工业战略性新兴产业总产值

单位：千元

项目	法人单位数（个）	工业总产值
合 计	**970**	**497111605**
按领域分		
新一代信息技术产业	153	192997037
高端装备制造产业	184	74890685
新材料产业	97	31772701
生物产业	320	127850702
新能源汽车产业	33	13765335
新能源产业	64	17156689
节能环保产业	134	34736635
数字创意产业	17	3941821

注：战略性新兴产业依据《战略性新兴产业分类（2018）》确定；由于1 家企业生产的产品可能同时涉及多个领域，因此八个领域的加总数大于全市合计数。

1-20 规模以下工业主要财务状况

单位：千元

项目	法人单位数（个）	#亏损企业	资产总计	负债合计	营业收入	营业利润
合 计	**23847**	**10075**	**324339142**	**208162276**	**97644478**	**-6720032**
一、按登记注册类型分						
内资	23022	9618	281468366	178092150	89900611	-5822245
国有	202	86	6201707	4949787	788574	-193583
集体	1617	513	7903532	4713732	2642025	-126992
股份合作	643	235	4976615	2503326	2095257	14262
国有联营	12	5	40931	12659	13093	-836
集体联营	14	3	35050	20450	19844	-320
国有与集体联营	2	***	***	***	***	***
其他联营	5	4	23657	57959	15	-970
国有独资公司	19	6	5081547	2278540	235473	-386856
其他有限责任公司	1575	767	59958319	38694513	12609617	-1367549
股份有限公司	116	44	6004883	2611947	711245	-89647
私营独资	954	277	1702851	1067509	864237	13787
私营合伙	102	23	329268	162591	108566	624
私营有限责任公司	17607	7571	183388857	118925806	68188582	-3446423
私营股份有限公司	143	80	5807131	2088707	1623198	-237596
其他企业	11	3	8831	1207	885	-147
港、澳、台商投资	218	122	11798199	6475966	1306447	-230912
与港澳台商合资经营	105	62	6171034	4051152	586717	-146467

1-20 续表 1

单位：千元

项　　目	法人单位数（个）	#亏损企业	资产总计	负债合计	营业收入	营业利润
与港澳台商合作经营	3	2	117012	19730	2814	-3416
港澳台商独资经营	108	57	4398910	1775572	706870	-80141
港澳台商投资股份有限公司	2	***	***	***	***	***
外商投资	607	335	31072578	23594161	6437420	-666875
中外合资经营	258	142	13016846	8725608	1766765	-371379
中外合作经营	16	10	284364	279669	209042	-7383
外资企业	327	179	14727191	12182180	4118504	-134084
外商投资股份有限公司	5	4	3044176	2406704	343109	-154030
其他外商投资	1	***	***	***	***	***
二、按隶属关系分						
中央	104	38	11144862	5182523	1369650	-394633
地方	23743	10037	313194281	202979753	96274828	-6325399
三、按控股情况分（仅限执行企业会计制度单位）						
国有控股	428	192	42025986	25045985	5004602	-840226
集体控股	2219	755	12229461	7174976	4532593	-189901
私人控股	20128	8562	224699116	143267770	79135451	-4744015
港澳台商控股	156	89	8011017	4011920	1006603	-213615
外商控股	380	208	19994426	15985848	4824844	-396774
其他	518	264	17144434	12482457	3120477	-320923
四、按单位规模分（仅限执行企业会计制度单位）						
中型	9	3	2642579	2271187	1573366	-949364
小型	2440	942	124175297	79248569	51235214	-1493868
微型	21394	9130	197341480	126463333	44835899	-4276800
五、按轻重工业分						
轻工业	8927	3822	90426940	57344713	31029734	-2532463
重工业	14920	6253	233912203	150817563	66614744	-4187569
六、按地区分						
东城区	203	95	1695984	1056836	638639	-36914
西城区	243	116	4660969	1825007	751587	-118474
朝阳区	2015	888	22690056	16100505	6982732	-930708
丰台区	1380	601	18462090	11190793	5151026	-1346984
石景山区	430	232	7834705	5645480	1422495	-124047
海淀区	1914	793	30451663	17974086	8123055	-441854
门头沟区	696	242	5911525	3380600	1725591	-11038
房山区	1839	776	16730909	10712548	5658008	-250847
通州区	3066	1170	43123166	30321744	12564835	-276215
顺义区	2480	946	29469882	20558918	9483539	-456071
昌平区	2119	889	25057752	15931306	9661513	-405513
大兴区	3114	1422	50867206	31429939	17437814	-814225
怀柔区	1000	424	13565425	6913488	3493546	-216664
平谷区	1240	466	9298365	5737201	3181169	-114503
密云区	1161	524	9701709	6506858	3337883	-250666
延庆区	345	141	4533282	2889848	1063884	-60245
北京经济技术开发区	602	350	30284455	19987119	6967162	-865064

1-21 按行业中类分规模以下工业主要财务状况

单位：千元

项目	法人单位数（个）	#亏损企业	资产总计	负债合计	营业收入	营业利润
合 计	**23847**	**10075**	**324339142**	**208162276**	**97644478**	**-6720032**
一、采矿业	62	22	2726972	2260134	371437	-112500
煤炭开采和洗选业	12	2	98093	-2858	3456	-394
烟煤和无烟煤开采洗选	11	2	98043	-2858	3456	-394
其他煤炭采选	1	***	***	***	***	***
黑色金属矿采选业	4	2	646280	446639	7766	-101388
铁矿采选	4	2	646280	446639	7766	-101388
有色金属矿采选业	4	2	158779	57849	24359	429
常用有色金属矿采选	1	***	***	***	***	***
贵金属矿采选	2	***	***	***	***	***
稀有稀土金属矿采选	1	***	***	***	***	***
非金属矿采选业	22	6	19036	9870	3681	-483
土砂石开采	20	6	18346	9467	3451	-540
石棉及其他非金属矿采选	2	***	***	***	***	***
开采专业及辅助性活动	18	9	1646069	1553771	331934	7461
石油和天然气开采专业及辅助性活动	15	8	1646059	1553704	331933	7489
其他开采专业及辅助性活动	3	1	11	68	1	-29
其他采矿业	2	***	***	***	***	***
其他采矿业	2	***	***	***	***	***
二、制造业	22726	9533	283404470	184975248	91072394	-6207536
农副食品加工业	499	198	4487702	3578950	2478178	-146961
谷物磨制	51	17	816585	513393	551605	-30778
饲料加工	143	48	540507	297200	868721	-6338
植物油加工	27	15	318890	256252	92464	-6001
屠宰及肉类加工	96	42	1011494	785598	370650	-20818
水产品加工	8	5	25214	19003	19201	-138
蔬菜、菌类、水果和坚果加工	73	27	332400	142598	116964	-14314
其他农副食品加工	101	44	1442611	1564905	458572	-68574
食品制造业	561	255	6010919	4019596	2775915	-194954
焙烤食品制造	175	74	1123594	943227	474140	-64105
糖果、巧克力及蜜饯制造	22	8	143153	135569	21794	-11033
方便食品制造	63	25	907114	820732	1094426	-61532
乳制品制造	15	8	584911	325631	80692	-19588
罐头食品制造	14	7	84035	81887	17286	-3864
调味品、发酵制品制造	73	32	997094	463370	436182	4301
其他食品制造	199	101	2171017	1249179	651394	-39133
酒、饮料和精制茶制造业	249	133	4495038	1901226	486752	-122427
酒的制造	75	41	1390611	804749	177165	-67653
饮料制造	167	87	2958253	996426	283860	-53406
精制茶加工	7	5	146174	100051	25726	-1368

1-21 续表 1 单位：千元

项目	法人单位数（个）	#亏损企业	资产总计	负债合计	营业收入	营业利润
纺织业	322	147	1516019	911360	595083	-26810
棉纺织及印染精加工	49	24	269184	187992	127521	-1672
毛纺织及染整精加工	58	24	247690	181161	112981	-6599
麻纺织及染整精加工	3	2	868	367	466	-848
丝绢纺织及印染精加工	2	***	***	***	***	***
化纤织造及印染精加工	7	7	191990	79963	8259	-4501
针织或钩针编织物及其制品制造	54	22	150295	120076	57128	-2365
家用纺织制成品制造	96	41	299640	169046	155150	238
产业用纺织制成品制造	53	27	356264	172714	133060	-11093
纺织服装、服饰业	1270	561	8848424	5667807	3584756	-88010
机织服装制造	663	310	4683872	2932655	2001238	-23943
针织或钩针编织服装制造	160	70	937107	708360	385360	-13530
服饰制造	447	181	3227445	2026793	1198158	-50537
皮革、毛皮、羽毛及其制品和制鞋业	184	69	1215844	848388	552349	2895
皮革鞣制加工	7	1	197739	114334	24922	1247
皮革制品制造	54	18	257150	185967	143977	2048
毛皮鞣制及制品加工	59	27	286762	150614	158198	-1773
羽毛（绒）加工及制品制造	11	3	76350	63082	113463	376
制鞋业	53	20	397843	334392	111791	997
木材加工和木、竹、藤、棕、草制品业	470	193	2930807	2535794	1419631	-50084
木材加工	97	36	450733	321519	332558	-19022
人造板制造	31	10	890771	1089395	101106	-20772
木质制品制造	328	142	1567381	1116258	963090	-10264
竹、藤、棕、草等制品制造	14	5	21923	8622	22878	-25
家具制造业	685	299	6328862	4092742	2354264	-87090
木质家具制造	481	203	4734662	3147099	1543102	-72279
竹、藤家具制造	3	2	25644	19096	13819	550
金属家具制造	68	24	650584	297785	391393	12112
塑料家具制造	6	3	37568	17408	9939	142
其他家具制造	127	67	880404	611354	396012	-27614
造纸和纸制品业	589	211	3340200	1798839	1682325	-50902
纸浆制造	2	***	***	***	***	***
造纸	115	39	595901	344193	306141	3871
纸制品制造	472	172	2744298	1454646	1376184	-54773
印刷和记录媒介复制业	1147	393	9362208	5897705	4892140	-141502
印刷	819	293	7705530	4712231	3925476	-110332
装订及印刷相关服务	320	95	1568242	1093296	918223	-17197
记录媒介复制	8	5	88436	92178	48441	-13973
文教、工美、体育和娱乐用品制造业	622	261	3465065	2542420	1064654	-56385
文教办公用品制造	88	35	453904	251322	139436	-1653

1-21 续表 2

单位：千元

项目	法人单位数（个）	#亏损企业	资产总计	负债合计	营业收入	营业利润
乐器制造	57	22	195522	154659	105746	-4594
工艺美术及礼仪用品制造	371	158	1859902	1435079	544438	-44474
体育用品制造	50	21	411156	177701	90995	5686
玩具制造	39	17	400517	407353	152259	-3899
游艺器材及娱乐用品制造	17	8	144063	116306	31780	-7452
石油、煤炭及其他燃料加工业	121	39	1093593	530665	399781	4162
精炼石油产品制造	65	27	638334	417540	292652	1846
煤炭加工	49	7	166684	68221	100325	-5583
核燃料加工	1	***	***	***	***	***
生物质燃料加工	6	5	63374	38303	6804	-4315
化学原料和化学制品制造业	998	419	16234037	12196401	3673445	-90781
基础化学原料制造	65	19	786373	542354	234612	-8599
肥料制造	114	59	1144092	806105	279076	-24203
农药制造	22	9	256451	157674	216572	5114
涂料、油墨、颜料及类似产品制造	231	108	7597596	6983964	583744	14222
合成材料制造	85	36	896758	474836	450258	6237
专用化学产品制造	280	108	3934040	2269886	1376483	-82791
炸药、火工及焰火产品制造	3	3	14613	2508	3228	-112
日用化学产品制造	198	77	1604113	959075	529473	-649
医药制造业	331	180	10627673	7886256	1944420	-615228
化学药品原料药制造	18	8	406507	339663	27228	-11421
化学药品制剂制造	48	32	1952793	1242773	274555	-77743
中药饮片加工	21	13	1469871	1469417	284534	-92948
中成药生产	47	28	2723265	2318731	296052	-69935
兽用药品制造	29	14	1086258	357898	205479	-13274
生物药品制品制造	99	53	2079241	1276645	547212	-208055
卫生材料及医药用品制造	64	29	870836	863605	283551	-139601
药用辅料及包装材料	5	3	38902	17524	25810	-2250
化学纤维制造业	18	9	3615167	3454535	83070	-4792
纤维素纤维原料及纤维制造	2	***	***	***	***	***
合成纤维制造	13	5	3578924	3450884	81651	-1315
生物基材料制造	3	2	5357	1790	990	-662
橡胶和塑料制品业	843	351	5783024	3186370	2836314	-120537
橡胶制品业	130	44	1166752	670067	465334	-25573
塑料制品业	713	307	4616271	2516303	2370980	-94964
非金属矿物制品业	1494	535	20039606	13172958	6020995	-501296
水泥、石灰和石膏制造	76	24	1572074	1285346	274499	-63730
石膏、水泥制品及类似制品制造	361	128	5912563	3934519	2161797	-160469
砖瓦、石材等建筑材料制造	605	202	6146286	3607421	1913029	-55506
玻璃制造	81	35	1128955	1212908	228825	-38778

1-21 续表 3

单位：千元

项目	法人单位数（个）	#亏损企业	资产总计	负债合计	营业收入	营业利润
玻璃制品制造	130	48	2855138	1742264	412427	-128161
玻璃纤维和玻璃纤维增强塑料制品制造	59	22	401495	196005	325010	543
陶瓷制品制造	59	24	296394	111689	123324	-3087
耐火材料制品制造	53	20	338416	196360	226030	-1468
石墨及其他非金属矿物制品制造	70	32	1388285	886445	356054	-50641
黑色金属冶炼和压延加工业	99	31	1849683	2041813	324177	6446
炼钢	4	1	26227	23563	14228	16
钢压延加工	93	28	1800670	2011137	305548	7568
铁合金冶炼	2	***	***	***	***	***
有色金属冶炼和压延加工业	121	49	1546198	894814	694071	-3011
常用有色金属冶炼	5	3	35326	11781	10783	-276
贵金属冶炼	5	2	6163	159	70	-2
稀有稀土金属冶炼	3	1	51782	20554	4667	-465
有色金属合金制造	46	22	941510	510980	341242	1016
有色金属压延加工	62	21	511418	351340	337309	-3284
金属制品业	2471	996	23063882	14444286	7385053	-285377
结构性金属制品制造	1582	643	11710088	6805591	4120470	-56488
金属工具制造	90	32	706434	392582	323117	6079
集装箱及金属包装容器制造	60	27	2311800	1164564	219018	-18229
金属丝绳及其制品制造	26	11	155435	100555	112226	4296
建筑、安全用金属制品制造	209	90	2046174	1145553	845984	-59953
金属表面处理及热处理加工	103	32	352438	211183	189648	-1252
搪瓷制品制造	8	3	104111	25315	70097	-1295
金属制日用品制造	114	44	1223755	513993	625898	-2856
铸造及其他金属制品制造	279	114	4453648	4084949	878595	-155679
通用设备制造业	2260	877	30218663	19227312	10040986	-469197
锅炉及原动设备制造	127	59	1669638	1142034	483912	-42619
金属加工机械制造	424	167	5967494	4116965	1603914	-21821
物料搬运设备制造	108	37	2536841	1986555	714190	-162283
泵、阀门、压缩机及类似机械制造	222	90	3794863	2198884	1347219	-29749
轴承、齿轮和传动部件制造	48	15	1745413	956767	532410	41562
烘炉、风机、包装等设备制造	368	166	7004767	3762306	1999144	-79517
文化、办公用机械制造	54	23	1360707	1109023	204164	-37933
通用零部件制造	779	262	4269183	2705349	2491861	-3991
其他通用设备制造业	130	58	1869757	1249429	654173	-132846
专用设备制造业	1996	956	29020717	19051043	9047407	-1040463
采矿、冶金、建筑专用设备制造	179	75	4306680	3299845	907860	-35170
化工、木材、非金属加工专用设备制造	266	116	3791353	2472632	1414277	-31342
食品、饮料、烟草及饲料生产专用设备制造	44	14	263711	135290	136499	6534
印刷、制药、日化及日用品生产专用设备制造	124	55	982119	626536	411322	-27710

1-21 续表 4

单位：千元

项 目	法人单位数（个）	#亏损企业	资产总计	负债合计	营业收入	营业利润
纺织、服装和皮革加工专用设备制造	26	9	227084	121948	106963	-3178
电子和电工机械专用设备制造	185	89	1883367	939900	839382	-25298
农、林、牧、渔专用机械制造	61	32	595463	387731	278847	1945
医疗仪器设备及器械制造	503	281	7394867	4822448	2140015	-571403
环保、邮政、社会公共服务及其他专用设备制造	608	285	9576072	6244716	2812241	-354841
汽车制造业	420	187	8356599	6372694	2863851	-356653
汽车整车制造	7	3	175317	134227	2063	-61485
汽车用发动机制造	7	3	83820	73592	65909	-541
改装汽车制造	21	13	584752	541053	50074	-29727
电车制造	1	***	***	***	***	***
汽车车身、挂车制造	11	2	474261	390544	388221	31148
汽车零部件及配件制造	373	166	7038448	5233278	2357584	-296049
铁路、船舶、航空航天和其他运输设备制造业	182	81	5516537	3703024	1489413	-965622
铁路运输设备制造	76	33	2408475	2160458	681633	-888782
城市轨道交通设备制造	8	6	567344	338178	35169	-47397
船舶及相关装置制造	10	6	323243	201655	104720	827
航空、航天器及设备制造	65	25	2063091	883098	595280	-24787
摩托车制造	2	***	***	***	***	***
自行车和残疾人座车制造	5	2	21924	26589	11642	-625
助动车制造	5	2	4022	3651	737	-160
非公路休闲车及零配件制造	6	4	50497	42197	8467	-5649
潜水救捞及其他未列明运输设备制造	5	2	54406	32370	33420	-1177
电气机械和器材制造业	1317	576	28073203	16033214	7465682	-393695
电机制造	73	27	953037	590735	767754	-14199
输配电及控制设备制造	604	255	14098260	8869721	4389187	-36007
电线、电缆、光缆及电工器材制造	175	77	2429927	1233959	827724	-51398
电池制造	35	18	4103725	299679	109965	-98620
家用电力器具制造	114	52	973332	744233	305063	-13103
非电力家用器具制造	86	42	1210615	705343	282222	-73820
照明器具制造	118	51	1805292	1759802	307974	-55627
其他电气机械及器材制造	112	54	2499015	1829742	475792	-50920
计算机、通信和其他电子设备制造业	1065	477	28314243	17511767	6740395	-253241
计算机制造	195	80	2120932	1299371	1249645	-28136
通信设备制造	105	48	5593992	4453697	1410035	53035
广播电视设备制造	73	34	655704	264749	285794	4721
雷达及配套设备制造	10	7	248401	119027	117483	-10708
非专业视听设备制造	33	13	365469	246416	386636	-21393
智能消费设备制造	75	36	1040412	541345	251110	-128813
电子器件制造	137	63	12891533	8183021	1046245	-122524
电子元件及电子专用材料制造	343	152	4504265	1847301	1461937	-478

1-21 续表 5 单位：千元

项　　　目	法人单位数（个）	#亏损企业	资产总计	负债合计	营业收入	营业利润
其他电子设备制造	94	44	893535	556841	531511	1054
仪器仪表制造业	747	334	9579642	6270540	4259533	-95419
通用仪器仪表制造	444	217	5094106	3539696	2329584	-72624
专用仪器仪表制造	163	69	2718349	1424182	1138272	5226
钟表与计时仪器制造	7	3	56440	49268	41100	12452
光学仪器制造	36	9	382641	168346	244925	-13863
衡器制造	7		141194	59687	62661	4289
其他仪器仪表制造业	90	36	1186912	1029362	442991	-30898
其他制造业	152	73	1080720	700762	466147	-41944
日用杂品制造	23	13	97158	73573	59865	-2546
核辐射加工	1	***	***	***	***	***
其他未列明制造业	128	59	982309	626404	406179	-39362
废弃资源综合利用业	32	19	1594930	1233268	178953	-61586
金属废料和碎屑加工处理	19	11	382617	266800	143964	-5129
非金属废料和碎屑加工处理	13	8	1212313	966468	34990	-56457
金属制品、机械和设备修理业	1461	624	5795268	3268697	3272655	42930
金属制品修理	12	5	24624	14015	14595	-316
通用设备修理	271	111	674207	351122	396933	2614
专用设备修理	359	145	1551751	849886	1248645	25104
铁路、船舶、航空航天等运输设备修理	62	23	640152	331591	373453	4743
电气设备修理	152	76	474751	230240	233223	-17409
仪器仪表修理	98	42	353185	189280	204853	3742
其他机械和设备修理业	507	222	2076598	1302563	800952	24451
三、电力、热力、燃气及水生产和供应业	1059	520	38207700	20926894	6200647	-399996
电力、热力生产和供应业	736	360	22975856	11993188	4287448	-360906
电力生产	106	38	4759556	1663557	246770	12051
电力供应	87	49	5218064	1520971	499319	-35650
热力生产和供应	543	273	12998235	8808659	3541359	-337306
燃气生产和供应业	54	29	2477066	1668465	716706	-78074
燃气生产和供应业	45	27	2344800	1546005	716552	-65284
生物质燃气生产和供应业	9	2	132265	122460	154	-12790
水的生产和供应业	269	131	12754778	7265241	1196493	38984
自来水生产和供应	69	34	2854261	1807612	266969	-15952
污水处理及其再生利用	193	94	9870287	5445171	919405	54110
其他水的处理、利用与分配	7	3	30230	12459	10120	826

第二篇

建筑业

2-1 建筑业法人单位

项目	法人单位数（个）	年初存货	流动资产合计	#货币资金	#应收工程款
合计	**35130**	**230899981**	**1777670909**	**370691842**	**371557242**
一、按登记注册类型分					
内资	34999	227385373	1757778491	367857065	364444106
国有	103	2407803	7636850	1839152	1486831
集体	327	3268894	10941539	1258958	1468578
股份合作	98	997372	3514035	600613	459480
国有联营	2	***	***	***	***
其他联营	1	***	***	***	***
国有独资公司	90	45337668	367362714	69359898	62527661
其他有限责任公司	1896	139889541	915123293	191709073	226980663
股份有限公司	82	11634044	326667339	83511799	33511892
私营独资	135	16474	1955	13	175
私营合伙	27	1554			
私营有限责任公司	32139	22305130	116726986	17535762	34499834
私营股份有限公司	99	1519424	9795860	2041735	3505861
港澳台商投资	57	1400503	9770840	1574869	3388306
与港澳台商合资经营	33	696414	5064643	1045835	2051945
与港澳台商合作经营	1	***	***	***	***
港澳台商独资	22	583300	4352320	473712	1267742
港澳台商投资股份有限公司	1	***	***	***	***
外商投资	74	2114105	10121578	1259908	3724830
中外合资经营	42	1831443	7481552	754793	2595992
中外合作经营	2	***	***	***	***
外资企业	27	281654	2592602	491425	1122201
外商投资股份有限公司	3	191	47424	13690	6637
二、按隶属关系分					
中央	203	108457025	1147091357	275953120	198117107
地方	34927	122442956	630579552	94738722	173440135
三、按行业小类分					
房屋建筑业	6069	116507327	717943638	122103691	173359850
住宅房屋建筑	5127	106132255	566682244	99307962	147712239
体育场馆建筑	19	1856967	50742599	13570372	5352498
其他房屋建筑业	923	8518104	100518795	9225357	20295113
土木工程建筑业	5750	80504107	823634717	198425477	125807816
铁路、道路、隧道和桥梁工程建筑	1165	52070454	487930168	101596853	87429566
铁路工程建筑	59	20236342	201598960	43828704	34009943

注：1. 统计口径为资质内外全部法人单位情况。
2. 按地区分组为按企业经营地分区数据。

主要财务状况

单位：千元

# 存货	可供出售金融资产	持有至到期投资	长期股权投资	固定资产减值准备	固定资产原价	累计折旧	# 本年折旧
220322204	**10726167**	**1293285**	**717770388**	**225596**	**94819734**	**49185717**	**8874049**
216453737	10681785	1286027	716978571	197488	93688721	48498636	8809669
2531112	3358		130129		561604	338468	39667
3120094			1251630		576257	256630	36600
1061524			82885		530943	322618	30304
***	***	***	***	***	***	***	***
***	***	***	***	***	***	***	***
38459170	2688185		55499588	15399	18954322	9180702	1488650
133030521	6109853	976564	125555900	157242	56241452	30447404	5204688
9896965	1833013	255638	529249842	11602	6163697	2809111	466571
12436					425	244	2223
1636							314
27055120	43976	53825	4909226	13245	10177806	4904028	1501364
1277891	3400		299371		481841	239073	39284
1495041	1400		507589		412517	252640	39542
710306	400		497268		327577	196903	31333
***	***	***	***	***	***	***	***
679212	1000		10321		77264	49830	7711
***	***	***	***	***	***	***	***
2373426	42982	7258	284228	28108	718496	434441	24838
2043051	42982		226228		352232	256215	21478
***	***	***	***	***	***	***	***
329957		7258	55000	28108	364660	176862	3147
			3000		1604	1364	198
86651044	6749312	150	662761977	125876	51096191	26844681	4977690
133671160	3976855	1293135	55008411	99720	43723543	22341036	3896359
121476893	6875208	22408	224255911	30196	34463250	17627401	2874011
107345655	6258552	22408	206915679	26241	29281426	15060498	2495608
3006685	435570		8488617		1059238	696961	36677
11124553	181086		8851615	3955	4122586	1869942	341727
57942277	3512574	1258811	463517305	63458	44401565	23813153	4351717
35718627	2964568	317051	179795707	28871	31589779	18179605	3402843
9302222	1032668		124463993	1	12084126	6685931	1060069

2-1 续表 1

项目	法人单位数（个）	年初存货	流动资产合计	# 货币资金	# 应收工程款
公路工程建筑	283	18205140	200644501	42628718	26358844
市政道路工程建筑	671	10210433	64547790	11098639	22202316
城市轨道交通工程建筑	27	1082832	6715640	713827	1551333
其他道路、隧道和桥梁工程建筑	125	2335706	14423277	3326965	3307130
水利和水运工程建筑	134	10786232	81790932	23633490	6975425
水源及供水设施工程建筑	96	166353	2613434	889193	316964
河湖治理及防洪设施工程建筑	26	699933	4109996	1565454	582922
港口及航运设施工程建筑	12	9919947	75067502	21178843	6075539
海洋工程建筑	2	***	***	***	***
海洋油气资源开发利用工程建筑	1	***	***	***	***
海底设施铺设工程建筑	1	***	***	***	***
工矿工程建筑	63	2645934	44464195	13992895	6180150
架线和管道工程建筑	558	6839443	28974330	9747368	4984993
架线及设备工程建筑	350	5533319	20233714	6437092	3761443
管道工程建筑	205	1306123	8740616	3310276	1223550
地下综合管廊工程建筑	3				
节能环保工程施工	183	1217480	10039034	1078235	5881154
节能工程施工	57	192660	1341528	235175	579203
环保工程施工	114	803875	8198393	747520	5119304
生态保护工程施工	12	220945	499113	95540	182647
电力工程施工	279	3137016	11839505	2049588	3417742
火力发电工程施工	6	454404	2260885	743514	550451
水力发电工程施工	4				
核电工程施工	3	2456078	7382011	877057	1717932
风能发电工程施工	8	7426	98534	361	17860
太阳能发电工程施工	32	101893	858814	13336	727175
其他电力工程施工	226	117215	1239261	415320	404324
其他土木工程建筑	3366	3806191	158596553	46327048	10938786
园林绿化工程施工	2350	1656748	1013251	183202	375321
体育场地设施工程施工	73	71609	321236	60166	113903
其他土木工程建筑	943	2077835	157262066	46083680	10449562
建筑安装业	3738	14959344	128853719	34206940	34805551
电气安装	1479	6483278	71057077	22271757	14336330
管道和设备安装	1281	4296981	36972401	8829203	13633101
其他建筑安装业	978	4179085	20824241	3105980	6836120
体育场地设施安装	32	60751	133202	4140	52454
其他建筑安装	946	4118333	20691039	3101840	6783666
建筑装饰、装修和其他建筑业	19573	18929203	107238835	15955734	37584025
建筑装饰和装修业	16900	12595328	87738798	13318527	30657164

单位：千元

# 存货	可供出售金融资产	持有至到期投资	长期股权投资	固定资产减值准备	固定资产原价	累计折旧	# 本年折旧
13769204	955860	255638	51758417	24685	8093669	4700685	1135000
10282446	959458	61413	2928525	4185	6067729	3517363	689112
941371			142796		2429128	1420689	226314
1423384	16582		501976		2915127	1854937	292348
2220717	430195		91254722		1434282	657466	69440
532799	4050		456606		311271	150783	13775
986933			94272		418003	206858	18180
700985	426145		90703844		705008	299825	37484
***	***	***	***	***	***	***	***
***	***	***	***	***	***	***	***
***	***	***	***	***	***	***	***
3535424	25943		9481273	38	3759585	1621090	278010
6970086	5500	19250	7766807	5854	3326999	1774876	202333
5320703		19250	425860	5854	2738443	1440708	151647
1649381	5500		7340947		588556	334168	50555
2							131
1085890	44000		507643	28616	759447	336746	42239
253476			185877	28108	445789	203007	7520
642423	44000		309130		199794	92004	31310
189991			12636	508	113864	41735	3410
4649311			1105635		2116602	557611	91180
536170					756416	78134	12353
							5
3855968			1095235		1159568	423424	56267
5765			300		10036	10036	107
49155					143601	33580	8899
202254			10100		46981	12437	13549
3760757	42368	922510	173605518	79	1414871	685759	265530
2138487			12381		147714	69737	135426
62513			242		15087	10461	4365
1559757	42368	922510	173592895	79	1252070	605561	125739
14453946	196354	2065	21293852	120327	8225483	4051933	670076
7964177	144436		5119400	120313	3708699	1831269	283853
3453029	35596	2000	14549138		2856822	1307192	204451
3036741	16322	65	1625314	14	1659962	913472	181772
56295					26202	10812	1833
2980445	16322	65	1625314	14	1633760	902660	179939
26449087	142031	10001	8703320	11615	7729436	3693230	978245
14857955	82490	10001	5750390	11081	4617252	2044692	502470

2-1 续表 2

项　　目	法人单位数（个）	年初存货	流动资产合计	#货币资金	#应收工程款
公共建筑装饰和装修	2178	7189851	60335228	7857212	24528676
住宅装饰和装修	14218	4448899	22672476	4946725	4621488
建筑幕墙装饰和装修	504	956578	4731094	514590	1507000
建筑物拆除和场地准备活动	928	4055502	13616105	2260672	5149185
建筑物拆除活动	234	2900586	1449324	312717	654294
场地准备活动	694	1154916	12166781	1947955	4494891
提供施工设备服务	641	227171	264079	29740	101339
其他未列明建筑业	1104	2051201	5619853	346795	1676337
四、按企业资质等级分					
施工总承包序列	1028	194069508	1596436727	342183042	309019801
施工总承包序列特级工程	58	104559074	1056484430	232665386	170894211
施工总承包序列一级工程	277	73361201	456240470	89964556	121198723
施工总承包序列二级工程	279	9459646	43000209	8866024	7628440
施工总承包序列三级工程	414	6689587	40711618	10687076	9298427
专业承包序列	1824	20549098	181234182	28508800	62537441
专业承包序列一级工程	500	14134926	132112197	19518271	48829510
专业承包序列二级工程	942	4938554	37259722	6891921	10202757
专业承包序列三级工程	347	1407591	11165981	2007364	3192239
专业承包序列不分等级工程	35	68027	696282	91244	312935
劳务分包序列	133				
无资质	32143	16281375			
五、按地区分					
东城区	428	18682664	157411413	54863221	22519373
西城区	369	17443138	124971804	18287747	22825766
朝阳区	2440	26224508	264931997	55029462	52837665
丰台区	2227	33661889	330095499	92411036	59230139
石景山区	654	6927880	89915403	24038523	27990425
海淀区	1490	54703498	379717599	63447552	83418997
门头沟区	1874	1834176	12084987	1523956	3517422
房山区	3341	7223146	87178870	8379465	13857895
通州区	2357	19700078	111606244	15399910	26913500
顺义区	2935	14927538	48161082	7184443	12298043
昌平区	2395	5443645	31892701	5211647	10089847
大兴区	2612	8208031	35427668	6376302	9968129
怀柔区	4430	3022980	12611363	1433622	3555109
平谷区	2476	3698287	12448418	1266296	3033335
密云区	3912	2775690	16224765	3293848	5310080
延庆区	760	1014378	7762432	936390	2324899
北京经济技术开发区	430	5408456	55228664	11608422	11866618

单位：千元

#存货	可供出售金融资产	持有至到期投资	长期股权投资	固定资产减值准备	固定资产原价	累计折旧	#本年折旧
9461884	53858	10001	3272050	11081	2877340	1219218	210657
4761987	28232		2376668		1175701	604862	256943
634084	400		101672		564211	220612	34870
9038281	59267		2672765	31	2458522	1238432	270286
6448630				31	233546	121564	40317
2589651	59267		2672765		2224976	1116868	229969
290157					49223	17181	126716
2262694	274		280165	503	604439	392925	78772
171472103	10562834	1268819	705982176	185432	79556251	41647116	6724060
93128913	7792145	317051	654743445	17310	35095466	18831068	3650332
62618142	2689570	914258	46492872	160333	34847137	18040201	2534890
9734660	63632	37510	2229971	3048	4229297	2139067	209638
5990388	17487		2515888	4741	5384351	2636780	329200
22723328	163333	24466	11788212	40164	14613008	7538601	948617
16912796	131315	12000	8520059	39292	8611939	4220382	546814
4168395	31500	12466	2686931	841	3769258	2048921	233728
1574782	518		580762	31	2015496	1116471	153689
67355			460		216315	152827	14386
					650475		50630
26126773							1150742
11307366	1275535		41931729	5019	9588641	4407541	890249
24363235	2696155	317051	16887927	17776	4888044	2437876	294856
28228233	1224198	907259	49382955	4793	13678386	7131603	1029860
38272802	569269	65	187318881	120350	14064622	8285480	1622731
5085344	652788		7211096	137	4644749	2682316	433422
38527333	3868416	12000	364653134	32717	12992635	6019543	894652
1916998			155844		1269380	500725	146367
6018480	27963	37510	8247485		4272023	2239325	275749
19574334	329271	150	19929701	9210	8279745	4431626	946130
14618689	4700		2881393	16643	5501545	2618270	498143
5108425	67376		2694226		3958623	2183381	565236
11144484	6744	19250	2854856	2669	3724230	1855261	400192
3442453			213793	16202	1207289	718626	126189
3356315	394		1024714		1354369	794983	149862
3141618	3358		1643525	80	2377452	1323821	330287
1207743			109236		701256	371324	65179
5008352			10629893		2316745	1184016	204947

2-1 续表 3

项　　目	固定资产净值	在建工程	无形资产	# 土地使用权	# 软件使用权
合　计	**57803013**	**13044934**	**11179090**	**5194721**	**1157782**
一、按登记注册类型分					
内资	57206128	13027497	11063701	5174976	1147128
国有	390706	70899	64419		227
集体	460467	52596	2630	136	801
股份合作	250517	13985	38447	33474	
国有联营	***	***	***	***	***
其他联营	***	***	***	***	***
国有独资公司	10556207	1858552	951441	646120	115185
其他有限责任公司	30272197	8570195	7094906	3393932	475842
股份有限公司	4047674	167198	1310943	986146	108799
私营独资	6214	9360			
私营合伙	327				
私营有限责任公司	10931362	2238693	1555609	115168	432537
私营股份有限公司	290433	46019	45306		13737
港澳台商投资	201423	1657	80990	16897	922
与港澳台商合资经营	153310	1657	77132	16872	559
与港澳台商合作经营	***	***	***	***	***
港澳台商独资	46345		3858	25	363
港澳台商投资股份有限公司	***	***	***	***	***
外商投资	395461	15780	34399	2848	9732
中外合资经营	166396	5453	6553		3234
中外合作经营	***	***	***	***	***
外资企业	228218	10327	27846	2848	6498
外商投资股份有限公司	240				
二、按隶属关系分					
中央	25420000	2311156	5886697	3290975	319999
地方	32383013	10733778	5292393	1903746	837783
三、按行业小类分					
房屋建筑业	18265617	4840007	4776398	1634004	382003
住宅房屋建筑	15246121	4608052	3964222	1241899	299057
体育场馆建筑	364028	25893	161467	115542	4569
其他房屋建筑业	2655468	206061	650709	276563	78377
土木工程建筑业	27366202	5399920	3615397	2762564	345664
铁路、道路、隧道和桥梁工程建筑	18590555	4577055	1524674	1236306	99265
铁路工程建筑	6238468	352070	843066	779336	44059

单位：千元

商誉	资产总计	流动负债合计		非流动负债合计	负债合计
			#应付账款		
75001	**3523260445**	**1707076685**	**617166964**	**186339502**	**2329626251**
68994	3498799002	1690746256	610300687	186015201	2311764678
	9128148	6254860	1222376	200267	7209047
	15891244	10318433	2428724	19209	12869789
	4175986	2078050	462211	44613	2257682
***	***	***	***	***	***
***	***	***	***	***	***
	492574011	326303895	129093982	36234675	373492531
68992	1281069002	877945915	397410921	67282692	1008607282
	1319262914	371276992	48406468	81126853	664969681
	180319	23			113075
	79740				26283
2	363903784	89257266	28098849	1089888	233825579
	12520373	7307303	3177116	17004	8385667
6007	11196695	8483235	3141267	243280	9217013
	6092559	4259561	1847560	98280	4548805
***	***	***	***	***	***
6007	4748491	3964770	1224525	145000	4409304
***	***	***	***	***	***
	13264748	7847194	3725010	81021	8644560
	8642253	5966358	2563068	62342	6327319
***	***	***	***	***	***
	4496744	1854206	1160624	18679	2269427
	104516	26630	1318		35340
51965	2444876449	1178862708	414181825	142102744	1538230000
23036	1078383996	528213977	202985139	44236758	791396251
12414	1119195263	687048234	285462753	80179810	819293727
11862	923129408	561071658	235895987	70054793	676386547
	64618721	49788310	13018113	131233	49934947
552	131447134	76188266	36548653	9993784	92972233
2	1943673720	831850857	247401969	98295821	1205144359
	1244019728	489549036	195056779	66841462	800626083
	817662979	215120422	85368191	28144651	476410503

2-1 续表 4

项　　目	固定资产净值	在建工程	无形资产	#土地使用权	#软件使用权
公路工程建筑	3507642	130862	394357	289190	39340
市政道路工程建筑	2751279	199214	238516	128250	13807
城市轨道交通工程建筑	4904083	3890461	7315	7048	267
其他道路、隧道和桥梁工程建筑	1189084	4447	41420	32482	1792
水利和水运工程建筑	811904	70752	341348	261398	23838
水源及供水设施工程建筑	184271	28066	31806	20953	1949
河湖治理及防洪设施工程建筑	221772	5532	76047	75750	82
港口及航运设施工程建筑	405860	37153	233495	164695	21807
海洋工程建筑	***	***	***	***	***
海洋油气资源开发利用工程建筑	***	***	***	***	***
海底设施铺设工程建筑	***	***	***	***	***
工矿工程建筑	2651350	227337	470505	421508	46059
架线和管道工程建筑	1694034	176056	403173	119263	88677
架线及设备工程建筑	1369687	152224	325652	105116	56002
管道工程建筑	323028	23833	77521	14147	32675
地下综合管廊工程建筑	1319				
节能环保工程施工	465896	8018	52179	10058	17202
节能工程施工	249375	9554	34454	10058	5239
环保工程施工	141158	-1536	12064		11963
生态保护工程施工	75364		5661		
电力工程施工	1637204	45089	147155	142935	2822
火力发电工程施工	678291	41979	37842	35377	1154
水力发电工程施工	93				
核电工程施工	736144	1780	104607	103191	1416
风能发电工程施工	678				
太阳能发电工程施工	147340		3966	3714	252
其他电力工程施工	74656	1330	740	653	
其他土木工程建筑	1515061	295613	676363	571096	67801
园林绿化工程施工	658211	149633	151		
体育场地设施工程施工	26147	260	271		
其他土木工程建筑	830704	145720	675941	571096	67801
建筑安装业	5253931	1328230	1609431	669323	233377
电气安装	2296700	971778	832461	289790	79943
管道和设备安装	1779123	189103	489759	270798	124961
其他建筑安装业	1178108	167349	287211	108735	28473
体育场地设施安装	29072	2316			
其他建筑安装	1149036	165033	287211	108735	28473
建筑装饰、装修和其他建筑业	6917263	1476777	1177864	128830	196738
建筑装饰和装修业	4140924	1056440	891542	48750	183831

单位：千元

商誉	资产总计	流动负债合计	#应付账款	非流动负债合计	负债合计
	309316553	196514361	71503116	35694112	233746968
	86347972	58159099	26858766	1983468	65882883
	12319141	6953518	3620423	41218	10133758
	18373083	12801636	7706283	978013	14451971
	186405260	104701343	8415794	6407170	113032010
	6281223	1964932	659502	4831	3551550
	4879093	3409065	1172023	46189	3776349
	175244943	99327346	6584269	6356150	105704110
***	***	***	***	***	***
***	***	***	***	***	***
***	***	***	***	***	***
	60784885	34840626	6906110	586357	38418424
	45271909	24554725	5828757	224611	27492379
	25919051	17075242	4027070	209543	18832832
	19338974	7479483	1801687	15068	8654472
	13884				5075
	19991016	9193182	3905694	1293438	16508297
	6186326	1183674	456106	3885	5777054
	13137140	7730168	3289940	1287780	10401257
	667550	279340	159648	1773	329986
	18428543	12876178	4595551	171334	14422571
	4336955	4093790	1369879		4095066
	2449				1496
	9472914	7113683	2538845	109727	7225114
	117234	23605	12269		34582
	1411607	773545	228904	61607	1173450
	3087384	871555	445654		1892863
2	368770519	156135767	22693284	22771449	194643260
	13218734	724850	358923	2051	8719652
	855253	232353	115453		559020
2	354696531	155178564	22218908	22769398	185364588
61565	193451983	101200310	47415934	5911185	127668270
	96763121	56587620	25674708	4686197	70256100
6007	61265568	27847121	14952390	718847	32982740
55558	35423294	16765569	6788836	506141	24429430
	257953	80380	28845		143289
55558	35165342	16685189	6759991	506141	24286141
1020	266939478	86977284	36886308	1952686	177519896
1020	166082267	73508630	30031448	1224510	124253240

2-1 续表 5

项目	固定资产净值	在建工程	无形资产	#土地使用权	#软件使用权
公共建筑装饰和装修	1874922	645352	546208	13950	119615
住宅装饰和装修	1786326	382296	223845	26274	63976
建筑幕墙装饰和装修	479676	28792	121489	8526	240
建筑物拆除和场地准备活动	1573105	130555	74352	61888	1237
建筑物拆除活动	244098	37250	5600		
场地准备活动	1329007	93305	68752	61888	1237
提供施工设备服务	776948	22611	92		
其他未列明建筑业	426285	267172	211878	18192	11670
四、按企业资质等级分					
施工总承包序列	37893611	5886794	8789370	4841860	635785
施工总承包序列特级工程	16258492	2775370	5312865	2607413	316094
施工总承包序列一级工程	16800105	2566416	2795183	1969380	174380
施工总承包序列二级工程	2087184	186205	336929	189024	83591
施工总承包序列三级工程	2747830	358803	344393	76043	61720
专业承包序列	7070877	910374	2389720	352861	521997
专业承包序列一级工程	4391116	661427	1591932	178146	377461
专业承包序列二级工程	1720400	226009	590112	142775	101254
专业承包序列三级工程	895513	22938	163348	31940	34630
专业承包序列不分等级工程	63848		44328		8652
劳务分包序列					
无资质	12838525	6247766			
五、按地区分					
东城区	5238381	578996	747607	582108	119457
西城区	2581029	193710	2868698	716978	46054
朝阳区	7110196	556696	1674669	656036	195217
丰台区	6849425	849536	1392986	966956	144059
石景山区	1992513	513801	340212	242323	43675
海淀区	8306001	3703946	1596551	848493	313890
门头沟区	607332	54932	39045	18680	2828
房山区	2434857	274087	167905	116403	16088
通州区	4453152	374307	371245	174964	25038
顺义区	3525120	459889	305598	179155	25308
昌平区	2185760	191954	452481	101669	94518
大兴区	6751450	4726022	748169	301070	55143
怀柔区	758714	70290	26588	23735	2184
平谷区	1193605	170261	132673	51008	42865
密云区	1879130	182812	49079	34317	14285
延庆区	563062	76507	15763	7895	635
北京经济技术开发区	1373285	67188	249821	172931	16538

单位：千元

商誉	资产总计	流动负债合计	#应付账款	非流动负债合计	负债合计
1020	80460548	48465374	23653969	1062116	58884376
	77000576	20884676	4785975	135289	59322300
	8621144	4158580	1591504	27105	6046563
	74673846	9946801	5320634	722811	36036145
	13475099	1024739	427038	−281	10962744
	61198747	8922062	4893596	723092	25073402
	5670774	222935	45407		4181564
	20512590	3298918	1488819	5365	13048946
52517	2569350348	1562722556	553838136	183092724	1755338767
11862	1904644954	1089780244	365234902	157288061	1252273591
552	564783980	404464868	168402692	23891046	431658348
	50817508	32700828	8473352	458378	34003374
40103	49103906	35776616	11727190	1455239	37403454
22484	212061376	144354129	63328828	3246778	149844681
16475	154227120	107113232	50587899	2637875	110950684
6007	43717596	29700244	9475959	556720	31134218
2	13297574	7075743	3017723	47701	7264633
	819086	464910	247247	4482	495146
	8254933				6846710
	733593788				417596093
	224472392	129460016	39857737	11820030	142660487
15457	167352042	104916276	38201790	21733898	129125019
7579	382600054	260481881	87173208	12375110	301426630
51965	580302501	317047888	111942359	26747179	361965760
	118105500	90597067	49160022	384120	95536546
	1293061191	417666530	115755390	94277672	757016600
	27659428	10509640	5181194	58817	18855358
	116713081	68395313	28203728	5938292	86197132
	173316637	114271608	55623035	5748596	132145573
	77803606	43196737	21468703	197238	61168901
	93454240	28546140	13732103	712979	53445893
	79098919	29656356	11703152	1760916	55039328
	27197743	11624188	5399450	38355	19710624
	26787868	8524410	3353931	438814	16261629
	37652239	11996264	4951483	172130	27715038
	10680540	7020673	2142326	96014	8879205
	87002464	53165698	23317353	3839342	62476530

2-1 续表 6

项目	营业收入	#主营业务收入	营业成本	#主营业务成本	税金及附加
合计	**1541550069**	**1366934968**	**1422307392**	**1271685301**	**4682343**
一、按登记注册类型分					
内资	1523421673	1349742597	1406341625	1256470101	4637289
国有	5685082	4377515	5270224	4133758	27963
集体	11288593	10637194	10747339	10192597	34179
股份合作	2502636	2350352	2219659	2098869	11254
国有联营	***	***	***	***	***
其他联营	***	***	***	***	***
国有独资公司	264081017	260957858	246245905	243992110	716881
其他有限责任公司	851319423	833713425	793694614	777688537	2423854
股份有限公司	121924103	118425222	112898079	111089982	235208
私营独资	135697	177	115239	131	1413
私营合伙	34510		11798		270
私营有限责任公司	257941839	111497955	228278610	100917185	1151156
私营股份有限公司	8503206	7782899	6854893	6356932	35063
港澳台商投资	8567806	8345324	7581828	7379198	28035
与港澳台商合资经营	4526998	4337324	3926522	3779026	17193
与港澳台商合作经营	***	***	***	***	***
港澳台商独资	3934796	3901988	3553955	3498821	10614
港澳台商投资股份有限公司	***	***	***	***	***
外商投资	9560590	8847047	8383939	7836002	17018
中外合资经营	6523741	6053578	5809428	5406302	9829
中外合作经营	***	***	***	***	***
外资企业	2996622	2755637	2541311	2398659	7129
外商投资股份有限公司	37832	37832	31041	31041	42
二、按隶属关系分					
中央	860580763	853556988	806781128	800345587	1826643
地方	680969306	513377980	615526265	471339714	2855699
三、按行业小类分					
房屋建筑业	655161028	604699876	616439913	571038001	1986194
住宅房屋建筑	569380215	526330898	537480621	498806144	1736569
体育场馆建筑	19609603	19514544	18368901	18301828	51805
其他房屋建筑业	66171210	58854434	60590391	53930029	197819
土木工程建筑业	591728758	543904852	546400873	504499898	1571066
铁路、道路、隧道和桥梁工程建筑	433143666	416295525	403447721	387801809	1004388
铁路工程建筑	167030370	160871021	159099832	153900714	291600

单位：千元

# 主营业务税金及附加	其他业务利润	销售费用	管理费用	财务费用			资产减值损失
					# 利息收入	# 利息支出	
3672164	**1775496**	**4661178**	**57366532**	**13155742**	**12893489**	**22402748**	**5039282**
3631329	1734652	4409175	56295017	13039566	12850684	22264787	4994779
18352	17611	5457	254831	-9679	20084	9761	585
19674	56192	17135	391066	3013	9526	10792	11047
10159	1664	5672	163868	4601	4503	8837	41
***	***	***	***	***	***	***	***
***	***	***	***	***	***	***	***
605098	313807	97473	10453497	643616	2688152	3272653	816352
2271055	671263	1591945	33235218	4589135	5767718	7886190	2110127
201980	309442	765135	3962138	7378745	4228412	10513783	1538472
1		1	80				
472632	197479	1608217	7152945	403699	107444	526375	421169
32378	167194	318140	681343	26435	24845	36396	96986
26505	12647	89910	536914	50650	29354	66160	39770
15931	12392	47762	320989	26370	21387	35764	16732
***	***	***	***	***	***	***	***
10346	255	41536	199660	23497	7195	28881	9665
***	***	***	***	***	***	***	***
14330	28197	162093	534601	65526	13451	71801	4733
8800	27892	52550	357587	69009	7328	68243	2165
***	***	***	***	***	***	***	***
5488	305	109543	168767	-3395	6039	3558	2568
42			8247	-88	84		
1717531	606331	857080	30976845	9349524	11134281	17624274	3499842
1954633	1169165	3804098	26389687	3806218	1759208	4778474	1539440
1633398	626949	480813	18276696	6688191	3500595	8513994	1385969
1424113	566962	324300	14561220	6740828	1938701	7040741	1237258
46303	2625	12	653822	-491255	399074	934	29818
162982	57362	156501	3061654	438618	1162820	1472319	118893
1311097	668494	854904	25357532	5872501	8549705	12688840	2675003
901386	244674	380206	17540684	2118408	6369989	6548333	796513
255559	83765	278945	6380584	1058144	4028617	4493050	190049

2-1 续表 7

项目	营业收入	#主营业务收入	营业成本	#主营业务成本	税金及附加
公路工程建筑	183646952	179351754	168165501	164140228	383469
市政道路工程建筑	54483481	50054765	49947849	46201832	200414
城市轨道交通工程建筑	9327309	8841558	8908732	8414291	41178
其他道路、隧道和桥梁工程建筑	18655553	17176427	17325807	15144744	87728
水利和水运工程建筑	26317913	24395540	24550581	23112526	85929
水源及供水设施工程建筑	5085314	3870520	4350969	3378152	19127
河湖治理及防洪设施工程建筑	5590718	5209075	5159606	4801694	29855
港口及航运设施工程建筑	15641881	15315945	15040006	14932680	36948
海洋工程建筑	***	***	***	***	***
海洋油气资源开发利用工程建筑	***	***	***	***	***
海底设施铺设工程建筑	***	***	***	***	***
工矿工程建筑	18489768	13474185	15562170	12061575	74426
架线和管道工程建筑	25663843	22519437	22558216	19799327	140542
架线及设备工程建筑	19723750	17277818	17554053	15337844	119857
管道工程建筑	5910639	5241619	4997543	4461483	20658
地下综合管廊工程建筑	29454		6620		27
节能环保工程施工	6832284	6000396	5378927	4730602	25455
节能工程施工	969804	740073	749889	575298	2955
环保工程施工	5361025	4817342	4318397	3887338	21669
生态保护工程施工	501454	442981	310642	267966	831
电力工程施工	12622743	10998299	11209660	9852644	45260
火力发电工程施工	1707857	1693684	1612922	1610786	9260
水力发电工程施工	3264		2772		9
核电工程施工	8115336	8038485	7233296	7175082	25425
风能发电工程施工	22116	10743	15506	9273	120
太阳能发电工程施工	513021	132172	476530	133534	2412
其他电力工程施工	2261149	1123215	1868635	923969	8034
其他土木工程建筑	68658313	50221470	63693201	47141415	195060
园林绿化工程施工	9886079	1015009	8466485	778773	53901
体育场地设施工程施工	648600	403607	544591	357621	1669
其他土木工程建筑	58123634	48802854	54682125	46005021	139490
建筑安装业	133700691	114114159	118688775	103159702	483575
电气安装	71238366	60987971	62265914	54436518	227817
管道和设备安装	35178653	31147379	31823549	28588371	151946
其他建筑安装业	27283672	21978809	24599312	20134813	103812
体育场地设施安装	224046	167253	211238	168626	469
其他建筑安装	27059626	21811556	24388074	19966187	103343
建筑装饰、装修和其他建筑业	160959591	104216081	140777832	92987700	641508
建筑装饰和装修业	121869399	80364240	105831834	71361874	471066

单位：千元

# 主营业务税金及附加	其他业务利润	销售费用	管理费用	财务费用	# 利息收入	# 利息支出	资产减值损失
360903	11425	20661	7677980	603732	2091692	1385365	304328
183490	135535	58580	2188424	426828	167640	542614	279828
19484	-10436	923	359547	27779	45644	70062	-24250
81950	24385	21097	934149	1925	36396	57242	46558
59763	230121	4472	2146988	905885	1375385	2546868	177980
16204	2310	4374	434280	9520	3725	8592	2147
27798	12197	98	223507	-5770	15325	6120	250
15761	215614		1489201	902135	1356335	2532156	175583
***	***	***	***	***	***	***	***
***	***	***	***	***	***	***	***
***	***	***	***	***	***	***	***
62638	72974	57984	1252751	-228524	230655	254642	119110
121725	73215	148955	1889892	-36202	118121	73376	37289
104360	52671	84052	1436711	-44752	80816	34611	9893
17365	20544	64903	453181	8550	37305	38765	27396
21527	2910	194340	426777	126366	26053	133640	191743
1688	2609	31428	70872	7212	419	7149	2765
19194	301	152944	316733	116087	25461	125042	187526
645		9968	39172	3067	173	1449	1452
34402	19890	7582	806727	44467	50803	76403	112391
9260	226	2033	167134	26969	7230	34037	-2633
20921	18163		470571	36724	4005	22658	116147
46			2487	77		77	
1108		1853	17201	-16788	35821	18980	307
3067	1501	3696	149334	-2515	3747	651	-1430
109656	24710	61365	1293713	2942101	378699	3055578	1239977
4389		3297	99384	19333	867	20013	-1626
816		7886	27121	911	209	992	2303
104451	24710	50182	1167208	2921857	377623	3034573	1239300
350366	161240	1265275	6884452	34570	703630	558598	422308
189179	83068	662086	3983492	-113427	478792	291697	238342
92042	61699	222742	1683884	34339	201481	151984	47343
69145	16473	380447	1217076	113658	23357	114917	136623
232		1768	5033	737	4	733	
68913	16473	378679	1212043	112921	23353	114184	136623
377303	318813	2060186	6847852	560480	139559	641316	556002
277171	301075	1895457	5565707	460569	121976	561315	449219

2-1 续表 8

项　　目	营业收入	#主营业务收入	营业成本	#主营业务成本	税金及附加
公共建筑装饰和装修	63376467	53511125	57408459	48671243	232450
住宅装饰和装修	49588625	21613406	40693883	18048758	208841
建筑幕墙装饰和装修	8904306	5239709	7729491	4641873	29775
建筑物拆除和场地准备活动	19008017	14222741	16852881	12617715	82232
建筑物拆除活动	3584508	2192400	3243953	1968881	19784
场地准备活动	15423508	12030341	13608928	10648834	62449
提供施工设备服务	6225998	2726601	5699751	2646032	31398
其他未列明建筑业	13856178	6902499	12393366	6362079	56812
四、按企业资质等级分					
施工总承包序列	1181713492	1172555338	1104491039	1097097767	3126752
施工总承包序列特级工程	780205875	777491423	733773922	732470520	1673790
施工总承包序列一级工程	337904280	334070073	313605943	310789258	1189637
施工总承包序列二级工程	31417424	30925734	28279877	28056978	155711
施工总承包序列三级工程	32185913	30068108	28831297	25781011	107614
专业承包序列	166415811	163286205	146891580	144387468	609160
专业承包序列一级工程	122234174	120374238	109430050	107890267	420739
专业承包序列二级工程	33608413	32755364	28664206	28081902	139143
专业承包序列三级工程	10047060	9631478	8355794	7974412	46702
专业承包序列不分等级工程	526164	525125	441530	440887	2576
劳务分包序列	31120599	31093425	30232991	30200066	179632
无资质	162300167		140691782		766799
五、按地区分					
东城区	97152223	95618473	91171348	90074549	331371
西城区	84651985	82735101	78120833	76742816	311383
朝阳区	227952987	214020339	208745175	195709029	723163
丰台区	300798775	271238169	281877648	255783240	956539
石景山区	82235211	78467437	76619250	73174648	129502
海淀区	251732260	242250462	233520138	226546780	626244
门头沟区	29101578	14196016	27074732	13416188	117943
房山区	61050312	42997715	54937421	39084689	200810
通州区	136030853	124576118	125925159	115987589	297018
顺义区	60295691	49641014	54768880	45698226	215000
昌平区	33031255	25564251	29780446	23606663	139530
大兴区	44133498	31096685	39663293	28479005	201130
怀柔区	24811571	13340589	22321980	12180678	92563
平谷区	17956257	9104229	15982633	8065943	79899
密云区	26685095	15297980	23484182	13996141	109479
延庆区	6821348	5370286	6253831	5083122	26909
北京经济技术开发区	57109168	51420104	52060444	48055995	123862

单位：千元

#主营业务税金及附加	其他业务利润	销售费用	管理费用	财务费用	#利息收入	#利息支出	资产减值损失
175835	65488	403595	3352846	367630	82226	459341	371805
83289	224006	1297545	1909568	61744	37938	75499	80564
18047	11581	194317	303293	31195	1812	26475	-3150
59748	8216	99145	815425	83513	15237	64318	105074
11980	1604	29406	123403	1834	1244	4865	10685
47768	6612	69739	692022	81679	13993	59453	94389
11755	50	220	64470	2854	99	1876	1250
28629	9472	65364	402250	13544	2247	13807	459
2899259	1327637	1409798	45162684	12360749	12655208	21479279	4342748
1522429	575078	486671	23782542	11155169	10376128	17917743	2849526
1126200	587141	546933	16283657	1380165	1832710	3314629	1237895
148124	163665	92395	2413970	30994	103198	127741	118610
102506	1753	283799	2682515	-205579	343172	119166	136717
593922	447859	3213677	11552270	785930	238281	923469	696534
410157	155517	1793042	6918365	589870	183689	741009	647169
136404	248684	1204775	3380924	164031	44566	145212	23981
44797	43658	193573	1190225	29048	9016	36106	24137
2564		22287	62756	2981	1010	1142	1247
178983		37703	651578	9063			
309751	192040	129889	6085782	-705204	1100061	1053992	140802
223614	184658	302394	3506003	1040315	455233	1225837	396388
640527	219031	1451761	11348523	953263	1506273	2420854	392871
795430	71524	474320	8206892	3576523	823285	4094439	1771803
113785	-19590	271303	2755966	265838	691456	843196	281377
520018	466913	857994	8364931	5722772	5952625	8945545	1142436
50023	-8673	48026	504235	62935	51818	106457	4272
108231	94729	115077	2383496	67765	1114437	1161692	76448
259950	28747	108186	4098914	1360452	341516	1072202	280800
145275	128886	240083	2708626	201338	55341	199486	177058
109018	163136	117170	1548639	117356	55540	159700	78156
140482	49822	149580	1741187	243444	52652	227475	128159
46343	53388	77426	920102	30847	16667	45031	26045
35448	20631	63819	558432	43947	10697	52860	-41073
58196	40793	135820	794423	100474	23737	122042	36910
20206	9536	4388	254400	1649	39855	33828	3044
95867	79925	113942	1585981	72028	602296	638112	143786

2-1 续表 9

项　　目	公允价值变动收益	投资收益	资产处置收益	其他收益	营业利润
合　计	**227224**	**43534477**	**136988**	**240990**	**49803511**
一、按登记注册类型分					
内资	227224	43474545	137062	239872	49254382
国有		11770	2372	10189	118403
集体		2649		71	30617
股份合作		89		250	69491
国有联营	***	***	***	***	***
其他联营	***	***	***	***	***
国有独资公司	206409	6076163	27830	26775	10843788
其他有限责任公司	104535	4427774	17979	185561	16983136
股份有限公司	-82092	32561217	88819	6900	21544887
私营独资		27			3036
私营合伙					14316
私营有限责任公司	-1527	326273	-3	4965	-863082
私营股份有限公司	-101	68586	65	5161	509816
港澳台商投资		21111	-74	390	228693
与港澳台商合资经营		21111		296	169820
与港澳台商合作经营	***	***	***	***	***
港澳台商独资			-74	94	85473
港澳台商投资股份有限公司	***	***	***	***	***
外商投资		38820		728	320436
中外合资经营		20246		561	199895
中外合作经营	***	***	***	***	***
外资企业		17483		167	122304
外商投资股份有限公司		1091			-1746
二、按隶属关系分					
中央	109362	41643192	29732	157568	42800737
地方	117862	1891285	107256	83422	7002774
三、按行业小类分					
房屋建筑业	320608	8288978	24548	31978	14217321
住宅房屋建筑	23707	6624901	24522	20453	10306784
体育场馆建筑	204686	1204633	109	1676	2404366
其他房屋建筑业	92215	459444	-83	9849	1506171
土木工程建筑业	-61823	32355992	117010	124297	29292641
铁路、道路、隧道和桥梁工程建筑	-85723	12356080	98588	48526	12920293
铁路工程建筑	-108153	12286570	3457	6918	5529780

单位：千元

营业外收入	营业外支出	利润总额	所得税费用	应付职工薪酬（本年贷方累计发生额）	应交增值税	建筑业企业在境外完成的营业收入
1787830	**1818740**	**49962353**	**6210584**	**100161536**	**21202239**	**128498447**
1722274	1795368	49374520	6065278	98539372	20945673	128444195
11807	4930	112835	43296	424094	110548	
57900	6706	110604	44876	361462	268079	
308	1013	70291	19261	200034	49046	331
***	***	***	***	***	***	***
***	***	***	***	***	***	***
241972	143055	9695607	1635638	14369782	2080901	25675236
1176491	1287612	16940676	3659889	47710941	9895022	84509655
82371	206851	20961302	164317	4365001	1567294	17507312
		-36		21819	4777	
				3587	1754	
126703	127876	969193	427437	30447388	6759675	751661
24722	17325	514080	70564	634897	208327	
31640	10724	278527	72450	710723	133703	2688
13979	9160	170258	27117	313297	90233	2688
***	***	***	***	***	***	***
17655	1560	134867	45330	386986	37176	
***	***	***	***	***	***	***
33916	12648	309306	72856	911441	122863	51564
6802	10943	192360	46882	573720	98913	47004
***	***	***	***	***	***	***
27114	1700	117270	25974	331172	23340	4560
	5	-324		6048	457	
762818	1043638	41380642	3749208	40185184	6914876	119884386
1025012	775102	8581711	2461376	59976352	14287363	8614061
862281	663647	14867270	2829651	37538161	7461585	33468863
796265	615497	10843336	2006974	31020295	6449684	28890648
5666	3247	2407585	348905	1389687	-11515	3570135
60350	44903	1616349	473772	5128180	1023416	1008080
507867	818821	28540560	2138312	32151828	7997984	88576961
345018	498204	11757487	1461640	18483732	4384215	57489852
205005	335641	4302720	135291	6808584	1481319	14427362

2-1 续表 10

项　　目	公允价值变动收益	投资收益	资产处置收益	其他收益	营业利润
公路工程建筑	11376	13993	91903	19711	6221208
市政道路工程建筑	11054	62449	2947	11645	1051230
城市轨道交通工程建筑		4489	-57	899	-13067
其他道路、隧道和桥梁工程建筑		-11421	338	9353	131143
水利和水运工程建筑		5842083	-193	8099	4112333
水源及供水设施工程建筑		34705		235	131655
河湖治理及防洪设施工程建筑		4196	-261	109	175237
港口及航运设施工程建筑		5803182	68	7755	3805442
海洋工程建筑	***	***	***	***	***
海洋油气资源开发利用工程建筑	***	***	***	***	***
海底设施铺设工程建筑	***	***	***	***	***
工矿工程建筑		214817	5771	13209	864101
架线和管道工程建筑		99091	2282	3786	729786
架线及设备工程建筑		40680	2258	1784	454736
管道工程建筑		58410	24	2002	275156
地下综合管廊工程建筑					-106
节能环保工程施工		8030	-464	3441	-710054
节能工程施工		7765		6	-935610
环保工程施工		255	-460	1800	106055
生态保护工程施工		10	-4	1635	119501
电力工程施工		16505	10891	47142	231609
火力发电工程施工		-127	11558	523	-95859
水力发电工程施工					189
核电工程施工		10585	-657	38526	281467
风能发电工程施工		202			-4720
太阳能发电工程施工		197	-10	7807	-5536
其他电力工程施工		5648		286	56067
其他土木工程建筑	23900	13819386	135	94	11145292
园林绿化工程施工		5438	118		14812
体育场地设施工程施工		47			4531
其他土木工程建筑	23900	13813901	17	94	11125949
建筑安装业	4124	2381673	-4660	75531	5334977
电气安装	-809	853370	-1934	60831	3308679
管道和设备安装	4743	1475445	720	1802	2047449
其他建筑安装业	190	52858	-3446	12898	-21150
体育场地设施安装					-14662
其他建筑安装	190	52858	-3446	12898	-6488
建筑装饰、装修和其他建筑业	-35685	507833	90	9184	958572
建筑装饰和装修业	-35685	337876	19	6536	309666

单位：千元

营业外收入	营业外支出	利润总额	所得税费用	应付职工薪酬（本年贷方累计发生额）	应交增值税	建筑业企业在境外完成的营业收入
34773	56284	6205760	1024696	5924730	1625852	40511670
42456	87190	1025107	256433	3616519	832946	50679
6184	4474	54963	8198	653043	110335	444821
56600	14615	168937	37022	1480856	333763	2055320
13028	14497	4019676	105406	1437582	412374	11233593
3303	2319	38354	8931	264282	139022	
2867	1919	179921	28044	335285	183836	
6858	10259	3801401	68431	838015	89516	11233593
***	***	***	***	***	***	***
***	***	***	***	***	***	***
***	***	***	***	***	***	***
19687	63890	427386	90379	2437521	657126	14897504
48561	36215	704654	222525	2991334	736711	5635
31184	34128	413218	141967	2414588	557519	4647
17377	2087	291436	80558	576152	178924	988
				594	267	
8096	4591	340640	40630	712589	206228	147922
2294	563	77109	11505	175921	24436	
5284	3758	140941	12094	483029	177356	147922
518	270	122590	17031	53639	4437	
34729	9738	235249	47130	2308454	193046	108719
32806	294	-63251	-1224	463633	35894	
				299	91	
1715	7914	274993	37819	1520073	100368	108719
		-940		8260	1076	
49	10	2793	2655	48674	14736	
159	1520	21654	7880	267515	40881	
38748	191686	11055468	170602	3780486	1408215	4693736
11312	3609	22143	3946	1131072	279740	
20	295	6695	1886	34414	8519	
27416	187782	11026630	164770	2615000	1119955	4693736
267863	219526	4943678	796440	12954537	2035716	4881596
175394	158241	2783834	381753	6398434	652307	626925
57860	33954	2112384	291225	4320337	739347	4222558
34609	27331	47460	123462	2235766	644062	32113
	11	-6565		12776	6586	
34609	27320	54025	123462	2222990	637475	32113
149819	116746	1610845	446181	17517010	3706954	1571027
135563	96125	1037207	350249	11834845	2721414	1316957

2-1 续表 11

项 目	公允价值变动收益	投资收益	资产处置收益	其他收益	营业利润
公共建筑装饰和装修	-1628	143739	39	5662	318605
住宅装饰和装修	-34057	187850	-20	874	-64441
建筑幕墙装饰和装修		6287			55503
建筑物拆除和场地准备活动		168365	71	2561	664436
建筑物拆除活动		860		17	69644
场地准备活动		167505	71	2544	594792
提供施工设备服务		-352			-53183
其他未列明建筑业		1945		87	37653
四、按企业资质等级分					
施工总承包序列	262258	35710579	140317	211442	46858292
施工总承包序列特级工程	135027	31820880	117338	47635	38318494
施工总承包序列一级工程	47526	3771351	23553	125183	7616080
施工总承包序列二级工程	-571	86801	-568	29025	438064
施工总承包序列三级工程	80276	31547	-6	9599	485654
专业承包序列	-35034	450098	-3329	29548	3045316
专业承包序列一级工程	550	346568	-781	22055	2733577
专业承包序列二级工程	-35584	101604	-2505	7142	106073
专业承包序列三级工程		1851	-43	349	212803
专业承包序列不分等级工程		75		2	-7137
劳务分包序列					105904
无资质		7373800			-206001
五、按地区分					
东城区	-1192	3224736	16198	30980	3084762
西城区	88078	1564214	91183	30853	2629414
朝阳区	213962	1518056	15163	22718	4329153
丰台区	-6261	15234756	4571	21297	16401078
石景山区	-243	822941	3370	3498	2299177
海淀区	-148855	19505438	2434	43836	13825959
门头沟区		45112	-13	2452	19111
房山区		470238	3007	1659	1726555
通州区	-14902	389766	1880	15233	3083376
顺义区		34734	-3182	47524	447600
昌平区		103448	-129	4780	-911041
大兴区	145	147842	-296	2026	141922
怀柔区		9580	-477	275	-32170
平谷区		7487	-894	4038	392625
密云区	96492	131414	51	964	319141
延庆区		1538	-77	7880	-2211
北京经济技术开发区		323177	4199	977	2049062

单位：千元

营业外收入	营业外支出	利润总额	所得税费用	应付职工薪酬（本年贷方累计发生额）	应交增值税	建筑业企业在境外完成的营业收入
86725	54137	485476	270638	3908314	1212417	1303335
37673	34484	475241	56613	7105882	1243408	9042
11165	7504	76490	22998	820650	265589	4580
10090	8650	550166	81896	1327607	457199	118158
868	1059	47639	13031	296897	121343	
9222	7591	502527	68865	1030711	335855	118158
936	471	475	595	2733602	168488	
3230	11500	22997	13441	1620955	359854	135912
1496474	1612306	46725610	5350336	59550054	12961164	124831403
609631	988885	37939240	3107673	30091437	5690331	78344892
702750	486242	7824907	1801496	22688611	5801413	45376339
84889	48163	476562	229867	3251394	669732	170216
99204	89016	484901	211300	3518612	799688	939956
291356	206434	3125004	860248	12043546	3440637	3667044
197105	126342	2803353	641863	7451104	2358731	1825348
73673	57033	121535	140775	3481469	796571	1812537
18200	22651	205283	74272	1065238	271866	29159
2378	408	-5167	3338	45735	13469	
		111739		8910566	958081	
				19657370	3842357	
92472	62334	3138982	199108	5993362	1489663	53026392
136680	172815	2592509	328938	4619675	907434	10518726
284962	155522	4584366	1040529	13178730	3355737	14040401
213930	299633	15959273	807799	16638690	3792664	3550269
328121	385754	2311284	296588	5495474	750610	724105
195465	173631	12695717	1417924	14172574	2859179	40513524
23394	8440	117734	27076	1821054	682383	11182
54490	53493	1747392	409084	6424793	1197043	966603
84637	76245	3082526	760918	6241541	1083663	2954169
93926	71554	840287	218517	6426384	850440	326273
50323	35150	201377	100229	3239118	932796	26313
50427	64372	339432	126876	4160452	950478	119829
36167	46155	84460	24416	3046600	659408	
18081	14697	406296	80459	1441969	371518	203748
39908	23716	458618	110255	3964779	580580	
8398	4120	19422	11201	601210	165629	
76449	171109	1382678	250667	2695132	573014	1516913

2-2 施工总承包、专业承包

项目	法人单位数（个）	年初存货	流动资产合计	#货币资金	#现金
合计	**2854**	**214618606**	**1777670909**	**370691842**	**489780**
一、按登记注册类型分					
内资	2783	211244111	1757778491	367857065	472935
国有	38	2380815	7636850	1839152	1399
集体	53	2655393	10941539	1258958	3401
股份合作	43	975368	3514035	600613	3170
其他联营	1	***	***	***	***
国有独资公司	82	45237052	367362714	69359898	14281
其他有限责任公司	1003	134583842	915123293	191709073	239623
股份有限公司	49	10685990	326667339	83511799	10587
私营独资	1	***	***	***	***
私营有限责任公司	1469	13255462	116726986	17535762	193243
私营股份有限公司	44	1466066	9795860	2041735	7224
港澳台商投资	38	1304389	9770840	1574869	2158
与港澳台商合资经营	26	603534	5064643	1045835	1679
与港澳台商合作经营	1	***	***	***	***
港澳台商独资	10	580065	4352320	473712	460
港澳台商投资股份有限公司	1	***	***	***	***
外商投资	33	2070106	10121578	1259908	14687
中外合资经营	23	1818804	7481552	754793	14511
外资企业	8	251111	2592602	491425	138
外商投资股份有限公司	2	***	***	***	***
二、按隶属关系分					
中央	172	108029238	1147091357	275953120	55514
地方	2682	106589368	630579552	94738722	434266
三、按行业小类分					
房屋建筑业	535	113144029	717943638	122103691	171134
住宅房屋建筑	386	103368216	566682244	99307962	149159
体育场馆建筑	11	1856795	50742599	13570372	1670
其他房屋建筑业	138	7919018	100518795	9225357	20305
土木工程建筑业	599	77730653	823634717	198425477	120420
铁路、道路、隧道和桥梁工程建筑	256	51624422	487930168	101596853	89903
铁路工程建筑	22	20153149	201598960	43828704	9937
公路工程建筑	54	18077982	200644501	42628718	43244

注：1. 统计口径为有施工总承包、专业承包资质建筑业法人单位。
2. 按地区分组为按企业经营地分区数据。

建筑业企业主要财务状况

单位：千元

#交易性金融资产	#应收工程款	#存货	#应收股利	可供出售金融资产	持有至到期投资	长期股权投资	固定资产减值准备
3591290	**371557242**	**194195431**	**15079083**	**10726167**	**1293285**	**717770388**	**225596**
3589234	364444106	190583024	15072674	10681785	1286027	716978571	197488
	1486831	2499300		3358		130129	
700	1468578	2451509				1251630	
	459480	1034231				82885	
***	***	***	***	***	***	***	***
13583	62527661	38391199	2019889	2688185		55499588	15399
1484358	226980663	120998084	4736107	6109853	976564	125555900	157242
1517360	33511892	7693855	8286274	1833013	255638	529249842	11602
***	***	***	***	***	***	***	***
533712	34499834	16324179	27818	43976	53825	4909226	13245
39521	3505861	1186104	2586	3400		299371	
	3388306	1289133	4164	1400		507589	
	2051945	507633	4164	400		497268	
***	***	***	***	***	***	***	***
	1267742	675977		1000		10321	
***	***	***	***	***	***	***	***
2056	3724830	2323274	2245	42982	7258	284228	28108
2056	2595992	2028680	2245	42982		226228	
	1122201	294594			7258	55000	28108
***	***	***	***	***	***	***	***
1385806	198117107	85709567	14558534	6749312	150	662761977	125876
2205484	173440135	108485864	520549	3976855	1293135	55008411	99720
1979136	173359850	113858405	5471457	6875208	22408	224255911	30196
1937413	147712239	100448352	2817385	6258552	22408	206915679	26241
9861	5352498	3006593	2606123	435570		8488617	
31862	20295113	10403460	47949	181086		8851615	3955
733512	125807816	54211073	9182802	3512574	1258811	463517305	63458
89415	87429566	35168672	999548	2964568	317051	179795707	28871
	34009943	9216336	464565	1032668		124463993	1
	26358844	13631872	488381	955860	255638	51758417	24685

2-2 续表 1

项　　目	法人单位数（个）	年初存货	流动资产合　计	#货币资金	#现金
市政道路工程建筑	148	10031750	64547790	11098639	23818
城市轨道交通工程建筑	5	1080361	6715640	713827	2024
其他道路、隧道和桥梁工程建筑	27	2281180	14423277	3326965	10880
水利和水运工程建筑	29	10764101	81790932	23633490	2596
水源及供水设施工程建筑	12	147473	2613434	889193	749
河湖治理及防洪设施工程建筑	12	697439	4109996	1565454	818
港口及航运设施工程建筑	5	9919189	75067502	21178843	1029
工矿工程建筑	16	2532019	44464195	13992895	1617
架线和管道工程建筑	152	6613223	28974330	9747368	14029
架线及设备工程建筑	102	5422157	20233714	6437092	6587
管道工程建筑	50	1191066	8740616	3310276	7442
节能环保工程施工	25	1146192	10039034	1078235	1829
节能工程施工	13	174096	1341528	235175	1258
环保工程施工	10	757680	8198393	747520	546
生态保护工程施工	2	***	***	***	***
电力工程施工	15	2977481	11839505	2049588	624
火力发电工程施工	3	454404	2260885	743514	69
核电工程施工	1	***	***	***	***
风能发电工程施工	1	***	***	***	***
太阳能发电工程施工	1	***	***	***	***
其他电力工程施工	9	51043	1239261	415320	513
其他土木工程建筑	106	2073215	158596553	46327048	9822
园林绿化工程施工	17	221414	1013251	183202	1343
体育场地设施工程施工	7	52397	321236	60166	1008
其他土木工程建筑	82	1799404	157262066	46083680	7471
建筑安装业	687	12318409	128853719	34206940	100649
电气安装	331	5144369	71057077	22271757	46204
管道和设备安装	175	3728593	36972401	8829203	14686
其他建筑安装业	181	3445447	20824241	3105980	39759
体育场地设施安装	3	52673	133202	4140	87
其他建筑安装	178	3392774	20691039	3101840	39672
建筑装饰、装修和其他建筑业	1033	11425515	107238835	15955734	97577
建筑装饰和装修业	846	9125993	87738798	13318527	88751
公共建筑装饰和装修	501	6577082	60335228	7857212	54571
住宅装饰和装修	300	1734172	22672476	4946725	32587

单位：千元

#交易性金融资产	#应收工程款	#存货	#应收股利	可供出售金融资产	持有至到期投资	长期股权投资	固定资产减值准备
89400	22202316	10010948	46212	959458	61413	2928525	4185
	1551333	940125				142796	
15	3307130	1369391	390	16582		501976	
78190	6975425	2014528	6181085	430195		91254722	
8190	316964	330692		4050		456606	
70000	582922	982851				94272	
	6075539	700985	6181085	426145		90703844	
8845	6180150	3410823	202918	25943		9481273	38
375817	4984993	6614579		5500	19250	7766807	5854
364317	3761443	5138608			19250	425860	5854
11500	1223550	1475971		5500		7340947	
102988	5881154	921689		44000		507643	28616
102988	579203	218163				185877	28108
	5119304	519058		44000		309130	
***	***	***	***	***	***	***	***
10000	3417742	4500043	2311			1105635	
10000	550451	536170					
***	***	***	***	***	***	***	***
***	***	***	***	***	***	***	***
***	***	***	***	***	***	***	***
	404324	90784				10100	
68257	10938786	1580739	1796940	42368	922510	173605518	79
1248	375321	250630				12381	
	113903	46613				242	
67009	10449562	1283496	1796940	42368	922510	173592895	79
301612	34805551	11401453	270006	196354	2065	21293852	120327
112634	14336330	6189027	202721	144436		5119400	120313
23045	13633101	2903323	40406	35596	2000	14549138	
165933	6836120	2309103	26879	16322	65	1625314	14
	52454	47639					
165933	6783666	2261464	26879	16322	65	1625314	14
577030	37584025	14724500	154818	142031	10001	8703320	11615
551264	30657164	11051458	18982	82490	10001	5750390	11081
470834	24528676	8887448	16396	53858	10001	3272050	11081
80430	4621488	1708920	2586	28232		2376668	

2-2 续表 2

项　　目	法人单位数（个）	年初存货	流动资产合　计	#货币资金	#现金
建筑幕墙装饰和装修	45	814739	4731094	514590	1593
建筑物拆除和场地准备活动	96	1090543	13616105	2260672	2526
建筑物拆除活动	35	73948	1449324	312717	3416
场地准备活动	61	1016595	12166781	1947955	-890
提供施工设备服务	6	15891	264079	29740	31
其他未列明建筑业	85	1193088	5619853	346795	6269
四、按企业资质等级分					
施工总承包序列	1028	194069508	1596436727	342183042	280576
施工总承包序列特级工程	58	104559074	1056484430	232665386	85939
施工总承包序列一级工程	277	73361201	456240470	89964556	105124
施工总承包序列二级工程	279	9459646	43000209	8866024	35331
施工总承包序列三级工程	414	6689587	40711618	10687076	54182
专业承包序列	1824	20549098	181234182	28508800	209204
专业承包序列一级工程	500	14134926	132112197	19518271	81998
专业承包序列二级工程	942	4938554	37259722	6891921	82978
专业承包序列三级工程	347	1407591	11165981	2007364	41995
专业承包序列不分等级工程	35	68027	696282	91244	2233
五、按地区分					
东城区	138	18609851	157411413	54863221	18631
西城区	188	17381452	124971804	18287747	22378
朝阳区	561	24533477	264931997	55029462	72757
丰台区	238	32007150	330095499	92411036	40473
石景山区	87	6759761	89915403	24038523	35705
海淀区	363	52817760	379717599	63447552	43348
门头沟区	67	1386657	12084987	1523956	11019
房山区	130	6569588	87178870	8379465	39571
通州区	195	18861540	111606244	15399910	31715
顺义区	170	13267409	48161082	7184443	38174
昌平区	153	4760770	31892701	5211647	27594
大兴区	227	4635198	35427668	6376302	20723
怀柔区	93	2407068	12611363	1433622	14994
平谷区	94	3237417	12448418	1266296	13749
密云区	73	2030755	16224765	3293848	42417
延庆区	41	909532	7762432	936390	11427
北京经济技术开发区	36	4443221	55228664	11608422	5105

单位：千元

				可供出售金融资产	持有至到期投资	长期股权投资	固定资产减值准备
#交易性金融资产	#应收工程款	#存货	#应收股利				
	1507000	455090		400		101672	
25191	5149185	2398625	135836	59267		2672765	31
	654294	65176					31
25191	4494891	2333449	135836	59267		2672765	
279	101339	75418					
296	1676337	1198999		274		280165	503
2609613	309019801	171472103	14871168	10562834	1268819	705982176	185432
1463091	170894211	93128913	14136063	7792145	317051	654743445	17310
653992	121198723	62618142	693791	2689570	914258	46492872	160333
378469	7628440	9734660	41314	63632	37510	2229971	3048
114061	9298427	5990388		17487		2515888	4741
981677	62537441	22723328	207915	163333	24466	11788212	40164
322730	48829510	16912796	200775	131315	12000	8520059	39292
304102	10202757	4168395	7140	31500	12466	2686931	841
354845	3192239	1574782		518		580762	31
	312935	67355				460	
392161	22519373	11233288	1779382	1275535		41931729	5019
65035	22825766	24304139	150856	2696155	317051	16887927	17776
106933	52837665	26568888	2957579	1224198	907259	49382955	4793
343485	59230139	36219500	2117649	569269	65	187318881	120350
10000	27990425	4894846	671927	652788		7211096	137
1624974	83418997	33272477	6929537	3868416	12000	364653134	32717
70000	3517422	1260733	1662			155844	
397773	13857895	5073863	47585	27963	37510	8247485	
73624	26913500	18674542	4101	329271	150	19929701	9210
23056	12298043	12952910	4021	4700		2881393	16643
234550	10089847	4024993	929	67376		2694226	
95633	9968129	3964610	81062	6744	19250	2854856	2669
2957	3555109	2745639				213793	16202
16866	3033335	2616434	352	394		1024714	
79943	5310080	1971788		3358		1643525	80
7300	2324899	941607				109236	
47000	11866618	3475174	332441			10629893	

2-2 续表 3

项　　目	固定资产原　价	累计折旧	#本年折旧	固定资产净值	在建工程
合　计	**94169259**	**49185717**	**7672677**	**44964488**	**6797168**
一、按登记注册类型分					
内资	93038246	48498636	7632136	44520556	6781423
国有	561604	338468	35680	223136	70724
集体	575429	256630	21272	318799	19833
股份合作	530943	322618	20378	208325	9119
其他联营	***	***	***	***	***
国有独资公司	18954322	9180702	1447606	9773620	1850913
其他有限责任公司	55797701	30447404	5042638	25332220	3766909
股份有限公司	6163697	2809111	393726	3354586	161556
私营独资	***	***	***	***	***
私营有限责任公司	9972904	4904028	636340	5067899	871065
私营股份有限公司	480847	239073	34496	241774	31304
港澳台商投资	412517	252640	23094	159877	1657
与港澳台商合资经营	327577	196903	16586	130674	1657
与港澳台商合作经营	***	***	***	***	***
港澳台商独资	77264	49830	6010	27434	
港澳台商投资股份有限公司	***	***	***	***	***
外商投资	718496	434441	17447	284055	14088
中外合资经营	352232	256215	16530	96017	5453
外资企业	364660	176862	719	187798	8635
外商投资股份有限公司	***	***	***	***	***
二、按隶属关系分					
中央	51096008	26844681	4911487	24239822	2295726
地方	43073251	22341036	2761190	20724666	4501442
三、按行业小类分					
房屋建筑业	34017311	17627401	2577589	16382040	4354033
住宅房屋建筑	28836548	15060498	2258291	13770481	4221615
体育场馆建筑	1059238	696961	35382	362277	25893
其他房屋建筑业	4121525	1869942	283916	2249282	106525
土木工程建筑业	44364560	23813153	4156051	20549505	636458
铁路、道路、隧道和桥梁工程建筑	31564067	18179605	3440608	13383713	372841
铁路工程建筑	12084126	6685931	1185743	5398195	74603
公路工程建筑	8092951	4700685	1110993	3392266	101564

单位：千元

无形资产	资产总计	流动负债合计	#应付账款	非流动负债合计	#应付债券	负债合计	所有者权益合计
11179090	**2781411724**	**1707076685**	**617166964**	**186339502**	**71155772**	**1905183448**	**876228276**
11063701	2759801868	1690746256	610300687	186015201	71155772	1888528714	871273154
64419	8158412	6254860	1222376	200267		6554858	1603554
2630	12802373	10318433	2428724	19209		10354512	2447861
38447	3883813	2078050	462211	44613		2125028	1758785
***	***	***	***	***	***	***	***
951441	475537128	326303895	129093982	36234675	11200000	368124552	107412576
7094906	1202956661	877945915	397410921	67282692	3097810	948349173	254607488
1310943	912562292	371276992	48406468	81126853	56598076	452869578	459692714
***	***	***	***	***	***	***	***
1555609	132859724	89257266	28098849	1089888	259886	92802920	40056804
45306	11031393	7307303	3177116	17004		7344551	3686842
80990	10582268	8483235	3141267	243280		8726516	1855752
77132	5825182	4259561	1847560	98280		4357842	1467340
***	***	***	***	***	***	***	***
3858	4401440	3964770	1224525	145000		4109770	291670
***	***	***	***	***	***	***	***
34399	11027588	7847194	3725010	81021		7928218	3099370
6553	8027685	5966358	2563068	62342		6028703	1998982
27846	2944651	1854206	1160624	18679		1872885	1071766
***	***	***	***	***	***	***	***
5886697	2023112706	1178862708	414181825	142102744	56515629	1322602612	700510094
5292393	758299018	528213977	202985139	44236758	14640143	582580836	175718182
4776398	1046707155	687048234	285462753	80179810	35667321	773707935	272999220
3964222	863533032	561071658	235895987	70054793	35652435	636816878	226716154
161467	64598659	49788310	13018113	131233		49919656	14679003
650709	118575464	76188266	36548653	9993784	14886	86971401	31604063
3615397	1444236203	831850857	247401969	98295821	34568899	932303308	511932895
1524674	785227629	489549036	195056779	66841462	11925630	557508129	227719500
843066	372403944	215120422	85368191	28144651	9825630	243265074	129138870
394357	307180648	196514361	71503116	35694112	1600000	232214069	74966579

2-2 续表 4

项 目	固定资产原 价	累计折旧	#本年折旧	固定资产净值	在建工程
市政道路工程建筑	6055681	3517363	651087	2537569	195397
城市轨道交通工程建筑	2429128	1420689	225434	1008439	
其他道路、隧道和桥梁工程建筑	2902181	1854937	267351	1047244	1277
水利和水运工程建筑	1434282	657466	64888	776816	39921
水源及供水设施工程建筑	311271	150783	10839	160488	82
河湖治理及防洪设施工程建筑	418003	206858	17201	211145	2686
港口及航运设施工程建筑	705008	299825	36848	405183	37153
工矿工程建筑	3759585	1621090	258669	2138495	34864
架线和管道工程建筑	3316074	1774876	169050	1539683	86193
架线及设备工程建筑	2738443	1440708	134250	1296220	67385
管道工程建筑	577631	334168	34800	243463	18808
节能环保工程施工	759447	336746	32023	422701	9048
节能工程施工	445789	203007	5282	242782	9048
环保工程施工	199794	92004	24158	107790	
生态保护工程施工	***	***	***	***	***
电力工程施工	2116602	557611	82807	1558991	43759
火力发电工程施工	756416	78134	12353	678282	41979
核电工程施工	***	***	***	***	***
风能发电工程施工	***	***	***	***	***
太阳能发电工程施工	***	***	***	***	***
其他电力工程施工	46981	12437	8127	34544	
其他土木工程建筑	1414503	685759	108006	729106	49832
园林绿化工程施工	147714	69737	13020	77977	2243
体育场地设施工程施工	15087	10461	858	4626	
其他土木工程建筑	1251702	605561	94128	646503	47589
建筑安装业	8098807	4051933	457579	4041105	1155729
电气安装	3677744	1831269	199699	1841157	924828
管道和设备安装	2781310	1307192	137708	1474105	125182
其他建筑安装业	1639753	913472	120172	725843	105719
体育场地设施安装	26202	10812	551	15390	
其他建筑安装	1613551	902660	119621	710453	105719
建筑装饰、装修和其他建筑业	7688581	3693230	481458	3991838	650948
建筑装饰和装修业	4601408	2044692	259200	2556716	608764
公共建筑装饰和装修	2871342	1219218	172210	1652124	573142
住宅装饰和装修	1167858	604862	63220	562996	16996

单位：千元

无形资产	资产总计	流动负债合计	#应付账款	非流动负债合计	#应付债券	负债合计	所有者权益合计
238516	80366274	58159099	26858766	1983468	500000	61252694	19113580
7315	7980810	6953518	3620423	41218		6994736	986074
41420	17295953	12801636	7706283	978013		13781556	3514397
341348	182984766	104701343	8415794	6407170	3986753	111489535	71495231
31806	3296816	1964932	659502	4831		2350459	946357
76047	4516884	3409065	1172023	46189		3455580	1061304
233495	175171066	99327346	6584269	6356150	3986753	105683496	69487570
470505	57081844	34840626	6906110	586357	317997	35938989	21142855
403173	40373462	24554725	5828757	224611		24833324	15540138
325652	23613665	17075242	4027070	209543		17328238	6285427
77521	16759797	7479483	1801687	15068		7505086	9254711
52179	13884618	9193182	3905694	1293438	587708	10499167	3385451
34454	1852695	1183674	456106	3885		1187559	665136
12064	11439794	7730168	3289940	1287780	587708	9030495	2409299
***	***	***	***	***	***	***	***
147155	16178211	12876178	4595551	171334		13047512	3130699
37842	4333930	4093790	1369879			4093790	240140
***	***	***	***	***	***	***	***
***	***	***	***	***	***	***	***
***	***	***	***	***	***	***	***
740	1301706	871555	445654			871555	430151
676363	348505673	156135767	22693284	22771449	17750811	178986652	169519021
151	1124228	724850	358923	2051		726903	397325
271	328435	232353	115453			232353	96082
675941	347053010	155178564	22218908	22769398	17750811	178027396	169025614
1609431	165218248	101200310	47415934	5911185	214311	108157551	57060697
832461	83273446	56587620	25674708	4686197		61412186	21861260
489759	54781949	27847121	14952390	718847	214311	28763018	26018931
287211	27162853	16765569	6788836	506141		17982347	9180506
	148640	80380	28845			80380	68260
287211	27014213	16685189	6759991	506141		17901967	9112246
1177864	125250118	86977284	36886308	1952686	705241	91014654	34235464
891542	100241368	73508630	30031448	1224510	245000	75693982	24547386
546208	68036791	48465374	23653969	1062116	245000	49893970	18142821
223845	26360015	20884676	4785975	135289		21575035	4784980

2-2 续表 5

项　　目	固定资产原　价	累计折旧	#本年折旧	固定资产净值	在建工程
建筑幕墙装饰和装修	562208	220612	23770	341596	18626
建筑物拆除和场地准备活动	2458113	1238432	182891	1216168	34398
建筑物拆除活动	233435	121564	15309	111870	2326
场地准备活动	2224678	1116868	167582	1104298	32072
提供施工设备服务	37045	17181	2491	19864	
其他未列明建筑业	592015	392925	36876	199090	7786
四、按企业资质等级分					
施工总承包序列	79556251	41647116	6724060	37893611	5886794
施工总承包序列特级工程	35095466	18831068	3650332	16258492	2775370
施工总承包序列一级工程	34847137	18040201	2534890	16800105	2566416
施工总承包序列二级工程	4229297	2139067	209638	2087184	186205
施工总承包序列三级工程	5384351	2636780	329200	2747830	358803
专业承包序列	14613008	7538601	948617	7070877	910374
专业承包序列一级工程	8611939	4220382	546814	4391116	661427
专业承包序列二级工程	3769258	2048921	233728	1720400	226009
专业承包序列三级工程	2015496	1116471	153689	895513	22938
专业承包序列不分等级工程	216315	152827	14386	63848	
五、按地区分					
东城区	9588226	4407541	877003	5178384	566910
西城区	4887864	2437876	277802	2441159	156710
朝阳区	13667076	7131603	935345	6535460	314878
丰台区	13998501	8285480	1400822	5707114	452562
石景山区	4639987	2682316	418739	1957671	506086
海淀区	12990130	6019543	759571	6970587	3183207
门头沟区	843042	500725	65111	342317	2622
房山区	4260162	2239325	195130	2020837	204024
通州区	8276375	4431626	1032741	3845468	282301
顺义区	5474783	2618270	419896	2856773	179817
昌平区	3948013	2183381	472503	1764632	153460
大兴区	3672974	1855261	244100	1814730	603979
怀柔区	1195855	718626	74378	477229	31077
平谷区	1352070	794983	86328	557087	70575
密云区	2374849	1323821	205998	1051028	9236
延庆区	696561	371324	31462	325237	26354
北京经济技术开发区	2302791	1184016	175748	1118775	53370

单位：千元

无形资产	资产总计	流动负债合计	#应付账款	非流动负债合计	#应付债券	负债合计	所有者权益合计
121489	5844562	4158580	1591504	27105		4224977	1619585
74352	18336278	9946801	5320634	722811	460241	10720177	7616101
5600	1633530	1024739	427038	-281		1074980	558550
68752	16702748	8922062	4893596	723092	460241	9645197	7057551
92	285051	222935	45407			222936	62115
211878	6387421	3298918	1488819	5365		4377559	2009862
8789370	2569350348	1562722556	553838136	183092724	70435645	1755338767	814011581
5312865	1904644954	1089780244	365234902	157288061	68815629	1252273591	652371363
2795183	564783980	404464868	168402692	23891046	1405705	431658348	133125632
336929	50817508	32700828	8473352	458378		34003374	16814134
344393	49103906	35776616	11727190	1455239	214311	37403454	11700452
2389720	212061376	144354129	63328828	3246778	720127	149844681	62216695
1591932	154227120	107113232	50587899	2637875	720127	110950684	43276436
590112	43717596	29700244	9475959	556720		31134218	12583378
163348	13297574	7075743	3017723	47701		7264633	6032941
44328	819086	464910	247247	4482		495146	323940
747607	220881389	129460016	39857737	11820030		141344890	79536499
2868698	164990745	104916276	38201790	21733898	1600000	127787193	37203552
1674669	351425936	260481881	87173208	12375110	6200000	278662214	72763722
1392986	555737547	317047888	111942359	26747179	18865697	345588813	210148734
340212	113582793	90597067	49160022	384120		90989761	22593032
1596551	831757638	417666530	115755390	94277672	42254716	512339048	319418590
39045	12953061	10509640	5181194	58817		10577607	2375454
167905	100662142	68395313	28203728	5938292		74333605	26328537
371245	155907460	114271608	55623035	5748596	1242810	120121901	35785559
305598	56552754	43196737	21468703	197238		43861244	12691510
452481	38180019	28546140	13732103	712979	214311	29259151	8920868
748169	43733281	29656356	11703152	1760916	460241	31468142	12265139
26588	14099234	11624188	5399450	38355		11843254	2255980
132673	14670546	8524410	3353931	438814		9096597	5573949
49079	20070752	11996264	4951483	172130	317997	13714105	6356647
15763	8470972	7020673	2142326	96014		7116687	1354285
249821	77735455	53165698	23317353	3839342		57079236	20656219

2-2 续表 6

项目	#实收资本	国家资本	集体资本	法人资本	个人资本
合计	**349492251**	**119764072**	**3581120**	**163265927**	**60544141**
一、按登记注册类型分					
内资	346074192	119701126	3580820	162441831	60338540
国有	920565	720332		200233	
集体	1126673		1063720	46259	16694
股份合作	975893		18501	383116	574276
其他联营	***	***	***	***	***
国有独资公司	55620621	32963265		22657356	
其他有限责任公司	147276708	31106628	2160656	103426151	10571398
股份有限公司	106698093	54910901	336743	26792362	24658087
私营独资	***	***	***	***	***
私营有限责任公司	31782275		1200	8595392	23185683
私营股份有限公司	1666364			340962	1325402
港澳台商投资	1745896	1680		440067	93401
与港澳台商合资经营	951642	1680		402217	84501
与港澳台商合作经营	***	***	***	***	***
港澳台商独资	734254				
港澳台商投资股份有限公司	***	***	***	***	***
外商投资	1672163	61266	300	384029	112200
中外合资经营	964478	61266	300	380029	112200
外资企业	685685			4000	
外商投资股份有限公司	***	***	***	***	***
二、按隶属关系分					
中央	242372986	107214757	50744	113137185	21970300
地方	107119265	12549315	3530376	50128742	38573841
三、按行业小类分					
房屋建筑业	136074051	64247880	2469342	59922555	8661454
住宅房屋建筑	107528550	56610596	2208206	42394982	5976089
体育场馆建筑	9942865		4787	9804089	24500
其他房屋建筑业	18602636	7637284	256349	7723484	2660865
土木工程建筑业	164193995	51428991	625664	83391767	28375192
铁路、道路、隧道和桥梁工程建筑	94115636	32161897	82958	52534920	9309411
铁路工程建筑	42772364	14678912		22515062	5578390
公路工程建筑	35669656	15351406		19602959	715291

单位：千元

港澳台资本	外商资本	营业收入	#主营业务收入	营业成本	#主营业务成本	营业税金及附加	#主营业务税金及附加
1209992	**1126999**	**1348129303**	**1335841543**	**1251382619**	**1241485235**	**3735912**	**3493181**
	11875	1330607605	1318649172	1235900522	1226270035	3694597	3452346
		4521389	4377515	4161525	4133758	18372	18352
		10455933	10386377	9953121	9946062	29523	18291
		2360238	2350352	2105298	2098869	10159	10159
***	***	***	***	***	***	***	***
		262674948	260957858	244964538	243992110	698756	605098
	11875	830461769	824686835	774184460	768786358	2328598	2222795
		119189324	118425222	111263095	111089982	225628	201980
***	***	***	***	***	***	***	***
		93004296	89777038	82911544	79954025	351413	343641
		7939531	7687798	6356810	6268740	32147	32029
1205872	4876	8381560	8345324	7401398	7379198	26734	26505
458368	4876	4373268	4337324	3801223	3779026	16160	15931
***	***	***	***	***	***	***	***
734254		3902280	3901988	3498824	3498821	10346	10346
***	***	***	***	***	***	***	***
4120	1110248	9140138	8847047	8080699	7836002	14581	14330
4120	406563	6319813	6053578	5642018	5406302	8858	8800
	681685	2782493	2755637	2407640	2398659	5681	5488
***	***	***	***	***	***	***	***
		857587225	853556988	803912249	800345579	1798156	1717530
1209992	1126999	490542078	482284555	447470370	441139656	1937756	1775651
350654	422166	598647599	594627318	564023561	561122584	1721648	1571545
58000	280677	521489060	517831959	493058345	490433802	1516181	1378473
	109489	19591155	19514544	18353022	18301828	51674	46303
292654	32000	57567384	57280815	52612194	52386954	153793	146769
51000	321381	545340641	541132432	505862365	502107171	1335951	1271188
	26450	416567899	413986401	388061711	385595800	888525	863080
		161804149	160870698	154253750	153900381	265327	255558
		179827173	179255376	164559009	164045319	370937	360577

2-2 续表 7

项目	#实收资本	国家资本	集体资本	法人资本	个人资本
市政道路工程建筑	12108252	622805	82958	8926911	2449128
城市轨道交通工程建筑	876800			712800	164000
其他道路、隧道和桥梁工程建筑	2688564	1508774		777188	402602
水利和水运工程建筑	24095918	3687604	52800	15373899	4981615
水源及供水设施工程建筑	821051	272570		281800	266681
河湖治理及防洪设施工程建筑	634912	74365	52800	457077	50670
港口及航运设施工程建筑	22639955	3340669		14635022	4664264
工矿工程建筑	5863499	1457660	20001	3924684	461154
架线和管道工程建筑	10061176	150371	255945	7680756	1923104
架线及设备工程建筑	2704770	20000	206296	1187091	1291383
管道工程建筑	7356406	130371	49649	6493665	631721
节能环保工程施工	1350189	120000	4950	711619	231808
节能工程施工	467142			116000	119330
环保工程施工	803047	120000	4950	549648	78449
生态保护工程施工	***	***	***	***	***
电力工程施工	1104780	106875	189010	706010	91010
火力发电工程施工	224020		100010	124010	
核电工程施工	***	***	***	***	***
风能发电工程施工	***	***	***	***	***
太阳能发电工程施工	***	***	***	***	***
其他电力工程施工	242010		89000	82000	71010
其他土木工程建筑	27602797	13744584	20000	2459879	11377090
园林绿化工程施工	325054			108538	216516
体育场地设施工程施工	57800			24710	33090
其他土木工程建筑	27219943	13744584	20000	2326631	11127484
建筑安装业	25386314	1989068	379354	11554790	10694768
电气安装	10404585	1060329	214745	4455957	4440086
管道和设备安装	9796866	421667	119375	4958125	3897359
其他建筑安装业	5184863	507072	45234	2140708	2357323
体育场地设施安装	74100			40525	24000
其他建筑安装	5110763	507072	45234	2100183	2333323
建筑装饰、装修和其他建筑业	23837891	2098133	106760	8396815	12812727
建筑装饰和装修业	16794217	238833	86938	7217732	8902110
公共建筑装饰和装修	11241305	227308	45158	5093270	5589653
住宅装饰和装修	4176875	11525	29980	1507725	2570813

单位：千元

港澳台资本	外商资本	营业收入	#主营业务收入	营业成本	#主营业务成本	营业税金及附加	#主营业务税金及附加
	26450	49188558	48755977	45113783	44960658	183292	178847
		8815170	8783537	8381779	8359459	19555	19222
		16932849	16320813	15753390	14329983	49414	48876
		24422533	24127189	23173130	23111140	80657	58898
		3606811	3602169	3377512	3376766	15351	15339
		5282507	5209075	4860818	4801694	28673	27798
		15533215	15315945	14934800	14932680	36633	15761
		13480483	13351156	11981963	11940855	65410	62264
51000		23300987	22461561	20528200	19748139	129643	121459
		18085718	17277818	16109736	15337844	112185	104360
51000		5215269	5183743	4418464	4410295	17458	17099
	281812	6053149	6000396	4765484	4730602	22301	21527
	231812	786666	740073	604320	575298	2462	1688
	50000	4823502	4817342	3893198	3887338	19194	19194
***	***	***	***	***	***	***	***
	11875	11186561	10998299	10039710	9852644	39702	34402
		1707737	1693684	1612818	1610786	9260	9260
***	***	***	***	***	***	***	***
***	***	***	***	***	***	***	***
***	***	***	***	***	***	***	***
		1225108	1123215	1054850	923969	3902	3067
	1244	50329029	50207430	47312167	47127991	109713	109558
		1022137	1015009	882981	778773	4446	4389
		403607	403607	357621	357621	816	816
	1244	48903285	48788814	46071565	45991597	104451	104353
482953	285381	106995906	104558651	95737251	93743355	331573	307984
121261	112207	59530106	57987025	52755273	51468942	183108	175334
347840	52500	28464997	28168048	25845315	25672429	84933	80235
13852	120674	19000803	18403578	17136663	16601984	63532	52415
	9575	169843	167253	168627	168626	232	232
13852	111099	18830960	18236325	16968036	16433358	63300	52183
325385	98071	97145157	95523142	85759442	84512125	346740	342464
287988	60616	79424726	77959596	70084163	69009772	272802	268658
232800	53116	53405499	52600936	48440573	47797939	176245	172930
49332	7500	20760700	20126707	16997432	16579295	78542	77755

2-2 续表 8

项　　目	#实收资本	国家资本	集体资本	法人资本	个人资本
建筑幕墙装饰和装修	1376037		11800	616737	741644
建筑物拆除和场地准备活动	4978969	1844760	19822	598202	2465759
建筑物拆除活动	484476	73298		113280	297898
场地准备活动	4494493	1771462	19822	484922	2167861
提供施工设备服务	48864	3000		10388	28550
其他未列明建筑业	2015841	11540		570493	1416308
四、按企业资质等级分					
施工总承包序列	307207222	117188714	3334108	147488783	38265267
施工总承包序列特级工程	210304444	104081734	822728	84516616	20883366
施工总承包序列一级工程	74648252	10071605	1041837	55786795	7123907
施工总承包序列二级工程	11910755	899652	988373	4371634	5430729
施工总承包序列三级工程	10343771	2135723	481170	2813738	4827265
专业承包序列	42285029	2575358	247012	15777144	22278874
专业承包序列一级工程	25414615	2399535	76335	10170772	11942937
专业承包序列二级工程	11852189	112753	147874	4261366	6776440
专业承包序列三级工程	4687012	63070	22803	1304306	3286831
专业承包序列不分等级工程	331213			40700	272666
五、按地区分					
东城区	31382507	4278662	36585	24412418	2444417
西城区	14692976	3174668	76518	9933612	1483114
朝阳区	44864411	6561204	401095	29800294	6789170
丰台区	51929870	20244445	637314	17499569	13538042
石景山区	9457292	1077924	4472	7309447	1065449
海淀区	117607469	59463893	416104	42474165	14812598
门头沟区	1943634	20000	100628	913127	909879
房山区	13373550	7540755	877083	2675528	2280184
通州区	14900773	4736684	153861	7233310	2753105
顺义区	7477524	863993	594530	4506699	1302016
昌平区	6119125	117000	52178	3169593	2765354
大兴区	9319673	514955	82509	4000764	4711274
怀柔区	2694641	751800	22308	705254	1215279
平谷区	3948374	474467	20000	865232	2522175
密云区	2943194	619825	95935	1213438	1013996
延庆区	1096804	131445	10000	464925	478559
北京经济技术开发区	15740434	9192352		6088552	459530

单位：千元

港澳台资本	外商资本	营业收入	#主营业务收入	营业成本	#主营业务成本	营业税金及附加	#主营业务税金及附加
5856		5258527	5231953	4646158	4632538	18015	17973
12971	37455	13763878	13710286	12189826	12122529	58012	57943
		1944683	1941583	1723829	1722346	10611	10597
12971	37455	11819195	11768703	10465997	10400183	47401	47346
6926		154379	150047	123474	119290	963	963
17500		3802174	3703213	3361979	3260534	14963	14900
407654	522696	1181713492	1172555338	1104491039	1097097767	3126752	2899259
		780205875	777491423	733773922	732470520	1673790	1522429
345654	278454	337904280	334070073	313605943	310789258	1189637	1126200
62000	158367	31417424	30925734	28279877	28056978	155711	148124
	85875	32185913	30068108	28831297	25781011	107614	102506
802338	604303	166415811	163286205	146891580	144387468	609160	593922
390616	434420	122234174	120374238	109430050	107890267	420739	410157
396251	157505	33608413	32755364	28664206	28081902	139143	136404
2500	7502	10047060	9631478	8355794	7974412	46702	44797
12971	4876	526164	525125	441530	440887	2576	2564
144319	66106	96306899	95597139	90504825	90056030	326611	309663
21820	3244	83913154	82654766	77500558	76665983	305223	220540
788609	524039	214197615	211358048	196586344	193083597	659567	630401
	10500	263845106	262280560	248293071	246976426	733367	716787
		76847752	76467208	71584990	71195160	110135	106436
28852	411857	241344779	239059697	224471565	223396427	567463	507106
		14060651	13087222	13339579	12361167	48400	46311
		41524163	41289637	37545799	37422749	101927	101447
23813		124648273	124308396	115875289	115734449	261567	259375
130410	79876	48047722	47604828	43932787	43727309	145945	136862
3000	12000	22242371	21961202	20196284	20078955	87421	86711
2669	7502	30240585	29730484	27626270	27152982	143884	133752
		10951813	10856732	10065285	10001658	34873	33783
66500		9146715	9065785	8103647	8026190	35550	35333
		13983582	13885334	12651553	12597310	53861	53008
	11875	5273302	5249297	5003215	4982023	19867	19842
		51554821	51385208	48101558	48026820	100251	95824

2-2 续表 9

项　　目	其他业务利　润	销售费用	管理费用	#财产保险费	财务费用
合　计	**1775496**	**4623475**	**56714954**	**55994**	**13146679**
一、按登记注册类型分					
内资	1734652	4371472	55643439	54713	13030503
国有	17611	5457	254831	197	-9679
集体	56192	17057	387257	320	3027
股份合作	1664	5672	163868	512	4601
其他联营	***	***	***	***	***
国有独资公司	313807	97473	10453497	7107	643616
其他有限责任公司	671263	1591318	33163305	30184	4588141
股份有限公司	309442	765135	3962138	1339	7378745
私营独资	***	***	***	***	***
私营有限责任公司	197479	1571219	6583523	14690	395616
私营股份有限公司	167194	318140	674909	364	26435
港澳台商投资	12647	89910	536914	527	50650
与港澳台商合资经营	12392	47762	320989	176	26370
与港澳台商合作经营	***	***	***	***	***
港澳台商独资	255	41536	199660	313	23497
港澳台商投资股份有限公司	***	***	***	***	***
外商投资	28197	162093	534601	754	65526
中外合资经营	27892	52550	357587	671	69009
外资企业	305	109543	168767	38	-3395
外商投资股份有限公司	***	***	***	***	***
二、按隶属关系分					
中央	606331	857080	30972726	9602	9349533
地方	1169165	3766395	25742228	46392	3797146
三、按行业小类分					
房屋建筑业	626949	478567	18203290	27856	6688175
住宅房屋建筑	566962	322054	14499483	25925	6740464
体育场馆建筑	2625	12	653822	229	-491255
其他房屋建筑业	57362	156501	3049985	1702	438966
土木工程建筑业	668494	851907	25007897	10999	5869077
铁路、道路、隧道和桥梁工程建筑	244674	377213	17466926	4395	2117926
铁路工程建筑	83765	278945	6380371	912	1058144
公路工程建筑	11425	20661	7677353	1093	603736

单位：千元

		资产减值损失	公允价值变动收益	投资收益	资产处置收益	其他收益	营业利润
#利息收入	#利息支出						
12893489	**22402748**	**5039282**	**227224**	**36160677**	**136988**	**240990**	**49903608**
12850684	22264787	4994779	227224	36130161	137062	239872	49357959
20084	9761	585		5417	2372	10189	108276
9526	10792	11047		1691		71	56663
4503	8837	41		147		250	70996
***	***	***	***	***	***	***	***
2688152	3272653	816352	206409	4526117	27830	26775	9596690
5767718	7886190	2110127	104535	4412826	17979	185561	17044196
4228412	10513783	1538472	-82092	27016046	88819	6900	21085782
***	***	***	***	***	***	***	***
107444	526375	421169	-1527	100589	-3	4965	888867
24845	36396	96986	-101	67328	65	5161	506557
29354	66160	39770		21111	-74	390	257611
21387	35764	16732		21111		296	165439
***	***	***	***	***	***	***	***
7195	28881	9665			-74	94	118772
***	***	***	***	***	***	***	***
13451	71801	4733		9405		728	288038
7328	68243	2165		8314		561	196501
6039	3558	2568				167	91856
***	***	***	***	***	***	***	***
11134281	17624274	3499842	109362	34548699	29732	157568	41665581
1759208	4778474	1539440	117862	1611978	107256	83422	8238027
3500595	8513994	1385969	320608	8128197	24548	31978	14644055
1938701	7040741	1237258	23707	6465182	24522	20453	10641474
399074	934	29818	204686	1204633	109	1676	2405166
1162820	1472319	118893	92215	458382	-83	9849	1597415
8549705	12688840	2675003	-61823	25305754	117010	124297	28862127
6369989	6548333	796513	-85723	5355090	98588	48526	11918512
4028617	4493050	190049	-108153	5302467	3457	6918	4433579
2091692	1385365	304328	11376	13316	91903	19711	6226787

2-2 续表 10

项　　目	其他业务利　润	销售费用	管理费用	#财产保险费	财务费用
市政道路工程建筑	135535	58580	2129873	2261	426530
城市轨道交通工程建筑	-10436	923	356738	55	27781
其他道路、隧道和桥梁工程建筑	24385	18104	922591	74	1735
水利和水运工程建筑	230121	4472	1881455	1138	905873
水源及供水设施工程建筑	2310	4374	168747	137	9508
河湖治理及防洪设施工程建筑	12197	98	223507	616	-5770
港口及航运设施工程建筑	215614		1489201	385	902135
工矿工程建筑	72974	57984	1251110	1841	-228530
架线和管道工程建筑	73215	148951	1881521	2443	-39124
架线及设备工程建筑	52671	84052	1436711	2143	-44752
管道工程建筑	20544	64899	444810	300	5628
节能环保工程施工	2910	194340	426777	131	126366
节能工程施工	2609	31428	70872	16	7212
环保工程施工	301	152944	316733	115	116087
生态保护工程施工	***	***	***	***	***
电力工程施工	19890	7582	806727	56	44467
火力发电工程施工	226	2033	167134		26969
核电工程施工	***	***	***	***	***
风能发电工程施工	***	***	***	***	***
太阳能发电工程施工	***	***	***	***	***
其他电力工程施工	1501	3696	149334	4	-2515
其他土木工程建筑	24710	61365	1293381	995	2942099
园林绿化工程施工		3297	99384	184	19333
体育场地设施工程施工		7886	27121	71	911
其他土木工程建筑	24710	50182	1166876	740	2921855
建筑安装业	161240	1264709	6786896	8311	30970
电气安装	83068	662086	3972225	4465	-113551
管道和设备安装	61699	222176	1612085	2001	31168
其他建筑安装业	16473	380447	1202586	1845	113353
体育场地设施安装		1768	5033		737
其他建筑安装	16473	378679	1197553	1845	112616
建筑装饰、装修和其他建筑业	318813	2028292	6716871	8828	558457
建筑装饰和装修业	301075	1874370	5537489	6257	459783
公共建筑装饰和装修	65488	383001	3343380	2486	367307
住宅装饰和装修	224006	1297313	1896040	3440	61281

单位：千元

		资产减值损　　失	公允价值变动收益	投资收益	资产处置收益	其他收益	营业利润
#利息收入	#利息支出						
167640	542614	279828	11054	56903	2947	11645	1076351
45644	70062	-24250		4489	-57	899	53132
36396	57242	46558		-22085	338	9353	128663
1375385	2546868	177980		5813718	-193	8099	4020590
3725	8592	2147		7408		235	36815
15325	6120	250		4194	-261	109	178973
1356335	2532156	175583		5802116	68	7755	3804802
230655	254642	119110		218871	5771	13209	471287
118121	73376	37289		80078	2282	3786	696021
80816	34611	9893		39278	2258	1784	416581
37305	38765	27396		40800	24	2002	279440
26053	133640	191743		8020	-464	3441	337135
419	7149	2765		7765		6	75378
25461	125042	187526		255	-460	1800	139415
***	***	***	***	***	***	***	***
50803	76403	112391		16243	10891	47142	210258
7230	34037	-2633			11558	523	-95763
***	***	***	***	***	***	***	***
***	***	***	***	***	***	***	***
***	***	***	***	***	***	***	***
3747	651	-1430		5458		286	23015
378699	3055578	1239977	23900	13813734	135	94	11208324
867	20013	-1626			118		14440
209	992	2303		21			6970
377623	3034573	1239300	23900	13813713	17	94	11186914
703630	558598	422308	4124	2335891	-4660	75531	4848345
478792	291697	238342	-809	852814	-1934	60831	2756971
201481	151984	47343	4743	1432628	720	1802	2062804
23357	114917	136623	190	50449	-3446	12898	28570
4	733						-6554
23353	114184	136623	190	50449	-3446	12898	35124
139559	641316	556002	-35685	390835	90	9184	1549081
121976	561315	449219	-35685	275760	19	6536	998836
82226	459341	371805	-1628	119566	39	5662	452133
37938	75499	80564	-34057	150411	-20	874	466736

2-2 续表 11

项　　目	其他业务利　润	销售费用	管理费用	#财产保险费	财务费用
建筑幕墙装饰和装修	11581	194056	298069	331	31195
建筑物拆除和场地准备活动	8216	97854	805594	2010	83475
建筑物拆除活动	1604	29328	120797	45	1812
场地准备活动	6612	68526	684797	1965	81663
提供施工设备服务	50		25749		1819
其他未列明建筑业	9472	56068	348039	561	13380
四、按企业资质等级分					
施工总承包序列	1327637	1409798	45162684	39978	12360749
施工总承包序列特级工程	575078	486671	23782542	14061	11155169
施工总承包序列一级工程	587141	546933	16283657	18705	1380165
施工总承包序列二级工程	163665	92395	2413970	3258	30994
施工总承包序列三级工程	1753	283799	2682515	3954	-205579
专业承包序列	447859	3213677	11552270	16016	785930
专业承包序列一级工程	155517	1793042	6918365	8327	589870
专业承包序列二级工程	248684	1204775	3380924	4005	164031
专业承包序列三级工程	43658	193573	1190225	3548	29048
专业承包序列不分等级工程		22287	62756	136	2981
五、按地区分					
东城区	192040	129829	6083405	2434	-705234
西城区	184658	302394	3505885	10665	1040314
朝阳区	219031	1450080	11311553	6137	953103
丰台区	71524	474192	8167972	3385	3575066
石景山区	-19590	271113	2736968	5880	265650
海淀区	466913	850847	8351298	13323	5721857
门头沟区	-8673	28135	484689	191	62071
房山区	94729	114999	2349171	2022	67105
通州区	28747	106973	4090247	1803	1360441
顺义区	128886	237842	2612526	1176	200580
昌平区	163136	117124	1498698	2839	114746
大兴区	49822	146983	1715510	3333	243288
怀柔区	53388	77273	634480	367	30784
平谷区	20631	62763	557044	715	43832
密云区	40793	134598	788885	662	100393
延庆区	9536	4388	246261	93	944
北京经济技术开发区	79925	113942	1580362	969	71739

单位：千元

# 利息收入	# 利息支出	资产减值损失	公允价值变动收益	投资收益	资产处置收益	其他收益	营业利润
1812	26475	-3150		5783			79967
15237	64318	105074		111190	71	2561	537865
1244	4865	10685				17	47638
13993	59453	94389		111190	71	2544	490227
99	1876	1250		46			1170
2247	13807	459		3839		87	11210
12655208	21479279	4342748	262258	35710579	140317	211442	46858292
10376128	17917743	2849526	135027	31820880	117338	47635	38318494
1832710	3314629	1237895	47526	3771351	23553	125183	7616080
103198	127741	118610	-571	86801	-568	29025	438064
343172	119166	136717	80276	31547	-6	9599	485654
238281	923469	696534	-35034	450098	-3329	29548	3045316
183689	741009	647169	550	346568	-781	22055	2733577
44566	145212	23981	-35584	101604	-2505	7142	106073
9016	36106	24137		1851	-43	349	212803
1010	1142	1247		75		2	-7137
1100061	1053992	140802	-1192	3223475	16198	30980	3114271
455233	1225837	396388	88078	1553887	91183	30853	2628247
1506273	2420854	392871	213962	1376274	15163	22718	4453238
823285	4094439	1771803	-6261	15165148	4571	21297	16013253
691456	843196	281377	-243	821246	3370	3498	2360240
5952625	8945545	1142436	-148855	12538352	2434	43836	12675081
51818	106457	4272		2264	-13	2452	93365
1114437	1161692	76448		467215	3007	1659	1740595
341516	1072202	280800	-14902	385076	1880	15233	3060486
55341	199486	177058		33174	-3182	47524	818851
55540	159700	78156		29340	-129	4780	183933
52652	227475	128159	145	125116	-296	2026	346346
16667	45031	26045		4811	-477	275	85679
10697	52860	-41073		4127	-894	4038	406895
23737	122042	36910	96492	126814	51	964	441703
39855	33828	3044		470	-77	7880	3856
602296	638112	143786		303888	4199	977	1477569

2-2 续表 12

项 目	营业外收入	营业外支出	利润总额	所得税费用
合 计	**1787830**	**1818740**	**49850614**	**6210584**
一、按登记注册类型分				
内资	1722274	1795368	49262781	6065278
国有	11807	4930	112835	43296
集体	57900	6706	107857	44876
股份合作	308	1013	70291	19261
其他联营	***	***	***	***
国有独资公司	241972	143055	9695607	1635638
其他有限责任公司	1176491	1287612	16922299	3659889
股份有限公司	82371	206851	20961302	164317
私营独资	***	***	***	***
私营有限责任公司	126703	127876	878704	427437
私营股份有限公司	24722	17325	513954	70564
港澳台商投资	31640	10724	278527	72450
与港澳台商合资经营	13979	9160	170258	27117
与港澳台商合作经营	***	***	***	***
港澳台商独资	17655	1560	134867	45330
港澳台商投资股份有限公司	***	***	***	***
外商投资	33916	12648	309306	72856
中外合资经营	6802	10943	192360	46882
外资企业	27114	1700	117270	25974
外商投资股份有限公司	***	***	***	***
二、按隶属关系分				
中央	762818	1043638	41384761	3749208
地方	1025012	775102	8465853	2461376
三、按行业小类分				
房屋建筑业	862281	663647	14835719	2829651
住宅房屋建筑	796265	615497	10814534	2006974
体育场馆建筑	5666	3247	2407585	348905
其他房屋建筑业	60350	44903	1613600	473772
土木工程建筑业	507867	818821	28540296	2138312
铁路、道路、隧道和桥梁工程建筑	345018	498204	11754866	1461640
铁路工程建筑	205005	335641	4302944	135291
公路工程建筑	34773	56284	6205267	1024696

单位：千元

应付职工薪酬（本年贷方累计发生额）	#社会保险费	应交增值税	建筑业企业在境外完成的营业收入
71593600	**10447175**	**16401801**	**128498447**
70098586	10212006	16161431	128444195
365783	77031	102320	
262705	51553	245378	
184533	24947	46169	331
***	***	***	***
14252730	1867233	2052321	25675236
44533193	6728523	9325193	84509655
3904339	506226	1612054	17507312
***	***	***	***
6052832	897757	2588075	751661
542206	58723	189916	
686855	107619	130483	2688
296592	48865	85465	2688
***	***	***	***
379824	56255	38724	
***	***	***	***
808159	127550	109887	51564
522302	83678	91696	47004
280018	43139	17734	4560
***	***	***	***
39787243	5232260	6878308	119884386
31806357	5214915	9523493	8614061
29948691	4027333	5959853	33468863
24399455	3262311	5169889	28890648
1388673	116428	-11764	3570135
4160563	648594	801728	1008080
26558515	3995785	7018586	88576961
16338527	2496700	4087002	57489852
6572333	1206970	1481295	14427362
4818129	561251	1533842	40511670

2-2 续表 13

项　　目	营业外收入	营业外支出	利润总额	所得税费用
市政道路工程建筑	42456	87190	1021165	256433
城市轨道交通工程建筑	6184	4474	54842	8198
其他道路、隧道和桥梁工程建筑	56600	14615	170648	37022
水利和水运工程建筑	13028	14497	4019121	105406
水源及供水设施工程建筑	3303	2319	37799	8931
河湖治理及防洪设施工程建筑	2867	1919	179921	28044
港口及航运设施工程建筑	6858	10259	3801401	68431
工矿工程建筑	19687	63890	427084	90379
架线和管道工程建筑	48561	36215	707948	222525
架线及设备工程建筑	31184	34128	413218	141967
管道工程建筑	17377	2087	294730	80558
节能环保工程施工	8096	4591	340640	40630
节能工程施工	2294	563	77109	11505
环保工程施工	5284	3758	140941	12094
生态保护工程施工	***	***	***	***
电力工程施工	34729	9738	235249	47130
火力发电工程施工	32806	294	-63251	-1224
核电工程施工	***	***	***	***
风能发电工程施工	***	***	***	***
太阳能发电工程施工	***	***	***	***
其他电力工程施工	159	1520	21654	7880
其他土木工程建筑	38748	191686	11055388	170602
园林绿化工程施工	11312	3609	22143	3946
体育场地设施工程施工	20	295	6695	1886
其他土木工程建筑	27416	187782	11026550	164770
建筑安装业	267863	219526	4897666	796440
电气安装	175394	158241	2775108	381753
管道和设备安装	57860	33954	2086710	291225
其他建筑安装业	34609	27331	35848	123462
体育场地设施安装		11	-6565	
其他建筑安装	34609	27320	42413	123462
建筑装饰、装修和其他建筑业	149819	116746	1576933	446181
建筑装饰和装修业	135563	96125	1035372	350249
公共建筑装饰和装修	86725	54137	481894	270638
住宅装饰和装修	37673	34484	469850	56613

单位：千元

应付职工薪酬（本年贷方累计发生额）	#社会保险费	应交增值税	建筑业企业在境外完成的营业收入
3209026	439709	692582	50679
619375	106669	90813	444821
1119664	182101	288470	2055320
1365857	213806	388164	11233593
207660	43274	122681	
322451	59317	176029	
835746	111215	89454	11233593
2162524	312404	592172	14897504
2675142	520266	665867	5635
2243787	450048	502780	4647
431355	70218	163087	988
570916	86088	188251	147922
98235	14392	22472	
428214	67386	162743	147922
***	***	***	***
2158513	198412	159837	108719
463533	110352	35894	
***	***	***	***
***	***	***	***
***	***	***	***
159785	30888	17183	
1287036	168109	937293	4693736
86577	9994	33329	
15831	4285	2547	
1184628	153830	901417	4693736
8486617	1481911	1373411	4881596
4596956	803227	412452	626925
2517677	475785	554777	4222558
1371984	202899	406182	32113
4447	1496	2336	
1367537	201403	403846	32113
6599777	942146	2049951	1571027
5601653	792030	1627413	1316957
3117313	483431	987876	1303335
2264644	270003	464999	9042

2-2 续表 14

项　　目	营业外收　入	营业外支　出	利润总额	所得税费　用
建筑幕墙装饰和装修	11165	7504	83628	22998
建筑物拆除和场地准备活动	10090	8650	536986	81896
建筑物拆除活动	868	1059	47446	13031
场地准备活动	9222	7591	489540	68865
提供施工设备服务	936	471	1635	595
其他未列明建筑业	3230	11500	2940	13441
四、按企业资质等级分				
施工总承包序列	1496474	1612306	46725610	5350336
施工总承包序列特级工程	609631	988885	37939240	3107673
施工总承包序列一级工程	702750	486242	7824907	1801496
施工总承包序列二级工程	84889	48163	476562	229867
施工总承包序列三级工程	99204	89016	484901	211300
专业承包序列	291356	206434	3125004	860248
专业承包序列一级工程	197105	126342	2803353	641863
专业承包序列二级工程	73673	57033	121535	140775
专业承包序列三级工程	18200	22651	205283	74272
专业承包序列不分等级工程	2378	408	-5167	3338
五、按地区分				
东城区	92472	62334	3138714	199108
西城区	136680	172815	2592112	328938
朝阳区	284962	155522	4583416	1040529
丰台区	213930	299633	15927052	807799
石景山区	328121	385754	2302608	296588
海淀区	195465	173631	12690266	1417924
门头沟区	23394	8440	108319	27076
房山区	54490	53493	1742401	409084
通州区	84637	76245	3069532	760918
顺义区	93926	71554	831638	218517
昌平区	50323	35150	199097	100229
大兴区	50427	64372	332054	126876
怀柔区	36167	46155	75960	24416
平谷区	18081	14697	410279	80459
密云区	39908	23716	456123	110255
延庆区	8398	4120	8134	11201
北京经济技术开发区	76449	171109	1382909	250667

单位：千元

应付职工薪酬（本年贷方累计发生额）	#社会保险费	应交增值税	建筑业企业在境外完成的营业收入
219696	38596	174538	4580
703384	109520	318903	118158
105841	14150	57991	
597543	95370	260912	118158
15441	2877	7126	
279299	37719	96509	135912
59550054	8596439	12961164	124831403
30091437	3919393	5690331	78344892
22688611	3556270	5801413	45376339
3251394	589163	669732	170216
3518612	531613	799688	939956
12043546	1850736	3440637	3667044
7451104	1156263	2358731	1825348
3481469	510176	796571	1812537
1065238	175483	271866	29159
45735	8814	13469	
5882187	790471	1461115	53026392
4538100	668349	888655	10518726
11558620	1686094	2993923	14040401
11612644	1808726	2944497	3550269
4091528	756092	618698	724105
11267464	1741160	2627133	40513524
698173	126236	262604	11182
3622565	566629	683552	966603
5130591	422543	908965	2954169
4351930	463937	550271	326273
1558454	253363	603569	26313
2092551	340322	585358	119829
838914	163091	229608	
577937	95530	125863	203748
1279424	179194	245045	
320484	50085	123708	
2172034	335353	549235	1516913

2-3 资质外建筑业法人

项 目	法人单位数（个）	年初存货	存货	本年折旧	固定资产净值	在建工程
合 计	**32143**	**16281375**	**26126773**	**1150742**	**12838525**	**6247766**
一、按登记注册类型分						
内资	32083	16141262	25870713	1126903	12685572	6246074
国有	65	26988	31812	3987	167570	175
集体	272	613501	668585	14911	141668	32763
股份合作	55	22004	27293	9926	42192	4866
国有联营	2	***	***	***	***	***
国有独资公司	8	100616	67971	41044	782587	7639
其他有限责任公司	865	5305699	12032437	158513	4939977	4803286
股份有限公司	33	948054	2203110	72845	693088	5642
私营独资	134	16474	12383	2223	6033	9360
私营合伙	27	1554	1636	314	327	
私营有限责任公司	30568	9049668	10730941	818348	5863463	1367628
私营股份有限公司	54	53358	91787	4788	48659	14715
港澳台商投资	19	96114	205908	16448	41546	
与港澳台商合资经营	7	92880	202673	14747	22636	
港澳台商独资	12	3235	3235	1701	18911	
外商投资	41	43999	50152	7391	111406	1692
中外合资经营	19	12639	14371	4948	70379	
中外合作经营	2	***	***	***	***	***
外资企业	19	30543	35363	2428	40420	1692
外商投资股份有限公司	1	***	***	***	***	***
二、按隶属关系分						
中央	30	427787	941477	66188	1180178	15430
地方	32113	15853588	25185296	1084554	11658347	6232336
三、按行业小类分						
房屋建筑业	5496	3363298	7618488	293406	1883577	485974
住宅房屋建筑	4707	2764039	6897303	234524	1475640	386437
体育场馆建筑	8	172	92	1295	1751	
其他房屋建筑业	781	599086	721093	57588	406186	99536
土木工程建筑业	5129	2773454	3731204	190378	6816697	4763462
铁路、道路、隧道和桥梁工程建筑	892	446032	549955	-42018	5206842	4204214

注：1. 统计口径为资质外建筑业法人单位。
2. 按地区分组为按企业经营地分区数据。

单位主要财务状况

单位：千元

资产总计	负债合计	营业收入	营业成本	税金及附加	投资收益	营业利润	本年应付职工薪酬	应交增值税
733593788	**417596093**	**162300167**	**140691782**	**766799**	**7373800**	**-206001**	**19657370**	**3842357**
730742201	416389254	161693469	140208112	763060	7344384	-209481	19530220	3826161
969736	654189	1163693	1108699	9591	6353	10127	58311	8228
2913720	2355353	580967	547683	3270	958	-25945	94674	11037
292173	132654	142398	114361	1095	-58	-1505	15501	2877
***	***	***	***	***	***	***	***	***
17036883	5367979	1406069	1281367	18125	1550046	1247098	117052	28580
76201924	58642465	11811188	10584247	46799	14948	-80071	1010594	295971
406700622	212100103	2734779	1634984	9580	5545171	459105	460662	-44760
178183	113052	135520	115108	1412	27	3072	21567	4772
79740	26283	34510	11798	270		14316	3587	1754
224934471	136008697	143210204	124394709	670303	225684	-1838817	17714730	3501886
1429204	983936	468574	409891	2567	1258	3133	33188	15566
614427	490497	186246	180430	1301		-28918	23868	3220
267377	190963	153730	125299	1033		4381	16705	4768
347051	299534	32516	55131	268		-33299	7162	-1548
2237160	716342	420452	303240	2437	29415	32398	103282	12976
614568	298616	203928	167410	971	11932	3394	51418	7217
***	***	***	***	***	***	***	***	***
1552093	396542	214129	133671	1448	17483	30448	51154	5606
***	***	***	***	***	***	***	***	***
421746945	215610395	2993538	2868871	28486	7094493	1139275	395779	36568
311846843	201985698	159306629	137822912	738312	279307	-1345276	19261591	3805789
70719374	44088104	46439995	42481961	202535	160781	-455115	4828661	1201515
57950801	38173515	39391340	36041002	174590	159719	-359822	4297998	1019160
20062	15291	18448	15879	131		-800	1014	249
12748511	5899298	7030207	6425080	27813	1062	-94493	529650	182106
498712319	26667817	43610055	38145781	195206	7050238	430987	5248410	910958
458309186		14261451	13180001	77557	7000990	1000008	1811092	246650

2-3 续表 1

项　　目	法人单位数（个）	年初存货	存货	本年折旧	固定资产净值	在建工程
铁路工程建筑	36	83193	85886	-125674	840273	277467
公路工程建筑	227	127158	137332	24007	115376	29298
市政道路工程建筑	514	178683	271498	33944	213710	3817
城市轨道交通工程建筑	21	2471	1246	880	3895644	3890461
其他道路、隧道和桥梁工程建筑	94	54526	53993	24825	141840	3170
水利和水运工程建筑	104	22131	206189	4552	35088	30831
水源及供水设施工程建筑	83	18880	202107	2936	23783	27984
河湖治理及防洪设施工程建筑	14	2494	4082	979	10627	2846
港口及航运设施工程建筑	7	758		636	677	
海洋工程建筑	2	***	***	***	***	***
海洋油气资源开发利用工程建筑	1	***	***	***	***	***
海底设施铺设工程建筑	1	***	***	***	***	***
工矿工程建筑	46	113915	124601	19341	512855	192473
架线和管道工程建筑	404	226220	355507	32248	154351	89863
架线及设备工程建筑	248	111162	182095	17397	73467	84839
管道工程建筑	153	115057	173410	14720	79565	5025
地下综合管廊工程建筑	3		2	131	1319	
节能环保工程施工	158	71288	164201	10216	43195	-1030
节能工程施工	44	18564	35313	2238	6593	506
环保工程施工	104	46195	123365	7152	33368	-1536
生态保护工程施工	10	6529	5523	827	3235	
电力工程施工	264	159535	149268	8373	78213	1330
火力发电工程施工	3				9	
水力发电工程施工	4			5	93	
核电工程施工	2	***	***	***	***	***
风能发电工程施工	7	249	1035	90	678	
太阳能发电工程施工	31	93114	36764	2856	37319	
其他电力工程施工	217	66172	111470	5422	40112	1330
其他土木工程建筑	3259	1732976	2180018	157524	785955	245781
园林绿化工程施工	2333	1435334	1887857	122406	580234	147390
体育场地设施工程施工	66	19212	15900	3507	21521	260
其他土木工程建筑	860	278431	276261	31611	184201	98131
建筑安装业	3021	2640935	3052493	175860	1212826	172501

单位：千元

资产总计	负债合计	营业收入	营业成本	税金及附加	投资收益	营业利润	本年应付职工薪酬	应交增值税
445258629	233144933	5225898	4845749	26272	6984103	1096425	235706	14
2127775	1531565	3723401	3511583	12206	677	-6099	1103949	89120
5605228	4309546	3996135	3592892	12479	5546	-28247	287990	104941
4327599	3130513	454118	472121	21361		-66320	32143	17832
989955	618271	861898	757656	5240	10664	4250	151304	34743
3321117		1627029	1376065	4407	28365	91188	71156	15547
2885030	1101829	1210152	972071	2911	27297	94285	56053	7678
362209	320769	308211	298788	1182	2	-3736	12834	7807
73877	20614	108666	105206	315	1066	540	2269	62
***	***	***	***	***	***	***	***	***
***	***	***	***	***	***	***	***	***
***	***	***	***	***	***	***	***	***
3630024	2409798	4886256	3459487	8642	-4054	392526	268514	59893
4835400	2595315	2304530	1978828	10633	19013	37038	314902	67706
2305386	1504594	1638032	1444317	7672	1402	38155	170801	54739
2516130	1085646	637044	527891	2934	17610	-1011	143507	12699
13884	5075	29454	6620	27		-106	594	267
6106398	6009130	779135	613443	3154	10	-1047189	141673	17977
4333631	4589495	183138	145569	493		-1010988	77686	1964
1697346	1370762	537523	425199	2475		-33360	54815	14613
75421	48873	58473	42676	186	10	-2841	9172	1401
2250332		1436182	1169950	5558	262	21351	149941	33209
3025	1276	120	104		-127	-96	100	
2449	1496	3264	2772	9		189	299	91
***	***	***	***	***	***	***	***	***
18400	10977	11373	6233	74	2	-3780	7999	507
438806	338298	380849	342996	1304	197	-8290	33687	8693
1785678	1021308	1036041	813785	4132	190	33052	107730	23698
20258002	15652238	18315244	16367610	85249	5652	-63216	2491002	469907
12094506	7992749	8863942	7583504	49455	5438	372	1044495	246411
526818	326667	244993	186970	853	26	-2439	18583	5972
7636677	7332822	9206309	8597136	34941	188	-61149	1427924	217523
26064356	17707145	17148497	13534912	109615	45782	441414	2503505	311896

2-3 续表 2

项　　目	法人单位数（个）	年初存货	存货	本年折旧	固定资产净值	在建工程
电气安装	1142	1338909	1775150	82777	455543	46950
管道和设备安装	1089	568388	549706	32392	305018	63921
其他建筑安装业	790	733638	727638	60691	452265	61630
体育场地设施安装	29	8078	8656	1282	13682	2316
其他建筑安装	761	725559	718981	59409	438583	59314
建筑装饰、装修和其他建筑业	18497	7503688	11724587	491098	2925425	825829
建筑装饰和装修业	16040	3469335	3806497	241605	1584208	447676
公共建筑装饰和装修	1669	612769	574436	37578	222798	72210
住宅装饰和装修	13913	2714727	3053067	192969	1223330	365300
建筑幕墙装饰和装修	458	141839	178994	11058	138080	10166
建筑物拆除和场地准备活动	830	2964959	6639656	87097	356937	96157
建筑物拆除活动	198	2826638	6383454	25008	132228	34924
场地准备活动	632	138321	256202	62089	224709	61233
提供施工设备服务	623	211280	214739	122680	757084	22611
其他未列明建筑业	1004	858113	1063695	39715	227195	259386
四、按地区分						
东城区	288	72813	74078	13061	59997	12086
西城区	180	61686	59096	17033	139870	37000
朝阳区	1864	1691031	1659345	92420	574736	241818
丰台区	1974	1654739	2053302	187272	1142311	396974
石景山区	562	168119	190498	14110	34842	7715
海淀区	1122	1885738	5254856	134731	1335414	520739
门头沟区	1801	447519	656265	81214	265015	52310
房山区	3197	653558	944617	79614	414020	70063
通州区	2159	838538	899792	-88052	607684	92006
顺义区	2744	1660129	1665779	74578	668347	280072
昌平区	2234	682875	1083432	91763	421128	38494
大兴区	2370	3572833	7179874	153565	4936720	4122043
怀柔区	4325	615912	696814	51185	281485	39213
平谷区	2381	460870	739881	63534	636518	99686
密云区	3833	744935	1169830	122534	828102	173576
延庆区	716	104846	266136	33394	237825	50153
北京经济技术开发区	393	965235	1533178	28788	254510	13818

单位：千元

资产总计	负债合计	营业收入	营业成本	税金及附加	投资收益	营业利润	本年应付职工薪酬	应交增值税
12814027	8275820	8707226	6543065	30864	556	543486	1235723	95737
5658366	3508812	3734234	3062027	55206	42817	-40871	588337	98260
7591963	5922513	4707037	3929820	23545	2409	-61200	679445	117899
109313	62909	54203	42611	237		-8108	8329	4250
7482651	5859604	4652834	3887209	23308	2409	-53092	671116	113648
138097738	83579929	55101619	46529129	259443	116998	-623287	7076794	1417988
64653291	47499002	40020153	33381883	189392	62116	-689129	5141054	1018469
12122910	8757397	9060779	8094582	52983	24173	-136998	769356	196264
49866157	37002441	27321350	22213302	124723	37439	-534804	3773824	731404
2664225	1739163	3638023	3073998	11686	504	-17326	597875	90801
55821560	25184377	4731684	4167869	22415	57175	113391	617316	116655
11705628	9756173	1389008	1273589	7790	860	21813	189216	51815
44115932	15428205	3342675	2894280	14626	56315	91578	428101	64839
4628231	3241700	3495065	3049535	19643	-398	-53512	692972	106159
12994655	7654849	6854718	5929842	27993	-1894	5963	625451	176706
3575892	1302751	823990	648004	4672	1261	-29782	96340	28472
2354129	1337158	658408	543442	3086	10327	770	80824	16157
30521763	22219715	11092205	9523357	53340	141782	-122952	1258749	285176
22382897	14496915	27996060	24777763	144529	69608	354743	3344372	605549
3898020	3970435	3367354	3041086	11976	1695	-67726	279446	66544
460750239	244159107	7196716	5898220	45869	6967086	1145018	637391	152627
14225993	7876010	13932133	12680132	65359	42848	-83542	1080741	384203
15582674	11489272	17818071	15729682	92099	3023	-18331	2686007	460199
17012928	12013703	11114858	9796730	34876	4690	9896	1101440	164546
20431264	16585046	10206500	8864911	60642	1560	-379341	1652585	241443
54862247	23814049	7185385	6047522	29802	74108	-1097479	1000274	206932
34540078	22806647	12526712	10711000	50516	22726	-211930	1429899	316394
12611355	7497261	11375901	10077675	45130	4769	-124289	1888462	306664
12100508	7147175	8771098	7839233	44234	3360	-10287	851782	245569
17394137	13837633	11288867	9433798	50430	4600	-125139	1534046	300235
2123759	1681406	1426456	1149517	6678	1068	-17351	214711	38310
9225905	5361812	5519451	3929711	23563	19289	571723	520302	23337

2-4 施工总承包、专业承包

项目	法人单位数（个）	签订合同额	上年结转合同额	本年新签合同额	直接从建设单位承揽工程产值
合计	**2854**	**3550023055**	**2008374047**	**1541649008**	**1117041023**
一、按登记注册类型分					
内资	2783	3523843455	1995567627	1528275828	1104554140
国有	38	6822320	3814180	3008140	3096340
集体	53	10628657	5619675	5008982	5664688
股份合作	43	2630845	866399	1764446	2028109
其他联营	1	***	***	***	***
国有独资公司	82	869072370	469820712	399251658	244329912
其他有限责任公司	1003	2159201019	1204801585	954399434	690666170
股份有限公司	49	349056114	266449940	82606174	89374561
私营独资	1	***	***	***	***
私营有限责任公司	1469	114843536	40893218	73950318	62895877
私营股份有限公司	44	11588474	3301918	8286556	6498221
港澳台商投资	38	13102077	5461801	7640276	6839899
与港澳台商合资经营	26	6692206	2372562	4319644	3754389
与港澳台商合作经营	1	***	***	***	***
港澳台商独资	10	6063930	2800550	3263380	2993062
港澳台商投资股份有限公司	1	***	***	***	***
外商投资	33	13077523	7344619	5732904	5646984
中外合资经营	23	8889658	4916387	3973271	3544510
外资企业	8	4143747	2419034	1724713	2064642
外商投资股份有限公司	2	***	***	***	***
二、按隶属关系分					
中央	172	2490578094	1470305951	1020272143	701273844
地方	2682	1059444961	538068096	521376865	415767179
三、按行业小类分					
房屋建筑业	535	2079913727	1136529254	943384473	586039472
住宅房屋建筑	386	1799390319	995664714	803725605	513675414
体育场馆建筑	11	65346307	20658775	44687532	17834824
其他房屋建筑业	138	215177101	120205765	94971336	54529234
土木工程建筑业	599	1207548528	780116372	427432156	392862945
铁路、道路、隧道和桥梁工程建筑	256	941966421	606407567	335558854	307102910
铁路工程建筑	22	364554056	230467568	134086488	98752181
公路工程建筑	54	421929980	286543135	135386845	146932111

注：1. 统计口径为有施工总承包、专业承包资质建筑业法人单位。
2. 按地区分组为按企业经营地分区数据。

建筑业企业生产情况

单位：千元

自行完成施工产值	分包出去工程产值	从建设单位以外承揽工程产值	建筑业总产值	#装修装饰产　值	#在外省完成产值	#建筑工程产　值	#安装工程产　值
916217982	**200823041**	**177949893**	**1094167875**	**111582535**	**783340238**	**1040055921**	**45101656**
907578849	196975291	175392067	1082970916	107439126	776720873	1029583854	44487080
3058721	37619	213697	3272418	402763	187196	3211783	51289
5265988	398700	385588	5651576	681923	344800	5550215	92671
1993306	34803	72443	2065749	265060	145489	2049335	7755
***	***	***	***	***	***	***	***
212280996	32048916	41841435	254122431	18587454	188278571	245639327	7633315
550472544	140193626	117384040	667856584	59064024	497114694	632841825	28096519
70578890	18795671	1664806	72243696	6391172	63728698	71226070	687895
***	***	***	***	***	***	***	***
57750082	5145795	12791021	70541103	17592340	22637354	62160579	7628080
6178060	320161	1039037	7217097	4454390	4284071	6904458	289556
4788650	2051249	1038599	5827249	3648196	3889252	5488933	325487
3414770	339619	473706	3888476	2847304	2150668	3747163	137655
***	***	***	***	***	***	***	***
1281432	1711630	564893	1846325	795444	1666476	1690212	146942
***	***	***	***	***	***	***	***
3850483	1796501	1519227	5369710	495213	2730113	4983134	289089
2870480	674030	1315329	4185809	456386	2004667	4075005	38735
942171	1122471	203898	1146069	995	691245	870297	250354
***	***	***	***	***	***	***	***
536234268	165039576	139422931	675657199	28732881	607723254	643874426	25970536
379983714	35783465	38526962	418510676	82849654	175616984	396181495	19131120
503751274	82288198	47480432	551231706	47000606	391456926	543904119	5039872
437269111	76406303	34826844	472095955	37244547	335032912	466447704	3802575
13640265	4194559	7233303	20873568	1278064	16250004	20638809	143759
52841898	1687336	5420285	58262183	8477995	40174010	56817606	1093538
295582075	97280870	96003262	391585337	4607951	314836746	372671928	13453640
227726836	79376074	89876034	317602870	4352447	270687132	311989148	1703590
43808536	54943645	45022045	88830581	3649003	79316576	86527748	94618
125113594	21818517	18072375	143185969	607065	129060680	141317368	482905

2-4 续表 1

项　　目	法人单位数（个）	签　订合同额	上年结转合同额	本年新签合同额	直接从建设单位承揽工程产值
市政道路工程建筑	148	112003257	62137046	49866211	46783891
城市轨道交通工程建筑	5	13971211	8880406	5090805	4949438
其他道路、隧道和桥梁工程建筑	27	29507917	18379412	11128505	9685289
水利和水运工程建筑	29	45723222	33661633	12061589	18361759
水源及供水设施工程建筑	12	7984778	4985551	2999227	2761727
河湖治理及防洪设施工程建筑	12	10307550	5213687	5093863	4969365
港口及航运设施工程建筑	5	27430894	23462395	3968499	10630667
工矿工程建筑	16	39152044	25523696	13628348	10133555
架线和管道工程建筑	152	39326229	15543213	23783016	21533052
架线及设备工程建筑	102	29245382	9586489	19658893	17432583
管道工程建筑	50	10080847	5956724	4124123	4100469
节能环保工程施工	25	12803385	6448256	6355129	4941498
节能工程施工	13	1407091	729745	677346	525040
环保工程施工	10	10419013	5008434	5410579	4033416
生态保护工程施工	2	***	***	***	***
电力工程施工	15	31691273	21375805	10315468	11041276
火力发电工程施工	3	6715545	4168727	2546818	1669446
核电工程施工	1	***	***	***	***
风能发电工程施工	1	***	***	***	***
太阳能发电工程施工	1	***	***	***	***
其他电力工程施工	9	1394565	396084	998481	1119638
其他土木工程建筑	106	96885954	71156202	25729752	19748895
园林绿化工程施工	17	1076749	254355	822394	792355
体育场地设施工程施工	7	832132	609620	222512	287865
其他土木工程建筑	82	94977073	70292227	24684846	18668675
建筑安装业	687	141294912	54798606	86496306	65834088
电气安装	331	78080343	29556260	48524083	38148156
管道和设备安装	175	39479052	14022820	25456232	19264283
其他建筑安装业	181	23735517	11219526	12515991	8421649
体育场地设施安装	3	175540	43391	132149	82440
其他建筑安装	178	23559977	11176135	12383842	8339209
建筑装饰、装修和其他建筑业	1033	121265888	36929815	84336073	72304518
建筑装饰和装修业	846	102849438	28358147	74491291	62217463
公共建筑装饰和装修	501	71919041	20679900	51239141	40766403
住宅装饰和装修	300	23405777	5114029	18291748	17663628

单位：千元

自行完成施工产值	分包出去工程产值	从建设单位以外承揽工程产值	建筑业总产值	# 装修装饰产值	# 在外省完成产值	# 建筑工程产值	# 安装工程产值
44371390	2412501	11872674	56244064	84795	37580649	55534183	544348
4949438		8551352	13500790		11916250	13350310	
9483878	201411	6357588	15841466	11584	12812977	15259539	581719
7818607	10543152	82204	7900811	21	1993848	7771222	26876
2574356	187371	77138	2651494		619687	2624888	26371
4810160	159205	5066	4815226	21	943043	4742105	505
434091	10196576		434091		431118	404229	
8498868	1634687	1278441	9777309	41466	8978650	8104046	1277309
19563676	1969376	2101888	21665564		4827629	17417756	3701721
15907135	1525448	1342714	17249849		3941034	13578104	3264656
3656541	443928	759174	4415715		886595	3839652	437065
3074030	1867468	238474	3312504	10362	2803367	2356375	756960
518373	6667	222474	740847	9562	524607	419560	312268
2172615	1860801	16000	2188615	800	1922266	1553773	444692
***	***	***	***	***	***	***	***
9675133	1366143	421472	10096605		8349175	3946399	5861245
1165268	504178	7637	1172905		317015	246777	918817
***	***	***	***	***	***	***	***
***	***	***	***	***	***	***	***
***	***	***	***	***	***	***	***
920602	199036	164369	1084971		235891	373083	533562
19224925	523970	2004749	21229674	203655	17196945	21086982	125939
792355		17503	809858		169988	809858	
287865			287865		166509	283485	4380
18144705	523970	1987246	20131951	203655	16860448	19993639	121559
51280646	14553442	20536273	71816919	531762	38385841	45212656	25733845
27411342	10736814	10377129	37788471	22816	19837385	22281395	14801624
16765683	2498600	4101208	20866891	358906	11893148	14291780	6513181
7103621	1318028	6057936	13161557	150040	6655308	8639481	4419040
82440		68500	150940		18320	128590	22350
7021181	1318028	5989436	13010617	150040	6636988	8510891	4396690
65603987	6700531	13929926	79533913	59442216	38660725	78267218	874299
56132773	6084690	9185517	65318290	58798233	32219276	64411077	671123
36596580	4169823	7421569	44018149	39576606	24263567	43451093	477598
15867650	1795978	1118292	16985942	16016039	6178208	16692916	175859

2-4 续表 2

项　　目	法人单位数（个）	签　订合同额	上年结转合同额	本年新签合同额	直接从建设单位承揽工程产值
建筑幕墙装饰和装修	45	7524620	2564218	4960402	3787432
建筑物拆除和场地准备活动	96	14160741	6866199	7294542	7807936
建筑物拆除活动	35	1729503	381954	1347549	1087982
场地准备活动	61	12431238	6484245	5946993	6719954
提供施工设备服务	6	471926	262822	209104	189133
其他未列明建筑业	85	3783783	1442647	2341136	2089986
四、按企业资质等级分					
施工总承包序列	1028	3365079626	1949348371	1415731255	1010231456
施工总承包序列特级工程	58	2461939259	1478836433	983102826	685271188
施工总承包序列一级工程	277	829175224	441484806	387690418	282687452
施工总承包序列二级工程	279	43039477	17720819	25318658	23108772
施工总承包序列三级工程	414	30925666	11306313	19619353	19164044
专业承包序列	1824	184943429	59025676	125917753	106809567
专业承包序列一级工程	500	146024324	48051050	97973274	80035154
专业承包序列二级工程	942	28500109	7878498	20621611	20527163
专业承包序列三级工程	347	10020529	2993107	7027422	6060879
专业承包序列不分等级工程	35	398467	103021	295446	186371
五、按地区分					
东城区	138	257976962	144420619	113556343	88126203
西城区	188	212557234	133394499	79162735	71635102
朝阳区	561	396920733	199711926	197208807	133900946
丰台区	238	634619174	316153961	318465213	221976450
石景山区	87	201247049	109945967	91301082	68062535
海淀区	363	697094685	405191693	291902992	202067029
门头沟区	67	12223876	4649357	7574519	5671337
房山区	130	167105212	82709056	84396156	43057745
通州区	195	446238333	303681650	142556683	122746077
顺义区	170	83444744	43942403	39502341	33197283
昌平区	153	45412062	22863353	22548709	16870741
大兴区	227	101757115	44810469	56946646	25210333
怀柔区	93	13136132	6988070	6148062	6190146
平谷区	94	17836041	9778298	8057743	7179975
密云区	73	31349339	21580001	9769338	9954720
延庆区	41	9835839	5548952	4286887	4562695
北京经济技术开发区	36	221268525	153003773	68264752	56631706

单位：千元

		从建设单位以外承揽工程产值	建筑业总产值				
自行完成施工产值	分包出去工程产值			# 装修装饰产值	# 在外省完成产值	# 建筑工程产值	# 安装工程产值
3668543	118889	645656	4314199	3205588	1777501	4267068	17666
7264035	543901	4137491	11401526	161829	5076472	11250728	10878
681599	406383	181800	863399	15879	195770	770841	342
6582436	137518	3955691	10538127	145950	4880702	10479887	10536
157904	31229	96	158000		10081	149693	8307
2049275	40711	606822	2656097	482154	1354896	2455720	183991
818572608	191658848	142987518	961560126	51520171	717916524	918761414	34634091
528943459	156327729	63244628	592188087	31754221	486618017	583205843	4948351
251181045	31506407	70772851	321953896	18406581	219579089	293729292	24935487
20738170	2370602	2387835	23126005	972436	5247132	20098785	2524552
17709934	1454110	6582204	24292138	386933	6472286	21727494	2225701
97645374	9164193	34962375	132607749	60062364	65423714	121294507	10467565
73184379	6850775	29213677	102398056	48978963	56249995	96698678	5153696
18516081	2011082	4188187	22704268	10883144	7834265	19799140	2686888
5758543	302336	1353121	7111664	197868	1160441	4459363	2584257
186371		207390	393761	2389	179013	337326	42724
63197934	24928269	16784266	79982200	5427216	65802491	77722966	1479298
62491527	9143575	6882698	69374225	10921447	36747937	67534586	1680426
124064553	9836393	32810744	156875297	29306782	88368069	152354782	2960657
172943836	49032614	19442145	192385981	11911438	151874935	178006902	14146887
44405250	23657285	7663175	52068425	3470275	39862779	50109286	1001939
167393578	34673451	27190562	194584140	19264358	142359830	184203310	7014899
5621258	50079	7691226	13312484	2409327	7302367	12899595	361206
39094483	3963262	1612682	40707165	2718272	30535855	38018295	2514574
118016065	4730012	9062984	127079049	6115693	115206775	126169906	674283
30353324	2843959	14529701	44883025	3504176	28666003	39771377	4976666
16256677	614064	4321798	20578475	4395594	11611712	20406245	75222
22971496	2238837	15875827	38847323	6682707	22669762	33083237	5352234
5117891	1072255	4925887	10043778	1716355	5922356	9870803	143652
6993164	186811	639808	7632972	835684	3620935	6780807	833625
9379453	575267	4119030	13498483	1663564	8055464	13265243	174465
4358241	204454	153061	4511302	1053460	1365856	4370862	139439
23559252	33072454	4244299	27803551	186187	23367112	25487719	1572184

2-4 续表 3

项　　目	#其他产值	竣工产值	房屋建筑施工面积（平方米）	#本年新开工面积	年末自有施工机械设备净值
合　计	**9010298**	**454736982**	**719360204**	**222868401**	**11466882**
一、按登记注册类型分					
内资	8899982	447002374	716811495	222294094	11440203
国有	9346	3412016	1147460	145113	51926
集体	8690	7031646	6404615	819541	14764
股份合作	8659	2378395	1164310	272828	41336
其他联营	***	***	***	***	***
国有独资公司	849789	112462412	216480004	70845946	2057426
其他有限责任公司	6918240	263792635	474542838	142020058	7592567
股份有限公司	329731	10927326	1986056	372433	896788
私营独资	***	***	***	***	***
私营有限责任公司	752444	41490837	15076312	7818175	766020
私营股份有限公司	23083	5506845	9900		19331
港澳台商投资	12829	3433997	623168	132184	10195
与港澳台商合资经营	3658	2125799	4300	3300	10070
与港澳台商合作经营	***	***	***	***	***
港澳台商独资	9171	1301825	618868	128884	
港澳台商投资股份有限公司	***	***	***	***	***
外商投资	97487	4300611	1925541	442123	16484
中外合资经营	72069	2439201	1554472	440563	16484
外资企业	25418	1823578	371069	1560	
外商投资股份有限公司	***	***	***	***	***
二、按隶属关系分					
中央	5812237	220135341	527893427	164586722	8059189
地方	3198061	234601641	191466777	58281679	3407693
三、按行业小类分					
房屋建筑业	2287715	277730171	675780957	209227462	1938875
住宅房屋建筑	1845676	231699139	577764914	177500507	1604685
体育场馆建筑	91000	11177346	23368189	9627292	655
其他房屋建筑业	351039	34853686	74647854	22099663	333535
土木工程建筑业	5459769	87551186	37254067	11911332	8543073
铁路、道路、隧道和桥梁工程建筑	3910132	59097160	30075860	10468063	7079083
铁路工程建筑	2208215	13687432	7927913	2282254	2452356
公路工程建筑	1385696	28619316	17794495	6993866	751838

单位：千元

年末自有施工机械设备总台数（台）	年末自有施工机械设备总功率（千瓦）	主要建筑材料消耗量						企业总产值
		钢材（吨）	木材（立方米）	水泥（吨）	平板玻璃（重量箱）	平板玻璃（平方米）	铝材（吨）	
84477	**4518426**	**26976204**	**4603550**	**41766921**	**3073641**	**11424000**	**138597**	**1147428875**
83789	4501077	26771374	4569272	41435593	3056214	11364549	136817	1133634006
1040	44050	52069	13540	51939	24860	66981	4853	3514516
871	6944	38160	49940	83577	7613	32983	263	6114682
2870	74489	73149	28512	75923	2438	9322	341	2140921
***	***	***	***	***	***	***	***	***
11595	732567	6395427	690604	8722366	340914	740553	15770	266415438
50498	3072983	18587166	3129981	28956809	716064	2908499	37814	699148585
2699	291052	865443	53284	1401418	17500	46752	2703	74049288
***	***	***	***	***	***	***	***	***
13661	268916	754159	600868	2131256	1926428	7511704	74879	74408326
552	10065	5801	2543	12305	20397	47755	194	7841988
351	2419	47350	23425	33238	12314	48241	1718	7592038
267	2044	22494	5171	8590	6234	19701	17	3937757
***	***	***	***	***	***	***	***	***
		24796	18254	24648	6080	23540	1701	3561833
***	***	***	***	***	***	***	***	***
337	14930	157480	10853	298090	5113	11210	62	6202831
337	14930	118048	1397	103538	4418	9530	7	4874311
		39227	9149	194468	567	1466	12	1290688
***	***	***	***	***	***	***	***	***
36671	2412158	19300293	2636205	31896264	406341	1146680	21333	699840421
47806	2106268	7675911	1967345	9870657	2667300	10277320	117264	447588454
24116	1316540	16464618	3631332	15303158	901737	2926875	91210	565900096
20808	1195399	14056918	3325193	13327403	649901	2048303	37515	485471954
23	420	849697	51043	624682	160	1600	256	20873568
3285	120721	1558003	255096	1351073	251676	876972	53439	59554574
39913	2715720	9440391	327744	24644377	32688	109408	1876	420656559
23563	1962204	8328574	171629	22584704	30607	101502	978	328455273
9969	790089	2007535	44492	3699209	3502	14008		90171556
4399	469950	4463039	84075	15047034	23855	77984	688	145068592

2-4 续表 4

项目	# 其他产值	竣工产值	房屋建筑施工面积（平方米）	# 本年新开工面积	年末自有施工机械设备净值
市政道路工程建筑	165533	13315581	4353452	1191943	1627881
城市轨道交通工程建筑	150480	1471777			1613615
其他道路、隧道和桥梁工程建筑	208	2003054			633393
水利和水运工程建筑	102713	3581830			376838
水源及供水设施工程建筑	235	980020			18263
河湖治理及防洪设施工程建筑	72616	2018558			4490
港口及航运设施工程建筑	29862	583252			354085
工矿工程建筑	395954	4854852	5143171	489908	667208
架线和管道工程建筑	546087	11997107	93800	8843	101785
架线及设备工程建筑	407089	9897062	93800	8843	58495
管道工程建筑	138998	2100045			43290
节能环保工程施工	199169	641136			35983
节能工程施工	9019	460259			3587
环保工程施工	190150	152655			643
生态保护工程施工	***	***	***	***	***
电力工程施工	288961	3478154	1029194	797268	120823
火力发电工程施工	7311	1936059			18749
核电工程施工	***	***	***	***	***
风能发电工程施工	***	***	***	***	***
太阳能发电工程施工	***	***	***	***	***
其他电力工程施工	178326	810561			
其他土木工程建筑	16753	3900947	912042	147250	161353
园林绿化工程施工		537561			12844
体育场地设施工程施工		266844			156
其他土木工程建筑	16753	3096542	912042	147250	148353
建筑安装业	870418	39644999	5712349	1616430	298611
电气安装	705452	22087673	2061862	577567	148812
管道和设备安装	61930	10913022	147852	39463	75808
其他建筑安装业	103036	6644304	3502635	999400	73991
体育场地设施安装		12500			66
其他建筑安装	103036	6631804	3502635	999400	73925
建筑装饰、装修和其他建筑业	392396	49810626	612831	113177	686323
建筑装饰和装修业	236090	43114882	328057	58913	106883
公共建筑装饰和装修	89458	29177707	252429	53417	59344
住宅装饰和装修	117167	11570305	69164	2493	29950

单位：千元

年末自有施工机械设备总台数（台）	年末自有施工机械设备总功率（千瓦）	主要建筑材料消耗量 钢材（吨）	木材（立方米）	水泥（吨）	平板玻璃（重量箱）	平板玻璃（平方米）	铝材（吨）	企业总产值
5711	352095	1023975	36619	1576612	2745	8500	226	61599346
1802	228988	425977	140	750793				13511207
1682	121082	408048	6303	1511056	505	1010	64	18104572
1260	107165	154346	13480	399936				17226163
280	8351	23310	4211	116714				2682941
59	4982	112236	9269	134332				4931447
921	93832	18800		148890				9611775
6803	365072	186262	14502	287824	796	3983		13975281
2981	100323	93100	54427	171577	13	120	192	23073236
2252	30683	41138	1921	109313	12	20	192	18573243
729	69640	51962	52506	62264	1	100		4499993
136	8731	2200	1740	7055				5772694
15	1487			1803				869700
26	1529	1748	1740	4500				4519952
***	***	***	***	***	***	***	***	***
4066	92222	40150	4391	79287	162	1136	3	10308194
621	24845	3047						1264202
***	***	***	***	***	***	***	***	***
***	***	***	***	***	***	***	***	***
***	***	***	***	***	***	***	***	***
		2731		21935				1085650
1104	80003	635759	67575	1113994	1110	2667	703	21845718
135	6111	4864	1482	18872	1082	2547	49	852989
6	12	35	52	62				287865
963	73880	630860	66041	1095060	28	120	654	20704864
10806	264664	636539	47211	745329	21921	73506	3074	76555765
3949	168070	310197	19914	645148	1793	4112	412	39335514
5142	66123	142000	24007	46275	1093	10798	779	22809642
1715	30471	184342	3290	53906	19035	58596	1883	14410609
4	60	500						150940
1711	30411	183842	3290	53906	19035	58596	1883	14259669
9642	221502	434656	597263	1074057	2117295	8314211	42437	84316455
6500	70919	191330	588635	523114	2116900	8311778	41634	69380609
4656	37285	143754	495737	419591	534073	1935272	20159	46801534
1385	26665	25791	87380	83909	110087	279012	8605	18192060

2-4 续表 5

项目	#其他产值	竣工产值	房屋建筑施工面积（平方米）	#本年新开工面积	年末自有施工机械设备净值
建筑幕墙装饰和装修	29465	2366870	6464	3003	17589
建筑物拆除和场地准备活动	139920	5383705	284774	54264	520502
建筑物拆除活动	92216	758181			61167
场地准备活动	47704	4625524	284774	54264	459335
提供施工设备服务		59211			3071
其他未列明建筑业	16386	1252828			55867
四、按企业资质等级分					
施工总承包序列	8164621	379873308	715666791	220730647	10378885
施工总承包序列特级工程	4033893	221977854	549804544	170098041	3833160
施工总承包序列一级工程	3289117	126872145	159851709	48566164	5589309
施工总承包序列二级工程	502668	17632318	5076868	1627548	256379
施工总承包序列三级工程	338943	13390991	933670	438894	700037
专业承包序列	845677	74863674	3693413	2137754	1087997
专业承包序列一级工程	545682	56668645	3390118	2076393	671611
专业承包序列二级工程	218240	13174579	303195	61261	222417
专业承包序列三级工程	68044	4785906	100	100	183114
专业承包序列不分等级工程	13711	234544			10855
五、按地区分					
东城区	779936	35799923	44262349	19006085	1192176
西城区	159213	41646172	37359910	10651722	419594
朝阳区	1559858	82873736	89666712	32572101	952708
丰台区	232192	67911710	180326561	58146603	1102169
石景山区	957200	18895568	61337923	16011025	522289
海淀区	3365931	62442362	63296888	15896579	1577312
门头沟区	51683	6395360	1659189	758361	171106
房山区	174296	20481589	43722204	13950017	278783
通州区	234860	52044304	126988123	38568717	2415686
顺义区	134982	15991898	15384286	5417261	1084770
昌平区	97008	7160528	3058029	896664	294118
大兴区	411852	17526822	25356838	6295333	387494
怀柔区	29323	3952600	1668269	562373	95724
平谷区	18540	4172947	7605898	1000334	157223
密云区	58775	7374737	6276695	1568606	451706
延庆区	1001	3321646	3995314	256068	75772
北京经济技术开发区	743648	6745080	7395016	1310552	288252

单位：千元

年末自有施工机械设备总台数（台）	年末自有施工机械设备总功率（千瓦）	主要建筑材料消耗量						企　业总产值
		钢材（吨）	木材（立方米）	水泥（吨）	平板玻璃（重量箱）	平板玻璃（平方米）	铝材（吨）	
459	6969	21785	5518	19614	1472740	6097494	12870	4387015
1989	126273	191373	2610	453972	22	85		11882227
253	15079	984	1	1				945171
1736	111194	190389	2609	453971	22	85		10937056
20	984	1123		89				160781
1133	23326	50830	6018	96882	373	2348	803	2892838
66087	4057152	25996394	3890347	39568121	933329	3004195	59125	1005901832
17305	1131252	18178971	2849245	24096640	287422	857307	11439	600575685
37935	1880563	7274025	878292	14242604	540613	1720753	42112	354345434
4739	171448	270696	107212	625255	77805	350221	2101	25024296
6108	873889	272702	55598	603622	27489	75914	3473	25956417
18390	461274	979810	713203	2198800	2140312	8419805	79472	141527043
10614	289204	792429	479135	1459354	540893	2074778	68184	108467161
5182	87335	146707	216651	360294	1596091	6333641	11086	25074302
2319	83063	31281	17231	374186	3328	11386	202	7582618
275	1672	9393	186	4966				402962
4341	242436	1551187	190564	4129104	28901	104578	3604	93584738
6470	249246	1966442	209919	1441836	177830	430550	11213	81088044
8404	477072	3578677	555904	6348088	229277	836015	9215	158605395
6635	350151	4770614	1058755	8213550	80798	359609	38209	196329852
4698	243334	956731	140906	985314	80774	227804	2594	53143579
11031	562310	3012550	412154	3291828	359943	946092	14177	205077688
2168	70745	134350	47713	389824	20609	63520	4436	13442175
6551	150322	969567	94763	626278	16947	65403	6970	41133986
5469	875409	6439452	1288369	9078393	165102	698455	6781	128070724
8313	373775	828748	160539	1553449	1562040	6370724	8383	46279140
2288	103459	576561	117701	1153123	44519	135144	4727	21126271
4873	147964	733296	140238	1032742	191253	621526	21273	43748560
1150	89160	172141	10535	476473	18277	96566	872	10855676
4123	33171	149663	74755	140018	6741	38665	438	7666405
2416	245593	145334	47231	369261	37085	111223	2757	13593195
1545	39278	88191	10458	28782	34070	236724	1592	4511918
4002	265001	902700	43046	2508858	19475	31402	1356	29171529

2-5 施工总承包、专业承包

项目	法人单位数（个）	房屋竣工面积	房屋竣工价值	住宅	
				竣工面积	竣工价值
合计	**2854**	**98995206**	**246599738**	**60817597**	**133764905**
一、按登记注册类型分					
内资	2783	98261825	244937715	60282454	132662052
国有	38	638096	2279711	208304	518186
集体	53	2297372	5923423	1437892	3900496
股份合作	43	475130	1845688	463540	1833622
其他联营	1	***	***	***	***
国有独资公司	82	29947375	78012764	15807974	34765507
其他有限责任公司	1003	63447425	153665309	41821354	89854368
股份有限公司	49	224299	640035	219189	624735
私营独资	1	***	***	***	***
私营有限责任公司	1469	1232128	2570785	324201	1165138
私营股份有限公司	44				
港澳台商投资	38	4777	4250		
与港澳台商合资经营	26				
与港澳台商合作经营	1	***	***	***	***
港澳台商独资	10	4777	4250		
港澳台商投资股份有限公司	1	***	***	***	***
外商投资	33	728604	1657773	535143	1102853
中外合资经营	23	435158	1000630	371913	750110
外资企业	8	293446	657143	163230	352743
外商投资股份有限公司	2	***	***	***	***
二、按隶属关系分					
中央	172	65199086	150964660	40239274	83697085
地方	2682	33796120	95635078	20578323	50067820
三、按行业小类分					
房屋建筑业	535	94224582	235521487	57686872	127053254
住宅房屋建筑	386	78139787	198794210	50710690	112447053
体育场馆建筑	11	4889064	12113946	1092998	2239745
其他房屋建筑业	138	11195731	24613331	5883184	12366456
土木工程建筑业	599	3612224	8870740	2403312	5320893
铁路、道路、隧道和桥梁工程建筑	256	3027571	8009952	2256877	5012947
铁路工程建筑	22	932753	2807173	466116	1188520
公路工程建筑	54	1439369	4077658	1162306	2913497

注：1. 统计口径为有施工总承包、专业承包资质建筑业法人单位。
2. 按地区分组为按企业经营地分区数据。

建筑业企业房屋建筑完成情况

单位：平方米、千元

商业及服务用房		商厦房屋（批发和零售用房）		宾馆用房屋（住宿用房）		餐饮用房屋（餐饮用房）	
竣工面积	竣工价值	竣工面积	竣工价值	竣工面积	竣工价值	竣工面积	竣工价值
16049876	**43535501**	**11978316**	**30530554**	**392250**	**939226**	**70936**	**182833**
16049876	43535501	11978316	30530554	392250	939226	70936	182833
429792	1761525						
409237	1064948	90009	365666				
***	***	***	***	***	***	***	***
3880753	11123717	2665642	7492774	98303	337561		
11258701	29308025	9222665	22672114	293947	601665	70936	182833
***	***	***	***	***	***	***	***
71393	277286						
***	***	***	***	***	***	***	***
***	***	***	***	***	***	***	***
***	***	***	***	***	***	***	***
12629048	33416956	10162797	25449060	278402	540842	69214	173377
3420828	10118545	1815519	5081494	113848	398384	1722	9456
15810009	42835099	11876233	30308180	360683	798162	1722	9456
13939076	38830529	11015775	28658310	320384	714633	1722	9456
467434	810808	445119	745050	20265	50738		
1403499	3193762	415339	904820	20034	32791		
147735	511099	9951	33071	31567	141064	69214	173377
78124	336980	9951	33071	31567	141064		
46557	195916	9951	33071				
31567	141064			31567	141064		

2-5 续表 1

项　　目	法人单位数（个）	房屋竣工面　积	房屋竣工价　值	住　宅	
				竣工面积	竣工价值
市政道路工程建筑	148	655449	1125121	628455	910930
城市轨道交通工程建筑	5				
其他道路、隧道和桥梁工程建筑	27				
水利和水运工程建筑	29				
水源及供水设施工程建筑	12				
河湖治理及防洪设施工程建筑	12				
港口及航运设施工程建筑	5				
工矿工程建筑	16	469341	514852	55185	61800
架线和管道工程建筑	152				
架线及设备工程建筑	102				
管道工程建筑	50				
节能环保工程施工	25				
节能工程施工	13				
环保工程施工	10				
生态保护工程施工	2	***	***	***	***
电力工程施工	15	91250	246146	91250	246146
火力发电工程施工	3				
核电工程施工	1	***	***	***	***
风能发电工程施工	1	***	***	***	***
太阳能发电工程施工	1	***	***	***	***
其他电力工程施工	9				
其他土木工程建筑	106	24062	99790		
园林绿化工程施工	17				
体育场地设施工程施工	7				
其他土木工程建筑	82	24062	99790		
建筑安装业	687	991909	1900152	697536	1322739
电气安装	331	812665	1527904	637096	1201502
管道和设备安装	175	39110	78131		
其他建筑安装业	181	140134	294117	60440	121237
体育场地设施安装	3				
其他建筑安装	178	140134	294117	60440	121237
建筑装饰、装修和其他建筑业	1033	166491	307359	29877	68019
建筑装饰和装修业	846	156791	297449	29877	68019
公共建筑装饰和装修	501	120450	226197		
住宅装饰和装修	300	29877	68019	29877	68019

单位：平方米、千元

商业及服务用房		商厦房屋（批发和零售用房）		宾馆用房屋（住宿用房）		餐饮用房屋（餐饮用房）	
竣工面积	竣工价值	竣工面积	竣工价值	竣工面积	竣工价值	竣工面积	竣工价值
69214	173377					69214	173377
***	***	***	***	***	***	***	***
***	***	***	***	***	***	***	***
***	***	***	***	***	***	***	***
***	***	***	***	***	***	***	***
397	742						
397	742						
92132	189303	92132	189303				
92132	189303	92132	189303				
92132	189303	92132	189303				

2-5 续表 2

项 目	法人单位数（个）	房屋竣工面积	房屋竣工价值	住宅	
				竣工面积	竣工价值
建筑幕墙装饰和装修	45	6464	3233		
建筑物拆除和场地准备活动	96	9700	9910		
建筑物拆除活动	35				
场地准备活动	61	9700	9910		
提供施工设备服务	6				
其他未列明建筑业	85				
四、按企业资质等级分					
施工总承包序列	1028	98296961	245762686	60677524	133477223
施工总承包序列特级工程	58	73563392	182069367	42730074	92285628
施工总承包序列一级工程	277	23381201	59444557	17107525	38627555
施工总承包序列二级工程	279	1223156	3971095	806460	2533094
施工总承包序列三级工程	414	129212	277667	33465	30946
专业承包序列	1824	698245	837052	140073	287682
专业承包序列一级工程	500	537591	485484	2077	1047
专业承包序列二级工程	942	160554	351468	137996	286635
专业承包序列三级工程	347	100	100		
专业承包序列不分等级工程	35				
五、按地区分					
东城区	138	6555381	17765838	4559081	11589418
西城区	188	8522893	26565758	4587531	10476652
朝阳区	561	14487727	41408307	7169906	17852567
丰台区	238	21377646	46505731	16798157	34191858
石景山区	87	5797827	11999756	4130239	7435290
海淀区	363	9724124	22923941	6628024	13183238
门头沟区	67	297318	637997	251378	530725
房山区	130	5102839	9180692	2065580	3197051
通州区	195	18612040	47270883	9233887	21073092
顺义区	170	2644075	6815691	1542530	3939239
昌平区	153	670050	1632322	559427	1312979
大兴区	227	2421145	7073837	1623000	4424114
怀柔区	93	152480	363043	101143	199971
平谷区	94	347310	1590802	331830	1556652
密云区	73	1260652	3179714	759577	1902894
延庆区	41	605409	1233230	421122	837365
北京经济技术开发区	36	416290	452196	55185	61800

单位：平方米、千元

商业及服务用房		商厦房屋（批发和零售用房）		宾馆用房屋（住宿用房）		餐饮用房屋（餐饮用房）	
竣工面积	竣工价值	竣工面积	竣工价值	竣工面积	竣工价值	竣工面积	竣工价值
15957347	43345456	11886184	30341251	392250	939226	70936	182833
14282920	37309888	11445485	29254388	372332	836947	69214	173377
1645188	5995934	430494	1059363	19918	102279	1722	9456
29239	39634	10205	27500				
92529	190045	92132	189303				
92132	189303	92132	189303				
397	742						
1075872	3776490	1039984	3657088	534	910		
875413	3337433	182033	655534	74173	234331		
1393977	3467500	1018427	2439204	145021	346400	1722	9456
533027	1259201	351677	818920	141049	250223		
806587	2415122	57211	104193				
1217634	3490236	1145228	3289972	23899	85283		
933197	1829390	217102	236150	7574	22079		
8604860	22655542	7776768	18962536				
348457	744607	3774	8000				
1774	17037						
13306	42938	9951	33071				
84029	136583	84029	136583				
92132	189303	92132	189303				
69611	174119					69214	173377

2-5 续表 3

项 目	商务会展用房屋		其他商业及服务用房屋（居民服务业用房）		办公用房	
	竣工面积	竣工价值	竣工面积	竣工价值	竣工面积	竣工价值
合 计	**1155168**	**4421742**	**2453206**	**7461146**	**7240465**	**24714619**
一、按登记注册类型分						
内资	1155168	4421742	2453206	7461146	7240465	24714619
国有	429792	1761525				
集体	185074	374264	134154	325018		
股份合作						
其他联营	***	***	***	***	***	***
国有独资公司	263750	1554242	853058	1739140	3562508	12277673
其他有限责任公司	276552	731711	1394601	5119702	3659289	12381252
股份有限公司						
私营独资	***	***	***	***	***	***
私营有限责任公司			71393	277286	18668	55694
私营股份有限公司						
港澳台商投资						
与港澳台商合资经营						
与港澳台商合作经营	***	***	***	***	***	***
港澳台商独资						
港澳台商投资股份有限公司						
外商投资	****	***	***	***	***	***
中外合资经营						
外资企业						
外商投资股份有限公司	***	***	***	***	***	***
二、按隶属关系分						
中央	540302	2285953	1578333	4967724	4630628	11635538
地方	614866	2135789	874873	2493422	2609837	13079081
三、按行业小类分						
房屋建筑业	1155168	4421742	2416203	7297559	6911790	23374497
住宅房屋建筑	1153118	4406722	1448077	5041408	4680444	18312473
体育场馆建筑	2050	15020			662534	1856054
其他房屋建筑业			968126	2256151	1568812	3205970
土木工程建筑业			37003	163587	222268	1107700
铁路、道路、隧道和桥梁工程建筑			36606	162845	222268	1107700
铁路工程建筑			36606	162845	172921	952980
公路工程建筑					49347	154720

单位：平方米、千元

科研、教育、医疗用房		科学研究用房屋		教育用房屋		医疗用房屋（卫生医疗用房）	
竣工面积	竣工价值	竣工面积	竣工价值	竣工面积	竣工价值	竣工面积	竣工价值
3296870	**11085146**	**678480**	**2185246**	**1706115**	**5487776**	**912275**	**3412124**
3292093	11080896	678480	2185246	1701338	5483526	912275	3412124
84561	399857			84561	399857		
8500	8300			8500	8300		
***	***	***	***	***	***	***	***
1182536	4008446	317213	813959	366327	1318194	498996	1876293
1948357	6578080	360267	1369785	1175111	3673004	412979	1535291
***	***	***	***	***	***	***	***
68139	86213	1000	1502	66839	84171	300	540
4777	4250			4777	4250		
***	***	***	***	***	***	***	***
4777	4250			4777	4250		
***	***	***	***	***	***	***	***
***	***	***	***	***	***	***	***
1160963	3799002	266643	800055	390170	1093240	504150	1905707
2135907	7286144	411837	1385191	1315945	4394536	408125	1506417
3190913	10962717	677480	2183744	1601473	5367673	911960	3411300
2637134	9212286	400438	1309902	1347688	4632457	889008	3269927
83156	383954	52659	236332	9322	11000	21175	136622
470623	1366477	224383	637510	244463	724216	1777	4751
49771	57259			49771	57259		
20997	21157			20997	21157		
20997	21157			20997	21157		

2-5 续表 4

项　　目	商务会展用房屋		其他商业及服务用房屋（居民服务业用房）		办公用房	
	竣工面积	竣工价值	竣工面积	竣工价值	竣工面积	竣工价值
市政道路工程建筑						
城市轨道交通工程建筑						
其他道路、隧道和桥梁工程建筑						
水利和水运工程建筑						
水源及供水设施工程建筑						
河湖治理及防洪设施工程建筑						
港口及航运设施工程建筑						
工矿工程建筑						
架线和管道工程建筑						
架线及设备工程建筑						
管道工程建筑						
节能环保工程施工						
节能工程施工						
环保工程施工						
生态保护工程施工	***	***	***	***	***	***
电力工程施工						
火力发电工程施工						
核电工程施工	***	***	***	***	***	***
风能发电工程施工	***	***	***	***	***	***
太阳能发电工程施工	***	***	***	***	***	***
其他电力工程施工						
其他土木工程建筑			397	742		
园林绿化工程施工						
体育场地设施工程施工						
其他土木工程建筑			397	742		
建筑安装业					106407	232422
电气安装					106407	232422
管道和设备安装						
其他建筑安装业						
体育场地设施安装						
其他建筑安装						
建筑装饰、装修和其他建筑业						
建筑装饰和装修业						
公共建筑装饰和装修						
住宅装饰和装修						

单位：平方米、千元

科研、教育、医疗用房		科学研究用房屋		教育用房屋		医疗用房屋（卫生医疗用房）	
竣工面积	竣工价值	竣工面积	竣工价值	竣工面积	竣工价值	竣工面积	竣工价值
27254	32867			27254	32867		
***	***	***	***	***	***	***	***
***	***	***	***	***	***	***	***
***	***	***	***	***	***	***	***
***	***	***	***	***	***	***	***
1520	3235			1520	3235		
1520	3235			1520	3235		
55871	64346	1000	1502	54871	62844		
54871	62844			54871	62844		
1000	1502	1000	1502				
315	824					315	824
315	824					315	824
315	824					315	824

2-5 续表 5

项目	商务会展用房屋		其他商业及服务用房屋（居民服务业用房）		办公用房	
	竣工面积	竣工价值	竣工面积	竣工价值	竣工面积	竣工价值
建筑幕墙装饰和装修						
建筑物拆除和场地准备活动						
建筑物拆除活动						
场地准备活动						
提供施工设备服务						
其他未列明建筑业						
四、按企业资质等级分						
施工总承包序列	1155168	4421742	2452809	7460404	7237315	24705612
施工总承包序列特级工程	463676	1120995	1932213	5924181	5995647	20426245
施工总承包序列一级工程	691492	3300747	501562	1524089	984676	3137552
施工总承包序列二级工程			19034	12134	211638	972841
施工总承包序列三级工程					45354	168974
专业承包序列			397	742	3150	9007
专业承包序列一级工程						
专业承包序列二级工程			397	742	3150	9007
专业承包序列三级工程						
专业承包序列不分等级工程						
五、按地区分						
东城区			35354	118492	18871	97528
西城区	261700	1539222	357507	908346	1034497	5474739
朝阳区	2050	15020	226757	657420	1386990	5882678
丰台区			40301	190058	1617254	4535458
石景山区	429792	1761525	319584	549404	543802	1106382
海淀区			48507	114981	487238	1593980
门头沟区						
房山区			708521	1571161	1253995	2202043
通州区	276552	731711	551540	2961295	378063	1863329
顺义区	185074	374264	159609	362343	78014	378915
昌平区					1804	6266
大兴区			1774	17037	283429	1071521
怀柔区			3355	9867	18554	58218
平谷区						
密云区					121998	379102
延庆区					15956	64460
北京经济技术开发区			397	742		

单位：平方米、千元

科研、教育、医疗用房		科学研究用房屋		教育用房屋		医疗用房屋（卫生医疗用房）	
竣工面积	竣工价值	竣工面积	竣工价值	竣工面积	竣工价值	竣工面积	竣工价值
3257674	11046826	677480	2183744	1668234	5451782	911960	3411300
2147344	7644683	416737	1483603	917137	3193876	813470	2967204
1048603	3259884	259988	698267	702084	2144788	86531	416829
32036	92308			20377	65581	11659	26727
29691	49951	755	1874	28636	47537	300	540
39196	38320	1000	1502	37881	35994	315	824
31011	16172			30696	15348	315	824
8185	22148	1000	1502	7185	20646		
325401	945025	89257	207473	174672	521860	61472	215692
532868	1688661	111868	466557	266423	958144	154577	263960
794272	3485918	174456	772108	309697	1235167	310119	1478643
191231	327840	53244	74067	125987	205949	12000	47824
101383	349179	75113	296761	26270	52418		
598723	1876559	32780	94221	255811	636329	310132	1146009
32286	59324			32286	59324		
250746	634403	141762	274059	108984	360344		
130110	480436			107573	408068	22537	72368
130104	567778			114808	434238	15296	133540
37065	101056			37065	101056		
105325	368945			80888	322155	24437	46790
18027	59766			18027	59766		
22075	107389			20370	100091	1705	7298
27254	32867			27254	32867		

2-5 续表 6

项目	文化、体育、娱乐用房		厂房及建筑物	
	竣工面积	竣工价值	竣工面积	竣工价值
合 计	**1432928**	**6125015**	**6068552**	**15430510**
一、按登记注册类型分				
内资	1432928	6125015	5984495	15139370
国有				
集体			354763	511928
股份合作			2850	3310
其他联营	***	***	***	***
国有独资公司	566608	2380842	2913253	7630754
其他有限责任公司	719188	3667616	2199986	6427273
股份有限公司			5110	15300
私营独资	***	***	***	***
私营有限责任公司	147132	76557	508533	550805
私营股份有限公司				
港澳台商投资				
与港澳台商合资经营				
与港澳台商合作经营	***	***	***	***
港澳台商独资				
港澳台商投资股份有限公司	***	***	***	***
外商投资			84057	291140
中外合资经营			60221	231440
外资企业			23836	59700
外商投资股份有限公司	***	***	***	***
二、按隶属关系分				
中央	767911	3522427	3724013	9883482
地方	665017	2602588	2344539	5547028
三、按行业小类分				
房屋建筑业	1188667	5595812	5588773	14293067
住宅房屋建筑	660260	4245561	2973964	7868911
体育场馆建筑	271189	816773	1771867	4876201
其他房屋建筑业	257218	533478	842942	1547955
土木工程建筑业	244161	529103	318433	833731
铁路、道路、隧道和桥梁工程建筑	226162	448600	168745	625399
铁路工程建筑	226162	448600		
公路工程建筑			157499	546408

单位：平方米、千元

#厂房		仓库		其他未列明的房屋建筑物	
竣工面积	竣工价值	竣工面积	竣工价值	竣工面积	竣工价值
5192624	**13187333**	**1302220**	**2753839**	**2786698**	**9190203**
5108567	12896193	1195840	2509139	2783674	9171123
2262	7296			10919	46194
				240	456
***	***	***	***	***	***
2879468	7566804	1049467	2037298	984276	3788527
1741638	4827863	137200	467057	1703350	4981638
5110	15300				
***	***	***	***	***	***
480089	478930	9173	4784	84889	354308
***	***	***	***	***	***
***	***	***	***	***	***
84057	291140	106380	244700	3024	19080
60221	231440			3024	19080
23836	59700	106380	244700		
***	***	***	***	***	***
3358120	8709476	1039148	2219473	1008101	2790697
1834504	4477857	263072	534366	1778597	6399506
4910482	12713180	1302220	2753839	2545338	8653202
2295673	6289024	1269067	2653670	1269152	5223727
1771867	4876201			539886	1130411
842942	1547955	33153	100169	736300	2299064
160260	235003			226544	510955
10572	26671			54398	457169
				38650	321969

2-5 续表 7

项目	文化、体育、娱乐用房		厂房及建筑物	
	竣工面积	竣工价值	竣工面积	竣工价值
市政道路工程建筑			11246	78991
城市轨道交通工程建筑				
其他道路、隧道和桥梁工程建筑				
水利和水运工程建筑				
水源及供水设施工程建筑				
河湖治理及防洪设施工程建筑				
港口及航运设施工程建筑				
工矿工程建筑			149688	208332
架线和管道工程建筑				
架线及设备工程建筑				
管道工程建筑				
节能环保工程施工				
节能工程施工				
环保工程施工				
生态保护工程施工	***	***	***	***
电力工程施工				
火力发电工程施工				
核电工程施工	***	***	***	***
风能发电工程施工	***	***	***	***
太阳能发电工程施工	***	***	***	***
其他电力工程施工				
其他土木工程建筑	17999	80503		
园林绿化工程施工				
体育场地设施工程施工				
其他土木工程建筑	17999	80503		
建筑安装业	100	100	126879	264409
电气安装			9175	15000
管道和设备安装			38110	76629
其他建筑安装业	100	100	79594	172780
体育场地设施安装				
其他建筑安装	100	100	79594	172780
建筑装饰、装修和其他建筑业			34467	39303
建筑装饰和装修业			34467	39303
公共建筑装饰和装修			28003	36070
住宅装饰和装修				

单位：平方米、千元

#厂房		仓库		其他未列明的房屋建筑物	
竣工面积	竣工价值	竣工面积	竣工价值	竣工面积	竣工价值
10572	26671			15748	135200
149688	208332			168000	38476
***	***	***	***	***	***
***	***	***	***	***	***
***	***	***	***	***	***
***	***	***	***	***	***
				4146	15310
				4146	15310
93879	203080			5116	16136
9175	15000			5116	16136
5110	15300				
79594	172780				
79594	172780				
28003	36070			9700	9910
28003	36070				
28003	36070				

2-5 续表 8

项目	文化、体育、娱乐用房		厂房及建筑物	
	竣工面积	竣工价值	竣工面积	竣工价值
建筑幕墙装饰和装修			6464	3233
建筑物拆除和场地准备活动				
建筑物拆除活动				
场地准备活动				
提供施工设备服务				
其他未列明建筑业				
四、按企业资质等级分				
施工总承包序列	1267797	5967955	5824548	15296224
施工总承包序列特级工程	944057	3801839	4296999	11501004
施工总承包序列一级工程	323740	2166116	1378785	3471730
施工总承包序列二级工程			130581	300087
施工总承包序列三级工程			18183	23403
专业承包序列	165131	157060	244004	134286
专业承包序列一级工程	165031	156960	238294	117486
专业承包序列二级工程			5710	16800
专业承包序列三级工程	100	100		
专业承包序列不分等级工程				
五、按地区分				
东城区	53191	282024	439177	817723
西城区	122143	446357	350000	1260153
朝阳区	319947	1112136	2363557	6742223
丰台区	527094	2323727	624655	1064608
石景山区	19465	138960	172689	492052
海淀区	233399	1321771	347621	958116
门头沟区	1999	9401	11655	38547
房山区	41446	59780	467366	889385
通州区	2250	6300	219984	882298
顺义区	14500	17300	469152	851359
昌平区			71754	212021
大兴区	31500	184583	376117	1007637
怀柔区				
平谷区			7450	13000
密云区	60622	202666		
延庆区	5372	20010	51135	56454
北京经济技术开发区			96240	144934

单位：平方米、千元

#厂房		仓库		其他未列明的房屋建筑物	
竣工面积	竣工价值	竣工面积	竣工价值	竣工面积	竣工价值
				9700	9910
				9700	9910
4949220	13054547	1293174	2749323	2781582	9174067
3679191	10177137	1020963	1983310	2145388	7116770
1170217	2694215	271993	765445	620691	2020341
89473	164224	91	300	13111	32831
10339	18971	127	268	2392	4125
243404	132786	9046	4516	5116	16136
238294	117486	9046	4516		
5110	15300			5116	16136
426362	763620	7634	18841	76154	238789
349326	1207833	102534	186843	917907	3694920
2156853	5969024	112241	262222	946837	2603063
584885	980508	1033506	2185509	52722	617530
172689	492052			23662	62771
299651	842207	14815	38748	196670	461293
11475	38187				
467366	889385			90509	368640
109527	656021			42886	309886
109187	342965	28504	53988	32814	262505
71754	212021				
286057	593593				
				1450	2150
4800	10000			8030	21150
				212351	451080
46452	44983	2986	7688	16706	57950
96240	144934			168000	38476

附 录

主要指标解释

主要指标解释

工业

工业 指从事自然资源的开采，对采掘品和农产品进行加工和再加工的物质生产部门。具体包括：（1）对自然资源的开采，如采矿、晒盐、森林采伐等（但不包括禽兽捕猎和水产捕捞）；（2）对农副产品的加工、再加工，如粮油加工、食品加工、扎花、纺织、制革等；（3）对采掘品的加工、再加工，如炼铁、炼钢、化工生产、石油加工、机器制造、木材加工等，以及电力、自来水、煤气的生产和供应等；（4）对工业品的修理、翻新，如机器设备的修理。

轻工业 指主要提供生活消费品和制作手工工具的工业。按其所使用的原料不同，可分为两大类：（1）以农业为原料的轻工业，是指直接或间接以农产品为基本原料的轻工业。主要包括食品制造、饮料制造、烟草加工、纺织、缝纫、皮革和毛皮制作、造纸以及印刷等工业；（2）以非农产品为原料的轻工业，是指以工业品为原料的轻工业。主要包括文教体育用品、化学药品制造、合成纤维制造、日用化学制品、日用玻璃制品、日用金属制品、手工工具制造、医疗器械制造、文化和办公用机械制造等工业。

重工业 是指为国民经济各部门提供物质技术基础的主要生产资料的工业。按其生产性质和产品用途，可以分为下列三类：（1）采掘（伐）工业，是指对自然资源的开采，包括石油开采、煤炭开采、金属矿开采、非金属矿开采和木材采伐等工业；（2）原材料工业，指向国民经济各部门提供基本材料、动力和燃料的工业。包括金属冶炼及加工、炼焦及焦炭化学、化工原料、水泥、人造板以及电力、石油和煤炭加工等工业；（3）加工工业，是指对工业原材料进行再加工制造的工业。包括装备国民经济各部门的机械设备制造工业、金属结构、水泥制品等工业，以及为农业提供的生产资料如化肥、农药等工业。

根据上述划分原则，修理业中以重工业产品为修理作业对象的划为重工业，反之划为轻工业。

工业总产值 指工业企业在报告期内生产的以货币形式表现的工业最终产品和提供工业劳务活动的总价值量。它包括：在本企业内不再进行加工，经检验、包装入库（规定不需包装的产品除外）的成品价值，对外加工费收入，自制半成品、在制品期末期初差额价值。工业总产值采用“工厂法”计算，即以法人工业企业作为一个整体，按企业生产活动的最终成果来计算。

工业销售产值 是以货币形式表现的，工业企业在报告期内销售的本企业生产的工业产品或提供工业性劳务价值的总价值量。包括企业在报告期内实际销售（包括本期生产和非本期生产）的全部成品、半成品的总价值，报告期内完成的对外承接的工业品加工的加工费收入，对外工业品修理作业可获取的加工费收入和对内非工业部门提供的加工修理、设备安装等收入。已销售的成品、半成品不论是本期生产的、还是非本期生产的，只要是本期销售出去的均包括在内。企业为本单位基本建设部门、生活福利部门等提供的产品和工业性作业及自制设备也应视同销售，这部分也应作为销售统计。

资产总计 指企业过去的交易或者事项形成的、由企业拥有或者控制的、预期会给企业带来经济利益的资源。包括企业拥有的土地、办公楼、厂房、机器、运输工具、存货等实物资产和现金、存款、应收账款和预付账款等金融资产。资产一般按流动性（资产的变现或耗用时间长短）分为流动资产和非流动资产。其中流动资产可分为货币资金、交易性金融资产、应收票据、应收账款、预付款项、其他应收款、存货等；非流动资产可分为长期股权投资、固定资产、无形资产及其他非流动资产等。根据会计“资产负债表”中“资产总计”项目的期末余额数填报。

流动资产合计 资产满足以下条件之一应归为流动资产：①预计在一个正常营业周期中变现、出售或耗用，主要包括存货、应收账款等；②主要为交易目的而持有；③预计在资产负债表日起一年内（含一年）变现；④自资产负债表日起一年内，交换其他资产或清偿负债的能力不受限制的现金或现金等价物。包括货币资金、应收票据、应收账款、存货等项目。

固定资产原价 指固定资产的成本，包括企业在购置、自行建造、安装、改建、扩建、技术改造某项固定资产时所发生的全部支出总额。

累计折旧 指企业在报告期末提取的历年固定资产折旧累计数。

固定资产净额 指固定资产原价减去累计折旧、固定资产减值准备后的金额。

负债合计 指企业过去的交易或者事项形成的，预期会导致经济利益流出企业的现时义务。负债一般按偿还期长短分为流动负债和非流动负债。包括银行贷款、借款、应付账款、应付职工工资、应付职工福利费、应交税金等企业负有偿还责任的债务。

流动负债合计 负债满足下列条件之一的应归为流动负债：①预计在一个正常营业周期中清偿；②主要为交易目的而持有；③自资产负债表日起一年内到期应予清偿；④企业无权自主地将清偿推迟至资产负债表日后一年以上。包括短期借款、应付票据、应付账款、应付职工薪酬、应交税费等项目。

非流动负债合计 指流动负债之外的负债。包括长期借款、应付债券等。

所有者权益合计 指企业资产扣除负债后由所有者享有的剩余权益。公司的所有者权益又称股东权益。包括实收资本、资本公积、盈余公积、未分配利润等。

实收资本 指企业各投资者实际投入的资本（或股本）总额，包括货币、实物、无形资产等各种形式的投入。实收资本按投资主体可分为国家资本、集体资本、法人资本、个人资本、港澳台资本和外商资本。

营业收入 指企业经营主要业务和其他业务所确认的收

入总额。营业收入包括“主营业务 收入”和“其他业务收入”。根据会计“利润表”中“营业收入”项目的本年累计数填报。

营业成本　指企业经营主要业务和其他业务所发生的成本总额。包括企业（单位）在报告 期内从事销售商品、提供劳务等日常活动发生的各种耗费。包括“主营业务成本”和“其他业务成本”。 根据会计“利润表”中“营业成本”项目的本年累计数填报。

销售费用　指企业在销售商品和材料、提供劳务的过程中发生的各种费用，包括保险费、 包装费、展览费和广告费、商品维修费、预计产品质量保证损失、运输费、装卸费等以及为销售本企业商品而专设的销售机构（含销售网点、售后服务网点等）的职工薪酬、业务费、折旧费等经营费用。

管理费用　指企业为组织和管理企业生产经营所发生的费用，包括企业在筹建期间内发生的开办费、董事会和行政管理部门在企业经营管理中发生的，或者应当由企业统一负担的公司经费等，包含“研发费用”在内。

财务费用　指企业为筹集生产经营所需资金等而发生的筹资费用，包括企业生产经营期间 发生的利息支出（减利息收入）、汇兑损失（减汇兑收益）以及相关的手续费等。

税金及附加　指企业因从事生产经营活动按税法规定应缴纳的消费税、城市维护建设税、 资源税、教育费附加及房产税、土地使用税、车船使用税、印花税等相关税费。根据会计“利润表”中 “税金及附加”项目的本年累计数填报。

投资收益　指企业确认的投资收益或投资损失，反映企业以各种方式对外投资所取得的收益。

营业利润　指企业从事生产经营活动所取得的利润。

利润总额　指企业在一定会计期间的经营成果，是生产经营过程中各种收入扣除各种耗费后的盈余，反映企业在报告期内实现的亏盈总额。

应交增值税　指按照税法规定，以销售货物、服务、无形资产、不动产或提供加工、修理 修配劳务的增值额和货物进口金额为计税依据而课征的一种流转税。填报本指标时，应按权责发生制核算企业本期应负担的增值税，有两种计算方法，可选其一，一旦确定，原则上不得更改。

计算方法一：

根据本期会计科目（1）“销项税额”、“进项税额转出”、“出口退税”年初至期末贷方累计发生额（一般与期末贷方余额相等，因为年初贷方余额为零），（2）“进项税额”年初至期末借方累计发生额，即期末借方余额 － 年初借方余额，（3）“出口抵减内销产品应纳税额”、“减免税款”年初至期末借方累计发生额（一般与期末借方余额相等，因为年初借方余额为零），取值后按照下述公式计算填报：

应交增值税 ＝ 销项税额 －（进项税额 － 进项税额转出）－ 出口抵减内销产品应纳税额 － 减免税款 ＋ 出口退税

计算方法二：

根据本期《增值税纳税申报表（一般纳税人适用）》（以“国家税务总局公告 2013 年 32 号”版式为例）“销项税额”（第 11 栏）、“进项税额”（第 12 栏）、“进项税额转出”（第 14 栏）、“免、抵、退应退税额”（第 15 栏）、“简易计税办法计算的应纳税额”（第 21 栏）、“按简易计税办法计算的纳税检查应补缴税额”（第 22 栏）、“应纳税额减征额”（第 23 栏）栏目“一般货物、劳务和应税服务”列中“本年累计”列，按照下述公式计算填报：

应交增值税 ＝ 销项税额－（进项税额－进项税额转出－免、抵、退应退税额） ＋ 简易计税办法计算的应纳税额 ＋ 按简易计税办法计算的纳税检查应补缴税额 － 应纳税额减征额

计算方法说明及填报要求：

（1）计算公式均体现权责发生制，本期发生的进项税额全部参与计算，相当于不设置留抵，同时也不抵扣会计账簿或增值税纳税申报表中上年年末留抵的进项税额，公式计算结果可以为负数。

（2）按照公式计算本指标后，不应再加增值税减免税额，因为这部分价值不再形成企业缴纳义务。

进项税额　指企业在报告期内购入货物或接受应税劳务而支付的、准予从销项税额中抵扣的增值税额。

销项税额　指企业在报告期内销售货物或提供应税劳务应收取的增值税额。

平均用工人数　指报告期企业平均实际拥有的、参与本企业生产经营活动的人员数。包括企业的正式人员、劳务派遣人员和其他临时人员。

总资产贡献率　反映企业全部资产的获利能力，是企业经营业绩和管理水平的集中体现，是评价和考核企业盈利能力的核心指标。计算公式为：

总资产贡献率（%）＝（利润总额＋税金总额＋利息支出－利息收入）/ 平均资产总额 ×100%

其中：税金总额为税金及附加与应交增值税之和。

资产负债率　反映在企业资产总额中有多少资产是通过借债而得的，也可以用于衡量企业利用债权人提供资金进行经营活动的能力以及企业在清算时保护债权人利益的程度。计算公式：

资产负债率（%）＝负债总额 / 资产总额 ×100%

流动资产周转率（次）　指在一定时期内流动资产完成的周转次数，反映流动资产的周转速度。计算公式：

流动资产周转次数（次）= 营业收入 / 流动资产平均余额

工业成本费用利润率　指在一定时期内实现的利润与成本费用之比，是反映工业生产成本及费用投入的经济效益指标，同时也是反映降低成本的经济效益的指标。计算公式：

工业成本费用利润率 (%)= 利润总额 /（销售费用＋管理费用＋财务费用＋营业成本）×100%

工业产品销售率　指报告期工业销售产值与工业总产值之比。计算公式：

工业产品销售率 (%)= 报告期现价工业销售产值 / 报告期现价工业总产值 ×100%

建筑业

（一）财务状况

资产总计　指企业过去的交易或者事项形成的、由企业

拥有或者控制的、预期会给企业带来经济利益的资源。资产一般按流动性（资产的变现或耗用时间长短）分为流动资产和非流动资产。其中流动资产可分为货币资金、交易性金融资产、应收票据、应收账款、预付款项、其他应收款、存货等；非流动资产可分为长期股权投资、固定资产、无形资产及其他非流动资产等。根据会计“资产负债表”中“资产总计”项目的期末余额数填报。包括企业拥有的土地、办公楼、厂房、机器、运输工具、存货等实物资产和现金、存款、应收账款和预付账款等金融资产。

流动资产合计　资产满足以下条件之一应归为流动资产：（1）预计在一个正常营业周期中变现、出售或耗用，主要包括存货、应收账款等；（2）主要为交易目的而持有；（3）预计在资产负债表日起一年内（含一年）变现；（4）自资产负债日起一年内，交换其他资产或清偿负债的能力不受限制的现金或现金等价物。包括货币资金、应收票据、应收账款、存货等项目。根据会计“资产负债表”中“流动资产合计”项目的期末余额数填报。

货币资金　反映企业库存现金、银行结算户存款、外埠存款、银行汇票存款、银行本票存款、信用卡存款、信用证保证金存款等的合计数。该指标根据会计“资产负债表”中“货币资金”项目期末余额填报。

现金　指企业的库存现金。根据会计明细账“现金”科目的期末余额数填报。

交易性金融资产　指企业为交易目的所持有的债券投资、股票投资、基金投资等交易性金融资产的公允价值。根据会计“资产负债表”中的“交易性金融资产”项目的期末余额数填报。未执行 2006 年《企业会计准则》的企业，根据会计“资产负债表”中的“短期投资”项目的期末余额数填报。

应收工程款　指建筑业企业在报告期末向发包单位应收而未收的工程款。根据会计“应收账款 -- 应收工程款”明细账对应科目填报。注意事项：（1）应收工程款中不包括质量保证金和工程款押金，一般纳入“其他应收款”；（2）建设工程质量保证金或保修金，是发包人与承包人在建设工程承包合同中约定，从应付的工程款中预留，用以保证工程质量的资金。

存货　指企业在日常活动中持有以备出售的产成品或商品、处在生产过程中的在产品、在生产过程或提供劳务过程中耗用的材料或物料等，通常包括原材料、在产品、半成品、产成品、商品以及周转材料等。根据会计“资产负债表”中“存货”项目的期末余额数填报。其中：“年初存货”根据会计“资产负债表”中“存货”项目的年初余额数填报。

应收股利　指企业应收取的现金股利和应收取其他单位分配的利润。根据会计“资产负债表”中“应收股利”科目的期末数填列。

可供出售金融资产　指初始确认时即被指定为可供出售的非衍生金融资产，以及除下列各类资产以外的金融资产：（1）贷款和应收款项。（2）持有至到期投资。（3）以公允价值计量且其变动计入当期损益的金融资产。根据会计“资产负债表”中“可供出售金融资产”项目期末余额填报。

持有至到期投资　一般情况下，能够划分为持有至到期投资的金融资产主要是债权性投资，如企业从二级市场上购入的固定利率的国债、浮动利率的金融债券等。企业购入的股权投资，因没有固定的到期日，不符合持有至到期投资的确认条件，不能划分为持有至到期投资。根据会计“资产负债表”中“持有至到期投资”项目期末余额填报。

长期股权投资　通常指企业长期持有，不准备随时出售，作为被投资企业的股东，按所持股份比例享有被投资企业权益并承担相应责任的投资。根据会计“资产负债表”中“长期股权投资”项目期末余额填报。

固定资产原价　指固定资产的成本，包括企业在购置、自行建造、安装、改建、扩建、技术改造某项固定资产时所发生的全部支出总额。根据会计“固定资产”科目的期末借方余额填报。

累计折旧　指企业在报告期末提取的历年固定资产折旧累计数。根据会计“累计折旧”科目的期末贷方余额填报。

本年折旧　指企业在报告期内提取的固定资产折旧合计数。可以根据会计“财务状况变动表”中“固定资产折旧”项的数值填报。若企业执行 2001 年《企业会计制度》，可以根据会计核算中《资产减值准备、投资及固定资产情况表》内“当年计提的固定资产折旧总额”项本年增加数填报。

固定资产净值　固定资产指企业为生产商品、提供劳务、出租或经营管理而持有的，使用寿命超过一个会计年度的有形资产。包括房屋、建筑物、机器、机械、运输工具以及其他与生产经营活动有关的设备、器具、工具等。固定资产净值指固定资产原价减去已提折旧后的净额。它反映企业实际占用在固定资产上的资金数额和固定资产的新旧程度。计算公式：固定资产净值 = 固定资产原价 - 累计折旧。

固定资产减值准备　指企业确认固定资产发生减值时，按其固定资产可收回金额低于账面价值的差额计提的减值准备。根据会计“固定资产减值准备”科目的期末贷方余额填报。

固定资产净额　指固定资产原价减去累计折旧、固定资产减值准备后的金额。当会计“资产负债表”列示“固定资产净额”项目时，根据“固定资产净额”项目的期末余额数填报；当会计“资产负债表”列示“固定资产”项目，且含义及核算范围与本指标解释一致时，根据“固定资产”项目的期末余额数填报；其他情况，根据会计“固定资产”科目的期末余额，减去“累计折旧”和“固定资产减值准备”科目的期末余额后的金额填报。

在建工程　指企业用于新建、改建、扩建，或技术改造、设备更新和大修理工程等尚未完工的工程支出。根据会计“在建工程”科目的期末借方余额填报。

无形资产　指调查单位拥有或者控制的没有实物形态的可辨认非货币性资产，无形资产通常包括专利权、非专利技术、商标权、著作权、特许权、土地使用权等。该指标根据会计资产负债表“无形资产”项目的期末余额填报。

土地使用权　指国家准许某企业在一定期间内对国有土地享有开发、利用、经营的权利。该指标根据会计“无形资产”科目计算填报。

软件使用权　指企业研发和购买软件的支出。该指标根据会计“无形资产”科目计算填报。

商誉　指能在未来期间为企业经营带来超额利润的潜在经济价值，或一家企业预期的获利能力超过可辨认资产正常获利能力（如社会平均投资回报率）的资本化价值。根据会计资产负债表中“商誉”项目期末余额填报。

负债合计　指企业过去的交易或者事项形成的，预期会导致经济利益流出企业的现时义务。负债一般按偿还期长短分为流动负债和非流动负债。根据会计资产负债表中“负债合计”项目的期末余额数填报。包括银行贷款、借款、应付账款、应付职工工资、应付职工福利费、应交税金等企业负有偿还责任的债务。

执行企业会计准则或《小企业会计准则》的企业：负债合计＝流动负债合计＋非流动负债合计；执行其他企业会计制度的企业负债包括流动负债和长期负债。

流动负债合计　负债满足下列条件之一的应归为流动负债：（1）预计在一个正常营业周期中清偿；（2）主要为交易目的而持有；（3）自资产负债表日起一年内到期应予清偿；（4）企业无权自主地将清偿推迟至资产负债表日后一年以上。包括短期借款、应付票据、应付账款、应付职工薪酬、应交税费等项目。根据会计资产负债表中“流动负债合计”项目的期末余额数填报。

应付账款　指企业因购买材料、商品和接受劳务供应等经营活动应支付的款项。根据会计资产负债表中“应付账款”项目的期末余额数填报。

非流动负债合计　指流动负债之外的负债。包括长期借款、应付债券等。执行企业会计准则或《小企业会计准则》的企业，根据会计资产负债表中“非流动负债合计”项目的期末余额数填报。执行其他企业会计制度的企业，根据会计资产负债表中的“长期负债合计”项目的期末余额数填报。

应付债券　指企业发行的尚未偿还的各种长期债券的本息。根据会计“资产负债表”中的“应付债券”项目的期末余额数填报。

所有者权益合计　指企业资产扣除负债后由所有者享有的剩余权益。公司的所有者权益又称股东权益。包括实收资本、资本公积、盈余公积、未分配利润等。根据会计资产负债表中“所有者权益合计”项目的期末余额数填报。

实收资本　指企业各投资者实际投入的资本（或股本）总额，包括货币、实物、无形资产等各种形式的投入。实收资本按投资主体可分为国家资本、集体资本、法人资本、个人资本、港澳台资本和外商资本。根据会计资产负债表中“所有者权益”项下“实收资本”的期末余额数填报。

国家资本　指有权代表国家投资的政府部门或机构、直属事业单位对企业形成的资本金。根据会计“实收资本”科目计算填报。

集体资本　指由本企业职工等自然人集体投资或各种机构对企业进行扶持形成的集体性质的资本金。根据会计“实收资本”科目计算填报。

法人资本　指其他法人单位以其依法可支配的资产投入企业形成的资本金。根据会计“实收资本”科目计算填报。

个人资本　指自然人实际投入企业的资本金。根据会计“实收资本”科目计算填报。

港澳台资本　指我国香港、澳门和台湾地区投资者实际投入企业的资本金。根据会计“实收资本”科目计算填报。

外商资本　指外国投资者实际投入企业的资本金。根据会计“实收资本”科目计算填报。

营业收入　指企业经营主要业务和其他业务所确认的收入总额。营业收入包括“主营业务收入”和“其他业务收入”。根据会计“利润表”中“营业收入”项目的本年累计数填报。

主营业务收入　指企业确认的销售商品、提供劳务等主营业务的收入。根据会计“主营业务收入”科目的本年各月贷方余额（结转前）之和填报。如未设置该科目，以“营业收入”代替填报。

营业成本　指企业经营主要业务和其他业务所发生的成本总额。包括企业（单位）在报告期内从事销售商品、提供劳务等日常活动发生的各种耗费。包括“主营业务成本”和“其他业务成本”。根据会计“利润表”中“营业成本”项目的本年累计数填报。

主营业务成本　指企业经营主要业务所发生的成本总额。根据会计“主营业务成本”科目的本年各月借方余额（结转前）之和填报。如未设置该科目，以“营业成本”代替填报。

税金及附加　指企业因从事生产经营活动按税法规定应缴纳的消费税、城市维护建设税、资源税、教育费附加及房产税、土地使用税、车船使用税、印花税等相关税费。根据会计“利润表”中“税金及附加”项目的本年累计数填报。

主营业务税金及附加　指企业经营主要业务应负担的消费税、城市维护建设税、资源税、教育费附加及房产税、土地使用税、车船使用税、印花税等相关税费。根据会计“主营业务税金及附加”科目的本年各月借方余额（结转前）之和填报。如未设置该科目，以“税金及附加”代替填报。

其他业务利润　指企业经营除主要业务以外的其他业务实现的利润。根据会计“其他业务收入”科目的本年各月贷方余额（结转前）之和减“其他业务成本”科目的本年各月借方余额（结转前）之和填报。如果未设置该科目，则填0。

销售费用　指企业在销售商品和材料、提供劳务的过程中发生的各种费用，包括保险费、包装费、展览费和广告费、商品维修费、预计产品质量保证损失、运输费、装卸费等以及为销售本企业商品而专设的销售机构（含销售网点、售后服务网点等）的职工薪酬、业务费、折旧费等经营费用。建筑业企业销售费用指企业从事施工生产活动过程中发生的各项费用，包括应由企业负担的运输费、装卸费、包装费、保险费、维修费、展览费、差旅费、广告费和其他经费。房地产企业销售费用指企业在从事主要经营业务过程中所发生的各项销售费用，包括转让、销售、结算和出租开发产品等。执行企业会计准则或《小企业会计准则》的企业，根据会计“利润表”中“销售费用”项目的本年累计数填报。执行其他企业会计制度的企业，根据会计“利润表”中“营业费用（或经营费用）”项目的本年累计数填报。

管理费用　指企业为组织和管理企业生产经营所发生的费用，包括企业在筹建期间内发生的开办费、董事会和行政管理部门在企业经营管理中发生的，或者应当由企业统一负担的公司经费等。根据会计“利润表”中“管理费用”项目的本年累计数填报。执行财政部《关于修订印发2018年度一般企业财务报表格式的通知》（财会〔2018〕15号）的企业，应把研发费用项目的本年累计数归并到管理费用项目中填报。

财产保险费 指企业向保险公司投保所支付的财产保险费用。根据会计“管理费用明细表”或“业务及管理费明细表（金融业）”中相关科目期末借方余额分析填报。

财务费用 指企业为筹集生产经营所需资金等而发生的筹资费用，包括企业生产经营期间发生的利息支出（减利息收入）、汇兑损失（减汇兑收益）以及相关的手续费等。根据会计“利润表”中“财务费用”项目的本年累计数填报。

利息收入 指非金融企业存款业务所确认的利息金额。根据企业“财务费用明细账”中“财务费用——利息收入”科目的本期发生额填报。如果未设置该科目，填“0”。

利息支出 指企业短期借款利息、长期借款利息、应付票据利息、票据贴现利息、应付债券利息、长期应付引进国外设备款利息等利息支出。根据企业“财务费用明细账”中“财务费用——利息支出”科目的本期发生额填报。如果企业没有单独设立“利息收入”科目，应填报利息支出减去银行存款等的利息收入后的净额。

资产减值损失 指企业计提各项资产减值准备所形成的损失。根据会计“利润表”中“资产减值损失”项目的本年累计数填报。未执行企业会计准则的企业填0。执行财政部《关于修订印发2018年度一般企业财务报表格式的通知》（财会〔2018〕15号）的企业，应把信用减值损失项目的本年累计数归并到资产减值损失项目中填报。

公允价值变动收益 指企业的交易性金融资产、交易性金融负债，以及采用公允价值模式计量的投资性房地产、衍生工具、套期保值业务等公允价值变动形成的应计入当期损益的利得或损失。根据会计“利润表”中“公允价值变动收益”项目的本年累计数填报，或根据“公允价值变动损益”会计科目的余额填报。余额在贷方，则为净收益，余额在借方，则为净损失，以“-”号记。未执行企业会计准则的企业填0。

投资收益 指企业确认的投资收益或投资损失，反映企业以各种方式对外投资所取得的收益。根据会计“利润表”中“投资收益”项目的本年累计数填报。如为投资损失以“-”号记。

资产处置收益 指企业出售划分为持有待售的非流动资产（金融工具、长期股权投资和投资性房地产除外）或处置时确认的处置利得或损失，以及处置未划分为持有待售的固定资产、在建工程、生产性生物资产及无形资产而产生的处置利得或损失。债务重组中因处置非流动资产产生的利得或损失和非货币性资产交换产生的利得或损失也包括在本项目内。根据会计“利润表”中“资产处置收益”项目的本年累计数填报。如果“利润表”未设置该项目，填0。

其他收益 根据2017年6月12日起施行的《企业会计准则第16号——政府补助》，其他收益反映与企业日常活动相关且计入该项目的政府补助。（1）执行企业会计准则或《小企业会计准则》的企业，根据会计“利润表”中“其他收益”项目的本年累计数填报；或根据会计“其他收益”科目的本年各月贷方余额（结转前）之和填报。（2）执行其他企业会计制度的企业本指标填0。

营业利润 指企业从事生产经营活动所取得的利润。执行企业会计准则或《小企业会计准则》的企业，营业利润为营业收入减去营业成本、税金及附加、销售费用、管理费用、财务费用、资产减值损失，再加上公允价值变动收益、投资收益和其他收益后的金额，根据会计“利润表”中“营业利润”项目的本年累计数填报；执行其他企业会计制度的企业，营业利润为营业收入减去营业成本、税金及附加、销售费用、管理费用、财务费用，再加上投资收益后的金额，根据会计“损益表”中“营业利润”项目、“投资收益”项目的本年累计数之和填报。

营业外收入 指企业发生的与经营业务无直接关系的各项收入，主要包括债务重组利得、与企业日常活动无关的政府补助、盘盈利得、捐赠利得等。执行企业会计准则或《小企业会计准则》的企业，根据会计“利润表”中“营业外收入”项目的本年累计数填报；执行其他企业会计制度的企业，根据会计“损益表”中“营业外收入”项目、“补贴收入”项目的本年累计数之和填报。

营业外支出 指企业发生的与经营业务无直接关系的各项支出，主要包括债务重组损失、公益性捐赠支出、非常损失、盘亏损失、非流动资产毁损报废损失等。根据会计“利润表”中“营业外支出”项目的本年累计数填报。

利润总额 指企业在一定会计期间的经营成果，是生产经营过程中各种收入扣除各种耗费后的盈余，反映企业在报告期内实现的盈亏总额。利润总额为营业利润加上营业外收入，减去营业外支出后的金额，根据会计“利润表”中“利润总额”项目的本年累计数填报。

所得税费用 所得税费用由两部分组成：当期所得税和递延所得税。当期所得税是指企业按照税法规定计算确定的针对当期发生的交易和事项，应交纳给税务部门的所得税金额，即应交所得税。递延所得税是指按照所得税准则规定应予确认的递延所得税资产和递延所得税负债应有的金额相对于原已确认金额之间的差异。执行企业会计准则或《小企业会计准则》的企业，根据会计“利润表”中“所得税费用”项目的本年累计数填报；执行其他企业会计制度的企业，根据会计“损益表”中“所得税”项目的本年累计数填报。

应付职工薪酬（本年贷方累计发生额） 指企业为获得职工提供的服务而给予各种形式的报酬以及其他相关支出。包括职工工资、奖金、津贴和补贴，职工福利费，医疗保险费、养老保险费、失业保险费、工伤保险费和生育保险费等社会保险费，住房公积金，工会经费和职工教育经费，非货币性福利，因解除与职工的劳动关系给予的补偿，其他与获得职工提供的服务相关的支出。执行企业会计准则或《小企业会计准则》的企业，根据会计科目“应付职工薪酬”的本年贷方累计发生额填报；执行其他企业会计制度的企业，应将本年上述职工薪酬包含的科目归并填报。

社会保险费 指企业根据国家规定的标准向社会保障部门和保险公司为职工个人缴纳的社会保险费。具体包括基本养老保险、补充养老保险（年金）、基本医疗保险、补充医疗保险、生育险、失业险、工伤险以及其他人身险。根据企业“应付职工薪酬”项下的相关指标或会计成本、费用中的相关项目计算填报。

应交增值税 指按照税法规定，以销售货物、服务、无形资产、不动产或提供加工、修理修配劳务的增值额和货物进口金额为计税依据而课征的一种流转税。填报本指标时，应按权责发生制核算企业本期应负担的增值税，有两种计算方法，可选其一，一旦确定，原则上不得更改。

计算方法一：

根据本期会计科目（1）“销项税额”、“进项税额转出”、“出口退税”年初至期末贷方累计发生额（一般与期末贷方余额相等，因为年初贷方余额为零），（2）“进项税额”年初至期末借方累计发生额，即期末借方余额 － 年初借方余额，（3）“出口抵减内销产品应纳税额”、“减免税款”年初至期末借方累计发生额（一般与期末借方余额相等，因为年初借方余额为零），取值后按照下述公式计算填报：

应交增值税 = 销项税额 － （进项税额 － 进项税额转出） － 出口抵减内销产品应纳税额 － 减免税款 + 出口退税

计算方法二：

根据本期《增值税纳税申报表（一般纳税人适用）》（以“国家税务总局公告2013年32号”版式为例）“销项税额”（第11栏）、“进项税额”（第12栏）、“进项税额转出”（第14栏）、“免、抵、退应退税额”（第15栏）、“简易计税办法计算的应纳税额”（第21栏）、“按简易计税办法计算的纳税检查应补缴税额”（第22栏）、“应纳税额减征额”（第23栏）栏目“一般货物、劳务和应税服务”列中“本年累计”列，按照下述公式计算填报：

应交增值税 = 销项税额－（进项税额－进项税额转出－免、抵、退应退税额） + 简易计税办法计算的应纳税额 + 按简易计税办法计算的纳税检查应补缴税额 － 应纳税额减征额

计算方法说明及填报要求：

（1）计算公式均体现权责发生制，本期发生的进项税额全部参与计算，相当于不设置留抵，同时也不抵扣会计账簿或增值税纳税申报表中上年年末留抵的进项税额，公式计算结果可以为负数。

（2）按照公式计算本指标后，不应再加增值税减免税额，因为这部分价值不再形成企业缴纳义务。

（二）生产情况

签订合同额 指建筑业企业在报告期直接同建设单位签订的各种国内工程合同的总价款和以前年度同建设单位签订的各种国内工程合同的未完工程跨入本年度继续施工工程合同的总价款余额。

上年结转合同额 指以前年度同建设单位签订合同的未完工程跨入本年度继续施工工程合同的总价款余额。

本年新签合同额 指建筑业企业在报告期内同建设单位直接新签订的各种国内工程合同的总价款，不包括与其他建筑业企业新签的分包合同额。

直接从建设单位承揽工程完成的产值 指总承包企业或专业承包企业直接与建设单位（业主）签订的承包合同（包括报告期及以往年度签订的合同，不包括无效合同和中途解除的合同），在报告期内完成的工程总值。包括企业向其他专业承包企业或劳务分包企业分包出去的工程所完成产值，还包括分包企业缴纳的管理费。

自行完成施工产值 指总承包企业或专业承包企业直接与建设单位（业主）签订的总承包合同或专业承包合同中，自行完成的工程总值。包括总承包企业和专业承包企业自行完成的工作量和分包企业缴纳的管理费。

分包出去工程的产值 指专业承包企业或劳务分包企业与总承包企业或专业承包企业签订的专业承包或劳务分包合同中在报告期所完成的产值。分包企业如果是一个独立核算的经济实体，其完成的产量产值，不包括在总承包企业或专业承包企业自行完成产值中。

在当前建筑市场中，还有一些零散的建筑业包工队（组）以小包工队形式从建筑施工企业分包部分“单位工程”或“分部工程”，这些包工队（组）并不具备填报国家统计报表的条件，其完成的产量产值均应由总承包企业或专业承包企业填报。为了保持相关数据的一致性，包工队（组）参与施工的人数也应统计在总承包企业或专业承包企业的人数内。

从建设单位以外承揽工程完成的产值 指总承包企业或专业承包企业从其他总承包企业或专业承包企业处承揽工程而完成的产值。不包括总承包企业或专业承包企业从建设单位承揽工程中自行完成的产值和分包企业缴纳的管理费。

建筑业总产值 指以货币表现的建筑业企业在一定时期内生产的建筑业产品和服务的总和。建筑业总产值包括建筑工程产值、安装工程产值和其他产值三部分内容。

劳务分包企业建筑业总产值指劳务分包企业与总承包企业或专业承包企业签定劳务分包合同后，从事建筑安装工程取得的所有劳务收入。

装饰装修产值 包括装饰、装修两部分产值。装修装饰指对新旧房屋及建筑物进行的内外装修装饰；对新建房屋及建筑物经过施工后，尚未完全达到使用标准，而进行的二次装修装饰；以及对原有房屋经使用若干年后进行的二次内外装饰。包括抹灰、门窗、玻璃、吊顶、隔断、饰面板（砖）、涂料、裱糊、刷浆、花饰等。

在外省完成的产值 指建筑业企业在其他省份施工所完成的建筑业产值。

建筑工程产值 指列入建筑工程预算内的各种工程价值，包括：

（1）各种房屋如厂房、仓库、办公室、住宅、商店、学校、医院、俱乐部、食堂、车库、招待所等房屋建筑，按照当前预算制度规定，列入房屋工程预算内的暖气、卫生、通风、照明、煤气等设备价值及其装饰油漆工程，以及列入建筑工程预算内的各种管道（如蒸汽、压缩空气、石油、给排水等管道），电力、电讯电缆导线的敷设等工程。

（2）设备基础、支柱、操作平台、梯子、烟囱、凉水塔、水池、灰塔等建筑工程、炼焦炉、裂解炉、蒸汽炉等各种窑炉的砌筑工程及金属结构工程。

（3）为施工而进行的建筑场地的布置，工程地质勘探，原有建筑物和障碍物的拆除及平整土地，施工临时用水、电、汽、道路工程，以及完工后建筑场地的清理，环境绿化工作等。

（4）矿井的开凿、井巷掘进延伸、露天矿的剥离、石油、天然气钻井工程和铁路、公路、港口、桥梁等工程。

（5）水利工程，如水库、堤坝、灌渠以及河道整治等工程。

（6）防空、地下建筑等特殊工程。

（7）装饰装修工程。

安装工程产值　指设备安装工程价值以及将预制部品部件安装成建筑工程产品的价值。包括：

（1）生产、动力、起重、运输、传动和医疗、实验等各种需要安装设备的装配和安装与设备相连的工作台、梯子、栏杆等装设工程，附属于被安装设备的管线敷设工程、被安装设备的绝缘、防腐、保温、油漆等工作。

（2）为测定安装工作质量，对单个设备、系统设备进行单机试运和系统联动无负荷试运工作。

（3）按照项目设计要求，将预制部品部件按照建筑设计要求安装成建筑工程产品等工作。

在设备安装产值中，不得包括被安装设备、被安装部品部件本身价值。

其他产值　建筑业总产值中除建筑工程、安装工程以外的产值。包括房屋构筑物修理产值、非标准设备制造产值、总包企业向分包企业收取的管理费以及不能明确划分的施工活动所完成的产值。

房屋构筑物修理产值：指房屋和构筑物的修理所完成的产值，但不包括被修理房屋、构筑物本身价值和生产设备的修理价值。

非标准设备制造产值：指加工制造没有定型的非标准生产设备的加工费和原材料价值（如化工厂、炼油厂用的各种罐、槽，矿井生产统一使用的各种漏斗、三角槽、阀门等）以及附属加工厂为本企业承建工程制作的非标准设备的价值。

竣工产值　一般是以单位工程为对象，当该工程按照设计所规定的工程内容全部完成，达到了设计规定的交工条件，经有关部门检查验收鉴定合格的单位工程价值，即为竣工产值。

（1）竣工产值包括范围：竣工产值是报告期内竣工的单位工程从开工到竣工的全部自行完成的价值，包括范围是：

①对跨年度施工的单位工程，其竣工产值应当包括该工程从开始到竣工的全部自行完成价值。

②对有些大型单位工程，如大型厂房、高级宾馆、各种管道、公路、铁路等，能够分跨、分层、分段施工并按合同规定，能够分开交付使用的，可以分开计算竣工产值。

竣工产值不包括附属辅助企业或内部核算的其他单位为外单位生产和服务的价值。

（2）竣工产值统计依据：竣工产值统计的依据是企业承包的工程只有同时满足以下两个条件时，才能计算竣工产值。

①承包合同中规定的单位工程内容全部完成，达到设计规定的交工条件。

②经有关部门检查验收鉴定合格。

（3）竣工产值填报依据：竣工产值填报的依据是工程验收鉴定合格证书（或文本）、工程结算（或决算）文本。

房屋施工面积　指报告期内施工的全部房屋建筑面积。包括本期新开工的房屋建筑面积、上期跨入本期继续施工的房屋建筑面积、上期停缓建在本期恢复施工的房屋建筑面积、本期竣工的房屋建筑面积以及本期施工后又停缓建的房屋建筑面积。多层建筑应填各层建筑面积之和。

房屋新开工面积　指报告期内新开工建设的房屋建筑面积，以单位工程为核算对象，即整栋房屋的全部建筑面积，不能分割计算。不包括在上期开工跨入报告期继续施工的房屋建筑面积和上期停缓建而在本期恢复施工的房屋建筑面积。房屋的开工应以房屋正式开始破土刨槽（地基处理或打永久桩）的日期为准。

房屋竣工面积　指报告期内房屋建筑按照设计要求已全部完工，达到住人和使用条件，经验收鉴定合格或达到竣工验收标准，可正式移交使用的各栋房屋建筑面积的总和。

竣工面积以房屋单位工程（栋）为核算对象，在整栋房屋符合竣工条件后按其全部建筑面积一次性计算，而不是按各栋施工房屋中已完成的部分或层次分割计算。

计算房屋竣工面积，要求严格执行房屋竣工验收标准。民用建筑一般应按设计要求在土建工程和房屋本身附属的水、电、卫（包括设计中有的煤气、暖气）工程已经完工，通风、电梯等设备已经安装完毕，做到水通、灯亮，经验收鉴定合格，并正式交付给使用单位后，才能计算竣工面积。工业及科研等生产性房屋建筑一般应按设计要求在土建工程（包括水、暖、电、卫、通风）及属于房屋组成部分的生活间、操作间等已经完成（不包括安装设备的基础工程），可以进行工艺设备和管线安装时，方可计算房屋竣工面积。

房屋竣工价值　指报告期内按规定已经上报竣工的房屋本身的建造价值。一般按房屋设计和预算规定的内容计算。包括竣工房屋本身的基础、结构、屋面、装修以及水、电、卫等附属工程的建筑价值；也包括作为房屋建筑组成部分而列入房屋建筑工程预算内的设备（如电梯、通风设备等）的购置和安装费用。不包括厂房内的工艺设备、工艺管线的购置和安装，工艺设备基础的建造；室外的水、暖、电、卫、道路工程、挡土墙等环境工程的费用；办公和生活用家具的购置等费用；购置土地的费用；迁移补偿费和场地平整的费用及城市建设配套投资。

房屋竣工价值不仅包括该竣工房屋在报告期内完成的价值，也包括跨年施工的房屋在本期以前完成的价值。未竣工而转让给其他单位的房屋建筑工程，出让单位不计算竣工价值，待接受单位继续施工并符合竣工条件后，由接受单位计算其竣工价值，包括出让单位在出让前所完成的价值。房屋竣工价值一般按结算价格（或中标价）计算。

房屋建筑面积按房屋设计所规定的用途进行划分，一般分为以下几种：

住宅房屋　指专供居住用的房屋。包括保障性住房、普通商品房、别墅、公寓、各部门的职工家属宿舍和集体宿舍（包括职工单身宿舍和学生宿舍）等供居住的房屋。不包括住宅楼中作为人防工程用的房屋，也不包括不住人的地下室。

商业及服务用房屋　包括批发和零售用房、宾馆用房屋、餐饮用房屋、商务会展用房屋和其他商业及服务用房屋五类。

商厦房屋（批发和零售用房）　指批发和零售企业对外营业的各种批发市场、超级市场、商店、门市部、粮店、书店、供销店等房屋。不包括批发零售企业的厂房和仓库。

宾馆用房屋（住宿用房）　指住宿行业对外营业的宾馆、度假村、招待所及各种饭店等房屋。

餐饮用房屋（餐饮用房）　指餐饮行业对外营业的酒楼、餐厅、快餐店、酒吧茶馆等房屋。

商务会展用房屋　指用于商务及会议展览，信息交流，商务会谈服务，商务研讨及培训等房屋。包括国际会议展览中心、俱乐部、商务活动中心等房屋建筑。

其他商业及服务用房屋（居民服务业用房）　指上述4类用途外的其他商业及服务用房。

办公用房屋　指企业、事业、机关、团体、学校、医院等单位的办公用房，也包括商务办公楼。

科研、教育、医疗用房屋　指用于科学实验研究，学生教育和卫生医疗的房屋建筑。包括科研、教育和医疗用房屋。

科学研究用房屋　指独立的科学实验研究机构或企业、事业单位进行科学实验研究工作所用的房屋（包括天文台的科研用房）。

教育用房屋　指各类学校（包括党校、技校、干校、工读学校、幼儿园在内）的教室、图书馆、试验室、体育馆、展览馆等有关教育用房。不包括学校的教职员工宿舍、学生宿舍、食堂、浴室等非教育用房。

医疗用房屋（卫生医疗用房）　指各类医疗机构（包括防疫站、防治所）的病房、门诊部、保健站、卫生所、化验室、药房、病案室、太平间等房屋，不包括医护人员的职工宿舍、食堂及独立的办公用房。

文化、体育、娱乐用房屋　指各种俱乐部、博物馆、图书馆、影剧院、文化馆、展览馆、宗教寺院等文化用房；各种健身房、体育馆等体育用房；各种娱乐厅、游乐园、夜总会等休闲娱乐用房。不包括各类学校内的文化体育用房。

厂房及建筑物　指直接用于生产或为生产配套的各种房屋及建筑物。包括车间、锅炉房、烟囱、水塔、其他厂房及建筑物。

厂房　指直接用于生产或为生产配套的各种房屋，包括主要车间、辅助用房及附属设施用房。凡工业、农业、建筑业、交通运输业、商业等单位中的厂房都包括在内。

仓库　仓库指工业、农业、建筑业、交通运输业、商业、供销、外贸及其他企事业单位建造的成品库、原材料库、货物仓库、物资储备库以及冷藏库、粮油库等。

其他未列明的房屋建筑物　指凡不属于上述各项用途的房屋。如各种人防工程、厕所等。

年末自有施工机械设备净值　指本企业（或单位）自有施工机械设备经过使用、磨损后实际存在的价值，即原值减去折旧后的净额。

年末自有施工机械设备总台数　指年末本企业（或单位）自有的直接用于工程施工的各种机械设备的台数。但不包括附属辅助生产机械设备、运输机械设备、生产试验机械设备的台数。

年末自有施工机械设备总功率　指年末本企业（或单位）自有的直接用于工程施工的各种机械设备年末总功率，按设定能力或查定能力计算。包括施工机械本身的动力和为该机械服务的单独动力设备，如电动机等。但不包括附属辅助生产机械设备、运输机械设备、生产试验机械设备的功率。计量单位用千瓦，动力换算可按1马力＝0.735千瓦折合成千瓦数。电焊机、变压器、锅炉不计算动力。

主要建筑材料消耗量　指报告期内实际耗用于建筑产品生产过程中的全部材料数量，包括建设工程直接耗用的材料，现场临时设施，预制建筑构件，非标准设备制造等所耗用的材料。它是编制和检查材料消耗计划，核算单位产品材料消耗水平，考核消耗定额和反映节约情况的依据。

钢材　包括重轨、轻轨、大型型钢、中型型钢、小型型钢、带钢、线材、特厚钢板、中厚钢板、薄钢板、硅钢片、优质型材、无缝钢管、焊接钢管和其他钢材等品种，以吨为计量单位。不包括钢锭、钢材边角料，已经使用过的旧钢材、铸铁管，以及钢丝绳、铅丝等金属制品。

木材　包括原木、锯材和各种人造板，统一按原木数量计算，以立方米为计量单位。不经过纵锯就直接使用的原木，如桩木、电杆和脚手杆等，可直接计入消耗量。经过纵锯或加工而成的材料、板材和人造板，必须按规定的出材率和换算方法计算出原木数量后，再计入消耗量。计算木材消耗量，不包括小规格材和废旧材料。

水泥　包括普通建筑水泥、装饰水泥和特种水泥（如快硬高强水泥、膨胀水泥、耐酸耐火、防射线水泥等），以吨为计量单位。不包括无熟料水泥和土水泥。

平板玻璃　建筑用平板玻璃主要指无色的普通平板玻璃和吸热玻璃（即在熔化玻璃液时加入不同的着色剂，可以生产茶、灰、蓝等不同色泽的平板玻璃，俗称彩色玻璃）。

计量单位为重量箱和平方米。“每一重量箱”指厚度为2毫米，面积10平方米的平板玻璃。其折算公式如下：

某种玻璃的重量箱数＝

$$\frac{\text{某种厚玻璃消耗量（平方米）}\times\text{某种玻璃的厚度}/2}{10}$$

“平方米”指不同厚度玻璃的实际表面面积。

铝材　指铝成品材。包括纯铝及铝合金加工的板材、带材、箔材、管材、棒材、线材、型材、压模件、自由锻件等。不包括边角料、裸铝线及电线厂自产自用的铝盘条。

建筑主要材料统计指标的填报依据是企业材料消耗统计台账、或企业建筑施工活动中的用料记录。

主要材料消耗注意问题：（1）建筑业企业原材料消耗核算是从建筑材料进入第一道生产工序，改变了原来的形态或性能，或者已经实际投入使用开始，即作材料消耗统计。包括因施工错误、技术指导错误或甲方变更设计而造成的返工、报废工程所耗用的材料，但不包括已领取但未投入使用的材料，因此，企业在做材料消耗统计时，不能以领代耗、也不能以进代耗。（2）注意计量单位。（3）注意主要材料的总价值必须小于建筑业总产值，其中：

主要材料的总价值 = Σ（各种主要材料 × 当地的材料均价）。

企业总产值　指建筑业企业在报告期内全部经济活动的最终成果的货币表现。在企业总产值中除包括建筑业总产值外，还包括建筑业企业从事其他经济活动所创造的价值（如工业产值、交通运输产值、商业服务业产值、其他产值收入和劳务收入等）。

北京经济普查年鉴 2018

Beijing Economic Census Yearbook

第三产业卷 | 上册

北京市第四次全国经济普查领导小组办公室
北京市统计局 编

中国统计出版社
China Statistics Press

图书在版编目（CIP）数据

北京经济普查年鉴. 2018. 第三产业卷. 上 / 北京市第四次全国经济普查领导小组办公室, 北京市统计局编. -- 北京 : 中国统计出版社, 2020.10
ISBN 978-7-5037-9246-5

Ⅰ. ①北… Ⅱ. ①北… ②北… Ⅲ. ①经济－普查－北京－2018－年鉴②第三产业－普查－北京－2018－年鉴 Ⅳ. ①F127.1-54②F719-54

中国版本图书馆 CIP 数据核字(2020)第 163224 号

北京经济普查年鉴—2018/第三产业卷(上)

作　　者/北京市第四次全国经济普查领导小组办公室　北京市统计局编
责任编辑/冯燕玲
封面设计/黄俊杰　李雪燕
出版发行/中国统计出版社有限公司
通信地址/北京市丰台区西三环南路甲 6 号　邮政编码/100073
电　　话/邮购（010）63376909　书店（010）68783171
网　　址/http://www.zgtjcbs.com/
印　　刷/北京世纪恒宇印刷有限公司
经　　销/新华书店
开　　本/880mm×1230mm　1/16
印　　数/400 套
印　　张/22
版　　别/2020 年 10 月第 1 版
版　　次/2020 年 10 月第 1 次印刷
定　　价/680.00 元（全三卷四册）

如有印装差错，由本社发行部调换。

目　录

综合卷

第一篇　总况篇

1-1　法人单位和产业活动单位基本情况 …… 2
1-2　按产业分单位及从业人员情况 …… 8
1-3　法人单位机构类型及从业人员情况 …… 12
1-4　法人单位及从业人员地区分布情况 …… 22
1-5　法人单位开业时间情况 …… 38
1-6　企业单位及从业人员情况 …… 58
1-7　按产业分企业单位及从业人员情况 …… 64
1-8　机关、事业法人单位及从业人员情况 …… 68
1-9　社会团体、民办非企业法人单位及从业人员情况 …… 70
1-10　法人单位主要财务状况 …… 72
1-11　外商投资企业主要财务状况 …… 82
1-12　高端产业功能区法人单位主要财务状况 …… 90
1-13　中小微企业法人单位主要指标 …… 94
1-14　民营单位主要指标 …… 96
1-15　主要能源产品产量 …… 98
1-16　个体经营户基本情况 …… 99

第二篇　科技篇

2-1　规模以上工业企业研究与试验发展（R&D）活动基本情况 …… 102
2-2　规模以上工业企业研究与试验发展（R&D）人员情况 …… 104
2-3　规模以上工业企业研究与试验发展（R&D）经费情况 …… 108
2-4　规模以上工业企业研究与试验发展（R&D）活动产出情况 …… 112
2-5　规模以上工业企业办研发机构情况 …… 114
2-6　非工业企业研究与试验发展（R&D）活动基本情况 …… 116
2-7　非工业企业研究与试验发展（R&D）人员情况 …… 118
2-8　非工业企业研究与试验发展（R&D）经费情况 …… 120

第三篇　文化篇

3-1　文化及相关产业法人单位发展情况 …… 126
3-2　规模以上经营性文化产业法人单位发展情况 …… 128
3-3　规模以下经营性文化产业法人单位发展情况 …… 132
3-4　公益性文化产业法人单位发展情况 …… 136

第四篇　信息化篇
4-1　规模以上法人单位信息化情况 …… 138
4-2　规模以上第二产业法人单位信息化情况 …… 142
4-3　规模以上第三产业法人单位信息化情况 …… 149

附录：　主要指标解释 …… 158

第二产业卷

第一篇　工业
1-1　工业主要财务状况 …… 166
1-2　按行业中类分工业主要财务状况 …… 168
1-3　规模以上工业主要财务状况 …… 174
1-4　按行业中类分规模以上工业主要财务状况 …… 190
1-5　规模以上工业主要经济效益指标 …… 230
1-6　规模以上国有控股工业主要财务状况 …… 232
1-7　按行业中类分规模以上国有控股工业主要财务状况 …… 240
1-8　规模以上股份制工业主要财务状况 …… 272
1-9　按行业中类分规模以上股份制工业主要财务状况 …… 280
1-10　规模以上外商及港澳台商投资工业主要财务状况 …… 320
1-11　按行业中类分规模以上外商及港澳台商投资工业主要财务状况 …… 328
1-12　大中型工业主要财务状况 …… 360
1-13　按行业中类分大中型工业主要财务状况 …… 376
1-14　规模以上私营工业主要财务状况 …… 408
1-15　按行业中类分规模以上私营工业主要财务状况 …… 416
1-16　规模以上工业主要产品产量 …… 448
1-17　规模以上工业主要工业产品生产能力 …… 449
1-18　规模以上高技术制造业主要财务状况 …… 450
1-19　规模以上工业战略性新兴产业总产值 …… 451
1-20　规模以下工业主要财务状况 …… 451
1-21　按行业中类分规模以下工业主要财务状况 …… 453

第二篇　建筑业
2-1　建筑业法人单位主要财务状况 …… 460
2-2　施工总承包、专业承包建筑业企业主要财务状况 …… 484
2-3　资质外建筑业法人单位主要财务状况 …… 514
2-4　施工总承包、专业承包建筑业企业生产情况 …… 520
2-5　施工总承包、专业承包建筑业企业房屋建筑完成情况 …… 532

附录： 主要指标解释 552

第三产业卷（上）

第一篇 批发和零售业
1-1 批发和零售业经营机构和人员情况 562
1-2 批发和零售业法人及产业活动单位基本情况 564
1-3 批发业法人及产业活动单位基本情况 570
1-4 零售业法人及产业活动单位基本情况 578
1-5 批发和零售业法人单位商品购进、销售、库存 588
1-6 批发业法人单位商品购进、销售、库存 592
1-7 零售业法人单位商品购进、销售、库存 600
1-8 限额以上批发和零售业法人单位商品购进、销售、库存 608
1-9 按行业分限额以上批发和零售业法人单位商品购进、销售、库存 612
1-10 按行业分限额以上批发和零售业法人单位商品分类销售情况 620
1-11 限额以下批发和零售业法人单位商品购进、销售、库存 622
1-12 按行业分限额以下批发和零售业法人单位商品购进、销售、库存 626
1-13 批发和零售业法人单位主要财务状况 634
1-14 批发业法人单位主要财务状况 638
1-15 零售业法人单位主要财务状况 646
1-16 限额以上批发和零售业法人单位主要财务状况 654
1-17 按行业分限额以上批发和零售业法人单位主要财务状况 678
1-18 限额以下批发和零售业法人单位主要财务状况 726
1-19 按行业分限额以下批发和零售业法人单位主要财务状况 730
1-20 批发和零售业个体经营户情况 738

第二篇 交通运输、仓储和邮政业
2-1 全部交通运输、仓储和邮政业法人单位财务状况（企业会计准则） 740
2-2 交通运输、仓储和邮政业法人单位财务状况（行政事业及民间非营利组织会计制度） 745
2-3 规模以上交通运输、仓储和邮政业法人单位财务状况（企业会计准则） 746

第三篇 住宿和餐饮业
3-1 住宿和餐饮业经营机构和人员情况 772
3-2 住宿和餐饮业法人及产业活动单位基本情况 774
3-3 住宿业法人及产业活动单位基本情况 778
3-4 餐饮业法人及产业活动单位基本情况 784
3-5 住宿和餐饮业法人单位经营情况 790
3-6 住宿业法人单位经营情况 792

3-7 餐饮业法人单位经营情况 …… 794
3-8 限额以上住宿和餐饮业法人单位经营情况 …… 796
3-9 限额以上住宿业法人单位经营情况 …… 800
3-10 限额以上餐饮业法人单位经营情况 …… 804
3-11 限额以下住宿和餐饮业法人单位经营情况 …… 808
3-12 限额以下住宿业法人单位经营情况 …… 810
3-13 限额以下餐饮业法人单位经营情况 …… 812
3-14 住宿和餐饮业法人单位主要财务状况 …… 814
3-15 住宿业法人单位主要财务状况 …… 818
3-16 餐饮业法人单位主要财务状况 …… 822
3-17 限额以上住宿和餐饮业法人单位主要财务状况 …… 826
3-18 限额以下住宿和餐饮业法人单位主要财务状况 …… 862
3-19 住宿和餐饮业个体经营户情况 …… 868

第四篇 信息传输、软件和信息技术服务业

4-1 全部信息传输、软件和信息技术服务业法人单位财务状况（企业会计准则）…… 870
4-2 信息传输、软件和信息技术服务业法人单位财务状况（行政事业及民间非营利组织会计制度）…… 874
4-3 规模以上信息传输、软件和信息技术服务业法人单位财务状况（企业会计准则）…… 876

第五篇 金融业

5-1 金融业全部法人单位财务状况 …… 902

第三产业卷（下）

第六篇 房地产业

6-1 房地产开发企业土地及资金情况 …… 906
6-2 房地产开发企业开发建设情况 …… 906
6-3 房地产开发企业房屋销售及空置情况 …… 910
6-4 房地产开发企业主要财务状况 …… 914
6-5 全部物业管理、中介服务、租赁经营及其他房地产业法人单位财务状况（企业会计准则）…… 918
6-6 物业管理、中介服务、租赁经营及其他房地产业法人单位财务状况（行政事业及民间非营利组织会计制度）…… 920
6-7 规模以上物业管理、中介服务、租赁经营及其他房地产业法人单位财务状况（企业会计准则）…… 920

第七篇 租赁和商务服务业

7-1 全部租赁和商务服务业法人单位财务状况（企业会计准则）…… 940

7-2　租赁和商务服务业法人单位财务状况（行政事业及民间非营利组织会计制度）………… 944
7-3　规模以上租赁和商务服务业法人单位财务状况（企业会计准则）…………………… 946

第八篇　科学研究和技术服务业
8-1　全部科学研究和技术服务业法人单位财务状况（企业会计准则）…………………… 972
8-2　科学研究和技术服务业法人单位财务状况（行政事业及民间非营利组织会计制度）…… 976
8-3　规模以上科学研究和技术服务业法人单位财务状况（企业会计准则）……………… 980

第九篇　水利、环境和公共设施管理业
9-1　全部水利、环境和公共设施管理业法人单位财务状况（企业会计准则）…………… 1006
9-2　水利、环境和公共设施管理业法人单位财务状况（行政事业及民间非营利组织会计制度）………………………………………………………………………… 1009
9-3　规模以上水利、环境和公共设施管理业法人单位财务状况（企业会计准则）……… 1012

第十篇　居民服务、修理和其他服务业
10-1　全部居民服务、修理和其他服务业法人单位财务状况（企业会计准则）…………… 1038
10-2　居民服务、修理和其他服务业法人单位财务状况（行政事业及民间非营利组织会计制度）………………………………………………………………………… 1041
10-3　规模以上居民服务、修理和其他服务业法人单位财务状况（企业会计准则）……… 1044

第十一篇　教育
11-1　全部教育业法人单位财务状况（企业会计准则）……………………………………… 1070
11-2　教育业法人单位财务状况（行政事业及民间非营利组织会计制度）………………… 1073
11-3　规模以上教育业法人单位财务状况（企业会计准则）………………………………… 1076

第十二篇　卫生和社会工作
12-1　全部卫生和社会工作法人单位财务状况（企业会计准则）…………………………… 1094
12-2　卫生和社会工作法人单位财务状况（行政事业及民间非营利组织会计制度）……… 1096
12-3　规模以上卫生和社会工作法人单位财务状况（企业会计准则）……………………… 1098

第十三篇　文化、体育和娱乐业
13-1　全部文化、体育和娱乐业法人单位财务状况（企业会计准则）……………………… 1116
13-2　文化、体育和娱乐业法人单位财务状况（行政事业及民间非营利组织会计制度）…… 1120
13-3　规模以上文化、体育和娱乐业法人单位财务状况（企业会计准则）………………… 1124

第十四篇　公共管理、社会保障和社会组织
14-1　公共管理、社会保障和社会组织法人单位财务状况（行政事业及民间非营利组织会计制度）………………………………………………………………………… 1150

附录：　主要指标解释……………………………………………………………………… 1155

第一篇

批发和零售业

1-1　批发和零售业经营机构和人员情况

项　　目	经营机构数（个）	法人单位	产业活动单位	从业人员期末人数（人）	法人单位	产业活动单位
合　计	**304045**	**273395**	**30650**	**1951978**	**1614022**	**337956**
一、按登记注册类型分						
内资	296831	270880	25951	1648825	1403548	245277
国有	1395	690	705	20878	15581	5297
集体	2527	2167	360	9236	8152	1084
股份合作	1607	1465	142	7125	6599	526
国有联营	31	23	8	179	105	74
集体联营	52	42	10	113	88	25
国有与集体联营	18	6	12	295	69	226
其他联营	6	6		23	23	
国有独资公司	247	209	38	27746	26776	970
其他有限责任公司	16049	11005	5044	378652	319937	58715
股份有限公司	1255	590	665	79930	60916	19014
私营独资	8903	8591	312	14298	13457	841
私营合伙	492	480	12	1010	980	30
私营有限责任公司	262376	244025	18351	1090489	935062	155427
私营股份有限公司	864	586	278	17146	14123	3023
其他	1009	995	14	1705	1680	25
港澳台商投资	2902	797	2105	110211	78143	32068
与港澳台商合资经营	164	153	11	6866	6505	361
与港澳台商合作经营	6	6		357	357	
港澳台商独资	2705	629	2076	101693	70081	31612
港澳台商投资股份有限公司	15	4	11	580	518	62
其他港澳台投资	12	5	7	715	682	33
外商投资	4312	1718	2594	192942	132331	60611
中外合资经营	484	407	77	25593	25026	567

1-1　续表 1

项　　　目	经营机构数（个）	法人单位	产业活动单位	从业人员期末人数（人）	法人单位	产业活动单位
中外合作经营	16	15	1	227	127	***
外资企业	3778	1280	2498	165454	105713	59741
外商投资股份有限公司	19	10	9	1219	1123	96
其他外商投资	15	6	9	449	342	107
二、按行业分						
批发业	109489	106126	3363	936378	868133	68245
零售业	194556	167269	27287	1015600	745889	269711
三、按地区分						
东城区	15079	11937	3142	161284	130001	31283
西城区	15963	13620	2343	133379	114315	19064
朝阳区	57683	49905	7778	483952	392724	91228
丰台区	37513	34579	2934	195725	158049	37676
石景山区	8878	7957	921	57134	48584	8550
海淀区	31186	27496	3690	270196	216418	53778
门头沟区	6804	6524	280	27957	26154	1803
房山区	18915	17497	1418	62428	52219	10209
通州区	19376	18223	1153	97772	86287	11485
顺义区	12256	11015	1241	79375	55902	23473
昌平区	19723	18185	1538	91352	76113	15239
大兴区	19488	17815	1673	102682	85425	17257
怀柔区	14597	13900	697	39925	35832	4093
平谷区	9766	9274	492	33592	31395	2197
密云区	10103	9419	684	35506	31529	3977
延庆区	2340	2060	280	9076	7581	1495
北京经济技术开发区	4375	3989	386	70643	65494	5149

注：本表的“产业活动单位”：在京法人附营的（不含本部）、外地和外国法人在京的所有从事批发和零售业的产业活动单位数。

1-2 批发和零售业法人及

项　　目	法　人 单位数 （个）	多产业 法　人	单产业 法　人
合　计	**273395**	**7221**	**266174**
一、按登记注册类型分			
内资	270880	6846	264034
国有	690	104	586
集体	2167	146	2021
股份合作	1465	89	1376
国有联营	23	1	22
集体联营	42	4	38
国有与集体联营	6	1	5
其他联营	6		6
国有独资公司	209	39	170
其他有限责任公司	11005	889	10116
股份有限公司	590	85	505
私营独资	8591	147	8444
私营合伙	480	8	472
私营有限责任公司	244025	5280	238745
私营股份有限公司	586	48	538
其他	995	5	990
港澳台商投资	797	136	661
与港澳台商合资经营	153	25	128
与港澳台商合作经营	6	3	3
港澳台商独资	629	106	523
港澳台商投资股份有限公司	4		4
其他港澳台投资	5	2	3
外商投资	1718	239	1479
中外合资经营	407	40	367
中外合作经营	15	1	14
外资企业	1280	193	1087
外商投资股份有限公司	10	4	6
其他外商投资	6	1	5

产业活动单位基本情况

法人单位从业人员期末人数（人）	批发和零售业产业活动单位数（个）	#其他行业所属的产业活动单位数	产业活动单位从业人员期末人数（人）	批发和零售业产业活动单位的经营性单位收入（千元）	#其他行业所属产业活动单位的经营性单位收入
1614022	**30650**	**5346**	**337956**	**605867827**	**60815864**
1403548	25951	2879	245277	426718956	26812416
15581	705	10	5297	3316535	4083
8152	360	8	1084	325618	15918
6599	142	1	526	148627	***
105	8	2	74	8463	***
88	10		25	13238	
69	12		226	4082	
23					
26776	38	5	970	19139341	
319937	5044	565	58715	207200454	6671065
60916	665	128	19014	38316235	13137876
13457	312	10	841	80318	1771
980	12	2	30	420	***
935062	13351	2042	155427	155664501	6678889
14123	278	104	3023	2491850	297281
1680	14	2	25	9272	***
78143	2105	1332	32068	21119829	13571021
6505	11	10	361	284328	264482
357					
70081	2076	1308	31612	20721052	13208683
518	11	9	62	47776	31530
682	7	5	33	66673	66326
132331	2594	1135	60611	158029042	20432427
25026	77	16	567	644398	56325
127	1	1	100	***	***
105713	2498	1110	59741	157184490	20183969
1123	9	4	96	48328	47308
342	9	4	107	55066	48064

1-2 续表 1

项　　目	法　人单位数（个）	多产业法　人	单产业法　人
二、按隶属关系分			
中央	837	144	693
地方	272558	7077	265481
三、按行业分			
批发业	106126	2851	103275
零售业	167269	4370	162899
四、按开业（成立）时间分			
2018 年	19992	136	19856
2014-2017 年	107348	1338	106010
2009-2013 年	76541	1544	74997
2005-2008 年	33126	1133	31993
2000-2004 年	25404	1784	23620
1990-1999 年	9560	1054	8506
1978-1989 年	1017	183	834
1966-1977 年	51	6	45
1950-1965 年	105	38	67
1949 年以前	251	5	246
五、按运营状态分			
正常运营	224068	6679	217389
停业（歇业）	34520	439	34081
筹建	8345	54	8291
当年关闭	674	13	661
当年破产	25	1	24
当年吊销	3893	24	3869
当年注销	586		586
其他	1284	11	1273
六、按控股情况分			
国有控股	2339	430	1909
集体控股	3742	263	3479
私人控股	259855	6049	253806

法人单位从业人员期末人数（人）	批发和零售业产业活动单位数（个）	#其他行业所属的产业活动单位数	产业活动单位从业人员期末人数（人）	批发和零售业产业活动单位的经营性单位收入（千元）	#其他行业所属产业活动单位的经营性单位收入
82757					
1531265					
868133	3363	1240	68245	324376659	36173080
745889	27287	4106	269711	281491168	24642783
44667	4924	813	32647	8125906	2552672
385528	11406	2259	119751	162826303	13052926
390024	6496	1245	90155	195062876	11623749
270899	3643	595	44127	165787440	15205570
262407	2703	287	28812	42887837	7329221
216447	1030	134	16496	26003176	11050027
34265	309	9	2812	2425123	800
1914	27	1	551	326197	***
6758	94	1	1874	2421588	***
1113	18	2	731	1383	***
1577955	26754	4789	331933	604907948	60603277
24080	1983	218	2838	448044	179936
7964	426	64	1585	27403	69
583	251	56	417	190159	15849
18	9	3	1		
1569	1003	174	906	277232	14942
75	86	16	13	1437	
1778	138	26	263	15604	1791
187613					
43915					
1140226					

1-2 续表 2

项　　目	法　人 单位数 （个）	多产业 法　人	单产业 法　人
港澳台商控股	783	125	658
外商控股	1383	229	1154
其他	5293	125	5168
七、按经营形式分			
独立门店	143882	4293	139589
连锁总店（总部）	483	437	46
连锁直营店	818	207	611
连锁加盟店	1361	122	1239
其他	126851	2162	124689
八、按地区分			
东城区	11937	672	11265
西城区	13620	608	13012
朝阳区	49905	1442	48463
丰台区	34579	655	33924
石景山区	7957	175	7782
海淀区	27496	865	26631
门头沟区	6524	344	6180
房山区	17497	281	17216
通州区	18223	275	17948
顺义区	11015	290	10725
昌平区	18185	345	17840
大兴区	17815	365	17450
怀柔区	13900	272	13628
平谷区	9274	222	9052
密云区	9419	222	9197
延庆区	2060	84	1976
北京经济技术开发区	3989	104	3885

注：“批发和零售业产业活动单位数”：在京法人附营的（不含本部）、外地和国外法人在京的所有从事批发和零售业的产业活动单位数。“其他行业所属的产业活动单位数”：非批发零售业法人附营的（不含本部）、外地和外国法人在京的所有从事批发和零售业的产业活动单位数。
“经营性单位收入”：经营性产业活动单位在全年生产经营活动中取得的收入。
产业活动单位免填隶属关系和控股情况。

法人单位从业人员期末人数（人）	批发和零售业产业活动单位数（个）	#其他行业所属的产业活动单位数	产业活动单位从业人员期末人数（人）	批发和零售业产业活动单位的经营性单位收入（千元）	#其他行业所属产业活动单位的经营性单位收入
75577					
136810					
29881					
753769	12534	1915	116231	171404483	14825068
124919	7	1	170	2773	***
28385	11134	1813	137591	70700953	12868194
8209	1434	80	7948	2504902	95778
698740	5541	1537	76016	361254716	33026823
130001	3142	693	31283	37756763	3489238
114315	2343	388	19064	101572858	6539817
392724	7778	1945	91228	77200858	24669775
158049	2934	475	37676	24367853	6248056
48584	921	117	8550	5350959	2236429
216418	3690	533	53778	165349181	10842796
26154	280	50	1803	2265845	1262496
52219	1418	226	10209	18501490	883247
86287	1153	109	11485	9636636	389832
55902	1241	110	23473	126289446	587086
76113	1538	144	15239	13161138	576787
85425	1673	268	17257	10110932	2017948
35832	697	101	4093	7792298	248875
31395	492	36	2197	1882145	133538
31529	684	42	3977	1685416	128918
7581	280	4	1495	577703	50
65494	386	105	5149	2366304	560974

1-3 批发业法人及产业

项目	法人单位数（个）	多产业法人	单产业法人
合计	**106126**	**2851**	**103275**
一、按登记注册类型分			
内资	104300	2614	101686
国有	274	35	239
集体	687	43	644
股份合作	425	25	400
国有联营	9	1	8
集体联营	7	2	5
国有与集体联营	3		3
其他联营	1		1
国有独资公司	172	29	143
其他有限责任公司	5396	416	4980
股份有限公司	293	52	241
私营独资	1836	13	1823
私营合伙	126	2	124
私营有限责任公司	94283	1959	92324
私营股份有限公司	284	34	250
其他	504	3	501
港澳台商投资	530	76	454
与港澳台商合资经营	92	11	81
与港澳台商合作经营	3	1	2
港澳台商独资	427	63	364
港澳台商投资股份有限公司	4		4
其他港澳台投资	4	1	3
外商投资	1296	161	1135
中外合资经营	274	19	255
中外合作经营	10		10
外资企业	1001	139	862
外商投资股份有限公司	6	2	4
其他外商投资	5	1	4
二、按隶属关系分			
中央	618	112	506
地方	105508	2739	102769
三、按行业分			
农、林、牧、渔产品批发	1996	36	1960
谷物、豆及薯类批发	190	4	186
种子批发	379	16	363
畜牧渔业饲料批发	412	4	408
棉、麻批发	27	2	25
林业产品批发	291	3	288
牲畜批发	43		43
渔业产品批发	79	1	78

活动单位基本情况

法人单位从业人员期末人数（人）	批发业产业活动单位数（个）	#其他行业所属的产业活动单位数	批发业产业活动单位从业人员期末人数（人）	批发业产业活动单位的经营性单位收入（千元）	#其他行业所属产业活动单位的经营性单位收入
868133	**3363**	**1240**	**68245**	**324376659**	**36173080**
719131	2682	681	30251	189699080	19621897
7362	63	4	1184	173865	
2706	64	4	140	43340	15918
2262	18	1	55	24887	***
27					
36					
14	1		***	***	
***					
20755	19	4	302	18508464	
168030	621	158	7666	36945625	5507779
25297	89	49	4644	22305153	11461734
3195	47	1	148	4918	***
270					
477889	1698	415	14892	111329907	2427360
10419	58	44	1003	359320	208303
865	4	1	2		***
55722	226	189	9275	3815547	3587313
3281	2	2	***	***	***
140					
51217	220	184	9012	3502839	3274605
518	2	2	***	***	***
566	2	1	***	***	***
93280	455	370	28719	130862032	12963870
10292	3	1	13	8001	***
115	1	1	***	***	***
81471	449	368	28604	130757270	12859598
1061	2		***	***	
341					
69748					
798385					
14046	55	23	1195	99854	29734
2053	8	3	73	27654	
3534	10		74	3421	
2990	12	5	771	16870	12581
510	3	2	9	1500	***
1399	7	3	117	50408	15652
118					
325	3	2	3		***

1-3 续表 1

项　　目	法　人 单位数 （个）	多产业 法　人	单产业 法　人
其他农牧产品批发	575	6	569
食品、饮料及烟草制品批发	14716	389	14327
米、面制品及食用油批发	763	28	735
糕点、糖果及糖批发	283	18	265
果品、蔬菜批发	2993	42	2951
肉、禽、蛋、奶及水产品批发	1726	37	1689
盐及调味品批发	770	13	757
营养和保健品批发	390	14	376
酒、饮料及茶叶批发	2926	88	2838
烟草制品批发	95	5	90
其他食品批发	4770	144	4626
纺织、服装及家庭用品批发	13121	505	12616
纺织品、针织品及原料批发	1230	30	1200
服装批发	3648	185	3463
鞋帽批发	269	27	242
化妆品及卫生用品批发	1215	46	1169
厨具卫具及日用杂品批发	2249	61	2188
灯具、装饰物品批发	624	10	614
家用视听设备批发	225	13	212
日用家电批发	1226	51	1175
其他家庭用品批发	2435	82	2353
文化、体育用品及器材批发	6584	184	6400
文具用品批发	2432	36	2396
体育用品及器材批发	614	22	592
图书批发	1255	28	1227
报刊批发	34	1	33
音像制品、电子和数字出版物批发	228	6	222
首饰、工艺品及收藏品批发	1412	69	1343
乐器批发	89	1	88
其他文化用品批发	520	21	499
医药及医疗器材批发	6852	156	6696
西药批发	242	22	220
中药批发	100	11	89
动物用药品批发	74	1	73
医疗用品及器材批发	6436	122	6314
矿产品、建材及化工产品批发	23704	508	23196
煤炭及制品批发	294	20	274
石油及制品批发	824	56	768
非金属矿及制品批发	200	4	196
金属及金属矿批发	3336	98	3238
建材批发	14783	194	14589
化肥批发	455	20	435

法人单位从业人员期末人数（人）	批发业产业活动单位数（个）	#其他行业所属的产业活动单位数	批发业产业活动单位从业人员期末人数（人）	批发业产业活动单位的经营性单位收入（千元）	#其他行业所属产业活动单位的经营性单位收入
3117	12	8	148	1	1
114565	544	195	13640	21918442	9888038
9455	32	18	691	1413537	1259324
3229	15	1	53	138780	***
9375	45	10	362	744582	302830
13215	65	19	1110	5903541	248500
3146	31	12	236	69312	45606
3208	14	4	455	49603	32913
35780	103	41	3459	2251981	1637929
3296	7	2	203	10968	***
33861	232	88	7071	11336138	6360936
129745	504	186	8578	5580379	4068422
7639	43	12	492	168934	143261
42339	183	66	1436	607877	427558
9693	17	5	57	31332	2611
10144	50	22	3519	494167	138205
10635	75	20	1022	624828	214644
3501	20	5	137	99122	23192
6670	10	8	110	1237625	1237520
25490	31	14	392	1617042	1489617
13634	75	34	1413	699453	391814
63462	170	57	3321	673249	393656
8376	47	20	1751	271641	268629
4287	25	11	401	160210	87949
22853	35	4	446	67042	
1047	1	1	***	***	***
1784	4		6	2742	
20536	40	13	606	160396	28408
651	1		***	***	
3928	17	8	109	11218	8669
95039	167	49	3801	4097027	548625
16109	17	3	533	51064	23884
11060	24	2	504	3388803	
546	1		***	***	
67324	125	44	2763	657160	524740
140745	599	175	6347	147217321	8079094
5499	8	2	137		***
23793	56	9	2164	39681974	114
1014	6	3	247	3386	3386
24939	104	32	487	8098922	6908560
53999	271	75	1772	1641539	786447
4311	18	4	23	100	

1-3 续表 2

项 目	法 人 单位数 （个）	多产业 法 人	单产业 法 人
农药批发	164	6	158
农用薄膜批发	20		20
其他化工产品批发	3628	110	3518
机械设备、五金产品及电子产品批发	31130	908	30222
农业机械批发	269	13	256
汽车及零配件批发	2271	120	2151
摩托车及零配件批发	123	5	118
五金产品批发	5362	95	5267
电气设备批发	1981	52	1929
计算机、软件及辅助设备批发	3515	112	3403
通讯设备批发	995	60	935
广播影视设备批发	168	8	160
其他机械设备及电子产品批发	16446	443	16003
贸易经纪与代理	2736	31	2705
贸易代理	1984	24	1960
一般物品拍卖	198	2	196
艺术品、收藏品拍卖	236	1	235
艺术品代理	31		31
其他贸易经纪与代理	287	4	283
其他批发业	5287	134	5153
再生物资回收与批发	417	23	394
宠物食品用品批发	117	4	113
互联网批发	193	4	189
其他未列明批发业	4560	103	4457
四、按开业（成立）时间分			
2018 年	5799	22	5777
2014-2017 年	36972	329	36643
2009-2013 年	31815	525	31290
2005-2008 年	14152	453	13699
2000-2004 年	12186	882	11304
1990-1999 年	4596	533	4063
1978-1989 年	479	90	389
1966-1977 年	18	1	17
1950-1965 年	44	15	29
1949 年以前	65	1	64
五、按运营状态分			
正常运营	91288	2713	88575
停业（歇业）	10474	118	10356
筹建	2335	5	2330
当年关闭	175	1	174
当年破产	9	1	8
当年吊销	1198	6	1192

法人单位从业人员期末人数（人）	批发业产业活动单位数（个）	#其他行业所属的产业活动单位数	批发业产业活动单位从业人员期末人数（人）	批发业产业活动单位的经营性单位收入（千元）	#其他行业所属产业活动单位的经营性单位收入
2268	8	2	66	880565	***
116	1		***	***	
24806	127	48	1450	96910834	380589
261789	935	398	27738	143137204	12484847
1948	13	4	58	19316	5689
26933	69	27	12753	121593716	409892
661	10		6	1012	
20387	121	48	1193	633595	227046
27601	55	33	1090	187278	55422
35587	88	28	1274	4908035	4896357
26127	53	19	971	6133836	2307942
2690	2	1	***	***	***
119855	524	238	10239	9660418	4582500
15348	120	68	1142	961075	165226
11387	79	52	846	889446	135745
1151	3		47		
1764	4	3	28	42	42
143	2		***	***	
903	32	13	217	71428	29439
33394	269	89	2483	692109	515438
1910	117	12	176	72991	31332
539	5	2	43	27768	***
2465	3	1	12	5	***
28480	144	74	2252	591346	484106
15675	228	101	3197	905773	424453
183711	822	363	25432	132135114	5411853
205414	918	347	14795	27173022	5017622
151779	597	234	10988	132644259	10386794
159003	570	123	7434	20306154	4818343
123023	168	66	5783	11047640	10114015
24542	45	5	424	109917	
1117	8		69	1301	
3828	4		119	53477	
41	3	1	4	2	***
856147	2682	1071	67434	324272237	36152107
7732	386	75	233	91802	18676
2588	47	26	385	159	
101	20	10	4	1	1
4					
841	173	44	122	3504	2296

1-3 续表 3

项　　目	法　人 单位数 （个）	多产业 法　人	单产业 法　人
当年注销	234		234
其他	413	7	406
六、按控股情况分			
国有控股	1367	225	1142
集体控股	1185	88	1097
私人控股	99738	2265	97473
港澳台商控股	518	72	446
外商控股	1065	152	913
其他	2253	49	2204
七、按经营形式分			
独立门店	45711	1424	44287
连锁总店（总部）	76	66	10
连锁直营店	142	32	110
连锁加盟店	137	19	118
其他	60060	1310	58750
八、按地区分			
东城区	3652	202	3450
西城区	5045	198	4847
朝阳区	23697	701	22996
丰台区	11050	228	10822
石景山区	2875	59	2816
海淀区	10215	339	9876
门头沟区	2562	185	2377
房山区	6106	106	6000
通州区	7840	111	7729
顺义区	3995	94	3901
昌平区	5752	105	5647
大兴区	7927	161	7766
怀柔区	5514	113	5401
平谷区	3491	85	3406
密云区	3864	88	3776
延庆区	551	27	524
北京经济技术开发区	1990	49	1941
九、按年末零售营业面积分			
10000 平方米及以上	24	14	10
5000-9999 平方米	54	13	41
1000-4999 平方米	381	87	294
999 平方米及以下	105667	2737	102930

注：“批发业产业活动单位数”：在京法人附营的（不含本部）、外地和外国法人在京的所有从事批发业的产业活动单位数。
“其他行业所属的产业活动单位数”：非批发零售业法人附营的（不含本部）、外地和外国法人在京的所有从事批发业的产业活动单位数。
“经营性单位收入”：经营性产业活动单位在全年生产经营活动中取得的收入。
产业活动单位免填隶属关系和控股情况。

法人单位从业人员期末人数（人）	批发业产业活动单位数（个）	#其他行业所属的产业活动单位数	批发业产业活动单位从业人员期末人数（人）	批发业产业活动单位的经营性单位收入（千元）	#其他行业所属产业活动单位的经营性单位收入
33	21	5	2		
687	34	9	65	8957	
121722					
10134					
577632					
54390					
87533					
16722					
374133	1282	380	16053	111362870	6732000
6534	1		***	***	
11047	206	72	6677	1920787	1045171
2392	26	8	177	29064	300
474027	1848	780	45268	211063938	28395609
73423	239	106	2737	20745332	395615
48599	314	119	3099	92587508	4603804
245522	1034	520	28019	42799226	14199220
69566	323	123	5796	6987014	3365315
21083	86	24	597	2073385	1914893
118395	381	104	5865	11581928	8787536
14214	50	10	201	1253222	1204641
24172	126	16	609	13811521	12192
49404	180	48	1351	5761391	220853
28545	122	27	11958	118133357	162256
36008	116	33	2714	5844157	107639
48803	151	43	2155	1169889	775268
18017	40	8	789	637572	2726
17439	51	9	120	250600	24837
16549	61	8	207	331956	41340
2643	26	2	199	52456	***
35751	63	40	1829	356142	354943
21358	7	3	1519	23403380	98572
11955	8	2	515	59297	***
28957	33	15	3111	14226460	183392
805863	3315	1220	63100	286687522	35859187

1-4 零售业法人及产业

项目	法人单位数（个）	多产业法人	单产业法人
合计	**167269**	**4370**	**162899**
一、按登记注册类型分			
内资	166580	4232	162348
国有	416	69	347
集体	1480	103	1377
股份合作	1040	64	976
国有联营	14		14
集体联营	35	2	33
国有与集体联营	3	1	2
其他联营	5		5
国有独资公司	37	10	27
其他有限责任公司	5609	473	5136
股份有限公司	297	33	264
私营独资	6755	134	6621
私营合伙	354	6	348
私营有限责任公司	149742	3321	146421
私营股份有限公司	302	14	288
其他	491	2	489
港澳台商投资	267	60	207
与港澳台商合资经营	61	14	47
与港澳台商合作经营	3	2	1
港澳台商独资	202	43	159
港澳台商投资股份有限公司			
其他港澳台投资	1	1	
外商投资	422	78	344
中外合资经营	133	21	112
中外合作经营	5	1	4
外资企业	279	54	225
外商投资股份有限公司	4	2	2
其他外商投资	1		1
二、按隶属关系分			
中央	219	32	187
地方	167050	4338	162712
三、按行业分			
综合零售	12745	418	12327
百货零售	9086	212	8874
超级市场零售	462	91	371
便利店零售	483	34	449

活动单位基本情况

法人单位从业人员期末人数（人）	零售业产业活动单位数（个）	#其他行业所属的产业活动单位数	零售业产业活动单位从业人员期末人数（人）	零售业产业活动单位的经营性单位收入（千元）	#其他行业所属产业活动单位的经营性单位收入
745889	**27287**	**4106**	**269711**	**281491168**	**24642783**
684417	23269	2198	215026	237019876	7190518
8219	642	6	4113	3142670	4083
5446	296	4	944	282278	
4337	124		471	123740	
78	8	2	74	8463	***
52	10		25	13238	
55	11		11	482	
19					
6021	19	1	668	630877	***
151907	4423	407	51049	170254829	1163287
35619	576	79	14370	16011083	1676142
10262	265	9	693	75400	1759
710	12	2	30	420	***
457173	16653	1627	140535	44334594	4251529
3704	220	60	2020	2132530	88978
815	10	1	23	9272	***
22421	1879	1143	22793	17304282	9983708
3224	9	8	118	23837	3991
217					
18864	1856	1124	22600	17218213	9934078
	9	7	45	45559	29313
***	5	4	30	16673	16326
39051	2139	765	31892	27167010	7468557
14734	74	15	554	636396	48814
12					
24242	2049	742	31137	26427220	7324371
62	7	4	94	48328	47308
***	9	4	107	55066	48064
13009					
732880					
132161	2676	116	50591	33278301	1091052
41740	1162	87	20227	18802974	506506
71990	511	6	22645	11191037	266032
7231	412	6	3373	714805	4010

1-4 续表 1

项　　目	法　人 单位数 （个）	多产业 法　人	单产业 法　人
其他综合零售	2714	81	2633
食品、饮料及烟草制品专门零售	23443	732	22711
粮油零售	653	15	638
糕点、面包零售	820	64	756
果品、蔬菜零售	3559	99	3460
肉、禽、蛋、奶及水产品零售	2449	34	2415
营养和保健品零售	708	32	676
酒、饮料及茶叶零售	4138	156	3982
烟草制品零售	1600	61	1539
其他食品零售	9516	271	9245
纺织、服装及日用品专门零售	28799	1057	27742
纺织品及针织品零售	1718	59	1659
服装零售	11095	487	10608
鞋帽零售	693	48	645
化妆品及卫生用品零售	2842	82	2760
厨具卫具及日用杂品零售	2239	39	2200
钟表、眼镜零售	990	142	848
箱包零售	407	10	397
自行车等代步设备零售	380	19	361
其他日用品零售	8435	171	8264
文化、体育用品及器材专门零售	17872	445	17427
文具用品零售	4435	48	4387
体育用品及器材零售	1674	48	1626
图书、报刊零售	2570	66	2504
音像制品、电子和数字出版物零售	275	10	265
珠宝首饰零售	2344	106	2238
工艺美术品及收藏品零售	3958	99	3859
乐器零售	382	18	364
照相器材零售	253	8	245
其他文化用品零售	1981	42	1939
医药及医疗器材专门零售	5579	413	5166
西药零售	1357	186	1171
中药零售	946	135	811
动物用药品零售	102	5	97
医疗用品及器材零售	3061	81	2980
保健辅助治疗器材零售	113	6	107
汽车、摩托车、零配件和燃料及其他动力销售	8705	245	8460
汽车新车零售	2023	118	1905

法人单位从业人员期末人数（人）	零售业产业活动单位数（个）	#其他行业所属的产业活动单位数	零售业产业活动单位从业人员期末人数（人）	零售业产业活动单位的经营性单位收入（千元）	#其他行业所属产业活动单位的经营性单位收入
11200	591	17	4346	2569484	314504
72443	5327	306	66846	19880380	1253529
1303	53	8	357	166971	70229
15303	742	14	25754	3941713	107913
8163	510	12	3316	516271	14894
5310	228	35	1616	336842	105285
2161	141	23	913	304988	82383
11299	699	52	4442	2457947	338733
3429	305	4	1230	1003328	2264
25475	2649	158	29218	11152319	531828
96359	8840	2535	69562	29011215	13123428
6216	235	48	1860	748744	129770
45148	5057	1802	34426	18285975	9861482
5471	573	135	2482	934958	463338
8005	698	172	5553	2980863	859789
5103	185	28	5526	316254	70136
5604	802	126	4336	1547809	323585
1082	143	90	690	919631	884261
815	54	5	152	116930	22184
18915	1093	129	14537	3160051	508883
57627	2602	381	14344	16253105	4022107
9962	142	34	611	196124	142502
6691	235	44	2828	1463108	510600
14409	842	29	2402	1425726	105538
821	55	4	459	167079	4870
8608	733	182	5210	11507160	2763318
9605	305	42	1462	597841	231422
1515	76	4	437	272459	18783
919	29	3	149	157372	56911
5097	185	39	786	466236	188163
32369	2696	39	12213	4052633	29476
10635	1542	4	6862	2100370	
6939	781	4	3655	1576134	
323	29		158	39228	
13918	302	28	1361	267518	28643
554	42	3	177	69383	833
81964	935	53	9817	16525860	159406
55293	183	11	3279	7746964	15781

1-4 续表 2

项目	法人单位数（个）	多产业法人	单产业法人
汽车旧车零售	409	2	407
汽车零配件零售	5302	82	5220
摩托车及零配件零售	214	7	207
机动车燃油零售	704	36	668
机动车燃气零售	11		11
机动车充电销售	42		42
家用电器及电子产品专门零售	22867	422	22445
家用视听设备零售	358	7	351
日用家电零售	3657	80	3577
计算机、软件及辅助设备零售	7098	90	7008
通信设备零售	2398	122	2276
其他电子产品零售	9356	123	9233
五金、家具及室内装饰材料专门零售	28680	370	28310
五金零售	12336	115	12221
灯具零售	807	8	799
家具零售	3848	125	3723
涂料零售	357	8	349
卫生洁具零售	353	11	342
木质装饰材料零售	831	7	824
陶瓷、石材装饰材料零售	1404	13	1391
其他室内装饰材料零售	8744	83	8661
货摊、无店铺及其他零售业	18579	268	18311
流动货摊零售	98		98
互联网零售	3250	54	3196
邮购及电视、电话零售	1750	20	1730
自动售货机零售	40	1	39
旧货零售	14	2	12
生活用燃料零售	220	14	206
宠物食品用品零售	557	12	545
其他未列明零售业	12650	165	12485
四、按开业（成立）时间分			
2018 年	14193	114	14079
2014-2017 年	70376	1009	69367
2009-2013 年	44726	1019	43707
2005-2008 年	18974	680	18294
2000-2004 年	13218	902	12316
1990-1999 年	4964	521	4443
1978-1989 年	538	93	445

法人单位从业人员期末人数（人）	零售业产业活动单位数（个）	#其他行业所属的产业活动单位数	零售业产业活动单位从业人员期末人数（人）	零售业产业活动单位的经营性单位收入（千元）	#其他行业所属产业活动单位的经营性单位收入
545	6	5	14	110	110
13479	258	29	1734	436510	141954
823	15		69	46603	
11652	465	5	4651	8236504	
43	6	1	68	59170	***
129	2	2	***	***	***
105579	1952	242	19495	21914307	1271417
1117	27	11	72	32512	31274
20101	476	52	6998	10799060	339281
43007	240	51	1479	734961	251258
12411	736	21	6461	7786127	206141
28943	473	107	4485	2561646	443461
82650	1584	241	17552	7275669	2822860
27436	396	91	2575	2790409	1724575
2235	22	13	223	507435	505052
19448	529	57	6083	2447673	347904
960	17	3	35	19300	330
1050	78	7	2477	174509	105146
2547	105	10	1485	112802	1119
5375	82	12	1579	180477	6761
23599	355	48	3095	1043063	131973
84737	675	193	9291	133299699	869509
121	3		9	2691	
30355	74	22	2292	126724553	60801
6515	5	2	7	1482	***
208	2	1	***	***	***
40	8		612	82793	
1348	51	4	450	3786525	
1120	20	4	188	4293	2915
45030	512	160	5729	2696387	805017
28992	4696	712	29450	7220132	2128219
201817	10584	1896	94319	30691189	7641073
184610	5578	898	75360	167889855	6606127
119120	3046	361	33139	33143181	4818777
103404	2133	164	21378	22581682	2510875
93424	862	68	10713	14955534	936011
9723	264	4	2388	2315205	800

1-4 续表 3

项目	法人单位数（个）	多产业法人	单产业法人
1966-1977 年	33	5	28
1950-1965 年	61	23	38
1949 年以前	186	4	182
五、按运营状态分			
正常运营	132780	3966	128814
停业（歇业）	24046	321	23725
筹建	6010	49	5961
当年关闭	499	12	487
当年破产	16		16
当年吊销	2695	18	2677
当年注销	352		352
其他	871	4	867
六、按控股情况分			
国有控股	972	205	767
集体控股	2557	175	2382
私人控股	160117	3784	156333
港澳台商控股	265	53	212
外商控股	318	77	241
其他	3040	76	2964
七、按经营形式分			
独立门店	98171	2869	95302
连锁总店（总部）	407	371	36
连锁直营店	676	175	501
连锁加盟店	1224	103	1121
其他	66791	852	65939
八、按地区分			
东城区	8285	470	7815
西城区	8575	410	8165
朝阳区	26208	741	25467
丰台区	23529	427	23102
石景山区	5082	116	4966
海淀区	17281	526	16755
门头沟区	3962	159	3803
房山区	11391	175	11216
通州区	10383	164	10219
顺义区	7020	196	6824
昌平区	12433	240	12193
大兴区	9888	204	9684

法人单位从业人员期末人数（人）	零售业产业活动单位数（个）	#其他行业所属的产业活动单位数	零售业产业活动单位从业人员期末人数（人）	零售业产业活动单位的经营性单位收入（千元）	#其他行业所属产业活动单位的经营性单位收入
797	19	1	482	324896	***
2930	90	1	1755	2368111	***
1072	15	1	727	1383	***
721808	24072	3718	264499	280635711	24451169
16348	1597	143	2605	356242	161259
5376	379	38	1200	27244	69
482	231	46	413	190158	15848
14	9	3	1		
728	830	130	784	273728	12647
42	65	11	11	1437	
1091	104	17	198	6647	1791
65891					
33781					
562594					
21187					
49277					
13159					
379636	11252	1535	100178	60041613	8093067
118385	6	1	100	2773	***
17338	10928	1741	130914	68780166	11823023
5817	1408	72	7771	2475837	95478
224713	3693	757	30748	150190779	4631214
56578	2903	587	28546	17011431	3093623
65716	2029	269	15965	8985350	1936013
147202	6744	1425	63209	34401632	10470555
88483	2611	352	31880	17380838	2882742
27501	835	93	7953	3277574	321535
98023	3309	429	47913	153767253	2055260
11940	230	40	1602	1012623	57855
28047	1292	210	9600	4689969	871055
36883	973	61	10134	3875245	168979
27357	1119	83	11515	8156088	424829
40105	1422	111	12525	7316981	469148
36622	1522	225	15102	8941043	1242680

1-4 续表 4

项目	法人单位数（个）	多产业法人	单产业法人
怀柔区	8386	159	8227
平谷区	5783	137	5646
密云区	5555	134	5421
延庆区	1509	57	1452
北京经济技术开发区	1999	55	1944
九、按零售业态分			
有店铺零售	135704	4061	131643
食杂店	11617	287	11330
便利店	9490	275	9215
折扣店	1357	40	1317
超市	3540	195	3345
大型超市	64	47	17
仓储会员店	712	4	708
百货店	16280	366	15914
专业店	46541	1278	45263
专卖店	24387	1138	23249
家居建材商店	13389	185	13204
购物中心	2001	142	1859
厂家直销中心	6326	104	6222
无店铺零售	31565	309	31256
电视购物	106		106
邮购	837	7	830
网上商店	2986	50	2936
自动售货亭	61	2	59
电话购物	1757	22	1735
其他	25818	228	25590
十、按年末零售营业面积分			
10000 平方米及以上	225	135	90
5000-9999 平方米	279	97	182
1000-4999 平方米	1640	314	1326
999 平方米及以下	165125	3824	161301

注：“零售业产业活动单位数”：在京法人附营的（不含本部）、外地和外国法人在京的所有从事零售业的产业活动单位数。
“其他行业所属的产业活动单位数”：非批发零售业法人附营的（不含本部）、外地和外国法人在京的所有从事零售业的产业活动单位数。
“经营性单位收入”：经营性产业活动单位在全年生产经营活动中取得的收入。
产业活动单位免填隶属关系和控股情况。

法人单位从业人员期末人数（人）	零售业产业活动单位数（个）	#其他行业所属的产业活动单位数	零售业产业活动单位从业人员期末人数（人）	零售业产业活动单位的经营性单位收入（千元）	#其他行业所属产业活动单位的经营性单位收入
17815	657	93	3304	7154726	246149
13956	441	27	2077	1631546	108700
14980	623	34	3770	1353460	87578
4938	254	2	1296	525247	***
29743	323	65	3320	2010162	206031
620589	25058	3530	246135	136589323	21121113
23454	1610	103	9642	2568424	192375
34166	3499	67	25923	10228640	350733
3840	229	59	1359	1283504	376155
24492	1342	35	30330	14545152	347359
60771	95	2	11906	8323389	***
3752	45	8	706	1118965	60286
55043	1544	290	15177	10635852	1526343
193202	5652	464	56815	36263837	2684666
153008	8425	1957	66608	34530562	12348917
36337	950	65	10765	2598987	381889
7599	1324	373	12913	11240841	1580371
24925	343	107	3991	3251170	1007854
125300	2229	576	23576	144901845	3521670
1051	7	3	47	18571	
3288	24	6	512	26419	
44492	67	24	2691	127149831	201594
672	21	1	48	62030	***
5915	25	7	63	9847	7328
69882	2085	535	20215	17635147	3312645
149300	88	6	11837	16969200	637091
29523	153	6	12658	12029141	1462353
69062	821	122	32558	25564301	2808103
498004	25225	3972	212658	226928525	19735236

1-5 批发和零售业法人单位

项　　目	法人单位数（个）	商品购进额	商品销售额
合　计	**273395**	**6969333131**	**7565532444**
一、按登记注册类型分			
内资	270880	5398000902	5796218026
国有	690	126316012	137168997
集体	2167	12159994	13267418
股份合作	1465	6354139	7409752
国有联营	23	50800	56683
集体联营	42	32056	71503
国有与集体联营	6	182697	203289
其他联营	6	2271	2695
国有独资公司	209	830560668	852312140
其他有限责任公司	11005	2736955695	2899805278
股份有限公司	590	339248626	363230177
私营独资	8591	4421200	5529636
私营合伙	480	429659	566038
私营有限责任公司	244025	1325447529	1496825484
私营股份有限公司	586	14919267	18678593
其他	995	920289	1090342
港、澳、台商投资	797	680888629	709664499
与港澳台商合资经营	153	26798448	27934450
与港澳台商合作经营	6	2291373	2188151
港澳台商独资经营	629	628107041	654792896
港澳台商投资股份有限公司	4	20745341	21065310
其他港澳台投资	5	2946425	3683691
外商投资	1718	890443600	1059649919
中外合资经营	407	206597387	229190443
中外合作经营	15	188789	314084
外资	1280	680157184	825702401
外商投资股份有限公司	10	3275894	4131933
其他外商投资	6	224347	311058
二、按隶属关系分			
中央	837	2291079720	2396940749
地方	272558	4678253412	5168591695
三、按行业分			
批发业	106126	5996643393	6468115940
零售业	167269	972689738	1097416503
四、按控股情况分			
国有控股	2339	3233648383	3399622281
集体控股	3742	94057602	99003428
私人控股	259855	2010289493	2237826239

商品购进、销售、库存

单位：千元

#通过公共网络实现的商品销售额	#零售额	#通过公共网络实现的零售额	期末商品库存额	年末零售营业面积（平方米）
1230261001	**1020898596**	**244914422**	**717403402**	**26985829**
1025623208	853416215	205598856	565136687	23778189
60357669	10397195	567605	10173876	425735
88420	4581034	87008	1345892	479756
141279	3398286	30035	1116656	160294
	31192		8322	4547
	6570		12939	5085
	57382		23025	944
	1957		462	207
400492481	11269862	1022281	27628223	207373
414069618	435508548	176717266	306661463	5862913
84921121	85383941	2043854	29997150	2001155
35029	2058951	17933	767500	398076
1848	182941	591	149896	21344
62651329	294802897	23103796	182499776	14052568
2810140	5407658	1968146	4626913	117300
54276	327801	40342	124594	40892
46674856	47345412	12339833	61220312	967643
1011641	3424977	828766	2312951	139362
19	1203582	19	194215	22104
45634161	42058853	11490744	56366784	799476
11608	12563	11608	1989207	678
17426	645437	8695	357154	6023
157962938	120136969	26975733	91046403	2239997
12701421	57555703	8554338	15614037	779587
	74		14757	205
145205634	62417506	18373495	75109708	1454521
47900	155050	47900	115892	5025
7983	8636		192010	659
646626416	109504467	15371051	223495505	648607
583634585	911394130	229543371	493907898	26337222
987178749	112375917	23249011	595301376	4043469
243082252	908522679	221665411	122102026	22942360
755664050	232203533	28412874	294881337	3331276
25548616	29456734	1881510	11175705	1990147
167875113	525495420	100816153	252289867	18294347

1-5 续表 1

项　　目	法人单位数（个）	商品购进额	商品销售额
港澳台商控股	783	675129712	703167228
外商控股	1383	841991514	999698716
其他	5293	114216427	126214552
五、按单位规模分			
大型	392	3236534558	3472166977
中型	3815	2312129913	2484974112
小型	16702	820499937	906101657
微型	252486	600168723	702289698
六、按限额标准分			
限额以上	6993	6151038856	6604138971
限额以下	266402	818294275	961393473
七、按经营形式分			
独立门店	143882	3600528467	3842648179
连锁总店（总部）	483	221391029	254064174
连锁直营店	818	35943639	37846064
连锁加盟店	1361	4489704	5308932
其他	126851	3106980291	3425665093
八、按年末零售营业面积分			
10000 平方米及以上	249	399256955	463049436
5000-9999 平方米	333	141925258	152528811
1000-4999 平方米	2021	227348867	249954938
999 平方米及以下	270792	6200802051	6699999259
九、按地区分			
东城区	11937	736078384	795642331
西城区	13620	594764094	631047667
朝阳区	49905	2055356650	2310118859
丰台区	34579	307175805	329130125
石景山区	7957	168237071	169391975
海淀区	27496	1284528724	1381963303
门头沟区	6524	56646017	60492603
房山区	17497	167763617	175648714
通州区	18223	179257929	197395718
顺义区	11015	167814411	193003665
昌平区	18185	316097666	349653218
大兴区	17815	157281820	174084950
怀柔区	13900	40439367	47981263
平谷区	9274	32645460	38823755
密云区	9419	41489662	45846981
延庆区	2060	8745301	9760796
北京经济技术开发区	3989	655011153	655546520

单位：千元

#通过公共网络实现的商品销售额	#零售额	#通过公共网络实现的零售额	期末商品库存额	年末零售营业面积（平方米）
46575483	48074415	12272905	59708844	891221
208770302	148975351	78807648	85731106	1890625
25827438	36693143	22723332	13616545	588213
973534386	451816269	161466911	243478219	7894317
168296531	279199904	26343796	237521382	4472520
26456291	119550468	11607891	85040811	2618785
61973793	170331956	45495824	151362991	12000207
1200170366	814981598	234245356	564361313	13022332
30090635	205916998	10669066	153042089	13963497
346718366	491045329	39050817	377487863	15222509
36018663	204279939	35361542	13229739	5821062
2164148	18249788	1996637	2925037	1008476
41377	2443993	17169	2259642	170021
845318447	304879547	168488256	321501122	4763761
84222184	314059260	47904133	28403760	10670938
2771266	56278959	2570938	11474299	2210996
11993620	152265475	7331888	33220102	3864332
1131273931	498294902	187107463	644305241	10239563
92552276	117199674	37433858	60545721	1479519
64526579	60189052	3302042	80900008	2946419
644201543	233452084	23473238	228802345	5281115
22909498	74756149	10972253	37406148	2674027
7678307	43414718	4967499	36402800	1395144
146579765	144202655	31381836	99855713	2889929
2602454	6319019	700107	5937348	387339
2912569	21935401	310488	10155244	1403051
72285490	75673681	42093824	17059446	1545902
21127378	39510219	10172790	16442949	1406151
42194208	42089386	1701463	23118400	1342986
15884169	45601187	10776241	17368197	1619482
1477952	13278477	488834	7439161	693246
1286141	8206983	598875	5765543	623462
2081007	6838500	1022635	6552833	420020
484859	1949975	5295	867680	196381
89476803	86281436	65513144	62783865	681656

1-6　批发业法人单位

项　　目	法人单位数（个）	商品购进额	商品销售额
合　计	**106126**	**5996643393**	**6468115940**
一、按登记注册类型分			
内资	104300	4548576206	4851377223
国有	274	116571733	125789791
集体	687	8101044	8526976
股份合作	425	2922533	3358819
国有联营	9	16500	22099
集体联营	7	26563	32538
国有与集体联营	3	141914	145907
其他联营	1	***	***
国有独资公司	172	820765029	841501969
其他有限责任公司	5396	2272885564	2404806887
股份有限公司	293	256175233	269000096
私营独资	1836	2651879	3089878
私营合伙	126	268740	351976
私营有限责任公司	94283	1057050168	1180467699
私营股份有限公司	284	10356467	13522049
其他	504	642834	760533
港澳台商投资	530	641491354	663325649
与港澳台商合资经营	92	23612216	24262954
与港澳台商合作经营	3	1236949	1286794
港澳台商独资	427	593501374	613774953
港澳台商投资股份有限公司	4	20745341	21065310
其他港澳台投资	4	2395474	2935639
外商投资	1296	806575832	953413068
中外合资经营	274	176217777	188057117
中外合作经营	10	188783	314077
外资企业	1001	626754682	760778022
外商投资股份有限公司	6	3190245	3952794
其他外商投资	5	224347	311058
二、按隶属关系分			
中央	618	2202487889	2298614929
地方	105508	3794155504	4169501012
三、按行业分			
农、林、牧、渔产品批发	1996	179768586	184357184
谷物、豆及薯类批发	190	70413332	69994911
种子批发	379	4581875	5856936
畜牧渔业饲料批发	412	29685158	30824161

商品购进、销售、库存

单位：千元

#通过公共网络实现的商品销售额	#零售额	#通过公共网络实现的零售额	期末商品库存额	年末零售营业面积（平方米）
987178749	**112375917**	**23249011**	**595301376**	**4043469**
815740793	87353672	13242256	454655614	3819234
59800070	267526	54822	8632204	27887
1310	175167	74	673875	97359
117758	99600	15910	490224	20954
			5079	214
			10529	210
			18182	45
***	***	***	***	***
400374010	1720199	926763	26839364	19595
230277205	43149235	6456744	269884322	745731
84326207	17363328	1495631	23834978	164707
11193	69137	2258	284113	38303
721	2004	9	93839	1811
40120374	23832694	4129656	120135743	2654737
700285	663025	160190	3658233	35824
11659	11758	200	94909	11857
35303795	4228102	1003155	56267364	96141
153746	26177	5221	1916027	4657
19	302225	19	75619	6942
35120997	3761351	977612	52116310	83111
11608	12563	11608	1989207	678
17426	125786	8695	170201	753
136134161	20794143	9003599	84378398	128094
12410643	17939323	8267206	13229568	11925
	69		14756	45
123715535	2846115	736393	70833765	115505
			108299	
7983	8636		192010	619
632717250	35070324	2116626	215833978	318972
354461500	77305593	21132385	379467398	3724497
2546599	243067	291	17060207	95056
76724	107340		7005963	18348
353611	11140	287	1852691	8405
568505	56896	3	2241030	6458

1-6 续表 1

项　　目	法人单位数（个）	商品购进额	商品销售额
棉、麻批发	27	28167299	27877985
林业产品批发	291	2108691	2275660
牲畜批发	43	56233	90733
渔业产品批发	79	497389	568643
其他农牧产品批发	575	44258609	46868155
食品、饮料及烟草制品批发	14716	344587951	394363601
米、面制品及食用油批发	763	73910829	70548075
糕点、糖果及糖批发	283	14819993	20089843
果品、蔬菜批发	2993	13620432	15395935
肉、禽、蛋、奶及水产品批发	1726	32203001	34487790
盐及调味品批发	770	7281349	8522741
营养和保健品批发	390	4398943	11322668
酒、饮料及茶叶批发	2926	86354453	110024047
烟草制品批发	95	43707035	51478942
其他食品批发	4770	68291916	72493560
纺织、服装及家庭用品批发	13121	622164045	646717018
纺织品、针织品及原料批发	1230	29813030	31306220
服装批发	3648	24115856	32315286
鞋帽批发	269	4849383	7273133
化妆品及卫生用品批发	1215	20370652	23195816
厨具卫具及日用杂品批发	2249	18285482	20935305
灯具、装饰物品批发	624	2400709	3001874
家用视听设备批发	225	27561374	33797285
日用家电批发	1226	476637960	473424941
其他家庭用品批发	2435	18129597	21467158
文化、体育用品及器材批发	6584	196534784	219736653
文具用品批发	2432	30284858	31838636
体育用品及器材批发	614	12008894	14460179
图书批发	1255	18219217	22806761
报刊批发	34	251119	425091
音像制品、电子和数字出版物批发	228	5063251	5721519
首饰、工艺品及收藏品批发	1412	112851118	121395628
乐器批发	89	604466	748279
其他文化用品批发	520	17251862	22340560
医药及医疗器材批发	6852	294321416	306403235
西药批发	242	90972292	103418521
中药批发	100	41024911	41918928
动物用药品批发	74	625048	747190

单位：千元

#通过公共网络实现的商品销售额	#零售额	#通过公共网络实现的零售额	期末商品库存额	年末零售营业面积（平方米）
			3873467	
	21519		328504	12791
	504		12281	1188
	6512		72245	5880
1547758	39156	1	1674027	41986
54337751	11045395	1292092	64828281	809957
1133235	922463	61326	34752299	47482
80364	57276	8270	2628108	9363
903914	464882	1061	832793	83426
592709	485813	102641	3630087	34087
79759	145686	174	961301	21523
396490	220151	176301	451740	11192
3985862	1484894	255566	10000475	159414
42642843	10983	4253	2064129	3186
4522575	7253248	682499	9507349	440284
15237141	9404243	3004279	75573620	652273
273280	196814	17286	4281668	35056
1092263	3606789	575650	10132905	315429
429189	901065	339415	2367426	27218
2278418	636368	256081	3984377	47145
3235657	1026546	626904	3153722	63152
14143	96721	5178	518695	16979
694519	1043297	502134	2014424	13573
5847942	1095639	556777	45075588	46231
1371730	801005	124855	4044815	87490
53025204	7870797	2454261	30206729	234743
1390070	421727	47739	3265736	47913
341506	345203	220027	2102874	21490
1936260	714074	300706	5529851	57403
69909	14370	9477	40200	1783
4524370	46648	18751	370844	15016
44518492	6043243	1815927	16539228	68932
8737	20048	7949	222914	3886
235860	265484	33685	2135081	18320
22666916	49355841	10243961	43370426	214726
8231671	39857526	4312219	10575240	26627
7289020	8188027	5735263	9970675	9704
	8276		136467	827

1-6 续表 2

项　　目	法人单位数（个）	商品购进额	商品销售额
医疗用品及器材批发	6436	161699165	160318596
矿产品、建材及化工产品批发	23704	2688939890	2785024780
煤炭及制品批发	294	325698380	336301729
石油及制品批发	824	531272827	570696268
非金属矿及制品批发	200	20437389	14918872
金属及金属矿批发	3336	944837131	967517962
建材批发	14783	167990616	184096471
化肥批发	455	78467529	75466369
农药批发	164	8063123	8638131
农用薄膜批发	20	140839	277703
其他化工产品批发	3628	612032058	627111276
机械设备、五金产品及电子产品批发	31130	1531108222	1772500199
农业机械批发	269	5307774	6827335
汽车及零配件批发	2271	509401493	629111359
摩托车及零配件批发	123	1005479	1202539
五金产品批发	5362	28854077	33729245
电气设备批发	1981	64865482	79283137
计算机、软件及辅助设备批发	3515	164847313	181232733
通讯设备批发	995	417095972	436866174
广播影视设备批发	168	5778576	7128151
其他机械设备及电子产品批发	16446	333952057	397119525
贸易经纪与代理	2736	66812793	73690073
贸易代理	1984	64574249	70982617
一般物品拍卖	198	35949	77381
艺术品、收藏品拍卖	236	188821	267111
艺术品代理	31	224451	259277
其他贸易经纪与代理	287	1789323	2103687
其他批发业	5287	72405705	85323197
再生物资回收与批发	417	15086192	15411892
宠物食品用品批发	117	643389	733178
互联网批发	193	5767937	6040514
其他未列明批发业	4560	50908188	63137613
四、按控股情况分			
国有控股	1367	3037010455	3180973731
集体控股	1185	69936885	69747935
私人控股	99738	1523878479	1684637358
港澳台商控股	518	634732887	656059328
外商控股	1065	645016137	783143955
其他	2253	86068549	93553634

单位：千元

#通过公共网络实现的商品销售额	#零售额	#通过公共网络实现的零售额	期末商品库存额	年末零售营业面积（平方米）
7146225	1302012	196478	22688043	177568
482776482	11933024	213926	175620190	955183
54717657	47502		10245728	65624
8357880	8820295	1819	73267481	246998
1144	4846	548	348118	3401
21782945	483044	2	50875101	87701
11182237	2149073	178653	13553543	466687
470	11680	21	12561319	10520
20266	5360		1492242	2123
	651		22112	1068
386713882	410572	32884	13254544	71061
352058944	21003185	5491479	162505622	836858
45565	15613	2	787756	5229
119706564	2717797	47434	57942677	111010
43686	113806	5937	143989	3955
489479	2263907	196983	3986723	138768
17949038	182566	142	5550959	52220
28937394	6014654	2093827	14878978	70963
156079594	6938322	2992164	22678958	69262
10631	14664	3270	1858002	4007
28796994	2741857	151720	54677580	381444
147387	105938	2958	4005581	42059
136288	83839	2757	3562878	30904
	677		3454	3567
11023	11903	202	36938	4547
40	1850		11219	590
36	7669		391093	2451
4382325	1414429	545763	22130720	202614
113047	73817		849808	16729
207393	43459	7547	135278	4464
2877952	575364	525463	571594	5275
1183934	721789	12753	20574040	176146
734744646	55444056	8256020	275639399	526034
25095747	2056966	1454652	7576476	120135
61735143	39560939	6277282	172394666	3123016
35305672	3905432	1003126	55190686	85201
123768722	3514078	746907	72953863	128526
6528819	7894447	5511024	11546286	60557

1-6 续表 3

项　　　目	法人单位数（个）	商品购进额	商品销售额
五、按单位规模分			
大型	242	2796683078	2981327058
中型	2716	2053265475	2205297364
小型	10868	716897384	782346060
微型	92300	429797456	499145458
六、按限额标准分			
限额以上	5131	5366436924	5739033664
限额以下	100995	630206469	729082276
七、按经营形式分			
独立门店	45711	3172746404	3363428659
连锁总店（总部）	76	26697879	27692590
连锁直营店	142	23486001	24113677
连锁加盟店	137	2210901	2633447
其他	60060	2771502208	3050247568
八、按年末零售营业面积分			
10000 平方米及以上	24	116238715	132313277
5000-9999 平方米	54	88288643	94876405
1000-4999 平方米	381	80172361	93786883
999 平方米及以下	105667	5711943674	6147139375
九、按地区分			
东城区	3652	646924620	692476977
西城区	5045	536996773	558905225
朝阳区	23697	1845643068	2071184867
丰台区	11050	240970603	252803001
石景山区	2875	130285138	127339362
海淀区	10215	1158781307	1239032997
门头沟区	2562	50906002	54057482
房山区	6106	145839249	151852903
通州区	7840	100242660	112908144
顺义区	3995	133716112	150555140
昌平区	5752	282693146	309579703
大兴区	7927	118596461	130980030
怀柔区	5514	28956019	34216276
平谷区	3491	26823425	31912546
密云区	3864	35481277	39096805
延庆区	551	6897496	7524444
北京经济技术开发区	1990	506890035	503690037

单位：千元

#通过公共网络实现的商品销售额	#零售额	#通过公共网络实现的零售额	期末商品库存额	年末零售营业面积（平方米）
819503728	73143750	15356912	216781537	764764
146610656	23330100	6564438	201990375	422615
14166312	9157258	1017248	63230259	559413
6898053	6744809	310412	113299206	2296677
970169202	100496003	22529830	495044225	1190539
17009547	11879914	719181	100257151	2852930
313656950	60626625	8308266	307096598	2033613
1017516	9306695	370472	1261221	241869
502649	4894560	339420	1578142	305147
20778	35018	239	803686	8920
671980856	37513020	14230613	284561730	1453920
37886467	19031374	1568416	10273865	937246
1470257	4073912	1329555	4583960	345952
5077079	10286713	1276809	11964654	692869
942744946	78983919	19074231	568478897	2067402
52959143	28767125	2138767	46232551	239123
61256912	2069302	230609	68418826	223228
622948960	23981932	3329388	204696204	741454
20486997	16431245	9140854	26621393	542567
3128313	5148367	504157	32791179	330703
116640326	12971730	3465551	82914344	241792
1978398	259005	112448	4350628	38993
2062707	975845	104402	7255728	193867
24264943	1505358	511144	13461872	200091
10003049	823168	167238	12046064	137822
41116915	6132486	1110271	17647487	146211
4777273	8264952	953131	11902830	387352
961239	977937	239870	4993380	108113
590691	2219519	11349	4008065	186838
1123171	235340	74910	4979384	12637
472523	60815	9	444543	16085
22407189	1551790	1154913	52536897	296593

1-7 零售业法人单位

项　　目	法人单位数（个）	商品购进额	商品销售额
合　计	**167269**	**972689738**	**1097416503**
一、按登记注册类型分			
内资	166580	849424695	944840803
国有	416	9744279	11379206
集体	1480	4058949	4740443
股份合作	1040	3431606	4050933
国有联营	14	34300	34584
集体联营	35	5492	38965
国有与集体联营	3	40783	57382
其他联营	5	2266	2688
国有独资公司	37	9795639	10810171
其他有限责任公司	5609	464070131	494998392
股份有限公司	297	83073394	94230081
私营独资	6755	1769322	2439758
私营合伙	354	160919	214063
私营有限责任公司	149742	268397360	316357785
私营股份有限公司	302	4562800	5156544
其他	491	277455	329809
港澳台商投资	267	39397275	46338850
与港澳台商合资经营	61	3186232	3671497
与港澳台商合作经营	3	1054424	901357
港澳台商独资	202	34605667	41017944
港澳台商投资股份有限公司			
其他港澳台投资	1	***	***
外商投资	422	83867763	106236851
中外合资经营	133	30379610	41133326
中外合作经营	5	6	7
外资企业	279	53402503	64924378
外商投资股份有限公司	4	85649	179139
其他外商投资	1	***	***
二、按隶属关系分			
中央	219	88591831	98325820
地方	167050	884097907	999090683
三、按行业分			
综合零售	12745	123305210	150735078
百货零售	9086	56970948	75361937
超级市场零售	462	58367951	65434762
便利店零售	483	4316971	5371959
其他综合零售	2714	3649339	4566420
食品、饮料及烟草制品专门零售	23443	26461518	32822782
粮油零售	653	806842	911088
糕点、面包零售	820	3598375	5692739
果品、蔬菜零售	3559	3366288	4039337

商品购进、销售、库存

单位：千元

#通过公共网络实现的商品销售额	#零售额	#通过公共网络实现的零售额	期末商品库存额	年末零售营业面积（平方米）
243082252	**908522679**	**221665411**	**122102026**	**22942360**
209882415	766062543	192356600	110481073	19958955
557599	10129669	512782	1541672	397848
87110	4405867	86933	672017	382397
23521	3298686	14125	626432	139340
	31192		3243	4333
	6570		2410	4875
	57382		4843	899
	1957		441	207
118471	9549664	95518	788858	187778
183792412	392359313	170260522	36777142	5117182
594914	68020613	548224	6162172	1836448
23835	1989815	15675	483387	359773
1127	180937	582	56057	19533
22530954	270970204	18974140	62364033	11397831
2109855	4744633	1807956	968681	81476
42616	316043	40142	29685	29035
11371060	43117310	11336678	4952947	871502
857896	3398799	823545	396924	134705
	901357		118596	15162
10513165	38297503	10513133	4250474	716365
***	***	***	***	***
21828776	99342826	17972133	6668005	2111903
290778	39616379	287132	2384469	767662
	5		1	160
21490099	59571391	17637101	4275942	1339016
47900	155050	47900	7593	5025
***	***	***	***	***
13909167	74434143	13254425	7661527	329635
229173085	834088536	208410986	114440500	22612725
3769687	143353116	3652911	10645404	7887126
180445	70949251	99026	4226094	3244275
2793913	63114267	2780959	5456205	4041098
521220	5196845	515215	261097	187004
274110	4092753	257711	702008	414749
1263886	27111943	918677	6985718	1676361
3549	694526	2886	180609	43429
397511	5447952	396271	295360	164247
113041	3182992	61427	365350	305974

1-7 续表 1

项目	法人单位数（个）	商品购进额	商品销售额
肉、禽、蛋、奶及水产品零售	2449	2486821	2857649
营养和保健品零售	708	407374	572691
酒、饮料及茶叶零售	4138	4975623	6146772
烟草制品零售	1600	1659774	1836876
其他食品零售	9516	9160421	10765630
纺织、服装及日用品专门零售	28799	39737430	56834068
纺织品及针织品零售	1718	2599072	3209979
服装零售	11095	16293828	25488443
鞋帽零售	693	1838655	3201203
化妆品及卫生用品零售	2842	2359579	3890723
厨具卫具及日用杂品零售	2239	2833416	3653095
钟表、眼镜零售	990	2035502	3356801
箱包零售	407	365831	533293
自行车等代步设备零售	380	258003	299191
其他日用品零售	8435	11153544	13201341
文化、体育用品及器材专门零售	17872	48896323	59903058
文具用品零售	4435	5408297	6892527
体育用品及器材零售	1674	3282776	4604815
图书、报刊零售	2570	10367829	12842578
音像制品、电子和数字出版物零售	275	261527	372168
珠宝首饰零售	2344	22365390	25466264
工艺美术品及收藏品零售	3958	3428937	4771664
乐器零售	382	680944	911632
照相器材零售	253	785742	880532
其他文化用品零售	1981	2314882	3160877
医药及医疗器材专门零售	5579	37675284	42673072
西药零售	1357	26936972	28070539
中药零售	946	3589240	4176870
动物用药品零售	102	83184	114193
医疗用品及器材零售	3061	6924271	10048876
保健辅助治疗器材零售	113	141615	262593
汽车、摩托车、零配件和燃料及其他动力销售	8705	283316037	290229743
汽车新车零售	2023	212131960	211146420
汽车旧车零售	409	188723	188827
汽车零配件零售	5302	6941535	7659898
摩托车及零配件零售	214	960668	1053174
机动车燃油零售	704	62713243	69775886
机动车燃气零售	11	292412	292799
机动车充电销售	42	87495	112739
家用电器及电子产品专门零售	22867	244160484	264365564
家用视听设备零售	358	617854	790911
日用家电零售	3657	49501935	53755669
计算机、软件及辅助设备零售	7098	168271257	178159488

单位：千元

#通过公共网络实现的商品销售额	#零售额	#通过公共网络实现的零售额	期末商品库存额	年末零售营业面积（平方米）
12541	2253715	952	329073	90199
61180	410813	25209	159922	40416
191111	4727326	103200	2215918	292724
7185	1687444	835	749667	124952
477767	8707175	327897	2689819	614420
5900579	46056719	5575671	13654278	2669030
32317	1644924	17319	823280	149531
872214	22691427	708072	7464736	1394270
72663	1740057	49601	897504	77959
212961	3542659	159765	821023	177862
78842	2681378	73542	452660	154176
144542	2902816	140443	737320	100662
16640	494490	14233	165598	16707
682	275218	629	139430	34234
4469719	10083749	4412067	2152726	563629
2845005	46102164	1901356	16869094	1405607
372849	5656854	337421	1609747	201381
174074	4050615	148239	1064162	317619
790770	11239667	611120	2172199	277424
28347	236989	23183	85367	12772
619163	16688332	37683	4274901	161003
518861	4424425	513015	6238861	276949
23219	846939	11331	372930	49821
68289	732711	66879	248757	12883
249433	2225632	152485	802170	95755
13340687	36809810	13314892	5044764	638764
13128105	25223306	13121295	2499742	240893
171122	3042719	168709	848174	161316
23	60994		29339	6474
38480	8258318	22331	1641496	222245
2957	224474	2557	26012	7836
4324003	253857590	4196859	27857252	3417257
4118829	194423242	4017809	24267693	2050089
	186092		54503	14482
91909	6700221	71240	1832797	467383
110	948695	21	217350	30347
111956	51200324	107789	1432316	849318
	292127		40472	4615
1200	106889		12120	1023
95848095	186618509	92341880	19124066	1829324
114096	668979	87670	282282	18994
16840523	50784650	16731671	2401445	829041
77161080	108073628	74096431	10860390	354171

1-7 续表 2

项　　目	法人单位数（个）	商品购进额	商品销售额
通信设备零售	2398	11412389	12916859
其他电子产品零售	9356	14357050	18742637
五金、家具及室内装饰材料专门零售	28680	32165640	43617521
五金零售	12336	11423000	14482761
灯具零售	807	721419	971379
家具零售	3848	8663435	13507909
涂料零售	357	379074	451407
卫生洁具零售	353	369099	522809
木质装饰材料零售	831	951290	1345432
陶瓷、石材装饰材料零售	1404	1312134	1830710
其他室内装饰材料零售	8744	8346189	10505114
货摊、无店铺及其他零售业	18579	136971813	156235618
流动货摊零售	98	46330	48061
互联网零售	3250	109033540	120808958
邮购及电视、电话零售	1750	2827074	3782485
自动售货机零售	40	63289	79126
旧货零售	14	6834	13437
生活用燃料零售	220	1057741	1169567
宠物食品用品零售	557	159038	204682
其他未列明零售业	12650	23777967	30129302
四、按控股情况分			
国有控股	972	196637928	218648550
集体控股	2557	24120717	29255493
私人控股	160117	486411015	553188881
港澳台商控股	265	40396825	47107900
外商控股	318	196975377	216554761
其他	3040	28147878	32660918
五、按单位规模分			
大型	150	439851480	490839918
中型	1099	258864438	279676748
小型	5834	103602553	123755597
微型	160186	170371267	203144240
六、按限额标准分			
限额以上	1862	784601932	865105307
限额以下	165407	188087806	232311196
七、按经营形式分			
独立门店	98171	427782063	479219520
连锁总店（总部）	407	194693150	226371584
连锁直营店	676	12457639	13732388
连锁加盟店	1224	2278803	2675485
其他	66791	335478083	375417526
八、按年末零售营业面积分			
10000 平方米及以上	225	283018240	330736158

单位：千元

#通过公共网络实现的商品销售额	#零售额	#通过公共网络实现的零售额	期末商品库存额	年末零售营业面积（平方米）
1241758	11503104	1182619	2103661	213692
490639	15588147	243488	3476288	413426
747709	36038280	481896	8726728	2534601
239136	11350609	146602	2779145	772055
5252	755438	309	246028	61317
419184	12140084	296968	2695756	834752
171	371531		116565	25478
15548	448586	3222	161137	23108
2130	1107088	51	352685	71242
1629	1491167	160	386222	115560
64658	8373778	34583	1989191	631089
115042601	132574548	99281270	13194723	884290
1	38908		6953	11055
114017221	102132144	98734622	6368761	89087
80815	3343830	30700	761986	17757
1826	76830	1786	21686	1300
	9358		671	681
	1118843		235027	99862
13240	162115	3261	92357	56152
929498	25692520	510901	5707281	608396
20919404	176759477	20156855	19241937	2805242
452869	27399768	426858	3599228	1870012
106139970	485934481	94538871	79895201	15171331
11269811	44168983	11269779	4518158	806020
85001580	145461274	78060741	12777242	1762099
19298619	28798697	17212308	2070259	527656
154030657	378672519	146109999	26696682	7129553
21685875	255869803	19779357	35531007	4049905
12289979	110393210	10590643	21810553	2059372
55075740	163587147	45185412	38063784	9703530
230001164	714485595	211715526	69317088	11831793
13081088	194037084	9949885	52784938	11110567
33061416	430418705	30742551	70391265	13188896
35001146	194973244	34991070	11968518	5579193
1661499	13355229	1657217	1346895	703329
20598	2408975	16930	1455956	161101
173337591	267366527	154257643	36939392	3309841
46335717	295027886	46335717	18129895	9733692

1-7 续表 3

项目	法人单位数（个）	商品购进额	商品销售额
5000-9999 平方米	279	53636615	57652406
1000-4999 平方米	1640	147176506	156168055
999 平方米及以下	165125	488858378	552859884
九、按地区分			
东城区	8285	89153764	103165354
西城区	8575	57767321	72142442
朝阳区	26208	209713582	238933992
丰台区	23529	66205202	76327123
石景山区	5082	37951933	42052613
海淀区	17281	125747417	142930306
门头沟区	3962	5740015	6435121
房山区	11391	21924368	23795811
通州区	10383	79015269	84487574
顺义区	7020	34098298	42448525
昌平区	12433	33404519	40073515
大兴区	9888	38685359	43104920
怀柔区	8386	11483347	13764987
平谷区	5783	5822035	6911209
密云区	5555	6008385	6750175
延庆区	1509	1847805	2236351
北京经济技术开发区	1999	148121118	151856484
十、按零售业态分			
有店铺零售	135704	678970207	776856784
食杂店	11617	8474083	9871849
便利店	9490	15180111	18014682
折扣店	1357	2132691	2583059
超市	3540	13199797	14734484
大型超市	64	50702115	58203238
仓储会员店	712	1018336	1144456
百货店	16280	59019401	78271205
专业店	46541	240715437	275038362
专卖店	24387	253955655	275178781
家居建材商店	13389	14092816	18868200
购物中心	2001	2185086	2938185
厂家直销中心	6326	18294679	22010283
无店铺零售	31565	293719533	320559718
电视购物	106	4576591	5669618
邮购	837	2741278	3307913
网上商店	2986	238062979	251349081
自动售货亭购物中心	61	272572	467850
电话购物	1757	2533340	3291549
其他	25818	45532773	56473707

单位：千元

#通过公共网络实现的商品销售额	#零售额		期末商品库存额	年末零售营业面积（平方米）
		#通过公共网络实现的零售额		
1301009	52205047	1241383	6890340	1865044
6916541	141978763	6055079	21255447	3171463
188528985	419310983	168033232	75826344	8172161
39593133	88432549	35295090	14313169	1240396
3269667	58119750	3071433	12481182	2723191
21252584	209470152	20143850	24106141	4539661
2422500	58324904	1831400	10784755	2131460
4549994	38266351	4463342	3611621	1064441
29939440	131230925	27916285	16941369	2648137
624056	6060014	587659	1586721	348346
849863	20959556	206087	2899516	1209184
48020547	74168323	41582680	3597574	1345811
11124329	38687051	10005552	4396885	1268329
1077293	35956900	591191	5470913	1196775
11106896	37336235	9823110	5465367	1232130
516713	12300539	248964	2445781	585133
695450	5987464	587526	1757478	436624
957836	6603160	947726	1573450	407383
12336	1889160	5286	423137	180296
67069614	84729646	64358231	10246968	385063
57989800	686272043	55162317	97482512	22273743
92804	8300030	25927	2089821	678828
1262172	16622261	1059278	2503964	1094375
57433	2194798	46849	1171177	156099
450079	13239938	420454	2183251	998362
2473728	56688412	2472201	4733785	3745270
24570	713716	5703	347590	83779
372829	74761010	247485	5914792	3372329
33036247	227139559	32080524	33718735	5450686
18947290	251044700	17712845	35612837	4129884
113259	16131425	56223	3743260	1335724
24196	2508427	14981	1127146	453439
1135193	16927767	1019847	4336154	774968
185092450	222250637	166503092	24619512	668617
599460	4409593	590824	69105	2022
254076	2997680	217003	491613	16293
180358540	165907091	162329927	13161237	77518
99581	439485	93178	47939	665
67422	2963785	33777	667322	24199
3713371	45533003	3238383	10182296	547920

1-8 限额以上批发和零售业法人

项 目	法人单位数（个）	商品购进额	#进口	商品销售额
合 计	**6993**	**6151038856**	**983162277**	**6604138971**
一、按登记注册类型分				
内资	6427	4602586230	584756567	4865126755
国有	127	122824524	16294986	133141194
集体	53	9227173	5145149	9689889
股份合作	44	3825401	33664	4312066
集体联营	1	***	***	***
国有与集体联营	1	***	***	***
国有独资公司	167	828778916	141179373	850308431
其他有限责任公司	2378	2626571176	361219434	2780021799
股份有限公司	157	335140701	26341270	358325594
私营独资	7	1485623		1561804
私营合伙	1	***	***	***
私营有限责任公司	3416	663098248	33904659	713320859
私营股份有限公司	72	11351129	557182	14112253
其他	3	102970		115467
港澳台商投资	214	675053764	43266671	702090011
与港澳台商合资经营	31	25743368	2201844	26603940
与港澳台商合作经营	2	***	***	***
港澳台商独资	173	623349793	27096355	648580347
港澳台商投资股份有限公司	3	20732826	12119256	21046599
其他港澳台投资	5	2946425	1849216	3683691
外商投资	352	873398862	355139039	1036922205
中外合资经营	70	203332707	22951679	224902540
中外合作经营	3	151672	109377	267426
外资企业	274	669359572	331720531	810963168
外商投资股份有限公司	3	334601	275139	483482
其他外商投资	2	***	***	***
二、按隶属关系分				
中央	469	2267707170	421996231	2375793627
地方	6524	3883331686	561166046	4228345344
三、按控股情况分				
国有控股	1152	3198161890	477187525	3358038462
集体控股	163	87296003	7811925	90812508
私人控股	5054	1296297478	94897682	1399062377
港澳台商控股	209	669462630	48278891	695872389
外商控股	343	828002220	338801871	980882246
其他	69	71715665	16184383	79355522
四、按经营形式分				
独立门店	4020	3234266777	496934248	3415343188
连锁总店（总部）	152	219331533	276216	251312412
连锁直营店	31	30342472	27554	30950840
连锁加盟店	9	1852657		2067321
其他	2781	2665245417	485924259	2904465210

单位商品购进、销售、库存

单位：千元

#通过公共网络实现的商品销售额	#批发额		#零售额		期末商品库存额	年末零售营业面积（平方米）
		#出口		#通过公共网络实现的零售额		
1200170366	**5789157373**	**233200996**	**814981598**	**234245356**	**564361313**	**13022332**
999382677	4212025712	210515553	653101043	197293712	417168099	9970089
60338532	123528777	4799901	9612417	550765	9442549	284967
71462	6679790		3010099	71462	380175	127825
83513	2320576	35308	1991490	16093	373950	40032
***	***	***	***	***	***	***
***	***	***	***	***	***	***
400482045	839104025	31154037	11204406	1020377	27371488	204900
411378271	2361011635	156373429	419010164	175679121	284652723	5035016
84570313	273358663	5515695	84966931	2037389	29539877	1969772
	1508548		53256		56937	5810
***	***	***	***	***	***	***
39782390	594809192	12511196	118511667	15970370	62156738	2232124
2656288	9431724	42632	4680529	1928290	3174454	66986
19863	95622		19845	19845	98	
45008154	657193621	1450369	44896390	11021597	59177022	916962
926617	23581174	57477	3022766	778271	1889915	131749
***	***	***	***	***	***	***
44052484	608555776	1380311	40024571	10223004	54754488	756708
11608	21034036	12039	12563	11608	1988678	678
17426	3038254	542	645437	8695	357154	6023
155779535	919938040	21235074	116984165	25930047	88016192	2135281
12545739	168271500	575102	56631040	8533116	14742766	746941
	267357		69		10283	37
143225813	750721604	20571441	60241564	17396931	73001080	1383082
	380626		102856		70601	4637
***	***	***	***	***	***	***
646588044	2267266866	174291432	108526761	15341794	212651377	567537
553582322	3521890507	58909564	706454837	218903562	351709936	12454795
755336355	3129622923	188243574	228415539	28275972	282723520	3089691
25405169	64623574	1299932	26188934	1849995	9210266	1411319
142824766	1062358660	20380096	336703717	93216281	121968881	5554217
44939321	650294172	1716636	45578217	10953955	57798029	842510
206710858	834094028	20882093	146788218	77785688	83471432	1810259
24934034	48068394	678665	31287128	22143620	9189087	314336
339455431	3031955799	146789348	383387389	37076277	303539634	5844863
35821818	48863041	918	202449371	35193182	12062599	5658478
967241	17421185		13529655	967241	1542517	807886
	1395973		671348		1241223	20524
823925876	2689521375	86410730	214943835	161008656	245975340	690581

1-8 续表 1

项目	法人单位数（个）	商品购进额	#进口	商品销售额
五、按行业分				
批发业	5131	5366436924	955173653	5739033664
零售业	1862	784601932	27988624	865105307
六、按零售业态分				
有店铺零售	1569	531678302	24506728	596225132
食杂店	11	393066		423247
便利店	39	7581393		8829356
折扣店	5	1289411		1457371
超市	53	9091053	12260	9825163
大型超市	51	50260894	158051	57647227
百货店	82	49514567	5136153	66009873
专业店	567	184913741	4198012	206244985
专卖店	698	220251483	14842548	234869605
家居建材商店	25	3154360	70378	4932483
购物中心	9	424730		497828
厂家直销中心	29	4803604	89326	5487994
无店铺零售	293	252923630	3481896	268880175
电视购物	6	4443909		5517243
邮购	7	1615065	1267540	1862279
网上商店	144	231819301	719918	243625252
自动售货亭购物中心	2	***	***	***
电话购物	13	370101	9989	489343
其他	121	14477063	1484449	17007737
七、按地区分				
东城区	510	689436025	79479155	742740985
西城区	486	509877849	96520391	534838146
朝阳区	1937	1911968804	566029810	2131025014
丰台区	560	226619473	31767304	240481400
石景山区	157	141749315	7239486	138504157
海淀区	1427	1192157271	152575028	1267203749
门头沟区	106	33077000	6077994	33598570
房山区	310	125069927	1222503	128373222
通州区	219	132560707	3718949	142479934
顺义区	263	143007279	16410955	163866786
昌平区	326	265414169	12017388	292161731
大兴区	202	92720896	943259	98079958
怀柔区	75	12479906	828550	14023238
平谷区	100	21336215	302656	25032412
密云区	134	21365430	763482	23264207
延庆区	22	3877309	244	4072753
北京经济技术开发区	159	628321281	7265123	624392709

单位：千元

#通过公共网络实现的商品销售额	#批发额	#出口	#零售额	#通过公共网络实现的零售额	期末商品库存额	年末零售营业面积（平方米）
970169202	5638537661	233049179	100496003	22529830	495044225	1190539
230001164	150619712	151817	714485595	211715526	69317088	11831793
52756935	62477401	79890	533747731	51849675	55216315	11819223
	7394		415853		92908	3362
851145	313440		8515916	815866	589138	445285
28362	87473		1369898	28362	821491	68030
319770	799885		9025278	319770	779503	367929
2452513	1511203		56136024	2452513	4712421	3648066
105995	1447032		64562841	105995	2628357	2250641
30911758	37022889	71396	169222096	30841549	18807602	2378133
18056898	19704548	1552	215165057	17256781	25363752	2274091
23801	72750		4859733	23801	793100	185382
5000	22422		475406	5000	20077	171949
1693	1488365	6942	3999629	38	607966	26355
177244229	88142311	71927	180737864	159865851	14100773	12570
582350	1242983		4274260	582350	13611	500
106982	116820	10967	1745459	106982	170942	
174206307	84740417	271	158884835	156861686	11602623	12070
***	***	***	***	***	***	***
21233	13381		475962	21233	80505	
2229708	2001017	60689	15006720	2202339	2218043	
91609187	635562342	24007907	107178643	37119979	53452908	940058
63380221	485523141	44315854	49315005	2585398	59834848	2243008
635051288	1928430065	47609845	202594949	21655871	197414440	2966664
20802105	187554668	5553289	52926732	10453809	23954164	853617
7072435	101888108	897944	36616049	4748044	32685649	902136
140701596	1159352353	68095791	107851396	28646859	81086542	1749297
2383001	31007624	6347438	2590946	597642	2327465	145150
2603305	114441215	565232	13932007	176582	4595799	360562
70690250	75711998	865365	66767936	41513123	9076791	689680
20561162	132432034	17095347	31434752	9822740	11581442	610878
40873182	268371095	7381015	23790636	1482213	15917352	432612
13317775	67225473	567813	30854485	9110680	6769111	551321
1091346	11019056	30201	3004182	391563	1747612	90564
1137165	21587155	634	3445257	542802	3159217	126092
1801012	20524884	154502	2739323	890285	2557367	78340
465600	3407773		664980		255231	54562
86629736	545118389	9712819	79274320	64507766	57945375	227791

1-9 按行业分限额以上批发和零售

项　　目	法人单位数（个）	商品购进额	#进口	商品销售额
合　计	**6993**	**6151038856**	**983162277**	**6604138971**
一、批发业	5131	5366436924	955173653	5739033664
农、林、牧、渔产品批发	113	172288293	50180265	175564127
谷物、豆及薯类批发	22	69651130	24688054	69149519
种子批发	18	3077208	1577602	3829574
畜牧渔业饲料批发	41	27771830	1561919	28610078
棉、麻批发	14	28080621	7029431	27780501
林业产品批发	7	1389768	62192	1418518
其他农牧产品批发	11	42317736	15261067	44775937
食品、饮料及烟草制品批发	505	279784753	25579062	319716486
米、面制品及食用油批发	64	66992230	9602768	62494318
糕点、糖果及糖批发	25	13179139	417478	18290553
果品、蔬菜批发	26	2283641	253074	2443082
肉、禽、蛋、奶及水产品批发	94	22083304	6092675	23342793
盐及调味品批发	27	4817766	567635	5474979
营养和保健品批发	16	3757196	95635	10383662
酒、饮料及茶叶批发	139	75628083	1029208	97282901
烟草制品批发	21	43590720	3765580	51332100
其他食品批发	93	47452674	3755009	48672098
纺织、服装及家庭用品批发	455	583243791	32114860	597880314
纺织品、针织品及原料批发	57	25726056	17418549	26141621
服装批发	115	17556236	1146641	23716226
鞋帽批发	22	3978213	708687	6176751
化妆品及卫生用品批发	56	16781080	670785	18635139
厨具卫具及日用杂品批发	46	12962652	513557	14466957
灯具、装饰物品批发	11	939072	108846	1145737
家用视听设备批发	24	26077852	5276707	32051649
日用家电批发	72	468607563	4313003	463764025
其他家庭用品批发	52	10615067	1958085	11782209
文化、体育用品及器材批发	257	172876401	14505947	191201213
文具用品批发	70	21209919	3114149	21494201
体育用品及器材批发	15	10692115	578885	12770923
图书批发	85	11557353	546825	14466128
报刊批发	4	196536		335483

业法人单位商品购进、销售、库存

单位：千元

#通过公共网络实现的商品销售额	#批发额		#零售额		期末商品库存额	年末零售营业面积（平方米）
		#出口		#通过公共网络实现的零售额		
1200170366	**5789157373**	**233200996**	**814981598**	**234245356**	**564361313**	**13022332**
970169202	5638537661	233049179	100496003	22529830	495044225	1190539
2136799	175454546	3035674	109581		15242400	520
41276	69047864	214848	101655		6943408	120
	3829574	13768			1017961	
568373	28602152	156498	7926		1942497	400
	27780501	41664			3870832	
	1418518	26597			150361	
1527150	44775937	2582299			1317341	
51526797	310584988	5685987	9131498	1185210	52888270	330816
762939	61700884	4397391	793434	59425	33772490	17871
63789	18277508	165920	13045	6253	2386122	290
176	2287072	1083	156010	176	119345	520
564219	23030695	7861	312098	102070	2591798	3519
75599	5389611		85368	171	586564	218
320976	10207345	1053	176317	169478	171877	721
3819472	96189913	710097	1092988	231051	6390673	30351
42621558	51332100	14108			1975583	
3298069	42169860	388474	6502238	616586	4893818	277326
13637795	589878547	6405365	8001767	2901789	64735467	286837
247294	26086556	3466494	55065	12787	3079796	2837
892963	20363508	1881649	3352718	554967	7301665	213000
411829	5341282	277773	835469	337488	2018044	19712
1894871	18093378	768	541761	223780	2931437	7003
2907112	13613708	116644	853249	622277	1845626	8302
5178	1105493	102707	40244	5178	164887	5033
569337	31045998		1005651	493029	1763337	10057
5701074	463025604	266781	738421	541420	43248516	7493
1008137	11203020	292549	579189	110863	2382159	13400
51689056	184155711	1200313	7045502	2328611	23910958	60591
1290626	21397261	78287	96940	35209	2170309	399
223802	12522084	402423	248839	203255	1505184	6486
1242727	13945243	8966	520885	239012	3866784	8161
69902	326006		9477	9477	16135	

1-9 续表 1

项目	法人单位数（个）	商品购进额	#进口	商品销售额
音像制品、电子和数字出版物批发	2	***	***	***
首饰、工艺品及收藏品批发	60	109335285	574738	117232240
乐器批发	3	241435	81619	280076
其他文化用品批发	18	15453016	8978447	20190912
医药及医疗器材批发	728	260691773	80146499	259132804
西药批发	105	90114228	8678992	102309976
中药批发	30	40633359	13429228	41489179
动物用药品批发	2	***	***	***
医疗用品及器材批发	591	129766992	57927144	115150233
矿产品、建材及化工产品批发	1310	2439342907	395155102	2521941759
煤炭及制品批发	75	316431450	21730141	326381882
石油及制品批发	174	514328913	135281035	552456500
非金属矿及制品批发	10	8760018	5686793	9453602
金属及金属矿批发	491	828383268	140337643	845260404
建材批发	118	112316733	24265349	119646515
化肥批发	27	75397214	13669160	72486467
农药批发	14	7273875	246016	7654323
农用薄膜批发	1	***	***	***
其他化工产品批发	400	576425517	53938965	588456771
机械设备、五金产品及电子产品批发	1630	1358054748	339182397	1562725225
农业机械批发	9	4356330	286414	5745144
汽车及零配件批发	197	484389097	261945314	602896253
摩托车及零配件批发	2	***	***	***
五金产品批发	68	9723172	613627	11199138
电气设备批发	55	55982612	11109631	68255744
计算机、软件及辅助设备批发	393	142967359	11717801	154760969
通讯设备批发	120	401172158	14908057	419190525
广播影视设备批发	32	4557177	471023	5590340
其他机械设备及电子产品批发	754	254798605	38112606	294968745
贸易经纪与代理	44	51758948	8316808	56284789
贸易代理	31	50525962	8001665	54949148
一般物品拍卖	1	***	***	***
艺术品、收藏品拍卖	7	6453		7403
艺术品代理	1	***	***	***

单位：千元

#通过公共网络实现的商品销售额	#批发额		#零售额		期末商品库存额	年末零售营业面积（平方米）
		#出口		#通过公共网络实现的零售额		
***	***	***	***	***	***	***
44430442	111296991	702547	5935249	1800049	14399502	38786
5211	274865		5211	5211	73544	
75483	19965680	8090	225232	32729	1853559	6759
21992526	210552936	4209844	48579868	10232376	36773805	26339
8229870	62477962	1947134	39832014	4312147	10262396	13569
7287816	33304431	845600	8184748	5735069	9717535	7493
***	***	***	***	***	***	***
6474840	114587127	1415321	563106	185160	16757524	5277
482241559	2512065830	114106478	9875929	205123	155402431	292213
54716059	326348544	1694493	33338		9245975	54090
8342769	543677932	33942406	8778568	19	72334913	199392
	9453602	3650361			188067	
21620277	845256486	30665553	3918	2	44782753	2231
10952568	118772270	5605990	874245	176695	5560074	33034
376	72486457	1819756	10	8	11862861	
20082	7654323	3236245			1282192	
***	***	***	***	***	***	***
386589428	588270921	33469937	185850	28399	10144830	3466
344874870	1545443740	54538626	17281485	5345918	127097168	135129
2036	5745144	189293			455850	
118378350	600523244	18289801	2373009	41484	54984575	25788
***	***	***	***	***	***	***
306019	9358231	960629	1840907	166152	919941	5830
17890773	68255738	893040	6	6	4004451	
25618705	149424793	99941	5336176	2059276	12289368	19533
155618667	412373704	814943	6816821	2990089	21122955	46587
2347	5586935	5158	3405	1847	1595678	140
27057973	294094582	33285821	874163	87064	31670893	36711
	56275330	32539066	9459		1785195	304
	54947092	32535927	2056		1596943	299
***	***	***	***	***	***	***
			7403			5
***	***	***	***	***	***	***

1-9 续表 2

项　　目	法人单位数（个）	商品购进额	#进口	商品销售额
其他贸易经纪与代理	4	1190011	278621	1269738
其他批发业	89	48395310	9992713	54586947
再生物资回收与批发	9	14086188		13971076
宠物食品用品批发	1	***	***	***
互联网批发	14	3407575		3546537
其他未列明批发业	65	30868660	9992713	37018882
二、零售业	1862	784601932	27988624	865105307
综合零售	191	113081738	5292965	137722199
百货零售	80	50703106	5122654	67168226
超级市场零售	86	57310328	170311	64178563
便利店零售	11	3619455		4609439
其他综合零售	14	1448849		1765971
食品、饮料及烟草制品专门零售	89	7445544	2628	10674778
粮油零售	7	364744		408686
糕点、面包零售	18	2740949		4543427
果品、蔬菜零售	13	540993		651518
肉、禽、蛋、奶及水产品零售	6	269444	2628	429629
营养和保健品零售	2	***	***	***
酒、饮料及茶叶零售	22	2002822		2651349
烟草制品零售	3	550828		648426
其他食品零售	18	930728		1281163
纺织、服装及日用品专门零售	164	24143968	1030685	36729335
纺织品及针织品零售	10	502091	3551	875254
服装零售	99	10589061	848744	17677736
鞋帽零售	9	1420388	1002	2682614
化妆品及卫生用品零售	9	1388628	24891	2608402
厨具卫具及日用杂品零售	8	1631745		2084792
钟表、眼镜零售	15	1184964		2249428
箱包零售	3	173483	131349	273378
自行车等代步设备零售	1	***	***	***
其他日用品零售	10	7217520	21148	8237926
文化、体育用品及器材专门零售	119	35466319	5851179	42995014
文具用品零售	16	2274287	863489	2852966
体育用品及器材零售	9	1857111	47423	2870014

单位：千元

#通过公共网络实现的商品销售额	#批发额	#出口	#零售额	#通过公共网络实现的零售额	期末商品库存额	年末零售营业面积（平方米）
	1269738	3139			183372	
2069800	54126033	11327826	460914	330803	17208531	57790
	13963591		7485		708913	120
***	***	***	***	***	***	***
1602220	3208877		337660	323363	184434	170
417128	36910220	11327826	108662	333	16303458	57500
230001164	150619712	151817	714485595	211715526	69317088	11831793
3524458	3743172		133979027	3524455	7998808	6676949
78454	1337499		65830727	78454	2426232	2503862
2755650	2246794		61931769	2755650	5269071	3897768
514014	142666		4466773	514011	171392	116623
176340	16213		1749758	176340	132113	158696
755413	1474973	634	9199805	710645	1100199	184962
	139757		268929		91696	2450
369374	95710		4447717	369374	64477	97310
74883	71766	634	579752	39032	28632	26058
2529	105021		324608		3047	4710
***	***	***	***	***	***	***
87850	964709		1686640	87850	639631	30854
			648426		175570	9469
220535	93041		1188122	214147	96647	14111
5160273	6647660	918	30081675	5127778	5738933	886305
452	306210		569044	452	159030	22497
594675	1530161		16147575	584492	3355084	657213
25326	1389194	918	1293420	25326	628449	32648
111371	156400		2452002	93115	345340	32596
60337	662261		1422531	60204	85964	4686
23921	363193		1886235	23921	210970	43111
			273378		49823	1363
***	***	***	***	***	***	***
4344191	2231522		6006404	4340268	840070	91341
1904055	11130302	142840	31864712	1214027	10916834	454706
216065	492460	26739	2360506	193245	870137	14001
52794	248694		2621320	52584	381868	209627

1-9 续表 3

项　　目	法人单位数（个）	商品购进额	#进口	商品销售额
图书、报刊零售	43	7311886	4726779	8891774
音像制品、电子和数字出版物零售	2	***	***	***
珠宝首饰零售	19	20389676	97059	23304744
工艺美术品及收藏品零售	16	2234311		3062889
乐器零售	5	313349		418834
照相器材零售	6	240949		252298
其他文化用品零售	3	784093	116429	1252691
医药及医疗器材专门零售	100	29984041	468129	31867947
西药零售	55	26173533		27144072
中药零售	31	3090547		3514315
医疗用品及器材零售	11	652633	468129	1041173
保健辅助治疗器材零售	3	67328		168387
汽车、摩托车、零配件和燃料及其他动力销售	740	255594523	13381227	260451422
汽车新车零售	550	195863588	13353910	194215483
汽车零配件零售	8	584359	13506	587146
摩托车及零配件零售	8	445542	13811	467380
机动车燃油零售	174	58701034		65181413
家用电器及电子产品专门零售	208	208447567	658434	219158969
家用视听设备零售	4	80147		103439
日用家电零售	33	43606836	149151	46366223
计算机、软件及辅助设备零售	105	155968717	367116	162905064
通信设备零售	36	7726977	43151	8360367
其他电子产品零售	30	1064890	99016	1423876
五金、家具及室内装饰材料专门零售	55	6359617	299936	10459161
五金零售	8	228983	17362	264352
灯具零售	1	***	***	***
家具零售	37	5536266	279696	9379177
卫生洁具零售	3	83892		137327
陶瓷、石材装饰材料零售	3	41478		51608
其他室内装饰材料零售	3	461600	2878	612289
货摊、无店铺及其他零售业	196	104078615	1003441	115046482
互联网零售	140	102182341	675088	112393375
邮购及电视、电话零售	5	113771	4489	200351
生活用燃料零售	7	185973		229683
其他未列明零售业	44	1596530	323864	2223073

单位：千元

#通过公共网络实现的商品销售额	#批发额	#出口	#零售额	#通过公共网络实现的零售额	期末商品库存额	年末零售营业面积（平方米）
317800	1038882	116101	7852892	307839	1249106	121861
***	***	***	***	***	***	***
606369	8627091		14677653	25772	3105801	44356
428564	56786		3006103	428564	4869611	38532
9675	16927		401907	9675	165028	18951
40669	83923		168375	40669	59178	427
209900	501679		751012	133460	211620	6371
13274379	3872214		27995733	13274379	2885247	197230
13101380	2766705		24377367	13101380	2129030	112331
167068	1076354		2437961	167068	573939	74539
5931	20991		1020182	5931	172599	7740
	8164		160223		9679	2620
3248479	34131608	6766	226319814	3200567	23592386	2300126
3140669	15776505	6766	178438978	3092757	22146132	1591239
	29834		557312		124042	30825
21	31823		435557	21	88098	4958
107789	18293446		46887967	107789	1234114	673104
94470188	70844714		148314255	91748197	10480040	735038
44364	7394		96045	44364	24843	420
16604728	1727679		44638544	16604728	479584	577630
76667152	68143168		94761896	73945161	8585248	67140
1081715	795218		7565149	1081715	1069541	82324
72229	171255		1252621	72229	320824	7524
416966	771013		9688148	327952	1404651	359031
54380	26814		237538	38066	57176	2479
***	***	***	***	***	***	***
340184	740322		8638855	267484	1243923	321940
			137327		31334	1143
	3877		47731		34890	5164
22402			612289	22402	37172	27805
107246953	18004056	659	97042426	92587526	5199990	37446
107231130	17874049	271	94519326	92573358	4712490	11508
			200351		30765	500
	4122		225561		10955	19417
15823	125885	388	2097188	14168	445780	6021

1-10 按行业分限额以上批发和

项目	合计		
	商品销售额	批发额	零售额
合 计	**6604138971**	**5789157373**	**814981598**
1. 粮油、食品类	290814325	221203135	69611190
2. 饮料类	46085471	35914175	10171296
3. 烟酒类	119990992	105057867	14933125
4. 服装、鞋帽、针纺织品类	117353510	57154319	60199191
5. 化妆品类	35054292	16194284	18860008
6. 金银珠宝类	147127802	117536304	29591498
7. 日用品类	115617636	75029740	40587896
8. 五金、电料类	15950692	14392411	1558281
9. 体育、娱乐用品类	99058627	86134821	12923806
10. 书报杂志类	26752305	17879733	8872572
11. 电子出版物及音像制品类	6402964	4025365	2377599
12. 家用电器和音像器材类	255979147	208955845	47023302
13. 中西药品类	203651962	124407758	79244204
14. 文化办公用品类	412727387	343840987	68886400
15. 家具类	12069214	2341970	9727244
16. 通讯器材类	598919896	510706339	88213557
17. 煤炭及制品类	349218035	349181760	36275
18. 木材及制品类	50451101	50451101	
19. 石油及制品类	642268973	586690729	55578244
20. 化工材料及制品类	716988103	716988103	
21. 金属材料类	845578401	845578401	
22. 建筑及装潢材料类	59770757	56248113	3522644
23. 机电产品及设备类	333432989	329139149	4293840
24. 汽车类	800715100	618329488	182385612
25. 种子饲料类	24450846	24450846	
26. 棉麻类	35268185	35267296	889
27. 其他类	242440259	236057334	6382925

零售业法人单位商品分类销售情况

单位：千元

批发业			零售业		
商品销售额	批发额	零售额	商品销售额	批发额	零售额
5739033664	**5638537661**	**100496003**	**865105307**	**150619712**	**714485595**
223901286	217600798	6300488	66913039	3602337	63310702
33805225	33171009	634216	12280246	2743166	9537080
104596453	103155470	1440983	15394539	1902397	13492142
56822076	52279092	4542984	60531434	4875227	55656207
15187091	14305147	881944	19867201	1889137	17978064
114445349	108620511	5824838	32682453	8915793	23766660
64805583	62689951	2115632	50812053	12339789	38472264
15242067	14362212	879855	708625	30199	678426
83819089	83038541	780548	15239538	3096280	12143258
15372867	14846471	526396	11379438	3033262	8346176
4143074	3990124	152950	2259890	35241	2224649
196239342	194367710	1871632	59739805	14588135	45151670
166162172	118509664	47652508	37489790	5898094	31591696
315844936	310333739	5511197	96882451	33507248	63375203
1174224	1117676	56548	10894990	1224294	9670696
500404560	493792806	6611754	98515336	16913533	81601803
349214846	349181760	33086	3189		3189
50451101	50451101				
576999605	568370341	8629264	65269368	18320388	46948980
716984162	716984162		3941	3941	
845572617	845572617		5784	5784	
57868970	55899474	1969496	1901787	348639	1553148
329252445	328475016	777429	4180544	664133	3516411
604482675	602123187	2359488	196232425	16206301	180026124
24450818	24450818		28	28	
35267296	35267296		889		889
236523735	235580968	942767	5916524	476366	5440158

1-11 限额以下批发和零售业

项　　目	法人单位数（个）	商品购进额	商品销售额
合　计	**266402**	**818294275**	**961393473**
一、按登记注册类型分			
内资	264453	795414672	931091271
国有	563	3491488	4027803
集体	2114	2932821	3577529
股份合作	1421	2528738	3097686
国有联营	23	50800	56683
集体联营	41	31985	40249
国有与集体联营	5	40785	57383
其他联营	6	2271	2695
国有独资公司	42	1781752	2003709
其他有限责任公司	8627	110384519	119783479
股份有限公司	433	4107925	4904583
私营独资	8584	2935577	3967832
私营合伙	479	391273	525799
私营有限责任公司	240609	662349281	783504625
私营股份有限公司	514	3568138	4566340
其他	992	817319	974875
港澳台商投资	583	5834865	7574488
与港澳台商合资经营	122	1055080	1330510
与港澳台商合作经营	4	10021	12717
港澳台商独资	456	4757248	6212549
港澳台商投资股份有限公司	1	***	***
外商投资	1366	17044738	22727714
中外合资经营	337	3264680	4287903
中外合作经营	12	37117	46658
外资企业	1006	10797612	14739233
外商投资股份有限公司	7	2941293	3648451
其他外商投资	4	4037	5469
二、按隶属关系分			
中央	368	23372550	21147122
地方	266034	794921726	940246351
三、按控股情况分			
国有控股	1187	35486493	41583819
集体控股	3579	6761599	8190920
私人控股	254801	713992015	838763862
港澳台商控股	574	5667082	7294839
外商控股	1040	13989294	18816470
其他	5221	42397792	46743563
四、按经营形式分			
独立门店	139862	366261690	427304991
连锁总店（总部）	331	2059496	2751762
连锁直营店	787	5601167	6895224
连锁加盟店	1352	2637047	3241611
其他	124070	441734874	521199883

法人单位商品购进、销售、库存

单位：千元

#通过公共网络实现的商品销售额	#零售额	#通过公共网络实现的零售额	期末商品库存额	年末零售营业面积（平方米）
30090635	**205916998**	**10669066**	**153042089**	**13963497**
26240531	200315172	8305144	147968588	13808100
19137	784778	16840	731327	140768
16958	1570935	15546	965717	351931
57766	1406796	13942	742706	120262
	31192		8322	4547
	6570		12939	4928
	57382		4844	944
	1957		462	207
10436	65456	1904	256735	2473
2691347	16498384	1038145	22008740	827897
350808	417010	6465	457273	31383
35029	2005695	17933	710563	392266
1848	142702	591	148967	18844
22868939	176291230	7133426	120343038	11820444
153852	727129	39856	1452459	50314
34413	307956	20497	124496	40892
1666702	2449022	1318236	2043290	50681
85024	402211	50495	423036	7613
	12529		7428	300
1581677	2034282	1267740	1612296	42768
***	***	***	***	***
2183403	3152804	1045686	3030211	104716
155682	924663	21222	871271	32646
	5		4474	168
1979821	2175942	976564	2108628	71439
47900	52194	47900	45291	388
			548	75
38372	977706	29257	10844128	81070
30052263	204939293	10639809	142197962	13882427
327695	3787994	136902	12157817	241585
143447	3267800	31515	1965439	578828
25050347	188791703	7599872	130320986	12740130
1636162	2496198	1318950	1910815	48711
2059444	2187133	1021960	2259674	80366
873541	5386170	559867	4427360	273877
7262935	107657940	1974540	73948229	9377646
196845	1830568	168360	1167140	162584
1196907	4720133	1029396	1382520	200590
41377	1772645	17169	1018419	149497
21392571	89935712	7479600	75525782	4073180

1-11 续表 1

项目	法人单位数（个）	商品购进额	商品销售额
五、按行业分			
批发业	100995	630206469	729082276
零售业	165407	188087806	232311196
六、按零售业态分			
有店铺零售	134135	147291905	180631652
食杂店	11606	8081017	9448602
便利店	9451	7598718	9185326
折扣店	1352	843280	1125688
超市	3487	4108744	4909321
大型超市	13	441221	556011
仓储会员店	712	1018336	1144456
百货店	16198	9504834	12261332
专业店	45974	55801696	68793377
专卖店	23689	33704172	40309176
家居建材商店	13364	10938456	13935717
购物中心	1992	1760356	2440357
厂家直销中心	6297	13491075	16522289
无店铺零售	31272	40795903	51679543
电视购物	100	132682	152375
邮购	830	1126213	1445634
网上商店	2842	6243678	7723829
自动售货亭购物中心	59	74381	89529
电话购物	1744	2163239	2802206
其他	25697	31055710	39465970
七、按地区分			
东城区	11427	46642359	52901346
西城区	13134	84886245	96209521
朝阳区	47968	143387846	179093845
丰台区	34019	80556332	88648725
石景山区	7800	26487756	30887818
海淀区	26069	92371453	114759554
门头沟区	6418	23569017	26894033
房山区	17187	42693690	47275492
通州区	18004	46697222	54915784
顺义区	10752	24807132	29136879
昌平区	17859	50683497	57491487
大兴区	17613	64560924	76004992
怀柔区	13825	27959461	33958025
平谷区	9174	11309245	13791343
密云区	9285	20124232	22582774
延庆区	2038	4867992	5688043
北京经济技术开发区	3830	26689872	31153811

单位：千元

#通过公共网络实现的商品销售额	#零售额	#通过公共网络实现的零售额	期末商品库存额	年末零售营业面积（平方米）
17009547	11879914	719181	100257151	2852930
13081088	194037084	9949885	52784938	11110567
5232865	152524312	3312642	42266197	10454520
92804	7884177	25927	1996913	675466
411027	8106345	243412	1914826	649090
29071	824900	18487	349686	88069
130309	4214660	100684	1403748	630433
21215	552388	19688	21364	97204
24570	713716	5703	347590	83779
266834	10198169	141490	3286435	1121688
2124489	57917463	1238975	14911133	3072553
890392	35879643	456064	10249085	1855793
89458	11271692	32422	2950160	1150342
19196	2033021	9981	1107069	281490
1133500	12928138	1019809	3728188	748613
7848221	41512773	6637241	10518739	656047
17110	135333	8474	55494	1522
147094	1252221	110021	320671	16293
6152233	7022256	5468241	1558614	65448
1932	88857	1917	32890	665
46189	2487823	12544	586817	24199
1483663	30526283	1036044	7964253	547920
943089	10021031	313879	7092813	539461
1146358	10874047	716644	21065160	703411
9150255	30857135	1817367	31387905	2314451
2107393	21829417	518444	13451984	1820410
605872	6798669	219455	3717151	493008
5878169	36351259	2734977	18769171	1140632
219453	3728073	102465	3609883	242189
309264	8003394	133906	5559445	1042489
1595240	8905745	580701	7982655	856222
566216	8075467	350050	4861507	795273
1321026	18298750	219250	7201048	910374
2566394	14746702	1665561	10599086	1068161
386606	10274295	97271	5691549	602682
148976	4761726	56073	2606326	497370
279995	4099177	132350	3995466	341680
19259	1284995	5295	612449	141819
2847067	7007116	1005378	4838490	453865

1-12 按行业分限额以下批发和零售

项　　目	法人单位数（个）	商品购进额	商品销售额
合　计	**266402**	**818294275**	**961393473**
一、批发业	100995	630206469	729082276
农、林、牧、渔产品批发	1883	7480293	8793057
谷物、豆及薯类批发	168	762202	845392
种子批发	361	1504667	2027362
畜牧渔业饲料批发	371	1913328	2214083
棉、麻批发	13	86678	97484
林业产品批发	284	718923	857142
牲畜批发	43	56233	90733
渔业产品批发	79	497389	568643
其他农牧产品批发	564	1940873	2092218
食品、饮料及烟草制品批发	14211	64803198	74647115
米、面制品及食用油批发	699	6918599	8053757
糕点、糖果及糖批发	258	1640854	1799290
果品、蔬菜批发	2967	11336791	12952853
肉、禽、蛋、奶及水产品批发	1632	10119697	11144997
盐及调味品批发	743	2463583	3047762
营养和保健品批发	374	641747	939006
酒、饮料及茶叶批发	2787	10726370	12741146
烟草制品批发	74	116315	146842
其他食品批发	4677	20839242	23821462
纺织、服装及家庭用品批发	12666	38920254	48836704
纺织品、针织品及原料批发	1173	4086974	5164599
服装批发	3533	6559620	8599060
鞋帽批发	247	871170	1096382
化妆品及卫生用品批发	1159	3589572	4560677
厨具卫具及日用杂品批发	2203	5322830	6468348
灯具、装饰物品批发	613	1461637	1856137
家用视听设备批发	201	1483522	1745636
日用家电批发	1154	8030397	9660916
其他家庭用品批发	2383	7514530	9684949
文化、体育用品及器材批发	6327	23658383	28535440
文具用品批发	2362	9074939	10344435
体育用品及器材批发	599	1316779	1689256
图书批发	1170	6661864	8340633
报刊批发	30	54583	89608
音像制品、电子和数字出版物批发	226	872509	1290269
首饰、工艺品及收藏品批发	1352	3515833	4163388

业法人单位商品购进、销售、库存

单位：千元

#通过公共网络实现的商品销售额	#零售额	#通过公共网络实现的零售额	期末商品库存额	年末零售营业面积（平方米）
30090635	**205916998**	**10669066**	**153042089**	**13963497**
17009547	11879914	719181	100257151	2852930
409800	133486	291	1817807	94536
35448	5685		62555	18228
353611	11140	287	834730	8405
132	48970	3	298533	6058
			2635	
	21519		178143	12791
	504		12281	1188
	6512		72245	5880
20608	39156	1	356686	41986
2810954	1913897	106882	11940011	479141
370296	129029	1901	979809	29611
16575	44231	2017	241986	9073
903738	308872	885	713448	82906
28490	173715	571	1038289	30568
4160	60318	3	374737	21305
75514	43834	6823	279863	10471
166390	391906	24515	3609802	129063
21285	10983	4253	88546	3186
1224506	751010	65913	4613531	162958
1599346	1402476	102490	10838153	365436
25986	141749	4499	1201872	32219
199300	254071	20683	2831240	102429
17360	65596	1927	349382	7506
383547	94607	32301	1052940	40142
328545	173297	4627	1308096	54850
8965	56477		353808	11946
125182	37646	9105	251087	3516
146868	357218	15357	1827072	38738
363593	221816	13992	1662656	74090
1336148	825295	125650	6295771	174152
99444	324787	12530	1095427	47514
117704	96364	16772	597690	15004
693533	193189	61694	1663067	49242
7	4893		24065	1783
173507	42979	15082	344903	15016
88050	107994	15878	2139726	30146

1-12 续表 1

项　　目	法人单位数（个）	商品购进额	商品销售额
乐器批发	86	363031	468203
其他文化用品批发	502	1798846	2149648
医药及医疗器材批发	6124	33629643	47270431
西药批发	137	858064	1108545
中药批发	70	391552	429749
动物用药品批发	72	447854	563774
医疗用品及器材批发	5845	31932173	45168363
矿产品、建材及化工产品批发	22394	249596983	263083021
煤炭及制品批发	219	9266930	9919847
石油及制品批发	650	16943914	18239768
非金属矿及制品批发	190	11677371	5465270
金属及金属矿批发	2845	116453863	122257558
建材批发	14665	55673883	64449956
化肥批发	428	3070315	2979902
农药批发	150	789248	983808
农用薄膜批发	19	114920	132408
其他化工产品批发	3228	35606541	38654505
机械设备、五金产品及电子产品批发	29500	173053474	209774974
农业机械批发	260	951444	1082191
汽车及零配件批发	2074	25012396	26215106
摩托车及零配件批发	121	897241	1084172
五金产品批发	5294	19130905	22530107
电气设备批发	1926	8882870	11027393
计算机、软件及辅助设备批发	3122	21879954	26471764
通讯设备批发	875	15923814	17675649
广播影视设备批发	136	1221399	1537811
其他机械设备及电子产品批发	15692	79153452	102150780
贸易经纪与代理	2692	15053845	17405284
贸易代理	1953	14048287	16033469
一般物品拍卖	197	35949	77381
艺术品、收藏品拍卖	229	182368	259708
艺术品代理	30	187929	200777
其他贸易经纪与代理	283	599312	833949
其他批发业	5198	24010395	30736250
再生物资回收与批发	408	1000004	1440816
宠物食品用品批发	116	610502	682726
互联网批发	179	2360362	2493977
其他未列明批发业	4495	20039528	26118731

单位：千元

#通过公共网络实现的商品销售额	#零售额	#通过公共网络实现的零售额	期末商品库存额	年末零售营业面积（平方米）
3526	14837	2738	149370	3886
160377	40252	956	281522	11561
674390	775973	11585	6596621	188387
1801	25512	72	312844	13058
1204	3279	194	253140	2211
	8276		100117	827
671385	738906	11318	5930519	172291
534923	2057095	8803	20217759	662970
1598	14164		999753	11534
15111	41727	1800	932568	47606
1144	4846	548	160051	3401
162668	479126		6092348	85470
229669	1274828	1958	7993469	433653
94	11670	13	698458	10520
184	5360		210050	2123
	651		21346	1068
124454	224722	4485	3109714	67595
7184074	3721700	145561	35408454	701729
43529	15613	2	331906	5229
1328214	344788	5950	2958102	85222
43686	76808	5937	90532	3415
183460	423000	30831	3066782	132938
58265	182560	136	1546508	52220
3318689	678478	34551	2589610	51430
460927	121501	2075	1556003	22675
8284	11259	1423	262324	3867
1739021	1867694	64656	23006687	344733
147387	96479	2958	2220386	41755
136288	81783	2757	1965935	30605
	677		3454	3567
11023	4500	202	36938	4542
40	1850		6339	590
36	7669		207721	2451
2312525	953515	214960	4922189	144824
113047	66332		140895	16609
156941	36352	440	123552	4464
1275732	237704	202100	387160	5105
766806	613127	12420	4270582	118646

1-12 续表 2

项　　　　目	法人单位数（个）	商品购进额	商品销售额
二、零售业	165407	188087806	232311196
综合零售	12554	10223472	13012879
百货零售	9006	6267842	8193711
超级市场零售	376	1057623	1256199
便利店零售	472	697516	762520
其他综合零售	2700	2200490	2800449
食品、饮料及烟草制品专门零售	23354	19015974	22148004
粮油零售	646	442098	502402
糕点、面包零售	802	857426	1149312
果品、蔬菜零售	3546	2825295	3387819
肉、禽、蛋、奶及水产品零售	2443	2217377	2428020
营养和保健品零售	706	362338	512111
酒、饮料及茶叶零售	4116	2972801	3495423
烟草制品零售	1597	1108946	1188450
其他食品零售	9498	8229693	9484467
纺织、服装及日用品专门零售	28635	15593462	20104733
纺织品及针织品零售	1708	2096981	2334725
服装零售	10996	5704767	7810707
鞋帽零售	684	418267	518589
化妆品及卫生用品零售	2833	970951	1282321
厨具卫具及日用杂品零售	2231	1201671	1568303
钟表、眼镜零售	975	850538	1107373
箱包零售	404	192348	259915
自行车等代步设备零售	379	221915	259386
其他日用品零售	8425	3936024	4963415
文化、体育用品及器材专门零售	17753	13430004	16908044
文具用品零售	4419	3134010	4039561
体育用品及器材零售	1665	1425665	1734801
图书、报刊零售	2527	3055943	3950804
音像制品、电子和数字出版物零售	273	200870	283364
珠宝首饰零售	2325	1975714	2161520
工艺美术品及收藏品零售	3942	1194626	1708775
乐器零售	377	367595	492798
照相器材零售	247	544793	628234
其他文化用品零售	1978	1530789	1908186
医药及医疗器材专门零售	5479	7691243	10805125
西药零售	1302	763439	926467
中药零售	915	498693	662555

单位：千元

#通过公共网络实现的商品销售额	#零售额		期末商品库存额	年末零售营业面积（平方米）
		#通过公共网络实现的零售额		
13081088	194037084	9949885	52784938	11110567
245229	9374089	128456	2646596	1210177
101991	5118524	20572	1799862	740413
38263	1182498	25309	187134	143330
7206	730072	1204	89705	70381
97770	2342995	81371	569895	256053
508473	17912138	208032	5885519	1491399
3549	425597	2886	88913	40979
28137	1000235	26897	230883	66937
38158	2603240	22395	336718	279916
10012	1929107	952	326026	85489
60938	355202	24967	159423	40416
103261	3040686	15350	1576287	261870
7185	1039018	835	574097	115483
257232	7519053	113750	2593172	600309
740306	15975044	447893	7915345	1782725
31865	1075880	16867	664250	127034
277539	6543852	123580	4109652	737057
47337	446637	24275	269055	45311
101590	1090657	66650	475683	145266
18505	1258847	13338	366696	149490
120621	1016581	116522	526350	57551
16640	221112	14233	115775	15344
682	244132	629	75227	33384
125528	4077345	71799	1312656	472288
940950	14237452	687329	5952260	950901
156784	3296348	144176	739610	187380
121280	1429295	95655	682294	107992
472970	3386775	303281	923093	155563
6128	212045	964	80882	12192
12794	2010679	11911	1169100	116647
90297	1418322	84451	1369250	238417
13544	445032	1656	207902	30870
27620	564336	26210	189579	12456
39533	1474620	19025	590550	89384
66308	8814077	40513	2159517	441534
26725	845939	19915	370712	128562
4054	604758	1641	274235	86777

1-12 续表 3

项 目	法人单位数（个）	商品购进额	商品销售额
动物用药品零售	102	83184	114193
医疗用品及器材零售	3050	6271638	9007703
保健辅助治疗器材零售	110	74288	94206
汽车、摩托车、零配件和燃料及其他动力销售	7965	27721514	29778321
汽车新车零售	1473	16268372	16930937
汽车旧车零售	409	188723	188827
汽车零配件零售	5294	6357177	7072752
摩托车及零配件零售	206	515126	585794
机动车燃油零售	530	4012209	4594473
机动车燃气零售	11	292412	292799
机动车充电销售	42	87495	112739
家用电器及电子产品专门零售	22659	35712917	45206595
家用视听设备零售	354	537707	687472
日用家电零售	3624	5895099	7389446
计算机、软件及辅助设备零售	6993	12302540	15254424
通信设备零售	2362	3685412	4556492
其他电子产品零售	9326	13292160	17318761
五金、家具及室内装饰材料专门零售	28625	25806023	33158360
五金零售	12328	11194017	14218409
灯具零售	806	714021	956971
家具零售	3811	3127169	4128732
涂料零售	357	379074	451407
卫生洁具零售	350	285207	385482
木质装饰材料零售	831	951290	1345432
陶瓷、石材装饰材料零售	1401	1270656	1779102
其他室内装饰材料零售	8741	7884589	9892825
货摊、无店铺及其他零售业	18383	32893198	41189136
流动货摊零售	98	46330	48061
互联网零售	3110	6851199	8415583
邮购及电视、电话零售	1745	2713303	3582134
自动售货机零售	40	63289	79126
旧货零售	14	6834	13437
生活用燃料零售	213	871768	939884
宠物食品用品零售	557	159038	204682
其他未列明零售业	12606	22181437	27906229

单位：千元

#通过公共网络实现的商品销售额	#零售额	#通过公共网络实现的零售额	期末商品库存额	年末零售营业面积（平方米）
23	60994		29339	6474
32549	7238136	16400	1468897	214505
2957	64251	2557	16333	5216
1075524	27537776	996292	4264865	1117131
978160	15984264	925052	2121561	458850
	186092		54503	14482
91909	6142909	71240	1708755	436558
89	513138		129252	25389
4167	4312357		198202	176214
	292127		40472	4615
1200	106889		12120	1023
1377907	38304254	593683	8644026	1094286
69732	572934	43306	257439	18574
235795	6146106	126943	1921861	251411
493928	13311732	151270	2275142	287031
160043	3937955	100904	1034120	131368
418410	14335526	171259	3155464	405902
330743	26350132	153944	7322077	2175570
184756	11113071	108536	2721969	769576
5252	741030	309	245872	60817
79000	3501229	29484	1451833	512812
171	371531		116565	25478
15548	311259	3222	129803	21965
2130	1107088	51	352685	71242
1629	1443436	160	351332	110396
42256	7761489	12181	1952019	603284
7795648	35532122	6693744	7994733	846844
1	38908		6953	11055
6786091	7612818	6161264	1656271	77579
80815	3143479	30700	731221	17257
1826	76830	1786	21686	1300
	9358		671	681
	893282		224072	80445
13240	162115	3261	92357	56152
913675	23595332	496733	5261501	602375

1-13 批发和零售业法人

项 目	法人单位数（个）	本年折旧	固定资产净值	在建工程	资产总计	负债合计
合 计	**273395**	**18204841**	**139285573**	**22461498**	**6233978342**	**4427395904**
一、按登记注册类型分						
内资	270880	14691035	118392869	20685032	5015535339	3582258949
国有	690	406451	4941627	431904	105871614	61639834
集体	2167	107329	1433357	303693	17971518	13752990
股份合作	1465	47415	346803	72828	9834035	8832907
国有联营	23	1487	11970	42	99450	74829
集体联营	42	497	1407		40867	22086
国有与集体联营	6	506	1835		58731	42634
其他联营	6		97		3667	3047
国有独资公司	209	488586	7567184	958203	503523568	398519196
其他有限责任公司	11005	5812955	54810607	10947624	2296488987	1659427225
股份有限公司	590	915605	9101559	1156469	474803770	244481634
私营独资	8591	28696	201289	8111	5713185	3364733
私营合伙	480	2794	12824	361	1359444	1090887
私营有限责任公司	244025	6735403	38662733	6349547	1466329160	1174411655
私营股份有限公司	586	123759	976168	413772	32168657	16026242
其他	995	19552	323410	42479	1268686	569051
港澳台商投资	797	1602719	7637463	1024578	436743530	367910211
与港澳台商合资经营	153	95669	583513	46534	23024543	16347999
与港澳台商合作经营	6	12166	62267		391683	282770
港澳台商独资	629	1480624	6822858	973427	399927769	344496673
港澳台商投资股份有限公司	4	1532	5195	3674	11841539	5505982
其他港澳台投资	5	12729	163630	942	1557996	1276787
外商投资	1718	1911087	13255242	751889	781699474	477226745
中外合资经营	407	476648	2942745	237574	82704173	62516228
中外合作经营	15	2032	6539	6477	197666	67117
外资企业	1280	1407026	10067222	492278	695368714	412588079
外商投资股份有限公司	10	25247	238297	15559	3198573	1868619
其他外商投资	6	133	440		230348	186702
二、按隶属关系分						
中央	837	3547051	42160750	7329817	2032054778	1287465925
地方	272558	14657791	97124823	15131682	4201923565	3139929980
三、按行业分						
批发业	106126	12034440	95485305	16038060	5295291298	3710116230
零售业	167269	6170401	43800269	6423438	938687044	717279674
四、按控股情况分						
国有控股	2339	4976670	57763583	9976926	2768542592	1802739738
集体控股	3742	491123	4336813	429465	80026389	56571076
私人控股	259855	8947877	54437373	9727796	2109806231	1672125623

单位主要财务状况

单位：千元

年初存货	期末存货	营业收入	营业成本	税金及附加	投资收益	营业利润	应付职工薪酬（本年贷方累计发生额）	应交增值税
660001567	**666889983**	**6677103248**	**6097010712**	**16223735**	**92838323**	**145595975**	**174826961**	**65744540**
520573721	533928047	5120640766	4740790203	12486686	55541128	72007891	125495816	44949467
14675333	16516683	124300635	110944657	3208423	1282561	6156283	3701880	1726203
1379971	1351546	12430514	11184709	43258	116054	34221	513130	188299
1154579	1142362	6623771	5915942	11428	5149	-9505	313656	85685
12535	10203	57244	49055	211	-34	-9	5234	1391
38093	10834	63434	57933	639	55	-4826	4924	5331
20328	20437	196427	181042	368		3522	4385	13556
233	426	2624	1821	9		49	536	75
23012208	25556733	751744696	732600880	817728	11874359	8673550	7144292	1485350
282141292	278162704	2539368435	2370888475	4270930	27026425	48421383	47534737	18949415
25909920	27373786	316102657	289110469	863437	12356962	12270827	8543488	2962673
678012	746660	5150279	4333246	17733	10992	334107	396621	96932
136931	140959	506580	406698	1751	50	17819	37030	11424
167124772	177962436	1345511809	1201468026	3168704	2616944	-4688989	55824646	18899618
4174568	4792843	17509458	12687308	81448	250975	761549	1429592	523115
114947	139436	1072202	959941	619	636	37910	41666	400
56408171	54142852	649743254	584244111	944966	4890338	4994070	16105912	3882257
2361850	2168264	25050514	23112292	50465	103756	-693678	911905	145051
133683	158371	1989550	1854588	3175		-383	49945	13010
52170463	49648715	601292243	539232001	849077	3999532	4936922	14824833	3657162
1209194	1838071	18118735	17013129	23291	783413	736676	212001	28630
532981	329431	3295213	3032102	18958	3636	14533	107228	38404
83019675	78819083	906716228	771976397	2792083	32406857	68594014	33225233	16912816
13333817	13863810	200552386	176989224	561438	-9413	4355754	3846919	2548125
20128	12223	293166	199980	1755	425	20995	29148	15047
69305620	64666837	701869844	591172151	2223096	32417903	64305070	29187337	14314073
205894	108210	3732495	3427529	4695	-2058	-86088	132110	27031
154215	168002	268337	187513	1099		-1717	29718	8539
209924365	203738016	2068689908	1970043972	5010331	38284727	58543769	26137910	10476660
450077203	463151967	4608413339	4126966740	11213404	54553596	87052206	148689051	55267880
547954132	551013351	5680596948	5240701881	12644337	86792170	145581777	121816035	51790442
112047435	115876632	996506300	856308831	3579398	6046153	14199	53010927	13954098
277303077	274725168	2947654246	2793753376	7493800	48128515	71262445	43364906	17573404
8933547	10045434	91239941	82156753	215763	866064	1790486	3143605	1023367
227613463	242581257	2023603512	1807000242	4773509	6115519	632203	77617929	26140438

1-13 续表 1

项　　目	法人单位数（个）	本年折旧	固定资产净值	在建工程	资产总计	负债合计
港澳台商控股	783	1547003	7360599	1053503	428544495	361601131
外商控股	1383	1785248	12135222	699469	744785439	454389298
其他	5293	456920	3251984	574339	102273197	79969038
五、按单位规模分						
大型	392	5847041	43702799	7325584	2466994331	1645424471
中型	3815	4440389	38797243	3029975	1830305158	1317813100
小型	16702	2472681	15154425	2594939	614199529	460506747
微型	252486	5444730	41631106	9511001	1322479325	1003651586
六、按限额标准分						
限额以上	6993	11179842	99991482	12829852	4688621501	3344556894
限额以下	266402	7024999	39294091	9631646	1545356841	1082839010
七、按经营形式分						
独立门店	143882	8173988	66443026	11885700	3359021591	2442026341
连锁总店（总部）	483	1349247	11630800	837758	224746190	153280215
连锁直营店	818	116607	631483	78507	16979395	17906059
连锁加盟店	1361	22508	106384	3114	3683091	3615754
其他	126851	8542491	60473880	9656418	2629548075	1810567536
八、按年末零售营业面积分						
10000 平方米及以上	249	2276572	20832076	2165585	341306537	232805424
5000-9999 平方米	333	465851	3370509	606469	53847006	39926305
1000-4999 平方米	2021	1334142	7227227	1971887	132491172	98085875
999 平方米及以下	270792	14128277	107855762	17717557	5706333627	4056578300
九、按地区分						
东城区	11937	1549846	13717548	1464230	845182487	632517444
西城区	13620	1262278	10375568	1678211	799713563	484699331
朝阳区	49905	5675204	44877421	4746100	2012267689	1370030605
丰台区	34579	971799	6422522	629660	260622836	199426688
石景山区	7957	375168	3745966	429715	172168394	141127184
海淀区	27496	2941621	23975021	2891135	923450916	661085424
门头沟区	6524	200748	966382	392305	50270794	39843044
房山区	17497	356448	2611550	632816	80909519	63637995
通州区	18223	755155	6427577	2116142	153992732	110297130
顺义区	11015	1037768	5949948	1867708	146222045	96952775
昌平区	18185	623987	4311736	1029396	157868503	107536665
大兴区	17815	943275	5188752	2917785	125903310	105240817
怀柔区	13900	212914	1471301	199010	52607183	37627569
平谷区	9274	149373	1252977	124629	34660603	23056269
密云区	9419	189083	1530984	165115	57041933	41094837
延庆区	2060	42704	455553	200343	8098963	7177734
北京经济技术开发区	3989	917471	6004766	977198	352996873	306044392

单位：千元

年初存货	期末存货	营业收入	营业成本	税金及附加	投资收益	营业利润	应付职工薪酬（本年贷方累计发生额）	应交增值税
54532337	52765422	643521502	578585794	929093	4885287	5490423	15731501	3892471
79248723	74209045	859330447	735323116	2559787	32411832	65433610	31897002	15609657
12370420	12563656	111753498	100191432	251783	431106	986809	3072018	1505204
212375325	214324904	3010447842	2732521802	5694260	57072085	104506713	77271887	26725342
204675254	220234589	2227954581	2055060536	7110255	24419734	46660103	45843181	20856624
81583769	87087093	810901395	739675608	1857780	5579685	4891819	22906628	9680079
161367219	145243397	627799429	569752765	1561440	5766819	−10462660	28805265	8482494
517574132	513055958	5795956720	5327366690	13569949	84685844	151866192	123535368	51205589
142427435	153834025	881146528	769644022	2653786	8152479	−6270217	51291593	14538951
340374892	356209771	3432727866	3163694393	8232775	42666736	70684133	81871637	28397544
12291135	12169736	220580109	185264894	812412	3675637	4727028	11655370	2974622
2346960	2764568	36896905	32821829	48533	−1178	−934168	1784682	268144
1216100	1460044	4967212	3789850	12488	7329	−15630	402594	86066
303772480	294285864	2981931155	2711439745	7117527	46489800	71134613	79112678	34018164
30609496	26512094	411313787	349922055	1613112	5158356	10214696	17900153	5139576
12378027	10119078	122436197	107862380	328728	622643	1941390	5143259	1523408
28464590	29753187	222176926	193439184	692330	534232	753518	10807997	2949189
588549454	600505624	5921176338	5445787093	13589565	86523092	132686371	140975552	56132367
60946325	57006323	702224284	641439341	1879245	13426934	19936900	20860886	6625858
78547606	81607015	555314923	511238088	1249926	12367823	18798787	13091642	3982571
216104901	202657718	2012253828	1816978972	5090029	47254367	73039674	55802852	24472797
31725451	36281247	305200420	274888824	917633	969160	2641118	10944762	3339882
28781890	36277888	153240974	142223124	333706	1311152	1551068	3872129	1059117
85847051	90924210	1189554105	1105343912	2464092	11646327	15683933	26000627	10542689
5567472	6394150	56161115	51047396	168999	317089	556946	1558200	551489
9047406	9580587	153758160	146388200	337637	144459	73052	2836890	895654
15107270	16394942	174130644	156646661	616574	1388205	2603204	6219570	2285990
15718246	15920696	177230617	153040303	653472	1212001	5033842	5948934	2240622
23597791	20891893	308046176	285972294	843045	1159051	3728337	6194387	3592286
15369059	16224523	155359494	137958044	521658	54308	763404	5549652	1820904
6391536	6875048	42883185	37892381	152887	106332	−96178	2182897	670920
5454518	5983255	34867455	29379528	234843	173809	439280	2295060	853704
4697318	5884936	41212272	36942287	155775	683903	−59674	1848902	525048
779565	954223	8943191	8282488	66858	6545	12943	347352	101573
56318162	57031328	606717402	561348870	537357	616855	889340	9272219	2183435

1-14 批发业法人单位

项目	法人单位数（个）	本年折旧	固定资产净值	在建工程	资产总计	负债合计
合计	**106126**	**12034440**	**95485305**	**16038060**	**5295291298**	**3710116230**
一、按登记注册类型分						
内资	104300	9512899	80130678	14767162	4226994941	2977867322
国有	274	265223	3549102	367247	93307076	54669830
集体	687	48589	759538	132171	12071869	9550732
股份合作	425	24955	174050	62448	6796656	6637299
国有联营	9	382	740		26781	20699
集体联营	7	131	598		27795	12365
国有与集体联营	3	20	121		40211	37088
其他联营	1	***	***	***	***	***
国有独资公司	172	418642	6826075	937169	597341286	394941434
其他有限责任公司	5396	4108620	43826821	8545915	2061586309	1475026066
股份有限公司	293	314911	3189130	288668	395453890	202294561
私营独资	1836	12442	93258	758	2038286	1272044
私营合伙	126	755	1839		481905	362709
私营有限责任公司	94283	4203357	20661653	3992418	1033133940	821521027
私营股份有限公司	284	100303	800215	413748	23821392	11184094
其他	504	14572	247540	26620	867469	337326
港澳台商投资	530	1244031	6189913	790647	403531519	343069481
与港澳台商合资经营	92	65950	382474	43042	18925621	14588112
与港澳台商合作经营	3	971	6243		139092	118613
港澳台商独资	427	1168007	5671037	743092	371409977	321929830
港澳台商投资股份有限公司	4	1532	5195	3674	11841539	5505982
其他港澳台投资	4	7571	124965	839	1215290	926944
外商投资	1296	1277510	9164713	480251	664764838	389179428
中外合资经营	274	211588	1105850	180765	62994192	48304798
中外合作经营	10	1893	6417	2109	186074	46750
外资企业	1001	1039147	7814191	281818	598345501	338935886
外商投资股份有限公司	6	24748	237816	15559	3008813	1705393
其他外商投资	5	133	440		230258	186602
二、按隶属关系分						
中央	618	3229983	38926515	6889932	1949579950	1232980163
地方	105508	8804457	56558790	9148128	3345711349	2477136068
三、按行业分						
农、林、牧、渔产品批发	1996	299565	3472115	481416	281791911	198177277
谷物、豆及薯类批发	190	94370	1934773	361025	153844682	98747889
种子批发	379	102532	770870	67454	10959771	5439967
畜牧渔业饲料批发	412	33570	298349	13880	44407257	30818291

主要财务状况

单位：千元

年初存货	期末存货	营业收入	营业成本	税金及附加	投资收益	营业利润	应付职工薪酬（本年贷方累计发生额）	应交增值税
547954132	**551013351**	**5680596948**	**5240701881**	**12644337**	**86792170**	**145581777**	**121816035**	**51790442**
421403121	429064874	4261240690	3991949476	9535604	51083902	73032750	80087541	33199931
13475933	15067954	113293571	102260194	3146496	1211921	5728909	2512612	1520139
683368	683321	8035787	7548359	25954	91811	14349	198130	95193
565582	549255	3020028	2676765	4574	3096	-75	127295	36262
7477	4481	19964	15219	147	70	-408	3342	1210
9296	8606	28770	24899	78		-247	1785	643
15419	15272	141177	137838	118		51	1644	4726
***	***	***	***	***	***	***	***	***
22201525	24834602	741126833	723475965	764176	11845926	8572208	6336074	1396744
249463129	244944994	2089113194	1964640921	2968216	24995970	45889466	31987332	14500313
20808757	21905588	236368969	220412119	410357	10685368	9250844	5086991	1930043
257927	271674	2828771	2547520	8902	1364	115515	106688	40840
85665	82505	311700	253405	981	11	17993	12149	7099
110400109	116707848	1053446184	958252620	2142985	2027457	2783617	32578945	13251653
3352713	3880643	12759457	9025486	62283	220395	630497	1111590	415151
76205	108112	746277	678158	339	514	30030	22944	-84
49885539	49435513	607488742	550276529	729452	4776103	7322860	13206298	3333199
2026260	1762840	21796539	20611609	26846	1466	-415479	540626	83328
46036	61591	1108355	1046980	726		10515	19341	3639
46350772	45604747	563814773	509145900	673424	3987588	6954471	12342151	3184263
1209194	1838072	18118735	17013129	23291	783413	736676	212001	28630
253276	168264	2650340	2458911	5165	3636	36677	92179	33338
76665473	72512963	811867516	698475876	2379280	30932165	65226167	28522196	15257312
11142264	11581665	162969183	149853751	304152	-11581	2530400	2146353	1804534
20128	12223	293160	199975	1755	425	21307	27827	15046
65146297	60647622	644760144	544879851	2068945	30945715	62769319	26191973	13413153
202568	103451	3576692	3354787	3330	-2394	-93152	126326	16039
154215	168002	263337	187513	1099		-1707	29716	8539
202989560	196605535	1981135921	1893187291	4785632	37017792	55761274	23806948	9716198
344964572	354407817	3699461027	3347514589	7858705	49774378	89820503	98009086	42074244
21692459	20360316	167602669	159548788	215026	3785623	2541779	2207093	545525
12460534	10349014	62268224	60309185	92460	2242343	686366	668391	15710
1932604	2092795	5761386	4533422	9202	6143	219784	433974	46892
2039346	2066811	29462777	27654777	37441	1153953	1197693	551760	21914

1-14 续表 1

项　　目	法人单位数（个）	本年折旧	固定资产净值	在建工程	资产总计	负债合计
棉、麻批发	27	9176	182163		25100446	20945226
林业产品批发	291	18500	75057	17550	5491105	4350297
牲畜批发	43	1512	7376	935	108284	86289
渔业产品批发	79	833	8076	2845	409477	386862
其他农牧产品批发	575	39072	195451	17727	41470888	37402456
食品、饮料及烟草制品批发	14716	1332324	10847781	1645892	321965818	235486899
米、面制品及食用油批发	763	91912	1692583	138172	83005860	69513048
糕点、糖果及糖批发	283	56986	647389	43118	16845443	9925945
果品、蔬菜批发	2993	92589	628634	202529	9546518	7591768
肉、禽、蛋、奶及水产品批发	1726	93972	1052430	131732	20149794	16468081
盐及调味品批发	770	19982	291909	91380	5321527	3975375
营养和保健品批发	390	47500	423987	173853	4632151	3493827
酒、饮料及茶叶批发	2926	556614	3580826	396194	65601862	49172113
烟草制品批发	95	139651	1305616	272804	36843887	12781526
其他食品批发	4770	233118	1224408	196111	80018775	62565217
纺织、服装及家庭用品批发	13121	997748	6118553	1089539	437783518	348172338
纺织品、针织品及原料批发	1230	79443	593521	2365	21925739	13980874
服装批发	3648	133216	1490331	364723	62292557	39891971
鞋帽批发	269	86849	330083	9168	5198404	4444828
化妆品及卫生用品批发	1215	46005	335156	46295	18288017	13474957
厨具卫具及日用杂品批发	2249	70486	499846	12790	17140636	10983236
灯具、装饰物品批发	624	13889	54652	2269	3239976	2209394
家用视听设备批发	225	32815	88651	3626	15921870	13107357
日用家电批发	1226	453258	1927907	636612	274294473	235657797
其他家庭用品批发	2435	81788	798406	11691	19481848	14421925
文化、体育用品及器材批发	6584	536068	3985165	1128769	185191668	131059653
文具用品批发	2432	62458	880486	3039	17120316	13510445
体育用品及器材批发	614	72374	508206	1560	11464215	8211059
图书批发	1255	171978	729683	1065355	38143931	37528416
报刊批发	34	1849	20668	800	433551	293160
音像制品、电子和数字出版物批发	228	4194	27048	5000	3093479	2455672
首饰、工艺品及收藏品批发	1412	164539	1673478	16587	107842550	64749922
乐器批发	89	2949	6372		478546	363920
其他文化用品批发	520	55727	139225	36429	6615079	3947060
医药及医疗器材批发	6852	992779	4118499	373195	234778396	162272418
西药批发	242	124988	711992	139372	63361110	39989418
中药批发	100	71533	400728	10629	30064342	22355417
动物用药品批发	74	6213	49408		617500	422824

单位：千元

年初存货	期末存货	营业收入	营业成本	税金及附加	投资收益	营业利润	应付职工薪酬（本年贷方累计发生额）	应交增值税
2708970	3625258	25356093	24467806	19098	225397	274281	188290	70024
528325	572463	2297774	2111526	2978	17716	-11152	73715	50376
9600	11799	90930	77694	114	2	-5100	8272	3187
53621	73291	524728	483195	685	-105	9951	15014	7341
1959458	1568886	41840756	39911182	53048	140176	169958	267678	330081
50194132	62609293	356005600	309511654	3904151	5636909	11653178	12620406	6274935
25697317	34514235	66980479	63881365	81849	1102062	905981	1205466	828357
1782223	2066572	16804629	15250717	55374	104355	563518	457226	196470
794822	915773	14481779	13644313	23188	1105	-68453	441290	55138
2478740	3117484	32337131	29953436	36818	10608	-122582	1053074	214168
746970	887678	7644741	6565039	20304	39449	179213	312812	112795
397429	446563	9553025	3339956	101065	664871	1276359	441024	926253
9400231	9826253	94075643	77362515	398361	401097	3916648	4459095	2195047
1289372	1871536	45260593	37342501	3091948	2837973	6230434	1642425	1101510
7607029	8963199	68867579	62171813	95245	475390	-1227941	2607995	645198
65874172	68033342	577840428	514531476	766499	5084406	9293580	14579549	4380506
3692947	3974385	28519822	26202630	53637	65411	201939	755362	291904
8997493	9312320	28797920	21056360	134220	433761	-312078	3365780	942570
2356513	2070214	6849895	4951124	35408	-6578	20566	754060	265647
3515701	3604684	20677921	16511552	71131	104879	280528	1145527	431476
2798669	2977327	18992796	16010350	42283	444775	691652	889935	291087
562970	590005	2767857	2187444	11459	7776	10532	233782	70020
1711564	1678522	22544604	17377774	70257	643721	1677540	1156574	526842
38739548	39737156	428195398	393505607	289123	3174756	5112123	5105752	1255127
3498767	4088730	20494216	16728636	58981	215906	1610778	1172777	305835
27085129	29739517	198070817	175605028	480921	1617518	2266281	7770715	1812203
2803411	2977136	27901021	26354652	51885	15203	121613	527817	176263
1622792	1899222	12889110	10313971	42726	43199	637478	559928	318448
5589224	5985815	23786616	18138521	45082	160944	-1207404	2840401	143699
47525	52326	475631	294331	2540	429	10716	119558	14768
1240873	417992	5768020	5063035	5369	14603	75081	130906	41579
14316992	16307998	111712604	103425579	296593	1305132	1861732	2730175	891096
150645	213658	682601	549762	1806		484	63657	13815
1313668	1885370	14855215	11465178	34920	78009	766581	798272	212536
35446986	39185306	274060027	222999592	1076377	1815563	12416069	13211578	7068570
8216288	9423559	93098413	78602655	261873	551176	3923253	3123258	1725025
8471974	8828972	36840435	32621977	81386	332884	1121036	1392516	452860
107351	133163	666865	528417	1714	14	16493	37308	15061

1-14 续表 2

项　　目	法人单位数（个）	本年折旧	固定资产净值	在建工程	资产总计	负债合计
医疗用品及器材批发	6436	790045	2956371	223194	140735445	99504760
矿产品、建材及化工产品批发	23704	3505373	39536485	8270865	1953856111	1400693965
煤炭及制品批发	294	119655	876847	78996	277668714	163264970
石油及制品批发	824	1855477	24021292	5046773	488357536	314768045
非金属矿及制品批发	200	19642	120805	10469	8583002	4634704
金属及金属矿批发	3336	455966	6956230	750774	638152279	519559644
建材批发	14783	470085	3498239	1932531	223820594	176075566
化肥批发	455	41174	678304	76067	69186300	54207501
农药批发	164	31471	528811	4957	13393495	7646162
农用薄膜批发	20	5343	56974	2504	554954	299950
其他化工产品批发	3628	506561	2798984	367794	234139237	160237422
机械设备、五金交电及电子产品批发	31130	3767330	22686684	2054017	1448521841	918400025
农业机械批发	269	21724	162218	2100	7336078	5502852
汽车零配件批发	2271	596920	3900775	242433	330018862	210209811
摩托车及零配件批发	123	4566	75183	400	813100	656199
五金产品批发	5362	175024	992179	171113	32722213	23536151
电气设备批发	1981	421478	2577351	315680	160129374	58872463
计算机、软件及辅助设备批发	3515	266161	1080282	176646	86028359	63221459
通讯设备批发	995	388723	1804014	240631	214512474	161510791
广播影视设备批发	168	37083	148056	848	7597685	4272981
其他机械设备及电子产品批发	16446	1855652	11946627	904167	609363696	390617320
贸易经纪与代理	2736	257860	2068689	410860	294871696	216140053
贸易代理	1984	216841	1739213	409520	278681695	205039353
一般物品拍卖	198	8365	117779		1922233	1305836
艺术品、收藏品拍卖	236	25545	197331	1296	10970738	6537078
艺术品代理	31	2145	2187		105358	76265
其他贸易经纪与代理	287	4964	12179	44	3191671	3181521
其他批发	5287	345393	2651334	583508	136530340	99713602
再生物资回收与批发	417	58249	508208	63382	18778268	17037407
宠物食品用品批发	117	1376	4926	1655	404846	345698
互联网批发	193	6804	23530	1277	3722653	2994038
其他未列明批发业	4560	278964	2114671	517194	113624572	79336459
四、按控股情况分						
国有控股	1367	3928350	47522247	8429647	2601757272	1704214681
集体控股	1185	158309	1944806	156183	50103233	37736168
私人控股	99738	5344859	29584750	5668632	1554507581	1219573658
港澳台商控股	518	1210485	6080808	815597	395857906	336222028
外商控股	1065	1135503	8333962	461038	612974542	348882284
其他	2253	256934	2018731	506962	80090764	63487411

单位：千元

年初存货	期末存货	营业收入	营业成本	税金及附加	投资收益	营业利润	应付职工薪酬（本年贷方累计发生额）	应交增值税
18651373	20799612	143454313	111246544	731405	931490	7355288	8658496	4875623
168206320	158211568	2433028030	2363489091	2303896	27260213	23347562	19874099	8645126
10105213	9793106	289557351	281663941	385950	4247603	2881977	1743368	1819172
80135344	64427618	494054365	479900406	549485	6322526	7146256	5284712	1261269
375692	615438	19416444	18841856	12943	232544	365617	160289	54926
39023423	44183399	841415148	820747771	608887	7587449	6488775	4773329	2450736
12713251	13660504	163000287	152834342	286315	3284115	1636670	3828241	1453105
10150504	11847088	72142721	69564457	41788	419468	2541	629063	1648
1657822	1463557	8531645	7511926	9722	230131	442812	255908	3546
32455	37709	248105	187219	2395	−1390	9521	21789	5495
14012616	12183149	544661964	532237174	406412	4937767	4373394	3177400	1595231
154771274	147179344	1517826235	1356325883	3568178	32835797	73383825	45369110	21533980
750623	757477	6109470	5223319	14369	55478	−125586	341199	40825
57175001	50696074	541338920	485942277	1394029	2053434	24856350	6047498	8509844
128401	138883	1084166	979090	2164	−1549	6726	48180	26600
3749914	3781844	29929059	26500737	80148	−15398	234144	1345464	592629
5247012	5015466	70947051	55490284	231029	20707199	23362250	8962853	2254460
12567105	13458987	163433245	150124483	293243	328609	1875304	5246258	1621923
23634437	18971355	328261949	309827968	536249	820274	1672822	7023105	2434590
1651256	1673744	6699250	5452531	21901	90427	397761	392415	147671
49867526	52685515	370023125	316785195	995047	8797323	21104053	15962140	5905438
3902705	4680921	79170786	71680995	151335	6099726	7244141	2635396	413203
3314476	4163143	70966615	65320423	136671	6049627	6891823	2037535	323749
157005	146801	403402	106702	2655	356	−73274	143719	27749
89533	56490	5544744	4302394	7062	36435	327855	341543	39630
9048	11120	264591	247539	174	−17	−446	6294	967
332644	303367	1991434	1703937	4773	13325	98184	106305	21108
20780955	21013745	76992357	67009375	177955	2656416	3435362	3548089	1116395
803969	762746	12910168	12587219	27329	738975	111873	155656	123629
93597	133213	680926	547189	609	−198	−10135	30029	4089
330913	515278	5465556	4875775	7566	5440	−97109	275196	47245
19552477	19602508	57935606	48999192	142451	1912199	3430733	3087209	941433
260390579	257333146	2753733692	2627455594	6557021	45273718	64629360	33805048	15036054
5350523	6627958	62106474	58888715	92374	720320	756576	1019704	348447
155485342	165312827	1516395911	1373936848	2942944	4788392	8051564	44892967	18214683
48518788	48494506	600618970	543837294	728275	4768545	7546901	12948628	3342986
67694324	62738090	665536075	562462576	2142864	30947197	62961090	27198198	13745022
10514576	10506825	82205826	74120853	180859	293998	1636286	1951489	1103250

1-14 续表 3

项　　目	法人单位数（个）	本年折旧	固定资产净值	在建工程	资产总计	负债合计
五、按单位规模分						
大型	242	3900579	29467213	5511617	2152646835	1419139150
中型	2716	2869486	25603831	2219739	1677259833	1188238200
小型	10868	1715123	10112727	1584888	515627754	387900031
微型	92300	3549252	30301534	6721816	949756876	714838849
六、按限额标准分						
限额以上	5131	7649012	71934751	10167453	4202935006	2975567243
限额以下	100995	4385428	23550554	5870607	1092356292	734548987
七、按经营形式分						
独立门店	45711	5242688	41728537	8161901	2942123356	2120301437
连锁总店（总部）	76	85298	840852	43713	26806970	24073492
连锁直营店	142	43815	209524	10562	7457226	6403579
连锁加盟店	137	7462	38824	1800	1643197	1453480
其他	60060	6655177	52667567	7820084	2317260550	1557884243
八、按年末零售营业面积分						
10000 平方米及以上	24	157208	1288781	82900	47777553	31374470
5000-9999 平方米	54	135727	518719	157477	22402796	16291342
1000-4999 平方米	381	606745	1926698	1465093	57194319	40380756
999 平方米及以下	105667	11134760	91751107	14332590	5167916631	3622069662
九、按地区分						
东城区	3652	971277	10005371	734513	718339898	546675070
西城区	5045	798093	7127945	721590	728170321	436737283
朝阳区	23697	3807264	34187869	4038962	1751992759	1155155868
丰台区	11050	466571	3079797	453810	192724994	150199849
石景山区	2875	177035	2787923	92906	143090169	118228508
海淀区	10215	1981620	14717706	1849310	796573957	566401918
门头沟区	2562	153628	779326	157621	42087360	34146093
房山区	6106	249317	1853434	455767	63449327	51215040
通州区	7840	573218	4597415	1867259	104813627	69986547
顺义区	3995	737376	3884773	1454189	122468554	79111269
昌平区	5752	362211	2531108	838001	127794860	84858496
大兴区	7927	666997	3318717	2064710	86822619	73998913
怀柔区	5514	146684	680369	157959	31262686	22007880
平谷区	3491	88702	548904	52466	23449954	15495907
密云区	3864	151562	1127299	135541	45101205	30915672
延庆区	551	24688	246483	29346	5337274	4667578
北京经济技术开发区	1990	678196	4010865	934109	311811732	270314340

单位：千元

年初存货	期末存货	营业收入	营业成本	税金及附加	投资收益	营业利润	应付职工薪酬（本年贷方累计发生额）	应交增值税
186624090	190171636	2570529302	2352435846	4354694	52235729	96888823	58695482	21966772
174181530	188376684	1969359110	1832552268	6007338	23916971	47269422	32466031	17327294
62877478	66302668	696840985	647019649	1295178	5499127	5941053	15336579	7452444
124271034	106162364	443867550	408694118	987127	5140343	-4517522	15317943	5043932
455078170	450924589	5014739755	4649381094	10825328	79276183	142748412	91610555	41779018
92875962	100088762	665857193	591320787	1819009	7515987	2833365	30205480	10011424
275399891	289421491	2992814735	2788474783	6219108	40395873	69355875	56314227	21605226
1236549	1182030	20211892	18832115	33049	345580	-605675	634917	146527
1113059	1436677	23728535	21859958	17862	-409	-42889	756814	90535
591534	713479	2487155	1831484	5570	-947	36450	169998	37762
269613100	258259674	2641354591	2409703542	6368748	46052073	76838015	63940079	29910392
13190969	9366653	115037177	107134443	235709	350942	1110332	3005470	864596
4007722	4002856	69101071	62408526	123790	586612	1894188	1975269	820696
11304898	11123702	79210699	68184722	204935	348984	1038588	3760488	1096588
519450543	526520140	5417248001	5002974190	12079902	85505633	141538670	113074808	49008562
47732365	43382997	608651845	564077804	1295376	11106482	17086986	15001063	4917679
67104315	69945497	492680131	462149141	802584	11008544	17382895	8053063	2721740
192106498	179535682	1795384415	1635208110	4233197	46188750	74496196	43020065	21096809
22027221	25700147	233940799	214712776	684456	1041315	3222477	5850645	2123625
25482041	32714013	115058908	109696337	226263	1050954	1207779	2012309	626734
70712556	75049195	1057524221	992937442	1939565	11229950	17226983	17907910	8416835
4213031	4865958	50019886	45888381	145482	312103	641392	1079607	445254
6509077	6771107	132126748	127067973	296051	127307	178465	1605755	674951
11927959	12710443	100089261	87845829	482231	1082655	2413872	4354384	1638243
11882622	11603102	137518743	122221059	476070	1165004	4707658	3958387	1726155
19236811	16293290	271387083	253973080	755715	1098953	4106083	3884621	3023834
10572325	11116101	116252495	103936482	419257	34751	854308	3584484	1239646
4155953	4566537	30503926	27297733	121170	101878	-18621	1359190	473227
4024703	4286764	28381853	24012668	202550	173466	593556	1597929	737957
3499134	4497313	34914852	31585528	134309	657942	203245	1216193	448806
319919	459104	6871363	6520107	60771	200	5543	160037	58671
46447604	47516101	469290417	431571432	369288	411916	1272960	7170394	1420274

1-15 零售业法人单位

项 目	法人单位数（个）	本年折旧	固定资产净值	在建工程	资产总计	负债合计
合 计	**167269**	**6170401**	**43800269**	**6423438**	**938687044**	**717279674**
一、按登记注册类型分						
内资	166580	5178136	38262191	5917870	788540398	604391627
国有	416	141228	1392526	64658	12564538	6970004
集体	1480	58740	673819	171522	5899648	4202258
股份合作	1040	22460	172753	10380	3037380	2195608
国有联营	14	1105	11230	42	72669	54129
集体联营	35	365	809		13072	9721
国有与集体联营	3	486	1714		18520	5546
其他联营	5		97		3590	2998
国有独资公司	37	69944	741109	21034	6182282	3577762
其他有限责任公司	5609	1704336	10983785	2401708	234902678	184401159
股份有限公司	297	600694	5912429	867801	79349880	42187073
私营独资	6755	16254	108031	7353	3674899	2092688
私营合伙	354	2040	10985	361	877540	728178
私营有限责任公司	149742	2532047	18001081	2357129	433195220	352890628
私营股份有限公司	302	23456	175953	24	8347265	4842149
其他	491	4981	75870	15858	401217	231725
港澳台商投资	267	358689	1447550	233930	33212010	24840730
与港澳台商合资经营	61	29719	201039	3492	4098922	1759887
与港澳台商合作经营	3	11195	56024		252590	164157
港澳台商独资	202	312617	1151821	230336	28517792	22566843
其他港澳台投资	1	***	***	***	***	***
外商投资	422	633577	4090529	271638	116934636	88047317
中外合资经营	133	265060	1836895	56809	19709981	14211431
中外合作经营	5	139	122	4368	11592	20367
外资企业	279	367879	2253030	210460	97023213	73652193
外商投资股份有限公司	4	499	481		189760	163226
其他外商投资	1	***	***	***	***	***
二、按隶属关系分						
中央	219	317067	3234236	439884	82474829	54485762
地方	167050	5853334	40566033	5983554	856212216	662793912
三、按行业分						
综合零售	12745	1511440	14329724	1206745	146663667	104365174
百货零售	9086	893326	9939582	955416	96639157	63505900
超级市场零售	462	501366	3663080	208220	38179860	29501267
便利店零售	483	69209	377006	28935	5300420	5243494
其他综合零售	2714	47539	350056	14173	6544232	6114513
食品、饮料及烟草制品专门零售	23443	401386	2687196	410733	48210290	36101246
粮油零售	653	3119	25863	6913	1277603	1147583
糕点、面包零售	820	149313	899127	26761	6938674	2667480
果品、蔬菜零售	3559	58042	394897	120540	4572727	2877498
肉、禽、蛋、奶及水产品零售	2449	17826	186398	14019	2376706	1999926

主要财务状况

单位：千元

年初存货	期末存货	营业收入	营业成本	税金及附加	投资收益	营业利润	应付职工薪酬（本年贷方累计发生额）	应交增值税
112047435	**115876632**	**996506300**	**856308831**	**3579398**	**6046153**	**14199**	**53010927**	**13954098**
99170600	104863173	859400076	748840727	2951082	4457226	-1024859	45408275	11749536
1199400	1448730	11007065	8684463	61927	70640	427374	1189268	206065
696603	668225	4394727	3636350	17304	24243	19872	315000	93107
588997	593107	3603743	3239177	6854	2053	-9430	186361	49423
5058	5722	37280	33836	63	-103	399	1892	181
28797	2228	34664	33034	561	55	-4579	3138	4688
4909	5165	55250	43204	250		3470	2741	8830
218	406	2616	1813	9		49	516	74
810683	722131	10617363	9124915	53552	28433	101343	808218	88606
32678163	33217710	450255242	406247554	1302714	2030455	2531917	15547405	4449103
5101163	5468198	79733588	68698350	453081	1671594	3019983	3456497	1032630
420085	474985	2321508	1785726	8831	9628	218593	289933	56092
51267	58454	194380	153293	771	39	-175	24881	4325
56724663	61254588	292065625	243215407	1025719	589487	-7472607	23245701	5647965
821854	912200	4750000	3661821	19166	30580	131053	318001	107965
38742	31325	325925	281783	281	122	7881	18721	484
6522633	4707339	42257512	33967583	215513	114234	-2328789	2899615	549058
335590	405424	3253974	2500683	23619	102290	-278199	371279	61723
87647	96780	881195	807608	2449		-10898	30604	9371
5819691	4043968	37477469	30086101	175653	11944	-2017549	2482682	472899
***	***	***	***	***	***	***	***	***
6354202	6306120	94848712	73500521	412803	1474693	3367847	4703037	1655504
2191553	2282146	37583202	27135473	257287	2169	1825354	1700565	743591
		6	5			-312	1321	1
4159324	4019215	57109700	46292301	154151	1472188	1535752	2995364	900920
3325	4760	155804	72742	1365	336	7064	5784	10992
***	***	***	***	***	***	***	***	***
6934805	7132481	87553987	76856681	224700	1266935	2782496	2330962	760462
105112631	108744150	908952312	779452150	3354698	4779218	-2768297	50679965	13193635
9603685	10409811	143671615	109938259	832232	2838085	2769643	10079271	2006739
4497727	4566471	70754263	52633876	638646	2644793	4004782	4159382	1341144
4250400	4888649	63570044	50207057	161010	184300	32588	4746871	514213
206602	251362	4916454	3591315	15734	1155	-746582	520968	93397
648956	703329	4430855	3506011	16842	7838	-521144	652050	57986
6133899	7215459	32635868	25656019	125908	128803	-132141	3770855	719975
197499	181608	880209	785038	2080	1923	-22799	57931	5382
464481	487157	7140108	4394511	41498	49754	562068	1268981	286117
289275	385201	3870352	3325348	7220	6358	-104575	301775	27508
324824	368170	2772872	2483754	13511	47	-65389	230220	45505

1-15 续表 1

项　　目	法人单位数（个）	本年折旧	固定资产净值	在建工程	资产总计	负债合计
营养和保健品零售	708	30706	41401	2666	843794	684490
酒、饮料及茶叶零售	4138	48711	560676	112567	13286868	12172563
烟草制品零售	1600	8097	48914	7283	2136798	1701251
其他食品零售	9516	85574	529920	119983	16777120	12850455
纺织、服装及日用品专门零售	28799	407893	3350149	200909	70141745	54906118
纺织品及针织品零售	1718	27396	333235	17993	4567648	3559318
服装零售	11095	179798	1327901	73940	34446839	27422939
鞋帽零售	693	63579	379105	6725	2527576	2143705
化妆品及卫生用品零售	2842	16235	179986	69136	5601848	4672779
厨具卫具及日用杂品零售	2239	15480	149584	7423	4956896	3871522
钟表、眼镜零售	990	31822	295749	211	2720998	1885808
箱包零售	407	3216	18352		555785	495601
自行车等代步设备零售	380	891	5794	46	472007	273706
其他日用品零售	8435	69475	660444	25434	14292148	10580739
文化、体育用品及器材专门零售	17872	351770	3238381	610705	68508185	48993871
文具用品零售	4435	31443	229229	23068	7620334	5822508
体育用品及器材零售	1674	64825	755223	8443	5594974	3607213
图书、报刊零售	2570	88537	1005354	432038	17141779	10645852
音像制品、电子和数字出版物零售	275	7630	7451	3781	687495	623219
珠宝首饰零售	2344	56503	518659	28718	12956626	10068434
工艺美术品及收藏品零售	3958	72251	563138	99581	18741657	13873780
乐器零售	382	7065	41567	5125	818334	641711
照相器材零售	253	7346	28045		700635	590031
其他文化用品零售	1981	16169	89717	9952	4246351	3121122
医药及医疗器材专门零售	5579	133379	900578	116536	62845184	44721098
西药零售	1357	46736	415601	79732	48188069	34293114
中药零售	946	14909	36737	91	2381519	1759464
动物用药品零售	102	661	4298		120958	110478
医疗用品及器材零售	3061	75610	431439	36713	11987712	8405746
保健辅助治疗器材零售	113	-4537	12502		166925	152296
汽车、摩托车、零配件和燃料及其他动力销售	8705	1307325	9750024	1245062	125268191	94988012
汽车新车零售	2023	879103	6044661	787049	89861375	71098458
汽车旧车零售	409	3690	14298	611	287345	263885
汽车零配件零售	5302	71645	357026	93410	11571527	8663250
摩托车及零配件零售	214	6905	23932	951	660062	530306
机动车燃料零售	704	343602	3293846	361060	22695102	14316009
机动车燃气零售	11	31	615		55406	16719
机动车充电销售	42	2349	15646	1981	137372	99384
家用电器及电子产品专门零售	22867	632771	3134522	490689	215554418	166559449
家用视听设备零售	358	2970	9058	140	1094978	738929
日用家电零售	3657	131009	543752	23513	110479378	86928658
计算机、软件及辅助设备零售	7098	247494	1333827	229133	57561311	42354133
通信设备零售	2398	82735	255533	73609	12199715	9024727

单位：千元

年初存货	期末存货	营业收入	营业成本	税金及附加	投资收益	营业利润	应付职工薪酬（本年贷方累计发生额）	应交增值税
147292	182300	524153	367591	2808	-342	-41382	102908	16977
1896515	2136712	5599493	4251667	24818	36867	-696	588853	120356
606322	763131	1681762	1539428	4765	1274	-22566	152059	37992
2207691	2711181	10166920	8508682	29207	32922	-436802	1068128	180138
14173735	12667654	50305139	34913432	249590	144224	-1013844	5628929	1491104
799684	831413	2015513	1410259	13495	1836	-14888	328359	78673
8458902	6548353	22780149	14403089	129409	15968	-726649	2921862	704524
858846	917352	2843681	2024719	11976	8679	1174	347643	96729
709535	855753	3543440	2175555	21430	96420	108099	404958	156060
410113	429695	3277039	2563259	10799	27	-70481	247161	72580
675487	701653	2973388	1869572	21385	2499	-7458	455518	144499
152506	151465	474292	349368	3616	-6317	-31036	53958	19242
102130	128067	271469	219852	474	1585	-9162	31986	4412
2006531	2103903	12126168	9897760	37006	23526	-263442	837484	214385
15479295	16535995	50962965	41960730	396798	124431	-1332	4077849	776047
1756313	1549087	6422906	5590290	14753	4711	-9587	444513	104170
998311	1111642	4232354	3109890	22169	11331	-163216	456418	100488
1839234	2098617	12998367	10414717	44495	64936	83984	1333047	100367
100341	105707	369233	269157	1895	191	-22366	56936	7848
3540338	4100917	18046330	15967894	259363	6782	322689	718850	222615
6079861	6240153	4405232	3112421	36811	1882	-216882	646283	134099
302449	350588	825601	625453	3610	2766	-10640	93678	23173
224282	232641	784708	700716	1174	-65	-23596	46923	9743
638166	746643	2878233	2170191	12529	31898	38283	281201	73543
4304277	4635288	37787471	31864872	128968	1305618	1260247	2436591	816745
1956089	2164276	24516385	22130129	51663	1266995	1138430	1011261	261825
754625	781171	3715824	2788848	16139	22854	83803	471760	106162
38200	46171	112936	84671	308	34	3441	13029	3111
1529347	1618892	9202736	6742437	58400	15511	57633	884165	428202
26017	24778	239590	118787	2459	224	-23060	56376	17446
23538632	24474128	262348418	240589150	960043	315688	1733828	8237929	2692378
20152495	21110631	193577304	178682564	812808	242897	490837	6197749	1746557
33142	50926	169028	141423	87	161	-17316	17710	646
1581955	1774770	7023618	6144068	18452	5416	-290137	621076	111592
213739	219817	946146	810803	2417	96	-4464	39976	18403
1549355	1267129	60276594	54480310	125747	67117	1554158	1349976	842677
1692	34623	257763	248330	202		944	3956	-29682
6253	16232	97965	81651	329		-194	7485	2185
18434477	18204271	237293087	215895927	394577	910016	1053480	7299619	2364789
247898	263204	733991	612682	2008	494	-1197	65297	15168
2541193	2503473	47136338	42269910	84436	776316	1034322	1338043	509012
10114123	9790525	159407355	148436538	185405	63883	277970	3440756	1117115
2087259	2079353	12452548	10481291	43082	7572	-62808	781641	212112

1-15 续表 2

项　　目	法人单位数（个）	本年折旧	固定资产净值	在建工程	资产总计	负债合计
其他电子产品零售	9356	168564	992353	164294	34219036	27513002
五金、家具及室内装修材料专门零售	28680	434727	2798540	1029970	77522415	57156378
五金零售	12336	129885	848167	441815	31769939	24054023
灯具零售	807	12856	38738	5677	1728087	1114006
家具零售	3848	118789	1008389	533871	15600084	11833136
涂料零售	357	7610	38768	351	738099	559295
卫生洁具零售	353	1427	14086	10	590335	418065
木质装饰材料零售	831	10011	51302	2119	2778600	2023339
陶瓷、石材装饰材料零售	1404	10532	110859	3182	3286631	2402752
其他室内装修材料零售	8744	143617	688231	42946	21030639	14751761
货摊、无店铺及其他零售业	18579	989711	3611154	1112090	123972948	109488327
流动货摊零售	98	1869	33193		167511	110863
互联网零售	3250	220569	566972	158490	40382767	51333049
邮购及电视、电话销售	1750	50713	286047	116956	6128228	4342474
自动售货机零售	40	3465	12813		165165	178248
旧货零售	14	9	41		79190	2969
生活用燃料零售	220	29177	177980	10027	1848665	1063090
宠物食品用品零售	557	1302	5592	72	310069	251656
其他未列明零售业	12650	682606	2528517	826545	74891354	52205978
四、按控股情况分						
国有控股	972	1048320	10241336	1547279	166785320	98525057
集体控股	2557	332814	2392006	273281	29923156	18834909
私人控股	160117	3603018	24852623	4059164	555298649	452551965
港澳台商控股	265	336518	1279792	237906	32686589	25379102
外商控股	318	649744	3801259	238431	131810897	105507014
其他	3040	199987	1233253	67377	22182433	16481627
五、按单位规模分						
大型	150	1946462	14235586	1813967	314347496	226285321
中型	1099	1570903	13193412	810235	153045325	129574901
小型	5834	757558	5041697	1010051	98571774	72606716
微型	160186	1895478	11329573	2789186	372722449	288812737
六、按限额标准分						
限额以上	1862	3530830	28056731	2662399	485686495	368989651
限额以下	165407	2639571	15743538	3761039	453000549	348290023
七、按经营形式分						
独立门店	98171	2931300	24714489	3723800	416898235	321724904
连锁总店	407	1263950	10789948	794045	197939220	129206723
连锁直营店	676	72791	421958	67945	9522170	11502479
连锁加盟店	1224	15046	67561	1314	2039894	2162274
其他	66791	1887314	7806313	1836335	312287526	252683293
八、按年末零售营业面积分						
10000 平方米及以上	225	2119364	19543295	2082685	293528984	201430953
5000-9999 平方米	279	330123	2851789	448992	31444210	23634963

单位：千元

年初存货	期末存货	营业收入	营业成本	税金及附加	投资收益	营业利润	应付职工薪酬（本年贷方累计发生额）	应交增值税
3444003	3567716	17562854	14095506	79646	61750	−194807	1673883	511382
8491099	8865458	39666961	31777538	186606	188244	−579328	4096503	1014266
2763421	2906296	13094111	11280110	53605	92989	−193879	1156101	304475
240944	252636	909148	707053	4563	526	−15612	112553	30741
2523254	2636579	12113404	8422131	79449	32068	−27588	1402428	370786
116909	118390	420932	356008	1187	6	−9473	33668	9480
140531	144665	475965	358375	1852	84	−7925	58963	18550
336997	338797	1188994	925059	3820	899	−50274	140500	26159
359655	388101	1513788	1250890	5097	−4764	−17617	148467	29122
2009389	2079995	9950620	8477911	37034	66435	−256960	1043822	224953
11888337	12868567	141834776	123712903	304676	91044	−5076355	7383382	2072055
5671	6412	43304	40478	50		−1201	5381	944
5236343	6085142	108353567	97296666	157975	203272	−3625884	4120859	1084716
790724	744439	3550897	2837887	14514	3461	−93217	378208	98639
23879	20046	72278	58032	148	83	−50928	25587	6495
1238	844	16514	7172	114		4108	3255	457
217107	221536	1140409	999895	2808	66	−63331	92062	3300
81227	93136	191755	139981	359	15	−25327	40589	3046
5532149	5697013	28466052	22332793	128708	−115853	−1220576	2717440	874459
16912498	17392022	193920554	166297782	936779	2854797	6633085	9559858	2537350
3583025	3417476	29133467	23268038	123389	145744	1033910	2123901	674919
72128121	77268430	507207601	433063393	1830565	1327127	−7419361	32724961	7925755
6013549	4270917	42902633	34748500	200817	116742	−2056478	2782874	549485
11554399	11470956	193794372	172860539	416923	1464635	2472520	4698804	1864635
1855844	2056832	29547673	26070579	70925	137108	−649476	1120528	401954
25751235	24153269	439918540	380085957	1339566	4836356	7617889	18576405	4758571
30493724	31857905	258595471	222508268	1102917	502762	−609319	13377151	3529330
18706291	20784425	114060410	92655959	562602	80558	−1049234	7570049	2227635
37096185	39081033	183931879	161058647	574313	626476	−5945138	13487322	3438562
62495962	62131369	781216965	677985596	2744621	5409661	9117780	31924813	9426571
49551473	53745263	215289335	178323235	834777	636492	−9103581	21086114	4527527
64975001	66788280	439913131	375219611	2013667	2270863	1328257	25557410	6792318
11054586	10987706	200368217	166432780	779363	3330056	5332703	11020453	2828095
1233902	1327891	13168340	10961871	30671	−768	−891279	1027868	177609
624567	746565	2480048	1958366	6918	8276	−52080	232595	48303
34159379	36026190	340576564	301736203	748779	437727	−5703403	15172600	4107772
17418527	17145441	296276609	242787612	1377403	4807414	9104365	14894684	4274980
8370305	6116222	53335127	45453855	204938	36032	47203	3167990	702712

1-15 续表 3

项　　目	法人单位数（个）	本年折旧	固定资产净值	在建工程	资产总计	负债合计
1000-4999 平方米	1640	727397	5300530	506794	75296853	57705118
999 平方米及以下	165125	2993518	16104655	3384967	538416997	434508639
九、按零售经营业态分						
有店铺零售	135704	4968580	39335176	5018980	720573657	529159960
食杂店	11617	66500	400642	35831	14372072	11020425
便利店	9490	158543	1002020	143428	17864443	14657182
折扣店	1357	13628	73410	42160	2456153	1695213
超市	3540	166439	1290669	172336	13496770	10104609
大型超市	64	426224	2995906	84159	28526834	22634087
仓储会员店	712	8515	33685	17104	1885782	1112937
百货店	16280	743073	6533174	948434	99225128	61914501
专业店	46541	1358449	10479822	1698404	305352951	224365016
专卖店	24387	1441893	9739881	1509098	163875797	120598948
家居建材商店	13389	149369	1249958	83110	28717988	22243956
购物中心	2001	264967	4471833	23905	14940054	18980700
厂家直销中心	6326	170980	1064176	261011	29859685	19832386
无店铺零售	31565	1201820	4465092	1404460	218113389	188119714
电视购物	106	2634	10868	1	1227193	1066961
邮购	837	22699	144924	68862	3842691	2876327
网上商店	2986	287609	753292	151399	60780690	71078006
自动售货亭	61	13292	81075	484	640270	615263
电话购物	1757	42687	234148	73550	5338501	3694819
其他	25818	832899	3240785	1110164	146284044	108788338
十、按地区分						
东城区	8285	578568	3712177	729717	126842589	85842375
西城区	8575	464185	3247623	956621	71543242	47962048
朝阳区	26208	1867940	10689552	707138	260274930	214874737
丰台区	23529	505228	3342725	175850	67897842	49226840
石景山区	5082	198133	958044	336809	29078225	22898676
海淀区	17281	960000	9257315	1041825	126876958	94683506
门头沟区	3962	47120	187056	234684	8183434	5696951
房山区	11391	107131	758116	177049	17460192	12422955
通州区	10383	181937	1830162	248883	49179105	40310583
顺义区	7020	300392	2065175	413519	23753491	17841507
昌平区	12433	261777	1780629	191395	30073642	22678169
大兴区	9888	276278	1870035	853075	39080690	31241904
怀柔区	8386	66230	790932	41051	21344496	15619689
平谷区	5783	60671	704072	72163	11210649	7560362
密云区	5555	37521	403686	29574	11940728	10179165
延庆区	1509	18015	209069	170997	2761689	2510156
北京经济技术开发区	1999	239275	1993900	43089	41185141	35730052

单位：千元

年初存货	期末存货	营业收入	营业成本	税金及附加	投资收益	营业利润	应付职工薪酬（本年贷方累计发生额）	应交增值税
17159692	18629485	142966227	125254462	487395	185248	−285070	7047509	1852601
69098912	73985484	503928337	442812903	1509663	1017459	−8852299	27900744	7123805
89955422	92466960	706855237	594370932	3098264	5632234	4784301	43042104	10974627
1741505	2061736	9295749	8031653	20232	54840	−364694	914623	102208
2058757	2431397	16719911	13147245	64318	134183	−1109673	1573772	276624
404015	444705	2449261	1921172	6833	1825	−31054	193762	50192
1952874	2198702	14026981	11048508	55103	31820	−617294	1533901	218372
3840552	4277109	56623764	44798964	127312	157733	243829	3994004	416690
297445	351839	1128036	954125	3784	673	−26206	94303	16278
5042796	5648939	73322367	54535168	623999	2674056	4749969	4756142	1439413
31433240	32814065	242600356	209169081	877661	2212720	2421526	13355760	3924218
33620409	32636029	250508988	218140317	1095392	384883	1164788	12925354	3556392
3319619	3620644	17286171	13989115	79009	−11704	−354745	1626377	423365
2003625	1571874	3027623	2185815	60998	9476	−1141924	388951	82832
4240585	4409921	19866030	16449769	83623	−18271	−150221	1685155	468043
22092013	23409673	289651064	261937901	481134	413921	−4770102	9968823	2979471
66051	73051	5006644	3958692	15983	6920	1573	166105	106029
518173	498137	3239555	2689523	8053	283	−5963	245533	44070
11153210	11955800	225777090	209884181	246119	164290	−3500118	4811833	1542732
44985	43791	562026	301413	2679	116	−69123	66578	25215
642786	657608	3131689	2496832	11106	3892	−71418	332444	84663
9666808	10181286	51934060	42607260	197194	238420	−1125053	4346330	1176762
13213960	13623326	93572439	77361538	583869	2320452	2849914	5859823	1708179
11443291	11661518	62634792	49088947	447342	1359279	1415892	5038580	1260831
23998403	23122037	216874412	181770862	856832	1065617	−1456522	12782787	3375988
9698230	10581101	71259621	60176047	233176	−72155	−581359	5094116	1216257
3299848	3563875	38182067	32526787	107443	260197	343289	1859820	432383
15134495	15875015	132029883	112406469	524527	416377	−1543050	8092717	2125853
1354441	1528192	6141228	5159015	23518	4986	−84446	478593	106234
2538330	2809480	21631413	19320227	41586	17152	−105413	1231135	220702
3179311	3684498	74041383	68800832	134343	305550	189332	1865186	647747
3835624	4317594	39711874	30819244	177403	46997	326184	1990548	514467
4360980	4598603	36659093	31999214	87330	60098	−377746	2309766	568452
4796734	5108422	39106999	34021563	102401	19557	−90904	1965167	581257
2235583	2308512	12379259	10594648	31716	4455	−77556	823708	197694
1429815	1696491	6485602	5366860	32293	343	−154277	697131	115747
1198184	1387623	6297420	5356759	21466	25961	−262919	632709	76242
459645	495119	2071828	1762381	6087	6345	7401	187315	42903
9870559	9515227	137426986	129777439	168068	204940	−383620	2101825	763161

1-16 限额以上批发和零售业

项　　目	法人单位数（个）	#亏损企业	年初存货	流动资产合计	#货币资金
合　计	**6993**	**1641**	**517574132**	**3468523251**	**713228419**
一、按登记注册类型分					
内资	6427	1478	383692587	2555045191	453815466
国有	127	20	13833001	75915845	41137139
集体	53	10	360011	5438437	532440
股份合作	44	8	315909	1727577	730001
集体联营	1	***	***	***	***
国有与集体联营	1	***	***	***	***
国有独资公司	167	25	22844192	326478021	47734342
其他有限责任公司	2378	615	261167699	1556354222	256112254
股份有限公司	157	43	25217379	186245085	42979498
私营独资	7		41534	231016	67518
私营合伙	1	***	***	***	***
私营有限责任公司	3416	741	57189063	391297350	63522389
私营股份有限公司	72	14	2678376	11278846	967078
其他企业	3		2735	37393	11326
港澳台商投资	214	67	54367200	340055186	41849916
与港澳台商合资经营	31	9	1905110	15243070	1413354
与港澳台商合作经营	2	***	***	***	***
港澳台商独资	173	55	50591980	319472950	39651965
港澳台商投资股份有限公司	3	1	1206104	3829579	672975
其他港澳台投资企业	5	1	532981	1278130	100239
外商投资	352	96	79514345	573422874	217563037
中外合资经营	70	19	12354538	64750344	24407766
中外合作经营	3		16831	101549	73228
外资企业	274	76	66920214	508031631	193032204
外商投资股份有限公司	3		69189	320005	34343
其他外商投资企业	2	***	***	***	***
二、按隶属关系分					
中央	469	65	200161192	1245143193	240886889
地方	6524	1576	317412940	2223380058	472341530
三、按控股情况分					
国有控股	1152	193	266277605	1705206526	335452524
集体控股	163	33	6857112	42724397	8874431
私人控股	5054	1231	106994481	799241971	114923679
港澳台商控股	209	64	52674250	335301194	40876010
外商控股	343	98	76606770	547843339	198811255
其他	72	22	8163914	38205824	14290520
四、按经营形式分					
独立门店	4020	975	272984645	2060807312	356398669
连锁总店	152	53	11338683	163972807	29623025

法人单位主要财务状况

单位：千元

#现金	#交易性金融资产	#应收账款	#存货	#应收利息	#应收股利	可供出售金融资产
1177153	**31729096**	**582895868**	**513055958**	**4050952**	**17468002**	**61194022**
1096694	9469351	490928386	385686189	2740753	15942655	53124523
4870	16000	7053093	15788367	792025	88926	5401357
6490	1528	678027	331934		22527	5484
2787	2500	214583	317208			
***	***	***	***	***	***	***
***	***	***	***	***	***	***
2989	23301	35939115	25310160	398199	1729758	25371626
651163	5415791	329302766	256876743	555147	9787954	17320254
41969	38016	31573919	26671776	684115	3988700	4707527
57	15830	41260	50090			
***	***	***	***	***	***	***
376723	3762685	83873456	57179359	311204	244480	215442
5226	193700	2241408	3142562	63	80310	102833
4397		10618	1917			
19941	2643684	29389910	52036553	341995	337035	1492413
1752	10	1458896	1687407		7562	
***	***	***	***	***	***	***
17846	2574257	27542569	48031225	341995	329473	1482413
20	36123	183065	1837542			10000
87	33294	147525	329431			
60518	19616061	62577572	75333216	968204	1188312	6577086
19000	735405	17211777	12905431	96351		2499
7	10025	5881	8908			
41453	18870631	45243214	62189797	871846	1188312	6574587
36		90333	61759			
***	***	***	***	***	***	***
478633	3200607	242940573	194292190	1559436	7051609	41555259
698520	28528489	339955295	318763768	2491516	10416393	19638763
506991	4251639	311814152	263906168	2433318	14242362	48071414
43345	423529	4496586	7942194	2703	79413	2567438
536570	5443597	165788450	110986351	358794	1618777	2469670
20726	2643684	29514633	50864600	341995	337035	1492413
60568	18948647	61593119	71585154	914609	1188312	6574587
8953	18000	9688928	7771491	-467	2103	18500
445721	8535113	363725886	283943321	2479779	11242916	33636106
100089	2345326	5080104	11003798	6476	277278	2514712

1-16 续表 1

项目	法人单位数（个）	#亏损企业	年初存货	流动资产合计	#货币资金
连锁直营店	31	9	1030561	6412411	497790
连锁加盟店	9	2	386479	720604	97997
其他	2781	602	231833764	1236610117	326610938
五、按零售业态分					
有店铺零售	1569	520	50324512	316930486	62361076
食杂店	11	1	85571	132926	15886
便利店	39	17	397476	4976311	427497
折扣店	5	4	82316	388962	220346
超市	53	17	613150	3336797	821241
大型超市	51	15	3814194	18465143	5330803
百货店	82	15	2063309	38286394	15099112
专业店	567	139	17546317	156174849	21123397
专卖店	698	291	24529878	86854489	18347084
家居建材商店	25	8	662531	2029474	138017
购物中心	9	3	25094	2953930	108081
厂家直销中心	29	10	504676	3331211	729612
无店铺零售	293	104	12171450	59893558	5297857
电视购物	6	2	17132	845056	52131
邮购	7	2	140012	1282343	469104
网上商店	144	67	9967222	46387607	3196773
自动售货亭	2	***	***	***	***
电话购物	13	2	67191	352432	86821
其他	121	29	1967988	10731036	1484495
六、按地区分					
东城区	510	138	53890153	533054371	84004753
西城区	486	109	60188542	405374643	112818297
朝阳区	1937	481	186354468	1180747039	299422416
丰台区	560	122	19088086	122968950	25190164
石景山区	157	34	25238172	101026560	9475592
海淀区	1427	277	67917660	527207481	90617591
门头沟区	106	21	2215677	18727110	4327972
房山区	310	98	4032238	32828841	4175599
通州区	219	58	6825101	49937348	17131692
顺义区	263	62	11306894	66545080	22873517
昌平区	326	75	17228724	81560940	13015625
大兴区	202	45	5469597	33527685	3943550
怀柔区	75	13	1670837	6768702	1392047
平谷区	100	18	2958553	10778256	1037123
密云区	134	43	1697057	16691794	2026631
延庆区	22	5	179537	3086194	267502
北京经济技术开发区	159	42	51312836	277692257	21508348

单位：千元

#现金	#交易性金融资产	#应收账款	#存货	#应收利息	#应收股利	可供出售金融资产
1154	42316	492636	1374559	7		3020
356		24945	467427			
629833	20806341	213572297	216266853	1564690	5947808	25040184
305089	3592430	19608192	49361721	54075	2853466	4052733
1028		6846	90534			
3727		343657	485276			
467		12150	95617			
15595	32500	211536	686834	47		
67836	85430	567235	4246915	128		15450
42639	173041	927242	2383077	43348	71505	1157884
70645	714030	9800295	17633119	16382	2582356	2666057
93619	2550029	6448936	22484728	-6015	199605	163342
1951	18400	158786	687013	185		
4675		2792	18312			
2907	19000	1128717	550296			50000
18027	692149	26320340	12769648	13073	15000	186803
74	5280	365338	11743	35		
100		146168	176295	2464		
10384	316499	22065548	10466968	6901	15000	140500
***	***	***	***	***	***	***
896	9370	151130	79014			
5626	361000	3390602	2021014	3673		46303
28869	3458356	84016374	49611556	631976	3628389	11265322
111076	1150099	80437344	62741846	403229	1694729	10080608
167150	19228311	168500790	169959156	2024850	5084457	13850673
77096	557319	23323451	22047390	10650	13591	1122569
6886	1154613	15014778	32484415	3760	275712	366730
521220	3075485	116053262	71803232	93166	5325499	12023709
16309		2577412	2707999	34890		
25208	85827	8811532	3983961	461	2250	34432
54133	41387	8109340	8063648	649446	16000	20769
10278	52521	11146342	10765932	56398	685462	11067425
63974	155159	22262224	13705719	96502	573561	536156
35326	240259	7943125	5943989	6216	922	112145
10977	75048	1823319	1587502			3020
7999		1856409	3098728	10172		1
23291	198378	4553280	2342674	4249	9551	170793
4203		1252252	242484			
13158	2256334	25214634	51965727	24987	157879	539670

1-16 续表 2

项　　目	持有至到期投资	长期股权投资	固定资产原价	#房屋和构筑物	#机器设备
合　计	**5150977**	**849738804**	**177356554**	**80929423**	**53407792**
一、按登记注册类型分					
内资	2508727	669406692	140724804	70149034	43780200
国有		5145991	7084877	5524146	651695
集体	1300	3228198	1332507	878057	327496
股份合作		4270	216071	77511	74269
集体联营	***	***	***	***	***
国有与集体联营	***	***	***	***	***
国有独资公司	5000	195367989	12777272	9196328	1253845
其他有限责任公司	2314294	276182441	80865424	34823196	32667239
股份有限公司		157953299	16349727	7702325	4968604
私营独资			25405	12948	9853
私营合伙	***	***	***	***	***
私营有限责任公司	188133	28047731	21180085	11407832	3673785
私营股份有限公司		3476773	838738	495566	133980
其他企业			50868	31125	17152
港澳台商投资	1341417	51881086	14160313	4726926	2188152
与港澳台商合资经营		3598340	1232066	839080	158627
与港澳台商合作经营	***	***	***	***	***
港澳台商独资	1341417	40532627	12595910	3712944	1969197
港澳台商投资股份有限公司		7737709	16301		1321
其他港澳台投资企业		12410	197157	90108	47226
外商投资	1300833	128451026	22471437	6053463	7439440
中外合资经营		3057727	4839303	588824	1477213
中外合作经营		50000	9326	4866	1856
外资企业	1300833	125343299	17615409	5459773	5955686
外商投资股份有限公司			5402		4685
其他外商投资企业	***	***	***	***	***
二、按隶属关系分					
中央	2268480	394380807	67660374	27835170	31110139
地方	2882497	455357997	109696180	53094253	22297653
三、按控股情况分					
国有控股	2289590	566575337	94250333	45365077	35386796
集体控股	1640	10968687	5759693	3399548	1045261
私人控股	217497	91894885	41354952	21387649	7665323
港澳台商控股	1341417	50531212	13346732	4284154	2044717
外商控股	1300833	127192578	21129763	5706220	6889643
其他		2576105	1515081	786775	376052
四、按经营方式分					
独立门店	3974953	453329477	85766576	46070121	18291358
连锁总店	4770	28963242	22965816	10768907	7081551

单位：千元

			累计折旧		固定资产净值	固定资产减值准备
# 运输工具	# 电子设备	# 融资租入固定资产		# 本年折旧		
13145665	**10800903**	**717983**	**77304593**	**11179842**	**99991482**	**796757**
11030420	6743257	380127	59353757	8111154	81318247	376275
315810	346754	541	3257242	322241	3827634	
50623	28043		632848	37117	699659	129
51358	7119		130814	10433	85258	
***	***	***	***	***	***	***
***	***	***	***	***	***	***
527964	809425		5652381	483224	7124891	47571
6218915	3049452	49584	32583567	4593579	48251376	178338
448964	1141408	320655	7818916	851234	8530068	149544
1032	754		6221	1226	19184	
***	***	***	***	***	***	***
3346556	1291301	9347	8980776	1762307	12177733	693
66752	68503		280287	48818	558451	
2167	424		7634	956	43234	
479449	1581290	195513	7179005	1436353	6979549	15167
46531	88861		756683	62298	475383	2592
***	***	***	***	***	***	***
367512	1472236	195513	6318558	1350916	6275593	12575
4215	10257		11475	1329	4826	
48980	4864		33527	12729	163630	
1635796	2476356	142343	10771831	1632335	11693686	405315
254601	599276	104043	2469175	405003	2370128	25611
1482	688		4715	1551	4611	
1379075	1874821	38300	8293416	1224979	9316073	379704
372	148		2956	678	2446	
***	***	***	***	***	***	***
3547255	2615444	425	27103280	3256151	40527190	284991
9598410	8185459	717558	50201313	7923691	59464292	511766
5117883	4141732	982	39636819	4559256	54583607	360277
265596	148232		2690958	315683	3068584	1516
5702149	2767473	482866	17739451	3214060	23592759	16435
414200	1504526	195513	6589853	1395453	6755120	12910
1501290	2156134	38622	10048734	1574114	11075109	405115
144547	82806		598778	121276	916303	504
8500919	4593769	459388	38166603	5537102	47604508	450167
544951	1587012	322	11833191	1287626	11126870	244408

1-16 续表 3

项目	持有至到期投资	长期股权投资	固定资产原价	#房屋和构筑物	#机器设备
连锁直营店		784589	714081	128881	313510
连锁加盟店		3500	57646	22709	11764
其他	1171254	366657996	67852435	23938805	27709609
五、按零售业态分					
有店铺零售	16573	47393277	52114034	28006884	11597689
食杂店			11577	1624	4539
便利店		337377	763106	133241	349914
折扣店		5000	32727		2579
超市	300	1252014	2168496	1127987	625854
大型超市	4770	3099116	6357191	2320695	2046324
百货店		15681216	11415133	7234630	1348078
专业店	3503	20679092	12054365	4843722	4553074
专卖店	8000	6155536	13717469	7063347	2562559
家居建材商店		46847	719590	578052	61138
购物中心			4364031	4319452	11443
厂家直销中心		137079	510349	384134	32187
无店铺零售		3432838	2291344	410204	645456
电视购物		23166	20221	1963	
邮购		80595	60480	32841	2808
网上商店		957825	1405189	29700	488807
自动售货亭	***	***	***	***	***
电话购物			17385	5146	2197
其他		2331282	707775	340554	73043
六、按地区分					
东城区	849626	172574108	20659427	10584910	6122094
西城区	728714	97041066	13408810	8493745	1628067
朝阳区	8727	363593128	65835511	19597331	28539483
丰台区		13722886	6804251	3393900	1680850
石景山区	1008000	22529624	4305845	2972476	472194
海淀区	1423337	117330916	34584958	20992978	6486693
门头沟区		2509974	640274	120236	89695
房山区	1300	975041	2325460	762322	822494
通州区	2000	3088059	4942968	2693157	694593
顺义区		26155335	7766657	3655516	2917100
昌平区	24503	11838356	4212806	1901159	1333871
大兴区		2408324	3354379	1843640	771887
怀柔区	4770	211097	579501	295437	156222
平谷区		1195462	541413	208998	199756
密云区		2464827	1383761	393248	467641
延庆区		1935	294726	213865	40785
北京经济技术开发区	1100000	12098666	5715807	2806505	984367

单位：千元

			累计折旧		固定资产净　　值	固定资产减值准备
#运输工具	#电子设备	#融资租入固定资产		#本年折旧		
58132	78578		407938	67505	306143	
8001	9543		23969	5962	33677	
4033662	4532001	258273	26872892	4281647	40920284	102182
3149792	2798887	25707	25164001	3236064	26949926	256881
2443	1751		7436	543	4141	
18782	77731	322	295916	74883	467190	5755
1448	17047		26533	4356	6194	
176694	176002		1206204	106543	957226	
132914	415330	3628	3531697	418135	2825494	70649
146270	453415	736	6086311	563088	5329040	
661272	823006	541	5836805	700768	6229143	46153
1948548	742245	20480	6550326	1124478	7160695	126583
23123	34520		333800	33514	385788	7741
2514	13215		1077866	187189	3286165	
35784	44625		211107	22567	298850	
167854	358124	531	1184538	294766	1106805	2149
10215	2393		13280	1204	6941	
10023	12407		28701	4475	31779	
44217	239357	520	799381	234253	605808	2149
***	***	***	***	***	***	***
5716	2995		10145	2133	7240	
96330	100633	11	307082	44741	400692	
1023246	1106704	10658	9513075	1167708	11145178	218649
961885	584440	736	6710270	628747	6698498	42656
3873244	4697551	175196	28099517	4032751	37677991	297015
899748	396837	9003	2996988	392269	3807225	21902
265190	175946	14419	1375108	197686	2930735	161739
3467692	1769883	182367	14714691	2050645	19870265	8582
69396	33311		227992	41881	412283	
330549	61648		1088360	150169	1236188	529
334158	540664	1664	2435332	342806	2507636	1834
443259	385433	13	3665670	732305	4100987	32371
363424	293100	4169	1739063	310610	2473740	3014
312264	220099	9580	1410550	246003	1943828	4355
71294	38087		272446	43372	307054	
77155	46507		287290	30584	254124	1
121698	57008	306236	555946	109795	827813	2006
28097	7280		123016	17764	171709	
503366	386405	3942	2089279	684747	3626228	2104

1-16 续表 4

项目	在建工程	无形资产	#土地使用权	#软件使用权	商誉
合计	12829852	28227953	11466415	2527396	1792392
一、按登记注册类型分					
内资	11375168	23983064	9494610	1752300	29855
国有	375852	247150	192541	47893	
集体	77316	15318	2058	647	
股份合作	59882	21597		27	
集体联营	***	***	***	***	***
国有与集体联营	***	***	***	***	***
国有独资公司	953295	1651553	833659	87999	
其他有限责任公司	7830118	16875698	6526884	1069468	10796
股份有限公司	1111784	2851757	897362	339896	19059
私营独资					
私营合伙	***	***	***	***	***
私营有限责任公司	715783	2009029	848287	169262	
私营股份有限公司	251115	310703	193819	37108	
其他企业	23	259			
港澳台商投资	812405	1961490	1130594	197938	1757402
与港澳台商合资经营	41094	309773	225237	8215	
与港澳台商合作经营	***	***	***	***	***
港澳台商独资	766702	1558117	815057	186672	1757402
港澳台商投资股份有限公司	3667				
其他港澳台投资企业	942	65336	64814	289	
外商投资	642279	2283399	841211	577158	5135
中外合资经营	220146	612288	288665	224689	4093
中外合作经营					
外资企业	422133	1671063	552546	352469	1042
外商投资股份有限公司					
其他外商投资企业	***	***	***	***	***
二、按隶属关系分					
中央	6295113	16206699	6185661	768804	21
地方	6534739	12021254	5280754	1758592	1792371
三、按控股情况分					
国有控股	8868830	19205488	8017328	1268543	291
集体控股	181001	252298	29682	6327	
私人控股	2313373	4861819	1621667	652646	29564
港澳台商控股	811884	1887835	1066979	193618	1757402
外商控股	608843	1874171	636894	365634	5135
其他	45921	146342	93865	40628	
四、按经营方式分					
独立门店	7126297	14991199	4181004	1290077	1757209
连锁总店	820696	2645891	1055188	146922	

单位：千元

非流动资产合计	资产总计	流动负债合计	#应付账款	#应付利息	#应付股利	非流动负债合计
1219762274	**4688621501**	**2965178640**	**794623641**	**5492087**	**22928907**	**378466276**
961861185	3517242348	2220301666	597079421	4632616	9915987	309244987
16142021	92057866	48026871	9338230	835	120764	611290
4773271	10211722	5272411	1136956	40193	28150	2528969
204647	1932225	1479624	278904	764		606
***	***	***	***	***	***	***
***	***	***	***	***	***	***
251126658	577604679	320908660	69325728	1334458	1225983	65309672
421621799	1978281887	1355572947	402980935	1764639	4401522	120959532
213973573	400218658	153873949	27542809	1205928	3780372	70691146
21046	252062	156121	105346			1151
***	***	***	***	***	***	***
48538833	439871809	327054383	84415100	253969	355061	48396812
5414627	16687938	7899153	1936654	31830	4135	740475
43951	81344	21186	3359			5334
81369899	421425085	326367685	76931632	401782	1839684	31329717
4519033	19762103	13546566	1648007	109264	7148	906433
***	***	***	***	***	***	***
68454321	387927271	308866977	74389924	286982	1813788	27391764
7996494	11826073	2490514	650220			3003582
279866	1557996	1248958	147192	5475		27829
176531190	749954068	418509289	120612588	457689	11173236	37891572
8371052	73121396	55973275	26808525	104668	50749	2600968
55281	156830	36523	20323	-21		
168086215	676117850	362054752	93632136	351093	11122487	35277443
11062	331067	273363	89950			
***	***	***	***	***	***	***
565436671	1810579878	1048325621	294330009	2674569	5391579	162687787
654325603	2878041623	1916853019	500293632	2817518	17537328	215778489
805174185	2510380713	1473355484	396329558	4097237	7346730	232069889
20051372	62775783	40725246	11348810	138435	520915	4189756
137479755	937057682	695124240	181341072	507012	1937972	71949895
79669929	414971123	321223253	77788250	364829	1827304	30727494
173241661	721085004	402309458	116999340	375132	11139128	35698846
4145372	42351196	32440959	10816611	9442	156858	3830396
629396079	2690538734	1821016684	477271863	3135626	9922681	189284139
55929743	219902848	138904803	20062599	405272	534446	10472721

1-16 续表 5

项目	在建工程	无形资产	#土地使用权	#软件使用权	商誉
连锁直营店	2940	76092	72159	1770	
连锁加盟店		6310			
其他	4879919	10508461	6158064	1088627	35183
五、按零售业态分					
有店铺零售	2496432	5067474	2908534	274993	
食杂店	95				
便利店	17266	32235	16823	8791	
折扣店	918	17483		14394	
超市	125114	170772	71646	15717	
大型超市	84159	289236	215419	13449	
百货店	50360	1092543	776113	58021	
专业店	969212	2139166	906608	121541	
专卖店	1207711	493855	333127	34627	
家居建材商店	1810	206361		276	
购物中心	22159	534401	533065	1336	
厂家直销中心	17628	91422	55733	6841	
无店铺零售	165967	924102	68170	186804	
电视购物		115		115	
邮购		12798		768	
网上商店	145676	663438	586	112079	
自动售货亭	***	***	***	***	
电话购物		1429			
其他	20291	237331	67584	73842	
六、按地区分					
东城区	1369052	2120339	876655	261762	
西城区	1089049	1370610	889906	151530	291
朝阳区	3854420	7325879	4431134	639198	5140
丰台区	267168	577299	266956	86306	
石景山区	76399	291303	212115	37221	
海淀区	1995619	11289580	1949488	745590	1723302
门头沟区	72083	105875	79659	2923	
房山区	128645	62445	6060	13658	
通州区	1447933	318470	156608	91917	
顺义区	794485	1443969	978672	121524	
昌平区	302897	1141798	220470	229926	
大兴区	503303	370412	162071	25434	
怀柔区	105926	72103	59263	716	151
平谷区	49822	149735	27799	24179	
密云区	32776	296930	245462	44376	19059
延庆区	974	8337	7506	407	
北京经济技术开发区	739301	1282869	896591	50729	44449

单位：千元

非流动资产合计	资产总计	流动负债合计	#应付账款	#应付利息	#应付股利	非流动负债合计
1877640	8290051	6306270	2151816	7	5967	38973
48874	769478	675367	136517			1614
532509938	1769120390	998275516	295000846	1951182	12465813	178668829
102139381	419380345	272917991	50512688	484513	1465210	24390957
12302	145228	112998	8819		13400	12
1173061	6149372	5668227	1801533	125252	571	106017
71284	460246	430531	308377			
3056764	6393575	4174967	1117322	2022	15335	40138
9767225	28232368	22191489	6465146	60244	1454	202763
26636889	65223715	31644019	8750003	82233	590491	2104205
34960975	191144425	126618838	15268117	197060	337021	9184200
20195188	107051108	74321397	15570446	14746	506935	2444653
715547	2745021	2355471	555969	2077		
4670051	7623981	3244865	60186			9800000
880095	4211306	2155189	606770	879	3	508969
6412894	66306150	68220015	41972424	43239	9069	2222403
34892	879948	807684	629277			456
139122	1421465	989060	111751			64821
2821358	49208966	57919381	37741158	14734	4868	1261105
***	***	***	***	***	***	***
9796	362228	268876	148533			
3295643	14026376	7860910	3315232	28505	4201	896021
209926215	742980586	459492428	73251677	1252303	2909722	80061671
142750478	548426905	321656212	99897824	466043	859044	50021947
504102583	1684852945	958149820	279767582	2449010	11254191	166114136
23369860	146338811	111573335	30632409	155916	367723	7054258
29947983	130974841	105395360	24698549	2931	1302796	4772778
187508585	714718722	463935178	125368023	760877	4837143	47880112
4140672	22867783	18842468	2283801	1837	3592	479003
2847432	35677089	29137606	10093192	3429	156301	428139
7985446	57922796	38634152	10703382	654	291918	319039
45136899	111681979	60007798	11863258	67022	122040	8603271
17640838	99197847	60189412	25188561	100028	509216	4654636
6140026	39694034	38444176	13098845	37183	29961	722291
807774	7576474	5235213	2054645	718	27	18502
2596098	13375053	8982172	1810461	5433	47519	491589
3922784	20614583	12702708	4600809	16322	19300	1725221
191899	3282093	2983947	2433815		217	28435
30746702	308438960	269816655	76876808	172381	218197	5091248

1-16 续表 6

项目	#应付债券	负债合计	所有者权益合计	#实收资本	国家资本
合计	**88477126**	**3344556894**	**1344064603**	**739255922**	**232351059**
一、按登记注册类型分					
内资	77882007	2530620395	986621950	588951727	231573718
国有		48638322	43419543	7498792	2947504
集体		7801380	2410342	939030	
股份合作		1480230	451995	298768	
集体联营	***	***	***	***	***
国有与集体联营	***	***	***	***	***
国有独资公司	28100000	386218330	191386349	140723092	102589720
其他有限责任公司	16472156	1476510728	501771156	340346270	115693170
股份有限公司	32893122	224565096	175653562	44276346	10343324
私营独资		157272	94790	31382	
私营合伙	***	***	***	***	***
私营有限责任公司	-3424	376546528	63325282	52114780	
私营股份有限公司	420153	8639628	8048310	2707303	
其他企业		26520	54824	10117	
港澳台商投资	598013	357697550	63727534	57807268	24400
与港澳台商合资经营	598013	14452999	5309104	6919473	22400
与港澳台商合作经营	***	***	***	***	***
港澳台商独资		336258889	51668381	46151102	
港澳台商投资股份有限公司		5494096	6331977	4420821	
其他港澳台投资企业		1276787	281209	149766	2000
外商投资	9997106	456238949	293715119	92496927	752941
中外合资经营		58412327	14709069	7194347	752941
中外合作经营		36523	120307	86850	
外资企业	9997106	397332199	278785651	85142525	
外商投资股份有限公司		273363	57704	31109	
其他外商投资企业	***	***	***	***	***
二、按隶属关系分					
中央	40336291	1211016407	599563470	380279286	200821076
地方	48140835	2133540487	744501133	358976636	31529983
三、按控股情况分					
国有控股	70361489	1705428534	804952175	467210838	232073364
集体控股		44915002	17860781	7764524	147980
私人控股	8118531	768144716	168912967	114661900	123364
港澳台商控股		351950895	63020227	54944989	2000
外商控股	9997106	437846392	283238612	90475143	
其他		36271355	6079841	4198528	4351
四、按经营方式分					
独立门店	39213991	2011372441	679166288	386870951	100984447
连锁总店	9112711	149377520	70525328	23339988	404881

单位：千元

集体资本	法人资本	个人资本	港澳台资本	外商资本	营业收入	#主营业务收入
3925204	**300980434**	**52362958**	**55265367**	**94370900**	**5795956720**	**5704132071**
3912404	295945988	52155319	798159	4566139	4268708850	4203517401
	4551288				119749864	118831310
912447	26583				9056358	8569147
73221	31599	193948			3808028	3788467
***	***	***	***	***	***	***
***	***	***	***	***	***	***
	38132872	500			749797259	719727778
2392339	208038926	13733325	41153	447357	2423828712	2402649926
533597	18895353	9628571	757006	4118495	311628527	306522463
	500	30882			1397999	1397895
***	***	***	***	***	***	***
	25462046	26652447		287	636107611	628979464
	802274	1905029			13016521	12733618
		10117			115467	115467
250	3059836	61802	54456495	204485	642793336	637370951
250	3053766	61802	3590642	190613	23844663	23014978
***	***	***	***	***	***	***
			46151102		595574851	591025689
			4420821		18100024	18099288
			133894	13872	3295213	3295213
12550	1974610	145837	10713	89600276	884454534	863243719
12550	1960119	145837	10713	4312187	196704241	195252556
	2491			84359	235872	234680
	12000			85130525	686831227	667076569
				31109	420069	416820
***	***	***	***	***	***	***
575333	175748101	2745796	2036	386944	2041957316	2006402293
3349871	125232333	49617162	55263331	93983956	3753999404	3697729778
1016124	220293375	8231127	228875	5367973	2907441633	2863156177
2470678	5022847	123019			83723570	81145077
438402	69196375	43830505	938570	134684	1257376404	1239391034
	809482	42450	54002520	88537	636839465	631870296
	1612609	48263	90635	88723636	840573881	819366251
	4045746	87594	4767	56070	70001767	69203236
1903670	195219290	29033848	24002954	35726742	3044895090	2986949609
419979	14977413	1269652	1247264	5020799	217930562	209849824

1-16 续表 7

项　　目	#应付债券	负债合计	所有者权益合计	#实收资本	国家资本
连锁直营店		6345243	1944808	1402188	367351
连锁加盟店	148	676981	92497	73104	15300
其他	40150276	1176784709	592335682	327569691	130579080
五、按零售业态分					
有店铺零售	6611270	298548184	120832158	61383544	3202634
食杂店		113010	32218	12511	500
便利店		5774168	375204	1213907	8037
折扣店		430531	29715	20500	
超市		4215104	2178471	1176961	4468
大型超市		22394253	5838114	10033516	118580
百货店	1113683	33748225	31475490	7290552	881592
专业店	5497634	137015722	54128702	20883498	1786066
专卖店	-47	76759386	30291721	17927540	400391
家居建材商店		2388762	356259	1542081	
购物中心		13044865	-5420884	441600	
厂家直销中心		2664158	1547148	840878	3000
无店铺零售	746000	70441467	-4135318	9605502	454296
电视购物		808140	71808	89757	16757
邮购		1053881	367584	230130	7930
网上商店		59180486	-9971520	6328965	43890
自动售货亭	***	***	***	***	***
电话购物		268876	93352	138900	
其他	746000	8755980	5270395	2784750	385719
六、按地区分					
东城区	26207329	539553582	203427004	82573827	24093637
西城区	3697135	371711599	176715306	101415482	18123681
朝阳区	42405366	1125506751	559346192	301745351	127416592
丰台区		118602224	27736586	20660852	6241710
石景山区	2571122	110189661	20785180	13350228	941937
海淀区	9951690	511626745	203091976	111009385	19723202
门头沟区		19321471	3546312	7521682	1770
房山区	148	29628801	6048288	4965551	570281
通州区		38956191	18966605	6118425	612876
顺义区	2451873	68611069	43070910	28814737	18816993
昌平区	1191109	64606475	34591372	25768556	11894590
大兴区	1401	39166467	527567	5011531	268518
怀柔区		5253716	2322757	1681584	65494
平谷区		9473761	3901292	2199025	133800
密云区		14427935	6186648	4633071	261
延庆区		3012542	269551	109508	38776
北京经济技术开发区	-47	274907904	33531057	21677127	3406941

单位：千元

集体资本	法人资本	个人资本	港澳台资本	外商资本	营业收入	#主营业务收入
29400	951257	54180			30815029	27657022
	17710	40094			1906568	1812491
1572155	89814764	21965184	30015149	53623359	2500409471	2477863125
805839	34171215	6915484	6274139	10014233	539267716	521848198
	4340	7671			384204	382433
10700	671792	76110		447268	8237193	7765978
		20500			1401195	1253528
20358	507991	239830	404314		9382840	8743212
29400	6507932	41000	715206	2621398	56120976	50787729
286367	2740744	1132456	1300094	949299	61823178	58769329
88797	14226489	1671800	257668	2852678	178311139	175110372
370217	8318994	3430726	3595932	1811280	213390932	209155350
	131471	78300		1332310	4414139	4326497
	431400	10200			641761	459451
	630062	206891	925		5160159	5094319
79859	4347429	1941656	2312466	469796	241949249	240494712
	43000	30000			4861717	4860328
	210520	11680			1845309	1822903
1333	2898252	605728	2312466	467296	218512612	217529184
***	***	***	***	***	***	***
8000	47000	82900		1000	494001	467360
70526	1115657	1211348		1500	15758938	15448409
350729	41288077	3016156	5420750	8404478	653870408	615606335
1085464	67114816	3195354	752337	11143830	467964031	463440964
126910	69822486	10968974	29573613	63836776	1847718577	1828673603
105579	10878942	2785565	252755	396301	216728971	214543571
27521	9837934	1490474	609854	442508	125109695	122514604
1079541	65187359	16026527	4713730	4279026	1084285945	1076902659
20	6923427	551060	43700	1705	31649166	27651725
190425	2062908	2141937			111252068	110655240
10400	1990696	871024	2236399	397030	124663770	123453599
13276	5757326	2655524	623101	948517	150198809	146175286
199549	9276179	2379345	67000	1951893	255258884	253672945
1400	1907015	2421900	155866	256832	89286296	85775930
900	987420	585650		42120	12599607	12463523
1000	647352	1316873	100000		21946447	21799586
340	3165360	1248616	213779	4715	21187644	20297406
	59094	11638			3771867	3738940
732150	4074043	696341	10502483	2265169	578464535	576766155

1-16 续表 8

项目	营业成本	#主营业务成本	税金及附加	#主营业务税金及附加	其他业务利润
合计	**5327366690**	**5276707409**	**13569949**	**13157036**	**41015871**
一、按登记注册类型分					
内资	3994521738	3955841858	9948757	9565965	26380571
国有	106783208	106596542	3171397	3146682	708209
集体	8333715	8178104	27287	10971	327999
股份合作	3495301	3491006	4077	3939	15187
集体联营	***	***	***	***	***
国有与集体联营	***	***	***	***	***
国有独资公司	730881860	705812099	814313	726020	4895850
其他有限责任公司	2269717698	2261747038	4008570	3846881	13257467
股份有限公司	285299336	283092912	843521	799563	2904514
私营独资	1301163	1301086	1655	1655	27
私营合伙	***	***	***	***	***
私营有限责任公司	578939279	575919539	1021271	974912	4059177
私营股份有限公司	9464192	9397846	55942	54619	211804
其他企业	107661	107661	49	49	
港澳台商投资	578863518	577242719	916443	891065	3776241
与港澳台商合资经营	22258599	21926777	45092	40840	493555
与港澳台商合作经营	***	***	***	***	***
港澳台商独资	534721764	533462265	827095	805969	3268626
港澳台商投资股份有限公司	17000269	17000053	23155	23155	520
其他港澳台投资企业	3032102	3032102	18958	18958	
外商投资	753981434	743622832	2704749	2700006	10859059
中外合资经营	173876877	173511000	545701	545590	1096839
中外合作经营	155123	155123	1477	1457	1172
外资企业	579469301	569476613	2154663	2150051	9757805
外商投资股份有限公司	296517	296480	1820	1820	3212
其他外商投资企业	***	***	***	***	***
二、按隶属关系分					
中央	1949479737	1919707237	4946228	4753882	5773546
地方	3377886953	3357000172	8623721	8403154	35242325
三、按控股情况分					
国有控股	2760642582	2728829258	7362000	7059184	12372261
集体控股	75702339	75180383	184293	165313	2050558
私人控股	1135470845	1129223433	2464044	2402042	11704901
港澳台商控股	573374516	572053322	901846	877593	3623811
外商控股	720251478	709737294	2485686	2480910	10700268
其他	61924930	61683719	172080	171994	564072
四、按经营形式分					
独立门店	2823914519	2783515108	7135152	6938147	17505067
连锁总店	183475884	182162517	795967	741702	6739822

单位：千元

销售费用	管理费用	#财产保险费	财务费用	#利息收入	#利息支出	资产减值损失
233002688	**120024827**	**350934**	**30758354**	**22003555**	**41971377**	**13452291**
131986401	69911178	186959	28215471	16006259	36602442	13825254
2856817	2362437	5530	-441771	778011	119488	83750
297055	245046	466	197232	5228	185156	
121262	167427	504	-1334	10584	7347	
***	***	***	***	***	***	***
***	***	***	***	***	***	***
10075906	7271911	20903	6814535	2303616	6758712	2432155
70615753	35115633	97652	14516201	9523167	20269993	9171995
14161858	5862681	14064	3400509	2507860	5557754	1843967
22261	14601	90	538	24	524	
***	***	***	***	***	***	***
32195594	17970457	46332	3486495	865694	3488445	258885
1631541	898079	1342	241673	11625	214184	34257
3510	2043	72	327	350	442	
33420212	24575432	37234	2822342	987526	2363809	1078300
804093	682351	1029	481318	35113	443061	15188
***	***	***	***	***	***	***
31787755	23433100	34939	2193623	930529	1832111	1002349
690859	263715	21	115021	21211	67785	58883
48442	165801	1229	28962	484	19022	-1826
67596075	25538217	126741	-279459	5009770	3005126	-1451263
14581032	2666517	7264	304705	447904	370512	96498
44382	13994	1	1406	190		
52855714	22799097	119452	-593863	4561551	2632645	-1547761
80157	18784	24	2846	68	20	
***	***	***	***	***	***	***
33773733	21202392	60480	13342244	9932580	18952367	8442098
199228955	98822435	290454	17416110	12070975	23019010	5010193
62004882	32798928	86073	18340447	14029377	27316220	12148734
4523553	1489661	7716	749114	154102	764909	4541
66878096	35722984	91312	9155355	2000839	8569548	1671630
33170042	24288238	36611	2597731	976833	2128309	1075784
62149738	24721505	127043	-391252	4673418	2775234	-1533671
4276377	1003511	2179	306959	168986	417157	85273
102068269	63938718	152411	17799133	11763134	23751220	7088893
23136074	7727683	17990	1179850	979253	1758233	251287

1-16 续表 9

项　　目	营业成本	#主营业务成本	税金及附加	#主营业务税金及附加	其他业务利润
连锁直营店	27778944	26432728	28629	27872	1811585
连锁加盟店	1470737	1470452	3165	3070	93697
其他	2290726606	2283126604	5607036	5446245	14865700
五、按零售业态分					
有店铺零售	454376204	451400973	2447140	2332029	14336034
食杂店	339223	339223	616	616	1771
便利店	6098273	6035127	27777	27622	408061
折扣店	1083248	1083174	2476	2476	147593
超市	7159962	7135393	42298	42074	610493
大型超市	44384164	43999900	125051	116458	4938439
百货店	45315358	45212073	572280	536639	2914710
专业店	155955941	154843602	617838	594167	2065274
专卖店	186463683	185228962	969633	960676	3004319
家居建材商店	3002283	2997175	30209	30205	82530
购物中心	396919	376756	39064	1441	124566
厂家直销中心	4177150	4149588	19898	19655	38278
无店铺零售	223609392	223267200	297481	296912	1113223
电视购物	3837483	3837481	15423	15423	1387
邮购	1599842	1586522	1284	1284	9086
网上商店	204132541	203996847	228364	228286	849103
自动售货亭	***	***	***	***	***
电话购物	367252	356816	1824	1797	16178
其他	13439911	13257171	48063	47599	127325
六、按地区分					
东城区	598111718	566081425	1709313	1674417	6225704
西城区	435936409	435242009	1030672	963006	3761002
朝阳区	1677355413	1672325710	4478136	4351167	13943822
丰台区	198037589	197492576	670253	657897	1627661
石景山区	117156116	116171410	250883	240281	1599781
海淀区	1014894491	1012030333	2060446	1963717	4498330
门头沟区	29078679	25836418	84930	76812	747064
房山区	107146026	107047444	250504	246875	555573
通州区	113828516	113603418	478616	477918	984375
顺义区	129215384	127269368	579780	556145	2065005
昌平区	238738838	238093310	731187	730739	941664
大兴区	79415897	78779677	369699	367200	2871646
怀柔区	11089801	11071773	87444	87165	117961
平谷区	18121002	18098692	190593	187298	118680
密云区	18877617	18246860	108286	106079	257347
延庆区	3497102	3469443	57533	57022	28732
北京经济技术开发区	536866092	535847543	431674	413298	671524

单位：千元

销售费用	管理费用	#财产保险费	财务费用	#利息收入	#利息支出	资产减值损失
2226131	707787	3148	75913	20218	27163	3206
252371	179653	332	7152	613	3278	4
105319843	47470986	177053	11696306	9240337	16431483	6108901
52965461	19719362	54793	3401773	1831219	3922969	464837
24913	16158	41	738	26	94	
1908588	724219	526	154238	5295	144260	6467
239776	59167	171	1878	2683	15	
1475745	550229	679	55807	32889	79975	544
8638953	2651886	4021	306041	99681	236068	1295
10179584	2930889	6790	1784	495060	262144	260348
12555427	5578157	15297	1115074	1014013	1723402	56895
16540338	6234547	24721	1009649	168855	752506	83371
940556	290192	987	29705	7617	-3966	5270
128917	249137	1195	689878	791	689519	-64
332664	434781	365	36981	4309	38952	50711
16295289	3985378	7095	256476	140433	221926	29356
978676	27339	128	-930	1341		368
143419	66845	395	-19676	4698	2409	8268
13963435	2708090	4897	213879	29052	109250	15743
***	***	***	***	***	***	***
56770	61745	46	141	62	157	-174
940380	1086313	1629	63179	105257	110110	5139
26526658	12264655	27369	5446906	2893547	7104895	2513280
14430124	8404261	10595	1527856	2632664	4280064	880224
86820558	42182008	176328	11689193	9770699	14539350	2364540
9731617	4621005	20165	1422635	433726	1508219	305956
4791238	1801289	3045	539497	916662	1369075	179663
29063473	18367913	52405	7335591	3514433	9149239	5088115
983051	513671	1452	237130	242505	406090	545877
2133683	1088034	3340	373818	63502	400697	55901
6041083	2522157	5260	44295	209049	178357	93476
11500447	3509168	12750	841853	417069	954332	194617
8340199	3751386	6927	436155	414643	829031	230922
5647678	2224512	7371	304210	49701	222540	121828
832680	496230	2083	24370	10698	24298	-557
2123802	799320	1419	213708	14396	192434	20777
1267912	786655	2135	319147	19810	286867	10399
115990	89074	249	11160	3728	12564	-9733
22652495	16603489	18041	-9170	396723	513325	857006

1-16 续表 10

项目	公允价值变动收益	投资收益	资产处置收益	其他收益	营业利润	营业外收入
合计	**4694846**	**84685844**	**-83405**	**4788002**	**151866192**	**7393247**
一、按登记注册类型分						
内资	4574209	47427216	-84376	4483645	76699729	5306384
国有	1367	1218607	167	35005	6189124	498125
集体		90805	-9		46819	6632
股份合作		363		11	21669	2009
集体联营	***	***	***	***	***	***
国有与集体联营	***	***	***	***	***	***
国有独资公司	2521418	11213730	1266	3175803	8418796	611949
其他有限责任公司	2079826	24678977	-52297	1013333	48429172	2931641
股份有限公司	-28750	9160371	-36017	190724	9502983	427556
私营独资		484		20	58285	
私营合伙	***	***	***	***	***	***
私营有限责任公司	-3042	817682	1244	58110	3082185	792015
私营股份有限公司	3390	246197	1270	10639	952333	35612
其他企业					1877	701
港澳台商投资	-75828	4899748	6816	37582	5985407	292320
与港澳台商合资经营		114710	-465	2145	-325588	15586
与港澳台商合作经营	***	***	***	***	***	***
港澳台商独资	-89147	3997989	7378	35423	5560808	257572
港澳台商投资股份有限公司	5179	783413			736714	10757
其他港澳台投资企业	8140	3636	-17		14533	7009
外商投资	196465	32358880	-5845	266775	69181056	1794543
中外合资经营		-19415	-23	43360	4656832	104775
中外合作经营		1325			20815	75
外资企业	196465	32376970	-5822	223415	64485105	1689037
外商投资股份有限公司					19945	30
其他外商投资企业	***	***	***	***	***	***
二、按隶属关系分						
中央	4940390	33320600	-12563	3828754	52847981	1358708
地方	-245544	51365244	-70842	959248	99018211	6034539
三、按控股情况分						
国有控股	4675811	42681908	-96289	4204357	65636269	3494683
集体控股	-18026	833879	-62	18836	1904696	146408
私人控股	-104173	3818252	12103	282599	9994793	1559113
港澳台商控股	-55165	4888405	6894	37795	6309237	275148
外商控股	196399	32367059	-5845	239050	65687060	1774919
其他		96341	-206	5365	2334137	142976
四、按经营形式分						
独立门店	4211073	37871833	-16422	3796598	68785916	3544826
连锁总店	302	3674523	-68454	242683	5212871	639993

单位：千元

营业外支出	利润总额	所得税费用	应付职工薪酬（本年贷方累计发生额）	#社会保险费	应交增值税	从事批发和零售业活动的从业人员平均人数（人）
7122770	**152157191**	**33778065**	**123535368**	**19227671**	**51205589**	**717608**
3151347	78875288	17729216	77332443	12171208	31125662	530767
58109	6629187	1409539	3279685	536037	1685823	11849
3669	49782	18802	215204	41293	116920	1889
1171	22507	8182	92777	14722	33328	1277
***	***	***	***	***	***	***
***	***	***	***	***	***	***
279050	8751695	1115329	6931583	1077954	1476010	25973
1567717	49791244	11609946	42061967	6801444	17872784	264317
876910	9053629	1510979	7892816	1134140	2843622	59200
91	58194	20209	7795	1673	8806	149
***	***	***	***	***	***	***
337601	3558925	1851963	15943419	2430527	6700192	158472
26758	961188	184186	901772	132535	378763	7580
3	2575		1277	300		14
3312589	2965138	1909278	15155992	2400056	3732143	69610
20086	-330088	28131	634327	116747	113897	4870
***	***	***	***	***	***	***
3289011	2529369	1873635	14154331	2225192	3538355	63205
453	747018	484	210514	27573	28630	493
1733	19809	3836	107228	20238	38404	701
658834	70316765	14139571	31046933	4656407	16347784	117231
77110	4684497	1303109	3380299	583002	2434402	20459
116	20774	4211	21244	3428	13142	62
580434	65593708	12827233	27597493	4062081	13878159	96304
588	19387	4774	18546	2244	13588	59
***	***	***	***	***	***	***
1344770	52861919	10172429	24561877	3887362	10325848	70938
5778000	99295272	23605636	98973491	15340309	40879741	646670
2117878	67010864	13361253	40955073	6520092	17366252	168107
87590	1963514	437062	2497671	446723	857447	28435
961835	10614409	4160265	33806266	5144025	12952449	313100
3295693	3288692	1926524	14868156	2351471	3743654	67037
649051	66813322	13288396	30181073	4586241	15132623	131999
10723	2466390	604565	1227129	179119	1153164	8930
2585194	69768403	14581785	59874756	9577312	22706043	315977
234754	5618111	1264202	11182905	2003354	2917950	114590

1-16 续表 11

项目	公允价值变动收益	投资收益	资产处置收益	其他收益	营业利润	营业外收入
连锁直营店			-205	23673	17887	115779
连锁加盟店		8314		274	2074	4019
其他	483471	43131174	1676	724774	77847444	3088630
五、按零售业态分						
有店铺零售	19908	5095042	-66656	362180	11277525	1380291
食杂店					2556	43
便利店		6666	2	22770	-652931	25320
折扣店					14650	1871
超市		26093	-2082	16531	138797	54531
大型超市		157528	10121	75089	256324	212965
百货店		2486460	13135	18094	5058659	275673
专业店	17920	2022388	-55680	132460	4544971	363208
专卖店	-224	363622	-32174	92831	2513767	431174
家居建材商店		31831		-7610	140145	9622
购物中心					-862090	1199
厂家直销中心	2212	454	22	12015	122677	4685
无店铺零售	1373	314619	2898	45488	-2159745	353341
电视购物		6911		81	10350	217
邮购				3090	48417	1356
网上商店	6	154619	-568	30187	-2565196	258274
自动售货亭	***	***	***	***	***	***
电话购物		229	-226	2	6448	1506
其他	1367	152860	3692	12128	346000	91874
六、按地区分						
东城区	351869	12227173	2738	236285	20115943	729663
西城区	35256	8683266	3242	167468	14621737	846661
朝阳区	4103741	45961781	-14427	3095752	75973995	2279175
丰台区	-19550	959520	3933	360330	3244149	167534
石景山区	73997	994094	-98689	344546	1704958	983501
海淀区	-175051	11242411	15136	343549	18901960	1104963
门头沟区		261067	-485	36559	502969	42035
房山区	1485	92888	2937	12280	313608	28817
通州区	1554	1123495	-30	53262	2833908	92352
顺义区		1174604	1278	22853	5556295	380553
昌平区	-1273	1072025	3617	37716	4142282	96743
大兴区		60484	-1450	32468	1290097	140965
怀柔区	7848	23756	1	12135	113331	33903
平谷区	-27342	109544	415	18180	578042	101854
密云区	-30784	91756	-319	4422	-117297	32314
延庆区				499	37794	4482
北京经济技术开发区	373096	607980	-1302	9698	2052421	327732

单位：千元

营业外支出	利润总额	所得税费用	应付职工薪酬（本年贷方累计发生额）	#社会保险费	应交增值税	从事批发和零售业活动的从业人员平均人数（人）
13396	120270	40225	1122301	187815	169798	15437
2642	3451	5703	149569	20734	32751	1621
4286784	76646956	17886150	51205837	7438456	25379047	269983
472442	12208155	3154591	26736801	4646373	7566080	251383
4	2595	1556	20667	3497	4247	301
39577	-667187	31047	745011	115843	136740	12231
2171	14350	376	66419	9338	27570	609
28290	165038	50415	906304	149748	168307	10813
98504	370785	186180	3953520	750502	415273	59811
52075	5304221	846691	3339891	541257	1177068	22349
112238	4795988	979101	7141158	1353583	2462902	60511
124637	2821073	986733	9695713	1572123	2922354	78459
13501	136266	44741	355249	73883	141856	3557
269	-861160	4032	43074	9432	9897	474
1176	126186	23719	469795	67167	99866	2268
128264	-1934668	277392	5188012	813446	1860491	46849
5182	5385	13907	141998	22373	103928	639
198	49575	13589	89599	18340	4608	482
80111	-2387033	153897	3941316	621955	1439194	37994
***	***	***	***	***	***	***
1540	6414	289	53577	9469	12937	640
39796	398078	94946	927877	136797	276607	6726
227628	20618340	3778210	18299561	2882041	5880002	81234
706782	14783580	3086724	9262631	1519456	2908911	65028
4143506	74109675	16408075	44070593	6615875	21610369	213082
159155	3252453	820226	5562604	915285	1675626	48476
520204	2168255	538813	2436241	439158	668029	20133
923925	19081137	4432403	19059492	2981920	8334713	110296
7178	537826	203594	565105	96582	190961	5146
15634	326791	131738	1024829	188634	447599	10285
57467	2868819	532471	3323525	537186	1401128	25609
61979	5874869	1392104	4120335	588944	1840724	23050
66676	4172349	950222	3346649	510227	2798845	21322
94812	1336251	362370	2458805	409493	776492	22560
16204	131076	85063	596176	95134	187593	3781
4686	675210	175479	1361183	174388	596931	12105
11010	-95945	102632	689711	108259	243120	6392
8559	33717	13361	105549	21006	30123	1167
97365	2282788	764580	7252379	1144083	1614423	47942

1-17 按行业分限额以上批发

项目	法人单位数（个）	#亏损企业	年初存货	流动资产合计	#货币资金
合计	**6993**	**1641**	**517574132**	**3468523251**	**713228419**
一、批发业合计	5131	1017	455078170	3091699207	645569486
农、林、牧、渔产品批发	113	20	19394999	160951254	17527721
谷物、豆及薯类批发	22	1	12274011	72765634	3503074
种子批发	18	7	988097	3164750	399550
畜牧渔业饲料批发	41	7	1728393	28461259	2946532
棉、麻批发	14	2	2629836	21204932	995940
林业产品批发	7	2	117184	1415828	14418
其他农牧产品批发	11	1	1657478	33938851	9668207
食品、饮料及烟草制品批发	505	111	39624475	185933749	40160538
米、面制品及食用油批发	64	18	24549053	60515504	1957714
糕点、糖果及糖批发	25	3	1467401	9827338	1297373
果品、蔬菜批发	26	6	117576	1192180	102372
肉、禽、蛋、奶及水产品批发	94	23	1604469	9557784	1013938
盐及调味品批发	27	4	402831	1922002	245676
营养和保健品批发	16	5	140828	2145671	854816
酒、饮料及茶叶批发	139	28	6400977	40981344	10825458
烟草制品批发	21		1203148	27381690	21595024
其他食品批发	93	24	3738192	32410236	2268167
纺织、服装及家庭用品批发	455	118	55464672	297183765	42152284
纺织品、针织品及原料批发	57	12	2345680	10749969	1823862
服装批发	115	39	6250826	15401853	2368443
鞋帽批发	22	6	2018691	3388378	601299
化妆品及卫生用品批发	56	17	2600139	10571904	1351379
厨具卫具及日用杂品批发	46	11	1498003	7007861	2029188
灯具、装饰物品批发	11	2	163375	706839	72420
家用视听设备批发	24	7	1501340	10239009	3222975
日用家电批发	72	14	37270209	232159997	29561074
其他家庭用品批发	52	10	1816409	6957955	1121644
文化、体育用品及器材批发	257	51	21535781	98059989	22089814
文具用品批发	70	13	1808069	7850111	1832350
体育用品及器材批发	15	3	1090511	7986724	3162176
图书批发	85	13	3885596	16875616	2562522
报刊批发	4	1	14936	218887	131737

和零售业法人单位主要财务状况

单位：千元

#现金	#交易性金融资产	#应收账款	#存货	#应收利息	#应收股利	可供出售金融资产
1177153	**31729096**	**582895868**	**513055958**	**4050952**	**17468002**	**61194022**
854037	27444517	536967336	450924589	3983804	14599536	56954486
6280	4680468	18568735	17907861	202078	349043	5384070
152	4184422	4837737	10225604	5059	160000	4836046
562	717	661328	954032	162	4976	172414
4901	7848	4679616	1786879	157468	181432	338980
161	460381	835260	3619821	30831		33048
34		698706	131090			3582
470	27100	6856088	1190435	8558	2635	
80282	1341090	17875526	50638296	741859	976109	2649511
1083	1062265	5434325	33560014		64546	2012939
667	17005	858995	1830200			245654
10982		275819	114201	41		
34695	588	2117734	2075993	962	382	6257
3145		744643	510252		7187	600
4900		132457	155495		540761	
21726	152076	4815331	6316230	38394	91802	330996
87		457121	1778796	698749		395
2997	109156	3039101	4297115	3713	271431	52670
26014	2509944	16310336	57064194	23469	314620	2144299
1310	77899	1327691	2773319	5247	3746	1560499
4751	76483	2407951	6482182	1067	50307	67018
2355	510	698931	1720505			
4533	146528	2377287	2599594	347	2814	56947
991		1453134	1598800	917		
347	13500	227210	190940			
1439	358528	1460679	1440912	6801		368036
9212	1821794	4125320	38031490	9036	217000	70799
1076	14702	2232133	2226452	54	40753	21000
25110	780908	15827077	23283133	20448	397854	4169293
17670	17040	1911283	1961404	10	13024	135488
210	12650	1709954	1323163			
1561	747936	6311807	3970833	581		74041
5		53295	16790			

1-17 续表 1

项目	法人单位数（个）	#亏损企业	年初存货	流动资产合计	#货币资金
音像制品、电子和数字出版物批发	2	***	***	***	***
首饰、工艺品及收藏品批发	60	19	12709408	59309477	13411716
乐器批发	3		34502	91991	5664
其他文化用品批发	18	2	1058213	4411969	953732
医药及医疗器材批发	728	100	29034749	151628293	25185765
西药批发	105	25	7980347	50534623	8121276
中药批发	30	6	8193715	24884304	4273963
动物用药品批发	2	***	***	***	***
医疗用品及器材批发	591	69	12838308	76127265	12783166
矿产品、建材及化工产品批发	1310	338	149376927	1083883893	190011780
煤炭及制品批发	75	23	9521170	106819232	16816457
石油及制品批发	174	50	78370168	313985725	67219732
非金属矿及制品批发	10	1	184817	3406659	1184857
金属及金属矿批发	491	136	34923736	418361717	75691614
建材批发	118	18	4854304	95353414	13195058
化肥批发	27	5	9829466	50098833	2211386
农药批发	14	2	1407361	7053529	1747787
农用薄膜批发	1	***	***	***	***
其他化工产品批发	400	103	10272881	88662419	11931058
机械设备、五金产品及电子产品批发	1630	258	122361371	865032401	266513134
农业机械批发	9	4	459100	2870795	1636887
汽车及零配件批发	197	53	54885561	235515012	94959150
摩托车及零配件批发	2	***	***	***	***
五金产品批发	68	9	899135	5112587	987310
电气设备批发	55	10	3821116	61020229	19011935
计算机、软件及辅助设备批发	393	58	10128475	59685128	9745745
通讯设备批发	120	29	21668437	170845781	67400058
广播影视设备批发	32	5	1430766	4425625	1165713
其他机械设备及电子产品批发	754	90	29028990	325485738	71600093
贸易经纪与代理	44	6	1911379	186418560	30477505
贸易代理	31	3	1685541	177938072	29646746
一般物品拍卖	1	***	***	***	***
艺术品、收藏品拍卖	7	1	3557	6837718	573876
艺术品代理	1	***	***	***	***

单位：千元

#现金	#交易性金融资产	#应收账款	#存货	#应收利息	#应收股利	可供出售金融资产
***	***	***	***	***	***	***
5109	222	5008048	14310250	11156	384830	3959764
7		−11344	63400			
521	3060	810614	1616662	8701		
58960	1173828	56969771	32548796	4433	208543	863385
5740	597262	21917933	9141689	233	172633	474707
318		9369248	8530532	138	6482	27306
***	***	***	***	***	***	***
52844	576566	25642321	14845250	4062	29428	361372
101862	1995218	185609979	137637653	2028437	9985285	21756724
5312	546537	10693953	8887494	723098	4755977	945796
11236	75804	66971431	63471486	576268	583543	10536745
813	90253	261099	145965	3283	9250	
36407	866820	76800690	38240179	538715	2899284	6997830
5489	233048	14750347	5387006	22609	1310021	960875
388	68	2183151	11187534	18116	116995	395003
578	25	1175880	1260357	2826		3868
***	***	***	***	***	***	***
41587	182663	12679821	9040407	143522	310215	1916607
120159	14819398	151592736	113389105	823151	2253545	12931669
35		576887	426599		81766	
12384	144926	28551720	47872769	299427	3344	5793507
***	***	***	***	***	***	***
3825	2078	2120426	846139	238		
1883	89124	7266138	3526182	393027	831305	85708
22755	773885	20867688	10917356		22921	34545
47578	12481717	22963471	17410679	262	130015	1466571
582	2869	759082	1447541		4080	
30758	1324799	68478471	30895756	130197	1180114	5551338
432011	60647	64724938	2272709	69687	73596	5622410
429426		63696396	2104460	69687	73596	5622410
***	***	***	***	***	***	***
2370		204479	3557			
***	***	***	***	***	***	***

1-17 续表 2

项　　目	法人单位数（个）	#亏损企业	年初存货	流动资产合计	#货币资金
其他贸易经纪与代理	4	1	216134	1538253	250401
其他批发业	89	15	16373817	62607303	11450945
再生物资回收与批发	9	3	618009	12891594	3187707
宠物食品用品批发	1	***	***	***	***
互联网批发	14	6	172482	1773503	182777
其他未列明批发业	65	5	15568321	47904493	8080221
二、零售业合计	1862	624	62495962	376824044	67658933
综合零售	191	56	6236546	65583334	21503554
百货零售	80	16	1924062	40148605	15190906
超级市场零售	86	25	4104931	20997440	5858462
便利店零售	11	9	133947	3833519	207460
其他综合零售	14	6	73606	603770	246726
食品、饮料及烟草制品专门零售	89	22	1172518	7408402	1559542
粮油零售	7	1	107206	255889	57338
糕点、面包零售	18	5	283859	4437171	676679
果品、蔬菜零售	13	3	21340	349112	43648
肉、禽、蛋、奶及水产品零售	6	2	25956	102207	23725
营养和保健品零售	2	***	***	***	***
酒、饮料及茶叶零售	22	4	512979	1455857	417752
烟草制品零售	3	1	138416	412513	248269
其他食品零售	18	5	82266	391483	89976
纺织、服装及日用品专门零售	164	79	6755659	19866480	1894764
纺织品及针织品零售	10	3	118883	692673	87959
服装零售	99	54	4527549	12049226	1066527
鞋帽零售	9	3	603846	1159417	87978
化妆品及卫生用品零售	9	4	322874	3069816	167903
厨具卫具及日用杂品零售	8	1	75398	429038	23427
钟表、眼镜零售	15	7	232675	746671	215534
箱包零售	3	1	53774	185702	40319
自行车等代步设备零售	1	***	***	***	***
其他日用品零售	10	6	768453	1478347	204876
文化、体育用品及器材专门零售	119	45	10298461	24453508	4349295
文具用品零售	16	5	1100698	2468539	662692
体育用品及器材零售	9	5	342804	1375792	99562

单位：千元

#现金	#交易性金融资产	#应收账款	#存货	#应收利息	#应收股利	可供出售金融资产
137	60647	807874	160485			
3359	83016	9488238	16182842	70242	40941	1433125
354		1977489	611623		3884	261170
***	***	***	***	***	***	***
139	70913	638688	161799			
2866	12103	6861005	15399045	70242	37057	1171955
323116	4284579	45928532	62131369	67148	2868466	4239536
127138	231930	1715350	7185589	43389	71505	1172754
46077	137000	764306	2244189	43342	71505	1172304
76878	94930	755459	4705772	47		450
3088		165219	160333			
1095		30366	75295			
9373	425300	371857	1243546	789		40820
677		69628	92494			
912	372000	86642	265556	11		
3558	33000	54379	40279	757		
34		17884	27571	21		
***	***	***	***	***	***	***
2315	10300	85809	554881			40820
72			151354			
1801	10000	57525	110981			
21107	47346	3939302	4754011	790		
109	19395	102712	123441			
16472	24861	1221209	2440241	15		
1476		90217	665680			
41		1915045	398116			
153	2870	245560	74086	3		
2289		91480	200496	772		
37	220	75687	42632			
***	***	***	***	***	***	***
525		197392	754050			
10170	323285	2588145	10602597	6204	30800	1293613
3247		420682	834642			
137		167440	339580			

1-17 续表 3

项　　目	法人单位数（个）	#亏损企业	年初存货	流动资产合计	#货币资金
图书、报刊零售	43	13	1044037	6754401	2077833
音像制品、电子和数字出版物零售	2	***	***	***	***
珠宝首饰零售	19	11	2646972	5858957	824644
工艺美术品及收藏品零售	16	6	4788060	6719370	539766
乐器零售	5	1	144139	185053	10434
照相器材零售	6	3	63704	75116	6491
其他文化用品零售	3	1	156076	930205	49854
医药及医疗器材专门零售	100	22	2418332	30529375	4245593
西药零售	55	14	1651808	28035780	3687909
中药零售	31	6	528243	1521485	467531
医疗用品及器材零售	11	1	228303	945449	85202
保健辅助治疗器材零售	3	1	9978	26661	4951
汽车、摩托车、零配件和燃料及其他动力销售	740	250	19925612	76591129	16117928
汽车新车零售	550	221	18404017	62360273	14516369
汽车零配件零售	8	4	93951	287074	26084
摩托车及零配件零售	8	2	84103	236468	21607
机动车燃油零售	174	23	1343541	13707314	1553868
家用电器及电子产品专门零售	208	55	9964623	118227648	14320091
家用视听设备零售	4		17912	136656	12965
日用家电零售	33	6	757899	79367427	9315274
计算机、软件及辅助设备零售	105	30	7772512	32400218	4067854
通信设备零售	36	12	1062088	4773948	638130
其他电子产品零售	30	7	354212	1549399	285868
五金、家具及室内装饰材料专门零售	55	20	1320621	5810378	534526
五金零售	8	2	55083	157130	17794
灯具零售	1	***	***	***	***
家具零售	37	14	1149634	5340061	486312
卫生洁具零售	3	1	30590	87008	18160
陶瓷、石材装饰材料零售	3	1	24172	91365	2125
其他室内装饰材料零售	3	2	60297	118035	9262
货摊、无店铺及其他零售业	196	75	4403590	28353790	3133640
互联网零售	140	65	3983641	26043121	2627871
邮购及电视、电话零售	5	1	28874	79572	13559
生活用燃料零售	7	1	7042	194974	125001
其他未列明零售业	44	8	384033	2036123	367209

单位：千元

#现金	#交易性金融资产	#应收账款	#存货	#应收利息	#应收股利	可供出售金融资产
674	184152	833857	1200201	6169		1281033
***	***	***	***	***	***	***
4948	48441	517271	2972865			12000
462	10692	288182	4870668	35		580
167		4279	140955			
446		6529	59041			
29	80000	349361	179800		30800	
4421	677901	4430938	2505399	12242	2574259	2682
3088	354901	3999118	1809428	12242	2563039	788
515		190260	524010		11220	1894
719	323000	234927	163605			
99		6633	8356			
104574	247378	4849496	20245331	-4929	174652	122632
81460	244878	4183278	19006631	-4942	168805	122632
152		71465	94736			
1002		28926	78493	1		
21960	2500	565827	1065471	12	5847	
24242	1941728	17439083	9382344	1242	2250	1421020
194		18207	20041			
7320	36300	1871242	544857	1242	2250	1368000
5766	1900363	14656160	7485081			53020
9586	5065	399150	1021782			
1376		494324	310583			
5447	22402	399375	1249613	520		
540		33611	58682			
***	***	***	***	***	***	***
3838	22402	334184	1099542	520		
699		19447	29627			
141		5355	29486			
400		6778	32141			
16644	367309	10194986	4962939	6901	15000	186015
10821	350499	9533475	4518826	6901	15000	165620
172	1810	29764	26633			
401		42618	10381			
5250	15000	589129	407099			20395

1-17 续表 4

项　　目	持有至到期投资	长　期股权投资	固定资产原　价	#房屋和构筑物	#机器设备
合　计	**5150977**	**849738804**	**177356554**	**80929423**	**53407792**
一、批发业合计	5134404	798912689	122951176	52512335	41164647
农、林、牧、渔产品批发	828516	93206440	4204338	3202965	360242
谷物、豆及薯类批发	5000	71936934	2862521	2403095	32594
种子批发		1936165	502021	171345	265573
畜牧渔业饲料批发	823516	12401678	418571	280021	44253
棉、麻批发		1925994	317975	281752	194
林业产品批发		105291	10134	3320	942
其他农牧产品批发		4900378	93116	63432	16686
食品、饮料及烟草制品批发	1005364	36006791	13566760	7891038	3690364
米、面制品及食用油批发	1000000	7560318	1862181	1567667	128491
糕点、糖果及糖批发		4348396	927995	795802	76016
果品、蔬菜批发		4233	282320	179286	86799
肉、禽、蛋、奶及水产品批发		677825	1368007	874243	325850
盐及调味品批发		146351	175676	126597	16072
营养和保健品批发		225844	397249	280599	6306
酒、饮料及茶叶批发	5364	2451501	5079574	1750839	2623466
烟草制品批发		7368405	2605765	2075231	135723
其他食品批发		13223918	867993	240774	291641
纺织、服装及家庭用品批发	1114000	36201185	6975028	3986613	584627
纺织品、针织品及原料批发	2000	2228219	866237	598386	123118
服装批发	3000	2700132	1435951	981587	118389
鞋帽批发		55560	488845	260449	36352
化妆品及卫生用品批发		1193671	386215	164369	114914
厨具卫具及日用杂品批发		2059256	379605	64414	57413
灯具、装饰物品批发		58521	30329		8850
家用视听设备批发		3902545	296648	14427	19578
日用家电批发	1109000	22786287	2352797	1409392	72489
其他家庭用品批发		1216994	738401	493589	33524
文化、体育用品及器材批发	21110	33693087	5847351	3684711	818025
文具用品批发		232453	847827	720682	30346
体育用品及器材批发		121790	898919	504802	94527
图书批发	21110	6653810	977725	317364	220424
报刊批发		2610	32774	16143	

单位：千元

			累计折旧		固定资产 净　　值	固定资产 减值准备
#运输工具	#电子设备	#融资租入 固定资产		#本年折旧		
13145665	**10800903**	**717983**	**77304593**	**11179842**	**99991482**	**796757**
9828019	7643892	691745	50956054	7649012	71934751	537727
163976	84849		1547050	155742	2657288	40085
55625	20666		1027864	87038	1834656	6389
32723	16377		175640	38802	326381	-110
47327	29938		177017	17878	241554	26
22469	8870		137791	8520	180184	
1168	1581		5043	1063	5091	
4664	7417		23695	2441	69422	33780
805939	675607	157653	5341813	931494	8224938	188988
77778	33039		425416	66298	1436766	1
22928	19386		412023	27715	515972	
10648	2419		94009	12320	188302	5329
88145	34164		650746	62708	717261	1096
24510	2817		90507	8268	85169	10
9418	34619		113768	23069	283481	
341785	178329	142980	1832663	512012	3246910	182539
111479	277489		1304791	136888	1300974	
119248	93345	14673	417890	82216	450103	13
459416	736349	1027	2631251	742353	4343776	8330
73974	32460		370625	53413	495612	4931
121158	129932		510804	65950	925147	3178
24840	35624		185202	77316	303643	
49165	39220	279	175848	32121	210367	
56227	88641		216869	37553	162736	15
14525	3853		13465	2901	16863	
12929	241759		221700	29655	74948	
82185	134607	748	708887	405857	1643910	206
24413	30253		227851	37587	510550	
264470	577726	1	2623977	379425	3223372	7635
52133	15655		224451	28917	623374	
12637	103620		442168	60300	456751	1679
93086	161056	1	466611	126422	511114	5951
10461	6167		16757	1365	16017	

1-17 续表 5

项　　目	持有至到期投资	长　期股权投资	固定资产原　价	#房屋和构筑物	#机器设备
音像制品、电子和数字出版物批发	***	***	***	***	***
首饰、工艺品及收藏品批发		26337143	2620943	2118832	134947
乐器批发			1847		732
其他文化用品批发		300010	408765	6888	280976
医药及医疗器材批发	10023	20728285	6260184	1188394	2002153
西药批发		8453084	1269469	468613	415861
中药批发		2577342	742901	247086	250604
动物用药品批发	***	***	***	***	***
医疗用品及器材批发	10023	9697859	4247228	472695	1335304
矿产品、建材及化工产品批发	1228951	370666586	52970766	17773776	25858445
煤炭及制品批发	3600	121551040	1427590	683491	112291
石油及制品批发	5800	85718944	37806992	7844486	24112192
非金属矿及制品批发		2851831	158559	102211	13189
金属及金属矿批发	265417	88406056	7693559	5773972	507716
建材批发	120000	32503206	1475737	725881	428580
化肥批发	473854	10207279	780517	599246	76717
农药批发		4072336	544084	439020	53170
农用薄膜批发	***	***	***	***	***
其他化工产品批发	360280	25345894	3073878	1605469	546527
机械设备、五金产品及电子产品批发	313040	166807844	29121679	11934914	7424672
农业机械批发		1578271	175716	101911	59732
汽车及零配件批发		46432702	5668322	1750332	938809
摩托车及零配件批发	***	***	***	***	***
五金产品批发		189875	535884	286004	74237
电气设备批发		29091502	3969184	1783582	975798
计算机、软件及辅助设备批发	5000	2308276	1572667	406024	317781
通讯设备批发		9003538	4346776	1097294	2170767
广播影视设备批发		730385	253348	64558	75031
其他机械设备及电子产品批发	308040	77473295	12599317	6445209	2812446
贸易经纪与代理		20961736	2344712	1894459	138996
贸易代理		19549625	2100867	1711813	132381
一般物品拍卖	***	***	***	***	***
艺术品、收藏品拍卖		1408080	233305	182646	767
艺术品代理	***	***	***	***	***

单位：千元

#运输工具	#电子设备	#融资租入固定资产	累计折旧	#本年折旧	固定资产净值	固定资产减值准备
***	***	***	***	***	***	***
81982	184176		1105555	120223	1515388	5
688	424		1215	360	632	
11005	106628		309960	40915	98805	
634018	600569	20784	3669583	629241	2593380	417
181199	132452	12918	639245	111730	633553	70
104811	107836		400540	51610	342361	
***	***	***	***	***	***	***
347818	360269	7866	2629361	465843	1617317	347
4114068	1747163	7069	19432340	2492551	33508054	221237
366334	108018		668181	81055	759409	160
2438227	953784		14152904	1807735	23624136	194335
37518	4977		74811	8661	83748	-2
625902	239994	438	2230267	304253	5463317	24451
158345	101010	93	544305	76404	931433	3541
68499	20317		227520	27625	552997	
18464	8667		95504	24673	448581	
***	***	***	***	***	***	***
400437	308951	6538	1431500	160916	1641931	-1248
3095807	2996577	505211	14014721	2083347	15074192	51805
4342	7770		59874	9216	115842	
1469007	1122675		2764529	481771	2903613	6923
***	***	***	***	***	***	***
110454	31711		259770	45194	276114	129
65753	29436	120494	1907127	186675	2062056	8937
174158	403809	55366	868764	187437	703642	2288
177580	502912		2930108	341635	1416668	8451
28872	42565		132072	29501	121276	
1065366	855580	329351	5092061	801904	7474932	25077
129051	88243		1001784	144806	1342927	18744
104255	64954		902010	130275	1198856	18744
***	***	***	***	***	***	***
21698	23282		90725	13687	142580	
***	***	***	***	***	***	***

1-17 续表 6

项　　目	持有至到期投资	长期股权投资	固定资产原价	#房屋和构筑物	#机器设备
其他贸易经纪与代理		31	3323		1453
其他批发业	613400	20640735	1660358	955465	287123
再生物资回收与批发		3118638	315330	205737	69954
宠物食品用品批发	***	***	***	***	***
互联网批发		130439	47358		7476
其他未列明批发业	613400	17391658	1297642	749728	209693
二、零售业合计	16573	50826115	54405378	28417088	12243145
综合零售	5070	20269730	24231913	14545176	4274089
百货零售		15666660	15522466	11284653	1403055
超级市场零售	5070	4356110	8127537	3226116	2556948
便利店零售		208593	456028	25380	267182
其他综合零售		38367	125882	9027	46904
食品、饮料及烟草制品专门零售	3503	463677	2837564	1963729	614201
粮油零售		500	2927		1018
糕点、面包零售	3503	374166	1680316	1084120	464998
果品、蔬菜零售		1000	31708	3312	9317
肉、禽、蛋、奶及水产品零售			170658	140209	19735
营养和保健品零售	***	***	***	***	***
酒、饮料及茶叶零售		43021	759917	615880	70646
烟草制品零售			20407	4223	9575
其他食品零售		44990	171024	115985	38912
纺织、服装及日用品专门零售	8000	263739	2830210	1103397	475923
纺织品及针织品零售		89244	305391	282072	4432
服装零售		12360	1337732	436649	123572
鞋帽零售		35120	219088	39947	168711
化妆品及卫生用品零售		22566	291738		9553
厨具卫具及日用杂品零售		1000	31127	4270	1881
钟表、眼镜零售	8000	65944	452959	265026	149234
箱包零售			6370		81
自行车等代步设备零售	***	***	***	***	***
其他日用品零售		37505	181388	75433	17368
文化、体育用品及器材专门零售		1676813	2786420	2022604	226479
文具用品零售		46197	86638	50449	19394
体育用品及器材零售		129756	939513	879934	39212

单位：千元

			累计折旧		固定资产净值	固定资产减值准备
#运输工具	#电子设备	#融资租入固定资产		#本年折旧		
481	7		2355	411	968	
161274	136809		693535	90053	966824	486
30207	7915		120988	11275	194342	
***	***	***	***	***	***	***
4481	32438		36051	2032	11307	
126586	96428		536468	76740	761175	486
3317646	3157011	26238	26348539	3530830	28056731	259030
445336	1103718	4686	11857409	1310891	12369656	76404
142219	451386	4364	7099801	755737	8422883	3005
285710	585313		4505752	490449	3616719	67644
9543	46980	322	194698	57300	261330	5755
7864	20039		57158	7405	68724	
77834	117880		1293511	175996	1544053	120
1599	210		1175	374	1752	
30573	86228		824949	130966	855367	120
4241	3141		18698	4107	13010	
5059	4641		32402	9321	138256	
***	***	***	***	***	***	***
24359	14443		340670	21043	419247	
4803	1804		9980	1701	10427	
6830	7176		65317	8393	105707	
93041	199935		1499531	211157	1324760	7274
11735	1884		140908	15815	164483	
36969	160328		756138	109085	575675	5979
7260	1920		113528	46292	105560	223
5203	4236		196357	4388	95381	
1953	2392		27700	2366	3427	
14575	12265		196942	19613	256017	1072
4425	1244		4514	1365	1856	
***	***	***	***	***	***	***
7598	15666		59637	11952	121751	
112449	156408		1098541	141982	1699464	26716
11112	2720		34475	4264	52163	63
10857	3320		244981	51543	694532	26653

1-17 续表 7

项目	持有至到期投资	长期股权投资	固定资产原价	#房屋和构筑物	#机器设备
图书、报刊零售		972506	929561	461042	97530
音像制品、电子和数字出版物零售	***	***	***	***	***
珠宝首饰零售		33850	496080	387789	32718
工艺美术品及收藏品零售		438878	304100	243390	20583
乐器零售		24500	5160		146
照相器材零售			1916		733
其他文化用品零售		31126	20654		15845
医药及医疗器材专门零售		18438333	826765	407571	203475
西药零售		18227129	725669	397239	162660
中药零售		54044	71854	10332	30042
医疗用品及器材零售		157160	24406		9995
保健辅助治疗器材零售			4836		778
汽车、摩托车、零配件和燃料及其他动力销售		6041497	16192348	6932597	5125346
汽车新车零售		5393283	9952533	5184465	1573769
汽车零配件零售		1590	137296	82710	23641
摩托车及零配件零售		500	40331	40	2899
机动车燃油零售		646124	6062188	1665382	3525037
家用电器及电子产品专门零售		1834920	2031749	469530	660228
家用视听设备零售		1000	2057		
日用家电零售		1198428	429013	46361	168028
计算机、软件及辅助设备零售		312112	1357527	385127	394065
通信设备零售		153300	136796	26107	55074
其他电子产品零售		170080	106356	11935	43061
五金、家具及室内装饰材料专门零售		374248	1085308	753552	98621
五金零售			6932	50	1029
灯具零售	***	***	***	***	***
家具零售		329901	1046210	744490	87734
卫生洁具零售			1725		79
陶瓷、石材装饰材料零售			2124		370
其他室内装饰材料零售		44347	27757	9012	9396
货摊、无店铺及其他零售业		1463158	1583101	218932	564783
互联网零售		1195710	1115016	29700	461422
邮购及电视、电话零售		779	10681	1963	1368
生活用燃料零售		91516	126822	34099	18401
其他未列明零售业		175153	330582	153170	83592

单位：千元

#运输工具	#电子设备	#融资租入固定资产	累计折旧	#本年折旧	固定资产净值	固定资产减值准备
45890	111915		434957	44763	494604	
***	***	***	***	***	***	***
26654	18336		252588	18749	243492	
12208	15204		114296	19472	201389	
2492	1703		3968	275	1192	
604	430		1569	142	347	
2159	1869		9508	2601	11146	
60879	43321		421585	37783	405180	
45030	24738		349475	38972	376194	
8605	13318		51968	7275	19886	
7239	4292		17156	2099	7250	
5	973		2986	-10563	1850	
2159081	980549	21021	7682596	1107879	8509200	135378
2010381	525219	20480	4569180	790351	5383102	124684
24163	3747		62272	6719	74724	
31321	1901		29779	4573	10552	
93216	449682	541	3021365	306236	3040822	10694
182942	225492	11	1067124	257102	964623	2707
848	205		987	219	1070	
34994	116490		308412	86498	120601	2700
86446	80415	11	614546	137744	742979	7
41614	8715		78105	17734	58691	
19040	19667		65074	14907	41282	
82863	57139		526044	80535	559282	8282
3293	523		3539	484	3391	
***	***	***	***	***	***	***
77188	47094		508432	75978	537798	8282
1455	155		556	364	1169	
429	578		1452	417	672	
	8740		11993	3234	15764	
103221	272569	520	902198	207505	680513	2149
36369	248717	520	714902	167782	400114	2149
2983	3036		8112	445	2569	
26416	1248		60423	11790	66399	
37453	19568		118761	27488	211431	

1-17 续表 8

项　　目	在建工程	无形资产	#土地使用权	#软件使用权	商誉
合　计	**12829852**	**28227953**	**11466415**	**2527396**	**1792392**
一、批发业合计	10167453	22236377	8489711	2065599	1792392
农、林、牧、渔产品批发	367010	350847	95771	73493	10349
谷物、豆及薯类批发	350058	128991	21290		
种子批发	3327	65286	490	1754	10349
畜牧渔业饲料批发	13625	125032	44886	69712	
棉、麻批发		29233	29105	128	
林业产品批发		56			
其他农牧产品批发		2249		1899	
食品、饮料及烟草制品批发	918857	1267943	771637	127774	421
米、面制品及食用油批发	81827	125646	90399	17906	
糕点、糖果及糖批发		26523		275	
果品、蔬菜批发	3271	381	315	66	
肉、禽、蛋、奶及水产品批发	91078	126970	93597	19145	
盐及调味品批发	90440	20776	10063	2253	
营养和保健品批发	173789	168733	156391	1839	151
酒、饮料及茶叶批发	193706	578144	371510	20116	
烟草制品批发	272793	72706	41969	30734	
其他食品批发	11953	148064	7393	35440	270
纺织、服装及家庭用品批发	726945	1087186	712295	143466	14401
纺织品、针织品及原料批发	303	10997	8792	1918	
服装批发	99987	232046	139524	28989	
鞋帽批发	186	23149			
化妆品及卫生用品批发	11227	94212	17140	3657	
厨具卫具及日用杂品批发	347	38841		19347	
灯具、装饰物品批发	71	1290		634	
家用视听设备批发	3624	24814		23249	
日用家电批发	610811	643326	546722	62609	14401
其他家庭用品批发	389	18511	117	3063	
文化、体育用品及器材批发	1078341	683925	86230	121196	
文具用品批发	453	1069		492	
体育用品及器材批发	128	125939	74091	43127	
图书批发	1049745	136799	9999	17073	
报刊批发		71			

单位：千元

非流动资产合计	资产总计	流动负债合计	#应付账款	#应付利息	#应付股利	非流动负债合计
1219762274	**4688621501**	**2965178640**	**794623641**	**5492087**	**22928907**	**378466276**
1111209999	4202935006	2624040634	702138529	4964335	21454628	351852916
104336132	265287387	163930711	20821179	477551	747150	23685433
79698520	152464154	82307307	12230034	399880	3838	15065941
2938711	6103461	3144866	537027	2033	25765	80357
14112979	42574239	27139176	2491907	39793	500510	2204826
2460798	23665730	20500225	1678891	20985	5549	112680
114408	1530236	1316984	685575		136	3000
5010716	38949567	29522153	3197745	14860	211352	6218629
51868373	237803483	167069321	28931499	136336	2320002	9029355
12533298	73048960	61274331	8946522	38790	492413	2131418
5639664	15467002	8077298	628505	202	346	567867
201628	1393808	868296	289473	8263	3900	25996
1805864	11363646	9565671	2163897	60616	4562	193503
416828	2338831	2140436	933785	656	7273	27711
886273	3031944	2544738	289238	5	494951	2870
6944314	47926861	35656936	9094580	21985	12375	1849317
9140107	36521797	12597779	1574438		13387	99112
14300397	46710634	34343836	5011061	5819	1290795	4131561
51230263	348415065	281928581	62466779	56090	1815978	2508011
4949866	15699835	8297001	1515078	17056	146076	814086
4828382	20230235	12705363	2836809	35400	23569	1045942
459758	3848136	3123081	1053051	485		-11150
1865411	12437315	9174916	2543079	533	778	110609
2327244	9336138	4981408	1866017		2148	55657
76947	783786	573809	147903			
4531451	14770462	12051435	3403265			10324
30342512	262502511	225669998	47422449	4	1614304	65160
1848692	8806647	5351570	1679128	2612	29103	417383
45562707	143622697	68016934	13391955	541200	556016	33091282
1031037	8881148	7238455	1910083	300	73200	64199
769311	8756036	6394128	2333015		290815	61270
8552314	25427930	13207630	4549536	19409	17099	15255464
26320	245207	112457	32191	10		

1-17 续表 9

项目	在建工程	无形资产	#土地使用权	#软件使用权	商誉
音像制品、电子和数字出版物批发	***	***	***	***	***
首饰、工艺品及收藏品批发	5139	398197	2140	43543	
乐器批发					
其他文化用品批发	22876	21850		16961	
医药及医疗器材批发	74787	635977	190772	145894	4093
西药批发	12133	239646	30316	28641	
中药批发	10339	68038	49851	9476	
动物用药品批发	***	***	***	***	***
医疗用品及器材批发	52315	328280	110605	107764	4093
矿产品、建材及化工产品批发	5168027	13196545	5015420	300578	21
煤炭及制品批发	40506	153547	10564	76255	
石油及制品批发	3977628	4541326	4235713	78508	
非金属矿及制品批发					
金属及金属矿批发	705193	693390	501082	68762	
建材批发	116168	253998	120697	64639	
化肥批发	60715	20400	356	767	
农药批发	4861	408397	41985	4022	
农用薄膜批发	***	***	***	***	***
其他化工产品批发	262938	7125487	105023	7625	21
机械设备、五金产品及电子产品批发	1407213	4565332	1464403	1109115	1763107
农业机械批发	456	46227		2	
汽车及零配件批发	188523	771840	294058	316912	
摩托车及零配件批发	***	***	***	***	***
五金产品批发	2686	142554	45805	2614	
电气设备批发	272420	102384	-3775	7250	1042
计算机、软件及辅助设备批发	152193	602458	99737	97987	1712953
通讯设备批发	191767	599917		263882	
广播影视设备批发	848	224460	63713	13246	
其他机械设备及电子产品批发	598320	2075492	964865	407222	49112
贸易经纪与代理	405366	56305	7926	35736	
贸易代理	404070	51134	7675	34313	
一般物品拍卖	***	***	***	***	***
艺术品、收藏品拍卖	1296	4303		1423	
艺术品代理	***	***	***	***	***

单位：千元

非流动资产合计	资产总计	流动负债合计	#应付账款	#应付利息	#应付股利	非流动负债合计
***	***	***	***	***	***	***
34682913	93992390	37127740	3011550	521481	98415	17680975
754	92745	46099	7653			
453320	4865289	2546584	1445193		76487	29374
28066109	179694407	118437479	53592953	53215	408822	7635765
10784044	61318668	37936783	18045403	33514	96985	539885
3401468	28285772	17545021	11752320	12022	17443	4017861
***	***	***	***	***	***	***
13874376	90001645	62881789	23765323	7679	294394	3078019
520359056	1604260989	934978232	238846571	2364104	5180833	196076670
153918131	260737363	97156957	17088882	1000602	64271	53788260
151395681	465404983	222440305	100255136	397485	1054089	77751806
3042398	6449058	2730223	881799	338		900
120680203	539041915	404596619	76791363	440470	3857922	29948690
36086086	131439501	89246842	14894148	189498	30475	14435616
13005284	63104117	40490109	9521981	92419	82858	8487637
5037898	12091427	5338546	1108916	17337		1501659
***	***	***	***	***	***	***
37175849	125832734	72944566	18289875	225955	91218	10154908
242326497	1107364253	676291551	193866586	743652	10244078	49909311
2280421	5151216	3413712	1796363	2817		684116
66521005	302036015	167795155	60213555	90432	9239504	20780019
***	***	***	***	***	***	***
638711	5751298	3936891	1686661	132	21019	45506
32354112	93374342	34574168	16078229		25488	3963889
6553421	66238549	49257363	22428211	48774	81569	1125199
23477409	194323191	147947933	14486410	315337	5948	1498668
1791787	6217412	3050579	1157345	1063	82352	524701
108709582	434200675	266253037	76005787	285097	788198	21287213
34768051	221186611	161109604	80620388	559832	165862	19921610
33111315	211049387	154676108	79304062	559832	165862	19785494
***	***	***	***	***	***	***
1582182	8419900	4864661	510151			104748
***	***	***	***	***	***	***

1-17 续表 10

项目	在建工程	无形资产	#土地使用权	#软件使用权	商誉
其他贸易经纪与代理		251	251		
其他批发业	20907	392317	145257	8347	
再生物资回收与批发	30	9996	8611	1385	
宠物食品用品批发	***	***	***	***	***
互联网批发	223	14464		2767	
其他未列明批发业	20654	367857	136646	4195	
二、零售业合计	2662399	5991576	2976704	461797	
综合零售	293412	2014326	1596243	93730	
百货零售	71023	1631645	1309178	67791	
超级市场零售	203596	369252	287065	20513	
便利店零售	16231	10173		5366	
其他综合零售	2562	3256		60	
食品、饮料及烟草制品专门零售	104416	129638	1449	1103	
粮油零售	369				
糕点、面包零售	22620	10256	1449	706	
果品、蔬菜零售	303	605		378	
肉、禽、蛋、奶及水产品零售	125	19217		14	
营养和保健品零售	***	***	***	***	***
酒、饮料及茶叶零售	75646	12715		5	
烟草制品零售		826			
其他食品零售	5353	85856			
纺织、服装及日用品专门零售	19103	72484	18587	23271	
纺织品及针织品零售	2345	390		390	
服装零售	7312	30214		16349	
鞋帽零售	6680	2106	1188	918	
化妆品及卫生用品零售	2634	333		11	
厨具卫具及日用杂品零售		208		121	
钟表、眼镜零售	85	17054	655	490	
箱包零售		24		24	
自行车等代步设备零售	***	***	***	***	***
其他日用品零售	47	22155	16744	4968	
文化、体育用品及器材专门零售	450448	430683	311049	33420	
文具用品零售		11362		11010	
体育用品及器材零售	6283	2396	12	599	

单位：千元

非流动资产合计	资产总计	流动负债合计	#应付账款	#应付利息	#应付股利	非流动负债合计
5385	1543638	1339144	789402			
32692811	95300114	52278221	9600619	32355	15887	9995479
3805828	16697422	13433163	1550802			2336915
***	***	***	***	***	***	***
160218	1933721	1406739	591325			15760
28726765	76631258	37396375	7448924	30180	15887	7642804
108552275	485686495	341138006	92485112	527752	1474279	26613360
44475953	110359732	65392144	17468085	269702	555104	11553280
31134528	71583565	34602361	8685291	82233	537744	11251191
12414186	33411639	25539993	7195377	62266	16789	206773
672619	4506138	4212538	1047247	125203		66126
254620	858390	1037252	540170		571	29190
2473783	9882186	4472334	1401763	2032	327252	79498
6677	262566	200494	71291			3401
1373247	5810418	1837439	373598	1884	1291	2050
30436	379548	386540	124656			1102
157871	260078	104852	26622			61686
***	***	***	***	***	***	***
641021	2096878	1264095	398137	148	325958	9893
12074	424587	331074	259971			
249220	640704	340625	144423		3	1366
3077318	22943799	16418871	4762806	841	18	1454285
268830	961503	427344	152083			251
1766650	13815877	10048494	3487959	262		1256085
164190	1323607	1034436	24079		18	23500
216150	3285966	2769513	89049			
6450	435488	348972	219149	530		175
407216	1153888	398390	173792			138678
1880	187582	181165	91550			
***	***	***	***	***	***	***
245342	1723688	1170529	489463	49		35596
5945414	30402235	16685191	4331822		227968	1391863
134019	2602558	2237490	812670			74937
882026	2257818	1021860	489553			63069

1-17 续表 11

项目	在建工程	无形资产	#土地使用权	#软件使用权	商誉
图书、报刊零售	428059	78883	400	17771	
音像制品、电子和数字出版物零售	***	***	***	***	***
珠宝首饰零售	16087	14704	4506	70	
工艺美术品及收藏品零售	19	312252	306131	3970	
乐器零售					
照相器材零售					
其他文化用品零售		11086			
医药及医疗器材专门零售	95606	161430	112793	34265	
西药零售	77530	134939	100510	31042	
中药零售		23367	12283	2964	
医疗用品及器材零售	18076	3119		254	
保健辅助治疗器材零售		5		5	
汽车、摩托车、零配件和燃料及其他动力销售	948348	1885815	806544	36709	
汽车新车零售	589745	423944	345954	30346	
汽车零配件零售	2083	233		105	
摩托车及零配件零售		18		18	
机动车燃油零售	356520	1461620	460590	6240	
家用电器及电子产品专门零售	150899	293372	44786	110594	
家用视听设备零售		88			
日用家电零售	99	57782	27335	24712	
计算机、软件及辅助设备零售	150800	137164	10041	26260	
通信设备零售		13970	7410	1122	
其他电子产品零售		84368		58500	
五金、家具及室内装饰材料专门零售	426689	278741	34314	280	
五金零售		4		4	
灯具零售	***	***	***	***	***
家具零售	426689	278687	34314	226	
卫生洁具零售					
陶瓷、石材装饰材料零售					
其他室内装饰材料零售		50		50	
货摊、无店铺及其他零售业	173478	725087	50939	128425	
互联网零售	153119	627157	586	115056	
邮购及电视、电话零售					
生活用燃料零售	2824	361	354	7	
其他未列明零售业	17535	97569	49999	13362	

单位：千元

非流动资产合计	资产总计	流动负债合计	#应付账款	#应付利息	#应付股利	非流动负债合计
3395691	10150091	5385777	1496981		24999	863572
***	***	***	***	***	***	***
458525	6317482	3810140	671056		199269	61894
981217	7703901	3222698	343278		2978	305630
27990	213043	169100	46526			
347	75463	68606	13944			
64726	994931	709247	409314			
19260029	49789701	32875870	5839289	31208	249418	2347579
18923800	46959877	30944431	4505749	30610	244416	2333429
146364	1667849	1040190	630888		5002	6772
187609	1133058	819951	663772	598		4436
2256	28917	71298	38880			2942
20475150	97072395	72011333	9511593	23182	84209	2172586
13739270	76101707	58638108	7752309	21213	26810	1913385
80837	367911	246950	92387			29168
13516	249984	198180	29142	-4		
6641527	20352793	12928095	1637755	1973	57399	230033
7045694	125273342	87741740	25379663	183827	6737	6226512
2158	138814	119112	32987			
2898547	82265974	56202486	3511664	182390		5500370
3475256	35875474	26370179	19960758	882	2657	710962
279722	5053670	4106463	1561104	550		9324
390011	1939410	943500	313150	5	4080	5856
2172150	7982529	5871383	1779545	2077	16705	196557
7446	164577	141891	39672		1378	1144
***	***	***	***	***	***	***
2090301	7430362	5392517	1667437	49	15327	195413
1218	88226	76623	18835			
1185	92550	24420	12228			
71512	189547	225053	35878	2028		
3626784	31980576	39669140	22010546	14883	6868	1191200
2783842	28826964	37961731	21351579	14836	4868	1135943
6732	86304	114695	91616			
246711	441686	169022	56919			34265
589499	2625622	1423692	510432	47	2000	20992

1-17 续表 12

项目	#应付债券	负债合计	所有者权益合计	#实收资本	国家资本
合　计	**88477126**	**3344556894**	**1344064603**	**739255922**	**232351059**
一、批发业合计	81119856	2975567243	1227367763	668266876	228694129
农、林、牧、渔产品批发	14102485	187616145	77671242	28614852	14222631
谷物、豆及薯类批发	13100000	97373247	55090907	15930336	12888655
种子批发		3225223	2878238	2295345	40000
畜牧渔业饲料批发	1002485	29344003	13230236	7870321	1178025
棉、麻批发		20612906	3052824	1215284	85951
林业产品批发		1319984	210252	114820	30000
其他农牧产品批发		35740782	3208785	1188746	
食品、饮料及烟草制品批发	2571122	176076515	61726969	30583709	5751252
米、面制品及食用油批发		63405748	9643212	5044942	426223
糕点、糖果及糖批发		8645166	6821836	3965813	3575206
果品、蔬菜批发		894297	499511	406220	
肉、禽、蛋、奶及水产品批发		9759174	1604473	2060362	924350
盐及调味品批发		2171348	167483	328694	
营养和保健品批发		2547608	484336	395238	10000
酒、饮料及茶叶批发		37480885	10445976	8156552	368305
烟草制品批发		12696891	23824906	5547304	60154
其他食品批发	2571122	38475398	8235236	4678584	387014
纺织、服装及家庭用品批发	420153	284436592	63978474	40876339	3145881
纺织品、针织品及原料批发		9111087	6588748	4376361	1565881
服装批发	420153	13751305	6478930	3480219	380550
鞋帽批发		3111931	736205	330225	
化妆品及卫生用品批发		9285525	3151790	1938464	48750
厨具卫具及日用杂品批发		5037065	4299074	1141097	107755
灯具、装饰物品批发		573809	209977	136311	
家用视听设备批发		12061759	2708703	2392634	
日用家电批发		225735158	36767353	24513364	59746
其他家庭用品批发		5768953	3037694	2567664	983199
文化、体育用品及器材批发	11600000	101108236	42514460	26356392	9273189
文具用品批发		7302674	1578473	1123459	41814
体育用品及器材批发		6455398	2300638	1633037	
图书批发		28463094	-3035164	5819678	255462
报刊批发		112457	132750	123653	11653

单位：千元

集体资本	法人资本	个人资本	港澳台资本	外商资本	营业收入	#主营业务收　入
3925204	**300980434**	**52362958**	**55265367**	**94370900**	**5795956720**	**5704132071**
3039506	262461790	43505818	46678762	83886871	5014739755	4941789161
	8102518	569644	3854407	1865652	159212127	157847820
	2622954	74195		344532	61469325	61138712
	1894644	311701		49000	3756783	3712551
	1255435	111490	3854407	1470964	27396903	26636141
	1097833	31500			25265127	25132543
	68170	16650			1480547	1480547
	1163482	24108		1156	39843442	39747326
330500	16862109	2572522	2684101	2383225	287399980	271418903
330500	3846577	148500	100	293042	59573724	59236042
	268320	89397		32890	15161925	14957929
	41055	337118	24606	3441	2307814	2305289
	774523	250295	94038	17156	21687931	21567766
	171157	112342		45195	4869637	4770709
	168102	166490	50646		8682638	8604100
	3340806	796286	1790472	1860683	83186350	71402484
	5487150				45122190	45085698
	2764419	672094	724239	130818	46807771	43488886
57975	6133600	2471885	10829988	18237010	533646322	530522174
	2686786	97738	19496	6460	23774822	23693183
16420	1042066	903238	414983	722962	21084115	20615963
	116450	67480	146295		5745549	5422438
	1287748	331745	35367	234854	16534222	15977935
	277820	177474	100000	478048	13007023	12973031
	26700	74280	35331		1013637	1010796
1100	78545	109496		2203493	20917237	20839695
40455	390262	430700	9055508	14536693	419846898	418619515
	227223	279734	1023008	54500	11722819	11369618
1151852	7014524	1944575	6209567	762685	171201814	169473982
	406504	564341	63369	47431	18619726	18515709
	15928	40322	1539097	37690	11279718	11035570
9000	804122	354627	4366967	29500	15340041	15102822
	112000				371703	332386

1-17　续表 13

项　　　目	#应付债券	负债合计	所有者权益合计	#实收资本	国家资本
音像制品、电子和数字出版物批发	***	***	***	***	***
首饰、工艺品及收藏品批发	11600000	54808715	39183675	17007310	8964260
乐器批发		46099	46646	42863	
其他文化用品批发		2575958	2289331	584392	
医药及医疗器材批发	208486	126073248	53621158	18965158	2802284
西药批发		38476669	22841999	7257571	2673944
中药批发	208486	21562882	6722890	3316565	1627
动物用药品批发	***	***	***	***	***
医疗用品及器材批发		65959811	24041833	8388022	126713
矿产品、建材及化工产品批发	43038954	1130915295	473345693	351489048	163915100
煤炭及制品批发	27911367	150945218	109792145	42279669	19383777
石油及制品批发		300196304	165208679	163705555	104276764
非金属矿及制品批发		2731123	3717934	2464000	101100
金属及金属矿批发	1001401	434357904	104684011	89126931	24183570
建材批发	2631720	103682458	27757043	14041602	4292449
化肥批发	3497135	48977746	14126371	13810700	326000
农药批发	1191109	6840205	5251222	1529725	30000
农用薄膜批发	***	***	***	***	***
其他化工产品批发	6806222	83143078	42689656	24468166	11321440
机械设备、五金产品及电子产品批发	8578656	726036297	381327957	142379839	17613671
农业机械批发		4097828	1053388	1625885	
汽车及零配件批发		188575174	113460841	24357279	798469
摩托车及零配件批发	***	***	***	***	***
五金产品批发		3982397	1768901	953949	
电气设备批发		38538058	54836285	12531226	287392
计算机、软件及辅助设备批发		50382546	15856002	10184767	235895
通讯设备批发	598013	149443966	44879225	20669450	6451081
广播影视设备批发		3575280	2642132	2231512	109360
其他机械设备及电子产品批发	7980643	287378335	146822341	69824721	9731474
贸易经纪与代理	600000	181031214	40155397	20382604	9717732
贸易代理	600000	174461602	36587785	19809604	9712432
一般物品拍卖	***	***	***	***	***
艺术品、收藏品拍卖		4969409	3450491	432000	5300
艺术品代理	***	***	***	***	***

单位：千元

集体资本	法人资本	个人资本	港澳台资本	外商资本	营业收入	#主营业务收入
***	***	***	***	***	***	***
1142852	5649170	871285	195771	183972	107878511	107093462
		2000	40863		251755	241285
	26800	90000	3500	464092	12890335	12866042
10000	10413803	3650416	514283	1574372	231057560	225897367
	2897333	1200118	211600	274576	92049070	89425527
10000	3217261	45102	9505	33070	36417490	35994709
***	***	***	***	***	***	***
	4297209	2404196	293178	1266726	102432984	100319115
1393085	130428056	17055153	14120526	24577128	2196437594	2190779251
80000	13481513	3196824	250514	5887041	280701740	280505363
179380	49166053	1250812	8758563	73983	478167475	476831299
	2346900	16000			8747689	8745931
2380	46535850	6200327	4856675	7348129	736856221	734737410
34000	8101848	1575705	30946	6654	104965571	103979430
784472	1723269	219610	30000	10727349	69467785	69261093
12550	1311579	165096	7000	3500	7619941	7571455
***	***	***	***	***	***	***
300303	7698344	4430779	186828	530472	509779153	509015251
30652	68590004	14540464	7856320	33748728	1325143306	1286287351
	96753	161157		1367975	5061533	5060978
17595	6287570	718369	869311	15665965	518034226	513010945
***	***	***	***	***	***	***
	330417	335923	1742	285867	9829769	9804586
	314491	491004	313039	11125300	60780532	57101217
	4110120	3932054	1276270	630428	139369057	137538588
2000	8356262	890577	3176700	1792830	312644353	286659144
6706	1770241	248984		96221	5285294	5193942
4351	47324100	7761396	2219258	2784142	274036656	271816065
12300	9505092	99051	395009	653420	61183386	60299857
	8993760	54983	395009	653420	54754687	53874063
***	***	***	***	***	***	***
12300	376832	37568			4990878	4989787
***	***	***	***	***	***	***

1-17 续表 14

项目	#应付债券	负债合计	所有者权益合计	#实收资本	国家资本
其他贸易经纪与代理		1339144	204494	116000	
其他批发业		62273701	33026413	8618935	2252389
再生物资回收与批发		15770078	927344	435142	239000
宠物食品用品批发	***	***	***	***	***
互联网批发		1422499	511222	324523	65000
其他未列明批发业		45039180	31592078	7858970	1948389
二、零售业合计	7357270	368989651	116696840	70989046	3656930
综合零售	1113683	76945425	33414306	19183892	1002340
百货零售	1113683	45853553	25730011	9396247	871931
超级市场零售		25746766	7664873	8747682	91828
便利店零售		4278664	227474	902691	7431
其他综合零售		1066442	-208052	137272	31150
食品、饮料及烟草制品专门零售		4551756	5330430	1961819	55883
粮油零售		203895	58671	13735	625
糕点、面包零售		1839489	3970929	950116	7649
果品、蔬菜零售		387566	-8018	47638	500
肉、禽、蛋、奶及水产品零售		166538	93540	126983	
营养和保健品零售	***	***	***	***	***
酒、饮料及茶叶零售		1273988	822890	490555	620
烟草制品零售		331074	93513	7500	
其他食品零售		341991	298713	321292	46489
纺织、服装及日用品专门零售		17873303	5070496	5748326	8670
纺织品及针织品零售		427595	533908	128800	
服装零售		11304579	2511298	3939713	
鞋帽零售		1058083	265524	196270	2670
化妆品及卫生用品零售		2769513	516453	133845	3000
厨具卫具及日用杂品零售		349147	86341	87108	
钟表、眼镜零售		537068	616820	1009882	3000
箱包零售		181165	6417	18900	
自行车等代步设备零售	***	***	***	***	***
其他日用品零售		1206125	517563	232808	
文化、体育用品及器材专门零售		19319952	11082283	4388700	1642616
文具用品零售		2312427	290131	208122	7452
体育用品及器材零售		1084929	1172889	365144	20829

单位：千元

集体资本	法人资本	个人资本	港澳台资本	外商资本	营业收入	#主营业务收入
	109500	6500			1220197	1219374
53142	5412084	602108	214561	84651	49457666	49262456
53142	79000	64000			11585170	11552228
***	***	***	***	***	***	***
	179418	65399		14706	3225054	3203952
	5153666	472409	214561	69945	34602912	34461820
885698	38518644	8857140	8586605	10484029	781216965	762342910
344625	10502406	1248887	2142529	3943105	131504661	122017588
286367	3978644	1066997	1023009	2169299	63108788	59826006
19543	6028973	161280	1119520	1326538	62431269	56552511
8500	418982	20510		447268	4201660	4038632
30215	75807	100			1762944	1600439
295849	925604	207169		477314	11669912	11444288
	13110				402618	399591
280000	143781	41372		477314	6047743	5908521
	42470	4668			630951	629132
	124483	2500			421685	421685
***	***	***	***	***	***	***
15849	455456	18630			2350110	2312838
	6250	1250			558323	557158
	140054	134749			1206480	1163361
25430	954693	418016	2741018	1600499	32452872	31837839
	84225	44575			781909	752865
250	427333	194269	2544487	773374	15537357	15206675
24380	61500	9000	98720		2351946	2333916
	38085	40344		52416	2298288	2241362
	47000	40108			1823144	1822611
800	176693	31607	29797	767985	1982979	1951988
	1000	17900			232564	232564
***	***	***	***	***	***	***
	118857	39213	68014	6724	7410370	7261543
30550	1730499	627530	85047	272458	34984629	34460234
	128120	72550			2661683	2652006
	48269	102546		193500	2564135	2546348

1-17 续表 15

项　　目	#应付债券	负债合计	所有者权益合计	#实收资本	国家资本
图书、报刊零售		6249509	3900582	1603312	891964
音像制品、电子和数字出版物零售	***	***	***	***	***
珠宝首饰零售		3872034	2445448	1133005	313150
工艺美术品及收藏品零售		4771066	2932835	900361	409221
乐器零售		169100	43943	30000	
照相器材零售		68606	6857	14200	
其他文化用品零售		709247	285684	129456	
医药及医疗器材专门零售	746000	35223446	14566255	6173601	67132
西药零售	746000	33277857	13682020	5815686	5320
中药零售		1046962	620887	253463	61712
医疗用品及器材零售		824387	308671	100952	100
保健辅助治疗器材零售		74240	-45323	3500	
汽车、摩托车、零配件和燃料及其他动力销售	101	74146897	22925496	18479461	755872
汽车新车零售	-47	60544636	15557070	12812500	309857
汽车零配件零售		276118	91793	90313	32810
摩托车及零配件零售		198180	51804	59520	
机动车燃油零售	148	13127963	7224829	5517128	413205
家用电器及电子产品专门零售	5497486	93967301	31306041	5890432	70000
家用视听设备零售		119112	19702	14380	
日用家电零售	5497486	61702856	20563118	1993673	
计算机、软件及辅助设备零售		27080190	8795284	2770885	50000
通信设备零售		4115787	937883	521080	
其他电子产品零售		949356	990054	590414	20000
五金、家具及室内装饰材料专门零售		6101231	1881298	2249732	
五金零售		143035	21542	26125	
灯具零售	***	***	***	***	***
家具零售		5587930	1842432	1788420	
卫生洁具零售		76623	11603	13000	
陶瓷、石材装饰材料零售		57712	34838	35300	
其他室内装饰材料零售		225052	-35505	380823	
货摊、无店铺及其他零售业		40860340	-8879765	6913083	54417
互联网零售		39097674	-10270710	6004447	43890
邮购及电视、电话零售		114695	-28391	22557	6757
生活用燃料零售		203287	238398	10542	3770
其他未列明零售业		1444684	1180938	875537	

单位：千元

					营业收入	#主营业务收入
集体资本	法人资本	个人资本	港澳台资本	外商资本		
	607370	103978			9105768	8821726
***	***	***	***	***	***	***
20550	539430	95870	85047	78958	16114306	16032905
10000	373810	107330			2751278	2664474
	13500	16500			372781	362670
	1000	13200			219658	218937
	14000	115456			1109357	1075505
72826	5840983	160825	5239	26596	27828222	27584205
71026	5619706	93038		26596	23646763	23468854
800	163516	27435			3118383	3060002
1000	55261	39352	5239		915903	908735
	2500	1000			147173	146614
107085	12305509	3112574	1230842	967579	235354546	229989283
72238	7628684	2940705	1221446	639570	178134128	173837162
	50437	6030		1036	575830	565560
	2600	56920			405820	402962
34847	4623788	108919	9396	326973	56238768	55183599
	2746386	1714534	40000	1319512	195020302	193853496
	150	14230			89483	89483
	813942	172731		1007000	40317820	39832984
	1422655	987218		311012	145078222	144849994
	212900	308180			8077575	7675825
	296739	232175	40000	1500	1457202	1405210
	548419	289664	2979	1408670	9295100	9171401
	9700	16425			228907	227543
	***	***	***	***	***	***
	465838	223875	2979	1095728	8340899	8239417
	5000	8000			120465	117719
		35300			45786	45786
	67881			312942	543406	525299
9333	2964145	1077941	2338951	468296	103106721	101984576
1333	2587888	592490	2311550	467296	100437881	99474197
8000	3000	3800		1000	182082	166046
	5276	1496			241330	240661
	367981	480155	27401		2245428	2103672

1-17　续表 16

项　　目	营业成本	#主营业务成本	税金及附加	#主营业务税金及附加	其他业务利润
合　计	**5327366690**	**5276707409**	**13569949**	**13157036**	**41015871**
一、批发业合计	4649381094	4602039236	10825328	10528095	25566614
农、林、牧、渔产品批发	152287674	151755792	201586	187974	856093
谷物、豆及薯类批发	59551498	59414058	92077	90436	218531
种子批发	3025651	3022174	4225	2767	39297
畜牧渔业饲料批发	25802616	25509595	34908	24621	467735
棉、麻批发	24383114	24326413	18194	17968	75657
林业产品批发	1404367	1404367	1325	1325	
其他农牧产品批发	38120428	38079185	50857	50857	54873
食品、饮料及烟草制品批发	247330803	235830519	3764633	3729718	4443380
米、面制品及食用油批发	56969997	56934258	60289	59211	301192
糕点、糖果及糖批发	13765585	13711070	50108	33195	132744
果品、蔬菜批发	2138582	2138407	4198	4198	2350
肉、禽、蛋、奶及水产品批发	20120244	20074377	25026	24602	74192
盐及调味品批发	4055036	4048153	12616	9732	89161
营养和保健品批发	2759619	2756025	96243	96243	74944
酒、饮料及茶叶批发	67590908	57794282	376584	367999	1974260
烟草制品批发	37227600	37202643	3091672	3087381	8320
其他食品批发	42703232	41171304	47897	47157	1786217
纺织、服装及家庭用品批发	477724136	476164879	639334	627399	1540147
纺织品、针织品及原料批发	22128546	22074059	41691	41652	27113
服装批发	14846990	14574542	108942	106659	193461
鞋帽批发	4102765	3840621	32469	30782	60967
化妆品及卫生用品批发	13208494	13010141	58431	57581	342036
厨具卫具及日用杂品批发	10941366	10927081	27653	27581	19663
灯具、装饰物品批发	765865	764522	3054	3054	1498
家用视听设备批发	15973909	15906004	67109	67109	9637
日用家电批发	386076256	385409420	273252	266538	554290
其他家庭用品批发	9679945	9658489	26733	26443	331482
文化、体育用品及器材批发	153065821	152472462	413068	412667	1134164
文具用品批发	17840472	17819291	34349	34349	82837
体育用品及器材批发	9062626	9026308	37734	37734	207830
图书批发	11370955	11253908	35429	35229	120063
报刊批发	230400	229643	2106	2106	38560

单位：千元

销售费用	管理费用		财务费用			资产减值损失
		#财产保险费		#利息收入	#利息支出	
233002688	**120024827**	**350934**	**30758354**	**22003555**	**41971377**	**13452291**
163741938	96320087	289046	27100105	20031903	37826482	12958098
1728812	2307350	4661	3693510	574819	3607402	401082
467924	1142476	1291	1588303	370916	1656177	352489
257660	307595	725	71402	9004	41966	33156
465203	543966	1526	501349	52871	472096	-6896
202742	166411	64	468099	39016	435571	2871
13297	29170		6613	546	6828	3779
321986	117732	1055	1057744	102466	994764	15683
21878858	6258002	18308	738231	1488547	2006153	309321
2071799	674743	2315	58575	724240	713557	4562
413531	424621	405	46378	51731	96618	12199
116689	61944	373	6420	205	6540	1086
1090220	454338	1489	93460	28027	107215	61409
448382	183811	436	23248	1334	15967	1257
4847093	361174	142	4359	11261	11609	-45
9328148	1732178	6109	208206	146062	297254	166938
792758	1070339	1945	-454337	486739	20174	53
2770238	1294854	5094	751922	38948	737219	61862
30961254	20263742	33045	-73892	889178	831703	143289
572625	570533	1170	255802	63335	160007	42447
4377143	1614765	3013	219004	30072	245446	25170
1178486	353701	720	26420	3073	15817	
1881727	967525	1307	117599	28655	141896	249
1209202	371756	1366	25154	14006	40004	12369
133482	111839	1032	6714	468	3266	
2963230	869415	5838	-11851	104980	73693	-17342
17543631	14711216	17764	-789536	631221	78766	68115
1101728	692992	835	76802	13368	72808	12281
9662837	4459759	18427	2202532	374672	1515271	271184
280698	266081	1335	80656	13576	50944	20986
957552	556459	12108	5327	8373	4879	47008
2782709	1407907	1818	1034337	27814	352644	109194
95551	25542	10	-647	1444	578	5702

1-17 续表 17

项目	营业成本	#主营业务成本	税金及附加	#主营业务税金及附加	其他业务利润
音像制品、电子和数字出版物批发	***	***	***	***	***
首饰、工艺品及收藏品批发	100442146	100039968	268366	268165	382670
乐器批发	202972	202972	748	748	10470
其他文化用品批发	9778920	9773641	30871	30871	19014
医药及医疗器材批发	190131762	188040218	738691	735033	3069933
西药批发	77826222	76466024	256694	255800	1267118
中药批发	32308086	32208112	79214	78446	322039
动物用药品批发	***	***	***	***	***
医疗用品及器材批发	79871038	79239666	402206	400210	1480776
矿产品、建材及化工产品批发	2137241260	2134364892	1979172	1790425	2834534
煤炭及制品批发	273301314	273278190	373721	371874	171406
石油及制品批发	464605152	463757445	522906	410279	484921
非金属矿及制品批发	8389222	8388894	6777	6774	1427
金属及金属矿批发	718441384	717487137	536544	485431	1136766
建材批发	99491205	98717958	154328	153709	213615
化肥批发	66951162	66934852	40481	24286	190372
农药批发	6659825	6657936	7845	7566	46318
农用薄膜批发	***	***	***	***	***
其他化工产品批发	499314074	499054558	336008	329944	589709
机械设备、五金产品及电子产品批发	1191934790	1163891567	2923721	2880501	10757019
农业机械批发	4368210	4368210	9143	9143	555
汽车及零配件批发	465495725	464285003	1339676	1333497	3806340
摩托车及零配件批发	***	***	***	***	***
五金产品批发	8495769	8482903	23673	21294	21090
电气设备批发	46827031	46286450	196624	194637	3136749
计算机、软件及辅助设备批发	128879250	127550641	214175	209312	499171
通讯设备批发	295136402	270890726	500411	500201	1739324
广播影视设备批发	4286354	4246957	17721	17357	51854
其他机械设备及电子产品批发	238355776	237690404	622207	594969	1501936
贸易经纪与代理	55803788	55737919	101871	101193	816982
贸易代理	50690158	50624481	91923	91836	814860
一般物品拍卖	***	***	***	***	***
艺术品、收藏品拍卖	3909332	3909140	5679	5088	308
艺术品代理	***	***	***	***	***

单位：千元

销售费用	管理费用	#财产保险费	财务费用	#利息收入	#利息支出	资产减值损失
***	***	***	***	***	***	***
3339642	1683062	2197	996206	283858	1104053	90480
23531	16899		371	19	42	2
1861297	479547	959	54274	39381	2124	6934
20592886	8264568	18140	1308644	262281	1172998	278858
7904824	2235845	5958	490955	89257	404617	37749
2350172	595573	878	216823	41218	163435	91027
***	***	***	***	***	***	***
10324995	5424337	11299	599824	131785	604488	150082
23127007	16493222	61073	14836074	8799742	19205401	8349739
2375871	2081845	1726	2557199	2154574	4416670	1010188
6043069	4267713	29779	3788771	1723083	3523218	3347415
138268	127741	614	-13077	50441	32116	8740
6006013	5202778	17218	4908942	3184870	6887768	2348973
2256129	1436484	2698	2075084	234576	1833979	598571
1035494	537558	846	711480	83671	709170	546841
334810	287032	1137	108600	119879	279140	-21714
***	***	***	***	***	***	***
4929933	2537156	7047	698697	1248610	1522830	511327
52924827	34841892	132606	1428659	6183873	6491090	2514005
218375	465785	675	173480	29603	79089	1652
24562434	6399926	84016	-1499263	2997575	1276069	-1290906
***	***	***	***	***	***	***
636458	473938	2091	17655	7923	23023	13195
3718926	6267729	4312	-226511	936634	431478	868682
3966375	3396506	8331	1078037	112347	854869	283830
9257438	4365148	5026	930106	322126	1079351	1174364
340247	320370	671	42932	5607	42121	18770
10219285	13149201	27475	912219	1772052	2705090	1444418
1209919	1498364	847	2280124	1100491	2145203	530860
724891	1167280	578	2157353	1042193	1967481	525612
***	***	***	***	***	***	***
318197	287718	255	133498	55589	177354	-192
***	***	***	***	***	***	***

1-17 续表 18

项目	营业成本	#主营业务成本	税金及附加	#主营业务税金及附加	其他业务利润
其他贸易经纪与代理	1117118	1117118	3187	3187	823
其他批发业	43861060	43780988	63252	63185	114362
再生物资回收与批发	11481841	11481841	20565	20544	32921
宠物食品用品批发	***	***	***	***	***
互联网批发	2932906	2915109	3716	3716	3305
其他未列明批发业	29411953	29349678	38946	38900	78062
二、零售业合计	677985596	674668173	2744621	2628941	15449257
综合零售	99944664	99364516	776377	694247	8842424
百货零售	46372137	46192861	598364	525141	3052048
超级市场零售	49251921	48906381	155472	146860	5520381
便利店零售	2972442	2919824	14377	14377	110410
其他综合零售	1348164	1345450	8164	7869	159585
食品、饮料及烟草制品专门零售	7652004	7546066	67150	65403	117946
粮油零售	355840	355328	400	393	2515
糕点、面包零售	3532979	3434695	38897	38897	40938
果品、蔬菜零售	514529	514529	774	774	1819
肉、禽、蛋、奶及水产品零售	311601	311601	3920	3920	
营养和保健品零售	***	***	***	***	***
酒、饮料及茶叶零售	1629661	1624426	15737	13997	30297
烟草制品零售	453262	453255	1529	1529	1158
其他食品零售	815389	813489	5670	5670	41219
纺织、服装及日用品专门零售	21267323	21212773	173965	172699	535218
纺织品及针织品零售	407999	407984	9709	9708	29028
服装零售	9110295	9088619	95925	95881	284960
鞋帽零售	1667642	1667642	9844	9844	18030
化妆品及卫生用品零售	1278972	1251354	17066	17066	29308
厨具卫具及日用杂品零售	1402518	1401985	5736	5736	2
钟表、眼镜零售	1121153	1119587	17459	16239	28205
箱包零售	161089	161089	1770	1770	
自行车等代步设备零售	***	***	***	***	***
其他日用品零售	6091182	6088040	16383	16382	145685
文化、体育用品及器材专门零售	29138884	29000589	323300	315146	377657
文具用品零售	2447504	2445999	3681	3675	8166
体育用品及器材零售	1766936	1766593	15731	13968	15924

单位：千元

销售费用	管理费用	#财产保险费	财务费用	#利息收入	#利息支出	资产减值损失
36667	32595	12	-10605	1954		5096
1655538	1933188	1939	686223	358300	851261	159760
39844	121287	246	371262	159204	309150	250363
***	***	***	***	***	***	***
218266	151009	51	12836	2332	13128	-188
1383478	1659581	1642	300658	196743	527521	-90415
69260750	23704740	61888	3658249	1971652	4144895	494193
21490655	6843980	11740	1199059	617531	1408648	264671
10188792	3367567	8238	691207	491638	950719	269680
9802195	2774812	3274	360822	119858	315579	-8311
1010858	616149	190	146495	2970	141787	3305
488810	85452	38	535	3065	563	-3
2394555	681350	1929	1317	24326	10373	4240
31856	9165	33	105	166	213	3319
1468729	405834	1024	2255	15772	9210	506
84710	34939	62	179	826	390	343
70258	33370	238	-12	43	17	
***	***	***	***	***	***	***
355099	116928	389	-249	3421	142	162
58321	26441	95	-2019	3579		
315312	52679	88	1069	503	401	50
8638425	1784660	3153	81251	31813	42462	36191
220279	80458	144	1852	738	1977	-18971
5169517	1030639	2285	57234	22384	24217	40693
481804	171662	49	-1610	3237	613	59
556270	205607	40	1669	1263	1359	2347
360321	30186	11	593	208	767	
598693	169319	253	11681	2523	7344	-1517
47624	12571	2	382	223	399	8285
***	***	***	***	***	***	***
1198608	82450	339	9292	1235	5785	5295
3122330	1685586	4366	137670	49625	126187	38944
122546	67804	2035	-14402	1607	2867	23669
568966	229205	192	8337	4337	14789	6848

1-17 续表 19

项目	营业成本	# 主营业务成本	税金及附加	# 主营业务税金及附加	其他业务利润
图书、报刊零售	7390068	7308078	26457	22267	197863
音像制品、电子和数字出版物零售	***	***	***	***	***
珠宝首饰零售	14361513	14350452	247615	246761	69486
工艺美术品及收藏品零售	1912468	1874019	23043	21706	47018
乐器零售	276706	271947	1574	1570	5348
照相器材零售	213394	213206	79	79	
其他文化用品零售	707256	707256	4921	4921	33852
医药及医疗器材专门零售	24581104	24562090	66694	65268	223578
西药零售	21499059	21489776	48498	47661	167790
中药零售	2341063	2335870	12254	11665	52599
医疗用品及器材零售	689353	685083	4084	4084	2898
保健辅助治疗器材零售	51629	51361	1858	1858	291
汽车、摩托车、零配件和燃料及其他动力销售	215830630	213890736	895576	875672	3416732
汽车新车零售	164088813	162838698	780277	773356	3050675
汽车零配件零售	514121	509525	1764	1276	5674
摩托车及零配件零售	357847	357847	1694	1691	2855
机动车燃油零售	50869849	50184666	111841	99349	357528
家用电器及电子产品专门零售	180771203	180449741	222624	221820	846770
家用视听设备零售	68859	68859	422	422	
日用家电零售	36490644	36428848	61660	61651	423040
计算机、软件及辅助设备零售	136271510	136090147	137797	137127	46757
通信设备零售	6838207	6787297	15426	15371	352444
其他电子产品零售	1101983	1074590	7319	7249	24529
五金、家具及室内装饰材料专门零售	6044709	6032844	65019	64924	111739
五金零售	187916	187435	460	456	879
灯具零售	***	***	***	***	***
家具零售	5294832	5285351	61616	61525	91910
卫生洁具零售	77249	77141	698	698	2638
陶瓷、石材装饰材料零售	29865	29865	141	141	
其他室内装饰材料零售	447699	445904	1998	1998	16312
货摊、无店铺及其他零售业	92755075	92608818	153916	153762	977193
互联网零售	90967574	90832626	139271	139194	830103
邮购及电视、电话零售	102444	102444	1131	1104	16009
生活用燃料零售	155558	155389	1234	1220	500
其他未列明零售业	1529499	1518359	12280	12244	130581

单位：千元

销售费用	管理费用	#财产保险费	财务费用	#利息收入	#利息支出	资产减值损失
928215	835392	1265	-45963	29543	4021	15474
***	***	***	***	***	***	***
668549	260562	584	49135	4751	19407	-7021
485836	179269	48	129866	9004	84611	-511
55572	36996	52	1197	36	336	
6793	4263	4	296	8	152	
272148	64906	186	8596	146		568
1678656	917178	1570	523169	664265	1013376	14168
1032930	631741	1251	505814	656169	1010400	14853
428581	224137	218	4985	7219	2629	-616
125746	43647	101	12136	865	347	
91399	17653		234	12		-69
9700091	5409246	23208	1141735	147263	832760	24722
6765089	4523820	21464	1021009	135276	801859	37411
34079	36310	111	-1102	2466	671	
21363	29619	64	1466	58	1237	
2879560	819497	1569	120362	9463	28993	-12689
10299917	2653037	11097	341916	388473	583687	49790
13390	4717	13	20	17	-1	
2171840	1028180	5761	216272	358348	494974	8959
7239804	1074239	4509	48446	25960	58463	34841
751765	340141	635	69757	1512	21897	4897
123118	205760	179	7421	2636	8354	1093
2261951	764334	2401	42300	21311	6595	13487
22057	17893	15	209	42	198	
***	***	***	***	***	***	***
2098840	699950	2179	35619	21153	2441	10092
24267	17642	13	260	11	262	142
13314	2539		50	13	1	
94499	25906	194	5934	90	3465	3253
9674170	2965369	2424	189832	27045	120807	47980
9228127	2598777	1568	185409	23833	116983	41608
39366	31743	19	-337	436	92	-169
68625	32836	450	-301	384	2	126
338052	302013	387	5061	2392	3730	6415

1-17 续表 20

项目	公允价值变动收益	投资收益	资产处置收益	其他收益	营业利润	营业外收入
合计	**4694846**	**84685844**	**-83405**	**4788002**	**151866192**	**7393247**
一、批发业合计	4673565	79276183	-19647	4380334	142748412	5659615
农、林、牧、渔产品批发	192666	3662950	7728	124731	2606742	568734
谷物、豆及薯类批发	150578	2219266		90332	761288	381367
种子批发	2516	-16198	7675	23985	75072	12684
畜牧渔业饲料批发	7317	1153675	53	4565	1221367	21857
棉、麻批发	32255	175656		5756	237363	18928
林业产品批发					21996	65
其他农牧产品批发		130551		93	289656	133833
食品、饮料及烟草制品批发	80523	5438623	780	422009	13062067	319251
米、面制品及食用油批发	71839	1032320	-79	270914	1108753	51238
糕点、糖果及糖批发	35528	116507	298	7374	609210	2654
果品、蔬菜批发			-617	18105	-3617	2826
肉、禽、蛋、奶及水产品批发	8140	8217	-415	61681	-79143	17357
盐及调味品批发		13600		1232	160119	11393
营养和保健品批发		663747		7857	1285799	1192
酒、饮料及茶叶批发	-8526	364905	191	50279	4190237	36919
烟草制品批发		2837972	1404	78	6233559	10457
其他食品批发	-26458	401355	-2	4489	-442850	185215
纺织、服装及家庭用品批发	-73262	4780598	2573	91000	8789369	357709
纺织品、针织品及原料批发	43	64096	167	4819	232303	62228
服装批发		147748	-214	4126	43761	52622
鞋帽批发		-6557			45151	2485
化妆品及卫生用品批发	-522	106470	2	314	406461	43357
厨具卫具及日用杂品批发		437859		601	857984	12814
灯具、装饰物品批发			42	866	-6409	1031
家用视听设备批发		643679	-38	1649	1718057	82821
日用家电批发	-72785	3172245	2615	74461	5140500	84012
其他家庭用品批发	2	215058	-1	4164	351561	16339
文化、体育用品及器材批发	-109034	1442671	568	35494	2496312	235749
文具用品批发		12554		329	109367	16275
体育用品及器材批发		40894		734	654640	14413
图书批发		143992	229	25132	-1231137	16756
报刊批发		356			13405	3686

单位：千元

营业外支出	利润总额	所得税费用	应付职工薪酬（本年贷方累计发生额）	#社会保险费	应交增值税	从事批发和零售业活动的从业人员平均人数（人）
7122770	**152157191**	**33778065**	**123535368**	**19227671**	**51205589**	**717608**
6522064	141883704	30346082	91610555	13767852	41779018	419376
115052	3060424	508258	1654096	235346	472131	5971
91934	1050721	241438	640962	76154	10583	1562
18048	69708	15813	247162	36060	35458	1463
3109	1240115	82477	459249	69966	5817	1510
924	255367	65052	173452	33968	68500	413
16	22045	4579	15966	1379	40626	122
1021	422468	98899	117305	17819	311147	901
203275	13178043	2550585	9286321	1400722	5485022	57479
20540	1139451	162736	838055	135925	772322	4832
27581	584283	144361	367176	60244	184643	1699
502	-1293	7128	49433	10130	10306	711
47577	-109363	536	712096	99604	127768	6524
1858	169654	57121	202305	27810	75010	1017
6403	1280588	148069	317148	25850	887104	1204
7800	4219356	1099548	3863338	590994	2041117	25159
7528	6236488	876849	1631916	246137	1099585	3093
83486	-341121	54237	1304854	204028	287167	13240
118327	9028779	1268464	11590992	1884925	3608578	78820
2513	292046	50647	502136	83298	227109	2887
31464	64919	94479	2624418	494019	777960	27692
4504	43132	-5935	676786	130438	241524	8916
21533	428285	101941	808093	128641	357396	5826
10562	860236	131329	529190	97450	196430	3453
590	-5968	4548	74390	12614	25712	840
6750	1794128	314391	1041113	131088	497548	5445
30414	5194098	502951	4703668	714915	1151952	19667
9997	357903	74113	631198	92462	132947	4094
3388308	-658504	1012108	5916588	875199	1444027	34613
684	122701	42122	178615	29165	42839	1457
14168	654885	72853	429116	60705	272364	1726
3199378	-4413759	193626	2149093	319390	70707	11451
240	16851	8542	90101	13255	12293	701

1-17 续表 21

项　　目	公允价值变动收益	投资收益	资产处置收益	其他收益	营业利润	营业外收入
音像制品、电子和数字出版物批发	***	***	***	***	***	***
首饰、工艺品及收藏品批发	-109034	1164472	339	8997	2123383	118588
乐器批发				242	7474	5
其他文化用品批发		78081		60	756633	39389
医药及医疗器材批发	-2212	1706455	-999	71935	11517329	211656
西药批发		554882	-314	44989	3896338	133412
中药批发		320737	84	13147	1110563	11029
动物用药品批发	***	***	***	***	***	***
医疗用品及器材批发	-2212	830836	-769	13799	6502155	67043
矿产品、建材及化工产品批发	2264852	26336366	-97944	3232307	26146599	1596813
煤炭及制品批发	-186244	3983683	209	9492	2808741	33777
石油及制品批发	2480070	6228037	-7949	2869123	7161647	164644
非金属矿及制品批发	-29436	230853		740	292175	3647
金属及金属矿批发	-10095	7242323	-100184	292509	6836140	1065638
建材批发	-110	3269651	-229	18547	2241629	152292
化肥批发	-64	404797	-8	8956	58450	16139
农药批发	-1273	227893	-52	5633	475744	4549
农用薄膜批发	***	***	***	***	***	***
其他化工产品批发	12004	4749129	10269	27307	6250649	155347
机械设备、五金产品及电子产品批发	525690	30488966	38915	289361	69916764	1873520
农业机械批发		55265		437	-119410	21911
汽车及零配件批发		1687564	2452	12190	24727260	403897
摩托车及零配件批发	***	***	***	***	***	***
五金产品批发	-6846	18195			180430	32636
电气设备批发	101664	20035029	25770	557	23291071	949542
计算机、软件及辅助设备批发	20105	273920	4729	23757	1873395	74400
通讯设备批发	17548	624720	-521	58157	1980388	84018
广播影视设备批发		89131	4655	10413	363099	10280
其他机械设备及电子产品批发	393219	7705142	1830	183850	17617591	296836
贸易经纪与代理	1794342	2874241	3690	44269	4475002	99691
贸易代理	1794342	2836278	3690	37138	4068918	73752
一般物品拍卖	***	***	***	***	***	***
艺术品、收藏品拍卖		35879		6893	379418	19126
艺术品代理	***	***	***	***	***	***

单位：千元

营业外支出	利润总额	所得税费用	应付职工薪酬（本年贷方累计发生额）	#社会保险费	应交增值税	从事批发和零售业活动的从业人员平均人数（人）
***	***	***	***	***	***	***
170348	2071623	511813	2305289	341807	820283	16704
33	7446	1574	20855	3310	5895	124
1832	794190	179505	690891	95400	190769	2173
180197	11548785	2834965	9877382	1455457	5240982	51195
53274	3976475	951352	3048093	450992	1689787	15043
24545	1097047	222557	1343416	207986	434751	9977
***	***	***	***	***	***	***
102123	6467073	1659108	5482354	796019	3111887	26146
1478985	26264476	5361600	15495053	2440469	7134452	63173
48631	2793887	594967	1627361	253092	1727913	4353
77387	7248904	2088073	4969479	859220	1239827	19375
237	295585	16201	106301	13499	32327	309
1249322	6652504	1572889	4027962	598582	2034749	13354
18361	2375560	132438	1691710	234513	716050	9778
11604	62985	95037	553012	78698	3553	2947
2031	478262	59703	223012	32761	-3959	1563
***	***	***	***	***	***	***
71365	6334632	799668	2281375	366213	1379472	11444
758765	71031444	15244153	34910814	5018015	17567962	118220
16149	-113648	163	255375	58027	13848	836
382508	24748649	6300309	5207610	661139	8216433	15816
***	***	***	***	***	***	***
3701	209365	54038	424030	62514	183338	3654
-1484	24242097	4823351	8312286	1136691	1858579	18388
52649	1895146	530797	4033184	600612	1145714	19609
123770	1940636	578759	6451165	888974	2226795	16305
1491	371888	69436	312489	44074	121808	1634
179981	17734371	2886554	9911531	1565722	3800703	41954
156917	4417776	969134	1355753	210400	255398	3929
150357	3992313	868908	1051838	180377	205929	3065
***	***	***	***	***	***	***
4924	393620	92175	258670	21288	30896	638
***	***	***	***	***	***	***

1-17 续表 22

项　　目	公允价值变动收益	投资收益	资产处置收益	其他收益	营业利润	营业外收入
其他贸易经纪与代理		2084		238	38461	
其他批发业		2545313	25042	69228	3738228	396492
再生物资回收与批发		684005		58049	42062	113678
宠物食品用品批发	***	***	***	***	***	***
互联网批发		4502			-88989	163
其他未列明批发业		1856806	25042	11179	3791738	282651
二、零售业合计	21281	5409661	-63758	407668	9117780	1733632
综合零售		2672572	21257	130198	3787317	545950
百货零售		2486731	13196	16004	4115007	277762
超级市场零售		182399	8056	91424	376237	253662
便利店零售		541	7	20616	-540802	12461
其他综合零售		2901	-2	2154	-163125	2065
食品、饮料及烟草制品专门零售		59004	3236	2032	933568	51106
粮油零售		989	3672	569	7163	3569
糕点、面包零售		56105		21	654669	8758
果品、蔬菜零售		556		25	-3942	8168
肉、禽、蛋、奶及水产品零售		168		35	2751	3883
营养和保健品零售	***	***	***	***	***	***
酒、饮料及茶叶零售		507	-436	1343	234186	19155
烟草制品零售					20789	443
其他食品零售		127		39	16477	7123
纺织、服装及日用品专门零售		32944	-10	26982	530973	63653
纺织品及针织品零售		1083			81666	884
服装零售		1811	-10	61	34916	28289
鞋帽零售		8556			31101	1564
化妆品及卫生用品零售		17858		57	254272	899
厨具卫具及日用杂品零售				67	23857	1811
钟表、眼镜零售		1991		186	68368	26663
箱包零售					843	39
自行车等代步设备零售	***	***	***	***	***	***
其他日用品零售		1645		26611	35416	3504
文化、体育用品及器材专门零售	118	105025	-177	35388	678221	264518
文具用品零售		2061	-250	733	13425	11195
体育用品及器材零售		5152		5	-26731	7468

单位：千元

营业外支出	利润总额	所得税费用	应付职工薪酬（本年贷方累计发生额）	#社会保险费	应交增值税	从事批发和零售业活动的从业人员平均人数（人）
70	38391	8046	33591	7001	9851	171
122238	4012481	596815	1523556	247319	570466	5976
109719	46021	17762	70376	13463	114851	509
***	***	***	***	***	***	***
772	-89598	906	172404	25945	18187	1130
11747	4062641	578147	1278980	207657	437234	4325
600706	10273487	3431983	31924813	5459819	9426571	298232
201287	4153944	1069817	8626726	1506580	1775177	101849
31877	4382856	839047	3382543	551840	1166299	23585
132332	497567	213149	4581091	851772	495912	68159
30130	-558471	7138	414350	61902	97250	5204
6948	-168008	10483	248742	41066	15716	4901
37586	947088	273074	1641417	249603	430048	14807
3607	7125	2117	10220	1870	892	101
16994	646433	186105	1142428	173436	271960	10113
999	3227	7193	43565	3170	5714	485
442	6192	2605	55196	10499	19099	669
***	***	***	***	***	***	***
14907	238434	58538	197118	33593	76466	1452
123	21109	6041	56805	3835	18376	370
513	23087	10178	128014	22012	36459	1525
35700	559321	213703	3025262	570067	1108337	29811
1643	80907	17814	161296	22618	53316	1453
20152	43447	68940	1779633	323516	541655	18067
476	32189	4949	269679	55943	81205	3263
2417	252754	66779	165102	42752	134075	1641
1	25667	6423	60356	10359	40270	482
4949	90082	24592	304032	60739	116249	2191
105	777	948	20768	1438	14800	178
***	***	***	***	***	***	***
5957	32964	23200	261151	52038	126176	2495
27688	915098	330729	2054998	343446	499042	13607
386	24234	8748	85976	16056	32197	717
15720	-34983	10919	200858	36052	58689	1815

1-17 续表 23

项　　目	公允价值变动收益	投资收益	资产处置收　益	其他收益	营业利润	营业外收　入
图书、报刊零售		54850	-69	24833	35691	215121
音像制品、电子和数字出版物零售	***	***	***	***	***	***
珠宝首饰零售	342	9587		6241	550123	10730
工艺美术品及收藏品零售	-224	1	136	3576	24796	16721
乐器零售		2062	6		2804	375
照相器材零售					-5167	126
其他文化用品零售		31312			82274	2398
医药及医疗器材专门零售	17578	1284800	-4032	10276	1355875	52362
西药零售	17578	1262701	-4145	4468	1194470	28360
中药零售		21913	89	5788	135769	893
医疗用品及器材零售		186	24		41147	1173
保健辅助治疗器材零售				20	-15511	21936
汽车、摩托车、零配件和燃料及其他动力销售	2212	294529	-47816	65865	2663461	369096
汽车新车零售	2212	232561	5140	13507	1171130	346748
汽车零配件零售				13	-9329	396
摩托车及零配件零售					-6169	473
机动车燃油零售		61968	-52956	52345	1507829	21479
家用电器及电子产品专门零售		733840	-35570	99629	1479714	86883
家用视听设备零售					2075	40
日用家电零售		674531	-339	38174	1052631	10537
计算机、软件及辅助设备零售		54141	-34879	59253	350100	61936
通信设备零售		-4	-350		57028	3674
其他电子产品零售		5172	-2	2202	17880	10696
五金、家具及室内装饰材料专门零售		31847	-78	-1685	133384	44599
五金零售				798	1170	18
灯具零售	***	***	***	***	***	***
家具零售		29209	-78	-2483	166598	41454
卫生洁具零售					207	72
陶瓷、石材装饰材料零售					-123	204
其他室内装饰材料零售		2638			-33245	1328
货摊、无店铺及其他零售业	1373	195100	-568	38983	-2444733	255465
互联网零售	6	192744	-568	30187	-2500516	217521
邮购及电视、电话零售		46		2	7952	1118
生活用燃料零售	1367			6292	-9089	33687
其他未列明零售业		2310		2502	56920	3139

单位：千元

营业外支出	利润总额	所得税费用	应付职工薪酬（本年贷方累计发生额）	#社会保险费	应交增值税	从事批发和零售业活动的从业人员平均人数（人）
6402	244457	76928	881810	159999	63057	5834
***	***	***	***	***	***	***
554	560299	164406	498960	61725	221562	2898
3848	37669	50951	257588	42738	69260	1223
50	3129	708	35920	6305	12638	387
1	-5042	7	4633	899	2307	71
701	83971	17377	77487	16607	38174	589
17677	1390560	92220	1314975	268451	384623	10125
7664	1215166	48374	843191	191175	239402	5703
944	135718	36279	349428	62498	91861	3598
8807	33513	7520	82111	10129	39935	538
262	6163	47	40245	4649	13425	286
135882	2897082	913549	6995650	1140400	2467623	58000
113492	1404782	533289	5691947	925098	1672511	47383
223	-9156	1354	47273	8346	6404	421
328	-6013	898	14888	1935	11903	160
21839	1507469	378008	1241542	205021	776805	10036
41113	1525452	316241	3713736	665970	1362512	42104
180	1935	375	9469	1117	3187	76
9788	1053380	129965	806385	191136	366745	6792
30097	381939	172551	2326465	350395	818831	28846
564	60106	13573	411763	97279	117124	5185
484	28092	-223	159654	26043	56625	1205
19099	158884	74858	1001379	179883	312822	8421
90	1098	232	14674	3184	4675	195
***	***	***	***	***	***	***
6637	201415	73238	926615	158897	292248	7511
422	-143	195	16545	3332	5517	179
	81	177	8424	2490	541	146
11950	-43867	986	34821	11962	8804	383
84674	-2273942	147792	3550670	535419	1086387	19508
56645	-2339640	127511	3229922	483707	972758	16836
5934	3136	1535	40746	7436	10918	414
1970	22628	3157	44422	8375	7192	425
20125	39934	15589	235580	35901	95519	1833

1-18 限额以下批发和零售业

项　　目	法人单位数（个）	本年折旧	固定资产净值	在建工程	资产总计	负债合计
合　计	**266402**	**7024999**	**39294091**	**9631646**	**1545356841**	**1082839010**
一、按登记注册类型分						
内资	264453	6579881	37074622	9309864	1498292991	1051638554
国有	563	84210	1113993	56052	13813748	13001512
集体	2114	70212	733598	226377	7759796	5951610
股份合作	1421	36982	261545	12946	7901810	7352677
国有联营	23	1487	11970	42	99450	74829
集体联营	41	496	1392		40692	23321
国有与集体联营	5	488	1716		22487	9368
其他联营	6		97		3667	3047
国有独资公司	42	5362	442293	4908	25918889	12300866
其他有限责任公司	8627	1219376	6559231	3117506	318207100	182916497
股份有限公司	433	64371	571491	44685	74585112	19916538
私营独资	8584	27470	182105	8111	5461123	3207461
私营合伙	479	2794	12199	361	1353705	1086557
私营有限责任公司	240609	4973096	26485000	5633764	1026457351	797865127
私营股份有限公司	514	74941	417717	162657	15480719	7386614
其他	992	18596	280176	42456	1187342	542531
港澳台商投资	583	166366	657914	212173	15318445	10212661
与港澳台商合资经营	122	33371	108130	5440	3262440	1895000
与港澳台商合作经营	4	3085	2150		40041	67991
港澳台商独资	456	129708	547265	206725	12000498	8237784
港澳台商投资股份有限公司	1	***	***	***	***	***
外商投资	1366	278752	1561556	109610	31745406	20987796
中外合资经营	337	71645	572617	17428	9582777	4103901
中外合作经营	12	481	1928	6477	40836	30594
外资企业	1006	182047	751149	70145	19250864	15255880
外商投资股份有限公司	7	24569	235851	15559	2867506	1595256
其他外商投资	4	9	12		3423	2165
二、按隶属关系分						
中央	368	290900	1633560	1034704	221474900	76449518
地方	266034	6734100	37660531	8596943	1323881942	1006389493
三、按控股情况分						
国有控股	1187	417414	3179976	1108096	258161879	97311204
集体控股	3579	175440	1268229	248464	17250606	11656074
私人控股	254801	5733817	30844614	7414423	1172748549	903980907
港澳台商控股	574	151550	605479	241619	13573372	9650236
外商控股	1040	211134	1060113	90626	23700435	16542906
其他	5221	335644	2335681	528418	59922001	43697683
四、按经营形式分						
独立门店	139862	2636886	18838518	4759403	668482857	430653900
连锁总店	331	61621	503930	17062	4843342	3902695
连锁直营店	787	49102	325340	75567	8689344	11560816

法人单位主要财务状况

单位：千元

年初存货	期末存货	营业收入	营业成本	税金及附加	投资收益	营业利润	应付职工薪酬（本年贷方累计发生额）	应交增值税
142427435	**153834025**	**881146528**	**769644022**	**2653786**	**8152479**	**-6270217**	**51291593**	**14538951**
136881134	148241858	851931916	746268465	2537929	8113912	-4691838	48163373	13823805
842332	728316	4550771	4161449	37026	63954	-32841	422195	40380
1019960	1019612	3374156	2850994	15971	25249	-12598	297926	71379
838670	825154	2815743	2420641	7351	4786	-31174	220879	52357
12535	10203	57244	49055	211	-34	-9	5234	1391
11369	10834	36649	31148	104	55	-1330	2911	874
4909	5165	55250	43431	250		3244	2741	8830
233	426	2624	1821	9		49	536	75
168016	246573	1947437	1719020	3415	660629	254754	212709	9340
20973593	21285961	115539723	101170777	262360	2347448	-7789	5472770	1076631
692541	702010	4474130	3811133	19916	3196591	2767844	650672	119051
636478	696570	3752280	3032083	16078	10508	275822	388826	88126
136386	140158	472038	372769	1729	50	18115	36539	11193
109935709	120783077	709404198	622528747	2147433	1799262	-7771174	39881227	12199426
1496192	1650281	4492937	3223116	25506	4778	-190784	527820	144352
112212	137519	956735	852280	570	636	36033	40389	400
2040971	2106299	6952918	5380593	28523	-9410	-991337	949920	150114
456740	480857	1205851	853693	5373	-10954	-368090	277578	31154
2658	7423	10965	3804	1032		677	353	153
1578483	1617490	5717392	4510237	21982	1543	-623886	670502	118807
***	***	***	***	***	***	***	***	***
3505330	3485867	22261594	17994963	87334	47977	-587042	2178300	565032
979279	958379	3848145	3112347	15737	10002	-301078	466620	113723
3297	3315	57294	44857	278	-900	180	7904	1905
2385406	2477040	15038617	11702850	68433	40933	-180035	1589844	435914
136705	46451	3312426	3131012	2875	-2058	-106033	113564	13443
642	681	5212	3897	11		-76	367	46
9763173	9445826	26732592	20564235	64103	4964127	5695788	1576033	150812
132664263	144388199	854413935	749079787	2589683	3188352	-11966005	49715560	14388139
11025472	10819000	40212613	33110794	131800	5446607	5626176	2409833	207152
2076435	2103240	7516371	6454414	31470	32185	-114210	645934	165920
120618982	131594906	766227108	671529397	2309465	2297267	-9362590	43811663	13187989
1858087	1900822	6682137	5211278	27247	-3118	-818814	863345	148817
2641953	2623891	18753566	15071638	74101	44773	-253450	1715929	477034
4206506	4792165	41751731	38266502	79703	334765	-1347328	1844889	352040
67390247	72266450	387832776	339779874	1097623	4794903	1898217	21996881	5691501
952452	1165938	2649547	1789010	16445	1114	-485843	472465	56672
1316399	1390009	6081876	5042885	19904	-1178	-952055	662381	98346

1-18 续表 1

项　　目	法人单位数（个）	本年折旧	固定资产净值	在建工程	资产总计	负债合计
连锁加盟店	1352	16546	72707	3114	2913613	2938773
其他	124070	4260844	19553596	4776499	860427685	633782827
五、按零售业态分						
有店铺零售	134135	1732516	12385250	2522548	301193312	230611776
食杂店	11606	65957	396501	35736	14226844	10907415
便利店	9451	83660	534830	126162	11715071	8883014
折扣店	1352	9272	67216	41242	1995907	1264682
超市	3487	59896	333443	47222	7103195	5889505
大型超市	13	8089	170412		294466	239834
仓储会员店	712	8515	33685	17104	1885782	1112937
百货店	16198	179985	1204134	898074	34001413	28166276
专业店	45974	657681	4250679	729192	114208526	87349294
专卖店	23689	317415	2579186	301387	56824689	43839562
家居建材商店	13364	115855	864170	81300	25972967	19855194
购物中心	1992	77778	1185668	1746	7316073	5935835
厂家直销中心	6297	148413	765326	243383	25648379	17168228
无店铺零售	31272	907054	3358287	1238493	151807239	117678247
电视购物	100	1430	3927	1	347245	258821
邮购	830	18224	113145	68862	2421226	1822446
网上商店	2842	53356	147484	5723	11571724	11897520
自动售货亭	59	5332	26730	484	233103	241159
电话购物	1744	40554	226908	73550	4976273	3425943
其他	25697	788158	2840093	1089873	132257668	100032358
六、按地区分						
东城区	11427	382138	2572370	95178	102201901	92963862
西城区	13134	633531	3677070	589162	251286658	112987732
朝阳区	47968	1642453	7199430	891680	327414744	244523854
丰台区	34019	579530	2615297	362492	114284025	80824464
石景山区	7800	177482	815231	353316	41193553	30937523
海淀区	26069	890976	4104756	895516	208732194	149458679
门头沟区	6418	158867	554099	320222	27403011	20521573
房山区	17187	206279	1375362	504171	45232430	34009194
通州区	18004	412349	3919941	668209	96069936	71340939
顺义区	10752	305463	1848961	1073223	34540066	28341706
昌平区	17859	313377	1837996	726499	58670656	42930190
大兴区	17613	697272	3244924	2414482	86209276	66074350
怀柔区	13825	169542	1164247	93084	45030709	32373853
平谷区	9174	118789	998853	74807	21285550	13582508
密云区	9285	79288	703171	132339	36427350	26666902
延庆区	2038	24940	283844	199369	4816870	4165192
北京经济技术开发区	3830	232724	2378538	237897	44557913	31136488

单位：千元

年初存货	期末存货	营业收入	营业成本	税金及附加	投资收益	营业利润	应付职工薪酬（本年贷方累计发生额）	应交增值税
829621	992617	3060644	2319113	9323	-985	-17704	253025	53315
71938716	78019011	481521684	420713139	1510491	3358626	-6712831	27906841	8639117
39630910	43105239	167587521	139994728	651124	537192	-6493224	16305303	3408547
1655934	1971202	8911545	7692430	19616	54840	-367250	893956	97961
1661281	1946121	8482718	7048972	36541	127517	-456742	828761	139884
321699	349088	1048066	837924	4357	1825	-45704	127343	22622
1339724	1511868	4644141	3888546	12805	5727	-756091	627597	50065
26358	30194	502788	414800	2261	205	-12495	40484	1417
297445	351839	1128036	954125	3784	673	-26206	94303	16278
2979487	3265862	11499189	9219810	51719	187596	-308690	1416251	262345
13886923	15180946	64289217	53213140	259823	190332	-2123445	6214602	1461316
9090531	10151301	37118056	31676634	125759	21261	-1348979	3229641	634038
2657088	2933631	12872032	10986832	48800	-43535	-494890	1271128	281509
1978531	1553562	2385362	1788896	21934	9476	-279834	345877	72935
3735909	3859625	14705871	12272619	63725	-18725	-272898	1215360	368177
9920563	10640025	47701815	38328509	183653	99302	-2610357	4780811	1118980
48919	61308	144927	121209	560	9	-8777	24107	2101
378161	321842	1394246	1089681	6769	283	-54380	155934	39462
1185988	1488832	7264478	5751640	17755	9671	-934922	870517	103538
33080	29177	85354	69050	156	116	-63359	32933	1998
575595	578594	2637688	2129580	9282	3663	-77866	278867	71726
7698820	8160272	36175122	29167349	149131	85560	-1471053	3418453	900155
7056172	7394767	48353876	43327623	169932	1199761	-179043	2561325	745856
18359064	18865169	87350892	75301679	219254	3684557	4177050	3829011	1073660
29750433	32698562	164540251	139623559	611893	1292586	-2934321	11732259	2862428
12637365	14233857	88471449	76851235	247380	9640	-603031	5382158	1664256
3543718	3793473	28131279	25067008	82823	317058	-153890	1435888	391088
17929391	19120978	105263160	90449421	403646	403916	-3218027	6941135	2207976
3351795	3686151	24511949	21968717	84069	56022	53977	993095	360528
5015168	5596626	42506092	39242174	87133	51571	-240556	1812061	448055
8282169	8331294	49466874	42818145	137958	264710	-230704	2896045	884862
4411352	5154764	27031808	23824919	73692	37397	-522453	1828599	399898
6369067	7186174	52787292	47233456	111858	87026	-413945	2847738	793441
9899462	10280534	66073198	58542147	151959	-6176	-526693	3090847	1044412
4720699	5287546	30283578	26802580	65443	82576	-209509	1586721	483327
2495965	2884527	12921008	11258526	44250	64265	-138762	933877	256773
3000261	3542262	20024628	18064670	47489	592147	57623	1159191	281928
600028	711739	5171324	4785386	9325	6545	-24851	241803	71450
5005326	5065601	28252867	24482778	105683	8875	-1163081	2019840	569012

1-19 按行业分限额以下批发和

项目	法人单位数（个）	本年折旧	固定资产净值	在建工程	资产总计	负债合计
合计	**266402**	**7024999**	**39294091**	**9631646**	**1545356841**	**1082839010**
一、批发业合计	100995	4385428	23550554	5870607	1092356292	734548987
农、林、牧、渔产品批发	1883	143823	814827	114405	16504524	10561132
谷物、豆及薯类批发	168	7332	100117	10967	1380528	1374642
种子批发	361	63730	444489	64127	4856310	2214744
畜牧渔业饲料批发	371	15692	56795	255	1833018	1474288
棉、麻批发	13	656	1979		1434715	332320
林业产品批发	284	17437	69965	17550	3960869	3030313
牲畜批发	43	1512	7376	935	108284	86289
渔业产品批发	79	833	8076	2845	409477	386862
其他农牧产品批发	564	36631	126029	17727	2521321	1661674
食品、饮料及烟草制品批发	14211	400830	2622843	727035	84162335	59410384
米、面制品及食用油批发	699	25614	255817	56345	9956900	6107299
糕点、糖果及糖批发	258	29271	131417	43118	1378441	1280779
果品、蔬菜批发	2967	80269	440332	199258	8152710	6697471
肉、禽、蛋、奶及水产品批发	1632	31264	335159	40654	8786148	6708907
盐及调味品批发	743	11714	206740	940	2982696	1804027
营养和保健品批发	374	24431	140506	64	1600207	946219
酒、饮料及茶叶批发	2787	44602	333916	202488	17675001	11691228
烟草制品批发	74	2763	4642	11	322090	84635
其他食品批发	4677	150902	774305	184158	33308141	24089819
纺织、服装及家庭用品批发	12666	255395	1774777	362594	89368453	63735746
纺织品、针织品及原料批发	1173	26030	97909	2062	6225904	4869787
服装批发	3533	67266	565184	264736	42062322	26140666
鞋帽批发	247	9533	26440	8982	1350267	1332896
化妆品及卫生用品批发	1159	13884	124789	35068	5850701	4189432
厨具卫具及日用杂品批发	2203	32933	337110	12443	7804498	5946171
灯具、装饰物品批发	613	10988	37789	2198	2456190	1635585
家用视听设备批发	201	3160	13703	2	1151408	1045598
日用家电批发	1154	47401	283997	25801	11791962	9922639
其他家庭用品批发	2383	44201	287856	11302	10675200	8652972
文化、体育用品及器材批发	6327	156643	761793	50428	41568971	29951417
文具用品批发	2362	33541	257112	2586	8239168	6207771
体育用品及器材批发	599	12074	51455	1432	2708179	1755661
图书批发	1170	45556	218569	15610	12716001	9065322
报刊批发	30	484	4651	800	188344	180703
音像制品、电子和数字出版物批发	226	3271	25757	5000	1731527	1111831

零售业法人单位主要财务状况

单位：千元

年初存货	期末存货	营业收入	营业成本	税金及附加	投资收益	营业利润	应付职工薪酬（本年贷方累计发生额）	应交增值税
142427435	**153834025**	**881146528**	**769644022**	**2653786**	**8152479**	**-6270217**	**51291593**	**14538951**
92875962	100088762	665857193	591320787	1819009	7515987	2833365	30205480	10011424
2297460	2452455	8390542	7261114	13440	122673	-64963	552997	73394
186523	123410	798899	757687	383	23077	-74922	27429	5127
944507	1138762	2004603	1507771	4977	22340	144712	186812	11434
310953	279932	2065874	1852161	2533	278	-23674	92511	16097
79134	5437	90966	84692	904	49741	36918	14838	1524
411141	441373	817227	707159	1653	17716	-33148	57748	9750
9600	11799	90930	77694	114	2	-5100	8272	3186
53621	73291	524728	483195	685	-105	9951	15014	7341
301980	378451	1997314	1790754	2191	9625	-119698	150373	18934
10569657	11970997	68605520	62180851	139518	198286	-1408889	3334085	789913
1148264	954221	7406755	6911368	21560	69742	-202772	367411	56035
314822	236372	1642704	1485132	5266	-12152	-45692	90049	11827
677245	801572	12173965	11505731	18990	1105	-64836	391857	44832
874271	1041491	10649200	9833191	11792	2391	-43439	340977	86400
344139	377426	2775104	2510003	7688	25849	19094	110507	37785
256601	291068	870387	580337	4822	1124	-9441	123876	39149
2999254	3510023	10889293	9771607	21777	36192	-273589	595757	153930
86224	92740	138403	114901	275	1	-3125	10509	1925
3868837	4666084	22059808	19468581	47348	74034	-785090	1303141	358030
10409500	10969148	44194106	36807340	127164	303808	504210	2988557	771928
1347267	1201066	4745000	4074084	11946	1315	-30364	253226	64795
2746666	2830138	7713805	6209370	25278	286013	-355839	741362	164610
337822	349709	1104346	848359	2939	-21	-24585	77274	24123
915562	1005090	4143699	3303058	12700	-1591	-125933	337434	74079
1300666	1378527	5985773	5068984	14630	6916	-166332	360745	94657
399595	399065	1754220	1421579	8405	7776	16941	159392	44308
210224	237610	1627366	1403865	3148	42	-40517	115461	29294
1469339	1705666	8348500	7429351	15871	2511	-28377	402084	103175
1682358	1862278	8771397	7048691	32248	848	1259217	541579	172888
5549348	6456383	26869003	22539207	67853	174847	-230031	1854127	368176
995342	1015732	9281295	8514180	17536	2649	12246	349202	133424
532280	576059	1609392	1251345	4992	2305	-17162	130812	46084
1703628	2014982	8446575	6767566	9653	16952	23733	691308	72992
32589	35536	103928	63931	434	73	-2689	29457	2475
306327	397361	1197995	925705	1904	12281	12534	78278	12702

1-19 续表 1

项　　目	法人单位数（个）	本年折旧	固定资产净值	在建工程	资产总计	负债合计
首饰、工艺品及收藏品批发	1352	44316	158090	11448	13850160	9941207
乐器批发	86	2589	5739		385801	317821
其他文化用品批发	502	14812	40420	13553	1749790	1371102
医药及医疗器材批发	6124	363538	1525119	298408	55083989	36199170
西药批发	137	13258	78439	127239	2042442	1512749
中药批发	70	19923	58367	290	1778570	792535
动物用药品批发	72	6155	49259		529178	348938
医疗用品及器材批发	5845	324202	1339054	170879	50733800	33544948
矿产品、建材及化工产品批发	22394	1012822	6028431	3102838	349595122	269778670
煤炭及制品批发	219	38600	117438	38490	16931351	12319752
石油及制品批发	650	47742	397156	1069145	22952553	14571741
非金属矿及制品批发	190	10981	37057	10469	2133944	1903581
金属及金属矿批发	2845	151713	1492913	45581	99110364	85201740
建材批发	14665	393681	2566806	1816363	92381093	72393108
化肥批发	428	13549	125307	15352	6082183	5229755
农药批发	150	6798	80230	96	1302068	805957
农用薄膜批发	19	4114	54472	2486	395063	258691
其他化工产品批发	3228	345645	1157053	104856	108306503	77094344
机械设备、五金产品及电子产品批发	29500	1683983	7612492	646804	341157588	192363728
农业机械批发	260	12508	46376	1644	2184861	1405024
汽车及零配件批发	2074	115149	997162	53910	27982847	21634637
摩托车及零配件批发	121	4552	75134	400	741545	593486
五金产品批发	5294	129830	716065	168427	26970915	19553754
电气设备批发	1926	234802	515295	43260	66755032	20334405
计算机、软件及辅助设备批发	3122	78724	376640	24453	19789810	12838913
通讯设备批发	875	47088	387346	48864	20189283	12066825
广播影视设备批发	136	7582	26780		1380273	697700
其他机械设备及电子产品批发	15692	1053748	4471695	305847	175163021	103238985
贸易经纪与代理	2692	113054	725762	5494	73685085	35108839
贸易代理	1953	86566	540357	5450	67632308	30577751
一般物品拍卖	197	7932	117256		1792641	1079555
艺术品、收藏品拍卖	229	11858	54751		2550838	1567669
艺术品代理	30	2145	2187		61264	41487
其他贸易经纪与代理	283	4553	11211	44	1648033	1842377
其他批发业	5198	255340	1684510	562601	41230226	37439901
再生物资回收与批发	408	46974	313866	63352	2080846	1267329
宠物食品用品批发	116	1370	4926	1655	367133	303754

单位：千元

年初存货	期末存货	营业收入	营业成本	税金及附加	投资收益	营业利润	应付职工薪酬（本年贷方累计发生额）	应交增值税
1607584	1997748	3834093	2983433	28227	140660	-261651	424886	70813
116143	150258	430846	346790	1058		-6990	42802	7920
255455	268708	1964880	1686258	4049	-73	9948	107381	21767
6412237	6636509	43002467	32867830	337686	109108	898740	3334196	1827587
235941	281870	1049343	776433	5179	-3706	26915	75165	35238
278259	298440	422945	313891	2172	12147	10473	49100	18109
84972	101838	508849	402001	1137	14	8220	33789	10504
5813065	5954362	41021329	31375506	329199	100654	853133	3176142	1763736
18829393	20573915	236590436	226247831	324724	923846	-2799037	4379046	1510674
584043	905612	8855611	8362627	12229	263920	73236	116007	91259
1765176	956132	15886390	15295254	26579	94489	-15392	315233	21442
190875	469473	10668755	10452634	6166	1691	73442	53988	22599
4099687	5943220	104558927	102306387	72343	345126	-347365	745367	415987
7858947	8273498	58034715	53343137	131987	14464	-604959	2136531	737054
321038	659554	2674936	2613295	1307	14671	-55909	76051	-1906
250461	203200	911704	852101	1877	2238	-32932	32896	7505
19431	20484	116086	99297	1833	-1390	-11903	6948	975
3739735	3142742	34882811	32923100	70404	188638	-1877255	896025	215759
32409903	33790239	192682929	164391093	644457	2346831	3467061	10458295	3966018
291523	330878	1047937	855109	5226	213	-6176	85823	26977
2289440	2823305	23304693	20446552	54353	365870	129089	839888	293411
88610	92799	982280	888817	2073	-1548	3786	45036	25856
2850779	2935705	20099290	18004968	56475	-33593	53714	921434	409291
1425896	1489284	10163519	8663253	34405	672170	71179	650567	395881
2438630	2541631	24064188	21245233	79068	54689	1909	1213074	476209
1966000	1560676	15617596	14691566	35837	195554	-307566	571940	207795
220490	226203	1413956	1166177	4180	1296	34662	79926	25863
20838536	21789759	95986469	78429419	372840	1092181	3486462	6050609	2104734
1991326	2408212	17987400	15877207	49463	3225485	2769139	1279643	157804
1628935	2058683	16211927	14630265	44748	3213349	2822905	985697	117820
157005	146801	237468	65794	1583	356	-59313	132272	19030
85976	52933	553866	393062	1383	556	-51564	82873	8734
2900	6913	212901	201267	164	-17	-2612	6087	964
116510	142882	771237	586819	1586	11241	59723	72714	11257
4407138	4830903	27534691	23148315	114703	111103	-302866	2024533	545929
185960	151123	1324998	1105378	6764	54970	69811	85280	8778
78592	122838	636396	512829	584	-198	-3552	28233	3895

1-19 续表 2

项 目	法人单位数（个）	本年折旧	固定资产净值	在建工程	资产总计	负债合计
互联网批发	179	4772	12223	1054	1788932	1571539
其他未列明批发业	4495	202224	1353496	496540	36993314	34297279
二、零售业合计	165407	2639571	15743538	3761039	453000549	348290023
综合零售	12554	200549	1960068	913333	36303935	27419749
百货零售	9006	137589	1516699	884393	25055592	17652347
超级市场零售	376	10917	46361	4624	4768221	3754501
便利店零售	472	11909	115676	12704	794282	964830
其他综合零售	2700	40134	281332	11611	5685842	5048071
食品、饮料及烟草制品专门零售	23354	225390	1143143	306317	38328104	31549490
粮油零售	646	2745	24111	6544	1015037	943688
糕点、面包零售	802	18347	43760	4141	1128256	827991
果品、蔬菜零售	3546	53935	381887	120237	4193179	2489932
肉、禽、蛋、奶及水产品零售	2443	8505	48142	13894	2116628	1833388
营养和保健品零售	706	30615	41114	2666	836387	677275
酒、饮料及茶叶零售	4116	27668	141429	36921	11189990	10898575
烟草制品零售	1597	6396	38487	7283	1712211	1370177
其他食品零售	9498	77181	424213	114630	16136416	12508464
纺织、服装及日用品专门零售	28635	196736	2025389	181806	47197946	37032815
纺织品及针织品零售	1708	11581	168752	15648	3606145	3131723
服装零售	10996	70713	752226	66628	20630962	16118360
鞋帽零售	684	17287	273545	45	1203969	1085622
化妆品及卫生用品零售	2833	11847	84605	66502	2315882	1903266
厨具卫具及日用杂品零售	2231	13114	146157	7423	4521408	3522375
钟表、眼镜零售	975	12209	39732	126	1567110	1348740
箱包零售	404	1851	16496		368203	314436
自行车等代步设备零售	379	610	5184	46	415807	233678
其他日用品零售	8425	57523	538693	25387	12568460	9374614
文化、体育用品及器材专门零售	17753	209788	1538917	160257	38105950	29673919
文具用品零售	4419	27179	177066	23068	5017776	3510081
体育用品及器材零售	1665	13282	60691	2160	3337156	2522284
图书、报刊零售	2527	43774	510750	3979	6991688	4396343
音像制品、电子和数字出版物零售	273	7457	6852	3781	600547	540185
珠宝首饰零售	2325	37754	275167	12631	6639144	6196400
工艺美术品及收藏品零售	3942	52779	361749	99562	11037756	9102714
乐器零售	377	6790	40375	5125	605291	472611
照相器材零售	247	7204	27698		625172	521425
其他文化用品零售	1978	13568	78571	9952	3251420	2411875

单位：千元

年初存货	期末存货	营业收入	营业成本	税金及附加	投资收益	营业利润	应付职工薪酬（本年贷方累计发生额）	应交增值税
158430	353479	2240602	1942869	3850	938	-8120	102792	29058
3984156	4203463	23332694	19587239	103505	55393	-361005	1808229	504199
49551473	53745263	215289335	178323235	834777	636492	-9103581	21086114	4527527
3367139	3224222	12166954	9993595	55855	165513	-1017674	1452545	231562
2573665	2322282	7645475	6261739	40282	158062	-110225	776839	174845
145469	182877	1138775	955136	5538	1901	-343649	165780	18301
72655	91029	714794	618873	1357	614	-205780	106618	-3853
575350	628034	2667911	2157847	8678	4937	-358019	403308	42270
4961381	5971913	20965956	18004015	58758	69799	-1065709	2129438	289927
90293	89114	477591	429198	1680	934	-29962	47711	4490
180622	221601	1092365	861532	2601	-6351	-92601	126553	14157
267935	344922	3239401	2810819	6446	5802	-100633	258210	21794
298868	340599	2351187	2172153	9591	-121	-68140	175024	26406
146796	181870	472151	328848	2585	-894	-42857	94837	15895
1383536	1581831	3249383	2622006	9081	36360	-234882	391735	43890
467906	611777	1123439	1086166	3236	1274	-43355	95254	19616
2125425	2600200	8960440	7693293	23537	32795	-453279	940114	143679
7418076	7913643	17852267	13646109	75625	111280	-1544817	2603667	382767
680801	707972	1233604	1002260	3786	753	-96554	167063	25357
3931353	4108112	7242792	5292794	33484	14157	-761565	1142229	162869
255000	251672	491735	357077	2132	123	-29927	77964	15524
386661	457637	1245152	896583	4364	78562	-146173	239856	21985
334715	355609	1453895	1160741	5063	27	-94338	186805	32310
442812	501157	990409	748419	3926	508	-75826	151486	28250
98732	108833	241728	188279	1846	-6317	-31879	33190	4442
49923	72798	237154	193379	401	1585	-9696	28741	3821
1238078	1349853	4715798	3806578	20623	21881	-298858	576333	88209
5180834	5933398	15978336	12821846	73498	19406	-679553	2022851	277005
655615	714445	3731223	3142786	11072	2650	-23012	358537	71973
655507	772062	1668219	1342954	6438	6179	-136485	255560	41799
795197	898416	3892599	3024649	18038	10086	48293	451237	37310
88370	100862	283570	206118	1696	191	-23372	45170	6690
893366	1128052	1932024	1606381	11748	-2805	-227434	219890	1053
1291801	1369485	1653954	1199953	13768	1881	-241678	388695	64839
158310	209633	452820	348747	2036	704	-13444	57758	10535
160578	173600	565050	487322	1095	-65	-18429	42290	7436
482090	566843	1768876	1462935	7608	586	-43991	203714	35369

1-19 续表 3

项　　目	法人单位数（个）	本年折旧	固定资产净值	在建工程	资产总计	负债合计
医药及医疗器材专门零售	5479	95596	495398	20930	13055483	9497652
西药零售	1302	7764	39407	2202	1228192	1015257
中药零售	915	7634	16851	91	713670	712502
动物用药品零售	102	661	4298		120958	110478
医疗用品及器材零售	3050	73511	424189	18637	10854654	7581359
保健辅助治疗器材零售	110	6026	10652		138008	78056
汽车、摩托车、零配件和燃料及其他动力销售	7965	199446	1240824	296714	28195796	20841115
汽车新车零售	1473	88752	661559	197304	13759668	10553822
汽车旧车零售	409	3690	14298	611	287345	263885
汽车零配件零售	5294	64926	282302	91327	11203616	8387132
摩托车及零配件零售	206	2332	13380	951	410078	332126
机动车燃油零售	530	37366	253024	4540	2342309	1188046
机动车燃气零售	11	31	615		55406	16719
机动车充电销售	42	2349	15646	1981	137372	99384
家用电器及电子产品专门零售	22659	375669	2169899	339790	90281076	72592148
家用视听设备零售	354	2751	7988	140	956164	619817
日用家电零售	3624	44511	423151	23414	28213404	25225802
计算机、软件及辅助设备零售	6993	109750	590848	78333	21685837	15273943
通信设备零售	2362	65001	196842	73609	7146045	4908940
其他电子产品零售	9326	153657	951071	164294	32279626	26563646
五金、家具及室内装饰材料专门零售	28625	354192	2239258	603281	69539886	51055147
五金零售	12328	129401	844776	441815	31605362	23910988
灯具零售	806	12798	38250	5677	1710820	1103127
家具零售	3811	42811	470591	107182	8169722	6245206
涂料零售	357	7610	38768	351	738099	559295
卫生洁具零售	350	1063	12917	10	502109	341442
木质装饰材料零售	831	10011	51302	2119	2778600	2023339
陶瓷、石材装饰材料零售	1401	10115	110187	3182	3194081	2345040
其他室内装饰材料零售	8741	140383	672467	42946	20841092	14526709
货摊、无店铺及其他零售业	18383	782206	2930641	938612	91992372	68627987
流动货摊零售	98	1869	33193		167511	110863
互联网零售	3110	52787	166858	5371	11555803	12235375
邮购及电视、电话零售	1745	50268	283478	116956	6041924	4227779
自动售货机零售	40	3465	12813		165165	178248
旧货零售	14	9	41		79190	2969
生活用燃料零售	213	17387	111581	7203	1406979	859803
宠物食品用品零售	557	1302	5592	72	310069	251656
其他未列明零售业	12606	655118	2317086	809010	72265732	50761294

单位：千元

年初存货	期末存货	营业收入	营业成本	税金及附加	投资收益	营业利润	应付职工薪酬（本年贷方累计发生额）	应交增值税
1885945	2129889	9959249	7283768	62274	20818	-95628	1121616	432122
304281	354848	869622	631070	3165	4294	-56040	168070	22423
226382	257161	597441	447785	3885	941	-51966	122332	14301
38200	46171	112936	84671	308	34	3441	13029	3111
1301044	1455287	8286833	6053084	54316	15325	16486	802054	388267
16039	16422	92417	67158	601	224	-7549	16131	4021
3613020	4228797	26993872	24758520	64467	21159	-929633	1242279	224755
1748478	2104000	15443176	14593751	32531	10336	-680293	505802	74046
33142	50926	169028	141423	87	161	-17316	17710	646
1488004	1680034	6447788	5629947	16688	5416	-280808	573803	105188
129636	141324	540326	452956	723	96	1705	25088	6500
205814	201658	4037826	3610461	13906	5149	46329	108434	65872
1692	34623	257763	248330	202		944	3956	-29682
6253	16232	97965	81651	329		-194	7485	2185
8469854	8821927	42272785	35124724	171953	176176	-426234	3585883	1002277
229986	243163	644508	543823	1586	494	-3272	55828	11981
1783294	1958616	6818518	5779266	22776	101785	-18309	531658	142267
2341611	2305444	14329133	12165028	47608	9742	-72130	1114291	298284
1025171	1057571	4374973	3643084	27656	7576	-119836	369878	94988
3089791	3257133	16105652	12993523	72327	56578	-212687	1514229	454757
7170478	7615845	30371861	25732829	121587	156397	-712712	3095124	701444
2708338	2847614	12865204	11092194	53145	92989	-195049	1141427	299800
240099	252501	893511	699905	4457	526	-14389	112253	29704
1373620	1537037	3772505	3127299	17833	2859	-194186	475813	78538
116909	118390	420932	356008	1187	6	-9473	33668	9480
109941	115038	355500	281126	1154	84	-8132	42418	13033
336997	338797	1188994	925059	3820	899	-50274	140500	26159
335483	358615	1463002	1221025	4956	-4764	-17494	140043	28581
1949092	2047854	9407214	8030212	35036	63797	-223715	1009001	216149
7484747	7905628	38728055	30957828	150760	-104056	-2631622	3832712	985668
5671	6412	43304	40478	50		-1201	5381	944
1252702	1566316	7915686	6329092	18704	10528	-1125368	890937	111958
761850	717806	3368815	2735443	13383	3415	-101169	337462	87721
23879	20046	72278	58032	148	83	-50928	25587	6495
1238	844	16514	7172	114		4108	3255	457
210065	211155	899079	844337	1574	66	-54242	47640	-3892
81227	93136	191755	139981	359	15	-25327	40589	3046
5148116	5289914	26220624	20803294	116428	-118163	-1277496	2481860	778940

1-20 批发和零售业个体经营户情况

项目	合计		批发业		零售业	
	户数（户）	从业人员（人）	户数（户）	从业人员（人）	户数（户）	从业人员（人）
合计	**202441**	**365550**	**17725**	**36793**	**184716**	**328757**
按经营地所在区分						
东城区	6381	13133	665	1254	5716	11879
西城区	7569	13579	300	573	7269	13006
朝阳区	31661	64724	3030	6619	28631	58105
丰台区	16433	37851	1890	5793	14543	32058
石景山区	3612	6492	152	287	3460	6205
海淀区	11155	22173	993	1989	10162	20184
门头沟区	3315	5045	38	66	3277	4979
房山区	12372	20283	1004	1737	11368	18546
通州区	18182	31351	1556	3219	16626	28132
顺义区	15830	27288	1968	4037	13862	23251
昌平区	22392	37931	1770	3305	20622	34626
大兴区	16637	28568	1478	2733	15159	25835
怀柔区	9595	13294	691	1261	8904	12033
平谷区	11745	17531	1166	1900	10579	15631
密云区	9439	15355	497	875	8942	14480
延庆区	6005	10666	523	1134	5482	9532
北京经济技术开发区	118	286	4	11	114	275

第二篇

交通运输、仓储和邮政业

2-1 全部交通运输、仓储和邮政业法人单位财务状况（企业会计准则）

单位：千元

项 目	法人单位数（个）	资产总计	负债合计	营业收入	营业利润
合 计	**19135**	**1595829010**	**870507125**	**556477464**	**41819824**
一、按行业分（分到小类）					
铁路运输业	4	141619752	93573279	28785683	709711
铁路货物运输	1	***	***	***	***
铁路货物运输	1	***	***	***	***
铁路运输辅助活动	3	13319292	8577368	28785683	709711
铁路运输维护活动	1	***	***	***	***
其他铁路运输辅助活动	2	***	***	***	***
道路运输业	12076	418819085	226644611	142077998	-901037
城市公共交通运输	315	150419365	84021757	24680057	-2254842
公共电汽车客运	24	55102167	20673271	3991523	-250575
城市轨道交通	23	71295492	45841408	14551864	-2253019
出租车客运	228	23653301	15854448	6020859	276561
公共自行车服务	8	12590	24985	13989	-3402
其他城市公共交通运输	32	355815	1627645	101823	-24407
公路旅客运输	116	2167541	1038743	723720	33151
长途客运	14	1276394	538521	207252	20926
旅游客运	83	547456	296686	212769	4594
其他公路客运	19	343691	203537	303699	7631
道路货物运输	10361	87562993	60329206	100024065	1031018
普通货物道路运输	9203	65776378	44298439	61163689	736798
冷藏车道路运输	83	3122329	985715	1594470	5935
集装箱道路运输	13	359144	184429	406352	13318
大型货物道路运输	77	2496522	1450651	3911590	123301
危险货物道路运输	89	1390488	884806	655151	-62879
邮件包裹道路运输	24	350517	307676	560888	1430
城市配送	226	11966167	10929555	29855371	189515
搬家运输	197	326798	195092	374367	399
其他道路货物运输	449	1774649	1092843	1502186	23201
道路运输辅助活动	1284	178669187	81254905	16650156	289636

2-1 续表 1　　单位：千元

项　　目	法人单位数（个）	资产总计	负债合计	营业收入	营业利润
客运汽车站	12	522729	586287	115357	-13545
货运枢纽（站）	57	257893	111282	110622	-15482
公路管理与养护	250	170148078	76024384	14274280	337071
其他道路运输辅助活动	965	7740486	4532951	2149897	-18409
水上运输业	59	1915124	1139756	625682	62554
水上旅客运输	3	1630	1576	2738	-6
海上旅客运输	2	***	***	***	***
客运轮渡运输	1	***	***	***	***
水上货物运输	31	1721894	1062180	573266	63181
远洋货物运输	22	1316054	794485	471901	53103
沿海货物运输	6	226416	135178	94263	13032
内河货物运输	3	179424	132517	7102	-2954
水上运输辅助活动	25	191600	76000	49678	-622
客运港口	1	***	***	***	***
货运港口	24	191600	75270	49331	-601
航空运输业	231	322792219	174214066	146712024	10207623
航空客货运输	61	262816181	151858802	128220383	6855907
航空旅客运输	19	246759213	141829872	113392228	6538665
航空货物运输	42	16056968	10028931	14828155	317242
通用航空服务	87	19340393	8538999	3370225	-860665
通用航空生产服务	41	17046638	7524385	3205370	-654757
观光游览航空服务	8	733089	173786	43281	-79829
体育航空运动服务	11	15105	6728	7212	-2156
其他通用航空服务	27	1545561	834099	114361	-123923
航空运输辅助活动	83	40635645	13816265	15121417	4212381
机场	28	35746562	12116984	12562629	3831970
空中交通管理	3	66191	4156	56451	22168
其他航空运输辅助活动	52	4822892	1695124	2502337	358242
管道运输业	9	184000202	59556655	28084694	18950019
海底管道运输	1	***	***	***	***

2-1 续表 2

单位：千元

项　目	法人单位数（个）	资产总计	负债合计	营业收入	营业利润
海底管道运输	1	***	***	***	***
陆地管道运输	8	183998683	59555219	28084263	18950023
陆地管道运输	8	183998683	59555219	28084263	18950023
多式联运和运输代理业	3547	267518489	119504954	95517952	13346164
多式联运	6	21213	26372	11407	-833
多式联运	6	21213	26372	11407	-833
运输代理业	3541	267497276	119478581	95506544	13346997
货物运输代理	2517	258548092	112227194	85231075	13277434
旅客票务代理	924	7328510	6193024	9260276	37184
其他运输代理业	100	1620674	1058364	1015194	32379
装卸搬运和仓储业	2524	174861116	155441318	49644696	871112
装卸搬运	560	1430689	1035008	1362680	77253
装卸搬运	560	1430689	1035008	1362680	77253
通用仓储	1056	23950785	18697522	8447686	127935
通用仓储	1056	23950785	18697522	8447686	127935
低温仓储	36	861174	514293	428454	-46796
低温仓储	36	861174	514293	428454	-46796
危险品仓储	6	133775	121677	75149	24696
油气仓储	2	***	***	***	***
危险化学品仓储	3	22252	14383	8239	-339
其他危险品仓储	1	***	***	***	***
谷物、棉花等农产品仓储	122	136544078	127163661	36428142	599985
谷物仓储	80	12723231	9616265	2534868	368736
棉花仓储	2	***	***	***	***
其他农产品仓储	40	327564	37490	137806	-2692
中药材仓储	2	***	***	***	***
中药材仓储	2	***	***	***	***
其他仓储业	742	11907480	7888070	2885486	108685
其他仓储业	742	11907480	7888070	2885486	108685
邮政业	685	84303022	40432486	65028735	-1426322

2-1 续表 3

单位：千元

项　　目	法人单位数（个）	资产总计	负债合计	营业收入	营业利润
邮政基本服务	22	6799893	4624743	5675994	-1431174
邮政基本服务	22	6799893	4624743	5675994	-1431174
快递服务	633	77421118	35795357	59306764	29041
快递服务	633	77421118	35795357	59306764	29041
其他寄递服务	30	82011	12387	45978	-24188
其他寄递服务	30	82011	12387	45978	-24188
二、按登记注册类型分					
内资	18924	1266710321	706575602	367129618	24040653
国有	116	9590520	6482228	6579035	-1475809
集体	262	5394022	3472405	556011	45913
股份合作	83	403606	283219	205527	-3853
国有联营	1	***	***	***	***
集体联营	3	7129	5852	5471	-131
其他联营	1	***	***	***	***
国有独资公司	49	386625025	157974283	39568819	10725566
其他有限责任公司	1022	501536888	320492670	199107125	16929111
股份有限公司	52	247257748	133940831	37552426	-442677
私营独资	315	208384	99311	129880	4808
私营合伙	16	62778	48213	10324	-6949
私营有限责任公司	16927	110095408	80442945	78791978	-2066178
私营股份有限公司	37	5449165	3314141	4577905	308294
其他	40	56943	17585	37587	21853
港澳台商投资	83	304267852	149739022	149227464	13168335
与港澳台商合资经营	20	61163073	25801396	30211782	5193868
与港澳台商合作经营	4	17461192	10972112	1946333	-2656109
港澳台商独资	54	15430645	8493471	19124540	349853
港澳台商投资股份有限公司	3	209951914	104301597	97667502	10291962
其他港澳台投资	2	***	***	***	***
外商投资	128	24850837	14192502	40120382	4610836
中外合资经营	51	13636226	6772422	35284102	4227960

2-1 续表 4

单位：千元

项　　目	法人单位数（个）	资产总计	负债合计	营业收入	营业利润
外资企业	75	9708469	6584007	3416951	306339
外商投资股份有限公司	2	***	***	***	***
三、按隶属关系分					
中央	142	818551364	451899791	266243459	31307786
地方	18993	777277645	418607334	290234005	10512038
四、按控股情况分					
国有控股	383	1140762897	611089179	320329768	30181249
集体控股	377	42680338	33928136	14848868	-823224
私人控股	17821	171122539	118489092	143413865	-1399000
港澳台商控股	73	21597653	12748514	26990724	432346
外商控股	96	22417185	12482841	37307128	4658452
其他	344	197172672	81751572	13549525	8748149
五、按地区分					
东城区	389	29423269	17343846	9459101	-1070195
西城区	401	199811456	151879630	76165978	-2268293
朝阳区	3142	302765159	137455634	63034708	14625150
丰台区	1964	376706459	196709276	27931525	-1148024
石景山区	284	6104941	3556390	1681659	119947
海淀区	894	69342956	47678877	71231603	1697978
门头沟区	244	1243299	915874	688062	-14450
房山区	1300	5448325	3621908	5170103	-57353
通州区	1219	14672046	10685086	8136743	24428
顺义区	2809	358841655	194259324	214570107	12483733
昌平区	1142	141005229	46735623	22947284	14240305
大兴区	1806	42662690	30550296	16718136	171399
怀柔区	830	7433514	6604072	4690103	247597
平谷区	1242	14000534	8630084	9926445	-50830
密云区	773	9764992	5764215	4826828	107554
延庆区	484	4648018	2638856	1050195	-46129
北京经济技术开发区	212	11954467	5478134	18248885	2757007

注：1. 本表不含铁路部门反馈的铁路运输业数据，仅包括北京普查范围的法人单位数据（下表同）。
2. 根据普查方案，铁路运输业普查工作由铁路部门负责，并由国务院经普办反馈各地区汇总数据，（其中北京：营业收入82802043千元、营业利润35806426千元、从业人员期末人数83716人）。

2-2 交通运输、仓储和邮政业法人单位财务状况
（行政事业及民间非营利组织会计制度）

单位：千元

项 目	法人单位数（个）	资产总计	负债合计	收入合计	支出（费用）合计
合 计	**21**	**385071**	**31074**	**324552**	**147366**
一、按行业分（分到小类）					
道路运输业	11	129250	21485	93189	17075
城市公共交通运输	4	91432	16030	88972	5196
出租车客运	2	***	***	***	***
公共自行车服务	2	***	***	***	***
道路货物运输	1	***	***	***	***
普通货物道路运输	1	***	***	***	***
道路运输辅助活动	6	36991	5365	3389	3430
公路管理与养护	4	36760	5334		41
其他道路运输辅助活动	2	***	***	***	***
航空运输业	4	97941	6091	78605	25226
航空运输辅助活动	4	97941	6091	78605	25226
空中交通管理	3	94872	6076	66381	13090
其他航空运输辅助活动	1	***	***	***	***
装卸搬运和仓储业	4	25241	2759	15348	14758
通用仓储	1	***	***	***	***
通用仓储	1	***	***	***	***
危险品仓储	1	***	***	***	***
危险化学品仓储	1	***	***	***	***
其他仓储业	2	***	***	***	***
其他仓储业	2	***	***	***	***
邮政业	2	***	***	***	***
邮政基本服务	2	***	***	***	***
邮政基本服务	2	***	***	***	***
二、按登记注册类型分					
内资	21	385071	31074	324552	147366
国有	16	247404	29696	177706	39961
集体	1	***	***	***	***
其他	4	134841	949	146846	107364
三、按隶属关系分					
中央	6	248450	7218	221132	119960
地方	15	136621	23856	103420	27406
四、按地区分					
东城区	3	94872	6076	66381	13090
西城区	1	***	***	***	***
朝阳区	1	***	***	***	***
丰台区	2	***	***	***	***
石景山区	1	***	***	***	***
海淀区	2	***	***	***	***
通州区	1	***	***	***	***
顺义区	1	***	***	***	***
昌平区	4				
大兴区	4	7270	562	14991	14943
延庆区	1	***	***	***	***

2-3 规模以上交通运输、仓储和邮政

项目	法人单位数（个）	年初存货	流动资产合计	#交易性金融资产	#应收账款
合计	**931**	**117207901**	**407136437**	**2114143**	**48851539**
一、按行业分（分到小类）					
铁路运输业	4	923265	13893344		565865
铁路货物运输	1	***	***	***	***
铁路货物运输	1	***	***	***	***
铁路运输辅助活动	3	923265	9608919		565865
铁路运输维护活动	1	***	***	***	***
其他铁路运输辅助活动	2	***	***	***	***
道路运输业	491	1932274	85855306	1087774	11974091
城市公共交通运输	106	641804	33970229	491569	1270874
公共电汽车客运	11	55762	17927044	2000	216197
城市轨道交通	3	572285	5711879		924558
出租车客运	92	13757	10331306	489569	130119
公路旅客运输	9	1343	757383		46140
长途客运	4	444	624953		12398
旅游客运	1	***	***	***	***
其他公路客运	4	899	105298		28202
道路货物运输	345	350679	37573054	40205	9009784
普通货物道路运输	287	201939	22931717	40204	6794632
冷藏车道路运输	12	78962	1953083		458532
集装箱道路运输	6	86	198296		84873
大型货物道路运输	10	1939	1240216	1	650621
危险货物道路运输	9	9251	124797		52039
邮件包裹道路运输	3	399	161998		83559
城市配送	6	56916	10775974		771042
搬家运输	7	311	47944		18232
其他道路货物运输	5	876	139029		96254
道路运输辅助活动	31	938448	13554640	556000	1647293
客运汽车站	3	9	170498		20
公路管理与养护	11	937576	12552236	556000	1577971
其他道路运输辅助活动	17	863	831906		69302
水上运输业	6	13959	987783	136	273951
水上货物运输	6	13959	987783	136	273951
远洋货物运输	4	12997	910792		249654
沿海货物运输	2	***	***	***	***
航空运输业	33	485236	68382211	106553	13355773
航空客货运输	7	238478	49176116		10105377
航空旅客运输	5	163159	45253021		8738506
航空货物运输	2	***	***	***	***
通用航空服务	14	86738	10489513	106553	1204819
通用航空生产服务	12	83799	10250104	106553	1190133

业法人单位财务状况（企业会计准则）

单位：千元

#存货	固定资产原价	累计折旧	#本年折旧	在建工程	无形资产	资产总计
67419985	**670126299**	**221726588**	**26773395**	**167189479**	**17065022**	**1255247751**
776692	1448622	467173	61819	124004879	48647	141619752
***	***	***	***	***	***	***
***	***	***	***	***	***	***
776692	1410196	435096	53939	1796	45475	13319292
***	***	***	***	***	***	***
***	***	***	***	***	***	***
3337535	207790793	45067903	5741712	2188765	5680441	312443599
599057	69751294	19155396	2784201	695637	1894621	98831827
30872	39948322	8052718	616349	509019	275169	54960277
551353	19119400	5343595	1045266	124640	1418101	24472466
16832	10683572	5759083	1122586	61978	201351	19399084
1046	789420	491210	65189	3917	81460	1499402
246	377545	279880	30996	3727	59179	1080430
***	***	***	***	***	***	***
800	298178	161961	27263	190		288773
1867968	6155930	3035456	619233	296673	596478	50543696
1747351	4420756	2271509	468007	139512	255501	33139001
55549	151621	67014	17124	853	1201	2614991
132	84819	41066	7606		9231	326630
2358	503432	229720	48921	115826	122229	2155143
7237	175161	98514	19060	3317	622	219715
267	114566	26234	18626		8	267380
53873	322197	146229	19695	32538	197075	11369648
10	85235	56848	9067	4627		93960
1191	298143	98322	11127		10611	357228
869464	131094149	22385841	2273089	1192538	3107882	161568674
1	252182	135285	7010	8810	19210	327228
868715	130721147	22183083	2255658	1170565	3045647	159584250
748	120820	67473	10421	13163	43025	1657196
19935	719015	425501	20464			1328529
19935	719015	425501	20464			1328529
17079	681130	413012	19195			1221017
***	***	***	***	***	***	***
529637	264557852	97189177	12630166	27960576	6344114	318011322
232661	213993391	76620049	11001558	26955142	2885381	261752058
161224	196938635	70932385	10263998	26649118	2740213	245846568
***	***	***	***	***	***	***
94506	4949341	1293920	296350	89170	45857	16306050
91429	4193824	1146742	251304	29329	45747	15404068

2-3 续表 1

项目	法人单位数（个）	年初存货	流动资产合计	#交易性金融资产	#应收账款
观光游览航空服务	1	***	***	***	***
其他通用航空服务	1	***	***	***	***
航空运输辅助活动	12	160020	8716582		2045577
机场	4	120887	4806635		1643129
空中交通管理	1	***	***	***	***
其他航空运输辅助活动	7	39133	3845803		397104
管道运输业	2	***	***	***	***
陆地管道运输	2	***	***	***	***
陆地管道运输	2	***	***	***	***
多式联运和运输代理业	268	342448	58948363	581341	12953562
运输代理业	268	342448	58948363	581341	12953562
货物运输代理	235	307966	56092936	581335	12252080
旅客票务代理	27	86	2465431	6	628039
其他运输代理业	6	34396	389996		73443
装卸搬运和仓储业	92	112026820	130943142	10006	1343836
装卸搬运	9		445018		133457
装卸搬运	9		445018		133457
通用仓储	49	53966	4346245		1108595
通用仓储	49	53966	4346245		1108595
低温仓储	2	***	***	***	***
低温仓储	2	***	***	***	***
谷物、棉花等农产品仓储	22	111972023	125459292		63873
谷物仓储	21	1991497	4073774		63873
棉花仓储	1	***	***	***	***
其他仓储业	10	831	639545	10006	37851
其他仓储业	10	831	639545	10006	37851
邮政业	35	468578	41435436	328333	7533189
邮政基本服务	1	***	***	***	***
邮政基本服务	1	***	***	***	***
快递服务	33	296152	39445089	328333	7244163
快递服务	33	296152	39445089	328333	7244163
其他寄递服务	1	***	***	***	***
其他寄递服务	1	***	***	***	***
二、按登记注册类型分					
内资	836	116234241	352742056	1259035	31227170
国有	12	318167	3405459		350358
集体	11		193002		32437
股份合作	4	163	71681		7241
国有独资公司	32	1652522	45801701		3483205
其他有限责任公司	357	113926992	223718281	1090575	16370413
股份有限公司	25	199782	63495821	33730	5270032

单位：千元

#存货	固定资产原价	累计折旧	#本年折旧	在建工程	无形资产	资产总计
***	***	***	***	***	***	***
***	***	***	***	***	***	***
202470	45615120	19275208	1332258	916264	3412876	39953214
156278	45197368	18992028	1309723	916000	3353111	35612072
***	***	***	***	***	***	***
46192	415059	280884	22394	264	59765	4276601
***	***	***	***	***	***	***
***	***	***	***	***	***	***
***	***	***	***	***	***	***
646170	4812202	2698084	308565	259074	361897	88328315
646170	4812202	2698084	308565	259074	361897	88328315
645865	4550080	2561367	280659	230430	348179	85068907
87	114573	77993	22932	28644	13718	2748655
218	147549	58724	4974			510753
60728071	7793581	2709152	331878	353329	553345	139755247
	188069	100821	9475	3849	16707	681710
	188069	100821	9475	3849	16707	681710
65307	3548593	1308634	181469	60108	252018	8164245
65307	3548593	1308634	181469	60108	252018	8164245
***	***	***	***	***	***	***
***	***	***	***	***	***	***
60662003	3631223	1136280	121274	256088	234185	129664329
2747421	2474747	809948	71918	149404	192097	6172103
***	***	***	***	***	***	***
761	354050	116141	17266	29170	50435	1162085
761	354050	116141	17266	29170	50435	1162085
441917	16514647	7696850	1582523	1435606	2149212	76585868
***	***	***	***	***	***	***
***	***	***	***	***	***	***
253441	11122762	5085029	1334167	526485	1957672	70702965
253441	11122762	5085029	1334167	526485	1957672	70702965
***	***	***	***	***	***	***
***	***	***	***	***	***	***
66484714	349019766	100331205	12074537	144432529	8983934	935875265
952781	6150839	2911783	274951	1003115	238526	7915926
	302472	191963	29897	13336		321501
163	79839	57364	3567	1798		96684
3040291	171768546	30264598	2820155	1551907	652769	230822111
62078640	154124553	59738486	7128050	17124849	5855269	427324283
187699	11257077	4873575	1305997	124619610	2090317	246976880

2-3 续表 2

项　　目	法人单位数（个）	年初存货	流动资产合　计	#交易性金融资产	#应收账款
私营有限责任公司	387	136378	12269530	134320	4254100
私营股份有限公司	8	237	3786581	410	1459384
港澳台商投资	48	931882	43140679	320411	13751699
与港澳台商合资经营	13	393580	9110563		2676548
与港澳台商合作经营	3	314150	1273351		67619
港澳台商独资	27	3353	11820534	320411	5048913
港澳台商投资股份有限公司	3	220799	20868914		5957720
其他港澳台投资	2	***	***	***	***
外商投资	47	41778	11253702	534697	3872670
中外合资经营	25	38492	8835806		3120780
外资企业	20	2235	1813971	534697	578851
外商投资股份有限公司	2	***	***	***	***
三、按隶属关系分					
中央	81	114400823	235378565	33730	19696893
地方	850	2807078	171757872	2080413	29154646
四、按控股情况分					
国有控股	186	116579011	288545164	35730	24306060
集体控股	33	14601	17351136	61579	507027
私人控股	602	522234	52453239	605726	10951293
港澳台商控股	38	22204	16857780	320411	6922871
外商控股	41	4074	11130535	534697	3851620
其他	31	65777	20798583	556000	2212668
五、按地区分					
东城区	27	175637	7704569	660	741119
西城区	29	110549988	157081359	6406	4482541
朝阳区	237	565563	32928550	1286130	7346720
丰台区	66	379119	37836306	61580	3564555
石景山区	10	14894	886051		182210
海淀区	56	1327209	39781040	8000	4718585
门头沟区	4	18608	252728		30251
房山区	33	74917	721411		203158
通州区	55	86146	2852028	4200	938523
顺义区	229	2287842	90971087	177907	20766847
昌平区	27	829196	6269543		1210934
大兴区	36	97362	12136041	12006	762583
怀柔区	20	21113	1735310		411470
平谷区	58	78950	5072943	1118	769072
密云区	20	623239	2051091	136	316518
延庆区	7	1483	1873152	556000	77541
北京经济技术开发区	17	76635	6983228		2328912

单位：千元

	固定资产原　价	累计折旧		在建工程	无形资产	资产总计
#存货			#本年折旧			
129680	5212504	2225078	500352	117914	140943	17169010
95460	123936	68358	11568		6110	5248870
880918	314843782	117594083	14228355	22672042	6525893	302236256
318296	76775881	27827779	2811225	337631	355225	60393566
306118	19102692	5332379	1045369	137258	55812	17460304
4202	2487974	1432992	200945	13735	94538	14169444
252302	215993835	82707125	10108786	22183418	6020318	209951914
***	***	***	***	***	***	***
54353	6262751	3801300	470503	84908	1555195	17136230
51155	5239200	3192840	346335	47644	1406585	13257533
1395	300535	162068	27671	37264	24097	2372555
***	***	***	***	***	***	***
64434218	429705483	165782442	19260643	158919586	13703288	810754128
2985767	240420816	55944146	7512752	8269893	3361734	444493623
66701231	625114546	202577112	23601702	160834254	16050806	1072399790
10677	11813635	3878213	647232	1013759	4758	37016072
610649	14208932	6998631	1326650	597413	595217	68902614
25576	3424763	2016471	265962	39302	132668	20100060
3690	5283430	3138015	417846	78787	194552	15004490
68162	10280993	3118146	514003	4625964	87021	41824725
191313	7157165	3385906	450109	909121	193209	13653682
59961058	12228830	5344567	1281563	797128	2038452	192097506
496533	70581659	28411012	2894007	252070	429306	82712243
346476	194044531	35459016	4221191	125540289	504447	367792872
2242	1181743	573345	119087	2412	7424	1620939
1242765	3007774	1228136	131411	79675	366761	64182874
113687	229874	94053	7103		3144	428699
72614	861363	393984	56651	7816	91449	1443679
15046	2433608	843936	288392	60204	149153	4954505
2331505	256778915	97182938	12227475	27930353	8227195	343232040
812015	107419756	43823673	4128390	10881850	1804030	138129485
110737	6965389	1897731	419830	183643	93674	18202614
63198	404457	160689	31379	27645	20511	2111555
260530	1490315	674444	137666	56069	82277	6181567
772364	1246383	398109	98168	40969	2915503	5902012
608242	2292786	924104	88496	246804	6999	3516854
19660	1801751	930945	192477	173431	131488	9084625

2-3 续表 3

项　　目	流动负债合　　计	#应付账款	非流动负债合计	#应付债券	负债合计
合　计	**427398332**	**84830782**	**260708821**	**26990053**	**688107153**
一、按行业分（分到小类）					
铁路运输业	10469591	7175547	83103688	1000000	93573279
铁路货物运输	***	***	***	***	***
铁路货物运输	***	***	***	***	***
铁路运输辅助活动	5414557	471447	3162811	1000000	8577368
铁路运输维护活动	***	***	***	***	***
其他铁路运输辅助活动	***	***	***	***	***
道路运输业	77618357	21294395	77724926	9548175	155343283
城市公共交通运输	22866324	6185599	25113481	55000	47979805
公共电汽车客运	5909062	661369	14657454		20566516
城市轨道交通	7839092	5235782	6383338		14222430
出租车客运	9118170	288448	4072689	55000	13190859
公路旅客运输	544943	53301	49898		594841
长途客运	329354	28958	37002		366356
旅游客运	***	***	***	***	***
其他公路客运	150743	24343	12896		163639
道路货物运输	30920906	6534281	2144446	476094	33065352
普通货物道路运输	18038683	4355963	2019009	476094	20057692
冷藏车道路运输	659351	258667	8676		668027
集装箱道路运输	168108	29277			168108
大型货物道路运输	1146023	795664	54069		1200092
危险货物道路运输	97672	18284	26917		124589
邮件包裹道路运输	214728	60380	35775		250503
城市配送	10479906	947412			10479906
搬家运输	40702	1405			40702
其他道路货物运输	75733	67229			75733
道路运输辅助活动	23286184	8521214	50417101	9017081	73703285
客运汽车站	101603	47929	3645		105248
公路管理与养护	21951081	8437407	50405125	9017081	72356206
其他道路运输辅助活动	1233500	35878	8331		1241831
水上运输业	766755	252234	25719		792474
水上货物运输	766755	252234	25719		792474
远洋货物运输	721283	244224	25719		747002
沿海货物运输	***	***	***	***	***
航空运输业	93544962	31341546	77963968	12944801	171508930
航空客货运输	76134638	27751462	75340072	12944801	151474710
航空旅客运输	70615136	26571466	70928145	12944801	141543281
航空货物运输	***	***	***	***	***
通用航空服务	6080732	998448	652739		6733471
通用航空生产服务	5938755	972119	457312		6396067

单位：千元

所有者权益合计	#实收资本	国家资本	集体资本	法人资本	个人资本	港澳台资本
567140598	**306242675**	**88329659**	**234821**	**176944775**	**10245116**	**26285517**
48046473	45868035	2325339		43542696		
***	***	***	***	***	***	***
***	***	***	***	***	***	***
4741924	2563486	2325339		238147		
***	***	***	***	***	***	***
***	***	***	***	***	***	***
157100316	58621084	37053467	142467	14712610	3427328	1955905
50852022	13489513	5755609	104387	4766152	571789	1727556
34393761	5516690	5150534		64156	302000	
10250036	4389064	405700		2031516		1706848
6208225	3583759	199375	104387	2670480	269789	20708
904561	758656	106952		621587	7932	22185
714074	611704			581587	7932	22185
***	***	***	***	***	***	***
125134	85300	45300		40000		
17478344	10262190	485914	30500	6629560	2807527	156064
13081309	6908460	338389	30000	4057017	2188115	156064
1946964	1346431			1017205	329226	
158522	114000			47750	54500	
955051	469308	147525	500	203203	118080	
95126	72243			42460	29783	
16877	38313			5340	32973	
889742	1034850			1025000	9850	
53258	39585			585	39000	
281495	239000			231000	6000	
87865389	34110725	30704992	7580	2695311	40080	50100
221980	136008		7580	128428		
87228044	33675237	30638992		2418583	5000	
415365	299480	66000		148300	35080	50100
536055	859882			473006	5000	343000
536055	859882			473006	5000	343000
474015	792425			413879	5000	343000
***	***	***	***	***	***	***
146502392	45531049	2079785		32626298	3938863	6783665
110277348	30649831	1320000		20663667	3761863	4904301
104303287	23446460	1320000		16025590	3761863	2339007
***	***	***	***	***	***	***
9572579	9331323			9154323	177000	
9008001	8868323			8691323	177000	

2-3 续表 4

项　　目	流动负债合　　计	#应付账款	非 流 动负债合计	#应付债券	负债合计
观光游览航空服务	***	***	***	***	***
其他通用航空服务	***	***	***	***	***
航空运输辅助活动	11329592	2591636	1971157		13300749
机场	10120397	2376381	1958922		12079319
空中交通管理	***	***	***	***	***
其他航空运输辅助活动	1205402	215255	12235		1217637
管道运输业	***	***	***	***	***
陆地管道运输	***	***	***	***	***
陆地管道运输	***	***	***	***	***
多式联运和运输代理业	42271043	10880303	6462018	3497077	48733061
运输代理业	42271043	10880303	6462018	3497077	48733061
货物运输代理	40145012	10518018	5943398	3497077	46088410
旅客票务代理	1778649	330618	501425		2280074
其他运输代理业	347382	31667	17195		364577
装卸搬运和仓储业	123560274	1017063	4453595		128013869
装卸搬运	310356	162724	7419		317775
装卸搬运	310356	162724	7419		317775
通用仓储	3240585	791123	1472943		4713528
通用仓储	3240585	791123	1472943		4713528
低温仓储	***	***	***	***	***
低温仓储	***	***	***	***	***
谷物、棉花等农产品仓储	119531538	27921	2916515		122448053
谷物仓储	4431895	14224	507310		4939205
棉花仓储	***	***	***	***	***
其他仓储业	434849	35295	56537		491386
其他仓储业	434849	35295	56537		491386
邮政业	32734165	6446986	879607		33613772
邮政基本服务	***	***	***	***	***
邮政基本服务	***	***	***	***	***
快递服务	28561292	5926050	764335		29325627
快递服务	28561292	5926050	764335		29325627
其他寄递服务	***	***	***	***	***
其他寄递服务	***	***	***	***	***
二、按登记注册类型分					
内资	337680828	45680600	193087751	16490053	530768579
国有	5503361	527117	289729		5793090
集体	166748	32843	41082		207830
股份合作	53956	1457	16331		70287
国有独资公司	37226212	10245960	62242954	9017081	99469166
其他有限责任公司	233914033	18476099	41749027	3499801	275663060
股份有限公司	46395002	12236942	87334677	3497077	133729679

单位：千元

所有者权益合计	#实收资本	国家资本	集体资本	法人资本	个人资本	港澳台资本
***	***	***	***	***	***	***
***	***	***	***	***	***	***
26652465	5549895	759785		2808308		1879364
23532753	4648338			2680445		1879364
***	***	***	***	***	***	***
3058964	901057	759785		127363		
***	***	***	***	***	***	***
***	***	***	***	***	***	***
***	***	***	***	***	***	***
39595254	17133227	1645717	21800	8821762	2512386	1612982
39595254	17133227	1645717	21800	8821762	2512386	1612982
38980497	16614660	1602525	21800	8554359	2429446	1525272
468581	379857	43192		236603	62740	
146176	138710			30800	20200	87710
11741378	7481770	4369351	70554	2185844	229741	464432
363935	158054	80000	54	72000	6000	
363935	158054	80000	54	72000	6000	
3450717	2413218	422062	70000	1230602	184441	344265
3450717	2413218	422062	70000	1230602	184441	344265
***	***	***	***	***	***	***
***	***	***	***	***	***	***
7216276	4654859	3867289		787570		
1232898	869734	82164		787570		
***	***	***	***	***	***	***
670699	251916			92449	39300	120167
670699	251916			92449	39300	120167
42972096	30267198	25000000		2246387	131798	2837275
***	***	***	***	***	***	***
***	***	***	***	***	***	***
41377338	30266198	25000000		2246387	130798	2837275
41377338	30266198	25000000		2246387	130798	2837275
***	***	***	***	***	***	***
***	***	***	***	***	***	***
405106686	248917928	88287810	234821	151786376	6456534	
2122836	508939	8940		499999		
113671	55555		53555	2000		
26397	20557		3900		16657	
131352945	43883984	38446894		5437090		
151661223	113674300	24635701	147323	87455750	1428026	
113247201	82623715	25196275	28043	53513780	1740730	

2-3 续表 5

项　　目	流动负债合　计	#应付账款	非流动负债合计	#应付债券	负债合计
私营有限责任公司	11718709	2986445	916917		12635626
私营股份有限公司	2702807	1173737	497034	476094	3199841
港澳台商投资	81325666	35429372	67295057	10500000	148620723
与港澳台商合资经营	14540229	6213090	11019276		25559505
与港澳台商合作经营	4671810	3572817	6292000		10963810
港澳台商独资	7454461	2879145	170904		7625365
港澳台商投资股份有限公司	54488720	22764310	49812877	10500000	104301597
其他港澳台投资	***	***	***	***	***
外商投资	8391838	3720810	326013		8717851
中外合资经营	6453844	3093019	184470		6638314
外资企业	1219183	502338	24281		1243464
外商投资股份有限公司	***	***	***	***	***
三、按隶属关系分					
中央	283012213	45722412	163813140	14997077	446825353
地方	144386119	39108370	96895681	11992976	241281800
四、按控股情况分					
国有控股	336660675	61627841	233148763	24014158	569809438
集体控股	18993379	5014797	11195538	1644801	30188917
私人控股	39527931	8847017	5880694	531094	45408625
港澳台商控股	11469582	4654570	198523		11668105
外商控股	6801660	2990762	326916		7128576
其他	13945105	1695795	9958387	800000	23903492
五、按地区分					
东城区	9959112	777778	576702		10535814
西城区	143452719	4941694	3429935	55000	146882654
朝阳区	26737389	8640564	9714803		36452192
丰台区	37232081	17366401	152801983	9017081	190034064
石景山区	678808	121979	107458		786266
海淀区	30289833	3638720	10276356	4497077	40566189
门头沟区	201065	34976	64235		265300
房山区	789781	96377	111959		901740
通州区	3127524	605012	628126		3755650
顺义区	115867907	41769572	66173839	12620895	182041746
昌平区	41619087	2850423	3227689		44846776
大兴区	7458564	1852462	8717725	800000	16176289
怀柔区	1172817	198943	560888		1733705
平谷区	3026848	407942	934174		3961022
密云区	1529187	245084	2169000		3698187
延庆区	909747	27098	1092638		2002385
北京经济技术开发区	3345863	1255757	121311		3467174

单位：千元

所有者权益合计	#实收资本					
		国家资本	集体资本	法人资本	个人资本	港澳台资本
4533384	7499460		2000	4430162	3067298	
2049029	651418			447595	203823	
153615533	54206339	41849		24129110	3765863	26269517
34834061	26402468	41849		11063163	4000	15293456
6496494	3616340			1782661		1833679
6544079	4564726			5523		4559203
105650317	19555705			11232471	3761863	4561371
***	***	***	***	***	***	***
8418379	3118408			1029289	22719	16000
6619219	2454714			992606	20678	16000
1129091	484969			614		
***	***	***	***	***	***	***
363928775	219401848	50817293	4800	141803389	5315396	19218554
203211823	86840827	37512366	230021	35141386	4929720	7066963
502590352	268014645	88243618	56685	151004732	5320056	20842979
6827155	2988910		175636	2784444	8139	20691
23493989	17707582	53192	2500	12798257	4828202	10800
8431955	5952163	32849		504267	4000	5411047
7875914	2066271			425414	2719	
17921233	9513104			9427661	82000	
3117868	676533	18645	28043	425941	136379	56439
45214852	32849398	29662806		3081500	105092	
46260051	29074466	1563633	56136	10955977	743866	14679936
177758808	89948539	37221327	92777	49534198	1349156	1706848
834673	675040	9000		350400	9010	27500
23616685	12729072	3503678	10500	6564927	152276	343000
163399	61030			33500	27530	
541939	349830		54	270092	79684	
1198855	1078524	5635	13241	526770	225039	296089
161190294	48542969	31352	7080	33751319	5081829	9105148
93282709	81228736	15856000	10514	65291510	70712	
2026325	1802968	10000	3846	1440822	348300	
377850	312687	42597		147860	122230	
2220545	2855830	199819		1264890	1391121	
2203825	929249	200000		651185	78064	
1514469	1375866	5167	2630	1365086	2983	
5617451	1751938		10000	1288798	321845	70557

2-3 续表 6

项　　目	外商资本	营业收入	营业成本	税金及附加	销售费用
合　计	4202787	494154148	447749869	1427105	18059173
一、按行业分（分到小类）					
铁路运输业		28785683	27604335	20035	119397
铁路货物运输	***	***	***	***	***
铁路货物运输	***	***	***	***	***
铁路运输辅助活动		28785683	27604335	20035	119397
铁路运输维护活动	***	***	***	***	***
其他铁路运输辅助活动	***	***	***	***	***
道路运输业	1329307	106603034	111215089	405171	2431604
城市公共交通运输	564020	23111154	36633795	190127	212405
公共电汽车客运		3965791	18459111	72362	124909
城市轨道交通	245000	13513816	13719771	62418	1864
出租车客运	319020	5631547	4454913	55347	85632
公路旅客运输		526005	420621	7341	2780
长途客运		179431	108943	3577	
旅游客运	***	***	***	***	***
其他公路客运		287033	261284	2604	2780
道路货物运输	152625	68368281	62830908	119305	2170183
普通货物道路运输	138875	33199351	29390034	83134	1345616
冷藏车道路运输		1263260	1101609	2145	59476
集装箱道路运输	11750	326147	282259	1219	5521
大型货物道路运输		3404416	3081846	8396	55864
危险货物道路运输		304571	220254	946	38606
邮件包裹道路运输		435078	399386	1103	9498
城市配送		29036178	28116394	18979	582067
搬家运输		147956	56917	587	48278
其他道路货物运输	2000	251324	182209	2796	25257
道路运输辅助活动	612662	14597594	11329765	88398	46236
客运汽车站		103446	60253	3533	
公路管理与养护	612662	13660450	10649310	79538	798
其他道路运输辅助活动		833698	620202	5327	45438
水上运输业	38876	508964	353234	1387	17491
水上货物运输	38876	508964	353234	1387	17491
远洋货物运输	30546	426036	297774	1068	11786
沿海货物运输	***	***	***	***	***
航空运输业	102438	145899105	122797336	449700	6597539
航空客货运输		127874685	111867940	170598	5547957
航空旅客运输		113342377	98619088	150261	5226475
航空货物运输	***	***	***	***	***
通用航空服务		3180311	2812890	5515	43064
通用航空生产服务		3109682	2670698	5211	37845

单位：千元

管理费用	财务费用			资产减值损失	公允价值变动收益	投资收益
		#利息收入	#利息支出			
24994212	**8952736**	**1633129**	**7975509**	**605557**	**-57394**	**7975248**
185269	219472	25647	233844	200641	49	255456
***	***	***	***	***	***	***
***	***	***	***	***	***	***
185269	219472	25647	233844	200641	49	255456
***	***	***	***	***	***	***
***	***	***	***	***	***	***
7073710	2715269	467675	3120204	128411	1927	653448
3900136	373973	320399	690777	101528	17	-28108
1856843	-64592	129635	64811	98392		78609
1244872	263991	42816	306761	159		-187806
798421	174574	147948	319205	2977	17	81089
114599	-301	3652	2921	851		52078
71321	-2739	3477	560			16609
***	***	***	***	***	***	***
37871	2566	44	2361			33469
2239223	95576	49800	125676	8826		451464
1713821	87948	38218	110142	10180		403600
107575	7418	3513	10468	236		41935
26900	-18	179	133			
141669	-2206	6472	2346	-1932		5129
37234	282	189	255			800
21502	2284	24	2081	226		
144380	-157	965	6	16		
40967	230	13	226			
5175	-205	227	19	100		
819752	2246021	93824	2300830	17206	1910	178014
31770	-1667	1727	5			2629
645560	2248439	88134	2299936	16865	1910	145605
142422	-751	3963	889	341		29780
76895	-10559	3203	3030	-507	-16	-5426
76895	-10559	3203	3030	-507	-16	-5426
65828	-10500	2705	1592	-507		-5428
***	***	***	***	***	***	***
4408307	5510108	426379	3424551	29731	-62030	1216761
2825935	5243114	260899	3123433	25618		1608882
2550615	4847694	250121	2941351	25179		1610286
***	***	***	***	***	***	***
448255	74307	86906	122609	5238	-62030	-450811
426738	60800	86767	121512	3584	-62030	-450811

2-3 续表 7

项目	外商资本	营业收入	营业成本	税金及附加	销售费用
观光游览航空服务	***	***	***	***	***
其他通用航空服务	***	***	***	***	***
航空运输辅助活动	102438	14844109	8116506	273587	1006518
机场	88529	12466189	6464137	260562	979372
空中交通管理	***	***	***	***	***
其他航空运输辅助活动	13909	2326286	1635470	12799	17041
管道运输业	***	***	***	***	***
陆地管道运输	***	***	***	***	***
陆地管道运输	***	***	***	***	***
多式联运和运输代理业	2518580	81339128	70688644	87224	2590664
运输代理业	2518580	81339128	70688644	87224	2590664
货物运输代理	2481258	74812372	64882131	80914	2277928
旅客票务代理	37322	5748780	5127487	5743	273164
其他运输代理业		777976	679026	567	39572
装卸搬运和仓储业	161848	42825083	53803364	79502	1002231
装卸搬运		779812	617406	2856	9940
装卸搬运		779812	617406	2856	9940
通用仓储	161848	5917542	4591229	62035	230700
通用仓储	161848	5917542	4591229	62035	230700
低温仓储	***	***	***	***	***
低温仓储	***	***	***	***	***
谷物、棉花等农产品仓储		35316017	48045715	6052	716186
谷物仓储		1573956	1333175	5601	181741
棉花仓储	***	***	***	***	***
其他仓储业		763888	536261	6754	45405
其他仓储业		763888	536261	6754	45405
邮政业	51738	60121684	49707524	171447	5299783
邮政基本服务	***	***	***	***	***
邮政基本服务	***	***	***	***	***
快递服务	51738	55120897	44522824	122263	5277922
快递服务	51738	55120897	44522824	122263	5277922
其他寄递服务	***	***	***	***	***
其他寄递服务	***	***	***	***	***
二、按登记注册类型分					
内资	2152387	306288473	302247726	904293	6239979
国有		5676481	5838448	51387	66231
集体		217423	158217	2100	2108
股份合作		55440	40585	587	
国有独资公司		38897078	47937848	245113	158812
其他有限责任公司	7500	195460799	186252412	436840	3682787
股份有限公司	2144887	37492743	36659630	107008	949183

单位：千元

管理费用	财务费用	#利息收入	#利息支出	资产减值损失	公允价值变动收益	投资收益
***	***	***	***	***	***	***
***	***	***	***	***	***	***
1134117	192687	78574	178509	-1125		58690
775757	243319	42212	178183	-2552		45673
***	***	***	***	***	***	***
353699	-49046	35324	326	1415		13017
***	***	***	***	***	***	***
***	***	***	***	***	***	***
***	***	***	***	***	***	***
5580833	32273	385156	454464	98465	2656	2825176
5580833	32273	385156	454464	98465	2656	2825176
5393000	-31936	374707	391339	85032	2656	2801148
167765	62573	10295	62370	13433		24028
20068	1636	154	755			
1180344	-40867	218412	156999	-23043		35532
83156	-534	899	294	-4506		5311
83156	-534	899	294	-4506		5311
636217	53724	16599	52898	-21925		32201
636217	53724	16599	52898	-21925		32201
***	***	***	***	***	***	***
***	***	***	***	***	***	***
349911	-95395	195762	100032	3388		-2868
241305	6112	40345	46162	622		
***	***	***	***	***	***	***
87835	2836	3620	3775			888
87835	2836	3620	3775			888
5493988	30656	82577	85494	157022	20	8075
***	***	***	***	***	***	***
***	***	***	***	***	***	***
4792799	26917	82376	85494	157219	20	8075
4792799	26917	82376	85494	157219	20	8075
***	***	***	***	***	***	***
***	***	***	***	***	***	***
15301627	4655415	1318318	4929389	540644	-57394	7813648
749642	10301	5373	12392	2024		527
54361	19	457	441	34		10
13618	1126	38	1181			
3749917	1990275	282160	2242827	130966	4489	408587
6298587	2589257	481750	2041666	234295	143	5269280
2622215	-72816	525994	502501	169583		2453335

2-3 续表 3

项目	外商资本	营业收入	营业成本	税金及附加	销售费用
私营有限责任公司		24062643	21247690	52805	1341585
私营股份有限公司		4425866	4112896	8453	39273
港澳台商投资		148728085	116583055	469603	9246761
与港澳台商合资经营		30154977	21949268	53452	1283591
与港澳台商合作经营		1946029	3597224	13807	
港澳台商独资		18682269	11662932	37034	3505271
港澳台商投资股份有限公司		97667502	79143467	362711	4457899
其他港澳台投资	***	***	***	***	***
外商投资	2050400	39137590	28919088	53209	2572433
中外合资经营	1425430	35002289	25745952	40839	2521927
外资企业	484355	2715972	1965868	4345	50506
外商投资股份有限公司	***	***	***	***	***
三、按隶属关系分					
中央	2242416	265431155	236235318	821616	7721612
地方	1960371	228722993	211514551	605489	10337561
四、按控股情况分					
国有控股	2546575	316861283	297289742	1124414	8179047
集体控股		14329893	13515591	19808	549108
私人控股	14631	87353004	79318221	150031	2869527
港澳台商控股		26540886	17984101	50068	4530028
外商控股	1638138	36593966	27704030	44820	1478310
其他	3443	12475116	11938184	37964	453153
五、按地区分					
东城区	11086	8054006	7804256	58852	130736
西城区		74873978	86385884	132523	1299094
朝阳区	1074918	50521598	38319355	116313	2418448
丰台区	44233	23466184	34722200	179900	345752
石景山区	279130	1331075	1081232	6031	70445
海淀区	2154691	69125312	66982978	53836	861755
门头沟区		300615	250486	884	6196
房山区		1451907	1223793	6470	90553
通州区	11750	4939077	4324238	22704	282739
顺义区	566241	204034487	169234101	558658	10460449
昌平区		20629622	9283839	192510	110681
大兴区		7243950	6667644	23113	248861
怀柔区		2755982	2350565	6982	57930
平谷区		5328664	4925866	23736	153311
密云区		2465735	1982043	8110	164010
延庆区		523873	439582	2014	3903
北京经济技术开发区	60738	17108083	11771807	34469	1354310

单位：千元

管理费用	财务费用			资产减值损　　失	公允价值变动收益	投资收益
		# 利息收入	# 利息支出			
1642171	117943	13767	100846	2657	-62026	-576191
171116	19310	8779	27535	1085		258100
6477113	4352293	242270	3024791	60971		22298
863503	800440	39847	610363	27967		339
408299	293445	11340	306214			-288414
2587892	-17041	30093	19027	9997		15190
2560761	3275267	160722	2088879	22889		295183
***	***	***	***	***	***	***
3215472	-54972	72541	21329	3942		139302
2530377	-79491	64886	-5342	2636		18710
563650	7832	5844	8223	1513		115046
***	***	***	***	***	***	***
8369241	4440979	807808	3671076	432886	126	6092195
16624971	4511757	825321	4304433	172671	-57520	1883053
13384566	6827978	1261133	6387312	543077	4609	6376811
433367	1172986	118638	564079	-36		400534
4429920	579609	49260	551901	32511	-62003	35254
3006926	-31302	37635	20010	21592		15113
3024347	-99408	70827	20760	6728		136025
715086	502873	95636	431447	1685		1011511
940542	-12267	141938	123825	-224		56496
2815236	-147320	234062	115058	164240		132666
3142451	479571	115950	633273	61214	17	285693
3060827	2514256	230961	2691164	105171	20	114
121969	3171	849	-5349	843		1002
1263761	334042	268468	554998	201066	2705	1868942
48735	2687	282	2787			-7
106060	7994	264	8169	202		800
317291	25768	2015	15398	-3401		3469
9906979	5004217	542274	3200476	62808	-60120	1838477
934870	114304	1537	86559	-4		2987312
463694	424211	13404	282782	1864		753403
241709	56370	1313	54460	5043		
273949	32666	3580	32756	106		517
126137	102459	15722	108347	4493	-16	2
91029	44227	13445	57240	-799		1731
1138973	-33620	47065	13566	2935		44631

2-3 续表 9

项目	资产处置收益	其他收益	营业利润	营业外收入
合计	**140977**	**34769962**	**35193836**	**6131609**
一、按行业分（分到小类）				
铁路运输业	-53	17725	709711	2442
铁路货物运输	***	***	***	***
铁路货物运输	***	***	***	***
铁路运输辅助活动	-53	17725	709711	2442
铁路运输维护活动	***	***	***	***
其他铁路运输辅助活动	***	***	***	***
道路运输业	13588	16531510	-165866	4692778
城市公共交通运输	17201	16322788	-1988912	4039840
公共电汽车客运	1782	16259725	-241118	530744
城市轨道交通		10781	-1956284	3361219
出租车客运	15419	52282	208490	147877
公路旅客运输	35	2390	34498	27903
长途客运		2071	17009	11591
旅游客运	***	***	***	***
其他公路客运	-338	311	13251	16312
道路货物运输	-1572	24170	1378322	495780
普通货物道路运输	-554	22618	994282	436830
冷藏车道路运输	-1018	835	26553	6032
集装箱道路运输		25	10291	4488
大型货物道路运输		200	126108	5892
危险货物道路运输			8049	2226
邮件包裹道路运输			1079	547
城市配送		298	174797	39546
搬家运输			977	219
其他道路货物运输		194	36186	
道路运输辅助活动	-2076	182162	410226	129255
客运汽车站		2626	14812	1818
公路管理与养护	-2318	179211	344348	125058
其他道路运输辅助活动	242	325	51066	2379
水上运输业			65581	7647
水上货物运输			65581	7647
远洋货物运输			55159	5831
沿海货物运输	***	***	***	***
航空运输业	123115	3058078	10442308	661566
航空客货运输	124160	2978979	6905544	601866
航空旅客运输	124160	2905852	6563363	543721
航空货物运输	***	***	***	***
通用航空服务	-883	31570	-691112	13220
通用航空生产服务	-883	30796	-578122	5641

单位：千元

营业外支出	利润总额	应交所得税	应付职工薪酬（本年贷方累计发生额）	#社会保险费和住房公积金	应交增值税
1380839	**39945197**	**11649336**	**80129686**	**17232297**	**-220494**
332379	379774	68717	2261577	338038	-2908529
***	***	***	***	***	***
***	***	***	***	***	***
332379	379774	68717	2140399	313106	164216
***	***	***	***	***	***
***	***	***	***	***	***
628248	3899255	1048158	37703851	9834626	1346141
347316	1703612	576506	24610105	6996385	516314
293585	-3959	2053	14928496	3831578	-160567
6939	1397996	488251	6955309	1939048	462905
46792	309575	86202	2726300	1225759	213976
8763	53757	3783	220635	46679	18368
6497	22103	2987	77320	18389	7814
***	***	***	***	***	***
2236	27446	481	133405	25124	8919
231815	1642759	377863	9647036	1954653	699576
210552	1221032	269219	2815918	415005	568114
2052	30533	7446	127160	22704	14392
1400	13379	3260	44280	7282	7075
5093	126907	36807	161747	28894	25135
3001	7274	1235	79773	15706	8532
319	1307	221	132606	17366	8744
9306	205037	51086	6206718	1433499	55831
20	1176	364	42251	6104	3647
72	36114	8225	36583	8093	8106
40354	499127	90006	3226075	836909	111883
109	16521	4100	54135	12448	4143
37020	432386	77446	2827496	778773	69743
3225	50220	8460	344444	45688	37997
36051	37177	13898	87765	12525	8996
36051	37177	13898	87765	12525	8996
36051	24939	10142	77877	10070	7272
***	***	***	***	***	***
73639	11030235	2831187	19603683	3432582	-76271
58631	7448779	1770616	15950652	2738283	-134242
54953	7052131	1769934	14328904	2447981	-174761
***	***	***	***	***	***
10058	-687950	38334	932887	180837	-143288
10049	-582530	38334	887233	172341	-89706

2-3 续表 10

项目	资产处置收益	其他收益	营业利润	营业外收入
观光游览航空服务	***	***	***	***
其他通用航空服务	***	***	***	***
航空运输辅助活动	-162	47529	4227876	46480
机场	-162	45899	3837004	27964
空中交通管理	***	***	***	***
其他航空运输辅助活动		1630	369555	18378
管道运输业	***	***	***	***
陆地管道运输	***	***	***	***
陆地管道运输	***	***	***	***
多式联运和运输代理业	134	8572	5097351	155559
运输代理业	134	8572	5097351	155559
货物运输代理	213	8624	4937732	153225
旅客票务代理	-79	-52	122512	2282
其他运输代理业			37107	52
装卸搬运和仓储业	5041	13895067	759070	154201
装卸搬运		571	77376	1101
装卸搬运		571	77376	1101
通用仓储	4941	14089	416671	46862
通月仓储	4941	14089	416671	46862
低温仓储	***	***	***	***
低温仓储	***	***	***	***
谷物、棉花等农产品仓储	106	13877951	165349	103999
谷物仓储	106	126139	-68355	102613
棉花仓储	***	***	***	***
其他仓储业		161	85846	2210
其他仓储业		161	85846	2210
邮政业	235	39444	-690962	439248
邮政基本服务	***	***	***	***
邮政基本服务	***	***	***	***
快递服务	235	31870	261153	420987
快递服务	235	31870	261153	420987
其他寄递服务	***	***	***	***
其他寄递服务	***	***	***	***
二、按登记注册类型分				
内资	15864	32705667	16876333	2539073
国有		44245	-996780	81139
集体			594	5100
股份合作			-476	373
国有独资公司	184	16540541	1637948	680690
其他有限责任公司	4509	16077443	17317755	1176247
股份有限公司	13738	42337	-432650	76614

单位：千元

营业外支出	利润总额	应　交 所得税	应付职工薪酬 （本年贷方累计 发生额）		应　交 增值税
				#社会保险费 和住房公积金	
***	***	***	***	***	***
***	***	***	***	***	***
4950	4269406	1022237	2720144	513462	201259
4376	3860592	960825	1355232	264953	113280
***	***	***	***	***	***
562	387371	56031	1351968	245368	86171
***	***	***	***	***	***
***	***	***	***	***	***
***	***	***	***	***	***
48951	5203959	752332	5484071	1011468	297253
48951	5203959	752332	5484071	1011468	297253
47692	5043265	698207	5164633	941109	243169
1118	123676	53057	286645	62269	49995
141	37018	1068	32793	8090	4089
58006	855265	164210	1456128	315812	-1396050
690	77787	15092	117726	26962	8806
690	77787	15092	117726	26962	8806
46240	417293	113074	984457	197326	118306
46240	417293	113074	984457	197326	118306
***	***	***	***	***	***
***	***	***	***	***	***
9412	259936	14166	237058	61694	-1535109
4998	29260	4772	210214	55410	4677
***	***	***	***	***	***
1167	86889	18406	93737	23613	10516
1167	86889	18406	93737	23613	10516
112835	-364549	1007069	12415276	2069152	505166
***	***	***	***	***	***
***	***	***	***	***	***
101039	581101	1007054	9714796	1427976	477417
101039	581101	1007054	9714796	1427976	477417
***	***	***	***	***	***
***	***	***	***	***	***
1224232	18191765	6314901	57213341	12882499	-1282135
12629	-928270	3241	2737938	659888	28870
1486	4208	1691	76289	26162	5598
294	-397	65	37789	12893	1756
391899	1926739	401996	26042192	6679698	499782
663337	17831256	5629174	19297706	4165236	678440
82230	-438266	116237	6857568	990803	-2777679

2-3 续表 11

项　　目	资产处置收益	其他收益	营业利润	营业外收入
私营有限责任公司	-590	890	-980125	512123
私营股份有限公司	-1977	211	330067	6787
港澳台商投资	124806	2042483	13727664	3465822
与港澳台商合资经营	4	14011	5191110	55224
与港澳台商合作经营	-420		-2655580	3359859
港澳台商独资		249	911411	22798
港澳台商投资股份有限公司	124215	2028056	10291962	27937
其他港澳台投资	***	***	***	***
外商投资	307	21812	4589839	126714
中外合资经营	-11	16716	4275464	110488
外资企业	196	338	237838	7126
外商投资股份有限公司	***	***	***	***
三、按隶属关系分				
中央	129931	17987985	31619618	288789
地方	11046	16781977	3574218	5842820
四、按控股情况分				
国有控股	144672	34548646	30586956	4425193
集体控股	-55	107050	-853402	477986
私人控股	-3791	20702	-36653	992713
港澳台商控股	-420	249	994203	45453
外商控股	602	21414	4593180	113530
其他	-31	71901	-90448	76734
五、按地区分				
东城区	13739	26098	-771556	22260
西城区	6042	13845025	-1791946	92989
朝阳区	2428	6137	6278399	467320
丰台区	186	16503442	-958160	3639946
石景山区	139	4473	52879	10207
海淀区	67	660875	1960463	88533
门头沟区			-8380	10361
房山区			17635	18930
通州区	458	2976	-23359	49414
顺义区	120619	2307932	13013971	980012
昌平区	-1083	1251444	14231095	154358
大兴区	-545	69711	237132	126546
怀柔区		6332	43715	10934
平谷区	-49	21976	-58526	184789
密云区		31909	110378	180335
延庆区		20441	-33911	10517
北京经济技术开发区	-1024	11191	2894007	84158

单位：千元

营业外支出	利润总额	应　交 所得税	应付职工薪酬 （本年贷方累计发生额）	#社会保险费 和住房公积金	应　交 增值税
70484	-538486	146228	2014390	319348	228547
1873	334981	16269	149469	28471	52551
101887	17091599	4195346	18401700	3333866	843260
11325	5235009	1250117	2066759	427137	769740
3042	701237	249553	1331950	280817	66295
11830	922379	287624	3032334	588433	115686
75397	10244502	2407652	11802066	1947961	-117140
***	***	***	***	***	***
54720	4661833	1139089	4514645	1015932	218381
33725	4352227	1088667	3506686	767300	155191
19788	225176	30534	532630	97386	22033
***	***	***	***	***	***
646922	31261485	8890223	29016281	4922512	-2204521
733917	8683712	2759113	51113405	12309785	1984027
1049491	33962777	9624183	57055163	12326477	-1611842
17975	-393391	31520	1737809	430619	71760
174718	781814	484704	12610330	2648060	741261
56692	982964	314526	3755903	735180	190835
61441	4645269	1128448	3486318	789464	174927
20522	-34236	65955	1484163	302497	212565
12903	-762199	44292	3380542	848028	77161
42605	-1741562	296448	11649398	2468256	-898328
79809	6665910	1609933	5420669	1247298	1076852
313831	2367955	656305	19449921	4990145	-3175933
1829	61376	16635	282819	111070	25646
552974	1496022	113545	7957417	1725348	145463
268	1713	534	20627	4717	2798
2738	33827	5568	221628	89403	26104
22701	3826	39283	854169	132189	77414
146137	13847846	3353429	24069812	4220662	623175
94122	14291331	4564045	1158584	231485	1378809
12394	351284	42241	988284	255711	13215
6684	47965	22086	279310	62796	45546
42809	83454	24603	2124810	381872	212006
8248	232465	88952	287322	54836	13218
6639	-30033	14453	81424	20193	6515
34148	2944017	756984	1902950	388288	129845

第三篇

住宿和餐饮业

3-1 住宿和餐饮业经营机构和人员情况

项目	法人单位数（个）	法人单位	产业活动单位	从业人员期末人数（人）	法人单位	产业活动单位
合计	**44398**	**34458**	**9940**	**768114**	**562668**	**205446**
一、按登记注册类型分						
内资	41068	34068	7000	546469	419665	126804
国有	560	395	165	30696	26495	4201
集体	614	513	101	7683	6858	825
股份合作	396	339	57	4877	4315	562
国有联营	4	2	2	148	***	***
集体联营	8	7	1	47	43	***
国有与集体联营	2	2		***	***	
其他联营	2	2		***	***	
国有独资公司	74	49	25	7267	6184	1083
其他有限责任公司	3305	2144	1161	152675	119101	33574
股份有限公司	144	67	77	12261	7430	4831
私营独资	2485	2359	126	11181	10339	842
私营合伙	275	269	6	2573	2532	41
私营有限责任公司	32995	27753	5242	313183	233745	79438
私营股份有限公司	115	78	37	3500	2177	1323
其他	89	89		205	205	
港澳台商投资	1598	182	1416	117446	84120	33326
与港澳台商合资经营	90	55	35	30614	28852	1762
与港澳台商合作经营	4	3	1	746	688	***
港澳台商独资	1498	123	1375	85120	53856	31264
港澳台商投资股份有限公司	4	1	3	872	***	148
其他港澳台投资	2		2	***		***
外商投资	1732	208	1524	104199	58883	45316
中外合资经营	89	56	33	20506	19825	681

3-1 续表 1

项　目	法人单位数（个）	法人单位	产业活动单位	从业人员期末人数（人）	法人单位	产业活动单位
中外合作经营	4	4		349	349	
外资企业	1626	144	1482	81475	38399	43076
外商投资股份有限公司	6	1	5	1717	***	1523
其他外商投资	7	3	4	152	116	36
二、按行业分						
住宿业	6544	5585	959	188599	146477	42122
餐饮业	37854	28873	8981	579515	416191	163324
三、按经营地所在区分						
东城区	3065	2092	973	126439	105095	21344
西城区	3184	2150	1034	69269	48541	20728
朝阳区	10616	7797	2819	192124	131607	60517
丰台区	4170	3240	930	54769	36394	18375
石景山区	960	747	213	12103	7836	4267
海淀区	5617	4174	1443	114157	85274	28883
门头沟区	424	374	50	4098	3525	573
房山区	3000	2702	298	14832	11396	3436
通州区	2272	2028	244	21753	11999	9754
顺义区	2070	1625	445	34328	25641	8687
昌平区	2764	2275	489	31031	19926	11105
大兴区	2584	2123	461	40359	32981	7378
怀柔区	1270	1148	122	9649	7087	2562
平谷区	643	583	60	6880	6123	757
密云区	782	632	150	7657	5315	2342
延庆区	325	270	55	4206	2951	1255
北京经济技术开发区	652	498	154	24460	20977	3483

注：本表的“产业活动单位”：在京法人附营的（不含本部）、外地和外国法人在京的从事住宿和餐饮业的产业活动单位数。

3-2 住宿和餐饮业法人及

项目	法人单位数（个）	多产业法人	单产业法人	法人单位从业人员期末人数（人）
合计	**34458**	**2218**	**32240**	**562668**
一、按登记注册类型分				
内资	34068	2085	31983	419665
国有	395	61	334	26495
集体	513	36	477	6858
股份合作	339	33	306	4315
国有联营	2		2	***
集体联营	7	2	5	43
国有与集体联营	2		2	***
其他联营	2	1	1	***
国有独资公司	49	13	36	6184
其他有限责任公司	2144	322	1822	119101
股份有限公司	67	8	59	7430
私营独资	2359	63	2296	10339
私营合伙	269	3	266	2532
私营有限责任公司	27753	1536	26217	233745
私营股份有限公司	78	7	71	2177
其他	89		89	205
港澳台商投资	182	64	118	84120
与港澳台商合资经营	55	15	40	28852
与港澳台商合作经营	3		3	688
港澳台商独资	123	48	75	53856
港澳台商投资股份有限公司	1	1		***
外商投资	208	69	139	58883
中外合资经营	56	12	44	19825
中外合作经营	4	1	3	349
外资企业	144	54	90	38399
外商投资股份有限公司	1	1		***
其他外商投资	3	1	2	116
二、按隶属关系分				
中央	236	50	186	24882
地方	34222	2168	32054	537786
三、按行业分				
住宿业	5585	398	5187	146477
餐饮业	28873	1820	27053	416191
四、按开业（成立）时间分				
2018 年	5859	75	5784	23977
2014-2017 年	14658	703	13955	106679
2009-2013 年	6369	497	5872	112583
2005-2008 年	3736	350	3386	99630
2000-2004 年	2214	284	1930	60598
1990-1999 年	1174	226	948	88333
1978-1989 年	329	65	264	64776
1966-1977 年	20	5	15	1437

产业活动单位基本情况

住宿和餐饮业产业活动单位数（个）	#其他行业所属的产业活动单位数	产业活动单位从业人员期末人数（人）	住宿和餐饮业产业活动单位的经营性单位收入（千元）	#其他行业所属产业活动单位的经营性单位收入
9940	**584**	**205446**	**49728985**	**3180995**
7000	339	126804	31663350	2046631
165	9	4201	1267744	49327
101		825	137811	
57		562	81004	
2		***	***	
1		***	***	
25	5	1083	333205	9600
1161	72	33574	9879351	443801
77	10	4831	1316860	64440
126	5	842	125177	20574
6		41	4819	
5242	235	79438	18162726	1419799
37	3	1323	350734	39089
1416	75	33326	9169026	267732
35		1762	585489	
1		58	12600	
1375	74	31264	8517575	267732
3		148	34955	
1524	170	45316	8896609	866632
33		681	101012	
1482	169	43076	8366165	838529
5	1	1523	421658	***
4		36	7774	
959	88	42122	16944082	799907
8981	496	163324	32784903	2381089
1583	104	22071	2523191	658473
4024	272	69378	15942586	1237630
2290	124	57325	14119954	666258
987	55	27980	10152257	439043
603	17	15407	3761965	72471
299	9	9201	2367247	106408
114	1	3163	576133	***
6		31	830	

3-2 续表 1

项　　目	法　人 单位数 （个）	多产业 法　人	单产业 法　人	法人单位 从业人员 期末人数 （人）
1950-1965 年	18	11	7	3533
1949 年以前	81	2	79	1122
五、按运营状态分				
正常运营	26691	1997	24694	553649
停业（歇业）	4700	175	4525	5797
筹建	2284	19	2265	2360
当年关闭	186	10	176	286
当年破产	8	1	7	4
当年吊销	341	6	335	120
当年注销	50		50	7
其他	198	10	188	445
六、按控股情况分				
国有控股	729	156	573	78677
集体控股	867	73	794	15796
私人控股	31671	1806	29865	311481
港澳台商控股	170	65	105	81658
外商控股	172	68	104	65764
其他	849	50	799	9292
七、按经营形式分				
独立门店	27483	1516	25967	331901
连锁总店（总部）	305	285	20	140387
连锁直营店	667	123	544	30389
连锁加盟店	1863	73	1790	15614
其他	4140	221	3919	44377
八、按地区分				
东城区	2092	243	1849	105095
西城区	2150	266	1884	48541
朝阳区	7797	569	7228	131607
丰台区	3240	169	3071	36394
石景山区	747	39	708	7836
海淀区	4174	347	3827	85274
门头沟区	374	21	353	3525
房山区	2702	60	2642	11396
通州区	2028	74	1954	11999
顺义区	1625	93	1532	25641
昌平区	2275	93	2182	19926
大兴区	2123	85	2038	32981
怀柔区	1148	42	1106	7087
平谷区	583	34	549	6123
密云区	632	46	586	5315
延庆区	270	14	256	2951
北京经济技术开发区	498	23	475	20977

住宿和餐饮业产业活动单位数（个）	# 其他行业所属的产业活动单位数	产业活动单位从业人员期末人数（人）	住宿和餐饮业产业活动单位的经营性单位收入（千元）	# 其他行业所属产业活动单位的经营性单位收入
20		887	284818	
14	2	3		***
8831	511	200211	49327346	3153861
603	32	1146	249736	18592
179	10	1177	4338	
59	9	219	64283	8542
1		***	***	
222	13	434	45294	
14	3	21	5000	
31	6	2238	32988	
3398	168	72385	20738194	1310000
4	1	18	3396	***
5235	333	112178	22943014	1378049
542	27	8550	3006329	139742
761	55	12315	3038052	353204
973	72	21344	5269941	190426
1034	58	20728	5143421	259966
2819	202	60517	17547813	1215858
930	50	18375	4252344	718839
213	7	4267	1083627	19057
1443	64	28883	7888629	233681
50	2	573	118844	***
298	9	3436	662491	67308
244	14	9754	798110	17712
445	25	8687	2127956	209900
489	29	11105	1821490	86187
461	28	7378	1217899	81718
122	5	2562	611899	22024
60	2	757	146672	***
150	6	2342	349950	3858
55	1	1255	220223	***
154	10	3483	467677	49961

3-3 住宿业法人及产业

项目	法人单位数（个）	多产业法人	单产业法人	法人单位从业人员期末人数（人）
合计	**5585**	**398**	**5187**	**146477**
一、按登记注册类型分				
内资	5503	380	5123	125909
国有	311	46	265	23793
集体	243	12	231	4653
股份合作	130	14	116	2073
国有联营	2		2	***
集体联营	1		1	***
国有与集体联营	2		2	***
其他联营	1	1		***
国有独资公司	43	12	31	5779
其他有限责任公司	612	83	529	46973
股份有限公司	19	2	17	1809
私营独资	520	21	499	2343
私营合伙	85		85	436
私营有限责任公司	3458	187	3271	37445
私营股份有限公司	23	2	21	284
其他	53		53	70
港澳台商投资	41	10	31	14394
与港澳台商合资经营	22	4	18	8406
与港澳台商合作经营	2		2	***
港澳台商独资	17	6	11	5300
外商投资	41	8	33	6174
中外合资经营	16	3	13	4821
中外合作经营	2		2	***
外资企业	22	4	18	889
外商投资股份有限公司	1	1		***
二、按隶属关系分				
中央	207	44	163	22760
地方	5378	354	5024	123717
三、按行业分				
旅游饭店	1585	167	1418	95611
一般旅馆	3150	192	2958	42646
经济型连锁酒店	588	51	537	12112
其他一般旅馆	2562	141	2421	30534

活动单位基本情况

住宿业产业活动单位数（个）	# 其他行业所属的产业活动单位数	住宿业产业活动单位从业人员期末人数（人）	住宿业产业活动单位的经营性单位收入（千元）	# 其他行业所属产业活动单位的经营性单位收入
959	**88**	**42122**	**16944082**	**799907**
834	47	31000	11625983	469327
73	8	2940	819994	49327
32		289	41874	
13		59	3849	
18	5	879	279105	9600
227	14	11889	5483809	307113
16	4	1941	559469	20561
29		82	22475	
1		***	***	
420	14	12464	4193058	66637
5	2	455	221287	***
65	10	6068	2907307	21607
2		***	***	
63	10	5750	2764281	21607
60	31	5054	2410791	308973
1		***	***	
56	30	3604	1990158	280870
2	1	***	***	***
251	20	27425	12260080	407534
577	51	10777	3714987	327778
177	19	4261	1337900	168995
400	32	6516	2377086	158783

3-3 续表 1

项　　目	法　人单位数（个）	多产业法　人	单产业法　人	法人单位从业人员期末人数（人）
民宿服务	330	5	325	770
露营地服务	6		6	4
其他住宿业	514	34	480	7446
四、按开业（成立）时间分				
2018 年	538	2	536	973
2014-2017 年	1242	30	1212	14235
2009-2013 年	1362	78	1284	22962
2005-2008 年	1096	80	1016	27759
2000-2004 年	533	73	460	19698
1990-1999 年	523	82	441	30332
1978-1989 年	255	42	213	25032
1966-1977 年	16	4	12	1278
1950-1965 年	11	6	5	3258
1949 年以前	9	1	8	950
五、按运营状态分				
正常运营	4551	360	4191	144296
停业（歇业）	737	32	705	1714
筹建	191	2	189	337
当年关闭	27	1	26	29
当年破产	1		1	***
当年吊销	54	2	52	16
当年注销	6		6	1
其他	18	1	17	82
六、按控股情况分				
国有控股	546	107	439	61847
集体控股	386	28	358	9664
私人控股	4434	238	4196	58926
港澳台商控股	31	8	23	9868
外商控股	37	9	28	3782
其他	151	8	143	2390
七、按经营形式分				
独立门店	4301	308	3993	124534
连锁总店（总部）	21	19	2	3318
连锁直营店	51	14	37	3110
连锁加盟店	580	19	561	7769
其他	632	38	594	7746

住宿业产业活动单位数（个）	#其他行业所属的产业活动单位数	住宿业产业活动单位从业人员期末人数（人）	住宿业产业活动单位的经营性单位收入（千元）	#其他行业所属产业活动单位的经营性单位收入
16	3	85	27392	
115	14	3835	941624	64594
29	1	1031	323599	***
137	14	6956	2174991	78971
279	35	13193	4975282	260499
269	25	12876	6830165	326808
106	5	3338	1446917	33628
75	6	3146	816550	99288
56	1	1027	154740	***
2		***	***	
5		544	221005	
1	1	***	***	***
822	79	41710	16852039	795045
98	6	133	69509	
20	2	244	725	***
3	1		7354	***
11		16	4930	
1		***	***	
4		19	9525	
549	31	28897	10836622	258900
189	41	4562	1966968	355162
92	3	2367	2057587	1167
129	13	6296	2082905	184678

3-3 续表 2

项　　目	法　人单位数（个）	多产业法　人	单产业法　人	法人单位从业人员期末人数（人）
八、按地区分				
东城区	554	59	495	21690
西城区	619	84	535	17997
朝阳区	844	55	789	31355
丰台区	687	39	648	11598
石景山区	94	11	83	2460
海淀区	680	65	615	29356
门头沟区	47	6	41	971
房山区	674	7	667	3026
通州区	200	9	191	2588
顺义区	195	12	183	5604
昌平区	288	15	273	7921
大兴区	197	5	192	2521
怀柔区	213	12	201	3401
平谷区	49	4	45	940
密云区	120	7	113	2282
延庆区	87	5	82	1120
北京经济技术开发区	37	3	34	1647
九、按星级评定情况分				
星级小计	533	108	425	65147
一星	53	1	52	425
二星	134	22	112	4089
三星	189	46	143	16826
四星	104	25	79	22833
五星	53	14	39	20974
其他	5052	290	4762	81330
十、按年末餐饮营业面积分				
5000 平方米及以上	147	23	124	23742
1000-4999 平方米	985	122	863	65177
500-999 平方米	568	41	527	16241
499 平方米及以下	3885	212	3673	41317

注：“住宿业产业活动单位数”：在京法人附营的（不含本部）、外地和外国法人在京的所有从事住宿业的产业活动单位数。
“其他行业所属的产业活动单位数”：非住宿餐饮业法人附营的（不含本部）、外地和外国法人在京的所有从事住宿业的产业活动单位数。
“经营性单位收入”：经营性产业活动单位在全年生产经营活动中取得的收入。
产业活动单位免填隶属关系和控股情况。

住宿业产业活动单位数（个）	#其他行业所属的产业活动单位数	住宿业产业活动单位从业人员期末人数（人）	住宿业产业活动单位的经营性单位收入（千元）	#其他行业所属产业活动单位的经营性单位收入
145	8	6080	2083353	22992
189	19	6078	2360986	116290
189	19	15824	6965336	378270
124	19	2027	770939	191123
18		607	173887	
109	6	4384	2602609	31436
5		24	72300	
16		157	15485	
17	3	323	60507	1538
28	3	2268	718626	30262
31	5	1446	293313	12038
17	1	268	54728	***
23	1	1006	270407	***
2				
22	2	461	180521	***
16	1	578	130265	***
8	1	591	190822	***
123	8	15195	6246087	174344
9	1	241	66624	***
38	3	779	260656	17791
26	1	1579	562514	***
27	3	4189	1460287	149379
23		8407	3896006	
835	80	26049	10697808	625564
126	11	13488	6079377	151198
328	35	17369	7917290	482896
121	5	4817	1706877	15801
384	37	6448	1240538	150011

3-4 餐饮业法人及产业

项目	法人单位数（个）	多产业法人	单产业法人	法人单位从业人员期末人数（人）
合计	**28873**	**1820**	**27053**	**416191**
一、按登记注册类型分				
内资	28565	1705	26860	293756
国有	84	15	69	2702
集体	270	24	246	2205
股份合作	209	19	190	2242
国有联营				
集体联营	6	2	4	33
其他联营	1		1	
国有独资公司	6	1	5	405
其他有限责任公司	1532	239	1293	72128
股份有限公司	48	6	42	5621
私营独资	1839	42	1797	7996
私营合伙	184	3	181	2096
私营有限责任公司	24295	1349	22946	196300
私营股份有限公司	55	5	50	1893
其他	36		36	135
港澳台商投资	141	54	87	69726
与港澳台商合资经营	33	11	22	20446
与港澳台商合作经营	1		1	***
港澳台商独资	106	42	64	48556
港澳台商投资股份有限公司	1	1		***
其他港澳台投资				
外商投资	167	61	106	52709
中外合资经营	40	9	31	15004
中外合作经营	2	1	1	***
外资企业	122	50	72	37510
外商投资股份有限公司				
其他外商投资	3	1	2	116
二、按隶属关系分				
中央	29	6	23	2122
地方	28844	1814	27030	414069
三、按行业分				
正餐服务	22308	1397	20911	273061
快餐服务	2455	207	2248	92431
饮料及冷饮服务	999	76	923	15616
茶馆服务	167	11	156	778
咖啡馆服务	323	25	298	12470

活动单位基本情况

餐饮业产业活动单位数（个）	其他行业所属的产业活动单位数	餐饮业产业活动单位从业人员期末人数（人）	餐饮业产业活动单位的经营性单位收入（千元）	# 其他行业所属产业活动单位的经营性单位收入
8981	**496**	**163324**	**32784903**	**2381089**
6166	292	95804	20037366	1577304
92	1	1261	447750	***
69		536	95937	
44		503	77155	
2		***	***	
1		***	***	
7		204	54100	
934	58	21685	4395542	136689
61	6	2890	757391	43879
97	5	760	102703	20574
5		39	3756	
4822	221	66974	13969668	1353162
32	1	868	129447	***
1351	65	27258	6261719	246125
33		1444	442463	
1		***	***	
1312	64	25514	5753294	246125
3		148	34955	
2	1	***	***	***
1464	139	40262	6485818	557660
32		680	101012	
1426	139	39472	6376007	557660
3		74	1025	
3		36	7774	
5700	351	110181	23500448	1864099
1920	52	36792	6895238	277926
680	44	7403	1012819	76238
27	1	118	15467	***
353	8	5422	653579	10183

3-4 续表 1

项　　目	法　人 单位数 （个）	多产业 法　人	单产业 法　人	法人单位 从业人员 期末人数 （人）
酒吧服务	63	1	62	471
其他饮料及冷饮服务	446	39	407	1897
餐饮配送及外卖送餐服务	276	16	260	6355
餐饮配送服务	239	12	227	3998
外卖送餐服务	37	4	33	2357
其他餐饮业	2835	124	2711	28728
小吃服务	1153	40	1113	4743
其他未列明餐饮业	1682	84	1598	23985
四、按开业（成立）时间分				
2018 年	5321	73	5248	23004
2014-2017 年	13416	673	12743	92444
2009-2013 年	5007	419	4588	89621
2005-2008 年	2640	270	2370	71871
2000-2004 年	1681	211	1470	40900
1990-1999 年	651	144	507	58001
1978-1989 年	74	23	51	39744
1966-1977 年	4	1	3	159
1950-1965 年	7	5	2	275
1949 年以前	72	1	71	172
五、按运营状态分				
正常运营	22140	1637	20503	409353
停业（歇业）	3963	143	3820	4083
筹建	2093	17	2076	2023
当年关闭	159	9	150	257
当年破产	7	1	6	2
当年吊销	287	4	283	104
当年注销	44		44	6
其他	180	9	171	363
六、按控股情况分				
国有控股	183	49	134	16830
集体控股	481	45	436	6132
私人控股	27237	1568	25669	252555
港澳台商控股	139	57	82	71790
外商控股	135	59	76	61982
其他	698	42	656	6902
七、按经营形式分				
独立门店	23182	1208	21974	207367
连锁总店（总部）	284	266	18	137069

餐饮业产业活动单位数（个）	其他行业所属的产业活动单位数	餐饮业产业活动单位从业人员期末人数（人）	餐饮业产业活动单位的经营性单位收入（千元）	#其他行业所属产业活动单位的经营性单位收入
2		***	***	
298	35	1863	343773	62387
59	6	1215	284611	15021
45	4	1079	262345	13122
14	2	136	22266	***
622	43	7733	1091787	147805
256	12	2017	361871	45513
366	31	5716	729915	102291
1554	103	21040	2199593	658473
3887	258	62422	13767596	1158659
2011	89	44132	9144669	405758
718	30	15104	3322092	112237
497	12	12069	2315047	38843
224	3	6055	1550699	7120
58		2136	421392	
4		20		
15		343	63814	
13	1	3		***
8009	432	158501	32475307	2358816
505	26	1013	180227	18592
159	8	933	3612	
56	8	219	56929	3680
1		***	***	
211	13	418	40364	
13	3	21	5000	
27	6	2219	23463	
2849	137	43488	9901572	1051100
4	1	18	3396	***

3-4 续表 2

项目	法人单位数（个）	多产业法人	单产业法人	法人单位从业人员期末人数（人）
连锁直营店	616	109	507	27279
连锁加盟店	1283	54	1229	7845
其他	3508	183	3325	36631
八、按地区分				
东城区	1538	184	1354	83405
西城区	1531	182	1349	30544
朝阳区	6953	514	6439	100252
丰台区	2553	130	2423	24796
石景山区	653	28	625	5376
海淀区	3494	282	3212	55918
门头沟区	327	15	312	2554
房山区	2028	53	1975	8370
通州区	1828	65	1763	9411
顺义区	1430	81	1349	20037
昌平区	1987	78	1909	12005
大兴区	1926	80	1846	30460
怀柔区	935	30	905	3686
平谷区	534	30	504	5183
密云区	512	39	473	3033
延庆区	183	9	174	1831
北京经济技术开发区	461	20	441	19330
九、按餐饮业态分				
中式正餐	16818	1040	15778	225700
中式快餐	5979	323	5656	69573
外国风味正餐	832	118	714	39695
外国风味快餐	474	63	411	47668
茶馆	278	16	262	1187
咖啡店	640	48	592	13428
酒吧	146	2	144	919
其他	3706	210	3496	18021
十、按年末餐饮营业面积分				
5000 平方米及以上	168	110	58	172446
1000-4999 平方米	1409	284	1125	73126
500-999 平方米	1744	177	1567	38117
499 平方米及以下	25552	1249	24303	132502

注：“餐饮业产业活动单位数”：在京法人附营的（不含本部）、外地和外国法人在京的所有从事餐饮业的产业活动单位数。
“其他行业所属的产业活动单位数”：非住宿餐饮业法人附营的（不含本部）、外地和外国法人在京的所有从事餐饮业的产业活动单位数。
“经营性单位收入”：经营性产业活动单位在全年生产经营活动中取得的收入。
产业活动单位免填隶属关系和控股情况。

餐饮业产业活动单位数（个）	其他行业所属的产业活动单位数	餐饮业产业活动单位从业人员期末人数（人）	餐饮业产业活动单位的经营性单位收入（千元）	#其他行业所属产业活动单位的经营性单位收入
5046	292	107616	20976046	1022887
450	24	6183	948741	138575
632	42	6019	955148	168527
828	64	15264	3186588	167434
845	39	14650	2782435	143676
2630	183	44693	10582477	837588
806	31	16348	3481405	527715
195	7	3660	909740	19057
1334	58	24499	5286019	202245
45	2	549	46544	***
282	9	3279	647007	67308
227	11	9431	737604	16174
417	22	6419	1409329	179639
458	24	9659	1528177	74150
444	27	7110	1163171	77033
99	4	1556	341493	18353
58	2	757	146672	***
128	4	1881	169429	1886
39		677	89958	
146	9	2892	276855	44331
3455	181	71831	16295561	1072025
2115	72	24506	5396840	458425
462	66	11255	1851267	359914
1060	42	30797	5333316	146087
57	8	350	34237	8928
727	30	8477	1241561	50560
9		23	932	
1095	97	15729	2631094	285150
42	2	6808	1392166	***
453	28	24506	7142107	238336
565	44	17400	3614870	325056
7921	422	114610	20635760	1758846

3-5 住宿和餐饮业法人单位经营情况

项目	法人单位数（个）	营业额（千元）	#客房收入	#餐费收入	#通过公共网络实现的餐费收入	#商品销售额	年末餐饮营业面积（平方米）
合计	**34458**	**148135527**	**30934667**	**102760351**	**13142632**	**2867726**	**14037173**
一、按登记注册类型分							
内资	34068	105395136	25413504	70768652	4637268	1251960	12495347
国有	395	7586269	3383491	2297912	47073	115621	535500
集体	513	1523845	672738	492734	12186	6566	240575
股份合作	339	975537	333248	533551	18474	4486	162184
国有联营	2	***	***	***	***	***	***
集体联营	7	3125	100	3025			3580
国有与集体联营	2	***	***	***	***	***	***
其他联营	2	***	***	***	***	***	***
国有独资公司	49	1840891	976612	498703	10671	13480	66111
其他有限责任公司	2144	38013323	10158332	24192962	1857219	497013	2355262
股份有限公司	67	2319127	308118	1748259	69310	17551	117836
私营独资	2359	1456234	435979	924360	43376	12277	446084
私营合伙	269	568615	81224	480578	7354	1300	74474
私营有限责任公司	27753	50473543	8923878	39160580	2563214	572898	8429694
私营股份有限公司	78	563941	102159	408736	8219	10760	37195
其他	89	7843	3804	4031	20	8	22136
港澳台商投资	182	26690432	4081789	19073399	4670998	1476737	896776
与港澳台商合资经营	55	9958900	2134869	6219480	2467512	69207	228833
与港澳台商合作经营	3	386162	176697	91106	631	11745	3209
港澳台商独资	123	16102203	1770223	12530420	2198810	1392100	630473
港澳台商投资股份有限公司	1	***	***	***	***	***	***
外商投资	208	16049959	1439374	12918300	3834366	139029	645050
中外合资经营	56	6956566	1027122	4893983	1506186	13528	162026
中外合作经营	4	247086	102488	78297	1606		5493
外资企业	144	8731674	240004	7905579	2326574	125501	475185
外商投资股份有限公司	1	***	***	***	***	***	***
其他外商投资	3	21426		21426			1184
二、按隶属关系分							
中央	236	8269639	3670021	2059240	33490	179836	339609
地方	34222	139865888	27264646	100701112	13109142	2687890	13697564
三、按行业分							
住宿业	5585	50544310	30432632	10456012	253407	446574	4199104
餐饮业	28873	97591217	502035	92304339	12889225	2421152	9838069
四、按控股情况分							
国有控股	729	26112262	10821253	9612298	264762	343512	1221895

3-5 续表 1

项目	法人单位数（个）	营业额（千元）	#客房收入	#餐费收入	#通过公共网络实现的餐费收入	#商品销售额	年末餐饮营业面积（平方米）
集体控股	867	4282570	1533653	1914849	38637	79966	499195
私人控股	31671	73201499	13806816	55348431	4104708	855300	10363260
港澳台商控股	170	24745617	3098300	19022389	4689979	1443383	875772
外商控股	172	17766427	1246104	15401921	3827596	138692	711531
其他	849	2027152	428542	1460462	216950	6873	365520
五、按限额标准分							
限额以上	2189	114422071	23885581	77678294	12434832	2666910	5241955
限额以下	32269	33713456	7049086	25082057	707800	200816	8795218
六、按经营形式分							
独立门店	27483	86611803	24241758	51821620	2835640	1025127	10178209
连锁总店（总部）	305	38712730	1169400	34992319	9400715	1736324	1632618
连锁直营店	667	9265943	1455861	7575467	686288	14626	398543
连锁加盟店	1863	3841330	2613514	1049418	51697	28889	800775
其他	4140	9703721	1454134	7321526	168292	62760	1027028
七、按年末餐饮营业面积分							
5000 平方米及以上	315	55616595	4030974	46636298	9820726	1982336	4159367
1000-4999 平方米	2394	45083439	12690764	26703925	2089799	426178	4796749
500-999 平方米	2312	14013349	2937013	9764085	541606	157718	1536383
499 平方米及以下	29437	33422145	11275915	19656043	690501	301494	3544674
八、按地区分							
东城区	2092	29244447	5915988	21341636	6057366	239991	1598713
西城区	2150	16272721	4549480	10182970	1158029	167520	954705
朝阳区	7797	38902863	7136521	27210022	1946607	849899	3007382
丰台区	3240	8107440	2394165	4918391	253302	104662	1676988
石景山区	747	1493724	372533	944304	18892	23114	184272
海淀区	4174	23479660	5981049	14958014	1043507	254434	1955629
门头沟区	374	750948	99521	565503	112498	5640	142367
房山区	2702	1539083	223530	1192360	129982	61230	552663
通州区	2028	1780402	359609	1308789	97709	10499	400057
顺义区	1625	4890474	974685	3673963	594789	64437	627847
昌平区	2275	3978387	1034921	2229077	54811	39651	712243
大兴区	2123	7879720	381307	6376867	1189363	997668	839726
怀柔区	1148	1341909	465072	674836	6513	12312	391510
平谷区	583	1804574	75168	1692674	309698	4551	245386
密云区	632	835177	307482	443373	8033	13821	260703
延庆区	270	509170	129561	334030	1648	2114	176581
北京经济技术开发区	498	5324827	534075	4713541	159885	16181	310401

3-6 住宿业法人单位经营情况

项目	法人单位数（个）	营业额（千元）	#客房收入	#餐费收入	#通过公共网络实现的餐费收入	#商品销售额	年末餐饮营业面积（平方米）
合计	**5585**	**50544310**	**30432632**	**10456012**	**253407**	**446574**	**4199104**
一、按登记注册类型分							
内资	5503	39982218	24911469	8391389	207949	343188	3919052
国有	311	6992204	3352447	1790616	28086	103813	446266
集体	243	1136721	655714	155271	673	4213	151300
股份合作	130	472960	319546	50730		3314	76811
国有联营	2	***	***	***	***	***	***
集体联营	1	***	***	***	***	***	***
国有与集体联营	2	***	***	***	***	***	***
其他联营	1	***	***	***	***	***	***
国有独资公司	43	1754901	972336	425455	9949	12100	58527
其他有限责任公司	612	17030188	9998264	4270622	112320	150755	740009
股份有限公司	19	622763	308118	131871	392	16199	20430
私营独资	520	520871	432581	16685	16	1499	154294
私营合伙	85	85362	80813	1369		12	35160
私营有限责任公司	3458	11174196	8652251	1504549	56313	50839	2213272
私营股份有限公司	23	125246	102159	20460	47	436	7177
其他	53	3864	3316	540		8	11100
港澳台商投资	41	7400531	4081789	1389120	30835	97736	159728
与港澳台商合资经营	22	4705738	2134869	1148512	29455	50793	79602
与港澳台商合作经营	2	***	***	***	***	***	***
港澳台商独资	17	2323971	1770223	164842	1308	35198	77090
外商投资	41	3161561	1439374	675503	14624	5649	120324
中外合资经营	16	2501275	1027122	534481	9532	5537	31287
中外合作经营	2	***	***	***	***	***	***
外资企业	22	359388	240004	83104	3486	112	84540
外商投资股份有限公司	1	***	***	***	***	***	***
二、按隶属关系分							
中央	207	7832723	3655680	1765287	33370	109902	310885
地方	5378	42711587	26776952	8690725	220037	336672	3888219
三、按行业分							
旅游饭店	1585	34939421	18079329	8914704	225053	356825	1725969
一般旅馆	3150	13230684	10764026	1189700	23009	79988	1946045
民宿服务	330	112884	92028	12107	834	133	85202
露营地服务	6	1154	1152	1			610
其他住宿业	514	2260169	1496096	339500	4512	9627	441278
四、按控股情况分							
国有控股	546	21747052	10758361	5797414	108662	203921	872627
集体控股	386	2692050	1485918	469496	3288	66377	269080
私人控股	4434	18574784	13420989	2996609	115263	105102	2744743
港澳台商控股	31	4897005	3098300	797020	12478	63930	115082

3-6 续表 1

项目	法人单位数（个）	营业额（千元）	#客房收入	#餐费收入	#通过公共网络实现的餐费收入	#商品销售额	年末餐饮营业面积（平方米）
外商控股	37	1992350	1246104	283757	11234	5118	100651
其他	151	641069	422960	111716	2483	2125	96921
五、按限额标准分							
限额以上	930	42139229	23487529	9828687	237233	418982	1200668
限额以下	4655	8405081	6945103	627325	16174	27592	2998436
六、按经营形式分							
独立门店	4301	42439702	23751226	9788930	242541	422503	3255015
连锁总店（总部）	21	1232275	1169068	3947		5354	11755
连锁直营店	51	1609542	1451841	18159	2421	3644	43812
连锁加盟店	580	2808001	2612228	58781	1051	8882	580552
其他	632	2454791	1448268	586195	7394	6191	307970
七、按星级评定情况分							
一星	53	82876	71518	6887	1040	345	75879
二星	134	1118596	643408	228916	9404	50302	155146
三星	189	4992387	2476536	1185618	25364	85859	309362
四星	104	7854238	3707147	1851886	35278	47540	313258
五星	53	10067733	4611213	2794744	83923	84951	338251
其他	5052	26428481	18922809	4387961	98399	177578	3007208
八、按年末餐饮营业面积分							
5000 平方米及以上	147	9055866	3870547	2957440	89744	139357	1357158
1000-4999 平方米	985	23387615	12475414	6019912	136164	200363	2176880
500-999 平方米	568	4920827	2873031	945982	16732	63877	388303
499 平方米及以下	3885	13180002	11213639	532678	10768	42977	276763
九、按地区分							
东城区	554	8852111	5900038	1586813	28715	77366	563916
西城区	619	6870495	4478232	1196536	28449	75766	247683
朝阳区	844	12723815	7054288	2678705	76759	71396	689264
丰台区	687	3368537	2284787	580888	13605	20738	912945
石景山区	94	586143	370086	112567	1190	785	29036
海淀区	680	10098278	5882801	2213674	88214	86004	372023
门头沟区	47	247566	98553	70594	1562	1070	34567
房山区	674	498059	222404	167303	716	49866	189945
通州区	200	551837	353927	121559	3273	497	120180
顺义区	195	1444480	966524	332694	3172	8646	146633
昌平区	288	2225605	986782	586659	4200	35850	208334
大兴区	197	625340	373627	163220	292	3717	213493
怀柔区	213	853282	439423	236400	413	8035	143434
平谷区	49	161189	73153	64789	364	1086	58969
密云区	120	507391	289040	151228	721	3634	83794
延庆区	87	221182	124893	54707	172	1307	81724
北京经济技术开发区	37	709002	534075	137677	1591	813	103164

3-7　餐饮业法人单位经营情况

项　　目	法人单位数（个）	营业额（千元）	#客房收入	#餐费收入	#通过公共网络实现的餐费收入	#商品销售额	年末餐饮营业面积（平方米）
合　计	**28873**	**97591217**	**502035**	**92304339**	**12889225**	**2421152**	**9838069**
一、按登记注册类型分							
内资	28565	65412918	502035	62377263	4429319	908772	8576295
国有	84	594065	31044	507296	18987	11808	89234
集体	270	387124	17025	337463	11513	2352	89275
股份合作	209	502577	13701	482821	18474	1172	85373
集体联营	6	3025		3025			3580
其他联营	1	***	***	***	***	***	***
国有独资公司	6	85991	4275	73247	722	1380	7584
其他有限责任公司	1532	20983135	160067	19922340	1744898	346257	1615253
股份有限公司	48	1696364		1616388	68918	1352	97406
私营独资	1839	935363	3397	907675	43360	10778	291790
私营合伙	184	483253	411	479209	7354	1289	39314
私营有限责任公司	24295	39299347	271627	37656031	2506901	522059	6216422
私营股份有限公司	55	438696		388276	8172	10324	30018
其他	36	3979	488	3491	20		11036
港澳台商投资	141	19289901		17684280	4640163	1379001	737048
与港澳台商合资经营	33	5253162		5070969	2438058	18414	149231
与港澳台商合作经营	1	***	***	***	***	***	***
港澳台商独资	106	13778232		12365578	2197501	1356902	553383
港澳台商投资股份有限公司	1	***	***	***	***	***	***
外商投资	167	12888398		12242797	3819743	133380	524726
中外合资经营	40	4455291		4359501	1496654	7991	130739
中外合作经营	2	***	***	***	***	***	***
外资企业	122	8372286		7822475	2323089	125389	390645
其他外商投资	3	21426		21426			1184
二、按隶属关系分							
中央	29	436916	14341	293953	120	69934	28724
地方	28844	97154301	487694	92010387	12889105	2351218	9809345
三、按行业分							
正餐服务	22308	62608806	494568	59763420	5800218	914210	7676283
快餐服务	2455	23345404	3049	21827181	6816715	1060527	1291745
饮料及冷饮服务	999	4931894	544	4498279	44047	398967	247487
餐饮配送及外卖送餐服务	276	1923345	238	1803622	72206	14852	88421
其他餐饮业	2835	4781768	3637	4411838	156038	32596	534133
四、按控股情况分							
国有控股	183	4365211	62892	3814885	156100	139591	349268
集体控股	481	1590519	47734	1445352	35349	13588	230115
私人控股	27237	54626715	385827	52351823	3989445	750198	7618517
港澳台商控股	139	19848613		18225369	4677501	1379453	760690
外商控股	135	15774077		15118165	3816363	133574	610880
其他	698	1386083	5582	1348746	214467	4749	268599

3-7 续表 1

项目	法人单位数（个）	营业额（千元）	#客房收入	#餐费收入	#通过公共网络实现的餐费收入	#商品销售额	年末餐饮营业面积（平方米）
五、按限额标准分							
限额以上	1259	72282842	398052	67849607	12197599	2247928	4041287
限额以下	27614	25308375	103983	24454732	691626	173224	5796782
六、按经营形式分							
独立门店	23182	44172102	490532	42032690	2593099	602624	6923194
连锁总店（总部）	284	37480454	332	34988372	9400715	1730969	1620863
连锁直营店	616	7656401	4020	7557308	683867	10983	354731
连锁加盟店	1283	1033330	1286	990638	50645	20007	220223
其他	3508	7248931	5866	6735331	160898	56569	719058
七、按餐饮业态分							
中式正餐	16818	52516421	481994	49797206	3588685	807491	6414551
中式快餐	5979	16420085	2315	15042649	2673570	1060383	1578581
外国风味正餐	832	9402841	1454	9139781	2144546	98369	565210
外国风味快餐	474	10930346	46	10602429	4350318	24628	402430
茶馆	278	195187	475	170451	620	17318	52181
咖啡馆	640	4445794	224	4038165	16749	385540	199764
酒吧	146	181062		175382	319	5081	29700
其他	3706	3499482	15528	3338276	114418	22343	595652
八、按年末餐饮营业面积分							
5000 平方米及以上	168	46560728	160427	43678857	9730982	1842980	2802209
1000-4999 平方米	1409	21695823	215350	20684013	1953635	225815	2619869
500-999 平方米	1744	9092522	63982	8818104	524874	93841	1148080
499 平方米及以下	25552	20242144	62276	19123365	679733	258517	3267911
九、按地区分							
东城区	1538	20392336	15950	19754822	6028651	162626	1034797
西城区	1531	9402226	71248	8986434	1129580	91755	707022
朝阳区	6953	26179048	82233	24531317	1869848	778504	2318118
丰台区	2553	4738903	109379	4337503	239697	83924	764043
石景山区	653	907581	2447	831737	17702	22329	155236
海淀区	3494	13381383	98248	12744340	955292	168430	1583606
门头沟区	327	503382	968	494909	110936	4570	107800
房山区	2028	1041024	1126	1025057	129266	11364	362718
通州区	1828	1228565	5682	1187230	94437	10002	279877
顺义区	1430	3445994	8160	3341270	591618	55792	481214
昌平区	1987	1752782	48139	1642418	50612	3801	503909
大兴区	1926	7254380	7680	6213647	1189071	993952	626233
怀柔区	935	488627	25649	438435	6100	4278	248076
平谷区	534	1643386	2015	1627886	309334	3466	186417
密云区	512	327787	18442	292145	7312	10187	176909
延庆区	183	287988	4668	279324	1476	807	94857
北京经济技术开发区	461	4615825		4575864	158294	15368	207237

3-8 限额以上住宿和餐饮

项目	法人单位数（个）	营业额（千元）	#客房收入	#通过公共网络实现的客房收入
合计	**2189**	**114422071**	**23885581**	**5272148**
一、按登记注册类型分				
内资	2029	73217050	18460713	3720817
国有	174	7216227	3142816	523889
集体	44	1156716	522635	84168
股份合作	40	648063	200265	23383
国有与集体联营	1	***	***	***
其他联营	1	***	***	***
国有独资公司	41	1820217	963411	229228
其他有限责任公司	708	33822684	9107660	1875022
股份有限公司	26	2236732	266834	50976
私营独资	15	225065	54528	30872
私营合伙	5	72098	8674	200
私营有限责任公司	949	25441176	4081673	888541
私营股份有限公司	24	529475	88762	13494
其他	1	***	***	***
港澳台商投资	94	26254804	4070036	1149185
与港澳台商合资经营	32	9765397	2124426	646762
与港澳台商合作经营	3	386162	176697	69308
港澳台商独资	58	15860078	1768913	433115
港澳台商投资股份有限公司	1	***	***	***
外商投资	66	14950217	1354832	402146
中外合资经营	23	6380925	1023757	298195
中外合作经营	3	246334	102488	26507
外资企业	38	8208717	158827	56517
外商投资股份有限公司	1	***	***	***
其他外商投资	1	***	***	***
二、按隶属关系分				
中央	148	8061068	3546221	687893
地方	2041	106361003	20339360	4584255
三、按行业分				
住宿业	930	42139229	23487529	5228629
餐饮业	1259	72282842	398052	43519
四、按控股情况分				
国有控股	437	24848930	10018634	1972040

业法人单位经营情况

#餐费收入	#通过公共网络实现的餐费收入	#商品销售额	客房数（间）	床位数（个）	餐位数（位）	年末餐饮营业面积（平方米）
77678294	**12434832**	**2666910**	**197083**	**321092**	**1430829**	**5241955**
47075228	3986823	1052858	165387	278326	1022481	3909848
2218655	47059	113515	26880	46419	63997	275324
304551	7092	3810	5172	9202	11153	42029
347666	17419	4178	2948	5771	14134	55613
***	***	***	***	***	***	***
***	***	***	***	***	***	***
491275	9999	13480	7659	12857	15686	61227
21273696	1743523	479551	74419	125520	385288	1646841
1707262	67191	17551	2561	4382	21514	94188
148123	27285	1066	882	1555	6012	11302
63424	3685		114	203	455	2029
20112484	2055228	409021	43519	70519	496790	1692022
388748	8189	10686	995	1573	7122	25273
***	***	***	***	***	***	***
18667533	4666011	1476563	25253	33827	260646	810526
6048351	2464779	69207	9518	13170	65624	220062
91106	631	11745	562	731	885	3209
12295683	2196556	1391926	15173	19926	190053	552994
***	***	***	***	***	***	***
11935533	3781998	137489	6443	8939	147702	521581
4326210	1494251	13295	4938	6729	42221	150705
77545	1606		489	705	974	5328
7491728	2286141	124194	683	1079	103534	363612
***	***	***	***	***	***	***
***	***	***	***	***	***	***
1990832	33490	179721	29673	51293	60272	241895
75687462	12401342	2487189	167410	269799	1370557	5000060
9828687	237233	418982	191976	311816	257102	1200668
67849607	12197599	2247928	5107	9276	1173727	4041287
9285621	261097	337349	76571	128132	205909	898596

3-8 续表 1

项目	法人单位数（个）	营业额（千元）	#客房收入	#通过公共网络实现的客房收入
集体控股	101	3482563	1214006	184440
私人控股	1480	44171156	8143181	1773889
港澳台商控股	87	24220898	3096990	874136
外商控股	67	16823225	1164927	440675
其他	17	875299	247843	26968
五、按经营形式分				
独立门店	1874	63394718	19799740	4139258
连锁总店（总部）	89	36589383	1102754	442502
连锁直营店	50	6948433	1176794	227201
连锁加盟店	65	885731	703339	216748
其他	111	6603806	1102954	246439
六、按年末餐饮营业面积分				
5000 平方米及以上	176	54401587	3476141	721075
1000-4999 平方米	932	38570939	10702248	2453423
500-999 平方米	426	9098960	2542120	410306
499 平方米及以下	655	12350585	7165072	1687344
七、按地区分				
东城区	255	26673064	5184228	1571058
西城区	272	12524969	3301324	769513
朝阳区	618	29040071	5725328	1427220
丰台区	164	4539892	1345709	199119
石景山区	32	783961	216306	55870
海淀区	426	18140717	5054214	938799
门头沟区	18	581940	70815	4930
房山区	30	997913	103940	1800
通州区	35	611191	142971	31054
顺义区	84	3776699	712871	51959
昌平区	83	2444756	719750	87003
大兴区	44	6408869	173845	6135
怀柔区	41	891521	339068	33366
平谷区	25	1493085	47017	866
密云区	21	438994	203304	17082
延庆区	14	290556	102065	28181
北京经济技术开发区	27	4783873	442826	48193

#餐费收入	#通过公共网络实现的餐费收入	#商品销售额	客房数（间）	床位数（个）	餐位数（位）	年末餐饮营业面积（平方米）
1480834	32327	76549	12229	22038	41448	159435
33311903	3507800	667872	78146	126985	741574	2742515
18507849	4687298	1442757	20509	27229	254712	791047
14568796	3780875	136958	7514	13278	172509	602519
523291	165435	5425	2114	3430	14677	47843
34031853	2379956	874501	158425	261926	799356	3177280
33009906	9274506	1724584	12093	20388	476095	1542718
5631291	627640	8234	10281	13175	61120	202037
154133	7826	9308	7818	11569	2599	8514
4851111	144904	50283	8466	14034	91659	311406
46039634	9791011	1978854	24304	40597	847398	2854643
22598771	1946341	409326	76573	123414	447228	1978357
5407518	431191	133478	23092	40333	92556	304462
3632371	266289	145252	73114	116748	43647	104493
19670314	5991465	229689	35588	54477	249354	921313
7850028	1120659	145386	26094	41814	127164	557983
19144082	1642582	807779	39776	60260	268826	1138670
2667620	175356	84668	14612	24680	61431	284089
453485	12999	17700	2419	3879	10092	42284
10792250	942344	226858	38179	61169	328300	1035847
429132	109816	5113	1193	2041	15974	50428
780640	124170	59149	2376	4349	24525	78927
421651	79759	5744	1920	3442	13416	55776
2900173	590634	25096	8570	16790	66727	209580
1042687	49271	35326	10210	19070	47418	182887
5149625	1159707	994212	3030	6214	105091	298773
371938	3857	7445	4203	7829	21076	83668
1418593	286361	3930	953	1707	32051	86243
156857	1635	12503	2740	4912	11023	42914
149459	1511	1685	1746	3317	10700	46107
4279760	142706	4627	3474	5142	37661	126466

3-9 限额以上住宿业

项目	法人单位数（个）	营业额（千元）	#客房收入	#通过公共网络实现的客房收入
合计	**930**	**42139229**	**23487529**	**5228629**
一、按登记注册类型分				
内资	874	31722789	18062661	3677298
国有	151	6682484	3116509	523075
集体	29	952960	505846	83985
股份合作	20	334274	188062	22676
国有与集体联营	1	***	***	***
其他联营	1	***	***	***
国有独资公司	37	1745528	963411	229228
其他有限责任公司	346	15695357	8975158	1856370
股份有限公司	9	579485	266834	50976
私营独资	8	81080	54528	30872
私营合伙	2	***	***	***
私营有限责任公司	261	5482064	3871422	865378
私营股份有限公司	8	110917	88762	13494
其他	1	***	***	***
港澳台商投资	35	7377945	4070036	1149185
与港澳台商合资经营	19	4688318	2124426	646762
与港澳台商合作经营	2	***	***	***
港澳台商独资	14	2318805	1768913	433115
外商投资	21	3038495	1354832	402146
中外合资经营	14	2497189	1023757	298195
中外合作经营	2	***	***	***
外资企业	4	240408	158827	56517
外商投资股份有限公司	1	***	***	***
二、按隶属关系分				
中央	141	7685576	3531880	687893
地方	789	34453653	19955649	4540736
三、按行业分				
旅游饭店	523	32841343	16493604	3612351
一般旅馆	379	8142798	6365382	1451561
民宿服务	2	***	***	***
其他住宿业	26	1137625	612704	159482
四、按控股情况分				
国有控股	357	20652586	9964754	1971226
集体控股	63	2344901	1190045	183939
私人控股	455	11948521	7825347	1731999
港澳台商控股	26	4891576	3096990	874136

法人单位经营情况

#餐费收入	#通过公共网络实现的餐费收入	#商品销售额	客房数（间）	床位数（个）	餐位数（位）	年末餐饮营业面积（平方米）
9828687	**237233**	**418982**	**191976**	**311816**	**257102**	**1200668**
7783380	192416	315865	160280	269050	229122	1068566
1766223	28072	101935	26473	45707	49790	213945
142737	673	3810	4905	8700	4861	24603
47553		3314	2768	5414	4449	19849
***	***	***	***	***	***	***
***	***	***	***	***	***	***
425054	9949	12100	7659	12857	14444	54927
4099038	110048	145098	72419	121817	105467	493261
129980	392	16199	2561	4382	3358	10167
6191	6	658	882	1555	968	3138
***	***	***	***	***	***	***
1125431	43076	32336	41266	66517	43942	239555
20460	47	415	995	1573	1313	4221
***	***	***	***	***	***	***
1388688	30604	97562	25253	33827	18772	92779
1148364	29307	50793	9518	13170	14667	75776
***	***	***	***	***	***	***
164558	1225	35024	15173	19926	3274	13967
656619	14213	5555	6443	8939	9208	39323
533761	9532	5537	4938	6729	7251	30287
***	***	***	***	***	***	***
64940	3075	18	683	1079	774	4539
***	***	***	***	***	***	***
1758142	33370	109787	29040	50045	52081	223021
8070545	203863	309195	162936	261771	205021	977647
8624012	214423	350508	121517	198217	209044	1002611
969535	19362	62203	65374	104748	40179	165367
***	***	***	***	***	***	***
233692	3382	6271	4957	8673	7811	32450
5627850	107216	197986	75429	125995	137684	600597
452015	3288	65974	11624	20863	18390	78622
2591550	101073	84390	74827	121077	84114	429844
796736	12395	63756	20509	27229	8754	48633

3-9 续表 1

项目	法人单位数（个）	营业额（千元）	#客房收入	#通过公共网络实现的客房收入
外商控股	19	1873370	1164927	440675
其他	10	428275	245466	26654
五、按经营形式分				
独立门店	815	37022279	19406729	4095953
连锁总店（总部）	7	1155865	1102422	442502
连锁直营店	17	1300785	1174469	227170
连锁加盟店	59	754540	703339	216748
其他	32	1905760	1100570	246256
六、按星级评定情况分				
二星	52	909521	481702	74886
三星	146	4917051	2414175	335919
四星	91	7844269	3705546	790484
五星	43	9647287	4337549	1253621
其他	598	18821101	12548557	2773719
七、按年末餐饮营业面积分				
5000 平方米及以上	51	8335611	3347019	713142
1000-4999 平方米	298	20819151	10518555	2436595
500-999 平方米	142	4408749	2489716	402314
499 平方米及以下	439	8575718	7132239	1676578
八、按地区分				
东城区	134	7977326	5174997	1570472
西城区	126	5327493	3234227	765226
朝阳区	202	11081040	5656644	1413553
丰台区	77	2123758	1268904	188365
石景山区	15	382341	215012	55870
海淀区	174	9064505	4959441	931652
门头沟区	9	217013	70815	4930
房山区	18	351249	103608	1800
通州区	12	254341	138121	31013
顺义区	37	1136425	705713	50788
昌平区	46	1867298	684009	84624
大兴区	15	381927	173845	6135
怀柔区	20	706900	325275	32606
平谷区	7	120611	47017	866
密云区	14	356282	188351	15078
延庆区	9	189204	98724	27458
北京经济技术开发区	15	601516	442826	48193

# 餐费收入	# 通过公共网络实现的餐费收入	# 商品销售额	客房数（间）	床位数（个）	餐位数（位）	年末餐饮营业面积（平方米）
265593	10823	5024	7514	13278	4003	20650
94943	2438	1852	2073	3374	4157	22322
9242958	226784	400683	153456	252926	241328	1138591
3819		5308	12065	20336	1388	4438
12541	2410	2047	10263	13139	1047	3570
27555	694	5403	7818	11569	1015	3949
541814	7345	5541	8374	13846	12324	50120
220405	9404	49210	7013	13148	12230	41304
1179030	25364	85600	25614	45747	48654	236223
1851590	35278	47540	27433	45320	48519	224369
2741171	82491	84434	20910	30841	40146	189320
3836491	84696	152198	111006	176760	107553	509452
2822600	79873	136497	22664	37586	64869	411025
5714538	133862	190760	74194	119100	142322	646749
882539	14303	63086	22486	39244	31751	100218
409010	9195	28639	72632	115886	18160	42676
1561286	28228	74423	35502	54366	33117	152160
1025564	26380	64109	25617	41040	25068	139331
2585344	68845	67907	39143	59094	44881	220709
532212	12371	17079	13123	21899	20180	86651
111988	1190	719	2301	3631	2677	12653
2171817	88063	85334	37667	60405	46521	218805
69039	1562	936	1193	2041	2720	16949
143749	715	49708	2348	4297	6752	28855
81822	2269	355	1898	3404	4433	21893
308900	2588	8156	8400	16477	12358	45208
548236	4049	35282	9440	17610	24261	101757
138136	74	3225	3030	6214	4882	25368
216454	340	6360	3760	6970	10512	42666
51932	364	817	953	1707	4521	21232
104384	23	2685	2549	4544	6530	22316
52869	172	1214	1578	2975	4750	29991
124955		673	3474	5142	2939	14124

3-10 限额以上餐饮业

项目	法人单位数（个）	营业额（千元）	#客房收入	#通过公共网络实现的客房收入
合计	**1259**	**72282842**	**398052**	**43519**
一、按登记注册类型分				
内资	1155	41494261	398052	43519
国有	23	533743	26307	814
集体	15	203756	16789	183
股份合作	20	313789	12203	707
国有独资公司	4	74689		
其他有限责任公司	362	18127327	132502	18652
股份有限公司	17	1657247		
私营独资	7	143985		
私营合伙	3	62055		
私营有限责任公司	688	19959112	210251	23163
私营股份有限公司	16	418558		
港澳台商投资	59	18876859		
与港澳台商合资经营	13	5077079		
与港澳台商合作经营	1	***	***	***
港澳台商独资	44	13541273		
港澳台商投资股份有限公司	1	***	***	***
外商投资	45	11911722		
中外合资经营	9	3883736		
中外合作经营	1	***	***	***
外资企业	34	7968309		
其他外商投资	1	***	***	***
二、按隶属关系分				
中央	7	375492	14341	
地方	1252	71907350	383711	43519
三、按行业分				
正餐服务	1054	42509534	397536	43519
快餐服务	98	21971263		
饮料及冷饮服务	24	3617704		
餐饮配送及外卖送餐服务	44	1527910		
其他餐饮业	39	2656431	516	
四、按控股情况分				
国有控股	80	4196344	53880	814
集体控股	38	1137662	23961	501
私人控股	1025	32222635	317834	41890
港澳台商控股	61	19329322		
外商控股	48	14949855		
其他	7	447024	2377	314

法人单位经营情况

#餐费收入	#通过公共网络实现的餐费收入	#商品销售额	客房数（间）	床位数（个）	餐位数（位）	年末餐饮营业面积（平方米）
67849607	**12197599**	**2247928**	**5107**	**9276**	**1173727**	**4041287**
39291848	3794407	736993	5107	9276	793359	2841282
452432	18987	11580	407	712	14207	61379
161814	6419		267	502	6292	17426
300113	17419	864	180	357	9685	35764
66221	50	1380			1242	6300
17174658	1633475	334453	2000	3703	279821	1153580
1577282	66799	1352			18156	84021
141932	27279	408			5044	8164
62055	3685				255	1129
18987053	2012152	376685	2253	4002	452848	1452467
368288	8142	10271			5809	21052
17278845	4635407	1379001			241874	717747
4899987	2435472	18414			50957	144286
***	***	***	***	***	***	***
12131125	2195331	1356902			186779	539027
***	***	***	***	***	***	***
11278914	3767785	131934			138494	482258
3792449	1484719	7758			34970	120418
***	***	***	***	***	***	***
7426788	2283066	124176			102760	359073
***	***	***	***	***	***	***
232690	120	69934	633	1248	8191	18874
67616917	12197479	2177994	4474	8028	1165536	4022413
40331531	5269647	784991	4997	9056	690597	2764948
20496723	6754573	1044734			410820	950977
3199585	27491	394207			33652	121293
1447522	52087	12131			685	53934
2374246	93801	11865	110	220	37973	150135
3657771	153881	139363	1142	2137	68225	297999
1028819	29039	10575	605	1175	23058	80813
30720353	3406727	583482	3319	5908	657460	2312671
17711113	4674903	1379001			245958	742414
14303203	3770052	131934			168506	581869
428348	162997	3573	41	56	10520	25521

3-10 续表 1

项　　目	法人单位数（个）	营业额（千元）	#客房收入	#通过公共网络实现的客房收入
五、按经营形式分				
独立门店	1059	26372439	393011	43305
连锁总店（总部）	82	35433518	332	
连锁直营店	33	5647648	2325	31
连锁加盟店	6	131191		
其他	79	4698046	2384	183
六、按餐饮业态分				
中式正餐	979	37190481	396598	42845
中式快餐	104	12956726		
外国风味正餐	124	7874534	1454	674
外国风味快餐	23	10420208		
茶馆	5	73438		
咖啡馆	9	3366110		
酒吧	6	77735		
其他	9	323610		
七、按年末餐饮营业面积分				
5000 平方米及以上	125	46065976	129122	7933
1000-4999 平方米	634	17751788	183693	16828
500-999 平方米	284	4690211	52404	7992
499 平方米及以下	216	3774867	32833	10766
八、按地区分				
东城区	121	18695738	9231	586
西城区	146	7197476	67097	4287
朝阳区	416	17959031	68684	13667
丰台区	87	2416134	76805	10754
石景山区	17	401620	1294	
海淀区	252	9076212	94773	7147
门头沟区	9	364927		
房山区	12	646664	332	
通州区	23	356850	4850	41
顺义区	47	2640274	7158	1171
昌平区	37	577458	35741	2379
大兴区	29	6026942		
怀柔区	21	184621	13793	760
平谷区	18	1372474		
密云区	7	82712	14953	2004
延庆区	5	101352	3341	723
北京经济技术开发区	12	4182357		

#餐费收入	#通过公共网络实现的餐费收入	#商品销售额	客房数（间）	床位数（个）	餐位数（位）	年末餐饮营业面积（平方米）
24788895	2153172	473818	4969	9000	558028	2038689
33006087	9274506	1719276	28	52	474707	1538280
5618750	625230	6187	18	36	60073	198467
126578	7132	3905			1584	4565
4309297	137559	44742	92	188	79335	261286
34881966	3207934	750252	5086	9228	593306	2421023
11747178	2569532	1030134			321077	769321
7695963	2070573	50497	21	48	104372	387239
10102364	4316539	22200			120126	335654
57124	193	15224			530	5672
2977788	14398	374381			31819	109319
73188		4547			1005	4729
314036	18430	693			1492	8330
43217034	9711138	1842357	1640	3011	782529	2443618
16884233	1812479	218566	2379	4314	304906	1331608
4524979	416888	70392	606	1089	60805	204244
3223361	257094	116613	482	862	25487	61817
18109028	5963237	155266	86	111	216237	769153
6824464	1094279	81277	477	774	102096	418652
16558738	1573737	739872	633	1166	223945	917961
2135408	162985	67589	1489	2781	41251	197438
341497	11809	16981	118	248	7415	29631
8620433	854281	141524	512	764	281779	817042
360093	108254	4177			13254	33479
636891	123455	9441	28	52	17773	50072
339829	77490	5389	22	38	8983	33883
2591273	588046	16940	170	313	54369	164372
494451	45222	44	770	1460	23157	81130
5011489	1159633	990987			100209	273405
155484	3517	1085	443	859	10564	41002
1366661	285997	3113			27530	65011
52473	1612	9818	191	368	4493	20598
96590	1339	471	168	342	5950	16116
4154805	142706	3954			34722	112342

3-11 限额以下住宿和餐饮业法人单位经营情况

项目	法人单位数（个）	营业额（千元）	#客房收入	#餐费收入	#通过公共网络实现的餐费收入	#商品销售额	年末餐饮营业面积（平方米）
合计	**32269**	**33713456**	**7049086**	**25082057**	**707800**	**200816**	**8795218**
一、按登记注册类型分							
内资	32039	32178086	6952791	23693424	650445	199102	8585499
国有	221	370042	240675	79257	14	2106	260176
集体	469	367129	150103	188183	5094	2756	198546
股份合作	299	327474	132983	185885	1055	308	106571
国有联营	2	***	***	***	***	***	***
集体联营	7	3125	100	3025			3580
国有与集体联营	1	***	***	***	***	***	***
其他联营	1	***	***	***	***	***	***
国有独资公司	8	20674	13201	7428	672		4884
其他有限责任公司	1436	4190639	1050672	2919266	113696	17462	708421
股份有限公司	41	82395	41284	40997	2119		23648
私营独资	2344	1231169	381451	776237	16091	11211	434782
私营合伙	264	496517	72550	417154	3669	1300	72445
私营有限责任公司	26804	25032367	4842205	19048096	507986	163877	6737672
私营股份有限公司	54	34466	13397	19988	30	74	11922
其他	88	7843	3804	4031	20	8	22136
港澳台商投资	88	435628	11753	405866	4987	174	86250
与港澳台商合资经营	23	193503	10443	171129	2733		8771
港澳台商独资	65	242125	1310	234737	2254	174	77479
外商投资	142	1099742	84542	982767	52368	1540	123469
中外合资经营	33	575641	3365	567773	11935	233	11321
中外合作经营	1	***	***	***	***	***	***
外资企业	106	522957	81177	413851	40433	1307	111573
其他外商投资	2	***	***	***	***	***	***
二、按隶属关系分							
中央	88	208571	123800	68408		115	97714
地方	32181	33504885	6925286	25013649	707800	200701	8697504
三、按行业分							
住宿业	4655	8405081	6945103	627325	16174	27592	2998436
餐饮业	27614	25308375	103983	24454732	691626	173224	5796782

3-11 续表 1

项目	法人单位数（个）	营业额（千元）	#客房收入	#餐费收入	#通过公共网络实现的餐费收入	#商品销售额	年末餐饮营业面积（平方米）
四、按控股情况分							
国有控股	292	1263332	802619	326677	3665	6163	323299
集体控股	766	800007	319647	434015	6310	3417	339760
私人控股	30191	29030343	5663635	22036528	596908	187428	7620745
港澳台商控股	83	524719	1310	514540	2681	626	84725
外商控股	105	943202	81177	833125	46721	1734	109012
其他	832	1151853	180699	937171	51515	1448	317677
五、按经营形式分							
独立门店	25609	23217085	4442018	17789767	455685	150626	7000929
连锁总店（总部）	216	2123347	66646	1982413	126209	11740	89900
连锁直营店	617	2317510	279067	1944176	58648	6392	196506
连锁加盟店	1798	2955599	1910175	895286	43871	19581	792261
其他	4029	3099915	351180	2470415	23388	12477	715622
六、按地区分							
东城区	1837	2571383	731760	1671322	65901	10303	677400
西城区	1878	3747752	1248156	2332942	37370	22134	396722
朝阳区	7179	9862792	1411193	8065940	304025	42120	1868712
丰台区	3076	3567548	1048456	2250771	77946	19994	1392899
石景山区	715	709763	156227	490819	5893	5414	141988
海淀区	3748	5338943	926835	4165764	101163	27577	919782
门头沟区	356	169008	28706	136371	2682	527	91939
房山区	2672	541170	119590	411720	5813	2081	473736
通州区	1993	1169211	216638	887138	17950	4756	344281
顺义区	1541	1113775	261814	773790	4155	39341	418267
昌平区	2192	1533631	315171	1186390	5540	4325	529356
大兴区	2079	1470851	207462	1227242	29656	3456	540953
怀柔区	1107	450388	126004	302898	2656	4868	307842
平谷区	558	311489	28151	274082	23337	621	159143
密云区	611	396184	104178	286516	6398	1318	217789
延庆区	256	218614	27497	184571	137	429	130474
北京经济技术开发区	471	540954	91249	433781	17179	11554	183935

3-12 限额以下住宿业法人单位经营情况

项目	法人单位数（个）	营业额（千元）	#客房收入	#餐费收入	#通过公共网络实现的餐费收入	#商品销售额	年末餐饮营业面积（平方米）
合计	**4655**	**8405081**	**6945103**	**627325**	**16174**	**27592**	**2998436**
一、按登记注册类型分							
内资	4629	8259429	6848808	608009	15533	27323	2850486
国有	160	309720	235938	24393	14	1878	232321
集体	214	183761	149868	12534		403	126697
股份合作	110	138686	131484	3177			56962
国有联营	2	***	***	***	***	***	***
集体联营	1	***	***	***	***	***	***
国有与集体联营	1	***	***	***	***	***	***
国有独资公司	6	9373	8925	401			3600
其他有限责任公司	266	1334831	1023106	171584	2272	5657	246748
股份有限公司	10	43278	41284	1891			10263
私营独资	512	439791	378053	10494	10	841	151156
私营合伙	83	75319	72139			12	34260
私营有限责任公司	3197	5692132	4780829	379118	13237	18503	1973717
私营股份有限公司	15	14329	13397			21	2956
其他	52	3864	3316	540		8	11100
港澳台商投资	6	22586	11753	432	231	174	66949
与港澳台商合资经营	3	17420	10443	148	148		3826
港澳台商独资	3	5166	1310	284	83	174	63123
外商投资	20	123066	84542	18884	411	94	81001
中外合资经营	2	***	***	***	***	***	***
外资企业	18	118980	81177	18164	411	94	80001
二、按隶属关系分							
中央	66	147147	123800	7145		115	87864
地方	4589	8257934	6821303	620180	16174	27477	2910572
三、按行业分							
旅游饭店	1062	2098078	1585725	290692	10630	6317	723358
一般旅馆	2771	5087886	4398644	220165	3647	17785	1780678
民宿服务	328	95421	76189	10659	768	133	84962
露营地服务	6	1154	1152	1			610
其他住宿业	488	1122544	883392	105808	1130	3356	408828
四、按控股情况分							
国有控股	189	1094466	793607	169564	1446	5935	272030
集体控股	323	347149	295873	17481		403	190458

3-12 续表 1

项目	法人单位数（个）	营业额（千元）	#客房收入	#餐费收入	#通过公共网络实现的餐费收入	#商品销售额	年末餐饮营业面积（平方米）
私人控股	3979	6626263	5595642	405059	14190	20712	2314899
港澳台商控股	5	5429	1310	284	83	174	66449
外商控股	18	118980	81177	18164	411	94	80001
其他	141	212794	177494	16773	45	273	74599
五、按经营形式分							
独立门店	3486	5417423	4344497	545972	15757	21820	2116424
连锁总店（总部）	14	76410	66646	128		46	7317
连锁直营店	34	308757	277372	5618	11	1597	40242
连锁加盟店	521	2053461	1908889	31226	357	3479	576603
其他	600	549031	347698	44381	49	650	257850
六、按星级评定情况分							
一星	53	82876	71518	6887	1040	345	75879
二星	82	209075	161706	8511		1092	113842
三星	43	75336	62361	6588		259	73139
四星	13	9969	1601	296			88889
五星	10	420446	273664	53573	1432	517	148931
其他	4454	7607380	6374252	551470	13703	25380	2497756
七、按地区分							
东城区	420	874785	725041	25527	487	2943	411756
西城区	493	1543002	1244005	170972	2069	11657	108352
朝阳区	642	1642775	1397644	93361	7914	3489	468555
丰台区	610	1244779	1015883	48676	1234	3659	826294
石景山区	79	203802	155074	579		66	16383
海淀区	506	1033773	923360	41857	151	670	153218
门头沟区	38	30553	27738	1555		134	17618
房山区	656	146810	118796	23554	1	158	161090
通州区	188	297496	215806	39737	1004	142	98287
顺义区	158	308055	260811	23794	584	490	101425
昌平区	242	358307	302773	38423	151	568	106577
大兴区	182	243413	199782	25084	218	492	188125
怀柔区	193	146382	114148	19946	73	1675	100768
平谷区	42	40578	26136	12857		269	37737
密云区	106	151109	100689	46844	698	949	61478
延庆区	78	31978	26169	1838		93	51733
北京经济技术开发区	22	107486	91249	12722	1591	140	89040

3-13 限额以下餐饮业法人单位经营情况

项目	法人单位数（个）	营业额（千元）	#客房收入	#餐费收入	#通过公共网络实现的餐费收入	#商品销售额	年末餐饮营业面积（平方米）
合计	**27614**	**25308375**	**103983**	**24454732**	**691626**	**173224**	**5796782**
一、按登记注册类型分							
内资	27410	23918657	103983	23085415	634912	171779	5735013
国有	61	60322	4737	54864		228	27855
集体	255	183368	236	175649	5094	2352	71849
股份合作	189	188788	1498	182708	1055	308	49609
集体联营	6	3025		3025			3580
其他联营	1	***	***	***	***	***	***
国有独资公司	2	***	***	***	***	***	***
其他有限责任公司	1170	2855808	27565	2747682	111423	11804	461673
股份有限公司	31	39117		39106	2119		13385
私营独资	1832	791378	3397	765743	16081	10370	283626
私营合伙	181	421198	411	417154	3669	1289	38185
私营有限责任公司	23607	19340235	61376	18668978	494749	145374	4763955
私营股份有限公司	39	20138		19988	30	53	8966
其他	36	3979	488	3491	20		11036
港澳台商投资	82	413042		405435	4756		19301
与港澳台商合资经营	20	176083		170982	2586		4945
港澳台商独资	62	236959		234453	2170		14356
外商投资	122	976676		963883	51958	1446	42468
中外合资经营	31	571555		567052	11935	233	10321
中外合作经营	1	***	***	***	***	***	***
外资企业	88	403977		395687	40023	1213	31572
其他外商投资	2	***	***	***	***	***	***
二、按隶属关系分							
中央	22	61424		61263			9850
地方	27592	25246951	103983	24393470	691626	173224	5786932
三、按行业分							
正餐服务	21254	20099272	97032	19431889	530571	129219	4911335
快餐服务	2357	1374141	3049	1330458	62142	15793	340768
饮料及冷饮服务	975	1314190	544	1298694	16556	4760	126194
餐饮配送及外卖送餐服务	232	395435	238	356100	20119	2721	34487
其他餐饮业	2796	2125337	3121	2037592	62237	20731	383998
四、按控股情况分							
国有控股	103	168867	9012	157114	2219	228	51269
集体控股	443	452857	23773	416533	6310	3013	149302
私人控股	26212	22404080	67993	21631470	582718	166716	5305846

3-13 续表 1

项　　目	法人单位数（个）	营业额（千元）	#客房收入	#餐费收入	#通过公共网络实现的餐费收入	#商品销售额	年末餐饮营业面积（平方米）
港澳台商控股	78	519291		514256	2598	452	18276
外商控股	87	824222		814962	46311	1640	29011
其他	691	939059	3205	920398	51470	1176	243078
五、按经营形式分							
独立门店	22123	17799663	97521	17243795	439927	128806	4884505
连锁总店（总部）	202	2046936		1982285	126209	11693	82583
连锁直营店	583	2008753	1695	1938558	58637	4796	156264
连锁加盟店	1277	902139	1286	864060	43513	16102	215658
其他	3429	2550885	3482	2426034	23339	11827	457772
六、按餐饮业态分							
中式正餐	15839	15325940	85396	14915240	380751	57239	3993528
中式快餐	5875	3463359	2315	3295471	104038	30249	809260
外国风味正餐	708	1528307		1443818	73973	47872	177971
外国风味快餐	451	510138	46	500065	33779	2428	66776
茶馆	273	121749	475	113327	427	2094	46509
咖啡馆	631	1079684	224	1060377	2351	11159	90445
酒吧	140	103327		102194	319	534	24971
其他	3697	3175872	15528	3024240	95988	21650	587322
七、按地区分							
东城区	1417	1696598	6719	1645794	65414	7360	265644
西城区	1385	2204750	4151	2161970	35301	10478	288370
朝阳区	6537	8220017	13549	7972579	296111	38632	1400157
丰台区	2466	2322769	32574	2202095	76712	16335	566605
石景山区	636	505961	1153	490240	5893	5348	125605
海淀区	3242	4305171	3475	4123907	101011	26906	766564
门头沟区	318	138455	968	134816	2682	393	74321
房山区	2016	394360	794	388166	5811	1923	312646
通州区	1805	871715	832	847401	16947	4613	245994
顺义区	1383	805720	1002	749997	3572	38852	316842
昌平区	1950	1175324	12398	1147967	5390	3757	422779
大兴区	1897	1227438	7680	1202158	29438	2965	352828
怀柔区	914	304006	11856	282951	2583	3193	207074
平谷区	516	270912	2015	261225	23337	353	121406
密云区	505	245075	3489	239672	5700	369	156311
延庆区	178	186636	1327	182734	137	336	78741
北京经济技术开发区	449	433468		421060	15588	11414	94895

3-14 住宿和餐饮业法人

项目	法人单位数（个）	本年折旧	固定资产净值	在建工程	资产总计	负债合计
合计	**34458**	**6225777**	**61878019**	**10950301**	**255923434**	**191696257**
一、按登记注册类型分						
内资	34068	4973254	49027620	8815361	193385603	155526053
国有	395	654745	12012584	1997011	24475191	12546256
集体	513	87146	1462949	41419	3261000	2396124
股份合作	339	30723	412269	74992	1422429	1150180
国有联营	2	***	***	***	***	***
集体联营	7	70	168		5907	5647
国有与集体联营	2	***	***	***	***	***
其他联营	2	***	***	***	***	***
国有独资公司	49	208816	3156794	18748	11302977	6957588
其他有限责任公司	2144	1656484	24248591	1823746	80918145	70743436
股份有限公司	67	68187	791590	839576	5438401	3121161
私营独资	2359	26986	252022	1443	1465224	684170
私营合伙	269	5673	19960	764	342207	233041
私营有限责任公司	27753	2227665	6614095	4013711	64324178	57270042
私营股份有限公司	78	5396	32972		287523	351573
其他	89	378	17364	3043	28902	6350
港澳台商投资	182	871101	8200901	1141317	40643491	24616163
与港澳台商合资经营	55	479681	5374367	291645	22931357	15558380
与港澳台商合作经营	3	77661	841559	249649	1683675	636929
港澳台商独资	123	309483	1882516	596104	15014969	7594738
港澳台商投资股份有限公司	1	***	***	***	***	***
外商投资	208	381422	4649498	993622	21894340	11554041
中外合资经营	56	193186	2858981	861329	16389195	6320851
中外合作经营	4	38298	622700		921750	1418723
外资企业	144	148155	1147220	132293	4399228	3779532
外商投资股份有限公司	1	***	***	***	***	***
其他外商投资	3	322	1749		6471	4129
二、按隶属关系分						
中央	236	656256	10092060	1960134	22164444	12386092
地方	34222	5569521	51785960	8990167	233758989	179310165
三、按行业分						
住宿业	5585	3692825	55471892	9371583	188151417	136754381
餐饮业	28873	2532951	6406127	1578717	67772017	54941876
四、按控股情况分						
国有控股	729	2153483	32164693	2821441	78805449	49112608

单位主要财务状况

单位：千元

年初存货	期末存货	营业收入	营业成本	税金及附加	投资收益	营业利润	应付职工薪酬（本年贷方累计发生额）	应交增值税
5850834	**6179072**	**141139275**	**57444962**	**1412219**	**718316**	**2016502**	**36289796**	**2100400**
4921282	5147180	101356925	43650331	973710	421082	-1411750	26212444	1935652
241459	230245	7332825	1797696	165690	3744	86080	2760322	197320
37235	39124	1489921	485755	13603	-6814	76229	505908	42625
37899	37843	938330	424822	12249	1989	16055	243754	21679
***	***	***	***	***	***	***	***	***
99	120	3074	1249	7		-61	575	158
***	***	***	***	***	***	***	***	***
***	***	***	***	***	***	***	***	***
42978	36530	1780064	516189	76500	39600	-139114	737439	47771
856919	855373	36890778	14533920	429587	89763	-589735	9720189	575077
55999	55978	2187668	704273	21371	88922	163678	708443	36050
75518	90825	1386372	697315	11109	8312	118033	342551	31748
9795	9786	554786	275058	2093	4206	35727	102895	13409
3544442	3764701	48192006	23897896	238984	190881	-1172410	10964389	956251
17732	25068	533751	297333	1565	478	-5912	105432	12276
269	686	7866	6323	24		-480	2731	90
583193	683598	24608323	7054904	289323	285078	2690961	6577489	120343
110210	113765	9458844	2813944	231267	262917	1297623	2228376	72293
8583	8456	360267	34197	2227		-18252	114390	10122
452115	543911	14559639	4133766	53225	19161	1405058	4176384	33553
***	***	***	***	***	***	***	***	***
346359	348293	15174028	6739727	149185	12156	737291	3499863	44405
214205	219053	6587503	2560828	126546	3935	852058	1476149	48579
2953	2129	235608	112613	4154	1809	-20552	48927	2648
128345	126280	8242743	4054364	16981	6411	-119467	1948451	-9530
***	***	***	***	***	***	***	***	***
302	243	20406	5504	1		-1237	622	-270
186416	175646	8169145	2601337	224802	17600	280465	2918516	195114
5664418	6003426	132970130	54843625	1187416	700715	1736038	33371280	1905286
2861212	2878656	48660760	14587441	1142376	370393	1371647	13709317	1144142
2989622	3300416	92478516	42857521	269843	347923	644855	22580479	956258
568500	544375	25579184	7725523	755490	497741	986055	8986322	599646

3-14 续表 1

项　　目	法人单位数（个）	本年折旧	固定资产净值	在建工程	资产总计	负债合计
集体控股	867	238915	3604174	512177	12090955	11243060
私人控股	31671	2822377	13124526	5504166	101649993	93196023
港澳台商控股	170	590243	5518353	941647	33667589	22295103
外商控股	172	332127	3289732	216264	20144610	10609477
其他	849	88632	4176542	954606	9564838	5239986
五、按限额标准分						
限额以上	2189	4130887	55727230	6814190	198693860	145345901
限额以下	32269	2094890	6150789	4136111	57229574	46350356
六、按经营形式分						
独立门店	27483	4090524	56115712	8844173	196391180	153550640
连锁总店	305	487685	2645644	358006	23906107	12283172
连锁直营店	667	143379	344166	64476	8690288	6803373
连锁加盟店	1863	1298504	386054	59260	3202551	2996226
其他	4140	205685	2386443	1624386	23733308	16062845
七、按餐饮营业面积分						
5000 平方米及以上	315	1514144	15047256	3726154	59639089	39791653
1000-4999 平方米	2394	2307778	36299648	4293989	103862413	82476255
500-999 平方米	2312	408169	4693703	576611	37425503	26309715
499 平方米及以下	29437	1995687	5837412	2353546	54996429	43118633
八、按地区分						
东城区	2092	877404	11664150	857953	44669419	31296829
西城区	2150	569441	7297622	723334	32823485	22327849
朝阳区	7797	1527720	15698414	2647760	79690778	61611295
丰台区	3240	184427	1656845	144499	9850427	7684124
石景山区	747	40442	522184	789268	3226048	2405468
海淀区	4174	758911	8766190	450200	29646066	23128671
门头沟区	374	46279	482290	20774	1031832	992646
房山区	2702	44307	401468	63109	1702058	1412231
通州区	2028	60724	1130496	1074973	5055523	5088027
顺义区	1625	190346	1868711	1371810	13694847	11877984
昌平区	2275	221536	3153626	1760256	9657859	8783215
大兴区	2123	1299189	652789	161657	6149444	3629009
怀柔区	1148	196379	5852100	216573	8452724	3812739
平谷区	583	22356	111996	44060	1360626	1202671
密云区	632	76983	1439505	99084	2927287	2938548
延庆区	270	34928	607911	519994	1993483	870570
北京经济技术开发区	498	74403	571723	4995	3991529	2634379

单位：千元

年初存货	期末存货	营业收入	营业成本	税金及附加	投资收益	营业利润	应付职工薪酬（本年贷方累计发生额）	应交增值税
110611	110603	4115661	1367272	47348	-6161	145967	1191990	97653
4341512	4582139	69828812	32464698	373225	181583	-938266	15660057	1353719
555288	657923	22724337	7234287	152919	20348	1204579	5932681	7959
217352	223220	16955942	7734171	64949	26320	784123	3939712	17593
57572	60812	1935338	919010	18287	-1516	-165956	579033	23830
4299512	4449324	108670087	39015686	1181299	632542	4829449	28633547	1373953
1551322	1729748	32469188	18429276	230920	85774	-2812947	7656249	726447
4456174	4658020	82970039	33446226	1263372	319054	-91865	22375325	1785055
803626	922610	36056680	14060804	57573	227915	2009576	9096736	-51271
121528	138082	9103254	3560151	15681	52820	200071	1995312	66184
73209	80196	3734516	1692223	21775	11095	-31058	643444	88666
396297	380164	9274786	4685557	53818	107432	-70222	2178980	211765
1101498	1224397	52511228	20022651	310101	489175	3344013	13620707	240676
3077806	3116672	42913165	15068803	735718	140354	-125816	11788061	788959
466544	486513	13453829	5914966	127338	5142	-7272	3152045	346056
1204986	1351489	32261053	16438542	239062	83645	-1194423	7728984	724708
493273	507684	28110504	10800720	244699	-8519	1093638	6594864	250885
580518	538608	15549423	5351206	163563	167256	708809	4344757	294704
1082332	1159959	36996825	14394419	510541	418517	1037612	9671731	647923
283355	288953	7971364	3936767	56937	25109	5511	1841518	171491
33291	33325	1430496	712420	18909	-4222	-51186	353271	23515
599509	661877	22504397	9710686	230288	42529	-310573	5825271	419092
34047	33231	717719	299250	8116	76	-45390	177384	16574
68442	73943	1501946	765410	7703	1486	-81816	468292	13939
73636	78801	1667779	878898	11509	894	-107638	479812	29370
1817046	1873647	4676237	1966632	26266	11587	-295517	1204754	42231
192096	217943	3799780	1798945	48873	12839	-42581	1052910	75010
396803	483952	6708411	2784758	17839	23156	336664	1620269	40397
61097	63996	1274458	673122	17502	2737	-312698	449631	17549
35253	38625	1720531	627564	3116	11064	46208	423534	24070
43100	49749	793793	324817	17627	472	-167144	310318	-2660
17735	19405	488888	306672	12842	631	-42755	187541	-3480
39303	55373	5226726	2112675	15888	12704	245357	1283939	39791

3-15 住宿业法人单位

项　　目	法人单位数（个）	本年折旧	固定资产净值	在建工程	资产总计	负债合计
合　计	**5585**	**3692825**	**55471892**	**9371583**	**188151417**	**136754381**
一、按登记注册类型分						
内资	5503	2887736	44684080	7519191	141801436	109793878
国有	311	639023	11922040	1371270	23177818	11331173
集体	243	77294	1383289	39583	2875497	2090694
股份合作	130	25000	386669	64675	1072983	826251
国有联营	2	***	***	***	***	***
集体联营	1	***	***	***	***	***
国有与集体联营	2	***	***	***	***	***
其他联营	1	***	***	***	***	***
国有独资公司	43	205696	3153943	18748	11240772	6907825
其他有限责任公司	612	1404008	22955999	1684905	65502694	56463273
股份有限公司	19	39346	424420	808689	1934499	1865668
私营独资	520	12871	161076	890	693273	252735
私营合伙	85	1528	3128		130057	58327
私营有限责任公司	3458	478869	4273261	3526480	34957580	29711694
私营股份有限公司	23	2902	11570		92493	225105
其他	53	215	2434	3043	10911	3055
港澳台商投资	41	566202	6896996	1008592	28962767	18995556
与港澳台商合资经营	22	414597	4849517	248209	20147459	14571549
与港澳台商合作经营	2	***	***	***	***	***
港澳台商独资	17	73963	1206702	510734	7135770	3791278
外商投资	41	238888	3890817	843800	17387214	7964947
中外合资经营	16	167542	2620590	779920	15153064	5541644
中外合作经营	2	***	***	***	***	***
外资企业	22	31833	629215	63880	1148861	984366
外商投资股份有限公司	1	***	***	***	***	***
二、按隶属关系分						
中央	207	645038	10023886	1958672	21625988	11885086
地方	5378	3047787	45448007	7412911	166525428	124869295
三、按行业分						
旅游饭店	1585	3054015	48494620	6134532	143312109	101738226
一般旅馆	3150	511680	5379467	1922384	33223029	23973011
民宿服务	330	19450	134228	40475	582431	426458
露营地服务	6	83	54		1162	954
其他住宿业	514	107597	1463523	1274194	11032686	10615732
四、按控股情况分						
国有控股	546	2071434	31225615	2777789	72940110	46246970
集体控股	386	210180	3405913	504450	10529618	10092954
私人控股	4434	901271	10042623	4884097	62437296	56591730
港澳台商控股	31	284387	4207839	808922	20232224	14387015

主要财务状况

单位：千元

年初存货	期末存货	营业收入	营业成本	税金及附加	投资收益	营业利润	应付职工薪酬（本年贷方累计发生额）	应交增值税
2861212	**2878656**	**48660760**	**14587441**	**1142376**	**370393**	**1371647**	**13709317**	**1144142**
2622144	2644878	38447394	12350541	730080	91774	-252232	10867779	905278
214530	213675	6764428	1513171	159587	4390	86178	2578655	177842
15411	15392	1121164	275288	10731	1593	80299	403641	34713
9521	10744	458327	171082	10215	1838	2729	133469	9858
***	***	***	***	***	***	***	***	***
***	***	***	***	***	***	***	***	***
***	***	***	***	***	***	***	***	***
***	***	***	***	***	***	***	***	***
41127	34250	1696604	455465	75950	37171	-114106	683906	44892
332780	322880	16299677	4996802	368808	-1398	-132124	4664712	352768
34095	35430	584862	237509	12219	306	59173	144253	14996
11716	15407	490271	207626	3791	3577	76177	93821	11939
71	32	87018	41582	552	296	14048	17493	2563
1959259	1993536	10761926	4379012	86901	43762	-317515	2113949	251735
2568	2161	119729	57714	390	238	-6941	14701	2718
201	540	3805	2741	9		-360	1332	55
90299	85467	7222775	1502011	273087	269155	1093209	1978608	162580
61163	55983	4491495	1226838	229024	267126	847871	1312087	110634
***	***	***	***	***	***	***	***	***
21215	21691	2385485	245265	41880	2029	264544	552131	42189
148770	148311	2990590	734888	139208	9464	530671	862930	76284
143910	144018	2366537	472010	123768	5312	509038	702535	60154
***	***	***	***	***	***	***	***	***
2150	2016	337862	157808	9882	2343	16548	87382	11281
***	***	***	***	***	***	***	***	***
175740	163563	7569665	2140537	220894	14375	329486	2691312	178028
2685472	2715093	41091095	12446904	921482	356018	1042162	11018005	966114
2578250	2572316	33377925	9079505	967470	272256	1190104	10391313	750623
232882	245467	12949957	4575480	128108	90332	337125	2758442	337556
1953	6662	103900	56989	822	5	-25731	38495	2431
		1070	754	10		-147	105	90
48128	54209	2222908	874713	45966	7799	-129704	520962	53441
460276	439709	20949589	5680689	718276	342961	629488	7244516	485782
50759	49697	2595389	706104	38986	519	86635	808249	70013
2275582	2313121	17809564	6473243	182569	12619	-52930	3755211	422009
52561	53111	4821125	799380	136014	3744	488941	1206749	101522

3-15 续表 1

项　　目	法人单位数（个）	本年折旧	固定资产净值	在建工程	资产总计	负债合计
外商控股	37	157025	2530652	64090	14539342	6546541
其他	151	68528	4059250	332235	7472827	2889171
五、按限额标准分						
限额以上	930	3265250	51368667	6254498	156611857	115311960
限额以下	4655	427575	4103225	3117085	31539560	21442421
六、按经营形式分						
独立门店	4301	3434343	52918410	7662632	160528118	119336201
连锁总店	21	18590	110880	20645	3070546	698392
连锁直营店	51	40905	107504	49975	3249406	2160310
连锁加盟店	580	52867	299017	58625	2515512	2319305
其他	632	146121	2036080	1579707	18787835	12240173
七、按星级评定情况分						
一星	53	6800	7677	1814	134561	108644
二星	134	29513	287485	70958	1464467	1147744
三星	189	327938	4684773	779537	19473241	15869242
四星	104	652706	10123782	2707876	38334189	25972113
五星	53	1002553	12812572	2095988	39088065	28865646
其他	5052	1673316	27555603	3715410	89656893	64790992
八、按餐饮营业面积分						
5000 平方米及以上	147	932904	11814127	3331137	33391612	24732320
1000-4999 平方米	985	2005437	35016782	3309241	86648807	65235041
500-999 平方米	568	282010	4156949	516112	31752708	21071729
499 平方米及以下	3885	472474	4484034	2215094	36358289	25715291
九、按地区分						
东城区	554	672760	10311264	687059	35871256	25141358
西城区	619	428243	6275230	663730	24934516	17203940
朝阳区	844	1068364	14205530	2294353	59608162	44316350
丰台区	687	129195	1321192	116659	5573082	3728728
石景山区	94	32573	467828	788711	2567721	1792061
海淀区	680	606388	8259271	383538	20159497	13413969
门头沟区	47	39695	460948	15227	735223	760379
房山区	674	32452	278828	46939	1061007	896512
通州区	200	46198	917583	1055117	3925067	4132310
顺义区	195	114045	1486748	729281	10153385	9020741
昌平区	288	190507	2990634	1746034	8106891	7510748
大兴区	197	26961	362823	103701	1655862	1069791
怀柔区	213	181954	5718524	192431	7628983	3213494
平谷区	49	5832	22225	25699	226091	240264
密云区	120	68477	1369773	24067	2314688	2351667
延庆区	87	27802	513261	497772	1663601	659524
北京经济技术开发区	37	21379	510231	1265	1966384	1302544

单位：千元

年初存货	期末存货	营业收入	营业成本	税金及附加	投资收益	营业利润	应付职工薪酬（本年贷方累计发生额）	应交增值税
12454	11399	1883154	654452	53983	10653	337805	449106	55070
9582	11617	601940	273573	12547	-103	-118292	245485	9745
2676082	2679873	40509992	10565783	1046299	332920	1740520	12009666	944458
185130	198783	8150768	4021658	96077	37473	-368873	1699651	199684
2635053	2664944	40631597	12150474	1081483	290136	877864	12114679	960855
2428	2210	1203206	265237	9476	19875	183839	274334	25607
4774	5654	1721407	336386	6149	3212	338258	218951	25201
17853	20381	2725903	1128312	13970	9511	22596	392512	71124
201105	185467	2378646	707033	31298	47658	-50910	708841	61355
7748	1482	82467	23923	936	1622	722	17193	2192
31916	29092	1076242	396334	13959	2200	41475	291053	35415
154888	148274	4755419	1578199	100458	-29438	-59126	1637797	90558
1899011	1922136	7523297	1471156	221316	31210	697864	2498279	198684
288841	279922	9564360	2455272	421729	259856	1084306	2976875	217476
478808	497748	25658976	8662557	383978	104943	-393594	6288121	599817
218100	212147	8693037	2727468	240835	247641	419593	2624921	172889
2358368	2365810	22300612	5927301	673594	70240	148917	7006685	504818
109704	108829	4748353	1487553	89117	-78	123410	1381151	131344
175040	191870	12918758	4445119	138830	52590	679728	2696560	335091
144050	128365	8626993	1990962	211818	-20182	141901	2490710	228576
166994	145419	6540407	1864816	128511	38149	388081	1800640	179443
319795	323890	12189385	3404646	430578	294599	979300	3302535	298957
103341	107988	3244590	1206789	35864	8676	47096	762926	78011
6360	5038	568554	201727	12930	-4200	-2676	148849	7559
172659	173464	9770516	2753665	186618	27188	678953	2924997	248853
7574	6333	234951	88068	7172	-47	-33658	81252	4765
21641	19688	504610	253166	5565	49	-56817	155870	7025
13511	14303	527788	170958	5212	516	-74493	163562	6965
1723780	1766438	1391596	601743	19462	8346	-181443	377109	22085
104007	103469	2123899	861201	40856	11631	3902	554365	45075
16429	16137	615815	276732	6253	954	-59274	168443	8477
21515	22618	806324	383656	14757	2191	-264885	305867	5812
11344	10347	153807	54765	1063	1000	-43083	61219	405
14756	17928	479715	170903	16333	29	-143498	195896	-7541
7057	10612	208330	125584	8758	540	-33781	87964	-13420
6399	6618	673478	178060	10626	953	26023	127115	23093

3-16 餐饮业法人单位

项　　目	法人单位数（个）	本年折旧	固定资产净值	在建工程	资产总计	负债合计
合　计	**28873**	**2532951**	**6406127**	**1578717**	**67772017**	**54941876**
一、按登记注册类型分						
内资	28565	2085518	4343540	1296171	51584166	45732175
国有	84	15722	90544	625740	1297373	1215083
集体	270	9852	79659	1836	385503	305430
股份合作	209	5723	25600	10317	349446	323929
集体联营	6	70	168		5757	5647
其他联营	1	***	***	***	***	***
国有独资公司	6	3120	2851		62205	49762
其他有限责任公司	1532	252476	1292592	138841	15415451	14280163
股份有限公司	48	28840	367170	30887	3503901	1255493
私营独资	1839	14115	90946	554	771951	431435
私营合伙	184	4145	16832	764	212150	174715
私营有限责任公司	24295	1748796	2340835	487231	29366598	27558348
私营股份有限公司	55	2494	21402		195030	126468
其他	36	164	14930		17991	3295
港澳台商投资	141	304899	1303905	132725	11680725	5620606
与港澳台商合资经营	33	65084	524850	43436	2783899	986831
与港澳台商合作经营	1	***	***	***	***	***
港澳台商独资	106	235520	675813	85370	7879199	3803459
港澳台商投资股份有限公司	1	***	***	***	***	***
外商投资	167	142534	758682	149822	4507126	3589094
中外合资经营	40	25644	238392	81409	1236131	779207
中外合作经营	2	***	***	***	***	***
外资企业	122	116322	518005	68412	3250366	2795166
其他外商投资	3	322	1749		6471	4129
二、按隶属关系分						
中央	29	11218	68174	1462	538456	501006
地方	28844	2521734	6337953	1577256	67233562	54440869
三、按行业分						
正餐服务	22308	2089533	4359943	1274143	46756586	40589604
快餐服务	2455	218892	1485040	229710	11510037	6501370
茶馆服务	167	1315	8631	74	229657	219197
咖啡馆服务	323	160649	258693	55906	4659354	3723975
酒吧服务	63	1959	4471	1578	46645	57553
其他饮料及冷饮服务	446	6664	19136		216140	247659
餐饮配送服务	239	6012	41224	2307	766882	464101
外卖送餐服务	37	1749	15913		142268	125293
小吃服务	1153	8734	40507	578	468006	400436
其他未列明餐饮业	1682	37443	172569	14421	2976443	2612688
四、按控股情况分						
国有控股	183	82048	939078	43652	5865339	2865638
集体控股	481	28735	198261	7727	1561337	1150106
私人控股	27237	1921107	3081903	620069	39212697	36604293

主要财务状况

单位：千元

年初存货	期末存货	营业收入	营业成本	税金及附加	投资收益	营业利润	应付职工薪酬（本年贷方累计发生额）	应交增值税
2989622	**3300416**	**92478516**	**42857521**	**269843**	**347923**	**644855**	**22580479**	**956258**
2299138	2502302	62909531	31299790	243630	329308	-1159517	15344665	1030374
26929	16571	568397	284525	6103	-646	-98	181667	19478
21825	23733	368757	210468	2872	-8407	-4070	102267	7912
28378	27099	480003	253741	2034	151	13327	110285	11821
99	120	2974	1199	7		-111	545	158
***	***	***	***	***	***	***	***	***
1851	2279	83450	60724	550	2429	-25008	53533	2879
524140	532492	20591102	9537119	60779	91161	-457611	5055477	222309
21904	20548	1602806	466764	9152	88616	104505	564190	21054
63803	75417	896101	489689	7318	4735	41855	248730	19809
9724	9754	467768	233476	1541	3910	21680	85402	10846
1585183	1771164	37430080	19518884	152084	147119	-854895	8850440	704515
15164	22907	414022	239619	1175	241	1029	90731	9558
67	146	4061	3583	15		-119	1399	35
492894	598131	17385547	5552892	16236	15923	1597752	4598881	-42238
49047	57783	4967348	1587105	2243	-4209	449751	916289	-38341
***	***	***	***	***	***	***	***	***
430900	522219	12174154	3888501	11346	17132	1140514	3624253	-8636
***	***	***	***	***	***	***	***	***
197589	199983	12183438	6004839	9976	2692	206620	2636932	-31879
70295	75035	4220966	2088817	2778	-1377	343019	773614	-11575
***	***	***	***	***	***	***	***	***
126195	124263	7904881	3896557	7099	4069	-136015	1861069	-20811
302	243	20406	5504	1		-1237	622	-270
10676	12083	599481	460800	3908	3226	-49021	227205	17086
2978946	3288333	91879036	42396721	265934	344698	693876	22353274	939172
2042727	2238205	60082348	28118590	210682	279185	-100413	14778674	873432
616997	696512	21383288	8701933	22860	51540	1268721	4432890	-74000
30938	37863	139561	53201	604	16	-23316	47644	4048
85370	95389	4080234	1853090	5231	752	-405167	1716001	-13454
6671	3765	95860	33123	320	158	-7125	20556	2287
12298	15692	339527	149243	1534	-96	4057	67053	5505
41323	44840	1409222	1066186	3898	-29	3516	181747	29355
11555	4407	402843	224047	932	95	11203	133510	5768
27557	41277	580258	278563	2333	665	-2212	173901	1534
114186	122468	3960377	2379543	21449	15637	-104410	1028503	121783
108224	104665	4629596	2044834	37213	154780	356567	1741806	113864
59851	60905	1520272	661168	8362	-6679	59332	383741	27639
2065931	2269018	52019248	25991454	190656	168964	-885336	11904846	931710

3-16 续表 1

项　　目	法人单位数（个）	本年折旧	固定资产净值	在建工程	资产总计	负债合计
港澳台商控股	139	305855	1310513	132725	13435366	7908088
外商控股	135	175102	759080	152173	5605267	4062936
其他	698	20104	117292	622370	2092012	2350816
五、按限额标准分						
限额以上	1259	865637	4358563	559692	42082003	30033941
限额以下	27614	1667314	2047564	1019025	25690014	24907935
六、按经营形式分						
独立门店	23182	656181	3197302	1181541	35863063	34214439
连锁总店	284	469096	2534764	337361	20835561	11584781
连锁直营店	616	102474	236662	14501	5440882	4643063
连锁加盟店	1283	1245637	87036	635	687039	676921
其他	3508	59563	350363	44679	4945473	3822673
七、按餐饮业态分						
中式正餐	16818	1937817	3449313	600720	40639793	34884990
中式快餐	5979	134348	774330	94997	9795594	6490295
外国风味正餐	832	107507	609106	95936	3605189	3257688
外国风味快餐	474	128404	991213	108340	4451314	2152013
茶馆	278	4007	15967	74	283654	347950
咖啡店	640	172149	275533	60879	4942907	4090952
酒吧	146	4750	17873	2844	171217	158712
其他	3706	43969	272792	614928	3882349	3559277
八、按餐饮营业面积分						
5000 平方米及以上	168	581240	3233129	395018	26247477	15059333
1000-4999 平方米	1409	302341	1282866	984748	17213606	17241215
500-999 平方米	1744	126158	536755	60499	5672794	5237986
499 平方米及以下	25552	1523212	1353378	138453	18638140	17403342
九、按地区分						
东城区	1538	204644	1352886	170894	8798163	6155471
西城区	1531	141198	1022392	59604	7888969	5123909
朝阳区	6953	459356	1492884	353406	20082617	17294945
丰台区	2553	55232	335653	27841	4277344	3955396
石景山区	653	7869	54356	558	658327	613407
海淀区	3494	152523	506918	66663	9486569	9714702
门头沟区	327	6584	21342	5547	296608	232266
房山区	2028	11855	122640	16170	641051	515719
通州区	1828	14526	212914	19855	1130456	955717
顺义区	1430	76301	381963	642529	3541462	2857244
昌平区	1987	31029	162992	14222	1550969	1272467
大兴区	1926	1272228	289966	57955	4493582	2559218
怀柔区	935	14425	133576	24142	823741	599245
平谷区	534	16525	89771	18361	1134534	962408
密云区	512	8506	69732	75017	612599	586881
延庆区	183	7126	94650	22222	329883	211046
北京经济技术开发区	461	53024	61492	3730	2025145	1331835

单位：千元

年初存货	期末存货	营业收入	营业成本	税金及附加	投资收益	营业利润	应付职工薪酬（本年贷方累计发生额）	应交增值税
502727	604812	17903213	6434908	16904	16604	715638	4725932	-93563
204898	211821	15072788	7079720	10966	15668	446318	3490606	-37477
47990	49194	1333399	645438	5740	-1413	-47664	333548	14084
1623430	1769451	68160095	28449903	135000	299622	3088929	16623881	429495
1366192	1530965	24318421	14407618	134843	48301	-2444074	5956598	526763
1821121	1993075	42338442	21295753	181889	28918	-969729	10260646	824200
801198	920400	34853474	13795568	48097	208039	1825737	8822402	-76878
116755	132428	7381847	3223765	9533	49608	-138187	1776361	40983
55357	59815	1008613	563911	7805	1584	-53653	250931	17542
195191	194698	6896141	3978524	22519	59773	-19313	1470138	150411
1712168	1890394	50452455	23596335	191835	289217	201171	12801522	874354
632614	704414	14864693	6761241	38820	63391	420078	3310271	51112
231496	237554	8920092	4370200	13324	-3666	-17143	1888474	38482
119659	134111	10321471	4182423	6258	-4498	689232	1990719	-71012
38822	46824	187088	73748	752	567	-37676	65144	4897
98491	106462	4213857	1904100	6125	-2581	-422583	1757809	-9544
14439	12916	167450	57478	658	158	-30597	45775	2959
141931	167741	3351410	1911996	12070	5335	-157627	720765	65011
883398	1012251	43818191	17295183	69266	241534	2924420	10995785	67787
719438	750862	20612553	9141502	62123	70114	-274732	4781376	284142
356840	377684	8705476	4427413	38221	5220	-130682	1770895	214712
1029946	1159619	19342295	11993423	100233	31055	-1874151	5032423	389617
349223	379319	19483511	8809758	32881	11662	951736	4104154	22309
413523	393188	9009015	3486390	35052	129106	320728	2544118	115260
762536	836069	24807440	10989773	79963	123918	58312	6369197	348966
180014	180965	4725775	2729979	21073	16433	-41585	1078592	93480
26931	28286	861942	510693	5978	-22	-48510	204422	15955
426850	488413	12733881	6957020	43671	15342	-989525	2900274	170239
26473	26898	482768	211183	944	123	-11731	96132	11809
46801	54255	997336	512245	2138	1437	-24999	312422	6914
60125	64499	1139991	707940	6297	378	-33145	316250	22405
93266	107209	3284641	1364890	6804	3241	-114074	827645	20146
88089	114474	1675881	937744	8017	1207	-46484	498546	29935
380374	467814	6092596	2508026	11586	22202	395938	1451826	31919
39582	41378	468133	289465	2745	546	-47813	143764	11737
23910	28278	1566724	572799	2053	10064	89291	362314	23665
28344	31821	314077	153914	1294	443	-23646	114421	4881
10678	8794	280558	181088	4083	91	-8974	99578	9940
32903	48755	4553247	1934615	5263	11751	219335	1156824	16698

3-17 限额以上住宿和餐饮业

项　　目	法人单位数（个）	#亏损企业	年初存货	流动资产合计	#货币资金
合　计	**2189**	**700**	**4299512**	**93050597**	**25437635**
一、按登记注册类型分					
内资	2029	643	3432294	69094615	18169011
国有	174	52	213335	6536000	4556187
集体	44	10	15112	662944	265150
股份合作	40	13	22008	602899	228518
国有与集体联营	1	***	***	***	***
其他联营企业	1	***	***	***	***
国有独资公司	41	8	42566	4186517	1292572
其他有限责任公司	708	227	720377	35035400	7947619
股份有限公司	26	8	51087	2726620	874572
私营独资	15	6	3693	75913	29524
私营合伙	5	2	280	32479	9105
私营有限责任公司	949	309	2350093	18995481	2896747
私营股份有限公司	24	8	13282	197709	55753
其他企业	1	***	***	***	***
港澳台商投资	94	29	573472	18073432	5861010
与港澳台商合资经营	32	9	106175	9417191	3452854
与港澳台商合作经营	3	1	8583	411100	190294
港澳台商独资	58	19	446429	7427616	2194671
港澳台商投资股份有限公司	1	***	***	***	***
外商投资	66	28	293746	5882550	1407614
中外合资经营	23	5	179394	4197959	921280
中外合作经营	3	2	2953	191336	42098
外资企业	38	20	110542	1332519	409876
外商投资股份有限公司	1	***	***	***	***
其他外商投资企业	1	***	***	***	***
二、按隶属关系分					
中央	148	36	181326	6530266	4840602
地方	2041	664	4118186	86520331	20597033

法人单位主要财务状况

单位：千元

#现金	#交易性金融资产	#应收账款	#存货	#应收利息	#应收股利	可供出售金融资产
331875	**661652**	**3817252**	**4449324**	**26502**	**50648**	**489468**
299263	628817	3082152	3477762	25952	50648	436748
7940	169500	249369	211163	755	42169	13952
3747		17274	15405		105	
14557	85000	17529	20464		1583	
***	***	***	***	***	***	***
***	***	***	***	***	***	***
956		58199	36145	8476		32309
82044	50249	1466729	687806	16060	2779	389990
2933		105962	52284	445	4012	250
2134		14904	2196	3		
347		1548	389			
181036	322118	1132950	2431829	211		247
3536	1950	18730	19566	2		
***	***	***	***	***	***	***
18961	4278	461266	675104	1025		3952
6516		276956	109292	832		3952
672		13248	8456			
11032	4278	170022	539890	193		
***	***	***	***	***	***	***
13651	28557	273834	296458	-475		48768
5085		81409	183365	71		1250
200		4429	2129			47518
8289	28557	184985	110133	-546		
***	***	***	***	***	***	***
***	***	***	***	***	***	***
3551	135600	328658	170116	486	2169	14804
328324	526052	3488594	4279208	26016	48479	474664

3-17 续表 1

项　　目	法人单位数（个）	#亏损企业	年初存货	流动资产合　计	#货币资金
三、按行业分					
住宿业	930	252	2676082	65548427	17144887
旅游饭店	523	151	2523494	50206860	14034321
一般旅馆	379	93	129750	10200283	2241238
民宿服务	2	***	***	***	***
其他住宿业	26	7	22838	5132517	867897
餐饮业	1259	448	1623430	27502170	8292748
正餐服务	1054	389	964476	18380946	5113331
快餐服务	98	34	532178	5676774	2619161
茶馆服务	5		11621	80122	7415
咖啡馆服务	9	5	35649	1904846	158314
酒吧服务	6	3	1749	20885	8693
其他饮料及冷饮服务	4	2	2819	22646	6437
餐饮配送服务	40	1	36593	540100	161996
外卖送餐服务	4	1	2910	83416	6635
小吃服务	5	3	1620	82121	22732
其他未列明餐饮业	34	10	33815	710314	188034
四、按控股情况分					
国有控股	437	118	536525	22742820	12706770
集体控股	101	26	76012	6301170	644469
私人控股	1480	491	2956623	39354594	6436084
港澳台商控股	87	29	548312	16592609	4465479
外商控股	67	30	168821	6457439	923781
其他	17	6	13219	1601965	261052
五、按经营形式分					
独立门店	1874	605	3283332	69023081	19574469
连锁总店	89	33	729159	11639699	3969509
连锁直营店	50	14	43893	4200902	393725
连锁加盟店	65	17	5749	431505	150305
其他	111	31	237379	7755410	1349627
六、按星级评定情况分					
一星					

单位：千元

# 现金	# 交易性金融资产	# 应收账款	# 存货	# 应收利息	# 应收股利	可供出售金融资产
107012	557505	1754778	2679873	26133	46129	479884
52569	538154	1324363	2527903	25786	46129	295569
48416	19351	382907	129860	347		184315
***	***	***	***	***	***	***
6009		47080	22110			
224863	104147	2062474	1769451	369	4519	9584
178267	56727	1323012	1034119	131	4519	9584
24290	11382	247594	589663	238		
598		2751	15861			
175	28557	117386	43300			
72		821	1467			
71	7481	1228	2242			
9376		121087	37101			
130		10689	3486			
317		3954	3886			
11567		233952	38326			
20759	191726	969370	516351	13457	48453	420453
10488		97346	72147		105	
271129	437091	2124929	3016972	266	2090	20247
16135	4278	346651	651269	638		
12679	28557	231387	176340	-475		48768
685		47569	16245	12616		
255154	594177	2751663	3309082	26376	46129	285405
33233	49617	511235	833351	125	4012	161745
7016	1008	26702	49118		507	150
6081	1950	25684	4314			
30391	14900	501968	253459	1		42168

3-17 续表 2

项　　目	法人单位数（个）	#亏损企业	年初存货	流动资产合　计	#货币资金
二星	52	16	29236	732329	334155
三星	146	41	153338	11123475	2369827
四星	91	20	1878087	14598715	3662323
五星	43	12	287617	12582350	4490381
其他	598	163	327804	26511558	6288201
七、按餐饮业态分					
中式正餐	979	356	845590	18258473	4954722
中式快餐	104	30	462431	4779744	2158358
外国风味正餐	124	44	166092	1059326	427379
外国风味快餐	23	7	96143	1276916	553997
茶馆	5		11621	80122	7415
咖啡馆	9	5	35649	1904846	158314
酒吧	6	3	1749	20885	8693
其他	9	3	4155	121858	23870
八、按地区分					
东城区	255	85	397524	18433568	5015260
西城区	272	72	332485	10356915	5038748
朝阳区	618	211	693435	33230926	6141683
丰台区	164	57	123991	3368352	1013818
石景山区	32	10	5981	456074	241466
海淀区	426	107	373913	10941098	4650396
门头沟区	18	5	13567	295734	77680
房山区	30	12	33730	530319	158906
通州区	35	10	19943	1527671	68573
顺义区	84	36	1763208	4671721	367033
昌平区	83	22	123725	2221364	304309
大兴区	44	18	303965	2357762	1222620
怀柔区	41	22	31224	1069078	335906
平谷区	25	10	17368	650004	144861
密云区	21	11	32866	356468	172786
延庆区	14	7	8671	459714	297112
北京经济技术开发区	27	5	23916	2123829	186478

单位：千元

#现金	#交易性金融资产	#应收账款	#存货	#应收利息	#应收股利	可供出售金融资产
2746	500	53889	25375			3710
13071	174300	484533	143522	1872	4546	33688
15844	263000	310361	1919244	3048	1583	183568
10057	10000	294112	278512	8393	40000	75222
65294	109705	611883	313220	12820		183696
171778	49927	1414129	915642	676	4519	9584
26961	11382	257266	514415	167		
18836	6800	170198	165246	-545		
6246		90427	109802	71		
598		2751	15861			
175	28557	117386	43300			
72		821	1467			
197	7481	9496	3718			
27601	30283	323757	412645	1556	42272	26707
24454	193000	428932	295611	774	4012	209363
71313	81764	1379839	710910	12980	2274	157560
46727	500	289868	123748			1685
4544		41101	5157	282		1363
63079	16962	667537	396022	9758	1583	18917
3234	500	15242	16920			
4320		47873	31381	12		
7573	11400	104579	23481	6		
24867	228000	216456	1804818	169		33930
22450	85800	71064	131337			1443
9354	1493	44258	381874			500
11184	2000	51791	29821			
3457		21848	17437		507	
2981		11018	30572			
1681		9664	7566	965		18000
3056	9950	92425	30024			20000

3-17 续表 3

项目	持有至到期投资	长期股权投资	固定资产原价	#房屋和构筑物	#机器设备
合计	**280480**	**12208645**	**105992167**	**66586880**	**15340592**
一、按登记注册类型分					
内资	230480	6928804	76433889	53070543	9296677
国有	148120	324339	19878674	15038383	1634379
集体		34483	2497548	1883195	393105
股份合作		31692	728189	516630	103175
国有与集体联营	***	***	***	***	***
其他联营企业	***	***	***	***	***
国有独资公司	74060	2876473	6506016	4812141	652933
其他有限责任公司		1911197	37854952	26603201	4710099
股份有限公司		804615	1688110	1026078	236142
私营独资			50314	18125	12143
私营合伙			3029		2377
私营有限责任公司	8300	939505	7125273	3171350	1530554
私营股份有限公司		6500	67120	1440	21008
其他企业	***	***	***	***	***
港澳台商投资	50000	5067838	19581197	8230400	4027630
与港澳台商合资经营	50000	3813013	14239884	6235522	2780164
与港澳台商合作经营			1242051	114371	96320
港澳台商独资		1180908	3905344	1727457	1133104
港澳台商投资股份有限公司	***	***	***	***	***
外商投资		212003	9977081	5285937	2016285
中外合资经营		204251	6713517	3327198	1167885
中外合作经营			1142138	1062734	6174
外资企业		7752	1959918	794356	806795
外商投资股份有限公司	***	***	***	***	***
其他外商投资企业	***	***	***	***	***
二、按隶属关系分					
中央		535645	19924200	14736594	2645405
地方	280480	11673000	86067967	51850286	12695187

单位：千元

			累计折旧		固定资产净值	固定资产减值准备
#运输工具	#电子设备	#融资租入固定资产		#本年折旧		
1494676	**2399622**	**64853**	**50246467**	**4130887**	**55727230**	**263147**
1256421	1638449	63542	33376249	2915487	43039271	165192
211682	341451		8160934	589649	11722752	235
16140	48470	39269	1213762	70674	1283786	2
37344	26880		373772	20765	354417	
***	***	***	***	***	***	***
***	***	***	***	***	***	***
53999	108317	674	3351316	206193	3154699	731
556694	745453	6923	15280041	1514873	22544263	157417
40689	77658		905848	66460	782262	488
11944	6035		35413	4299	14901	
528	122		1716	658	1313	
320691	280980	16676	3985270	436300	3147271	6319
6710	2897		37980	4935	29140	
***	***	***	***	***	***	***
159363	447239		11440137	860763	8141060	24204
99141	195638		8896143	476509	5343741	23456
40668	28603		400492	77661	841559	
14794	204932		2052043	302317	1853301	748
***	***	***	***	***	***	***
78892	313934	1311	5430081	354637	4546899	73751
54623	191869		3894408	184995	2819109	31085
999	2147		519438	38298	622700	
20909	112897	1311	875320	129562	1084496	42666
***	***	***	***	***	***	***
***	***	***	***	***	***	***
261596	334285	674	9874035	645910	10050165	57552
1233080	2065337	64179	40372432	3484977	45677065	205595

3-17 续表 4

项目	持有至到期投资	长期股权投资	固定资产原价	#房屋和构筑物	#机器设备
三、按行业分					
住宿业	272060	9907477	95438136	64061187	10506288
旅游饭店	222060	4930824	86546638	58061863	9456596
一般旅馆		3960959	7394080	4764650	927869
民宿服务	***	***	***	***	***
其他住宿业	50000	1015684	1495868	1234674	121823
餐饮业	8420	2301168	10554031	2525693	4834304
正餐服务	8420	1492519	6823924	2088499	2384975
快餐服务		783732	3016325	187300	2075186
茶馆服务		1111	15074		3343
咖啡馆服务			456293	228450	222184
酒吧服务			18743		18355
其他饮料及冷饮服务			10143		8548
餐饮配送服务		3000	78797	4795	38906
外卖送餐服务			23331	13310	6161
小吃服务		500	31211		27449
其他未列明餐饮业		20306	80190	3339	49197
四、按控股情况分					
国有控股	222180	6644178	59110854	40019414	6234125
集体控股		107071	6018897	4267890	1013133
私人控股	8300	2257587	18252458	10155943	2959854
港澳台商控股	50000	2970006	11861374	4742129	3484784
外商控股		224903	6336622	3438025	1496415
其他		4900	4411962	3963479	152281
五、按经营形式分					
独立门店	132480	5745138	95514041	63243367	11609734
连锁总店		3043491	5949816	1303364	3049393
连锁直营店		128447	691638	65408	241628
连锁加盟店		32684	129709	20198	47337
其他	148000	3258885	3706963	1954543	392500
六、按星级评定情况分					
一星					

单位：千元

			累计折旧		固定资产净值	固定资产减值准备
# 运输工具	# 电子设备	# 融资租入固定资产		# 本年折旧		
1062878	1750036	39943	44041768	3265250	51368667	189716
834726	1496418	39943	40455804	2890275	46063170	184565
190692	220877		2951631	331871	4442412	5151
***	***	***	***	***	***	***
37460	32283		633270	42864	862598	
431798	649586	24910	6204699	865637	4358563	73431
373438	403161	21960	4127328	496514	2705826	27584
30393	225249	2950	1662550	191130	1353776	28905
2642	2959		10938	78	4136	
1220	927		250673	152078	205620	16942
	388		16602	1617	2141	
			6515	1486	3628	
12885	4894		43190	4387	35607	
1569	2290		8784	1678	14547	
572	3003		18725	4360	12486	
9079	6715		59394	12309	20796	
617840	1023913	674	28573019	2019466	30507434	175434
82968	170353	39269	2655987	210718	3362910	2
602585	602959	23599	9125689	941547	9134127	14993
115222	340238		6395484	581732	5465890	1236
53842	252537	1311	3147799	309307	3193435	71443
22219	9622		348489	68117	4063434	39
1282447	1834072	61014	44370853	3424634	51124717	185897
107507	416949		3413135	456883	2536681	72118
5042	32592	3833	476166	111967	215472	5122
8488	16484		95249	9781	34460	
91192	99525	6	1891064	127622	1815900	10

3-17 续表 5

项目	持有至到期投资	长期股权投资	固定资产原价	#房屋和构筑物	#机器设备
二星		60440	683719	418401	141093
三星		1184771	10088043	7018384	1159053
四星	148000	666430	20694538	14732678	2527282
五星	100060	3412769	28099573	15803144	3219423
其他	24000	4583067	35872263	26088580	3459437
七、按餐饮业态分					
中式正餐	8420	1491924	5734110	1911523	1800848
中式快餐		143262	1019284	136158	368475
外国风味正餐		10351	1216489	180315	660572
外国风味快餐		654020	2069990	69247	1741866
茶馆		1111	15074		3343
咖啡馆			456293	228450	222184
酒吧			18743		18355
其他		500	24048		18661
八、按地区分					
东城区	50000	4703231	21362019	11969187	3711824
西城区		2042751	11499978	7562092	1294292
朝阳区	148000	3568924	30281678	17307875	4446555
丰台区	28000	352597	2618473	1281317	549293
石景山区		4864	946204	797274	92130
海淀区	51180	413529	18132061	12254246	2379615
门头沟区		1300	993710	799123	51033
房山区		30	417122	224092	104143
通州区		2241	259539	101161	87847
顺义区		288758	3289442	1308727	648126
昌平区		394720	4893228	3809945	759912
大兴区	800	45587	669598	338798	136152
怀柔区	2500	410	6883853	6157148	531755
平谷区		14840	200002	15990	84369
密云区		18200	1980377	1600018	265209
延庆区		1680	626936	493324	75855
北京经济技术开发区		354983	937947	566563	122482

单位：千元

#运输工具	#电子设备	#融资租入固定资产	累计折旧	#本年折旧	固定资产净值	固定资产减值准备
15636	18685		419011	24192	264708	1531
217758	214334		5432448	325562	4625244	91619
244737	469372		10626066	651435	10068472	9076
224412	486389		15982084	958896	12117489	11605
360335	561256	39943	11582159	1305165	24292754	75885
355803	299531	20643	3538778	427082	2199951	1616
32958	90263	2950	577826	79848	441459	130
32322	112840	1317	672777	83565	548323	25968
6412	140539		1120075	117798	949915	28775
2642	2959		10938	78	4136	
1220	927		250673	152078	205620	16942
	388		16602	1617	2141	
441	2139		17030	3571	7018	
312907	448828	1311	9990002	787171	11372018	136548
178662	288087		5769045	438709	5730933	5234
319435	564357	3764	15608818	1297231	14685651	60088
132177	113392	3897	1428309	106079	1190164	10
9336	25554		458995	32610	487209	2
270578	400864	47909	9750247	664250	8381811	15227
8779	20747		530136	40921	463574	8659
8840	29028		183097	15077	234024	211
10064	19066	3953	172263	13947	87276	776
50601	196643		1540963	155061	1748479	906
91621	177305	4019	1945498	195216	2947730	74
14919	39046		284672	44948	384926	
37881	28568		1179117	168809	5669324	35412
7577	9090		131534	18575	68468	
21179	8110		668898	64873	1311479	
6478	13164		209502	23319	417434	
13642	17773		395371	64091	546730	

3-17 续表 6

项目	在建工程	无形资产	#土地使用权	#软件使用权	商誉
合计	**6814190**	**7968870**	**5899705**	**123831**	**652**
一、按登记注册类型分					
内资	5217890	5357297	4501559	66017	270
国有	1044632	722685	448922	10645	
集体	26175	75884	67641	222	
股份合作	71149	24853	20946	8	
国有与集体联营	***	***	***	***	***
其他联营企业	***	***	***	***	***
国有独资公司	18748	814846	773395	2957	
其他有限责任公司	1703747	3139646	2889593	29405	
股份有限公司	838234	102401	35142	1927	
私营独资	40	158		14	
私营合伙		18		18	
私营有限责任公司	1515165	476253	265920	20785	270
私营股份有限公司		543		26	
其他企业	***	***	***	***	***
港澳台商投资	671567	1907423	1192920	12142	
与港澳台商合资经营	253071	1331608	701517	6536	
与港澳台商合作经营	249649	127337	127272		
港澳台商独资	164928	448373	364131	5501	
港澳台商投资股份有限公司	***	***	***	***	***
外商投资	924733	704150	205226	45672	382
中外合资经营	859893	475085	111362	3635	
中外合作经营		36339		36339	
外资企业	64840	192392	93864	5698	382
外商投资股份有限公司	***	***	***	***	***
其他外商投资企业	***	***	***	***	***
二、按隶属关系分					
中央	1630792	1481513	949071	18062	
地方	5183398	6487357	4950634	105769	652

单位：千元

非流动资产合计	资产总计	流动负债合计				非流动负债合计
			#应付账款	#应付利息	#应付股利	
105597016	**198693860**	**110178948**	**10248271**	**195502**	**1862435**	**35106542**
69160585	138299972	87530357	7955436	152950	81771	23994199
14424644	20964912	7457974	410202	480	32	3106217
1535529	2198473	758815	61228			802863
520834	1123733	768516	62761		7972	88079
***	***	***	***	***	***	***
***	***	***	***	***	***	***
7068634	11268781	6012565	149553	8435		916972
34107994	69155542	47241350	3756485	130728	66660	14233942
2659288	5385908	2607441	154676		18	472626
19374	95427	82534	22580			4178
11818	44297	30404	17795			5748
8761302	27771369	22235036	3242467	13307	7089	4341277
46556	244265	297533	72059			16684
***	***	***	***	***	***	***
21648397	39723304	15922803	1576739	12530	1538098	7336304
13255023	22672214	9511485	463572	6434	1538022	5535661
1272575	1683675	513220	15031			123709
6924834	14353925	5471982	1085565	5064	76	1276934
***	***	***	***	***	***	***
14788034	20670584	6725788	716096	30022	242566	3776039
11797694	15995653	3367962	261815	28584	75514	2565800
729312	920648	338785	46010	1438		1077675
2238915	3571434	2985691	398945		167052	132555
***	***	***	***	***	***	***
***	***	***	***	***	***	***
14006251	20535534	7715594	362362	913	243005	3737424
91590765	178158326	102463354	9885909	194589	1619430	31369118

3-17 续表 7

项目	在建工程	无形资产	#土地使用权	#软件使用权	商誉
三、按行业分					
住宿业	6254498	7447514	5814977	88524	270
旅游饭店	5485304	6937670	5369872	79521	
一般旅馆	230644	401019	340266	7898	270
民宿服务	***	***	***	***	***
其他住宿业	538550	108825	104839	1105	
餐饮业	559692	521356	84728	35307	382
正餐服务	320922	327237	23050	23149	
快餐服务	178773	178200	61678	9484	382
茶馆服务					
咖啡馆服务	54329	1527		1451	
酒吧服务	1531				
其他饮料及冷饮服务					
餐饮配送服务	1071	7557			
外卖送餐服务					
小吃服务	96				
其他未列明餐饮业	2970	6835		1223	
四、按控股情况分					
国有控股	2797754	4968846	3954055	43012	
集体控股	492100	76530	67641	758	
私人控股	2903608	725935	459493	29173	270
港澳台商控股	471897	1523993	1025291	7466	
外商控股	148261	474245	199724	42627	382
其他	570	199321	193501	795	
五、按经营形式分					
独立门店	6154272	7512431	5760490	92689	270
连锁总店	348725	342180	50344	18944	382
连锁直营店	50818	14037		6879	
连锁加盟店	4907	80			
其他	255468	100142	88871	5319	
六、按星级评定情况分					
一星					

单位：千元

非流动资产合计	资产总计	流动负债合计	#应付账款	#应付利息	#应付股利	非流动负债合计
91036285	156611857	82243819	4317144	174878	1572748	33058940
77054078	127273523	66439323	3492573	142074	1572174	26824018
11023021	21237864	11633405	710200	25478	574	2377104
***	***	***	***	***	***	***
2955580	8088097	4163156	114371	7326		3857818
14560731	42082003	27935129	5931127	20624	289687	2047602
9136414	27536462	20818502	3986946	16491	218486	1684559
4451563	10128337	4820012	1288710	4133	70245	283638
6996	87118	46746	6287			
784651	2689497	1111731	183205			69536
5098	25983	35062	8460			
10354	33000	20467	4789			8269
53967	594066	331256	144619			500
19127	102543	86389	28388			
22319	104440	95570	37990			
70242	780557	569394	241733		956	1100
49054653	71814613	31770844	1762472	35896	1527588	13561660
4308452	10609861	7822227	379049	2067	1296	2171024
20560757	59936188	50144818	5567028	141448	20909	8778151
14729356	31323440	12371045	1512995	11436	70076	6547731
12630009	19094004	7063341	852944	1447	242566	2640052
4313789	5915754	1006673	173783	3208		1407924
87258944	156306650	89248301	6722440	145787	1621221	32510672
10647849	22295081	9658396	2072494	6793	237391	973994
1638769	5839672	3217056	347309	10	2000	449570
198434	630398	521366	115111			18021
5853020	13622059	7533829	990917	42912	1823	1154285

3-17 续表 8

项　　目	在建工程	无形资产	#土地使用权	#软件使用权	商誉
二星	65557	7233	3249	3795	
三星	689668	464380	252756	2275	
四星	2265875	1530226	1204432	7591	
五星	2095988	2569274	1799518	45875	
其他	1137410	2876401	2555022	28988	270
七、按餐饮业态分					
中式正餐	230300	235613	23050	22781	
中式快餐	71152	91089	61678	5470	
外国风味正餐	94663	98457		1589	
外国风味快餐	107621	94670		4016	382
茶馆					
咖啡馆	54329	1527		1451	
酒吧	1531				
其他	96				
八、按地区分					
东城区	842999	2405706	1633913	12541	
西城区	703852	410043	291854	41056	
朝阳区	1863348	2323120	1651777	40099	
丰台区	83634	19933	15853	2474	270
石景山区	-134	141989	140722		
海淀区	394211	640986	493261	6335	
门头沟区	12915	8263	4740		
房山区	31001	4965	4402	74	
通州区	469961	12475		124	
顺义区	90380	827132	689345	1694	382
昌平区	1670804	111804	72130	4806	
大兴区	48130	573227	569402	1713	
怀柔区	74485	284406	267080	5017	
平谷区	5814	5470		3087	
密云区	24590	126235	21663	2008	
延庆区	494619	64871	43563	40	
北京经济技术开发区	3581	8245		2763	

单位：千元

非流动资产合计	资产总计	流动负债合计	#应付账款	#应付利息	#应付股利	非流动负债合计
536732	1269061	687521	66064	555		141300
7485279	18617758	12592307	493502	412	4594	2601837
22681184	37279899	16566889	819301	64179	297333	8034670
22941042	35523392	16592920	662157	72566	1262791	10873621
37392048	63921747	35804182	2276120	37166	8030	11407512
7704412	25975432	19430752	4011294	9743	52390	1491182
1720233	6499976	3650194	813839	3928	245	108664
1514564	2580446	2017542	258199	6748	167052	194477
2802874	4079790	1532960	599687	205	70000	175474
6996	87118	46746	6287			
784651	2689497	1111731	183205			69536
5098	25983	35062	8460			
21903	143761	110142	50156			8269
22927516	41361245	20838204	1491597	23327	266034	7722325
10779145	21137698	12284035	1098505	1438	41816	3936688
34591302	67833974	35426645	2707136	146455	1524841	14868997
2094385	5476368	3928594	526887	2657	1643	323559
645175	1101525	527438	76256			223590
11876194	22821116	13769754	1849750	1303	24319	2572438
505479	801213	835468	79664	110		1854
361076	897454	799285	100842	1000		25169
612712	2140382	1333186	79403	-298		1007429
3421524	8093716	5989011	730150	95	2	1107867
5552755	7774119	6353299	383823	52		837099
1928528	4286310	2063068	366077	5995	860	162104
6076594	7144593	2037623	199028	2250	1566	1019784
186186	836191	575689	73374	1706	950	130451
1538676	1895144	1380473	96501	189		533363
1021830	1491044	511348	18826		404	25260
1477939	3601768	1525828	370452	9223		608565

3-17 续表 9

项目	#应付债券	负债合计	所有者权益合计	#实收资本	国家资本
合计	**499086**	**145345901**	**53347961**	**54228730**	**14868707**
一、按登记注册类型分					
内资	744	111584975	26715000	38718224	13891835
国有		10569333	10395579	9580904	8574358
集体		1561678	636795	309697	
股份合作		856597	267136	119798	
国有与集体联营	***	***	***	***	***
其他联营企业	***	***	***	***	***
国有独资公司		6929537	4339244	5607079	3133568
其他有限责任公司	244	61495069	7660474	17200893	2018881
股份有限公司		3080067	2305841	1107098	141028
私营独资		86712	8715	5885	
私营合伙		36152	8145	10255	
私营有限责任公司	500	26611811	1159560	4671729	
私营股份有限公司		314217	-69952	65670	
其他企业	***	***	***	***	***
港澳台商投资	498342	23259099	16464204	10622883	271656
与港澳台商合资经营	498342	15047139	7625075	5110059	271656
与港澳台商合作经营		636929	1046746	1506786	
港澳台商独资		6748915	7605009	3906038	
港澳台商投资股份有限公司	***	***	***	***	***
外商投资		10501827	10168757	4887623	705216
中外合资经营		5933762	10061891	2913513	705216
中外合作经营		1416460	-495812	150708	
外资企业		3118246	453188	1759807	
外商投资股份有限公司	***	***	***	***	***
其他外商投资企业	***	***	***	***	***
二、按隶属关系分					
中央		11453018	9082516	8044026	4186708
地方	499086	133892883	44265445	46184704	10681999

单位：千元

集体资本	法人资本	个人资本	港澳台资本	外商资本	营业收入	#主营业务收入
511626	**23184627**	**4340032**	**7479036**	**3844702**	**108670087**	**106872818**
511026	19597871	4316490	54837	346165	70382861	69274326
	1006546				6959801	6870580
301393	8304				1128214	1083448
39027	21697	59074			617967	617383
***	***	***	***	***	***	***
***	***	***	***	***	***	***
	2473511				1757963	1719114
168106	13853476	821692	12738	326000	32847435	32242846
2500	700552	200754	42099	20165	2108637	2076554
	810	5075			212479	210921
	4955	5300			68211	68211
	1493439	3178290			24136351	23840780
	19365	46305			499995	499441
***	***	***	***	***	***	***
	2880860	22787	7418926	28654	24187833	23765426
	2547209	3907	2258633	28654	9266109	9230979
	307625		1199161		360267	360267
			3906038		14331884	13944607
***	***	***	***	***	***	***
600	705896	755	5273	3469883	14099393	13833066
600	700974	755	4373	1501595	6019076	5884889
	4922			145786	234878	234878
				1759807	7737656	7605516
***	***	***	***	***	***	***
***	***	***	***	***	***	***
35	3489312	1350	195085	171536	7960700	7874316
511591	19695315	4338682	7283951	3673166	100709387	98998502

3-17 续表 10

项目	#应付债券	负债合计	所有者权益合计	#实收资本	国家资本
三、按行业分					
住宿业	498342	115311960	41299897	45541680	14614389
旅游饭店	498342	93280522	33993001	38615144	11164143
一般旅馆		14002529	7235335	6268094	3423661
民宿服务	***	***	***	***	***
其他住宿业		8020974	67123	653442	26585
餐饮业	744	30033941	12048064	8687050	254318
正餐服务	244	22554269	4982194	6443918	247226
快餐服务		5103651	5024686	1532167	6338
茶馆服务		46746	40372	24700	
咖啡馆服务		1181267	1508230	244943	254
酒吧服务		35062	-9079	6000	
其他饮料及冷饮服务		28736	4264	5250	
餐饮配送服务	500	331757	262309	139169	500
外卖送餐服务		86389	16154	27150	
小吃服务		95570	8870	16826	
其他未列明餐饮业		570494	210064	246927	
四、按控股情况分					
国有控股	498342	45337646	26476967	27029107	11568521
集体控股		9993251	616610	1021905	1560
私人控股	744	58951275	984916	9304136	274
港澳台商控股		18918768	12404671	8167707	33756
外商控股		9730365	9363639	3509829	98471
其他		2414596	3501158	5196046	3166125
五、按经营形式分					
独立门店	498342	121819384	34487267	44155133	11481352
连锁总店	244	10632387	11662694	3283482	141308
连锁直营店		3666628	2173044	1241390	1530
连锁加盟店		539387	91011	145666	23566
其他	500	8688115	4933945	5403059	3220951
六、按星级评定情况分					
一星					

单位：千元

					营业收入	#主营业务收入
集体资本	法人资本	个人资本	港澳台资本	外商资本		
407202	19798631	2260727	6218961	2241770	40509992	39726809
363591	17651787	1635743	5570314	2229566	31369712	30933767
18611	1691449	596734	526435	11204	8000712	7659106
***	***	***	***	***	***	***
25000	450495	28150	122212	1000	1123092	1117460
104424	3385996	2079305	1260075	1602932	68160095	67146009
93424	2926308	1641383	655004	880573	40758775	40224597
11000	282033	224290	511600	496906	20073980	19613432
	24200	500			68957	67713
	2400	100	91671	150518	3150843	3150843
	2500	3500			73021	73021
	2800	650	1800		94429	86048
	34611	88572		15486	1120439	1119238
	26150	1000			310187	310187
	3200	5660		7966	203241	202255
	81794	113650		51483	2306223	2298675
511	13868734	165060	933222	493059	24360738	23926124
488774	495914	4358	31299		3327542	3229356
21741	4992306	4142872		146943	41895132	41350527
	1597722	26987	6509242		22231029	21802878
600	200030	755	5273	3204700	16034175	15753473
	2029921				821471	810460
484920	20733070	3489496	5617132	2349163	60633661	59850191
8000	678696	470694	1273345	711439	33972760	33329585
	194454	41315	570844	433247	6924630	6617238
706	49372	71922	100		837200	835562
18000	1529035	266605	17615	350853	6301836	6240242

3-17 续表 11

项目	#应付债券	负债合计	所有者权益合计	#实收资本	国家资本
二星		828822	440239	379849	75327
三星		15199287	3418471	5138027	1809844
四星		24601560	12678339	7768687	2646650
五星	498342	27466542	8056850	9978741	1697347
其他		47215749	16705998	22276376	8385221
七、按餐饮业态分					
中式正餐	244	20946179	5029255	5804823	247226
中式快餐	500	3758860	2741116	807686	6838
外国风味正餐		2238982	341464	926199	
外国风味快餐		1708434	2371356	854183	
茶馆		46746	40372	24700	
咖啡馆		1181267	1508230	244943	254
酒吧		35062	-9079	6000	
其他		118411	25350	18516	
八、按地区分					
东城区		28560594	12800653	12713998	4446565
西城区		16220494	4917204	3887744	1293591
朝阳区	498842	50347330	17486643	13933240	2283163
丰台区		4252153	1224215	1769262	224950
石景山区		751029	350496	412370	1272
海淀区		16341959	6479157	7583349	2301297
门头沟区		837322	-36109	240496	
房山区	244	824454	73000	336183	51879
通州区		2340616	-200234	125185	8383
顺义区		7088897	1004819	2030020	342451
昌平区		7190023	584096	3083978	14764
大兴区		2225174	2061136	366986	57000
怀柔区		3057407	4087187	4243633	3135692
平谷区		706140	130051	246710	15000
密云区		1913837	-18693	844485	646170
延庆区		536608	954436	1358410	17510
北京经济技术开发区		2151864	1449904	1052681	29020

单位：千元

集体资本	法人资本	个人资本	港澳台资本	外商资本	营业收入	#主营业务收入
64423	168192	71907			871392	855238
209828	2729244	389111			4682168	4507722
30544	3143356	1138730	520114	289293	7512752	7422713
2000	4816983	30000	2780591	651820	9170531	9140524
100407	8940856	630979	2918256	1300657	18273149	17800612
92824	2792538	1696962	423821	551452	35730771	35262030
11000	250098	273370	83670	182710	11567220	11276506
600	207163	91163	231183	396090	7435026	7360627
	104297	7760	427930	314196	9829078	9658471
	24200	500			68957	67713
	2400	100	91671	150518	3150843	3150843
	2500	3500			73021	73021
	2800	5950	1800	7966	305179	296798
5066	3203500	372045	2952392	1734430	25621123	25086923
44197	1518037	397872	509116	124931	11964886	11691995
162658	6295374	1015702	3104108	1072235	27543884	27197427
47816	930032	565636		828	4511714	4474644
	378717	31531		850	756807	738801
178699	4049460	429786	393162	230945	17348845	17123425
	233151	7345			550508	514950
49790	224254	10260			970360	957524
	37900	74361	4541		580074	579223
	1154749	110213	322798	99809	3585265	3546176
7650	2002480	1059084			2322166	2297555
15000	133839	54228	106919		5246003	5132959
	1028951	78890		100	843004	823907
	97400	48310	86000		1421874	1335158
	161000	37315			413317	406416
750	1322570	17580			278958	268049
	413213	29874		580574	4711299	4697686

3-17 续表 12

项　　目	营业成本	#主营业务成本	税金及附加	#主营业务税金及附加	其他业务利润
合　计	**39015686**	**38519408**	**1181299**	**1148435**	**1245833**
一、按登记注册类型分					
内资	25789716	25549962	748403	717192	815384
国有	1589008	1568096	159075	153695	61879
集体	247949	215340	9108	9000	12025
股份合作	245015	245015	9305	9305	584
国有与集体联营	***	***	***	***	***
其他联营企业	***	***	***	***	***
国有独资公司	486330	481512	76140	75781	34004
其他有限责任公司	11877345	11783522	383890	359784	467629
股份有限公司	679928	675036	21063	21063	24559
私营独资	68810	68810	339	339	1558
私营合伙	35841	35841	205	205	
私营有限责任公司	10272801	10190101	86972	85716	211835
私营股份有限公司	277343	277343	1387	1385	551
其他企业	***	***	***	***	***
港澳台商投资	6874540	6784625	285299	283646	330592
与港澳台商合资经营	2718297	2716807	228207	228134	33567
与港澳台商合作经营	34197	34197	2227	2227	
港澳台商独资	4049049	3960624	52261	50681	297025
港澳台商投资股份有限公司	***	***	***	***	***
外商投资	6351430	6184821	147597	147597	99857
中外合资经营	2410162	2309640	126002	126002	33665
中外合作经营	112248	112248	4149	4149	
外资企业	3817145	3751058	15943	15943	66192
外商投资股份有限公司	***	***	***	***	***
其他外商投资企业	***	***	***	***	***
二、按隶属关系分					
中央	2419489	2394049	220441	212899	60897
地方	36596197	36125359	960858	935536	1184936

单位：千元

销售费用	管理费用	#财产保险费	财务费用	#利息收入	#利息支出	资产减值损失
40973971	**21480994**	**67322**	**1793918**	**399528**	**1753772**	**171638**
25532634	16147669	53039	1290116	288555	1245934	88696
2317348	2760523	9621	10041	58354	53190	4216
473127	295108	1515	−786	3447	548	
208681	133346	454	489	6529	3946	−4
***	***	***	***	***	***	***
***	***	***	***	***	***	***
543004	713178	1677	74972	39484	110703	21870
11569470	7659479	31187	879091	145430	868255	59213
866263	456660	522	11006	7221	14231	−54
98167	32754	100	551	67	222	
17586	10965		90	13	8	
9279304	3995681	7897	305371	27548	194531	3455
138941	77082	57	9219	432	300	
***	***	***	***	***	***	***
10910830	3261500	9586	347401	85972	349091	35300
3434131	1529105	4619	259547	45443	281299	28403
215777	127866		−1548	4358	2900	
7151858	1592530	4792	60034	35956	36257	6888
***	***	***	***	***	***	***
4530507	2071825	4697	156401	25001	158747	47642
1544133	1061573	2876	86133	10143	88008	2345
57353	31212	399	52255	230	46627	
2892000	946492	1416	18510	14127	24112	45297
***	***	***	***	***	***	***
***	***	***	***	***	***	***
2247574	2743708	11577	−37593	71812	18462	61010
38726397	18737286	55745	1831511	327716	1735310	110628

3-17 续表 13

项　　目	营业成本	#主营业务成　本	税　金及附加	#主营业务税金及附加	其他业务利　润
三、按行业分					
住宿业	10565783	10445973	1046299	1017096	621388
旅游饭店	8235631	8143533	931494	904896	328396
一般旅馆	2064635	2038033	80094	77516	288806
民宿服务	***	***	***	***	***
其他住宿业	264061	262951	34665	34638	4186
餐饮业	28449903	28073435	135000	131339	624445
正餐服务	17152555	17002240	103794	103051	370376
快餐服务	7925157	7700119	16982	14064	236129
茶馆服务	24178	24178	294	294	1244
咖啡馆服务	787008	787008	3519	3519	
酒吧服务	24107	24107	218	218	
其他饮料及冷饮服务	26085	26085	42	42	8381
餐饮配送服务	850954	850895	2896	2896	1142
外卖送餐服务	159969	159969	728	728	
小吃服务	72795	72795	397	397	681
其他未列明餐饮业	1427095	1426039	6130	6130	6492
四、按控股情况分					
国有控股	7141066	7089742	720551	697701	344605
集体控股	898928	853425	39799	33301	53227
私人控股	16926143	16789092	196905	195494	392784
港澳台商控股	6299907	6208269	148652	147072	334686
外商控股	7421023	7251579	63719	63194	110872
其他	328619	327301	11673	11673	9659
五、按经营形式分					
独立门店	21064573	20886834	1077859	1049064	551032
连锁总店	12877401	12631027	53544	50183	397116
连锁直营店	2164378	2128137	9409	8882	270624
连锁加盟店	233444	232855	3484	3303	802
其他	2675890	2640555	37003	37003	26259
六、按星级评定情况分					
一星					

单位：千元

销售费用	管理费用	# 财产保险费	财务费用	# 利息收入	# 利息支出	资产减值损失
12282626	13648850	54407	1538450	309472	1583142	121527
9046941	10998389	49444	1101939	240939	1141973	100677
2949814	2321832	3424	192311	65873	233863	20210
***	***	***	***	***	***	***
276222	323046	1539	244167	2625	207306	640
28691345	7832144	12915	255468	90056	170630	50111
16848538	5500098	7421	254506	49078	142564	47520
9060162	1717969	3939	7278	20556	25542	2478
24064	15621	35	698			214
1701430	151061	963	-11470	5453	1	
31429	16659		198	23	35	
46658	18534	11	60	16	11	
146466	111151	381	113	189	150	
100000	32429		1866	19	1123	
104518	29550	15	178	86	101	428
628080	239072	150	2041	14636	1103	-529
7497761	7817732	24173	610554	229768	753466	94244
1433436	683896	2880	86934	7676	89832	-395
15557280	8037328	28762	624369	63662	420408	2316
10719040	2626128	7790	312947	65587	307289	28242
5527789	2002610	3237	131534	18479	129547	47231
238665	313300	480	27580	14356	53230	
19907588	15898497	59176	1465758	311090	1442453	99841
15397513	3225856	5740	91447	51967	105712	58372
3273895	812594	863	40901	1993	23094	-573
352378	216940	173	4515	717	4052	
2042597	1327107	1370	191297	33761	178461	13998

3-17 续表 14

项目	营业成本	#主营业务成本	税金及附加	#主营业务税金及附加	其他业务利润
二星	297753	291694	12694	12522	10095
三星	1547763	1490408	99437	83396	104947
四星	1462527	1459911	218533	217801	86691
五星	2279742	2271477	405968	405944	21718
其他	4977998	4932483	309667	297433	397937
七、按餐饮业态分					
中式正餐	15202062	15095326	103596	102905	348126
中式快餐	4788395	4676711	16428	13510	179649
外国风味正餐	3567585	3522942	6714	6662	29843
外国风味快餐	3942647	3829242	3946	3946	57202
茶馆	24178	24178	294	294	1244
咖啡馆	787008	787008	3519	3519	
酒吧	24107	24107	218	218	
其他	113921	113921	285	285	8381
八、按地区分					
东城区	9467772	9299892	230622	224387	361283
西城区	3669982	3608181	121116	120377	210366
朝阳区	9485411	9411565	451536	444245	269608
丰台区	2005105	2001672	28812	28579	33133
石景山区	326571	323658	13370	13370	15093
海淀区	6002527	5923251	199465	196221	121009
门头沟区	202336	202336	7511	7511	35253
房山区	456036	447742	3847	3675	4542
通州区	243787	243624	3081	3076	684
顺义区	1354917	1344978	17562	12078	26397
昌平区	912507	911967	39605	39591	24057
大兴区	1891494	1843762	11326	11326	65312
怀柔区	393129	385110	12266	10797	8892
平谷区	458539	435924	1360	1331	53170
密云区	159033	155660	15952	15952	3528
延庆区	148180	144561	9668	1719	2728
北京经济技术开发区	1838360	1835525	14200	14200	10778

单位：千元

销售费用	管理费用	#财产保险费	财务费用	#利息收入	#利息支出	资产减值损失
267830	238049	459	387	2834	3081	1765
1453668	1485783	4948	48938	35845	71509	60106
2380692	2653802	7686	160880	93226	178937	4338
2095614	3104634	25954	546871	55184	558988	28976
6084822	6166582	15360	781374	122383	770627	26342
14565049	4876214	6953	214235	59013	112622	577
5050953	1104749	946	3683	19071	16052	104
2767416	904987	804	42000	4715	30740	46310
4409687	726169	3193	5934	1696	11107	2478
24064	15621	35	698			214
1701430	151061	963	-11470	5453	1	
31429	16659		198	23	35	
141317	36684	21	190	85	73	428
9894765	4166516	8564	537620	91430	575631	151934
4848347	2472820	4154	169722	59224	149344	2115
10282519	5405833	26342	705609	143525	657159	6871
1466591	907237	2514	26214	4977	21801	-211
218079	192296	94	2165	1545	2566	9
6126531	4070971	14465	125552	72878	150878	8017
223164	147778	327	-3067	6690	1270	4298
378535	162955	405	6895	595	7360	124
187138	166473	532	2402	274	1217	279
1719872	639768	3950	47380	1905	39086	-2322
740425	572173	1581	35266	4014	28945	271
2245113	693825	200	13729	5066	11182	105
204855	438145	1261	66095	3137	65447	-36
426117	462242	579	9756	934	3020	163
122545	189543	707	3276	1893	4627	
77248	83232	1496	1073	438	1043	
1812127	709187	151	44231	1003	33196	21

3-17 续表 15

项目	公允价值变动收益	投资收益	资产处置收益	其他收益	营业利润	营业外收入
合计	**70525**	**632542**	**10280**	**63797**	**4829449**	**670360**
一、按登记注册类型分						
内资	5762	341153	10749	46628	1189643	547855
国有	66	3656	66	5113	128991	124805
集体		-7343		13	96378	5066
股份合作		2754			23889	9584
国有与集体联营	***	***	***	***	***	***
其他联营企业	***	***	***	***	***	***
国有独资公司		39718	-320	944	-117189	16148
其他有限责任公司	6239	79236	-2127	35824	537343	275559
股份有限公司		88410	-72	2840	164949	6767
私营独资					11858	244
私营合伙					3524	42
私营有限责任公司	-543	134722	13202	1876	342024	107655
私营股份有限公司				18	-3959	1927
其他企业	***	***	***	***	***	***
港澳台商投资	-9255	283946	-188	8690	2756156	82569
与港澳台商合资经营		261809	-410	4568	1334386	28406
与港澳台商合作经营					-18252	22
港澳台商独资	-9255	19137	222	4122	1433490	54019
港澳台商投资股份有限公司	***	***	***	***	***	***
外商投资	74018	7443	-281	8479	883650	39936
中外合资经营	74018	5312	-281	4399	872176	16020
中外合作经营		1809			-20530	1996
外资企业		322		4080	6671	21437
外商投资股份有限公司	***	***	***	***	***	***
其他外商投资企业	***	***	***	***	***	***
二、按隶属关系分						
中央		15336	-654	5130	325883	37854
地方	70525	617206	10934	58667	4503566	632506

单位：千元

营业外支出	利润总额	所得税费用	应付职工薪酬（本年贷方累计发生额）	#社会保险费	应交增值税	从事住宿和餐饮业活动的从业人员平均人数（人）
437171	**5062886**	**1870384**	**28633547**	**3843086**	**1373953**	**367288**
307003	1430743	914654	18910288	2304861	1222009	234404
26339	226786	124926	2643561	424322	182603	24379
1850	99594	27715	392866	64860	32492	4199
5691	27782	7405	174468	19558	14230	2528
***	***	***	***	***	***	***
***	***	***	***	***	***	***
10542	-111593	22065	718702	116321	47216	6155
179357	634248	517812	8844178	1109887	518821	103327
5959	165757	29674	693994	61933	35038	6977
215	11887	948	57698	7571	1443	835
18	3548	7	14096	917	2625	210
76516	373389	180282	5262701	489847	374666	83882
513	-2545	3024	96571	8325	11460	1740
***	***	***	***	***	***	***
114233	2724492	667377	6489642	649936	118059	77299
75595	1287197	280058	2192696	321821	72745	28421
4024	-22254	96	114390	14085	10122	686
34557	1452952	387223	4124217	308554	30817	47432
***	***	***	***	***	***	***
15935	907651	288353	3233617	888289	33885	55585
3808	884388	247998	1338178	378042	42355	19043
557	-19091	140	48772	8463	2627	395
11543	16565	33473	1820724	497246	-13795	35862
***	***	***	***	***	***	***
***	***	***	***	***	***	***
29693	334044	186641	2811624	459213	186116	23153
407478	4728842	1683743	25821923	3383873	1187837	344135

3-17 续表 16

项目	公允价值变动收益	投资收益	资产处置收益	其他收益	营业利润	营业外收入
三、按行业分						
住宿业	64825	332920	-2518	39612	1740520	371933
旅游饭店	64825	263161	-2177	38264	1317938	332689
一般旅馆		69759	-330	1342	442587	36406
民宿服务	***	***	***	***	***	***
其他住宿业			-11	6	-19714	2838
餐饮业	5700	299622	12798	24185	3088929	298427
正餐服务	5409	248598	12798	14811	1133880	204907
快餐服务		50727		9373	1404054	83929
茶馆服务					3888	55
咖啡馆服务		322		1	519618	5266
酒吧服务					410	
其他饮料及冷饮服务	291				3341	1052
餐饮配送服务					8859	986
外卖送餐服务					15195	231
小吃服务					-4625	622
其他未列明餐饮业		-25			4309	1379
四、按控股情况分						
国有控股	64	490371	-2474	44557	1011072	239766
集体控股		-5765		383	179562	25071
私人控股	12906	106986	13017	4110	687810	213027
港澳台商控股	-9255	18597	222	6491	2112168	80909
外商控股	66810	20231	-485	8256	935081	43740
其他		2122			-96244	67847
五、按经营形式分						
独立门店	64573	273354	10981	40489	1508666	504172
连锁总店	13160	224454	-1296	20332	2525277	139839
连锁直营店	-7208	47468	734	2488	667508	19362
连锁加盟店		19			26458	710
其他		87247	-139	488	101540	6277
六、按星级评定情况分						
一星						

单位：千元

营业外支出	利润总额	所得税费用	应付职工薪酬（本年贷方累计发生额）	#社会保险费	应交增值税	从事住宿和餐饮业活动的从业人员平均人数（人）
268995	1843991	902747	12009666	1845496	944458	113589
243319	1408022	696375	9911506	1559813	715109	88337
22699	456113	185792	1828702	241608	197732	22751
***	***	***	***	***	***	***
2938	-19814	20068	267095	43728	31171	2470
168176	3218895	967637	16623881	1997590	429495	253699
114956	1223557	433051	9977542	1208727	434206	146274
42437	1445535	373664	4113011	617445	-99981	77998
156	3787	964	17711	2360	2443	217
6639	518245	140673	1506696	33255	23297	8868
50	360	205	13571	3329	1338	257
1364	3029	1127	17644	2735	7	343
988	8857	4697	136457	18609	23773	2783
690	14736	3198	118342	6783	4469	1726
319	-4322	1080	67325	9889	-3966	786
577	5111	8978	655582	94458	43909	14447
182727	1068204	543588	8633102	1292882	559771	73573
31191	173442	61440	986615	147875	78790	11142
124446	776546	394755	9160823	938759	670965	142314
73192	2119885	561889	5815457	552246	51829	74931
20176	958645	299651	3716550	872853	12805	61888
5439	-33836	9061	321000	38471	-207	3440
321277	1691809	982464	16661448	2254926	1234933	189249
90615	2574501	654530	8657795	1206723	-38664	130512
17884	668986	174535	1624178	138258	29870	19851
406	26762	9067	133501	14781	18786	2029
6989	100828	49788	1556625	228398	129028	25647

3-17 续表 17

项　　目	公允价值变动收益	投资收益	资产处置收　益	其他收益	营业利润	营业外收　入
二星		1578	-51	882	55323	25387
三星	-13	-29438	-12	23703	-19289	70706
四星	74014	29503	-361	3475	737837	114344
五星		254512	-1151	6281	968368	26403
其他	-9176	76765	-943	5271	-1719	135093
七、按餐饮业态分						
中式正餐	5409	248452	12842	10294	1046535	192472
中式快餐		54821		1575	659304	50426
外国风味正餐		146	-44	4517	104633	13881
外国风味快餐		-4119		7798	741896	35265
茶馆					3888	55
咖啡馆		322		1	519618	5266
酒吧					410	
其他	291				12645	1062
八、按地区分						
东城区	-13	-13581	-1093	18137	1175344	97012
西城区	13160	157960	-623	6650	857931	90992
朝阳区	65054	405422	-444	6629	1682766	73726
丰台区		2871	13172	395	94404	18329
石景山区		54		19	4390	4434
海淀区	79	20937	-888	5040	840950	84444
门头沟区	-2	-57	-20	447	-31144	6351
房山区			204	402	-37428	43495
通州区		15	8	32	-23031	5284
顺义区	-2	11821	88	3812	-176193	28383
昌平区		10084	-15	22	32010	34352
大兴区	-543	17978			407072	85644
怀柔区		221		1925	-269304	60562
平谷区		6112			69809	14878
密云区			-109		-77141	5130
延庆区		40		20216	-19687	9559
北京经济技术开发区	-7208	12665		71	298701	7785

单位：千元

营业外支出	利润总额	所得税费用	应付职工薪酬（本年贷方累计发生额）	#社会保险费	应交增值税	从事住宿和餐饮业活动的从业人员平均人数（人）
3320	77390	20014	257707	40652	27384	3041
94595	-43238	80944	1609569	255349	88211	16778
33858	819097	221773	2473882	398725	195392	22356
40180	954591	243926	2900177	461689	206205	20489
97042	36151	336090	4768331	689081	427266	50925
111734	1126999	389351	9075450	898225	479737	126364
14874	694845	180420	2481801	243973	-5430	38630
4599	113915	53825	1593936	410745	6631	33040
28558	748603	198287	1857814	395747	-74738	45270
156	3787	964	17711	2360	2443	217
6639	518245	140673	1506696	33255	23297	8868
50	360	205	13571	3329	1338	257
1566	12141	3912	76902	9956	-3783	1053
56259	1216323	459415	6009894	1193165	186801	93554
26260	922642	260294	3537699	453706	208899	35425
132500	1623992	544079	7636790	872513	420827	81378
6801	105932	35502	1129346	134165	90370	15221
642	8182	3209	209852	32269	10199	3218
70889	854274	307787	4636969	544912	359961	57591
4094	-28887	1643	129014	20788	9271	2598
27926	-21859	6340	285819	28661	5222	4522
3697	-21444	980	161267	20435	5907	2617
19266	-167076	24027	923712	86804	10815	17558
15653	50709	14042	612963	85601	44628	8859
9790	483700	104885	1268249	146420	-27769	19796
5788	-214530	1423	328718	43807	7116	3382
5093	79594	30360	347924	28002	15045	4987
700	-72711	105	165015	29965	9320	1990
45390	-56018	1190	121578	20959	-11180	1390
6423	300063	75103	1128738	100914	28521	13202

3-18 限额以下住宿和餐饮业

项目	法人单位数（个）	本年折旧	固定资产净值	在建工程	资产总计	负债合计
合计	**32269**	**2094890**	**6150789**	**4136111**	**57229574**	**46350356**
一、按登记注册类型分						
内资	32039	2057767	5988349	3597471	55085631	43941078
国有	221	65096	289832	952379	3510279	1976923
集体	469	16472	179163	15244	1062527	834446
股份合作	299	9958	57852	3843	298696	293583
国有联营	2	***	***	***	***	***
集体联营	7	70	168		5907	5647
国有与集体联营	1	***	***	***	***	***
其他联营	1	***	***	***	***	***
国有独资公司	8	2623	2095		34196	28051
其他有限责任公司	1436	141611	1704328	119999	11762603	9248367
股份有限公司	41	1727	9328	1342	52493	41094
私营独资	2344	22687	237121	1403	1369797	597458
私营合伙	264	5015	18647	764	297910	196889
私营有限责任公司	26804	1791365	3466824	2498546	36552809	30658231
私营股份有限公司	54	461	3832		43258	37356
其他	88	378	17364	3043	28902	6350
港澳台商投资	88	10338	59841	469750	920187	1357064
与港澳台商合资经营	23	3172	30626	38574	259143	511241
港澳台商独资	65	7166	29215	431176	661044	845823
外商投资	142	26785	102599	68889	1223756	1052214
中外合资经营	33	8191	39872	1436	393542	387089
中外合作经营	1	***	***	***	***	***
外资企业	106	18593	62724	67453	827794	661286
其他外商投资	2	***	***	***	***	***
二、按隶属关系分						
中央	88	10346	41895	329342	1628910	933074
地方	32181	2084544	6108895	3806769	55600663	45417282
三、按行业分						
住宿业	4655	427575	4103225	3117085	31539560	21442421

法人单位主要财务状况

单位：千元

年初存货	期末存货	营业收入	营业成本	税金及附加	投资收益	营业利润	应付职工薪酬（本年贷方累计发生额）	应交增值税
1551322	**1729748**	**32469188**	**18429276**	**230920**	**85774**	**−2812947**	**7656249**	**726447**
1488988	1669418	30974064	17860615	225307	79929	−2601393	7302156	713643
28124	19082	373024	208688	6615	88	−42911	116761	14717
22123	23719	361707	237806	4495	529	−20149	113042	10133
15891	17379	320363	179807	2944	−765	−7834	69286	7449
***	***	***	***	***	***	***	***	***
99	120	3074	1249	7		−61	575	158
***	***	***	***	***	***	***	***	***
***	***	***	***	***	***	***	***	***
412	385	22101	29859	360	−118	−21925	18737	555
136542	167567	4043343	2656575	45697	10527	−1127078	876011	56256
4912	3694	79031	24345	308	512	−1271	14449	1012
71825	88629	1173893	628505	10770	8312	106175	284853	30305
9515	9397	486575	239217	1888	4206	32203	88799	10784
1194349	1332872	24055655	13625095	152012	56159	−1514434	5701688	581585
4450	5502	33756	19990	178	478	−1953	8861	816
269	686	7866	6323	24		−480	2731	90
9721	8494	420490	180364	4024	1132	−65195	87847	2284
4035	4473	192735	95647	3060	1108	−36763	35680	−452
5686	4021	227755	84717	964	24	−28432	52167	2736
52613	51835	1074635	388297	1588	4713	−146359	266246	10520
34811	35688	568427	150666	544	−1377	−20118	137971	6224
***	***	***	***	***	***	***	***	***
17803	16147	505087	237219	1038	6089	−126138	127727	4265
***	***	***	***	***	***	***	***	***
5090	5530	208445	181848	4361	2264	−45418	106892	8998
1546232	1724218	32260743	18247428	226558	83509	−2767528	7549357	717449
185130	198783	8150768	4021658	96077	37473	−368873	1699651	199684

3-18 续表 1

项　　目	法人单位数（个）	本年折旧	固定资产净值	在建工程	资产总计	负债合计
旅游饭店	1062	163740	2431450	649228	16038586	8457704
一般旅馆	2771	179809	937055	1691740	11985165	9970482
民宿服务	328	19210	133741	40475	570058	418523
露营地服务	6	83	54		1162	954
其他住宿业	488	64733	600925	735644	2944589	2594758
餐饮业	27614	1667314	2047564	1019025	25690014	24907935
正餐服务	21254	1593019	1654117	953221	19220124	18035335
快餐服务	2357	27762	131264	50937	1381700	1397719
茶馆服务	162	1237	4495	74	142539	172451
咖啡馆服务	314	8571	53073	1577	1969857	2542708
酒吧服务	57	342	2330	47	20662	22491
其他饮料及冷饮服务	442	5178	15508		183140	218923
餐饮配送服务	199	1625	5617	1236	172816	132344
外卖送餐服务	33	71	1366		39725	38904
小吃服务	1148	4374	28021	482	363566	304866
其他未列明餐饮业	1648	25134	151773	11451	2195886	2042194
四、按控股情况分						
国有控股	292	134017	1657259	23687	6990836	3774962
集体控股	766	28197	241264	20077	1481094	1249809
私人控股	30191	1880830	3990399	2600558	41713805	34244748
港澳台商控股	83	8511	52463	469750	2344149	3376335
外商控股	105	22820	96297	68003	1050606	879112
其他	832	20515	113108	954036	3649084	2825390
五、按经营形式分						
独立门店	25609	665890	4990995	2689901	40084530	31731256
连锁总店	216	30802	108963	9281	1611026	1650785
连锁直营店	617	31412	128694	13658	2850616	3136745
连锁加盟店	1798	1288723	351594	54353	2572153	2456839
其他	4029	78063	570543	1368918	10111249	7374730
六、按星级评定情况分						
一星	53	6800	7677	1814	134561	108644

单位：千元

年初存货	期末存货	营业收入	营业成本	税金及附加	投资收益	营业利润	应付职工薪酬（本年贷方累计发生额）	应交增值税
54756	44413	2008213	843874	35976	9095	-127834	479807	35514
103132	115607	4949245	2510845	48014	20573	-105462	929740	139824
1953	6662	92424	55533	776	5	-25440	36132	1985
		1070	754	10		-147	105	90
25290	32099	1099816	610652	11301	7799	-109990	253867	22270
1366192	1530965	24318421	14407618	134843	48301	-2444074	5956598	526763
1078251	1204086	19323573	10966035	106888	30587	-1234293	4801132	439226
84819	106849	1314308	776776	5878	813	-135333	319879	25981
19317	22002	70604	29023	310	16	-27204	29933	1605
49721	52089	929391	1066082	1712	430	-924785	209305	-36751
4922	2298	22839	9016	102	158	-7535	6985	949
9479	13450	245098	123158	1492	-96	716	49409	5498
4730	7739	288783	215232	1002	-29	-5343	45290	5582
8645	921	92656	64078	204	95	-3992	15168	1299
25937	37391	377017	205768	1936	665	2413	106576	5500
80371	84142	1654154	952448	15319	15662	-108719	372921	77874
31975	28024	1218446	584457	34939	7370	-25017	353220	39875
34599	38456	788119	468344	7549	-396	-33595	205375	18863
1384889	1565167	27933580	15538555	176320	74597	-1626076	6499234	682754
6976	6654	493308	934380	4267	1751	-907589	117224	-43870
48531	46880	921767	313148	1230	6089	-150958	223162	4788
44353	44567	1113867	590391	6614	-3638	-69712	258033	24037
1172842	1348938	22336378	12381653	185513	45700	-1600531	5713877	550122
74467	89259	2083920	1183403	4029	3461	-515701	438941	-12607
77635	88964	2178624	1395773	6272	5352	-467437	371134	36314
67460	75882	2897316	1458779	18291	11076	-57516	509943	69880
158918	126705	2972950	2009667	16815	20185	-171762	622355	82737
7748	1482	82467	23923	936	1622	722	17193	2192

3-18 续表 3

项目	法人单位数（个）	本年折旧	固定资产净值	在建工程	资产总计	负债合计
二星	82	5321	22777	5401	195406	318922
三星	43	2376	59529	89869	855483	669955
四星	13	1271	55310	442001	1054290	1370553
五星	10	43657	695083		3564673	1399104
其他	4454	368151	3262849	2578000	25735146	17575243
七、按餐饮业态分						
中式正餐	15839	1510735	1249362	370420	14664361	13938811
中式快餐	5875	54500	332871	23845	3295618	2731435
外国风味正餐	708	23942	60783	1273	1024743	1018706
外国风味快餐	451	10606	41298	719	371524	443579
茶馆	273	3929	11831	74	196536	301204
咖啡店	631	20071	69913	6550	2253410	2909685
酒吧	140	3133	15732	1313	145234	123650
其他	3697	40398	265774	614832	3738588	3440866
八、按地区分						
东城区	1837	90233	292132	14954	3308174	2736235
西城区	1878	130732	1566689	19482	11685787	6107355
朝阳区	7179	230489	1012763	784412	11856804	11263965
丰台区	3076	78348	466681	60865	4374059	3431971
石景山区	715	7832	34975	789402	2124523	1654439
海淀区	3748	94661	384379	55989	6824950	6786712
门头沟区	356	5358	18716	7859	230619	155324
房山区	2672	29230	167444	32108	804604	587777
通州区	1993	46777	1043220	605012	2915141	2747411
顺义区	1541	35285	120232	1281430	5601131	4789087
昌平区	2192	26320	205896	89452	1883740	1593192
大兴区	2079	1254241	267863	113527	1863134	1403835
怀柔区	1107	27570	182776	142088	1308131	755332
平谷区	558	3781	43528	38246	524435	496531
密云区	611	12110	128026	74494	1032143	1024711
延庆区	256	11609	190477	25375	502439	333962
北京经济技术开发区	471	10312	24993	1414	389761	482515

单位：千元

年初存货	期末存货	营业收入	营业成本	税金及附加	投资收益	营业利润	应付职工薪酬（本年贷方累计发生额）	应交增值税
2680	3717	204850	98581	1265	622	-13848	33346	8031
1550	4752	73251	30436	1021		-39837	28228	2347
20924	2892	10545	8629	2783	1707	-39973	24397	3292
1224	1410	393829	175530	15761	5344	115938	76698	11271
151004	184528	7385827	3684559	74311	28178	-391875	1519790	172551
866578	974752	14721684	8394273	88239	40765	-845364	3726072	394617
170183	189999	3297473	1972846	22392	8570	-239226	828470	56542
65404	72308	1485066	802615	6610	-3812	-121776	294538	31851
23516	24309	492393	239776	2312	-379	-52664	132905	3726
27201	30963	118131	49570	458	567	-41564	47433	2454
62842	63162	1063014	1117092	2606	-2903	-942201	251113	-32841
12690	11449	94429	33371	440	158	-31007	32204	1621
137776	164023	3046231	1798075	11785	5335	-170272	643863	68794
95749	95039	2489381	1332948	14077	5062	-81706	584970	64084
248033	242997	3584537	1681224	42447	9296	-149122	807058	85805
388897	449049	9452941	4909008	59005	13095	-645154	2034941	227096
159364	165205	3459650	1931662	28125	22238	-88893	712172	81121
27310	28168	673689	385849	5539	-4276	-55576	143419	13316
225596	265855	5155552	3708159	30823	21592	-1151523	1188302	59131
20480	16311	167211	96914	605	133	-14246	48370	7303
34712	42562	531586	309374	3856	1486	-44388	182473	8717
53693	55320	1087705	635111	8428	879	-84607	318545	23463
53838	68829	1090972	611715	8704	-234	-119324	281042	31416
68371	86606	1477614	886438	9268	2755	-74591	439947	30382
92838	102078	1462408	893264	6513	5178	-70408	352020	68166
29873	34175	431454	279993	5236	2516	-43394	120913	10433
17885	21188	298657	169025	1756	4952	-23601	75610	9025
10234	19177	380476	165784	1675	472	-90003	145303	-11980
9064	11839	209930	158492	3174	591	-23068	65963	7700
15387	25349	515427	274315	1688	39	-53344	155201	11270

3-19 住宿和餐饮业个体经营户情况

项　　目	合　计		住宿业		餐饮业	
	户数（户）	从业人员（人）	户数（户）	从业人员（人）	户数（户）	从业人员（人）
合　计	**37599**	**123345**	**4224**	**8635**	**33375**	**114710**
按经营地所在区分						
东城区	738	4210	49	203	689	4007
西城区	1109	5520	67	302	1042	5218
朝阳区	5029	20418	57	293	4972	20125
丰台区	1010	6636	59	253	951	6383
石景山区	341	1917	14	52	327	1865
海淀区	1397	7710	101	223	1296	7487
门头沟区	1192	2847	371	649	821	2198
房山区	2428	6573	496	1001	1932	5572
通州区	1343	5082	110	353	1233	4729
顺义区	2432	8609	110	348	2322	8261
昌平区	3969	13602	88	410	3881	13192
大兴区	2792	8507	73	295	2719	8212
怀柔区	4839	8828	1446	2118	3393	6710
平谷区	2461	5771	210	318	2251	5453
密云区	3816	8951	545	999	3271	7952
延庆区	2628	7532	425	804	2203	6728
北京经济技术开发区	75	632	3	14	72	618

第四篇

信息传输、软件和信息技术服务业

4-1 全部信息传输、软件和信息技术服务业法人单位财务状况（企业会计准则）

单位：千元

项目	法人单位数（个）	资产总计	负债合计	营业收入	营业利润
合　计	**76967**	**5220809101**	**2177069332**	**1357137678**	**299800738**
一、按行业分（分到小类）					
电信、广播电视和卫星传输服务	1588	2480705847	663013626	147922914	228024484
电信	1363	2411152894	631273495	135082835	227199265
固定电信服务	116	345765515	246590128	44758018	15118054
移动电信服务	268	1980498983	300539215	40063387	209336305
其他电信服务	979	84888396	84144151	50261429	2744907
广播电视传输服务	164	47683293	20551660	9189538	829701
有线广播电视传输服务	145	45114348	19840542	7555944	972393
无线广播电视传输服务	19	2568945	711118	1633594	-142691
卫星传输服务	61	21869660	11188471	3650541	-4482
广播电视卫星传输服务	20	17607221	7687826	2797570	279536
其他卫星传输服务	41	4262438	3500645	852970	-284019
互联网和相关服务	8182	716855464	459053987	405780625	18186154
互联网接入及相关服务	618	41084344	26493798	13580798	-530534
互联网接入及相关服务	618	41084344	26493798	13580798	-530534
互联网信息服务	3325	431380384	231287769	279974447	27766541
互联网搜索服务	98	23201607	14609385	16881207	-2206618
互联网游戏服务	317	13076025	5961285	9429166	1861787
互联网其他信息服务	2910	395102752	210717100	253664074	28111372
互联网平台	1658	184135606	160095072	81708728	-8974843
互联网生产服务平台	200	26667296	15127167	5906464	295526
互联网生活服务平台	625	149530837	137925100	73327171	-7920644
互联网科技创新平台	682	5944447	6053079	1713309	-1192199
互联网公共服务平台	61	457895	395566	235715	-14680
其他互联网平台	90	1535131	594161	526069	-142845
互联网安全服务	153	1771943	631261	1148894	-31861
互联网安全服务	153	1771943	631261	1148894	-31861

4-1 续表 1

单位：千元

项目	法人单位数（个）	资产总计	负债合计	营业收入	营业利润
互联网数据服务	976	47282195	31650438	24150338	977604
互联网数据服务	976	47282195	31650438	24150338	977604
其他互联网服务	1452	11200992	8895649	5217420	-1020753
其他互联网服务	1452	11200992	8895649	5217420	-1020753
软件和信息技术服务业	67197	2023247791	1055001719	803434138	53590100
软件开发	36424	1033674424	507505712	466739180	30440056
基础软件开发	15234	211822314	110934469	82539460	-5002980
支撑软件开发	570	20563619	12191896	9107547	596510
应用软件开发	13142	536852742	248446902	237341488	21059564
其他软件开发	7478	264435750	135932445	137750685	13786962
集成电路设计	279	51660686	17429718	4116596	67508
集成电路设计	279	51660686	17429718	4116596	67508
信息系统集成和物联网技术服务	3742	317963429	183294330	159696734	9332143
信息系统集成服务	3194	307920630	176116498	151697794	9335074
物联网技术服务	548	10042798	7177832	7998940	-2931
运行维护服务	1191	82773978	47000646	24189097	1698547
运行维护服务	1191	82773978	47000646	24189097	1698547
信息处理和存储支持服务	573	19963385	10859219	8442654	-229490
信息处理和存储支持服务	573	19963385	10859219	8442654	-229490
信息技术咨询服务	19609	253966480	143750021	95369960	9556926
信息技术咨询服务	19609	253966480	143750021	95369960	9556926
数字内容服务	805	21145999	12276152	12131791	997742
地理遥感信息服务	125	5135884	3077270	2742687	252003
动漫、游戏数字内容服务	557	9206317	5631663	4357725	81891
其他数字内容服务	123	6803799	3567219	5031380	663848
其他信息技术服务业	4574	242099410	132885922	32748126	1726668
呼叫中心	58	8355118	6262012	2070183	77897
其他未列明信息技术服务业	4516	233744292	126623910	30677943	1648771

4-1 续表 2

单位：千元

项　　目	法人单位数（个）	资产总计	负债合计	营业收入	营业利润
二、按登记注册类型分					
内资	74836	3373386846	1652099012	940365869	103687131
国有	94	17821828	13113426	7549095	434363
集体	211	1259721	730779	298447	12512
股份合作	238	877894	536036	398174	8630
国有联营	7	174101	129969	1559	-935
集体联营	11	39475	36488	24442	-191
其他联营	3	354	434	49	-140
国有独资公司	58	859752546	109170632	14638338	63516122
其他有限责任公司	8922	998613419	557579765	462708028	31015991
股份有限公司	787	780043312	489568864	139032392	19408475
私营独资	544	706623	339103	449131	71657
私营合伙	896	5790661	845849	315499	320065
私营有限责任公司	62399	637495380	452562969	283107420	-13622428
私营股份有限公司	655	70806955	27451673	31839920	2522636
其他	11	4578	33023	3376	373
港澳台商投资	948	675015124	301714820	243895653	26026541
与港澳台商合资经营	133	23730521	12126529	10082640	1082138
与港澳台商合作经营	8	731809	218898	264666	21520
港澳台商独资	796	631891538	282945483	226131566	21406107
港澳台商投资股份有限公司	6	6937492	1692820	1821392	-19583
其他港澳台投资	5	11723764	4731089	5595389	3536359
外商投资	1183	1172407130	223255501	172876156	170087066
中外合资经营	308	67775939	26386205	23144578	1024485
中外合作经营	14	527076	238420	401438	30822
外资企业	844	1098426463	193953319	148724588	168874215
外商投资股份有限公司	6	1839329	659948	195999	-50676
其他外商投资	11	3838323	2017609	409551	208220

4-1 续表 2

单位：千元

项目	法人单位数（个）	资产总计	负债合计	营业收入	营业利润
三、按隶属关系分					
中央	333	1345495473	466441485	92886575	76505369
地方	76634	3875313628	1710627847	1264251103	223295369
四、按控股情况分					
国有控股	834	1739735146	660163310	187239631	85167718
集体控股	631	46100325	25207309	29446018	-38503
私人控股	70489	1512893040	905024126	707670490	21815456
港澳台商控股	909	659873128	293833642	238750301	25009419
外商控股	930	1130914303	208927372	168393175	170185268
其他	3146	117560959	73417027	19915872	-2603833
五、按地区分					
东城区	2148	163703807	73192125	66783946	12338731
西城区	3066	2311654444	535672421	68523056	216568817
朝阳区	13755	342759373	210746262	194624687	10726794
丰台区	4986	130398201	68823698	41746654	4154849
石景山区	4241	123254998	73738483	63765374	4016448
海淀区	25208	1697404156	960292370	835746875	46625795
门头沟区	1176	7106898	5440172	2132341	-68749
房山区	3199	10625064	3723209	4130100	-182122
通州区	2111	13338001	10180711	3810461	-132502
顺义区	1431	60080065	40101382	15351443	1575448
昌平区	4515	46702529	24025524	17301895	1033919
大兴区	1865	15992036	9498637	5003952	-82604
怀柔区	3973	14799125	9451709	7232577	329608
平谷区	1398	6027440	4512231	1710647	-15660
密云区	1904	8962127	6824694	2897781	-327583
延庆区	307	925150	576580	494660	-10196
北京经济技术开发区	1684	267075684	140269125	25881230	3249747

4-2 信息传输、软件和信息技术服务业法人单位财务状况（行政事业及民间非营利组织会计制度）

单位：千元

项　　目	法人单位数（个）	资产总计	负债合计	收入合计	支出（费用）合计
合　计	**185**	**362618159**	**68680159**	**17775916**	**20905533**
一、按行业分（分到小类）					
电信、广播电视和卫星传输服务	20	9592477	2072240	2002978	2122755
电信	4	2928056	1970106	140834	183430
固定电信服务	2	***	***	***	***
移动电信服务	1	***	***	***	***
其他电信服务	1	***	***	***	***
广播电视传输服务	13	4063911	42120	736361	766830
有线广播电视传输服务	3	8337		10971	29371
无线广播电视传输服务	10	4055574	42120	725390	737459
卫星传输服务	3	2600510	60014	1125783	1172495
广播电视卫星传输服务	1	***	***	***	***
其他卫星传输服务	2	***	***	***	***
互联网和相关服务	40	15457688	1188999	5528875	4274576
互联网接入及相关服务	1	***	***	***	***
互联网接入及相关服务	1	***	***	***	***
互联网信息服务	14	2106751	546127	2275849	934363
互联网搜索服务	1	***	***	***	***
互联网其他信息服务	13	1473578	150860	1977191	734163
互联网平台	8	1898962	81223	394915	595545
互联网生产服务平台	3	1871119	76135	364878	565767
互联网生活服务平台	2	***	***	***	***
互联网科技创新平台	1	***	***	***	***
互联网公共服务平台	2	***	***	***	***
互联网安全服务	6	11051752	550493	2556526	2587865
互联网安全服务	6	11051752	550493	2556526	2587865
互联网数据服务	5	299500	10803	245150	98760
互联网数据服务	5	299500	10803	245150	98760
其他互联网服务	6	100723	353	56434	58043
其他互联网服务	6	100723	353	56434	58043
软件和信息技术服务业	125	337567994	65418920	10244064	14508202
软件开发	16	317289661	61186757	3913229	7129134
基础软件开发	7	315988946	60581385	3244084	6133631
应用软件开发	4	7002	3148	7862	7114
其他软件开发	5	1293713	602224	661282	988389
信息系统集成和物联网技术服务	9	1489866	218633	461190	546763
信息系统集成服务	9	1489866	218633	461190	546763

4-2 续表 1

单位：千元

项　　目	法人单位数（个）	资产总计	负债合计	收入合计	支出（费用）合计
运行维护服务	10	5759479	2620749	386270	665333
运行维护服务	10	5759479	2620749	386270	665333
信息处理和存储支持服务	12	1887685	51104	754259	756263
信息处理和存储支持服务	12	1887685	51104	754259	756263
信息技术咨询服务	58	6132580	1094191	2809180	3833657
信息技术咨询服务	58	6132580	1094191	2809180	3833657
数字内容服务	4	291757	8533	228723	187989
地理遥感信息服务	3	280811	8396	219575	178200
其他数字内容服务	1	***	***	***	***
其他信息技术服务业	16	4716966	238952	1691214	1389063
呼叫中心	1	***	***	***	***
其他未列明信息技术服务业	15	4716966	238952	1691214	1389063
二、按登记注册类型分					
内资	185	362618159	68680159	17775916	20905533
国有	141	362025922	68521449	17556347	20659653
集体	4	93593	8	8061	34091
私营独资	2	***	***	***	***
其他	38	464902	148065	179346	181138
三、按隶属关系分					
中央	84	358806636	67666200	15812310	18820559
地方	101	3811522	1013959	1963607	2084974
四、按地区分					
东城区	23	2562362	72765	940074	765961
西城区	43	12672557	2600759	2493219	2826330
朝阳区	24	16964205	2547445	3633727	3222389
丰台区	12	1540279	629413	1241551	2165029
石景山区	4	133618	10436	38152	36160
海淀区	55	326708636	62742050	8754373	11302823
房山区	4	644015	4390	162375	150358
通州区	2	***	***	***	***
顺义区	5				
昌平区	8	320205	2492	75563	75222
大兴区	1	***	***	***	***
怀柔区	1	***	***	***	***
延庆区	1	***	***	***	***
北京经济技术开发区	2	***	***	***	***

4-3 规模以上信息传输、软件和信息

项　　目	法人单位数（个）	年初存货	流动资产合计	#交易性金融资产	#应收账款
合　计	**3478**	**63642812**	**1880493286**	**106498627**	**357240965**
一、按行业分（分到小类）					
电信、广播电视和卫星传输服务	248	3563966	625083651	65421165	80753259
电信	201	2320078	597932672	65421165	77785818
固定电信服务	9	38136	27713554		5645300
移动电信服务	21	249223	520613893	65142449	58466441
其他电信服务	171	2032719	49605225	278716	13674077
广播电视传输服务	29	968695	22231449		2443579
有线广播电视传输服务	24	907931	21152770		1913238
无线广播电视传输服务	5	60764	1078679		530341
卫星传输服务	18	275193	4919530		523862
广播电视卫星传输服务	7	27586	3681491		301951
其他卫星传输服务	11	247607	1238039		221911
互联网和相关服务	582	2220852	403837678	24128013	42783387
互联网接入及相关服务	40	188780	13182779	54310	2732407
互联网接入及相关服务	40	188780	13182779	54310	2732407
互联网信息服务	349	459041	244369732	5063055	28679143
互联网搜索服务	22	96564	5781885	494675	2430448
互联网游戏服务	50	24507	8728011	1400224	1290454
互联网其他信息服务	277	337970	229859836	3168156	24958241
互联网平台	98	938810	125900715	18496442	4751096
互联网生产服务平台	17	71848	5674166	87500	288422
互联网生活服务平台	74	849799	119699723	18408942	4204914
互联网科技创新平台	1	***	***	***	***
互联网公共服务平台	1	***	***	***	***
其他互联网平台	5	5012	246240		72113
互联网安全服务	8	14833	660645	3000	279444
互联网安全服务	8	14833	660645	3000	279444
互联网数据服务	59	472150	16570626	274620	5310377
互联网数据服务	59	472150	16570626	274620	5310377
其他互联网服务	28	147238	3153181	236586	1030920
其他互联网服务	28	147238	3153181	236586	1030920
软件和信息技术服务业	2648	57857994	851571957	16949449	233704319
软件开发	1739	29320114	499564338	14492946	146761078
基础软件开发	194	3986426	60748208	2944671	14366967
支撑软件开发	41	1928444	14221935	246628	4911790

技术服务业法人单位财务状况（企业会计准则）

单位：千元

#存货	固定资产原价	累计折旧	#本年折旧	在建工程	无形资产	资产总计
70406058	**453605609**	**251156816**	**40493774**	**30383309**	**89775567**	**4474539445**
3634779	246759243	154991386	16607556	17842417	17638482	2437121971
2201415	212715681	133758415	14683212	14689094	16941452	2382302067
56085	117891555	76873590	9230464	8578761	6363539	343094032
279159	83488999	51030329	4495244	5539983	9261027	1970169499
1866171	11335127	5854496	957504	570350	1316886	69038536
1210281	21617247	14232213	974892	1454143	284502	36248997
1119600	21542012	14180770	965634	1454143	270478	34800928
90681	75235	51443	9258		14024	1448069
223083	12426315	7000758	949452	1699180	412528	18570907
12297	10579791	6080763	800686	1699171	396909	15155837
210786	1846524	919995	148766	9	15619	3415070
2202698	90005649	43221635	12523429	3520224	35791185	595340311
85221	22893043	10363125	1871244	1774014	219358	36257483
85221	22893043	10363125	1871244	1774014	219358	36257483
763911	42965281	22236075	5029619	501287	33517685	374707898
175660	6266703	3196952	819462	4709	287240	22821714
13544	192384	147922	16666		286727	10102866
574707	36506194	18891201	4193491	496578	32943718	341783318
775739	12774018	6747162	4124374	82684	769819	151411450
146119	845961	596378	61427	15668	45881	7592572
607114	11909022	6137445	4060494	67016	712991	143077661
***	***	***	***	***	***	***
***	***	***	***	***	***	***
3535	11501	8238	1711		10926	387770
21801	41994	24377	4535		34748	820685
21801	41994	24377	4535		34748	820685
454142	11197625	3789981	1479411	1159763	1213935	28451268
454142	11197625	3789981	1479411	1159763	1213935	28451268
101884	133688	60915	14246	2476	35640	3691527
101884	133688	60915	14246	2476	35640	3691527
64568581	116840717	52943795	11362789	9020668	36345900	1442077163
34201094	80353309	34463932	7799367	7523291	25094997	756680084
4355619	17072478	6604983	2165526	15436	3793198	96644768
2600647	1826458	832001	111277	6183	391174	16367178

4-3 续表 1

项　　目	法人单位数（个）	年初存货	流动资产合　计	#交易性金融资产	#应收账款
应用软件开发	1008	14633431	278259461	5403048	79136413
其他软件开发	496	8771813	146334734	5898599	48345908
集成电路设计	32	427970	13542779	70619	1035079
集成电路设计	32	427970	13542779	70619	1035079
信息系统集成和物联网技术服务	327	22359091	184238481	1115297	55585608
信息系统集成服务	310	20868568	177398725	1066297	53005606
物联网技术服务	17	1490523	6839756	49000	2580002
运行维护服务	110	659665	44539203	90929	5997125
运行维护服务	110	659665	44539203	90929	5997125
信息处理和存储支持服务	48	501068	7672373	166575	2291208
信息处理和存储支持服务	48	501068	7672373	166575	2291208
信息技术咨询服务	228	1779618	59871136	484825	12912394
信息技术咨询服务	228	1779618	59871136	484825	12912394
数字内容服务	48	796118	10702510	468910	3097343
地理遥感信息服务	18	280719	3492292		1785327
动漫、游戏数字内容服务	10	114843	1982742	23500	495097
其他数字内容服务	20	400556	5227476	445410	816919
其他信息技术服务业	116	2014350	31441137	59348	6024484
呼叫中心	12	13735	2761137	1156	795236
其他未列明信息技术服务业	104	2000615	28680000	58192	5229248
二、按登记注册类型分					
内资	2965	57526024	1104909225	73591631	226158360
国有	12	89283	2806300	24580	530930
集体	1	***	***	***	***
股份合作	4	10380	238706	28668	60890
国有独资公司	35	1522752	151828533	41269791	7855035
其他有限责任公司	1254	25369707	452449588	5904496	105603877
股份有限公司	398	19256507	263596489	3326266	61128490
私营独资	1	***	***	***	***
私营合伙	1	***	***	***	***
私营有限责任公司	1093	7822404	199193383	22676948	38583540
私营股份有限公司	166	3454974	34383063	360882	12344803
港澳台商投资	226	1962138	453554094	8074575	47001041
与港澳台商合资经营	39	328596	14605375	262248	4025910
与港澳台商合作经营	3	7	621465		176033

单位：千元

#存货	固定资产原价	累计折旧	#本年折旧	在建工程	无形资产	资产总计
17397248	40856067	15788816	3703994	6870103	13474224	437079784
9847580	20598306	11238132	1818570	631569	7436401	206588354
427411	1785172	771787	116085	14610	141965	40131073
427411	1785172	771787	116085	14610	141965	40131073
23432294	18122841	8953916	1177708	668397	6331764	276257553
21847259	17678214	8680073	1138205	668397	6253806	267706176
1585035	444627	273843	39503		77958	8551377
799915	1314225	702121	154755	265423	2205579	67466333
799915	1314225	702121	154755	265423	2205579	67466333
591600	1602732	913405	428308	22305	441064	13347248
591600	1602732	913405	428308	22305	441064	13347248
2241519	8833278	4630058	1260907	189773	896212	90402851
2241519	8833278	4630058	1260907	189773	896212	90402851
1067279	1024371	741113	101779	52864	338836	14493419
450941	368809	214257	32168	52864	178096	4178391
129042	351347	331031	36246		69706	3870651
487296	304215	195825	33365		91034	6444377
1807469	3804789	1767463	323880	284005	895483	183298602
14205	101616	80856	12977	3347	14809	2863171
1793264	3703173	1686607	310903	280658	880674	180435431
64295531	215324599	108317759	19355265	20534338	53574532	2703092860
147079	1011865	358737	52015	34693	56796	4614304
***	***	***	***	***	***	***
38215	11757	9229	1580			253992
1185214	21905729	13014185	1455693	2978777	1119828	847279886
28043302	97531998	48134245	9136267	10571985	32444693	780995684
22302777	75527782	37546953	6375461	6399145	14779331	753385927
***	***	***	***	***	***	***
***	***	***	***	***	***	***
8637649	16156024	7983949	2067756	134780	3639150	257698942
3941295	3173938	1267202	265407	414958	1516734	58423139
1504184	141743941	83918553	14703725	6930974	13415163	631490816
335225	1070774	664221	93324	90660	447657	21248957
72	141556	103405	10784		10307	727731

4-3 续表 2

项　　目	法人单位数（个）	年初存货	流动资产合　计	#交易性金融资产	#应收账款
港澳台商独资	178	1630168	421961470	7812327	41773589
港澳台商投资股份有限公司	5	3367	5346160		1022374
其他港澳台投资	1	***	***	***	***
外商投资	287	4154650	322029967	24832421	84081564
中外合资经营	57	1519166	30705671	64500	6947697
中外合作经营	5	27815	299585		88513
外资企业	220	2575784	288271713	24743365	76846988
外商投资股份有限公司	4	11640	608775	24000	66568
其他外商投资	1	***	***	***	***
三、按隶属关系分					
中央	160	9142145	298004724	43235345	32317974
地方	3318	54500667	1582488562	63263282	324922991
四、按控股情况分					
国有控股	390	21657214	436693344	43592206	66686143
集体控股	44	2450076	23952811	24405	3817178
私人控股	2528	34561051	651740049	29114651	158040057
港澳台商控股	216	1880743	445275423	7987075	45748474
外商控股	274	2882378	308657839	24808676	81257090
其他	24	187084	13488284	971614	1512744
五、按地区分					
东城区	126	786529	52403912	3162201	14612781
西城区	119	661249	546043071	62816475	63184700
朝阳区	633	4654424	170367514	3772694	33615985
丰台区	126	3672673	65336368	32325	17570961
石景山区	160	3487612	62594125	1591474	13458535
海淀区	2063	46851186	894802362	33357560	193621319
门头沟区	6	82683	615738	21500	276536
房山区	15	265603	1473993	13000	361659
通州区	14	51800	859890	58706	200365
顺义区	39	453881	11938507	26027	5690121
昌平区	77	1122226	16082911	151326	4992360
大兴区	6	205696	4937639		1822869
怀柔区	11	182407	2977288	177790	958859
平谷区	11	14431	441024		216894
密云区	12	52121	2288267		615762
北京经济技术开发区	60	1098291	47330677	1317549	6041259

单位：千元

#存货	固定资产原价	累计折旧	#本年折旧	在建工程	无形资产	资产总计
1165499	139793992	82784713	14475424	6840314	12945012	592519390
3380	304777	166281	44223		9388	5670189
***	***	***	***	***	***	***
4606343	96537069	58920504	6434784	2917997	22785872	1139955769
1276220	2706830	1180284	231673	32107	833328	56662421
41675	16717	15229	449		42185	460123
3261302	93317996	57476196	6172899	2870994	21890160	1078203897
9099	163297	91197	5848		1318	816024
***	***	***	***	***	***	***
8098392	83500556	43612323	7177529	11505788	11289417	1314008362
62307666	370105053	207544493	33316245	18877521	78486150	3160531083
22405236	127801148	67632065	9697564	17225824	19473851	1698862401
2299183	13899508	5265936	1962340	291907	956189	37256759
40354103	72748946	35127158	7660689	2955289	33651155	996165673
1410351	141018336	83489680	14638210	6886697	13143693	618031634
3577544	95962404	58672077	6388168	2896073	22469748	1107380863
285590	1737087	844426	131779	111272	74939	15203079
929048	83360624	48782977	4043093	5561266	1804470	131683765
759489	124870429	83417407	10159795	8481205	14842508	2255745063
5158547	21256305	11279320	2869746	324367	4031368	225909871
2042112	7531282	4534425	426568	2335871	1147532	96621514
4174182	13850451	3404569	1453717	168269	1390882	86029181
52518660	180466388	90260033	19602024	12121686	62583894	1383617994
88465	62162	44697	5881		32958	908893
277465	55196	12187	5431		51609	1724188
55400	382513	176530	25853		39057	1254608
625029	7314855	3236450	408260	125518	2266170	25834340
1388118	1812375	760402	157696	201233	321439	27766614
296186	493520	176996	62503	338490	29457	7090351
256573	2974164	1741933	630179	46846	97744	4658876
21509	63178	27604	11060		48760	582924
57679	127846	71048	17206	5652	45288	2550320
1757596	8984321	3230238	614762	672906	1042431	222560943

4-3 续表 3

项目	流动负债合计	#应付账款	非流动负债合计	#应付债券	负债合计
合计	**1511391341**	**292705854**	**187301234**	**29596517**	**1698692575**
一、按行业分（分到小类）					
电信、广播电视和卫星传输服务	600305756	97283931	32492220	1000000	632797976
电信	580498723	93339100	28258575	1000000	608757298
固定电信服务	195976423	17484986	50103888		246080311
移动电信服务	279320213	61762072	11190149	1000000	290510362
其他电信服务	105202087	14092042	-33035462		72166625
广播电视传输服务	11860362	2291689	3847425		15707787
有线广播电视传输服务	11250359	1970690	3831225		15081584
无线广播电视传输服务	610003	320999	16200		626203
卫星传输服务	7946671	1653142	386220		8332891
广播电视卫星传输服务	4804121	717837	336926		5141047
其他卫星传输服务	3142550	935305	49294		3191844
互联网和相关服务	346935304	61539862	39100240	1404881	386035544
互联网接入及相关服务	20049303	3581078	2597780		22647083
互联网接入及相关服务	20049303	3581078	2597780		22647083
互联网信息服务	188492178	39516054	12073667	192000	200565845
互联网搜索服务	9922258	3222056	4444959		14367217
互联网游戏服务	4442929	930692	19757		4462686
互联网其他信息服务	174126991	35363306	7608951	192000	181735942
互联网平台	119750798	13130739	21803351	1199064	141554149
互联网生产服务平台	4758543	102888	587916		5346459
互联网生活服务平台	114474576	12935114	21215435	1199064	135690011
互联网科技创新平台	***	***	***	***	***
互联网公共服务平台	***	***	***	***	***
其他互联网平台	294961	29655			294961
互联网安全服务	212882	66880	12220		225102
互联网安全服务	212882	66880	12220		225102
互联网数据服务	15958423	4474647	2366889	13817	18325312
互联网数据服务	15958423	4474647	2366889	13817	18325312
其他互联网服务	2471720	770464	246333		2718053
其他互联网服务	2471720	770464	246333		2718053
软件和信息技术服务业	564150281	133882061	115708774	27191636	679859055
软件开发	304092637	60984812	29122730	8643833	333215367
基础软件开发	39525240	8043563	3344604	2328788	42869844
支撑软件开发	9563277	2593094	402783		9966060

单位：千元

所有者权益合计	# 实收资本					
		国家资本	集体资本	法人资本	个人资本	港澳台资本
2775846870	**1518201864**	**719038094**	**629679**	**303697270**	**138481752**	**288816388**
1804323995	1139610074	689438926	16722	162067882	50382185	213345632
1773544769	1126735361	687650164	11722	152368992	49118494	213227262
97013721	305235549	280154958		11182681	20500	
1679659137	634880929	406680501		4848287	149379	213044798
-3128089	186618883	814705	11722	136338024	48948615	182464
20541210	7627283	988917		5330434	1189562	118370
19719344	7281680	988917		5107376	1067017	118370
821866	345603			223058	122545	
10238016	5247430	799845	5000	4368456	74129	
10014790	4137120	264670		3872450		
223226	1110310	535175	5000	496006	74129	
209304767	108479155	4649457	55547	25180083	14071912	41476159
13610400	9707508	2600607		4645121	810731	1606036
13610400	9707508	2600607		4645121	810731	1606036
174142053	49332591	1438850	37351	14687068	11920524	8179019
8454497	7442582			419259	6986823	
5640180	1084640			519832	509808	55000
160047376	40805369	1438850	37351	13747977	4423893	8124019
9857301	43071003	550000	5932	1235145	681075	30733758
2246113	1055818	550000	5932	269820	112498	117568
7387650	41737141			691457	564401	30616190
***	***	***	***	***	***	***
***	***	***	***	***	***	***
92809	72655			69868	2787	
595583	253467			128440	125027	
595583	253467			128440	125027	
10125956	5742248	60000	12264	4297469	349057	957346
10125956	5742248	60000	12264	4297469	349057	957346
973474	372338			186840	185498	
973474	372338			186840	185498	
762218108	270112635	24949711	557410	116449305	74027655	33994597
423464717	139240970	4224529	432609	57109511	39046717	26568343
53774924	16315125	1171587	1700	6180553	6085746	1659261
6401118	2452526	200000		1342455	516310	265236

4-3 续表 4

项目	流动负债合计	#应付账款	非流动负债合计	#应付债券	负债合计
应用软件开发	163554576	31319984	18708785	5515982	182263361
其他软件开发	91449544	19028171	6666558	799063	98116102
集成电路设计	7059607	465892	4938578	496541	11998185
集成电路设计	7059607	465892	4938578	496541	11998185
信息系统集成和物联网技术服务	141556855	50755886	11220704	6999582	152777559
信息系统集成服务	135404307	48770450	11157047	6999582	146561354
物联网技术服务	6152548	1985436	63657		6216205
运行维护服务	32918915	5196078	274744		33193659
运行维护服务	32918915	5196078	274744		33193659
信息处理和存储支持服务	5603108	1995738	1002737		6605845
信息处理和存储支持服务	5603108	1995738	1002737		6605845
信息技术咨询服务	35053263	7983461	4661243	1075147	39714506
信息技术咨询服务	35053263	7983461	4661243	1075147	39714506
数字内容服务	7981062	3155817	97411		8078473
地理遥感信息服务	2590753	1385447	72724		2663477
动漫、游戏数字内容服务	2133916	650339	1205		2135121
其他数字内容服务	3256393	1120031	23482		3279875
其他信息技术服务业	29884834	3344377	64390627	9976533	94275461
呼叫中心	805954	451618	3366		809320
其他未列明信息技术服务业	29078880	2892759	64387261	9976533	93466141
二、按登记注册类型分					
内资	1070437261	181066270	158632052	28096517	1229069313
国有	2512345	350094	297395		2809740
集体	***	***	***	***	***
股份合作	123569	43712	139		123708
国有独资公司	101783991	7123364	2670858	350000	104454849
其他有限责任公司	400838438	89641488	21364567	255817	422203005
股份有限公司	378686735	49922802	103630717	23884433	482317452
私营独资	***	***	***	***	***
私营合伙	***	***	***	***	***
私营有限责任公司	166861780	29457520	27340994	1199064	194202774
私营股份有限公司	19552230	4514096	3325400	2407203	22877630
港澳台商投资	251425765	33553263	20524171	1500000	271949936
与港澳台商合资经营	10041443	1591851	1200731		11242174
与港澳台商合作经营	213187	60671	1622		214809

单位：千元

所有者权益合计	#实收资本					
		国家资本	集体资本	法人资本	个人资本	港澳台资本
254816423	82031480	1546312	110314	34809218	23416214	17611640
108472252	38441839	1306630	320595	14777285	9028447	7032206
28132888	6227790	48190		4562117	537305	245898
28132888	6227790	48190		4562117	537305	245898
123479994	44084319	3857764	90880	25582480	9756682	3760451
121144822	42772841	3818081	90880	24427873	9686932	3734049
2335172	1311478	39683		1154607	69750	26402
34272674	11521358	3237013	1000	6644499	572872	942696
34272674	11521358	3237013	1000	6644499	572872	942696
6741403	2730191	2000	2293	2051564	402505	188829
6741403	2730191	2000	2293	2051564	402505	188829
50688345	17232175	1241042	30628	8224575	3389856	1177018
50688345	17232175	1241042	30628	8224575	3389856	1177018
6414946	1733624	126321		618113	724893	18118
1514914	807905	49321		249488	303592	
1735530	284168			142066	142102	
3164502	641551	77000		226559	279199	18118
89023141	47342208	12212852		11656446	19596825	1093244
2053851	6992193	1211		6923892	67090	
86969290	40350015	12211641		4732554	19529735	1093244
1474023547	1173131849	718842609	329090	296136290	137153969	2019562
1804564	656440	587808		68632		
***	***	***	***	***	***	***
130284	33127			21627	11500	
742825037	541062410	518374045		22688365		
358792679	197202146	117153087	260750	71553660	7857348	114453
271068475	391814639	82714002	18590	186375986	102422871	1904538
***	***	***	***	***	***	***
***	***	***	***	***	***	***
63496168	30135341		31858	12371473	17728166	571
35545509	12196740	13667	17892	3050541	9109084	
359540880	289171380	120156	245513	1440959	639861	286639554
10006783	3534780	120156	245513	1193779	639861	1307705
512922	345033			20020		325013

4-3 续表 5

项目	流动负债合计	#应付账款	非流动负债合计	#应付债券	负债合计
港澳台商独资	235039496	31779609	19275751	1500000	254315247
港澳台商投资股份有限公司	1486324	121132	46067		1532391
其他港澳台投资	***	***	***	***	***
外商投资	189528315	78086321	8145011		197673326
中外合资经营	15706686	5006164	2730496		18437182
中外合作经营	172058	22609	9850		181908
外资企业	171446305	72993242	4943074		176389379
外商投资股份有限公司	636990	12839	11129		648119
其他外商投资	***	***	***	***	***
三、按隶属关系分					
中央	424762967	48337025	27513968	3525329	452276935
地方	1086628374	244368829	159787266	26071188	1246415640
四、按控股情况分					
国有控股	535349840	84227924	108559215	21002009	643909055
集体控股	21773878	3328583	734582		22508460
私人控股	513105215	96125815	52093526	7094508	565198741
港澳台商控股	244505761	33076958	19777162	1500000	264282923
外商控股	184881717	75108610	5849032		190730749
其他	11025471	796234	223562		11249033
五、按地区分					
东城区	48613244	10558538	2828880		51442124
西城区	451351364	75083666	60017310	1000000	511368674
朝阳区	112202594	23863926	7406584	1055147	119609178
丰台区	47004085	21315656	1107901		48111986
石景山区	42429411	6662382	2442017	500000	44871428
海淀区	733728109	139915883	43273014	16764837	777001123
门头沟区	535746	44042	3625		539371
房山区	976742	180166	38064		1014806
通州区	632482	85602	4673		637155
顺义区	11417959	3410965	63730		11481689
昌平区	9311250	3031764	1469415	300000	10780665
大兴区	1972941	753933	1014702		2987643
怀柔区	1502590	914608	1378997		2881587
平谷区	214542	67291	7598		222140
密云区	1928694	220878	480		1929174
北京经济技术开发区	47569588	6596554	66244244	9976533	113813832

单位：千元

所有者权益合计	#实收资本					
		国家资本	集体资本	法人资本	个人资本	港澳台资本
338204143	284529724			227160		284244993
4137798	208472					208472
***	***	***	***	***	***	***
942282443	55898635	75329	55076	6120021	687922	157272
38225239	11367559	75329	55076	6094256	673548	149052
278215	231963			9284	1354	
901814518	43189481					
167905	155142			16481	13020	8220
***	***	***	***	***	***	***
861731427	945172134	698149060	49660	179507807	49369560	1827217
1914115443	573029730	20889034	580019	124189463	89112192	286989171
1054953346	1026567837	718506509	81382	217004106	70078632	1948983
14748299	3350580	5800	420588	2799959	64802	59431
430966932	147116305	61804	112643	77793598	68251477	411407
353748711	287646884			1082295	34731	286381017
916650114	51986671	52450	15066	3986783	28859	15550
3954046	1122056			1030529	23251	
80241641	19339300	636124	9000	7166362	1220030	221164
1744376389	948473592	687074810		22577627	1483593	213087671
106300693	45495215	3166268	28000	18021374	5156031	8989338
48509528	21314036	3347266	22529	14595137	1114200	1815889
41157753	9911156	15120	2860	3315376	1560023	4939262
606616871	411371502	11511814	523475	216488798	105386487	57961985
369522	261420			182880	78540	
709382	163470	40000	10000	46696	66124	650
617453	361897			248029	62176	51692
14352651	5399780	449718	2293	3013051	1161363	758634
16985949	8727454	285540	30322	6835812	1456888	110133
4102708	1446723			535037	303555	608131
1777289	993430		1200	132365	97200	
360784	225426	5000		166760	46866	6800
621146	380819			316560	64259	
108747111	44336644	12506434		10055406	19224417	265039

4-3 续表 6

项　　目	外商资本	营业收入	营业成本	税金及附加	销售费用
合　计	**67538681**	**1178052200**	**685861776**	**7172723**	**156668122**
一、按行业分（分到小类）					
电信、广播电视和卫星传输服务	24358727	139805699	95934960	817564	11272411
电信	24358727	127789865	87146701	753444	10671074
固定电信服务	13877410	43145879	26148574	339272	3798412
移动电信服务	10157964	39164328	28443138	251875	4113378
其他电信服务	323353	45479658	32554989	162297	2759284
广播电视传输服务		8737521	6407064	42855	519818
有线广播电视传输服务		7150678	4985107	39251	452250
无线广播电视传输服务		1586843	1421957	3604	67568
卫星传输服务		3278313	2381195	21265	81519
广播电视卫星传输服务		2543222	1751143	19530	42588
其他卫星传输服务		735091	630052	1735	38931
互联网和相关服务	23045997	376047781	223733057	2698379	72169794
互联网接入及相关服务	45013	12347323	8820545	34712	2036479
互联网接入及相关服务	45013	12347323	8820545	34712	2036479
互联网信息服务	13069779	264462439	145560407	2411940	52370552
互联网搜索服务	36500	16727691	12843975	122072	2984391
互联网游戏服务		8033617	4716529	22135	481045
互联网其他信息服务	13033279	239701131	127999903	2267733	48905116
互联网平台	9865093	75163064	51549995	166201	16301276
互联网生产服务平台		3102470	1510527	18087	818090
互联网生活服务平台	9865093	71489597	49753899	145868	15306755
互联网科技创新平台	***	***	***	***	***
互联网公共服务平台	***	***	***	***	***
其他互联网平台		379595	166682	1222	160558
互联网安全服务		744248	390804	5523	146905
互联网安全服务		744248	390804	5523	146905
互联网数据服务	66112	21242400	16056806	71756	1082469
互联网数据服务	66112	21242400	16056806	71756	1082469
其他互联网服务		2088307	1354500	8247	232113
其他互联网服务		2088307	1354500	8247	232113
软件和信息技术服务业	20133957	662198720	366193759	3656780	73225917
软件开发	11859261	391188397	182742474	2463599	58029290
基础软件开发	1216278	48951833	21833762	200669	3550301
支撑软件开发	128525	7415777	4175360	49053	729139

单位：千元

管理费用	财务费用			资产减值损失	公允价值变动收益	投资收益
		#利息收入	#利息支出			
230795690	**616564**	**12939860**	**11208393**	**9967418**	**119765**	**236011945**
20737984	-2282324	4204749	1625279	1086302	434343	215758714
19203829	-2162432	3897645	1401533	769106	434343	215682026
3728517	3209394	48489	3329290	354088		9564270
7983856	-5289760	3515038	-2125708	358736	434343	205823343
7491456	-82066	334118	197951	56282		294413
1021088	-96549	258789	146118	286557		155366
949020	-106197	253495	134043	108775		157075
72068	9648	5294	12075	177782		-1709
513067	-23343	48315	77628	30639		-78678
272910	-95966	44029	350	21591		-93364
240157	72623	4286	77278	9048		14686
55606747	-1233130	3988426	1994740	1331450	-25675	3457460
1781070	163814	34532	173717	67957	65160	93027
1781070	163814	34532	173717	67957	65160	93027
38348889	-2474009	3125268	1130157	645869	-107737	3095322
3630871	115543	7590	118390	13521		786878
1411184	-29449	43871	10299	18436	-396	539689
33306834	-2560103	3073807	1001468	613912	-107341	1768755
13216473	846485	782562	426174	133225	15704	214071
511417	21990	58112	49762	-1402		26670
12633661	825773	724072	375393	134627	15704	185944
***	***	***	***	***	***	***
***	***	***	***	***	***	***
46686	-1416	358	870			1457
180673	-3151	2998	1439	6749		5089
180673	-3151	2998	1439	6749		5089
1778676	184229	29069	202255	469938		29673
1778676	184229	29069	202255	469938		29673
300966	49502	13997	60998	7712	1198	20278
300966	49502	13997	60998	7712	1198	20278
154450959	4132018	4746685	7588374	7549666	-288903	16795771
109234022	1331476	2829889	3386354	5966499	-215544	10225976
22841866	158721	218469	314815	1460566	-313657	2276464
1850785	125754	10709	104856	60440		18098

4-3 续表 7

项目	外商资本	营业收入	营业成本	税金及附加	销售费用
应用软件开发	4537782	210487214	93152669	1307758	36521191
其他软件开发	5976676	124333573	63580683	906119	17228659
集成电路设计	834280	3463025	2151572	26228	138740
集成电路设计	834280	3463025	2151572	26228	138740
信息系统集成和物联网技术服务	1036062	143859109	118109397	553703	5430894
信息系统集成服务	1015026	136459641	112017181	520966	4899613
物联网技术服务	21036	7399468	6092216	32737	531281
运行维护服务	123278	21406904	12648651	86181	2350553
运行维护服务	123278	21406904	12648651	86181	2350553
信息处理和存储支持服务	83000	6625082	4098842	28952	463097
信息处理和存储支持服务	83000	6625082	4098842	28952	463097
信息技术咨询服务	3169056	66937115	31057938	316624	3941194
信息技术咨询服务	3169056	66937115	31057938	316624	3941194
数字内容服务	246179	10750965	6357724	70102	1535077
地理遥感信息服务	205504	2504271	1460419	9902	185949
动漫、游戏数字内容服务		3345953	1911411	3627	597084
其他数字内容服务	40675	4900741	2985894	56573	752044
其他信息技术服务业	2782841	17968123	9027161	111391	1337072
呼叫中心		1819262	1168818	8280	72369
其他未列明信息技术服务业	2782841	16148861	7858343	103111	1264703
二、按登记注册类型分					
内资	18650329	782935351	490606411	4836178	81404018
国有		2119232	1590516	20040	54928
集体	***	***	***	***	***
股份合作		202031	121515	1260	14780
国有独资公司		14242907	11314727	187498	288317
其他有限责任公司	262848	433508466	271034181	2407086	36984605
股份有限公司	18378652	135684607	84675354	888759	11427853
私营独资	***	***	***	***	***
私营合伙	***	***	***	***	***
私营有限责任公司	3273	169496041	106717169	1113270	29245965
私营股份有限公司	5556	27563780	15079324	216888	3385521
港澳台商投资	85337	229832475	102720503	1473016	51636984
与港澳台商合资经营	27766	9696234	5179403	80824	1531970
与港澳台商合作经营		264250	67340	2108	3053

单位：千元

管理费用	财务费用	#利息收入	#利息支出	资产减值损失	公允价值变动收益	投资收益
57703383	715378	1773313	2093802	2838742	67137	6545965
26837988	331623	827398	872881	1606751	30976	1385449
1169669	85456	81940	155176	-19157		40268
1169669	85456	81940	155176	-19157		40268
11186929	1549626	802218	2056783	745697	-97254	3703024
10726606	1495709	796257	2001911	514964	-97254	3658014
460323	53917	5961	54872	230733		45010
5160439	-261764	357296	84393	99550	21352	657992
5160439	-261764	357296	84393	99550	21352	657992
1497307	68636	43068	78933	146621	14342	36933
1497307	68636	43068	78933	146621	14342	36933
19753047	340597	356708	578432	259778	329	907691
19753047	340597	356708	578432	259778	329	907691
1534203	-3976	47688	44585	164611	10	210826
473700	25707	2795	26699	62074		-96
510034	1179	7315	6006	77564		136439
550469	-30862	37578	11880	24973	10	74483
4915343	1021967	227878	1203718	186067	-12138	1013061
492300	-18837	27363	1098	686		92
4423043	1040804	200515	1202620	185381	-12138	1012969
150655989	8901363	5860908	12456943	8911331	-132561	83797055
398797	10421	8913	20418	3339	-4141	79386
***	***	***	***	***	***	***
52346	2061	189	1980	690		225
2560240	-929695	1261792	297830	244537	280599	62472446
86358315	2215874	1578254	2932458	4908423	161231	6734243
25734218	6305671	1880634	7950142	2590719	-437077	12734656
***	***	***	***	***	***	***
***	***	***	***	***	***	***
29523447	1000752	1020699	901622	713984	-132128	1626205
6001051	295979	110363	352128	449639	-1045	149894
50063657	-5623578	4528372	-1726781	785722	116244	1864786
1981681	84399	135321	213416	226234	-3951	565870
177771	-7671	6565				

4-3 续表 8

项目	外商资本	营业收入	营业成本	税金及附加	销售费用
港澳台商独资	57571	212456112	96243381	1342703	48715963
港澳台商投资股份有限公司		1820893	671700	17934	501728
其他港澳台投资	***	***	***	***	***
外商投资	48803015	165284374	92534862	863529	23627120
中外合资经营	4320298	22196092	14228533	116510	2486107
中外合作经营	221325	391024	289596	1009	10142
外资企业	43189481	142112964	77912107	738145	20990713
外商投资股份有限公司	117421	183570	91792	3896	52510
其他外商投资	***	***	***	***	***
三、按隶属关系分					
中央	16268830	84594122	61132424	647963	4561829
地方	51269851	1093458078	624729352	6524760	152106293
四、按控股情况分					
国有控股	18948225	181988203	133151225	1142239	8655852
集体控股		28332621	9938198	67176	1070316
私人控股	485376	575757548	349818518	3653564	71051862
港澳台商控股	148841	225503392	100308653	1445279	51136362
外商控股	47887963	161011679	89346765	831518	23979212
其他	68276	5072396	2998131	29182	757959
五、按地区分					
东城区	10086620	59565474	37423235	247434	5584929
西城区	24249891	61673202	39117182	628206	5799991
朝阳区	10134204	149978342	76966176	833554	18484815
丰台区	419015	32724934	25987359	160769	1118383
石景山区	78515	51185490	23567463	126403	12444025
海淀区	19498943	769391525	452646896	4834533	108175010
门头沟区		398405	202444	2501	80766
房山区		1254474	901385	3511	63768
通州区		928954	562004	4354	101982
顺义区	14721	13115809	8334700	70863	1108797
昌平区	8759	9307579	5212787	60177	672285
大兴区		2685905	1468607	34236	406538
怀柔区	762665	3678061	2524859	9438	355922
平谷区		390898	215430	1568	29591
密云区		922627	543896	4894	69552
北京经济技术开发区	2285348	20850521	10187353	150282	2171768

单位：千元

管理费用	财务费用	#利息收入	#利息支出	资产减值损失	公允价值变动收益	投资收益
46410316	-5490269	4171171	-1940197	554297	120195	1293993
700924	-10911	16227		5191		4923
***	***	***	***	***	***	***
30076044	-2661221	2550580	478231	270365	136082	150350104
3910207	-2299	112900	107130	93538	150	346836
52595	1891	761	1410	4657		
25689859	-2737277	2426173	367359	167710	135190	149746873
142947	12873	946	2332	3420		829
***	***	***	***	***	***	***
11884263	2586806	2097631	4813481	1075985	-73417	72278527
218911427	-1970242	10842229	6394912	8891433	193182	163733418
24133220	4459941	2947823	7415226	2097068	-79976	74013036
17161645	86166	38835	109839	302604	31698	63608
109586119	4419801	2981406	5084287	6637132	-125125	10201339
49217928	-5698731	4413960	-1901978	565953	120195	1270612
29183476	-2673063	2532672	462405	347832	172963	150317563
1359578	3853	24310	19193	19944	10	68056
5122350	71564	233613	207360	646888	62303	2123685
14346103	-2131805	3572483	1153903	457575	365174	213948534
35470646	-30822	1014571	760652	450265	-8170	1971216
3554648	-15608	350416	336214	326749	-16700	3041739
10165202	-153329	614909	445481	915923	-632	1265472
150886946	1468315	6861906	6734142	6515789	-303562	10223036
149267	5580	272	5352	30140		669
145567	10621	573	10244	-2076		611
161456	853	4740	7183	302		9121
1875648	-8872	46747	34669	44710		247997
2754919	63328	44290	99980	157342		1354283
428691	-2158	29023	19217	155461		745
263532	43205	17676	26778	55182		185
68326	1507	209	946	1657		-5
256775	7609	3717	3886	7973		-11878
5145614	1286576	144715	1362386	203538	21352	1836535

4-3 续表 9

项　　目	资产处置收益	其他收益	营业利润	营业外收　入
合　计	**595621**	**6878358**	**330569494**	**7229852**
一、按行业分(分到小类)				
电信、广播电视和卫星传输服务	-302817	200953	228330293	488541
电信	-303001	95002	227316811	415780
固定电信服务	-121065	46668	15057495	111845
移动电信服务	-182206	10038	209388623	131249
其他电信服务	270	38296	2870693	172686
广播电视传输服务	211	70229	782494	45848
有线广播电视传输服务	211	70229	949987	40238
无线广播电视传输服务			-167493	5610
卫星传输服务	-27	35722	230988	26913
广播电视卫星传输服务		29765	467827	25699
其他卫星传输服务	-27	5957	-236839	1214
互联网和相关服务	3518	553895	25730681	1394640
互联网接入及相关服务	866	42632	-355569	46940
互联网接入及相关服务	866	42632	-355569	46940
互联网信息服务	1783	421073	31009231	843223
互联网搜索服务	383	16140	-2179281	99450
互联网游戏服务	490	7759	1961279	22215
互联网其他信息服务	910	397174	31227233	721558
互联网平台	-3618	18659	-6805775	474652
互联网生产服务平台	-97	176	250510	9717
互联网生活服务平台	-3516	18483	-7094371	461274
互联网科技创新平台	***	***	***	***
互联网公共服务平台	***	***	***	***
其他互联网平台	-5		7315	647
互联网安全服务	-3	13755	35586	699
互联网安全服务	-3	13755	35586	699
互联网数据服务	1468	43851	1673518	27648
互联网数据服务	1468	43851	1673518	27648
其他互联网服务	3022	13925	173690	1478
其他互联网服务	3022	13925	173690	1478
软件和信息技术服务业	894920	6123510	76508520	5346671
软件开发	290916	4568451	46286646	4188732
基础软件开发	-777	435123	1303101	811453
支撑软件开发	99090	60182	602616	73243

单位：千元

营业外支出	利润总额	应　交 所得税	应付职工薪酬 （本年贷方累计发生额）	#社会保险费 和住房公积金	应　交 增值税
4594439	**333198683**	**17926458**	**250636300**	**46584154**	**26244665**
593067	228225738	2184112	34671248	5770594	1363288
507497	227225095	2050196	32422113	5263089	1379468
252546	14916794	704515	13347855	1797813	458704
176495	209343377	969045	5932145	1397593	375242
78456	2964924	376636	13142113	2067683	545522
83046	745296	51812	1775182	407356	-12637
82077	908148	43527	1621694	373835	-30645
969	-162852	8285	153488	33521	18008
2524	255377	82104	473953	100149	-3543
2359	491167	82130	243031	55227	-363
165	-235790	-26	230922	44922	-3180
2048170	25077151	6026081	52763561	10036788	5111533
12879	-321508	88262	2645477	392105	80331
12879	-321508	88262	2645477	392105	80331
1855810	29996644	5150276	36563019	6961352	3673140
51382	-2131213	35404	2488285	547642	-371582
35097	1948397	43107	1233342	209763	181962
1769331	30179460	5071765	32841392	6203947	3862760
163551	-6494574	351359	10828027	2117926	836482
5325	254902	142635	435788	75549	83187
157262	-6790359	208327	10273921	2016470	739256
***	***	***	***	***	***
***	***	***	***	***	***
133	7829	349	60742	13252	5457
400	35885	6762	434624	86500	38029
400	35885	6762	434624	86500	38029
14632	1686534	406245	1889724	403874	421632
14632	1686534	406245	1889724	403874	421632
898	174270	23177	402690	75031	61919
898	174270	23177	402690	75031	61919
1953202	79895764	9716265	163201491	30776772	19769844
1385101	49083491	7179026	119862076	22547114	13412137
172413	1942141	507099	16724250	3143818	1089930
12207	663652	36946	2032155	363904	216742

4-3 续表 10

项　　目	资产处置收益	其他收益	营业利润	营业外收　入
应用软件开发	27792	2787605	27672402	1842209
其他软件开发	164811	1285541	16708527	1461827
集成电路设计	605153	43838	599776	45188
集成电路设计	605153	43838	599776	45188
信息系统集成和物联网技术服务	-2640	401784	10287777	284802
信息系统集成服务	-504	391243	10236101	270345
物联网技术服务	-2136	10541	51676	14457
运行维护服务	123	14940	2017701	38445
运行维护服务	123	14940	2017701	38445
信息处理和存储支持服务	295	34007	407204	79811
信息处理和存储支持服务	295	34007	407204	79811
信息技术咨询服务	754	-60263	12116448	511170
信息技术咨询服务	754	-60263	12116448	511170
数字内容服务	158	58213	1362431	89718
地理遥感信息服务	-1	12699	299122	25063
动漫、游戏数字内容服务	322	717	382532	13744
其他数字内容服务	-163	44797	680777	50911
其他信息技术服务业	161	1062540	3430537	108805
呼叫中心	70	81	95889	5180
其他未列明信息技术服务业	91	1062459	3334648	103625
二、按登记注册类型分				
内资	906014	5944121	128128588	4661292
国有	2314	32883	151633	112633
集体	***	***	***	***
股份合作			9604	6698
国有独资公司	86203	23933	63440464	63804
其他有限责任公司	251582	1941632	38682571	2423300
股份有限公司	582613	2728800	19671023	1125055
私营独资	***	***	***	***
私营合伙	***	***	***	***
私营有限责任公司	-6272	647243	3316501	755861
私营股份有限公司	-10426	569630	2843431	166615
港澳台商投资	-238138	775873	31294936	1852833
与港澳台商合资经营	53920	69976	1297538	84113
与港澳台商合作经营			21649	154

单位：千元

营业外支出	利润总额	应 交 所得税	应付职工薪酬 （本年贷方累计发生额）	＃社会保险费 和住房公积金	应 交 增值税
861558	28646267	3877403	61513808	11646778	6607780
338923	17831431	2757578	39591863	7392614	5497685
13127	631837	35327	1103722	218663	141340
13127	631837	35327	1103722	218663	141340
112997	10459582	1157014	13852371	2767554	2719731
105605	10400841	1153022	12750892	2515622	2524500
7392	58741	3992	1101479	251932	195231
17029	2039678	281965	4440014	969053	566530
17029	2039678	281965	4440014	969053	566530
17603	469412	89895	1963810	377263	192672
17603	469412	89895	1963810	377263	192672
309895	12317723	381874	15575745	2696186	2075820
309895	12317723	381874	15575745	2696186	2075820
32752	1419397	184274	2174738	369676	273868
21328	302857	44317	738837	133573	72541
9923	386353	23537	477048	78981	24237
1501	730187	116420	958853	157122	177090
64698	3474644	406890	4229015	831263	387746
4144	96925	35269	669029	144428	51368
60554	3377719	371621	3559986	686835	336378
1902890	130886991	6689621	148499576	26534221	17368713
2152	262114	65685	558737	117428	63772
***	***	***	***	***	***
85	16217	1853	27701	5365	7535
329360	63174908	-149042	4505523	491857	423727
925269	40180602	4806694	78158820	14622150	9869162
282674	20513404	503621	32660690	5410589	2756041
***	***	***	***	***	***
***	***	***	***	***	***
322474	3749889	1098474	25549286	4692746	2929349
39605	2970441	362302	7024662	1192021	1308286
1759729	31381815	7350064	54365396	10939444	4465872
15917	1365734	163024	3560465	617511	399568
478	21325	1268	148851	29442	9893

4-3 续表 11

项　　目	资产处置收益	其他收益	营业利润	营业外收　入
港澳台商独资	-292058	705897	26507748	1707818
港澳台商投资股份有限公司			-60750	53415
其他港澳台投资	***	***	***	***
外商投资	-72255	158364	171145970	715727
中外合资经营	429	54709	1765620	67376
中外合作经营			31134	4350
外资企业	-73594	90950	169251126	630081
外商投资股份有限公司		12705	-110334	12989
其他外商投资	***	***	***	***
三、按隶属关系分				
中央	747357	606069	76263388	351300
地方	-151736	6272289	254306106	6878552
四、按控股情况分				
国有控股	768482	2333865	85384363	467835
集体控股	154534	118307	74663	56452
私人控股	35075	3656960	44352401	4061511
港澳台商控股	-292353	577494	30203896	1804938
外商控股	-72417	119508	170533556	717309
其他	-14	46549	18350	19739
五、按地区分				
东城区	-100357	145201	12699906	476814
西城区	-200459	210855	217780352	217948
朝阳区	6111	401768	20168234	928547
丰台区	1381	190214	4809268	123311
石景山区	1158	110758	5496559	259480
海淀区	878682	4463997	60126188	4871224
门头沟区	129	2584	-68911	8599
房山区		9332	141641	3391
通州区		4075	111199	7028
顺义区	-185	20791	1958566	53622
昌平区	6489	160695	1908208	59518
大兴区	-48	45621	240848	43168
怀柔区	3022	5621	434751	39081
平谷区	21	7191	80026	1947
密云区		44252	64302	12532
北京经济技术开发区	-323	1055403	4618357	123642

单位：千元

营业外支出	利润总额	应　交 所得税	应付职工薪酬 （本年贷方累计发生额）	#社会保险费 和住房公积金	应　交 增值税
1735799	26473542	6681516	48730405	9884567	3745561
699	-8034	19688	1169900	203460	67861
***	***	***	***	***	***
931820	170929877	3886773	47771328	9110489	4410080
19149	1813847	221514	7887441	1537087	638572
160	35324	10273	104236	15570	8803
911779	168969428	3656254	39381120	7489589	3733389
376	-97721	-5228	174276	39060	13659
***	***	***	***	***	***
425171	76189517	78876	19941049	2843384	1065885
4169268	257009166	17847582	230695251	43740770	25178780
892798	84959400	1071804	37758826	6641481	3320981
26477	104638	176668	8341832	1655587	435305
980920	47432993	5499455	103600185	18461389	13878052
1753804	30248805	7243036	52603851	10659796	4231177
926349	170324516	3819269	46564952	8831577	4233705
12722	25367	82600	1612050	309735	142723
238464	12938817	2587521	9852132	2098661	856989
473801	217524499	38239	19190763	2884263	1276908
467376	20629405	1892211	36882726	6926579	3834036
75729	4856350	480372	4121607	828041	748603
162410	5586343	525461	9634095	1944783	-131771
2778866	62218546	11465884	159410426	29521605	18422139
5789	-66101	-13440	143250	21583	17355
160	144372	18254	191531	40163	30388
675	117552	20883	191681	31987	21150
18203	1993985	258805	2076036	496345	211688
7648	1960078	93121	2494260	431943	361906
1239	282777	11140	935863	194234	78072
8214	465618	48498	620365	109718	113512
1705	80269	9664	71221	11959	10173
248	76586	27435	250529	56041	37086
353912	4388087	462410	4569815	986249	356431

第五篇

金融业

5-1 金融业全部法人单位财务状况

单位：千元

项　　目	法人单位数（个）	资产总计	收入合计	#营业收入	营业利润
合　计	12796	148629247999	2490170070	2486168588	1202743656
一、按行业分（分到小类）					
货币金融服务	1267	122857399598	1259226400	1257201775	558131231
中央银行服务	3	23211052210	671057		
货币银行服务	396	95089344635	1108114721	1108055785	484159837
商业银行服务	367	68428308300	934196842	934196842	409528765
政策性银行服务	21	26187174119	125363590	125363590	44184301
其他货币银行服务	8	473862216	48554289	48495353	30446771
非货币银行服务	867	4554355035	149671117	149145990	73971394
融资租赁服务	180	735270902	30655279	30655279	7447777
财务公司服务	72	3341369347	69106014	69106014	54165983
典当	350	16300485	2971756	2971756	385121
汽车金融公司服务	7	346853088	13852244	13852244	7959261
小额贷款公司服务	123	21398312	1847119	1847119	660628
消费金融公司服务	1	***	***	***	***
网络借贷服务	80	29690144	28335923	28335923	2466998
其他非货币银行服务	54	59485646	2659144	2134017	835664
银行监管服务	1	***	***	***	***
资本市场服务	9971	7882806257	111978046	110217615	19316
证券市场服务	30	1165495519	53220782	53220782	29321632
证券市场管理服务	9	286963522	19419080	19419080	17660693
证券经纪交易服务	21	878531997	33801702	33801702	11660939
公开募集证券投资基金	48	32619658	12887971	12887971	4569605
非公开募集证券投资基金	5762	599176185	32293656	32293656	3476426
期货市场服务	23	70896019	4002375	4002375	1437334
证券期货监管服务	4	4640949	816853	291	-135339
资本投资服务	2344	3250916061	-14275749	-14275749	-51844887
其他资本市场服务	1760	2759061866	23032158	22088289	13194544
保险业	919	6268321133	598824470	598616065	203345823
人身保险	92	4366086939	389742291	389742291	143051188
人寿保险	82	4300240359	387051572	387051572	144268367
年金保险	2	***	***	***	***

5-1 续表 1

单位：千元

项 目	法人单位数（个）	资产总计	收入合计	#营业收入	营业利润
健康保险	8	65522757	2628229	2628229	-1192898
财产保险	77	750228323	74804270	74804270	18625951
再保险	9	358176087	53277822	53277822	8814895
商业养老金	9	44000741	6208714	6208714	213734
保险中介服务	404	24057116	22713983	22713983	2203074
保险经纪服务	183	16553984	13163411	13163411	2220818
保险代理服务	174	7041325	9196904	9196904	4715
保险公估服务	47	461807	353668	353668	-22459
保险资产管理	14	19712284	4561590	4561590	2133694
其他保险活动	314	706059643	47515800	47307395	28303287
其他金融业	639	11620721011	520141153	520133133	441247287
金融信托与管理服务	19	133654219	20484370	20484370	14439137
信托公司	11	129185982	20477948	20477948	14416315
其他金融信托与管理服务	8	4468237	6422	6422	22822
控股公司服务	126	9006771639	480311546	480311546	471739272
非金融机构支付服务	51	94613744	31008612	31008612	3368677
金融信息服务	205	25563922	9557181	9549161	-681253
金融资产管理公司	12	2132712229	-48577891	-48577891	-52789418
其他未列明金融业	226	227405259	27357335	27357335	5170871
二、按登记注册类型分					
内资	12305	146198651484	2325078805	2321077323	1139485973
国有	160	76987208141	589629022	585835946	249525052
集体	6	5407710	187782	187782	92127
股份合作	9	36072117	1372971	1372971	774132
国有联营	1	***	***	***	***
国有独资公司	87	11220526994	464843524	464843524	384066508
其他有限责任公司	3418	4297851061	220852995	220852995	83101510
股份有限公司	508	50430582832	976200199	976200199	395448713
私营独资	55	30623	87173	87173	-26894
私营合伙	1952	551556134	9135786	9135786	7394666
私营有限责任公司	6034	2629062160	58654784	58654784	18646032
私营股份有限公司	65	37537936	3333551	3333551	653973
其他	10	2813950	775048	566642	-189945

5-1 续表 1

单位：千元

项　　　目	法人单位数（个）	资产总计	收入合计	#营业收入	营业利润
港澳台商投资	174	772519273	47087098	47087098	21673584
与港澳台商合资经营	82	145267789	9870464	9870464	1778907
与港澳台商合作经营	2	***	***	***	***
港澳台商独资	83	562773513	32673780	32673780	17832779
港澳台商投资股份有限公司	4	59622636	3476569	3476569	2813947
其他港澳台投资	3	4696372	1066285	1066285	-747149
外商投资	317	1658077242	118004167	118004167	41584099
中外合资经营	123	905523131	85155709	85155709	28549767
外资企业	184	711685390	28556447	28556447	12960278
外商投资股份有限公司	4	38981096	3011332	3011332	461805
其他外商投资	6	1887625	1280678	1280678	-387750
三、按隶属关系分					
中央	520	132211633395	1751160143	1748457786	936138876
地方	12276	16417614604	739009927	737710802	266604780
四、按地区分					
东城区	1452	28158980725	733796858	733219335	503408965
西城区	1733	109054365645	1157106699	1153964592	450332194
朝阳区	4362	6446059794	339835740	339713620	141399372
丰台区	566	635053278	17616886	17573018	7156844
石景山区	325	557705412	55154263	55154263	27268852
海淀区	2153	2362612160	112710019	112630433	41713473
门头沟区	66	18675453	2190135	2160137	357392
房山区	633	73660653	4490346	4490346	1460069
通州区	134	18609572	1795891	1789611	-489166
顺义区	400	588391844	48123921	48123921	26910700
昌平区	169	75789955	1708152	1708152	2248331
大兴区	142	26449461	1190846	1190846	542000
怀柔区	140	36580131	1341443	1341443	1602422
平谷区	144	9996326	1066314	1066314	184137
密云区	138	13531862	396241	396241	-2102358
延庆区	47	479323191	8208741	8208741	120727
北京经济技术开发区	192	73462537	3437576	3437576	629701

注：1. 金融业法人单位汇总范围包括人民银行、银保监会、证监会监管的单位和监管范围之外从事金融行业的单位。
2. 经济指标数据依据金融监管部门反馈的基层单位数据、统计部门掌握的金融监管单位在京总部本级数据以及监管范围之外从事金融行业的单位数据汇总。
3. 本表的“收入合计”：包括企业营业收入和非企业收入合计，企业指执行企业会计制度的法人单位，非企业指执行行政事业会计制度和民间非营利组织会计制度的法人单位。
4. 根据金融监管部门反馈，金融监管单位在京分支机构（不含总部本级）资产总计 259656.0 亿元，营业收入 8528.4 亿元。

北京经济普查年鉴 2018

Beijing Economic Census Yearbook

第三产业卷｜下册

北京市第四次全国经济普查领导小组办公室
北　　京　　市　　统　　计　　局　编

中国统计出版社
China Statistics Press

图书在版编目（CIP）数据

北京经济普查年鉴. 2018. 第三产业卷. 下 / 北京市第四次全国经济普查领导小组办公室, 北京市统计局编. -- 北京 : 中国统计出版社, 2020.10
ISBN 978-7-5037-9246-5

Ⅰ. ①北… Ⅱ. ①北… ②北… Ⅲ. ①经济－普查－北京－2018－年鉴②第三产业－普查－北京－2018－年鉴 Ⅳ. ①F127.1-54②F719-54

中国版本图书馆 CIP 数据核字(2020)第 163223 号

北京经济普查年鉴—2018/第三产业卷（下）

作　　者/北京市第四次全国经济普查领导小组办公室　北京市统计局编
责任编辑/冯燕玲
封面设计/黄俊杰　李雪燕
出版发行/中国统计出版社有限公司
通信地址/北京市丰台区西三环南路甲 6 号　邮政编码/100073
电　　话/邮购（010）63376909　书店（010）68783171
网　　址/http://www.zgtjcbs.com/
印　　刷/北京世纪恒宇印刷有限公司
经　　销/新华书店
开　　本/880mm×1230mm　1/16
印　　数/400 套
印　　张/17.25
版　　别/2020 年 10 月第 1 版
版　　次/2020 年 10 月第 1 次印刷
定　　价/680.00 元（全三卷四册）

如有印装差错，由本社发行部调换。

目　录

综合卷

第一篇　总况篇

1-1　法人单位和产业活动单位基本情况 …… 2
1-2　按产业分单位及从业人员情况 …… 8
1-3　法人单位机构类型及从业人员情况 …… 12
1-4　法人单位及从业人员地区分布情况 …… 22
1-5　法人单位开业时间情况 …… 38
1-6　企业单位及从业人员情况 …… 58
1-7　按产业分企业单位及从业人员情况 …… 64
1-8　机关、事业法人单位及从业人员情况 …… 68
1-9　社会团体、民办非企业法人单位及从业人员情况 …… 70
1-10　法人单位主要财务状况 …… 72
1-11　外商投资企业主要财务状况 …… 82
1-12　高端产业功能区法人单位主要财务状况 …… 90
1-13　中小微企业法人单位主要指标 …… 94
1-14　民营单位主要指标 …… 96
1-15　主要能源产品产量 …… 98
1-16　个体经营户基本情况 …… 99

第二篇　科技篇

2-1　规模以上工业企业研究与试验发展（R&D）活动基本情况 …… 102
2-2　规模以上工业企业研究与试验发展（R&D）人员情况 …… 104
2-3　规模以上工业企业研究与试验发展（R&D）经费情况 …… 108
2-4　规模以上工业企业研究与试验发展（R&D）活动产出情况 …… 112
2-5　规模以上工业企业办研发机构情况 …… 114
2-6　非工业企业研究与试验发展（R&D）活动基本情况 …… 116
2-7　非工业企业研究与试验发展（R&D）人员情况 …… 118
2-8　非工业企业研究与试验发展（R&D）经费情况 …… 120

第三篇　文化篇

3-1　文化及相关产业法人单位发展情况 …… 126
3-2　规模以上经营性文化产业法人单位发展情况 …… 128
3-3　规模以下经营性文化产业法人单位发展情况 …… 132
3-4　公益性文化产业法人单位发展情况 …… 136

第四篇　信息化篇
4-1　规模以上法人单位信息化情况 …… 138
4-2　规模以上第二产业法人单位信息化情况 …… 142
4-3　规模以上第三产业法人单位信息化情况 …… 149

附录：　主要指标解释 …… 158

第二产业卷

第一篇　工业
1-1　工业主要财务状况 …… 166
1-2　按行业中类分工业主要财务状况 …… 168
1-3　规模以上工业主要财务状况 …… 174
1-4　按行业中类分规模以上工业主要财务状况 …… 190
1-5　规模以上工业主要经济效益指标 …… 230
1-6　规模以上国有控股工业主要财务状况 …… 232
1-7　按行业中类分规模以上国有控股工业主要财务状况 …… 240
1-8　规模以上股份制工业主要财务状况 …… 272
1-9　按行业中类分规模以上股份制工业主要财务状况 …… 280
1-10　规模以上外商及港澳台商投资工业主要财务状况 …… 320
1-11　按行业中类分规模以上外商及港澳台商投资工业主要财务状况 …… 328
1-12　大中型工业主要财务状况 …… 360
1-13　按行业中类分大中型工业主要财务状况 …… 376
1-14　规模以上私营工业主要财务状况 …… 408
1-15　按行业中类分规模以上私营工业主要财务状况 …… 416
1-16　规模以上工业主要产品产量 …… 448
1-17　规模以上工业主要工业产品生产能力 …… 449
1-18　规模以上高技术制造业主要财务状况 …… 450
1-19　规模以上工业战略性新兴产业总产值 …… 451
1-20　规模以下工业主要财务状况 …… 451
1-21　按行业中类分规模以下工业主要财务状况 …… 453

第二篇　建筑业
2-1　建筑业法人单位主要财务状况 …… 460
2-2　施工总承包、专业承包建筑业企业主要财务状况 …… 484
2-3　资质外建筑业法人单位主要财务状况 …… 514
2-4　施工总承包、专业承包建筑业企业生产情况 …… 520
2-5　施工总承包、专业承包建筑业企业房屋建筑完成情况 …… 532

附录： 主要指标解释 …… 552

第三产业卷（上）

第一篇 批发和零售业
1-1 批发和零售业经营机构和人员情况 …… 562
1-2 批发和零售业法人及产业活动单位基本情况 …… 564
1-3 批发业法人及产业活动单位基本情况 …… 570
1-4 零售业法人及产业活动单位基本情况 …… 578
1-5 批发和零售业法人单位商品购进、销售、库存 …… 588
1-6 批发业法人单位商品购进、销售、库存 …… 592
1-7 零售业法人单位商品购进、销售、库存 …… 600
1-8 限额以上批发和零售业法人单位商品购进、销售、库存 …… 608
1-9 按行业分限额以上批发和零售业法人单位商品购进、销售、库存 …… 612
1-10 按行业分限额以上批发和零售业法人单位商品分类销售情况 …… 620
1-11 限额以下批发和零售业法人单位商品购进、销售、库存 …… 622
1-12 按行业分限额以下批发和零售业法人单位商品购进、销售、库存 …… 626
1-13 批发和零售业法人单位主要财务状况 …… 634
1-14 批发业法人单位主要财务状况 …… 638
1-15 零售业法人单位主要财务状况 …… 646
1-16 限额以上批发和零售业法人单位主要财务状况 …… 654
1-17 按行业分限额以上批发和零售业法人单位主要财务状况 …… 678
1-18 限额以下批发和零售业法人单位主要财务状况 …… 726
1-19 按行业分限额以下批发和零售业法人单位主要财务状况 …… 730
1-20 批发和零售业个体经营户情况 …… 738

第二篇 交通运输、仓储和邮政业
2-1 全部交通运输、仓储和邮政业法人单位财务状况（企业会计准则）…… 740
2-2 交通运输、仓储和邮政业法人单位财务状况（行政事业及民间非营利组织会计制度）…… 745
2-3 规模以上交通运输、仓储和邮政业法人单位财务状况（企业会计准则）…… 746

第三篇 住宿和餐饮业
3-1 住宿和餐饮业经营机构和人员情况 …… 772
3-2 住宿和餐饮业法人及产业活动单位基本情况 …… 774
3-3 住宿业法人及产业活动单位基本情况 …… 778
3-4 餐饮业法人及产业活动单位基本情况 …… 784
3-5 住宿和餐饮业法人单位经营情况 …… 790
3-6 住宿业法人单位经营情况 …… 792

3-7 餐饮业法人单位经营情况 …… 794
3-8 限额以上住宿和餐饮业法人单位经营情况 …… 796
3-9 限额以上住宿业法人单位经营情况 …… 800
3-10 限额以上餐饮业法人单位经营情况 …… 804
3-11 限额以下住宿和餐饮业法人单位经营情况 …… 808
3-12 限额以下住宿业法人单位经营情况 …… 810
3-13 限额以下餐饮业法人单位经营情况 …… 812
3-14 住宿和餐饮业法人单位主要财务状况 …… 814
3-15 住宿业法人单位主要财务状况 …… 818
3-16 餐饮业法人单位主要财务状况 …… 822
3-17 限额以上住宿和餐饮业法人单位主要财务状况 …… 826
3-18 限额以下住宿和餐饮业法人单位主要财务状况 …… 862
3-19 住宿和餐饮业个体经营户情况 …… 868

第四篇 信息传输、软件和信息技术服务业

4-1 全部信息传输、软件和信息技术服务业法人单位财务状况（企业会计准则）…… 870
4-2 信息传输、软件和信息技术服务业法人单位财务状况（行政事业及民间非营利组织会计制度）…… 874
4-3 规模以上信息传输、软件和信息技术服务业法人单位财务状况（企业会计准则）…… 876

第五篇 金融业

5-1 金融业全部法人单位财务状况 …… 902

第三产业卷（下）

第六篇 房地产业

6-1 房地产开发企业土地及资金情况 …… 906
6-2 房地产开发企业开发建设情况 …… 906
6-3 房地产开发企业房屋销售及空置情况 …… 910
6-4 房地产开发企业主要财务状况 …… 914
6-5 全部物业管理、中介服务、租赁经营及其他房地产业法人单位财务状况（企业会计准则）…… 918
6-6 物业管理、中介服务、租赁经营及其他房地产业法人单位财务状况（行政事业及民间非营利组织会计制度）…… 920
6-7 规模以上物业管理、中介服务、租赁经营及其他房地产业法人单位财务状况（企业会计准则）…… 920

第七篇 租赁和商务服务业

7-1 全部租赁和商务服务业法人单位财务状况（企业会计准则）…… 940

7-2 租赁和商务服务业法人单位财务状况（行政事业及民间非营利组织会计制度）………… 944
7-3 规模以上租赁和商务服务业法人单位财务状况（企业会计准则）………………………… 946

第八篇 科学研究和技术服务业
8-1 全部科学研究和技术服务业法人单位财务状况（企业会计准则）………………………… 972
8-2 科学研究和技术服务业法人单位财务状况（行政事业及民间非营利组织会计制度）……… 976
8-3 规模以上科学研究和技术服务业法人单位财务状况（企业会计准则）…………………… 980

第九篇 水利、环境和公共设施管理业
9-1 全部水利、环境和公共设施管理业法人单位财务状况（企业会计准则）……………… 1006
9-2 水利、环境和公共设施管理业法人单位财务状况（行政事业及民间非营利组织会计制度）…………………………………………………………………………………………………… 1009
9-3 规模以上水利、环境和公共设施管理业法人单位财务状况（企业会计准则）………… 1012

第十篇 居民服务、修理和其他服务业
10-1 全部居民服务、修理和其他服务业法人单位财务状况（企业会计准则）……………… 1038
10-2 居民服务、修理和其他服务业法人单位财务状况（行政事业及民间非营利组织会计制度）…………………………………………………………………………………………………… 1041
10-3 规模以上居民服务、修理和其他服务业法人单位财务状况（企业会计准则）………… 1044

第十一篇 教育
11-1 全部教育业法人单位财务状况（企业会计准则）……………………………………… 1070
11-2 教育业法人单位财务状况（行政事业及民间非营利组织会计制度）…………………… 1073
11-3 规模以上教育业法人单位财务状况（企业会计准则）………………………………… 1076

第十二篇 卫生和社会工作
12-1 全部卫生和社会工作法人单位财务状况（企业会计准则）……………………………… 1094
12-2 卫生和社会工作法人单位财务状况（行政事业及民间非营利组织会计制度）………… 1096
12-3 规模以上卫生和社会工作法人单位财务状况（企业会计准则）………………………… 1098

第十三篇 文化、体育和娱乐业
13-1 全部文化、体育和娱乐业法人单位财务状况（企业会计准则）………………………… 1116
13-2 文化、体育和娱乐业法人单位财务状况（行政事业及民间非营利组织会计制度）……… 1120
13-3 规模以上文化、体育和娱乐业法人单位财务状况（企业会计准则）…………………… 1124

第十四篇 公共管理、社会保障和社会组织
14-1 公共管理、社会保障和社会组织法人单位财务状况（行政事业及民间非营利组织会计制度）…………………………………………………………………………………………………… 1150

附录： 主要指标解释…………………………………………………………………… 1155

第六篇

房地产业

6-1 房地产开发企业

项目	土地购置面积	土地成交价款	本年实际到位资金	
				国内贷款
合计	**2247528**	**5528289**	**57300545**	**16538678**
一、按登记注册类型分				
国有			2103305	706093
集体			40000	
股份	1819755	4702333	49189352	14301021
港澳台商			1136316	676433
外商			853652	200843
私营	427773	825956	3977920	654288
二、按隶属关系分				
中央	190465	608599	3780618	633462
地方	2057063	4919690	53519927	15905216

6-2 房地产开发企业

项目	房屋施工面积					
		住宅	#别墅、高档公寓	办公楼	商业营业用房	其他
合计	**129506249**	**58818574**	**4806761**	**21897873**	**11541771**	**37248031**
一、按登记注册类型分						
国有	12435710	6738365	25833	1204420	486822	4006103
集体	269315			171932	68642	28741
股份	102701769	47583762	3690672	17216333	8609194	29292480
港澳台商	2054302	901420	417823	234307	519339	399236
外商	2890748	333732	229015	1145915	848121	562980
私营	9154405	3261295	443418	1924966	1009653	2958491
其他						
二、按隶属关系分						
中央	5178498	2799544	601720	744450	166911	1467593
地方	124327751	56019030	4205041	21153423	11374860	35780438
三、按项目建设地分						
东城区	1215444	390783		170193	473335	181133
西城区	729988	321703		134634	54164	219487
朝阳区	22174161	9122808	1011223	4343229	2431549	6276575
丰台区	15315176	7334306	419640	2577285	1039064	4364521
石景山区	3384916	1441138		677367	219548	1046863
海淀区	11421458	6069785	47437	1131550	375077	3845046
门头沟区	3910898	1652819	91053	700844	469582	1087653
房山区	8215391	4414593		714450	812249	2274099
通州区	15353838	5469481	300301	2592395	2182234	5109728
顺义区	12926609	5724747	1031841	3843324	759071	2599467
昌平区	10180055	4933625	557158	1273783	724028	3248619
大兴区	11465792	6087994	675937	1178875	770782	3428141
怀柔区	1878749	780139		165359	272226	661025
平谷区	2289128	1246410	289087	202555	95733	744430
密云区	2866831	1681677	362196	177279	345138	662737
延庆区	1725488	878030			284459	562999
北京经济技术开发区	4452327	1268536	20888	2014751	233532	935508

土地及资金情况

单位：平方米、万元

自筹资金	定金及预收款	个人按揭贷款	其他资金来源	本年各项应付款合计
15318867	**20539486**	**3062776**	**1840738**	**4067508**
534725	764628	79726	18133	191653
40000				
12682843	17907814	2756830	1540844	2769349
92817	313154	29589	24323	727391
64863	435102	49601	103243	40642
1903619	1118788	147030	154195	338473
791879	1717166	515901	122210	578927
14526988	18822320	2546875	1718528	3488581

开发建设情况

单位：平方米

#新开工面积	住宅	#别墅、高档公寓	办公楼	商业营业用房	其他
23815803	**12628191**	**991409**	**2236418**	**1087587**	**7863607**
2334270	1300934	25833	40768	101491	891077
19242400	10044283	809778	2037439	907694	6252984
472973	330959			6510	135504
11937					11937
1754223	952015	155798	158211	71892	572105
787960	238763	25833	139914	40905	368378
23027843	12389428	965576	2096504	1046682	7495229
11064	11064				
4088197	2032541	249022	656347	254350	1144959
1946475	1184245	61182	55348	23865	683017
511523	370015		6591	12119	122798
1905152	1017774	47437	140034	36404	710940
159280	4875		85413	5602	63390
2151281	1147856		51615	137622	814188
2411165	1238200		227743	42439	902783
2626343	1551509	132869	273495	146849	654490
1593934	587620	29836	362523	81645	562146
3088305	1730130	231701	312074	106249	939852
409492	183213		18308	51641	156330
866245	492182	121667	42242	3235	328586
876722	542260	117695		68192	266270
647989	305102			116274	226613
522636	229605		4685	1101	287245

6-2 续表 1

项　　目	房屋竣工面积	住宅	#别墅、高档公寓	办公楼	商业营业用房	其他
合　计	**16570407**	**7738264**	**385709**	**2676158**	**1769268**	**4386717**
一、按登记注册类型分						
国有	1720841	1262445		86499	6443	365454
集体						
股份	13157839	5993901	362964	2342455	1416493	3404990
港澳台商	207096	26276		19744	125475	35601
外商	103368				103368	
私营	1381263	455642	22745	227460	117489	580672
其他						
二、按隶属关系分						
中央	419539	259071	54316	47732	58358	54378
地方	16150868	7479193	331393	2628426	1710910	4332339
三、按项目建设地分						
东城区	174507	81068		38219	55220	
西城区	59617	22985			4414	32218
朝阳区	1884899	908589	28598	302336	107131	566843
丰台区	1095320	453854		272670	125556	243240
石景山区	442640	99716		132619	106717	103588
海淀区	1465742	706907		263325	51475	444035
门头沟区	1023262	599029	23316	118956	61804	243473
房山区	1699968	1084358		101166	81197	433247
通州区	1853739	937933	2524	146512	150497	618797
顺义区	1892767	839425	59358	449800	248832	354710
昌平区	1390150	770221	116695	163254	110259	346416
大兴区	1297014	207604		335801	388889	364720
怀柔区	383028	174451		26097	67541	114939
平谷区	781610	368624	67420	144239	19265	249482
密云区	553192	226732	87798	39056	178913	108491
延庆区	315415	191610			11558	112247
北京经济技术开发区	257537	65158		142108		50271

单位：平方米、万元

房屋竣工价值	住宅	#别墅、高档公寓	办公楼	商业营业用房	其他
7249527	**3293694**	**235203**	**1544448**	**897710**	**1513675**
526905	384163		26208	1880	114654
6070133	2728633	205605	1360688	748784	1232028
80496	6903		5387	59103	9103
28282				28282	
543711	173995	29598	152165	59661	157890
343961	294460	16111	18242	16977	14282
6905566	2999234	219092	1526206	880733	1499393
119508	47918		31945	39645	
65844	43398			8336	14110
694832	340521	62454	136020	53149	165142
657750	186802		304718	52780	113450
673485	349025		168223	132338	23899
662222	296392		123993	27439	214398
296657	146108	4538	45600	24731	80218
477784	306695		28514	22902	119673
656347	331269	1521	64995	63129	196954
736727	315979	21223	198353	103987	118408
549048	321092	93295	73260	35251	119445
577475	71181		155282	222193	128819
159338	73644		9324	23925	52445
242079	113349	13534	36589	3054	89087
200982	76002	38638	12793	82234	29953
82268	47088			2617	32563
397181	227231		154839		15111

6-3 房地产开发企业

项　　目	商品房销售面积	住　宅	#别　墅、高档公寓	办公楼	商业营业用　房
合　计	**7157637**	**5463144**	**631439**	**757842**	**352658**
一、按登记注册类型分					
国有	1121956	1061934		28673	8067
股份	5391317	4062207	544408	539354	283628
港澳台商	58090	45080	17545	610	3972
外商	36721	31411	25395	1218	868
私营	549553	262512	44091	187987	56123
二、按隶属关系分					
中央	401122	369141	48903	554	2798
地方	6756515	5094003	582536	757288	349860
三、按项目建设地分					
东城区	10081	6109	3198		3972
西城区	27246	16488		753	
朝阳区	600803	517019	93079	32109	4844
丰台区	735104	541808	44904	79421	56062
石景山区	285847	240929		14942	8368
海淀区	264195	185497	2880	41163	15937
门头沟区	323974	204303	29705	49602	36045
房山区	465053	284333	1638	70853	58647
通州区	815724	515624	39285	145258	42714
顺义区	762029	525327	69085	168460	36660
昌平区	1072776	940818	141360	53147	11696
大兴区	443833	299336	49970	53960	54620
怀柔区	174756	165127	10593		518
平谷区	399120	337969	13057	10574	12210
密云区	385017	366359	127729	4005	839
延庆区	85045	79101	1155	5542	298
北京经济技术开发区	307034	236997	3801	28053	9228

房屋销售及空置情况

单位：平方米

其他	待售面积	住　宅	#别　墅、高档公寓
583993	**22263778**	**8479639**	**2195668**
23282	1898303	1211262	355
506128	15675185	5450142	1236335
8428	1369821	593178	537098
3224	581219	247040	220429
42931	2739250	978017	201451
28629	314125	216146	9653
555364	21949653	8263493	2186015
	464175	61397	49545
10005	179454	99023	
46831	5111576	2019330	911413
57813	1418894	641369	21253
21608	461836	58186	
21598	539523	169881	15870
34024	610508	245332	81198
51220	2156957	1005025	21421
112128	2700786	879168	188445
31582	1543341	528248	329167
67115	2634176	1199458	297186
35917	1497567	296560	43463
9111	363710	174944	47744
38367	1403660	459747	56168
13814	465528	333775	124183
104	224839	133714	8612
32756	487248	174482	

6-3 续表 1

项目				#待售三年以上	
	办公楼	商业营业用房	其他		住宅
合计	**4145368**	**3940950**	**5697821**	**8797965**	**3452577**
一、按登记注册类型分					
国有	96647	343131	247263	718507	215867
股份	3204674	2708828	4311541	5563384	2072425
港澳台商	195212	322403	259028	968955	542056
外商	98821	136693	98665	412241	156324
私营	550014	429895	781324	1134878	465905
二、按隶属关系分					
中央	549	28428	69002	83180	44843
地方	4144819	3912522	5628819	8714785	3407734
三、按项目建设地分					
东城区	173920	180735	48123	385363	60897
西城区	10945	38748	30738	106181	73723
朝阳区	396696	1315055	1380495	3007533	1145319
丰台区	393589	142300	241636	325141	171607
石景山区	186599	76072	140979	63747	
海淀区	148464	58183	162995	31825	3837
门头沟区	213812	24459	126905		
房山区	206512	377134	568286	325902	158501
通州区	243502	478196	1099920	1013784	349563
顺义区	660268	179593	175232	725842	272597
昌平区	763601	113647	557470	1453907	494244
大兴区	315644	492206	393157	362964	197810
怀柔区	24647	46144	117975	175375	71408
平谷区	187384	203681	552848	322181	225071
密云区	9166	94992	27595	307040	190253
延庆区		84016	7109	72148	37747
北京经济技术开发区	210619	35789	66358	119032	

单位：平方米

#别　墅、高档公寓	办公楼	商业营业用房	其　他
1479487	**1584351**	**1744065**	**2016972**
355	5649	276469	220522
637327	1188426	988561	1313972
530279	21481	212145	193273
141834	79069	127505	49343
169692	289726	139385	239862
	474	20652	17211
1479487	1583877	1723413	1999761
49545	173920	102423	48123
	4550	24248	3660
659147	135050	887807	839357
	66400	48324	38810
	48289	9988	5470
3837	1357	12947	13684
21421	18732	77099	71570
175350	117514	149338	397369
224246	317126	93285	42834
229593	589160	64024	306479
15741	40106	42607	82441
23859	9727	24162	70078
	6755	54035	36320
68136	5602	87855	23330
8612		34296	105
	50063	31627	37342

6-4 房地产开发企业

项目	法人单位数（个）	应收账款	固定资产原价	本年折旧	资产总计
合计	**4002**	**160730135**	**105532754**	**5861116**	**6842277321**
一、按登记注册类型分					
内资	3793	158949208	71732713	4356338	6214063221
国有	42	289502	1021376	88645	79168622
集体	26	289869	1617629	76445	23798511
股份合作	3			5323	291014
国有独资公司	63	76930587	9211647	265492	428902283
其他有限责任公司	1828	75364211	46704139	2924114	4467560558
股份有限公司	39	737536	4771756	146290	436518622
私营独资	2	***	***	***	***
私营合伙	1	***	***	***	***
私营有限责任公司	1779	5257416	7287437	815856	759034699
私营股份有限公司	10	80087	1118729	33966	18702989
港澳台商投资	101	1415637	28654381	1117185	379843291
与港澳台商合资经营	35	770543	13518453	508108	209696898
与港澳台商合作经营	33	394464	9012408	292241	59250505
港澳台商独资	31	250498	6085817	316022	104963386
港澳台商投资股份有限公司	1	***	***	***	***
其他港澳台商投资	1	***	***	***	***
外商投资	108	365290	5145660	387593	248370809
中外合资经营	47	60799	643983	154396	82690173
中外合作经营	23	224618	2238283	117565	40010785
外资	35	62245	1909847	93807	96525221
外商投资股份有限公司	2	***	***	***	***
其他外商投资	1	***	***	***	***
二、按隶属关系分					
中央	87	2889039	3184849	105595	472827525
地方	3915	157841096	102347905	5755522	6369449796
三、按地区分					
东城区	337	3883747	28574783	1123705	421489028
西城区	90	2227094	5051929	234695	526015067
朝阳区	820	78874046	32000834	1779687	1624541649
丰台区	288	3808598	10181076	435211	816515672
石景山区	99	2367753	1012503	80902	315062709
海淀区	260	2121431	4290635	346839	581848342
门头沟区	58	341744	242932	32132	143145868
房山区	212	4783996	2284381	115778	248683187
通州区	311	14068312	3080496	170434	454955118
顺义区	296	35046398	4784835	267255	380820577
昌平区	291	3127987	4350264	221911	421811286
大兴区	179	1248123	1991223	413846	392525178
怀柔区	197	577917	2172284	206601	67280280
平谷区	192	495149	1945111	142999	113793580
密云区	214	727247	686661	67646	113054047
延庆区	79	173172	897947	42576	37399025
北京经济技术开发区	79	6857421	1984860	178899	183336708

主要财务状况

单位：千元

负债合计	所有者权益合计	#实收资本	营业收入	#主营业务收入	营业成本
5518222382	**1075584185**	**571504760**	**382157453**	**351550394**	**264227978**
5038840590	967046001	493858459	355008449	326179786	252905785
58592798	17002277	9325809	3356687	2974055	2830850
21764296	451047	242676	396296	328666	52951
99031			20851		
264821539	157005745	71256883	41126598	39626642	36433627
3737120455	625090650	360521788	280999391	262429478	194876574
311817697	113409923	20635999	10956695	9523077	5499278
***	***	***	***	***	***
***	***	***	***	***	***
634276015	46292593	30931304	17196933	10361413	12932673
10248198	7793766	944000	954998	936455	278946
302470965	68598531	51608574	15864161	14719847	6585571
172104470	32202215	22575669	9391071	8872606	3767050
46923240	11305027	9130138	2709519	2361114	1335680
83286098	19315942	15668414	3634646	3357202	1422967
***	***	***	***	***	***
***	***	***	***	***	***
176910828	39939653	26037727	11284843	10650761	4736622
51313177	19587983	14587258	6599724	6482764	2861537
30606500	8015581	1974177	2805391	2760318	1290073
73048816	9824823	9048471	1153338	829929	402305
***	***	***	***	***	***
***	***	***	***	***	***
381621996	78901484	49721106	33891760	32182708	24101557
5136600386	996682701	521783654	348265693	319367686	240126422
343256218	57855869	46227504	14908212	12056129	9045803
382538941	123531859	54784457	19818142	18535005	10558335
1299540744	249495101	120296014	65300690	61386407	42178812
708908368	97847197	58975361	53661101	50614856	36014747
260722279	48742535	21339291	15239457	14951917	12489891
460736858	101647781	31851460	35013517	33021013	21771788
128981300	10396916	7355880	15309424	14632752	11597058
203789602	43742949	28839393	21795329	21487956	17108367
364301301	71653814	37470662	23226304	21254107	16820657
317546063	56790805	25266829	22405756	21686168	13638482
325808559	68357697	41193912	30672960	26434168	23340734
326475975	55241428	29709602	33560945	26727350	27575895
54735098	7888424	9236368	3052936	2595880	2639796
97337459	9058451	7417443	4607171	3986771	3236650
92236527	9857386	4973311	10745874	10635831	8158624
28871420	7185938	4412741	2935074	2822889	2504950
122435671	56290035	42154532	9904560	8721195	5547389

6-4 续表 1

项　　目	税金及附加	#主营业务税金及附加	其他业务利　润	销售费用	管理费用
合　计	**34609316**	**30917182**	**2415379**	**11265482**	**23245013**
一、按登记注册类型分					
内资	29761834	26412933	2242194	9830112	19966645
国有	173244	155186	110370	72537	350569
集体	36687	33879		7	138352
股份合作	63				
国有独资公司	1627002	1586968	-43315	180867	1239441
其他有限责任公司	25197268	22308723	1572480	8432464	14689795
股份有限公司	1635456	1582602	395493	305304	1293836
私营独资	***	***	***	***	***
私营合伙	***	***	***	***	***
私营有限责任公司	835012	492360	207166	776749	2088202
私营股份有限公司	256934	253215		62184	166450
港澳台商投资	2954445	2729777	167046	867315	2441418
与港澳台商合资经营	1563497	1367004	38579	327402	1092768
与港澳台商合作经营	790688	773712	106898	222531	548933
港澳台商独资	522798	511599	21569	312711	793759
港澳台商投资股份有限公司	***	***	***	***	***
其他港澳台商投资	***	***	***	***	***
外商投资	1893037	1774472	6139	568055	836950
中外合资经营	1017045	1004032	4413	270205	274328
中外合作经营	681450	677898	22	207189	282319
外资	110819	86156	1704	68353	203457
外商投资股份有限公司	***	***	***	***	***
其他外商投资	***	***	***	***	***
二、按隶属关系分					
中央	2730924	2686266	6438	852235	1194746
地方	31878392	28230916	2408941	10413247	22050267
三、按地区分					
东城区	1597938	1450134	106387	437885	1900558
西城区	2872765	2843087		531693	1126010
朝阳区	7008066	5471185	660916	2476111	6340588
丰台区	5309118	5170603	434855	1000026	2413687
石景山区	433624	409675	29780	363836	676964
海淀区	4666689	3724140	217273	756767	1897096
门头沟区	1073681	1034452	939	441224	252733
房山区	899956	868606	39715	707755	975861
通州区	2787118	2580816	69096	709488	1468999
顺义区	2889128	2804324	301743	1144058	1774901
昌平区	1257704	1141242	157736	884875	1069955
大兴区	1518893	1289039	111041	763429	1111095
怀柔区	146727	131079	12401	110741	416118
平谷区	146333	76363	8208	266157	535545
密云区	848127	831371	4159	250415	314205
延庆区	33877	28052	55748	54503	243206
北京经济技术开发区	1119572	1063014	205382	366519	727492

单位：千元

财务费用	投资收益	营业利润	利润总额	应交增值税
21100049	**35562262**	**57531667**	**59204701**	**9645629**
16348477	29509244	52208671	53972900	8406799
150623	289128	180275	630846	133882
-23636	112710	187520	234239	19284
	501	-191		1043
841417	2440046	2878452	2612453	2473
11806809	12009549	35835631	40526996	7058369
1230014	11135664	12910861	11655958	601244
***	***	***	***	***
***	***	***	***	***
2231397	2780589	-564067	-2371469	537681
111853	741057	784872	683877	52823
4172576	3895647	1437808	1774772	881154
2990070	3824693	2938786	2922299	477954
449051	61964	-1022648	-852544	239852
733631	8991	-459464	-275818	157915
***	***	***	***	***
***	***	***	***	***
578996	2157371	3885189	3457029	357676
151722	148016	2187228	1956666	215339
281637	193961	136495	6692	47821
42472	850945	319740	372496	55199
***	***	***	***	***
***	***	***	***	***
-537326	5206762	10208697	10232563	1106503
21637375	30355500	47322971	48972138	8539126
2413320	3835393	2416943	3199787	495299
1841033	9064229	11091584	10558695	557231
8481924	5073949	687409	4879591	1400511
2337016	2149477	7026743	6857541	1254239
263584	3068628	3970183	3917948	249405
-526892	7031795	12405102	11528842	1204943
261094	486367	1899263	1672472	381278
462846	479306	2241084	2106675	394323
1341731	451548	3403341	2107219	640849
965128	1820291	3501835	3648688	1131223
738176	160768	3543448	3395637	1099338
769222	423163	3167353	3041031	228798
342845	-1275	-616900	-529391	11299
308543	105048	-141654	-9513	76137
160064	470490	1116052	888247	117785
97583	1500	-127641	-16543	-156246
842832	941585	1947521	1957775	559217

6-5 全部物业管理、中介服务、租赁经营及其他房地产业法人单位财务状况（企业会计准则）

单位：千元

项　　目	法人单位数（个）	资产总计	负债合计	营业收入	营业利润
合　计	**22808**	**2845825026**	**1880433493**	**269404457**	**32411199**
一、按行业分（分到小类）					
房地产业	22808	2845825026	1880433493	269404457	32411199
物业管理	9593	493242741	351849730	111539713	4735148
物业管理	9593	493242741	351849730	111539713	4735148
房地产中介服务	6340	180511026	132687339	30247123	4045517
房地产中介服务	6340	180511026	132687339	30247123	4045517
房地产租赁经营	6111	1807244716	1113686761	117017290	24226381
房地产租赁经营	6111	1807244716	1113686761	117017290	24226381
其他房地产业	764	364826543	282209663	10600331	-595846
其他房地产业	764	364826543	282209663	10600331	-595846
二、按登记注册类型分					
内资	22329	2532197026	1654540936	229946255	26990543
国有	410	146920330	79998631	6968542	1288855
集体	730	145987186	104414931	7331447	-204439
股份合作	187	51600891	34674090	2493242	-351973
国有联营	15	620281	467603	72593	1869
集体联营	6	325074	90486	39833	-17055
国有与集体联营	3	1487658	421172	84749	46306
其他联营	3	150257	116276	35318	6403
国有独资公司	152	275873852	108048968	10962864	5757855
其他有限责任公司	3547	985650023	658399779	108072641	11839079
股份有限公司	119	179328505	103161898	9907037	2941598
私营独资	139	527899	418344	100903	11357
私营合伙	57	4148780	684632	239602	60493
私营有限责任公司	16899	732896614	559201355	81726341	5472528
私营股份有限公司	58	6669894	4433419	1910444	137513
其他	4	9782	9353	700	155
港澳台商投资	253	220342388	164971709	31043045	4802836
与港澳台商合资经营	82	73175600	62617206	7989761	1223450
与港澳台商合作经营	31	23885263	13085162	4698163	2023819
港澳台商独资	137	120931296	86710944	17903529	1580405
港澳台商投资股份有限公司	1	***	***	***	***
其他港澳台投资	2	***	***	***	***

6-5 续表 1

单位：千元

项 目	法人单位数（个）	资产总计	负债合计	营业收入	营业利润
外商投资	226	93285612	60920847	8415157	617820
中外合资经营	76	21766119	14524017	2863653	72665
中外合作经营	19	24896510	15067286	708876	254421
外资企业	128	46367656	31065273	4509538	273878
外商投资股份有限公司	2	***	***	***	***
其他外商投资	1	***	***	***	***
三、按隶属关系分					
中央	360	476009875	173395462	23167913	13190321
地方	22448	2369815151	1707038031	246236543	19220878
四、按控股情况分					
国有控股	1356	927874980	424201514	71074531	21019903
集体控股	1212	269566009	193853996	19696561	801245
私人控股	18914	1208268681	919152128	131046333	6615783
港澳台商控股	245	217163063	163510075	30271182	4639004
外商控股	171	55210502	40288035	7414738	780911
其他	895	167127015	139035829	9789917	-1454310
五、按地区分					
东城区	1290	129909714	82441927	24084685	2454591
西城区	1524	470433326	266310689	32881206	12088504
朝阳区	5404	722235770	478808104	99553572	13927155
丰台区	2165	260943765	185827788	21742490	-1189186
石景山区	580	33460657	20609200	4135418	249361
海淀区	2846	658638673	422207882	41224540	5297960
门头沟区	389	28572486	24768279	1501589	239511
房山区	1203	65363101	51992295	2747550	-585055
通州区	1335	48923118	36665329	5479658	-930157
顺义区	868	94959420	59547251	8005119	1113991
昌平区	1300	67559823	37630699	6779178	436803
大兴区	1111	129761216	107513734	5289774	-413040
怀柔区	596	25149670	18114583	2733766	43096
平谷区	648	22939917	18572897	2182895	-12141
密云区	900	51800578	43048819	6147251	72968
延庆区	250	2927033	2159878	465495	5525
北京经济技术开发区	399	32246757	24214138	4450270	-388686

6-6 物业管理、中介服务、租赁经营及其他房地产业法人单位财务状况（行政事业及民间非营利组织会计制度）

单位：千元

项目	法人单位数（个）	资产总计	负债合计	收入合计	支出（费用）合计
合计	**75**	**9146722**	**5591966**	**1116533**	**1072010**
一、按行业分（分到小类）					
房地产业	75	9146722	5591966	1116533	1072010
物业管理	47	4900075	1933053	876427	835464
物业管理	47	4900075	1933053	876427	835464
房地产中介服务	5	2628	1889	541	500
房地产中介服务	5	2628	1889	541	500
自有房地产经营活动	12	558307	56776	119818	106185
自有房地产经营活动	12	558307	56776	119818	106185
其他房地产业	11	3685711	3600248	119747	129860
其他房地产业	11	3685711	3600248	119747	129860
二、按登记注册类型分					
内资	75	9146722	5591966	1116533	1072010
国有	65	9138125	5590004	1098334	1055041
集体	7				

6-7 规模以上物业管理、中介服务、租赁经营及

项目	法人单位数（个）	年初存货	流动资产合计	#交易性金融资产	#应收账款
合计	**1982**	**41550307**	**586558106**	**16816731**	**27493775**
一、按行业分（分到小类）					
房地产业	1982	41550307	586558106	16816731	27493775
物业管理	972	1728097	105420482	1660456	8366307
物业管理	972	1728097	105420482	1660456	8366307
房地产中介服务	107	16631	28482335	2517276	2781181
房地产中介服务	107	16631	28482335	2517276	2781181
自有房地产经营活动	871	21929726	407746399	12564799	16337764
自有房地产经营活动	871	21929726	407746399	12564799	16337764
其他房地产业	32	17875853	44908890	74200	8523
其他房地产业	32	17875853	44908890	74200	8523
二、按登记注册类型分					
内资	1809	38099621	504943679	15847110	24495966
国有	77	17600800	44743803	130946	176278

6-6 续表 1

单位：千元

项 目	法人单位数（个）	资产总计	负债合计	收入合计	支出（费用）合计
其他	3	8597	1962	18199	16968
三、按隶属关系分					
中央	6	970555	370916	111459	126225
地方	69	8176166	5221050	1005074	945784
四、按地区分					
东城区	22	574804	91526	176845	175514
西城区	30	8140189	5450336	777933	762155
朝阳区	1	***	***	***	***
石景山区	5	279692	27264	55345	40764
海淀区	9	120757	11943	53925	36055
门头沟区	3	15403	1140	34511	40708
房山区	2	***	***	***	***
大兴区	1	***	***	***	***
密云区	2	***	***	***	***

其他房地产业法人单位财务状况（企业会计准则）

单位：千元

#存货	固定资产原价	累计折旧	#本年折旧	在建工程	无形资产	资产总计
47915160	**211717337**	**67329737**	**7931506**	**14142982**	**17865432**	**1297391646**
47915160	211717337	67329737	7931506	14142982	17865432	1297391646
1729649	39103169	13661466	1520160	2964371	2725286	175621124
1729649	39103169	13661466	1520160	2964371	2725286	175621124
26224	916788	602811	104111	76522	149192	35775935
26224	916788	602811	104111	76522	149192	35775935
21236778	171276986	52872898	6279058	11081791	14951484	967229748
21236778	171276986	52872898	6279058	11081791	14951484	967229748
24922509	420394	192562	28177	20298	39470	118764839
24922509	420394	192562	28177	20298	39470	118764839
44486901	160977306	50458518	6330064	12705654	14025352	1145330552
23705467	3943917	1925757	142257	576299	622481	122539471

6-7. 续表 1

项　　目	法人单位数（个）	年初存货	流动资产合　计	#交易性金融资产	#应收账款
集体	83	27850	49927248	3498004	2413171
股份合作	42	6969	33634398	942140	1788805
国有联营	1	***	***	***	***
集体联营	1	***	***	***	***
国有与集体联营	1	***	***	***	***
国有独资公司	90	1237066	35041306		2285020
其他有限责任公司	1010	13382628	226864249	8302219	14464722
股份有限公司	35	1990656	40303394	25292	682423
私营合伙	1	***	***	***	***
私营有限责任公司	456	3849379	71347533	2948509	2533659
私营股份有限公司	12	1426	1294200		136237
港澳台商投资	115	1518533	62888752	904071	2206728
与港澳台商合资经营	48	77325	42431647	28000	492844
与港澳台商合作经营	16	1335220	8284448	681000	146233
港澳台商独资	50	105446	11419994	195071	1532009
其他港澳台投资企业	1	***	***	***	***
外商投资	58	1932153	18725675	65550	791081
中外合资经营	21	1055085	6108121		669317
中外合作经营	7	110512	3289443	61250	28894
外资企业	28	766556	9088436	4300	67262
外商投资股份有限公司	2	***	***	***	***
三、按隶属关系分					
中央	184	407483	67293599	5698554	3470919
地方	1798	41142824	519264507	11118177	24022856

单位：千元

#存货	固定资产原价	累计折旧	#本年折旧	在建工程	无形资产	资产总计
28041	20932515	4444919	775396	2131209	880437	82534776
9277	9524767	2564949	372729	1478770	599842	49313021
***	***	***	***	***	***	***
***	***	***	***	***	***	***
***	***	***	***	***	***	***
1274211	14004276	4316685	349940	573804	1334981	106206128
12818736	73582222	24848883	3202812	5604059	8834006	554725075
3172478	10713302	4870332	333399	248996	1042174	93212073
***	***	***	***	***	***	***
3476232	27409689	7207060	1123230	2082666	704601	132019133
1615	657181	171010	24861	9851	6178	2378919
1482882	37035514	11967106	1118901	1434753	3497982	117776885
69304	9426775	3110961	273637	1258855	2080597	67450443
1307218	5810025	3283905	190472	14979	1147734	17956749
105547	21787795	5565244	653338	160919	268427	31607479
***	***	***	***	***	***	***
1945377	13704517	4904113	482541	2575	342098	34284209
1068711	2395989	1325500	101095	2575	77722	8285190
110410	596365	366541	16417			4921581
766256	10706634	3208426	364375		264376	20835601
***	***	***	***	***	***	***
360385	35065135	12973752	1111311	1030539	5448828	269249480
47554775	176652202	54355985	6820195	13112443	12416604	1028142166

6-7 续表 2

项　　　目	法人单位数（个）	年初存货	流动资产合　计	#交易性金融资产	#应收账款
四、按控股情况分					
国有控股	585	21611794	195580376	6947948	7548232
集体控股	253	1946289	102582535	4761684	5331495
私人控股	945	14448448	196488744	4137478	11303663
港澳台商控股	110	1500166	62844176	904071	2229283
外商控股	56	1922033	18586216	65550	859051
其他	30	120679	10236771		173038
五、按地区分					
东城区	185	2217909	43309676	895569	2445645
西城区	241	2944174	98989215	6061171	2393470
朝阳区	612	8831364	191196458	3610886	8772341
丰台区	212	48279	80645633	3340145	4673256
石景山区	46	8285	10325689	851140	715599
海淀区	391	25454355	108892434	1813843	5740653
门头沟区	7	75314	1171612	200	80077
房山区	19	749998	5539558		171367
通州区	31	3039	6691368	6000	262581
顺义区	62	75696	10114345	25076	737337
昌平区	68	203168	9893858	30000	807613
大兴区	29	418794	5682099		163528
怀柔区	15	11635	1039651	113620	78727
平谷区	16	239193	2728256	30531	53242
密云区	22	262118	8366591	22272	63910
延庆区	8	20	151647	8478	27653
北京经济技术开发区	18	6966	1820016	7800	306776

单位：千元

#存货	固定资产原价	累计折旧	#本年折旧	在建工程	无形资产	资产总计
29815467	62374147	22995927	2050198	2477477	10520147	598275228
2032110	41962023	10653857	1627397	4970358	1983346	168579583
12535939	59158142	17427040	2663725	5490632	2956833	367628584
1464540	33389398	11117389	1030620	1201324	1996291	113030074
1935635	13072748	4524672	469887	2575	265072	33092447
130577	1389770	439199	62803	616	124433	16314452
2159229	20342483	8999368	752882	909185	3742332	91169244
1594110	18845662	8310760	677032	995248	2789759	263004451
9857652	88192450	27446247	3129542	3213428	4196784	394912880
33308	23548545	5182850	860493	3494975	1688241	148687164
23902	3552877	1070835	115501	848687	75740	17562770
32499176	28295498	8543814	1180865	1585526	1046375	232654391
75540	769286	367864	38628	12175	2333	2243847
753754	1493763	455245	71778	68084	54029	7253030
1486	1597051	531962	80002	314470	10722	21957428
86629	10188753	3012751	415734	1688594	2608163	51322083
129969	7963306	1721707	316213	224660	1249697	30245161
389683	1461027	532656	63509	1251	151404	10606033
3106	203201	123543	11624	1207	7008	1767840
61465	1865644	538207	94057	2376	3220	5105211
239379	341984	122425	25830	394673	31837	12384479
19	104523	57036	3951		8546	218378
6753	2951284	312467	93865	388443	199242	6297256

6-7 续表 3

项　　目	流动负债合　计	#应付账款	非流动负债合计	#应付债券	负债合计
合　计	**470158374**	**27444390**	**302038560**	**34444721**	**772196934**
一、按行业分（分到小类）					
房地产业	470158374	27444390	302038560	34444721	772196934
物业管理	84181272	8238665	25105533	4724112	109286805
物业管理	84181272	8238665	25105533	4724112	109286805
房地产中介服务	20114450	2301389	382748		20497198
房地产中介服务	20114450	2301389	382748		20497198
自有房地产经营活动	340670323	13236490	232122797	27240004	572793120
自有房地产经营活动	340670323	13236490	232122797	27240004	572793120
其他房地产业	25192329	3667846	44427482	2480605	69619811
其他房地产业	25192329	3667846	44427482	2480605	69619811
二、按登记注册类型分					
内资	408347169	23318172	252373658	33453912	660720827
国有	18696312	3702216	46233374	2880605	64929686
集体	44222229	979471	12189546		56411775
股份合作	23679605	1333130	9317440		32997045
国有联营	***	***	***	***	***
集体联营	***	***	***	***	***
国有与集体联营	***	***	***	***	***
国有独资公司	31207787	2123979	10846788	6375862	42054575
其他有限责任公司	190196995	9127577	121661561	16981027	311858556
股份有限公司	28126451	1565555	23124248	7024118	51250699
私营合伙	***	***	***	***	***
私营有限责任公司	70606977	4589903	28282243	192300	98889220
私营股份有限公司	1172271	-107701	475559		1647830
港澳台商投资	48368537	3369207	36462344	785345	84830881
与港澳台商合资经营	32985112	1017026	25214948		58200060
与港澳台商合作经营	4455142	879021	4488427		8943569
港澳台商独资	10488279	1444718	6419624	446000	16907903
其他港澳台投资企业	***	***	***	***	***
外商投资	13442668	757011	13202558	205464	26645226
中外合资经营	5391404	386023	1771727		7163131

单位：千元

所有者权益合计	#实收资本	国家资本	集体资本	法人资本	个人资本	港澳台资本
525194712	**256447402**	**96368648**	**4889869**	**107052032**	**13234845**	**26326802**
525194712	256447402	96368648	4889869	107052032	13234845	26326802
66334319	38974076	12012316	398896	17196541	2396637	6666114
66334319	38974076	12012316	398896	17196541	2396637	6666114
15278737	2434657	1739	5	1135631	217569	641667
15278737	2434657	1739	5	1135631	217569	641667
394436628	167775051	39500383	4487898	86415670	10522629	19014883
394436628	167775051	39500383	4487898	86415670	10522629	19014883
49145028	47263618	44854210	3070	2304190	98010	4138
49145028	47263618	44854210	3070	2304190	98010	4138
484609725	220063229	96214021	4889869	103756706	13229816	733110
57609785	49120524	48013652		1106872		
26123001	3592691		2057086	83678	1451927	
16315976	1946629	54	978924	20000	947651	
***	***	***	***	***	***	***
***	***	***	***	***	***	***
***	***	***	***	***	***	***
64151553	38895904	30542455		8353449		
242866519	100779486	14848339	1805132	80821148	3248433	19717
41961374	14213494	2807386	28040	7654332	1807353	713393
***	***	***	***	***	***	***
33129913	9722330		300	4014858	5707172	
731089	369356			302236	67120	
32946004	28262604	136877		2533552		25527262
9250383	6016046	84559		2309517		3557057
9013180	7439704	52318		223835		7163551
14699576	14801854					14801854
***	***	***	***	***	***	***
7638983	8121569	17750		761774	5029	66430
1122059	1357279	17750		629072	5029	10430

6-7 续表 4

项　　目	流动负债合　　计	#应付账款	非 流 动负债合计	#应付债券	负债合计
中外合作经营	1989658	39727	778241		2767899
外资企业	5808550	256670	10650875	205464	16459425
外商投资股份有限公司	***	***	***	***	***
三、按隶属关系分					
中央	45770031	1982195	35936263	21713441	81706294
地方	424388343	25462195	266102297	12731280	690490640
四、按控股情况分					
国有控股	135226153	10534645	125830802	29372969	261056955
集体控股	87393689	2912608	28287623		115681312
私人控股	173404345	9741899	100176566	4080943	273580911
港澳台商控股	48839111	3169797	33843669	785345	82682780
外商控股	12763379	783474	13596937	205464	26360316
其他	12443586	301300	206554		12650140
五、按地区分					
东城区	35495783	2297435	21969778	400000	57465561
西城区	74843588	2019806	53536630	15845081	128380218
朝阳区	147058742	8320157	90884694	8888375	237943436
丰台区	67796553	3209656	29771010	192300	97567563
石景山区	10495175	361652	631296		11126471
海淀区	75323746	6885617	76231750	3348965	151555496
门头沟区	1544755	23025	55		1544810
房山区	3994660	172965	2995773		6990433
通州区	7302988	133181	5642292	770000	12945280
顺义区	13136584	1312231	10907803	5000000	24044387
昌平区	11544926	597580	1369301		12914227
大兴区	4705974	263928	2910776		7616750
怀柔区	563962	138575	429707		993669
平谷区	3271875	188542	781776		4053651
密云区	10631039	1116808	490950		11121989
延庆区	123937	20182	2335		126272
北京经济技术开发区	2324087	383050	3482634		5806721

单位：千元

所有者权益合计	#实收资本					
		国家资本	集体资本	法人资本	个人资本	港澳台资本
2153682	1112565			132702		56000
4376176	5631725					
***	***	***	***	***	***	***
187543186	77448894	32911408	8000	43242546	1748	82202
337651526	178998508	63457240	4881869	63809486	13233097	26244600
337218273	173582416	96245714	43122	72724678	1712047	1571127
52898271	8864219	5389	4466388	2137755	2254687	
94047673	35896234	14710	103502	26460541	9245425	16323
30347294	26194626	88835		1364868	4957	24671053
6732131	7857736	14000		613875	5029	56000
3664312	3750368			3725369	12700	12299
33703683	20414713	4263449	46597	7123230	814527	7425001
134624233	43112751	4430294	206061	34642340	415334	1920917
156969444	73791174	15375315	735723	33973245	5617569	12552397
51119601	13743439	5215346	1802649	3939307	2618681	14299
6436299	2312888	460954	372740	897133	575688	6373
81098895	66290111	50640703	1076369	10482342	1847278	2000315
699037	452896		150000	282651	20245	
262597	540780	5000	22800	475980	37000	
9012148	4722572	250160	5000	2993432	123420	1306904
27277696	20058963	15697688	92500	2980884	316116	723247
17330934	5051573	12000	298947	4395882	304744	40000
2989283	2581407		80478	2152551	189680	54000
774171	455603	2000		249659	7520	191000
1051560	631000			518800	112200	
1262490	1237656			1146496	91160	
92106	77527			36300	41227	
490535	972349	15739	5	761800	102456	92349

6-7 续表 5

项　　　目	外商资本	营业收入	营业成本	税金及附加	销售费用
合　计	**8575206**	**190980844**	**111583859**	**6930984**	**12801540**
一、按行业分（分到小类）					
房地产业	8575206	190980844	111583859	6930984	12801540
物业管理	303572	85392006	62036057	1178848	3877998
物业管理	303572	85392006	62036057	1178848	3877998
房地产中介服务	438046	22359854	14958239	144069	3387322
房地产中介服务	438046	22359854	14958239	144069	3387322
自有房地产经营活动	7833588	80384224	33040745	5494354	5390753
自有房地产经营活动	7833588	80384224	33040745	5494354	5390753
其他房地产业		2844760	1548818	113713	145467
其他房地产业		2844760	1548818	113713	145467
二、按登记注册类型分					
内资	1239707	155326783	92830456	5263437	10344247
国有		4957426	2805299	291328	235608
集体		4258919	1946199	229309	255084
股份合作		2198217	953668	74651	218628
国有联营	***	***	***	***	***
集体联营	***	***	***	***	***
国有与集体联营	***	***	***	***	***
国有独资公司		8613269	5174493	512134	287796
其他有限责任公司	36717	87229123	52516623	2902422	5206880
股份有限公司	1202990	8924174	4343379	596337	417556
私营合伙	***	***	***	***	***
私营有限责任公司		37704636	24023918	636800	3713919
私营股份有限公司		1287761	966621	8962	7775
港澳台商投资	64913	29169461	15644347	1276485	2122337
与港澳台商合资经营	64913	7698621	3327549	459370	455590
与港澳台商合作经营		4336932	1324001	440082	35868
港澳台商独资		16699216	10623519	374774	1630879
其他港澳台投资企业	***	***	***	***	***
外商投资	7270586	6484600	3109056	391062	334956
中外合资经营	694998	2279705	1491342	69617	178986

单位：千元

管理费用	财务费用	# 利息收入	# 利息支出	资产减值损失	公允价值变动收益
34162369	**13285097**	**3851543**	**16112780**	**316517**	**860386**
34162369	13285097	3851543	16112780	316517	860386
13093510	873043	487609	1183024	159973	16208
13093510	873043	487609	1183024	159973	16208
2993152	22164	98484	56935	-28563	
2993152	22164	98484	56935	-28563	
17718200	12228001	1513818	12959319	180609	843415
17718200	12228001	1513818	12959319	180609	843415
357507	161889	1751632	1913502	4498	763
357507	161889	1751632	1913502	4498	763
28275703	9766406	3479421	12508823	308635	834661
932519	98398	1853683	1951090	50960	409
2188814	69521	132516	219161	657	
1414297	11835	102552	125406		
***	***	***	***	***	***
***	***	***	***	***	***
***	***	***	***	***	***
1730335	410222	236958	557794	83912	14088
14610086	7128122	766142	7401419	87726	847956
1621672	387877	158487	507153	112468	13587
***	***	***	***	***	***
5512279	1628837	214372	1702560	-23710	-41379
228813	39131	5318	42388	-3419	
4823684	2462901	180680	2448805	4907	25455
1414817	1922902	70967	1900114	2261	
275470	237818	34963	198062		25455
3071099	301368	74305	350629	2070	
***	***	***	***	***	***
1062982	1055790	191442	1155152	2975	270
306217	147623	25448	170881	-476	

6-7 续表 6

项　　目	外商资本	营业收入	营业成本	税金及附加	销售费用
中外合作经营	923863	541742	174778	81461	2239
外资企业	5631725	3330412	1135855	238641	153731
外商投资股份有限公司	***	***	***	***	***
三、按隶属关系分					
中央	1202990	19794971	11845198	1092804	1044167
地方	7372216	171185873	99738661	5838180	11757373
四、按控股情况分					
国有控股	1285728	60497190	36474987	2854804	2325219
集体控股		15447820	7964103	536134	1096293
私人控股	55733	77929700	47073203	1959686	6973037
港澳台商控股	64913	28405255	15331479	1199618	2023114
外商控股	7168832	6162380	2926041	345661	290655
其他		2442349	1765193	34375	93222
五、按地区分					
东城区	741909	18408851	9025121	1031585	1426288
西城区	1497805	25505479	14395699	1028845	739660
朝阳区	5536925	76995659	45016229	2806138	5484026
丰台区	153157	13223548	7512949	381376	1205386
石景山区		2843924	1673334	94324	106834
海淀区	243104	28282040	16574361	834270	2239095
门头沟区		299512	157532	7072	12802
房山区		1047373	664406	29496	37485
通州区	43656	2783639	1709281	75587	221196
顺义区	248528	5434647	3854627	176408	266177
昌平区		4112286	2405365	206064	180223
大兴区	104698	1736011	1156407	125261	57042
怀柔区	5424	1236686	876744	19368	143720
平谷区		1424113	901150	21432	34732
密云区		4991157	3846522	19373	400381
延庆区		127954	63847	2606	23267
北京经济技术开发区		2527965	1750285	71779	223226

单位：千元

管理费用	财务费用	#利息收入	#利息支出	资产减值损失	公允价值变动收益
34067	-29694	67327	37112	-159	270
718417	937415	98277	946555	1459	
***	***	***	***	***	***
3098798	2055375	273067	2227526	57184	508911
31063571	11229722	3578476	13885254	259333	351475
9443003	3009321	2661914	5510160	296124	599317
5284489	374783	300620	690138	11486	-1544
13319008	6406712	519481	6318956	-22836	237158
4731021	2342108	172381	2337457	18987	25455
1013481	1090337	187112	1186733	6138	
348258	56896	8542	62992	2503	
3584970	1484025	199855	1527149	22570	44823
4174596	3613880	381584	3929789	46712	512111
12893585	3328097	673687	3594534	139612	-8441
3957825	714344	268736	916395	-3755	7547
818480	-38473	59671	19736	10326	44982
4984773	2191414	2113662	4088703	68916	1561
85264	-5321	5764	347	-4624	
147964	309328	2330	310406	17389	277
404863	431133	22873	417324	22637	
1020766	481306	15423	458236	42507	-445
611682	31556	80328	108364	-56392	259757
311549	174479	13113	184989	2602	
146461	24030	1384	25254	4292	
226496	240747	5104	239778	1800	
390320	70513	5770	67895	-855	-1786
36903	-43	76	9		
365872	234082	2183	223872	2780	

6-7 续表 7

项　　目	投资收益	资产处置收益	其他收益	营业利润	营业外收入
合　计	**15035328**	**12120**	**916269**	**28699798**	**3894670**
一、按行业分（分到小类）					
房地产业	15035328	12120	916269	28699798	3894670
物业管理	707521	15679	176126	5087031	839064
物业管理	707521	15679	176126	5087031	839064
房地产中介服务	3572446	235	597	4456749	1203324
房地产中介服务	3572446	235	597	4456749	1203324
自有房地产经营活动	10622936	-3794	737898	13508314	1822573
自有房地产经营活动	10622936	-3794	737898	13508314	1822573
其他房地产业	132425		1648	647704	29709
其他房地产业	132425		1648	647704	29709
二、按登记注册类型分					
内资	13821005	8510	896502	24073794	3575143
国有	216253	-837	85394	844533	145297
集体	439342	-2848	2986	8224	471123
股份合作	161851		7129	-311905	193594
国有联营	***	***	***	***	***
集体联营	***	***	***	***	***
国有与集体联营	***	***	***	***	***
国有独资公司	1693666	10700	461565	2594396	401407
其他有限责任公司	7372221	526	286782	13266578	913191
股份有限公司	426681	313	31552	1917018	94388
私营合伙	***	***	***	***	***
私营有限责任公司	3395091	755	20514	5587576	1340299
私营股份有限公司	60939	-99		100718	15084
港澳台商投资	1134928	3610	18149	4016942	158916
与港澳台商合资经营	1082693		3848	1202673	42382
与港澳台商合作经营	22934			2072082	13561
港澳台商独资	29301	3610	14301	742719	102249
其他港澳台投资企业	***	***	***	***	***
外商投资	79395		1618	609062	160611
中外合资经营	5577		845	92818	8244

单位：千元

营业外支出	利润总额	应交所得税	应付职工薪酬（本年贷方累计发生额）	#社会保险费和住房公积金	应交增值税
2345374	**30253168**	**6516086**	**52413174**	**8583231**	**6518057**
2345374	30253168	6516086	52413174	8583231	6518057
495772	5433892	1559176	29007110	5397406	2663988
495772	5433892	1559176	29007110	5397406	2663988
37026	5623047	269622	11914003	1044665	938498
37026	5623047	269622	11914003	1044665	938498
1811001	18520391	4561113	11131596	2065161	3067465
1811001	18520391	4561113	11131596	2065161	3067465
1575	675838	126175	360465	75999	-151894
1575	675838	126175	360465	75999	-151894
2169890	25483121	4982379	42489549	6762780	5225265
41930	947900	233555	1262221	271547	-70656
225130	254808	73106	1141450	181058	141991
104074	-216362	48741	925992	99116	178488
***	***	***	***	***	***
***	***	***	***	***	***
***	***	***	***	***	***
383243	2615047	441117	2136906	449339	315793
1017515	13157227	3074498	22223591	4036661	2927887
106316	1905090	539031	1980765	398169	405859
***	***	***	***	***	***
285405	6642470	552185	12438698	1259263	1275026
6272	109530	9967	350175	59759	50142
149298	4026560	1197863	8800554	1620988	1034741
71086	1173969	363134	1755903	322689	302806
20769	2064874	552280	257783	46682	199303
56973	787995	279979	6547919	1217357	516086
***	***	***	***	***	***
26186	743437	335844	1123071	199463	258051
12951	88111	67502	561542	92794	63642

6-7 续表 8

项　　目	投资收益	资产处置收益	其他收益	营业利润	营业外收入
中外合作经营	49			279369	31151
外资企业	73769		773	219436	121049
外商投资股份有限公司	***	***	***	***	***
三、按隶属关系分					
中央	6982695	10089	427352	8530492	321575
地方	8052633	2031	488917	20169306	3573095
四、按控股情况分					
国有控股	9063750	9890	809739	16576428	879782
集体控股	819344	-2856	23361	1012223	812446
私人控股	3729340	1516	54131	6224866	1857832
港澳台商控股	1131624	3627	18342	3937976	159418
外商控股	75868		1095	567030	158499
其他	215402	19	62	357385	26505
五、按地区分					
东城区	213350	-2346	73661	2163780	135001
西城区	7265480	1605	123839	9409122	201271
朝阳区	4722432	15723	95124	12134641	2080673
丰台区	822146	-2513	39888	315877	699494
石景山区	133502	24	7374	364981	106224
海淀区	563694	190	123215	2077871	287296
门头沟区	51666	-99	302	98656	6673
房山区	1517		2713	-154188	30278
通州区	-455598	-11	2338	-534329	37567
顺义区	1578437	-10	431085	1601923	64962
昌平区	28781	-369	13577	1035534	143387
大兴区	87905		1193	-2231	22842
怀柔区	7337			29408	14348
平谷区	10624		726	9106	21378
密云区	2420	-74	157	265620	24937
延庆区	-24		827	2177	5868
北京经济技术开发区	1659		250	-118150	12471

单位：千元

营业外支出	利润总额	应交所得税	应付职工薪酬（本年贷方累计发生额）	#社会保险费和住房公积金	应交增值税
8808	301712	63045	29713	8481	27490
4392	336093	196113	381872	71223	156518
***	***	***	***	***	***
809622	8042445	1043029	4977721	1016846	768976
1535752	22210723	5473057	47435453	7566385	5749081
1008455	16450242	2938308	15209124	3180010	1892128
401348	1429929	512761	4143071	711793	598242
737128	7340549	1507270	22669696	2786506	2707471
148151	3949243	1182851	8543730	1579731	999101
25870	699659	324973	1080155	180129	247421
3792	380098	49761	752775	144100	71273
128602	2170179	942907	4584919	806575	655371
435780	9168510	1401705	6309582	1184724	940588
868829	13347567	2265204	23586625	3618845	2885061
504582	517403	284614	3105990	496873	451023
14765	458927	114979	992730	144420	195876
155015	2210146	889231	6952361	1237394	769841
2509	102820	925	114594	19934	14752
2822	-126732	-832	316495	53840	14369
73825	-570587	21244	476332	88761	96905
93890	1572995	143771	1536820	231488	116135
43434	1135487	321007	845398	155494	173013
2388	18223	33565	421714	85129	58461
1796	41960	13584	644693	79333	46547
3872	25612	9884	257436	40499	46090
11039	279518	58056	1014639	169615	-25144
54	7991	3761	28566	5362	4958
2172	-107851	12481	1224280	164945	74211

第七篇

租赁和商务服务业

7-1 全部租赁和商务服务业法人单位财务状况（企业会计准则）

单位：千元

项　　目	法人单位数（个）	资产总计	负债合计	营业收入	营业利润
合　计	**183431**	**19262965146**	**9234659884**	**1199698450**	**431894676**
一、按行业分（分到小类）					
租赁业	12086	254592726	183644791	51140485	-5752747
机械设备经营租赁	11278	234148515	163858025	48489397	-3553994
汽车租赁	2865	77706809	57194734	19636412	-5231010
农业机械经营租赁	111	1286970	1063645	130032	11599
建筑工程机械与设备经营租赁	6596	64772393	54880651	13338430	-170148
计算机及通讯设备经营租赁	184	2285994	2112438	1098273	-27425
医疗设备经营租赁	76	18275232	13400980	655808	-431835
其他机械与设备经营租赁	1446	69821118	35205577	13630443	2294825
文体设备和用品出租	718	19949409	19352730	2305572	-1876364
休闲娱乐用品设备出租	145	1515920	1030636	763466	143263
体育用品设备出租	31	11874073	13357215	417566	-1912680
文化用品设备出租	330	2136238	1029440	883893	-59386
图书出租	23	13708	8261	8488	-1594
音像制品出租	36	113795	86800	53386	505
其他文体设备和用品出租	153	4295674	3840378	178773	-46472
日用品出租	90	494802	434036	345516	-322389
日用品出租	90	494802	434036	345516	-322389
商务服务业	171345	19008372420	9051015093	1148557965	437647423
组织管理服务	38744	16763416977	7476513068	273348894	424038969
企业总部管理	4314	8385369192	3398452602	180916046	237115829
投资与资产管理	24672	7983066676	3875140389	74675869	189022565
资源与产权交易服务	66	13412008	9801871	185039	-54867
单位后勤管理服务	135	17276824	9014307	2031746	-54058
农村集体经济组织管理	5258	178068880	95623089	6743926	-2740150
其他组织管理服务	4299	186223397	88480810	13796268	749649
综合管理服务	1805	148748553	109000366	29772724	6858319
园区管理服务	80	12961715	10358753	1829222	65485
商业综合体管理服务	222	27055776	19791767	3597213	173097
市场管理服务	904	79054933	56205981	14017659	6434546
供应链管理服务	258	5207082	4176149	3502029	-272817
其他综合管理服务	341	24469048	18467716	6826602	458008

7-1 续表 1

单位：千元

项 目	法人单位数（个）	资产总计	负债合计	营业收入	营业利润
法律服务	2578	21689312	14934525	24605004	5877520
律师及相关法律服务	2399	17377924	12218901	24014892	5776634
公证服务	8	480648	212683	266214	98768
其他法律服务	171	3830739	2502941	323898	2118
咨询与调查	68412	1262037967	878038224	181062370	-4252072
会计、审计及税务服务	6025	40594103	28075210	33091112	1693231
市场调查	1083	15850634	6217547	6621413	745861
社会经济咨询	47027	1068438739	759147412	103318923	-7027425
健康咨询	3983	12059921	6491185	2570364	-959978
环保咨询	352	3364578	1800939	1341904	65094
体育咨询	392	2076521	1773178	1033220	-68781
其他专业咨询与调查	9550	119653471	74532753	33085432	1299925
广告业	20529	258459871	190393367	294212872	3987777
互联网广告服务	2258	75183162	58287868	98313824	1791904
其他广告服务	18271	183276709	132105499	195899048	2195873
人力资源服务	6340	60858512	45353637	120372742	417340
公共就业服务	70	245278	143589	102256	-4030
职业中介服务	1100	11823628	8487957	51510201	325588
劳务派遣服务	4276	32820335	25194741	40121648	-322151
创业指导服务	83	1429243	754682	146505	11413
其他人力资源服务	811	14540028	10772667	28492131	406520
安全保护服务	1080	18831993	6632629	27048520	537750
安全服务	262	11217152	4562509	24716514	409522
安全系统监控服务	587	7071437	1808542	2059258	152607
其他安全保护服务	231	543403	261579	272748	-24379
会议、展览及相关服务	16990	90883304	61756081	48762464	1094857
科技会展服务	656	8256133	4742652	8071703	786565
旅游会展服务	365	2656018	1758198	724276	-78871
体育会展服务	91	407818	408674	70257	-16881
文化会展服务	4824	30175546	20679217	17060016	86693
其他会议、展览及相关服务	11054	49387788	34167340	22836212	317352
其他商务服务业	14867	383445931	268393196	144372375	-913036
旅行社及相关服务	3997	90188064	57079583	105893094	356129

7-1 续表 2

单位：千元

项　　目	法人单位数（个）	资产总计	负债合计	营业收入	营业利润
包装服务	315	1840094	801865	683436	40401
办公服务	3409	8229677	5054989	5198605	28453
翻译服务	1319	2427774	1414046	1585797	18627
信用服务	283	6166844	2912743	2785127	534161
非融资担保服务	327	27217700	8583742	514888	279460
商务代理代办服务	1150	9588030	4841871	3619691	96627
票务代理服务	296	7139008	4691044	3165971	-261564
其他未列明商务服务业	3771	230648742	183013314	20925766	-2005330
二、按登记注册类型分					
内资	180149	17961366436	8565642271	1007576477	387688300
国有	646	1977613951	529240710	45022406	157234581
集体	6375	268825446	160336345	11295008	-2218715
股份合作	795	13912821	9470331	2169777	244341
国有联营	10	360566	28667	4377	26294
集体联营	29	90579	76017	65102	-9109
国有与集体联营	1	***	***	***	***
其他联营	6	22847	3153	3609	-3948
国有独资公司	275	4888201850	1919739869	85613611	160311395
其他有限责任公司	15114	3920951723	2404036660	349057536	22078022
股份有限公司	640	3027593395	1315380076	66630221	54920203
私营独资	3825	6147254	3281772	2973276	653518
私营合伙	8423	544115269	126235393	41345018	9942481
私营有限责任公司	142798	3234226437	2053394453	385431350	-16148586
私营股份有限公司	669	75463757	41739309	14341861	-197249
其他	543	3577309	2430365	3463327	871514
港澳台商投资	1242	503371892	383929783	58234351	5920017
与港澳台商合资经营	152	57733783	25361071	8973182	2326494
与港澳台商合作经营	15	1459152	1061424	1531260	119018
港澳台商独资	1063	440055358	355840585	43659321	3012961
外商投资股份有限公司	8	2614443	658817	150276	121609
其他港澳台投资	4	1509156	1007886	3920312	339935
外商投资	2040	798226818	285087830	133887622	38286359
中外合资经营	358	66000293	27531069	11131853	1672832

7-1 续表 3

单位：千元

项　　目	法人单位数（个）	资产总计	负债合计	营业收入	营业利润
中外合作经营	11	1903078	362428	510145	100267
外资企业	1630	349311371	157864238	120246044	36754956
外商投资股份有限公司	19	379725388	98877038	1778328	-237326
其他外商投资	22	1286688	453057	221253	-4369
三、按隶属关系分					
中央	803	9203589273	3339008200	176429985	381538381
地方	182628	10059375873	5895651684	1023268466	50356296
四、按控股情况分					
国有控股	2160	11935022987	4835122703	289463163	399364722
集体控股	2350	251478371	168333828	19628504	1455417
私人控股	162250	5363271963	3303132132	658209416	-12619897
港澳台商控股	1215	447662787	362203345	52964995	2933673
外商控股	1651	589443527	174355917	130567581	39336169
其他	6328	486758998	293504514	19053791	-1433389
五、按地区分					
东城区	10005	1667576772	837300370	143566239	50301553
西城区	9217	4350181099	1684322966	118128069	212131170
朝阳区	51586	5826926329	2749049890	516878381	111626240
丰台区	13301	691170619	379461557	45643052	14029189
石景山区	5942	289341499	190711840	24820341	-2373266
海淀区	27757	4411982605	2251144980	201858876	40281028
门头沟区	3550	91319435	65375408	5378071	-1181617
房山区	7272	124112153	86541812	9949056	-916673
通州区	8813	207033969	127140164	27719932	-635066
顺义区	5475	444168882	220765870	29348835	4673517
昌平区	7385	308533792	125837162	19218490	3972557
大兴区	7176	222820739	129524580	16623146	293385
怀柔区	9503	142318247	98181609	12539703	-466136
平谷区	6174	107141293	66270046	7204309	-1001620
密云区	5693	197573298	153216828	8849858	-624561
延庆区	1952	37039373	15251122	1825161	413899
北京经济技术开发区	2630	143725044	54563679	10146930	1371075

7-2 租赁和商务服务业法人单位财务状况
（行政事业及民间非营利组织会计制度）

单位：千元

项 目	法人单位数（个）	资产总计	负债合计	收入合计	支出（费用）合计
合 计	**1333**	**169706775**	**95153362**	**31645206**	**40534421**
一、按行业分（分到小类）					
商务服务业	1333	169706775	95153362	31645206	40534421
组织管理服务	451	127398473	75363331	20533333	30691157
企业总部管理	30	19607406	11396098	2912529	4530942
投资与资产管理	50	58200992	55298686	7830374	16859009
资源与产权交易服务	2	***	***	***	***
单位后勤管理服务	249	38732165	6897112	8420218	7859095
农村集体经济组织管理	41	2150726	891860	269526	406809
其他组织管理服务	79	8534131	795718	1066421	1003202
综合管理服务	40	6191381	1839206	858150	748955
园区管理服务	9	3851421	1346871	398223	289445
商业综合体管理服务	1	***	***	***	***
市场管理服务	17	1006300	39039	136885	124759
其他综合管理服务	13	1330981	452931	320639	331557
法律服务	115	5399071	3766974	1543923	1245711
律师及相关法律服务	70	1803305	1434608	381555	297355
公证服务	21	2638219	2045406	667788	593180
其他法律服务	24	957546	286960	494580	355176
咨询与调查	325	16870612	12810880	2629745	2418569
会计、审计及税务服务	30	425140	20147	218445	231141
市场调查	16	103981	3948	105772	99655
社会经济咨询	133	826950	194940	651739	650001
健康咨询	69	42917	27538	51820	49582
环保咨询	7	530603	46315	385373	338444
体育咨询	3	1352	894	1947	1910
其他专业咨询与调查	67	14939670	12517098	1214649	1047836
广告业	4	9810	13909	9677	5948
其他广告服务	4	9810	13909	9677	5948
人力资源服务	225	3080177	695849	3504120	3125152
公共就业服务	88	299011	116075	922550	914776
职业中介服务	48	1714181	228668	1360655	1028125
劳务派遣服务	8	37805	11490	42919	53965
创业指导服务	10	179982	150607	187869	182657
其他人力资源服务	71	849199	189009	990126	945629
安全保护服务	11	17232	608	4001	4419
安全服务	5	16946	333	3033	3031
安全系统监控服务	1	***	***	***	***
其他安全保护服务	5	286	275	968	1388
会议、展览及相关服务	61	6811171	356141	1488221	1320055
科技会展服务	7	1540609	105469	426516	338093
旅游会展服务	2	***	***	***	***

7-2 续表

单位：千元

项　　　目	法人单位数（个）	资产总计	负债合计	收入合计	支出（费用）合计
体育会展服务	1	***	***	***	***
文化会展服务	21	4230375	151747	708527	654093
其他会议、展览及相关服务	30	1030218	98309	332646	307921
其他商务服务业	101	3928849	306465	1074036	974456
旅行社及相关服务	23	28554	3527	15478	25008
办公服务	22	1406284	103997	376237	286407
翻译服务	2	***	***	***	***
信用服务	5	56936	4486	146131	149224
非融资担保服务	3	807696	62345		
商务代理代办服务	4	23343	7867	9958	7347
其他未列明商务服务业	42	1465903	116546	452337	432795
二、按登记注册类型分					
内资	1333	169706775	95153362	31645206	40534421
国有	849	163216493	91402125	29815620	38635969
集体	51	2656694	1171484	337167	495770
股份合作	1	***	***	***	***
其他有限责任公司	3	273	300	113	349
私营独资	29	9254	4629	12978	12044
私营合伙	11	18296	11098	43827	36956
私营有限责任公司	1	***	***	***	***
其他	388	3805337	2563521	1434532	1352445
三、按隶属关系分					
中央	259	131881075	79669124	22365562	31490865
地方	1074	37825700	15484238	9279645	9043556
四、按地区分					
东城区	176	12117060	1951135	3616419	2961586
西城区	237	30823974	6383374	7100639	6602456
朝阳区	169	27598686	15750346	3699098	3315733
丰台区	69	21652384	11216818	3390303	5293759
石景山区	45	322584	152703	140521	122737
海淀区	194	16650594	2444967	5082246	4578870
门头沟区	24	101950	6142	94699	94121
房山区	73	1328982	410015	219587	218261
通州区	40	1363711	1281376	152999	155546
顺义区	57	367696	33360	214977	215362
昌平区	69	997330	322715	229859	265887
大兴区	55	54667802	54367615	7152936	16153088
怀柔区	40	65711	40816	107199	105430
平谷区	23	199578	70423	143260	142982
密云区	33	85889	13210	46422	54073
延庆区	19	1354453	705160	237587	225791
北京经济技术开发区	10	8392	3185	16455	28739

7-3 规模以上租赁和商务服务业

项目	法人单位数（个）	年初存货	流动资产合计	#交易性金融资产	#应收账款
合计	**3721**	**28479725**	**3611377698**	**53085549**	**181174247**
一、按行业分（分到小类）					
租赁业	115	632325	53178298	763140	3989298
机械设备经营租赁	102	553320	52566050	763140	3756032
汽车租赁	49	168264	31531200	763000	2257094
建筑工程机械与设备经营租赁	28	106041	4149899	50	845884
计算机及通讯设备经营租赁	7	21565	555575	90	123305
医疗设备经营租赁	2	***	***	***	***
其他机械与设备经营租赁	16	257277	11857634		526077
文体设备和用品出租	12	78859	589661		228075
休闲娱乐用品设备出租	5	57411	445596		169660
文化用品设备出租	7	21448	144065		58415
日用品出租	1	***	***	***	***
日用品出租	1	***	***	***	***
商务服务业	3606	27847400	3558199400	52322409	177184949
组织管理服务	455	22645012	2991516607	39731393	57885628
企业总部管理	183	5424877	2088241634	23434581	39386504
投资与资产管理	165	16254843	852532480	15221112	14933694
资源与产权交易服务	2	***	***	***	***
单位后勤管理服务	24	14666	5036133	79500	38795
农村集体经济组织管理	16	137757	15861185		1456758
其他组织管理服务	65	812869	29449365	996200	2069557
综合管理服务	207	1991356	69057970	2174042	2316276
园区管理服务	25	1001292	3946024		204261
商业综合体管理服务	19	828388	12247987		184138
市场管理服务	133	76887	33255655	2143597	1199704
供应链管理服务	3	22330	1628571	690	272857
其他综合管理服务	27	62459	17979733	29755	455316
法律服务	139	540	10663939	121100	1640144
律师及相关法律服务	135	540	10317190	121100	1637715
公证服务	2	***	***	***	***
其他法律服务	2	***	***	***	***
咨询与调查	882	1304407	199007948	6728492	33363105
会计、审计及税务服务	134	32825	14093037	506068	3886827
市场调查	35	73175	4714698	37454	2092491
社会经济咨询	511	497453	153078742	5892050	20285164
健康咨询	15	4413	546935	13001	175278
环保咨询	13	51404	869091	3500	113299
体育咨询	6	1694	457920		70383
其他专业咨询与调查	168	643443	25247525	276419	6739663
广告业	782	787675	149274474	1173996	61970364
互联网广告服务	215	217201	57937452	284740	25898133

法人单位财务状况（企业会计准则）

#存货	固定资产原　价	累计折旧	#本年折旧	在建工程	无形资产	资产总计
33360409	**322807807**	**111479289**	**14612471**	**88638723**	**43371568**	**11381863223**
562324	71425187	29760686	5160586	186180	359044	120043545
477629	70057146	29219968	5002028	126352	356751	118476969
112616	22339766	6186643	1965067	77779	169399	52519401
102141	2499035	1240774	160263	13492	3285	7870773
27126	1048804	242793	130097	18848	3347	1440442
***	***	***	***	***	***	***
235679	43406225	21199693	2616540		37173	39335058
84594	1337269	522534	156677	59828	2293	1539861
68801	1152237	424694	120953	59828	2293	1256210
15793	185032	97840	35724			283651
***	***	***	***	***	***	***
***	***	***	***	***	***	***
32798085	251382620	81718603	9451885	88452543	43012524	11261819678
27303951	198088373	59340257	5953649	83922852	33707914	10383275093
9065663	106016266	42815227	3997625	62250232	24811757	7082332436
17049526	81331858	13265678	1591814	18544848	8413532	3222912662
***	***	***	***	***	***	***
10994	1591891	701294	63398	3071	83298	7903037
137753	4236405	890996	121514	1436149	383	21871093
1040015	4898926	1666875	179268	1688552	398944	47791033
1972651	25007827	8134893	1180901	3729488	2893448	127223456
1026177	3580066	785431	160464	1211783	247422	10465504
838928	7212483	1135959	301836	809195	1008857	25450674
74030	12020592	5214196	629587	1552890	839080	66844311
18227	151132	64305	24232		485594	2316665
15289	2043554	935002	64782	155620	312495	22146302
842	962833	561986	83722	9046	16421	11377486
842	870398	505968	77619	9046	15069	10989503
***	***	***	***	***	***	***
***	***	***	***	***	***	***
1440974	9165107	4528157	990458	112176	2503300	299646473
45115	1165252	738902	132371	14078	130020	16018344
56152	641984	550396	43675	5142	20403	8260270
531163	4520098	2204027	595442	55881	1593518	235301532
9142	32819	20343	4080		31559	749092
46684	171908	52273	12825	8382	6397	1111952
7722	12828	5770	2696	71	208	480138
744996	2620218	956446	199369	28622	721195	37725145
964147	5474353	3339290	525421	87799	1897916	179606632
226445	1506162	809227	166194	18022	753014	63991595

7-3 续表 1

项　　目	法人单位数（个）	年初存货	流动资产合　计	#交易性金融资产	#应收账款
其他广告服务	567	570474	91337022	889256	36072231
人力资源服务	216	81749	21790504	171886	2923673
公共就业服务	1	***	***	***	***
职业中介服务	38	13871	6568803	25000	531289
劳务派遣服务	135	44058	5022029	97315	1931665
创业指导服务	2	***	***	***	***
其他人力资源服务	40	23820	10078965	49571	458774
安全保护服务	106	177654	10455371	36587	2901952
安全服务	95	53894	9015186	28016	2331727
安全系统监控服务	8	123718	1348659	8571	561369
其他安全保护服务	3	42	91526		8856
会议、展览及相关服务	321	373259	14760049	238034	3696121
科技会展服务	82	65547	4552059	77905	1273405
旅游会展服务	7	5093	151725	6500	-17817
体育会展服务	2	***	***	***	***
文化会展服务	169	276021	7594475	77488	1693447
其他会议、展览及相关服务	61	25855	2335003	76141	747079
其他商务服务业	498	485748	91672538	1946879	10487686
旅行社及相关服务	290	65323	27820315	1245816	5566315
包装服务	3	11156	91615		55588
办公服务	13	128879	575460	5151	95416
翻译服务	13	233	503093	2000	64741
信用服务	20	789	2533272	288158	665520
非融资担保服务	4	7791	4060644	305586	25038
商务代理代办服务	21	35929	1737016	8290	257647
票务代理服务	16	52304	3012646	12994	974557
其他未列明商务服务业	118	183344	51338477	78884	2782864
二、按登记注册类型分					
内资	3205	25137748	3290874493	45090021	131048818
国有	106	2681001	442632106	2865565	3049354
集体	54	138945	46017974	2230000	2405899
股份合作	12	8899	651240		266502
集体联营	1	***	***	***	***
国有与集体联营	1	***	***	***	***
国有独资公司	152	11288417	947209412	7044917	17866221
其他有限责任公司	1187	6991083	872730844	20127264	51806238
股份有限公司	146	2731337	763070961	9796166	15041620
私营独资	4	2478	233543	1500	28962
私营合伙	147	544	49487852	242986	3294540
私营有限责任公司	1316	1025154	141259082	2767023	35093707
私营股份有限公司	59	257145	26123935	14600	2005301
其他	20	1958	1361205		173045

#存货	固定资产原价	累计折旧	#本年折旧	在建工程	无形资产	资产总计
737702	3968191	2530063	359227	69777	1144902	115615037
73520	1053312	594993	74230	14718	208645	25199362
***	***	***	***	***	***	***
2830	328420	184015	23189	10434	99140	7802989
40871	408361	250527	24377	1772	21574	5988896
***	***	***	***	***	***	***
29819	314131	159233	26370	2512	87929	11050815
188634	1928418	1323557	111239	21717	233944	12818298
44143	1828042	1262036	105366	16691	220900	10105697
144491	99130	60668	5681	5026	12913	2619988
	1246	853	192		131	92613
352423	5886334	1697175	221304	133988	774287	22452305
139902	818453	427265	32691	11798	24803	5405550
9038	120394	59498	12736	2319		291628
***	***	***	***	***	***	***
137233	4775253	1120177	160336	113124	744302	13669689
65592	153823	75772	15340	6747	5182	2950169
500943	3816063	2198295	310961	420759	776649	200220573
73008	1912139	963213	114523	6290	401141	37759059
7901	12004	5870	658		114	113036
124401	127340	90142	13106		7820	645019
321	51629	26239	3352		5639	793345
2090	111926	78264	15849		117791	3689504
8469	60136	31407	5606		4202	6893163
31294	59037	39512	6939	289694	35907	3730158
44706	176521	97642	28760	124092	109384	5830289
208753	1305331	866006	122168	683	94651	140767000
29591275	304827463	103570889	13130208	87856029	39598866	10709167698
2649065	49246171	12824220	1564901	57490042	1290066	1802097333
138908	11665886	3090932	441725	2838060	200416	68589998
13683	521622	211020	28407	20	483	1313962
***	***	***	***	***	***	***
***	***	***	***	***	***	***
11610919	146668792	52243595	4904440	14305424	25261852	4294746663
7764040	65859871	21471165	4144885	7088034	5094688	1827112617
6248786	16157757	8061348	910572	6007690	5460813	2441928678
2477	1678	663	210			234001
825	1347958	813556	142758	21930	24991	55968531
981718	12598099	4558347	955901	91649	2204529	185019370
169272	455744	141159	23333	1422	53979	30196075
1803	257360	131990	11136		1894	1684740

7-3 续表 2

项　　目	法人单位数（个）	年初存货	流动资产合　计	#交易性金融资产	#应收账款
港澳台商投资	219	257990	100837945	3013987	15970853
与港澳台商合资经营	36	11248	13214354	103340	3970460
与港澳台商合作经营	7		994103		608157
港澳台商独资	170	246742	84414000	2910647	10566497
港澳台商投资股份有限公司	4		792844		17643
其他港澳台投资	2	***	***	***	***
外商投资	297	3083987	219665260	4981541	34154576
中外合资经营	50	63412	19197927	1614356	1458538
中外合作经营	1	***	***	***	***
外资企业	235	3013794	151076618	3354185	32150218
外商投资股份有限公司	8	9026	48665880	13000	394666
其他外商投资	3	-2245	267972		65481
三、按隶属关系分					
中央	311	2608399	1946758936	20858842	28894303
地方	3410	25871326	1664618762	32226707	152279944
四、按控股情况分					
国有控股	648	21305549	2657948582	32666632	41265296
集体控股	110	301284	84622152	2399372	4318973
私人控股	2289	2868233	549107235	10044195	83591944
港澳台商控股	209	249615	92913702	2976647	14634492
外商控股	293	3740257	170790974	4207435	34349513
其他	28	4687	34281612	23468	751309
五、按地区分					
东城区	402	1574893	347946274	4940337	25262632
西城区	332	4962177	699371746	8766751	25635006
朝阳区	1649	10734242	1178883675	10473178	66161879
丰台区	150	197349	167058742	236200	4173654
石景山区	84	81118	27925982	18759	4129257
海淀区	645	1808661	1023576615	27638197	32661943
门头沟区	13	10215	7572318		230666
房山区	36	27472	3545346	126505	752492
通州区	51	214514	4125158	4890	1686550
顺义区	115	1247740	63461431	326412	4224695
昌平区	80	246347	28866779	434039	11209342
大兴区	36	4828794	18065307	14360	1039122
怀柔区	37	9963	3710616	49990	1347661
平谷区	31	13695	6894777	50	162226
密云区	30	2483987	10505338	31100	1609508
延庆区	5	8913	666830	10000	15223
北京经济技术开发区	25	29645	19200764	14781	872391

#存货	固定资产原价	累计折旧	#本年折旧	在建工程	无形资产	资产总计
276401	3607130	1822899	341498	108357	1115924	183227541
17537	681606	463686	52511	94731	56126	53130447
	253757	144930	25774	4803	6424	1116994
258864	2499313	1108842	244324	7505	1050200	125326455
	24283	15773	2707	124	2948	2146953
***	***	***	***	***	***	***
3492733	14373214	6085501	1140765	674337	2656778	489467984
71225	1603003	870100	67657	5162	187002	24917983
***	***	***	***	***	***	***
3409319	10306155	4204780	965886	426885	2456800	278932537
8141	2099222	687968	81360	237148	11643	184797773
	14706	11208	1712		504	306939
6361202	146972541	63725710	6311679	61540515	23514496	7872950858
26999207	175835266	47753579	8300792	27098208	19857072	3508912365
25972149	241780226	82354666	8689355	81537060	35347409	9707265640
312929	19187901	5570990	967471	3506366	412820	136759827
2638894	41796685	14976108	3359656	2054794	3627408	1003128751
262285	3145028	1503178	310041	13172	1081016	137273240
4162963	12258373	5155545	1087843	440580	2625443	303249870
4679	504025	232908	33343	3210	26919	62672184
2171388	27560611	9684096	1703622	2843897	1578519	1181283492
9470622	66837143	30730898	3635714	7433080	3329493	2972569353
9353974	84789623	26675304	4346326	14189141	29152542	3522854952
257343	7383158	3410990	379759	2537428	906371	240557486
77566	2427227	952902	123815	2890276	1089887	98145332
2033569	99030871	28534879	2564821	4452300	4242981	2912429309
8580	1036562	331388	17061	34778	231980	12724705
23254	621268	161772	27902	24714	178428	4724166
82196	1934778	668108	134660	169648	164173	6699803
1345555	11528871	5629398	681671	52399379	261333	197978409
110633	6506505	1913753	374647	965303	605179	105951482
5867970	6714924	1623357	381819	141683	834743	27673286
53945	2876173	389934	107871	2728	584409	7736967
5070	1285015	187841	42339	476385	4817	14028917
2472632	727902	280581	30888		7861	16288922
10506	201584	71374	7043	68815	16686	1272894
15606	1345592	232714	52513	9168	182166	58943748

7-3 续表 3

项　　目	流动负债合　计	#应付账款	非流动负债合计	#应付债券	负债合计
合　计	**2924763780**	**199955385**	**2038574391**	**968288530**	**4963340147**
一、按行业分（分到小类）					
租赁业	40937826	3615423	31342782	4386453	72280608
机械设备经营租赁	40346809	3402777	30884512	4386453	71231321
汽车租赁	20213277	2505650	16777716	500422	36990993
建筑工程机械与设备经营租赁	4247765	416956	801405		5049170
计算机及通讯设备经营租赁	848909	176830	241542		1090451
医疗设备经营租赁	***	***	***	***	***
其他机械与设备经营租赁	7910809	301722	7376974	3886031	15287783
文体设备和用品出租	579903	211589	458270		1038173
休闲娱乐用品设备出租	439393	152623	405486		844879
文化用品设备出租	140510	58966	52784		193294
日用品出租	***	***	***	***	***
日用品出租	***	***	***	***	***
商务服务业	2883825954	196339962	2007231609	963902077	4891059539
组织管理服务	2343538651	110167055	1901954457	927346533	4245493156
企业总部管理	1623539278	34916161	1283237617	658187677	2906776895
投资与资产管理	688931936	72157719	612884014	269158856	1301815998
资源与产权交易服务	***	***	***	***	***
单位后勤管理服务	2443875	179135	3078		2446953
农村集体经济组织管理	14493963	985411	1891341		16385304
其他组织管理服务	13690830	1926430	3938407		17629237
综合管理服务	71883023	3794252	22520576	1393753	94403599
园区管理服务	4820452	225063	3913009		8733461
商业综合体管理服务	13058928	662119	5959846		19018774
市场管理服务	37302672	2109071	9864128	1393753	47166800
供应链管理服务	1346319	638371	996646		2342965
其他综合管理服务	15354652	159628	1786947		17141599
法律服务	7529242	396239	231494		7760736
律师及相关法律服务	7387347	394451	226101		7613448
公证服务	***	***	***	***	***
其他法律服务	***	***	***	***	***
咨询与调查	189776721	17376361	35604446	16149353	225383095
会计、审计及税务服务	10045085	810734	1077599	93960	11122684
市场调查	2516838	1056106	391142		2907980
社会经济咨询	155678871	7404389	33462347	16055393	189143146
健康咨询	361377	40308	2335		363712
环保咨询	321189	41614	29113		350302
体育咨询	312930	27767			312930
其他专业咨询与调查	20540431	7995443	641910		21182341
广告业	124407146	51473588	4816475	2284300	129223621
互联网广告服务	48315854	15436570	830644		49146498

所有者权益合计	#实收资本	国家资本	集体资本	法人资本	个人资本	港澳台资本
6418523076	**3114644355**	**2302260812**	**18341273**	**585331865**	**68095830**	**23543852**
47762937	33098111	21817033	1535690	6823062	809221	302705
47245648	32716652	21817033	1535690	6648419	724194	302705
15528408	6678791	731194	1535690	2429847	277556	177619
2821603	2221653	1002000		947475	272178	
349991	202643	5100		26017	9800	
***	***	***	***	***	***	***
24047275	21113565	20078739		745080	164660	125086
501688	259670			174643	85027	
411331	187500			166293	21207	
90357	72170			8350	63820	
***	***	***	***	***	***	***
***	***	***	***	***	***	***
6370760139	3081546244	2280443779	16805583	578508803	67286609	23241147
6137781937	2941757187	2269285381	15281944	507239116	47116297	12357026
4175555541	2084599193	1630033919	12354328	310211719	44579468	3560359
1921096664	843575181	633117104	168666	195066608	2365459	8635289
***	***	***	***	***	***	***
5456084	4045605	3460468		504012	71193	9932
5485789	653474	15471	636298	288	1417	
30161796	8874534	2658419	2122652	1456489	89560	151446
32819857	14009346	3392795	930070	4360586	594021	1362465
1732043	1676189	1114703	33280	416619	11587	100000
6431900	6352236	2036712	2000	417237	60	1215589
19677511	3145006	241380	878769	1583055	416802	
-26300	33675			8500		
5004703	2802240		16021	1935175	165572	46876
3616750	817459	50	20000	18495	778914	
3376055	808009		20000	17995	770014	
***	***	***	***	***	***	***
***	***	***	***	***	***	***
74263378	58248687	2452393	409100	25365527	4051228	6259033
4895660	1998517	50500		311375	1134572	63714
5352290	2265097			226973	48212	74937
46158386	44345000	722981	407100	21826306	2314738	4817434
385380	463434			204752	8307	23701
761650	388042	33469		239651	106307	4570
167208	120001	7505		43000	63352	
16542804	8668596	1637938	2000	2513470	375740	1274677
50383011	20839170	1034430	17288	9346073	7536393	2258738
14845097	5703306	165021	1353	2181290	2326130	935090

7-3 续表 4

项目	流动负债合计	#应付账款	非流动负债合计	#应付债券	负债合计
其他广告服务	76091292	36037018	3985831	2284300	80077123
人力资源服务	18978238	1263182	188370		19166608
公共就业服务	***	***	***	***	***
职业中介服务	5710275	223768	85484		5795759
劳务派遣服务	4040812	783583	95271		4136083
创业指导服务	***	***	***	***	***
其他人力资源服务	8927258	253984	7615		8934873
安全保护服务	4365823	228120	81147		4446970
安全服务	4031361	102448	77825		4109186
安全系统监控服务	322051	124872	3322		325373
其他安全保护服务	12411	800			12411
会议、展览及相关服务	12235995	3201659	1865776		14101771
科技会展服务	2987319	1049296	8292		2995611
旅游会展服务	145017	19797	59224		204241
体育会展服务	***	***	***	***	***
文化会展服务	6821512	1554441	1780387		8601899
其他会议、展览及相关服务	2110741	578125	17870		2128611
其他商务服务业	111111115	8439506	39968868	16728138	151079983
旅行社及相关服务	26122187	4683560	992130	556370	27114317
包装服务	-23179	48508			-23179
办公服务	387415	63438	11500		398915
翻译服务	281650	70569	30653		312303
信用服务	1837321	54166	278		1837599
非融资担保服务	3062017	8	178612		3240629
商务代理代办服务	1454390	156096	50033		1504423
票务代理服务	2855934	1378746	169211	150000	3025145
其他未列明商务服务业	75133380	1984415	38536451	16021768	113669831
二、按登记注册类型分					
内资	2682082711	169805523	1941839919	939344187	4623924606
国有	216954620	1181490	251839029	108658253	468793697
集体	35409623	4039840	7488137	1000000	42897760
股份合作	623032	121276	1172		624204
集体联营	***	***	***	***	***
国有与集体联营	***	***	***	***	***
国有独资公司	752172434	19292417	872398890	457046010	1624571324
其他有限责任公司	754911408	104788337	431917541	175373048	1186830877
股份有限公司	738007040	19325267	344855241	191435626	1082862281
私营独资	40945	-23	150		41095
私营合伙	43639122	577380	1116006		44755128
私营有限责任公司	135064252	18937307	13036529	5220920	148100781
私营股份有限公司	4448902	1528268	18919130	610330	23368032
其他	753970	6012	68094		822064

所有者权益合计	#实收资本					
		国家资本	集体资本	法人资本	个人资本	港澳台资本
35537914	15135864	869409	15935	7164783	5210263	1323648
6032754	2993786	965790	14160	1503064	399280	102754
***	***	***	***	***	***	***
2007230	573752	2000	2000	318495	142860	102754
1852813	1364139	240840	12160	903799	207340	
***	***	***	***	***	***	***
2115942	1043110	722950		269645	47420	
8371328	4388820	301000	8100	1042561	3014747	
5996511	3503722	301000	8100	780465	2414157	
2294615	847098			262096	567590	
80202	38000				33000	
8350534	4232107	1020273	6400	2041902	813635	208341
2409939	674458	90500		389292	175371	16554
87387	58775	945	2600	20045	200	
***	***	***	***	***	***	***
5067790	3104219	926576	2000	1400644	497823	191787
821558	393655	2252	1800	231921	139241	
49140590	34259682	1991667	118521	27591479	2982094	692790
10644742	6747308	1748887	37821	3075371	1617178	118167
136215	42000	10000	14700	17300		
246104	75395	200		23350	48800	
481042	224430	191180		16590	12000	1698
1851905	1316974			584952	695283	
3652534	2520000	10000		2510000		
2225735	931019			818503	81914	
2805144	309552			211923	93979	
27097169	22093004	31400	66000	20333490	432940	572925
6085243092	2999909275	2300713631	17470062	566209881	67110116	133719
1333303636	455854551	398718468		57136083		
25692238	1778908	15741	1757432	3368	2367	
689758	133025		2000	14689	116336	
***	***	***	***	***	***	***
***	***	***	***	***	***	***
2670175339	1640206382	1539450280		100756102		
640281740	463230910	189141720	13434579	250742603	8872144	20000
1359066397	388007740	173378762	2247498	121112446	43903313	113719
192906	178865			176439	2426	
11213403	8550467		20000	7204650	1325817	
36918589	39005053	200	553	28149118	10855182	
6828043	2767547			840159	1927388	
862676	115983	8460		4380	103143	

7-3 续表 5

项目	流动负债合计	#应付账款	非流动负债合计	#应付债券	负债合计
港澳台商投资	106067444	9035202	11962580		118030024
与港澳台商合资经营	20135181	2840832	2906609		23041790
与港澳台商合作经营	908895	553789	409		909304
港澳台商独资	83451196	5324875	8965869		92417065
港澳台商投资股份有限公司	567542		87370		654912
其他港澳台投资	***	***	***	***	***
外商投资	136613625	21114660	84771892	28944343	221385517
中外合资经营	2951830	1054941	2954455	456875	5906285
中外合作经营	***	***	***	***	***
外资企业	86789342	19777182	30894318	2502805	117683660
外商投资股份有限公司	46545819	253601	50923119	25984663	97468938
其他外商投资	221452	2337			221452
三、按隶属关系分					
中央	1555097246	85205691	1295293279	702110403	2850390525
地方	1369666534	114749694	743281112	266178127	2112949622
四、按控股情况分					
国有控股	2091708984	104636531	1744114311	892503848	3835823343
集体控股	68505429	4816604	19932788	5094535	88438217
私人控股	535905799	59875484	226783224	67730467	762690951
港澳台商控股	90333957	8510573	9128176		99462133
外商控股	92085138	21310596	32720147	2959680	124805285
其他	33706614	484028	3819721		37526335
五、按地区分					
东城区	345371113	16436576	191625260	113969384	536996373
西城区	541410515	35441757	526596707	323464838	1068007222
朝阳区	921907912	45710993	479738026	129049289	1401645938
丰台区	128443650	57000078	48561382	14154674	177005032
石景山区	34354868	1815080	22257387	3098151	56612255
海淀区	817817913	30903766	685021834	357794585	1502841675
门头沟区	6123878	183950	4698256	1280000	10822134
房山区	1986510	504440	629249		2615759
通州区	3513924	857285	1201039		4714963
顺义区	58481782	2563561	33860832	8577866	92342614
昌平区	31318738	6144536	18360153	6043805	49678891
大兴区	14366694	310528	5130482		19497176
怀柔区	4377340	890883	1691116		6068456
平谷区	1744090	184835	6326325	4240000	8070415
密云区	5289011	613981	1616446		6905505
延庆区	1125832	48210	51923		1177755
北京经济技术开发区	7130010	344926	11207974	6615938	18337984

所有者权益合计	#实收资本	国家资本	集体资本	法人资本	个人资本	港澳台资本
65197517	31471731	1271257		6757693	146192	23269589
30088657	13560334	862547		6749316	70440	5854031
207690	74379			8377		66002
32909390	16479655	408710			2952	16067993
1492041	1249955					1249955
***	***	***	***	***	***	***
268082467	83263349	275924	871211	12364291	839522	140544
19011698	4916931	275924	871211	910517	158362	140544
***	***	***	***	***	***	***
161248877	61794547					
87328835	16414879			11423774	681160	
85487	86992					
5022560333	2356557647	1935268109	11622600	329958439	26004370	3636800
1395962743	758086708	366992703	6718673	255373426	42091460	19907052
5871442297	2811403681	2296801537	126831	418750146	39138986	4744279
48321610	18776371	546009	16875129	1305748	25784	23701
240437800	176987850	705770	553	148266771	27926451	67681
37811107	19391050	408710		334109	11477	18612754
178444585	65953825	2550	871211	600626	213396	90340
25145849	17107116			16033549	59975	5097
644287119	398955018	262404295	530354	127171073	2217944	1925331
1904562131	760175818	608004402	12808690	121154020	4226003	969068
2121209014	998509404	728950088	967117	134081566	34195166	9709542
63552454	38656162	9729113	449056	27966673	462299	
41533077	24588574	6073300	2000	15619715	518828	76030
1409587634	757742824	618960566	3259699	105341150	21536035	7066421
1902571	2223128			2178738	44390	
2108407	1587014	977000		511989	91305	6720
1984840	750429	60000	2450	307171	353114	27694
105635795	44833867	25673960	84690	16549100	2155429	114216
56272591	33565689	2270359	226157	25078173	613138	3510000
8176110	5524299	1911979	1000	558719	371963	
1668511	1541043			1373197	167846	
5958502	1141941	800000		210076	131865	
9383417	6398925	290040	10060	6026417	60000	7408
95139	108118	103689		2000	2429	
40605764	38342102	36052021		1202088	948076	131422

7-3 续表 6

项　　目	外商资本	营业收入	营业成本	税金及附加	销售费用
合　计	**117070723**	**866829525**	**666034869**	**6327331**	**57454618**
一、按行业分（分到小类）					
租赁业	1810400	22224654	19905625	162181	919286
机械设备经营租赁	1688611	21278556	19329799	160008	857425
汽车租赁	1526885	13470003	14242094	61997	602268
建筑工程机械与设备经营租赁		1601521	1130276	7958	117889
计算机及通讯设备经营租赁	161726	689507	430569	1081	38966
医疗设备经营租赁	***	***	***	***	***
其他机械与设备经营租赁		5130913	3369185	82490	85331
文体设备和用品出租		924514	559984	2120	58832
休闲娱乐用品设备出租		603766	327928	1503	35919
文化用品设备出租		320748	232056	617	22913
日用品出租	***	***	***	***	***
日用品出租	***	***	***	***	***
商务服务业	115260323	844604871	646129244	6165150	56535332
组织管理服务	90477423	210952723	149874912	2821551	9193833
企业总部管理	83859400	170726615	127118908	1559785	6688634
投资与资产管理	4222055	28713873	17713662	625758	1290961
资源与产权交易服务	***	***	***	***	***
单位后勤管理服务		1611191	1079719	26341	101084
农村集体经济组织管理		994137	671453	27651	3
其他组织管理服务	2395968	8829881	3232244	581823	1109849
综合管理服务	3369409	26784416	13949823	614390	4129198
园区管理服务		1583823	812981	123662	57131
商业综合体管理服务	2680638	3291242	1602737	127689	545748
市场管理服务	25000	12517424	5600412	299933	1689822
供应链管理服务	25175	2938795	1391772	9172	1270038
其他综合管理服务	638596	6453132	4541921	53934	566459
法律服务		17636493	8026294	104148	2269664
律师及相关法律服务		17394745	7908314	102746	2256957
公证服务	***	***	***	***	***
其他法律服务	***	***	***	***	***
咨询与调查	19711406	113774650	54674630	517664	21242070
会计、审计及税务服务	438356	26700422	18015333	133889	1081196
市场调查	1914975	5092430	2690165	18731	555205
社会经济咨询	14256441	57985408	18670648	261706	16496779
健康咨询	226674	604541	283740	2933	141315
环保咨询	4045	493059	306592	3099	15604
体育咨询	6144	604397	230881	2797	264617
其他专业咨询与调查	2864771	22294393	14477271	94509	2687354
广告业	646248	241103525	212097737	1575039	9855441
互联网广告服务	94422	83064266	70276246	523958	3907554

管理费用	财务费用			资产减值损失	公允价值变动收益	投资收益
		#利息收入	#利息支出			
131791494	97398309	41648653	132927336	5666967	-957442	500606193
2059679	2149321	260031	1915352	145223	302297	39371
1921563	2127613	259235	1896821	143000	302297	39371
1139152	984294	99771	672402	86624		25677
216601	27233	7471	8868	21468		-5802
117447	51060	2194	36710	5726		3913
***	***	***	***	***	***	***
175883	388597	30026	418642	29182	6377	14724
135606	21209	789	18274	2955		
78183	15912	681	16094	2955		
57423	5297	108	2180			
***	***	***	***	***	***	***
***	***	***	***	***	***	***
129731815	95248988	41388622	131011984	5521744	-1259739	500566822
62094030	84627151	38574326	118453234	3250921	-1110063	483664270
44520539	57925524	27791601	83081656	1421266	-1341754	285478200
14316252	26938362	10408007	35237189	1818465	231691	197442250
***	***	***	***	***	***	***
451379	-33421	40176	6626	8417		45805
448504	-72543	74799	3172			110493
2347955	-130527	259499	124591	2773		581145
5520610	828882	800411	1510773	97276	-16	5489102
373430	131806	10817	132501	54512		-12023
755696	241545	340181	466970	1264		208263
2784672	469418	261545	748100	49784	-16	4891468
315877	44181	267	40478			712
1290935	-58068	187601	122724	-8284		400682
2158098	-71133	73111	1960			14900
2123865	-72855	71180	1959			14900
***	***	***	***	***	***	***
***	***	***	***	***	***	***
33423681	3381900	908047	3899658	954829	-22042	3743519
5538504	-39490	64983	5762	13742	-15	62184
1351641	-14229	19926	4137	23384	161	407474
22667097	3465717	720552	3855979	853183	-24060	2990497
178929	1454	342	1355	-241		-3632
123355	6493	1633	10535	-746	1872	-7617
83309	-4177	4463	210	562		50
3480846	-33868	96148	21680	64945		294563
13037576	349160	422260	752023	1005825	-64198	2288342
6344393	141975	61180	201524	288525	1595	164019

7-3 续表 7

项　　　目	外商资本	营业收入	营业成本	税金及附加	销售费用
其他广告服务	551826	158039259	141821491	1051081	5947887
人力资源服务	8738	94426897	89323259	149513	1481810
公共就业服务	***	***	***	***	***
职业中介服务	5643	48940780	46605708	48383	690121
劳务派遣服务		19973186	18415436	61578	517328
创业指导服务	***	***	***	***	***
其他人力资源服务	3095	25402279	24270513	34234	260608
安全保护服务	22412	24254461	21026671	42759	1103042
安全服务		23460103	20535024	36606	1018654
安全系统监控服务	17412	681855	413567	5719	84318
其他安全保护服务	5000	112503	78080	434	70
会议、展览及相关服务	141556	21455256	15356555	98304	1965913
科技会展服务	2741	7062683	5063595	28349	573605
旅游会展服务	34985	349183	193673	621	50131
体育会展服务	***	***	***	***	***
文化会展服务	85389	9746873	6915502	52027	923080
其他会议、展览及相关服务	18441	4283785	3183201	17288	410260
其他商务服务业	883131	94216450	81799363	241782	5294361
旅行社及相关服务	149884	74550587	69769259	69137	2908508
包装服务		220300	180586	687	912
办公服务	3045	1257717	992444	4644	80330
翻译服务	2962	456246	186208	2379	16510
信用服务	36739	2108593	538620	12457	581075
非融资担保服务		230656	44326	1518	29211
商务代理代办服务	30602	1292466	889191	6967	183395
票务代理服务	3650	2719965	2002859	9458	222461
其他未列明商务服务业	656249	11379920	7195870	134535	1271959
二、按登记注册类型分					
内资	48271866	689553586	545001348	5483825	41454387
国有		40729143	30196120	534663	555565
集体		4101020	1622319	532925	267920
股份合作		1146757	818864	4432	166736
集体联营	***	***	***	***	***
国有与集体联营	***	***	***	***	***
国有独资公司		82964816	69848505	1017776	1212744
其他有限责任公司	1019864	292533479	239847807	2195087	16328144
股份有限公司	47252002	62056185	49298921	392225	3193393
私营独资		146862	87871	1096	1030
私营合伙		31459900	18508022	172677	2211902
私营有限责任公司		160089389	123641896	531038	16414729
私营股份有限公司		11766912	10106854	29895	820384
其他		2353659	842340	18199	278262

管理费用	财务费用			资产减值损失	公允价值变动收益	投资收益
		#利息收入	#利息支出			
6693183	207185	361080	550499	717300	-65793	2124323
3031442	-11809	116925	118040	33419	-33	427114
***	***	***	***	***	***	***
1305691	-38153	61306	41741	29792		120218
1014340	-1874	16695	10863	1449		33448
***	***	***	***	***	***	***
668007	29577	37569	65428	2178	-33	273390
1623227	-21735	30818	6862	3842		103972
1478356	-20042	25002	3790	308		356
120640	-1940	5738	3066	3534		103251
24231	247	78	6			365
2894188	25429	103830	121006	20480	-2622	159532
687481	-24363	31141	3774	-4382		39157
90091	1660	361	1149			407
***	***	***	***	***	***	***
1477477	50066	67346	106325	21222	-2622	93573
627196	-1978	4980	9758	3640		26395
5948963	6141143	358894	6148428	155152	-60765	4676071
2275713	173010	159784	230172	129050	5580	906789
10395	-2362	2375		85		
88424	1837	3252	3179	124		-6315
220108	3152	1339	360	39		1135
632847	23908	14652	37207	2292	-8	168011
73021	-10549	10629		7524	-42914	278068
164961	9540	7857	12574	2035		125064
654100	14881	18745	21006	6976		-9123
1829394	5927726	140261	5843930	7027	-23423	3212442
96609431	94548442	37927132	126841949	3489510	-957756	460061818
9159592	3478829	5437291	7045564	148227	64639	157142656
1269167	269381	244486	504271		4245	329212
139467	-4684	4880	36	16630		51391
***	***	***	***	***	***	***
***	***	***	***	***	***	***
22317258	39805125	14322682	52132869	3445992	332082	195842556
28427977	32831563	7533700	41389912	-1566033	-1446085	43053635
10260229	16074831	9675452	23260871	1196729	100953	62464691
15441	-1040	357	2			41
4588216	602398	201067	805224	3341		64073
19024810	1384825	471495	1597284	234468	-13590	834486
962105	112711	27345	103245	9608		276679
409562	-8040	8262	34			2398

7-3 续表 8

项目	外商资本	营业收入	营业成本	税金及附加	销售费用
港澳台商投资	27000	52033246	34142058	306245	5873544
与港澳台商合资经营	24000	8560904	6286162	86927	511002
与港澳台商合作经营		1529701	910972	10715	96490
港澳台商独资		37876325	24313235	191613	5265292
港澳台商投资股份有限公司		149905	54492	536	760
其他港澳台投资	***	***	***	***	***
外商投资	68771857	125242693	86891463	537261	10126687
中外合资经营	2560373	9841989	5964407	59755	985078
中外合作经营	***	***	***	***	***
外资企业	61794547	113768530	79882244	443501	9036440
外商投资股份有限公司	4309945	930510	605071	31067	51095
其他外商投资	86992	198174	154516	900	4520
三、按隶属关系分					
中央	50067329	159283564	125232851	1634594	4098913
地方	67003394	707545961	540802018	4692737	53355705
四、按控股情况分					
国有控股	51841902	262949269	212308998	2527595	7601660
集体控股		16143731	9712508	650716	790842
私人控股	20624	395851046	315707864	2090896	30806458
港澳台商控股	24000	46978468	30911040	257861	5794189
外商控股	64175702	123243957	86782193	507013	9910118
其他	1008495	4608981	2908433	68875	416322
五、按地区分					
东城区	4706021	124712467	97728079	860449	5608746
西城区	13013635	91271982	69450850	685478	3357184
朝阳区	90605925	395547135	302237560	2042299	33435746
丰台区	49021	25881042	17209423	136044	2235014
石景山区	2298701	17193636	12989432	79164	2027051
海淀区	1578953	154775984	124545997	1985917	6907246
门头沟区		1029455	892493	18485	59920
房山区		2937315	2173905	22742	227397
通州区		5317420	4235333	13386	558769
顺义区	256472	20989110	15397849	181085	1236627
昌平区	1867862	10197402	7392535	97427	345936
大兴区	2680638	4151902	3103867	100084	282052
怀柔区		4262327	3706100	19312	270785
平谷区		1167497	679975	20179	105772
密云区	5000	3535861	2677517	21916	262030
延庆区		107503	79870	1206	11520
北京经济技术开发区	8495	3751487	1534084	42158	522823

管理费用	财务费用	#利息收入	#利息支出	资产减值损失	公允价值变动收益	投资收益
11004200	222798	764016	887385	411789	290	5600570
1942088	-49029	145989	99141	114222		2778002
388294	-2850	4799	2073	1816		
7590548	257703	607055	784964	286364	290	2690580
119465	3223	3579	825	52		131988
***	***	***	***	***	***	***
24177863	2627069	2957505	5198002	1765668	24	34943805
1930411	102050	61353	128397	10473	-8	409322
***	***	***	***	***	***	***
21024634	-473706	2847605	2136334	68683	32	31611479
1119669	3000894	44672	2933271	1677789		2916004
29516	1116	342		323		7000
39885237	52430030	28718764	78467099	7368496	-1755033	422523007
91906257	44968279	12929889	54460237	-1701529	797591	78083186
51015434	76931324	35180062	107287781	4272385	-892537	447180591
3210791	994614	496316	1457022	81625	4245	1107627
41742435	19219314	2223668	20533203	908043	-69472	17403308
9333894	257529	641932	835660	317864	290	2818024
22616794	-330830	2884341	2275503	84304	32	31672973
1275791	442237	104527	536372	2746		153749
16640477	14953655	2587797	17733868	1423432	-44877	65783524
17026972	26209209	7475722	30743077	2597584	932824	208441681
62811065	18634767	10818120	26919436	2736169	285573	138098292
3098073	1709919	3503503	5323432	308803		9639226
1679408	578361	71698	597924	122464		2268598
20149463	32650503	15684731	47330774	1915885	-2384880	70828426
374488	138405	9983	132043	2156	-3357	195242
373866	3503	8101	10832	2424		7897
465983	15847	11517	21729	3613	6377	98921
2451124	819380	654875	1357473	-14651	-42914	3014364
3602637	1129570	594441	1869738	-3589379	296437	1884557
445217	138308	138498	192693	34329		-26670
248394	119403	5532	88945	19931		3177
230795	141159	-10473	149190	648		6630
557601	105725	6139	107949	14758		107173
56518	-1685	2402	704			2332
1579413	52280	86067	347529	88801	-2625	252823

7-3 续表 9

项　　目	资产处置收益	其他收益	营业利润	营业外收　入
合　计	**1553401**	**7344605**	**410702689**	**4797284**
一、按行业分（分到小类）				
租赁业	80976	100847	-2593171	106234
机械设备经营租赁	80976	100749	-2737460	103460
汽车租赁	80767	1664	-3538318	81846
建筑工程机械与设备经营租赁	4	1180	75478	2418
计算机及通讯设备经营租赁		11	48582	9679
医疗设备经营租赁	***	***	***	***
其他机械与设备经营租赁	205	97894	1119444	8684
文体设备和用品出租		98	143906	2767
休闲娱乐用品设备出租		98	141464	999
文化用品设备出租			2442	1768
日用品出租	***	***	***	***
日用品出租	***	***	***	***
商务服务业	1472425	7243758	413295860	4691050
组织管理服务	1459243	6803261	389907034	2794764
企业总部管理	939833	1817244	218385482	1718903
投资与资产管理	519321	4935652	169139327	623383
资源与产权交易服务	***	***	***	***
单位后勤管理服务	33	10707	34217	165482
农村集体经济组织管理			29562	24278
其他组织管理服务	56	39658	2306621	262491
综合管理服务	1407	29898	7164628	414845
园区管理服务	-6	8241	26513	82437
商业综合体管理服务		4754	229580	178051
市场管理服务	1390	10350	6526575	130477
供应链管理服务			-91533	13481
其他综合管理服务	23	6553	473493	10399
法律服务		1548	5165870	45952
律师及相关法律服务		793	5091411	45549
公证服务	***	***	***	***
其他法律服务	***	***	***	***
咨询与调查	3737	130334	3435424	530008
会计、审计及税务服务	-176	16315	2035556	85946
市场调查	1	588	875757	17060
社会经济咨询	3156	84697	-1375432	333011
健康咨询			-7221	94
环保咨询		105	33022	1697
体育咨询		10	26468	274
其他专业咨询与调查	756	28619	1847274	91926
广告业	1778	142872	5551541	339395
互联网广告服务	388	67357	1814974	76383

营业外支出	利润总额	应　交 所得税	应付职工薪酬 （本年贷方累计 发生额）	#社会保险费 和住房公积金	应　交 增值税
11532626	**403964301**	**15715078**	**159075701**	**24879582**	**14950244**
78845	-2565781	423662	3838499	307431	730572
73112	-2707111	387019	3723147	288302	655172
62044	-3518516	52382	2990004	177684	60163
3219	74677	31820	247763	24645	40168
2151	56110	1035	58700	8693	-5329
***	***	***	***	***	***
4645	1123484	296758	321187	66121	530697
5733	140940	36643	108762	17661	74973
5055	137408	35799	82167	14834	70346
678	3532	844	26595	2827	4627
***	***	***	***	***	***
***	***	***	***	***	***
11453781	406530082	15291416	155237202	24572151	14219672
10149662	382552136	8542769	36270018	6296344	4363558
9278933	210825452	5252240	25089984	4185670	3249947
780750	168981960	2704570	7923212	1473137	713610
***	***	***	***	***	***
13652	186047	50530	848128	191190	61055
45268	8572	7875	67253	16406	47158
30951	2538161	526231	2333990	429037	290687
118612	7460861	897729	5053490	908828	702352
8281	100669	32452	198525	36970	86968
14735	392896	151570	662055	128356	83347
86620	6570432	611180	1499032	281187	364474
2548	-80600	42357	835701	218575	4913
6428	477464	60170	1858177	243740	162650
22792	5189029	1467859	3826740	767061	811317
22429	5114530	1460028	3734234	749415	801349
***	***	***	***	***	***
***	***	***	***	***	***
275250	3685559	1782481	41363906	7004793	3715455
36406	2085096	314147	9900023	1531324	1074044
8869	883948	118329	1733614	298466	156960
197748	-1244792	917102	23018472	3909961	1846787
568	-7695	5999	131510	20783	19291
1817	32902	5051	221468	45565	20989
368	26374	5607	226242	34392	24823
29474	1909726	416246	6132577	1164302	572561
168439	5722527	1542459	12974841	2346525	2084670
45134	1846223	492847	5363365	960908	813522

7-3 续表 10

项　　目	资产处置收益	其他收益	营业利润	营业外收　入
其他广告服务	1390	75515	3736567	263012
人力资源服务	427	40757	887528	99350
公共就业服务	***	***	***	***
职业中介服务	361	28646	448463	31170
劳务派遣服务	86	5162	3625	55902
创业指导服务	***	***	***	***
其他人力资源服务	-20	6779	417278	12230
安全保护服务	-19	14506	595114	91606
安全服务		1385	412938	16174
安全系统监控服务	-19	13121	172370	75432
其他安全保护服务			9806	
会议、展览及相关服务	362	40450	1292109	62829
科技会展服务	-14	15143	792684	16801
旅游会展服务			13414	73
体育会展服务	***	***	***	***
文化会展服务	376	24174	423000	36898
其他会议、展览及相关服务		1133	71706	9057
其他商务服务业	5490	40132	-703388	312301
旅行社及相关服务	6256	15458	159991	228194
包装服务	79	1509	31585	21
办公服务	-42	39	83596	1715
翻译服务		773	29758	595
信用服务		2523	487920	1913
非融资担保服务		3316	324075	12100
商务代理代办服务	-1	4411	165851	8332
票务代理服务	31	3490	-196372	20678
其他未列明商务服务业	-833	8613	-1789792	38753
二、按登记注册类型分				
内资	1532701	7311137	370914538	4278658
国有	931324	432627	155227391	469730
集体		116235	589000	324364
股份合作		6	56709	3033
集体联营	***	***	***	***
国有与集体联营	***	***	***	***
国有独资公司	190309	5794398	147476760	1601937
其他有限责任公司	399736	744888	17221108	1030839
股份有限公司	18235	131481	44355215	368176
私营独资		2456	44961	20
私营合伙	-4	14268	5451681	67893
私营有限责任公司	-4373	65312	-310542	349533
私营股份有限公司	-2522	8602	8114	52499
其他	-4	88	815818	10628

营业外支出	利润总额	应　交 所得税	应付职工薪酬 （本年贷方累计发生额）	#社会保险费 和住房公积金	应　交 增值税
123305	3876304	1049612	7611476	1385617	1271148
30052	956826	165336	28188950	4254763	1019105
***	***	***	***	***	***
10311	469322	66496	14681525	1116046	272575
12878	46649	31271	8354447	1860579	476708
***	***	***	***	***	***
6806	422702	64230	5113786	1271526	264575
16267	670256	133180	16794982	878294	254636
14151	414764	110302	16595967	843132	217097
2116	245686	20428	152447	32749	34419
	9806	2450	46568	2413	3120
29579	1325360	435727	2666582	479727	396207
2824	806661	204353	739369	130229	132425
93	13394	2701	61132	13293	1472
***	***	***	***	***	***
21369	438530	183350	1303755	250070	177310
5293	75470	45323	558249	85053	84817
643128	-1032472	323876	8097693	1635816	872372
24589	363596	178302	3202533	720699	353732
91	31515	6635	24738	3331	4253
616	84695	20514	163952	27551	35459
432	29921	4027	219759	45217	23151
2242	487591	67057	1124065	195458	99880
241	335934	72064	83743	17473	11886
1646	172537	25911	353510	66771	34103
10797	-186491	3380	449135	76347	15449
602474	-2351770	-54014	2476258	482969	294459
11206552	363983790	13460496	121682071	18715602	11892104
596601	155100520	1645007	9307747	1507201	1175285
53686	859578	241140	712107	175698	159599
3075	56567	4872	140591	24055	14299
***	***	***	***	***	***
***	***	***	***	***	***
2840155	146238543	4150550	15595664	2335770	1838480
1138949	17112999	4110111	51049747	7737650	4105605
6225418	38497973	684012	3744543	1392372	446099
12	44969	6463	17759	3642	7726
36812	5482761	1475448	8925942	1510175	1409703
287358	-252995	939623	30465796	3740878	2503478
10644	51742	42289	1261484	190654	114651
2830	823616	158912	383492	89244	115960

7-3 续表 11

项　　目	资产处置收益	其他收益	营业利润	营业外收　入
港澳台商投资	23639	11879	5708990	134746
与港澳台商合资经营	16767	5816	2470117	14997
与港澳台商合作经营			124264	2297
港澳台商独资	7044	2908	2672392	78782
港澳台商投资股份有限公司		11	103376	129
其他港澳台投资	***	***	***	***
外商投资	-2939	21589	34079161	383880
中外合资经营		2800	1201929	15519
中外合作经营	***	***	***	***
外资企业	-2993	17336	35412588	362768
外商投资股份有限公司	54	1453	-2637564	2989
其他外商投资			14283	2599
三、按隶属关系分				
中央	1013087	1584401	351998904	1333245
地方	540314	5760204	58703785	3464039
四、按控股情况分				
国有控股	1548208	6985456	363113588	2612437
集体控股	6828	127099	1948434	426468
私人控股	-6086	194146	2897930	1041598
港澳台商控股	7336	4170	2935911	94497
外商控股	-2939	18172	35362603	391998
其他	5	4334	-347335	5546
五、按地区分				
东城区	57083	61204	53354562	356867
西城区	37348	602394	181958952	668664
朝阳区	220646	4869686	117123726	1882633
丰台区	1765	102376	10927133	72289
石景山区	302640	41788	2330782	124965
海淀区	14247	1212187	36290951	1029071
门头沟区	-13	344891	80271	76871
房山区	888	4562	146825	16905
通州区	-44	80971	210714	18295
顺义区	924469	9670	4823285	92669
昌平区		3758	3403428	48783
大兴区	-5029	3493	19839	242418
怀柔区		5413	-113008	13072
平谷区		176	-4225	18510
密云区		877	4362	115660
延庆区		211	-37383	5625
北京经济技术开发区	-599	948	182475	13987

营业外支出	利润总额	应　交 所得税	应付职工薪酬 （本年贷方累计 发生额）	#社会保险费 和住房公积金	应　交 增值税
72626	5770918	803592	11851755	2044729	893959
13652	2471462	402911	2071455	387338	165506
895	125666	18587	372998	64843	19324
57627	2693355	364384	7333145	1216501	566588
266	103239	16147	66381	10545	3105
***	***	***	***	***	***
253448	34209593	1450990	25541875	4119251	2164181
14526	1202922	259480	2104668	441839	220456
***	***	***	***	***	***
228416	35546940	2028518	22276357	3403919	1844280
10500	-2645075	-852801	834102	199742	68175
	16882	963	98751	13248	13288
9531131	343801019	7582087	24394419	5165837	3367907
2001495	60163282	8132991	134681282	19713745	11582337
9921133	355804893	9758756	54569777	8626155	4694495
86396	2288506	438287	3355967	594865	462358
1130046	2806628	1542097	62871762	9317758	6181301
68398	2961818	506757	9389428	1611810	716541
242296	35512305	2097814	23911330	3729981	1985434
11387	-353176	25029	1132764	200013	127984
1549442	52161796	1579382	17110861	3008815	1599937
669756	181957860	4068330	16467242	3133581	2624174
1492496	117509235	6326370	78574665	11882631	5959026
5980308	5019114	471083	7760391	1077673	421935
63918	2391829	104069	3347764	495035	367812
1334284	35985738	2089682	19999965	2932746	3003448
105148	51994	8103	562462	97356	19735
1957	161773	36288	657438	133966	66638
6466	222543	56592	1049280	140719	75830
208236	4707718	463269	5806274	1121785	360203
56872	3397082	314175	4288589	397849	127027
24183	238074	73611	895512	61697	93432
4489	-104395	14229	670344	67339	30615
9931	4354	20170	421298	53231	31912
4050	115972	55820	718983	149261	49313
7547	-39305	117	54704	11227	4580
13543	182919	33788	689929	114671	114627

第八篇

科学研究和技术服务业

8-1 全部科学研究和技术服务业法人单位财务状况（企业会计准则）

单位：千元

项目	法人单位数（个）	资产总计	负债合计	营业收入	营业利润
合计	**152538**	**3773022401**	**1971425872**	**873101937**	**29161530**
一、按行业分（分到小类）					
研究和试验发展	6475	422663885	186280668	58311497	1456530
自然科学研究和试验发展	205	15739620	4238943	3391235	-1281346
自然科学研究和试验发展	205	15739620	4238943	3391235	-1281346
工程和技术研究和试验发展	2838	306333356	131395939	42235213	2366321
工程和技术研究和试验发展	2838	306333356	131395939	42235213	2366321
农业科学研究和试验发展	330	29003082	12965555	480551	-151943
农业科学研究和试验发展	330	29003082	12965555	480551	-151943
医学研究和试验发展	2945	71374635	37330714	12069603	752155
医学研究和试验发展	2945	71374635	37330714	12069603	752155
社会人文科学研究	157	213193	349517	134894	-228656
社会人文科学研究	157	213193	349517	134894	-228656
专业技术服务业	45880	1792600493	864332332	527483681	41799527
气象服务	46	1398882	474461	436163	82654
气象服务	46	1398882	474461	436163	82654
地震服务	21	237249	94643	86379	-6246
地震服务	21	237249	94643	86379	-6246
海洋服务	25	134242	49921	78326	-5983
海洋气象服务	1	***	***	***	***
海洋环境服务	4	25580	17665	50075	309
其他海洋服务	20	108563	32149	26867	-6269
测绘地理信息服务	305	5637923	1679216	2473703	71457
遥感测绘服务	113	1135593	695289	869675	53417
其他测绘地理信息服务	192	4502330	983927	1604028	18040
质检技术服务	2142	48941664	26205117	24299569	187061
检验检疫服务	91	2905973	552428	923838	281767
检测服务	1083	27668347	15264932	14990738	-1162419
计量服务	42	216019	143933	324405	4158
标准化服务	46	512286	180177	320938	36070
认证认可服务	290	6748242	2235903	4733194	871397
其他质检技术服务	590	10890798	7827745	3006455	156087

8-1 续表 1

单位：千元

项　　目	法人单位数（个）	资产总计	负债合计	营业收入	营业利润
环境与生态监测检测服务	299	12063227	3249907	3078935	505982
环境保护监测	277	11965664	3224727	3049453	507878
生态资源监测	22	97563	25179	29482	-1896
地质勘查	281	311996012	17684258	7814072	6593470
能源矿产地质勘查	84	301874627	13955189	6026115	6472111
固体矿产地质勘查	24	3618000	1569406	190714	13736
基础地质勘查	28	1389789	535888	149660	-21252
地质勘查技术服务	145	5113596	1623775	1447583	128874
工程技术与设计服务	17395	1215835999	705311562	414475811	35930143
工程管理服务	5585	794506553	476295015	216539722	22400972
工程监理服务	481	56863711	31557032	20429146	250902
工程勘察活动	1827	82571466	49375190	42746569	1676814
工程设计活动	8013	267487461	140225874	127251030	11637535
规划设计管理	1451	13456982	7320304	7182647	-17880
土地规划服务	38	949826	538148	326697	-18200
工业与专业设计及其他专业技术服务	25366	196355294	109583248	74740724	-1559011
工业设计服务	837	14988997	8847604	8211661	137708
专业设计服务	13192	46643026	28455891	24459264	-548707
兽医服务	632	2687836	1953877	699611	-191612
其他未列明专业技术服务业	10705	132035436	70325877	41370187	-956399
科技推广和应用服务业	100183	1557758023	920812871	287306759	-14094526
技术推广服务	83448	1407882328	834084804	227248112	-13658318
农林牧渔技术推广服务	1557	19490105	11284418	2583675	-198149
生物技术推广服务	2103	48603960	25175127	7786579	-792863
新材料技术推广服务	706	17833625	7215728	3226321	-201666
节能技术推广服务	1133	201484857	125731646	12580586	2115044
新能源技术推广服务	1176	225274087	107837111	9917059	3721798
环保技术推广服务	1305	38574232	22624874	10070427	736875
三维（3D）打印技术推广服务	119	427331	237052	192354	-12667
其他技术推广服务	75349	856194132	533978848	180891111	-19026692
知识产权服务	2888	20798324	13787490	16696815	1249486
知识产权服务	2888	20798324	13787490	16696815	1249486

8-1 续表 2 单位：千元

项　　目	法人单位数（个）	资产总计	负债合计	营业收入	营业利润
科技中介服务	1099	12462774	8629566	4214860	-4505
科技中介服务	1099	12462774	8629566	4214860	-4505
创业空间服务	540	14254564	9083008	3086105	15170
创业空间服务	540	14254564	9083008	3086105	15170
其他科技推广服务业	12208	102360034	55228003	36060867	-1696359
其他科技推广服务业	12208	102360034	55228003	36060867	-1696359
二、按登记注册类型分					
内资	150018	3494690523	1811233273	810422734	27693850
国有	382	95040571	47170807	22957224	2084455
集体	716	9126159	7122152	1429677	15694
股份合作	857	3708698	2178849	1713724	21860
国有联营	7	441736	145686	178756	-6844
集体联营	27	142088	99207	42878	3520
国有与集体联营	1	***	***	***	***
其他联营	5	79274	67576	35247	151
国有独资公司	185	570970387	152910476	61109670	15521186
其他有限责任公司	15268	1150837683	624560114	337804652	8157655
股份有限公司	746	753609302	410175471	116140210	17729756
私营独资	2483	2376788	1268747	883172	190464
私营合伙	2090	10813018	1925426	1883403	538946
私营有限责任公司	126354	827204818	525770699	245256036	-18006023
私营股份有限公司	772	68801053	37337711	20619310	1481815
其他	125	1538256	499377	367926	-38492
港澳台商投资	936	153107480	96231855	27553564	-961079
与港澳台商合资经营	158	21152037	8741200	6213794	191071
与港澳台商合作经营	13	5438037	5288269	290525	-210957
港澳台商独资	754	125929237	82022269	20880921	-940729
港澳台商投资股份有限公司	6	490395	158993	168307	18642
其他港澳台投资	5	97773	21124	16	-19107
外商投资	1584	125224399	63960744	35125639	2428760
中外合资经营	521	52300110	24729025	11491793	549261
中外合作经营	10	270708	90329	68989	-8819

8-1 续表 3

单位：千元

项　　目	法人单位数（个）	资产总计	负债合计	营业收入	营业利润
外资企业	1022	70627457	38352058	22123985	1726761
外商投资股份有限公司	15	1297152	485295	844005	130978
其他外商投资	16	728972	304038	596867	30579
三、按隶属关系分					
中央	828	1511199229	734178369	335457190	40606913
地方	151710	2261823172	1237247503	537644747	-11445383
四、按控股情况分					
国有控股	1649	2033988745	917209724	407717103	54473881
集体控股	1813	40230604	35394576	8528191	-3176231
私人控股	139704	1304144409	775419324	376151631	-19586215
港澳台商控股	919	141487220	89868572	26443833	-94152
外商控股	1138	85546068	45607520	29909666	2818129
其他	7100	152321919	104394314	20325436	-5548586
五、按地区分					
东城区	5279	126160642	73403973	37282119	1053322
西城区	4542	1026747227	403285181	106860806	22292215
朝阳区	38857	841262262	491233750	198186228	-8025898
丰台区	9922	145533068	78814411	54963198	2590293
石景山区	3615	62615118	43726150	25949871	153843
海淀区	45950	994181229	554827721	321648854	12374176
门头沟区	2901	16997297	16892431	3717306	-239296
房山区	4700	14087249	8797909	6345540	137576
通州区	7663	23325569	15525691	9599910	-514694
顺义区	2339	43581090	24807297	15117335	-911902
昌平区	8558	186897676	97113094	31667406	-559079
大兴区	3701	52403939	36500414	14142238	289100
怀柔区	5032	22556931	15407537	4840629	-464021
平谷区	3176	23525439	11771189	4148231	-40177
密云区	2849	8545552	5627865	3213310	-382765
延庆区	486	1774636	1057831	696579	21603
北京经济技术开发区	2968	182827476	92633428	34722377	1387234

8-2 科学研究和技术服务业法人单位财务状况
（行政事业及民间非营利组织会计制度）

单位：千元

项目	法人单位数（个）	资产总计	负债合计	收入合计	支出（费用）合计
合计	**1649**	**613186232**	**259873094**	**298677873**	**408754816**
一、按行业分（分到小类）					
研究和试验发展	630	468821989	211429446	245094783	353512235
自然科学研究和试验发展	80	73202632	20443299	33800041	33975300
自然科学研究和试验发展	80	73202632	20443299	33800041	33975300
工程和技术研究和试验发展	178	361479184	180631820	189332872	299371876
工程和技术研究和试验发展	178	361479184	180631820	189332872	299371876
农业科学研究和试验发展	45	9760923	2907791	4524811	4531879
农业科学研究和试验发展	45	9760923	2907791	4524811	4531879
医学研究和试验发展	100	9467055	3077688	9373306	8677353
医学研究和试验发展	100	9467055	3077688	9373306	8677353
社会人文科学研究	227	14912195	4368848	8063752	6955827
社会人文科学研究	227	14912195	4368848	8063752	6955827
专业技术服务业	632	108821218	40350102	29797481	28754250
气象服务	53	17018991	90600	2638451	2971806
气象服务	53	17018991	90600	2638451	2971806
地震服务	24	2645235	93871	885290	784724
地震服务	24	2645235	93871	885290	784724
海洋服务	6	2777113	17605	1177144	885027
海洋气象服务	1	***	***	***	***
其他海洋服务	5	2159801	11948	890386	715045
测绘地理信息服务	20	3760401	325025	1863455	1750971
遥感测绘服务	7	1078813	29912	664758	665448
其他测绘地理信息服务	13	2681588	295113	1198697	1085523
质检技术服务	248	20726682	1667189	8913136	8711091
检验检疫服务	114	6590924	331431	2998732	2907757

8-2 续表 1

单位：千元

项　　目	法人单位数（个）	资产总计	负债合计	收入合计	支出（费用）合计
检测服务	88	10309631	622355	3858523	3532667
计量服务	12	932840	352446	547636	1002310
标准化服务	5	46172	3165	45640	47016
认证认可服务	16	1097973	111097	437469	360766
其他质检技术服务	13	1749142	246695	1025136	860575
环境与生态监测检测服务	37	3028907	94306	2089292	2183312
环境保护监测	32	2936400	90099	2052662	2144551
生态资源监测	5	92507	4208	36630	38761
地质勘查	32	8021505	758155	3666027	3586751
能源矿产地质勘查	3	39646	2336	26446	23657
固体矿产地质勘查	10	653510	160654	472516	430594
水、二氧化碳等矿产地质勘查	1	***	***	***	***
基础地质勘查	7	2304771	158359	1235513	1350014
地质勘查技术服务	11	4964269	435821	1928724	1775129
工程技术与设计服务	135	46644282	36640061	6492849	5927671
工程管理服务	56	31638135	30636231	1706179	1627473
工程监理服务	9	140862	8893	101247	123869
工程勘察活动	9	2670401	317270	1064770	876850
工程设计活动	11	3529489	2259941	751209	690234
规划设计管理	41	8642642	3416237	2837746	2579403
土地规划服务	9	22754	1489	31699	29842
工业与专业设计及其他专业技术服务	77	4198102	663291	2071836	1952896
工业设计服务	4	87856	21279	315571	315145
专业设计服务	7	359863	6590	131370	105619
兽医服务	24	75217	18738	88896	86696

8-2 续表 2

单位：千元

项目	法人单位数（个）	资产总计	负债合计	收入合计	支出（费用）合计
其他未列明专业技术服务业	42	3675167	616684	1535999	1445436
科技推广和应用服务业	387	35543025	8093546	23785610	26488331
技术推广服务	259	10928875	1733494	5963636	6216914
农林牧渔技术推广服务	141	2823898	482416	3981356	3847693
生物技术推广服务	3	1468	2119	820	1285
新材料技术推广服务	5	149710	22154	117072	112017
节能技术推广服务	11	346820	53062	208925	187148
新能源技术推广服务	10	44128	6893	27466	25858
环保技术推广服务	8	17959	3911	7712	14333
其他技术推广服务	81	7544892	1162939	1620285	2028580
知识产权服务	33	13420862	3582194	7607366	9535428
知识产权服务	33	13420862	3582194	7607366	9535428
科技中介服务	29	4131310	339132	6621801	4944890
科技中介服务	29	4131310	339132	6621801	4944890
创业空间服务	12	719430	191139	239177	221876
创业空间服务	12	719430	191139	239177	221876
其他科技推广服务业	54	6342548	2247588	3353630	5569224
其他科技推广服务业	54	6342548	2247588	3353630	5569224
二、按登记注册类型分					
内资	1648	613185241	259871890	298677868	408747569
国有	1241	600222894	256394958	291159280	399898904
集体	44	5166394	1777035	2555313	4557120
其他有限责任公司	3	1789	630	2097	2131
私营独资	20	30492	25873	15207	17017
私营合伙	2	***	***	***	***

8-2 续表 3

单位：千元

项目	法人单位数（个）	资产总计	负债合计	收入合计	支出（费用）合计
私营有限责任公司	2	***	***	***	***
其他	336	7757779	1670157	4930799	4257371
外商投资	1	***	***	***	***
外资企业	1	***	***	***	***
三、按隶属关系分					
中央	603	581933061	253447188	276597522	388262664
地方	1046	31253171	6425906	22080351	20492153
四、按地区分					
东城区	158	24693192	7980491	11457961	11511944
西城区	219	69783747	38031768	37704753	35674516
朝阳区	253	72640393	19460290	35288065	41913904
丰台区	96	137307655	80963387	58143017	102582975
石景山区	44	14601274	7063330	5471094	10177541
海淀区	357	260539666	89422353	141168164	196474417
门头沟区	37	9012058	7148938	1306047	1693631
房山区	73	14823705	6648547	3274971	3375220
通州区	61	1782459	367841	808605	1050438
顺义区	61	1574556	324245	690125	665767
昌平区	93	3843228	1715956	1338923	1355096
大兴区	65	683584	61850	523709	507567
怀柔区	28	110492	8946	95048	85615
平谷区	17	43498	6266	45205	46636
密云区	39	358466	60090	493134	398454
延庆区	30	319812	128975	321111	306489
北京经济技术开发区	18	1068446	479821	547938	934605

8-3 规模以上科学研究和技术

项目	法人单位数（个）	年初存货	流动资产合计	#交易性金融资产	#应收账款
合计	2651	72126907	1018475032	7137778	199493991
一、按行业分（分到小类）					
研究和试验发展	239	6279978	81387783	1168412	13439414
自然科学研究和试验发展	11	118836	7447082	57000	511922
自然科学研究和试验发展	11	118836	7447082	57000	511922
工程和技术研究和试验发展	150	5763249	65426485	745672	9952145
工程和技术研究和试验发展	150	5763249	65426485	745672	9952145
农业科学研究和试验发展	3	32592	308966	70000	97812
农业科学研究和试验发展	3	32592	308966	70000	97812
医学研究和试验发展	75	365301	8205250	295740	2877535
医学研究和试验发展	75	365301	8205250	295740	2877535
专业技术服务业	1436	49716845	664605902	3692733	136721085
气象服务	6	156628	920727		60320
气象服务	6	156628	920727		60320
地震服务	1	***	***	***	***
地震服务	1	***	***	***	***
测绘地理信息服务	23	100140	2033434		548713
遥感测绘服务	5	14951	392089		231780
其他测绘地理信息服务	18	85189	1641345		316933
质检技术服务	194	262704	22911720	432012	2459116
检验检疫服务	8	21877	1645915		150794
检测服务	114	218560	15268451	80340	1753924
计量服务	3	3605	71674		17617
标准化服务	4	30	274437		78789
认证认可服务	50	8403	3911271	125286	340828
其他质检技术服务	15	10229	1739972	226386	117164
环境与生态监测检测服务	19	442944	4569741		671401
环境保护监测	19	442944	4569741		671401
地质勘查	21	564401	4453632	36100	1207885
能源矿产地质勘查	8	484663	3424442	27100	812108
固体矿产地质勘查	2	***	***	***	***
基础地质勘查	1	***	***	***	***
地质勘查技术服务	10	78880	916241	9000	347024
工程技术与设计服务	925	45193125	589656332	2415790	117462703
工程管理服务	351	24936506	377259523	901156	62353959
工程监理服务	156	2013638	33915567	183097	5745403
工程勘察活动	65	3734696	46394327	25107	8496951
工程设计活动	326	14361100	129139348	1283930	39934906

服务业法人单位财务状况（企业会计准则）

单位：千元

#存货	固定资产原价	累计折旧	#本年折旧	在建工程	无形资产	资产总计
75556361	**155270876**	**67309343**	**10089150**	**10007404**	**19947045**	**1704883981**
7031410	32828481	14059033	2192753	3370694	3753263	150819442
134127	4873090	2686464	285542	287628	211696	14545359
134127	4873090	2686464	285542	287628	211696	14545359
6344783	24488554	10023899	1556942	3039850	3240268	122198680
6344783	24488554	10023899	1556942	3039850	3240268	122198680
30543	284470	122750	20216	4551	52952	532663
30543	284470	122750	20216	4551	52952	532663
521957	3182367	1225920	330053	38665	248347	13542740
521957	3182367	1225920	330053	38665	248347	13542740
49968543	82371568	38228490	5128706	3667654	11093046	1073944085
159387	339849	288143	10046		14873	1196950
159387	339849	288143	10046		14873	1196950
***	***	***	***	***	***	***
***	***	***	***	***	***	***
114760	717060	274532	50395	6407	32090	3975055
12632	81682	46329	7713		4080	462768
102128	635378	228203	42682	6407	28010	3512287
333067	9102453	4417823	582029	277907	601046	35493752
15149	357235	182843	28154	2724	106627	2581264
296823	6308202	3372759	420672	137791	140160	19817450
4186	48380	33073	2891		2655	90424
46	44814	33728	2208	18020	15	304261
6573	1079540	404036	59911	9169	17868	5845228
10290	1264282	391384	68193	110203	333721	6855125
526355	488687	172622	37663	22437	196217	8347087
526355	488687	172622	37663	22437	196217	8347087
236229	5399331	3804918	386744	29934	51985	9365236
153413	4911313	3489177	348380	27121	2984	8023863
***	***	***	***	***	***	***
***	***	***	***	***	***	***
82606	473705	303513	37413		48909	1223434
44666309	44637724	17468605	2617404	3006651	8513950	943895655
26986071	20117622	7170392	1219357	2010249	2030062	639462461
1385499	5452346	2266708	279359	81198	128267	54221244
4013184	4548466	1947027	197798	479956	1041331	65649918
12068257	13633176	5885495	893858	434149	5290649	180636939

8-3 续表 1

项目	法人单位数（个）	年初存货	流动资产合计	#交易性金融资产	#应收账款
规划设计管理	25	147185	2733549	22500	881669
土地规划服务	2	***	***	***	***
工业与专业设计及其他专业技术服务	247	2996903	39976048	808831	14244430
工业设计服务	35	651692	6502289	489963	1359506
专业设计服务	95	941099	9937850	83041	2545297
其他未列明专业技术服务业	117	1404112	23535909	235827	10339627
科技推广和应用服务业	976	16130084	272481347	2276633	49333492
技术推广服务	640	13760142	234088306	1711707	40437500
农林牧渔技术推广服务	15	305087	974164		301577
生物技术推广服务	42	500385	8531572	72100	1989086
新材料技术推广服务	29	310409	2311327	32689	682312
节能技术推广服务	70	1737153	69389377	46186	5065355
新能源技术推广服务	47	473942	19353276	721	1776381
环保技术推广服务	47	2082021	15250189	120800	4518487
三维（3D）打印技术推广服务	3	7673	201778	14000	93796
其他技术推广服务	387	8343472	118076623	1425211	26010506
知识产权服务	128	171608	9370970	331539	1272383
知识产权服务	128	171608	9370970	331539	1272383
科技中介服务	22	243023	4329823	5317	590262
科技中介服务	22	243023	4329823	5317	590262
创业空间服务	27	592	3352322	27510	132426
创业空间服务	27	592	3352322	27510	132426
其他科技推广服务业	159	1954719	21339926	200560	6900921
其他科技推广服务业	159	1954719	21339926	200560	6900921
二、按登记注册类型分					
内资	2393	69599341	952700964	5094381	183260024
国有	95	3918757	40401480	303925	4070842
集体	13	22115	483725	6640	104753
股份合作	21	9763	614882		137792
国有联营	1	***	***	***	***
国有独资公司	121	5888967	106368991	17929	23328882
其他有限责任公司	1090	29940032	431021007	3573154	84342184
股份有限公司	147	13284163	290269649	130744	46005785
私营合伙	12		398799		161307
私营有限责任公司	823	5101947	51789245	997788	15681426
私营股份有限公司	69	11433597	30373424	64201	9419896
其他	1	***	***	***	***
港澳台商投资	82	759001	32604333	145591	7358872

单位：千元

#存货	固定资产原价	累计折旧	#本年折旧	在建工程	无形资产	资产总计
207304	824170	178978	24833	1049	22300	3651891
***	***	***	***	***	***	***
3932436	21680769	11797373	1444245	324318	1682885	71583578
669902	606686	314795	67769	5419	314616	8924723
1276151	2020652	776394	139841	60021	166049	14145570
1986383	19053431	10706184	1236635	258878	1202220	48513285
18556408	40070827	15021820	2767691	2969056	5100736	480120454
15805419	31948368	11688687	2147701	2496261	3919365	426849206
293633	348822	141424	27297	6218	32394	1514730
580140	1428830	635258	146372	292258	402878	18149178
384265	1260176	379786	79457	10336	66938	3863080
2856697	6931095	3216229	660229	1125984	205093	109779872
432596	5357104	1167977	281646	141631	66589	57975901
2455303	873036	343854	68273	149621	928950	21766034
18863	8690	4950	595		624	209128
8783922	15740615	5799209	883832	770213	2215899	213591283
185039	2251675	779524	140682	5614	377641	12310115
185039	2251675	779524	140682	5614	377641	12310115
260262	425118	249483	30730	31145	129395	4971048
260262	425118	249483	30730	31145	129395	4971048
1838	1001189	421615	63476	7551	122578	6123893
1838	1001189	421615	63476	7551	122578	6123893
2303850	4444477	1882511	385102	428485	551757	29866192
2303850	4444477	1882511	385102	428485	551757	29866192
73197603	143310051	61583850	9089916	9791305	19407675	1616469321
4534792	13690985	5291251	553921	1426813	1282235	82126988
19809	151498	80339	11959	1815	2713	834350
11592	121423	58974	10453		10342	704383
***	***	***	***	***	***	***
5423691	21446221	7652884	1201561	878369	4309689	233988527
32488109	62558392	28938984	4351530	4688243	10064776	659055627
10918480	33728156	14739902	1998345	2090281	2653734	518406920
	17329	12785	1739		953	410495
5871857	8164241	3626781	707722	478888	901751	70968202
13929273	2943717	956309	210206	160524	147514	48538632
***	***	***	***	***	***	***
689428	4701512	2060488	329925	50389	167051	43927463

8-3 续表 2

项　　目	法人单位数（个）	年初存货	流动资产合　　计	#交易性金融资产	#应收账款
与港澳台商合资经营	16	283345	4095739	100000	1304572
与港澳台商合作经营	2	***	***	***	***
港澳台商独资	63	471970	28148550	45591	5859285
港澳台商投资股份有限公司	1	***	***	***	***
外商投资	176	1768565	33169735	1897806	8875095
中外合资经营	44	377767	7118960	468364	3072490
中外合作经营	3	1384	72300		21767
外资企业	121	1371924	25346841	1419442	5542621
外商投资股份有限公司	4	9509	369364		128355
其他外商投资	4	7981	262270	10000	109862
三、按隶属关系分					
中央	430	32050440	607038048	1121772	98033967
地方	2221	40076467	411436984	6016006	101460024
四、按控股情况分					
国有控股	722	41276014	689802331	2593764	124693961
集体控股	48	303379	5612237	17310	2102609
私人控股	1610	27882695	209111646	2951258	55698737
港澳台商控股	79	512285	31590164	145591	6569974
外商控股	160	1745991	33120345	1429855	8897863
其他	19	386317	41333499		1229946
五、按地区分					
东城区	126	1360762	32475702	174744	8992693
西城区	253	5733212	236462901	936938	31009706
朝阳区	639	23640145	228983284	768357	39448292
丰台区	187	6748653	46971919	258179	15662060
石景山区	68	3383598	19940629	12081	4170200
海淀区	973	23677958	329342427	4181713	80153094
门头沟区	5	5847	294375	7000	99818
房山区	29	30527	2665552	100	635795
通州区	26	79427	1974645	15000	535507
顺义区	61	400906	10734324	127210	2870950
昌平区	132	2277201	63453769	123014	7110068
大兴区	30	81301	6674448	2437	2286473
怀柔区	20	180976	2467313	203571	390756
平谷区	11	189112	905885	11000	145758
密云区	11	51362	644021		111280
延庆区	5	11488	325472		119766
北京经济技术开发区	75	4274432	34158366	316434	5751775

单位：千元

	固定资产原价	累计折旧		在建工程	无形资产	资产总计
#存货			#本年折旧			
294693	1713066	999789	164171	22484	75218	7240222
***	***	***	***	***	***	***
389511	2883244	1037935	162455	27905	90463	36166246
***	***	***	***	***	***	***
1669330	7259313	3665005	669309	165710	372319	44487197
300739	2710025	1035750	294788	35335	221595	11533182
2366	26618	24558	705		530	75552
1334371	4390321	2521590	359497	129116	113551	31846904
16446	28537	14378	4648	436	2842	488091
15408	103812	68729	9671	823	33801	543468
29753685	94434970	41713629	5334320	5539706	12891763	1106184874
45802676	60835906	25595714	4754830	4467698	7055282	598699107
38354691	108613512	47241694	6531440	6850384	14563612	1225325634
478077	597643	291333	55476	8659	107627	7264785
32677726	29710561	12054683	2316658	2381915	3838609	327915042
453515	4586739	2031984	325519	50389	119849	41854017
1709340	6837277	3381624	599650	183625	373679	43966028
1841778	592221	294344	48209	45935	548519	46209450
1896070	20771919	11488613	1294741	588101	1312438	56761055
4410366	15190066	5438676	885311	616995	2373827	480932780
25090021	23792484	11163462	1624822	1402223	4891627	352743631
5467221	4537315	1899391	314483	795598	1322981	67569469
4286647	2198140	978164	134081	75181	177284	23753148
24910091	63960041	28092793	4197246	4547803	6627662	542999399
23098	69517	13998	4795		251	411953
26460	328742	145825	24878	3912	17236	3488445
185184	492068	228443	43347	37809	46457	2567645
359977	2519641	862612	165922	258544	720503	18450025
3851918	12914161	4080041	790273	1010350	1307909	89480147
102002	1210338	412646	66040	8128	284438	8536220
212721	920184	307799	58369	459659	208715	4999051
187265	253749	90739	13092	2755	37155	2176766
58062	152888	44757	8613	3256	4152	863983
20699	159753	87252	7970		2926	407853
4468559	5799870	1974132	455167	197090	611484	48742411

8-3 续表 3

项　目	流动负债合　计	#应付账款	非流动负债合计	#应付债券	负债合计
合　计	**787649610**	**189141845**	**134587998**	**43947692**	**922237608**
一、按行业分（分到小类）					
研究和试验发展	51376778	9614355	12926714	18792	64303492
自然科学研究和试验发展	1749494	275287	2208852	18792	3958346
自然科学研究和试验发展	1749494	275287	2208852	18792	3958346
工程和技术研究和试验发展	45837880	8649806	9321549		55159429
工程和技术研究和试验发展	45837880	8649806	9321549		55159429
农业科学研究和试验发展	200104	24946	82358		282462
农业科学研究和试验发展	200104	24946	82358		282462
医学研究和试验发展	3589300	664316	1313955		4903255
医学研究和试验发展	3589300	664316	1313955		4903255
专业技术服务业	542376392	145565743	77033211	27394979	619409603
气象服务	369939	88010	1687		371626
气象服务	369939	88010	1687		371626
地震服务	***	***	***	***	***
地震服务	***	***	***	***	***
测绘地理信息服务	784887	371082	26575		811462
遥感测绘服务	224106	127917	3600		227706
其他测绘地理信息服务	560781	243165	22975		583756
质检技术服务	14950573	1510306	688030		15638603
检验检疫服务	311433	55116	5351		316784
检测服务	7985620	978667	278845		8264465
计量服务	66073	6240	268		66341
标准化服务	93212	56722	18647		111859
认证认可服务	1728415	131075	109841		1838256
其他质检技术服务	4765820	282486	275078		5040898
环境与生态监测检测服务	2177805	593097	64288		2242093
环境保护监测	2177805	593097	64288		2242093
地质勘查	4477245	736885	42842		4520087
能源矿产地质勘查	4073081	555427	2262		4075343
固体矿产地质勘查	***	***	***	***	***
基础地质勘查	***	***	***	***	***
地质勘查技术服务	386318	179661	40580		426898
工程技术与设计服务	489389596	133414464	72644934	27335871	562034530
工程管理服务	329988703	86542303	55694909	23347705	385683612
工程监理服务	24398091	4163995	5498801	3988166	29896892
工程勘察活动	38063382	10276868	3839873		41903255
工程设计活动	94637675	31756381	7564127		102201802

单位：千元

所有者权益合计	#实收资本					
		国家资本	集体资本	法人资本	个人资本	港澳台资本
782646373	**376373282**	**169620831**	**1117451**	**154406500**	**28603533**	**13702428**
86515950	44988787	19533448	363590	21040113	1315477	1278451
10587013	3224435	2112323		241523	49868	816449
10587013	3224435	2112323		241523	49868	816449
67039251	39290569	17421125	4500	20258491	731230	148981
67039251	39290569	17421125	4500	20258491	731230	148981
250201	130593			10740	17069	
250201	130593			10740	17069	
8639485	2343190		359090	529359	517310	313021
8639485	2343190		359090	529359	517310	313021
454534482	181504620	82982983	587139	72032320	16578756	4746394
825324	177789	142467		12800		
825324	177789	142467		12800		
***	***	***	***	***	***	***
***	***	***	***	***	***	***
3163593	2076022	654925		1254382	166715	
235062	132615			27000	105615	
2928531	1943407	654925		1227382	61100	
19855149	4855542	1518821	28661	2499616	384844	92460
2264480	220131	103000		106904	10227	
11552985	2918255	982740	18621	1326242	206664	90409
24083	5800	1750		800	3250	
192402	107612	85561		20000		2051
4006972	1218169	165050	9740	858556	149723	
1814227	385575	180720	300	187114	14980	
6104994	1323111	164231		363105	795775	
6104994	1323111	164231		363105	795775	
4845149	2521891	1758736		415935	217258	129962
3948520	1994741	1740844		107755	16180	129962
***	***	***	***	***	***	***
***	***	***	***	***	***	***
796536	454150	16854		236626	200670	
381861125	151690644	77476473	537894	54465944	12153799	4216334
253778849	90132688	47986052	70375	28598335	7057437	4083706
24324352	13695793	5788850	20000	5810210	2036551	18817
23746663	12870518	5923759	10900	6113157	397592	1134
78435137	34337819	17758312	203619	13627036	2578099	112677

8-3 续表 4

项目	流动负债合计	#应付账款	非流动负债合计	#应付债券	负债合计
规划设计管理	2161050	672619	46208		2207258
土地规划服务	***	***	***	***	***
工业与专业设计及其他专业技术服务	30172025	8808517	3564855	59108	33736880
工业设计服务	4000603	460060	130338		4130941
专业设计服务	5858793	1524358	481027	59108	6339820
其他未列明专业技术服务业	20312629	6824099	2953490		23266119
科技推广和应用服务业	193896440	33961747	44628073	16533921	238524513
技术推广服务	169401029	27206872	41212861	16533921	210613890
农林牧渔技术推广服务	931784	267191	104846		1036630
生物技术推广服务	8054542	576740	1708720		9763262
新材料技术推广服务	1206104	367993	217390		1423494
节能技术推广服务	51393773	3932439	15426523	5140000	66820296
新能源技术推广服务	8476379	1185486	3816159	1050000	12292538
环保技术推广服务	10867105	4426085	1957799	1098642	12824904
三维（3D）打印技术推广服务	76254	66621	318		76572
其他技术推广服务	88395088	16384317	17981106	9245279	106376194
知识产权服务	6363349	1128031	569863		6933212
知识产权服务	6363349	1128031	569863		6933212
科技中介服务	2415655	782160	251320		2666975
科技中介服务	2415655	782160	251320		2666975
创业空间服务	2090755	347788	389891		2480646
创业空间服务	2090755	347788	389891		2480646
其他科技推广服务业	13625652	4496896	2204138		15829790
其他科技推广服务业	13625652	4496896	2204138		15829790
二、按登记注册类型分					
内资	739774896	181443543	131475293	43947692	871250189
国有	27838688	4884758	11428991	6000000	39267679
集体	358012	23834	1865		359877
股份合作	392851	78783	58516		451367
国有联营	***	***	***	***	***
国有独资公司	72629479	22733329	14472624	4154475	87102103
其他有限责任公司	329781596	87788097	44677413	5238831	374459009
股份有限公司	244398824	43333234	51608019	22164962	296006843
私营合伙	172170	3448			172170
私营有限责任公司	35962380	10889450	6143741	4150000	42106121
私营股份有限公司	28202465	11684202	2960589	2239424	31163054
其他	***	***	***	***	***
港澳台商投资	26474975	3601025	2275613		28750588

单位：千元

所有者权益合计	#实收资本	国家资本	集体资本	法人资本	个人资本	港澳台资本
1444633	613973	19500	233000	299727	61746	
***	***	***	***	***	***	***
37846698	18855971	1267330	20584	13020538	2860365	307638
4793782	1617311	680	5530	1076565	490332	1014
7805750	2891566	100000	6510	952559	1584568	123097
25247166	14347094	1166650	8544	10991414	785465	183527
241595941	149879875	67104400	166722	61334067	10709300	7677583
216235316	140185498	66285091	142830	56381855	9236656	6499193
478100	274325			72470	159678	
8385916	1766247	14500	300	1187246	453260	47427
2439586	1086949	237749		373953	474048	
42959576	24966090	5750042	14912	15342540	3616051	125080
45683363	35531796	12115837		22460047	925974	26438
8941130	4285503	91076	1850	2966213	1108329	115271
132556	25000	20000			5000	
107215089	72249588	48055887	125768	13979386	2494316	6184977
5376903	1210926	42906	388	568676	256979	324752
5376903	1210926	42906	388	568676	256979	324752
2304073	1010562	401100		581540	25250	
2304073	1010562	401100		581540	25250	
3643247	837299	18500		568072	108227	142500
3643247	837299	18500		568072	108227	142500
14036402	6635590	356803	23504	3233924	1082188	711138
14036402	6635590	356803	23504	3233924	1082188	711138
745219132	358840578	169424870	731249	153598358	28299124	4229387
42859309	23328800	17528577	761	5799462		
474473	58660		57660	1000		
253016	116020		6890	16668	92462	
***	***	***	***	***	***	***
146886424	86759351	69915597		16843754		
284596618	164505696	56153143	472289	101067765	6750651	29548
222400077	66688140	25471803	181317	23454963	10860031	4194736
238325	17669			1000	16669	
28862081	11501304	40550	12332	5178155	6265164	5103
17375578	5549738			1235591	4314147	
***	***	***	***	***	***	***
15176875	10025517	88350	14512	336281	126339	9458091

8-3 续表 5

项　　目	流动负债合计	#应付账款	非流动负债合计	#应付债券	负债合计
与港澳台商合资经营	4542789	1017407	232490		4775279
与港澳台商合作经营	***	***	***	***	***
港澳台商独资	21741538	2479965	2033226		23774764
港澳台商投资股份有限公司	***	***	***	***	***
外商投资	21399739	4097277	837092		22236831
中外合资经营	3859324	917093	418834		4278158
中外合作经营	9480	3107			9480
外资企业	17107676	3136752	417984		17525660
外商投资股份有限公司	156929	27903	274		157203
其他外商投资	266330	12422			266330
三、按隶属关系分					
中央	486483001	115503192	98832610	35215888	585315611
地方	301166609	73638653	35755388	8731804	336921997
四、按控股情况分					
国有控股	547243298	136181514	106407836	35215888	653651134
集体控股	4662129	2360461	106155		4768284
私人控股	156148701	41872739	20862330	8672696	177011031
港澳台商控股	25097806	3047022	2206399		27304205
外商控股	20978233	4414051	837539		21815772
其他	31741353	1137606	4100316	59108	35841669
五、按地区分					
东城区	26026988	6557337	1753078		27780066
西城区	205426775	36060754	56350813	22104455	261777588
朝阳区	175474840	43599217	19967655	7758242	195442495
丰台区	37643312	18096195	3350917	99935	40994229
石景山区	16698945	2848486	570126		17269071
海淀区	231550522	70599558	42549322	13845952	274099844
门头沟区	250120	100848			250120
房山区	2281750	317125	3630		2285380
通州区	1383899	258399	19365		1403264
顺义区	12302478	1681770	527445		12829923
昌平区	44660163	3591442	6593182		51253345
大兴区	3907363	561905	629713		4537076
怀柔区	1668047	393546	349791		2017838
平谷区	1640837	91264	1802		1642639
密云区	393609	114191	3430		397039
延庆区	114324	38491	16132		130456
北京经济技术开发区	26225638	4231317	1901597	139108	28127235

单位：千元

所有者权益合计	#实收资本	国家资本	集体资本	法人资本	个人资本	港澳台资本
2464943	881805	55500	14512	285079	96380	428390
***	***	***	***	***	***	***
12391482	8869899					8869899
***	***	***	***	***	***	***
22250366	7507187	107611	371690	471861	178070	14950
7255024	1725480	107611	371690	457988	178070	14950
66072	177428			2373		
14321244	5344626			900		
330888	56087					
277138	203566			10600		
520869263	254972535	157537398	64140	85762331	4901883	4025000
261777110	121400747	12083433	1053311	68644169	23701650	9677428
571674500	279078057	166968093	247752	99306739	5772352	4052845
2496501	1167509		460196	679536	27027	
150904011	68457159	109893	38901	45809966	22311784	149458
14549812	10115900	36500	14512	582545	54556	9425843
22150256	7216875	3787	356090	592568	115031	9146
10367781	6440291			6040213	322783	65136
28980989	13857880	1186447	240	10868459	654151	6149
219155192	93039675	65089064	337200	20848079	2382068	4343644
157301136	71502357	11412457	172192	41405843	10275067	4742610
26575240	12388948	4673537	58331	5916370	1731385	3748
6484077	3537874	1517304	3400	1555821	403664	40185
268899555	141871825	78120066	111488	48214998	9632229	2817396
161833	44080	3780		35000	5300	
1203065	361286	7996	20000	132128	201162	
1164381	452330	126005		233330	89586	
5620102	2398877	232700		1407669	564422	179339
38226802	23926455	3991974	46749	17214251	1784162	509144
3999144	1314578			1193708	120870	
2981213	2236958	46808	10000	2144100	36050	
534127	243074	4139	1761	50638	71608	49928
466944	145612	15000		69378	60220	1014
277397	92931	80931		2000	10000	
20615176	8958542	3112623	356090	3114728	581589	1009271

8-3 续表 6

项　　目	外商资本	营业收入	营业成本	税金及附加	销售费用
合　计	**8922539**	**612206940**	**476212836**	**2784329**	**21509440**
一、按行业分（分到小类）					
研究和试验发展	1457708	46145281	32587146	367742	1877563
自然科学研究和试验发展	4272	3115370	2323419	52526	438071
自然科学研究和试验发展	4272	3115370	2323419	52526	438071
工程和技术研究和试验发展	726242	34372300	25397320	284048	959105
工程和技术研究和试验发展	726242	34372300	25397320	284048	959105
农业科学研究和试验发展	102784	254527	97495	1921	28550
农业科学研究和试验发展	102784	254527	97495	1921	28550
医学研究和试验发展	624410	8403084	4768912	29247	451837
医学研究和试验发展	624410	8403084	4768912	29247	451837
专业技术服务业	4577028	429505186	346963309	1717360	9808223
气象服务	22522	316021	212482	4722	16801
气象服务	22522	316021	212482	4722	16801
地震服务	***	***	***	***	***
地震服务	***	***	***	***	***
测绘地理信息服务		1385474	867537	10370	53219
遥感测绘服务		436657	292900	2206	10333
其他测绘地理信息服务		948817	574637	8164	42886
质检技术服务	331140	18161284	8325385	133771	1320747
检验检疫服务		695195	274216	7491	56255
检测服务	293579	10989559	4448403	68725	591456
计量服务		203041	163823	871	1303
标准化服务		241654	103211	1432	33840
认证认可服务	35100	4191292	2078087	24615	447419
其他质检技术服务	2461	1840543	1257645	30637	190474
环境与生态监测检测服务		2003981	1474183	9811	92071
环境保护监测		2003981	1474183	9811	92071
地质勘查		6467244	5503178	45064	48201
能源矿产地质勘查		5579569	4835756	41763	41302
固体矿产地质勘查	***	***	***	***	***
基础地质勘查	***	***	***	***	***
地质勘查技术服务		837566	629348	2979	6899
工程技术与设计服务	2840200	364269434	303201464	1331403	6109979
工程管理服务	2336783	195014914	166102050	531014	2982790
工程监理服务	21365	19088880	14579565	136983	556466
工程勘察活动	423976	37990822	33064510	145933	282078
工程设计活动	58076	107773296	86027417	497794	2135204

单位：千元

管理费用	财务费用			资产减值损失	公允价值变动收益	投资收益
		#利息收入	#利息支出			
76052156	**2628997**	**6507680**	**10059847**	**5386542**	**-36312**	**23635501**
10876457	-187792	552578	407945	273550	-16111	1909556
2175690	-142563	143701	33	2679		276101
2175690	-142563	143701	33	2679		276101
6349448	-70786	383468	340663	236100	-318	1609652
6349448	-70786	383468	340663	236100	-318	1609652
110929	5922	1769	3367			-5597
110929	5922	1769	3367			-5597
2240390	19635	23640	63882	34771	-15793	29400
2240390	19635	23640	63882	34771	-15793	29400
42791699	1476943	4626447	7079514	3104250	-10789	15715920
97291	-10667	8780	2	578		86120
97291	-10667	8780	2	578		86120
***	***	***	***	***	***	***
***	***	***	***	***	***	***
409584	-6230	10360	3868	31844		39687
80365	1775	382	2092	4449		1941
329219	-8005	9978	1776	27395		37746
5874653	-135967	152751	25627	37515	534	902751
194411	-19108	13986	2336	6842		141232
4430539	-68849	90312	19037	22564	6	516038
32019	-1046	142	616	118		
72660	-3651	3693				
892660	-36819	37709	818	7125	528	59429
252364	-6494	6909	2820	866		186052
268186	6420	8694	13812	-44640		150197
268186	6420	8694	13812	-44640		150197
634623	90166	8675	102937	61051		-624
482355	89243	6269	97381	33386		-13804
***	***	***	***	***	***	***
***	***	***	***	***	***	***
138324	1345	1819	5556	26902		13180
30145001	1182806	4275407	6494058	2670508	-1994	14083455
13799414	761642	2803393	4750519	861213	-32899	11204040
2389544	302032	101130	417782	326336	241	-587522
3096834	47483	696412	678728	126362	-23	422555
10313438	76871	665739	645773	1343806	30687	3050744

8-3 续表 7

项目	外商资本	营业收入	营业成本	税金及附加	销售费用
规划设计管理		4241407	3335986	18221	137446
土地规划服务	***	***	***	***	***
工业与专业设计及其他专业技术服务	1379516	36825963	27324916	181444	2163160
工业设计服务	43190	6587880	4469438	32501	465450
专业设计服务	124832	8806195	6416085	46811	829865
其他未列明专业技术服务业	1211494	21431888	16439393	102132	867845
科技推广和应用服务业	2887803	136556473	96662381	699227	9823654
技术推广服务	1639873	101718458	76275880	481055	5921746
农林牧渔技术推广服务	42177	1230636	794500	2862	197012
生物技术推广服务	63514	5195758	2926950	14648	809902
新材料技术推广服务	1199	1922758	1240429	26713	167756
节能技术推广服务	117465	10158719	7817591	33540	205278
新能源技术推广服务	3500	5231958	3423144	57927	395784
环保技术推广服务	2764	7938725	6119213	34902	248238
三维（3D）打印技术推广服务		113906	78574	853	4524
其他技术推广服务	1409254	69925998	53875479	309610	3893252
知识产权服务	17225	11246340	5699197	56978	1606400
知识产权服务	17225	11246340	5699197	56978	1606400
科技中介服务	2672	2756692	1787391	8304	164822
科技中介服务	2672	2756692	1787391	8304	164822
创业空间服务		1876937	1184143	34954	146499
创业空间服务		1876937	1184143	34954	146499
其他科技推广服务业	1228033	18958046	11715770	117936	1984187
其他科技推广服务业	1228033	18958046	11715770	117936	1984187
二、按登记注册类型分					
内资	2557590	562544525	445664629	2593351	18439239
国有		21751302	16414800	236743	380510
集体		529355	292789	3275	30915
股份合作		666267	296109	3733	155882
国有联营	***	***	***	***	***
国有独资公司		55981966	44946930	406920	576627
其他有限责任公司	32300	295736081	240119738	1254452	9082495
股份有限公司	2525290	113617951	95948559	335316	2594121
私营合伙		840348	426927	3604	103928
私营有限责任公司		56602477	36258180	267230	5034276
私营股份有限公司		16367940	10689772	78256	431761
其他	***	***	***	***	***
港澳台商投资	1944	22873650	13878584	84989	1229618

单位：千元

管理费用	财务费用	#利息收入	#利息支出	资产减值损　失	公允价值变动收益	投资收益
503892	-4671	7988	1072	12401		-6362
***	***	***	***	***	***	***
5352283	350662	161759	439210	347394	-9329	454334
1047784	36662	11825	43397	22954	2426	-79609
1522660	-17114	56812	36945	172054		20163
2781839	331114	93122	358868	152386	-11755	513780
22384000	1339846	1328655	2572388	2008742	-9412	6010025
14998631	1267395	1141819	2392927	1791892	-9658	5642276
176780	12554	886	9549			-2914
929980	52106	8418	47489	36972		16320
363284	6637	17073	11308	10420	2615	3795
1634069	690750	95456	782985	460911		192541
938563	215232	33573	242031	88613	-891	883854
870555	100703	55054	141128	59967		123462
13399	-220	190		5434		101
10072001	189633	931169	1158437	1129575	-11382	4425117
2803153	-67903	100078	4994	20302	262	69171
2803153	-67903	100078	4994	20302	262	69171
461607	13482	15155	12210	1164		1091
461607	13482	15155	12210	1164		1091
407955	-686	17293	14044	5502		32723
407955	-686	17293	14044	5502		32723
3712654	127558	54310	148213	189882	-16	264764
3712654	127558	54310	148213	189882	-16	264764
64181449	2636817	6151927	9841369	5368236	-25247	22583419
3887397	-34588	426224	384425	60239		987163
128197	-977	2012	959	245		4047
167092	5	678	467	122		137
***	***	***	***	***	***	***
6668024	-248908	906302	725115	616283	18950	5724628
30507916	164672	2117101	2916350	2832453	-13523	6572098
7686599	1891188	2568415	4914775	1295503	-5846	8212460
96953	-729	1083	222	159		
12048983	234573	79463	294335	225960	-26835	694899
2842133	647761	34455	604721	337272	2007	387987
***	***	***	***	***	***	***
6669108	15538	182120	99420	40546	-11140	619266

8-3 续表 8

项　　目	外商资本	营业收入	营业成本	税金及附加	销售费用
与港澳台商合资经营	1944	5169083	1547349	26909	88790
与港澳台商合作经营	***	***	***	***	***
港澳台商独资		17431890	12163797	57374	1136253
港澳台商投资股份有限公司	***	***	***	***	***
外商投资	6363005	26788765	16669623	105989	1840583
中外合资经营	595171	8899808	6058065	48050	334358
中外合作经营	175055	65478	19057	344	17607
外资企业	5343726	16497431	9712650	51411	1454753
外商投资股份有限公司	56087	731222	436493	3116	13556
其他外商投资	192966	594826	443358	3068	20309
三、按隶属关系分					
中央	2681783	327213369	281382806	1406557	3590057
地方	6240756	284993571	194830030	1377772	17919383
四、按控股情况分					
国有控股	2730276	387198440	326487006	1769175	4717843
集体控股	750	5573310	4071913	29050	290743
私人控股	37157	164357571	111051007	770515	13436674
港澳台商控股	1944	22216579	13129003	86484	1222930
外商控股	6140253	23982991	14676235	88763	1651270
其他	12159	5313835	4272868	15552	175076
五、按地区分					
东城区	1142434	27028059	20352099	160201	894917
西城区	39620	94859269	79172194	325100	2298785
朝阳区	3494188	124747182	94234699	691326	4572332
丰台区	5577	37687576	30717501	169310	1051079
石景山区	17500	20245782	17911803	41777	461982
海淀区	2975648	240459985	185130464	1044311	8987577
门头沟区		389281	275876	1544	9883
房山区		1969574	1267478	9311	180577
通州区	3409	1985729	1426490	12379	76534
顺义区	14747	11145666	7677290	60439	407590
昌平区	380175	18547903	11836109	133305	1346747
大兴区		6538490	5101380	35478	142638
怀柔区		979652	584143	9031	61772
平谷区	65000	595410	407670	4690	35486
密云区		648268	467516	3320	38228
延庆区		356367	219506	2374	13535
北京经济技术开发区	784241	24022747	19430618	80433	929778

单位：千元

管理费用	财务费用	#利息收入	#利息支出	资产减值损失	公允价值变动收益	投资收益
3095171	48888	34144	25740	28627	-162	386207
***	***	***	***	***	***	***
3496974	-28385	143838	71633	6532	-10978	233059
***	***	***	***	***	***	***
5201599	-23358	173633	119058	-22240	75	432816
1280648	23996	15649	53454	4553	869	84055
21098	-548	504		365		
3719329	-55483	154722	62964	-27771	-794	347046
92443	3244	2525	79			
88081	5433	233	2561	613		1715
26272559	425005	5233890	7028606	2817585	-6043	19930832
49779597	2203992	1273790	3031241	2568957	-30269	3704669
33357135	621089	5604747	7528769	3358904	4361	20600422
799749	-25443	26759	4731	122928		29123
28946467	1790426	380748	1893984	1900277	-27344	1847565
6603851	-9265	181279	87215	9796	-10978	693727
4659757	-42124	178987	114953	-20975	-2351	441547
793913	416644	15172	430195	17595		11445
3833143	193961	128029	258597	129194	19171	820061
7289372	1001258	2368129	3850646	274709	-5144	9517448
17263066	931656	1094411	1862148	1851943	-12945	4012912
3514744	119683	174248	402894	572054	-1000	785110
1121134	75457	30751	146369	65307	601	-21529
31071201	-165318	2326797	2652929	1584830	-23854	7209670
43108	327	421	18	28		38
408662	-416	2857	2003	10392		-5328
329104	114	8051	6822	5862		645
3000428	35660	7986	58240	21508		20370
4373120	478872	134891	589011	198466	-11733	602524
692824	9964	23496	27094	39805		53784
559769	8360	5026	5658	112507		210493
113683	30503	4995	33783		-14	33545
183206	-5	1024	811	8350		-92805
70871	-5774	5482	2	3313		303
2184721	-85305	191086	162822	508274	-1394	488260

8-3 续表 9

项　　　目	资产处置收益	其他收益	营业利润	营业外收　入
合　计	**376324**	**2007305**	**53430471**	**2726425**
一、按行业分（分到小类）				
研究和试验发展	28519	675138	2947717	891604
自然科学研究和试验发展	-5	262056	-1196300	246608
自然科学研究和试验发展	-5	262056	-1196300	246608
工程和技术研究和试验发展	26428	392165	3244992	581711
工程和技术研究和试验发展	26428	392165	3244992	581711
农业科学研究和试验发展			4113	1747
农业科学研究和试验发展			4113	1747
医学研究和试验发展	2096	20917	894912	61538
医学研究和试验发展	2096	20917	894912	61538
专业技术服务业	308901	738950	40224230	973773
气象服务		232	81166	422
气象服务		232	81166	422
地震服务	***	***	***	***
地震服务	***	***	***	***
测绘地理信息服务		444	59281	6149
遥感测绘服务		1	46571	725
其他测绘地理信息服务		443	12710	5424
质检技术服务	9975	49544	3567984	103339
检验检疫服务	183	487	316990	11863
检测服务	9704	22451	2044920	66179
计量服务			5953	1378
标准化服务		257	34419	2025
认证认可服务	-30	15235	853367	10385
其他质检技术服务	118	11114	312335	11509
环境与生态监测检测服务	-182	5870	353835	4488
环境保护监测	-182	5870	353835	4488
地质勘查	-7857	33541	110021	9899
能源矿产地质勘查	-7857	33573	67676	5673
固体矿产地质勘查	***	***	***	***
基础地质勘查	***	***	***	***
地质勘查技术服务		-34	44915	604
工程技术与设计服务	179361	507776	34225217	701826
工程管理服务	20647	309076	21477673	280458
工程监理服务	19662	15843	246178	29819
工程勘察活动	2829	73115	1553926	67789
工程设计活动	136579	109698	10706474	320020

单位：千元

营业外支出	利润总额	应 交 所得税	应付职工薪酬（本年贷方累计发生额）		应 交 增值税
				#社会保险费和住房公积金	
1666508	**54487236**	**8434216**	**105745473**	**20262616**	**13093126**
428688	3410633	684594	12565299	2683721	674279
66737	-1016429	37021	1519000	363901	66723
66737	-1016429	37021	1519000	363901	66723
342023	3484680	439173	8185457	1761139	548508
342023	3484680	439173	8185457	1761139	548508
2643	3217	453	88641	16129	3817
2643	3217	453	88641	16129	3817
17285	939165	207947	2772201	542552	55231
17285	939165	207947	2772201	542552	55231
687871	40507322	5858009	67121714	12606205	9542345
3130	78458	5110	135708	30927	10613
3130	78458	5110	135708	30927	10613
***	***	***	***	***	***
***	***	***	***	***	***
3863	61567	31653	472205	83328	45133
2269	45027	1309	65967	8629	17097
1594	16540	30344	406238	74699	28036
144993	3526330	555274	6768602	1328567	692704
2791	326062	36591	189720	34437	24575
105230	2005869	336274	4136075	825475	410132
722	6609	803	39391	10652	21459
2344	34100	8343	97558	20666	11253
29213	834539	141958	1474078	271916	172092
4693	319151	31305	831780	165421	53193
556	357767	43435	346417	61193	47781
556	357767	43435	346417	61193	47781
60510	59410	21301	1650050	326998	385472
26940	46409	16241	1497404	298552	373793
***	***	***	***	***	***
***	***	***	***	***	***
33554	11965	4826	130333	22905	9918
398728	34525505	4749655	50280336	9323274	7365864
143605	21614526	2731711	16669286	2899715	3460053
43642	232355	312708	5832435	899164	857359
49641	1572074	227673	5630320	1189891	517452
157009	10866675	1434589	21253502	4223531	2421831

8-3 续表 10

项　　目	资产处置收益	其他收益	营业利润	营业外收入
规划设计管理	144	44	231958	3414
土地规划服务	***	***	***	***
工业与专业设计及其他专业技术服务	127104	141543	1819756	147650
工业设计服务	-22	24311	460197	8934
专业设计服务	99902	44748	647	59365
其他未列明专业技术服务业	27224	72484	1358912	79351
科技推广和应用服务业	38904	593217	10258524	861048
技术推广服务	39375	439490	7079497	705335
农林牧渔技术推广服务	363	17	44394	22678
生物技术推广服务	-667	11395	452047	18914
新材料技术推广服务	2918	21684	138531	19162
节能技术推广服务	5797	18030	-467052	204172
新能源技术推广服务	13	47537	1043208	128608
环保技术推广服务	688	38430	667727	42502
三维（3D）打印技术推广服务		262	11705	1
其他技术推广服务	30263	302135	5188937	269298
知识产权服务	-10	4197	1201845	40328
知识产权服务	-10	4197	1201845	40328
科技中介服务	-124	2151	323040	6770
科技中介服务	-124	2151	323040	6770
创业空间服务	1	47328	179622	31871
创业空间服务	1	47328	179622	31871
其他科技推广服务业	-338	100051	1474520	76744
其他科技推广服务业	-338	100051	1474520	76744
二、按登记注册类型分				
内资	341196	1967557	48342754	2548822
国有	5724	180233	1979321	492398
集体			78958	2003
股份合作		19	43480	1551
国有联营	***	***	***	***
国有独资公司	58840	384637	9203145	335252
其他有限责任公司	167820	975264	19477032	1043605
股份有限公司	105248	330347	12336702	336019
私营合伙			209506	326
私营有限责任公司	123	56102	3243743	306993
私营股份有限公司	3441	37397	1771817	28476
其他	***	***	***	***
港澳台商投资	135	19026	1582542	56499

单位：千元

营业外支出	利润总额	应　交 所得税	应付职工薪酬（本年贷方累计发生额）	#社会保险费和住房公积金	应　交 增值税
4679	230693	41025	817576	102462	98925
***	***	***	***	***	***
76046	1891360	449850	7451746	1448128	988532
3573	465558	138229	698603	123026	233120
15088	44924	138030	2168470	358771	260983
57385	1380878	173591	4584673	966331	494429
549949	10569281	1891613	26058460	4972690	2876502
496357	7289133	1206114	17431857	3385108	1829882
5277	61795	16707	212422	43292	10844
8263	463356	98843	1169632	200221	39075
7537	150156	19197	323195	61505	59740
37901	-300781	103368	1582715	345980	3226
11425	1160391	128359	1063980	209454	202152
94477	615752	133001	803779	173153	251623
24	11682	327	25491	5005	6794
331453	5126782	706312	12250643	2346498	1256428
20565	1221608	294948	3303705	558565	345659
20565	1221608	294948	3303705	558565	345659
8836	320974	72583	737651	143883	125772
8836	320974	72583	737651	143883	125772
2117	208376	54401	406430	74562	55804
2117	208376	54401	406430	74562	55804
22074	1529190	263567	4178817	810572	519385
22074	1529190	263567	4178817	810572	519385
1561677	49326747	7446604	91686915	17534529	11990593
232208	2236701	450091	6396215	1313051	612627
2449	78512	14438	250020	29250	23266
890	44141	10157	137246	21259	21388
***	***	***	***	***	***
234165	9304232	1146290	11967924	2518416	1463313
723369	19796268	3765990	46601855	9304157	5386370
192206	12480515	1042578	11032535	2070734	2368646
4	209828	10518	188923	33646	29767
158783	3392611	747782	12471425	1807044	1824221
16955	1783338	258715	2411051	390838	252660
***	***	***	***	***	***
28484	1610557	368656	6030633	1133268	468424

8-3 续表 11

项　　目	资产处置收益	其他收益	营业利润	营业外收入
与港澳台商合资经营	120	16568	736082	23034
与港澳台商合作经营	***	***	***	***
港澳台商独资	15	2021	823450	32378
港澳台商投资股份有限公司	***	***	***	***
外商投资	34993	20722	3505175	121104
中外合资经营	-16	6606	1241652	22520
中外合作经营			7555	
外资企业	35009	12822	2036625	97954
外商投资股份有限公司		1294	183664	63
其他外商投资			35679	567
三、按隶属关系分				
中央	208471	1322625	32602513	1535275
地方	167853	684680	20827958	1191150
四、按控股情况分				
国有控股	230037	1529007	39078943	1708125
集体控股	20	2657	316170	14434
私人控股	5269	408170	8683062	773283
港澳台商控股	87	16683	1873287	57290
外商控股	35129	29201	3473591	135493
其他	100000	8663	-257705	12794
五、按地区分				
东城区	45158	46678	2395612	131355
西城区	111716	42897	14164768	347891
朝阳区	43677	431756	9677566	432271
丰台区	28137	82166	2437618	71763
石景山区	279	17581	565254	43209
海淀区	38402	1109463	20968441	1175553
门头沟区	-210		44711	6540
房山区	-12	753	88983	10916
通州区	-28	3474	139337	7933
顺义区	321	19219	-17339	38879
昌平区	-2299	200987	970763	247374
大兴区	-6	12598	583777	7091
怀柔区	1069	4041	-140327	34954
平谷区		48	36957	5787
密云区	137	1087	-144129	1995
延庆区	9780		62625	31775
北京经济技术开发区	100203	34557	1595854	131139

单位：千元

营业外支出	利润总额	应交所得税	应付职工薪酬（本年贷方累计发生额）	#社会保险费和住房公积金	应交增值税
7020	752096	146358	1927938	348222	188882
***	***	***	***	***	***
21423	834405	214877	4042690	770768	274637
***	***	***	***	***	***
76347	3549932	618956	8027925	1594819	634109
6093	1258079	214097	1893785	362487	262628
14	7541	2181	26694	5172	2995
69412	2065167	354978	5716483	1113827	328289
177	183550	40918	207837	60450	24140
651	35595	6782	183126	52883	16057
786168	33348810	4021495	44226910	9160587	6101057
880340	21138426	4412721	61518563	11102029	6992069
986243	39798015	5108109	57753516	12024484	7642353
5277	325327	78097	1355274	230219	155513
561458	8894545	2146703	30094066	4824653	4323223
25865	1904712	387151	6043039	1107260	508310
75342	3533742	581871	7652504	1521486	518721
2047	-246958	49334	954741	170227	-141945
72490	2451667	389571	7230480	1473446	740746
231843	14280816	1270411	12249766	2222063	2166745
527287	9582550	1496047	24552170	4655376	3233262
67055	2442783	437346	4404242	923241	843908
46769	561694	153194	1521281	296642	240360
507444	21636550	3779144	40222822	7883445	4864248
303	50948	3927	50855	6886	13708
1084	98815	24973	583379	74058	73273
677	146593	50192	630760	100177	56562
40938	-19398	139824	3528117	537512	218755
73328	1144809	364484	4683422	939327	140812
19303	570565	89248	1701427	319539	199348
7904	-113277	2689	511997	82201	-29328
2051	40693	6652	140093	28390	31874
1286	-143219	14491	242200	37408	21008
49922	44478	6311	125504	19078	10347
16824	1710169	205712	3366958	663827	267498

第九篇

水利、环境和公共设施管理业

9-1　全部水利、环境和公共设施管理业法人单位财务状况（企业会计准则）

单位：千元

项　　目	法人单位数（个）	资产总计	负债合计	营业收入	营业利润
合　计	**6725**	**532903648**	**306955720**	**75495520**	**898169**
一、按行业分（分到小类）					
水利管理业	251	162299663	54158825	9198308	-1501130
防洪除涝设施管理	12	1066162	336700	272962	21301
防洪除涝设施管理	12	1066162	336700	272962	21301
水资源管理	67	150389337	49975360	8005977	-1632168
水资源管理	67	150389337	49975360	8005977	-1632168
天然水收集与分配	113	1221745	609481	526321	10450
天然水收集与分配	113	1221745	609481	526321	10450
水文服务	8	549329	19893	50133	23315
水文服务	8	549329	19893	50133	23315
其他水利管理业	51	9073090	3217391	342916	75972
其他水利管理业	51	9073090	3217391	342916	75972
生态保护和环境治理业	857	76589480	44574358	18048196	1457354
生态保护	32	1514069	608613	646920	203249
自然生态系统保护管理	6	27209	5384	6550	-782
野生动物保护	1	***	***	***	***
野生植物保护	6	1765	256	996	-11
动物园、水族馆管理服务	9	1453578	583833	630991	203503
植物园管理服务	4	19434	17570	8381	1238
其他自然保护	6	12083	1569	2	-700
环境治理业	825	75075411	43965746	17401276	1254105
水污染治理	402	43457506	26871441	10515011	826178
大气污染治理	193	14341377	8838984	2619872	28523
固体废物治理	83	6282834	3046594	995489	-31246
危险废物治理	11	3561016	712653	942272	204851
放射性废物治理	2	***	***	***	***
土壤污染治理与修复服务	18	2254101	1643249	1105168	49854
噪声与振动控制服务	20	38772	32160	24703	603
其他污染治理	96	3578078	1350954	1037785	156744
公共设施管理业	5513	193406154	125776693	42473680	1473271
市政设施管理	177	81180081	54233497	770974	191969
市政设施管理	177	81180081	54233497	770974	191969
环境卫生管理	521	27253303	16169555	8835217	983844
环境卫生管理	521	27253303	16169555	8835217	983844
城乡市容管理	51	282517	157515	256582	5263
城乡市容管理	51	282517	157515	256582	5263

9-1 续表 1

单位：千元

项　　目	法人单位数（个）	资产总计	负债合计	营业收入	营业利润
绿化管理	4264	46688443	33403977	28968874	456404
绿化管理	4264	46688443	33403977	28968874	456404
城市公园管理	69	22405285	12520804	879223	-157542
城市公园管理	69	22405285	12520804	879223	-157542
游览景区管理	431	15596526	9291345	2762810	-6665
名胜风景区管理	161	9901924	5656873	1813108	-101686
森林公园管理	16	71266	61238	29998	-1653
其他游览景区管理	254	5623336	3573235	919704	96673
土地管理业	104	100608351	82445843	5775336	-531326
土地整治服务	57	71758110	61080611	2557007	-691109
土地整治服务	57	71758110	61080611	2557007	-691109
土地调查评估服务	12	53118	45750	118407	-388
土地调查评估服务	12	53118	45750	118407	-388
土地登记服务	3	848	874	818	-8
土地登记服务	3	848	874	818	-8
土地登记代理服务	11	339866	300394	10020	-2043
土地登记代理服务	11	339866	300394	10020	-2043
其他土地管理服务	21	28456409	21018215	3089084	162222
其他土地管理服务	21	28456409	21018215	3089084	162222
二、按登记注册类型分					
内资	6657	492445009	282180909	69631391	316174
国有	115	159697660	55268016	9612167	-1793679
集体	170	3113683	2600659	707435	-32534
股份合作	24	75699	43229	52533	196
国有联营	1	***	***	***	***
集体联营	1	***	***	***	***
国有与集体联营	2	***	***	***	***
国有独资公司	31	124782754	85481808	8333742	878524
其他有限责任公司	536	112035308	81133529	23031313	773053
股份有限公司	43	20533378	9135823	6147261	516769
私营独资	95	169363	93268	132866	6826
私营合伙	16	22017	11844	21805	506
私营有限责任公司	5474	68781868	46536610	20467338	-40832
私营股份有限公司	29	2544383	1502092	930317	26322
其他	120	314082	266205	125951	-1747
港澳台商投资	28	16224961	8271253	2272721	293147

9-1 续表 2

单位：千元

项　　目	法人单位数（个）	资产总计	负债合计	营业收入	营业利润
与港澳台商合资经营	11	8355254	4108762	1401353	112387
与港澳台商合作经营	2	29738	4580	33524	10228
港澳台商独资	14	7745594	4119444	803497	170277
港澳台商投资股份有限公司	1	***	***	***	***
外商投资	40	24233678	16503558	3591408	288847
中外合资经营	22	21515148	14260298	3370942	286922
中外合作经营	2	***	***	***	***
外资企业	16	2631459	2232497	174728	1257
三、按隶属关系分					
中央	23	154780271	52021636	9140909	-1661537
地方	6702	378123377	254934084	66354611	2559706
四、按控股情况分					
国有控股	219	382537568	211194285	34851690	-98443
集体控股	234	6525712	4288212	2022065	13722
私人控股	5922	106056853	66408298	32445562	915046
港澳台商控股	27	8566975	4618978	1028605	168720
外商控股	22	19954233	15152481	3034293	85400
其他	128	5942532	3158144	1165337	-74194
五、按地区分					
东城区	129	2872075	2210434	988123	-3712
西城区	155	160735949	56981200	10397083	-1492497
朝阳区	607	57490081	32320762	13666563	1337937
丰台区	516	72090805	47695874	2109665	169951
石景山区	154	6707475	2513011	2441166	41469
海淀区	566	87696467	61066183	21470042	1550014
门头沟区	283	4057427	2483875	427112	-32680
房山区	570	33632606	31423181	3152756	-922529
通州区	597	17164708	10189714	2844423	153580
顺义区	335	15703270	13047211	4583301	25401
昌平区	446	6837155	2393773	2648448	258129
大兴区	506	39891652	27469507	3775382	88973
怀柔区	655	4081560	2580905	1251381	-8563
平谷区	271	4044621	2999104	1105372	11252
密云区	648	10309791	5335107	2075370	-41924
延庆区	222	3316820	2656437	1278239	-126744
北京经济技术开发区	65	6271186	3589444	1281095	-109888

9-2 水利、环境和公共设施管理业法人单位财务状况
（行政事业及民间非营利组织会计制度）

单位：千元

项目	法人单位数（个）	资产总计	负债合计	收入合计	支出（费用）合计
合 计	**621**	**51034309**	**16819675**	**33872523**	**34014838**
一、按行业分（分到小类）					
水利管理业	117	12466623	5035217	7306829	8591016
防洪除涝设施管理	17	1983246	459694	397379	415270
防洪除涝设施管理	17	1983246	459694	397379	415270
水资源管理	31	1119143	179862	670286	496391
水资源管理	31	1119143	179862	670286	496391
天然水收集与分配	23	3464874	1498114	3559967	4112940
天然水收集与分配	23	3464874	1498114	3559967	4112940
水文服务	2	***	***	***	***
水文服务	2	***	***	***	***
其他水利管理业	44	5571161	2891688	2546517	3432753
其他水利管理业	44	5571161	2891688	2546517	3432753
生态保护和环境治理业	47	3720073	246678	1236365	1053311
生态保护	34	1802537	151515	956587	848186
自然生态系统保护管理	21	1136137	104035	450478	342110
自然遗迹保护管理	1	***	***	***	***
野生动物保护	6	100498	2461	36057	34283
野生植物保护	1	***	***	***	***
动物园、水族馆管理服务	2	***	***	***	***
其他自然保护	3	77024	6849	91164	99365
环境治理业	13	1917536	95162	279777	205125
水污染治理	3	156737	1433	82800	68207
大气污染治理	4				
固体废物治理	3	53334	4502	60572	37538
噪声与振动控制服务	1	***	***	***	***
其他污染治理	2	***	***	***	***

9-2 续表 1

单位：千元

项　　目	法人单位数（个）	资产总计	负债合计	收入合计	支出（费用）合计
公共设施管理业	437	27262927	4788787	25087102	24136099
市政设施管理	53	3490590	374171	3965066	3953787
市政设施管理	53	3490590	374171	3965066	3953787
环境卫生管理	170	8702217	747684	10293692	9655944
环境卫生管理	170	8702217	747684	10293692	9655944
城乡市容管理	28	16332	3856	47217	46004
城乡市容管理	28	16332	3856	47217	46004
绿化管理	88	5742585	1629499	5085761	4838056
绿化管理	88	5742585	1629499	5085761	4838056
城市公园管理	76	8997523	1932988	5127205	5048107
城市公园管理	76	8997523	1932988	5127205	5048107
游览景区管理	22	313680	100589	568161	594202
名胜风景区管理	12	215873	85825	323033	359184
森林公园管理	5	72824	12572	204593	200973
其他游览景区管理	5	24982	2193	40535	34045
土地管理业	20	7584687	6748993	242226	234412
土地整治服务	2	***	***	***	***
土地整治服务	2	***	***	***	***
土地调查评估服务	2	***	***	***	***
土地调查评估服务	2	***	***	***	***
土地登记服务	6	8808	352	30137	29637
土地登记服务	6	8808	352	30137	29637
土地登记代理服务	3				
土地登记代理服务	3				
其他土地管理服务	7	7369145	6732272	74984	66449
其他土地管理服务	7	7369145	6732272	74984	66449
其他污染治理	2	***	***	***	***

9-2 续表 2 单位：千元

项　　目	法人单位数（个）	资产总计	负债合计	收入合计	支出（费用）合计
二、按登记注册类型分					
内资	621	51034309	16819675	33872523	34014838
国有	541	48657467	16316403	32175272	32659622
集体	30	989276	64146	595584	353120
私营合伙	1	***	***	***	***
其他	49	1331042	439082	1066976	986169
三、按隶属关系分					
中央	22	3096342	86609	529555	465196
地方	599	47937968	16733065	33342968	33549641
四、按地区分					
东城区	55	9152108	6970544	2278490	2084826
西城区	50	6453767	720202	6649280	6551040
朝阳区	53	4386340	1066994	4817327	4549444
丰台区	47	4571288	449310	3196600	3337118
石景山区	22	1093275	181999	815353	728387
海淀区	66	7617246	658385	4630995	4369897
门头沟区	27	535206	41686	380996	354668
房山区	37	808157	245620	193708	201740
通州区	47	5063295	3136885	3496855	4230196
顺义区	45	1166733	355859	666800	612202
昌平区	67	1668763	236249	1461742	1260020
大兴区	22	4253652	1273300	661402	667497
怀柔区	19	1977273	1142894	3145537	3186215
平谷区	4	111042	5538	26307	32455
密云区	30	1311339	194021	940826	1332224
延庆区	30	864823	140190	510306	516909

9-3 规模以上水利、环境和公共设施

项目	法人单位数（个）	年初存货	流动资产合计	#交易性金融资产	#应收账款
合计	**330**	**29318946**	**122277451**	**69259**	**28439685**
一、按行业分（分到小类）					
水利管理业	13	169174	13212279		7569244
水资源管理	4	166552	11306243		7401015
水资源管理	4	166552	11306243		7401015
天然水收集与分配	5	341	311269		56341
天然水收集与分配	5	341	311269		56341
水文服务	1	***	***	***	***
水文服务	1	***	***	***	***
其他水利管理业	3	2281	1585645		110391
其他水利管理业	3	2281	1585645		110391
生态保护和环境治理业	69	2682226	30656709	3031	11573376
生态保护	5	6177	719829		-171
动物园、水族馆管理服务	5	6177	719829		-171
环境治理业	64	2676049	29936880	3031	11573547
水污染治理	36	1508050	21219164	3031	9062012
大气污染治理	10	550690	3008648		1074256
固体废物治理	7	88752	908126		288400
危险废物治理	3	32602	2022189		91057
土壤污染治理与修复服务	2	***	***	***	***
其他污染治理	6	65553	788481		446621
公共设施管理业	239	6273840	43545834	58228	8991760
市政设施管理	7	8053	7346585		70033
市政设施管理	7	8053	7346585		70033
环境卫生管理	48	79445	6638121	3050	732789
环境卫生管理	48	79445	6638121	3050	732789
城乡市容管理	2	***	***	***	***
城乡市容管理	2	***	***	***	***
绿化管理	119	6100686	25566808	55128	7151175
绿化管理	119	6100686	25566808	55128	7151175
城市公园管理	10	22895	2054874		965539

管理业法人单位财务状况（企业会计准则）

单位：千元

#存货	固定资产原价	累计折旧	#本年折旧	在建工程	无形资产	资产总计
31546135	**192054840**	**22392193**	**4868852**	**77209053**	**6475673**	**406817909**
165096	137941548	14710249	3615889	13446895	69747	154717998
164384	137192769	14357727	3588030	13446895	45808	148003623
164384	137192769	14357727	3588030	13446895	45808	148003623
318	719975	337167	25308		19231	899197
318	719975	337167	25308		19231	899197
***	***	***	***	***	***	***
***	***	***	***	***	***	***
394	25419	12577	2286		4708	5805449
394	25419	12577	2286		4708	5805449
4216302	4620122	1478068	298766	430949	504632	41663373
7658	1015022	530594	38738	67276	9969	1432455
7658	1015022	530594	38738	67276	9969	1432455
4208644	3605100	947474	260028	363673	494663	40230918
2616812	770962	260098	49252	246678	375274	27118080
671694	1947879	278104	130963	70278	58761	5371296
160995	253418	123071	21755	24406	10547	1221688
31203	430502	206951	39018	4329	19678	3325805
***	***	***	***	***	***	***
47505	74453	22334	7577	3858	29158	1031496
6143870	48057848	5887606	901010	39395558	5838426	139153093
8320	30020938	111255	12125	29154138	444665	68122778
8320	30020938	111255	12125	29154138	444665	68122778
91273	5250076	2387222	386511	1216179	430357	15775542
91273	5250076	2387222	386511	1216179	430357	15775542
***	***	***	***	***	***	***
***	***	***	***	***	***	***
5954195	2160889	1239979	98055	125707	240444	28268446
5954195	2160889	1239979	98055	125707	240444	28268446
23365	2620660	756426	87507	8513751	4210241	17088877

9-3 续表 1

项　　目	法人单位数（个）	年初存货	流动资产合　计	#交易性金融资产	#应收账款
城市公园管理	10	22895	2054874		965539
游览景区管理	53	59277	1820569	50	54921
名胜风景区管理	20	24253	841445		-5372
森林公园管理	4	616	7888		2
其他游览景区管理	29	34408	971236	50	60291
土地管理业	9	20193706	34862629	8000	305305
土地整治服务	5	5005032	13974346	8000	295593
土地整治服务	5	5005032	13974346	8000	295593
土地调查评估服务	1	***	***	***	***
土地调查评估服务	1	***	***	***	***
其他土地管理服务	3	15188674	20865994		9398
其他土地管理服务	3	15188674	20865994		9398
二、按登记注册类型分					
内资	312	28663534	106157485	69259	22595938
国有	22	641086	13642048		8100241
集体	12	605	81096		7565
股份合作	3	2429	18029		3003
国有与集体联营	2	***	***	***	***
国有独资公司	21	915398	17970194		1079123
其他有限责任公司	140	21734695	45507400	11050	3510951
股份有限公司	24	2273672	14452737	30000	3776022
私营独资	1	***	***	***	***
私营有限责任公司	82	2726137	13163655	27678	5945793
私营股份有限公司	5	367017	1131357	531	173221
港澳台商投资	10	42549	2437653		291951
与港澳台商合资经营	4	22647	476942		-8973
与港澳台商合作经营	1	***	***	***	***
港澳台商独资	5	19069	1940440		297322
外商投资	8	612863	13682313		5551796
中外合资经营	5	528460	13319010		5485232

单位：千元

	固定资产原价	累计折旧		在建工程	无形资产	资产总计
#存货			#本年折旧			
23365	2620660	756426	87507	8513751	4210241	17088877
66712	7997834	1387972	316044	385783	509623	9765158
26693	6861743	864618	259146	248201	375014	7829762
589	11411	7959	921	995		12547
39430	1124680	515395	55977	136587	134609	1922849
21020867	1435322	316270	53187	23935651	62868	71283445
6216091	526042	77506	12994	22531104	40622	44740608
6216091	526042	77506	12994	22531104	40622	44740608
***	***	***	***	***	***	***
***	***	***	***	***	***	***
14804776	900666	231155	39955	1404547	22246	26517536
14804776	900666	231155	39955	1404547	22246	26517536
30532026	184988177	20841198	4607203	77015696	6098757	377099096
627805	139207447	15179543	3660304	13540852	4107188	155488526
716	300266	71184	7602	2361	69	324815
2430	9797	1717		1028		27137
***	***	***	***	***	***	***
2124452	35727686	2225126	329335	42735778	510745	106580828
21939702	7846279	2422009	451125	20510476	682629	78256446
3144253	721219	303199	73855	75850	151519	19824709
***	***	***	***	***	***	***
2034418	869682	446096	68073	141053	497907	14730921
655758	156277	71509	13660	7258	10522	1487728
68896	6594390	1218401	242065	180190	342937	12751618
24823	6518763	1161458	238269	180190	337589	6539650
***	***	***	***	***	***	***
43263	74660	56236	3733		5309	6191397
945213	472273	332594	19584	13167	33979	16967195
864796	201230	128136	10558	8838	14312	16497547

9-3 续表 2

项目	法人单位数（个）	年初存货	流动资产合计	#交易性金融资产	#应收账款
中外合作经营	1	***	***	***	***
外资企业	2	***	***	***	***
三、按隶属关系分					
中央	8	552660	12444205		7504389
地方	322	28766286	109833246	69259	20935296
四、按控股情况分					
国有控股	105	21943039	75874593	8000	11841748
集体控股	37	26634	1452824		144158
私人控股	166	6607243	27970638	61259	10567257
港澳台商控股	10	21266	2275860		301274
外商控股	6	415020	13219322		5469252
其他	3	305613	915374		113630
五、按地区分					
东城区	6	518248	1395724		246768
西城区	22	245253	12922961	3110	7374181
朝阳区	63	2272357	16958999	24058	3330158
丰台区	16	46005	7730769		75710
石景山区	8	451829	2011957	2500	610381
海淀区	74	19566042	53277651	31541	14114472
门头沟区	1	***	***	***	***
房山区	14	2471159	7699982	8000	569779
通州区	6	78645	2407490		213851
顺义区	25	2670284	5756667		966081
昌平区	13	129948	2817093		245919
大兴区	13	330997	5571745		297070
怀柔区	18	72738	383705	50	25645
平谷区	15	91155	688740		125257
密云区	16	35923	328828		36404
延庆区	14	6417	1151063		9403
北京经济技术开发区	6	331935	1162517		195334

单位：千元

#存货	固定资产原价	累计折旧	#本年折旧	在建工程	无形资产	资产总计
***	***	***	***	***	***	***
***	***	***	***	***	***	***
886448	137582376	14572161	3604159	13460436	4437	149068628
30659687	54472464	7820032	1264693	63748617	6471236	257749281
23718240	184163283	19028493	4423908	76712401	5271018	342729568
32391	1353892	492088	68477	58984	143236	3120391
6500899	4394515	1477327	312413	396027	971434	35541741
45285	1029854	759301	28008	623	38853	6844814
747615	458080	326785	18211	13167	30513	16462201
501617	36441	12461	2498	24422	1275	1107631
515023	164677	102564	10735	30871	80242	1599924
278759	137987674	14818395	3643787	13462956	14075	149872616
2733546	7459458	3348195	385538	9291841	4136793	39680703
46735	30485195	322902	29403	29183991	714020	69065061
853359	184067	92354	12083	6617	17847	2194151
19264303	4366797	1189867	264694	1549801	507484	68383959
***	***	***	***	***	***	***
3019296	579207	235634	36474	18753333	2633	27007264
116937	504118	143898	51220	6992	24459	7044756
2356381	363832	133117	30366	137056	71224	6279196
298902	351631	197585	13302	1073	25442	4183211
1283558	1094317	264030	48590	4167148	75868	18533569
85394	931427	294829	41386	80478	73283	1293592
106999	281404	128355	19835	269162	8629	1155499
41238	5827290	532336	218344	202710	307589	6328771
12621	1359213	539841	52373	40205	128461	2342709
532751	112340	46748	10417	24819	287624	1840717

9-3 续表 3

项　　目	流动负债合　计	#应付账款	非流动负债合计	#应付债券	负债合计
合　计	**99328650**	**22825666**	**127392205**	**2188465**	**226720855**
一、按行业分（分到小类）					
水利管理业	6652762	2142578	44635747		51288509
水资源管理	3208140	2060268	44606667		47814807
水资源管理	3208140	2060268	44606667		47814807
天然水收集与分配	318590	70170	22532		341122
天然水收集与分配	318590	70170	22532		341122
水文服务	***	***	***	***	***
水文服务	***	***	***	***	***
其他水利管理业	3117884	8009	6548		3124432
其他水利管理业	3117884	8009	6548		3124432
生态保护和环境治理业	22500771	8525568	2904943	995742	25405714
生态保护	450059	24290	115798		565857
动物园、水族馆管理服务	450059	24290	115798		565857
环境治理业	22050712	8501278	2789145	995742	24839857
水污染治理	16380233	6143125	2063164	995742	18443397
大气污染治理	2677710	864905	524073		3201783
固体废物治理	556258	285243	6283		562541
危险废物治理	488678	126588	66993		555671
土壤污染治理与修复服务	***	***	***	***	***
其他污染治理	493301	266327	22501		515802
公共设施管理业	31165982	11247804	58091684		89257666
市政设施管理	1240688	291327	44149044		45389732
市政设施管理	1240688	291327	44149044		45389732
环境卫生管理	4414762	871063	4662105		9076867
环境卫生管理	4414762	871063	4662105		9076867
城乡市容管理	***	***	***	***	***
城乡市容管理	***	***	***	***	***
绿化管理	19973169	9421024	996934		20970103
绿化管理	19973169	9421024	996934		20970103
城市公园管理	2870491	126785	5671561		8542052

单位：千元

所有者权益合计	#实收资本	国家资本	集体资本	法人资本	个人资本	港澳台资本
180097054	**28107105**	**3805523**	**606438**	**15264739**	**4505250**	**3185304**
103429489	3651933	603160		293149	255624	2500000
100188816	696115	300000		145491	250624	
100188816	696115	300000		145491	250624	
558075	438818	303160		135658		
558075	438818	303160		135658		
***	***	***	***	***	***	***
***	***	***	***	***	***	***
2681017	2515000			10000	5000	2500000
2681017	2515000			10000	5000	2500000
16257659	7705111	209897	12843	5590109	1098331	54080
866598	520441			373519	3750	
866598	520441			373519	3750	
15391061	7184670	209897	12843	5216590	1094581	54080
8674683	3308260	5100		2200980	568794	54080
2169513	1442875	142797		965440	306536	
659147	318613	62000	12843	85918	131903	
2770134	1814073			1750651	100	
***	***	***	***	***	***	***
515694	191300			104052	87248	
49895427	13364516	1820466	593595	7787716	2531515	631224
22733046	1263724			1256058	7666	
22733046	1263724			1256058	7666	
6698675	4944998	1358714	198523	2541795	771886	74080
6698675	4944998	1358714	198523	2541795	771886	74080
***	***	***	***	***	***	***
***	***	***	***	***	***	***
7298343	4167892	222029	96546	2148110	1599915	101292
7298343	4167892	222029	96546	2148110	1599915	101292
8546825	437960	108123	221499	54838	53500	

9-3 续表 4

项　　　目	流动负债合　计	#应付账款	非 流 动负债合计	#应付债券	负债合计
城市公园管理	2870491	126785	5671561		8542052
游览景区管理	2585164	523560	2612040		5197204
名胜风景区管理	1830833	477304	2131346		3962179
森林公园管理	6715	558	703		7418
其他游览景区管理	747616	45698	479991		1227607
土地管理业	39009135	909716	21759831	1192723	60768966
土地整治服务	29227560	301509	11673092		40900652
土地整治服务	29227560	301509	11673092		40900652
土地调查评估服务	***	***	***	***	***
土地调查评估服务	***	***	***	***	***
其他土地管理服务	9765915	596555	10086739	1192723	19852654
其他土地管理服务	9765915	596555	10086739	1192723	19852654
二、按登记注册类型分					
内资	82821144	18644165	124681121	1192723	207502265
国有	5388768	1940733	46789786		52178554
集体	144243	13721	8797		153040
股份合作	5048	555	530		5578
国有与集体联营	***	***	***	***	***
国有独资公司	16611160	2155809	55375215		71986375
其他有限责任公司	41976316	5722545	20741070		62717386
股份有限公司	7247729	3013664	1651448	1192723	8899177
私营独资	***	***	***	***	***
私营有限责任公司	10380412	5187336	60691		10441103
私营股份有限公司	961199	609643	50594		1011793
港澳台商投资	5127165	670015	1277036		6404201
与港澳台商合资经营	1642770	477281	1253895		2896665
与港澳台商合作经营	***	***	***	***	***
港澳台商独资	3480994	192112	23141		3504135
外商投资	11380341	3511486	1434048	995742	12814389
中外合资经营	11097497	3354286	1434030	995742	12531527

单位：千元

所有者权益合计	#实收资本					
		国家资本	集体资本	法人资本	个人资本	港澳台资本
8546825	437960	108123	221499	54838	53500	
4567954	2520642	131600	77027	1767615	88548	455852
3867583	2044179	90500	51300	1435540	17487	449352
5129	1680	600		1040	40	
695242	474783	40500	25727	331035	71021	6500
10514479	3385545	1172000		1593765	619780	
3839956	1532960	460000		1072960		
3839956	1532960	460000		1072960		
***	***	***	***	***	***	***
***	***	***	***	***	***	***
6664882	1850585	712000		518805	619780	
6664882	1850585	712000		518805	619780	
169596831	22114279	3775523	606438	13226282	4471434	6500
103309972	761448	708610		52838		
171775	94977		90877	4100		
21559	10717			10340	377	
***	***	***	***	***	***	***
34594453	3857085	1336614		2520471		
15539060	10059201	1510587	121124	7727915	693075	6500
10925532	3849919	126589	186783	1647318	1861127	
***	***	***	***	***	***	***
4289818	3006835	14500	100	1230525	1761710	
475935	187500			32355	155145	
6347417	4421510	30000		1212706		3178804
3642985	1787108	30000		1208786		548322
***	***	***	***	***	***	***
2687262	2626402					2626402
4152806	1571316			825751	33816	
3966020	1378631			825751	33816	

9-3 续表 5

项目	流动负债合计	#应付账款	非流动负债合计	#应付债券	负债合计
中外合作经营	***	***	***	***	***
外资企业	***	***	***	***	***
三、按隶属关系分					
中央	4474003	2895828	44591714		49065717
地方	94854647	19929838	82800491	2188465	177655138
四、按控股情况分					
国有控股	62005140	8623839	123389301	1192723	185394441
集体控股	1115602	253908	449017		1564619
私人控股	20254128	9986122	1377458		21631586
港澳台商控股	3927770	234179	28541		3956311
外商控股	11134337	3364187	1434048	995742	12568385
其他	828007	353365			828007
五、按地区分					
东城区	1240094	516323	329		1240423
西城区	4511150	2502329	44697591		49208741
朝阳区	10764784	3321279	10108094	1192723	20872878
丰台区	2016644	380519	44167949		46184593
石景山区	1480543	1090758	34529		1515072
海淀区	36763769	11052662	12977817	995742	49741586
门头沟区	***	***	***	***	***
房山区	19530178	627557	6479622		26009800
通州区	3822317	309120	6566		3828883
顺义区	2863365	1075444	2426030		5289395
昌平区	954079	261849	5395		959474
大兴区	10612467	443257	3759006		14371473
怀柔区	671343	93719	181597		852940
平谷区	636837	168285	136124		772961
密云区	1534372	498867	1252638		2787010
延庆区	762588	31086	1158213		1920801
北京经济技术开发区	1172439	438416	705		1173144

单位：千元

所有者权益合计	#实收资本	国家资本	集体资本	法人资本	个人资本	港澳台资本
***	***	***	***	***	***	***
***	***	***	***	***	***	***
100002911	704345	372000	12843	281502	38000	
80094143	27402760	3433523	593595	14983237	4467250	3185304
157335127	14507303	3388690	16843	10105710	639030	357030
1555772	996956	73123	586020	232753	105060	
13910155	7752971	15300	75	3922701	3760160	
2888503	2899745	30000	3500	37971		2828274
3893816	1483720			798604		
279624	168000			167000	1000	
359501	214748	20000		90778	103970	
100663875	852612	335000		412768	104844	
18807825	4523688	1371114	25401	1376685	1344747	175372
22880468	1636149	143123	247144	1221752	20050	4080
679079	341255	62000	12843	193103	73309	
18642373	9187053	748308	196283	6251567	1494735	50000
***	***	***	***	***	***	***
997464	967690	560500	40000	344190	23000	
3215873	2790922			125000	102600	2500000
989801	612934	13229		459683	140022	
3223737	1943608	28367	10790	1760133	144318	
4162096	1292532		33450	1064595	194487	
440652	492480	69000	2000	365620	55860	
382538	304299		3785	142310	158204	
3541761	1603894	1250	10800	1191955	40537	359352
421908	531881	331043	19942	80829	3567	96500
667573	791360	122589	4000	183771	481000	

9-3 续表 6

项　　目	外商资本	营业收入	营业成本	税金及附加	销售费用
合　计	**739851**	**56269708**	**46295365**	**401898**	**1849464**
一、按行业分（分到小类）					
水利管理业		8389020	7734666	85208	35792
水资源管理		7731706	7388142	81350	33947
水资源管理		7731706	7388142	81350	33947
天然水收集与分配		374011	276498	1519	
天然水收集与分配		374011	276498	1519	
水文服务	***	***	***	***	***
水文服务	***	***	***	***	***
其他水利管理业		249052	44558	2194	832
其他水利管理业		249052	44558	2194	832
生态保护和环境治理业	739851	14587912	10634520	56060	629341
生态保护	143172	628822	164042	4080	112840
动物园、水族馆管理服务	143172	628822	164042	4080	112840
环境治理业	596679	13959090	10470478	51980	516501
水污染治理	479306	8894206	6661465	23978	284760
大气污染治理	28102	2052744	1557408	13086	102438
固体废物治理	25949	426961	305139	4324	24427
危险废物治理	63322	776855	537944	4151	55299
土壤污染治理与修复服务	***	***	***	***	***
其他污染治理		724249	544494	2344	23586
公共设施管理业		29060187	23169795	218886	1139259
市政设施管理		272797	199142	3386	1421
市政设施管理		272797	199142	3386	1421
环境卫生管理		6047158	4795950	36214	133482
环境卫生管理		6047158	4795950	36214	133482
城乡市容管理	***	***	***	***	***
城乡市容管理	***	***	***	***	***
绿化管理		19288735	17031856	107974	189001
绿化管理		19288735	17031856	107974	189001
城市公园管理		729244	137195	34981	195387

单位：千元

管理费用	财务费用	#利息收入	#利息支出	资产减值损失	公允价值变动收益	投资收益
5750463	**2148798**	**384056**	**2426403**	**271425**	**22133**	**892563**
616781	1430029	16960	1445741	25597		5181
382809	1430075	15206	1445190	25627		526
382809	1430075	15206	1445190	25627		526
90652	-628	780	150	-30		1825
90652	-628	780	150	-30		1825
***	***	***	***	***	***	***
***	***	***	***	***	***	***
136111	581	974	400			2830
136111	581	974	400			2830
1486780	345629	115516	409882	159705		151777
136778	7620	9180	15761	1078		-500
136778	7620	9180	15761	1078		-500
1350002	338009	106336	394121	158627		152277
805535	260407	60998	280184	91226		87181
225428	80312	8141	84231	34494		2038
80567	3980	955	1600	1058		14855
66460	-29276	34675	5346	12745		38140
***	***	***	***	***	***	***
74666	4509	462	4053	1356		6224
3375826	271887	99958	320356	106760	376	543912
67599	7660	598	8102	723		190605
67599	7660	598	8102	723		190605
682722	81755	32144	94190	896		305558
682722	81755	32144	94190	896		305558
***	***	***	***	***	***	***
***	***	***	***	***	***	***
1307787	92114	53398	123314	105202	376	25120
1307787	92114	53398	123314	105202	376	25120
472731	-2597	6980	74	-1		

9-3 续表 7

项目	外商资本	营业收入	营业成本	税金及附加	销售费用
城市公园管理		729244	137195	34981	195387
游览景区管理		2540168	882970	35325	596091
名胜风景区管理		1712967	655928	26134	453064
森林公园管理		13618	3736	87	5898
其他游览景区管理		813583	223306	9104	137129
土地管理业		4232589	4756384	41744	45072
土地整治服务		1136292	1807868	10931	9947
土地整治服务		1136292	1807868	10931	9947
土地调查评估服务	***	***	***	***	***
土地调查评估服务	***	***	***	***	***
其他土地管理服务		3046589	2925238	30692	35125
其他土地管理服务		3046589	2925238	30692	35125
二、按登记注册类型分					
内资	28102	51143168	42996199	373601	1338311
国有		8793273	8083835	98642	34482
集体		210120	175481	6605	9589
股份合作		18785	15936	164	1431
国有与集体联营	***	***	***	***	***
国有独资公司		7083934	6085431	73703	184470
其他有限责任公司		19900238	16913069	136305	588417
股份有限公司	28102	5966619	4325856	25127	253871
私营独资	***	***	***	***	***
私营有限责任公司		8344279	6724396	29622	226296
私营股份有限公司		752523	636862	3150	11972
港澳台商投资		1782086	679395	24125	412865
与港澳台商合资经营		1131459	339365	20811	367164
与港澳台商合作经营	***	***	***	***	***
港澳台商独资		617539	324454	3245	45701
外商投资	711749	3344454	2619771	4172	98288
中外合资经营	519064	3181485	2526138	2922	95563

单位：千元

管理费用	财务费用			资产减值损失	公允价值变动收益	投资收益
		#利息收入	#利息支出			
472731	-2597	6980	74	-1		
814973	93109	6681	94676	-135		22171
552502	73225	1782	70973	11		22120
7668	-1	19	11			
254803	19885	4880	23692	-146		51
271076	101253	151622	250424	-20637	21757	191693
116298	129125	40615	168733		21757	-223
116298	129125	40615	168733		21757	-223
***	***	***	***	***	***	***
***	***	***	***	***	***	***
129780	-27845	110980	81691	-20637		191916
129780	-27845	110980	81691	-20637		191916
5048458	1881842	358912	2152609	269156	22133	887163
878724	1424549	18707	1442535			130
28880	-242	255	7			
449	-7	7				
***	***	***	***	***	***	***
619440	13718	48554	59716	6410	21757	472677
1841235	268604	153860	396279	45806	386	322649
762440	47866	129818	140316	152641		87253
***	***	***	***	***	***	***
815137	122838	6691	108161	55620	-10	7773
75781	4434	982	5504	8679		-3319
430893	50122	7971	51108	10		
260972	48658	4935	50889	10		
***	***	***	***	***	***	***
162913	1623	2873	219			
271112	216834	17173	222686	2259		5400
211873	215003	16433	222686	2259		5400

9-3 续表 8

项目	外商资本	营业收入	营业成本	税金及附加	销售费用
中外合作经营	***	***	***	***	***
外资企业	***	***	***	***	***
三、按隶属关系分					
中央		8826070	8494471	86264	14894
地方	739851	47443638	37800894	315634	1834570
四、按控股情况分					
国有控股		31075870	27138627	292221	952887
集体控股		1387197	874455	13868	165490
私人控股	54735	19001161	14693842	83658	563049
港澳台商控股		792829	412310	8202	64965
外商控股	685116	2983096	2374403	2183	83785
其他		648417	586785	881	19288
五、按地区分					
东城区		763324	706176	11247	7060
西城区		9861439	9304911	93490	13377
朝阳区	230369	10131603	7928898	95836	369486
丰台区		841176	613772	6269	27828
石景山区		1795433	1630114	9351	20672
海淀区	446160	18673539	14952354	99141	396600
门头沟区	***	***	***	***	***
房山区		1817970	2348555	12044	27764
通州区	63322	1452058	1006671	4571	3643
顺义区		3175331	2848709	15050	37871
昌平区		1218061	835994	5493	61781
大兴区		2241790	1628015	16657	233069
怀柔区		407341	181189	3975	83893
平谷区		686300	532715	2424	46216
密云区		1273380	492288	17304	372406
延庆区		863405	340435	4010	101215
北京经济技术开发区		1023420	906586	4742	44252

单位：千元

管理费用	财务费用			资产减值损失	公允价值变动收益	投资收益
		#利息收入	#利息支出			
***	***	***	***	***	***	***
***	***	***	***	***	***	***
468991	1424710	19703	1443981	1573		17685
5281472	724088	364353	982422	269852	22133	874878
2713756	1646651	303330	1930655	27647	22143	773509
304077	11071	5389	10409	430		12699
1944250	273260	45082	252086	243226	-10	103874
229707	-2038	6740	250	10		
227621	214616	16951	220746			2481
63694	5601	6196	12257	112		
36817	-2292	2511	1			
561817	1419249	30505	1452050	2159	386	8468
1238419	42737	127689	151614	30021	-10	344949
186170	12988	3172	10053	-5		191035
106174	1696	1967	3434	1709		14747
1631362	456066	115788	505670	203925		272801
***	***	***	***	***	***	***
149636	137396	33507	169065	1139		7871
185484	2517	3302	606	337		
248855	533	6355	4305	4479		
121954	-33823	39033	5192	9451		36253
263219	-1350	8816	5827	18	21757	-5016
121115	21057	1935	21999	-145		22039
77529	3322	850	2051			
245576	52423	1321	51097			
438282	23144	794	23697	9		
134661	13142	6511	19742	18328		-584

9-3 续表 9

项　　目	资产处置收益	其他收益	营业利润	营业外收　入
合　计	**1442**	**235060**	**703531**	**1370796**
一、按行业分（分到小类）				
水利管理业	628	12823	-1520421	10564
水资源管理		1626	-1608092	1481
水资源管理		1626	-1608092	1481
天然水收集与分配	628	2447	10900	8620
天然水收集与分配	628	2447	10900	8620
水文服务	***	***	***	***
水文服务	***	***	***	***
其他水利管理业		8750	76356	463
其他水利管理业		8750	76356	463
生态保护和环境治理业	64	55361	1483079	49260
生态保护		1575	203459	2915
动物园、水族馆管理服务		1575	203459	2915
环境治理业	64	53786	1279620	46345
水污染治理	-6	15056	869066	43521
大气污染治理	171	24509	66296	866
固体废物治理		5014	27335	303
危险废物治理	-40	3321	170953	1497
土壤污染治理与修复服务	***	***	***	***
其他污染治理	-61	4471	83928	118
公共设施管理业	698	155514	1478312	368502
市政设施管理		134	183605	1398
市政设施管理		134	183605	1398
环境卫生管理	-9	102183	723871	58630
环境卫生管理	-9	102183	723871	58630
城乡市容管理	***	***	***	***
城乡市容管理	***	***	***	***
绿化管理	626	13022	493983	65277
绿化管理	626	13022	493983	65277
城市公园管理	32	12626	-95794	174496

单位：千元

营业外支出	利润总额	应　交 所得税	应付职工薪酬 （本年贷方累计 发生额）	#社会保险费 和住房公积金	应　交 增值税
92475	**1985335**	**633311**	**7484581**	**1548789**	**1846136**
5170	-1511544	31630	842220	201411	580206
2865	-1609476	14678	622529	149689	557224
2865	-1609476	14678	622529	149689	557224
2193	20810	5053	135472	35937	9456
2193	20810	5053	135472	35937	9456
***	***	***	***	***	***
***	***	***	***	***	***
112	76707	11857	78569	15168	12319
112	76707	11857	78569	15168	12319
26807	1505532	232173	1596126	302378	263566
4163	202211	50144	132966	22835	17130
4163	202211	50144	132966	22835	17130
22644	1303321	182029	1463160	279543	246436
8389	904198	123244	860055	159520	106022
10693	56469	10928	234562	50657	66178
819	26819	2189	69872	15360	12285
1327	171123	24783	70639	13613	24236
***	***	***	***	***	***
546	83500	13531	109294	19809	12506
59018	1787796	358610	4865375	1010474	916014
426	184577	1803	133011	32113	4387
426	184577	1803	133011	32113	4387
16666	765835	115975	2062686	433992	134518
16666	765835	115975	2062686	433992	134518
***	***	***	***	***	***
***	***	***	***	***	***
23975	535285	117948	1436090	286593	714531
23975	535285	117948	1436090	286593	714531
1660	77042	26783	332456	78847	13652

9-3 续表 10

项　　目	资产处置收益	其他收益	营业利润	营业外收　入
城市公园管理	32	12626	-95794	174496
游览景区管理	49	26742	166797	68574
名胜风景区管理	-3	21620	-4160	44704
森林公园管理		1391	-2379	1693
其他游览景区管理	52	3731	173336	22177
土地管理业	52	11362	-737439	942470
土地整治服务		181	-916162	942157
土地整治服务		181	-916162	942157
土地调查评估服务	***	***	***	***
土地调查评估服务	***	***	***	***
其他土地管理服务	52	11181	177385	198
其他土地管理服务	52	11181	177385	198
二、按登记注册类型分				
内资	1445	202549	348929	1354005
国有	32	14001	-1712796	73167
集体			-10193	9020
股份合作		10	822	
国有与集体联营	***	***	***	***
国有独资公司	24	93432	688652	181114
其他有限责任公司	741	83162	513778	1051813
股份有限公司	166	10754	496991	6214
私营独资	***	***	***	***
私营有限责任公司	482	535	379150	26294
私营股份有限公司		81	8407	3008
港澳台商投资	-3	29979	214652	5307
与港澳台商合资经营	-3	19708	114184	4319
与港澳台商合作经营	***	***	***	***
港澳台商独资		10271	89874	574
外商投资		2532	139950	11484
中外合资经营		2532	135659	11258

单位：千元

营业外支出	利润总额	应　交 所得税	应付职工薪酬 （本年贷方累计 发生额）	#社会保险费 和住房公积金	应　交 增值税
1660	77042	26783	332456	78847	13652
16253	219118	95648	804191	171443	40969
13096	27448	37783	580321	125448	21157
	-686	14	6588	1014	674
3157	192356	57851	217282	44981	19138
1480	203551	10898	180860	34526	86350
938	25057	795	69936	14150	37928
938	25057	795	69936	14150	37928
***	***	***	***	***	***
***	***	***	***	***	***
505	177078	9749	102907	18113	47422
505	177078	9749	102907	18113	47422
88216	1618201	554825	6748161	1403157	1765456
14195	-1650341	28744	1226761	297939	555919
200	-1373	2224	80696	14883	1806
	822	123	1688	66	1370
***	***	***	***	***	***
11775	857991	71262	1167824	280395	189501
32863	1532728	313510	2480166	492100	660703
12895	490310	65061	752715	136702	128706
***	***	***	***	***	***
12613	392831	69330	923064	147078	218555
105	11310	4551	71917	20489	6915
529	219430	52240	484071	97180	48286
337	118166	36738	320121	59397	22823
***	***	***	***	***	***
187	90261	12756	158145	36252	25826
3730	147704	26246	252349	48452	32394
2361	144556	24968	213154	42256	30208

9-3 续表 11

项　　目	资产处置收益	其他收益	营业利润	营业外收　入
中外合作经营	***	***	***	***
外资企业	***	***	***	***
三、按隶属关系分				
中央		4367	-1642781	1432
地方	1442	230693	2346312	1369364
四、按控股情况分				
国有控股	794	164249	-735186	1191373
集体控股		12185	42690	44808
私人控股	648	45479	1349867	79450
港澳台商控股		10615	90288	2895
外商控股		2532	85501	11409
其他			-27944	3178
五、按地区分				
东城区		4787	9103	9
西城区		210	-1524500	4127
朝阳区	255	87611	859011	214594
丰台区		6600	191789	6246
石景山区		4513	44977	6020
海淀区	1	58454	1265347	72516
门头沟区	***	***	***	***
房山区	699	5122	-844872	944439
通州区		8750	257585	370
顺义区	478	21401	41751	28480
昌平区	-40	254	253678	3163
大兴区		1366	120269	15147
怀柔区	52	2692	21040	13774
平谷区			24094	1029
密云区	-3	20503	113883	5809
延庆区		924	-42766	53829
北京经济技术开发区		11873	-87002	1244

单位：千元

营业外支出	利润总额	应　交 所得税	应付职工薪酬 （本年贷方累计 发生额）	#社会保险费 和住房公积金	应　交 增值税
***	***	***	***	***	***
***	***	***	***	***	***
1137	-1642486	8401	738792	176411	558817
91338	3627821	624910	6745789	1372378	1287319
40703	415484	342151	4232059	936684	1236554
4778	82720	20147	501507	111568	42573
32730	1396587	229978	2011491	330335	510875
745	92438	21081	228155	52324	30507
3730	93180	17045	215723	42550	24663
113	-24879	2909	100372	25404	921
455	8657	1847	27936	5344	36799
5987	-1526360	31798	1071881	255450	694666
20554	1053051	149064	1513230	329455	319759
1191	196844	10350	226702	48577	26551
3942	47055	3284	169014	30149	42017
16536	1321327	184550	1696746	306250	373415
***	***	***	***	***	***
2422	97145	14306	310362	69326	43385
3088	254867	56697	374480	53672	29361
5240	64991	14559	456631	102224	95706
91	260233	40288	144011	34107	34701
7902	127514	31022	329050	76356	63413
1844	32970	15642	154504	34746	6866
765	24358	11753	136743	15253	18498
541	119151	32291	310679	52655	27980
13908	-2845	38710	337111	80044	7706
8009	-93767	-2864	223648	54679	22860

第十篇

居民服务、修理和其他服务业

10-1 全部居民服务、修理和其他服务业法人单位财务状况（企业会计准则）

单位：千元

项　　目	法人单位数（个）	资产总计	负债合计	营业收入	营业利润
合　计	**36430**	**102144497**	**64197985**	**50996219**	**-2198516**
一、按行业分（分到小类）					
居民服务业	17900	32346784	23550241	13132263	-1472731
家庭服务	2299	2633501	2290727	1932142	-263751
家庭服务	2299	2633501	2290727	1932142	-263751
托儿所服务	36	60057	25308	12917	-6671
托儿所服务	36	60057	25308	12917	-6671
洗染服务	810	1045670	909228	874940	-6325
洗染服务	810	1045670	909228	874940	-6325
理发及美容服务	7773	4967801	4386649	2903617	-428133
理发及美容服务	7773	4967801	4386649	2903617	-428133
洗浴和保健养生服务	3333	7487197	5733445	1926128	-416262
洗浴服务	269	3150686	2414428	1024838	-49170
足浴服务	808	196213	160787	224238	-19675
养生保健服务	2256	4140298	3158231	677052	-347417
摄影扩印服务	2190	3127501	2403953	2290879	-91577
摄影扩印服务	2190	3127501	2403953	2290879	-91577
婚姻服务	769	1281995	1082532	1083097	-107126
婚姻服务	769	1281995	1082532	1083097	-107126
殡葬服务	208	2631066	1842304	1093366	373145
殡葬服务	208	2631066	1842304	1093366	373145
其他居民服务业	482	9111997	4876095	1015175	-526031
其他居民服务业	482	9111997	4876095	1015175	-526031
机动车、电子产品和日用产品修理业	8474	29362657	19749941	19083959	-228412
汽车、摩托车等修理与维护	3731	14990941	10831132	8683662	-298996
汽车修理与维护	3650	14760199	10675476	8427572	-324068
大型车辆装备修理与维护	28	183331	119664	220401	23356
摩托车修理与维护	27	22237	14926	18139	2439
助动车等修理与维护	26	25174	21067	17551	-723
计算机和办公设备维修	2222	8343878	4976660	7289328	104366
计算机和辅助设备修理	1120	4135824	2475124	3519665	-29152
通讯设备修理	268	1118520	560534	454795	6520
其他办公设备维修	834	3089535	1941002	3314868	126998
家用电器修理	1916	5174763	3360082	2567314	22642
家用电子产品修理	433	693618	717067	437815	899
日用电器修理	1483	4481145	2643015	2129499	21743

10-1 续表 1

单位：千元

项　　目	法人单位数（个）	资产总计	负债合计	营业收入	营业利润
其他日用产品修理业	605	853075	582066	543654	-56424
自行车修理	24	10648	4740	6173	-2393
鞋和皮革修理	142	114725	95103	41741	-7747
家具和相关物品修理	91	224534	143145	225462	-13480
其他未列明日用产品修理业	348	503167	339078	270279	-32803
其他服务业	10056	40435055	20897803	18779997	-497373
清洁服务	4692	12240664	7806306	12649583	129268
建筑物清洁服务	1081	1934674	1061183	2964977	-4171
其他清洁服务	3611	10305990	6745123	9684606	133439
宠物服务	582	768521	369415	335552	-66024
宠物饲养	23	43296	27918	747	-1773
宠物医院服务	285	656182	292354	296071	-43480
宠物美容服务	225	47981	40750	26726	-18572
宠物寄托收养服务	13	1729	1187	1580	411
其他宠物服务	36	19334	7207	10429	-2610
其他未列明服务业	4782	27425870	12722082	5794862	-560617
其他未列明服务业	4782	27425870	12722082	5794862	-560617
二、按登记注册类型分					
内资	36251	95319956	59129830	45146967	-2248189
国有	133	1293173	503233	476058	124292
集体	604	4641174	871783	818041	13929
股份合作	435	509360	332497	448914	-8828
国有联营	7	63069	48783	62560	23085
集体联营	16	13612	8016	12925	-750
其他联营	6	1294	470	175	-210
国有独资公司	9	1649662	1180214	618323	91866
其他有限责任公司	1310	20461873	14191072	7683713	-789263
股份有限公司	107	4910871	1997700	708401	-45353
私营独资	2995	1110562	539131	769387	13760
私营合伙	215	248990	97368	92904	11221
私营有限责任公司	30319	58946477	38571868	32843510	-1696564
私营股份有限公司	74	850620	250730	332955	-33704
其他	21	619219	536966	279102	48329
港澳台商投资	57	3993382	2993027	3143562	97334
与港澳台商合资经营	16	1529374	1405359	1290014	-89469

10-1 续表 2

单位：千元

项　　　目	法人单位数（个）	资产总计	负债合计	营业收入	营业利润
与港澳台商合作经营	3	508282	326865	199668	122388
港澳台商独资	37	1955725	1260803	1653880	64415
其他港澳台投资	1	***	***	***	***
外商投资	122	2831159	2075128	2705690	-47661
中外合资经营	30	648880	347481	236796	-75523
中外合作经营	2	***	***	***	***
外资企业	90	2051142	1644846	2408977	6836
三、按隶属关系分					
中央	41	2511945	1575024	657560	92161
地方	36389	99632552	62622960	50338658	-2290677
四、按控股情况分					
国有控股	205	6309945	3924173	2333815	326369
集体控股	1038	5811707	1688535	1523879	71496
私人控股	34293	76253363	47919990	40125024	-2178087
港澳台商控股	59	2860712	2300894	2997781	24971
外商控股	95	2589970	1894528	2590747	38684
其他	702	7384062	5727686	1008350	-600397
五、按地区分					
东城区	1309	3491378	2371930	2394419	-90602
西城区	1571	6617797	2819592	2836842	-43614
朝阳区	7136	26433129	20351826	14345175	-1214915
丰台区	7056	22775228	12256055	8615802	-57991
石景山区	1204	2116223	1224339	1320414	6710
海淀区	3706	14784563	7314640	6696929	-294799
门头沟区	591	2294456	1430473	809259	72082
房山区	1961	2141455	1443548	1154821	-6287
通州区	1928	3944972	2692175	1941587	40985
顺义区	1502	2026292	1583214	1957318	-31417
昌平区	2111	5448741	4061281	2161821	-279889
大兴区	2100	3909927	2212925	2091951	-52507
怀柔区	1617	2052048	1598149	1246057	-44638
平谷区	766	1357278	995684	1367451	-101392
密云区	1171	803412	564265	998731	-48648
延庆区	300	408760	284382	256675	3616
北京经济技术开发区	401	1538837	993507	800967	-55211

10-2　居民服务、修理和其他服务业法人单位财务状况
（行政事业及民间非营利组织会计制度）

单位：千元

项　　目	法人单位数（个）	资产总计	负债合计	收入合计	支出（费用）合计
合　计	**326**	**5385643**	**986643**	**2501065**	**2431002**
一、按行业分（分到小类）					
居民服务业	291	4231543	826173	1933714	1871917
家庭服务	11	12773	18725	13471	18066
家庭服务	11	12773	18725	13471	18066
托儿所服务	3	362	26	480	3701
托儿所服务	3	362	26	480	3701
理发及美容服务	1	***	***	***	***
理发及美容服务	1	***	***	***	***
洗浴和保健养生服务	9	82355	37132	11767	10938
养生保健服务	9	82355	37132	11767	10938
摄影扩印服务	3	236	399	99	625
摄影扩印服务	3	236	399	99	625
婚姻服务	4	1650	408	4202	4578
婚姻服务	4	1650	408	4202	4578
殡葬服务	47	3159685	549884	1349553	1275039
殡葬服务	47	3159685	549884	1349553	1275039
其他居民服务业	213	972620	217778	553682	557961
其他居民服务业	213	972620	217778	553682	557961
机动车、电子产品和日用产品修理业	9	13451	7073	39831	59651
汽车、摩托车等修理与维护	8	5990	2661	20311	20440

10-2 续表 1

单位：千元

项　　目	法人单位数（个）	资产总计	负债合计	收入合计	支出（费用）合计
汽车修理与维护	7	5990	2661	20311	20440
大型车辆装备修理与维护	1	***	***	***	***
家用电器修理	1	***	***	***	***
日用电器修理	1	***	***	***	***
其他服务业	26	1140649	153397	527520	499434
清洁服务	1	***	***	***	***
其他清洁服务	1	***	***	***	***
宠物服务	1	***	***	***	***
其他宠物服务	1	***	***	***	***
其他未列明服务业	24	1140487	153336	527519	499420
其他未列明服务业	24	1140487	153336	527519	499420
二、按登记注册类型分					
内资	326	5385643	986643	2501065	2431002
国有	171	4939309	833645	2153994	2075398
集体	18	178938	27721	64851	63933
集体联营	1	***	***	***	***
其他有限责任公司	1	***	***	***	***
私营独资	15	5844	11773	15315	19683
私营有限责任公司	2	***	***	***	***
其他	118	235211	107192	247027	253632

10-2 续表 2 单位：千元

项　　目	法人单位数（个）	资产总计	负债合计	收入合计	支出（费用）合计
三、按隶属关系分					
中央	7	161964	26328	96155	105393
地方	319	5223679	960316	2404910	2325609
四、按地区分					
东城区	25	276157	66600	78625	76548
西城区	27	146229	39572	173748	181306
朝阳区	53	266771	90097	238781	213485
丰台区	26	1172334	135618	567133	560094
石景山区	14	789991	69624	364575	303754
海淀区	43	1045219	217624	299701	280142
门头沟区	10	179841	24187	66010	105648
房山区	15	354270	126093	89177	93442
通州区	24	288191	41442	101510	111510
顺义区	16	149229	49189	90703	80276
昌平区	27	345947	84045	167962	167751
大兴区	25	202915	17472	177178	173993
怀柔区	4	20867	1066	7524	6852
平谷区	3	46826	9923	17809	17711
密云区	9	34627	6657	27063	26683
延庆区	4	66230	7435	33567	31808
北京经济技术开发区	1	***	***	***	***

10-3 规模以上居民服务、修理和其他

项目	法人单位数（个）	年初存货	流动资产合计	#交易性金融资产	#应收账款
合计	**414**	**1076656**	**15054851**	**222142**	**3061942**
一、按行业分（分到小类）					
居民服务业	107	243908	5248513	145256	575298
家庭服务	10	14807	572330	2700	308987
家庭服务	10	14807	572330	2700	308987
洗染服务	6	1760	231440		19524
洗染服务	6	1760	231440		19524
理发及美容服务	23	62812	683438	9700	102818
理发及美容服务	23	62812	683438	9700	102818
洗浴和保健养生服务	35	20837	1136561		36744
洗浴服务	29	19911	1040511		23909
足浴服务	3	361	37441		10249
养生保健服务	3	565	58609		2586
摄影扩印服务	14	3525	573820	2680	42448
摄影扩印服务	14	3525	573820	2680	42448
婚姻服务	3	964	244032	61783	8581
婚姻服务	3	964	244032	61783	8581
殡葬服务	10	138567	1482315		17645
殡葬服务	10	138567	1482315		17645
其他居民服务业	6	636	324577	68393	38551
其他居民服务业	6	636	324577	68393	38551
机动车、电子产品和日用产品修理业	132	741294	5804452	65388	1279748
汽车、摩托车等修理与维护	89	453131	3241176	34266	545050
汽车修理与维护	88	451601	3206287	34266	519973
大型车辆装备修理与维护	1	***	***	***	***
计算机和办公设备维修	25	230786	2160618	13962	626691
计算机和辅助设备修理	11	59604	1039180		544063
通讯设备修理	4	9673	281189	2	155
其他办公设备维修	10	161509	840249	13960	82473
家用电器修理	15	30483	323798	17160	99045
家用电子产品修理	3	54	55016	2000	12965

服务业法人单位财务状况（企业会计准则）

单位：千元

#存货	固定资产原价	累计折旧	#本年折旧	在建工程	无形资产	资产总计
1112445	**3747687**	**2089682**	**276440**	**259180**	**147467**	**20130562**
244164	968851	665335	70391	210777	66523	7453827
2630	17938	10245	2688		22216	785845
2630	17938	10245	2688		22216	785845
1328	20526	13243	1979		6563	300027
1328	20526	13243	1979		6563	300027
64655	161160	90887	15645	3384	4403	1000310
64655	161160	90887	15645	3384	4403	1000310
19183	317677	274126	19482	36036	22583	1888702
18032	285389	247346	17916	36036	18198	1777638
655	17579	13929	973		124	44445
496	14709	12851	593		4261	66619
10340	169932	105950	10653	2999	822	779853
10340	169932	105950	10653	2999	822	779853
817	26201	7330	3687		1540	355993
817	26201	7330	3687		1540	355993
139966	249992	161267	15949	168358	8369	1958633
139966	249992	161267	15949	168358	8369	1958633
5245	5425	2287	308		27	384464
5245	5425	2287	308		27	384464
779414	1259750	695486	73345	46435	58388	7689217
509066	1086286	574785	56153	39813	21547	4565442
507034	1084841	574043	55998	39813	21539	4529801
***	***	***	***	***	***	***
231547	136381	94446	12731	869	21432	2416254
101140	68924	51684	8868	869	11473	1122743
3816	5158	3007	1295		9713	405903
126591	62299	39755	2568		246	887608
11695	28589	19813	2814	5753	13515	610673
78	11405	10677	461			58455

10-3 续表 1

项　　目	法人单位数（个）	年初存货	流动资产合　计	#交易性金融资产	#应收账款
日用电器修理	12	30429	268782	15160	86080
其他日用产品修理业	3	26894	78860		8962
鞋和皮革修理	1	***	***	***	***
家具和相关物品修理	1	***	***	***	***
其他未列明日用产品修理业	1	***	***	***	***
其他服务业	175	91454	4001886	11498	1206896
清洁服务	155	47238	3126062	6498	1082332
建筑物清洁服务	41	11525	559560	2256	135125
其他清洁服务	114	35713	2566502	4242	947207
宠物服务	2	***	***	***	***
宠物医院服务	2	***	***	***	***
其他未列明服务业	18	40607	804757	5000	123911
其他未列明服务业	18	40607	804757	5000	123911
二、按登记注册类型分					
内资	377	812958	11941258	151069	2482345
国有	7	37738	434105		4339
集体	5	3230	29045		6699
股份合作	6	5124	84743		18532
国有联营	1	***	***	***	***
国有独资公司	7	5792	940048		137464
其他有限责任公司	138	378210	4679732	24116	1147808
股份有限公司	6	69298	726261	16000	77707
私营独资	2	***	***	***	***
私营有限责任公司	196	202246	4248363	49170	1024196
私营股份有限公司	5	4207	190096	61783	66320
其他	4	100457	552229		
港澳台商投资	19	103409	1912727	1680	438963
与港澳台商合资经营	5	18767	419618	1680	202479
与港澳台商合作经营	1	***	***	***	***
港澳台商独资	13	75287	1264631		236484
外商投资	18	160289	1200866	69393	140634
中外合资经营	4	2530	246465	68393	8750

单位：千元

#存货	固定资产原　　价	累计折旧	#本年折旧	在建工程	无形资产	资产总计
11617	17184	9136	2353	5753	13515	552218
27106	8494	6442	1647		1894	96848
***	***	***	***	***	***	***
***	***	***	***	***	***	***
***	***	***	***	***	***	***
88867	1519086	728861	132704	1968	22556	4987518
50243	1380776	633043	123119	1968	16066	4024100
10758	78184	43797	8915	486	1821	614527
39485	1302592	589246	114204	1482	14245	3409573
***	***	***	***	***	***	***
***	***	***	***	***	***	***
34432	118170	88492	7697		6458	870020
34432	118170	88492	7697		6458	870020
840167	3320550	1811980	251691	254791	117721	16257929
32112	316460	184379	16325	2468	412	596372
2343	9222	3277	915			40591
3249	36854	25931	358	1500		103551
***	***	***	***	***	***	***
7523	1154764	490392	89408	64	219	1649313
404539	846042	545168	67445	183638	68073	6412887
67392	35748	18270	3313	1463	11226	893094
***	***	***	***	***	***	***
248099	773273	442763	60244	65658	34855	5630748
6200	41137	30633	5341		2829	245595
63994	56110	38327	5560		107	576150
142538	339969	216769	21016	3984	24103	2531288
33987	38999	31391	4339	869	1098	553441
***	***	***	***	***	***	***
78675	226966	134520	12414	2971	15140	1717624
129740	87168	60933	3733	405	5643	1341345
588	6449	4669	361		27	302070

10-3 续表 2

项　　目	法人单位数（个）	年初存货	流动资产合计	#交易性金融资产	#应收账款
中外合作经营	1	***	***	***	***
外资企业	13	157744	851171	1000	128091
三、按隶属关系分					
中央	8	23332	614925		26940
地方	406	1053324	14439926	222142	3035002
四、按控股情况分					
国有控股	30	74949	2060140		350400
集体控股	20	26296	537440		59324
私人控股	316	592824	8537517	151069	1929953
港澳台商控股	19	96316	1698157	1680	444224
外商控股	18	163062	1335413	69393	256964
其他	5	2215	103363		21077
五、按地区分					
东城区	26	38605	516007	2004	79912
西城区	33	76557	1121573	1471	183284
朝阳区	141	442090	5106772	72920	1114333
丰台区	48	83770	1959590	6000	576836
石景山区	10	1635	253302		19365
海淀区	60	118485	1984780	76842	565677
门头沟区	3	11360	603392		27158
房山区	7	3227	248478		11153
通州区	9	40309	242464	61783	20158
顺义区	21	19738	501387	1000	159672
昌平区	12	132354	1137629		18001
大兴区	8	5742	131772	2	6741
怀柔区	8	26827	307531	120	110871
平谷区	11	31465	456791		101883
密云区	9	22192	109459		22004
延庆区	3	7460	31226		967
北京经济技术开发区	5	14840	342698		43927

单位：千元

#存货	固定资产原价	累计折旧	#本年折旧	在建工程	无形资产	资产总计
***	***	***	***	***	***	***
129122	76498	54055	2923	405	4411	908139
12366	298282	163921	16926	2210	32	792325
1100079	3449405	1925761	259514	256970	147435	19338237
112725	1655664	766872	119685	2513	9995	3048143
27046	102137	56393	9869	489	28	658548
632757	1491169	941519	115902	250191	115056	11683481
115686	269665	168467	17260	3840	16238	2286118
133410	83689	58176	3610	405	5643	1477685
1985	19940	13990	1814	1484		112873
35385	196330	100875	11234	4688	1098	656720
65375	293527	197435	23090	1322	10854	1374110
452740	903489	582276	65367	4705	68310	6339948
80763	1342428	613800	103204	1740	1240	3021207
820	32148	22363	4291	5778	17255	357399
123946	233760	161056	20969	1616	13499	2513121
32009	107015	80696	5274	32312	7865	1029647
3225	66116	36138	5124	13441		340717
42426	94001	24958	7062	11884	484	368604
32474	69124	41271	5530	1889	436	608667
108673	95409	63830	8005	1010	492	1211680
3154	9970	8394	1273		5391	167607
49893	37910	20696	3471	167365	1541	663732
34361	26794	10391	2083	641	1635	539945
27052	49853	19192	3023	6041	13994	162619
6238	54226	29881	2671	4371		82642
13911	135587	76430	4769	377	3373	692197

10-3 续表 3

项　　目	流动负债合计	#应付账款	非流动负债合计	#应付债券	负债合计
合　计	**13587440**	**2653568**	**1818125**	**10000**	**15405565**
一、按行业分（分到小类）					
居民服务业	5923208	708343	881941		6805149
家庭服务	645677	358993	6153		651830
家庭服务	645677	358993	6153		651830
洗染服务	409037	6932			409037
洗染服务	409037	6932			409037
理发及美容服务	863059	27462	3163		866222
理发及美容服务	863059	27462	3163		866222
洗浴和保健养生服务	1442299	154841	721229		2163528
洗浴服务	1302586	153326	721229		2023815
足浴服务	21654	1146			21654
养生保健服务	118059	369			118059
摄影扩印服务	562952	43108	41185		604137
摄影扩印服务	562952	43108	41185		604137
婚姻服务	354171	43452	2371		356542
婚姻服务	354171	43452	2371		356542
殡葬服务	1520703	43665	107840		1628543
殡葬服务	1520703	43665	107840		1628543
其他居民服务业	125310	29890			125310
其他居民服务业	125310	29890			125310
机动车、电子产品和日用产品修理业	4927956	1327502	181927	10000	5109883
汽车、摩托车等修理与维护	3104216	542155	127665	10000	3231881
汽车修理与维护	3074247	512364	127665	10000	3201912
大型车辆装备修理与维护	***	***	***	***	***
计算机和办公设备维修	1419394	654632	52588		1471982
计算机和辅助设备修理	864548	457735	52588		917136
通讯设备修理	84864	7840			84864
其他办公设备维修	469982	189057			469982
家用电器修理	338212	126628	1674		339886
家用电子产品修理	129542	13750	1654		131196

单位：千元

所有者权益合计	#实收资本					
		国家资本	集体资本	法人资本	个人资本	港澳台资本
4724997	**4245190**	**112321**	**29397**	**1778759**	**1180416**	**609638**
648678	1167958	32828	2277	915996	133610	47299
134015	406198			400048	6150	
134015	406198			400048	6150	
-109010	20192			6000	2300	
-109010	20192			6000	2300	
134088	125961			94748	28187	
134088	125961			94748	28187	
-274826	239436		1706	188036	48694	1000
-246177	219436		1706	172536	45194	
22791	17500			15500	2000	
-51440	2500				1500	1000
175716	202494	32072		92000	33148	28830
175716	202494	32072		92000	33148	28830
-549	71000			66603	4397	
-549	71000			66603	4397	
330090	87600	600	541	68531	459	17469
330090	87600	600	541	68531	459	17469
259154	15077	156	30	30	10275	
259154	15077	156	30	30	10275	
2579334	1928463	63143	4140	585560	463177	316242
1333561	894389	63143	4140	185221	295288	243256
1327889	892389	63143	4140	183221	295288	243256
***	***	***	***	***	***	***
944272	379193			114289	116339	69810
205607	171747			42536	45788	69810
321039	87703			30702	57001	
417626	119743			41051	13550	
270787	634381			275600	41500	3176
-72741	305262				2000	3176

10-3 续表 4

项目	流动负债合计	#应付账款	非流动负债合计	#应付债券	负债合计
日用电器修理	208670	112878	20		208690
其他日用产品修理业	66134	4087			66134
鞋和皮革修理	***	***	***	***	***
家具和相关物品修理	***	***	***	***	***
其他未列明日用产品修理业	***	***	***	***	***
其他服务业	2736276	617723	754257		3490533
清洁服务	2066286	460261	741175		2807461
建筑物清洁服务	316013	63197	4809		320822
其他清洁服务	1750273	397064	736366		2486639
宠物服务	***	***	***	***	***
宠物医院服务	***	***	***	***	***
其他未列明服务业	651064	151478	13082		664146
其他未列明服务业	651064	151478	13082		664146
二、按登记注册类型分					
内资	11124541	1948784	1757518	10000	12882059
国有	244557	2292	2745		247302
集体	34525	963			34525
股份合作	54845	8341	22234		77079
国有联营	***	***	***	***	***
国有独资公司	416483	55261	763716		1180199
其他有限责任公司	4777901	1096657	157151	10000	4935052
股份有限公司	552337	135806	167		552504
私营独资	***	***	***	***	***
私营有限责任公司	4463672	611556	722948		5186620
私营股份有限公司	48979	16395	2371		51350
其他	437313	11166	86186		523499
港澳台商投资	1587168	469469	58917		1646085
与港澳台商合资经营	545774	239161	51331		597105
与港澳台商合作经营	***	***	***	***	***
港澳台商独资	961110	212174	7586		968696
外商投资	875731	235315	1690		877421
中外合资经营	66656	7233			66656

单位：千元

所有者权益合计	#实收资本	国家资本	集体资本	法人资本	个人资本	港澳台资本
343528	329119			275600	39500	
30714	20500			10450	10050	
***	***	***	***	***	***	***
***	***	***	***	***	***	***
***	***	***	***	***	***	***
1496985	1148769	16350	22980	277203	583629	246097
1216639	983317	11444	22980	208353	493044	244986
293705	203012	944	5000	21149	174300	369
922934	780305	10500	17980	187204	318744	244617
***	***	***	***	***	***	***
***	***	***	***	***	***	***
205874	158646	100		66850	90585	1111
205874	158646	100		66850	90585	1111
3375870	2964956	112321	29397	1645618	1174944	
349070	38890	34183	400	4307		
6066	1370		1340	30		
26472	19530		11030		8500	
***	***	***	***	***	***	***
469114	73122	55122		18000		
1477835	1605810	23016	16627	1142682	423485	
340590	143930			64203	79727	
***	***	***	***	***	***	***
444128	981543			358006	623537	
194245	85000			44939	37385	
52651	3151			2851	300	
885203	741951			132313		609638
-43664	175443			96782		78661
***	***	***	***	***	***	***
748928	513508					513508
463924	538283			828	5472	
235414	12321			828	5472	

10-3 续表 5

项目	流动负债合计	#应付账款	非流动负债合计	#应付债券	负债合计
中外合作经营	***	***	***	***	***
外资企业	726274	227826	1690		727964
三、按隶属关系分					
中央	321915	12669	2745		324660
地方	13265525	2640899	1815380	10000	15080905
四、按控股情况分					
国有控股	1010463	227216	813545		1824008
集体控股	508554	22943	984		509538
私人控股	8857018	1700789	859034	10000	9716052
港澳台商控股	1519779	457111	58917		1578696
外商控股	996645	229809	1690		998335
其他	68445	3795	-2231		66214
五、按地区分					
东城区	502046	42363	36823		538869
西城区	769342	120677	68189		837531
朝阳区	5182482	1165987	54824		5237306
丰台区	1480828	218001	768105	10000	2248933
石景山区	230646	39274	5801		236447
海淀区	1437321	581952	58217		1495538
门头沟区	185895	40664	700000		885895
房山区	312918	16639	3215		316133
通州区	166320	8620	2371		168691
顺义区	431760	126016	4730		436490
昌平区	908222	33813	107840		1016062
大兴区	347103	12313	-2231		344872
怀柔区	744067	113592	2321		746388
平谷区	566847	91353			566847
密云区	113572	20217	89		113661
延庆区	56816	4365			56816
北京经济技术开发区	151255	17722	7831		159086

单位：千元

所有者权益合计	#实收资本	国家资本	集体资本	法人资本	个人资本	港澳台资本
***	***	***	***	***	***	***
180175	514070					
467665	62766	48159		14607		
4257332	4182424	64162	29397	1764152	1180416	609638
1224135	254254	109321		126018	1446	17469
149010	43586		28997	13290	1299	
1967429	2685125	2400		1501518	1177096	
707422	690001			97832		592169
479350	538823			8000	275	
46659	18650			18650		
117851	124689	13914	680	21263	72022	1541
536579	420442	35806		75971	68398	237241
1102642	1965662	40928	3530	862671	544550	40777
772274	318159	20817	5141	139530	85779	55000
120952	78500		1000	58000	19500	
1017583	590481	156	8206	362212	133991	72354
143752	118000			85531	15000	17469
24584	58500			500	58000	
199913	133786		300	25603	11977	95906
172177	143116		140	81180	44092	
195618	23448	600	400	3348	19100	
-177265	20357		10000	6450	3907	
-82656	48800			42800	6000	
-26902	43200	100		1000	42100	
48958	45000				45000	
25826	16100			10600	5500	
533111	96950			2100	5500	89350

10-3 续表 6

项目	外商资本	营业收入	营业成本	税金及附加	销售费用
合　计	**534659**	**19510729**	**12319996**	**133376**	**3645659**
一、按行业分（分到小类）					
居民服务业	35948	4725967	2245626	45953	1335313
家庭服务		378813	229979	4872	40236
家庭服务		378813	229979	4872	40236
洗染服务	11892	257322	150321	737	35968
洗染服务	11892	257322	150321	737	35968
理发及美容服务	3026	799748	392842	2618	325734
理发及美容服务	3026	799748	392842	2618	325734
洗浴和保健养生服务		1030533	408443	5374	390708
洗浴服务		808127	351884	4505	322311
足浴服务		114359	20308	446	60484
养生保健服务		108047	36251	423	7913
摄影扩印服务	16444	657069	271408	3862	227275
摄影扩印服务	16444	657069	271408	3862	227275
婚姻服务		558057	408167	851	196587
婚姻服务		558057	408167	851	196587
殡葬服务		888166	277765	27291	108915
殡葬服务		888166	277765	27291	108915
其他居民服务业	4586	156259	106701	348	9890
其他居民服务业	4586	156259	106701	348	9890
机动车、电子产品和日用产品修理业	496201	8152941	5716323	48476	1327701
汽车、摩托车等修理与维护	103341	3538520	2429896	24848	458014
汽车修理与维护	103341	3499132	2393396	24796	458014
大型车辆装备修理与维护	***	***	***	***	***
计算机和办公设备维修	78755	3798238	2697245	18642	762107
计算机和辅助设备修理	13613	1861239	1165316	9596	576862
通讯设备修理		160809	125040	556	2023
其他办公设备维修	65142	1776190	1406889	8490	183222
家用电器修理	314105	659194	493030	4194	57812
家用电子产品修理	300086	81632	46950	524	28924

单位：千元

管理费用	财务费用			资产减值损失	公允价值变动收益	投资收益
		#利息收入	#利息支出			
3315966	**22268**	**43201**	**33429**	**27506**	**-36**	**51169**
1114219	2102	20651	6850	21228	9	14436
189417	3110	141	128	21097		2
189417	3110	141	128	21097		2
59823	-5424	6333	483			10001
59823	-5424	6333	483			10001
119951	6265	1030	2993	-227		5364
119951	6265	1030	2993	-227		5364
295296	6125	795	1704	104		
200341	4786	672	1657	104		
32237	434	12				
62718	905	111	47			
175434	1571	1825	1396	189		548
175434	1571	1825	1396	189		548
50450	98	248		23	9	-4648
50450	98	248		23	9	-4648
188900	-8992	10244	132	42		108
188900	-8992	10244	132	42		108
34948	-651	35	14			3061
34948	-651	35	14			3061
970684	9783	12388	12851	5933		35289
589491	16104	7608	12131	-249		3266
588997	16101	7607	12131	-263		3266
***	***	***	***	***	***	***
246377	-7348	4171	414	3045		30508
134762	-241	594	1	2215		
42342	-390	8	393			30023
69273	-6717	3569	20	830		485
114568	930	592	208	3141		1497
33829	1187	58				12

10-3 续表 7

项目	外商资本	营业收入	营业成本	税金及附加	销售费用
日用电器修理	14019	577562	446080	3670	28888
其他日用产品修理业		156989	96152	792	49768
鞋和皮革修理	***	***	***	***	***
家具和相关物品修理	***	***	***	***	***
其他未列明日用产品修理业	***	***	***	***	***
其他服务业	2510	6631821	4358047	38947	982645
清洁服务	2510	5616477	3678396	34236	892017
建筑物清洁服务	1250	1465891	896998	9064	265582
其他清洁服务	1260	4150586	2781398	25172	626435
宠物服务	***	***	***	***	***
宠物医院服务	***	***	***	***	***
其他未列明服务业		915482	628910	4300	85596
其他未列明服务业		915482	628910	4300	85596
二、按登记注册类型分					
内资	2676	14273824	8818075	106453	2649743
国有		343423	158138	6683	29844
集体		89038	36646	734	18578
股份合作		94301	78832	354	2325
国有联营	***	***	***	***	***
国有独资公司		618283	463338	4870	3351
其他有限责任公司		5682163	3625954	55847	921010
股份有限公司		406446	293202	1417	57272
私营独资	***	***	***	***	***
私营有限责任公司		6483154	3853646	30255	1486355
私营股份有限公司	2676	211077	140563	1243	39707
其他		217993	140740	3325	18600
港澳台商投资		2978341	1738699	17196	810374
与港澳台商合资经营		1206383	782501	6528	473026
与港澳台商合作经营	***	***	***	***	***
港澳台商独资		1583817	947286	10511	312498
外商投资	531983	2258564	1763222	9727	185542
中外合资经营	6021	94402	59342	115	

单位：千元

管理费用	财务费用	#利息收入	#利息支出	资产减值损失	公允价值变动收益	投资收益
80739	-257	534	208	3141		1485
20248	97	17	98	-4		18
***	***	***	***	***	***	***
***	***	***	***	***	***	***
***	***	***	***	***	***	***
1231063	10383	10162	13728	345	-45	1444
1016721	11624	2938	13164	170	-45	1474
291930	1266	289	1538		-45	226
724791	10358	2649	11626	170		1248
***	***	***	***	***	***	***
***	***	***	***	***	***	***
192598	-1450	7014	291	175		-30
192598	-1450	7014	291	175		-30
2779971	35503	24706	31892	24117	-36	51846
89272	-2990	3265	118	-2		15332
26802	-12	31	1			
20214	-196	285				
***	***	***	***	***	***	***
120422	7160	2072	9020			565
1022792	15892	14586	9179	23533	-45	6957
101563	1099	674	1897	-127		31467
***	***	***	***	***	***	***
1303108	13879	2766	11346	213	-4	2575
38495	62	446	199	458	13	-5050
33647	-105	537	132	42		
267875	-1196	8733	1425	-142		-13827
19170	298	18				20
***	***	***	***	***	***	***
216537	-245	7296	1425	-142		-13847
268120	-12039	9762	112	3531		13150
38646	-668	30	17			3024

10-3 续表 8

项　　目	外商资本	营业收入	营业成本	税金及附加	销售费用
中外合作经营	***	***	***	***	***
外资企业	514070	2104245	1677809	9436	182669
三、按隶属关系分					
中央		572293	363421	7484	24210
地方	534659	18938436	11956575	125892	3621449
四、按控股情况分					
国有控股		1994211	1284826	17482	142732
集体控股		468560	254576	2369	43737
私人控股	4111	11422397	6963627	81208	2440756
港澳台商控股		2824609	1737491	17290	801500
外商控股	530548	2285501	1792097	10133	185543
其他		163430	122360	1216	6880
五、按地区分					
东城区	15269	1178164	638797	9015	363163
西城区	3026	1469467	772907	7883	436311
朝阳区	473206	6806376	4745549	38778	968634
丰台区	11892	1949851	1212627	12137	352839
石景山区		404603	250156	3595	69944
海淀区	13562	3132482	1883636	15411	791700
门头沟区		252050	46871	344	42838
房山区		158269	91381	884	20321
通州区		603195	310451	3665	155225
顺义区	17704	726271	464024	4920	82812
昌平区		627599	302984	3901	51452
大兴区		265802	223372	861	23416
怀柔区		357600	274364	24735	45068
平谷区		817783	631325	2227	201523
密云区		288585	149813	1191	20343
延庆区		76759	24962	127	4404
北京经济技术开发区		395873	296777	3702	15666

单位：千元

管理费用	财务费用	#利息收入	#利息支出	资产减值损失	公允价值变动收益	投资收益
***	***	***	***	***	***	***
203438	-5106	3467	95	3531		126
127647	-3271	3424	350	30		15988
3188319	25539	39777	33079	27476	-36	35181
324763	4980	6242	9496	1829		16025
97970	-6744	7104	266			
2256521	37467	10193	21856	21953	-36	35821
242728	318	7318	1425	-104		-13827
261351	-12007	9760	114	3562		13150
65701	-383	565	140	224		
189900	1478	1632	747	2851		22
249752	3287	3224	5465	41		16033
1237550	12020	13268	7058	21561		35688
291474	2191	17248	11011	124		-3818
75815	454	514	240	63		779
427313	-2536	1070	1043	939	-45	5964
81961	-1568	1782	16			
39456	2278	43	2130			
76241	974	463	1019	-204	13	-5000
149742	487	644	287	-202		1146
129896	-1314	2352	220	42		
63597	156	377	457			3
42912	196	279	225	2206		
70763	1123	109	434	85	-4	352
137406	2741	72	2699			
24870	64	49				
27318	237	75	378			

10-3 续表 9

项　　目	资产处置收益	其他收益	营业利润	营业外收入
合　计	**2311**	**126334**	**225736**	**115554**
一、按行业分（分到小类）				
居民服务业		2287	-21742	37375
家庭服务			-109896	1524
家庭服务			-109896	1524
洗染服务			25898	586
洗染服务			25898	586
理发及美容服务			-42071	14806
理发及美容服务			-42071	14806
洗浴和保健养生服务		299	-75218	5914
洗浴服务		299	-75505	4693
足浴服务			450	1189
养生保健服务			-163	32
摄影扩印服务		1949	-20173	5457
摄影扩印服务		1949	-20173	5457
婚姻服务			-102758	2933
婚姻服务			-102758	2933
殡葬服务			294353	5654
殡葬服务			294353	5654
其他居民服务业		39	8123	501
其他居民服务业		39	8123	501
机动车、电子产品和日用产品修理业	-374	1637	110593	41326
汽车、摩托车等修理与维护	-413	777	24046	34519
汽车修理与维护	-413	777	21721	34519
大型车辆装备修理与维护	***	***	***	***
计算机和办公设备维修	39	847	109564	6456
计算机和辅助设备修理	39	818	-26414	801
通讯设备修理			21261	5017
其他办公设备维修		29	114717	638
家用电器修理		12	-12972	99
家用电子产品修理			-29770	77

单位：千元

营业外支出	利润总额	应交所得税	应付职工薪酬（本年贷方累计发生额）		应交增值税
				#社会保险费和住房公积金	
38640	**302650**	**224210**	**6832819**	**858096**	**610342**
21215	-5582	96706	1484387	222659	90692
1334	-109706	1920	196445	30953	9957
1334	-109706	1920	196445	30953	9957
323	26161	4164	47185	8397	5002
323	26161	4164	47185	8397	5002
7894	-35159	1183	322603	47615	18717
7894	-35159	1183	322603	47615	18717
6948	-76252	4640	322377	27962	24755
5898	-76710	4145	227938	14687	13799
101	1538	376	33042	8345	5412
949	-1080	119	61397	4930	5544
735	-15451	11904	270970	58162	23258
735	-15451	11904	270970	58162	23258
1559	-101384	-16210	165896	28766	2782
1559	-101384	-16210	165896	28766	2782
2386	297621	88178	120948	19612	3109
2386	297621	88178	120948	19612	3109
36	8588	927	37963	1192	3112
36	8588	927	37963	1192	3112
5176	146743	84759	1827982	347251	252640
7567	50998	47123	723022	137873	128772
7567	48673	46552	720540	137420	128621
***	***	***	***	***	***
-3957	119977	34607	943512	179065	84927
-4631	-20982	3446	707246	136124	68944
35	26243	-77	36845	5636	3660
639	114716	31238	199421	37305	12323
121	-12994	4330	119810	22299	32430
17	-29710	768	32844	6078	4830

10-3 续表 10

项　　目	资产处置收益	其他收益	营业利润	营业外收　入
日用电器修理		12	16798	22
其他日用产品修理业		1	-10045	252
鞋和皮革修理	***	***	***	***
家具和相关物品修理	***	***	***	***
其他未列明日用产品修理业	***	***	***	***
其他服务业	2685	122410	136885	36853
清洁服务	2717	122407	109866	33986
建筑物清洁服务	-18	56	1270	13940
其他清洁服务	2735	122351	108596	20046
宠物服务	***	***	***	***
宠物医院服务	***	***	***	***
其他未列明服务业	-32	3	5294	2671
其他未列明服务业	-32	3	5294	2671
二、按登记注册类型分				
内资	2967	125680	40419	105021
国有	242		78052	13333
集体		16	6306	38
股份合作			-7228	8
国有联营	***	***	***	***
国有独资公司		72162	91869	268
其他有限责任公司	2757	52592	79396	43720
股份有限公司			-16513	6317
私营独资	***	***	***	***
私营有限责任公司	-32	711	-201052	40700
私营股份有限公司		199	-14289	604
其他			21744	21
港澳台商投资	-656	615	131667	8303
与港澳台商合资经营			-75120	1730
与港澳台商合作经营	***	***	***	***
港澳台商独资	-656	615	83484	6553
外商投资		39	53650	2230
中外合资经营		39	30	471

单位：千元

营业外支出	利润总额	应　交 所得税	应付职工薪酬 （本年贷方累计发生额）	#社会保险费和住房公积金	应　交 增值税
104	16716	3562	86966	16221	27600
1445	-11238	-1301	41638	8014	6511
***	***	***	***	***	***
***	***	***	***	***	***
***	***	***	***	***	***
12249	161439	42745	3520450	288186	267010
10720	133132	33994	3260017	241854	239684
1519	13691	4069	854555	50715	68841
9201	119441	29925	2405462	191139	170843
***	***	***	***	***	***
***	***	***	***	***	***
935	7030	3396	216671	39416	23934
935	7030	3396	216671	39416	23934
47086	98354	139043	5442406	629249	468524
3249	88136	17355	170383	36614	13467
157	6187	1455	44694	5254	6674
10	-7230	42	43296	5391	3449
***	***	***	***	***	***
3849	88288	22514	204088	52965	12100
12873	110243	86585	2132645	284493	201687
346	-10542	446	148180	21916	10963
***	***	***	***	***	***
19380	-179732	-4130	2587788	207998	208838
6335	-20020	2132	67850	7910	7834
796	20969	5242	17451	3242	708
-9298	149268	58868	937750	168144	114426
-11165	-62225	214	562993	88874	44078
***	***	***	***	***	***
1735	88302	27857	357995	76608	69991
852	55028	26299	452663	60703	27392
15	486	39	16997	2018	1010

10-3 续表 11

项　　目	资产处置收益	其他收益	营业利润	营业外收　入
中外合作经营	***	***	***	***
外资企业			32594	1322
三、按隶属关系分				
中央	242		69002	11552
地方	2069	126334	156734	104002
四、按控股情况分				
国有控股	2998	77536	314158	20809
集体控股		18	76670	3805
私人控股	-31	1256	-342125	79981
港澳台商控股	-656	615	11518	8311
外商控股		42	58014	2540
其他		46867	14299	61
五、按地区分				
东城区		1950	-25068	17074
西城区	242	57	15618	10359
朝阳区	-18	421	-181625	20396
丰台区	-31	72103	146713	13833
石景山区		12	5367	249
海淀区		238	22176	15175
门头沟区			81604	520
房山区			3949	1382
通州区			51856	536
顺义区	2735	5446	33815	469
昌平区			140638	238
大兴区		45286	-311	159
怀柔区	39	821	-31021	3755
平谷区			-88915	8555
密云区			-22909	16747
延庆区			22332	639
北京经济技术开发区	-656		51517	5468

单位：千元

营业外支出	利润总额	应交所得税	应付职工薪酬（本年贷方累计发生额）	#社会保险费和住房公积金	应交增值税
***	***	***	***	***	***
744	33172	23521	417374	55147	24929
3148	77406	15401	244593	54388	22064
35492	225244	208809	6588226	803708	588278
8874	326093	73270	782845	171141	61299
539	79936	19524	215221	28110	20966
36689	-298833	48357	4280305	406937	370574
-9387	29216	29626	936707	168296	116055
854	59700	26749	457707	61542	29845
26	14334	3394	116287	14086	10733
3221	-11215	1886	679729	69956	52476
4237	21740	14785	716462	80921	57299
12232	-173461	44182	1925839	245890	172221
6006	154540	40749	761299	79930	57348
1533	4083	988	123520	15514	19674
1860	35491	25343	1089070	165680	113394
366	81758	31020	32662	4449	-4672
855	4476	408	75810	7503	5329
620	51772	12950	131377	19398	31060
1675	32609	7110	355644	46795	38265
1550	139326	34824	74589	11145	6077
248	-400	608	88014	8185	7725
326	-27592	3097	107974	25369	6630
3149	-83509	-16025	367575	43496	14702
257	-6419	497	154496	19295	10056
95	22876	5991	20123	3480	613
410	56575	15797	128636	11090	22145

第十一篇

教育

11-1 全部教育业法人单位财务状况（企业会计准则）

单位：千元

项目	法人单位数（个）	资产总计	负债合计	营业收入	营业利润
合计	**16477**	**110740137**	**78704996**	**58917169**	**-2614102**
一、按行业分（分到小类）					
教育	16477	110740137	78704996	58917169	-2614102
学前教育	616	2917607	2192909	1697279	-68623
学前教育	616	2917607	2192909	1697279	-68623
初等教育	93	608968	411472	503140	47160
普通小学教育	92	608878	411161	503056	47381
成人小学教育	1	***	***	***	***
中等教育	62	1455093	1159853	943454	-70581
普通初中教育	21	183024	180582	173642	-44331
职业初中教育	4	11726	2	11207	-2223
成人初中教育	1	***	***	***	***
普通高中教育	15	1056292	872409	703882	-20534
成人高中教育	2	***	***	***	***
中等职业学校教育	19	198800	101588	50979	-3525
高等教育	4	6360	5358	476	-665
普通高等教育	1	***	***	***	***
成人高等教育	3	6357	5285	476	-646
特殊教育	18	26280	65972	44160	7585
特殊教育	18	26280	65972	44160	7585
技能培训、教育辅助及其他教育	15684	105725829	74869432	55728659	-2528978
职业技能培训	4232	53618087	35559074	27613076	504037
体校及体育培训	937	3504757	2640815	1429714	-201091
文化艺术培训	3420	5232488	4910923	3242261	-870491
教育辅助服务	2564	12363317	9194155	7115746	-161298
其他未列明教育	4531	31007180	22564466	16327861	-1800136
二、按登记注册类型分					
内资	16320	103580284	72625097	54842765	-2439304
国有	166	1954394	973206	1601037	-30728

11-1 续表 1

单位：千元

项目	法人单位数（个）	资产总计	负债合计	营业收入	营业利润
集体	190	6127508	4173129	532554	-38899
股份合作	226	468871	323362	225661	-8599
集体联营	7	9839	7726	3381	-53
国有与集体联营	1	***	***	***	***
其他联营	5	9992	5720	4568	-457
国有独资公司	6	128800	107729	155824	6056
其他有限责任公司	1060	26684524	21244019	15706911	-1879830
股份有限公司	80	21905170	11271553	11186745	1423864
私营独资	861	679089	410083	529100	13266
私营合伙	134	190845	160062	87918	-6732
私营有限责任公司	13118	38806401	29217653	19209034	-2190639
私营股份有限公司	66	1544921	348380	694536	1193
其他	400	4844333	3987310	4869827	296523
港澳台商投资	53	2094163	2368600	1553555	-318029
与港澳台商合资经营	6	73558	44492	7591	-148
与港澳台商合作经营	4	1015828	1199695	548913	-72788
港澳台商独资	42	870744	974136	850165	-226932
港澳台商投资股份有限公司	1	***	***	***	***
外商投资	104	5065690	3711299	2520849	143231
中外合资经营	27	784309	133349	194014	-49534
中外合作经营	2	***	***	***	***
外资企业	73	4241778	3537179	2306240	210486
外商投资股份有限公司	1	***	***	***	***
其他外商投资	1	***	***	***	***
三、按隶属关系分					
中央	52	1685531	562504	1036222	-33389
地方	16425	109054607	78142492	57880946	-2580714

11-1 续表 2

单位：千元

项　　目	法人单位数（个）	资产总计	负债合计	营业收入	营业利润
四、按控股情况分					
国有控股	75	5900956	3981036	2673825	-54465
集体控股	390	6563072	4599952	803455	-89995
私人控股	14732	72807042	53148364	39943488	-2960731
港澳台商控股	54	2626005	2339093	1668894	-286151
外商控股	72	4091949	3407764	2083338	140027
其他	452	2559521	1855580	989506	-161287
五、按地区分					
东城区	601	1571927	1414713	763476	-277531
西城区	869	3542814	1921433	2181434	-15994
朝阳区	3574	19502427	15692811	10682553	-2019872
丰台区	928	1910113	1417582	1341234	-76167
石景山区	765	6716677	5698693	3657361	-857269
海淀区	2816	55701614	38621212	30948728	809676
门头沟区	197	245075	244682	124759	-16744
房山区	715	1072614	581896	712340	110200
通州区	1063	1315855	968461	694428	-131351
顺义区	666	5035389	2419047	1187624	-39081
昌平区	1518	3133622	2556419	2188573	-126626
大兴区	840	5674316	3106509	1965897	269163
怀柔区	807	1981719	1171549	550327	9739
平谷区	332	1474880	1380607	929847	-25629
密云区	355	842317	653176	167088	-59477
延庆区	169	109192	88466	65924	-2626
北京经济技术开发区	262	909586	767738	755574	-164514

11-2　教育业法人单位财务状况（行政事业及民间非营利组织会计制度）

单位：千元

项　　目	法人单位数（个）	资产总计	负债合计	收入合计	支出（费用）合计
合　计	**4759**	**548431119**	**49489002**	**232419471**	**224744018**
一、按行业分（分到小类）					
教育	4759	548431119	49489002	232419471	224744018
学前教育	1110	8698160	2793333	11077370	11384901
学前教育	1110	8698160	2793333	11077370	11384901
初等教育	772	29880107	3818768	25666854	25654387
普通小学教育	769	29867140	3817621	25644222	25630404
成人小学教育	3	12967	1147	22632	23984
中等教育	725	70332385	8185488	40269839	40103875
普通初中教育	378	20890616	2767133	14377136	14197907
职业初中教育	4	398805	18185	206049	197372
成人初中教育	1	***	***	***	***
普通高中教育	227	33916436	4592120	20497180	20563381
成人高中教育	1	***	***	***	***
中等职业学校教育	114	15110370	807232	5169273	5125023
高等教育	181	386389713	25790119	122020933	117426893
普通高等教育	116	371849766	24561128	117447180	113132556
成人高等教育	65	14539947	1228991	4573753	4294337
特殊教育	46	717010	58513	532025	523952
特殊教育	46	717010	58513	532025	523952
技能培训、教育辅助及其他教育	1925	52413745	8842781	32852450	29650010

11-2 续表 1

单位：千元

项　　目	法人单位数（个）	资产总计	负债合计	收入合计	支出（费用）合计
职业技能培训	962	14995515	3451347	8584963	8148300
体校及体育培训	136	704381	152055	644239	616147
文化艺术培训	195	927073	440602	913168	956079
教育辅助服务	156	14426076	2366770	6421230	5306427
其他未列明教育	476	21360700	2432007	16288851	14623056
二、按登记注册类型分					
内资	4757	548238126	49447994	232314703	224614572
国有	2617	507662523	32594302	208690606	201682807
集体	119	3664031	552019	1926267	1839172
股份合作	1	***	***	***	***
集体联营	1	***	***	***	***
国有独资公司	1	***	***	***	***
其他有限责任公司	5	1262	167	1565	1586
私营独资	332	710398	431340	840772	946907
私营合伙	50	82662	44019	125131	134289
私营有限责任公司	23	137589	63045	34061	38599
其他	1608	35934393	15757169	20646469	19922968
外商投资	2	***	***	***	***
中外合作经营	1	***	***	***	***
外资企业	1	***	***	***	***

11-2 续表 2

单位：千元

项目	法人单位数（个）	资产总计	负债合计	收入合计	支出（费用）合计
三、按隶属关系分					
中央	266	335682938	22599900	114722061	107899567
地方	4493	212748181	26889102	117697410	116844451
四、按地区分					
东城区	357	12756331	2440479	8296563	7911166
西城区	505	32583781	2377242	22981121	22202828
朝阳区	676	90400673	8740940	35720525	34179793
丰台区	369	13094177	1518710	8432598	8431109
石景山区	187	15437566	1394562	6892881	6810535
海淀区	605	300731953	22659239	101851823	97279235
门头沟区	96	2399719	80285	1891193	1948754
房山区	349	7977979	1131704	4868063	4817032
通州区	215	8383043	1172074	5973645	5803564
顺义区	250	8472247	2154297	6596078	6676976
昌平区	322	27866852	3302718	12203147	12012623
大兴区	318	15875913	1168478	7653725	7693163
怀柔区	149	2964957	166862	2185654	2182616
平谷区	124	2043691	260872	2064535	2027754
密云区	115	3942021	329057	2206791	2226683
延庆区	94	2744902	372184	1975050	1917075
北京经济技术开发区	28	755315	219297	626077	623112

11-3 规模以上教育业

项目	法人单位数（个）	年初存货	流动资产合计	#交易性金融资产	#应收账款
合计	**266**	**254825**	**42778446**	**699976**	**2013942**
一、按行业分（分到小类）					
教育	266	254825	42778446	699976	2013942
学前教育	14	8376	758446	2000	63289
学前教育	14	8376	758446	2000	63289
初等教育	2	***	***	***	***
普通小学教育	2	***	***	***	***
中等教育	4	1498	248920		6107
普通初中教育	1	***	***	***	***
普通高中教育	2	***	***	***	***
中等职业学校教育	1	***	***	***	***
特殊教育	1	***	***	***	***
特殊教育	1	***	***	***	***
技能培训、教育辅助及其他教育	245	244860	41601053	697976	1942887
职业技能培训	110	87917	24717181	416922	646712
体校及体育培训	11	11585	1071731		36853
文化艺术培训	22	12221	1667129	5000	13246
教育辅助服务	29	1157	3779690	61166	603757
其他未列明教育	73	131980	10365322	214888	642319
二、按登记注册类型分					
内资	250	243673	37883247	599976	1741212
国有	11	2513	502730		2754
集体	6	779	95593		2292
股份合作	2	***	***	***	***
国有与集体联营	1	***	***	***	***
国有独资公司	2	***	***	***	***
其他有限责任公司	79	120115	10728162	282872	854139
股份有限公司	24	23117	11752252	85159	385263
私营独资	2	***	***	***	***
私营有限责任公司	87	76819	12544108	69945	357644
私营股份有限公司	9	16787	414748	162000	56445
其他	27	1858	1704181		58635
港澳台商投资	7	2385	1331533		309
与港澳台商合作经营	1	***	***	***	***

法人单位财务状况（企业会计准则）

单位：千元

		累计折旧				
#存货	固定资产原价		#本年折旧	在建工程	无形资产	资产总计
353405	**6902042**	**3413643**	**560822**	**232510**	**1127717**	**64275294**
353405	6902042	3413643	560822	232510	1127717	64275294
10875	117978	40271	4821	8181	501	1189963
10875	117978	40271	4821	8181	501	1189963
***	***	***	***	***	***	***
***	***	***	***	***	***	***
1368	744888	271124	40120	14006	1702	743639
***	***	***	***	***	***	***
***	***	***	***	***	***	***
***	***	***	***	***	***	***
***	***	***	***	***	***	***
***	***	***	***	***	***	***
341085	5963701	3043954	509704	206456	1120782	62124133
87381	4532509	2323816	331199	175446	284364	35661297
16117	210149	37361	15753	14493	29540	1373054
10719	117583	63185	23049	3647	12288	1926177
6908	332970	224509	30712		75290	4197082
219960	770490	395083	108991	12870	719300	18966523
346807	6063940	2909556	477295	147570	1078424	58290644
1877	622453	316309	27071	7188	4610	875233
380	297363	133796	5619	5488		267165
***	***	***	***	***	***	***
***	***	***	***	***	***	***
***	***	***	***	***	***	***
141890	1852234	771645	166359	46967	731536	20508104
33100	1230594	657011	112824	28458	218500	18868584
***	***	***	***	***	***	***
144788	717571	392305	89858	21892	94912	14631418
21813	21889	13601	3099	806	4997	490116
1684	821760	365697	51941	16535	19424	2254013
2060	121980	80241	22650	5807	12118	1514345
***	***	***	***	***	***	***

11-3 续表 1

项目	法人单位数（个）	年初存货	流动资产合计	#交易性金融资产	#应收账款
港澳台商独资	6	1704	457140		309
外商投资	9	8767	3563666	100000	272421
中外合资经营	2	***	***	***	***
中外合作经营	1	***	***	***	***
外资企业	6	1602	3259244	100000	221897
三、按隶属关系分					
中央	8	7706	723053		71362
地方	258	247119	42055393	699976	1942580
四、按控股情况分					
国有控股	15	9342	1740295	25000	440033
集体控股	11	19195	551147		176396
私人控股	176	199663	25378238	574976	994991
港澳台商控股	8	9353	1630242		49256
外商控股	6	1799	3102822	100000	221819
其他	4	1232	176526		60044
五、按地区分					
东城区	6	223	438391		24791
西城区	11	9389	726547	245355	121542
朝阳区	61	61084	5748043	16000	380196
丰台区	12	19605	339912		49714
石景山区	14	22708	1969527	10000	85365
海淀区	121	117043	30230156	406438	1115357
门头沟区	1	***	***	***	***
房山区	3	5	31985		3462
通州区	2	***	***	***	***
顺义区	7	7489	678384	2463	124825
昌平区	13	2643	391039	19720	37063
大兴区	6	6131	549909		8807
怀柔区	3	2353	322052		15694
平谷区	3	1772	955186		24114
北京经济技术开发区	3	3568	225988		21586

单位：千元

# 存货	固定资产原价	累计折旧	# 本年折旧	在建工程	无形资产	资产总计
1244	61609	39366	6194	2160	262	545369
4538	716122	423846	60877	79133	37175	4470305
***	***	***	***	***	***	***
***	***	***	***	***	***	***
429	222738	155715	42450	3867	6232	3827439
4603	1042438	530722	41418	76894	35173	1388790
348802	5859604	2882921	519404	155616	1092544	62886504
8879	1057924	518471	59964	16090	23916	3075330
18284	347472	225408	24593	12215	2189	1046712
297244	2598844	1217510	259119	61835	1021365	42633739
6040	614232	347298	41029	81073	43061	2151413
558	152847	100666	37227		5160	3630979
831	31754	5823	3191	25000	6920	241894
295	27814	19523	1598		1998	500855
12647	57162	40873	8390	806	8178	982956
98041	1569404	627472	101940	65211	70256	7261417
26603	116490	92599	7635	5388	2846	525563
29661	86989	47061	11358	9010	70748	5533709
160812	2291517	1148570	260428	24048	775196	41383299
***	***	***	***	***	***	***
5	5781	4109	760		1201	54127
***	***	***	***	***	***	***
4234	1000194	505117	51605	101472	31109	1319304
2352	567511	224672	33371	16884	5103	762257
7197	1013034	578149	69235	4203	154547	4130591
1778	50672	40252	2602		2964	353510
599	32638	20253	4587		127	1002682
8796	17547	9669	3712		3444	264142

11-3 续表 2

项　　　目	流动负债合　　计	#应付账款	非流动负债合计	负债合计
合　计	**43616589**	**5346393**	**1012854**	**44629443**
一、按行业分（分到小类）				
教育	43616589	5346393	1012854	44629443
学前教育	929627	55856	17081	946708
学前教育	929627	55856	17081	946708
初等教育	***	***	***	***
普通小学教育	***	***	***	***
中等教育	628229	22626		628229
普通初中教育	***	***	***	***
普通高中教育	***	***	***	***
中等职业学校教育	***	***	***	***
特殊教育	***	***	***	***
特殊教育	***	***	***	***
技能培训、教育辅助及其他教育	41977054	5267020	843131	42820185
职业技能培训	22563770	2653622	459196	23022966
体校及体育培训	859015	124922	20000	879015
文化艺术培训	2030232	14394		2030232
教育辅助服务	2969554	588272	51951	3021505
其他未列明教育	13554483	1885810	311984	13866467
二、按登记注册类型分				
内资	38600252	5220643	820292	39420544
国有	408855	28650	6219	415074
集体	123551	4609		123551
股份合作	***	***	***	***
国有与集体联营	***	***	***	***
国有独资公司	***	***	***	***
其他有限责任公司	16401900	1596894	251307	16653207
股份有限公司	9673893	637661	314337	9988230
私营独资	***	***	***	***
私营有限责任公司	9569615	2873989	97943	9667558
私营股份有限公司	109072	5289	1274	110346
其他	1798122	61550	149212	1947334
港澳台商投资	1763291	12773	39920	1803211
与港澳台商合作经营	***	***	***	***

单位：千元

所有者权益合计	#实收资本					
		国家资本	集体资本	法人资本	个人资本	港澳台资本
19645851	**5963302**	**300264**	**101152**	**2905618**	**1874832**	**622093**
19645851	5963302	300264	101152	2905618	1874832	622093
243255	97315	5290		50830	22247	18948
243255	97315	5290		50830	22247	18948
***	***	***	***	***	***	***
***	***	***	***	***	***	***
115410	16930		1119	10811	5000	
***	***	***	***	***	***	***
***	***	***	***	***	***	***
***	***	***	***	***	***	***
***	***	***	***	***	***	***
***	***	***	***	***	***	***
19303948	5833357	294974	100033	2837277	1844585	603145
12638331	3813057	204190	99533	1601388	1206914	591416
494039	397243	50		341136	56057	
-104055	71243			35723	34520	1000
1175577	494149	1000		219613	230809	
5100056	1057665	89734	500	639417	316285	10729
18870100	5174288	300264	100402	2898790	1874832	
460159	205600	196480		9120		
143614	44262		43762	500		
***	***	***	***	***	***	***
***	***	***	***	***	***	***
***	***	***	***	***	***	***
3854897	1363313	71450	950	1063179	227734	
8880354	2336147	30734	39630	1205111	1060672	
***	***	***	***	***	***	***
4963860	920699		500	487464	432735	
379770	189070		4560	41565	142945	
306679	44647	600		33901	10146	
-288866	65594					65594
***	***	***	***	***	***	***

11-3 续表 3

项目	流动负债合计	#应付账款	非流动负债合计	负债合计
港澳台商独资	587711	11801	39920	627631
外商投资	3253046	112977	152642	3405688
中外合资经营	***	***	***	***
中外合作经营	***	***	***	***
外资企业	3171836	90442	152642	3324478
三、按隶属关系分				
中央	415589	55176	2078	417667
地方	43201000	5291217	1010776	44211776
四、按控股情况分				
国有控股	2812255	569387	47713	2859968
集体控股	502838	16307	96430	599268
私人控股	29215257	2583220	520718	29735975
港澳台商控股	1802194	35292	39920	1842114
外商控股	3174140	90442		3174140
其他	227638	133747		227638
五、按地区分				
东城区	391129	16836	2143	393272
西城区	435747	94288	457	436204
朝阳区	6184163	1304252	196864	6381027
丰台区	243604	17820		243604
石景山区	4687562	41806	153460	4841022
海淀区	27265172	3608610	389652	27654824
门头沟区	***	***	***	***
房山区	16120	902		16120
通州区	***	***	***	***
顺义区	584692	164991	5	584697
昌平区	895387	39487		895387
大兴区	1403498	35138	255869	1659367
怀柔区	88538	2135	817	89355
平谷区	1027887	3051	10830	1038717
北京经济技术开发区	243076	11584		243076

单位：千元

所有者权益合计	#实收资本					
		国家资本	集体资本	法人资本	个人资本	港澳台资本
-82262	64594					64594
1064617	723420		750	6828		556499
***	***	***	***	***	***	***
***	***	***	***	***	***	***
502961	156775					
971123	671158	51831		62828		556499
18674728	5292144	248433	101152	2842790	1874832	65594
215362	383923	97115	1000	275349	10459	
447444	217668		63023	151774	2621	
12897764	4236512	6450	6010	2375946	1848106	
309299	628921			6828		622093
456839	153093					
14256	32700			32700		
107583	199008			123272	75736	
546752	173489	4000		79690	89799	
880390	786756	52450	1700	446610	215156	19948
281959	83140		13000	10100	60040	
692687	128518	5190		79756	39217	4355
13728475	2862757	88715	75809	1443445	1112420	34917
***	***	***	***	***	***	***
38007	30640			410	30230	
***	***	***	***	***	***	***
734607	633498	10000	9200	39591	18208	556499
-133130	106950		1000	99950	6000	
2471224	771990			565562	206428	
264155	159953	139909		2870	10800	6374
-36035	14000			10000	3000	
21066	8014			3862	4152	

11-3 续表 4

项目	外商资本	营业收入	营业成本	税金及附加	销售费用
合　计	**159343**	**40574142**	**20902059**	**175547**	**10083755**
一、按行业分（分到小类）					
教育	159343	40574142	20902059	175547	10083755
学前教育		579982	356319	1407	2543
学前教育		579982	356319	1407	2543
初等教育	***	***	***	***	***
普通小学教育	***	***	***	***	***
中等教育		561521	93143	1755	127454
普通初中教育	***	***	***	***	***
普通高中教育	***	***	***	***	***
中等职业学校教育	***	***	***	***	***
特殊教育	***	***	***	***	***
特殊教育	***	***	***	***	***
技能培训、教育辅助及其他教育	153343	39161892	20405361	172148	9836825
职业技能培训	109616	21442772	11423790	97654	5248450
体校及体育培训		705761	325033	2798	213226
文化艺术培训		1482840	856619	9534	425304
教育辅助服务	42727	4735780	2604034	24512	615443
其他未列明教育	1000	10794739	5195885	37650	3334402
二、按登记注册类型分					
内资		36980141	19145680	164560	9347384
国有		926240	533783	3767	288287
集体		130966	64431	864	15031
股份合作	***	***	***	***	***
国有与集体联营	***	***	***	***	***
国有独资公司	***	***	***	***	***
其他有限责任公司		13463027	7249236	61487	4166343
股份有限公司		11063071	5083234	49172	2467770
私营独资	***	***	***	***	***
私营有限责任公司		8758487	5027541	36852	1875493
私营股份有限公司		426712	148213	2106	165983
其他		1931649	831024	6595	362542
港澳台商投资		1276122	650270	9256	349120
与港澳台商合作经营	***	***	***	***	***

单位：千元

管理费用	财务费用	#利息收入	#利息支出	资产减值损　失	公允价值变动收益	投资收益
9096873	**-246269**	**475870**	**158189**	**41497**	**580**	**431871**
9096873	-246269	475870	158189	41497	580	431871
173126	870	1937	1025	6000		29402
173126	870	1937	1025	6000		29402
***	***	***	***	***	***	***
***	***	***	***	***	***	***
335239	787	1874				4083
***	***	***	***	***	***	***
***	***	***	***	***	***	***
***	***	***	***	***	***	***
***	***	***	***	***	***	***
***	***	***	***	***	***	***
8498133	-248884	470054	154405	35318	580	398386
4019884	-263488	384250	103846	22706	585	330489
130768	888	1707	257	69		14436
296141	8934	14436	1605	13		11063
849299	-2807	22693	8891	-684	-5	-71423
3202041	7589	46968	39806	13214		113821
8255099	-234203	440324	154984	38843	580	370661
138357	1279	1290	391			-24
60614	92	298	41			
***	***	***	***	***	***	***
***	***	***	***	***	***	***
***	***	***	***	***	***	***
3166475	22678	61568	62185	7058	-5	108895
2144306	32199	40606	77698	14502		172241
***	***	***	***	***	***	***
1924648	-292651	329650	12023	15330	585	78507
92089	275	1135	402	458		6959
653642	2205	4847	1856	-47		4083
250905	12737	12939	2985			58628
***	***	***	***	***	***	***

11-3 续表 5

项　　　目	外商资本	营业收入	营业成本	税金及附加	销售费用
港澳台商独资		763222	362334	3838	146713
外商投资	159343	2317879	1106109	1731	387251
中外合资经营	***	***	***	***	***
中外合作经营	***	***	***	***	***
外资企业	156775	2147841	1003584	-508	386866
三、按隶属关系分					
中央		807147	444706	4529	261953
地方	159343	39766995	20457353	171018	9821802
四、按控股情况分					
国有控股		2489927	1732040	17328	383283
集体控股	250	445239	215696	4858	64436
私人控股		27488319	13262531	118066	7675844
港澳台商控股		1417212	742916	11369	349120
外商控股	153093	1931165	990117	-512	273526
其他		202387	109872	781	23833
五、按地区分					
东城区		287370	162631	3349	44234
西城区		997819	471751	4255	210799
朝阳区	50892	5863695	3383575	26766	1111167
丰台区		469908	234755	1993	52105
石景山区		2962826	2228603	9991	976987
海淀区	107451	25591126	12551513	110714	6907225
门头沟区	***	***	***	***	***
房山区		48955	25330	150	15509
通州区	***	***	***	***	***
顺义区		743630	234072	4276	146725
昌平区		586187	332839	4536	69350
大兴区		1581810	787555	8319	162946
怀柔区		161077	10334	679	13344
平谷区	1000	776968	270286	-1356	160126
北京经济技术开发区		401078	165486	1530	197201

单位：千元

管理费用	财务费用			资产减值损失	公允价值变动收益	投资收益
		#利息收入	#利息支出			
155337	4580	1347	2985			50018
590869	-24803	22607	220	2654		2582
***	***	***	***	***	***	***
***	***	***	***	***	***	***
543956	-9081	16346	163			2582
134936	-14190	7087	261	2654		-24
8961937	-232079	468783	157928	38843	580	431895
436645	-9893	19676	8217	944		10313
174355	12441	220	10926	55		8128
6525691	51008	101021	124246	37711	580	347759
279783	-3045	19193	2985	2654		58628
475360	-7080	14387	220			2582
57849	8190	1315	9152	180		402
66728	-988	1527	253			-66544
232472	-607	2542	476	2897		20303
1581033	19544	21967	4197	844		51040
120465	-100	833	302	6001		453
509231	-1844	2726	14627	873		28187
5248957	-270472	408788	126863	26053	-5	296633
***	***	***	***	***	***	***
10533	32	28	58	-27		577
***	***	***	***	***	***	***
325149	-10378	8293	7207	3123		3936
196418	2773	966	3097	1721	585	18876
261787	4795	19458		-463		28392
84297	72	183	221	475		50018
337531	-3385	6863	251			
91989	14302	1420	374			

11-3 续表 6

项　　目	资产处置收益	其他收益	营业利润	营业外收　入
合　计	**-760**	**16769**	**969140**	**158799**
一、按行业分（分到小类）				
教育	-760	16769	969140	158799
学前教育		17	69136	16714
学前教育		17	69136	16714
初等教育	***	***	***	***
普通小学教育	***	***	***	***
中等教育			7226	1062
普通初中教育	***	***	***	***
普通高中教育	***	***	***	***
中等职业学校教育	***	***	***	***
特殊教育	***	***	***	***
特殊教育	***	***	***	***
技能培训、教育辅助及其他教育	-760	16752	877949	140881
职业技能培训	-280	7299	1231869	82220
体校及体育培训			47415	1800
文化艺术培训	-471		-103113	4355
教育辅助服务	3	6931	581489	9321
其他未列明教育	-12	2522	-879711	43185
二、按登记注册类型分				
内资	-760	16769	650028	146891
国有		549	-38708	16376
集体			-10066	2200
股份合作	***	***	***	***
国有与集体联营	***	***	***	***
国有独资公司	***	***	***	***
其他有限责任公司	-493	12842	-1089011	51618
股份有限公司	-267	1370	1445232	57571
私营独资	***	***	***	***
私营有限责任公司		-397	249969	14174
私营股份有限公司		2384	26931	3001
其他			79771	1136
港澳台商投资			62462	3908
与港澳台商合作经营	***	***	***	***

单位：千元

营业外支出	利润总额	应　交 所得税	应付职工薪酬 （本年贷方累计 发生额）	#社会保险费 和住房公积金	应　交 增值税
144879	**986634**	**537367**	**15545670**	**2421575**	**1227664**
144879	986634	537367	15545670	2421575	1227664
4065	83649	17634	217330	34142	11102
4065	83649	17634	217330	34142	11102
***	***	***	***	***	***
***	***	***	***	***	***
85	8203	1903	238756	29791	15028
***	***	***	***	***	***
***	***	***	***	***	***
***	***	***	***	***	***
***	***	***	***	***	***
***	***	***	***	***	***
140099	880441	512249	14978438	2343783	1199769
36751	1277338	251512	8289948	1341008	672388
2761	46454	21051	279070	31662	21223
6504	-105262	10348	773040	111311	50710
30643	560167	90977	1165014	194011	173128
63440	-898256	138361	4471366	665791	282320
109361	691132	456595	13900294	2175226	1145432
1533	-23865	16981	385776	64716	18589
194	-8060	1259	68464	15113	3570
***	***	***	***	***	***
***	***	***	***	***	***
***	***	***	***	***	***
34223	-1069906	38503	4786126	763223	434338
22962	1479841	243121	4871450	686918	341807
***	***	***	***	***	***
44161	221846	112008	2732780	496061	272834
630	29302	7574	134053	23128	17946
4920	75987	32501	821263	107264	50153
31941	34429	15130	763701	119498	45316
***	***	***	***	***	***

11-3 续表 7

项　　目	资产处置收益	其他收益	营业利润	营业外收　入
港澳台商独资			140438	1501
外商投资			256650	8000
中外合资经营	***	***	***	***
中外合作经营	***	***	***	***
外资企业			225606	962
三、按隶属关系分				
中央		539	-26926	23307
地方	-760	16230	996066	135492
四、按控股情况分				
国有控股	-13	9090	-51030	1205
集体控股			-18474	4274
私人控股	-276	7130	172661	122207
港澳台商控股			93043	10916
外商控股			202336	976
其他			2084	594
五、按地区分				
东城区			-55128	287
西城区		1669	98224	3504
朝阳区	-479	532	-208141	28655
丰台区		1	55143	1096
石景山区		999	-731829	9278
海淀区	-281	8887	1322370	56453
门头沟区	***	***	***	***
房山区			-1995	88
通州区	***	***	***	***
顺义区		2743	47342	9530
昌平区		21	-1968	1050
大兴区		1202	386465	47872
怀柔区		715	102609	789
平谷区			13766	103
北京经济技术开发区			-69430	2

单位：千元

营业外支出	利润总额	应　交 所得税	应付职工薪酬 （本年贷方累计 发生额）	#社会保险费 和住房公积金	应　交 增值税
30210	111729	15130	442525	66488	25518
3577	261073	65642	881675	126851	36916
***	***	***	***	***	***
***	***	***	***	***	***
2901	223667	54394	813177	116848	41914
2061	-5680	21676	342810	56969	6831
142818	992314	515691	15202860	2364606	1220833
8062	-57887	24643	640983	125508	79754
1065	-15265	1567	149695	26965	15568
84693	213749	372197	11116765	1645536	869586
32617	71342	26378	814769	125947	39268
2328	200984	48813	740255	113132	42262
8113	-5435	4743	83860	23458	6778
121	-54962	2438	95553	14527	17716
985	100743	17086	251265	46841	36568
10949	-190435	155782	2352247	356304	156193
2770	55333	21963	143804	22390	14472
3772	-726323	-86774	1304345	210724	128679
71629	1308904	270219	9662139	1476543	735732
***	***	***	***	***	***
257	-2164	35	19400	2457	1543
***	***	***	***	***	***
10174	46698	18862	305900	47401	9919
3362	-4280	7700	210805	38474	12007
9177	425160	106554	601248	109937	73218
30019	73379	15469	58339	9392	6936
1217	12652	1	278927	51424	21612
34	-69462	4478	226876	28198	9959

第十二篇

卫生和社会工作

12-1 全部卫生和社会工作法人单位财务状况（企业会计准则）

单位：千元

项 目	法人单位数（个）	资产总计	负债合计	营业收入	营业利润
合 计	**4199**	**58555022**	**48553160**	**36288608**	**-3526866**
一、按行业分（分到小类）					
卫生	3267	46661938	40785945	35127620	-2844187
医院	494	25577119	21606842	23308890	-1594862
综合医院	151	10271820	8328650	10546243	-998464
中医医院	107	1907980	1791239	2946520	-53592
中西医结合医院	18	1073376	1186215	887783	-123017
专科医院	193	12120458	10073748	8871974	-359873
疗养院	25	203484	226990	56369	-59916
基层医疗卫生服务	2448	11044357	9889275	8217797	-922828
社区卫生服务中心（站）	46	609285	420090	1181894	28575
街道卫生院	2	***	***	***	***
乡镇卫生院	4	15626	8129	1328	-3820
村卫生室	51	260637	198068	39915	-83859
门诊部（所）	2345	10157433	9260988	6994580	-862932
专业公共卫生服务	41	304480	282041	298524	-41303
疾病预防控制中心	8	1946	3573	1463	-328
专科疾病防治院（所、站）	18	117950	66339	7524	-120
妇幼保健院（所、站）	7	87038	109691	187308	-6437
急救中心（站）服务	4	86339	91708	91414	-34448
计划生育技术服务活动	4	11207	10731	10815	30
其他卫生活动	284	9735982	9007788	3302409	-285195
健康体检服务	91	6798776	5862668	1509535	107600
临床检验服务	75	1590951	839868	1263361	-38280
其他未列明卫生服务	118	1346255	2305252	529513	-354515
社会工作	932	11893083	7767214	1160988	-682679
提供住宿社会工作	685	10589307	6814383	955514	-580239
干部休养所	4	6445	1196	442	-129
护理机构服务	19	36742	15827	23235	-4186
精神康复服务	5	17220	2755	9058	-438
老年人、残疾人养护服务	641	10298369	6735990	876871	-545603
临终关怀服务	2	***	***	***	***
孤残儿童收养和庇护服务	4	179675	15428	24961	-29634
其他提供住宿社会救助	10	9743	4031	6534	-309
不提供住宿社会工作	247	1303776	952832	205474	-102440
社会看护与帮助服务	190	1084960	874571	137672	-84603
康复辅具适配服务	23	15455	9180	14711	-2669
其他不提供住宿社会工作	34	203361	69080	53091	-15168
二、按登记注册类型分					
内资	4153	54758812	46097327	34571997	-3383271
国有	56	5081373	4543250	6050517	-1016651
集体	116	1738854	552435	1676574	95160
股份合作	177	3450069	1991367	2712339	33922
集体联营	5	3370	580	8778	245
其他联营	2	***	***	***	***

12-1 续表 1

单位：千元

项　　目	法人单位数（个）	资产总计	负债合计	营业收入	营业利润
国有独资公司	3	96892	30762	68444	-1972
其他有限责任公司	562	18566261	16985827	11273119	-1048564
股份有限公司	32	1513736	530644	807059	67305
私营独资	433	931680	626242	1066115	59528
私营合伙	266	319093	307520	443515	-27742
私营有限责任公司	2346	21602999	19291634	9344401	-1535915
私营股份有限公司	14	198838	146640	167605	1274
其他	141	1255126	1090175	953056	-9843
港澳台商投资	17	1707733	1310392	1347996	1968
与港澳台商合资经营	7	441521	213017	86560	-46358
与港澳台商合作经营	4	1124169	1006381	1231607	92215
港澳台商独资	6	142044	90993	29829	-43888
外商投资	29	2088477	1145441	368615	-145564
中外合资经营	17	646170	326917	122904	-97110
中外合作经营	3	392653	222964	208684	-15699
外资企业	9	1049654	595561	37027	-32755
三、按隶属关系分					
中央	16	2472257	539392	1334633	-415508
地方	4183	56082765	48013767	34953975	-3111359
四、按控股情况分					
国有控股	39	3558393	2644867	1951166	-176794
集体控股	222	3335897	1841875	1465106	-66973
私人控股	3459	37780260	33378598	21743411	-1999092
港澳台商控股	17	1729034	1288741	1362171	41301
外商控股	20	1557009	865399	334522	-59507
其他	156	2615681	2446480	758308	-342510
五、按地区分					
东城区	253	3458691	3673016	2114782	-412637
西城区	261	5479180	4038474	3402173	125392
朝阳区	1178	19674463	17266152	11783711	-763685
丰台区	289	5823833	3145756	3093550	-534231
石景山区	96	1275007	1017063	2042625	-101112
海淀区	620	6603719	5936686	4547234	-552583
门头沟区	39	774099	571390	1315516	-3996
房山区	185	830577	510238	675858	-5040
通州区	134	2659448	744980	153141	-58655
顺义区	175	1675907	1215529	808075	-26959
昌平区	354	4474501	5795584	2668781	-1074299
大兴区	260	2083645	1003798	2405779	125482
怀柔区	90	674763	655396	118942	-12504
平谷区	68	318466	48695	43137	-5873
密云区	96	566809	934524	76724	-37821
延庆区	34	28416	28521	32132	-2011
北京经济技术开发区	67	2153497	1967358	1006448	-186335

12-2 卫生和社会工作法人单位财务状况
（行政事业及民间非营利组织会计制度）

单位：千元

项目	法人单位数（个）	资产总计	负债合计	收入合计	支出（费用）合计
合　计	**2408**	**192757469**	**69968321**	**216369174**	**214734248**
一、按行业分（分到小类）					
卫生	1041	180934464	64003042	208154529	206536586
医院	323	152882330	56018510	170144354	169470662
综合医院	143	100558142	39260902	113132595	113568200
中医医院	52	17048933	5885020	20139656	19521736
中西医结合医院	12	2613971	1302665	3642312	3562371
民族医院	2	***	***	***	***
专科医院	53	30462137	8998150	31507310	31053064
疗养院	61	1931131	452259	1270839	1335654
基层医疗卫生服务	570	15668471	4450745	26586752	25753367
社区卫生服务中心（站）	369	10289070	3134233	19425012	18846269
街道卫生院	3	137448	55232	253588	247984
乡镇卫生院	60	2299098	491868	3663067	3501881
村卫生室	19	109814	84444	287483	255263
门诊部（所）	119	2833040	684968	2957602	2901970
专业公共卫生服务	127	11886443	3459091	10978544	10885293
疾病预防控制中心	36	5057272	925284	4781340	4544483
专科疾病防治院（所、站）	18	410080	110945	620194	592465
妇幼保健院（所、站）	20	2733942	851325	3643603	3744079
急救中心（站）服务	25	2524636	1453699	1169204	1179973
采供血机构服务	11	850607	96275	626618	699514
计划生育技术服务活动	17	309906	21562	137585	124777
其他卫生活动	21	497220	74696	444879	427264
健康体检服务	7	347688	30998	245275	234200
临床检验服务	1	***	***	***	***
其他未列明卫生服务	13	143583	42300	193976	187590
社会工作	1367	11823005	5965279	8214645	8197662
提供住宿社会工作	790	9055067	5572228	6400776	6281725
干部休养所	138	1153285	200253	3440282	3266069
护理机构服务	15	42717	6331	42481	44193
精神康复服务	19	133129	21081	127555	127365
老年人、残疾人养护服务	585	7341712	5308178	2248615	2319704
孤残儿童收养和庇护服务	17	284676	28702	290718	282668
其他提供住宿社会救助	16	99547	7683	251124	241726

12-2 续表 1　　　　单位：千元

项　　目	法人单位数（个）	资产总计	负债合计	收入合计	支出（费用）合计
不提供住宿社会工作	577	2767938	393051	1813869	1915937
社会看护与帮助服务	374	515970	285350	486188	532283
康复辅具适配服务	24	98392	15816	60839	49263
其他不提供住宿社会工作	179	2153575	91885	1266842	1334391
二、按登记注册类型分					
内资	2408	192757469	69968321	216369174	214734248
国有	968	176881451	58157478	199032381	197213371
集体	204	5654319	2782340	5774301	5653285
其他联营	1	***	***	***	***
其他有限责任公司	6	11877	15901	16329	19900
私营独资	183	883325	761966	864409	894226
私营合伙	34	248865	198429	270038	280962
私营有限责任公司	6	18997	20710	6052	6944
其他	1006	9058375	8031392	10405310	10665168
三、按隶属关系分					
中央	88	77600547	26500105	71497475	70076055
地方	2320	115156921	43468215	144871700	144658193
四、按地区分					
东城区	133	30769478	9551131	30904127	30443437
西城区	170	39834726	13514656	42828841	42710344
朝阳区	316	40784428	19585135	44805738	44075065
丰台区	280	17282323	6219680	18939154	20005740
石景山区	117	4661745	1753919	5132422	5053461
海淀区	232	22951799	6538265	27851597	26957295
门头沟区	47	920565	360591	1529208	1521117
房山区	179	3878268	2046628	6175594	6159499
通州区	118	7259892	2406857	7975009	8108997
顺义区	109	3901133	1244170	5429652	5488009
昌平区	158	8238740	2907061	9511706	9275036
大兴区	140	3924839	1044787	5057804	4970869
怀柔区	107	2089622	748834	2685425	2647584
平谷区	120	1763712	934514	2578602	2591436
密云区	110	2982338	670392	3062702	2879221
延庆区	61	1350232	346376	1757048	1707568
北京经济技术开发区	11	163630	95324	144546	139570

12-3 规模以上卫生和社会工作

项目	法人单位数（个）	年初存货	流动资产合计	#交易性金融资产	#应收账款
合计	**241**	**661389**	**17511506**	**161445**	**2950282**
一、按行业分（分到小类）					
卫生	232	658809	15996763	161445	2940742
医院	137	532297	9601953	128268	1542626
综合医院	36	186186	4490059	77000	762761
中医医院	29	153468	684159		224854
中西医结合医院	7	25568	593701		30763
专科医院	65	167075	3834034	51268	524248
基层医疗卫生服务	66	76242	3486845	1000	607304
社区卫生服务中心（站）	3	19893	365270		24848
门诊部（所）	63	56349	3121575	1000	582456
专业公共卫生服务	2	***	***	***	***
妇幼保健院（所、站）	1	***	***	***	***
急救中心（站）服务	1	***	***	***	***
其他卫生活动	27	45882	2787603	32177	769529
健康体检服务	12	8500	1967948	13947	394974
临床检验服务	7	20727	501196		304189
其他未列明卫生服务	8	16655	318459	18230	70366
社会工作	9	2580	1514743		9540
提供住宿社会工作	9	2580	1514743		9540
护理机构服务	1	***	***	***	***
老年人、残疾人养护服务	7	1069	1419512		9540
孤残儿童收养和庇护服务	1	***	***	***	***
二、按登记注册类型分					
内资	230	632478	16548068	144445	2742056
国有	11	78838	2069964		459215
集体	3	24305	827604	60000	129228
股份合作	31	93940	823004	18230	93673
国有独资公司	1	***	***	***	***
其他有限责任公司	104	272769	7361260	52147	1041293
股份有限公司	8	11306	858810	14068	200810
私营独资	8	20361	358940		21266
私营合伙	4	5138	29967		
私营有限责任公司	52	106555	3408724		715132

法人单位财务状况（企业会计准则）

单位：千元

	固定资产原价	累计折旧		在建工程	无形资产	资产总计
#存货			#本年折旧			
765310	**10535391**	**4982468**	**921818**	**440598**	**409154**	**27999724**
759541	10159173	4715731	903368	440598	380316	26282280
593640	8920873	4006447	767653	427680	338289	17792092
211168	5816504	2668421	540454	393432	205848	8657824
140541	285479	160112	21773	1191	1132	1164060
30621	158333	95280	13651		2704	870596
211310	2660557	1082634	191775	33057	128605	7099612
114521	654050	372676	65974	9906	3191	4363336
25412	55326	32189	5140		84	388521
89109	598724	340487	60834	9906	3107	3974815
***	***	***	***	***	***	***
***	***	***	***	***	***	***
***	***	***	***	***	***	***
46734	541381	304048	66087	3012	37185	3986210
9349	204067	128489	16372	450	6249	2191889
24988	144081	74283	18996	2562	24134	879979
12397	193233	101276	30719		6802	914342
5769	376218	266737	18450		28838	1717444
5769	376218	266737	18450		28838	1717444
***	***	***	***	***	***	***
2689	119341	78628	7161		25646	1538611
***	***	***	***	***	***	***
728230	10034632	4687569	860889	440598	402234	26362953
92989	4317976	1919909	384790	218662	43743	4795341
31891	757543	416468	50352	153219	1335	1324060
93869	359691	219860	23159	1081	783	1090805
***	***	***	***	***	***	***
277207	3429277	1544107	278506	51829	309593	11939249
17214	132653	61917	16494	3973	15983	1374267
26477	89638	49829	7131			407648
6577	21045	17891	1067			34794
155638	820250	394103	91445	10155	30327	4499285

12-3 续表 1

项　目	法人单位数（个）	年初存货	流动资产合计	#交易性金融资产	#应收账款
私营股份有限公司	2	***	***	***	***
其他	6	13196	684439		47698
港澳台商投资	7	23932	745959	17000	154763
与港澳台商合资经营	3	2126	74632		1812
与港澳台商合作经营	4	21806	671327	17000	152951
外商投资	4	4979	217479		53463
中外合资经营	1	***	***	***	***
中外合作经营	3	4979	194760		48114
三、按隶属关系分					
中央	5	14853	1100506		105613
地方	236	646536	16411000	161445	2844669
四、按控股情况分					
国有控股	14	121389	974499		59595
集体控股	16	22071	549035	18230	52393
私人控股	179	367890	11402232	66215	1939728
港澳台商控股	6	23194	735695	17000	153611
外商控股	4	4979	217479		53463
其他	3	5368	96999		51411
五、按地区分					
东城区	24	109698	1021912	17000	66220
西城区	19	52337	2760850	1000	300324
朝阳区	101	209308	5566928	35157	1215425
丰台区	15	47667	1426268	11088	125016
石景山区	3	35285	461568		72178
海淀区	41	45408	2181532		286901
门头沟区	1	***	***	***	***
房山区	4	14032	190602	37200	43377
顺义区	7	28403	293298		71487
昌平区	13	25866	1980691		217352
大兴区	3	30464	815545	60000	134150
怀柔区	1	***	***	***	***
平谷区	2	***	***	***	***
延庆区	1	***	***	***	***
北京经济技术开发区	6	25982	451100		249067

单位：千元

#存货	固定资产原价	累计折旧	#本年折旧	在建工程	无形资产	资产总计
***	***	***	***	***	***	***
21278	67006	36967	5242		84	718182
32928	410335	230231	52375		3496	1220191
3747	33704	31726	891			96022
29181	376631	198505	51484		3496	1124169
4152	90424	64668	8554		3424	416580
***	***	***	***	***	***	***
4152	88394	63034	8409		3424	392653
17833	2354925	1174642	202372	80772	23450	2430974
747477	8180466	3807826	719446	359826	385704	25568750
100224	1522271	443361	80122	25979	229734	2586446
23601	167263	95037	16498	3129	896	810214
452639	3134401	1749819	314557	40800	126554	16068515
32387	390617	210489	52717		3507	1190687
4152	90424	64668	8554		3424	416580
5407	88482	45474	8945			159078
90924	607557	383513	50755		14784	1909568
51821	575691	362824	48954	17563	145847	3187656
257723	1911535	1086075	199933	23232	42038	8187727
73080	2269972	1055382	211739	87977	31733	3061864
40694	882154	380273	51920	2501	3692	969671
55246	809025	462595	71408	2915	36103	3137969
***	***	***	***	***	***	***
21140	101425	68176	11528	7151	2515	295958
32020	139852	73594	13523	414	1501	587224
31819	855209	309391	126666	125536	18372	2904109
37258	686103	369644	47002	152028	1212	1294865
***	***	***	***	***	***	***
***	***	***	***	***	***	***
***	***	***	***	***	***	***
30998	1160690	204326	49533	2562	105656	1758252

12-3 续表 2

项　　目	流动负债合　　计	#应付账款	非 流 动负债合计	#应付债券	负债合计
合　计	**19699075**	**4660556**	**4742129**	**5000**	**24441204**
一、按行业分（分到小类）					
卫生	18160506	4525066	4730938	5000	22891444
医院	11861814	3483732	3537997		15399811
综合医院	5778267	1990486	1369896		7148163
中医医院	895727	543119	15890		911617
中西医结合医院	584590	107196	311750		896340
专科医院	4603230	842931	1840461		6443691
基层医疗卫生服务	3167871	493327	165452		3333323
社区卫生服务中心（站）	274074	64593	13483		287557
门诊部（所）	2893797	428734	151969		3045766
专业公共卫生服务	***	***	***	***	***
妇幼保健院（所、站）	***	***	***	***	***
急救中心（站）服务	***	***	***	***	***
其他卫生活动	2961322	534813	1020909	5000	3982231
健康体检服务	1672219	130682	8169	5000	1680388
临床检验服务	361038	191302	16768		377806
其他未列明卫生服务	928065	212829	995972		1924037
社会工作	1538569	135490	11191		1549760
提供住宿社会工作	1538569	135490	11191		1549760
护理机构服务	***	***	***	***	***
老年人、残疾人养护服务	1516568	134112	10563		1527131
孤残儿童收养和庇护服务	***	***	***	***	***
二、按登记注册类型分					
内资	18858282	4400678	4269906	5000	23128188
国有	3886698	1299156	510436		4397134
集体	287555	212225	941		288496
股份合作	1020525	525118	12029		1032554
国有独资公司	***	***	***	***	***
其他有限责任公司	8759723	1457237	3082693	5000	11842416
股份有限公司	367819	46048	22169		389988
私营独资	200237	50089	121806		322043
私营合伙	31706	5209			31706
私营有限责任公司	3644669	668890	448321		4092990

单位：千元

所有者权益合计	#实收资本	国家资本	集体资本	法人资本	个人资本	港澳台资本
3558520	**6885712**	**249890**	**336254**	**5493227**	**527824**	**203038**
3390836	6771908	242580	335776	5393211	521824	203038
2392281	5591173	206059	306475	4494240	389407	178792
1509661	2660113		275975	2126346	65480	176112
252443	474955	21419	500	327980	125056	
-25744	427103			390000	34423	2680
655921	2029002	184640	30000	1649914	164448	
1030013	474666	36521	28101	327818	33252	24246
100964	13365	4190	124	3899	5152	
929049	461301	32331	27977	323919	28100	24246
***	***	***	***	***	***	***
***	***	***	***	***	***	***
***	***	***	***	***	***	***
3979	565685		1200	439473	99165	
511501	222368			198221	1000	
502173	203180			126190	76990	
-1009695	140137		1200	115062	21175	
167684	113804	7310	478	100016	6000	
167684	113804	7310	478	100016	6000	
***	***	***	***	***	***	***
11480	106294	800	478	99016	6000	
***	***	***	***	***	***	***
3234765	6598299	248690	335829	5479756	517824	
398207	1288984	32121		1256863		
1035564	34605		33605	1000		
58251	129380		6800	26590	95990	
***	***	***	***	***	***	***
96833	3273130	212579	294902	2633221	116228	
984279	317349			182366	134983	
85605	24923			3000	21923	
3088	12130			600	11530	
406295	1393583			1266765	126818	

12-3 续表 3

项目	流动负债合计	#应付账款	非流动负债合计	#应付债券	负债合计
私营股份有限公司	***	***	***	***	***
其他	603453	106197	13711		617164
港澳台商投资	642710	250721	417839		1060549
与港澳台商合资经营	54168	29772			54168
与港澳台商合作经营	588542	220949	417839		1006381
外商投资	198083	9157	54384		252467
中外合资经营	***	***	***	***	***
中外合作经营	182964	8306	40000		222964
三、按隶属关系分					
中央	499666	296306	13178		512844
地方	19199409	4364250	4728951	5000	23928360
四、按控股情况分					
国有控股	820526	167784	1334199		2154725
集体控股	541170	174521	660		541830
私人控股	12610687	2428950	2410341	5000	15021028
港澳台商控股	622047	249627	417839		1039886
外商控股	198083	9157	54384		252467
其他	138653	21094	68		138721
五、按地区分					
东城区	1557827	259721	974621		2532448
西城区	2110040	205485	77798	5000	2187838
朝阳区	6188764	1551639	1007564		7196328
丰台区	956288	538026	274994		1231282
石景山区	624446	233541	112546		736992
海淀区	2083892	157564	594404		2678296
门头沟区	***	***	***	***	***
房山区	181173	129128	450		181623
顺义区	342510	101835	33156		375666
昌平区	4374334	848890	336633		4710967
大兴区	310668	215509	491		311159
怀柔区	***	***	***	***	***
平谷区	***	***	***	***	***
延庆区	***	***	***	***	***
北京经济技术开发区	532041	184532	1233711		1765752

单位：千元

所有者权益合计	#实收资本					
		国家资本	集体资本	法人资本	个人资本	港澳台资本
***	***	***	***	***	***	***
101018	20565	3990	522	5701	10352	
159642	217913	1200	425	3250	10000	203038
41854	21376	1200		3250	10000	6926
117788	196537		425			196112
164113	69500			10221		
***	***	***	***	***	***	***
169689	66500			9921		
1918130	1011460	7510		1003950		
1640390	5874252	242380	336254	4489277	527824	203038
431721	1079294	213279		865721	294	
268384	367497		302202	45483	1166	2446
1047487	3789507			3274788	512039	2680
150801	203037	1200	425	2450	1050	197912
164113	69500			10221		
20357	31000			31000		
-622880	439215	30029	425	339484	28255	17875
999818	564573	6520		554259	3794	
991399	1877998	9588	301102	1144869	187624	182483
1830582	1343413			1254368	89045	
232679	62507	2602	124	39781	20000	
459673	901196	23711	680	845388	28737	2680
***	***	***	***	***	***	***
114335	123423		500	97500	25423	
211558	84333			82333	2000	
-1806858	938518			886262	52256	
983706	62485		33025	29460		
***	***	***	***	***	***	***
***	***	***	***	***	***	***
***	***	***	***	***	***	***
-7500	360170	176640		96540	86990	

12-3 续表 4

项目	外商资本	营业收入	营业成本	税金及附加	销售费用
合计	**75479**	**26412374**	**18854570**	**13379**	**2957302**
一、按行业分（分到小类）					
卫生	75479	26084376	18612309	12877	2928575
医院	16200	19923935	14806486	8477	1649445
综合医院	16200	10021152	8557411	5055	182186
中医医院		1989804	1351178	877	289087
中西医结合医院		693234	543552	142	64415
专科医院		7219745	4354345	2403	1113757
基层医疗卫生服务	24728	3777624	2182085	1041	789404
社区卫生服务中心（站）		578295	467032		
门诊部（所）	24728	3199329	1715053	1041	789404
专业公共卫生服务	***	***	***	***	***
妇幼保健院（所、站）	***	***	***	***	***
急救中心（站）服务	***	***	***	***	***
其他卫生活动	25847	2128219	1518701	3359	414034
健康体检服务	23147	1059031	801476	383	131140
临床检验服务		690535	360214	1933	214429
其他未列明卫生服务	2700	378653	357011	1043	68465
社会工作		327998	242261	502	28727
提供住宿社会工作		327998	242261	502	28727
护理机构服务	***	***	***	***	***
老年人、残疾人养护服务		290231	234645	445	18251
孤残儿童收养和庇护服务	***	***	***	***	***
二、按登记注册类型分					
内资	16200	24848981	18502130	12715	2859437
国有		5569232	5816640	1303	13539
集体		1378620	1215098	296	
股份合作		2156678	1279194	552	438205
国有独资公司	***	***	***	***	***
其他有限责任公司	16200	9396178	6350208	7122	1446361
股份有限公司		697421	354918	1413	123810
私营独资		599615	346136	158	31905
私营合伙		119111	58569	5	27036
私营有限责任公司		4170085	2529936	1719	735309

单位：千元

管理费用	财务费用			资产减值损失	公允价值变动收益	投资收益
		#利息收入	#利息支出			
5267831	**333173**	**64516**	**321618**	**58863**	**557**	**124206**
5133235	352998	40593	317640	58863	557	123829
4045573	259567	31845	239670	9466		114870
1993757	130330	10183	111963	5148		19791
339654	8169	1322	6020			66
172409	16765	78	16591	78		
1539753	104303	20262	105096	4240		95013
647791	21902	6546	12156	8026		2024
98293	-3529	3543				
549498	25431	3003	12156	8026		2024
***	***	***	***	***	***	***
***	***	***	***	***	***	***
***	***	***	***	***	***	***
366125	68712	2174	65103	10323	557	6935
76289	1584	124	1396	6148	557	6723
111483	-929	1908	284	2276		17
178353	68057	142	63423	1899		195
134596	-19825	23923	3978			377
134596	-19825	23923	3978			377
***	***	***	***	***	***	***
88776	-19668	23816	3978			377
***	***	***	***	***	***	***
4279202	312052	64090	311698	26925	557	123638
689652	79779	8303	82985	2600		
68573	-762	987	137			18340
355295	14108	1278	10599	27		115
***	***	***	***	***	***	***
1830076	178696	36845	187032	10125	557	35407
161803	951	689	1168	6039		68501
128663	12481	238	413			
35751	148	10	2			
856240	26882	12046	26439	7204		1275

12-3 续表 5

项　　目	外商资本	营业收入	营业成本	税金及附加	销售费用
私营股份有限公司	***	***	***	***	***
其他		552225	434309	101	5030
港澳台商投资		1301537	263499	410	31786
与港澳台商合资经营		69930	10796	7	29686
与港澳台商合作经营		1231607	252703	403	2100
外商投资	59279	261856	88941	254	66079
中外合资经营	***	***	***	***	***
中外合作经营	56579	208684	60499	80	48752
三、按隶属关系分					
中央		1234234	1448533	135	17489
地方	75479	25178140	17406037	13244	2939813
四、按控股情况分					
国有控股		1826070	1449798	3468	179451
集体控股	16200	782558	384574	50	143672
私人控股		14517349	9072161	6979	2434390
港澳台商控股		1294596	268867	409	23017
外商控股	59279	261856	88941	254	66079
其他		225768	111838	553	105349
五、按地区分					
东城区	23147	1377994	906596	470	264839
西城区		2678058	1835183	3288	279772
朝阳区	52332	8517980	4630428	3478	1295426
丰台区		1983942	1858810	259	136045
石景山区		1852013	1695158	36	25041
海淀区		3029612	1802485	1783	581991
门头沟区	***	***	***	***	***
房山区		412459	348467	29	
顺义区		549136	337294	678	103606
昌平区		2249811	2395432	1458	49566
大兴区		1641389	1368037	232	39147
怀柔区	***	***	***	***	***
平谷区	***	***	***	***	***
延庆区	***	***	***	***	***
北京经济技术开发区		783940	501973	1497	170615

单位：千元

管理费用	财务费用	#利息收入	#利息支出	资产减值损失	公允价值变动收益	投资收益
***	***	***	***	***	***	***
106214	-3454	3556				
899520	19714	373	9910	707		568
35246	-60	311				
864274	19774	62	9910	707		568
89109	1407	53	10	31231		
***	***	***	***	***	***	***
82495	1385	48	10	31231		
178888	-2475	2546	189	3338		
5088943	335648	61970	321429	55525	557	124206
207468	78433	3948	74958	1083		105
206595	6128	961	4568	131		824
2990988	151287	46916	149187	22542	557	104369
880107	19637	434	9910	707		568
89109	1407	53	10	31231		
18740	283	47		569		
443759	73151	1798	72510	84		674
239992	13123	3464	8425	13150		1442
2325465	56478	11832	35219	36276	557	12179
421166	3061	2763	9313	7018		88940
173782	1150	2840	538			
567915	52172	2020	28932	797		1151
***	***	***	***	***	***	***
61653	-696	372	411			1141
96247	4993	96	3260	-542		17
512637	59435	34644	90113	192		322
97918	4455	1166	4102			18340
***	***	***	***	***	***	***
***	***	***	***	***	***	***
***	***	***	***	***	***	***
170750	66758	2430	68795	1888		

12-3 续表 6

项　　目	资产处置收益	其他收益	营业利润	营业外收　入
合　计	**17**	**7397**	**-940567**	**750872**
一、按行业分（分到小类）				
卫生	22	5253	-884820	732159
医院	22	6024	-734163	717569
综合医院		631	-832313	679744
中医医院	-54	224	1075	23664
中西医结合医院			-104127	801
专科医院	76	5169	201202	13360
基层医疗卫生服务		379	129778	12707
社区卫生服务中心（站）			16499	8390
门诊部（所）		379	113279	4317
专业公共卫生服务	***	***	***	***
妇幼保健院（所、站）	***	***	***	***
急救中心（站）服务	***	***	***	***
其他卫生活动		-1150	-246693	1432
健康体检服务		59	49350	370
临床检验服务		-727	419	876
其他未列明卫生服务		-482	-296462	186
社会工作	-5	2144	-55747	18713
提供住宿社会工作	-5	2144	-55747	18713
护理机构服务	***	***	***	***
老年人、残疾人养护服务	-5	2144	-29702	5119
孤残儿童收养和庇护服务	***	***	***	***
二、按登记注册类型分				
内资	17	7337	-1011931	748084
国有	-5	2234	-1032052	691555
集体			113755	73
股份合作	-54		69358	3684
国有独资公司	***	***	***	***
其他有限责任公司	34	3844	-386568	33205
股份有限公司		-766	116222	888
私营独资		985	81257	300
私营合伙			-2398	1023
私营有限责任公司	42	977	15089	7512

单位：千元

营业外支出	利润总额	应　交 所得税	应付职工薪酬（本年贷方累计发生额）	#社会保险费和住房公积金	应　交 增值税
75737	**-265432**	**347950**	**8163113**	**1379375**	**27080**
75114	-227775	347508	8015849	1355743	25769
61509	-78103	257080	6375251	1098555	9387
29762	-182331	88285	3410447	662048	2641
7083	17656	11963	435987	55267	252
442	-103768	6050	146601	15944	459
24222	190340	150782	2382216	365296	6035
6202	136283	64876	931662	147494	4241
15	24874		105958	24665	
6187	111409	64876	825704	122829	4241
***	***	***	***	***	***
***	***	***	***	***	***
***	***	***	***	***	***
6779	-252040	25552	610283	97068	12141
3280	46440	21247	224626	30280	2573
3391	-2096	3615	214991	41101	5796
108	-296384	690	170666	25687	3772
623	-37657	442	147264	23632	1311
623	-37657	442	147264	23632	1311
***	***	***	***	***	***
234	-24817	442	128899	21928	102
***	***	***	***	***	***
72452	-336299	301202	7402822	1256617	24486
14631	-355128	2276	1862114	399035	1861
3512	110316	4317	476365	88499	597
4284	68758	16855	341154	44382	55
***	***	***	***	***	***
24829	-378192	150646	3083299	492368	13942
3658	113452	12343	202790	32919	5028
914	80643	18340	94897	13568	
10	-1385	472	22300	3161	
16998	5603	94753	1160067	161036	2988

12-3 续表 7

项目	资产处置收益	其他收益	营业利润	营业外收入
私营股份有限公司	***	***	***	***
其他			10025	9736
港澳台商投资		1	86470	1934
与港澳台商合资经营			-5745	5
与港澳台商合作经营		1	92215	1929
外商投资		59	-15106	854
中外合资经营	***	***	***	***
中外合作经营		59	-15699	854
三、按隶属关系分				
中央		334	-411340	683314
地方	17	7063	-529227	67558
四、按控股情况分				
国有控股		290	-93236	1888
集体控股			42232	23620
私人控股	22	4774	-51276	21144
港澳台商控股		1	102421	1947
外商控股		59	-15106	854
其他		39	-11525	64
五、按地区分				
东城区		284	-309947	16020
西城区	-45	1661	296608	3363
朝阳区	62	1186	184413	37810
丰台区		374	-353103	668539
石景山区			-43154	5742
海淀区		3706	27326	2298
门头沟区	***	***	***	***
房山区			4147	664
顺义区		39	6916	704
昌平区		913	-767674	8224
大兴区			149940	82
怀柔区	***	***	***	***
平谷区	***	***	***	***
延庆区	***	***	***	***
北京经济技术开发区		-766	-130307	611

单位：千元

营业外支出	利润总额	应　交 所得税	应付职工薪酬 （本年贷方累计 发生额）	#社会保险费 和住房公积金	应　交 增值税
***	***	***	***	***	***
3400	16361	540	92248	11520	
2657	85747	43107	667287	106595	1316
89	-5829	1064	32504	4062	
2568	91576	42043	634783	102533	1316
628	-14880	3641	93004	16163	1278
***	***	***	***	***	***
628	-15473	3493	78906	12818	23
11614	260360	52	516476	112125	1335
64123	-525792	347898	7646637	1267250	25745
1973	-93321	28511	591222	109923	2138
2435	63417	10098	182201	26306	148
46026	-76158	255701	4130955	608503	18302
2608	101760	44603	660363	105659	1366
628	-14880	3641	93004	16163	1278
746	-12207		82722	13570	1616
3366	-297293	20865	490434	69530	914
5624	294347	82683	579712	108071	1928
20342	201881	142575	2800670	435627	13316
17996	297440	5337	656879	121413	199
614	-38026		512777	107607	219
8985	20639	72124	877175	122764	2333
***	***	***	***	***	***
908	3903	1711	94059	10907	
2220	5400	5468	193605	27881	1858
4894	-764344	758	851950	171655	1574
5037	144985	12672	478165	89704	600
***	***	***	***	***	***
***	***	***	***	***	***
***	***	***	***	***	***
2669	-132365	3738	271082	48146	4027

第十三篇

文化、体育和娱乐业

13-1 全部文化、体育和娱乐业法人单位财务状况（企业会计准则）

单位：千元

项　　目	法人单位数（个）	资产总计	负债合计	营业收入	营业利润
合　计	**52654**	**634827233**	**376741027**	**188944364**	**7057945**
一、按行业分（分到小类）					
新闻和出版业	1602	175906989	55283950	56394082	7270617
新闻业	49	831024	813616	995435	-26612
新闻业	49	831024	813616	995435	-26612
出版业	1553	175075965	54470335	55398648	7297228
图书出版	531	115962633	31800340	36014388	6612704
报纸出版	159	30917280	12768756	9164736	-32019
期刊出版	628	16751371	5626592	7872165	1040022
音像制品出版	102	3284616	1524243	966664	171696
电子出版物出版	75	1923271	1173730	469219	-12564
数字出版	36	5651466	1471554	698212	-498800
其他出版业	22	585329	105118	213264	16189
广播、电视、电影和录音制作业	9489	229984764	148016940	69733139	6049446
广播	698	7127696	4025511	1635310	-304196
广播	698	7127696	4025511	1635310	-304196
电视	298	21496753	9221958	4274141	311461
电视	298	21496753	9221958	4274141	311461
影视节目制作	7287	122304346	68246365	27462654	1084854
影视节目制作	7287	122304346	68246365	27462654	1084854
广播电视集成播控	23	3750752	1568386	2531322	782130
广播电视集成播控	23	3750752	1568386	2531322	782130
电影和广播电视节目发行	670	64006689	26218605	28682151	4230098
电影和广播电视节目发行	670	64006689	26218605	28682151	4230098
电影放映	258	10784748	38428458	4694592	-19710
电影放映	258	10784748	38428458	4694592	-19710
录音制作	255	513780	307658	452967	-35192
录音制作	255	513780	307658	452967	-35192
文化艺术业	13520	56021168	34667181	18902409	441232
文艺创作与表演	3559	15840161	9589247	6866998	883996
文艺创作与表演	3559	15840161	9589247	6866998	883996
艺术表演场馆	62	824117	518055	576506	37606
艺术表演场馆	62	824117	518055	576506	37606
图书馆与档案馆	56	233034	105782	229313	17199
图书馆	36	48046	19629	75050	-1422

13-1 续表 1

单位：千元

项　　目	法人单位数（个）	资产总计	负债合计	营业收入	营业利润
档案馆	20	184988	86153	154262	18621
文物及非物质文化遗产保护	87	1499151	256615	200493	87161
文物及非物质文化遗产保护	87	1499151	256615	200493	87161
博物馆	45	555889	375708	118242	-56370
博物馆	45	555889	375708	118242	-56370
烈士陵园、纪念馆	1	***	***	***	***
烈士陵园、纪念馆	1	***	***	***	***
群众文体活动	3060	10984085	7385216	2369389	-216783
群众文体活动	3060	10984085	7385216	2369389	-216783
其他文化艺术业	6650	26084419	16436503	8540811	-311859
其他文化艺术业	6650	26084419	16436503	8540811	-311859
体育	4024	51405047	43880742	15359181	-4578030
体育组织	854	9932887	8357265	6059804	-2167889
体育竞赛组织	447	7188925	6185155	3932500	-2264129
体育保障组织	139	902000	690012	573103	29418
其他体育组织	268	1841962	1482098	1554201	66822
体育场地设施管理	230	17386980	10721151	1592343	-122084
体育场馆管理	198	17302466	10642181	1497785	-108555
其他体育场地设施管理	32	84514	78970	94558	-13530
健身休闲活动	2616	19735454	20235426	3904553	-1030048
健身休闲活动	2616	19735454	20235426	3904553	-1030048
其他体育	324	4349725	4566899	3802482	-1258008
体育中介代理服务	121	2312939	2999659	2105789	-1230811
体育健康服务	122	126974	76962	142433	3730
其他未列明体育	81	1909813	1490278	1554260	-30927
娱乐业	24019	121509266	94892213	28555553	-2125319
室内娱乐活动	2211	4434044	4082798	2209951	-215486
歌舞厅娱乐活动	545	1243577	1467172	983833	-36684
电子游艺厅娱乐活动	267	412770	312810	299910	-57164
网吧活动	968	964827	754345	400222	-123207
其他室内娱乐活动	431	1812870	1548471	525987	1569
游乐园	192	2959845	2308709	856605	-71537
游乐园	192	2959845	2308709	856605	-71537
休闲观光活动	270	1631431	1146515	191899	-61632

13-1 续表 2

单位：千元

项目	法人单位数（个）	资产总计	负债合计	营业收入	营业利润
休闲观光活动	270	1631431	1146515	191899	-61632
彩票活动	31	869647	329021	503613	60374
体育彩票服务	12	463031	54527	329296	21328
福利彩票服务	14	405910	256719	174256	41470
其他彩票服务	5	706	17775	60	-2425
文化体育娱乐活动与经纪代理服务	21248	111497183	86937339	24733990	-1824126
文化活动服务	19487	88424556	73202858	19598848	-1339901
体育表演服务	873	4270669	2771982	1495895	-258064
文化娱乐经纪人	147	1827047	1477410	846183	-31714
体育经纪人	29	111881	84726	135152	21573
其他文化艺术经纪代理	712	16863031	9400363	2657912	-216020
其他娱乐业	67	117117	87831	59494	-12912
其他娱乐业	67	117117	87831	59494	-12912
二、按登记注册类型分					
内资	52223	596655309	344429936	180491045	8446446
国有	734	109820857	39379792	34426265	3782790
集体	376	959439	705860	417368	21547
股份合作	386	738062	502614	193889	-15973
国有联营	3	777279	788752	3926	23809
集体联营	15	29552	16681	3463	-1634
国有与集体联营	2	***	***	***	***
其他联营	1	***	***	***	***
国有独资公司	119	57291125	16058023	12975495	1605654
其他有限责任公司	4410	150609087	116192942	57827708	2372255
股份有限公司	208	76766193	19081960	12901935	5802768
私营独资	1617	2421903	914857	1477132	755363
私营合伙	363	1790583	1390217	224070	-36439
私营有限责任公司	43607	184936117	145001356	57042882	-5849743
私营股份有限公司	220	8847154	3817376	2337844	-119395
其他	162	1658881	577241	652562	105003
港澳台商投资	211	21898077	18862856	6454270	-1223031
与港澳台商合资经营	48	2984381	1683475	1071350	-1650536
与港澳台商合作经营	15	1939282	1947340	332887	15298
港澳台商独资	147	16564822	15007174	4734727	349240

13-1 续表 3　　　　单位：千元

项目	法人单位数（个）	资产总计	负债合计	营业收入	营业利润
港澳台商投资股份有限公司	1	***	***	***	***
外商投资	220	16273847	13448235	1999049	-165469
中外合资经营	84	5804261	5737364	358381	-176052
中外合作经营	10	734495	906063	79749	-36163
外资企业	121	9093219	6346496	986431	54574
其他外商投资	5	641872	458312	574488	-7828
三、按隶属关系分					
中央	766	198596910	58378784	78393491	11927534
地方	51888	436230323	318362243	110550873	-4869588
四、按控股情况分					
国有控股	1154	237652335	79965126	87074158	12107785
集体控股	813	3357254	2144960	1314108	-49464
私人控股	47985	310040310	203860210	81637990	-4431583
港澳台商控股	204	19962616	18198372	5720163	355210
外商控股	132	14138442	12357491	1692471	-139930
其他	1997	26592431	49807934	4490010	-542157
五、按地区分					
东城区	3638	108192940	42596272	25242809	4400101
西城区	2616	46985206	20036828	17756042	1791769
朝阳区	18505	217769787	177265186	62350483	-3185816
丰台区	3265	21512411	11580744	7235816	421898
石景山区	1749	20411773	9859399	4108513	-459865
海淀区	7136	119865384	46588127	51229628	4544007
门头沟区	682	9047289	3962211	1495285	324848
房山区	1772	8207027	6498759	963207	-76086
通州区	2869	8816661	7091129	2243279	-397959
顺义区	1075	8359744	6703084	1421827	-45488
昌平区	1843	7518675	7992423	2203022	-303850
大兴区	1473	5652629	4739117	1410385	-167197
怀柔区	2978	28287242	13283428	7635564	785899
平谷区	980	4666377	2593157	1340922	-184388
密云区	1200	6293545	4452144	995432	-77131
延庆区	268	6202825	4925428	165145	-104231
北京经济技术开发区	605	7037719	6573591	1147007	-208565

13-2　文化、体育和娱乐业法人单位财务状况
（行政事业及民间非营利组织会计制度）

单位：千元

项　　目	法人单位数（个）	资产总计	负债合计	收入合计	支出（费用）合计
合　计	**1231**	**266287667**	**37794615**	**76367333**	**68422302**
一、按行业分（分到小类）					
新闻和出版业	183	14322850	2358037	8531041	9312905
新闻业	28	8534605	982643	4511348	5389515
新闻业	28	8534605	982643	4511348	5389515
出版业	155	5788245	1375394	4019693	3923391
图书出版	10	2215475	157408	933058	831569
报纸出版	37	2083582	639152	1831935	1865311
期刊出版	105	1445023	570435	1228247	1198181
音像制品出版	1	***	***	***	***
其他出版业	2	***	***	***	***
广播、电视、电影和录音制作业	53	156456427	10504674	43238993	35818536
广播	9	8696565	495711	3610286	3622026
广播	9	8696565	495711	3610286	3622026
电视	12	139584628	9551136	36749480	29418932
电视	12	139584628	9551136	36749480	29418932
影视节目制作	13	4597638	155072	1962545	1806106
影视节目制作	13	4597638	155072	1962545	1806106
广播电视集成播控	6	3382934	269543	820617	890180
广播电视集成播控	6	3382934	269543	820617	890180
电影和广播电视节目发行	3	6729	355	12478	12534
电影和广播电视节目发行	3	6729	355	12478	12534
电影放映	10	187933	32858	83586	68758
电影放映	10	187933	32858	83586	68758
文化艺术业	697	57700033	3120505	16929747	15848757
文艺创作与表演	100	6958741	450123	2940769	2719090

13-2 续表 1

单位：千元

项　　　目	法人单位数（个）	资产总计	负债合计	收入合计	支出（费用）合计
文艺创作与表演	100	6958741	450123	2940769	2719090
艺术表演场馆	7	4218110	45298	842187	899352
艺术表演场馆	7	4218110	45298	842187	899352
图书馆与档案馆	78	13876955	640867	3505379	3371397
图书馆	32	11202088	478466	2540272	2473108
档案馆	46	2674867	162401	965107	898288
文物及非物质文化遗产保护	50	2945086	588842	1164147	1043357
文物及非物质文化遗产保护	50	2945086	588842	1164147	1043357
博物馆	105	16915362	928093	4340191	3978867
博物馆	105	16915362	928093	4340191	3978867
烈士陵园、纪念馆	9	462365	6717	158074	156512
烈士陵园、纪念馆	9	462365	6717	158074	156512
群众文体活动	280	10660771	254262	3042111	2943446
群众文体活动	280	10660771	254262	3042111	2943446
其他文化艺术业	68	1662643	206302	936889	736736
其他文化艺术业	68	1662643	206302	936889	736736
体育	189	14508406	710907	5122773	4759074
体育组织	125	10124983	504326	4081233	3789124
体育竞赛组织	65	6733221	293269	3064910	2838103
体育保障组织	6	1891407	69684	338292	304601
其他体育组织	54	1500354	141373	678031	646419
体育场地设施管理	27	3835265	129665	792489	733124
体育场馆管理	25	3822141	126616	762697	704872
其他体育场地设施管理	2	***	***	***	***
健身休闲活动	22	16957	13973	24158	22698
健身休闲活动	22	16957	13973	24158	22698

13-2 续表 2

单位：千元

项　　目	法人单位数（个）	资产总计	负债合计	收入合计	支出（费用）合计
其他体育	15	531202	62943	224893	214128
体育中介代理服务	1	***	***	***	***
体育健康服务	8	4522	1367	3845	3743
其他未列明体育	6	517279	61503	214160	204153
娱乐业	109	23299951	21100492	2544780	2683030
室内娱乐活动	3	3195	2606	101268	101256
网吧活动	1	***	***	***	***
其他室内娱乐活动	2	***	***	***	***
游乐园	2	***	***	***	***
游乐园	2	***	***	***	***
休闲观光活动	1	***	***	***	***
休闲观光活动	1	***	***	***	***
彩票活动	19	23119430	21037273	2300970	2443701
体育彩票服务	5	22051100	20446916	2085166	2242384
福利彩票服务	13	1066962	590014	214779	200877
其他彩票服务	1	***	***	***	***
文化体育娱乐活动与经纪代理服务	84	154399	59703	121429	117110
文化活动服务	71	110257	55103	105027	103507
体育表演服务	12	43866	4597	16334	13308
其他文化艺术经纪代理	1	***	***	***	***
二、按登记注册类型分					
内资	1231	266287667	37794615	76367333	68422302
国有	799	265012617	37170524	75537970	67563627
集体	39	177789	17499	70652	66594
国有独资公司	1	***	***	***	***
其他有限责任公司	2	***	***	***	***

13-2 续表 3

单位：千元

项目	法人单位数（个）	资产总计	负债合计	收入合计	支出（费用）合计
私营独资	43	39450	17703	45648	20650
私营合伙	12	4594	2608	14919	17211
私营有限责任公司	2	***	***	***	***
其他	333	1050537	585131	689010	743452
三、按隶属关系分					
中央	272	218881900	33531446	60180074	52608348
地方	959	47405766	4263169	16187259	15813954
四、按地区分					
东城区	198	20526024	1202254	7340961	6863387
西城区	191	33485225	3608555	12682516	13222866
朝阳区	194	36887086	21378354	6200466	6245875
丰台区	64	3252794	415674	1614806	1573357
石景山区	51	5988458	296537	2223758	2204170
海淀区	121	154287628	10535179	42909755	35182393
门头沟区	35	212774	54828	82211	80101
房山区	60	894604	119302	336789	380415
通州区	38	345829	19965	192363	157007
顺义区	45	564469	42712	273132	243384
昌平区	55	462285	31520	324244	281622
大兴区	45	667749	40329	341222	306176
怀柔区	59	230532	10146	190112	176629
平谷区	27	216397	9358	163531	106327
密云区	21	300029	6766	93575	92807
延庆区	21	7965688	23129	1397249	1305234
北京经济技术开发区	6	97	6	646	551

13-3 规模以上文化、体育和娱乐业

项目	法人单位数（个）	年初存货	流动资产合计	#交易性金融资产	#应收账款
合计	**1060**	**26456930**	**210420736**	**5498387**	**21301117**
一、按行业分（分到小类）					
新闻和出版业	397	18738960	96520493	1870079	6112003
新闻业	3		121588	24000	8092
新闻业	3		121588	24000	8092
出版业	394	18738960	96398905	1846079	6103911
图书出版	187	16920259	70335874	1571911	3719511
报纸出版	90	367735	13229224	197968	1439563
期刊出版	95	1234654	9692526	76200	635364
音像制品出版	11	158629	1948525		162735
电子出版物出版	3	335	70699		5556
数字出版	8	57348	1122057		141182
广播、电视、电影和录音制作业	302	6708218	75449041	2413366	12012392
广播	5	396	331493	2500	130638
广播	5	396	331493	2500	130638
电视	26	246133	8737698	128004	1024079
电视	26	246133	8737698	128004	1024079
影视节目制作	155	4561325	31347542	70450	5946334
影视节目制作	155	4561325	31347542	70450	5946334
广播电视集成播控	7	52658	3377303		825555
广播电视集成播控	7	52658	3377303		825555
电影和广播电视节目发行	32	1822989	29098282	2121000	3833713
电影和广播电视节目发行	32	1822989	29098282	2121000	3833713
电影放映	74	24505	2515127	89565	246082
电影放映	74	24505	2515127	89565	246082
录音制作	3	212	41596	1847	5991
录音制作	3	212	41596	1847	5991
文化艺术业	106	465117	10664408	784249	1006945
文艺创作与表演	39	43875	3930235	617579	351234
文艺创作与表演	39	43875	3930235	617579	351234
艺术表演场馆	10	8384	327798		35874
艺术表演场馆	10	8384	327798		35874
图书馆与档案馆	2	***	***	***	***
图书馆	1	***	***	***	***
档案馆	1	***	***	***	***
文物及非物质文化遗产保护	3	9019	92595		22625
文物及非物质文化遗产保护	3	9019	92595		22625
博物馆	1	***	***	***	***
博物馆	1	***	***	***	***
群众文体活动	8	87518	335375	9250	89312
群众文体活动	8	87518	335375	9250	89312
其他文化艺术业	43	311356	5870908	157420	481422

法人单位财务状况（企业会计准则）

单位：千元

#存货	固定资产原价	累计折旧	#本年折旧	在建工程	无形资产	资产总计
31379828	**47674980**	**20871937**	**2528000**	**4085896**	**5409724**	**339263708**
21643775	19658178	8309663	919335	1725964	3319229	142763367
	13928	10638	1033		1575	146667
	13928	10638	1033		1575	146667
21643775	19644250	8299025	918302	1725964	3317654	142616700
19476932	11478435	3977727	561894	979869	2055751	99359786
587496	6224812	3453417	263937	316984	155934	21930438
1332840	1258638	533937	55536	10437	105486	12451269
180265	467402	224001	14026		4897	2433457
322	12405	8212	3582	418674	467549	967488
65920	202558	101731	19327		528037	5474262
8568871	12159247	6519548	946885	545607	787717	135295363
1281	13856	10976	2222	23541	10899	450509
1281	13856	10976	2222	23541	10899	450509
332153	1257461	816608	83872	5709	119879	14898578
332153	1257461	816608	83872	5709	119879	14898578
5886744	4905136	2397265	272754	433470	400971	56479439
5886744	4905136	2397265	272754	433470	400971	56479439
52810	379737	239410	31759	4646	12651	3631484
52810	379737	239410	31759	4646	12651	3631484
2268843	4291498	2424724	461731	53491	213224	55630037
2268843	4291498	2424724	461731	53491	213224	55630037
26963	1293429	627276	93340	24750	4666	4120137
26963	1293429	627276	93340	24750	4666	4120137
77	18130	3289	1207		25427	85179
77	18130	3289	1207		25427	85179
516258	1528984	758572	89759	141520	423464	14840096
61241	1024496	503276	49077	74288	66732	5593583
61241	1024496	503276	49077	74288	66732	5593583
10734	69044	49373	5837	528	975	609294
10734	69044	49373	5837	528	975	609294
***	***	***	***	***	***	***
***	***	***	***	***	***	***
***	***	***	***	***	***	***
17663	22091	12262	2740	56	840	115340
17663	22091	12262	2740	56	840	115340
***	***	***	***	***	***	***
***	***	***	***	***	***	***
71478	4328	2818	439	49890	54	406608
71478	4328	2818	439	49890	54	406608
352660	302603	164685	24469	16758	354803	7773339

13-3 续表 1

项　　目	法人单位数（个）	年初存货	流动资产合　计	#交易性金融资产	#应收账款
其他文化艺术业	43	311356	5870908	157420	481422
体育	124	195517	11699123	90887	1429722
体育组织	37	60976	4002423	28300	660140
体育竞赛组织	28	37096	3378543	3000	590149
体育保障组织	3		475929		31385
其他体育组织	6	23880	147951	25300	38606
体育场地设施管理	17	21178	1343402	42000	132280
体育场馆管理	16	21178	1343402	42000	132280
其他体育场地设施管理	1	***	***	***	***
健身休闲活动	60	84599	3752747	10587	214926
健身休闲活动	60	84599	3752747	10587	214926
其他体育	10	28764	2600551	10000	422376
体育中介代理服务	5	17	1143921	10000	224829
体育健康服务	1	***	***	***	***
其他未列明体育	4	28747	1406575		177348
娱乐业	131	349118	16087671	339806	740055
室内娱乐活动	21	12913	1661608	13050	95960
歌舞厅娱乐活动	13	6909	283215		31985
电子游艺厅娱乐活动	2	***	***	***	***
其他室内娱乐活动	6	1792	1300568	13050	48680
游乐园	5	21541	558070		1315
游乐园	5	21541	558070		1315
休闲观光活动	3	10112	189435		23386
休闲观光活动	3	10112	189435		23386
彩票活动	4	698	503677	46500	1108
体育彩票服务	2	***	***	***	***
福利彩票服务	2	***	***	***	***
文化体育娱乐活动与经纪代理服务	98	303854	13174881	280256	618286
文化活动服务	62	107804	10411222	54300	317449
体育表演服务	5	15239	482248		137395
文化娱乐经纪人	13	132552	606381	69456	31607
体育经纪人	1	***	***	***	***
其他文化艺术经纪代理	17	48259	1638522	156500	121618
二、按登记注册类型分					
内资	1005	26124580	196020549	5443957	20700376
国有	257	8746583	55254906	1010339	4419857
集体	2	***	***	***	***
股份合作	2	***	***	***	***
国有独资公司	69	4474695	25226344	760717	1494556
其他有限责任公司	363	7559238	57583446	2651280	7926611
股份有限公司	50	2665876	33907580	225307	3396833
私营独资	5		821415	559729	117439

单位：千元

	固定资产原价	累计折旧		在建工程	无形资产	资产总计
#存货			#本年折旧			
352660	302603	164685	24469	16758	354803	7773339
209467	9672657	3848541	306567	1599226	760437	21473548
63661	619200	299099	31732	7348	448618	5292985
39232	506679	236224	23892	7348	446961	4599115
5	22470	14935	1438		1256	489727
24424	90051	47940	6402		401	204143
26747	4506930	1052618	93166	44345	3580	5064947
26747	4506930	1052618	93166	44345	3580	5064947
***	***	***	***	***	***	***
80685	4424657	2435643	160056	1547533	293547	8166445
80685	4424657	2435643	160056	1547533	293547	8166445
38374	121870	61181	21613		14692	2949171
17	64452	40637	13738		14133	1227282
***	***	***	***	***	***	***
38357	56642	20220	7638		559	1671382
441457	4655914	1435613	265454	73579	118877	24891334
19188	250162	120547	23914	1989	10609	2205206
9978	70201	61043	3045		1079	414853
***	***	***	***	***	***	***
2229	45420	30005	3576		9502	1559797
24244	1245510	677107	100232	19069	20693	1465930
24244	1245510	677107	100232	19069	20693	1465930
11302	524684	63453	14034	32551	81	781786
11302	524684	63453	14034	32551	81	781786
558	193392	161339	16327		16630	576223
***	***	***	***	***	***	***
***	***	***	***	***	***	***
386165	2442166	413167	110947	19970	70864	19862189
151958	1122781	243816	65274	13384	7916	14617402
25553	23644	15611	4175		8845	674316
153812	9412	4961	1299		7658	635431
***	***	***	***	***	***	***
54842	1286118	148686	40160	6586	46445	3898414
31023796	43799773	18939723	2317633	2962703	4909336	318381810
10115127	14192047	6751304	622864	1191135	878448	87464632
***	***	***	***	***	***	***
***	***	***	***	***	***	***
4997163	7010545	2396054	295221	351485	519352	37992447
8570240	17463298	7751102	1068113	609318	1960873	89774987
3742977	1740084	631741	80706	72968	609159	71133969
858	83759	16592	7055		170	1028019

13-3 续表 2

项　　目	法人单位数（个）	年初存货	流动资产合　计	#交易性金融资产	#应收账款
私营合伙	1	***	***	***	***
私营有限责任公司	230	2349514	19895548	114081	2877324
私营股份有限公司	19	319265	2091582	122504	443636
其他	7	3654	1010943		23920
港澳台商投资	36	287964	13153174	16640	351758
与港澳台商合资经营	11	166749	1914668	16640	20282
与港澳台商合作经营	9	6368	801556		64463
港澳台商独资	15	114847	10028172		263141
港澳台商投资股份有限公司	1	***	***	***	***
外商投资	19	44386	1247013	37790	248983
中外合资经营	4	17252	425152	37790	90153
中外合作经营	3	1885	82027		13197
外资企业	11	6959	579781		144629
其他外商投资	1	***	***	***	***
三、按隶属关系分					
中央	368	17714101	114661986	4154955	9616370
地方	692	8742829	95758750	1343432	11684747
四、按控股情况分					
国有控股	446	19723852	126707678	4003010	11193174
集体控股	15	13883	676662	25300	62524
私人控股	471	6003115	60679508	1189587	8699721
港澳台商控股	32	215592	11616052	54430	348184
外商控股	17	43701	1162055		239433
其他	5	2991	152617	24115	21145
五、按地区分					
东城区	177	5779700	41620908	419861	2683602
西城区	153	4624950	22727310	252617	1655770
朝阳区	365	5136307	63445243	1203304	7035046
丰台区	47	1820198	9629685	115	875549
石景山区	24	272540	4009580	225945	450264
海淀区	188	6430203	50203811	3175129	5718665
门头沟区	4	154930	3548991		429034
房山区	8	15622	154089		13404
通州区	11	8142	247098		35201
顺义区	18	353116	2323636	50000	114530
昌平区	16	76980	1184120	21000	200199
大兴区	8	54802	493016		33856
怀柔区	16	1521845	8859334	9340	1415723
平谷区	10	149061	1444234	126404	527192
密云区	5	4420	78227	3172	8036
延庆区	3	41519	76505		5474
北京经济技术开发区	7	12595	374949	1500	99572

单位：千元

#存货	固定资产原价	累计折旧	#本年折旧	在建工程	无形资产	资产总计
***	***	***	***	***	***	***
3218494	2526285	1059889	181266	726644	903943	26717186
363601	298865	130594	45226	1331	31102	2641664
9805	360555	137703	14531	8544	6289	1335877
309910	1658450	834879	80057	202694	437175	17153662
163448	424022	213860	19974	10355	404177	2618820
14002	969178	514054	30132	192339	70	1480162
132455	263661	105521	29914		32928	12645088
***	***	***	***	***	***	***
46122	2216757	1097335	130310	920499	63213	3728236
18628	1324272	633656	34769	840081	42116	2045769
1721	339403	181426	14445	76862	52	326257
5508	67918	48583	12371	2638	362	714338
***	***	***	***	***	***	***
20558274	25420233	12048565	1417687	1697788	2478534	170669355
10821554	22254747	8823372	1110313	2388108	2931190	168594353
22789530	32786535	13270629	1661840	1740187	3162118	195041329
13126	445351	235088	18890	5368	1274	1374124
7658014	6421892	3075191	474594	995916	2019435	110442862
230240	1476692	752042	74403	201907	40751	15094633
45470	2178366	1065821	124831	920499	63149	3632731
4013	92976	47744	6026	43979	1612	358852
6825170	7327028	3047569	300427	453157	683749	72281581
5550923	6751633	2659252	327538	520449	1076030	36485208
6670216	11429948	4753473	601997	1096573	1716489	99547001
2159517	2000315	921911	87268	143278	279006	12511950
353165	611771	336781	45316	20140	19209	7667166
7081708	11771135	5802300	816014	597263	1298003	75532800
266450	131326	101996	11115	4678	42932	6560902
9810	225506	110542	11039	123714	10208	425747
9771	538228	54498	17405	31666	2499	849007
457370	687040	351785	29806	2405	29502	3323825
95919	2062422	1010950	106559	927253	69030	3516583
58610	547900	164384	23315	11716	476	1219129
1575889	2615808	1158158	98514	122464	138586	16248028
195225	167197	69692	10140	25691	24168	1959119
8370	298661	104110	13798	5449		292322
52650	16629	8581	1795			120563
9065	492433	215955	25954		19837	722777

13-3 续表 3

项目	流动负债合计	#应付账款	非流动负债合计	#应付债券	负债合计
合计	**118047205**	**26533260**	**20423784**	**1133996**	**138470989**
一、按行业分（分到小类）					
新闻和出版业	38310971	10490783	6505381		44816352
新闻业	50351	4470	12467		62818
新闻业	50351	4470	12467		62818
出版业	38260620	10486313	6492914		44753534
图书出版	25190026	8839056	4597834		29787860
报纸出版	6553909	482437	1297926		7851835
期刊出版	3726916	653580	184440		3911356
音像制品出版	838502	355530	106172		944674
电子出版物出版	642024	35353	231118		873142
数字出版	1309243	120357	75424		1384667
广播、电视、电影和录音制作业	46441800	11348855	6241508	1033996	52683308
广播	103195	49294	28900		132095
广播	103195	49294	28900		132095
电视	3711636	884513	877590		4589226
电视	3711636	884513	877590		4589226
影视节目制作	19906692	3103454	2769294	1000678	22675986
影视节目制作	19906692	3103454	2769294	1000678	22675986
广播电视集成播控	1526972	419428			1526972
广播电视集成播控	1526972	419428			1526972
电影和广播电视节目发行	18648148	6568716	2307432		20955580
电影和广播电视节目发行	18648148	6568716	2307432		20955580
电影放映	2537145	321984	258292	33318	2795437
电影放映	2537145	321984	258292	33318	2795437
录音制作	8012	1466			8012
录音制作	8012	1466			8012
文化艺术业	4428445	1320084	1396620	100000	5825065
文艺创作与表演	1848023	722229	330826		2178849
文艺创作与表演	1848023	722229	330826		2178849
艺术表演场馆	285463	41761			285463
艺术表演场馆	285463	41761			285463
图书馆与档案馆	***	***	***	***	***
图书馆	***	***	***	***	***
档案馆	***	***	***	***	***
文物及非物质文化遗产保护	60819	5406	3643		64462
文物及非物质文化遗产保护	60819	5406	3643		64462
博物馆	***	***	***	***	***
博物馆	***	***	***	***	***
群众文体活动	175708	63234	7932		183640
群众文体活动	175708	63234	7932		183640
其他文化艺术业	1890272	480243	1054219	100000	2944491

单位：千元

所有者权益合计	#实收资本	国家资本	集体资本	法人资本	个人资本	港澳台资本
200792719	**70461148**	**28577935**	**56999**	**33706023**	**5871168**	**1102525**
97947015	30268495	17361157	1548	12044705	814865	17094
83849	77700	56000		21700		
83849	77700	56000		21700		
97863166	30190795	17305157	1548	12023005	814865	17094
69571926	21824200	13031732		8634340	146577	6925
14078603	3856233	2974866		841367	40000	
8539913	1693350	1019925	1548	637208		10169
1488783	988608	257833		730775		
94346	63000			50000	13000	
4089595	1765404	20801		1129315	615288	
82612055	27616899	6364051	5620	17134076	3711230	342690
318414	182607	72150		83457	27000	
318414	182607	72150		83457	27000	
10309352	4486773	3418673		1017894	50206	
10309352	4486773	3418673		1017894	50206	
33803453	12659213	800470	5620	8562988	3123108	116027
33803453	12659213	800470	5620	8562988	3123108	116027
2104512	496000	83780		311800	100420	
2104512	496000	83780		311800	100420	
34674457	8898794	1812015		6699216	285570	101993
34674457	8898794	1812015		6699216	285570	101993
1324700	836362	176963		458471	68026	124670
1324700	836362	176963		458471	68026	124670
77167	57150			250	56900	
77167	57150			250	56900	
9015031	3621935	1481580	200	1382614	653476	104065
3414734	2056448	1124922		575148	343378	13000
3414734	2056448	1124922		575148	343378	13000
323831	199900	8400	200	191300		
323831	199900	8400	200	191300		
***	***	***	***	***	***	***
***	***	***	***	***	***	***
***	***	***	***	***	***	***
50878	17000	15990		1000	10	
50878	17000	15990		1000	10	
***	***	***	***	***	***	***
***	***	***	***	***	***	***
222968	178832	115000		8898	54934	
222968	178832	115000		8898	54934	
4828848	946755	211268		556268	88154	91065

13-3 续表 4

项目	流动负债合计	#应付账款	非流动负债合计	#应付债券	负债合计
其他文化艺术业	1890272	480243	1054219	100000	2944491
体育	13108093	2205894	4770605		17878698
体育组织	3145349	1066675	72407		3217756
体育竞赛组织	2744937	1017713	72407		2817344
体育保障组织	277380	9587			277380
其他体育组织	123032	39375			123032
体育场地设施管理	868284	149525	1880052		2748336
体育场馆管理	868284	149525	1880052		2748336
其他体育场地设施管理	***	***	***	***	***
健身休闲活动	7128146	382339	2656185		9784331
健身休闲活动	7128146	382339	2656185		9784331
其他体育	1966314	607355	161961		2128275
体育中介代理服务	682446	232536	161961		844407
体育健康服务	***	***	***	***	***
其他未列明体育	1263992	361704			1263992
娱乐业	15757896	1167644	1509670		17267566
室内娱乐活动	1791158	92978	225489		2016647
歌舞厅娱乐活动	402271	44956	69595		471866
电子游艺厅娱乐活动	***	***	***	***	***
其他室内娱乐活动	1323008	18954	1186		1324194
游乐园	485315	134264	502055		987370
游乐园	485315	134264	502055		987370
休闲观光活动	401210	68067	44721		445931
休闲观光活动	401210	68067	44721		445931
彩票活动	71292	21596	143		71435
体育彩票服务	***	***	***	***	***
福利彩票服务	***	***	***	***	***
文化体育娱乐活动与经纪代理服务	13008921	850739	737262		13746183
文化活动服务	11396278	480683	411044		11807322
体育表演服务	299722	115127			299722
文化娱乐经纪人	391381	92585			391381
体育经纪人	***	***	***	***	***
其他文化艺术经纪代理	907839	157366	326218		1234057
二、按登记注册类型分					
内资	102295561	25351546	16945153	1133996	119240714
国有	23236619	6117291	3572707		26809326
集体	***	***	***	***	***
股份合作	***	***	***	***	***
国有独资公司	8914101	2602829	2534914		11449015
其他有限责任公司	38620292	11315033	5168979		43789271
股份有限公司	12369615	2893686	4322093	1100678	16691708
私营独资	273837	6430			273837

单位：千元

所有者权益合计	#实收资本					
		国家资本	集体资本	法人资本	个人资本	港澳台资本
4828848	946755	211268		556268	88154	91065
3594850	5763556	2344331	25731	2294100	179509	402809
2075229	1199738	109749	10150	819226	82696	177100
1781771	916031	59749	2150	698661	80471	75000
212347	202100	50000		50000		102100
81111	81607		8000	70565	2225	
2316611	2429601	2229782	650	129370	24586	42720
2316611	2429601	2229782	650	129370	24586	42720
***	***	***	***	***	***	***
-1617886	1906037	1800	14931	1181718	51530	142292
-1617886	1906037	1800	14931	1181718	51530	142292
820896	228180	3000		163786	20697	40697
382875	73697			13475	19525	40697
***	***	***	***	***	***	***
407390	153250	3000		150000	250	
7623768	3190263	1026816	23900	850528	512088	235867
188559	279184	5100		19669	68789	134867
-57013	142114			4897	18258	73209
***	***	***	***	***	***	***
235603	126970			9872	50431	61658
478560	564123	134404	23900	86676	2110	
478560	564123	134404	23900	86676	2110	
335855	117175			76514	40661	
335855	117175			76514	40661	
504788	94300	50000		43300	1000	
***	***	***	***	***	***	***
***	***	***	***	***	***	***
6116006	2135481	837312		624369	399528	101000
2810080	1341909	357553		406724	304360	100000
374594	104993			52294	52699	
244050	90906	29500		43569	17837	
***	***	***	***	***	***	***
2664357	592673	450259		116782	24632	1000
199141096	67983088	28545365	56999	33452486	5838790	89448
60655306	17399394	15323388	156	2075850		
***	***	***	***	***	***	***
***	***	***	***	***	***	***
26543432	10499757	7245587		3254170		
45985716	22136953	4681997	25581	16771687	657688	
54442261	13475651	1196978	24992	8598991	3565242	89448
754182	167500				167500	

13-3 续表 5

项　　目	流动负债合　计	# 应付账款	非 流 动负债合计	# 应付债券	负债合计
私营合伙	***	***	***	***	***
私营有限责任公司	17106740	2207332	1290989	33318	18397729
私营股份有限公司	1272932	178919	38790		1311722
其他	366624	30026	16681		383305
港澳台商投资	13994519	966528	641178		14635697
与港澳台商合资经营	1331012	127453	102262		1433274
与港澳台商合作经营	1078799	54361	376955		1455754
港澳台商独资	11359841	789914	161961		11521802
港澳台商投资股份有限公司	***	***	***	***	***
外商投资	1757125	215186	2837453		4594578
中外合资经营	366934	91950	2486881		2853815
中外合作经营	509400	6154	16786		526186
外资企业	754265	98680	2000		756265
其他外商投资	***	***	***	***	***
三、按隶属关系分					
中央	42542649	15411253	7979328	100000	50521977
地方	75504556	11122007	12444456	1033996	87949012
四、按控股情况分					
国有控股	50534819	17854149	11133786	100000	61668605
集体控股	743969	55243	41938		785907
私人控股	47097860	7114161	5415113	1033996	52512973
港澳台商控股	13136774	850118	540806		13677580
外商控股	1714492	209605	2837393		4551885
其他	239773	108895	500		240273
五、按地区分					
东城区	17183545	4452860	4079329	1100678	21262874
西城区	11330600	2384570	2507672		13838272
朝阳区	47808425	6662526	6240593		54049018
丰台区	4263030	1367406	826380	33318	5089410
石景山区	1109149	172929	211565		1320714
海淀区	23330439	9054699	2561745		25892184
门头沟区	1851753	825709	3882		1855635
房山区	461431	17023	36326		497757
通州区	484392	89508	46516		530908
顺义区	3280465	94145	1543		3282008
昌平区	1178282	230064	2821285		3999567
大兴区	543494	20012	260396		803890
怀柔区	3785736	939020	436934		4222670
平谷区	917632	114032	6855		924487
密云区	76504	23993	633		77137
延庆区	34146	8609	50500		84646
北京经济技术开发区	408182	76155	331630		739812

单位：千元

所有者权益合计	#实收资本					
		国家资本	集体资本	法人资本	个人资本	港澳台资本
***	***	***	***	***	***	***
8319457	3664252	74903		2618009	971340	
1329942	606739		2970	127249	476520	
952572	22512	22512				
2517965	1248156	7070		192480	30947	1013077
1185546	528803			178014	30947	319265
24408	210496	7070		14466		184955
1123286	406757					406757
***	***	***	***	***	***	***
-866342	1229904	25500		61057	1431	
-808046	667302	25500		53185		
-199929	75918					
-41927	169651			7872	1431	
***	***	***	***	***	***	***
120147378	37508342	22343534	156	14934758	132944	96373
80645341	32952806	6234401	56843	18771265	5738224	1006152
133372724	46372842	26198387	1292	19824054	220582	104027
588217	114131		50181	61000	2950	
57929889	19330984	150488	5370	13420795	5646205	108126
1417053	959227	7070		48971		890372
-919154	1163104			52489	1431	
118579	118200			118200		
51018707	16366257	7663333	3492	6218497	2137647	292920
22646936	8269964	3867088	200	4068506	334170	
45497983	14457287	5740019	11676	6356275	1429825	600772
7422540	3615343	854558	11931	2680129	68725	
6346452	1263031	174886		393860	691792	
49640616	17977663	10070007	26700	7148281	635589	64354
4705267	752176			717376	34800	
-72010	108100			86100	22000	
318099	68881			57204	10860	
41817	399641	10000	3000	162447	196010	
-482984	839891	2100		101761	22846	
415239	614484	88749		486660	39075	
12025358	4990852			4738593	150500	101759
1034632	253087	9990		188318	54779	
215185	153505	97205		14000	42300	
35917	65000			64750	250	
-17035	265986			223266		42720

13-3 续表 6

项目	外商资本	营业收入	营业成本	税金及附加	销售费用
合　计	**1146498**	**124318077**	**86474233**	**841671**	**10895217**
一、按行业分（分到小类）					
新闻和出版业	29126	49852683	29190237	419798	5791799
新闻业		87663	35490	585	9383
新闻业		87663	35490	585	9383
出版业	29126	49765020	29154747	419213	5782416
图书出版	4626	34877129	19564393	234394	3776684
报纸出版		7516133	5572610	119139	790454
期刊出版	24500	5689284	2853757	56154	1010551
音像制品出版		777127	479542	5071	44054
电子出版物出版		291349	224287	1204	7647
数字出版		613998	460158	3251	153026
广播、电视、电影和录音制作业	59232	50674863	39864196	211583	2348330
广播		247002	145893	548	14990
广播		247002	145893	548	14990
电视		3172408	2308817	13941	452697
电视		3172408	2308817	13941	452697
影视节目制作	51000	13900615	10508725	80351	736956
影视节目制作	51000	13900615	10508725	80351	736956
广播电视集成播控		2503637	1272683	14436	95050
广播电视集成播控		2503637	1272683	14436	95050
电影和广播电视节目发行		26894430	22799296	32688	584575
电影和广播电视节目发行		26894430	22799296	32688	584575
电影放映	8232	3894899	2790086	69252	451590
电影放映	8232	3894899	2790086	69252	451590
录音制作		61872	38696	367	12472
录音制作		61872	38696	367	12472
文化艺术业		7080891	4677617	47586	599001
文艺创作与表演		3347943	2062288	20491	201941
文艺创作与表演		3347943	2062288	20491	201941
艺术表演场馆		492846	302353	2431	79347
艺术表演场馆		492846	302353	2431	79347
图书馆与档案馆	***	***	***	***	***
图书馆	***	***	***	***	***
档案馆	***	***	***	***	***
文物及非物质文化遗产保护		61289	17179	243	364
文物及非物质文化遗产保护		61289	17179	243	364
博物馆	***	***	***	***	***
博物馆	***	***	***	***	***
群众文体活动		214545	151070	2565	39344
群众文体活动		214545	151070	2565	39344
其他文化艺术业		2764758	2040427	20381	226240

单位：千元

管理费用	财务费用	#利息收入	#利息支出	资产减值损失	公允价值变动收益	投资收益
19274979	**-257656**	**1328710**	**946057**	**1626852**	**5801**	**7721026**
10413070	-482569	665615	156360	702133	-5289	1102793
35979	-805	835				550
35979	-805	835				550
10377091	-481764	664780	156360	702133	-5289	1102243
6578872	-398710	423202	15376	568557	-5290	976033
2269599	29719	121374	136453	-880	1	243005
1158691	-87427	88307	53	27016		70588
118136	-21001	22700	52	-5719		14629
46669	655	65	386			
205124	-5000	9132	4040	113159		-202012
4224445	256582	379145	570751	676274	-5467	5704145
49104	-1716	2202	447	3462		-1514
49104	-1716	2202	447	3462		-1514
510864	-68047	66837	21045	20312	-5576	529710
510864	-68047	66837	21045	20312	-5576	529710
1810775	261044	123319	304013	614210	109	2978375
1810775	261044	123319	304013	614210	109	2978375
369842	-21354	23779	2072	8704		18017
369842	-21354	23779	2072	8704		18017
1086352	80668	157239	232834	27908		2175204
1086352	80668	157239	232834	27908		2175204
387264	6414	5268	10334	1678		4322
387264	6414	5268	10334	1678		4322
10244	-427	501	6			31
10244	-427	501	6			31
1132892	-131883	156274	66482	62586	16557	699110
488627	-15335	24153	10808	57952		378657
488627	-15335	24153	10808	57952		378657
87842	-278	1736	1031	271		24750
87842	-278	1736	1031	271		24750
***	***	***	***	***	***	***
***	***	***	***	***	***	***
***	***	***	***	***	***	***
36221	-576	598				
36221	-576	598				
***	***	***	***	***	***	***
***	***	***	***	***	***	***
40877	1369	1228	2319	192		10886
40877	1369	1228	2319	192		10886
425905	-117239	128520	52324	3411	16557	284730

13-3 续表 7

项目	外商资本	营业收入	营业成本	税金及附加	销售费用
其他文化艺术业		2764758	2040427	20381	226240
体育	517076	8895796	7743091	104006	1179824
体育组织	817	3526353	4734360	43452	180266
体育竞赛组织		2973438	4315561	39788	141490
体育保障组织		384750	298939	2145	16509
其他体育组织	817	168165	119860	1519	22267
体育场地设施管理	2493	968171	387315	9003	230748
体育场馆管理	2493	916073	387024	5970	219193
其他体育场地设施管理	***	***	***	***	***
健身休闲活动	513766	1720992	735198	47422	538375
健身休闲活动	513766	1720992	735198	47422	538375
其他体育		2680280	1886218	4129	230435
体育中介代理服务		1103581	441909	1572	153736
体育健康服务	***	***	***	***	***
其他未列明体育		1492811	1394843	2333	65922
娱乐业	541064	7813844	4999092	58698	976263
室内娱乐活动	50759	988896	461177	17409	205071
歌舞厅娱乐活动	45750	473775	171198	9231	159885
电子游艺厅娱乐活动	***	***	***	***	***
其他室内娱乐活动	5009	334819	116135	3465	42115
游乐园	317033	771874	477966	6155	194019
游乐园	317033	771874	477966	6155	194019
休闲观光活动		49393	37296	762	866
休闲观光活动		49393	37296	762	866
彩票活动		486659	285767	1582	87535
体育彩票服务	***	***	***	***	***
福利彩票服务	***	***	***	***	***
文化体育娱乐活动与经纪代理服务	173272	5517022	3736886	32790	488772
文化活动服务	173272	3189911	2171641	16201	211635
体育表演服务		361534	170237	2157	51621
文化娱乐经纪人			381488	1669	68565
体育经纪人	***	***	***	***	***
其他文化艺术经纪代理		1247419	948209	12296	156752
二、按登记注册类型分					
内资		117776151	81233730	783967	9908866
国有		31083122	20470037	255326	3092356
集体	***	***	***	***	***
股份合作	***	***	***	***	***
国有独资公司		12700077	8001121	112912	1506070
其他有限责任公司		48448874	35841599	274733	3387957
股份有限公司		12425755	8291282	62216	814512
私营独资		808773	59123	5144	34860

单位：千元

管理费用	财务费用			资产减值损失	公允价值变动收益	投资收益
		#利息收入	#利息支出			
425905	-117239	128520	52324	3411	16557	284730
1948621	53303	54419	103221	14226		25933
579486	28931	13758	43991	11725		15697
534507	30253	11956	43664	3381		71
18615	-1378	1721	327	8442		15186
26364	56	81		-98		440
371786	3937	16232	18626	-368		4207
321866	3315	16232	18626	-368		4207
***	***	***	***	***	***	***
548907	26895	5987	27897	2382		117
548907	26895	5987	27897	2382		117
448442	-6460	18442	12707	487		5912
389496	-2978	2989		909		5912
***	***	***	***	***	***	***
48413	-2969	14934	12707	-422		
1555951	46911	73257	49243	171633		189045
265172	9888	1054	8526	75		1232
120030	5529	362	4444	-9		974
***	***	***	***	***	***	***
126555	523	680	972	9		258
84808	17338	12994	4298	994		
84808	17338	12994	4298	994		
21577	2476	35	2427			1314
21577	2476	35	2427			1314
48017	-1337	1348				247
***	***	***	***	***	***	***
***	***	***	***	***	***	***
1136377	18546	57826	33992	170564		186252
661464	8807	43986	28330	162697		120600
50566	3982	187	4515	-493		-24
151222	-7839	6100	11	16		36313
***	***	***	***	***	***	***
263801	14058	7083	1136	8344		28099
17850868	-316277	1247953	880180	1619132	5801	7633352
6828890	-260979	400359	158099	258196	-1225	1605448
***	***	***	***	***	***	***
***	***	***	***	***	***	***
2084581	-30448	69518	13502	234777		504130
5176191	-95411	326598	172577	610642	-4065	689405
1561650	-20396	370258	399711	441949	16556	4327125
64397	-11	194		1134		22858

13-3 续表 8

项　　目	外商资本	营业收入	营业成本	税金及附加	销售费用
私营合伙	***	***	***	***	***
私营有限责任公司		10551797	7453783	63183	969723
私营股份有限公司		1136225	882069	2047	35599
其他		486100	178228	6870	50850
港澳台商投资	4582	5199970	4437000	31787	654166
与港澳台商合资经营	577	792004	1991166	5311	138518
与港澳台商合作经营	4005	317157	96362	12332	100581
港澳台商独资		3775503	2115356	12896	404082
港澳台商投资股份有限公司	***	***	***	***	***
外商投资	1141916	1341956	803503	25917	332185
中外合资经营	588617	172474	74623	13966	122158
中外合作经营	75918	73936	61618	3771	18791
外资企业	160348	521058	286371	3987	72330
其他外商投资	***	***	***	***	***
三、按隶属关系分					
中央	577	75006091	51848566	430778	5733319
地方	1145921	49311986	34625667	410893	5161898
四、按控股情况分					
国有控股	24500	83630383	57897820	529369	6619893
集体控股		606492	322480	18785	79564
私人控股		28961947	21188357	181280	2671242
港澳台商控股	12814	4668492	2593479	31794	583418
外商控股	1109184	1223676	733717	21276	311143
其他		224720	102580	1969	37260
五、按地区分					
东城区	50368	19692292	13152804	163692	1973673
西城区		13702407	7637125	125079	1566554
朝阳区	318720	31411105	21315281	245925	3103428
丰台区		4929375	2951596	47423	658468
石景山区	2493	1203145	1124565	14329	134816
海淀区	32732	43127035	32899556	170584	2696332
门头沟区		876393	556816	5136	43489
房山区		212384	123749	5190	28127
通州区	817	480498	353824	4436	32522
顺义区	28184	459970	240889	8953	72890
昌平区	713184	1173897	680108	19845	264328
大兴区		323517	166989	5237	58752
怀柔区		5501068	4363403	17676	159186
平谷区		611415	484430	3180	48081
密云区		223653	156737	1857	13013
延庆区		53214	62039	492	3906
北京经济技术开发区		336709	204322	2637	37652

单位：千元

管理费用	财务费用	#利息收入	#利息支出	资产减值损失	公允价值变动收益	投资收益
***	***	***	***	***	***	***
1777492	93146	43423	122710	67257		480081
175790	12937	22420	13544	5177	-5465	2705
168884	-10903	10967	10			1600
1204915	41554	66995	64219	7303		85719
279113	71061	7614	45017	6241		256
69186	13513	5333	16547			
849298	-41693	52715	2655	1062		85463
***	***	***	***	***	***	***
219196	17067	13762	1658	417		1955
68025	-646	712		-67		1706
17067	5	155				
70473	3506	159	838	-9		249
***	***	***	***	***	***	***
10433936	-853659	887163	87679	601825	15333	2984904
8841043	596003	441547	858378	1025027	-9532	4736122
11110259	-735956	952446	261239	905699	11268	3007204
132837	8817	6534	19000	308		285
4932129	496962	212997	615856	714878	-5467	4463013
956747	26026	60207	43825	1551		87109
211103	17746	13110	1658	484		249
44800	164	61		34		550
3608849	-283240	397044	160907	647683	16557	2808663
3209308	-86898	136228	23999	168427		522085
5971448	334342	313027	576895	335394	-5239	1880014
782444	-16397	38235	16341	51652		121875
282409	-16250	25424	6409	45105	111	53511
3938798	-246972	295299	45016	269066	-52	1475705
165254	-8622	10675	1840	5117		249217
22319	-3597	4609	752	-57		27115
88192	3315	249	2958	129		
156685	36248	858	36621	1199		130079
277430	17394	13827	4718	5361		5071
87045	11191	6070	17202	669		2427
390091	-20542	83274	30346	-5167		430689
99430	5029	621	5461	101509	-5576	13249
41530	168	130	36	-1		
22171	3271	2888	16	6		
131576	13904	252	16540	760		1326

13-3 续表 9

项　　目	资产处置收益	其他收益	营业利润	营业外收入
合　计	**28208**	**2740062**	**15958361**	**2326805**
一、按行业分（分到小类）				
新闻和出版业	26270	2146632	7089064	1462492
新闻业		259	7840	404
新闻业		259	7840	404
出版业	26270	2146373	7081224	1462088
图书出版	26660	1034921	6585706	556572
报纸出版	-379	968955	-52926	719655
期刊出版	-9	97324	838445	176759
音像制品出版	-2	20314	191985	8558
电子出版物出版			10887	390
数字出版		24859	-492873	154
广播、电视、电影和录音制作业	616	260562	9053309	303136
广播		6729	39936	5064
广播		6729	39936	5064
电视	-380	52142	509720	51178
电视	-380	52142	509720	51178
影视节目制作	-220	104259	2971077	118634
影视节目制作	-220	104259	2971077	118634
广播电视集成播控	-18	282	782557	11441
广播电视集成播控	-18	282	782557	11441
电影和广播电视节目发行	1490	64475	4524112	33439
电影和广播电视节目发行	1490	64475	4524112	33439
电影放映	-256	32675	225356	82067
电影放映	-256	32675	225356	82067
录音制作			551	1313
录音制作			551	1313
文化艺术业	643	236201	1644509	53571
文艺创作与表演	857	206902	1118395	44879
文艺创作与表演	857	206902	1118395	44879
艺术表演场馆		9189	54819	1761
艺术表演场馆		9189	54819	1761
图书馆与档案馆	***	***	***	***
图书馆	***	***	***	***
档案馆	***	***	***	***
文物及非物质文化遗产保护		1617	9475	194
文物及非物质文化遗产保护		1617	9475	194
博物馆	***	***	***	***
博物馆	***	***	***	***
群众文体活动		5710	-5371	20
群众文体活动		5710	-5371	20
其他文化艺术业	-214	12708	479415	6680

单位：千元

营业外支出	利润总额	应　交 所得税	应付职工薪酬 （本年贷方累计发生额）	#社　会 保险费和住房 公积金	应　交 增值税
566158	**17728944**	**2612581**	**24495815**	**4883889**	**2280504**
408396	8152001	662652	13305405	3019902	1442453
39	8205	1271	41378	8823	4325
39	8205	1271	41378	8823	4325
408357	8143796	661381	13264027	3011079	1438128
330206	6812072	218638	7472110	1741029	952511
52024	623546	241228	3671110	813304	154360
19380	995824	147135	1570937	343190	259051
623	199920	43478	139605	34715	29292
411	10866	9661	126124	21198	10945
5713	-498432	1241	284141	57643	31969
65191	9291254	1523243	5275863	1094279	473723
108	44892	7276	50045	9265	3254
108	44892	7276	50045	9265	3254
11042	549856	120449	781126	181411	58784
11042	549856	120449	781126	181411	58784
27153	3062558	735840	2675610	541888	176503
27153	3062558	735840	2675610	541888	176503
684	793314	133645	395813	87529	72032
684	793314	133645	395813	87529	72032
20202	4537349	441031	1005692	202153	81349
20202	4537349	441031	1005692	202153	81349
5885	301538	84743	345886	68686	80081
5885	301538	84743	345886	68686	80081
117	1747	259	21691	3347	1720
117	1747	259	21691	3347	1720
7728	1691447	175680	1374807	247708	128550
2430	1160844	96111	642001	112568	47518
2430	1160844	96111	642001	112568	47518
499	56081	12647	134419	28710	15820
499	56081	12647	134419	28710	15820
***	***	***	***	***	***
***	***	***	***	***	***
***	***	***	***	***	***
9	9660	2501	20811	4753	-419
9	9660	2501	20811	4753	-419
***	***	***	***	***	***
***	***	***	***	***	***
2700	-6956	2939	60032	10391	5023
2700	-6956	2939	60032	10391	5023
2073	484022	58789	448628	82093	64417

13-3 续表 10

项　　目	资产处置收益	其他收益	营业利润	营业外收入
其他文化艺术业	-214	12708	479415	6680
体育	560	44710	-2076072	443814
体育组织	506	4269	-2031395	424845
体育竞赛组织	104	4269	-2087098	424795
体育保障组织			56664	1
其他体育组织	402		-961	49
体育场地设施管理	54	8872	-21117	5077
体育场馆管理	54	8872	-7794	5074
其他体育场地设施管理	***	***	***	***
健身休闲活动		2225	-175845	13131
健身休闲活动		2225	-175845	13131
其他体育		29344	152285	761
体育中介代理服务			124849	691
体育健康服务	***	***	***	***
其他未列明体育		29340	14031	70
娱乐业	119	51957	247551	63792
室内娱乐活动		1126	32462	2392
歌舞厅娱乐活动		768	9653	2275
电子游艺厅娱乐活动	***	***	***	***
其他室内娱乐活动		7	46282	65
游乐园			-9406	8498
游乐园			-9406	8498
休闲观光活动			-12270	9130
休闲观光活动			-12270	9130
彩票活动	222		65564	114
体育彩票服务	***	***	***	***
福利彩票服务	***	***	***	***
文化体育娱乐活动与经纪代理服务	-103	50831	171201	43658
文化活动服务	-103	14233	93330	9857
体育表演服务			83440	5681
文化娱乐经纪人		138	65051	5482
体育经纪人	***	***	***	***
其他文化艺术经纪代理		36460	-91482	22638
二、按登记注册类型分				
内资	28465	2722581	17086547	2206028
国有	-1206	1634228	3675889	1105701
集体	***	***	***	***
股份合作	***	***	***	***
国有独资公司	-67	363847	1658974	314595
其他有限责任公司	2714	531418	4472635	626206
股份有限公司	27371	168962	5814556	44411
私营独资			668118	4068

单位：千元

营业外支出	利润总额	应 交 所得税	应付职工薪酬（本年贷方累计发生额）	#社会保险费和住房公积金	应 交 增值税
2073	484022	58789	448628	82093	64417
49469	-1681727	109796	2961992	248620	84415
13092	-1619642	25096	1652440	67401	-10384
12968	-1675271	7665	1592152	56739	-20514
115	56550	15621	28090	5470	5474
9	-921	1810	32198	5192	4656
1776	-17816	3990	296210	49500	28981
1683	-4403	3990	287883	48340	28995
***	***	***	***	***	***
19653	-182367	19567	710627	103243	48055
19653	-182367	19567	710627	103243	48055
14948	138098	61143	302715	28476	17763
14769	110771	51586	236248	16226	14860
***	***	***	***	***	***
43	14058	6240	52069	9811	1379
35374	275969	141210	1577748	273380	151363
235	34619	5039	252237	48702	20873
150	11778	724	101395	17264	14540
***	***	***	***	***	***
58	46289	5196	107466	26661	7276
15114	-16022	177	201249	39648	8128
15114	-16022	177	201249	39648	8128
2949	-6089	32	11059	2680	6
2949	-6089	32	11059	2680	6
101	65577	18942	137262	29111	4521
***	***	***	***	***	***
***	***	***	***	***	***
16975	197884	117020	975941	153239	117835
14390	88797	58441	582636	90372	78115
807	88314	19543	47959	5380	9828
587	69946	20232	100458	11872	10118
***	***	***	***	***	***
1191	-70035	13885	229634	43541	17066
514933	18787578	2422100	22336327	4670160	2259658
252571	4538955	505292	8238085	1872345	774169
***	***	***	***	***	***
***	***	***	***	***	***
102545	1871024	33609	3103092	709138	234518
91161	5007580	714021	7394404	1438354	736394
12696	5846271	907743	1605605	309060	235584
10	672176	34731	25400	3853	37199

13-3 续表 11

项目	资产处置收益	其他收益	营业利润	营业外收入
私营合伙	***	***	***	***
私营有限责任公司	-132	15365	622528	77685
私营股份有限公司	-215	6031	25662	15809
其他		2730	96501	17405
港澳台商投资	-2	17481	-1073557	113797
与港澳台商合资经营	-2	8460	-1690692	110619
与港澳台商合作经营		2435	27618	570
港澳台商独资		6586	526551	2607
港澳台商投资股份有限公司	***	***	***	***
外商投资	-255		-54629	6980
中外合资经营	-255		-104134	1282
中外合作经营			-27316	33
外资企业			84649	1171
其他外商投资	***	***	***	***
三、按隶属关系分				
中央	27704	2076581	11916291	1461000
地方	504	663481	4042070	865805
四、按控股情况分				
国有控股	28231	1990268	12339618	1163258
集体控股		295	44281	20418
私人控股	225	112493	3348498	362443
港澳台商控股	-255	11057	573388	4638
外商控股			-71544	5930
其他		259	38722	1395
五、按地区分				
东城区	26896	712174	3993122	520612
西城区	-567	463728	2067406	467807
朝阳区	-57	920281	2901420	536750
丰台区		137871	713935	48302
石景山区	-2	11750	-316459	318315
海淀区	502	397638	5273464	349356
门头沟区	209	6080	364709	4295
房山区		1022	64790	4671
通州区			-1920	9632
顺义区		19	73204	11681
昌平区		506	-84992	10021
大兴区	28	48	-3863	8619
怀柔区	-36	55759	1082833	14230
平谷区	52	6588	-115931	9123
密云区			10349	1664
延庆区			-38671	256
北京经济技术开发区	1183	26598	-25035	11471

单位：千元

营业外支出	利润总额	应　交 所得税	应付职工薪酬 （本年贷方累计 发生额）	#社会保险费 和住房公积金	应　交 增值税
***	***	***	***	***	***
43209	657004	176350	1605452	274872	208935
11094	30377	12242	166937	26408	2829
1230	112676	28819	167926	31253	25013
26500	-986260	183345	1766853	135813	-5454
10332	-1590405	9853	1047699	32763	-35713
576	27612	15128	76519	11418	12776
15532	513626	142577	635987	89825	13625
***	***	***	***	***	***
24725	-72374	7136	392635	77916	26300
9044	-111896	3767	92224	21638	-343
1601	-28884		38935	8787	1901
1132	84688	3369	106210	18219	19883
***	***	***	***	***	***
343038	13043094	1129802	13598703	3078608	1487922
223120	4685850	1482779	10897112	1805281	792582
406321	13097650	1197584	15375075	3363260	1665431
1188	63511	21318	113887	20450	20753
91676	3619265	1025316	5355346	757600	417760
16459	561567	177529	761270	112624	37192
24477	-90091	3369	369832	71975	21803
197	39920	1076	51168	8070	7244
106775	4406959	853776	4492793	1004077	369290
69755	2466553	221354	3964224	886257	425447
123192	3323819	683718	7656647	1332488	596929
17426	744811	139850	1193462	212774	142435
4981	-3125	14150	593257	62794	27223
179587	5443233	377953	4915186	1062437	619286
3716	365288	35120	118689	25080	8299
616	68845	9150	27705	5527	5547
3593	4119	3368	134234	19609	10661
1173	83712	6526	121403	21470	6210
22929	-97900	12942	366387	65437	12549
186	4570	4492	149503	28407	9480
22672	1074391	242353	440564	106848	30902
8952	-115760	2647	76482	11767	5669
324	11689	2912	37488	4692	5954
167	-38582	-420	13732	1735	1265
114	-13678	2690	194059	32490	3358

第十四篇

公共管理、社会保障和社会组织

14-1　公共管理、社会保障和社会组织法人单位财务状况
（行政事业及民间非营利组织会计制度）

单位：千元

项　　目	法人单位数（个）	资产总计	负债合计	收入合计	支出（费用）合计
合　计	**17478**	**976592430**	**247310436**	**689653141**	**677460990**
一、按行业分（分到小类）					
中国共产党机关	265	14927651	1311618	23914471	23080967
中国共产党机关	265	14927651	1311618	23914471	23080967
中国共产党机关	265	14927651	1311618	23914471	23080967
国家机构	4099	722749145	173912973	547324811	540324817
国家权力机构	46	5239508	518257	6373616	6133974
国家权力机构	46	5239508	518257	6373616	6133974
国家行政机构	3962	693624266	171655584	528105687	521657439
综合事务管理机构	1343	328174726	99295314	187391909	188535451
对外事务管理机构	25	10673739	1558155	1730857	1740686
公共安全管理机构	136	48370296	4051648	43945989	42842507
社会事务管理机构	859	81570012	16099588	95478167	93573226
经济事务管理机构	1134	194878778	46912235	164455976	160373809
行政监督检查机构	465	29956715	3738643	35102788	34591760
监察委员会、人民法院和人民检察院	53	15692598	1130190	9396130	8938919
人民法院	28	9693262	805798	6337236	6095107
人民检察院	25	5999336	324392	3058894	2843811
其他国家机构	38	8192773	608942	3449377	3594486
消防管理机构	15	1071501	270562	587294	562454
其他未列明国家机构	23	7121271	338381	2862083	3032032
人民政协、民主党派	67	4250119	197524	1592083	1418115
人民政协	22	3259086	142533	1037179	911147
人民政协	22	3259086	142533	1037179	911147
民主党派	45	991033	54991	554904	506968
民主党派	45	991033	54991	554904	506968
社会保障	73	493667	38304	1279630	1265184
基本保险	25	75842	12532	1030497	1022311
基本养老保险	5	23277	4093	65719	64509
基本医疗保险	12	27488	3264	934953	930297

14-1 续表 1　　单位：千元

项　　目	法人单位数（个）	资产总计	负债合计	收入合计	支出（费用）合计
失业保险	6	14888	1011	1325	1268
工伤保险	2	***	***	***	26238
其他社会保障	48	417825	25772	249133	242873
其他社会保障	48	417825	25772	249133	242873
群众团体、社会团体和其他成员组织	5842	139913821	25249036	110030985	104066458
群众团体	311	13321635	703176	10292589	9390369
工会	175	5696300	417198	5600418	5068681
妇联	20	348510	31055	647571	570674
共青团	19	590030	52868	642360	625253
其他群众团体	97	6686795	202055	3402239	3125761
社会团体	4813	68435326	22764521	26794894	22038153
专业性团体	2807	30310556	13243609	12390894	10530054
行业性团体	1171	27653146	5137042	11170354	8435999
其他社会团体	835	10471624	4383871	3233646	3072100
基金会	622	56152593	1430332	72512086	72274457
基金会	622	56152593	1430332	72512086	72274457
宗教组织	96	2004266	351006	431417	363479
宗教团体服务	59	1567090	265614	347902	275093
宗教活动场所服务	37	437177	85392	83515	88386
基层群众自治组织	7132	94258027	46600982	5511162	7305448
社区居民自治组织	3225	528086	138367	180844	203810
社区居民自治组织	3225	528086	138367	180844	203810
村民自治组织	3907	93729941	46462615	5330318	7101638
村民自治组织	3907	93729941	46462615	5330318	7101638
二、按登记注册类型分					
内资	17477	976567834	247310362	689643897	677449824
国有	6045	802523742	182323936	636359834	623006241
集体	403	2469087	845056	689991	627814
股份合作	1	***	***	***	***
国有联营	1	***	***	***	***

14-1 续表 2

单位：千元

项目	法人单位数（个）	资产总计	负债合计	收入合计	支出（费用）合计
集体联营	5	964	68	620	666
其他联营	1	***	***	***	***1
其他有限责任公司	12	249951	85485	51654	13195
私营独资	10	2482	2089	3884	4084
私营合伙	4	4368768	4371088	46066	45082
私营有限责任公司	15	99035	52042	72546	55256
其他	10980	166812406	59629455	52387855	53669941
港澳台商投资	1	***	***	***	***
港澳台商独资	1	***	***	***	***
三、按隶属关系分					
中央	1533	329746585	49622601	232829776	224267667
地方	15945	646845845	197687836	456823365	453193323
四、按地区分					
东城区	1450	110508805	20826136	76210522	73492868
西城区	1693	226598177	38658559	183897203	183565007
朝阳区	1915	121585966	22150319	63970297	62343933
丰台区	959	29830165	11775149	26873183	26587384
石景山区	486	10219510	868440	19167796	18961819
海淀区	1928	130054091	19049349	114968146	110817176
门头沟区	677	20880633	3760433	10696365	10076751
房山区	1236	34123475	19807189	18553121	19553882
通州区	912	89247766	46155960	48334175	48976529
顺义区	1076	17536887	4575268	23589662	22599156
昌平区	968	27567652	16588362	23661604	24907199
大兴区	1239	38817199	21261203	24185748	23768639
怀柔区	670	33327337	7043251	12724515	13623107
平谷区	692	15974033	5443997	11972985	10587994
密云区	720	8876319	1557519	12152786	11236781
延庆区	757	22362102	7640205	15344321	12635470
北京经济技术开发区	100	39082316	149098	3350710	3727295

附录

主要指标解释

主要指标解释

批发和零售业

法人单位 指有权拥有资产、承担负债，并独立从事社会经济活动（或与其他单位进行交易）的组织。法人单位应同时具备以下条件：

1. 依法成立，有自己的名称、组织机构和场所，能够独立承担负债和其他民事责任；

2. 独立拥有和使用（或授权使用）资产，有权与其他单位签订合同；

3. 会计上独立核算，能够编制资产负债表等会计报表。

从业人员期末人数 指报告期最后一日在本单位工作，并取得工资或其他形式劳动报酬的人员数。该指标为时点指标，不包括最后一日当天及以前已经与单位解除劳动合同关系的人员，是在岗职工、劳务派遣人员及其他从业人员之和。从业人员不包括：

1. 离开本单位仍保留劳动关系，并定期领取生活费的人员；

2. 在本单位实习的各类在校学生；

3. 本单位以劳务外包形式使用的人员，如：建筑业整建制使用的人员。

商品购进额 指从本企业以外的单位和个人购进（包括从国外直接进口）作为转卖或加工后转卖的商品金额（含增值税）。本指标反映批发和零售业从国内外市场上购进商品的总价。

商品购进包括：（1）从工农业生产者、批发和零售业、住宿和餐饮业、出版社或报社的出版发行部门和其他服务业等企事业单位和个体经营户购进的商品；（2）从机关、社会团体购进的商品；（3）从海关、市场管理部门购进的缉私和没收的商品；（4）从居民收购的废旧商品等。

不包括：（1）企业为本单位自身经营用，不是作为转卖而购进的商品，如材料物资、包装物、低值易耗品、办公用品等；（2）未通过买卖行为而收入的商品，如接受其他部门移交的商品、借入的商品、收入代其他单位保管的商品、其他单位赠送的样品、加工回收的成品等；（3）经本单位介绍，由买卖双方直接结算，本单位只收取手续费的业务；（4）销售退回和买方拒付货款的商品；（5）商品溢余；（6）期货交易商品。

购进的各种商品，不论是否进入本单位仓库，凡是通过本企业结算货款的，都包括在内。从国内购进的商品，以进货全价计算商品购进，包括原始进价（或农副产品收购价）和购入环节缴纳的各项税金（包括增值税），企业购进商品发生的购进折扣、退回和折让，及购进商品发生的经确认的索赔收入，冲减商品购进金额。进口商品的国外进价按到岸价格（CIF）、折合成人民币计算，如果对外合同以离岸价格（FOB）成交，商品离开对方口岸后，应由我方企业负担的各项费用也包括在商品购进的金额内，但不包括到达我国口岸后发生的各项费用，收入的进口佣金冲减购进金额，不包括不易按商品认定的佣金金额。企业委托其他单位代理进口的商品，其购进金额为实际支付给代理单位的全部价款。

进口 指直接从国外进口或委托外贸企业代理进口的商品金额，不包括从国内有关单位购进的进口商品。对外贸易企业只统计自主经营进口的商品，不统计受托代理进口的商品。

商品销售额 指对本单位以外的单位和个人出售的商品金额（包括售给本单位消费用的商品，含增值税）。在批发和零售业中，本指标反映在国内市场上销售商品以及出口商品的总价。

商品销售包括：（1）售给个人和社会集团消费用的商品；（2）售给农业、工业、建筑业、服务业国民经济各行业用于生产、经营用的商品，包括售予批发和零售业作为转卖或加工后转卖的商品；（3）对国（境）外直接出口的商品。

商品销售不包括：（1）未通过买卖行为付出的商品，如因机构变动移交给其他企业单位的商品、借出的商品、归还受其他单位委托代保管的商品、付出的加工原料和赠送给其他单位的样品等；（2）促销返券所销售的、不计入营业收入的商品；（3）经本单位介绍，由买卖双方直接结算，本单位只收取手续费的业务；（4）未发生所有权转移的商品预付卡销售，如加油卡；（5）汽车维修、电话卡销售等服务性经营活动；（6）购货退回的商品；（7）商品损耗和损失；（8）出售本单位自用的废旧物资；（9）期货交易商品；（10）自来水供应企业、电力企业、天然气供应企业提供的水、电、气。

商品销售是指商品已经售出、商品所有权已经转移给买方后，以收到货款或取得收取货款的证据时作为商品销售。（1）采取直接收款方式的，在实际收到货款或取得收款的凭证时作为商品销售；采取托收承付和委托银行收款结算方式的，在发出商品并办妥托收手续时作为商品销售；采用分期收款方式的，按合同约定的收款日期作为商品销售；采用预收货款方式的，在商品发出时作为商品销售；（2）委托其他单位代销商品，以收到代销单位的销售清单时作为商品销售。在交款提货的情况下，如货款已经收到，只要账单和提货单已经交给买方，不论商品是否发出，都应作为商品销售；（3）出口商品销售，陆路以取得承运货物收据或铁路联运运单、海运以取得出口装船提单、空运以取得运单并在银行办理了交单作业作为商品销售。预收货款不通过银行交单的，取得以上提单、运单后作为商品销售。出口商品一律以离岸价（FOB）计算商品销售，如按到岸价（CIF）对外成交的，应扣除商品离境后发生的由我方负担的国外运费、保险费、佣金（不包括不易按商品认定的累计佣金）、银行财务费和对外理赔款等作为商品销售；（4）自营进口商品销售，企业与境内用户签订合同实行货到结算的，在商品到达我国境内港口取得船舶到港通知，企业向订货单位开出结算凭证时作为商品销售；合同规定对境内实行单向结算的，企业凭境外账单向订货单位开出结算凭证时作为商品销售；已先期到达并存放在相应的仓储企业单位库存的进口商品，企业凭出库单向用户开出结算凭证后作为商品销售。

通过公共网络实现的商品销售额 企业（单位）通过公共网络交易平台（包括自建网站和第三方平台）取得订单，对本单位以外的单位和个人出售的实物商品金额（含增值税），付款可以在网上进行，也可以在网下进行。公共网络包括计算机互联网、移动互联网等。

批发额 指售给国民经济各行业用于生产、经营用的商品金额。

商品批发包括：（1）售给农业、工业、建筑业等行业用于生产的各种机器设备、工具、原料、材料、燃料、建筑材料，售给农民的农业生产资料，售给交通运输、仓储和邮政业用于业务活动的设备、车辆和燃料等；（2）售给信息传输、软件和信息技术服务，科学研究和技术服务业，水利、环境和公共设施管理业等行业用于生产经营、勘察设计、科研试验等业务经营使用的商品，售给批发和零售业、住宿和餐饮业使用的各种设备、工具、原材料、燃料、仓储运输用的商品；（3）售给居民服务、修理和其他服务业各种营业用品，如售给理发业的理发工具、毛巾等，日用品修理业的设备、工具、材料、零配件等，售给民政部门救灾用的商品等；（4）售给批发和零售业作为转卖用的商品；售给餐饮业用于烹饪、调制加工后出售的商品和转卖的商品；售给服务业转卖的商品；（5）出口的商品。

出口 指直接向国（境）外出口商品和委托外贸企业代理出口的商品金额，商品出口不包括售给外贸企业出口或加工后出口的商品，以及在国内市场以外币销售的商品。外贸企业只统计自主经营出口的商品，不包括受托代理出口的商品。

零售额 指售给个人用于生活消费和社会集团用于公共消费的商品金额。

商品零售包括：（1）售给城乡居民和入境外国人、华侨、港澳台同胞的各类生活消费商品；（2）售给行政事业单位、社会团体、军队和武警等机构的商品，以及以零售方式售给各类企业的商品。具体包括：用于非生产和社会交往的办公用品，如通讯设备、计算器具和设备、电讯网络设备、文印设备、音像视听器材和设备、纸张、本册、文具及装订文印材料、家具、日用电器、针纺织品、清洁卫生用品、文体用品、奖品、纪念品、礼品等；供内部人员乘坐的交通工具和燃料；用于办公设施修缮的各类配件、材料、工具等；用于取暖和防暑降温的设备、燃料、材料及食品等；专用于教学的用品和设备；非专用的劳动保护用品；不对外营业的内部食堂用的餐具、炊具、设备、清洁卫生工具和食品、燃料等；军队、武警用于其人员生活的衣着品和个人用品；其他各类非生产性设备和用品。

商品零售不包括：（1）售给城乡居民已确知是用于生产、经营的商品；（2）售给各类农业生产者的生产资料类商品，如农机、农药化肥、农膜、种子饲料等商品；（3）售给企业单位生产用具及生产上专用的劳动保护用品；（4）专用于科研的用品和设备；（5）售给医疗机构的中、西药品、中药材和医疗设备器材；（6）以投资为目的的商品，如黄金、收藏品等。

通过公共网络实现的零售额 企业（单位）通过公共网络交易平台（包括自建网站和第三方平台）取得订单，售给个人、社会集团非生产、非经营用的实物商品金额（含增值税），付款可以在网上进行，也可以在网下进行。公共网络包括计算机互联网、移动互联网等。

期末商品库存额 对于批发和零售业法人单位和个体经营户，是指报告期末取得所有权的全部商品金额（含增值税）；对于批发和零售业产业活动单位，是指报告期末实际在库且归属法人具有所有权的全部商品金额（含增值税）。这个指标反映批发和零售业的商品库存情况，以及对市场商品供应的保证程度。

库存商品包括：（1）存放在本单位（如门市部、批发站、采购站、经营处）的仓库、货场、货柜和货架中的商品；（2）挑选、整理、包装中的商品；（3）已记入购进而尚未运到本单位的商品，即发货单或银行承兑凭证已到而货未到的商品；（4）寄放他处的商品，如因购货方拒绝付款而暂时存在购货方的商品；（5）委托其他单位代销（未作销售或调出）尚未售出的商品；（6）代其他单位购进尚未交付的商品。

库存商品不包括：（1）所有权不属于本单位的商品，如商品已作销售但买方尚未取走的商品，代替他人保管、运输、加工的商品，代其他单位销售（未做购进或调入）而未售出的商品；（2）委托外单位加工的商品（包括本单位所属加工厂和其他生产单位加工生产尚未收回成品的商品）；（3）外贸企业代理其他单位从国外进口，尚未付给订货单位的商品；（4）代国家储备部门保管的商品。

库存商品金额可以采用进价或售价进行核算。采用进价核算的商品，应按商品进货原则（或实际采购成本）计算期末库存；采用售价核算的商品，应按商品的售价计算期末库存。购入的商品，在商品到达验收入库后计算期末库存（对已记入购进尚未运到的商品，也可计算期末库存）；对于月终尚未开出承兑商业汇票的入库商品，按应付给供货单位的价款暂估计算期末库存；年度终了，凡已转入库存和已作销售的进口商品，属于国外以离岸价格成交、有应付未付国外运保费的，应先估计期末库存，委托其他单位代销的商品包括在期末库存中；委托外单位加工的商品，在发出商品时作减少期末库存，当加工商品收回时增加期末库存（包括商品进货原价、加工费用、加工税金等）。

年末零售营业面积 指批发和零售业企业用于本企业从事零售业务的对外营业的面积，不包括其办公用房、仓库、加工场地以及对外出租场地。按年末实有建筑面积统计。本指标应与商品销售额统计相匹配。

存货 指企业在日常活动中持有以备出售的产成品或商品、处在生产过程中的在产品、在生产过程或提供劳务过程中耗用的材料或物料等，通常包括原材料、在产品、半成品、产成品、商品以及周转材料等。根据会计“资产负债表”中“存货”项目的期末余额数填报。其中：“年初存货”根据会计“资产负债表”中“存货”项目的年初余额数填报。注意：“存货”具有实物形态，不属于无形资产，由于企业持有存货的最终目的是为了出售，所以房地产开发企业（单位）购置的土地、尚未销售的商品房等均计入“存货”。

流动资产合计 资产满足以下条件之一应归为流动资产：（1）预计在一个正常营业周期中变现、出售或耗用，主要包括存货、应收账款等；（2）主要为交易目的而持有；（3）预计在资产负债表日起一年内（含一年）变现；（4）自资产负债表日起一年内，交换其他资产或清偿负债的能力不受限制的现金或现金等价物。包括货币资金、应收票据、应收账款、存货等项目。根据会计"资产负债表"中"流动资产合计"项目的期末余额数填报。

货币资金 反映企业库存现金、银行结算户存款、外埠存款、银行汇票存款、银行本票存款、信用卡存款、信用证保证金存款等的合计数。该指标根据会计"资产负债表"中"货币资金"项目期末余额填报。

现金 指企业的库存现金。根据会计明细账"现金"科目的期末余额数填报。

交易性金融资产 指企业为交易目的所持有的债券投资、股票投资、基金投资等交易性金融资产的公允价值。根据会计"资产负债表"中的"交易性金融资产"项目的期末余额数填报。未执行 2006 年《企业会计准则》的企业，根据会计"资产负债表"中的"短期投资"项目的期末余额数填报。

应收账款 指资产负债表日以摊余成本计量的，企业因销售商品、提供服务等经营活动应收取的款项。根据会计"资产负债表"中"应收账款"项目的期末余额数填报。

应收利息 指企业"交易性金融资产""持有至到期投资""买入反售金融资产""可供出售金融资产""发放贷款""存放中央银行款项""拆出资金"等应收取的利息。根据会计"资产负债表"中"应收利息"科目的期末数填列。

应收股利 指企业应收取的现金股利和应收取其他单位分配的利润。根据会计"资产负债表"中"应收股利"科目的期末数填列。

可供出售金融资产 指初始确认时即被指定为可供出售的非衍生金融资产，以及除下列各类资产以外的金融资产：（1）贷款和应收款项。（2）持有至到期投资。（3）以公允价值计量且其变动计入当期损益的金融资产。根据会计"资产负债表"中"可供出售金融资产"项目期末余额填报。

持有至到期投资 一般情况下，能够划分为持有至到期投资的金融资产主要是债权性投资，如企业从二级市场上购入的固定利率的国债、浮动利率的金融债券等。企业购入的股权投资，因没有固定的到期日，不符合持有至到期投资的确认条件，不能划分为持有至到期投资。根据会计"资产负债表"中"持有至到期投资"项目期末余额填报。

长期股权投资 通常指企业长期持有，不准备随时出售，作为被投资企业的股东，按所持股份比例享有被投资企业权益并承担相应责任的投资。根据会计"资产负债表"中"长期股权投资"项目期末余额填报。

固定资产原价 指固定资产的成本，包括企业在购置、自行建造、安装、改建、扩建、技术改造某项固定资产时所发生的全部支出总额。根据会计"固定资产"科目的期末借方余额填报。

房屋和构筑物 指产权属于本企业的所有房屋和构筑物，包括办公楼、仓库、宿舍等。根据会计核算中"固定资产原价"有关二级科目的期末余额数归并填报。

机器设备 指为生产商品、提供劳务、出租或经营管理持有的各种机器、设备。根据会计核算中"固定资产原价"有关二级科目的期末余额数归并填报。

运输工具 指企业所有的用于生产经营的各种交通运输工具，如汽车、轮船、人力拖车等。根据会计核算中"固定资产原价"有关二级科目的期末余额数归并填报。

电子设备 指由集成电路、晶体管、电子管、等电子元器件组成，应用电子技术（包括软件）、发挥作用的设备，包括电子计算机以及由电子计算机组成的机器人、数控或程控系统等。根据会计"固定资产"科目计算填报。

融资租入固定资产 指承租人通过融资租赁的方式租入的固定资产。融资租赁，是指实质上转移了与资产所有权有关的全部风险和报酬的租赁。其所有权最终可能转移，也可能不转移。根据会计"固定资产"科目计算填报。

累计折旧 指企业在报告期末提取的历年固定资产折旧累计数。包括房屋、建筑物和机器设备等的折旧费。根据会计"累计折旧"科目的期末贷方余额填报。

本年折旧 指企业在报告期内提取的固定资产折旧合计数。可根据会计"累计折旧"科目的本期贷方累计发生额填报；或者，可以根据会计"财务状况变动表"中"固定资产折旧"项的数值填报。若企业执行 2001 年《企业会计制度》，可以根据会计核算中《资产减值准备、投资及固定资产情况表》内"当年计提的固定资产折旧总额"项本年增加数填报。

固定资产净值 固定资产指企业为生产商品、提供劳务、出租或经营管理而持有的，使用寿命超过一个会计年度的有形资产。包括房屋、建筑物、机器、机械、运输工具以及其他与生产经营活动有关的设备、器具、工具等。固定资产净值指固定资产原价减去已提折旧后的净额。它反映企业实际占用在固定资产上的资金数额和固定资产的新旧程度。计算公式：固定资产净值 = 固定资产原价 - 累计折旧。

固定资产减值准备 指企业确认固定资产发生减值时，按其固定资产可收回金额低于账面价值的差额计提的减值准备。根据会计"固定资产减值准备"科目的期末贷方余额填报。

在建工程 指企业用于新建、改建、扩建，或技术改造、设备更新和大修理工程等尚未完工的工程支出。根据会计"资产负债表"中"在建工程"项目的期末余额填报；或者，根据会计"在建工程"科目的期末借方余额填报。

无形资产 指调查单位拥有或者控制的没有实物形态的可辨认非货币性资产，无形资产通常包括专利权、非专利技术、商标权、著作权、特许权、土地使用权等。该指标根据会计资产负债表"无形资产"项目的期末余额填报。

土地使用权 指国家准许某企业在一定期间内对国有土地享有开发、利用、经营的权利。该指标根据会计"无形资产"科目计算填报。

软件使用权 指企业研发和购买软件的支出。该指标根据会计"无形资产"科目计算填报。

商誉 指能在未来期间为企业经营带来超额利润的潜在经济价值，或一家企业预期的获利能力超过可辨认资产正常获利能力（如社会平均投资回报率）的资本化价值。根据会计资产负债表中“商誉”项目期末余额填报。

非流动资产合计 指不能在 1 年或者超过 1 年的一个营业周期内变现或者耗用的资产，主要包括持有到期投资、长期应收款、长期股权投资、工程物资、投资性房地产、固定资产、在建工程、无形资产、长期待摊费用、可供出售金融资产等。根据会计资产负债表“非流动资产”科目期末余额填报。

资产总计 指企业过去的交易或者事项形成的、由企业拥有或者控制的、预期会给企业带来经济利益的资源。包括企业拥有的土地、办公楼、厂房、机器、运输工具、存货等实物资产和现金、存款、应收账款和预付账款等金融资产。资产一般按流动性（资产的变现或耗用时间长短）分为流动资产和非流动资产。其中流动资产可分为货币资金、交易性金融资产、应收票据、应收账款、预付款项、其他应收款、存货等；非流动资产可分为长期股权投资、固定资产、无形资产及其他非流动资产等。根据会计“资产负债表”中“资产总计”项目的期末余额数填报。

流动负债合计 负债满足下列条件之一的应归为流动负债：（1）预计在一个正常营业周期中清偿；（2）主要为交易目的而持有；（3）自资产负债表日起一年内到期应予清偿；（4）企业无权自主地将清偿推迟至资产负债表日后一年以上。包括短期借款、应付票据、应付账款、应付职工薪酬、应交税费等项目。根据会计资产负债表中“流动负债合计”项目的期末余额数填报。

应付账款 指企业因购买材料、商品和接受劳务供应等经营活动应支付的款项。根据会计资产负债表中“应付账款”项目的期末余额数填报。

应付利息 指企业按照合同约定应支付的利息，包括吸收存款、分期付息到期还本的长期借款、企业债券等应支付的利息。根据会计“资产负债表”中“应付利息”科目的期末数填列。

应付股利 指企业应分配的现金股利或利润。根据会计“资产负债表”中“应付股利”科目的期末数填列。

非流动负债合计 指流动负债之外的负债。包括长期借款、应付债券等。执行企业会计准则或《小企业会计准则》的企业，根据会计资产负债表中“非流动负债合计”项目的期末余额数填报。执行其他企业会计制度的企业，根据会计资产负债表中的“长期负债合计”项目的期末余额数填报。

应付债券 指企业发行的尚未偿还的各种长期债券的本息。根据会计“资产负债表”中的“应付债券”项目的期末余额数填报。

负债合计 指企业过去的交易或者事项形成的，预期会导致经济利益流出企业的现时义务。包括银行贷款、借款、应付账款、应付职工工资、应付职工福利费、应交税金等企业负有偿还责任的债务。根据会计“资产负债表”中“负债合计”项目的期末余额数填报。负债一般按偿还期长短分为流动负债和非流动负债。执行企业会计准则或《小企业会计准则》的企业：负债合计 = 流动负债合计 + 非流动负债合计；执行其他企业会计制度的企业负债包括流动负债和长期负债。

所有者权益合计 指企业资产扣除负债后由所有者享有的剩余权益。公司的所有者权益又称股东权益。包括实收资本、资本公积、盈余公积、未分配利润等。根据会计资产负债表中“所有者权益合计”项目的期末余额数填报。

实收资本 指企业各投资者实际投入的资本（或股本）总额，包括货币、实物、无形资产等各种形式的投入。实收资本按投资主体可分为国家资本、集体资本、法人资本、个人资本、港澳台资本和外商资本。根据会计“资产负债表”中“所有者权益”项下“实收资本”的期末余额数填报。

国家资本 指有权代表国家投资的政府部门或机构、直属事业单位对企业形成的资本金。根据会计“实收资本”科目计算填报。

集体资本 指由本企业职工等自然人集体投资或各种机构对企业进行扶持形成的集体性质的资本金。根据会计“实收资本”科目计算填报。

法人资本 指其他法人单位以其依法可支配的资产投入企业形成的资本金。根据会计“实收资本”科目计算填报。

个人资本 指自然人实际投入企业的资本金。根据会计“实收资本”科目计算填报。

港澳台资本 指我国香港、澳门和台湾地区投资者实际投入企业的资本金。根据会计“实收资本”科目计算填报。

外商资本 指外国投资者实际投入企业的资本金。根据会计“实收资本”科目计算填报。

营业收入 指企业从事销售商品、提供劳务和让渡资产使用权等生产经营活动形成的经济利益流入。营业收入包括“主营业务收入”和“其他业务收入”。根据会计“利润表”中“营业收入”项目的本年累计数填报。

主营业务收入 指企业经营主要业务所实现的收入。如果会计“利润表”列示“主营业务收入”项目，则根据其本年累计数填报；或者，根据会计“主营业务收入”科目的本年各月贷方余额（结转前）之和填报。如未设置该科目，以“营业收入”代替填报。

营业成本 指企业从事销售商品、提供劳务和让渡资产使用权等生产经营活动发生的实际成本。“营业成本”应当与“营业收入”进行配比。包括“主营业务成本”和“其他业务成本”。根据会计“利润表”中“营业成本”项目的本年累计数填报。

主营业务成本 指企业经营主要业务所发生的成本总额。根据会计“主营业务成本”科目的本年各月借方余额（结转前）之和填报。如未设置该科目，以“营业成本”代替填报。

税金及附加 指企业因从事生产经营活动按税法规定应缴纳的消费税、城市维护建设税、资源税、环境保护税、教育费附加及房产税、土地使用税、车船使用税、印花税等相关税费。根据会计“利润表”中“税金及附加”项目的本年累计数填报。

主营业务税金及附加 指企业经营主要业务应负担的消费税、城市维护建设税、资源税、教育费附加及房产税、土地使用税、车船使用税、印花税等相关税费。根据会计“主营业务税金及附加”科目的本年各月借方余额（结转前）之和填报。如未设置该科目，以“税金及附加”代替填报。

其他业务利润　指企业经营除主要业务以外的其他业务实现的利润。根据会计“其他业务收入”科目的本年各月贷方余额（结转前）之和减“其他业务成本”科目的本年各月借方余额（结转前）之和填报。如果未设置该科目，则填0。

销售费用　指企业在销售商品和材料、提供劳务的过程中发生的各种费用，包括保险费、包装费、展览费和广告费、商品维修费、预计产品质量保证损失、运输费、装卸费等以及为销售本企业商品而专设的销售机构（含销售网点、售后服务网点等）的职工薪酬、业务费、折旧费等经营费用。建筑业企业销售费用指企业从事施工生产活动过程中发生的各项费用，包括应由企业负担的运输费、装卸费、包装费、保险费、维修费、展览费、差旅费、广告费和其他经费。房地产企业销售费用指企业在从事主要经营业务过程中所发生的各项销售费用，包括转让、销售、结算和出租开发产品等。执行企业会计准则或《小企业会计准则》的企业，根据会计“利润表”中“销售费用”项目的本年累计数填报。执行其他企业会计制度的企业，根据会计“利润表”中“营业费用（或经营费用）”项目的本年累计数填报。

管理费用　指企业为组织和管理企业生产经营所发生的费用，包括企业在筹建期间内发生的开办费、董事会和行政管理部门在企业经营管理中发生的，或者应当由企业统一负担的公司经费等。因企业会计准则变化，《第四次全国经济普查方案》中“管理费用”指标的统计口径与2019年定期统计报表制度不同，企业应按不同方法填报。

在《第四次全国经济普查方案》中，“管理费用”包含“研发费用”。根据会计“利润表”中“管理费用”项目的本年累计数填报。执行财政部《关于修订印发2018年度一般企业财务报表格式的通知》（财会〔2018〕15号）的企业，应把研发费用项目的本年累计数归并到管理费用项目中填报。

财产保险费　指企业向保险公司投保所支付的财产保险费用。根据会计“管理费用明细表”或“业务及管理费明细表（金融业）”中相关科目期末借方余额分析填报。

财务费用　指企业为筹集生产经营所需资金等而发生的筹资费用，包括企业生产经营期间发生的利息支出（减利息收入）、汇兑损失（减汇兑收益）以及相关的手续费等。根据会计“利润表”中“财务费用”项目的本年累计数填报。

利息收入　指企业按照相关会计准则确认的应冲减财务费用利息金额。包括非金融企业存款业务所确认的利息等。执行企业会计准则的企业，根据会计“利润表”中“利息收入”项目的本年累计数填报。执行《小企业会计准则》的企业填0。执行其他企业会计制度的企业，根据企业“财务费用”科目下“利息收入”明细科目的本期发生额以正数填报。如果未设置该科目，填0。

利息支出　指企业短期借款利息、长期借款利息、应付票据利息、票据贴现利息、应付债券利息、长期应付引进国外设备款利息等利息支出。根据企业“财务费用明细账”中“财务费用——利息支出”科目的本期发生额填报。如果企业没有单独设立“利息收入”科目，应填报利息支出减去银行存款等的利息收入后的净额。

资产减值损失　指企业计提各项资产减值准备所形成的损失。因企业会计准则变化，《第四次全国经济普查方案》中“资产减值损失”指标的统计口径与2019年定期统计报表制度不同，企业应按不同方法填报。

企业填报《第四次全国经济普查方案》报表时，根据会计“利润表”中“资产减值损失”项目的本年累计数填报。执行财政部《关于修订印发2018年度一般企业财务报表格式的通知》（财会〔2018〕15号）的企业，应把信用减值损失项目的本年累计数归并到资产减值损失项目中填报。如果会计“利润表”未设置“资产减值损失”项目，填0。

公允价值变动收益　指企业的交易性金融资产、交易性金融负债，以及采用公允价值模式计量的投资性房地产、衍生工具、套期保值业务等公允价值变动形成的应计入当期损益的利得或损失。根据会计“利润表”中“公允价值变动收益”项目的本年累计数填报，或根据“公允价值变动损益”会计科目的余额填报。余额在贷方，则为净收益，余额在借方，则为净损失，以“-”号记。未执行企业会计准则的企业填0。

投资收益　指企业确认的投资收益或投资损失，反映企业以各种方式对外投资所取得的收益。根据会计“利润表”中“投资收益”项目的本年累计数填报。如为投资损失以“-”号记。

资产处置收益　指企业出售划分为持有待售的非流动资产（金融工具、长期股权投资和投资性房地产除外）或处置时确认的处置利得或损失，以及处置未划分为持有待售的固定资产、在建工程、生产性生物资产及无形资产而产生的处置利得或损失。债务重组中因处置非流动资产产生的利得或损失和非货币性资产交换产生的利得或损失也包括在本项目内。根据会计“利润表”中“资产处置收益”项目的本年累计数填报。如果“利润表”未设置该项目，填0。

其他收益　根据2017年6月12日起施行的《企业会计准则第16号——政府补助》，其他收益反映与企业日常活动相关且计入该项目的政府补助。(1)执行企业会计准则或《小企业会计准则》的企业，根据会计“利润表”中“其他收益”项目的本年累计数填报；或根据会计“其他收益”科目的本年各月贷方余额（结转前）之和填报。（2）执行其他企业会计制度的企业本指标填0。

营业利润　指企业从事生产经营活动所取得的利润。执行企业会计准则或《小企业会计准则》的企业，根据会计“利润表”中“营业利润”项目的本年累计数填报；执行其他企业会计制度的企业，根据会计“损益表”中“营业利润”项目、“投资收益”项目的本年累计数之和填报。

营业外收入　指企业发生的除营业利润以外的收入，主要包括与企业日常活动无关的政府补助、盘盈利得、捐赠利得等。执行企业会计准则或《小企业会计准则》的企业，根据会计“利润表”中“营业外收入”项目的本年累计数填报；执行其他企业会计制度的企业，根据会计“损益表”中“营业外收入”项目、“补贴收入”项目的本年累计数之和填报。

营业外支出　指企业发生的除营业利润以外的支出，主要包括公益性捐赠支出、非常损失、盘亏损失、非流动资产毁损报废损失等。根据会计“利润表”中“营业外支出”项目的本年累计数填报。

利润总额 指企业在一定会计期间的经营成果，是生产经营过程中各种收入扣除各种耗费后的盈余，反映企业在报告期内实现的盈亏总额。利润总额为营业利润加上营业外收入，减去营业外支出后的金额，根据会计“利润表”中“利润总额”项目的本年累计数填报。

所得税费用 所得税费用由两部分组成：当期所得税和递延所得税。当期所得税是指企业按照税法规定计算确定的针对当期发生的交易和事项，应交纳给税务部门的所得税金额，即应交所得税。递延所得税是指按照所得税准则规定应予确认的递延所得税资产和递延所得税负债应有的金额相对于原已确认金额之间的差异。执行企业会计准则或《小企业会计准则》的企业，根据会计“利润表”中“所得税费用”项目的本年累计数填报；执行其他企业会计制度的企业，根据会计“损益表”中“所得税”项目的本年累计数填报。

应付职工薪酬（本年贷方累计发生额） 指企业为获得职工提供的服务或解除劳动关系而给予各种形式的报酬或补偿。包括职工工资、奖金、津贴和补贴，职工福利费，医疗保险费、养老保险费、失业保险费、工伤保险费和生育保险费等社会保险费，住房公积金，工会经费和职工教育经费，带薪缺勤，利润分享计划，非货币性福利，辞退福利和其他为获得职工提供的服务而给予的报酬或补偿。如果企业财务报告附注中包含“应付职工薪酬”项目，则根据其“应付职工薪酬”列示部分的合计项的本期增加额填报。或者，执行企业会计准则或《小企业会计准则》的企业，根据会计科目“应付职工薪酬”的本年贷方累计发生额填报；执行其他企业会计制度的企业，应将本年上述职工薪酬包含的科目归并填报。

如果企业“应付职工薪酬”会计科目的核算范围不包含“劳务派遣人员薪酬”，则应加“劳务派遣人员薪酬”后填报；如果企业“应付职工薪酬”会计科目的核算范围已包含“劳务派遣人员薪酬”，但不设置明细科目单独核算，则不对“应付职工薪酬”指标作特殊处理，避免“劳务派遣人员薪酬”重复计入。

社会保险费 指企业根据国家规定的标准向社会保障部门和保险公司为职工个人缴纳的社会保险费。具体包括基本养老保险、补充养老保险（年金）、基本医疗保险、补充医疗保险、生育险、失业险、工伤险以及其他人身险。根据企业“应付职工薪酬”项下的相关指标或会计成本、费用中的相关项目计算填报。

应交增值税 指按照税法规定，以销售货物、服务、无形资产、不动产或提供加工、修理修配劳务的增值额和货物进口金额为计税依据而课征的一种流转税。填报本指标时，应按权责发生制核算企业本期应负担的增值税，有两种计算方法，可选其一，一旦确定，原则上不得更改。

计算方法一：

根据本期会计科目（1）“销项税额”“进项税额转出”“出口退税”年初至期末贷方累计发生额（一般与期末贷方余额相等，因为年初贷方余额为零），（2）“进项税额”年初至期末借方累计发生额，即期末借方余额 － 年初借方余额，（3）“出口抵减内销产品应纳税额”“减免税款”年初至期末借方累计发生额（一般与期末借方余额相等，因为年初借方余额为零），取值后按照下述公式计算填报：

应交增值税 ＝ 销项税额 －（进项税额 － 进项税额转出）－ 出口抵减内销产品应纳税额 － 减免税款 ＋ 出口退税

计算方法二：

根据本期《增值税纳税申报表（一般纳税人适用）》（以“国家税务总局公告2013年32号”版式为例）“销项税额”（第11栏）、“进项税额”（第12栏）、“进项税额转出”（第14栏）、“免、抵、退应退税额”（第15栏）、“简易计税办法计算的应纳税额”（第21栏）、“按简易计税办法计算的纳税检查应补缴税额”（第22栏）、“应纳税额减征额”（第23栏）栏目“一般货物、劳务和应税服务”列中“本年累计”列，按照下述公式计算填报：

应交增值税 ＝ 销项税额－（进项税额－进项税额转出－免、抵、退应退税额）＋ 简易计税办法计算的应纳税额 ＋ 按简易计税办法计算的纳税检查应补缴税额 － 应纳税额减征额

计算方法说明及填报要求：

（1）计算公式均体现权责发生制，本期发生的进项税额全部参与计算，相当于不设置留抵，同时也不抵扣会计账簿或增值税纳税申报表中上年年末留抵的进项税额，公式计算结果可以为负数。

（2）按照公式计算本指标后，不应再加增值税减免税额，因为这部分价值不再形成企业缴纳义务。

进项税额　指企业在报告期内购入货物或接受应税劳务而支付的、准予从销项税额中抵扣的增值税额。

销项税额　指企业在报告期内销售货物或提供应税劳务应收取的增值税额。

从事批发和零售业活动的从业人员平均人数 指报告期内（年度、季度、月度）平均拥有的从事批发和零售业活动的人员数。包括参加企业批发和零售经营活动的正式人员，劳务派遣人员和其他临时人员。对于不属于与企业主营业务高度相关的活动，如利用本单位的车辆、仓储等设施进行的运输、仓库活动，但主要为本企业主营业务活动提供服务的人员，也视为直接从事主营业务活动人员。不包括在本企业领取工资、股息、红利未参加主营业务活动的人员；不包括医疗、教育等为企业提供社会性服务活动的人员。季度或年度平均人数按单位实际月平均人数计算得到，不得用期末人数替代。

（1）月平均人数是以报告月内每天实有的全部人数相加之和，除以报告月的日历日数。计算公式为：

$$月平均人数=\frac{报告月内每天实有的全部人数之和}{报告月的日历日数}$$

对人员增减变动很小的单位，其月平均人数也可以用月初人数与月末人数之和除以2求得。计算公式为：

$$月平均人数=\frac{月初人数+月末人数}{2}$$

在计算月平均人数时应注意：

①公休日与节假日的人数应按前一天的人数计算。

②对新建立不满整月的单位（月中或月末建立），在计算报告月的平均人数时，应以其建立后各天实有人数之和，除以报告期日历日数求得，而不能除以该单位建立的天数。

（2）1- 本季平均人数是季报基层表中应填报的平均人数是“1- 本季平均人数”，以年初至报告季内各月平均人数之和除以报告季内月数求得。计算公式为：

一季度：1 一本季平均人数 =

$$\frac{1\text{月平均人数}+2\text{月平均人数}+3\text{月平均人数}}{3}$$

二季度：1 一本季平均人数 =

$$\frac{1\text{月平均人数}+\cdots+6\text{月平均人数}}{6}$$

三季度：1 一本季平均人数 =

$$\frac{1\text{月平均人数}+\cdots+9\text{月平均人数}}{9}$$

或（用本季平均人数计算）

一季度：1- 本季平均人数 =1 季度本季平均人数

二季度：1 一本季平均人数 =

$$\frac{1\text{季度本季平均人数}+2\text{季度本季平均人数}}{2}$$

三季度：1 一本季平均人数 =

$$\frac{1\text{季度本季平均人数}+2\text{季度本季平均人数}+3\text{季度本季平均人数}}{3}$$

本季平均人数以报告季内三个月的平均人数之和除以 3 求得。计算公式为：

$$\text{本季平均人数}=\frac{\text{报告季内各月平均人数之和}}{3}$$

（3）年平均人数是以 12 个月的平均人数相加之和除以 12 求得，或以 4 个季度的平均人数之和除以 4 求得。计算公式为：

$$\text{年平均人数}=\frac{\text{报告年内 12 个月平均人数之和}}{12}$$

或：

$$\text{年平均人数}=\frac{\text{报告年内 4 个季度平均人数之和}}{4}$$

在年内新成立的单位年平均人数计算方法为：从实际开工之月起到年底的月平均人数相加除以 12 个月。

$$\text{年平均人数}=\frac{\text{开工之月平均人数}+\cdots+12\text{月平均人数}}{12}$$

住宿和餐饮业

法人单位　指有权拥有资产、承担负债，并独立从事社会经济活动（或与其他单位进行交易）的组织。法人单位应同时具备以下条件：

1. 依法成立，有自己的名称、组织机构和场所，能够独立承担负债和其他民事责任；

2. 独立拥有和使用（或授权使用）资产，有权与其他单位签订合同；

3. 会计上独立核算，能够编制资产负债表等会计报表。

从业人员期末人数　指期末最后一日 24 时在本单位中工作，并取得工资或其他形式劳动报酬的人员数。该指标为时点指标，不包括最后一日当天及以前已经与单位解除劳动合同关系的人员，是在岗职工劳务派遣人员及其他从业人员之和。从业人员不包括：

1. 离开本单位仍保留劳动关系，并定期领取生活费的人员；

2. 利用课余时间打工的学生及在本单位实习的各类在校学习；

3. 本单位因劳务外包而使用的人员。

营业额　指住宿和餐饮业单位在经营活动中因提供服务或销售商品等取得的全部收入（含增值税），收入主要来源于提供客房、餐饮服务、商品销售和其他服务，如商务服务。不包括多产业法人企业附营的其他行业产业活动单位的餐费收入、商品销售收入等各项收入。

客房收入　指住宿和餐饮业单位在经营活动中因提供住宿服务取得的收入（含增值税）。不包括多产业法人企业附营的其他行业产业活动单位的客房收入。

通过公共网络实现的客房收入　指企业（单位）通过公共网络交易平台取得订单实现的客房收入（含增值税），付款可以在网上进行，也可以在网下进行。公共网络包括计算机互联网、移动互联网等。

餐费收入　指本单位为顾客提供就餐服务取得的收入（含增值税）。包括：经烹饪、调制加工后出售的各种食品，如主食、炒菜、凉拌菜等的收入。不包括多产业法人企业附营的其他行业产业活动单位的餐费收入。

通过公共网络实现的餐费收入　指企业（单位）通过公共网络交易平台取得订单实现的餐费收入（含增值税），付款可以在网上进行，也可以在网下进行。公共网络包括计算机互联网、移动互联网等。

商品销售额　指对本单位以外的单位和个人出售的商品金额（包括售给本单位消费用的商品，含增值税）。在住宿和餐饮业中，本指标反映住宿和餐饮业单位出售商品的销售总额（含增值税），不包括法人企业附营的其他行业产业活动单位的商品销售额。

客房数　指本单位提供住宿服务的房间数，该指标按报告期内正常情况下的实有数统计。

床位数　指本单位供应旅客使用的床位数，不包括临时加床和门店内部工作人员使用的床位。该指标按报告期内正常情况下的实有数统计。

餐位数 指本单位为顾客提供就餐服务时，正常可同时容纳就餐人员的餐位数量，不包括临时加的餐位。该指标按报告期内正常情况下的实有数统计。

年末餐饮营业面积 指住宿和餐饮业企业对外提供餐饮服务的就餐面积和从事食品加工、烹饪、调制的厨房面积，不包括办公用房和仓库等面积。按年末实有建筑面积统计。本指标应与餐费收入统计相匹配。

存货 指企业在日常活动中持有以备出售的产成品或商品、处在生产过程中的在产品、在生产过程或提供劳务过程中耗用的材料或物料等，通常包括原材料、在产品、半成品、产成品、商品以及周转材料等。根据会计“资产负债表”中“存货”项目的期末余额数填报。其中：“年初存货”根据会计“资产负债表”中“存货”项目的年初余额数填报。注意：“存货”具有实物形态，不属于无形资产，由于企业持有存货的最终目的是为了出售，所以房地产开发企业（单位）购置的土地、尚未销售的商品房等均计入“存货”。

流动资产合计 资产满足以下条件之一应归为流动资产：（1）预计在一个正常营业周期中变现、出售或耗用，主要包括存货、应收账款等；（2）主要为交易目的而持有；（3）预计在资产负债表日起一年内（含一年）变现；（4）自资产负债表日起一年内，交换其他资产或清偿负债的能力不受限制的现金或现金等价物。包括货币资金、应收票据、应收账款、存货等项目。根据会计“资产负债表”中“流动资产合计”项目的期末余额数填报。

货币资金 反映企业库存现金、银行结算户存款、外埠存款、银行汇票存款、银行本票存款、信用卡存款、信用证保证金存款等的合计数。该指标根据会计“资产负债表”中“货币资金”项目期末余额填报。

现金 指企业的库存现金。根据会计明细账“现金”科目的期末余额数填报。

交易性金融资产 指企业为交易目的所持有的债券投资、股票投资、基金投资等交易性金融资产的公允价值。根据会计“资产负债表”中的“交易性金融资产”项目的期末余额数填报。未执行 2006 年《企业会计准则》的企业，根据会计“资产负债表”中的“短期投资”项目的期末余额数填报。

应收账款 指资产负债表日以摊余成本计量的，企业因销售商品、提供服务等经营活动应收取的款项。根据会计“资产负债表”中“应收账款”项目的期末余额数填报。

应收利息 指企业“交易性金融资产”“持有至到期投资”“买入反售金融资产”“可供出售金融资产”“发放贷款”“存放中央银行款项”“拆出资金”等应收取的利息。根据会计“资产负债表”中“应收利息”科目的期末数填列。

应收股利 指企业应收取的现金股利和应收取其他单位分配的利润。根据会计“资产负债表”中“应收股利”科目的期末数填列。

可供出售金融资产 指初始确认时即被指定为可供出售的非衍生金融资产，以及除下列各类资产以外的金融资产：（1）贷款和应收款项。（2）持有至到期投资。（3）以公允价值计量且其变动计入当期损益的金融资产。根据会计“资产负债表”中“可供出售金融资产”项目期末余额填报。

持有至到期投资 一般情况下，能够划分为持有至到期投资的金融资产主要是债权性投资，如企业从二级市场上购入的固定利率的国债、浮动利率的金融债券等。企业购入的股权投资，因没有固定的到期日，不符合持有至到期投资的确认条件，不能划分为持有至到期投资。根据会计“资产负债表”中“持有至到期投资”项目期末余额填报。

长期股权投资 通常指企业长期持有，不准备随时出售，作为被投资企业的股东，按所持股份比例享有被投资企业权益并承担相应责任的投资。根据会计“资产负债表”中“长期股权投资”项目期末余额填报。

固定资产原价 指固定资产的成本，包括企业在购置、自行建造、安装、改建、扩建、技术改造某项固定资产时所发生的全部支出总额。根据会计“固定资产”科目的期末借方余额填报。

房屋和构筑物 指产权属于本企业的所有房屋和构筑物，包括办公楼、仓库、宿舍等。根据会计核算中“固定资产原价”有关二级科目的期末余额数归并填报。

机器设备 指为生产商品、提供劳务、出租或经营管理持有的各种机器、设备。根据会计核算中“固定资产原价”有关二级科目的期末余额数归并填报。

运输工具 指企业所有的用于生产经营的各种交通运输工具，如汽车、轮船、人力拖车等。根据会计核算中“固定资产原价”有关二级科目的期末余额数归并填报。

电子设备 指由集成电路、晶体管、电子管、等电子元器件组成，应用电子技术（包括软件）、发挥作用的设备，包括电子计算机以及由电子计算机组成的机器人、数控或程控系统等。根据会计“固定资产”科目计算填报。

融资租入固定资产 指承租人通过融资租赁的方式租入的固定资产。融资租赁，是指实质上转移了与资产所有权有关的全部风险和报酬的租赁。其所有权最终可能转移，也可能不转移。根据会计“固定资产”科目计算填报。

累计折旧 指企业在报告期末提取的历年固定资产折旧累计数。包括房屋、建筑物和机器设备等的折旧费。根据会计“累计折旧”科目的期末贷方余额填报。

本年折旧 指企业在报告期内提取的固定资产折旧合计数。可根据会计“累计折旧”科目的本期贷方累计发生额填报；或者，可以根据会计“财务状况变动表”中“固定资产折旧”项的数值填报。若企业执行 2001 年《企业会计制度》，可以根据会计核算中《资产减值准备、投资及固定资产情况表》内“当年计提的固定资产折旧总额”项本年增加数填报。

固定资产净值 固定资产指企业为生产商品、提供劳务、出租或经营管理而持有的，使用寿命超过一个会计年度的有形资产。包括房屋、建筑物、机器、机械、运输工具以及其他与生产经营活动有关的设备、器具、工具等。固定资产净值指固定资产原价减去已提折旧后的净额。它反映企业实际占用在固定资产上的资金数额和固定资产的新旧程度。计算公式：固定资产净值 = 固定资产原价 - 累计折旧。

固定资产减值准备　指企业确认固定资产发生减值时，按其固定资产可收回金额低于账面价值的差额计提的减值准备。根据会计“固定资产减值准备”科目的期末贷方余额填报。

在建工程　指企业用于新建、改建、扩建，或技术改造、设备更新和大修理工程等尚未完工的工程支出。根据会计“资产负债表”中“在建工程”项目的期末余额填报；或者，根据会计“在建工程”科目的期末借方余额填报。

无形资产　指调查单位拥有或者控制的没有实物形态的可辨认非货币性资产，无形资产通常包括专利权、非专利技术、商标权、著作权、特许权、土地使用权等。该指标根据会计资产负债表“无形资产”项目的期末余额填报。

土地使用权　指国家准许某企业在一定期间内对国有土地享有开发、利用、经营的权利。该指标根据会计“无形资产”科目计算填报。

软件使用权　指企业研发和购买软件的支出。该指标根据会计“无形资产”科目计算填报。

商誉　指能在未来期间为企业经营带来超额利润的潜在经济价值，或一家企业预期的获利能力超过可辨认资产正常获利能力（如社会平均投资回报率）的资本化价值。根据会计资产负债表中“商誉”项目期末余额填报。

非流动资产合计　指不能在 1 年或者超过 1 年的一个营业周期内变现或者耗用的资产，主要包括持有到期投资、长期应收款、长期股权投资、工程物资、投资性房地产、固定资产、在建工程、无形资产、长期待摊费用、可供出售金融资产等。根据会计资产负债表“非流动资产”科目期末余额填报。

资产总计　指企业过去的交易或者事项形成的、由企业拥有或者控制的、预期会给企业带来经济利益的资源。包括企业拥有的土地、办公楼、厂房、机器、运输工具、存货等实物资产和现金、存款、应收账款和预付账款等金融资产。资产一般按流动性（资产的变现或耗用时间长短）分为流动资产和非流动资产。其中流动资产可分为货币资金、交易性金融资产、应收票据、应收账款、预付款项、其他应收款、存货等；非流动资产可分为长期股权投资、固定资产、无形资产及其他非流动资产等。根据会计“资产负债表”中“资产总计”项目的期末余额数填报。

流动负债合计　负债满足下列条件之一的应归为流动负债：（1）预计在一个正常营业周期中清偿；（2）主要为交易目的而持有；（3）自资产负债表日起一年内到期应予清偿；（4）企业无权自主地将清偿推迟至资产负债表日后一年以上。包括短期借款、应付票据、应付账款、应付职工薪酬、应交税费等项目。根据会计资产负债表中“流动负债合计”项目的期末余额数填报。

应付账款　指企业因购买材料、商品和接受劳务供应等经营活动应支付的款项。根据会计资产负债表中“应付账款”项目的期末余额数填报。

应付利息　指企业按照合同约定应支付的利息，包括吸收存款、分期付息到期还本的长期借款、企业债券等应支付的利息。根据会计“资产负债表”中“应付利息”科目的期末数填列。

应付股利　指企业应分配的现金股利或利润。根据会计“资产负债表”中“应付股利”科目的期末数填列。

非流动负债合计　指流动负债之外的负债。包括长期借款、应付债券等。执行企业会计准则或《小企业会计准则》的企业，根据会计资产负债表中“非流动负债合计”项目的期末余额数填报。执行其他企业会计制度的企业，根据会计资产负债表中的“长期负债合计”项目的期末余额数填报。

应付债券　指企业发行的尚未偿还的各种长期债券的本息。根据会计“资产负债表”中的“应付债券”项目的期末余额数填报。

负债合计　指企业过去的交易或者事项形成的，预期会导致经济利益流出企业的现时义务。包括银行贷款、借款、应付账款、应付职工工资、应付职工福利费、应交税金等企业负有偿还责任的债务。根据会计“资产负债表”中“负债合计”项目的期末余额数填报。负债一般按偿还期长短分为流动负债和非流动负债。执行企业会计准则或《小企业会计准则》的企业：负债合计 = 流动负债合计 + 非流动负债合计；执行其他企业会计制度的企业负债包括流动负债和长期负债。

所有者权益合计　指企业资产扣除负债后由所有者享有的剩余权益。公司的所有者权益又称股东权益。包括实收资本、资本公积、盈余公积、未分配利润等。根据会计资产负债表中“所有者权益合计”项目的期末余额数填报。

实收资本　指企业各投资者实际投入的资本（或股本）总额，包括货币、实物、无形资产等各种形式的投入。实收资本按投资主体可分为国家资本、集体资本、法人资本、个人资本、港澳台资本和外商资本。根据会计“资产负债表”中“所有者权益”项下“实收资本”的期末余额数填报。

国家资本　指有权代表国家投资的政府部门或机构、直属事业单位对企业形成的资本金。根据会计“实收资本”科目计算填报。

集体资本　指由本企业职工等自然人集体投资或各种机构对企业进行扶持形成的集体性质的资本金。根据会计“实收资本”科目计算填报。

法人资本　指其他法人单位以其依法可支配的资产投入企业形成的资本金。根据会计“实收资本”科目计算填报。

个人资本　指自然人实际投入企业的资本金。根据会计“实收资本”科目计算填报。

港澳台资本　指我国香港、澳门和台湾地区投资者实际投入企业的资本金。根据会计“实收资本”科目计算填报。

外商资本　指外国投资者实际投入企业的资本金。根据会计“实收资本”科目计算填报。

营业收入　指企业从事销售商品、提供劳务和让渡资产使用权等生产经营活动形成的经济利益流入。营业收入包括“主营业务收入”和“其他业务收入”。根据会计“利润表”中“营业收入”项目的本年累计数填报。

主营业务收入　指企业经营主要业务所实现的收入。如果会计“利润表”列示“主营业务收入”项目，则根据其本年累计数填报；或者，根据会计“主营业务收入”科目的本年各月贷方余额（结转前）之和填报。如未设置该科目，以“营业收入”代替填报。

营业成本 指企业从事销售商品、提供劳务和让渡资产使用权等生产经营活动发生的实际成本。“营业成本”应当与“营业收入”进行配比。包括“主营业务成本”和“其他业务成本”。根据会计“利润表”中“营业成本”项目的本年累计数填报。

主营业务成本 指企业经营主要业务所发生的成本总额。根据会计“主营业务成本”科目的本年各月借方余额（结转前）之和填报。如未设置该科目，以“营业成本”代替填报。

税金及附加 指企业因从事生产经营活动按税法规定应缴纳的消费税、城市维护建设税、资源税、环境保护税、教育费附加及房产税、土地使用税、车船使用税、印花税等相关税费。根据会计“利润表”中“税金及附加”项目的本年累计数填报。

主营业务税金及附加 指企业经营主要业务应负担的消费税、城市维护建设税、资源税、教育费附加及房产税、土地使用税、车船使用税、印花税等相关税费。根据会计“主营业务税金及附加”科目的本年各月借方余额（结转前）之和填报。如未设置该科目，以“税金及附加”代替填报。

其他业务利润 指企业经营除主要业务以外的其他业务实现的利润。根据会计“其他业务收入”科目的本年各月贷方余额（结转前）之和减“其他业务成本”科目的本年各月借方余额（结转前）之和填报。如果未设置该科目，则填0。

销售费用 指企业在销售商品和材料、提供劳务的过程中发生的各种费用，包括保险费、包装费、展览费和广告费、商品维修费、预计产品质量保证损失、运输费、装卸费等以及为销售本企业商品而专设的销售机构（含销售网点、售后服务网点等）的职工薪酬、业务费、折旧费等经营费用。建筑业企业销售费用指企业从事施工生产活动过程中发生的各项费用，包括应由企业负担的运输费、装卸费、包装费、保险费、维修费、展览费、差旅费、广告费和其他经费。房地产企业销售费用指企业在从事主要经营业务过程中所发生的各项销售费用，包括转让、销售、结算和出租开发产品等。执行企业会计准则或《小企业会计准则》的企业，根据会计“利润表”中“销售费用”项目的本年累计数填报。执行其他企业会计制度的企业，根据会计“利润表”中“营业费用（或经营费用）”项目的本年累计数填报。

管理费用 指企业为组织和管理企业生产经营所发生的费用，包括企业在筹建期间内发生的开办费、董事会和行政管理部门在企业经营管理中发生的，或者应当由企业统一负担的公司经费等。因企业会计准则变化，《第四次全国经济普查方案》中“管理费用”指标的统计口径与2019年定期统计报表制度不同，企业应按不同方法填报。

在《第四次全国经济普查方案》中，“管理费用”包含“研发费用”。根据会计“利润表”中“管理费用”项目的本年累计数填报。执行财政部《关于修订印发2018年度一般企业财务报表格式的通知》（财会〔2018〕15号）的企业，应把研发费用项目的本年累计数归并到管理费用项目中填报。

财产保险费 指企业向保险公司投保所支付的财产保险费用。根据会计“管理费用明细表”或“业务及管理费明细表（金融业）”中相关科目期末借方余额分析填报。

财务费用 指企业为筹集生产经营所需资金等而发生的筹资费用，包括企业生产经营期间发生的利息支出（减利息收入）、汇兑损失（减汇兑收益）以及相关的手续费等。根据会计“利润表”中“财务费用”项目的本年累计数填报。

利息收入 指企业按照相关会计准则确认的应冲减财务费用利息金额。包括非金融企业存款业务所确认的利息等。执行企业会计准则的企业，根据会计“利润表”中“利息收入”项目的本年累计数填报。执行《小企业会计准则》的企业填0。执行其他企业会计制度的企业，根据企业“财务费用”科目下“利息收入”明细科目的本期发生额以正数填报。如果未设置该科目，填0。

利息支出 指企业短期借款利息、长期借款利息、应付票据利息、票据贴现利息、应付债券利息、长期应付引进国外设备款利息等利息支出。根据企业“财务费用明细账”中“财务费用——利息支出”科目的本期发生额填报。如果企业没有单独设立“利息收入”科目，应填报利息支出减去银行存款等的利息收入后的净额。

资产减值损失 指企业计提各项资产减值准备所形成的损失。因企业会计准则变化，《第四次全国经济普查方案》中“资产减值损失”指标的统计口径与2019年定期统计报表制度不同，企业应按不同方法填报。

企业填报《第四次全国经济普查方案》报表时，根据会计“利润表”中“资产减值损失”项目的本年累计数填报。执行财政部《关于修订印发2018年度一般企业财务报表格式的通知》（财会〔2018〕15号）的企业，应把信用减值损失项目的本年累计数归并到资产减值损失项目中填报。如果会计“利润表”未设置“资产减值损失”项目，填0。

公允价值变动收益 指企业的交易性金融资产、交易性金融负债，以及采用公允价值模式计量的投资性房地产、衍生工具、套期保值业务等公允价值变动形成的应计入当期损益的利得或损失。根据会计“利润表”中“公允价值变动收益”项目的本年累计数填报，或根据“公允价值变动损益”会计科目的余额填报。余额在贷方，则为净收益，余额在借方，则为净损失，以“-”号记。未执行企业会计准则的企业填0。

投资收益 指企业确认的投资收益或投资损失，反映企业以各种方式对外投资所取得的收益。根据会计“利润表”中“投资收益”项目的本年累计数填报。如为投资损失以“-”号记。

资产处置收益 指企业出售划分为持有待售的非流动资产（金融工具、长期股权投资和投资性房地产除外）或处置时确认的处置利得或损失，以及处置未划分为持有待售的固定资产、在建工程、生产性生物资产及无形资产而产生的处置利得或损失。债务重组中因处置非流动资产产生的利得或损失和非货币性资产交换产生的利得或损失也包括在本项目内。根据会计“利润表”中“资产处置收益”项目的本年累计数填报。如果“利润表”未设置该项目，填0。

其他收益 根据2017年6月12日起施行的《企业会计准则第16号——政府补助》，其他收益反映与企业日常活动相关且计入该项目的政府补助。（1）执行企业会计准则或《小企业会计准则》的企业，根据会计“利润表”中“其他收益”项目的本年累计数填报；或根据会计“其他收益”科目的本年各月贷方余额（结转前）之和填报。（2）执行其他企业会计制度的企业本指标填0。

营业利润 指企业从事生产经营活动所取得的利润。执行企业会计准则或《小企业会计准则》的企业，根据会计“利润表”中“营业利润”项目的本年累计数填报；执行其他企业会计制度的企业，根据会计“损益表”中“营业利润”项目、“投资收益”项目的本年累计数之和填报。

营业外收入 指企业发生的除营业利润以外的收入，主要包括与企业日常活动无关的政府补助、盘盈利得、捐赠利得等。执行企业会计准则或《小企业会计准则》的企业，根据会计“利润表”中“营业外收入”项目的本年累计数填报；执行其他企业会计制度的企业，根据会计“损益表”中“营业外收入”项目、“补贴收入”项目的本年累计数之和填报。

营业外支出 指企业发生的除营业利润以外的支出，主要包括公益性捐赠支出、非常损失、盘亏损失、非流动资产毁损报废损失等。根据会计“利润表”中“营业外支出”项目的本年累计数填报。

利润总额 指企业在一定会计期间的经营成果，是生产经营过程中各种收入扣除各种耗费后的盈余，反映企业在报告期内实现的盈亏总额。利润总额为营业利润加上营业外收入，减去营业外支出后的金额，根据会计“利润表”中“利润总额”项目的本年累计数填报。

所得税费用 所得税费用由两部分组成：当期所得税和递延所得税。当期所得税是指企业按照税法规定计算确定的针对当期发生的交易和事项，应交纳给税务部门的所得税金额，即应交所得税。递延所得税是指按照所得税准则规定应予确认的递延所得税资产和递延所得税负债应有的金额相对于原已确认金额之间的差异。执行企业会计准则或《小企业会计准则》的企业，根据会计“利润表”中“所得税费用”项目的本年累计数填报；执行其他企业会计制度的企业，根据会计“损益表”中“所得税”项目的本年累计数填报。

应付职工薪酬（本年贷方累计发生额） 指企业为获得职工提供的服务或解除劳动关系而给予各种形式的报酬或补偿。包括职工工资、奖金、津贴和补贴，职工福利费，医疗保险费、养老保险费、失业保险费、工伤保险费和生育保险费等社会保险费，住房公积金，工会经费和职工教育经费，带薪缺勤，利润分享计划，非货币性福利，辞退福利和其他为获得职工提供的服务而给予的报酬或补偿。如果企业财务报告附注中包含“应付职工薪酬”项目，则根据其“应付职工薪酬”列示部分的合计项的本期增加额填报。或者，执行企业会计准则或《小企业会计准则》的企业，根据会计科目“应付职工薪酬”的本年贷方累计发生额填报；执行其他企业会计制度的企业，应将本年上述职工薪酬包含的科目归并填报。

如果企业“应付职工薪酬”会计科目的核算范围不包含“劳务派遣人员薪酬”，则应加“劳务派遣人员薪酬”后填报；如果企业“应付职工薪酬”会计科目的核算范围已包含“劳务派遣人员薪酬”，但不设置明细科目单独核算，则不对“应付职工薪酬”指标作特殊处理，避免“劳务派遣人员薪酬”重复计入。

社会保险费 指企业根据国家规定的标准向社会保障部门和保险公司为职工个人缴纳的社会保险费。具体包括基本养老保险、补充养老保险（年金）、基本医疗保险、补充医疗保险、生育险、失业险、工伤险以及其他人身险。根据企业“应付职工薪酬”项下的相关指标或会计成本、费用中的相关项目计算填报。

应交增值税 指按照税法规定，以销售货物、服务、无形资产、不动产或提供加工、修理修配劳务的增值额和货物进口金额为计税依据而课征的一种流转税。填报本指标时，应按权责发生制核算企业本期应负担的增值税，有两种计算方法，可选其一，一旦确定，原则上不得更改。

计算方法一：

根据本期会计科目（1）“销项税额”“进项税额转出”“出口退税”年初至期末贷方累计发生额（一般与期末贷方余额相等，因为年初贷方余额为零），（2）“进项税额”年初至期末借方累计发生额，即期末借方余额 － 年初借方余额，（3）“出口抵减内销产品应纳税额”“减免税款”年初至期末借方累计发生额（一般与期末借方余额相等，因为年初借方余额为零），取值后按照下述公式计算填报：

应交增值税 ＝ 销项税额 －（进项税额 － 进项税额转出）－ 出口抵减内销产品应纳税额 － 减免税款 ＋ 出口退税

计算方法二：

根据本期《增值税纳税申报表（一般纳税人适用）》（以“国家税务总局公告2013年32号”版式为例）“销项税额”（第11栏）、“进项税额”（第12栏）、“进项税额转出”（第14栏）、“免、抵、退应退税额”（第15栏）、“简易计税办法计算的应纳税额”（第21栏）、“按简易计税办法计算的纳税检查应补缴税额”（第22栏）、“应纳税额减征额”（第23栏）栏目“一般货物、劳务和应税服务”列中“本年累计”列，按照下述公式计算填报：

应交增值税 ＝ 销项税额－（进项税额－进项税额转出－免、抵、退应退税额）＋ 简易计税办法计算的应纳税额 ＋ 按简易计税办法计算的纳税检查应补缴税额 － 应纳税额减征额

计算方法说明及填报要求：

（1）计算公式均体现权责发生制，本期发生的进项税额全部参与计算，相当于不设置留抵，同时也不抵扣会计账簿或增值税纳税申报表中上年年末留抵的进项税额，公式计算结果可以为负数。

（2）按照公式计算本指标后，不应再加增值税减免税额，因为这部分价值不再形成企业缴纳义务。

进项税额 指企业在报告期内购入货物或接受应税劳务而支付的、准予从销项税额中抵扣的增值税额。

销项税额 指企业在报告期内销售货物或提供应税劳务应收取的增值税额。

从事住宿和餐饮业活动的从业人员平均人数 指报告期内（年度、季度、月度）平均拥有的从事住宿和餐饮业活动的人员数。包括参加企业住宿和餐饮经营活动的正式人员，

劳务派遣人员和其他临时人员。对于不属于与企业主营业务高度相关的活动，如利用本单位的车辆、仓储等设施进行的运输、仓库活动，但主要为本企业主营业务活动提供服务的人员，也视为直接从事主营业务活动人员。不包括在本企业领取工资、股息、红利未参加主营业务活动的人员；不包括医疗、教育等为企业提供社会性服务活动的人员。季度或年度平均人数按单位实际月平均人数计算得到，不得用期末人数替代。

（1）月平均人数是以报告月内每天实有的全部人数相加之和，除以报告月的日历日数。计算公式为：

$$月平均人数=\frac{报告月内每天实有的全部人数之和}{报告月的日历日数}$$

对人员增减变动很小的单位，其月平均人数也可以用月初人数与月末人数之和除以 2 求得。计算公式为：

$$月平均人数=\frac{月初人数+月末人数}{2}$$

在计算月平均人数时应注意：

①公休日与节假日的人数应按前一天的人数计算。

②对新建立不满整月的单位（月中或月末建立），在计算报告月的平均人数时，应以其建立后各天实有人数之和，除以报告期日历日数求得，而不能除以该单位建立的天数。

（2）1- 本季平均人数是季报基层表中应填报的平均人数是“1- 本季平均人数”，以年初至报告季内各月平均人数之和除以报告季内月数求得。计算公式为：

一季度：$1-本季平均人数=$

$$\frac{1月平均人数+2月平均人数+3月平均人数}{3}$$

二季度：$1-本季平均人数=$

$$\frac{1月平均人数+\cdots+6月平均人数}{6}$$

三季度：$1-本季平均人数=$

$$\frac{1月平均人数+\cdots+9月平均人数}{9}$$

或（用本季平均人数计算）

一季度：1- 本季平均人数 =1 季度本季平均人数

二季度：$1-本季平均人数=$

$$\frac{1季度本季平均人数+2季度本季平均人数}{2}$$

三季度：$1-本季平均人数=$

$$\frac{1季度本季平均人数+2季度本季平均人数+3季度本季平均人数}{3}$$

本季平均人数以报告季内三个月的平均人数之和除以 3 求得。计算公式为：

$$本季平均人数=\frac{报告季内各月平均人数之和}{3}$$

（3）年平均人数是以 12 个月的平均人数相加之和除以 12 求得，或以 4 个季度的平均人数之和除以 4 求得。计算公式为：

$$年平均人数=\frac{报告年内12个月平均人数之和}{12}$$

或：

$$年平均人数=\frac{报告年内4个季度平均人数之和}{4}$$

在年内新成立的单位年平均人数计算方法为：从实际开工之月起到年底的月平均人数相加除以 12 个月。

$$年平均人数=\frac{开工之月平均人数+\cdots+12月平均人数}{12}$$

金融业

法人单位 指有权拥有资产、承担负债，并独立从事社会经济活动（或与其他单位进行交易）的组织。法人单位应同时具备以下条件：

1. 依法成立，有自己的名称、组织机构和场所，能够独立承担负债和其他民事责任；

2. 独立拥有和使用（或授权使用）资产，有权与其他单位签订合同；

3. 会计上独立核算，能够编制资产负债表等会计报表。

资产总计 包括企业法人单位和非企业法人单位的资产总计。企业法人单位资产总计指企业过去的交易或者事项形成的、由企业拥有或者控制的、预期会给企业带来经济利益的资源，汇总范围为执行企业会计制度的法人单位。非企业法人单位资产总计指单位占有或者使用的，能以货币计量的经济资源，汇总范围为执行行政事业会计制度和民间非营利组织会计制度的法人单位。占有是指单位对经济资源拥有法律上的占有权。由单位直接支配，供社会公众使用的政府储备物资、公共基础设施等，也属于单位核算的资产。单位的资产包括流动资产、固定资产、在建工程、无形资产等。

收入合计 包括企业营业收入和非企业收入合计。企业营业收入指企业经营主要业务和其他业务所确认的收入总额，包括“主营业务收入”和“其他业务收入”，汇总范围为执行企业会计制度的法人单位。非企业收入合计是指单位从各种渠道获得的收入，汇总范围为执行行政事业会计制度和民间非营利组织会计制度的法人单位，包括财政拨款、行政单位预算外资金、上级补助收入、事业收入、事业单位经营收入、附属单位上缴收入、捐赠收入、会费收入、提供服务收入、商品销售收入、政府补助收入、投资收益和其他收入。

营业收入 指企业经营主要业务和其他业务所确认的收入总额，汇总范围为执行企业会计制度的法人单位。营业收入包括“主营业务收入”和“其他业务收入”。

营业利润　指企业从事生产经营活动所取得的利润，汇总范围为执行企业会计制度的法人单位。营业利润为营业收入减去营业成本、税金及附加、销售费用、管理费用、财务费用、资产减值损失，再加上公允价值变动收益、资产处置收益、投资收益和其他收益后的金额。

房地产开发业

法人单位　指有权拥有资产、承担负债，并独立从事社会经济活动（或与其他单位进行交易）的组织。法人单位应同时具备以下条件：

1. 依法成立，有自己的名称、组织机构和场所，能够独立承担负债和其他民事责任；

2. 独立拥有和使用（或授权使用）资产，有权与其他单位签订合同；

3. 会计上独立核算，能够编制资产负债表等会计报表。

本年土地购置面积　指在本年内通过各种方式获得土地使用权的土地面积。

本年土地成交价款　指进行土地使用权交易活动的最终金额。在土地一级市场，是指土地最后的划拨款、“招拍挂”价格和出让价；在土地二级市场是指土地转让、出租、抵押等最后确定的合同价格。土地成交价款与土地购置面积同口径，可以计算土地的平均购置价格。

本年实际到位资金　指房地产开发企业实际拨入的，用于房地产开发的各种货币资金。包括国内贷款、利用外资、自筹资金、定金及预收款、个人按揭贷款和其他资金。

国内贷款　指报告期内向银行及非银行金融机构借入的各种国内借款，包括银行利用自有资金及吸收存款发放的贷款、上级主管部门拨入的国内贷款、国家专项贷款（包括煤代油贷款、劳改煤矿专项贷款等），地方财政专项资金安排的贷款、国内储备贷款、周转贷款等。

自筹资金　指房地产开发企业筹集的，用于房地产开发的资金。包括，自有资金、股东投入资金和借入资金，但不包括各类财政性资金、从各类金融机构介入资金和国外资金。

定金及预收款　定金是为使甲乙双方按约定签订正式经济合同，实现房屋交易，根据有关规定由购房者或单位在报告期交纳的押金。预收款是甲乙双方签订购销房屋合同后，在报告期由购房者或单位交付的首付款及各种手续费（包括其中的外汇）。

个人按揭贷款　指按照中国人民银行（《个人住房贷款管理办法》，银发［1998］190号）中规定，贷款人（商业银行）向借款人发放的采用分期偿还方式用于购买自用普通住房的贷款。具体指具有完全民事行为能力的自然人，购买商品房时以其购买的产权住房（或银行认可的其他担保方式）为抵押，作为偿还贷款的保证而向银行申请的住房贷款。从1999年2月开始，个人住房贷款可扩大到借款人自用的各类型住房贷款（《关于开展个人消费信贷的指寻意见》，银发［1999］73号）。

其他到位资金　指在报告期收到的除以上各种资金之外，其他用于房地产开发的资金。包括国家预算内资金、债券、社会集资、个人资金、无偿捐赠的资金及用征地迁移补偿费、移民费等进行房地产开发的资金。

本年各项应付款合计　指在房地产开发过程中应付未付的投资款。包括应付工程款、应付器材款、应付工资、应付有偿调入器材及工程款、其他应付款、应交税金、应交基建收入、应交投资包干结余、应交能源交通建设基金、应交预算调节基金及其他应交款。各项应付款填报本报告期实际增加数（或发生数），不是填报开始建设以来的累计数。

房屋施工面积　指报告期内施工的全部房屋建筑面积。包括本期新开工的房屋建筑面积、上期跨入本期继续施工的房屋建筑面积、上期停缓建在本期恢复施工的房屋建筑面积、本期竣工的房屋建筑面积以及本期施工后又停缓建的房屋建筑面积。多层建筑应填各层建筑面积之和。

房屋新开工面积　指报告期内新开工建设的房屋建筑面积，以单位工程为核算对象，即整栋房屋的全部建筑面积，不能分割计算。不包括在上期开工跨入报告期继续施工的房屋建筑面积和上期停缓建而在本期恢复施工的房屋建筑面积。房屋的开工应以房屋正式开始破土刨槽（地基处理或打永久桩）的日期为准。

房屋竣工面积　指报告期内房屋建筑按照设计要求已全部完工，达到住人和使用条件，经验收鉴定合格或达到竣工验收标准，可正式移交使用的各栋房屋建筑面积的总和。

竣工面积以房屋单位工程（栋）为核算对象，在整栋房屋符合竣工条件后按其全部建筑面积一次性计算，而不是按各栋施工房屋中已完成的部分或层次分割计算。

计算房屋竣工面积，要求严格执行房屋竣工验收标准。民用建筑一般应按设计要求在土建工程和房屋本身附属的水、电、卫（包括设计中有的煤气、暖气）工程已经完工，通风、电梯等设备已经安装完毕，做到水通、灯亮，经验收鉴定合格，并正式交付给使用单位后，才能计算竣工面积。工业及科研等生产性房屋建筑一般应按设计要求在土建工程（包括水、暖、电、卫、通风）及属于房屋组成部分的生活间、操作间等已经完成（不包括安装设备的基础工程），可以进行工艺设备和管线安装时，方可计算房屋竣工面积。

房屋竣工价值　指报告期内按规定已经上报竣工的房屋本身的建造价值。一般按房屋设计和预算规定的内容计算。包括竣工房屋本身的基础、结构、屋面、装修以及水、电、卫等附属工程的建筑价值；也包括作为房屋建筑组成部分而列入房屋建筑工程预算内的设备（如电梯、通风设备等）的购置和安装费用。不包括厂房内的工艺设备、工艺管线的购置和安装，工艺设备基础的建造；室外的水、暖、电、卫、道路工程、挡土墙等环境工程的费用；办公和生活用家具的购置等费用；购置土地的费用；迁移补偿费和场地平整的费用及城市建设配套投资。

房屋竣工价值不仅包括该竣工房屋在报告期内完成的价值，也包括跨年施工的房屋在本期以前完成的价值。未竣工而转让给其他单位的房屋建筑工程，出让单位不计算竣工价值，待接受单位继续施工并符合竣工条件后，由接受单位计算其竣工价值，包括出让单位在出让前所完成的价值。房屋竣工价值一般按结算价格（或中标价）计算。

商品房销售面积 指报告期内出售商品房屋的合同总面积（即双方签署的正式买卖合同中所确定的建筑面积）。本月销售面积指从本月 1 日起至本月最后一天止出售商品房屋的合同总面积。商品房销售面积由现房销售面积和期房销售面积两部分组成。

（1）现房销售面积：指在报告期内正式签订买卖合同、已经竣工达到入住条件的商品房屋建筑面积。包括以一次性付款方式和分期付款方式销售的现房建筑面积。

（2）期房销售面积：指在报告期内正式签订买卖合同、正在建设尚未竣工交付使用的商品房屋建筑面积。包括以一次性付款方式和分期付款方式销售的商品房屋建筑面积。期房销售建筑面积竣工后不再结转为现房销售建筑面积。

待售面积 指报告期末已竣工的可供销售或出租的商品房屋建筑面积中，尚未销售或出租的商品房屋建筑面积，包括以前年度竣工和本期竣工的房屋面积，但不包括报告期已竣工的拆迁还建、统建代建、公共配套建筑、房地产公司自用及周转房等不可销售或出租的房屋面积。按照商品房待售时间的长短可以划分为待售一年以下、待售一到三年（含一年）和待售三年以上（含三年）。

应收账款 指资产负债表日以摊余成本计量的、企业因销售商品、提供服务等经营活动应收取的款项。根据会计“资产负债表”中“应收账款”项目的期末余额数填报。

固定资产原价 指固定资产的成本，包括企业在购置、自行建造、安装、改建、扩建、技术改造某项固定资产时所发生的全部支出总额。根据会计“固定资产”科目的期末借方余额填报。

本年折旧 指企业在报告期内提取的固定资产折旧合计数。可根据会计“累计折旧”科目的本期贷方累计发生额填报；或者，可根据会计“财务状况变动表”中“固定资产折旧”项的数值填报。若企业执行 2001 年《企业会计制度》，可以根据会计核算中《资产减值准备、投资及固定资产情况表》内“当年计提的固定资产折旧总额”项本年增加数填报。

资产总计 指企业过去的交易或者事项形成的、由企业拥有或者控制的、预期会给企业带来经济利益的资源。包括企业拥有的土地、办公楼、厂房、机器、运输工具、存货等实物资产和现金、存款、应收账款和预付账款等金融资产。资产一般按流动性（资产的变现或耗用时间长短）分为流动资产和非流动资产。其中流动资产可分为货币资金、交易性金融资产、应收票据、应收账款、预付款项、其他应收款、存货等；非流动资产可分为长期股权投资、固定资产、无形资产及其他非流动资产等。根据会计“资产负债表”中“资产总计”项目的期末余额数填报。

负债合计 指企业过去的交易或者事项形成的，预期会导致经济利益流出企业的现时义务。包括银行贷款、借款、应付账款、应付职工工资、应付职工福利费、应交税金等企业负有偿还责任的债务。根据会计“资产负债表”中“负债合计”项目的期末余额数填报。

负债一般按偿还期长短分为流动负债和非流动负债。执行企业会计准则或《小企业会计准则》的企业：负债合计 = 流动负债合计 + 非流动负债合计；执行其他企业会计制度的企业负债包括流动负债和长期负债。

所有者权益合计 指企业资产扣除负债后由所有者享有的剩余权益。公司的所有者权益又称股东权益。包括实收资本、资本公积、盈余公积、未分配利润等。根据会计“资产负债表”中“所有者权益合计”项目的期末余额数填报。

实收资本 指企业各投资者实际投入的资本（或股本）总额，包括货币、实物、无形资产等各种形式的投入。实收资本按投资主体可分为国家资本、集体资本、法人资本、个人资本、港澳台资本和外商资本。根据会计“资产负债表”中“所有者权益”项下“实收资本”的期末余额数填报。

营业收入 指企业从事销售商品、提供劳务和让渡资产使用权等生产经营活动形成的经济利益流入。包括“主营业务收入”和“其他业务收入”。根据会计“利润表”中“营业收入”项目的本年累计数填报。

主营业务收入 指企业经营主要业务所实现的收入。如果会计“利润表”列示“主营业务收入”项目，则根据其本年累计数填报；或者，根据会计“主营业务收入”科目的本年各月贷方余额（结转前）之和填报，如未设置该科目，以“营业收入”代替填报。

营业成本 指企业从事销售商品、提供劳务和让渡资产使用权等生产经营活动发生的实际成本。“营业成本”应当与“营业收入”进行配比。包括“主营业务成本”和“其他业务成本”。根据会计“利润表”中“营业成本”项目的本年累计数填报。

税金及附加 指企业因从事生产经营活动按税法规定应缴纳的消费税、城市维护建设税、资源税、环境保护税、教育费附加及房产税、土地使用税、车船使用税、印花税等相关税费。根据会计“利润表”中“税金及附加”项目的本年累计数填报。

其他业务利润 指企业经营除主要业务以外的其他业务实现的利润。根据会计“其他业务收入”科目的本年各月贷方余额（结转前）之和减“其他业务成本”科目的本年各月借方余额（结转前）之和填报。如果未设置该科目，则填 0。

销售费用 指企业在销售商品和材料、提供劳务的过程中发生的各种费用，包括保险费、包装费、展览费和广告费、商品维修费、预计产品质量保证损失、运输费、装卸费等以及为销售本企业商品而专设的销售机构（含销售网点、售后服务网点等）的职工薪酬、业务费、折旧费等经营费用。建筑业企业销售费用指企业从事施工生产活动过程中发生的各项费用，包括应由企业负担的运输费、装卸费、包装费、保险费、维修费、展览费、差旅费、广告费和其他经费。房地产企业销售费用指企业在从事主要经营业务过程中所发生的各项销售费用，包括转让、销售、结算和出租开发产品等。执行《企业会计准则》或《小企业会计准则》的企业，根据会计“利润表”中“销售费用”项目的本年累计数填报。执行其他企业会计制度的企业，根据会计“利润表”中“营业费用（或经营费用）”项目的本年累计数填报。

管理费用 指企业为组织和管理企业生产经营所发生的费用，包括企业在筹建期间内发生的开办费、董事会和行政管理部门在企业经营管理中发生的，或者应当由企业统一负担的公司经费等。为了与财政部《关于修订印发2019年度一般企业财务报表格式的通知》（财会〔2019〕6号）保持一致，“管理费用”不包含“研发费用”。执行企业会计准则的企业，根据会计“利润表”中“管理费用”项目的本年累计数填报。执行《小企业会计准则》的企业，应将会计“利润表”中“管理费用”项目本年累计数减“研究费用”项目本年累计数后填报。执行其他企业会计制度的企业以及未执行财政部《关于修订印发2019年度一般企业财务报表格式的通知》（财会〔2019〕6号）的企业，在会计“利润表”中“管理费用”项目的本年累计数的基础上，根据会计“管理费用”科目下的“研究费用”相关明细科目，将“研发费用”剔除后填报。

财务费用 指企业为筹集生产经营所需资金等而发生的筹资费用，包括企业生产经营期间发生的利息支出（减利息收入）、汇兑损失（减汇兑收益）以及相关的手续费等。根据会计“利润表”中“财务费用”项目的本年累计数填报。

投资收益 指企业确认的投资收益或投资损失，反映企业以各种方式对外投资所取得的收益。根据会计“利润表”中“投资收益”项目的本年累计数填报。如为投资损失以“-”号记。

营业利润 指企业从事生产经营活动所取得的利润。执行企业会计准则或《小企业会计准则》的企业，根据会计“利润表”中“营业利润”项目的本年累计数填报；执行其他企业会计制度的企业，根据会计“损益表”中“营业利润”项目、“投资收益”项目的本年累计数之和填报。

利润总额 指企业在一定会计期间的经营成果，是生产经营过程中各种收入扣除各种耗费后的盈余，反映企业在报告期内实现的盈亏总额。利润总额为营业利润加上营业外收入，减去营业外支出后的金额，根据会计“利润表”中“利润总额”项目的本年累计数填报。

应交增值税 指按照税法规定，以销售货物、服务、无形资产、不动产或提供加工、修理修配劳务的增值额和货物进口金额为计税依据而课征的一种流转税。

其他服务业

法人单位 指有权拥有资产、承担负债，并独立从事社会经济活动（或与其他单位进行交易）的组织。法人单位应同时具备以下条件：

1. 依法成立，有自己的名称、组织机构和场所，能够独立承担负债和其他民事责任；

2. 独立拥有和使用（或授权使用）资产，有权与其他单位签订合同；

3. 会计上独立核算，能够编制资产负债表等会计报表。

资产总计 包括企业法人单位和非企业法人单位的资产总计。企业法人单位资产总计指企业过去的交易或者事项形成的、由企业拥有或者控制的、预期会给企业带来经济利益的资源，汇总范围为执行企业会计制度的法人单位。资产一般按流动性（资产的变现或耗用时间长短）分为流动资产和非流动资产。其中流动资产可分为货币资金、交易性金融资产、应收票据、应收账款、预付款项、其他应收款、存货等；非流动资产可分为长期股权投资、固定资产、无形资产及其他非流动资产等。包括企业拥有的土地、办公楼、厂房、机器、运输工具、存货等实物资产和现金、存款、应收账款和预付账款等金融资产。非企业法人单位资产总计指单位占有或者使用的，能以货币计量的经济资源，汇总范围为执行行政事业会计制度和民间非营利组织会计制度的法人单位。占有是指单位对经济资源拥有法律上的占有权。由单位直接支配，供社会公众使用的政府储备物资、公共基础设施等，也属于单位核算的资产。单位的资产包括流动资产、固定资产、在建工程、无形资产等。

负债合计 包括企业法人单位和非企业法人单位的负债合计。企业法人单位负债合计指企业过去的交易或者事项形成的，预期会导致经济利益流出企业的现时义务，汇总范围为执行企业会计制度的法人单位。负债一般按偿还期长短分为流动负债和非流动负债。包括银行贷款、借款、应付账款、应付职工工资、应付职工福利费、应交税金等企业负有偿还责任的债务。非企业法人单位负债合计指单位所承担的能以货币计量，需要以资产等偿还的债务，汇总范围为执行行政事业会计制度和民间非营利组织会计制度的法人单位。单位的负债按照流动性，分为流动负债和非流动负债。

营业收入 指企业经营主要业务和其他业务所确认的收入总额，汇总范围为执行企业会计制度的法人单位。营业收入合计包括“主营业务收入”和“其他业务收入”。

营业利润 指企业从事生产经营活动所取得的利润。执行企业会计准则或《小企业会计准则》的企业，营业利润为营业收入减去营业成本、税金及附加、销售费用、管理费用、财务费用、资产减值损失，再加上公允价值变动收益、资产处置收益、投资收益和其他收益后的金额；执行其他企业会计制度的企业，营业利润为营业收入减去营业成本、税金及附加、销售费用、管理费用、财务费用，再加上投资收益后的金额。

收入合计 指单位从各种渠道获得的收入，汇总范围为执行行政事业会计制度和民间非营利组织会计制度的法人单位，包括财政拨款、行政单位预算外资金、上级补助收入、事业收入、事业单位经营收入、附属单位上缴收入、捐赠收入、会费收入、提供服务收入、商品销售收入、政府补助收入、投资收益和其他收入。

支出（费用）合计 行政事业单位指本年度全部支出。民间非营利组织指为为开展业务活动所发生的、导致本期净资产减少的经济利益或者服务潜力的流出。

流动资产合计 资产满足以下条件之一应归为流动资产：（1）预计在一个正常营业周期中变现、出售或耗用，主要包括存货、应收账款等；（2）主要为交易目的而持有；（3）预计在资产负债表日起一年内（含一年）变现；（4）自资产负债日起一年内，交换其他资产或清偿负债的能力不受限制的现金或现金等价物。包括货币资金、应收票据、应收账款、存货等项目。根据会计“资产负债表”中“流动资产合计”项目的期末余额数填报。

交易性金融资产 指企业为交易目的所持有的债券投资、股票投资、基金投资等交易性金融资产的公允价值。根据会计“资产负债表”中的“交易性金融资产”项目的期末余额数填报。未执行 2006 年《企业会计准则》的企业，根据会计“资产负债表”中的“短期投资”项目的期末余额数填报。

应收账款 指企业因销售商品、提供劳务等经营活动所形成的债权，包括应向客户收取的货款、增值税款和为客户代垫的运杂费等。根据会计“资产负债表”中“应收账款”项目的期末余额数填报。

存货 指企业在日常活动中持有以备出售的产成品或商品、处在生产过程中的在产品、在生产过程或提供劳务过程中耗用的材料或物料等，通常包括原材料、在产品、半成品、产成品、商品以及周转材料等。根据会计“资产负债表”中“存货”项目的期末余额数填报。其中：“年初存货”根据会计“资产负债表”中“存货”项目的年初余额数填报。注意：“存货”具有实物形态，不属于无形资产，由于企业持有存货的最终目的是为了出售，所以房地产开发企业（单位）购置的土地、尚未销售的商品房等均计入“存货”。

固定资产原价 指固定资产的成本，包括企业在购置、自行建造、安装、改建、扩建、技术改造某项固定资产时所发生的全部支出总额。根据会计“固定资产”科目的期末借方余额填报。

累计折旧 指企业在报告期末提取的历年固定资产折旧累计数。根据会计“累计折旧”科目的期末贷方余额填报。

本年折旧 指企业在报告期内提取的固定资产折旧合计数。可根据会计“累计折旧”科目的本期贷方累计发生额填报；或者，可根据会计“财务状况变动表”中“固定资产折旧”项的数值填报。若企业执行 2001 年《企业会计制度》，可以根据会计核算中《资产减值准备、投资及固定资产情况表》内“当年计提的固定资产折旧总额”项本年增加数填报。

在建工程 指企业用于新建、改建、扩建，或技术改造、设备更新和大修理工程等尚未完工的工程支出。根据会计“在建工程”科目的期末借方余额填报。

无形资产 指调查单位拥有或者控制的没有实物形态的可辨认非货币性资产，无形资产通常包括专利权、非专利技术、商标权、著作权、特许权、土地使用权等。根据会计“资产负债表”中“无形资产”项目的期末余额填报。

流动负债合计 负债满足下列条件之一的应归为流动负债：（1）预计在一个正常营业周期中清偿；（2）主要为交易目的而持有；（3）自资产负债表日起一年内到期应予清偿；（4）企业无权自主地将清偿推迟至资产负债表日后一年以上。包括短期借款、应付票据、应付账款、应付职工薪酬、应交税费等项目。根据会计资产负债表中“流动负债合计”项目的期末余额数填报。

应付账款 指企业因购买材料、商品和接受劳务供应等经营活动应支付的款项。根据会计资产负债表中“应付账款”项目的期末余额数填报。

非流动负债合计 指流动负债之外的负债。包括长期借款、应付债券等。执行《企业会计准则》或《小企业会计准则》的企业，根据会计资产负债表中“非流动负债合计”项目的期末余额数填报。执行其他企业会计制度的企业，根据会计资产负债表中的“长期负债合计”项目的期末余额数填报。

应付债券 指企业发行的尚未偿还的各种长期债券的本息。根据会计“资产负债表”中的“应付债券”项目的期末余额数填报。

所有者权益合计 指企业资产扣除负债后由所有者享有的剩余权益。公司的所有者权益又称股东权益。包括实收资本、资本公积、盈余公积、未分配利润等。根据会计“资产负债表”中“所有者权益合计”项目的期末余额数填报。

实收资本 指企业各投资者实际投入的资本（或股本）总额，包括货币、实物、无形资产等各种形式的投入。实收资本按投资主体可分为国家资本、集体资本、法人资本、个人资本、港澳台资本和外商资本。根据会计资产负债表中“所有者权益”项下“实收资本”的期末余额数填报。

国家资本 指有权代表国家投资的政府部门或机构、直属事业单位对企业形成的资本金。根据会计“实收资本”科目计算填报。

集体资本 指由本企业职工等自然人集体投资或各种机构对企业进行扶持形成的集体性质的资本金。根据会计“实收资本”科目计算填报。

法人资本 指其他法人单位以其依法可支配的资产投入企业形成的资本金。根据会计“实收资本”科目计算填报。

个人资本 指自然人实际投入企业的资本金。根据会计“实收资本”科目计算填报。

港澳台资本 指我国香港、澳门和台湾地区投资者实际投入企业的资本金。根据会计“实收资本”科目计算填报。

外商资本 指外国投资者实际投入企业的资本金。根据会计“实收资本”科目计算填报。

营业成本 指企业经营主要业务和其他业务所发生的成本总额。包括企业（单位）在报告期内从事销售商品、提供劳务等日常活动发生的各种耗费。包括“主营业务成本”和“其他业务成本”。根据会计“利润表”中“营业成本”项目的本年累计数填报。

税金及附加 指企业因从事生产经营活动按税法规定应缴纳的消费税、城市维护建设税、资源税、环境保护税、教育费附加及房产税、土地使用税、车船使用税、印花税等相关税费。根据会计“利润表”中“税金及附加”项目的本年累计数填报。

销售费用 指企业在销售商品和材料、提供劳务的过程中发生的各种费用，包括保险费、包装费、展览费和广告费、商品维修费、预计产品质量保证损失、运输费、装卸费等以及为销售本企业商品而专设的销售机构（含销售网点、售后服务网点等）的职工薪酬、业务费、折旧费等经营费用。建筑业企业销售费用指企业从事施工生产活动过程中发生的各项费用，包括应由企业负担的运输费、装卸费、包装费、保险费、维修费、展览费、差旅费、广告费和其他经费。房地产企业销售费用指企业在从事主要经营业务过程中所发生的各项销售费用，包括转让、销售、结算和出租开发产品等。执行《企业会计准则》或《小企业会计准则》的企业，根据会计“利润表”中“销售费用”项目的本年累计数填报。执行其他企业会计制度的企业，根据会计“利润表”中“营业费用（或经营费用）”项目的本年累计数填报。

管理费用 指企业为组织和管理企业生产经营所发生的

费用，包括企业在筹建期间内发生的开办费、董事会和行政管理部门在企业经营管理中发生的，或者应当由企业统一负担的公司经费等。根据会计“利润表”中“管理费用”项目的本年累计数填报。执行财政部《关于修订印发2018年度一般企业财务报表格式的通知》（财会〔2018〕15号）的企业，应把研发费用项目的本年累计数归并到管理费用项目中填报。

财务费用 指企业为筹集生产经营所需资金等而发生的筹资费用，包括企业生产经营期间发生的利息支出（减利息收入）、汇兑损失（减汇兑收益）以及相关的手续费等。根据会计“利润表”中“财务费用”项目的本年累计数填报。

利息收入 指非金融企业存款业务所确认的利息金额。根据企业“财务费用明细账”中“财务费用——利息收入”科目的本期发生额填报。如果企业没有设置该科目，填“0”。

利息支出 指企业短期借款利息、长期借款利息、应付票据利息、票据贴现利息、应付债券利息、长期应付引进国外设备款利息等利息支出。根据企业“财务费用明细账”中“财务费用——利息支出”科目的本期发生额填报。如果企业没有单独设立“利息收入”科目，应填报利息支出减去银行存款等的利息收入后的净额。

资产减值损失 指企业计提各项资产减值准备所形成的损失。根据会计“利润表”中“资产减值损失”项目的本年累计数填报。未执行企业会计准则的企业填0。执行财政部《关于修订印发2018年度一般企业财务报表格式的通知》（财会〔2018〕15号）的企业，应把信用减值损失项目的本年累计数归并到资产减值损失项目中填报。

公允价值变动收益 指企业的交易性金融资产、交易性金融负债，以及采用公允价值模式计量的投资性房地产、衍生工具、套期保值业务等公允价值变动形成的应计入当期损益的利得或损失。根据会计“利润表”中“公允价值变动收益”项目的本年累计数填报，或根据“公允价值变动损益”会计科目的余额填报。余额在贷方，则为净收益，余额在借方，则为净损失，以“-”号记。未执行企业会计准则的企业填0。

投资收益 指企业确认的投资收益或投资损失，反映企业以各种方式对外投资所取得的收益。根据会计“利润表”中“投资收益”项目的本年累计数填报。如为投资损失以“-”号记。

资产处置收益 指企业计提各项资产减值准备所形成的损失。根据会计“利润表”中“资产减值损失”项目的本年累计数填报。未执行企业会计准则的企业填0。执行财政部《关于修订印发2018年度一般企业财务报表格式的通知》（财会〔2018〕15号）的企业，应把信用减值损失项目的本年累计数归并到资产减值损失项目中填报

其他收益 根据2017年6月12日起施行的《企业会计准则第16号——政府补助》，其他收益反映与企业日常活动相关且计入该项目的政府补助。（1）执行企业会计准则或《小企业会计准则》的企业，根据会计“利润表”中“其他收益”项目的本年累计数填报；或根据会计“其他收益”科目的本年各月贷方余额（结转前）之和填报。（2）执行其他企业会计制度的企业本指标填0。

营业外收入 指企业发生的除营业利润以外的收益，主要包括与企业日常活动无关的政府补助、盘盈利得、捐赠利得等。执行企业会计准则或《小企业会计准则》的企业，根据会计“利润表”中“营业外收入”项目的本年累计数填报；执行其他企业会计制度的企业，根据会计“损益表”中“营业外收入”项目、“补贴收入”项目的本年累计数之和填报。

营业外支出 指企业发生的除营业利润以外的支出，主要包括公益性捐赠支出、非常损失、盘亏损失、非流动资产毁损报废损失等。根据会计“利润表”中“营业外支出”项目的本年累计数填报。

利润总额指企业在一定会计期间的经营成果，是生产经营过程中各种收入扣除各种耗费后的盈 余，反映企业在报告期内实现的盈亏总额。利润总额为营业利润加上营业外收入，减去营业外支出后的 金额，根据会计“利润表”中“利润总额”项目的本年累计数填报。

所得税费用 所得税费用由两部分组成：当期所得税和递延所得税。当期所得税是指企业按照税法规定计算确定的针对当期发生的交易和事项，应交纳给税务部门的所得税金额，即应交所得税。递延所得税是指按照所得税准则规定应予确认的递延所得税资产和递延所得税负债应有的金额相对于原已确认金额之间的差异。执行《企业会计准则》或《小企业会计准则》的企业，根据会计“利润表”中“所得税费用”项目的本年累计数填报；执行其他企业会计制度的企业，根据会计“损益表”中“所得税”项目的本年累计数填报。

应付职工薪酬（本年贷方累计发生额） 指企业为获得职工提供的服务而给予各种形式的报酬以及其他相关支出。包括职工工资、奖金、津贴和补贴，职工福利费，医疗保险费、养老保险费、失业保险费、工伤保险费和生育保险费等社会保险费，住房公积金，工会经费和职工教育经费，非货币性福利，因解除与职工的劳动关系给予的补偿，其他与获得职工提供的服务相关的支出。执行企业会计准则或《小企业会计准则》的企业，根据会计科目“应付职工薪酬”的本年贷方累计发生额填报；执行其他企业会计制度的企业，应将本年上述职工薪酬包含的科目归并填报。

社会保险和住房公积金（单位负担部分） 指报告期内企业为员工个人缴纳的各种社会保险费用和住房公积金的总计数，包括养老保险、医疗保险、失（待）业保险、劳动保险、工伤保险、生育保险、企业为员工个人支付的商业保险、住房公积金等。根据会计相关科目明细表本年贷方累计发生额分析填报。

应交增值税 指按照税法规定，以销售货物、服务、无形资产、不动产或提供加工、修理修配劳务的增值额和货物进口金额为计税依据而课征的一种流转税。填报本指标时，应按权责发生制核算企业本期应负担的增值税，有两种计算方法，可选其一，一旦确定，原则上不得更改。

计算方法一：

根据本期会计科目（1）“销项税额”、“进项税额转出”、“出口退税”年初至期末贷方累计发生额（一般与期末贷方余额相等，因为年初贷方余额为零），（2）“进项税额”年初至期末借方累计发生额，即期末借方余额 － 年初借方

余额，（3）“出口抵减内销产品应纳税额”、“减免税款”年初至期末借方累计发生额（一般与期末借方余额相等，因为年初借方余额为零），取值后按照下述公式计算填报：

应交增值税 ＝ 销项税额 － （进项税额 － 进项税额转出） － 出口抵减内销产品应纳税额 － 减免税款 ＋ 出口退税

计算方法二：

根据本期《增值税纳税申报表（一般纳税人适用）》（以“国家税务总局公告2013年32号”版式为例）“销项税额”（第11栏）、“进项税额”（第12栏）、“进项税额转出”（第14栏）、“免、抵、退应退税额”（第15栏）、“简易计税办法计算的应纳税额”（第21栏）、“按简易计税办法计算的纳税检查应补缴税额”（第22栏）、“应纳税额减征额”（第23栏）栏目“一般货物、劳务和应税服务”列中“本年累计”列，按照下述公式计算填报：

应交增值税 ＝ 销项税额－（进项税额－进项税额转出－免、抵、退应退税额） ＋ 简易计税办法计算的应纳税额 ＋ 按简易计税办法计算的纳税检查应补缴税额 － 应纳税额减征额

计算方法说明及填报要求：

（1）计算公式均体现权责发生制，本期发生的进项税额全部参与计算，相当于不设置留抵，同时也不抵扣会计账簿或增值税纳税申报表中上年年末留抵的进项税额，公式计算结果可以为负数。

（2）按照公式计算本指标后，不应再加增值税减免税额，因为这部分价值不再形成企业缴纳义务。

进项税额　指企业在报告期内购入货物或接受应税劳务而支付的、准予从销项税额中抵扣的增值税额。

销项税额　指企业在报告期内销售货物或提供应税劳务应收取的增值税额。